KB041713

서울대학교 법학연구소
Medvlla Iurisprudentiae 09

[행정법연구 3]

행정법 개혁의 과제

朴 正 勳

博 英 社

[Studies of Administrative Law 3]

Tasks of Administrative Law Reform

2023

BY

PARK, JEONG HOON

Professor of Law
Seoul National University, Professor Emeritus

Parkyoung Publishing Co.
SEOUL, KOREA

머 리 말

지난 9월 1일 教授 停年을 맞이하였습니다. 이를 기념하여 서울대학교 법학연구소에서 총서 Medulla Jurisprudentiae 제9호로 저의 논문집을 발간하게 되어, 『행정법의 체계와 방법론』(행정법연구 1)(2005년)과 『행정소송의 구조와 기능』(행정법연구 2)(2006년)에 이어, 거기에 싣지 않았거나 그 이후 발표한 글을 골라 『행정법 개혁의 과제』(행정법연구 3)로 펴냅니다. 극히 부분적인 수정·조정 이외에는 원문을 그대로 유지하였습니다.

'少年易老學難成'을 절실히 느끼면서, 비록 未遂 또는 未完에 그쳤지만 그동안 '행정법 개혁'을 꿈꾸며 발표한 부족한 글들을 이제 '과제'라는 이름으로 묶어 감히 세상에 남기고자 합니다. 학문은 혼자 하는 것이 아니라 함께 하는 것이라는 믿음으로, 同學諸賢에게 최소한 저의 문제의식을 전하고 싶습니다. 저도 계속하여 노력하겠습니다.

이 자리를 빌려 恩師이신 故 南河 徐元宇 선생님, 故 金東熙 선생님, 故 晴潭 崔松和 선생님의 學恩에 감사드리면서 삼가 세 분의 冥福을 빕니다. 세 번의 연구논집 발간을 맡아 주신 博英社의 安鐘萬 회장님과 매번 세심한 편집을 해 주신 金善敏 이사님 그리고 늘 변함없이 연구·학회 활동을 배려해 주신 趙成皓 이사님께 감사의 말씀을 드립니다. 이 부족한 책자를 세 분 恩師 선생님의 靈前과 우리나라 행정법학의 未來에 바칩니다.

2023년 10월
구례 蘭松齋에서
著 者

[행정법 개혁의 과제 출전]

01 행정법과 '민주'의 자각, 『행정법연구』 제53호, 2018.

02 한국 행정법학 방법론의 형성·전개·발전, 『공법연구』 제44집 제2호, 2015.

03 국가배상법의 개혁, 『행정법연구』 제62호, 2020.

04 행정소송법 개정의 주요쟁점, 『공법연구』 제31집 제3호, 2003.

05 행정입법에 대한 사법심사, 『행정법연구』 제11호, 2003.

06 행정법원 성과와 발전방향, 『행정절차와 행정소송』 김철용(편) 2017.

07 행정법에 있어 판례의 의의와 기능, 『행정판례의 이론적 조명』, 2023.

08 공·사법 구별의 방법론적 의의와 한계, 『공법연구』 제37집 제3호, 2009.

09 행정법과 법해석, 『행정법연구』 제43호, 2015.

10 불확정개념과 판단여지, 『행정작용법』中凡김동희교수정년기념논문집, 2005.

11 법규명령 형식의 행정규칙과 행정규칙 형식의 법규명령, 『행정법학』 제5호, 2013.

12 오토·마이어(1846~1924)의 삶과 학문, 『행정법연구』 제18호, 2007.

13 거부처분과 행정소송, 『행정법연구』 제63호, 2020.

14 항고소송과 당사자소송의 관계, 『특별법연구』 제9집(이홍훈대법관퇴임기념), 2011.

15 공공기관과 행정소송, 『행정법연구』 제60호, 2020.

16 취소판결의 반복금지효, 『행정판례연구』 제23집 제1호, 2018.

17 취소소송에서의 협의의 소익 ─ 판단요소와 판단기준시 및 헌법소원심판과의 關係를 중심으로, 『행정법연구』 제13호, 2005.

18 행정심판제도의 발전방향, 『행정법학』 제2호, 2012.

19 행정심판의 심리, 『행정법학』 제3호, 2012.

20 행정의 효율성과 법치행정, 『한국공법이론의 새로운 전개』(牧村김도창박사팔순기념논문집), 2005.

21 적극행정과 행정기본법, 『적극행정』 행정연구원(편), 2021.

행정법의 체계와 방법론
[행정법연구 1] (2005)

행정소송의 구조와 기능
[행정법연구 2] (2006)

차 례

1. 行政法과 '民主'의 自覺[*]
― 한국 행정법학의 미래 ―

Ⅰ. 序說

영어 future의 어원은 라틴어 esse(영어의 be 동사)의 미래분사인 futurus로서, '앞으로 무엇이 된다'는 의미를 가지며, 독일어 Zukunft도 '앞으로 온다'는 뜻이다. 우리말에서도 將來는 '장차 온다'는 것이지만, 未來는 '아직 오지 않았다'는 의미이다. 오늘 우리나라 공법학의 '미래'를 논의하는 것은 아직 우리에게 오지 않은, 먼 앞날의 상황을 상상하기 위한 것이 아니다. 그 미래가 반드시 우리에게 오도록 하기 위해서는 우리는 무엇을 해야 하느냐 라는 현재의 과제와 임무를 제시하기 위함이다. 거꾸로 말하면, 그 과제와 임무를 소홀히 하면 우리에게 미래는 오지 않는다.

행정법학은 다양한 행정영역의 수많은 법률과 법령들을 아우르는 '일반공법학'으로서, 보편과 개별의 변증법적 연결을 추구하면서, 입법부와 사법부를 포함하여 국법질서 전체를 파악한다.[1) 이를 위해 우리나라에서 전개되어 온 행정법학의 방법론은 크게 비교법에 의거한 체계정립, 판례연구를 통한 실제규명, 헌법과의 올바른 관계 정립, 학제간 연구를 통한 행정과학으로 발전 등 4가지 관점에서 요약될 수 있다.[2) 필자는 행정법학 연구의 방향을 법학의 4차원에 따라, 제1차원

[행정법과 '민주'의 자각, 『행정법연구』 제53호, 2018]

* 이 논문은 서울대학교 법학발전재단 출연 아시아태평양법연구소의 2018학년도 학술연구비 지원받은 것으로서, 2016년 12월 16일 개최된 한국공법학회 2016년도 공법학자대회; 『한국공법학의 미래』의 제2주제 발표문 "행정법학의 과제와 임무"(未公刊)를 수정·보완한 것이다.

1) 졸저, 『행정법의 체계와 방법론』, 2005, 제2장 행정법교육의 목표와 방향 참조.
2) 졸고, 한국 행정법학 방법론의 형성·전개·발전, 『공법연구』 제44집 제2호, 2015, 161-191

의 법도그마틱과 제2차원의 법제도론(행정소송·행정심판·행정과정·입법과정), 그리고 제3차원의 비교법과 제4차원의 역사적 인식 및 이념적 자각으로 제시하고, 그 마지막인 이념적 자각은 공법의 본질적 요소로서의 민주주의와 이와 연결된 객관적 법치주의 및 공공성에 대해 이루어져야 한다고 강조한 바 있다.[3]

행정법학의 미래는 바로 이러한 '民主'의 자각에 있다. 이러한 문제의식을 갖고 본고에서는 먼저 法治와 民主의 관계를 논의한 다음(Ⅱ.), 행정법의 출발점인 법률유보의 민주적 의미를 고찰하고(Ⅲ.), 이어 民主의 관점에서 행정의 개념과 범위를 검토하며(Ⅳ.), 나아가 民主와 객관적 법치 및 공공성의 관점에서 행정절차와 행정쟁송의 민주적 함의 및 기능을 강조하고자 한다(Ⅴ.).

Ⅱ. 法治와 民主

1. 문제의 소재

(1) 먼저 용어의 문제부터 지적하면, '법치주의'와 '민주주의'는 모두 19세기 중후반 서양의 다른 많은 사상들과 함께 일본에 유입된 것으로, 일본인들에게는 이러한 사상들은 모두 主義, 主張으로 번역되었다. 특히 천황체제 하에서는 '민주'와 '법치'도 하나의 '主義'(ism)에 불과했다. 그러나 이제 우리나라에서 민주와 법치는 '주의'가 아니라, 엄연히 헌법에 의해 구성된 민주체제와 법치국가이다. 그런데 민주체제라고 하면 '체제'라는 용어로 인해 대의제 또는 직접민주제와 같이 특정한 정치체제가 연상된다. '君主'와 대비되는 民主, 즉 왕이 아니라 백성이 임금(주권자)이라는 그 핵심 의미를 강조하기 위해 그냥 '民主'라고 하는 것이 좋다. 그리고 법치국가라는 용어도 '법으로'(국민을) 지배하는 국가라는 의미 ─ rule by law ─ 로 오해될 수 있다. 사람이 아니라 '법이' 지배하는 국가라는 올바른 의미 ─ rule of law ─ 를 살리기 위해서는 그냥 '법치' 또는 '법의 지배'라고 하는 것이 바람직하다. 이러한 의미에서 본고에서도 특별한 경우가 아니면 民主와 法治라고 일컫는다.

(2) 행정법은 분명히 法治를 위해 성립한 것이지만, 그 법의 정당성은 民主에

면; 본서 제2장 참조.
3) 졸고, 전게논문, 182-183면. 그리하여 "행정법학은 법치주의의 '우리' 안에 갇히지 말고 민주주의의 '광야'로 나아가야 한다."고 주장하였다.

서 비롯된다. 私法에서 법의 정당성은 근본적으로 '합리성' 내지 '이성'에 있지만, 公法으로서 행정법에서는 합리성만으로는 부족하고 '권위' 내지 '힘'이 필요하고 이를 위해 민주적 정당성이 요구된다. 이러한 의미에서 공법의 본질적 징표는 민주주의와의 연결성이라고 할 수 있다.[4] 문제는 이러한 民主와의 관련성이 법의 효력요건으로서, 法治의 배경 내지 저변에 불과한 것이냐에 있다. 우리가 당초 일본을 통해 받아들인 행정법은 바이마르시대까지 민주주의의 발전이 지체되었던 ─ 그리하여 이를 법치주의의 발전으로 보완하고자 하였던 ─ 독일의 행정법이었고, 따라서 우리에게 행정법은 '법'으로 행정을 규율한다는 法治의 측면만이 부각되었다. 그 '법'의 민주적 정당성 문제가 소홀히 취급되었으며, 그 '법'이 주권자 국민을 위해 어떠한 기능과 역할을 하느냐는 아예 관심의 대상에서 제외되었다.

이는 독일에서 행정법이 당초 외견적 입헌군주제 하에서 군주와 분리되어, 군주와 무관하게, 성립·발전된 것의 연장선상이라고 할 수 있다. 다시 말해, 독일의 행정법은 '君主가 있지만 마치 君主가 없듯이'(als ob es keinen König gäbe) 法治를 지향하는 것이었는데, 君主가 民主로 바뀐 지금에도, 특히 우리나라에서, '마치 民主가 없듯이' 행정법이 성립할 수 있느냐가 문제의 핵심이다.

2. 인본주의적 개인주권과 직접민주제

(1) 군주제가 폐지되었음에도 여전히 행정법에서 民主가 소홀히 취급되고 있는 것은 근본적으로 간접민주제와 대표제 때문이다. 즉, 국민이 주권자이긴 하지만 대표를 선출하여 의회를 구성한 후에 그 의회가 법률을 제정하면 더 이상 국민의 주권이 미칠 수 없기 때문에, 법률은 '民主의 차단막'이 되고, 따라서 법률을 출발점으로 하는 행정법에서 民主는 사라지는 것이다.

(2) 이러한 간접민주제는 한편으로 국민 모두가 한 자리에 모여 직접 국정운영에 관여할 수 없다는 현실적인 불가능성과 다른 한편으로 주권이 국민 개개인에 의해 직접 행사되면 법질서가 파괴될 위험이 있다는 우려를 근거로 하고 있다. 그러나 이제 인터넷 내지 스마트폰을 이용한 ─ 그 방해·왜곡의 방지가 실현된다면 ─ 전자민주주의가 가능해짐으로써 위 첫 번째 사실상의 불가능성 문제는 거의 해결되었다고 할 수 있다. 두 번째의 법질서 파괴 우려에 관해서는, 이러한 우려는 서

---

4) 공·사법 구별의 방법론적 의의와 한계: 프랑스와 독일에서의 발전과정을 참고하여, 『공법연구』 제37집 제3호 2009, 83-110면(107-108면); 본서 제8장(302-303면) 참조.

4 행정법 개혁의 과제

양에서 근대적 주권 개념이 장·보댕에 의해 '입법권'으로 정립되었다가 절대군주
제를 거치면서 '법 위에 있음'(solutus legibus), 따라서 법을 무시하고 파괴할 수 있
는 것으로 변질됨으로써 야기된 것이다.[5] 따라서 주권 개념을 원래의 '입법권',
즉 법을 만들고 바꿀 수는 있어도 자기가 만든 법을 위반할 수는 없는 것으로 회
복시키게 되면, 위와 같은 우려는 근본적으로 없어진다. 바로 여기에 民主와 法治
를 모순 없이 연결시킬 수 있는 길이 있다.

　(3) 뿐만 아니라, 우리 헌법 제1조 제2항은 대한민국의 주권이 "국민"에게 있
고, 모든 권력은 "국민으로부터" 나온다고 못 박고 있다. 헌법 어디에도 '집단으
로서의 국민'이라는 용어가 없고, 주권자로서의 '국민'은 기본권주체인 개별 '국
민'과 동일하다. 국가의 권력이 반드시 '국민의 대표'에 의해서만 행사된다는 규
정도 없다.[6] 사람은 이 세상에 태어나 단 한 번의 인생을 살아간다. 단 한 번뿐인
인생에서 각자가 이 세상의 주인, 국가의 주권자가 되어야 한다. 우리 모두 서로
를 '임금님'으로 존중하고 ― 이것이 바로 인간의 존엄성이다! ― 이 나라의 주인으
로 긍지를 갖고 나라의 운명에 책임을 진다. 바로 이러한 실존주의적 '인본주의
(휴머니즘)'에 의거하여 국민 각자가 모두 주권자임을 천명하고 있는 것이 헌법 제

---

5) 이에 관해 Reinhold Zippelius, Allgmeine Staatslehre: Politikwissenschaft. 16.Aufl., 2010,
§ 9 II, III (S.47-54); Martin Kriele, Einführung in die Staatslehre: Die geschichtlichen Legi-
timitätsgrundlagen des demokratischen Verfassungsstaates. 6.Aufl., 2003, S.32-50; 장·보댕
(임승휘 편역), 국가론, 책세상문고 고전의 세계 45(2005) 참조.

6) 독일기본법 제20조 제2항 전단은 모든 국가권력은 'Volk'로부터 나온다고 규정하고 있는
데, 여기서 'Volk'는 그 용어 자체로 '전체로서의 국민'이라는 의미를 지니면서, 기본권주
체인 'Menschen'(인간) 또는 'Deutsche'(독일인), 그리고 통상 시민을 의미하는 'Bürger'
와 분명히 구별된다. 그리고 동항 후단은 국가권력이 Volk에 의해 선거 및 투표, 그리고
입법, 집행 및 사법의 개별 기관을 통해 '간접적으로' 행사된다는 점을 명시하고 있다.
우리나라에서 주권자 국민을 집단으로서의 국민으로 보고 간접민주제를 주장하는 학설
은 독일기본법의 강한 영향을 받고 있는 것으로 추측할 수 있다. 반면에 프랑스헌법 제3
조 제1항은 국가의 주권이 'le peuple'에 속한다고 규정하고 있는데, 이 'le peuple'은 반
드시 전체로서의 국민을 의미한다고 할 수 없고 개개의 民을 지칭하는 뉘앙스가 강하다.
최소한 인민(peuple)주권과 국민(nation)주권의 융합이라고 할 수 있다(同旨 성낙인, 헌법
학 제17판, 2017, 138면). 그리고 동항 후단은 그 le peuple이 그의 대표자 이외에도 국민
투표(le référendum)를 통하여 국가 주권을 행사한다는 점을 분명히 하고 있다. 이 국민
투표의 제안은 대통령뿐만 아니라 의회의원 5분의 1 및 유권자 10분의 1에 의해서도 가
능하다. 이와 같이 프랑스헌법은 직접민주제적 요소가 가능한데, 우리 헌법은 독일기본
법보다 프랑스헌법에 가까운 것은 분명하다. 프랑스의 인민(peuple)주권과 국민(nation)
주권의 연혁과 발전과정에 관하여, 성낙인, 『프랑스헌법학』, 1995, 164-185면 참조.

1조 제2항이다.7)

　　이러한 생각을 도그마틱적으로 정리하면, 주권은 국민 개개인에게 부여된 것으로, 원칙적으로 직접 주권을 행사할 수 있지만, 그 주권은 입법권에 한정되기 때문에, 현행 헌법 하에서는 헌법개정에 관한 국민투표(제130조 제2항)와 대통령의 국민투표회부(제72조) 제도에 의거하여 국가의 중요사안에 관하여 직접민주제적 결정을 할 수 있을 뿐이다. 그러나 헌법개정을 통해 직접민주제적 제도들을 확대 도입하는 데 헌법상 장애는 없다. 이것이 직접민주제의 핵심이다.

　　(4) 그리하여 직접민주방식에 의해 행정에 관한 규범이 제정되거나 개별결정이 내려질 가능성이 헌법개정 또는 ─ 국회에 의한, 또는 헌법개정에 의해 도입되는 직접민주적 절차에 의한 ─ 법률제정에 의하여 실현될 수 있을 것이다. 그렇다면 직접민주방식에 의한 행정에 관한 의사결정절차도 행정법학의 연구대상이 되어야 한다.8) 그러나 시급한 연구과제는 현재 대의제 방식에 의해 제정되는 법률과 그에 의거한 제도들을 운용함에 있어 '주권자인 개개 국민' 즉, 바로 '民主'를 자각하고 그 제도들이 국민들을 위해 어떠한 역할과 기능을 하도록 해야 할 것인가를 숙고하는 것이다.

3. 공동체 운영의 필수적 장치로서 法治

　　(1) 이와 같이 행정법학이 民主를 자각하고 이를 방법론적 지표로 삼는 데는 法治를 정확하게 이해하는 것이 무엇보다 중요하다. 먼저 法治의 헌법적 근거이다. 법치에 관해 헌법상 명문의 근거는 없고 헌법의 존재 자체가 그 근거가 된다고 생각하는 견해가 있을 수 있으나, 사견에 의하면, 헌법 제1조 제1항의 민주'공화국'에서 법치의 헌법적 근거를 찾을 수 있다. 즉, 공화국 republic의 라틴어 어원인 res publica는 '공동의 것', 다시 말해 '공동체'를 의미한다. 일본에서 번역된 '共和'는 우리에게 친숙한 말이 아니다. 결국 '민주공화국'은 우리 모두가 임금이

---

7) 필자가 말하는 '인본주의적 개인주권과 직접민주제'는 조병윤, 세계화와 통일을 위한 인간존중의 실질적 민주주의 실현방안, 『공법연구』 제26집 제2호, 1998, 63-118면에서 제시된 '인간존중의 실질적 민주주의'와 같은 맥락이라고 할 수 있다. 이에 관해 조병윤, 프랑스 인권제도의 발전의 근원과 실질적 민주주의 헌법철학 및 정치철학사상, 『헌법학연구』 제9권 제1호, 2003, 137-194면 참조.

8) 예컨대, 영업허가 등 행정결정을 해당 지역의 주민투표에 의해 결정하는 스위스의 주(Canton) 행정법이 연구대상이 될 수 있을 것이다.

되어 다 함께 공동체를 이루어 사는 것이다. 두 사람이 카드놀이를 하더라도 규칙이 필요한데, 하물며 수천만 명의 임금들이 함께 살기 위해서는 법이라는 규칙이 있어야 한다는 것, 그것이 바로 법치의 헌법적 근거이다.[9)

　(2) 우리는 여기에서, 바로 그렇기 때문에 法治는 그 자체가 절대적인 목적이 아니라, 民主를 유지하고 운영하기 위한 수단이라는 소중한 깨달음을 얻는다.[10) 행정법은 法治를 실현하기 위한 것이지만, 그 법치 안에 갇혀서는 아니 되며, 언제나 民主와 연결되어, 民主를 위한 기능과 역할이 자각되어야 한다. 이것이 행정법이 私法과 결정적으로 다른 점이다. 행정법의 제도들을 이해함에 있어 私法的 논리와 민사소송과의 類比에 빠져서는 아니 되는 이유가 바로 여기에 있다. 다시 말해, 法治와 행정법의 과제와 임무는 한 마디로 民主가 안전하게, 평화적으로, 그리고 활발하게 유지·발전될 수 있는 여건을 조성하는 데 있다.[11) 이와 같이 행정법은 수단이기 때문에, 그 목적에 도움이 되지 않거나 방해가 된다면, 그 제도와 이론들은 언제든지 변경되어야 하는 것이다.

---

9) 공화국과 법치국가 내지 법질서공동체의 관계에 관하여 Karsten Nowrot, Das Republikprinzip in der Rechtsordnungengemeinschaft: Methodische Annäherungen an die Normalität eines Verfassungsprinzips, Tübingen 2014, 특히 S.619-651 참조. 또한 법체계에 대한 공화국의 의미에 관하여 Alexander Somek, Rechtssystem und Republik: Über die politische Funktion des systematischen Rechtsdenkens, Wien 1992, 특히 S.441-578 참조.

10) 200년 전까지 유럽보다 문명이 앞섰던 이슬람국가들이 현재의 어려움을 겪고 있는 이유를 民主는 거의 실현하지 못하면서 法治를 절대화한 데서 찾을 수 있다. 이러한 문제에 관하여 유달승, 이슬람과 민주주의의 관계 연구, 『한국중동학회논총』 제31권 제2호 2010, 29-42면(30면) 참조.

11) 민주주의와 법치주의의 관계에 관하여 김비환, 현대자유주의에서 법의 지배와 민주주의의 관계: 입헌민주주의의 스펙트럼, 『법철학연구』 제9권 제2호, 113-144면; 법의 지배와 민주주의: 역사적 및 이론적 단상, 『연세 공공거버넌스와 법』 제2권 제1호, 2011, 1-24면; 이국운, 특집: 법치주의와 민주주의: 법과 "이웃" — 법치의 본원적 관계형식에 관한 탐색 (특집: 법치주의와 민주주의), 『법과사회』 제36권, 2009, 155-181면; Kurt Seelmann, Rechtsstaat und Demokratie — Geschichte und systematische Probleme aus rechtsphilosophischer Sicht, 『서울대학교 법학』 제49권 제3호, 76-96면(김준석 역, 법치국가와 민주주의 — 법철학적 관점에서 본 역사 및 체계적 문제들); Michael Becker / Hans-Joachim Lauth / Gert Pickel (Hg.), Rechtsstaat und Demokratie: Theoretische und empirische Studien zum Recht in der Demokratie, 2001; José Maria Maravall / Adam Przeworski (ed.), Democracy and the Rule of Law, 2003 등 참조

Ⅲ. 法律留保의 의미

1. 법률유보의 민주적 성격

(1) 제2차 세계대전 이후 독일에서 전부유보설 등 법률유보 범위의 확장을 주장하는 이론들은 의회민주제와 법치국가의 결합을 그 논거로 삼았다. 즉, 행정의 모든 영역의 모든 종류의 작용들은 의회에 의해 미리 제정된 법적 규칙에 의거하여 이루어져야 한다는 것이다. 여기서 '의회에 의해'라는 부분은 의회민주제의 징표이고, '미리 제정된 법적 규칙'은 법치국가의 요소이다.[12] 그런데 우리나라에서 1980년대까지 전자가 억압 내지 무시·간과되고 오직 후자의 관점만이 부각되었다가, 1990년대부터 전자가— 특히 독일의 '의회유보'라는 개념에 의거하여— 주목받기 시작했지만, 상술한 바와 같이 간접민주제에서 비롯된 '民主와 국회의 단절'로 말미암아, 법률유보의 민주적 함의가 그다지 살아나지 못했다. 법률유보 내지 의회유보는 말하자면 국회의 '기관독점'의 표현으로 치부된다. 그리하여 이에 대항하여, 어떤 법규가 합리성만 있으면 되지 그것이 꼭 국회에서 제정된 것이어야 하는가, 국회에서 만들면 오히려 정치적 타협에 의해 합리성이 확보되지 못하는 것이 아닌가 라는 비판도 제기된다.

(2) 그러나 의회유보 내지 법률유보는 의회의 기관독점의 산물이 아니라, 의회를 매개로 하여 民主와 행정을 연결하기 위한 기제로 파악되어야 한다. 이는 의회가 간접민주제에서의 대의기관이어서가 아니라, 의회의 개방성과 참여가능성을 통해 주권자 국민들의 의사와 이해관계가 가장 잘 반영될 수 있기 때문이다. 다시 말해, 의회와 법률도 자기목적적인 것이 아니라, 民主를 위한 수단인 것이다. 반면에, 대통령령·총리령·부령, 위원회규칙, 고시 등의 제정절차는 폐쇄적이어서 民主와 거리가 멀다. 이러한 관점에서 위임입법의 한계와 행정입법에 대한 의회의 통제 문제가 이해되어야 할 것이다. 또한 바로 이러한 이유로, 의회절차에

---

12) (의회)민주제적 논거를 강조한 것은 Dieter Jesch, Gesetz und Verwaltung: Eine Problemstudie zum Wandel des Gesetzmäßigkeitsprinzipes. 2.Aufl., 1968, 특히 S.171-175; 법치국가적 논거를 강조한 것은 Hans Heinrich Rupp, Grundfragen der heutigen Verwaltungsrechtslehre: Verwaltungsnorm und Verwaltungsrechtsverhältnis. 2.Aufl., 1991, 특히 S.113-146. 이에 관하여 Fritz Ossenbühl, Vorrang und Vorbehalt des Gesetzes, in: Isensee/Kirchhof (Hg.), Handbuch des Staatsrechts der Bundesrepublik Deutschland Bd.V. 3.Aufl., 2007, § 101 Rn.20-28 참조.

준하는 개방성과 투명성을 확보할 수 있는 행정입법절차가 마련된다면 행정입법의 민주적 정당성도 획득될 수 있다.

2. 부관의 법률적 근거 문제

(1) 법률유보의 민주적 함의와 관련하여, 부관의 법률적 근거 문제를 논의할 필요가 있다. 종래의 통설·판례는 수익적 재량행위에 붙이는 부관은 그것이 침익적 효과가 있다고 하더라도 법률적 근거를 요하지 않는다고 하여 법률유보의 중대한 예외를 인정하여 왔기 때문이다. 특히 부담은 대부분 상대방에게 의무를 부과하는 하명이므로 당연히 법률유보의 대상에 속함에도 불구하고, 수익적 재량행위에 붙이는 부관이라는 이유만으로 그 법률유보를 면제하고 있다. 독일에서는 행정절차법 제36조 제2항이 이를 명문으로 인정하고 있는데, 이는 전통적으로 한편으로 부관의 부종성 도그마, 즉 부관은 본체인 행정행위에 종속된 것이므로 본체에 관한 재량은 부관에 대한 재량을 포함한다는 논리와, 다른 한편으로 수익처분의 발급을 거부하는 것보다 부관을 붙여 발급하는 것이 상대방에게 더 이익이라는 소위 '잔고이론'(Saldotheorie)을 배경으로 한다.[13]

(2) 우리나라에는 위 독일 행정절차법 규정과 같은 법률규정이 없을 뿐만 아니라, 위와 같은 부종성 도그마와 잔고이론은 오늘날 현대행정에서의 부관, 특히 부담의 실제와 유리된 것이다. 이를 法治와 民主의 관계로 파악해 보면, 본체인 행정행위가 법률에 의해 재량행위로 규정된 이상 거기에 종속되는 부관에 대해서는 또다시 법률적 근거가 없어도 된다는 것은 법률을 순전히 '법적 규칙'으로만 간주하는 法治의 관점에 함몰된 것이라고 할 수 있다. 民主의 관점에서 보면, 수익처분의 발급 여부에 재량이 허용되어 있다고 하더라도 그 발급시에 별개의 의무들을 부과할 수 있는지는 별도의 민주적 정당성, 다시 말해, 별도의 民主의 허용이 필요한 것이다.

(3) 따라서 사견에 의하면, 수익적 재량행위에 대한 조건·기한·부담은 원칙적으로 개별적인 법률상 근거가 필요하고, 예외적으로, ① 당해 수익처분의 발급요건의 사후탈락을 방지하는 부담, ② 당해 수익처분의 대상인 행위(건축, 영업활동 등)를 규율하는 부담은 상대방과의 협약이 있으면 이것으로 법률상 근거를 대

---

13) 상세한 내용은 졸고, 행정행위 부관의 재검토 : 부종성 내지 '부관'적 성격의 극복을 위하여, 2016. 6. 30. 한국행정법학회 발표문(미공간) 참조.

체할 수 있으나,[14) 그 행위 규율의 범위를 벗어나는 부담의 경우에는, 예컨대 기부체납의 부담 또는 대체시설의 설치를 명하는 부담은 명시적인 법률상 근거가 없으면 붙일 수 없고, 그에 관한 협약이 있더라도 사회상규 내지 강행법규 위반으로 무효로 보아야 할 것이다.[15)

3. 판례에 의한 법형성의 한계

(1) 법률의 ‘해석’은 문언의 가능한 의미의 범위 내에서 가장 적합한 의미가 무엇인지를 밝혀내는 것이다. 그 범위를 벗어나 어떤 의미를 부여하는 것은 해석의 차원을 넘어서는 ‘법형성’(Rechtsfortbildung)에 해당한다. 법형성의 대표적인 방법은 유추와 목적론적 축소이다. 私法에서는 이러한 법형성이 원칙적으로 제한 없이 허용되는 데 반해, 형법에서는 피고인에게 불리한 법형성은 금지된다. 문제는 행정법 영역에서 상대방에게 불리한 법형성이 허용되는지 여부인데, 개별 행정영역에서는 거의 대부분 법률위반에 대해 형벌이 부과되기 때문에 형법과 마찬가지로 상대방에게 불리한 법형성은 그것이 유추이든 목적론적 축소이든 간에 금지된다는 견해가 독일의 다수설이다.[16)

(2) 여기에 民主의 관점을 적용하면, 법률 문언의 범위를 벗어나는 법형성은 판례가 의회입법을 대신하는 것으로서, 의회입법절차에서의 개방성과 참여가능성이 실종되고, 폐쇄적이고 비밀주의적인 (최고)법원의 평결절차를 거치게 됨으로써 民主와 완전히 단절된다는 비판이 가능하다. 또한 행정의 로비 가능성도 배제할 수 없다. 따라서 개별행정법 영역에서 예컨대 소비자와 생산자, 지입회사, 지입차주 등 특정 집단에게 유리 또는 불리하게 작용하기 때문에, 의회입법절차를 통한 民主와의 연결이 절대적으로 필요하다.[17) 반면에, 비례원칙, 신뢰보호원칙 등 행정법상 일반원칙들과 행정소송에서의 처분성, 원고적격 등에 관한 법형성은 대부분 국민에게 유리한 것일 뿐만 아니라, 특정한 경우 일정한 국민에게는 유리하고 다른 국민에게는 불리할 수 있으나 일반행정법 차원에서는 그 이해관계 대

---

14) 이러한 부담은 프랑스에서 행정계약의 형식으로 체결되는 부담(les cahiers des charges)에 상응하는 것이다.
15) 졸고, 전게 발표문, 7-8면.
16) 이상에 관한 상세한 내용은 졸고, 행정법과 법해석: 법률유보 내지 의회유보와 법형성의 한계, 『행정법연구』제43호, 2015, 13-46면 참조.
17) 졸고, 전게논문, 31면 이하 참조.

립 상황이 고정되지 않기 때문에, 상대적으로 판례에 의한 법형성이 民主에 반하지 않고 경우에 따라서는 民主에 의해 요청되기도 한다.

(3) 대법원 2014년 4월 판결[18]은 2004년 화물자동차운수사업법 개정법률 부칙 제3조 제2항에 의해 지입차주가 지입계약을 해지하고 특례허가를 받으면 그 화물자동차 대수만큼 지입회사의 허가대수가 감소한다고 판단하였는데, 이는 법률상 명문의 규정이 없는 상태에서, 위 개정법률의 입법취지를 근거로 지입차주의 특례허가의 법적 의미를 추론한 것이므로, 법창조 내지 입법에 가까운 법형성이라고 할 수 있다. 지입회사와 지입차주의 이해관계 대립을 民主와 완전히 단절된 방법으로 해결하였다는 비판을 면하기 어렵다.

(4) 반면에, 대법원 2016년 2월 판결[19]에서는, 도시개발법 제10조 제1항 제1호에서 도시개발구역이 지정·고시된 날부터 3년이 되는 날까지 실시계획의 인가를 신청하지 아니하면 도시개발구역의 지정이 해제된 것으로 간주되도록 정하고 있는데, 도시개발사업 시행자가 지정되지 않아 실시계획 인가 신청이 이루어지지 아니한 경우에는 위 규정이 적용되지 아니한다고 판단한 원심을 깨고, 그러한 경우에도 위 규정이 적용되어 지정·고시로부터 3년이 경과하면 도시개발구역 지정이 해제된다고 판시하였다. 원심의 판단은 문언의 가능한 의미 범위를 넘은 '목적론적 축소'에 해당하는데, 도시개발사업 시행자 지정 신청자와 그 지역주민의 이해관계가 대립하는 상황에서 판례에 의한 법형성을 부정하였다는 점에서 위 대법원판례를 긍정적으로 평가할 수 있다.

4. 법률과 법령의 실천적 의미

또한 강조되어야 할 것은 법률과 법령의 실천적 의미이다. 일차적으로, 民主와 法治의 관계에서, 이념적 차원에서는 民主와 法治가 평행선을 이루면서 상호 충돌할 수 있기 때문에, 제도적 차원에서 民主가 法治의 틀 내에서 실현될 수 있도록 하는, 精緻하고 구체적인 법률과 법령이 절대적으로 필요하다. 그 제정과정이 民主에게 열려 있어야 함은 물론이다. 나아가 자유와 사회공동체의 조화, 특히 헌법 제119조 제1항의 '개인과 기업의 경제상의 자유와 창의'와 제2항의 '균형있는 국민경제의 성장 및 안정', '적정한 소득의 분배', '시장 지배와 경제력 남용의

---

18) 대법원 2014. 4. 10. 선고 2011두31604 판결.
19) 대법원 2016. 2. 18. 선고 2015두3362 판결.

방지' 등의 조화를 위해서도 반드시 精緻하고 구체적인 법률 및 법령과 그 제정·적용·통제를 위한 행정법이 필요하다.

Ⅳ. 行政의 개념과 범위

1. 행정의 개념

(1) 보다 근본적으로 民主의 자각은 '행정' 자체의 개념에 대한 새로운 성찰을 요구한다. 전통적인 행정의 개념, 특히 전체 국가작용 중 통치작용과 입법작용 및 사법작용을 제외한 부분이 행정이라고 하는 소위 '소극설'은 君主를 전제로 한 것이기 때문이다. 행정은 군주의 권력행사 자체로서, 한편으로 의회에서 제정된 법률의 통제를 받고, 다른 한편으로 그 법률의 준수 여부를 재판에 의해 통제를 받는다는 관념은 본질적으로 — 君主를 전제로 한 — 法治의 관점이다. 그리하여 행정에 대한 법률의 통제와 재판상 통제의 강도와 밀도에 따라 법치행정의 모습이 달라진다.[20]

(2) 그러나 民主의 관점에서 보면, 주권자 국민들은 공동체(민주공화국)의 운영을 위해 의회를 통해 법률을 제정하는데, 그 법률이 형사소송과 민사소송에 의해 집행되는 것이라면 '판사의 법'이 되고, 판사 이외의 집행기관이 지정된 법률은 '행정의 법'이 된다. 다시 말해, 행정과 司法은 공히 民主의 법률을 적용하여 집행하는 집행기구들이다. 그 대상이 되는 법률이 다를 뿐이다. 행정은 법률을 '집행'하고 司法은 법률을 '적용'한다는 통속적 이해는 잘못이다. 법률의 집행과 적용은 동일한 것이다.[21]

다만, 법률이 행정에 의해 적용·집행된 경우에는 — 국민의 재판청구권에 의

---

20) 사견에 의하면, 행정의 우월성을 인정하여 그 통제 강도가 약한 단계를 행정법의 제1단계로, 시민의 자유와 권리를 전면에 내세우면서 행정에 대한 통제를 최대한 강화한 단계를 행정법의 제2단계로, 행정의 공적 책임과 시민의 권리의 균형을 위해 행정에 대한 통제를 조정하는 단계를 행정법의 제3단계로 분류한 바 있는데, 이들 단계는 모두 주로 法治의 관점에서 파악된 것이라고 할 수 있다.

21) 이러한 민주적 관점에서의 행정에 관하여 특히 Hans Kelsen, Vom Wesen und Wert der Demokratie. 2.Aufl., 1929 (Neudruck 1981), S.69-77 참조. 행정과 민주주의의 관계에 관한 독일의 최근 논의는 Lothar Michael, Verfassung im Allgemeinen Verwaltungsrecht — Bedeutungsverlust durch Europäisierung und Emanzipation? VVDStRL 75 (2016), S.131-186 (174-179) 참조.

거하여 ─ 그 적합성 여부가 행정재판에 의해 심사되는데, 그 행정재판이 다시 행정에 의해 이루어지느냐 아니면 司法에 이루어지느냐는 본질적인 문제가 아니다. 물론 우리나라에서는 헌법 제107조 제2항에 의해 행정재판이 司法에 의해 이루어지지만, 이러한 경우에도 그 법률의 최초 적용자는 행정이고, 司法은 단지 그 적용을 사후에 're-view', '다시 살펴보는 것'에 불과하다. 이러한 의미에서 행정법에 있어 제1법관은 행정이고 司法은 제2법관이다.[22]

2. 행정의 범위 : 행정청의 개념

(1) 그렇다면 '행정'의 범위는 어디까지인가? 위와 같은 民主의 관점에서 보면, 의회를 통해 제정된 법률이 '판사 이외의 기관'을 그 집행기관으로 지정하게 되면, 그 기관은 행정 내지 행정기관이 된다. 모든 법률은 판사의 법과 행정의 법으로 나뉘고, 따라서 판사의 법이 아니라면 행정의 법일 수밖에 없기 때문이다. 이러한 '판사 이외의 집행기관'으로 통상 국가의 기관과 지방자치단체의 기관이 지정되지만, 그밖에 私人이 지정되기도 하고, 법률에 의해 새로운 단체(법인)가 설립되기도 한다.

(2) 私人의 경우에는 법률을 적용하여 어떤 결정을 할 수 있는 권한, 즉 행정권한을 부여받은 때에 한하여 그 행정권한을 행사하는 범위 내에서만 '공무수탁사인'으로서, 행정소송법상 '행정청'이 된다. 문제는 특별법에 의해 설립된 단체(법인)가 당해 특별법 또는 다른 법률의 집행기관으로 지정된 경우, 私人의 경우와 달리, 그 법률상 부여받은 권한 이외의 사항에 관해서도 행정소송법상 '행정청'이 되느냐이다. 이러한 문제는 대부분 「공공기관의 운영에 관한 법률」에 의해 공기업·준정부기관·기타공공기관으로 지정된 (특별법에 의해 설립된) 특수법인에 관하여 제기된다.[23]

(3) 대법원 2014년 12월 판결[24]에 의하면, 「한국철도시설공단법」에 의해 설립되어 준정부기관으로 지정된 한국철도시설공단이 법령이 아닌 내부규정에 의거하여 공사입찰과 관련하여 낙찰적격심사 감점조치를 한 경우에, 그 감점조치는

---

22) 이에 관한 상세한 내용은 졸저, 행정법의 체계와 방법론, 제3장, 96면 이하 참조.
23) 이하의 상세한 내용은 졸고, 공공기관과 행정소송 ─ 공공기관의 행정청 자격에 관한 대법원판례의 극복을 위해, 『행정법연구』 제60호, 2020; 본서 제15장 참조.
24) 대법원 2014. 12. 24. 선고 2010두6700 판결.

법령에 의하여 위임 또는 위탁받은 행정권한에 의거한 것이 아니므로, 위 공단은 그 조치에 관해서는 행정청이 될 수 없고, 따라서 그 조치가 상대방의 권리를 제한하는 행위라 하더라도 행정처분이라고 할 수 없다는 취지로 판시하였다.

또한 동일한 취지로 대법원 2010년 11월 결정[25]은 수도권매립지관리공사가 기타공공기관으로서, 법률상 입찰참가자격제한 조치를 할 권한이 없기 때문에, 실제로 입찰참가자격제한 조치를 한 경우에도 행정청에 해당하지 않고, 따라서 위 조치는 행정소송의 대상이 되는 행정처분이 아니라 단지 상대방을 당해 공공기관의 입찰에 참가시키지 않겠다는 뜻의 사법상의 효력을 가지는 통지행위에 불과하다고 판시하였다.[26]

(4) 위 판례들에 대하여 일단 도그마틱적으로 세 가지 점에서 반론이 제기될 수 있다. 첫째, 행정소송법 제2조 제2항에 의하면, '행정청'에는 "법령에 의하여 행정권한의 위임 또는 위탁을 받은 행정기관, 공공단체 및 그 기관 또는 사인이 포함된다"고 규정하고 있는데, 이는 행정권한이 위임·위탁되면 그 수임·수탁받은 행정기관, 공공단체 등도 행정청이 된다는 의미이지, 그러한 경우에만 한정된다는 것이 아니다. 다시 말해, 행정청의 개념을 한정적으로 정의하지 않고 그 개념에 포함되는 것들을 예시하고 있는 '개방적 정의규정'이다. 행정절차법 제2조 제1호 나목 규정은, 가목의 국가·지방자치단체의 기관과는 달리, 공공단체에 관하여 "법령 또는 자치법규에 따라 행정권한을 가지고 있거나 위임 또는 위탁받은"이라는 수식어를 부가하고 있지만, 여기서 말하는 '행정권한'은 입찰참가자격제한, 토지수용, 대집행 등 법령상 개별적으로 명시된 권한만이 아니라, 당해 공공기관의 설치 근거 법률에 의거하여 일반적으로 관리·운영을 위해 일방적 결정 내지 조치를 하는 권한도 포함하는 것으로 보아야 한다.[27] 요컨대, 공공기관은 설

---

25) 대법원 2010. 11. 26.자 2010무137 결정.

26) 같은 취지의 대법원 1995. 2. 28.자 94두36 결정(한국토지개발공사)과 대법원 1999. 2. 9. 선고 98두14822 판결(수도권신공항건설공단)이 있다.

27) 대법원 1992. 11. 27. 선고 92누3618 판결은 대한주택공사가 택지개발사업의 이주대책의 일환으로 시행한 아파트 특별공급에 있어 특별공급 요구에 대한 거부의 처분성 문제에 관하여, "행정청에는 … 법령에 의하여 행정권한의 위임 또는 위탁을 받은 행정기관, 공공단체 및 그 기관 또는 사인이 포함되는바 특별한 법률에 근거를 두고 행정주체로서의 국가 또는 지방자치단체로부터 독립하여 특수한 존립목적을 부여받은 특수한 행정주체로서 국가의 특별한 감독 하에 그 존립목적인 특정한 공공사무를 행하는 공법인인 특수 행정조직 등이 이에 해당한다."고 판시하면서, 대한주택공사의 행정청 자격을 긍정하였다. 이 판결에 따르면, 대한주택공사는 행정조직상 행정청으로서, 법령에 규정된 '이주대

치법률에 의거하여 행정조직법상 행정주체로서의 지위를 갖고 그 지위에 의거하여 행정권한을 원래부터 갖고 있는 '본래적' 행정청에 해당하는 것으로 해석되어야 한다.[28]

둘째, 행정권한의 소재 여부는 본안의 문제이기 때문에, 처분성 내지 피고적격에서 문제삼을 수 없다. 더욱이 공급자등록제한, 낙찰자격심사 감점조치 등과 같이 사실상 입찰참가자격제한처분과 동일한 효과를 갖는 조치에도 불구하고, 따라서 법률유보의 위반임과 동시에 입찰참가자격제한의 범위를 넘는다는 점에서 법류우위의 위반임에도 불구하고, 그 조치권한이 법령상 부여되어 있지 않다는 이유로 공공기관의 행정청 자격을 부정하게 되면 행정소송이 봉쇄되어 공공기관의 탈법행위를 허용하는 결과가 된다. 민사소송에서는— 원고가 사전에 제출한, 그러한 제한에 대한 동의서 때문에— 사실상 승소하기가 불가능하다.

셋째, 내부지침에 의거한 제한조치들이, 모든 국가기관·지방자치단체에 대해 효력을 발생하는 입찰참가자격제한처분과 달리, 당해 공공기관에 대해서만 입찰을 봉쇄하는 것이지만, 사인의 통상적인 사법상의 의사표시와 달리, 공공기관의 결정은 임의로 번복할 수 없는 자기구속력이 발생하기 때문에, 결코 사법상의 행위와 동일시할 수 없고, 당해 공공기관에 대한 입찰봉쇄만으로도 해당 사업자에게는 극도의 제재처분이 될 뿐만 아니라, 사실상 다른 국가기관·지방자치단체에 대해서도 사실상의 중대한 입찰장애로 작용하기 때문에, 행정소송으로 다툴 수 있도록 처분성이 인정되어야 한다.

(5) 근본적으로 民主의 관점에서 보면, 국가 및 지방자치단체와 위와 같은 공공기관들은 모두 '공공단체'(la collectivité publique), 즉 사람들의 공적 모임이라는 점에서 공통적이다. 그 구성원은 주권자 국민의 전부(국가), 일정 지역의 주민(지

책'의 구체적인 방법으로 그 내부규정으로 정한 특별공급에 관해서도, 그에 관한 명시적인 법령의 근거가 없더라도, '행정권한'을 갖고 있는 것이다. 그런데 이후의 판례(대법원 1995. 2. 28.자 94두36 결정; 대법원 1999. 11. 26.자 99부3 결정; 대법원 2010. 11. 26.자 2010무137 결정; 위 대법원 2014. 12. 24. 선고 2010두6700 판결)에서 '명시적인 법령상의 권한'이 있는 경우에만 행정청 자격을 인정하는 것으로 변질된 것이 문제이다.

28) 同旨 이원우, 항고소송의 대상인 처분의 개념요소로서 행정청, 『저스티스』 통권 제68호 (2002), 160-199면, 특히 188면 이하. 다시 말해, 행정절차법에서는 공공단체가 국가·지방자치단체와 별도로 규정되어 있긴 하지만, 이는 국가·지방자치단체의 경우와는 달리 그 기관만이 아니라 공공단체 자체도 행정청이 된다는 점에 특별한 의미가 있을 뿐이고, 공공단체도 국가·지방자치단체의 기관들과 마찬가지로 본래적 행정청에 해당함에는 변함이 없고, 따라서 행정소송법상 행정청 개념과 모순되는 것은 아니다.

방자치단체) 또는 임원과 직원(공공기관)이다. 설립근거가 다를 뿐이다. 국가는 헌법과 함께, 헌법에 의해, 설립된 것이고, 지방자치단체는 헌법상의 제도적 보장하에 법률(지방자치법)에 의해 설립된 것이며, 공공기관들은 각 설립법률에 의해 비로소 설립된 것이다. 民主의 관점에서는 이들 공공단체들은 모두 민주공동체 생활을 위한 수단 내지 장치로 설립된 것이다. 요컨대, 국가와 지방자치단체와 공공기관은 그 공공성에 있어 정도의 차이가 있을 뿐, 본질적인 차이는 없다.29)

따라서 공공기관의 경우에도, 국가 및 지방자치단체와 마찬가지로, 법률에 의해 특정한 행정권한이 부여받았는지 여부와 관계없이 '행정청'에 해당하고, 상대방의 권리의무에 영향을 미치는 일방적 결정을 하였다면 '공권력 행사'로서 처분성을 충족한다. 이를 위한 법령상의 행정권한 유무는 본안문제일 뿐이다. 이와 같이 공공기관은 원칙적으로, 생래적으로, 행정청이지만, 경우에 따라―통상적인 이용관계에서와 같이―'공권력 행사'가 아닌 활동을 하는 경우에는, 국가 및 지방자치단체의 기관도 사법상의 행위를 하는 경우가 있는 것처럼, 처분이 아닐 뿐이다.

요컨대, 공기업 등 공공기관을 행정으로 파악할 때 비로소 民主와 연결된다. 私法은 民主와 거리가 멀다. 주권자 국민의 생존과 행복을 위해, 주권자 국민의 세금으로 설립·운영되는 공공기관임에도 불구하고, 판례에서와 같이 법령상 개별적으로 행정권한을 부여받은 범위에서만 행정청이 되어 공법적 통제를 받고 그 이외의 영역에서는 아무리 국민의 권리·이익을 침해하는 행위를 하더라도 사법적 행위에 불과하다고 한다면, 이 부분에 관해 民主를 배제하는 결과를 야기하는 것이다.

(6) 마지막으로, 이러한 民主의 관점은 조달계약의 공공성30)으로 연결된다. 조달계약의 공공성의 핵심은 부패방지인데, 이는 조달절차의 개방성과 투명성을 위한 공법적 통제를 요구한다. 공법적 통제의 보루는 이하에서 살펴보는 행정절차와 행정쟁송이다.

---

29) 예컨대, 한국전력공사(시장형 공기업), 한국수자원공사(준시장형 공기업), 근로복지공단(준정부기관), 한국수력원자력 주식회사(기타공공기관)를 생각해 보라!

30) 이에 관하여 졸저, 『행정법의 체계와 방법론』, 224면 이하 참조.

V. 행정절차와 행정쟁송

1. 주관적 법치와 객관적 법치

행정법에 있어 法治의 일차적 의미는 행정결정을 법에 구속시킴으로써 그 법에 의해 보장된 상대방의 권리를 보호한다는 '주관적 법치주의'에 있다. 그러나 民主를 자각하게 되면, 주권자 국민이 의회를 통해 제정한 법률을 — 역시 주권자 국민의 대표자인 — 행정이 준수하도록 행정을 통제 내지 유도한다는 '객관적 법치주의'가 강조된다. 이와 같이 民主는 객관적 법치와 연결되는데, 이에 따라 행정 절차와 행정쟁송의 기능도 이해당사자 개인의 권리구제에 한정되지 않고, 근본적으로 民主와 객관적 법치를 위한 행정통제 수단으로 파악되어야 한다.[31]

2. 행정절차의 민주적 기능

(1) 종래 행정절차는 주관적 법치에 치중되어, 권리구제의 '時點'을 행정의 종국결정 이전으로 앞당겨 개인에게 절차적 권리를 보장하기 위한 것으로 이해되었다. 그러나 民主의 관점에서는 상술한 바와 같이 행정은 '행정의 법'을 적용·집행하는 제1법관인데, 그 제1법관이 주관하는 — 제2법관(판사)이 수행하는 사법절차(형사소송·민사소송)에 비유하여 — '소송'이 바로 행정절차이다. 그리하여 행정절차는 행정으로 하여금 '행정의 법'을 제대로 적용하기 위한, 객관적 법치의 절차로 이해되는 것이다. 바로 그렇기 때문에, 당해 행정결정의 상대방만이 아니라 넓은 범위의 이해관계인, 나아가 전문가와 일반국민에까지 행정절차의 참여를 확대해야 한다는 점에서 民主와 다시 연결된다.

(2) 구체적으로, 사전통지 및 의견제출 또는 청문은 주관적 권리구제만이 아니라 근본적으로 행정의 적법성 확보와 이를 통한 民主 실현을 위한 것이다. 형사소송과 민사소송이 본질적으로 정당한 司法작용을 위한 제도인 것과 동일하다. 행정절차적 하자에 의거한 처분의 쟁송취소의 범위가 확대되어야 한다는 것도 이러한 民主 및 객관적 법치의 관점에서 이해되어야 한다. 주관적 법치에 한정하게

---

31) 오늘날 외국인, 특히 외국법인의 행정절차 참가와 행정쟁송 제기가 빈번해짐에 따라, 모든 행정절차와 행정쟁송이 반드시 民主와 관련된다고 할 수 없을지도 모른다. 그러나 일단 民主를 기반으로 행정절차와 행정쟁송이 정착·발전하여 외국인에게도 — 헌법 제6조 제2항에 따라 — 개방된다는 점을 생각하면 그 기본은 어디까지나 民主라고 보아야 한다.

되면 권리구제에의 무익성과 분쟁의 연장이라는 비판이 제기된다.

3. 행정쟁송의 기능과 구조

(1) 民主의 관점에서 보면, 행정쟁송은 주권자 국민이 행정의 위법성을 탄핵하는 것으로서, 행정의 적법성 확보가 주된 기능임이 분명해진다. 독일의 외견적 입헌군주제 하에서는, 法治의 목적 내지 명분이 '君主에 의한 民의 권리 침해' 방지에 있었기 때문에, 행정소송은 오직 국민의 권리구제를 위한 것으로 인식되었고, 이것이 일본을 통해 우리나라에 수입되었다. 이제 民主가 확립된 우리나라에서는, 물론 국민의 권리구제도 행정쟁송의 주요한 기능에 속하지만, 행정쟁송의 초점을 행정의 적법성 확보로 바꾸어야 한다. 일찍이 民主가 확립된 프랑스에서는 행정의 적법성 확보가 행정소송의 주된 기능으로 이해되어 왔음은 주지의 사실이다.[32]

이러한 행정쟁송의 민주적 기능은 특히 행정소송의 평화적 토론장 내지 '민주포럼'으로서 역할을 강조한다. 상술한 바와 같이, 法治의 목적이 民主의 실현을 위한 것인 만큼, 행정쟁송의 기능도 民主의 역동성과 위험성을 순치시켜 民主의 의지와 결단이 법의 틀 내에서 평화적으로 실현되도록 한다는 데 중점을 두어야 한다. 2016년 11월 서울경찰청장의 촛불집회 금지통고에 대한 서울행정법원의 효력정지결정들을 그 대표적인 예로 들 수 있다.[33]

(2) 처분성의 민주적 함의

民主의 관점에서 보면, 처분성의 문제는 民主로 하여금 행정조치에 대하여 적절한 시점에서 적절한 주제에 대해 탄핵이 가능하도록 해결되어야 한다. 私法的인 '권리' 개념과 권리관계 변동 관념에 얽매여 처분성을 부정함으로써 행정쟁송의 기회를 사전에 봉쇄하는 것은 法治로써 民主를 질식시키는 처사라고 해도 과언이 아니다. 최근 처분성을 '쟁송의 필요성'의 관점에서 판단하는 소위 '쟁송법적 처분개념설'이 대법원판례에서 확대되는 것은 크게 환영할 만하다.[34]

---

32) 취소소송의 객관소송적 구조와 기능에 관해 졸저, 『행정소송의 구조와 기능』, 152면 이하 참조.
33) 최초로 서울행정법원 2016. 11. 5.자 2016아12248 결정.
34) 대법원 2009. 9. 10. 선고 2007두20638 판결(유역환경청장의 상수원 지역의 매수 거절통지); 대법원 2011. 3. 10. 선고 2009두23617 판결(세무조사결정); 대법원 2012. 9. 27. 선고

도그마틱적으로 볼 때, 처분성의 확대는—특히 우리나라의 취소소송의 성질
을 독일에서와 같은 순수한 형성소송이 아니라 처분의 위법성 확인을 중점으로 하는
공법상 확인소송으로 파악하면,[35] — 처분의 위법성을 확인할 수 있는 기회를 확대
하는 것이 되는데, 민사소송의 확인소송에서는 즉시확정의 필요가 있어야만 확인
의 이익이 인정되는 것과 달리, 행정쟁송에서는 원고적격과 협의의 소익이 인정
되면 충분하다. 처분의 개념을 좁게 파악하되 처분이 아닌 행정조치에 대해서는
위법성 확인소송으로 당사자소송을 활용하자는 반대견해에 대해서는, 기능적으
로는 위법성확인이라는 점에서 결국 취소소송과 동일한 것이 되는데, 명문의 소송
유형인 취소소송이 원고에게 유리하다는 점 이외에도, 당사자소송의 형식을 취할
때에는 확인의 이익, 訴價, 입증책임 문제에서 취소소송에 비해 불리하다는 반론
이 가능하다.

(3) 원고적격·청구인적격의 민주적 함의

民主의 관점에서 보면, 원고적격은 주권자 국민 모두에게 인정되어 개인적인
이해관계와 무관하게 자신들의 봉사자인 행정을 탄핵할 자격이 인정되어야 하지
만, 그렇게 되면 행정소송을 제기한 원고의 책임이 실종될 우려가 있기 때문에, 그
탄핵을 성실히 실효적으로 행할 수 있는 법률적·경제적·명예적 이해관련성이 있
는 국민에게 원고적격이 인정되는 것이다. 다시 말해, 이해관련성은 소송의 대상
내지 목적이 아니라, 소송의 실효성을 확보하기 위한 수단이다. 물론 행정소송은
사실상 거의 대부분 자신의 이익을 위해 제기되는 것이지만, 이러한 民主의 관점
에서 보면, 행정의 적법성 확보에 관하여 전체 국민의 '대표'와 같은 지위에 있음
을 간과할 수 없다. 이와 관련하여 프랑스 월권소송에서는 사건명을 원고가 반대
하지 않는 한, 승소·패소를 불문하고 원고의 이름으로 표시함으로써 그 소송과정
상의 책임과 행정의 적법성 확보에 관한 기여를 강조한다는 점을 언급할 만하다.

(4) 협의의 소익의 판단기준시

취소소송의 협의의 소익 문제도 상술한 처분성과 원고적격과 같이, 주권자

2010두3541 판결(부당공동행위 자진신고자 감면불인정) 등.
35) 취소소송의 확인소송적 성격에 관해 졸저, 전게서(행정소송의 구조와 기능), 165면 이하
참조.

국민에 의한 탄핵의 기회 부여라는 민주적 함의를 갖는다. 그 중에서 특기할 것
은 협의의 소익의 판단기준시이다. 민사소송에서는 소익의 판단기준시가 상고심
또는 최종사실심의 판결시이다. 민사소송은 양 당사자의 권리관계를 판결시를 기
준으로 확정하는 것인데, 그 확정이 과연 필요한 것인가가 문제되기 때문이다. 우
리나라에서 취소소송의 소익 문제는—영업정지에 대한 취소소송 제기 후에 정지
기간이 경과한 경우와 같이,—거의 대부분 소익의 판단기준시를 민사소송과 동일
하게 판결시로 파악함으로써 발생한다. 만일 프랑스 월권소송에서와 같이 提訴時
를 소익의 판단기준시로 보면, 제소 후의 사정변경에도 불구하고 모두 소익이 인
정되기 때문이다.36)

프랑스 월권소송에서 원고적격과 소익의 판단기준시가 提訴時라는 것이 갖
는 민주적 함의를 간과할 수 없다. 즉, 개인적 이해관련성에 의거하여 提訴時에
원고적격이 인정되는 원고가, 民主의 대표로서, 提訴時에 유효한 행정행위를 탄핵
하였으면 그 탄핵은 유효하고, 그 후의 사정변경은 재판이 지체됨으로써 발생한
것이기 때문에 고려하지 않는다는 것이다. 말하자면, 民主의 탄핵이 法治의 지연
으로 인해 봉쇄되어서는 아니 된다.

(5) 본안판단의 범위

우리나라 취소소송이 객관소송적 '구조'를 취하고 있다는 것은 바로 독일에
서 요구되는 '위법성견련성'(Rechtswidrigkeitszusammenhang)이 없다는 것인데, 이는
일차적으로 원고적격에 관한 것이다. 즉, 원고적격을 인정하는 근거가 위법성 주
장 근거와 일치할 필요가 없다는 것이다. 예컨대, 환경영향평가법 위반이 위법사
유로 주장되는 여부와 관계없이 환경영향평가법상의 평가대상지역 내의 주민에
게 원칙적으로 원고적격이 인정된다는 것이 우리나라의 확립된 판례이다.37)

이러한 원고적격의 문제는 바로 본안판단 범위의 문제로 연결된다. 위법성견
련성 없이 원고적격이 인정되어 본안으로 넘어가면, 원고적격의 인정근거와 무관
한 위법사유로도 처분을 취소할 수 있기 때문이다. 우리 행정소송법에는 日本 行
政事件訴訟法 제10조 제1항 "취소소송에 있어서는 자기의 법률상 이익과 관련이

---

36) 졸고, 취소소송에서의 협의의 소익 — 판단요소와 판단기준시 및 헌법소원심판과의 관계를
중심으로, 『행정법연구』 제13호, 2005, 1-18면(14면 이하); 본서 제17장(547-548면) 참조.
37) 이에 관하여 졸저, 전게서(행정소송의 구조와 기능), 214면 이하 참조.

없는 위법을 이유로 하여 취소를 구할 수 없다."는 규정과 동일·유사한 규정이 없다. 바로 이 점이 우리나라 취소소송의 객관소송적 구조를 인정하는 결정적인 근거가 된다.[38] 최근 4대강 살리기사업 사건에서 대법원은 예산편성상의 하자가 원고들의 법률상이익과 관련 없다는 이유로 청구를 배척한 것이 아니라 그러한 절차상 하자만으로는 취소사유에 이를 정도는 아니라고 판시하였는바,[39] 이는 필자로서는 사견을 뒷받침하는 판례라고 생각한다.

이와 같이 본안판단의 범위를 원고적격 또는 원고의 법률상이익으로 제한하지 않는 것도 중요한 민주적 함의를 갖는다. 즉, 원고가 民主의 대표로서 제기하는 행정소송에서, 소송수행의 성실성과 실효성을 위해 요구되는 개인적인 이해관련성을 갖추어 원고적격이 인정된 이상, 본안판단의 범위에서는 民主의 행정에 대한 통제를 위해 취소사유를 제한하지 않는다.

VI. 결어

행정법은 더 이상 '마치 民主가 없는 듯이' 존재할 수 없다. 오히려 民主를 자각하고 그 불명확성과 恣意와 위험을 법의 틀 내에서 순치시켜 그 民主의 평화적 실현을 위해 봉사하여야 한다. 여기에 우리나라 행정법의 미래가 있다. 법률유보의 의미, 행정과 행정청의 개념, 행정절차와 행정쟁송의 구조 및 기능에 관하여 그 민주적 함의를 진지하게 성찰하여야 한다. 물론 모든 것을 民主의 관점에서 일도양단적으로 판단하자는 것이 아니다. 종래 法治의 관점에서만 행정법을 고찰하고 民主를 망각한 것을 반성하고, 法治와 民主를 동시에 포착하여야 한다. 한국의 행정법학은 이러한 民主의 자각을 통하여 비로소 보수·진보의 갈등을 극복하고 자유와 사회공동체가 조화를 이룬 통일한국의 '미래'를 꿈꿀 수 있다.

---

38) 졸저, 전게서(행정소송의 구조와 기능), 283-284면; 최계영, 항고소송에서 본안판단의 범위: 원고의 권리침해가 포함되는지 또는 원고의 법률상 이익과 관계없는 사유의 주장이 제한되는지의 문제를 중심으로,『행정법연구』제42호, 2015, 107-134면 참조. 반대견해는 김중권, 제3자가 제기한 취소소송에서의 위법성견련성에 관한 小考,『특별법연구』제13권, 2016, 53-90면; 정남철, 행정법학의 구조변화와 행정판례의 과제,『저스티스』통권 제154호, 2016, 153-188면(176면 이하) 등 참조.
39) 대법원 2015. 12. 10. 선고 2011두32515 판결; 대법원 2015. 12. 10. 선고 2012두6322 판결.

2. 韓國 行政法學 方法論의 形成・展開・發展[*]

I. 序說

오늘 없이는 내일이 없고, 어제가 없다면 오늘도 없다. 한국 행정법학의 미래는 어제의 학문적 전통을 올바로 계승하고 오늘의 학문 상황을 정확히 진단하는 데에서 출발한다.[1] 한국 행정법의 개척자이신 牧村 金道昶 박사의 10週忌를 추념하는 자리에서 한국 행정법학 방법론의 형성, 전개, 발전을 살펴보는 일은 자못 의미가 크다. 해방과 광복 70년의 역사는 곧 우리나라 행정법학의 역사이었다. 우리는 추모와 희망의 念을 품고 지난 70년을 회고하면서 앞으로의 100년을 내다본다.

'방법'의 서양어 Methode; méthode; method의 어원은 고대 그리이스어 μετά τήν ὀδήν; meta ten boden, 즉 '길을 뒤따라'(hinter dem Weg)라는 의미이다. 이 점에 착안하여, '방법'은 이미 많은 사람들이 지나감으로써 어떤 길이 생긴 후에 그 길을 따라가는 것임을 강조하기도 한다.[2] 말하자면, 먼저 行步가 있어야 길이 생긴다. 즉, 어떤 학문에서든지, 특히 법학에서, '방법'을 논의하는 것은 새로운 방

[한국 행정법학 방법론의 형성・전개・발전, 『공법연구』제44집 제2호, 2015]

* 이 논문은 서울대학교 법학발전재단 출연 법학연구소 기금의 2015학년도 학술연구비 받은 것으로서, 2015년 8월 29일 한국공법학회가 주최한 『牧村 金道昶 博士 10週忌 기념학술대회』의 발표문(未公刊)을 수정, 보완한 것이다.

1) 졸고, 한국행정법학의 미래, 2014. 4. 19. 한국공법학회(공법학원로 金南辰 교수와의 대화), 발표문(未公刊), 1면. 個條式의 미완성 상태이었던 동 발표문의 내용을 수정, 요약, 재구성하여 本稿에 부분적으로 포함시켰음을 밝힌다.

2) Das Verwaltungsrecht zwischen klassischem dogmatischen Verständnis und steuerungs-wissenschaftlichem Anspruch, VVDStRL 67 (2008), Aussprache, Isensee, S.339 참조. 이 점은 졸고, 행정법과 법해석 ― 법률유보 내지 의회유보와 법형성의 한계, 『행정법연구』제43호(2015), 13-46면(15면)에서도 지적한 바 있다. 본서 제9장(305면) 참조.

법을 창출하기 위한 것이 아니라, 이미 우리가 — 대부분 무의식적으로 — 행하고 있는 방법을 자각하여 이를 성찰하고 비판하며 전수하는 데 있다. 요컨대, '방법의 각성'(Methodenbewußtsein)이 그 요체이다.[3]

'방법론'(Methodenlehre; methodology)은 본래 이러한 '방법'을 연구대상으로 하는, 말하자면 메타이론이지만, 우리나라에서는 흔히 '방법' 자체를, 그 格을 높인다는 취지에서, '방법론'으로 부르기도 한다. 따라서 일반적으로 '행정법학 방법론'이라 함은 통상 행정법학을 수행하는 방법을 의미하는 것으로 이해된다. 본고에서도 이러한 의미로 사용한다. 다만, 그 '방법'을 말하는 순간부터, 다시 말해, 방법을 자각하는 때부터 본래적 의미의 방법'론'이 시작되기 때문에, 결국 본고는 행정법학의 방법을 연구대상으로 하는 행정법학 방법론이 될 수밖에 없다. 언젠가는 이러한 '메타이론'으로서 행정법학 방법론 자체의 한국에서의 형성과 발전을 논의하는 자리가 있게 될 것이다.

행정법학, 즉 행정법에 대한 학문적 연구를 어떻게 할 것인가 라는 행정법학의 방법 내지 방법론은 일단 개별 행정법규의 해석 방법론과 구별된다. 하지만 법학의 핵심적인, 최소한 일차적인 임무가 실정법의 인식에 있다고 한다면,[4] 그 실정법의 인식이 개별 법규의 해석에서부터 시작하기 때문에, 행정법의 학문 방법론도 행정법규 해석방법론으로부터 출발한다고 할 수 있다. 그러나 실정법의 정확한 인식을 위해서는 당해 법규의 의미에만 매달려서는 아니 되고 모든 실정법규들을 아우르는 체계적 인식이 필수불가결하다. 이는 법실무에서도 마찬가지이지만, 이러한 체계적 인식을 이론적으로 심화하는 데에서부터 '학문으로서의 법학'이 본격적으로 시작한다. 엄청나게 많은 법령으로 구성된 행정법에 있어서 특히 그러하다.

한 나라에서 행정법학이 형성되는 초창기에는 그 나라의 행정법규가 완비되지 못한 상태이므로 행정법의 체계적인 인식은 결국 '이론'의 산물일 수밖에 없는데, 대부분 먼저 행정법이 발전된 나라에서 — 그 나라의 실정법에 바탕을 두고 — 정립된 이론을 참고하게 된다. 요컨대, 행정법학 방법(론)의 제1단계는 '비교법'이

---

3) 졸고, 전게논문, 15면.
4) 이러한 '실정법의 인식'을 직접적인 대상으로 하는 것을 독일어로 'Jurisprudenz'(실정법학)라고 하고, 그 전통적인 수단이 'Dogmatik'(법리)인데, 이러한 Jurisprudenz와 Dogmatik에 한정하지 않고 그것의 되는 법의 이념과 역사, 정치·사회적 현상으로까지 연구대상을 넓히게 되면 'Rechtswissenschaft'(학문으로서의 법학)가 된다.

다.5) 다음으로, 행정법제가 정비되면서 행정법학은 그 나라의 '살아 있는' 행정법
에 초점을 맞추게 된다. 이 때 가장 중요한 소재가 행정소송의 판례가 되기 때문
에, 행정법학 방법(론)의 제2단계는 '판례연구'이다.6) 이를 통해 실정법에 대한 체
계적 인식이 어느 정도 정립되어 행정법학이 내적으로 정착되면, 제3단계로서,
외부적으로 다른 법학영역과 접촉하게 되는데, 가장 먼저 헌법 내지 헌법이념을
행정법과 통합시키는 방법이 전개된다.7) 마지막 제4단계에서는 행정법학이 헌법
과 민사법 및 형사법과 만나면서 법학으로서의 정체성을 확립하게 되면 법학 외
부의 행정학, 정책학 등과 만나면서 학제간 연구를 통한 종합적인 '행정과학'으로
의 길을 모색한다.

　　본고에서는 이러한 행정법학 방법(론)의 4단계(비교법 → 판례연구 → 헌법통
합 → 행정과학)를 작업가설로 삼아, 각각에 관하여 지금까지의 형성 과정을 회고
하고, 현재의 전개 상황을 진단하며, 발전 방향을 제시한 다음(Ⅱ.-Ⅴ.), 필자가 구
상하는 네 가지 차원의 행정법학의 개요를 피력하고자 한다(Ⅵ.).

Ⅱ. 比較法

1. 형성 과정

　　1961년까지 상당수의 행정법령이, 특히 질서행정 영역에서, 제헌헌법 제100
조에 따라 日帝의 依用法令이었고,8) 초기의 우리나라 대학과 학문 체계가 日帝의

---

5) 독일의 오토·마이어가 프랑스 행정법을 모범삼아 자신의 『Deutsches Verwaltungsrecht』
(1895)를 서술하였음은 주지의 사실이다. 金道昶 박사도 1958년 『행정법론(상)』 제1판 서
문 바로 다음의 '內外主要參考書'에서 국내문헌 다음부터 프랑스, 독일, 영·미의 주요 행
정법문헌들을 제시하였다.

6) 1975년 金道昶 박사의 주도 하에 『행정판례집(상·중·하)』이 출간되고 1984년 한국행정
판례연구회가 창설된 것을 이러한 맥락에서 이해할 수 있다.

7) 金道昶 박사가 1960년대 계엄법과 국가긴급권에 관한 연구로써 법학박사 학위를 취득하
고 이를 1968년 『국가긴급권론』으로 출간하였으며, 1979-1980년 법제처장으로서 정부헌
법개정심의회 위원장으로 활동한 후, 1980년대부터 '구체화된 헌법'으로서의 행정법을
강조하면서 기본권보장과 자유민주주의 등 헌법이념을 강조하였다. 그리고 2005년 他界
할 때까지 행정법학과 헌법학을 아우르는 '공법학'의 중요성을 역설하면서, 헌법학자와
행정법학자로 이루어진 한국공법학회의 지속적 발전을 주장하였다. 이상에 관하여 成樂
寅, 한국 공법학과 牧村 金道昶, 『서울대학교 법학』 제47권 제3호(2006), 445-463면 참조.

8) 졸저, 『행정법의 체계와 방법론』, 2005, 제10장 6.25 전쟁하의 행정법(441면) 참조.

제도를 이어받은 것이기 때문에, 우리 행정법학은 일본 행정법(이론)에 대한 비교법으로 시작할 수밖에 없었다. 그것도 엄밀한 의미의, 외국법과 비교함으로써 우리의 법을 정확히 인식한다는 의미의 '비교법'이 아니라 일방적인 수용 내지 모방에 가까운 것이었다. 그런데 일본 행정법 자체가 일본 고유의 것이 아니라, 프랑스와 독일로부터 계수된 것이고, 또한 戰後에는 영·미 행정법의 영향도 받게 되었으므로, 우리 행정법학은 처음부터 다양한, 말하자면 '간접적인' 비교법 연구의 기회를 갖게 되었다고 할 수 있다. 하지만 그 중 독일의 행정법 이론과 체계가 일본 학계의 주류를 이루고 있었기 때문에, 그것이 대부분 그대로 우리나라 행정법학에 전해진 것도 사실이다.

이와 같이 일본을 통해 우리나라에 전해진 독일 행정법의 개념과 이론들은 거의 대부분 입헌군주제 하에서 행정의 우월성을 확보하기 위해 정립된 것이었다. 그러나 戰後 西獨에서 이러한 전통적인 개념들을 극복하고 행정권한의 축소와 국민의 권리구제를 확대하는 자유주의적 행정법 이론이 발전하여, 이미 1970년대부터 일본을 통해 우리나라에 소개됨으로써 우리 행정법학의 주요 연구대상이 되었다. 특별권력관계, 행정행위의 공정력, 재량행위, 행정규칙의 효력 등이 대표적인 주제이었다. 1980년대부터 독일 문헌과 유학을 통해 독일 행정법에 대한 '직접적인' 비교법이 시작되면서, 더욱 활발히 독일의 이론들이 소개되었는데, 이는 1987년 민주화 이후 우리 행정법 이론에 법치주의와 민주주의적 경향을 강화하는 데 밑거름이 되었지만, 그 부작용으로 1990년대까지 우리 행정법학이 독일법에 편향되는 문제점을 낳게 되었음은 부정하기 어렵다.

2. 전개 상황

1998년 행정소송 3심제 및 행정법원 설치와 행정절차법 시행 등을 거쳐 최소한 2000년대부터는 우리 행정법이 외국법의 계수 단계를 뛰어 넘었기 때문에, 주체적이고 다원적인 비교법이 이루어지기 시작했다. 특히 2002년부터 시작된 행정소송법 개정 논의에 있어,[9] 독일식의 최협의의 행정행위 개념과 공권의 침해를 요구하는 원고적격 대신에, 프랑스 행정법상 개별결정과 행정입법을 포괄하는 광의의 행정행위 개념과 이익관련성만을 요구하는 원고적격의 도입을 추

---

9) 졸고, 행정소송법 개정의 주요쟁점, 『공법연구』 제31집 제3호(2003), 41-102면; 본서 제4장 참조.

진함에 따라 프랑스 행정법에 대한 관심이 높아졌다.[10] 영국에서도 오랜 전통을 깨고 1977/1981년 개혁을 통해 행정행위(특히 행정입법)에 대한 사법심사가 민사소송과는 별개의 특별절차로 분리되어 행정소송과 관련하여 공·사법 구별이 이루어지게 됨으로써 우리 행정법 체계와 가까워졌는데, 이러한 영국의 사법심사절차의 법제와 이론들이 활발하게 소개되고 있다.[11] 최근 강화된 유럽통합과 그로 인한 유럽국가 상호간의 행정법 비교연구 자료[12]에 힘입어, 독일법, 프랑스법 또는 영미법 어느 한 쪽에 편향된 비교법이 아니라, 이들을 포괄하는 '다원적' 비교법이 보다 용이해지고 있다.

3. 발전 방향

근본적으로 비교법의 목적이 바뀌어야 한다. 비교법은 — 기계를 외국에서 수입한 후 그 사용설명서를 외국문헌으로 읽는 것과 같이 — 계수된 법의 원활한 이용, 즉 재판과 입법을 위한 자료로 삼기 위해서가 아니라, 이제 행정법학을 위한 학

---

10) 예컨대, 이승민, 프랑스법상 '경찰행정'에 관한 연구, 서울대학교 박사학위논문 2010; 강지은, 프랑스 행정법상 '분리가능행위'(l'acte détachable)에 관한 연구 — 월권소송에 의한 행정계약 통제를 중심으로, 서울대학교 박사학위논문 2011; 박현정, 프랑스 행정법상 역무과실(la faute de service)에 관한 연구, 서울대학교 박사학위논문 2015 등 참조.

金道昶 박사는 1958년 『행정법론(상)』 초판에서부터 1993년 『일반행정법론(상)』 제4전정판 제1개정판에 이르기까지 변함없이 참고문헌으로 프랑스 문헌을 독일 문헌보다 먼저 소개하였을 뿐만 아니라, 행정행위의 공정력을 프랑스 이론인 행정의 '예선적 특권'(le privilège du préalable) 관념에 의거하여 설명하였으며, 1995년 『中凡 金東熙 교수 정년기념논문집』의 賀書에서는 김동희 교수에게 "독일식 권력국가체계에 젖어 있던 한국행정법학에 프랑스적인 자유의 개념이 착근되도록 노력해 달라"고 당부하는 등 프랑스 행정법학에 대한 높은 관심을 보였다. 이 마지막 당부는, 감히 사견에 의하면, '현실'로서의 권력국가를 극복하기 위해 '당위'로서의 자유를 강조하는 독일 행정법만이 아니라, 이미 '현실'로서 전제되어 있는 자유를 바탕으로 공공질서(l'ordre public)와 일반이익(l'intérêt général)을 '당위'로 제시하는 프랑스 행정법도 소중하다는 의미로 새길 수 있을 것이다.

11) 예컨대 안동인, 영국법상의 공·사법 이원체계에 관한 연구 — 사법심사청구제도와 관련하여, 서울대학교 법학박사학위논문 2009; 同人, 영국의 행정입법 통제, 『행정법연구』 제24호(2009), 271-304면; 졸저, 『행정소송의 구조와 기능』, 2006, 제15장 영국의 행정소송 (643-667면) 참조.

12) 대표적으로 Bogdandy/Cassese/Huber (Hg.), Handbuch Ius Publicum Europaeum. Bd. III. Verwaltungsrecht in Europa: Grundlagen (2010), Bd. IV. Verwaltungsrecht in Europa: Wissenschaft (2011), Bd. V. Verwaltungsrecht in Europa: Grundzüge (2014); Jürgen Schwarze, Europäisches Verwaltungsrecht. 2.Aufl., Baden-Baden 2005; 개별적인 주제에 관해서는 예컨대, Clemens Ladenburger, Verfahrensfehlerfolgen im französischen und im deutschen Verwaltungsrecht, Berlin u.a. 1999.

문방법론으로 자리매김되어야 한다. 다시 말해, 문제해결을 위한 비교법이 아니라 학문의 수준을 높이기 위한 비교법이다.[13] 이러한 학문적 관점은 연구의 소재를 풍부히 함으로써 결국 입법·재판에 대한 실제적 기여도도 높이게 될 것이다. 어떤 지점을 확인하기 위해서는 다른 두 개의 좌표가 필요하다는 기하학적 상식과 어떤 사물에 대한 인식은 다른 사물과의 비교를 통해 이루어진다는 인식론적 기초가 말해주듯이, 비교법은 우리의 법제와 이론을 정확히 파악하고 그 문제점을 찾아내기 위한 '자기점검적 기능'을 수행하게 된다.[14] 최근 독일에서도 공법학자대회에서 '국제성'(Internationalität)을 통해 공법학의 방법들을 확대해야 한다는 점을 주제로 삼았다.[15] 이제 세계화 시대에 비교법은 선진국의 법을 배우기 위한 수단이 아니라, 학문으로서의 법학의 수월성을 확보하기 위한 필수적인 방법이다.

이상과 같은 관점에서 세 가지 발전 방향을 제시하면, 첫째, 위에서 언급한 다원적 비교법을 더욱 진전시켜 독일, 프랑스, 영국 또는 미국 행정법과 같이 '원형모델'에 한정하지 않고, 그 원형모델들이 각각 다른 방식으로 혼합된, 말하자면 '복합모델'에 해당하는 네덜란드, 스페인, 스웨덴, 일본 등의 행정법도 비교법 연구의 대상으로 삼아야 한다. 특히 일본 행정법에 대한 연구는 이제 서양법에 대한 간접적 비교법을 위해서가 아니라, 일본법 자체에 대한 진정한 비교법적 연구로 바뀌어야 한다.

둘째, 우리보다 행정법의 발전이 늦은 나라의 행정법에 대한 연구도 시작해야 한다. 이른바 '후진국 비교법'이다. 이를 통해 우리가 어디까지 발전해 왔는지를 확인할 수 있을 뿐만 아니라, 최근 화두가 되고 있는 '법제의 수출'을 위하여 중요한 의미를 갖는다. 그동안 우리의 역동적인 민주주의와 법치주의의 발전은

---

13) 예컨대, 부관의 문제에 관하여, 프랑스 행정법에서는 독일에서와 같은 부관으로서의 '부담'(Auflage)이 없고 그에 상응하는 내용을 행정계약으로 체결하고 이를 행정소송으로 다툴 수 있도록 '분리가능행위'(l'acte détachable) 이론이 개발되어 왔다는 점은, 당장 우리의 부관이론을 수정할 수 없다고 하더라도, 학문적 논의의 수준을 높임과 동시에 우리의 실제적 문제—특히 부담과 이면계약의 문제에 관하여—의 해결에 시사점을 얻을 수 있다.

14) 졸고, 비교법의 의의와 방법론—무엇을, 왜, 어떻게 비교하는가?『법철학의 모색과 탐구』, 심헌섭 박사 75세 기념논문집, 2011, 479-502면; 본서 제21장 참조.

15) Hans Christian Röhl / Andreas von Arnauld, Öffnung der öffentlich-rechtlichen Methode durch Internationalität und Interdisziplinarität: Erscheinungsformen, Chancen, Grenzen, VVDStRL 74 (2015), S.7-87.

'한류'의 좋은 소재가 될 수 있다.

셋째, 외국의 개별 주제에 대한 이론과 판례뿐만 아니라, 행정법학 방법론에 관한 논의에도 주목하여야 한다. 유럽통합이 강화됨에 따라 독일·프랑스·영국에서 공히 행정법의 변화와 행정법학 방법론의 개혁이 주창되고 있다.16) 독일에서는 (실정)법학적 방법(juristische Methode)과 도그마틱을 중심으로 하는 소송지향적 방법론을 극복하고, 행정법의 임무를 행정의 법적 '조종'(Steuerung)으로 파악하는 행정지향적 방법론으로서, '조종학'(Steuerungwissenschaft)으로서의 행정법학이 활발히 논의되고 있다.17) 프랑스에서도 꽁세유·데따의 판례를 중심 소재로 하는 '행정법 도그마틱'(la doctrine en droit administratif)에 대비하여 행정법의 제도들과 근본이론을 학문적으로 탐구하는 '행정법(과)학'(la science du droit administratif)의 임무와 한계가 논의되고 있다.18) 영국에서는 커먼·로 전통에 입각하여 행정소송을 중시하는 '사법심사 학파'(judicial review school)19)에 대응하여, 행정에 대한 법의 역할, 규제와 가버넌스의 문제에 초점을 맞추는 방법론20)이 유력하게 대두되고 있다. 이러한 유럽에서의 변화는 우리나라 행정법학 방법론의 발전을 위해 소중한 자료가 된다. 이에 관해 아래 Ⅴ. 행정과학과 관련하여 재론한다.

---

16) 대표적으로 Schmidt-Aßmann/Hoffmann-Riem u.a. (Hg.), Schriften zur Reform des Verwaltungsrechts. Bd.1-10, Baden-Baden 1993-2004; Andreas Voßkuhle, Die Reform des Verwaltungsrechts als Projekt der Wissenschaft, Die Verwaltung 1999, S.545-554; Matthias Ruffert (ed.), The Transformation of Administrative Law in Europe / La mutation du droit administratif en Europe, München 2007; Jean-Bernard Auby, La bataille de San Romano. Réflexions sur les évolutions récentes du droit administratif, AJDA 2001, p.912-926 참조.

17) Ivo Appel / Martin Eifert, Das Verwaltungsrecht zwischen klassischem dogmatischen Verständnis und steuerungswissenschaftlichem Anspruch, VVDStRL 67 (2008), S.226-333; Andreas Voßkuhle, Neue Verwaltungswissenschaft, in: Grundlagen des Verwaltungsrechts. Bd.I. 2006, § 1 (S.1-63) 참조.

18) 대표적으로 Patrice Chrétien, La science du droit administratif, en: Gonod/Melleray/Yolka (ed.), Traité de droit administratif. Tome 1, 2011, p.60-100 참조.

19) 대표적으로 de Smith/Woolf/Jowell, Principles of Judicial Review, 1999; Wade/Forsyth, Administrative Law. 10.ed., 2009.

20) 대표적으로 Harlow/Rawlings, Law and Administration. 3.ed., 2009.

Ⅲ. 判例硏究

1. 형성 과정

어떤 법영역이든지 그 형성 초기에는 법률이 미비하여 판례가 법형성에 주도적 역할을 한다.[21] 우리나라 행정법에서도 초창기에 행정법령이 미비된 상태에서, 상술한 바와 같이 행정법학이 그 이론체계의 구축을 위해 비교법에 치중하고 있는 사이에, 실제 우리나라의 행정법 체계를 만드는 데 판례가 결정적인 역할을 하였다. 1975년에 간행된 『행정판례집(상·중·하)』에 수록된 판례가 일반행정법 영역과 개별 행정영역에 걸쳐 약 9,000건에 달했었다.

따라서 행정법학이 '우리의 살아 있는' 행정법을 연구하기 위해 판례를 연구 대상으로 삼는 것은 너무나 당연한 일이었다. 그 선구적 역할을 한 것이 바로 위 『행정판례집(상·중·하)』이고, 1984년 창립된 한국행정판례연구회이다.[22] 행정법 학술논문에서도 이론적 논의만이 아니라 쟁점과 관련되는 우리 판례들을 지적하기 시작하였고, 학자와 실무가들의 판례평석이 활발히 간행되었다. 특히 한국행정판례연구회에서 1992년의 『행정판례연구』 제1집 이후 거의 매년 간행되어 올해 제20집에 이르렀는데, 2010년 제15집부터는 1년에 2회 발간되었으므로 지금까지 총 30권이 되었다. 1990년대 들어 판례연구에 획기적 전기가 된 것이 컴퓨터의 발전과 함께 대법원의 판례전산정보 구축이었다.

이와 함께 행정소송의 대폭 증가도 언급되어야 하는데, 제1심 본안사건 제기 건수가 통계가 시작된 1953년에 157건이던 것이 2014년에 17,630건이 되었고, 상고심 사건도 2014년에 조세사건과 노동·산재사건을 제외한 일반행정사건만 2,000건을 상회한다.[23] 이로써 다양한 사안과 — 행정법이론에서 문제되는 대부분의 — 쟁점들에 관하여 판례가 축적되어, 외국의 행정법학자들이 부러워할 정도로, 행정법학의 풍부한 연구대상이 되고 있다.

---

21) 법학과 판례의 상호 발전과정에 관하여 졸고, 행정법에 있어 판례의 의의와 기능 — 법학과 법실무의 연결고리로서의 판례, 『행정법학』 창간호(2011), 35-69면 (58면); 본서 제7장(267-268면) 참조.

22) 각주 6 참조. 1977년 출간된 李尙圭, 『주석행정판례집 Ⅰ·Ⅱ』과 1980년 출간된 金道昶·徐元宇·金鐵容·崔松和 공저, 『판례교재행정법』도 이러한 맥락에서 이해될 수 있다.

23) 법원행정처, 『2015년 사법연감』, 872-875면 참조.

2. 전개 상황

이제 판례연구는 행정법학의 너무나 당연한, 필수적인 방법이 되었다. 판례 평석 논문에서는 물론 일반 학술논문에서도 반드시 판례를 조사, 분석하여야 하고, 교과서에 수많은 판례들이 정리되어 있으며, 상당수의 판례교재들이 계속 간행되고 있다. 특히 판례는 법학교육의 중요한 소재가 되었는데, 로스쿨 제도 도입 이후에 더욱 그 비중이 커졌다.

이와 함께 부작용과 우려도 커지고 있다. 판례에 대한 비판 의식과 능력이 없어져 판례에 맹목적으로 종속되고, 판례의 정리와 해설이 행정법학의 주된 임무가 되어, 판례가 곧 법이라는, 심지어 판례만이 법이라는 소위 '판례법 실증주의'(Richterrechtspositivismus)가 법실무에서는 물론 법학계에서도 팽배해지고 있다. 이로써 판례에 대한 법이론적 분석은 소홀해지고 판례생성의 법외적인 사정과 배경이 중시된다. 비단 행정법학만의 문제가 아니지만, 특히 행정법학은 자국의 판례에만 매몰되면 결국 학문으로서의 (세계)보편성과 개방성을 상실하고 '판례지식'으로 전락하고 만다. 말하자면, 행정법에 있어 학문과 국수주의는 상극이다.

또한 간과할 수 없는 부작용은 판례에만 매달리게 되면 행정법학이 오직 '재판'만을 지향하게 되고 '행정'과 단절된다는 점이다. 행정법은 근본적으로 '행정의 법'이다. 행정소송은 행정이 그 자신의 법을 제대로 적용하였는지를 '사후심사'(Nachprüfung; review)하는 것이다. 물론 행정소송은 행정법을 '효력 있는' 법이되도록 보장하는, 행정법의 필수적 요소이긴 하지만, 그것만이 전부가 아니다. 규제(설계)와 입법(과정) 역시 행정법의 필수 영역인데, 이들이 행정법학에서 실종될 위기에 있다.

3. 발전 방향

이러한 위기를 극복하는 길은 판례의 위상 내지 법적 성질을 정확히 파악하는 데부터 시작한다.[24] 한편으로 판례의 사실상 구속력에 의거하여 판례를 법의 경험적 내지 사실상의 인식근거(제1단계 판례법)로 인정함으로써 행정법학의 주요한 연구대상이자 법실무와의 소통의 소재로 삼아야 하지만, 다른 한편으로 재판

---

24) 이하의 판례의 법적 성질에 관한 상세한 내용은 졸고, 전게논문(각주 21: 행정법에 있어 판례의 의의와 기능), 43-48면, 54-65면; 본서 제7장 참조.

관의 법해석과 법형성 권한에 의거하여 판례를 법의 규범적 내지 당위적 인식근거(제2단계 판례법)로 인정함으로써 행정법학의 평가 및 비판 대상으로 삼아야 한다. 무릇 법학이 '법'을 평가하고 비판하기 위한 것이라면 '판례법'에 대해서도 물론이다. 오히려 의회의 입법절차를 거치지 않았다는 점에서 그 평가와 비판의 강도를 높여야 한다. 특히 그것만으로 법의 효력근거가 된다는 의미의 (제3단계의) 판례법은 인정될 수 없으므로, 사안마다 끊임없이 그 합리성이 검증되어야 한다.

    이와 관련하여, 판례를 분석·평가하는 데 있어 방법문제(Methodenfrage)와 실질문제(Sachfrage)의 구별이 중요하다는 점을 언급할 만하다. 전자는 법해석과 법형성의 '방법적 정당성'에 관한 것이고, 후자는 법해석 또는 법형성의 '내용적 타당성'에 관한 것이다. 특히 행정법에서는 후자의 실질문제가 해당 개별행정의 전문적 사항들과 관련되어 사실적·경험적 지식이 필요한 경우가 많은데, 후술하는 바와 같이 이를 위하여 학제간 연구가 요청되지만, 법학의 본령인 방법문제에 대한 검토 없이 성급히 실질문제에 매달려서는 판례에 대한 비판능력이 떨어질 우려가 있다.[25]

Ⅳ. 憲法統合

1. 형성 과정

    비교법과 판례연구와 더불어, 행정법학의 방법(론)에서 빠질 수 없는 것이 '헌법통합'[26]이다. 행정법령이 미비한 상태에서 비교법에 치중하였다가 행정법학의 국가적 정체성을 찾는 과정에서 헌법에 주목하게 되지만, 이러한 단계를 넘어선 이후에도 — 이것이 결정적인 이유인데 — 행정법학의 연구대상인 행정법은 수많은 법령들과 개별 행정영역들의 특수성 내지 독자성으로 인해 '원심력'이 항상 작용하기 때문에, 이를 견제하고 행정법의 통일성을 확보하기 위한 '구심점'으로 헌법이 필요하다.

---

25) 이에 관하여는 졸고, 전게논문(각주 2: 행정법과 법해석 — 법률유보 내지 의회유보와 법형성의 한계) 특히 23-24면; 본서 제9장(335-336면) 참조.

26) 알기 쉽게 말하면 '헌법과의 통합'이겠으나, 후술하는 바와 같이, 행정법의 관점에서 행정법의 法源으로서 '헌(법)'을 통합한다는 의미에서, 축약하여 — 판례를 연구한다는 의미에서 '판례연구'라고 하듯이, — '헌법통합'이라고 부를 수 있을 것이다.

오토·마이어가 헌법은 변하지만 행정법은 존속한다고 하여 헌법과의 구별을 강조했으나, 여기서 '헌법'(Verfassung)은 정치체제에 가까운 의미로서, 위 말은 프랑스에서 제3공화국의 불안정한 정치체제에도 불구하고 안정적으로 발전한 행정법을 모범삼은 것으로 볼 수 있다. 이와 같이 안정적인 행정법의 체계를 통일적으로 구축하는 구심점이 그에게 있어서는 헌법이 아니라 법치주의 이념이었는데,[27] 오늘날 법치주의 이념은 바로 헌법의 내용으로 파악되기 때문에, 결국 오토·마이어에 있어서도 행정법은 헌법을 포괄하고 있었다고 말할 수 있다.[28]

이러한 행정법과 헌법의 통합은 우리나라에서 비교적 용이하게 이루어졌다. 1960년대까지 대학에서 교수가 헌법과 행정법을 동시에 담당하다가 1970년대부터 분화되었지만, '구체화된 헌법'으로서의 행정법을 강조하는 독일 행정법학의 영향과 더불어, 특히 1980년대 후반 민주화와 헌법재판소의 설치에 힘입어 헌법은 행정법에서 분리될 수 없는 구성부분이 되었다. 그리하여 (일반)행정법 체계의 구성요소인 — 비례원칙, 신뢰보호원칙 등 — '행정법의 일반원칙'들도 더 이상 민법에서 유래한 용어인 '조리'가 아니라 '헌법원리'로 파악되게 되었다.[29]

2. 전개 상황

행정법의 통일성을 유지하고 법치주의와 민주주의 등 헌법이념과의 연결성을 강조하는 데까지는 헌법과의 통합이 순기능을 하였다. 그러나 이를 넘어 '구체화된 헌법'으로서의 행정법이라는 테제가 헌법에 대한 행정법의 종속성 내지 열등성을 의미하는 것으로 오해됨으로써, 심지어 행정법학의 폄하로 연결될 우려마저 생기게 되었다. 공법학으로서 헌법학이 기본이고 행정법학은 부수적이라는 것이다. 이러한 우려는 헌법재판의 활성화로 인한 헌법만능 내지 헌법과잉 현상으로 인해 증폭되었다.

더욱이 최근 로스쿨 도입 이후 미국 법학교육과정의 영향으로 인해 위와 같

---

27) 이에 관하여 특히 Wolfgang Meyer-Hesemann, Methodenwandel in der Verwaltungs-rechtswissenschaft, 1981, S.24-26 참조.
28) 이와 관련하여 오토·마이어도 행정법의 헌법종속성을 인정하고 있었다고 점에 관하여 Otto Bachof, Die Dogmatik des Verwaltungsrechts vor den Gegenwartsaufgaben der Verwaltung, VVDStRL 30 (1972) S.204-206 참조.
29) 金南辰, 『행정법의 기본문제』, 1983, 45-46면; 졸고, 행정법의 불문법원으로서의 법원칙, 서울대학교 석사학위논문, 1989, 10-11면 참조.

은 부작용이 더욱 심화되고 있다. 주지하다시피 미국에서 일반적으로 '행정법'은
행정절차와 행정소송에만 한정된 '마이나' 과목으로 인식되고 있는데, 개별 행정
법영역들은 모두 별도 과목으로 분화되어 있고, 일반행정법에 해당하는 행정법
일반이론들은 헌법 과목에 포함되어 있기 때문이다. 우리나라에서도 이러한 생각
이 부지불식간에 퍼져, 헌법학에서뿐만 아니라 행정법학 자체에서도, 행정법 도
그마틱의 개념들과 체계가 거의 대부분 기본권 도그마틱, 특히 기본권 제한의 한
계에 관한 헌법 제37조 제2항의 해석 문제로 해소된다고 보는 경우가 드물지 않
다. 그리하여 기본권(직업선택의 자유) 제한의 명확성을 근거로 허가와 특허(재량적
허가)의 구별이 정면으로 부정되기도 하고, 재량행위의 한계 문제도 재량권을 부
여한 법률에 대한 헌법상 제한으로 이해되기도 한다. 이른바 행정법의 '헌법화'[30]
(Konstitutionalisierung) 경향이다.

　　이러한 헌법학과 행정법학의 갈등 관계는 헌법재판소와 대법원의 권한충돌,
특히 행정소송(항고소송)과 헌법소원심판과의 관계를 둘러싸고 비화되었다.[31] 설
상가상으로, 연방헌법재판소의 막강한 위상과 권위가 반영된 독일의 헌법학 이론
을 우리 행정법학의 일부에서―독일법 편향 경향으로 인해―거의 여과 없이 받
아들이고 있는 것이 큰 문제이다.

3. 발전 방향

　　(1) 이러한 문제를 풀고 헌법과의 진정한 통합을 이루는 길(방법!)은 헌법 개
념을 정확히 파악하는 데에서부터 시작한다. 먼저 'Verfassung'(constitution; 憲, 국
헌, 헌정체제)과 'Verfassungsrecht'(constitutional law; 헌법)를 구별하여야 한다.[32] 전
자가 '법'으로 된 것이 후자인데, 법학과 헌법재판이 그 매개체이다. 다시 말해,
법학과 헌법재판을 통해 憲은―법이 되어―헌법이 되는 것이다. 헌법학을 중심
으로 놓고 보면 '憲'은 연구의 대상이고 헌법재판은 그 규범력의 확보 수단이다.

---

30) 이에 관한 독일문헌으로 Michael Gerhardt, Verfassungsgerichtliche Kontrolle der Verwal-
　　tungsgerichtsbarkeit als Parameter der Konstitutionalisierung des Verwaltungsrechts, in:
　　Trute/Groß/ Röhl/Möllers (Hg.), Allgemeines Verwaltungsrecht―zur Tragfähigkeit eines
　　Konzepts, 2008, S.735-748 참조.
31) 이에 관하여 졸고, 행정소송법 개혁의 과제, 『서울대학교 법학』 제45권 제3호(2004),
　　376-418면(특히 394면 이하) 참조.
32) 'Verfassung'의 개념에 관하여 특히 Konrad Hesse, Grundzüge des Verfassungsrechts der
　　Bundesrepublik Deutschland. 20.Aufl., 1999, S.3-19 참조.

이는 행정, 행정법, 행정소송과 행정법학의 관계와 다르지 않다. 즉, 행정법학의 연구대상은 행정인데, 행정법학이 그 행정에게 행정소송을 매개수단으로 규범성을 부여함으로써 행정법이 만들어진다. 행정과 행정법이 구별되듯이, 憲과 헌법도 구별되어야 한다. 憲에 대응되는 것이 행정인데, 일견 憲은 그 자체가 규범이라는 점에서 사실로서의 행정과 다르다고 할 수 있으나, 행정도—Maurice Hauriou의 말대로—'행정체제'(le régime administratif)로서 일종의 규범력을 갖는 것으로 볼 수 있으므로33) 절대적인 차이가 아니다.34)

이러한 관점에서 보면, 행정법과 행정법학이 반드시 통합해야 하는 것은 憲이지 헌법이 아니다. '헌법'은 헌법학의 인식의 산물로서, 憲 규정의 추상성 때문에, 대부분 기본권 도그마틱과 헌법재판소의 판례로 이루어져 있다. 이러한 상황에서 행정법학이 '헌법'을 통합하여 행정법을 '헌법'의 구체화법으로 본다는 것은 위에서 지적한 바와 같은 학문적 종속 내지 최소한 혼동의 우려를 낳게 된다. 독일에서도 현재 행정법학과 헌법학은 그 연구 대상과 방법에서 뚜렷한 차이를 갖는 분과로 인식되고 있다.35) 1959년 Fritz Werner가 행정법이 '구체화된 헌법'(konkretisiertes Verfassungsrecht)이라고 말한 것36)은 기본법이 시행된 지 10년이 채 되지 않은 상태에서 아직 기본권 도그마틱과 헌법재판소판례가 축적, 완성되기 이전이다. 따라서 그가 구체화된 헌법이라고 말할 때의 '헌법'은 엄밀히 말해 憲이었다고 할 수 있다. 그리고 그는 당시 연방행정재판소장으로 행정법의 法源, 다시 말해, 행정소송

---

33) Maurice Hauriou에 있어서 '행정체제'(le régime administratif)는 행정법학의 출발개념이다. 대표적으로 同人, Précis de droit administratif et de droit public. 7.éd., 1911, p.1-5; 11.éd., 1927, p.1-6 참조. 여기서 '행정체제'는 행정이 일반사법권의 일환으로 행사되고 일반사법권의 통제를 받는 영국과 달리, 프랑스에서와 같이 '행정'이라는 특별한 법적 권력에 행정권이 부여되어 행사되고 그에 대한 재판적 통제도 '행정'에게 맡겨지는 체제를 의미하므로, 사회적 사실로서의 의미만이 아니라 규범적 의미도 내포하고 있다.

34) 성문헌(법)국가에서는 憲은 문자로 되어 있는 반면, 행정체제는—모종의 규범력이 인정된다 하더라도—그렇지 않다는 점에서 명확하게 구별된다. 이와 관련하여, '대한민국헌법'은 스위스의 Bundes'verfassung' der Schweizerischen Eidgenossenschaft, 미국의 'Constitution' of U.S.A와 같이 憲으로 보아야 한다. '대한민국헌법'이 일반인에게 민법, 형법, 소송법 등과 같은, 그리하여 법률가와 법학의 전유물인 '헌법'으로 인식됨으로 말미암아, 국가의 정체성을 확보하는 진정한 憲으로 인식되지 못하고 있는 것이 아닌가 생각한다.

35) 단적으로 Friedrich Schoch, Gemeinsamkeiten und Unterschiede von Verwaltungsrechtslehre und Staatsrechtslehre, in: Helmut Schulze-Fielitz (Hg.), Staatsrechtslehre als Wissenschaft, 2007, S.177-210 참조.

36) Fritz Werner, Verwaltungsrecht als konkretisiertes Verfassungsrecht, DVBl. 1959, S.527-533.

에서의 위법성 심사기준으로 憲을 강조한 것이다. 흔히 그가 우리나라에 연방헌법
재판소장으로 잘못 소개되고 있는데, 그의 말을 행정법의 헌법 종속성 내지 귀속
성으로 오해하는 것과 동일한 맥락의 오류이다. 요컨대, 憲은 행정법의 최고 法源
이자 구심점으로서 그 자체로 행정법의 일부이고, 행정법학의 연구대상이다.

프랑스에서는 헌법재판소와 행정재판소(꽁세유·데따), 헌법재판과 행정소송,
헌법과 행정법, 헌법학과 행정법학의 관계가 독일에서와 사뭇 다르다.[37] 물론 우
리나라의 상황이 프랑스와 같지 않지만 독일과도 다르기 때문에, 독일 헌법학에
기초한 헌법과 행정법에 대한 이해에 편향되지 않기 위해서라도 위에서 강조한
'다원적' 비교법의 필요성은 절실하다.

(2) 이와 같이 '憲(법)'을 행정법의 法源으로서, 행정법의 구성부분이자 행정
법학의 연구대상으로 파악함에 있어, 간과해서는 아니 될 가장 중요한 것은 헌법
이 행정법의 '최고' 法源이라는 것은 효력의 측면에서이지, 헌법이 행정법에 우선
하여 적용된다는 의미가 아니라는 점이다. 독일에서도 '효력우선'(Geltungsvorrang)
과 '적용우선'(Anwendungsvorrang)을 구별하여, '효력'에 있어서는 헌법이 우선하
지만 '적용'에 있어서는 법률 및 하위법령이 우선한다는 것이 일반적 견해이다.[38]
효력을 증명하기 위해서는 '가능한 한 더 높은' 法源, 따라서 가장 높은 헌법을 동
원하여야 하는 반면, 사안의 타당한 해결을 위해서는 '가능한 한 그 사안과 더 가
까운' 법명제를 적용하여야 하기 때문이다.[39] 더욱이 개별 행정영역의 특수성과

---

37) 대표적으로 Georges Vedel, La bases constitutionnelles du droit administratif, Conseil
d'État, Études et documents, 1954, p.21-53; Charles Eisenmann, La théorie des bases con-
stitutionnelles du droit, en: le même, Écrit de droit administratif, 2013, p.274-370 (RDP
1972, p.1345-1441); Olivier Jouanjan, Les sources du droit administratif: La Constitution,
en: Gonod/ Melleray/Yolka (éd.), Traité de droit administratif. Tome 1, 2011, p.384-412
참조.

38) 대표적으로 Hartmut Maurer, Allgemeines Verwaltungsrecht. 18.Aufl., 2011, § 4 Rn.58
(S.91); Erichsen/Ehlers (Hg.), Allgemeines Verwaltungsrecht. 14.Aufl., 2010, Rn.3-4 (S.238-
239); Wolff/Bachof/Stober/Kluth, Verwaltungsrecht I. 12.Aufl., 2007, § 26 Rn.16 (S.269);
Fritz Ossenbühl, Daseinsvorsorge und Verwaltungsprivatrecht, DÖV 1971, S. 513-524,
jetzt in: ders, Freiheit Verantwortung Kompetenz. Ausgewählte Abhandlungen, 1994,
S.555-578 (572-574); Franz Reimer, Das Parlamentsgesetz als Steuerungsmittel und
Kontrollmaßstab, in: Grundlagen des Verwaltungsrechts. Bd.I., 2006, § 9 Rn.74 (Fn.577).
헌법원리에 대한 관계에서 개별 헌법규정의 적용우선에 관해서는 Franz Reimer, a.a.O.,
Rn.31 (Fn.248); 법률의 적용우선에 관하여 본서 제23장(680-681면) 참조.

39) 법률의 합헌적 해석도 법률의 적용우선을 전제로 한다. 법률의 해석을 위하여 헌법이 '적

이익상황을 고려하기 위해서는 당해 근거법률이 중요한 의미를 갖는다.[40] 적용
가능한 법률 및 하위법령이 없을 때 비로소 헌법이 최후로 보충적으로 적용된
다.[41] 그리하여 적용의 관점에서는 헌법이 오히려 "추상화된 행정법"(abstrahiertes
Verwaltungsrecht)[42]으로서, 그 구체적 내용을 행정법으로부터 학습해야 한다.[43]

V. 行政科學

1. 초기 상황

행정법학의 초창기는 행정법의 법적 구속력 확보와 법학으로서의 정체성 확
립에 초점을 맞추게 된다. 독일에서 행정법학은 18세기까지 官房學(Kameralwissen-

용'된다고 말할 수 있을지 모르나, 개별 사안에 적용되는 것은 어디까지나 — 합헌적으로
해석된 — 법률규정이다. 거꾸로 말하면, 법률이 우선적으로 적용되기 때문에 그 법률의
합헌적 해석이 필요한 것이다. 법률의 위헌심사도 마찬가지이다. 위헌심사의 척도로 헌법
이 적용되긴 하지만, 개별 사안에 적용되는 것은 — 위헌심사에 살아남은 — 법률이다. 위
헌 무효로 판단되는 경우에도 방법론의 관점에서는, 구체적 규범통제를 위한 재판의 전
제성에서 단적으로 드러나듯이, 당해 법률의 '적용'을 저지하기 위한 것이다.

40) 따라서 앞에서 언급한 허가·특허의 구별과 재량행위의 한계도 기본적으로 당해 법률 내
지 입법자 의사의 '해석' 문제이고, 헌법은 그 해석의 한계 또는 — 최대한으로 그 역할
을 확대하더라도 — 해석의 기준에 불과할 뿐이다. 특히 재량행위의 경우에는 일차적으
로 그 재량권을 부여한 법률 규정 및 관계규정들에서 그 한계가 도출된다. 비례원칙도
마찬가지이다. 당해 법률이 재량권을 부여한 취지가 바로 비례에 적합한 결정을 하도록
하기 위한 것이기 때문이다. 그럼에도 법률의 차원에는 재량의 한계가 전혀 없고 오직
헌법에 의해서만 그 한계가 부과되는 것으로 보는 것은 의회민주주의 및 이에 의거한 법
률의 의미를 완전히 몰각하는 헌법만능주의가 아닐 수 없다.
41) 이러한 효력우선과 적용우선의 구별은 유럽공동체법과 관련하여 강조되고 있다. 즉, 유
럽조약과 유럽규정 및 유럽지침은 효력에 있어 국내법에 우선하지만, 구체적 사안에서
는 먼저 국내법이 적용되어야 하고, 다만 국내법이 유럽공동체법에 위반되는지 여부가
심사되어야 한다는 것이다. Erichsen/Ehlers (Hg.), a.a.O.(Allgemeines Verwaltungsrecht)
§ 2 Rn.109-111 참조.
42) Christoph Möllers, Methoden, in: Grundlagen des Verwaltungsrechts, Bd.I, 2006, § 3,
Rn.13 (S.132).
43) Jens Kersten, Was kann das Verfassungsrecht vom Verwaltungsrecht lernen? DVBl 2011,
S.585-591 (585) 참조. 또한 이와 유사한 관점에서 행정법이 오히려 한 나라의 '헌(법)
적'(constitutional), 다시 말해, 기본체제 내지 기본골격을 이룬다는 점을 강조한 미국문
헌으로 Tom Ginsburg, Written constitutions and the administrative state: on the constitu-
tional character of administrative law, in: Susan Rose-Ackerman & Peter L. Lindseth (ed.),
Comparative Administrative Law, 2010, p.117-127 참조.

schaft)과 경찰학(Polizeiwissenschaft)과 같이 국가행정 운영을 위한 학문에서 분화되어, 19세기 중후반에 로렌쯔·폰·스타인을 중심으로 하는 '국가학적 방법'(staats-wissenschaftliche Mothode)[44]을 극복하고 오토·마이어에 의해 '(실정)법학적 방법론'(juristische Methode)에 의해 확립된 것이다.[45] 이러한 관방학과 경찰학, 특히 국가학적 방법이 그 후 미국으로 중심으로 발전한 행정학의 뿌리가 되었으니, 행정법학은—특히 우리나라에서—숙명적으로 행정학과의 관계에서 정체성을 확보해야 하는 과제를 안고 있다.

행정법학의 정체성은 바로 규범학으로서의 '법학'에 있다. 말하자면, 행정법학은 오토·마이어의 말대로 민법, 형법 등 '年上의 자매 과목'(ältere Schwesterdisziplin)들과 어깨를 나란히 하지 않으면 아니 된다.[46] 법학으로서의 행정법학의 정체성은 법치주의의 이념 하에 행정에 대한 법적 통제와 국민의 권리구제를 강조하면서 더욱 강화되었고, 이로써 더욱더 행정학과의 분리가 심화되었다. 1960년대 서울대학교 행정대학원이 설립된 후 1980년대 중반까지의 권위주의 시대에 소위 '개발독재' 행정에 힘입어 행정학이 비약적인 발전을 하는 사이에도, 행정법학은 행정에 대한 법치주의적 통제를 고수하면서 그 정체성을 지켜왔다는 점은 분명히 긍정적으로 평가되어야 한다.

그러나 그 대가는 작지 않았다. 행정법학이 그 연구대상인 행정과 유리되어 행정소송에만 스스로를 한정하는 '행정소송법학'으로 전락할 위기에 처하게 된다. 행정입법만이 아니라 법률도 실제적으로 행정이 만든다는—의회를 통해 그 민주적 정당성을 획득하긴 하지만—점에서, 행정을 멀리하고 법원만 바라보게 되

---

44) Lorenz von Stein, Handbuch der Verwaltungslehre und des Verwaltungsrechts, 1870 (Neudruck: Hg. Utz Schliesky, Tübingen 2010) 참조.

45) 이에 관하여 Wolfgang Meyer-Hesemann, a.a.O.(Methodenwandel), S.6-31 참조.

46) Otto Mayer, Deutsches Verwaltungsrecht. Bd.I 2.Aufl., 1914 S.21 (3.Aufl., 1924 S.20). 이에 관하여 졸고, 오토·마이어(1846-1924)의 삶과 학문, 『행정법연구』 제18호(2007), 199-230면(216면) 참조. 오토·마이어가 민법(로마법) 전공으로 박사학위를 받은 후 약 8년간의 변호사 활동을 거친 후 행정법학자가 되었듯이, 牧村 金道昶 박사도 1949년 민법 전공으로 석사학위를 받은 후 법제관으로 근무하면서 행정법학자로 성장하였고 1980년대에는 본격적인 변호사 활동을 하였다는 사실이 '법학'으로서의 행정법학의 정체성 확립에 바탕이 되었다고 할 수 있다. 그러나 동시에 金道昶 박사가 1972년에 설립하여, 1975년 『행정판례집(상)(중)(하)』 간행, 1980년 『행정절차법 연구』 출간 등 활발한 활동을 하였던 연구소는 한국 '행정과학' 연구소이었음을 잊어서는 아니 된다. 이는 후술하는 바와 같이 행정법학의 정체성은 '법학'에 있지만 그 최종목표는 '행정과학'에 있다는 점을 여실히 드러내는 것이라고 할 수 있다.

면, 행정법학의 역할과 활동범위는 더욱 위축된다. 비록 소수이었지만 이러한 문제점을 직시하고 일찍이 행정법학과 행정학의 연계의 필요성을 강조하는 견해가 있었음을 잊어서는 아니 된다.[47]

2. 전개 상황

이러한 행정법학과 행정학의 분리 현상은 최근 행정소송의 활성화와 로스쿨 설치로 더욱 심화되고 있다. 행정법이 사법시험과 변호사시험을 합격하기 위한 중요한 (필수)과목으로 교육, 학습되고 있고, 판사, 변호사 등 실무가들이 대학원에서 행정법을 전공하는 경우가 급증하고 있다는 점은 분명히 환영할 만한 일이지만, 반면에 행정부 공무원들은 심지어 학부전공이 법학인 경우에도 거의 대부분 행정법을 경원시하며 행정대학원에서 행정학을 전공하는 경향이 있는데, 이는 심히 우려할 만한 사태이다. 특히 로스쿨제도 도입 이후에는 법률가가 되지 않고 행정법을 공부할 수 있는 길이 거의 봉쇄됨으로써 문제는 심각해졌지만, 위기는 기회일 수 있다. 학부에서 다른 학문을 전공한 후 로스쿨을 거쳐 행정법학을 전공하게 되면 후술하는 '방법의 개방성'과 학제간 연구가 활성화될 가능성이 크기 때문이다.

3. 발전방향

행정법학이 법학으로서의 정체성을 확보하여 집안을 다지고 나면 집 밖으로 나가야 한다. 그리하여 '행정'이라는 같은 연구대상을 가진, 한 뿌리에서 분화된, 행정학을 만나야 한다. 행정학은 사회학, 정치학, 정책학, 경제학 등 다양한 학문방법을 포괄하고 있으므로, 행정학을 통하여 이들 학문과 접할 수 있게 되어, 종합적 행정과학으로 나가는 길이 열린다. 또한 이같이 다양한 학문을 접하는 것은 행정법학의 독일 편중 경향을, 역시 행정학의 미국 편중 경향도 함께, 극복하여 국제무대로 나가는 기회가 된다. 이것이 곧 학제성(Interdisziplinät)과 국제성(Internationalität)

---

47) 대표적으로 徐元宇, 행정법학과 행정학의 관계 (상)(하), 『法政』 제21권 제3호(1966), 67-70면, 제21권 제4호(1966), 66-68면; 同人, 행정법학에서 본 행정학, 『한국행정학보』 제10호(1976), 94-120면; 同人, 행정학과 행정법학의 대화, 『고시연구』 제277호(1997. 4.), 31-46면; 同人, 행정시스템의 변화와 21세기 행정법학의 과제, 『행정법연구』 제7호(2001), 1-10면; 최영규, 徐元宇 교수의 생애와 학문, 『행정법연구』 제14호(2005), 1-13면; 홍준형, 徐元宇 교수와 한국의 행정법학, 『서울대학교 법학』 제47권 제4호(2006), 372-386면 참조.

이라는 두 개의 관문을 통한 방법론의 개방이다.[48]

독일에서 '행정법의 개혁'[49]의 일환으로 주장되고 있는 '조종학'으로서의 행정법학도 결국 失地인 행정학 영역을 收復하자는 것이다. 행정법의 초점을 행정통제로 바꾼다는 부분에서 우리는 독일의 주류 행정법학도 이제는 권리구제 중심에서 벗어났다는 점을 확인할 수 있다. 다만, 그 구체적인 방법으로 행정을 '통제'의 대상으로 보면서 그 통제의 수단 내지 수단을 합법률성 이외에 타당성, 투명성, 수용성, 효율성 등으로 확대하고 있는데,[50] 이들도 결국 — 일종의 행정규칙으로서 — 최소한 내부적인 법적 구속력을 갖게 되어 감사, 징계의 기준이 된다는 점에서, 행정의 '법과잉'이라는 비판을 받게 된다.[51]

사견에 의하면, 행정법학으로서의 정체성을 잃지 않으면서도 행정학과 자연스럽게 연결되는 최선의 방법은 — 켈젠이 말하는 입법과 행정과 사법의 본질적 동일성 테제에 의거하여[52] — 행정을 '제1입법자' 및 '제1법관'으로 인정하는 데 있다.[53] 즉, 행정이 먼저 법률을 만들고 이를 의회에서 확인받고, 행정이 먼저 법률을 적용하고 이를 법원에서 점검받는다는 것이다. 그러면 행정의 모든 결정에 대하여 정책적 측면과 법적 측면이 대등하게 포착되고, 그럼으로써 행정법학과 행정학이 서로 조언·경청할 수 있는 기반이 마련된다. 다시 말해, 행정법학은 행정의 정책결정을 위한 법적 소재를 제공하고, 행정학은 행정의 법적 결정을 위한

---

48) 이에 관한 최근의 독일문헌은 Hans Christian Röhl / Andreas von Arnauld, Öffnung der öffentlich-rechtlichen Methode durch Internationalität und Interdisziplinarität: Erscheinungs- formen, Chancen, Grenzen, VVDStRL 74 (2015), S.7-87.

49) Hoffmann-Riem/Schmidt-Aßmann/Schuppert (Hg.), Reform des Allgemeinen Verwaltungs- rechts. Grundfragen, 1993; Schmidt-Aßmann/Hoffmann-Riem (Hg.), Methoden der Ver- waltungsrechtswissenschaft, 2004.

50) 대표적으로 Eberhard Schmidt-Aßmann, Verwaltungskontrolle: Einleitende Problemskizze in: Schmidt-Aßmann/Hoffmann-Riem (Hg.), Verwaltungskontrolle, 2001, S.9-44 참조.

51) Das Verwaltungsrecht zwischen klassischem dogmatischen Verständnis und steuer- ungswissenschaftlichem Anspruch, VVDStRL 67 (2008), Aussprache, Starck, S.334 참조.

52) Hans Kelsen, Die Lehre von den drei Gewalten oder Funktionen des Staates, in: Kant- Festschrift zu Kants 200 Geburtstag, Archiv für Rechts- und Wirtschaftsphilosophie, XVIII Band, 1923/24, S. 374-408, jetzt in: Die Wiener rechtstheoretische Schule Bd. 2, 1968, S. 1625-1660; ders, Hans Kelsen, Justiz und Verwaltung, Zeitschrift für soziales Recht, l. Jahrgang, 1929, S.1-25, jetzt in: Die Wiener rechtstheoretische Schule Bd. 2, 1968, S. 1781-1811 참조.

53) 이에 관하여 졸저, 『행정법의 체계와 방법론』, 제3장 행정법과 법철학(96면 이하) 참조.

정책적 소재를 제공하는 것이다. 행정법학적 관점에서 보면, 법원이 아니라 행정을 대화파트너로 하면서도 법적인 담론을 계속할 수 있고, 그 과정에서 법 이외의 결정요소에 관심을 갖고 이에 관한 학제간 연구로 나갈 수 있다. 법원은 오직 법을 기준으로 결정하기 때문에 법원과의 대화는 법에 한정되지만, 행정과의 대화는 그렇지 않다.

또한 지금까지 종합적 행정과학으로서 학제간 연구의 대상은 행정학을 매개로 하여 주로 사회과학을 대상으로 하고 있는데, 앞으로 특히 환경문제를 둘러싸고 자연과학까지 확대될 수 있다. 필자가 강조하고 싶은 것은 역사와 철학 등 人文學과의 연결이다. 이는 바로 후술하는 행정법학의 제4차원이다.

Ⅵ. 네 가지 次元의 行政法學

1. 의의

'학문으로서의 법학'은 네 가지 차원으로 나누어 파악될 수 있다.[54] 제1차원은 법적 문제의 해결을 위한 개념과 논리의 체계, 즉 도그마틱의 차원(線形: X축)이고, 제2차원은 법적 문제 해결의 실제적 과정을 연구하는 실용제도의 차원(面積: Y축)이며, 제3차원은 우리의 문제 해결의 기준과 방법을 다른 나라의 그것과 비교함으로써 우리의 것을 점검하고자 하는 비교법의 차원(空間: Z축)이고, 제4차원은 역사 속에서 법제도와 법이념의 발전과정을 포착하고자 하는 역사와 이념의 차원(時間: T축)이다. 학문으로서의 행정법학의 방법론도 이러한 네 가지 차원에서 전개되어야 한다. 제1차원에서 도약하여 제2, 제3차원을 거쳐 제4차원으로 飛上하였다가 다시 제1차원으로 착륙한다. 독수리처럼 높이 날수록 멀리 볼 수 있고, 착륙한 다음에는 표범처럼 신속·정확하게 달린다. 이러한 행정법학의 방법들을 확인, 검증하고, 설계하는, 진정한 의미에서의 행정법학 '방법론'은 위 네 가지 차원들에 연결된 또 다른 차원, 말하자면 제5차원의 행정법학이라고 할 수 있다.

---

54) 상세한 내용은 졸저, 『행정법의 체계와 방법론』, 제1장 행정법에 있어서의 이론과 실제 (6면 이하) 참조.

2. 제1차원 : 법도그마틱(법적 문제의 해결을 위한 개념과 논리의 체계)

행정법 도그마틱의 출발은 법도그마틱의 기능과 한계를 인식하는 데 있다. 법도그마틱은 법적 문제의 근저에 있는 궁극적 근본 가치의 충돌 문제에 천착함으로써 해결불가능에 이르는 것을 방지하여, 개념·논리·체계를 통해 문제를 간편하게, 안정적으로, 그럼으로써 설득력 있게 해결하고자 하는 것이고, 그렇기 때문에 문제의 본질을 제대로 파악하지 못할 위험이 상존하고 있다. 실정법제가 우리와 사뭇 다른 독일의, 그것도 오래된 도그마틱을 고수하고 있는 경우에 더욱 그러하다.55)

독일의 행정법 도그마틱이 프랑스, 영국, 미국의 그것과 비교하여 우수한 개념성과 체계성을 갖는다는 점은 분명하기 때문에, 현재까지와 같이 이를 우리 행정법 도그마틱의 기본으로 삼되, 우리나라의 법령과 행정쟁송제도, 행정현실과 행정문화에 비추어 철저한 비판적 검증을 거쳐야 한다. 예컨대, 행정행위의 개념과 효력, 부관, 허가·특허·인가의 구별, 재량행위의 개념과 심사방식, 법규명령과 행정규칙의 구별 등이 그것이다.56)

또한 강조되어야 할 것은 행정법 도그마틱이 위에서 논의한 헌법과의 관계에서만이 아니라, 공법과 사법의 구별을 둘러싸고 민법과의 관계에서, 행정벌 내지 행정제재와 관련하여 형법과의 관계에서, 기업규제의 관점에서 상법과의 관계에서, 행정쟁송을 둘러싸고 민사소송·형사소송법과의 관계에서 많은 접점을 갖는다는 점이다.57) 근본적으로 행정법은 인근 법영역들과 넓은 접촉면을 갖는 '종합법'적 성격을 띤다. 그리하여 행정법은 자신의 학문적 역량이 위축되면 연구영역이 한없이 축소될 위험이 있지만, 반대로 학문적 역량을 커질수록 연구영역을 확대할 수 있는 잠재력을 갖고 있다.

3. 제2차원 : 법제도론(행정소송·행정심판·행정과정·입법과정)

행정법이 '살아 있는 법'이 되기 위해서는 행정소송에서 실제로 적용될 수

---

55) 이에 관하여 졸저, 전게서, 제1장(3-6면), 제2장(71-72면) 참조.
56) 대표적으로 졸고, 법규명령의 행정규칙과 행정규칙 형식의 법규명령 — '법규'개념과 형식/실질 이원론의 극복을 위하여, 『행정법학』 제5호(2013), 33-67면; 본서 제11장 참조.
57) 이에 관하여 졸저, 『행정법의 체계와 방법론』, 제2장 행정법교육의 목표와 방향(64-69면) 참조. 특히 형법과의 관계에 관해서는 同書 제8장 협의의 행정벌과 광의의 행정벌 — 행정상 제재수단과 법치주의적 안전장치(319-379면) 참조.

있어야 하므로, 행정소송을 도외시하고는 행정법학이 성립할 수 없다. 행정법의 주요주제인 공권의 문제는 행정소송의 원고적격과, 행정의 행위형식의 문제는 행정소송의 대상적격과 각각 연결된다. 그리고 法源의 문제는 행정소송의 심사척도와, 불확정개념과 재량행위의 문제는 행정소송의 심사강도와 각각 직결된다.

방법론적 관점에서 중요한 것은 연구대상으로서 '행정소송'을 확대하는 데 있다. 먼저, 법원에 의한 협의의 행정소송에 한정하지 않고 헌법재판소에 의한 광의의 행정소송(헌법소원심판·권한쟁의심판)까지 포괄하여야 한다. 헌법소원심판은 행정에 의한 공권력 행사를, 권한쟁의심판은 국가와 지방자치단체, 광역지방자치단체와 기초지방자치단체 사이의 행정결정의 위법성 문제를 다루기 때문에 실질적으로 행정소송에 속한다. 행정소송과 헌법소원심판·권한쟁의심판의 경합 문제를 처분 개념, 권한쟁의의 본질 등의 이론적 문제들과 아울러, 어떠한 제도가 행정통제와 국민의 권리구제에 실효적인가 라는 실제적 관점에서도 검토되어야 한다.[58]

또한 행정심판법에 의한 협의의 행정심판과 개별법에 의한 특별행정심판, 나아가 고충민원·심사청구·인권진정 등을 포괄하는 광의의 행정심판으로까지 연구범위를 확장해야 한다.[59] 이들은 넓은 의미에서 행정절차 내지 행정과정에 속하고, 따라서 이에 대한 연구를 통하여 행정의 실제적 모습과 문제점들을 포착할 수 있다.

4. 제3차원 : 비교법

행정법학에 있어 비교법의 중요성과 발전방향에 관해서는 위(Ⅱ.)에서 비교적 상세히 논의하였으므로, 여기에서는 그 구체적 방법에 관해서만 언급하고자 한다. 비교법에서 기본적이고 필수적인 방법은 소위 '기능비교'이다. 즉, 비교법에서 비교되는 대상은 도그마틱적 개념이 아니라 사회에서의 실제적 기능이라는 것이다. 이러한 비교법에서의 기능적 방법론은 말하자면 '개념법학적 病'을 치유하는 藥으로서, 도그마틱적 개념과 체계를 벗어나 법의 실제와 원리와 이념으로

---

58) 예컨대, 최계영, 헌법소원에 의한 행정작용의 통제,『공법연구』제37집 제2호(2008), 201-234면.

59) 예컨대, 박정훈/이계수/정호경, '행정재판',『사법부의 어제와 오늘 그리고 내일(上)』사법발전재단(편), 2008(대한민국 사법 60주년 기념 학술심포지엄 발표문) 제4장 행정소송 60년의 제도적 분석(915-962면) 참조.

접근하는 돌파구라고 할 수 있다.[60]

종래 프랑스행정법, 독일행정법, 영국행정법 내지 미국행정법 등이 그 체계와 기본개념들이 불일치할 뿐만 아니라, 각국의 정치체제와 헌법구조, 행정과 사법의 관계, 특히 행정재판제도의 相異함 때문에, 상호 비교 불가능한 것으로 인식되기도 하였다. 그러나 위와 같은 기능적 방법론에 의거하여 행정법학에 있어 비교법은 개념의 비교가 아니라 실제적 기능의 비교에 초점을 맞추어야 한다. 말하자면, 행정법학 제1차원의 비교가 아니라 제2차원의 비교이다.[61] 그 중 가장 핵심 쟁점은 한편으로 행정과 의회의 관계를 둘러싸고 행정의 규범정립권한의 근거와 범위이고, 다른 한편으로 행정과 司法(내지 재판)과의 관계를 둘러싸고 사법심사의 대상과 심사강도의 문제이다.

5. 제4차원 : 역사적 인식과 이념적 자각

(1) 행정법의 역사적 인식으로 가장 중요한 것은, 흔히 우리나라 근대 법학의 역사는 1894년 갑오개혁에서 비롯되었다고 하지만, 행정법학의 역사는 1945년 국권을 회복한 이후부터라는 점이다. 20세기 초 일본에 도입된 행정소송과 행정심판 제도는 行政裁判法과 訴願法의 부칙에서 조선에서의 적용이 배제됨으로써 조선에서는 끝내 시행되지 못하였다. 이러한 의미에서 행정법학의 역사는 '주권의 상징'이다.[62] 또한 일제 강점기의 단절을 극복하고 조선시대의 행정법 전통을 찾는 노력이 요청된다. 종래 經國大典은 주로 형사법적 관점에서 연구되었으나, 그 내용 전체는 본질적으로 '善政', 다시 말해, 최근 유럽연합에서 강조되고 있는 '착한 행정'(la bonne administration; good administration)을 위한 '행정법'이었다고 할 수 있다.[63] 권리구제와 행정통제 수단으로서, 격쟁(擊錚)과 암행어사 제도도 중요한 연구주제를 이룬다.[64]

---

60) '기능비교'에 관하여 졸고, 비교법의 의의와 방법론 — 무엇을, 왜, 어떻게 비교하는가? 『법철학의 모색과 탐구』, 심헌섭 박사 75세 기념논문집, 2011, 479-502면(494면 이하); 본서 제22장(666-668면, 672면) 참조.

61) 예컨대, 위 각주 13)에서 지적한 바와 같이, 독일에서의 행정행위의 부관과 프랑스에서의 행정계약은 동일한 기능을 한다.

62) 이에 관하여 박정훈/이계수/정호경, 전게논문(각주 59: '행정재판') 제1장(763면) 참조.

63) 대표적으로 朴秉濠, 經國大典의 법사상적 성격, 『진단학보』 제48호(1979), 199-206면 참조.

64) 예컨대, 김태완, 신문고와 격쟁 그리고 옴부즈만, 『국방과 기술』 제400호(2012. 6.), 126-129면; 임병준, 암행어사제도의 운영성과와 한계, 『법사학연구』 제24호(2001), 39-61면.

미래에 대한 역사적 인식으로 통일을 망각해서는 아니 된다. 통일은 법 이외의 정치적, 군사적, 경제적 요인에 의해 갑자기 찾아오고, 통일의 순간에는 헌법이 중요한 역할을 하겠지만, 통일의 역량을 키우고 통일을 완성하는 것은 '행정법'의 몫이다. 南北은 경제력 차이보다 법치주의의 격차가 더 큰데, 그 법치주의의 한 복판에 행정법이 있다. 또한 통일의 완성은 법제와 법령의 정비로서, 바로 행정법학의 임무이다.[65]

'세계행정법'(global administrative law)의 도래도 간과할 수 없다. 국가의 주권을 전제로 하는 전통적인 '국제법'은 이제 주권의 장벽을 허물면서 국제경제법, 국제문화법, 국제스포츠법 등 '국제행정법'으로 변화되고, 주권의 장벽을 완전히 넘어서면 '세계행정법'이 된다.[66] 이러한 세계행정법의 중간 단계가 '유럽(연합)법'인데, 이는 일차적으로 유럽연합 회원국들의 연구대상이지만, 우리에게도 소중한 비교법적 연구 대상이 된다.[67] 언젠가 찾아올 '(동)아시아법'의 시대에 대비해야 한다.[68]

(2) 행정법의 이념적 자각으로 가장 중요한 것은 법치주의와 민주주의의 관계이다. 행정법은 법치주의를 기본이념으로 성립한 것이지만, 그 행정'법'의 정당성은 (의회)민주주의에서 획득된다. 私法에서는 법적 정당성은 근본적으로 '합리성'에 있지만, 행정법에서는 합리성만으로는 부족하고 민주적 정당성이 오히려 본질적인 요소이다. 이러한 의미에서 공법·사법 구별의 이념적 징표는 바로 민주주의와의 연결성에 있다고 할 수 있다.[69] 따라서 행정법학은 법치주의의 '우리' 안에 갇히지 말고 민주주의의 '광야'로 나아가야 한다.

법치주의에 관해서도 주관적 법치주의와 객관적 법치주의의 조화가 중요하

---

65) 예컨대, 김병기, 통일 후 북한지역 국유재산 해체를 위한 법적 방안, 『행정법연구』 제32호(2012), 55-81면; 김현수 외, 통일 후 북한의 국토·도시계획 과제, 『도시정보』 2014년 8월호(No. 389), 3-17면; 김종삼, 통일대비 남북한 환경법제 통합방안, 『法學論叢』 (숭실대학교) 제34집(2015) 189-221면.

66) 류병운, 세계행정법, 『행정법연구』 제16호(2006), 231-255면; 김대현, 세계행정법의 적정절차에 관한 연구, 서울대학교 석사학위논문 2014 등 참조.

67) 특히 장경원, EU행정법의 작동원리로서 보충성의 원칙, 『행정법연구』 제17호(2007), 313-336면 참조.

68) 이에 관하여 전재경/박정훈/이원우/송영선, 『동북아 문화공동체 형성을 위한 법적 기반 구축방안』, 통일연구원 2004, 특히 37면 이하 참조.

69) 졸고, 공·사법 구별의 방법론적 의의와 한계 — 프랑스와 독일에서의 발전과정을 참고하여, 『공법연구』 제37집 제3호(2009), 83-110면(107면 이하); 본서 제8장(302-303면) 참조.

다. 행정법은 행정에 대한 국민의 '권리'만이 아니라, 오히려 본질적으로 행정의, 그리고 행정에 대한 '법'이다. 나치시대에 '객관적 법치주의'를 명분으로 국민의 자유와 권리를 억압했던 역사가 있는 독일에서는 아직 이에 대한 불안감을 해소하지 못하고 있지만, 객관적 법치주의라 함은 권리구제의 대체물이 아니라 권리구제에 '추가하여' 행정통제도 목적으로 한다는 의미이다. 결과적으로 행정통제를 통하여 권리구제도 강화된다.[70]

최근 행정법의 최대 화두인 (신)자유주의와 '탈규제'에 대한 이념적 자각도 필수적이다. 한편으로 자유와 경쟁의 가치를 정확하게 이해하여 과잉규제와 불합리한 규제를 철폐하는 규제개혁의 중심적 역할을 행정법학이 수행하여야 한다.[71] 규제개혁은 곧 '행정법의 개혁'이다.[72] 다른 한편으로 생존배려와 보편적 역무의 공공성을 망각해서는 아니 된다. 행정법은 '공공성의 최후보루'이다. 公企業化와 民營化(私化)는 공공성을 포기하자는 것이 아니라, 오히려 공공성을 효율적으로 확보하기 위한 법적 수단이다.[73] 따라서 급부국가(Leistungsstaat)에서 보장국가 (Gewährleistungsstaat)로 변화하더라도 행정법학의 역할에는 변함이 없다.[74]

VII. 結語

행정법학의 '법학'으로서의 정체성은 확보되어야 한다. 이는 행정법학이 법치주의 실현을 위한 보루로서 자리 잡기 위한 것이다. 그러나 여기서 그쳐서는

---

70) 졸저, 『행정소송의 구조와 기능』, 2006, 제2장 행정법원의 임무와 역할(48면) 참조.
71) 대표적으로 이원우, 규제개혁과 규제완화 — 올바른 규제정책 실현을 위한 법정책의 모색, 『저스티스』 통권 제106호(2008), 355-389면 참조.
72) 신고제와 허가제의 관계, 허가제에 있어서의 기속과 재량의 구별, 행정절차, 특히 행정입법절차와 행정계획절차의 정비가 바로 이를 단적으로 보여주는 예이다. 규제개혁을 제대로 수행하기 위하여 행정부에 대통령을 중심으로 하는 '정치의 콘트롤·타워'만이 있어서는 아니 되고, '행정의 콘트롤·타워'도 구축해야 한다. 바로 이것이 행정법, 특히 행정의 각 영역을 통할하는 일반행정법학의 임무인데, 그 일환으로 '행정통합법전'의 편찬이 요청된다.
73) 특히 박재윤, 보장국가론의 비판적 수용과 규제법의 문제, 『행정법연구』 제41호(2015), 191-212면 참조.
74) 왜냐하면 국가의 공기업 또는 민영화기업에 대한 감독을 법적으로 디자인함과 동시에, 당해 기업 자체를 법적으로 통제할 수 있는 법리를 — 행정의 恣意에 맞서온 행정법학의 전통적 역량에 터잡아 이제 '기업'의 횡포에 맞서서 — 개발하여야 하기 때문이다. 독일에서 말하는 '私행정법'(Privatverwaltungsrecht)이 동일한 맥락이다.

아니 되고, 방법론을 확대하고 다양화하여야 한다. 네 가지 차원의 행정법학의 임무들은 개개의 학자 혼자서 수행할 수 있는 것이 아니다. 학문은 함께 하는 것이다. 각자의 취향과 여건에 따라 어느 한 부분, 어느 한 방향을 깊이 파고들되, 자기와 다른 방향의 연구를 존중하고 그 업적을 경청하여야 한다. 우리 모두의 연구가 모여 '행정법학'이 된다. 이러한 의미에서 가장 중요한 방법론은 행정법학 공동체의 구축이다. 학문에서 가장 좋은 '벗'은 상대방을 정확히 이해하여 서로 비판·조언할 수 있는 사람이다. 不同而和이며 和而不同이다!

[참고문헌]

강지은, 프랑스 행정법상 '분리가능행위'(l'acte détachable)에 관한 연구 — 월권소송에 의한 행정계약 통제를 중심으로, 서울대학교 박사학위논문 2011.

김남진, 『행정법의 기본문제』, 1983.

김대현, 세계행정법의 적정절차에 관한 연구, 서울대학교 석사학위논문 2014.

김도창(편집대표), 『행정판례집(상·중·하)』, 1975.

김도창, 『국가긴급권론』, 1968.

김도창, 『일반행정법론(상)』 제4전정판 제1개정판, 1993.

김도창, 『행정법론(상)』 제1판, 1958.

김도창/서원우/김철용/최송화, 『판례교재행정법』, 1980.

『中凡 김동희 교수 정년기념논문집: 행정작용법』, 1995.

김병기, 통일 후 북한지역 국유재산 해체를 위한 법적 방안, 『행정법연구』 제32호(2012), 55-81면.

김종삼, 통일대비 남북한 환경법제 통합방안, 『法學論叢』(숭실대학교) 제34집(2015), 189-221면.

김태완, 신문고와 격쟁 그리고 옴부즈만, 『국방과 기술』 제400호(2012. 6.), 126-129면.

김현수/서순탁/김두환/정연우/최대식/조경훈, 통일 후 북한의 국토·도시계획 과제, 『도시정보』 2014년 8월호(No. 389), 3-17면.

류병운, 세계행정법, 『행정법연구』 제16호(2006), 231-255면.

박병호, 經國大典의 법사상적 성격, 『진단학보』 제48호(1979), 199-206면.

박재윤, 보장국가론의 비판적 수용과 규제법의 문제, 『행정법연구』 제41호(2015), 191-212면.

朴正勳, 공·사법 구별의 방법론적 의의와 한계 — 프랑스와 독일에서의 발전과정을 참고하여, 『공법연구』 제37집 제3호(2009), 83-110면.

朴正勳, 법규명령의 행정규칙과 행정규칙 형식의 법규명령 — '법규' 개념과 형식/실질 이원론의 극복을 위하여, 『행정법학』, 한국행정법학회, 제5호(2013), 33-67면.

朴正勳, 비교법의 의의와 방법론 — 무엇을, 왜, 어떻게 비교하는가? 『법철학의 모색과 탐구』, 심헌섭 박사 75세 기념논문집, 2011, 479-502면.

朴正勳, 오토·마이어(1846-1924)의 삶과 학문, 『행정법연구』 제18호(2007), 199-230면.

朴正勳, 행정법과 법해석 — 법률유보 내지 의회유보와 법형성의 한계, 『행정법연구』, 제43호 (2015), 13-46면.

朴正勳, 행정법에 있어 판례의 의의와 기능 — 법학과 법실무의 연결고리로서의 판례, 『행정법학』 창간호(2011), 35-69면.

朴正勳, 행정법의 불문법원으로서의 법원칙, 서울대학교 석사학위논문 1989.

朴正勳, 『행정법의 체계와 방법론』, 2005.

朴正勳, 『행정소송의 구조와 기능』, 2006.

朴正勳, 행정소송법 개정의 주요쟁점, 『공법연구』 제31집 제3호(2003), 41-102면.

朴正勳, 행정소송법 개혁의 과제, 『서울대학교 법학』 제45권 제3호(2004), 376-418면.

朴正勳/이계수/정호경, '행정재판', 『사법부의 어제와 오늘 그리고 내일(上)』 사법발전재단(편), (대한민국 사법 60주년 기념 학술심포지엄 발표문), 2008.

박현정, 프랑스 행정법상 역무과실(la faute de service)에 관한 연구 — 역무과실과 위법성의 관계을 중심으로, 서울대학교 박사학위논문 2015.

법원행정처, 『2015년 사법연감』.

서원우, 행정법학과 행정학의 관계 (상)(하), 『法政』 제21권 제3호(1966), 67-70면, 제 21권 제4호(1966), 66-68면.

서원우, 행정법학에서 본 행정학, 『한국행정학보』 제10호(1976), 94-120면.

서원우, 행정시스템의 변화와 21세기 행정법학의 과제, 『행정법연구』 제7호(2001), 1-10면.

서원우, 행정학과 행정법학의 대화, 『고시연구』 제277호(1997. 4.), 31-46면.

성낙인, 한국 공법학과 牧村 金道昶, 『서울대학교 법학』 제47권제3호(2006), 445-463면.

안동인, 영국법상의 공·사법 이원체계에 관한 연구 — 사법심사청구제도와 관련하여, 서울대학교 법학박사학위논문 2009.

안동인, 영국의 행정입법 통제, 『행정법연구』 제24호(2009), 271-304면.

이상규, 『주석행정판례집 I·II』, 1977.

이승민, 프랑스법상 '경찰행정'에 관한 연구 — 개념, 근거, 조직, 작용을 중심으로, 서울대학교 박사학위논문 2010.

이원우, 규제개혁과 규제완화 — 올바른 규제정책 실현을 위한 법정책의 모색, 『저스티스』 통권 제106호(2008), 355-389면.

임병준, 암행어사제도의 운영성과와 한계, 『법사학연구』 제24호(2001), 39-61면.

장경원, EU행정법의 작동원리로서 보충성의 원칙, 『행정법연구』 제17호(2007), 313-336면.

전재경/박정훈/이원우/송영선, 『동북아 문화공동체 형성을 위한 법적 기반 구축방안』, 통일연구원 2004.

최계영, 헌법소원에 의한 행정작용의 통제, 『공법연구』 제37집 제2호(2008), 201-234면.

최영규, 徐元宇 교수의 생애와 학문, 『행정법연구』 제14호(2005), 1-13면.

홍준형, 徐元宇 교수와 한국의 행정법학, 『서울대학교 법학』 제47권 제4호(2006), 372-386면.

Appel, Ivo / Martin Eifert, Das Verwaltungsrecht zwischen klassischem dogmatischen Verständnis und steuerungswissenschaftlichem Anspruch, VVDStRL 67 (2008), S.226-333; Aussprache, S.334-364.

Auby, Jean-Bernard, La bataille de San Romano. Réflexions sur les évolutions récentes du droit administratif, AJDA 2001, p.912-926.

Bachof, Otto, Die Dogmatik des Verwaltungsrechts vor den Gegenwartsaufgaben der Verwaltung, VVDStRL 30 (1972), S.193-244.

Bogdandy/Cassese/Huber (Hg.), Handbuch Ius Publicum Europaeum. Bd. III. Verwaltungsrecht in Europa: Grundlagen (2010), Bd. IV. Verwaltungsrecht in Europa: Wissenschaft (2011), Bd. V. Verwaltungsrecht in Europa: Grundzüge (2014).

Chrétien, Patrice, La science du droit administratif, en: Gonod/Melleray/Yolka (ed.), Traité de droit administratif. Tome 1, 2011, p.60-100.

Eisenmann, Charles, La théorie des bases constitutionnelles du droit, en: le même, Écrit de droit administratif, 2013, p.274-370 (RDP 1972, p.1345-1441).

Erichsen/Ehlers (Hg.), Allgemeines Verwaltungsrecht. 14.Aufl., 2010.

Gerhardt, Michael, Verfassungsgerichtliche Kontrolle der Verwaltungsgerichtsbarkeit als Parameter der Konstitutionalisierung des Verwaltungsrechts, in: Trute/ Groß/Röhl/ Möllers (Hg.), Allgemeines Verwaltungsrecht - zur Tragfähigkeit eines Konzepts, 2008, S.735-748.

Ginsburg, Tom, Written constitutions and the administrative state: on the constitutional character of administrative law, in: Susan Rose-Ackerman & Peter L. Lindseth (ed.), Comparative Administrative Law, 2010, p.117-127.

Harlow/Rawlings, Law and Administration. 3.ed., 2009.

Hauriou, Maurice, Précis de droit administratif et de droit public. 7.éd., 1911.

Hesse, Konrad, Grundzüge des Verfassungsrechts der Bundesrepublik Deutschland. 20.Aufl., 1999.

Jouanjan, Olivier, Les sources du droit administratif: La Constitution, en: Gonod/ Melleray/Yolka (éd.), Traité de droit administratif. Tome 1, 2011, p.384-412.

Kelsen, Hans, Die Lehre von den drei Gewalten oder Funktionen des Staates, in: Kant-Festschrift zu Kants 200 Geburtstag, Archiv für Rechts- und Wirtschaftsphilosophie, XVIII Band, 1923/24, S. 374-408, jetzt in: Die Wiener rechtstheoretische Schule Bd. 2, 1968, S. 1625-1660.

Kelsen, Hans, Justiz und Verwaltung, Zeitschrift fur soziales Recht, l. Jahrgang, 1929,

S.1-25, jetzt in: Die Wiener rechtstheoretische Schule Bd. 2, 1968, S.1781-1811.

Kersten, Jens, Was kann das Verfassungsrecht vom Verwaltungsrecht lernen? DVBl 2011, S.585-591.

Ladenburger, Clemens, Verfahrensfehlerfolgen im französischen und im deutschen Verwaltungsrecht, Berlin u.a. 1999.

Maurer, Hartmut, Allgemeines Verwaltungsrecht. 18.Aufl., 2011.

Mayer, Otto, Deutsches Verwaltungsrecht. Bd.I. (1.Aufl., 1895) (2.Aufl., 1914) (3.Aufl., 1924).

Meyer-Hesemann, Wolfgang, Methodenwandel in der Verwaltungsrechtswissenschaft, 1981.

Möllers, Christoph, Methoden, in: Grundlagen des Verwaltungsrechts, Bd.I, 2006, § 3.

Ossenbühl, Fritz, Daseinsvorsorge und Verwaltungsprivatrecht, DÖV 1971, S. 513-524, jetzt in: ders, Freiheit Verantwortung Kompetenz. Ausgewählte Abhandlungen, 1994, S.555-578.

Reimer, Franz, Das Parlamentsgesetz als Steuerungsmittel und Kontrollmaßstab, in: Grundlagen des Verwaltungsrechts. Bd.I., 2006, § 9.

Röhl, Hans Christian / Andreas von Arnauld, Öffnung der öffentlich-rechtlichen Methode durch Internationalität und Interdisziplinarität: Erscheinungsformen, Chancen, Grenzen, VVDStRL 74 (2015), S.7-87.

Ruffert, Matthias (ed.), The Transformation of Administrative Law in Europe / La mutation du droit administratif en Europe, München 2007.

Hoffmann-Riem/Schmidt-Aßmann/Schuppert (Hg.), Reform des Allgemeinen Verwaltungsrechts. Grundfragen (Schriften zur Reform des Verwaltungsrechts Bd.1), 1993.

Schmidt-Aßmann/Hoffmann-Riem (Hg.), Verwaltungskontrolle (Schriften zur Reform des Verwaltungsrechts Bd.8), 2001.

Schmidt-Aßmann/Hoffmann-Riem (Hg.), Methoden der Verwaltungsrechtswissenschaft (Schriften zur Reform des Verwaltungsrechts Bd.10), 2004.

Schoch, Friedrich, Gemeinsamkeiten und Unterschiede von Verwaltungsrechtslehre und Staatsrechtslehre, in: Helmut Schulze-Fielitz (Hg.), Staatsrechtslehre als Wissenschaft, 2007, S.177-210.

Schwarze, Jürgen, Europäisches Verwaltungsrecht. 2.Aufl., 2005.

de Smith/Woolf/Jowell, Principles of Judicial Review, 1999.

von Stein, Lorenz, Handbuch der Verwaltungslehre und des Verwaltungsrechts, 1870 (Neudruck: Hg. Utz Schliesky, Tübingen 2010).

Vedel, Georges, La bases constitutionnelles du droit administratif, Conseil d'État, Études et documents, 1954, p.21-53.

Voßkuhle, Andreas, Die Reform des Verwaltungsrechts als Projekt der Wissenschaft, Die Verwaltung 1999, S.545-554.

Voßkuhle, Andreas, Neue Verwaltungswissenschaft, in: Hoffmann-Riem/Schmidt-Aßmann/ Voßkuhle (Hg.), Grundlagen des Verwaltungsrechts. Bd.I., 2006, § 1.

Wade/Forsyth, Administrative Law. 10.ed., 2009.

Werner, Fritz, Verwaltungsrecht als konkretisiertes Verfassungsrecht, DVBl. 1959, S.527- 533.

Wolff/Bachof/Stober/Kluth, Verwaltungsrecht I. 12.Aufl., 2007.

3. 國家賠償法의 改革*
― 私法的 代位責任에서 公法的 自己責任으로 ―

I. 서설

(1) 법은 안정과 질서를 위해 태어났지만, 법의 생명은 개혁과 함께 한다. 개혁이 없으면 법은 죽는다. 입법과 판례가 不動이면 법학이 뛰어야 한다. 그래서 법학은 비판의식과 개혁정신을 한 순간에도 잃어서는 아니 된다. 입법과 판례가 거의 不動인 대표적인 영역이 바로 국가배상, 정확하게 말해, 행정상 손해배상(이하 '국가배상')이다.

그동안 '행정쟁송법'은 괄목상대할 만한 개혁을 이루어 왔다. 행정소송법의 1984년 전면개정 및 1994년 개정, 1988년 헌법재판소 설치와 함께 실질적인 행정소송의 역할을 하여 온 헌법소원심판의 도입 및 발전, 1984년 행정심판법의 제정 및 그 후 수차에 걸친 개정, 1994년 고충민원제도의 도입 및 강화, 1998년 국가인권위원회의 설치와 함께 도입된 인권진정제도 등이 그것이다.[1] 판례에서는 처분성과 원고적격의 확대, 조리상 신청권의 확대, 협의의 소익의 확대, 무효확인소송의 독자성 인정 등 획기적인 발전을 거듭하여 왔다.

국가배상법은 전혀 그렇지 않았다. 입법은 거의 변함이 없었고 판례는 후술하는 바와 같이 퇴보하기까지 하였는데, 법학의 책임도 부정하기 어렵다. 가장 급

[국가배상법의 개혁, 『행정법연구』 제62호, 2020]

* 본고는 2010. 6. 25. 한국공법학회 공법학자대회의 주제발표문 "국가배상법의 개혁"(未公刊)을 대폭 수정·개필하여 2018. 5. 18. 한국공법학회 학술대회에서 발표한 "국가배상법의 개혁 재론"(未公刊)을 보완·수정한 것임을 밝힌다.

1) 여기서는 행정소송, 헌법소원심판, 행정심판, 고충민원, 인권진정, 감사원심사청구 및 개별법상 행정불복절차 등을 아우르는 광의의 '행정쟁송'을 가리킨다.

선무이었던 행정소송의 개혁에 초점을 맞추었기 때문이지만, 근본적으로 국가배
상법에 대한 개혁정신이 약했었다는 반성도 필요하다. 특히 종래 행정쟁송은 행
정소송과 행정심판을 포괄하는 것으로 이해되어 왔는데, 행정'쟁송'이 행정과 다
투는 쟁송절차를 의미하는 것이라면, 행정에게 손해배상을 구하는 소송도 마땅히
포함되어야 함에도 제외되어 왔다. 다른 한편으로, 국가배상과 행정상 손실보상
을 '행정상 손해전보'라는 개념으로 통합하면서도 학문적 논의가 주로 재산권의
보장과 관련한 손실보상에 치중하여 왔다.

　　소송통계를 보면 문제의 심각성을 쉽게 알 수 있다. 행정소송 제1심 제기건
수는 1953년의 157건에서 2019년의 21,442건으로 약 137배 증가하였는데, 1970년
대의 1년 평균 제1심 제기건수 822건을 기준으로 하더라도 약 26배 증가된 수치
이다. 반면 국가배상(지방자치단체 포함, 이하 같다)은 통계가 시작된 1970년대의
1년 평균 제1심 제기건수가 210건이던 것이 2019년 1,109건으로 약 5.3배 증가되
었을 뿐이다. 행정소송에서 2019년 제1심 처리건수 20,851건 중 — 조세사건을 제
외하고 — 원고(전부·일부)승소는 2,770건(13%)인 데 비해, 2019년 국가배상 제1심
에서 원고(전부·일부)승소는 244건(22%)이다.[2] 국가배상의 승소율이 수치상으로
행정소송을 상회하긴 하지만, 승소율이 문제가 아니라, 2,700건을 상회하는 행정
소송에서 처분이 위법하다는 판단을 받았음에도 그것을 이유로 국가배상을 받은
사건은 극히 소수라는 것이 문제이다. 더욱이 위 국가배상 승소사건의 대부분이
사실행위 또는 영조물하자에 의거한 것임을 감안하면 더욱 그러하다.

　　(2) 이와 같은 국가배상법의 미발전은 입법의 고착과 특히 민사법원 관할 및
이로 인한 私法的 사고의 지배로 말미암은 것이다. 즉, 국가배상법 제2조 제1항은
1951년 제정 때부터 '공무원이 직무를 집행하면서 고의 또는 과실로 법령을 위반
하여 타인에게 손해를 입혔을 때' 국가의 손해배상책임이 발생하는 것으로 규정

---

2) 통계는 법원행정처, 『사법연감 2019』, 603면 표 72, 73 및 577면 표 19; 朴正勳/이계수/정
　호경, 사법발전재단 편, 『사법60년』 행정재판편, 769면, 778면 참조. 조세사건에서 원고
　가 승소한 경우에는 취소판결의 효력(기속력)에 의해 기납부한 조세의 반환이 이루어져
　국가배상청구의 필요성이 없기 때문에 통계에서 조세사건은 제외하였다. 국가배상사건
　은 1970년 603건, 1971년 567건으로, 그 이후에 비해 현격하게 많은데, 이는 월남파병과
　관련하여 — 국가배상법상 국가배상제한규정이 도입되기 이전에 — 군인의 국가배상소송
　이 예외적으로 급증한 것이기 때문에 1970년대 평균 사건수의 계산에서 제외하였다. 여
　하튼 우리나라 GDP 및 국가예산을 1970년대와 현재를 비교하면, 우리의 國富 가운데 국
　가배상에 쓰이는 것은 극히 미소한 부분으로 축소된 것임은 분명하다.

한 이후 전혀 변화가 없었는데, 이 규정에 근거하여, 국가배상은 공무원의 개인적인 불법행위책임의 성립을 전제로 그 책임을 국가가 대위하는 것이라는 소위 대위책임설이 판례·통설로 자리 잡게 되었다. 대위책임설에 의하면 국가배상 문제의 핵심은 공무원의 개인적 불법행위책임의 성립 여부에 있고, 따라서 민사소송으로 다루어지는 것이 극히 자연스러운 것이 되었다. 국가배상이 민사소송으로 다루어지면서, 채권·채무의 정확한 확정이라는 민사소송의 논리에 갇혀, 국가배상을 통한 행정통제, 공익과 사익의 조정, 공적 부담 앞의 평등, 공적 위험의 분배, 사회연대 등 공법적 사고가 실종된 것이다. 민사법에 익숙한 법관들은 자주 국가배상에 관해 "눈먼 돈(세금)이 낭비되지 않도록 엄밀히 따져야"한다고 말하는데, 여기서 '엄밀히 따진다'라고 함은 오직 민사법적 관점에서 공무원의 고의·과실 여부를 판단하겠다는 것이다. 그리하여 어떤 행정조치에 대해 위법성을 인정하면서도, 심지어 위법을 이유로 처분을 취소하는 판결이 확정되어 그 위법성에 관해 기판력이 발생했음에도 불구하고, 공무원의 고의·과실을 인정하지 않음으로써 결국 국가배상책임을 부정하는 판례가 형성되어 확대·고착되었다. 급기야 최근에는 위법한 처분에 대한 공무원의 과실을 부정하기 위한 논거로서, '객관적 정당성'이 상실한 정도에 이른 것으로 볼 수 없다든지, 국가에게 배상책임을 부담시켜야 할 '실질적 이유'가 있다고 할 수 없다든지 하는 판시까지 등장하고 있다. 이러한 판례를 극복하지 않으면 국가배상법의 개혁은 공염불이 된다.

개혁(reform; la reforme, die Reform)은 '틀을 다시 짜는 것'이다. 국가배상의 '틀'을 私法的 대위책임에서 공법적 자기책임으로 바꾸어야 한다. 공무원의 민사상 손해배상책임을 국가가 대위하는 것이 아니라, 국가는 자신의 기관인 공무원의 직무행위로 인해 — 따라서 공법적으로 — 국가 스스로 손해배상책임을 지는 것으로 이해하는 것이다. 이러한 문제의식 하에, 먼저 우리 대법원판례를 유형화하여 분석함으로써 그 문제점을 밝히고(Ⅱ.), 프랑스와 독일에 대한 비교법적 고찰을 통해 인식의 지평을 넓힌 다음(Ⅲ.), 우리 국가배상에 대한 해석론적·입법론적 개혁의 방향을 제시하고자 한다(Ⅳ.).[3]

---

3) 필자는 이미 2010. 6. 25. 한국공법학회 공법학자대회에서, 판례 분석과 프랑스·독일에 대한 비교법적 연구를 기초로 헌법 및 국가배상법 규정에 대한 새로운 해석론을 제시하면서 공법적 자기책임으로서의 국가배상책임을 주장하고, 이를 명확히 하는 국가배상법의 개정을 제안한 바 있고, 2018. 5. 18. 한국공법학회에서 이를 재론하는 발표를 하였으나, 그동안 公刊하지 못했다. 특기할 것은 그동안 필자의 문제의식과 맥락을 같이하는 다

II. 판례의 분석

1. 유형화

(1) 판례 분석의 첫 단계는 유형화이다. 잘 구별하는 자가 잘 판단한다!⁴⁾ 영조물책임 이외에, 공무원의 직무행위로 인한 국가배상 사안의 유형화는 그 직무행위의 성질을 기준으로 한다. 먼저 사실적 행위(㉮)와 법적 조치(㉯)로 구별되는데, 후자의 법적 조치는 다시 작위(㉯1)와 부작위(㉯2)로 구분된다. 작위는 개별처분과 법령제정행위로 나눌 수 있고, 부작위는 감독·예방조치의 불이행의 경우와 수익처분의 발급을 거부하거나 지체하는 경우로 나눌 수 있다.

사실적 행위(㉮)의 경우에는 그 위법성이 과실의 문제로 흡수되어 과실의 인정 여부가 주로 문제되는 반면, 법적 조치(㉯)의 경우에는 그 위법성 여부가 먼저 독자적으로 판단된 후 그에 추가하여 과실이 요구되느냐, 요구된다면 위법성만으로 과실이 인정되느냐가 문제된다. 본고의 결론을 먼저 말하면, 법적 조치의 경우에는 위법성이 인정되면 현행법의 해석론으로 그것으로 동시에 공무원의 과실('공무과실')도 인정되어 국가배상책임이 성립한다는 것이다. 입법론으로는 국가배상책임의 성립요건을 '공무수행상의 하자'로 규정함으로써 위법한 법적 조치가 바로 이에 해당한다는 점을 명시하는 것이다. 이와 같이 문제의 초점이 법적 조치로 인한 국가배상책임에 있기 때문에, 이하의 고찰에서 사실적 행위에 관한 판

수의 연구들이 축적되어 학문적 기반이 구축되었다는 점이다. 대표적으로, 김중권, 국가배상법상의 과실책임주의의 이해전환을 위한 小考, 『법조』 제635호, 2009, 45-90면; 정준현, 국가배상의 책임주체와 과실책임에 관한 연구, 『미국헌법연구』 제22권 제1호, 2011, 325-356면; 정승윤, 국가배상법상 위법과 고의·과실 개념에 관한 소고, 『부산대 법학연구』 제52권 제4호, 2011, 53-78면; 박현정, 프랑스 국가배상책임제도에서 위법성과 과실의 관계, 『한양대 법학논총』 제29권 제2호, 2012, 5-28면; 최계영, 처분의 취소판결과 국가배상책임, 『행정판례연구』 제18집 제1호, 2013, 261-300면; 박현정, 프랑스 행정법상 '역무과실'(la faute de service)에 관한 연구 — 역무과실과 위법성의 관계를 중심으로, 서울대학교 법학박사논문, 2014; 이일세, 국가배상에 관한 주요 판례분석: 법령위반(위법성)을 중심으로, 『안암법학회』, 2014, 439-485면; 문병효, 대법원의 긴급조치 및 국가배상 관련 판결들에 대한 비판적 고찰, 『민주법학』 제59호, 2015, 41-97면; 안동인, 국가배상청구소송의 위법성 판단과 객관적 정당성 기준, 『행정법연구』 제41호, 2015, 27-53면; 이윤정, 공무원의 불법행위로 인한 국가배상책임의 본질 및 요건에 대한 재검토, 『강원법학』 제47권, 2016, 441-471면; 정하중, 우리 국가배상법의 개선방안, 『토지보상법연구』 제16집, 2016, 1-41면 등.

4) bene cernit, qui bene distinguit; Wer gut unterscheidet, der entscheidet gut! 졸저, 『행정소송의 구조와 기능』, 66면 참조.

례는 제외한다.

  법적 조치에 관한 판례 중 감독조치 불이행의 경우에 대해 객관적 정당성을
상실하였다는 이유로 '위법'을 인정하는 사안에서는 모두 예외 없이, 과실 여부에
관한 명시적인 판단 없이, 과실의 인정을 전제로, 배상책임을 긍정하였다.5) 배상
책임을 부정하는 경우에도 과실을 부정하는 것이 아니라, 객관적 정당성을 상실
하지 않았다는 이유로 '위법' 자체를 부정하였다.6) 이와 같이 부작위 중 감독조치
불이행에 관한 판례는 이미 본고의 결론에 합치하고, 또한 작위 중 법령제정행위
에 관한 판례는 찾기 어려우므로, 이하에서는 (적극적) 개별처분과 거부처분에 관
한 판례를 살펴보기로 한다.

  (2) 위법한 개별처분 및 거부처분으로 인한 국가배상 판례는 아래 총목록
[표 1]과 같이 1960년대부터 현재까지 총 33개로 조사되었다. 이 중 과실을 요구
하지 않거나, 과실을 무조건 또는 조건부로 추정하거나, 아니면 일정한 객관적 사
정을 기초로 과실을 인정함으로써 배상책임을 긍정한 것은 13개이고, 나머지 26
개는 위법성을 인정하면서도, 심지어 취소판결이 확정되어 처분의 위법성에 관해
기판력이 발생한 경우에도, 공무원의 '과실'을 부인함으로써 청구를 배척하였는
데, 그 중 국가배상청구를 인용한 원심판결을 파기·환송한 것이 12개에 달한다.

---

  5) 대법원 2016. 8. 25. 선고 2014다225083 판결(주점 화재로 인한 사망, 소방공무원의 감독
    조치 불이행); 대법원 2008. 6. 12. 선고 2007다64365 판결(범인식별실 불사용으로 인한 심
    리적 고통); 대법원 2008. 4. 10. 선고 2005다48944 판결(유흥주점 화재로 인한 사망, 소방
    공무원의 감독조치 불이행); 대법원 2006. 7. 28. 선고 2004다759 판결(부랑인 선도시설 및
    정신질환자 요양시설에서의 수용자에 대한 폭행 등 부당한 대우, 담당 공무원의 감독조치
    불이행); 대법원 2001. 3. 9. 선고 99다64278 판결(토석채취공사 중 암석이 굴러 가스저장
    시설을 충격하여 화재 발생, 토지형질변경 허가권자인 행정청의 감독조치 불이행).
  6) 대법원 2010. 4. 22. 선고 2008다38288 전원합의체 판결(교육감 및 담당공무원의 종립학
    교의 위법한 종교교육이나 퇴학처분을 방지하기 위한 조치 불이행); 대법원 2008. 4. 24.
    선고 2006다32132 판결(경찰관 음주운전 단속시 운전자의 요구에 따라 곧바로 채혈을 실
    시하지 않고 호흡측정기에 의한 측정만을 하고 1시간 12분이 지난 후 채혈한 조치); 대법
    원 2007. 10. 25. 2005다23438(경찰관들의 인질 구출 및 납치범 검거 직무 수행하는 과정
    에서 인질의 아버지가 범인들에게 피살, 경찰의 상황판단 미숙, 안이한 상황대처, 허술한
    작전, 현장상황의 신속한 보고나 전파의 부재, 늦장 대응 등).

[표 1] 총목록

			인용		유형
①	1968.11.05. 68다1770	건물철거명령	○	위법성만으로 과실 인정·추정	A+
②	1969.05.27. 68다824	압수물환부처분	○	위법성만으로 과실 인정·추정	A+
③	1973.10.10. 72다2583	특허취소처분	×	객관적·주관적 사정 → 과실 부정	C
④	1979.04.10. 79다262	물품세부과처분	○	객관적 사정에 의거 과실 인정	A-
⑤	1981.08.25. 80다1598	숙박업영업허가취소처분	○	과실의 조건부 추정	A0
⑥	1984.07.24. 84다카597	의료기관업무정지처분	×	재량기준 → 과실 부정	D
⑦	1991.01.25. 87다카2569	상속세부과처분	○	객관적 사정에 의거 과실 인정	A-
⑧	1994.11.08. 94다26141	이발소영업허가취소	×	재량기준 → 과실 부정	D
⑨	1995.07.14. 93다16819	전역보류처분	○	위법성만으로 과실 인정·추정	A+
⑩	1995.10.13. 95다32747	노조설립신고반려저분	×	객관적·주관적 사정 → 과실 부정	C
⑪	1996.11.15. 96다30540	토지초과이득세부과처분	×	객관적·주관적 사정 → 과실 부정	C
⑫	1997.05.28. 95다15735	개발부담금부과처분	×	객관적·주관적 사정 → 과실 부정	C
⑬	1997.07.11. 97다7608	자동차정비업허가거부처분	×	객관적·주관적 사정 → 과실 부정	C
⑭	1999.03.23. 98다30285	준공검사 지연	○	위법성+객관적 정당성 상실	B+
⑮	1999.09.17. 96다53413	유선업경영신고반려처분	×	객관적·주관적 사정 → 과실 부정	C
⑯	2000.05.12. 99다70600	산림개간허가취소처분	×	객관적 정당성 부정	F
⑰	2001.02.09. 98다52988	건축허가취소처분	○	과실의 조건부 추정	A0
⑱	2001.12.14. 2000다12679	교수임용거부처분	×	객관적 정당성 부정	F
⑲	2001.03.13. 2000다20731	통관보류처분	×	객관적·주관적 사정 → 과실 부정	C

			인용		유형
⑳	2002.05.10. 2001다62312	인증기관업무정지차븐	×	재량기준 → 과실 부정	D
㉑	2003.11.27. 2001다33789등	사법시험불합격처분	×	객관적 정당성 부정	F
㉒	2003.12.11. 2001다65236	공인회계사시험 불합격처분	×	객관적 정당성 부정	F
㉓	2004.06.11. 2002다31018	종합토지세부과처분	×	객관적·주관적 사정 → 과실 부정	C
㉔	2004.12.09. 2003다50184	교도소 징벌처분	×	객관적 정당성 부정	F
㉕	2007.05.10. 2005다31828	교통부담금부과처분	×	객관적 정당성 부정	F
			○	객관적 사정에 의거 과실 인정	A-
㉖	2011.01.27. 2009다30946	교수재임용거부처분	×	객관적 정당성 부정	F
㉗	2011.01.27. 2008다30703	장해급여 취소처분 취소재결	○	위법성+객관적 정당성 상 실	B
㉘	2012.05.24. 2012다11297	건축허가거부처분	○	위법성+객관적 정당성 상실	B
㉙	2013.04.26. 2011다14428	변리사시험불합격처분	×	객관적·주관적 사정 → 과실 부정	C
㉚	2013.11.14. 2013다206368	농업기반시설 매수 부관	×	객관적 정당성 부정	F
㉛	2015.11.27. 2013다6759	토석채취허가거부처분	○	위법성+객관적 정당성 상실	B
㉜	2016.06.23. 2015다205864	음식물쓰레기처리기 사용금지 조치 요청	×	객관적 정당성 부정	F
㉝	2018.12.27. 2016다266736	변호인접견불허처분	○	위법성만으로 과실 인정	A+

위 [표 1]에서 중요한 의미를 갖는 분류는, 과실을 요구하지 않거나 위법성만으로 과실을 추정한 판례(A+유형), 조건부로 과실을 추정한 판례(A0유형), 일정한 객관적 사정을 기초로 과실을 인정한 판례(A-유형), 객관적 사정과 담당공무원의 주관적 사정, 특히 나름대로 합리적 근거를 갖고 결정했다는 이유로 과실을 부정한 판례(C유형), 재량행위로서 재량기준에 의거하여 결정했다는 이유로 과실을 부정한 판례(D유형), 객관적 주의의무 위반 및 객관적 정당성 상실이 없다거나 국가에게 배상책임을 부담시켜야 할 실질적 이유가 없다는 이유로 과실을 부정한 판

례(F유형)와 반대로 객관적 정당성이 상실되었다는 이유로 과실을 인정하여 국가
배상책임을 긍정한 판례(B유형)이다. 위 유형들의 명칭은 本稿에서 피력하는 필자
의 관점에서 평가하면 받게 될 학점(평점)과 상응한다.

　　(3) 위 판례들을 처분의 종류를 기준으로 적극적 침익처분과 제3자에 대한
수익처분으로 나누고 다시 적극적 침익처분을 일반침익처분, 제재처분 및 공과금
부과처분으로 나누어 표시하면 다음과 같다.

[표 2] 분류표

적극적 침익처분 [제1유형]	일반침익 처분	건물철거명령(판례①)(○) 특허취소처분(판례③)(×) 건축허가취소처분(판례⑰)(○) 농업기반시설 매수 의무를 부과하는 부관(판례㉚)(×) 환경부장관이 광역지방자치단체장에게 원고가 제조·판매하는 　음식물쓰레기 처리기 사용금지 조치를 요청한 행위(판례㉜)(×)
	제재처분	숙박업영업허가취소처분(판례⑤)(○) 의료기관업무정지처분(판례⑥)(×) 이발소영업허가취소(판례⑧)(×) 산림개간허가취소처분(판례⑯)(×) 인증기관업무정지처분(판례⑳)(×)
	공과금 부과처분	물품세부과처분(판례④)(○) 상속세부과처분(판례⑦)(○) 토지초과이득세부과처분(판례⑪)(×) 개발부담금부과처분(판례⑫)(×) 종합토지세부과처분(판례㉓)(×) 교통부담금부과처분(판례㉕)(△)
제3자에 대한 수익처분 [제3유형]		압수물환부처분(판례 ②)(○) 근로복지공단의 장해급여 취소처분을 취소하는 산재심사위원회의 　재결(판례㉗)(○)
거부처분 (처분지연 포함) [제2유형]		전역보류처분(판례⑨)(○) 노조설립신고반려처분(판례⑩)(×) 자동차정비업허가거부처분(판례⑬)(×) 준공검사지연(판례⑭)(○) 유선업경영신고반려처분(판례⑮)(×) 교수임용거부처분(판례⑱,㉖)(×) 통관보류처분(판례⑲)(×) 사법시험불합격처분(판례㉑)(×) 공인회계사시험 불합격처분(판례㉒)(×) 건축허가거부처분(판례㉘)(○) 변리사시험불합격처분(판례㉙)(×) 토석채취허가지연(판례㉛)(○) 변호인접견불허처분(판례㉝)(○)

※ (○): 청구인용 (×): 청구기각 (△): 일부인용

　　위 분류는 필자의 '행정법분쟁 4유형론'[7]에 상응한다. 적극적 침익처분은 모
두 제1유형에 속하고, 거부처분은 제2유형에, 제3자에 대한 수익처분은 제3유형
에 해당한다. 제4유형은 여기에 없고 상술한 감독조치 불이행의 경우에 발견된다.

---

　7) 졸저, 『행정법의 체계와 방법론』, 22면 이하 참조.

제1유형 중 공과금부과처분은 국가배상과 공법상 부당이득 반환의 관계와 관련하여 별도로 검토할 필요가 있다. 특기할 것은 일반침익처분은 건물 내지 건축에 관한 것만 국가배상이 인정되었고, 제재처분은 최초의 1981년 판례에서만 국가배상이 인정된 후 지금까지 한 번도 인정된 적이 없으며, 제3자에 대한 수익처분에 관해서는 모두 국가배상이 인정되었다는 점이다. 또한 수익처분의 발급 거부 또는 지체에 대해 배상책임을 인정하는 경우에는 위 전역보류처분(판례⑨)의 경우를 제외하고 모두 ― 판결 또는 재결에 위반한 위법이 있으면 그것만으로, 또는 판결 또는 재결이 없더라도 신속히 처분을 발급할 직무상 의무가 있고 그 위반으로 인해 위법이 인정되면 역시 그것만으로 ― 객관적 주의의무를 그르쳐 객관적 정당성을 상실하였다는 이유로 공무원의 과실도 인정하여 배상책임을 긍정한 반면, 배상책임을 부정하는 경우에는 모두 공무원의 과실을 부정하였다. 아래 유형별 고찰(C유형)에서 후술한다.

2. 유형별 고찰

(1) A+유형(과실不要 또는 무조건 과실추정)

이 유형은 처분이 위법하다는 판단을 한 후 그것을 근거로 바로 국가배상을 인정한 판례이다. 판례①, ②, ⑨가 이에 해당한다. 판례①은 공무원의 과실 여부를 묻지 않고 건물철거명령이 중대·명백한 하자가 있어 당연무효라는 이유만으로 피고가 불법행위책임을 면할 수 없다고 판시하였다. 판례②, ⑨에서는 공무원의 과실을 별개의 요건으로 보면서도 처분의 위법성에 기하여 그것만으로 바로 과실을 추정하였다. 즉, 판례②는 고소인에 대한 압수물환부처분이 위법한 처분임이 명백하고 따라서 공무원인 검사가 "고의나 과실로" 위법한 처분을 하였다고 "아니할 수 없다"고 판시하였고, 판례⑨은 병역법 및 동법시행령에 위반된 내규(兵인사관리규정)를 발령·유지시킨 육군참모총장에게 "직무상의 과실이 없다고 할 수 없을 것"이라고 판시하였다. 판례⑭도 준공검사의 현저한 지연에 대하여 "객관적 정당성을 상실"하였음을 이유로 위법성을 인정한 다음 그것만으로 배상책임을 인정한 점에서 역시 A+유형으로 평가할 수 있다. 다만, 이러한 '객관적 정당성의 상실'이 이후의 판례에서 ― 아래 B유형과 F유형에서 보는 바와 같이 ― 위법성에 더하여 추가적으로 요구되는 별개의 요건으로 변질된 것이 문제이다. 그러나 최근 판례㉝에서 변호인접견불허처분이 위법한 직무행위라는 이유로 바로, 공무원의 과실 여부를 따지지 않고, 국가배상책임을 인정함으로써 본고에서 주장하는 국가배상법 개혁의 희망이 보인다.

[표 3] A+유형

①	1968.11.05. 68다1770	건물철거명령 (무허가 착오)	인용	중대 명백한 위법성 → 배상책임	A+
②	1969.05.27. 68다824	압수물환부처분 (환부대상자 착오)	인용	명백한 위법성 → 과실 무조건 추정	A+
⑨	1995.07.14. 93다16819	전역보류처분 (근거규정 위법)	인용	규정의 위법성 → 과실 무조건 추정	A+
⑭	1999.03.23. 98다30285	준공검사 지연 (현저한 지연)	인용	객관적 정당성 상실 → 위법성 → 배상책임	A+
㉝	2018.12.27. 2016다266736	변호인접견불허처분	○	위법성 → 배상책임	A+

(2) A0유형(조건부 과실추정)

이 유형은 일정한 조건 하에서 공무원의 과실을 추정한 판례이다. 판례⑤, ⑯이 이에 해당한다. 즉, 양 판례 모두 "법령에 대한 해석이 복잡, 미묘하여 워낙 어렵고 이에 대한 학설, 판례조차 귀일되어 있지 않다는 등의 특별한 사정이 없는 한"이라는 소극적 조건과, "일반적으로 공무원이 관계법규를 알지 못하였다거나 필요한 지식을 갖추지 못하여 법규의 해석을 그르쳐 어떤 행정처분을 하였다면"이라는 적극적 조건을 들고, 그러한 조건 하에서는 "그가 법률전문가가 아닌 행정직 공무원이라고 하여 이에 관한 과실이 없다고는 할 수 없을 것인바"라고 과실을 추정한다.[8]

---

8) 판례⑤는 숙박업영업허가취소처분에 관해, 미성년자의 혼숙을 이유로 숙박업영업허가를 취소할 수 있는 법률상 근거가 없고 이를 취소사유로 규정하고 있는 보건사회부훈령을 소급 적용한 것은 공무원(중구청장)의 '법령의 해석, 적용상의 과실'에 기인한 것이라 아니할 수 없다고 판시하였다. 또한 판례⑯은 건축허가취소처분에 관하여, 건축허가의 경위와 당시의 담당 공무원의 판단 내용, 건폐율 산정 및 건축허가에 관한 관계 법령의 규정과 이 사건 건축허가 대상이 된 대지를 사업부지로 한 이 사건 도시계획시설사업계획의 내용에 비추어 보면 담당공무원의 귀책사유를 인정할 수 있다고 판시하였다.

[표 4] A0유형

⑤	1981.08.25. 80다1598	숙박업영업허가취소 (법령해석오류)	인용	소극적·적극적조건 과실추정	A0
⑰	2001.02.09. 98다52988	건축허가취소 (취소사유 오인)	인용	소극적·적극적조건 과실추정	A0

(3) A-유형(객관적 사정에 의거하여 과실 인정)

이 유형은 처분의 위법성과 별도로 공무원의 과실을 인정하여 국가배상청구를 인용한 판례인데, 공무원의 주관적 사정과 무관한 '객관적 사정'만을 기초로 과실을 인정한다. 판례④, ⑦과 판례㉔ 중 청구인용부분이 이에 해당한다. 즉, 판례④는 물품세부과처분에 관해, 감사원 시정판결, 부산세관장 및 국세청기술연구소의 회보 등 당시의 구체적 사정에 비추어 보면 상급관서에 질의하거나 재무부 관세국에의 조회하는 등의 조치를 할 의무가 있었다고 인정된다고 판시하고, 판례⑦은 상속세부과처분에 관해, '부실감정'에 기초한 상속재산 평가가 공무원의 과실에 해당한다고 판시하였다.9)10)

---

9) 판례㉕는 총 15번에 걸친 교통부담금부과처분 분납금 중 마지막 15회분에 대해 국가배상을 인정한 것인데, 同種의 처분이 대법원판결을 통해 위법한 것으로 확정된 후 이를 유관 행정부서로부터 시달된 업무지침이나 업무연락 등을 통해 충분히 인식할 수 있게 되었으면 담당공무원으로서는 최소한 그 때까지 납부기한이 도래하지 않은 15회분에 관해서는 이를 수납하지 않거나 징수절차에 나아가지 아니하여 장래를 향한 위법한 행정작용을 중지 내지 회피하여야 할 책무가 있음에도 이를 다하지 않은 과실이 있다고 판시하였다.

10) 최근 대법원 2020. 4. 29. 선고 2015다224797 판결은 성폭력범죄의 소년 피의자들이 경찰의 피의자신문조서 작성시 직무상 의무 위반을 이유로 국가배상책임을 구하는 사건에서, "수사기관이 범죄수사를 하면서 지켜야 할 법규상 또는 조리상의 한계를 위반하였다면 이는 법령을 위반한 경우에 해당한다. … 특히 피의자가 소년 등 사회적 약자인 경우에는 수사과정에서 방어권 행사에 불이익이 발생하지 않도록 더욱 세심하게 배려할 직무상 의무가 있다. 따라서 경찰관은 피의자의 진술을 조서화하는 과정에서 조서의 객관성을 유지하여야 하고, 고의 또는 과실로 위 직무상 의무를 위반하여 피의자신문조서를 작성함으로써 … "고 판시하였는데, 피의자신문조서 작성이 순수한 법적 결정은 아니지만, 위법성을 인정한 동일한 사정에 의거하여 공무원의 과실을 인정하였다는 점에서 A-유형으로 평가할 수 있다.

[표 5] A-유형

④	1979.04.10. 79다262	물품세부과처분 (과세대상품목 오인)	인용	객관적 사정(질의·조회 않음)을 기초로과실 인정	A-
⑦	1991.01.25. 87다카2569	상속세부과처분 (상속재산평가 오류)	인용	객관적 사정(부실감정 不知)을 기초로 과실 인정	A-
㉕	2007.05.10. 2005다31828 (청구인용 부분)	교통부담금부과처분 (법령해석 오류)	인용	대법원판결 이후의 처분 → 객관적 사정(판례확립) 을 기초로 과실 인정	A-

(4) B유형(위법성과 객관적 정당성 상실에 의거하여 배상책임 인정)

이 유형은 최근 아래 F유형과 같이 위법성에 더하여, 심지어 항고소송에서 처분이 위법한 것으로 취소 확정된 경우에도, 별개의 요건으로 '객관적 정당성의 상실'을 요구하지만, 당해 사안의 사실인정에 비추어 담당공무원의 객관적 주의 의무 위반으로 인한 객관적 정당성 상실을 긍정함으로써 배상책임을 인정한 판례이다. 판례㉗, ㉗, ㉛이 이에 해당한다. 위법성 이외에 '객관적 정당성의 상실'을 요구하기 때문에 A평점을 줄 수 없지만, 위법한 법적 결정에 대해 여하튼 과실을 인정하였다는 점에서 B평점은 줄 수 있다. 그렇다 하더라도 객관적 정당성이라는 불명확한 기준으로 인한 판단의 자의성은 비판을 면할 수 없다.[11]

[표 6] B유형

㉗	2011.01.27. 2008다30703	장해급여 취소처분 취소재결 (민사확정판결 모순 사실인정)		인용	위법성+객관적 정당성 상실	B
㉘	2012.05.24. 2012다11297	건축허가거부처분 (위법한 부관의 이행 요구)	취소 확정	인용	위법성+객관적 정당성 상실	B
㉛	2015.11.27. 2013다6759	토석채취허가 지연 (이행재결에 불응)		인용	위법성+객관적 정당성 상실	B

---

11) 同旨, 최계영, 처분의 취소판결과 국가배상책임, 『행정판례연구』 제18집 제1호, 2013, 261-300면.

(5) C유형(객관적 사정과 주관적 사정에 의거하여 과실 부정)

이 유형은 법령해석이 복잡 난해하고 이에 대한 판례가 확립되지 않았다는 객관적 사정과 공무원 나름대로 신중하게 합리적인 근거를 찾아 법령을 해석하였다는 주관적 사정을 기초로 공무원의 과실을 부정한 판례이다. 1990년대까지 배상책임을 부정한 판례의 대종을 이루는 유형인데, 2000년대에도 아래 F유형과 더불어 드물지 않게 나타난다. 판례③, ⑩, ⑪, ⑫, ⑬, ⑮, ⑲, ㉓, ㉙ 총 9개의 판례가 이에 해당한다. 이 중 배상책임을 인정한 원심판결을 파기한 것이 5개에 이른다.[12] 주목할 것은 판례⑩, ⑬, ⑮, ⑲, ㉙는 계쟁처분이 이미 행정소송에서 취소 확정되어 그 위법성에 관한 기판력이 발생하였음에도 불구하고 그와 별개로 공무원의 과실을 부정함으로써 배상책임을 배척하였다는 점이다. 판례㉙에서는 행정소송을 제기하지 아니한 수험생에 대한 불합격처분을 행정청이 직권취소까지 하였다.

[표 7] C유형

③	1973.10.10. 72다2583	특허취소처분 (법령적용·해석오류)		기각	법령해석 미확립 객관적 사정 → 합리적 근거	C+	파기
⑩	1995.10.13. 95다32747	노조설립신고 반려처분 (법령해석 오류)	취소 확정	기각	법령해석 미확립 객관적 사정 → 합리적 근거	C+	
⑪	1996.11.15. 96다30540	토지초과이득세부과 처분 (법령해석 오류)		기각	법령해석 미확립 / 주관적 사정 → 나름대로 합리적 근거	C0	
⑫	1997.05.28. 95다15735	시행령제정 및 개발부담금부과처분 (시행령 위법)		기각	법령해석 미확립 / 주관적 사정 → 나름대로 합리적 근거	C0	
⑬	1997.07.11. 97다7608	자동차정비업허가 거부처분 (거부사유 위법)	취소 확정	기각	법령해석 미확립 / 주관적 사정 → 나름대로 합리적 근거	C0	

---

12) 판례㉙에 관해 특기할 것은, 원심은 객관적 정당성의 상실을 근거로 과실을 인정하였었는데(B유형), 대법원이 이를 정면으로 뒤집어 객관적 정당성이 상실될 정도가 아니라고 판시하였더라면 F유형이 될 것이지만, 그리하지 않고 C유형으로 판시하면서 원심판결을 파기하였다는 점이다.

⑮	1999.09.17. 96다53413	유선업경영신고반려 처분 (시행령 위법)	취소 확정	기각	법령해석 미확립 객관적 사정 → 합리적 근거	C+	파기
⑲	2001.03.13. 2000다20731	통관보류처분 (법령해석 오류)	취소 확정	기각	법령해석 미확립 / 주관적 사정 → 나름대로 합리적 근거	C0	파기
㉓	2004.06.11. 2002다31018	종합토지세부과처분 (과세대상 오인)		기각	법령해석 미확립 / 주관적 사정 → 나름대로 합리적 근거	C0	파기
㉙	2013.04.26. 2011다14428	변리사시험 불합격처분 (시행령 위헌)	취소 확정 직권 취소	기각	반대견해 가능 / 주관적 사정 → 나름대로 합리적 근거	C0	파기

　　보다 구체적으로 살펴보면, 판례③은 특허취소처분에 관해, 처분 당시 신법 적용과 구법적용 사이에 견해가 대립되어 이에 관해 고등법원과 대법원의 판단도 달랐는데, 3인의 위원을 선정하여 반년이 넘게 심의를 시켜 결론을 내렸다는 점을 근거로, 대법원의 최종판단으로 결과적으로 법령의 부당집행이 되었더라도 공무원의 과실을 인정할 수 없다고 판시하였다. 판례⑩은 노동조합설립신고반려처분에 관해, 노동부의 업무처리 지침 내지 관행 등이 행정소송, 관련기관의 유권해석 등을 통하여 현실적으로 명백하게 위법 내지 부당한 것으로 논의되어진 바 없다가 대법원판결을 통해 비로소 위와 같은 지침·관행에 근거한 처분이 위법한 것으로 밝혀지게 된 점을 근거로 공무원의 과실을 부정하여 배상청구를 배척하였다. 판례⑮는 유선업 경영신고 반려처분에 관하여, 시행령 규정에 유선업 경영신고의 타당성 여부에 대해 실질적 검토를 할 수 있는 것처럼 규정되어 있어, 해당 항만시설의 관리청인 항만청에 대해 질의하여 그 회신을 토대로, 전용사용권자의 공동사용동의가 없음을 이유로 위 반려처분을 한 것은 법령의 해석, 적용상의 주의의무를 다하지 아니한 과실이 있는 것으로 보기 어렵다고 판시하였다.[13) 위 판례들은 신중한 심의과정, 업무처리 지침 내지 관행, 질의회신 등 객관적이고 구체

―――――――――――
13) 판례⑮에서 특기할 것은 "법률전문가가 아닌 행정공무원에게 위 시행령이 상위법규에 위배되는지 여부까지 사법적으로 심사하여 그 적용을 거부할 것을 기대하기는 매우 어렵다고 보아야 (한다)"라고 판시하고 있고, 또한 공무원의 과실에 관한 입증책임이 원고에게 있는 것으로 설시하고 있다는 점이다.

적인 사정들을 기초로 공무원의 과실을 부정하였다는 점에서 어느 정도 긍정적 평가를 할 수 있다(C+유형).

그러나 그 후 판례들에서는 법령의 해석이 분명하지 아니한 상황 하에서—위와 같은 특별한 객관적인 사정들을 제시함이 없이—담당공무원이 '나름대로' 합리적 근거를 갖고 결정하였다고 판시함으로써 공무원의 주관적 사정을 중시하고 있다는 점에서 비판의 소지가 크다(C0유형).[14] 예컨대, 판례⑲는 통관보류처분에 관하여, 통관대상이었던 타이어가 법령상 수입선다변화품목인 승용자동차용 타이어에 해당하는지 여부가 불명확한 상황에서, 담당공무원이 타이어의 실제 사용 용도를 중시하여 통관을 보류한 것은 상당한 합리적 근거가 있고, 위 타이어가 수업선다변화품목에 해당한다는 결론에 이르기 위해 노력을 기울였다는 근거로 과실을 부정하였다.

(6) D유형(재량행위로서 재량기준에 의거했다는 이유로 과실 부정)

이 유형은 당해 처분이 재량권남용으로 위법하더라도 법령 또는 훈령상의 재량기준에 의거한 경우에는 이를 이유로 공무원의 과실을 부정한 판례이다. 판례⑥, ⑧, ⑳이 이에 속하는데, 모두 제재처분에 관한 것으로서, 모두 제재처분이 행정소송 또는 행정심판에서 재량권남용으로 취소 확정된 경우이다.

---

14) 즉, 판례⑪은 토지초과이득세부과처분에 관해, 당해 토지가 토지초과이득세의 부과대상인지 여부가 명백하지 않다가 위 처분 이후 다른 同種의 처분에 대한 취소소송에서 대법원 판결에 의해 비로소 명확하게 되었다고 하면서 공무원의 과실을 부정하였다. 판례⑫는 개발이익환수에관한법률시행령 및 그에 의거한 개발부담금부과처분에 관해, 법률 규정의 해석에 관한 견해가 통일되어 있지 아니한 상황에서 공무원들이 나름대로 합리적인 근거를 찾아 여러 가지 견해 중 어느 하나에 따라 시행령을 제정하였는데, 그 후 그와 유사한 사안에 대한 대법원 판결에 의해 그 시행령 규정이 위법하게 되었다는 이유로 공무원의 과실을 부정하였다. 판례⑬은 인근주민들의 반대를 이유로 한 자동차정비업허가거부처분에 관해, 처분 당시 관련공무원들이 허가기준을 정한 법령에 '지역주민의 이용편의' 등 지역적 특수성을 고려해야 한다는 규정이 있음을 근거로 소음·분진·냄새 등 환경오염의 예방도 하나의 행정목적이라고 보고 인근주민들의 반대를 해소하기 위해 노력을 기울인 점을 근거로 공무원의 과실을 부정하였다.

[표 8] D유형

⑥	1984.07.24. 84다카597	의료기관 업무정지 (재량권남용)	취소 확정	기각	재량행위 / 재량기준에 의거	D	파기
⑧	1994.11.08. 94다26141	이발소영업허가취소 (재량권남용)	취소 확정	기각	재량행위 / 재량기준에 의거	D	
⑳	2002.05.10. 2001다62312	인증기관 업무정지 (재량권남용)	취소 확정	기각	재량행위 / 재량기준에 의거	D	

위 판례들에서는 모두, 공무원의 과실을 판단함에 있어 다른 사정들은 전혀 고려하지 아니하고 오직 당해 처분이 법령 또는 훈령상의 재량기준에 의거하였다는 사정만을 근거로 들고 있다. 이러한 재량기준도 객관적인 사정의 하나이므로 이에 근거하여 공무원의 과실을 부정한 것은 위 C+유형에 속하는 것으로 볼 수 있을지도 모른다. 그러나 — 재량기준이 과도하거나 그렇지 않더라도 구체적 사정에 대한 고려 없이 획일적이어서 재량기준 자체가 위법한 것으로 판단된 경우에는 — 재량기준 제정행위에 관한 과실을 살펴보아야 함에도 이를 간과하고, 재량기준이 탄력적인 경우에는 그럼에도 불구하고 구체적 사정을 고려하지 않고 안이하게 그 기준에 따라 제재처분을 내리게 된 과실을 문제 삼아야 함에도 이를 간과하였다는 점에서 비판의 소지가 크기 때문에, D유형으로 분류하고자 한다.15)

(7) F유형(객관적 정당성의 상실을 부정함으로써 배상책임 배척)

이 유형은 공무원의 객관적 주의의무 위반과 처분의 객관적 정당성 상실이 없다는 이유로 공무원의 과실 내지 배상책임을 부정하는 판례이다. 2000년대에 들어 새롭게 등장하여 지금까지 대종을 이루고 있는 유형인데, 판례⑯, ⑱, ㉑, ㉒, ㉔, ㉕, ㉖, ㉚, ㉜ 등 9개가 이에 해당한다. 이 중 배상책임을 인정한 원심판결을 파기한 것은 5개에 이른다.16) 계쟁처분이 행정소송에서 취소 확정된 경우가

---

15) 위 판례⑥은 부산직할시장의 처분에 관한 것으로, 피고가 부산직할시인데 재량기준은 보건사회부훈령이고, 판례⑧은 부천시 남구청장의 처분에 관한 것으로, 피고가 부천시인데 재량기준은 공중위생법시행규칙(보건사회부령)이어서, 재량기준의 제정에 관한 책임을 피고에게 물을 수 없는 사정이 있었다고 할 수 있다. 그러나 판례⑳은 산업자원부장관의 처분에 관한 것으로, 피고가 대한민국이고 재량기준은 시행령 및 그에 의거한 산업자원부훈령이기 때문에, 재량기준의 제정에 관한 책임이 문제되지 아니한 것이 의문이다.

16) 최근에 이를수록 파기 건수가 감소하는데, 이는 F유형의 판례가 확고하게 확립되었음을

5개인데, 판례㉑, ㉒에서는 행정소송을 제기하지 아니한 수험생에 대한 불합격처
분을 행정청이 직권취소까지 하였다.

[표 9] F유형

⑯	2000.05.12. 99다70600	산림개간허가취소 (취소사유 오인)	취소 확정	기각	객관적 주의의무 위반, 처분의 객관적 정당성 상실 및 책임부담의 실질적 이유 없음	F	파기
⑱	2001.12.14. 2000다12679	교수임용거부처분 (시장의 무권한 제청)	취소 확정	기각	객관적 주의의무 위반, 처분의 객관적 정당성 상실 및 책임부담의 실질적 이유 없음	F	파기
㉑	2003.11.27. 2001다33789등	사법시험불합격처분 (출제오류)	취소 확정 직권 취소	기각	객관적 주의의무 위반, 처분의 객관적 정당성 상실 및 책임부담의 실질적 이유 없음	F	파기
㉒	2003.12.11. 2001다65236	공인회계사시험 불합격처분 (출제오류)	취소 확정 직권 취소	기각	객관적 주의의무 위반, 처분의 객관적 정당성 상실 및 책임부담의 실질적 이유 없음	F	파기
㉔	2004.12.09. 2003다50184	교도소 징벌처분 (절차적 위법)		기각	처분의 객관적 정당성 상실과 책임부담의 실질적 이유 없음	F	파기
㉕	2007.05.10. 2005다31828 (청구기각 부분)	교통부담금부과처분 (법령해석 오류)		기각	객관적 주의의무 위반, 처분의 객관적 정당성 상실 및 책임부담의 실질적 이유 없음	F	
㉖	2011.01.27. 2009다30946	교수재임용거부처분 (소청심사에서 취소)	취소 확정	기각	객관적 주의의무 위반 및 처분의 객관적 정당성 상실 없음	F	
㉚	2013.11.14. 2013다206368	농업기반시설 매수 의무를 부과한 부관 (재량권남용)		기각	객관적 주의의무 위반 및 처분의 객관적 정당성 상실 없음	F	

나타내는 것이라고 할 수 있으나, 필자의 관점에서는 이것이 가장 큰 문제이다.

㉜	2016.06.23. 2015다205864	음식물쓰레기 처리기 사용금지 조치 요청 (가정적 위법)	기각	객관적 주의의무 위반 및 처분의 객관적 정당성 상실 없음	F	파기

이 유형의 판례는 판례㉖을 제외하고 모두 동일한 일반론을 전개하고 있다. 즉, 행정처분이 위법하여 항고소송에서 취소된 경우에도 "담당공무원이 보통 일반의 공무원을 표준으로 하여 볼 때 객관적 주의의무를 결하여 그 행정처분이 객관적 정당성을 상실하였다고 인정될 정도에 이른 경우에 국가배상법 제2조 소정의 국가배상책임의 요건을 충족하였다고 봄이 상당"하고, 그 객관적 정당성의 상실 여부는 "피침해이익의 종류 및 성질, 침해행위가 되는 행정처분의 태양 및 그 원인, 행정처분의 발동에 대한 피해자측의 관여의 유무, 정도 및 손해의 정도 등 제반 사정을 종합하여 손해의 전보책임을 국가 또는 지방자치단체에게 부담시켜야 할 실질적인 이유가 있는지 여부에 의하여 판단하여야 할 것"이라고 설시하고 있다.

우선, 위 일반론에서 객관적 정당성의 상실로써 '국가배상법 제2조 소정의 국가배상책임의 요건'이 충족된다고 하였지 공무원의 '과실'이 인정된다고 설시한 것은 아니므로, 혹시 위법성의 요소로 추가한 것이 아닌가 라는 의문이 생길 수 있다. 그러나 통상 판례는 국가배상에서의 위법성을 "엄격한 의미의 법령 위반뿐만 아니라 인권존중, 권력남용금지, 신의성실, 공서양속 등의 위반도 포함하여 널리 그 행위가 객관적인 정당성을 결여하고 있음"으로 파악하고 있다.[17] 다시 말해, '객관적 정당성의 상실'이라는 징표는 그동안 국가배상에서의 위법성을 확대하기 위한 것으로 사용되어 왔으므로, 이와 정면으로 모순되게 위 F유형의 판례들이 국가배상에서의 위법성을 축소하기 위해 사용하는 것으로는 보기 어렵다. 따라서 위 F유형의 판례는 국가배상에서의 위법성 요건 이외에 공무원의 과실을 요구하고 이를 판단함에 있어 — 위법성의 요소와는 다른 의미의 — '객관적 정당성의 상실'이라는 기준을 사용하고 있는 것으로 이해되어야 한다. 판례㉖은 이를 명시하고 있다.[18]

---

17) 대표적으로 대법원 2009. 12. 24. 선고 2009다70180 판결 참조.
18) 즉, "국·공립대학 교원에 대한 재임용거부처분이 재량권을 일탈·남용한 것으로 평가되어 그것이 불법행위가 됨을 이유로 국·공립대학 교원 임용권자에게 손해배상책임을 물

특히 F유형의 초기판례인 판례⑯, ⑱은 위와 같은 일반론의 말미에 대법원 1999. 3. 23. 선고 98다30285 판결(판례⑭)을 참조 표시하고 있었는데, 동 판결은 위 A+유형에서 본 바와 같이, 준공검사 지연으로 인한 국가배상을 인정한 것으로, 그 '위법성'의 근거로 설시한 것이다. 이러한 점에서, 원래 부작위로 인한 국가배상에서 위법성 판단의 근거로 사용되는 '객관적 정당성의 상실'이라는 개념을 — 위법성이 인정되는 사안에서, 심지어 이미 항고소송에서 취소 확정된 사안에서, — 공무원의 과실을 부정하기 위한 근거로 轉用하고 있다는 비판이 가능하다. 말하자면, F유형의 판례는 그 탄생에서부터 체계적 모순을 갖고 있었다. 그 후 판례㉑부터 위 대법원 1999. 3. 23. 선고 98다30285 판결(판례⑭)의 참조 표시가 사라지고 대신 '자가발전 식으로' 판례⑯, ⑱을 참조 표시하고 있는데, 아마도 위와 같은 비판을 의식하였기 때문이라고 추측할 수 있다. 여하튼 F유형에서는 동일한 일반론을 기계적으로 반복하면서 공무원의 '과실'을 부정하여 국가배상을 배척하고 있는데, 감독조치 불이행의 경우에는 위 각주 5)에서 보는 바와 같이 객관적 정당성의 상실을 근거로 부작위의 '위법성'을 인정하여 배상청구를 인용하는 판례가 최근까지 계속되고 있는 것은 판례의 자체 모순이 아닐 수 없다.

　　마지막으로, 위 일반론에 의하면, 객관적 정당성을 상실하였는지 여부는 "피침해이익의 종류 및 성질, 침해행위가 되는 행정처분의 태양 및 그 원인, 행정처분의 발동에 대한 피해자측의 관여의 유무, 정도 및 손해의 정도 등 제반 사정을 종합하여 손해의 전보책임을 국가 또는 지방자치단체에게 부담시켜야 할 실질적인 이유가 있는지 여부에 의하여 판단하여야 할 것이다."라고 한다. 「손해의 전보책임을 국가에게 부담시켜야 할 실질적인 이유」⇒「처분의 객관적 정당성의 상실」⇒「공무원의 과실」이라는 3단계의 등식으로 정리할 수 있는데, 과연 어떠한 근거로 이 등식이 성립할 수 있는지 극히 의문일 뿐만 아니라,19) '국가 책임부담

기 위해서는 당해 재임용거부가 국·공립대학 교원 임용권자의 고의 또는 과실로 인한 것이라는 점이 인정되어야 한다. 그리고 <u>위와 같은 고의·과실이 인정되려면</u> 국·공립대학 교원 임용권자가 객관적 주의의무를 결하여 그 재임용거부처분이 객관적 정당성을 상실하였다고 인정될 정도에 이르러야 한다."(밑줄: 필자)

19) F유형 판례들은 위법한 처분을 내리게 된 과정을 전혀 살피지 않는다. 예컨대, 위 판례 ⑯에 있어, 무권한, 절차위반 및 재량권남용을 이유로 제1차·제2차 허가취소처분이 행정소송에서 위법으로 취소 확정되었다면, 그러한 위법한 처분을 함에 있어 과연 군수, 면장 등 관계공무원의 직무상 과실이 있었는지를 살펴야 할 터인데, 그렇지 아니하고 위 허가취소처분이 객관적 정당성이 있는지 여부만을 문제 삼고 있다.

의 실질적 이유'라는 극단적인 불확정개념에 의거한 자의적 판단이라는 비판을 면하기 어렵다.[20]

후술하는 바와 같이, 필자는 프랑스의 판례·실무를 참고하여, 위와 같은 판단기준들, 즉, 피침해이익의 종류 및 성질, 행정처분의 태양 및 원인, 피해자측의 관여 유무, 손해의 정도 등은 과실 여부 및 국가배상책임의 성립 여부를 판단하는 '일도양단적'인 기준이 아니라, 배상책임의 범위, 즉 배상금액을 '탄력적'으로 ─ 私法的인 손해액 산정방법이 아니라, 손해의 공평한 분배라는 공법적인 관점에서 ─ 결정하는 기준으로 삼아야 한다고 생각한다.

(8) X유형(공과금부과처분)

이상의 유형들과는 별도로, 판례④(물품세부과처분), 판례⑦(상속세부과처분), 판례⑪(토지초과이득세부과처분), 판례⑫(개발부담금부과처분), 판례㉓(종합토지세부과처분), 판례㉕(교통부담금부과처분)를 X유형으로 묶을 수 있는데, 이는 모두 공과금부과처분에 관한 것이라는 공통점을 갖는다. 이 중 배상책임을 인정한 것은 판례④, ⑦ 및 판례㉕의 청구인용 부분인데, 모두 위 A0유형의 논거로써 공무원의 과실을 인정하고 있다. 국가배상청구를 배척한 나머지 판례들은 대부분 C유형의 논거로써, 다만 판례㉔의 청구기각부분은 F유형의 논거로써, 공무원의 과실을 부정하였다.

---

20) 특기할 것은 위 판례㉑은 결론부분에서 '처분의 객관적 정당성'을 명시적으로 설시하고 있는 반면, 판례㉒는 이를 명시하지 않고 있다는 점이다. 전자의 판례에서는 원고들이 불합격처분 취소소송에서 승소한 당사자가 아니기 때문에, 그 취소판결의 ─ 처분의 위법성에 관한 ─ 기판력이 국가배상소송에 미치지 않는다는 전제 하에서 '처분의 객관적 정당성'을 명시적으로 부정할 수 있었으나, 후자의 판례에서는 원고들이 불합격처분 취소소송에서 승소한 당사자들이어서 그 취소판결의 기판력을 의식하여 이를 명시적으로 부정하지 않은 것이 아닌가 라는 추측이 가능하다. 취소판결의 기판력의 대세효를 긍정하는 私見(졸저,『행정소송의 구조와 기능』, 444면 이하 참조)에 의하면, 판례㉑의 경우에도, 불합격처분 취소판결의 효력은 그 취소소송을 제기하였던 응시자들 뿐만 아니라, 그와 동일한 입장에 있는 응시자 모두에게 미친다. 그렇다면 판례㉑의 경우에도 분명히 '위법'한 처분이라는 점에 기판력을 받고 있는 처분이 어떻게 '객관적 정당성'을 가질 수 있는가 라는 의문은 동일하게 제기된다.

[표 10] X유형

④	1979.04.10. 79다262	물품세부과처분 (과세대상품목 오인)	인용	객관적 사정(질의·조회 않음)을 기초로 과실 인정	A-	
⑦	1991.01.25. 87다카2569	상속세부과처분 (상속재산평가 오류)	인용	객관적 사정(부실감정 不知)을 기초로 과실 인정	A-	
⑪	1996.11.15. 96다30540	토지초과이득세부과 처분 (법령해석 오류)	기각	법령해석 미확립 / 합리적근거	C	
⑫	1997.05.28. 95다15735	시행령제정 및 개발 부담금부과처분 (시행령 위법)	기각	법령해석 미확립 / 합리적근거	C	
㉓	2004.06.11. 2002다31018	종합토지세부과처분 (과세대상 오인)	기각	법령해석 미확립 / 합리적근거	C	파기
㉕	2007.05.10. 2005다31828	교통부담금부과처분 (법령해석 오류)	기각	객관적 주의의무 위반 및 객관적 정당성 상실 없음 국가책임 실질적 이유 결여	F	
			인용	대법원판결 이후의 처분 → 객관적 사정(판례확립)을 기초로 과실 인정	A0	

이 X유형의 판례에서 국가배상법 개혁을 위한 귀중한 단초를 얻을 수 있다. 즉, 이 판례의 사안들은 모두 당해 부과처분에 기하여 조세, 부담금 등을 납부한 후 그 납부액 상당의 국가배상을 구하는 것인데, 예외 없이 그 부과처분들이 사전에 취소소송에서 취소되지 않았고 또한 취소소송의 제소기간도 도과되었다. 그렇지 않다면 취소소송에서 처분의 위법성만으로 취소판결을 받아 그 취소판결의 기속력에 의하여 기납부액을 손쉽게 반환받을 수 있기 때문이다. 이와 같이 취소소송의 제소기간이 도과한 경우에는 통상 민사소송으로써[21] 부과처분의 당연무효를 주장하여 부당이득의 반환을 청구하는데, 부과처분의 위법성은 인정되지만 그 명백성의 결여를 이유로 당연무효가 인정되지 않을 것을 대비하여, 예비적 청구 또는 선택적 청구로 국가배상을 구하게 되고, 그 배상청구가 원심에서 인용되거나 배척되어 피고 또는 원고가 상고한 사건이 위 X유형 판례의 대종을 이룬다. 말하

---

21) 주지하다시피 대법원 2008. 3. 20. 선고 2007두6342 전원합의체 판결에 의해 무효확인소송의 보충성이 부정되기 이전에는 이러한 경우 민사소송에 의하는 수밖에 없었다.

자면, X유형의 판례에서는 국가배상청구가 부당이득반환청구의 代替財이다.[22]

그렇다면, 부당이득반환청구에서 처분의 당연무효를 인정하기 위해 위법성에 더하여 그 중대·명백성이 필요하듯이, 국가배상청구에서도 처분의 위법성 이외에 그에 상응하는 추가적인 요건이 요구되어야 한다. 그렇지 않으면 국가 배상청구를 통해 사실상 부당이득반환의 목적을 달성함으로써 처분의 '불가쟁력'이 잠탈되기 때문이다. 근본적으로 손배배상제도와 부당이득반환제도는 '法構成'(Rechtskonstruktion)상의 차이에 불과하고, 실제로는―특히 위법하게 지급된 금전을 반환받는 데에는―동일한 기능을 하는 것이다.[23] 요컨대, 실무상 국가배상청구는 처분에 불가쟁력이 발생한 후 손해배상 명목으로 기납부액을 반환받기 위한 수단이다.

이러한 관점에서 보면, 위 판례⑪, ⑫, ㉓(C유형)이 공무원의 과실을 엄격하게 판단하여, 법령해석이 확립되지 않은 상황에서 나름대로 합리적 근거를 갖고 처분을 하였으면 과실이 없다고 하면서 배상책임을 부정한 것에 충분히 수긍이 간다. 즉, 위법성의 중대·명백성이 없다는 이유로 주위적 청구인 부당이득반환청구를 기각하는 마당에 위법성만을 이유로, 또는 과실을 쉽게 인정하여, 선택적 또는 예비적 청구인 국가배상청구를 인용하는 것은 타당하지 않을 것이다. 반대로, 판례④, ⑦(A-유형)에서, 질의·조회 등의 조치를 하지 않았다거나 부실감정에 기초하였다는 객관적인 사정을 기초로 공무원의 과실을 인정한 것은 과실의 객관화라

---

22) 실제로, 판례④는 원심에서 주위적 청구인 부당이득반환청구는 기각되고 예비적 청구인 국가배상청구만이 인용되어 피고가 상고한 사건(상고기각)이고, 판례㉓에서는 주위적 청구인 부당이득반환청구가 취하된 후 원심에서 예비적 청구인 국가배상청구만이 인용되어 피고가 상고한 사건(원심파기)이며, 판례㉕에서는 원심에서 부당이득반환청구에 더하여 국가배상청구가 선택적 청구로 추가되었는데, 부당이득반환청구는 기각되고 국가배상청구는 일부 인용되어 원고·피고 쌍방이 상고한 사건(쌍방상고기각)이다. 또한 판례 ⑦은 납세고지처분이 있기 이전에 자진 납부한 세액에 관해서는 부당이득반환청구를 하고 납세고지처분에 의거하여 납부한 세액에 관해서는 국가배상청구를 하였는데, 원심에서 양 청구가 모두 인용되어 피고가 상고한 사건(상고기각)이며, 판례⑫는 부당이득반환 청구를 하였다가 선택적 청구로 부과처분의 근거인 시행령의 제정에 관한 국가배상청구를 추가하였는데, 원심에서 양 청구가 모두 기각되어 원고가 상고한 사건(상고기각)이다.
23) 민법상으로 손해배상에는 손해를 안 때로부터 3년이라는 소멸시효가 있고 과실상계, 손익상계가 가능한 반면, 부당이득반환에는 비채변제, 불법원인급여, 특히 선의의 수익자의 반환범위의 제한이 있다는 차이가 있으나, 공법상 부과처분에 의거하여 납부한 금전을 돌려받는 경우에는―과실상계와 비채변제, 불법원인급여, 선의의 수익자의 반환범위 등이 문제되지 않기 때문에―사실상 차이가 거의 없다.

는 점에서는 긍정적이지만, 그와 같은 이유만으로 처분의 위법성의 명백성을 인정하여 부당이득반환청구를 인용하기에는 부족하기 때문에, 결과적으로 그 代替財인 국가배상청구를 인용하였다는 점에서 재고의 여지가 있다.[24]

요컨대, C유형의 판례는 X유형의 사안에 관한 한, 즉 공과금부과처분에 기하여 금전을 납부한 후 제소기간 도과 후에 비로소 손해배상 명목으로 그 납부액을 돌려받기 위한 사안에 관한 한, 타당하다.[25] 문제는 이러한 C유형의 판례 논리를 위 X유형과 다른 사안들에 轉用하는 데에 있다. 이들 사안에서는 국가배상청구가 부당이득반환청구의 代替財가 아닐 뿐만 아니라, 특히 제소기간 내에 취소소송을 제기하여 당해 처분이 위법으로 취소된 경우에는 처분의 불가쟁력도, 처분의 당연무효도 모두 문제되지 않기 때문이다. 그럼에도 불구하고, 상술한 바와 같이 C유형의 판례는 공과금 부과처분만이 아니라, 특허취소처분(판례③), 노동조합설립신고반려처분(판례⑩), 자동차정비업허가거부처분(판례⑬), 통관보류처분(판례⑲) 등에 무비판적으로 반복되었고, 이에 더하여 공무원의 과실을 전면적으로 부정하는 D유형, F유형의 판례로 변질된 것이다. 있다. 요컨대, 우리 판례는 법방법론의 요체인 '구별' 내지 '유형화'를 소홀히 함으로써 말미암아 모순이 심화된 것이라 할 수 있다. 이러한 모순을 해결하는 데에는 비교법적인 지혜가 필요하다.

Ⅲ. 비교법적 고찰

1. 프랑스

(1) 공법 독자적 제도로서의 국가배상

프랑스 행정법 역사에서 '공역무'(le service public)에 의거한 공법의 독자성을 천명한 1873년 블랑코(Blanco)판결은 다름 아닌 국가배상에 관한 것이었다. 말하자면, 프랑스의 행정법은 국가배상을 민법상의 손해배상으로부터 독립시키는 것으로부터 발전하였다. 그 판결은 "공역무에 종사하는 사람들의 행위로 인해 사인

---

24) 최근 판례㉕의 청구인용부분은, 同種의 처분에 관해 그 위법성이 대법원판결에 의해 확정되었다는 점을 근거로 그 이후 내려진 당해 처분의 위법성을 명백한 것으로 인정할 여지가 있으므로 국가배상청구를 인용한 것에 찬성할 수 있겠으나, 위법성의 명백성에 의거해 부당이득반환청구를 인용하는 것이 보다 간명한 해결이 아닐까 생각한다.

25) 후술하는 바와 같이 프랑스에서도 공과금 부과 및 징수결정에 관한 국가배상책임에 대해서는 보다 엄격한 요건이 요구된다.

에게 가해진 손해에 대한 국가의 배상책임은 사인간의 관계를 위하여 민법전에 규정된 원리들에 의해 규율될 수 없다. 국가의 배상책임은 일반적인 것도 아니고 절대적인 것도 아니다. 그것은 국가의 권리와 사인의 권리를 조정할 필요성에 따라 변하는 특별한 규율들을 갖는다."라고 설시하였다.[26] 여기서 말하는 '국가의 권리와 사인의 권리 사이의 조정'이 바로 공법 독자적 제도로서의 국가배상의 존재의의이다.

이러한 국가배상의 공법적 독자성의 핵심을 이루는 것이 국가의 '자기책임' 이다. 즉, 국가는 사인과는 다른 특별한 지위에서 활동하기 때문에 그로 인해 발생한 손해를 스스로 책임져야 한다는 것이다. 이러한 의미에서 모리스 오오류 (Maurice Hauriou)는 공역무 집행을 위한 국가의 특권의 '보상물' 내지 '代價'(la contre-partie)가 국가배상책임이라고 하면서, 공역무는 모든 사람을 이익을 위한 것이므로, 공역무 집행과정에서 발생한 손해를 배상하지 아니하면 전체를 위한 개인의 희생이 된다고 설파하였다.[27] 레옹 뒤기(Léon Duguit)는 공법의 영역에서 '국가 주권'(la souveraineté de l'état) 관념을 추방하고자 하는 그의 기본입장에 의거하여, 공무원 개인의 책임으로부터 분리된, 국가 자신의 배상책임을 인정하는 것이 바로 국가의 주권면책을 부정하는 대표적인 예라고 하였다.[28] 또한 그도 국가배상책임은 공동체와 개인 사이의 문제로서, 공동체의 이익을 위해 개인이 손해를 입었으면 마땅히 그 공동체의 기금(la caisse)으로 배상하지 않으면 공평하지 않은 것이라고 강조하였다.[29]

특히 중요한 것은 프랑스에서는 이와 같이 국가배상이 공법 독자적 제도로서, 행정법의 중심영역을 이룬다는 점이다. 프랑스의 모든 문헌에서 행정법 총론의 주요부분으로 국가배상이 다루어지고 있을 뿐만 아니라, 일반적으로 행정법의 두 개의 중심축으로 '적법성 원리'(le principe de la légalité)와 '공권력 책임 원리'(le principe de la responsabilité de la puissance publique)를 들고, 전자의 실현을 위한 월

---

26) TC 8 février 1873, *Blanco*, Rec. 1er suppl. 61, concl. David. 이에 관하여 졸저, 『행정법의 체계와 방법론』, 2005, 462면 이하 참조.

27) Maurice Hauriou, Précis de droit administratif et de droit public. 6e éd., 1907, p.483.

28) Léon Duguit, Les transformations du droit public, 1913, p.223 et s. 국가배상책임에 관한 레옹 뒤기의 사상에 관하여 장윤영, 레옹 뒤기의 공법 이론에 관한 연구, 서울대학교 법학박사학위논문, 2020, 156면 이하 참조.

29) Léon Duguit, Leçons de droit public général, 1926, p.315 et s.(이광윤 역, 『일반공법학 강의』, 민음사, 1995, 257면).

권소송과 후자의 실현을 위한 완전심판소송으로서의 국가배상청구소송을 대비시키고 있다.[30]

(2) 국가배상의 성립요건으로서의 역무과실

위와 같이 공법 독자적 제도로서 국가배상의 요체인 국가의 자기책임을 실현하는 구체적인 수단은 '역무과실'(la faute de service)과 공무원의 '개인과실'(la faute personnelle)의 구별이다.[31] 국가배상은 역무과실에 의해 성립하고 공무원의 개인과실을 필요로 하지 않는다. 국가 자신이 행정을 운영함에 있어 범한 잘못에 대하여 국가 스스로 책임을 부담하는 것이다. 다시 말해, 실제로는 행정은 공무원의 행위를 통하여 이루어지고 따라서 행정운영상의 잘못도 공무원의 행위를 통하여 발생하는 것이지만, 그 공무원 개인의 책임을 매개로 하지 않고, 국가의 '역무과실'로서 국가 스스로의 책임으로 인식한다는 의미이다. 이와 같이 국가 '자신'의 과실을 인정한다는 것이, 위에서 레옹 뒤기가 강조한 바와 같이, 국가의 주권면책을 완전히 포기하고 국가가 법에 완벽하게 복종하는 것이다. 이러한 의미에서, 역무과실과 개인과실의 구별은 법치국가(l'état du droit)의 지배원리라고 할 수 있다.[32]

(3) 역무과실과 위법성

역무과실과 위법성(l'illégalité)은 관념적으로 독립된 개념이다. 행정작용이 사실적 행위로 이루어질 때에는 그 행위가 법규에 위반하여 위법하다는 것만으로 부족하고 그것이 행정운영상 객관적으로 요구되는 수준을 지키지 못하였다는 의미의 역무과실이 인정되어야 국가배상책임이 인정된다. 이 경우에도 — 우리의 영조물책임에 상응하는 — 공공시설의 설치·관리에 있어서는 역무과실이 추정되고, 특수한 경우에는 판례와 법률에 의해 역무과실이 요구되지 않는 '무과실책임'(la

---

30) 대표적으로 Yves Gaudement, Droit administratif. 20ᵉ éd., 2012, p.121 이하 참조.
31) 통상 la faute de service가 '역무과실'로 번역되고 있으나, '역무'라는 용어가 우리에게 명확한 의미를 전달해 주지 않고, 프랑스에서 le service public은 공적인 국가작용을 의미하는 것이기 때문에, 역무과실이라는 표현보다는 '공무'과실이라는 표현이 보다 적절하다고 생각하지만, 本稿에서는 통례에 따라 '역무과실'로 번역하되, 우리나라 제도의 개혁에 관해서는 '공무수행상의 하자'라는 용어를 사용하기로 한다.
32) René Chapus, Droit administratif général. Tome 1. 15ᵉ éd., 2001, p.1383.

responsabilité sans faute)이 인정되기도 한다. 반면에, 행정작용이 법적 결정(개별결정+규칙제정)으로 이루어질 때에는 법규를 준수하는 것 자체가 행정의 의무이기 때문에, 그 법적 결정의 위법성이 판명되면 원칙적으로 역무과실이 성립한다. 다시 말해, 원칙적으로 법적 결정의 위법성 자체가 역무과실이다. 법적 결정에 있어서는 행정의 존재의의가 바로 적법성의 실현에 있기 때문이다.[33]

그러나 법적 결정에 있어서도 항상 위법성만으로 역무과실이 인정되는 것은 아니라, 예외적으로 '역무 중과실'(la faute lourde de service)이 요구되는 경우가 있다. 이 중과실 요건은 원래 의료행위, 구조행위, 경찰의 집행행위, 교도행정의 집행 등 손해발생 가능성이 높은 사실행위에 관해 요구되었으나 최근 판례에서는 폐지 또는 완화되고 있다. 또한 감독업무(l'activité de contrôle)에 있어서도 중과실 요건이 요구되는 경우가 있다. 도지사(préfet)에 의한 지방자치단체의 감독이 대표적인 예이다. 이러한 감독 내지 통제업무에 있어서도 그 감독의 결과 위반사항을 적발한 때에는 시정명령, 제재처분 등 법적 결정으로 연결되는데, 이러한 법적 결정으로 인한 국가배상은 상술한 바와 같이 위법성만으로 역무과실이 인정되지만, 감독소홀로 인한 국가배상의 경우에는 추가적으로 중과실이 요구되는 것이다. 이때에도 중과실은 공무원 '개인'의 중과실이 아니라 '역무'의 중과실이다.[34] 전형적인 법적 결정임에도 불구하고 중과실 요건이 요구되는 것은 '공적 채권의 확정 및 징수'(la détermination et le recouvrement des créances publiques)이다. 이러한 법적 결정에 대해서는 그 취소를 구하는 소송 — 행정소송 또는 민사소송[35] — 으로 다투

---

33) René Chapus, pré. cit. p.1295; 국내문헌은 대표적으로 박현정, 프랑스 행정법상 '역무과실'(la faute de service)에 관한 연구 — 역무과실과 위법성의 관계를 중심으로, 서울대학교 법학박사논문, 2014; 同人, 프랑스 국가배상책임제도에서 위법성과 과실의 관계, 『한양대 법학논총』 제29권 제2호, 2012, 5-28면 참조.

34) 이상에 관하여 René Chapus, pré. cit. p.1303 et s. 참조.

35) 「조세절차법」(Livres des procédures fiscales: LPF) L.199조에 의해, 소득세, 법인세, 상속세 등의 직접세와 간접세(부가가치세 및 그에 유사한 조세)에 대해서는 행정소송으로, 등록세, 인지세, 재산세 각종 사회보험 부담금에 대해서는 민사소송을 제기하도록 구분되어 있는데, 조세소송의 90퍼센트가 행정소송에 해당한다. 과세처분은 원칙적으로 행정행위로서의 성격을 갖고 있어 이론적으로 행정재판소 관할에 속하지만, 등록세와 재산세에 관해서는 부동산 소유권과 밀접한 관련이 있음을 근거로, 사회보험 부담금에 관해서는 재판관할의 정책적 배분에 의해 민사법원의 관할로 정해졌다. 행정소송에서 계쟁 과세처분이 조금이라도 위법하면 그 전부를 취소하는 데 그치는 것이 아니라, 정당한 세액을 심리·판단하여 계쟁 과세처분의 금액을 감액까지 할 수 있으므로, 완전심판소송에 해당한다. 프랑스의 조세소송에 관하여 Grosclaude/Marchessou, Procédures fiscales. 5.éd.,

어 구제를 받을 수 있으므로 국가배상은 제한된다는 의미이다.[36] 요컨대, 위법한 법적 결정인 경우에는, 그것이 공과금 부과 및 징수결정이 아닌 한, 그 위법성만으로 역무과실이 인정되어 국가배상책임이 성립한다.

이상과 같이 프랑스 판례에서 역무과실에 관하여, 사실적 행위와 법적 결정을 구분하고, 법적 결정에 있어서도 공과금 부과 및 징수처분을 별도로 취급하며, 사실적 행위에 있어서는 손해발생 가능성이 높은 행위, 감독행위 등을 구별하고 있다. 이러한 프랑스의 분별과 유형화의 지혜가 우리에게 시사하는 바가 크다.

(4) 공무원의 개인과실

개인과실은 행정운영의 체계 및 방식과 무관한, 공무원의 개인적인 잘못으로 인한 과실이다. 판례상 3개의 유형으로 나뉘는데, 가장 명백한 형태가 ⓐ 직무와 전혀 관련 없는 영역에서 범한 개인과실이고, 다음으로 ⓑ 직무집행의 범위는 벗어나지만 외적으로 직무관련성이 있는 영역에서 범한 개인과실이며, 마지막으로 ⓒ 직무집행 자체에 관한 개인과실이 그것이다. 위 ⓑ유형의 판례는 군용차량 운전사가 통상의 운행경로에서 이탈하여 부모, 친구 등을 방문하다가 교통사고가 난 경우, 또는 항상 총기를 소지하고 근무하는 경비원이 퇴근하면서 동료와 함께 자신의 집으로 가서 근무 중 소지하던 총기로 그 동료를 살해한 경우 등이다.[37] 위 ⓒ유형은 다시 3개로 분류되는데, 그 첫째(ⓒ-1)가 비리·원한·분노·무리한 승진욕심 등 사적인 동기에 의한 직무집행이다. 판례상 자신이 관리하는 기금을 횡령하기 위하여 어떤 결정을 한 경우, 타인을 형사처벌받게 할 목적으로 자격 없는 자에게 철도할인권을 교부한 경우, 타인의 소유 토지임을 알면서도 그것이 공적인 쓰레기 적치장소로 오인한 것으로 가장하고 지속적으로 동 토지 위에 쓰레기를 적치한 행위가 이에 해당한다. 둘째(ⓒ-2)는 직무집행의 불량한 태도인데, 직무집행과정에서 폭언, 모욕, 희롱 등을 하는 경우이다. 셋째(ⓒ-2)는 '용서할 수 없는'(inexcusable) 직무집행으로서, 앞의 두 가지에 해당되지 않지만 직무상 범한 과오가 중대한 경우이다.

2009, p.249 이하 참조.

36) 이에 관하여 René Chapus, pré. cit. p.1316 et s. 참조. 이것이 상술한 우리 판례 X유형에 상응하는 것이다.

37) 이상에 관하여 René Chapus, pré. cit. p.1387 et s.: Jean Rivero / Jean Waline, Droit administratif. 21ᵉ éd., 2006, n° 507 et s. 참조.

위와 같은 개인과실에 대해서는 공무원이 피해자에 대해 직접 민사상 손해배상책임을 부담한다. 피해자는 민사소송으로 공무원에 대하여 손해배상청구를 할 수 있는 것이다. 반대로 공무원의 개인과실이 없는 한, 역무과실로 인해 국가배상책임이 발생하는 경우에도 공무원은 피해자에 대한 민사상 손해배상책임도 지지 않고 국가에 대한 구상책임도 지지 않는다. 이러한 점에서, 역무과실과 개인과실의 구별은 — 역무과실만으로 국가배상책임을 인정함으로써 피해자 구제에 만전을 기하는 동시에 — 공무원의 안정된 직무집행을 확보하는 것으로 기능한다.

(5) 과실의 경합과 책임의 경합

상술한 바와 같이 역무과실에 대해서는 공법상 국가배상책임이, 개인과실에 대해서는 공무원의 민사상 손해배상책임이 각각 발생하지만, 역무과실과 개인과실이 경합하는 경우에는 양자의 책임이 동시에 발생한다. 이를 '과실의 경합'(le cumul de fautes)에 의한 '책임의 경합'(le cumul des responsabilités)이라 한다. 즉, 역무과실과 개인과실이 동시에 작용하여 손해가 발생한 경우인데, 판례상 대표적인 사례는 우체국 시계가 正時보다 빨리 가서 우체국 정규출입문이 조기에 닫히게 되자 피해자가 한 직원의 안내에 따라 우편물 분류실을 거쳐 외부로 나가려고 했는데 거기에서 근무하던 직원들이 피해자를 의심하여 동인을 폭력적으로 길 밖으로 내팽기치는 바람에 피해자가 다리를 다치는 부상을 입은 사안이다.38) 시계의 고장이라는 역무과실과 직원들의 폭행이라는 개인과실이 경합하여 손해가 발생한 것이다. 이는 사실적 행위의 경우인데, 법적 결정에 있어서도, 예컨대 위 ⓒ유형의 개인과실(직무집행상의 과실)이 행정시스템 또는 감독체계의 결함 때문에 범해질 수 있었던 경우에도 과실의 경합은 발생할 수 있다.

뿐만 아니라, 판례는 위와 같이 개인과실에 역무과실이 경합되어 손해가 발생한 경우가 아니더라도, 위 ⓒ유형에서와 같이 직무집행 과정에서 개인과실이 범해진 경우, 나아가 위 ⓑ유형에서와 같이 직무관련성이 있는 영역에서 개인과실이 범해진 경우에도 '책임의 경합'을 인정한다. 여기에서 인정되는 국가책임이 공무원의 민사상 책임을 대신하여 부담하는 '책임의 대위'(la substitution de responsabilité)인지, 아니면 일종의 공무원의 선임·감독에 관한 역무과실을 의제하

---

38) CE 3 février 1911, *Anguet*, p.146, S.1911.3.137, note M.Hauriou.

여 이를 국가의 자기책임으로 파악해야 할 것인지에 관해 학설상 견해가 일치되어 있지 않다.[39]

여하튼 국가책임과 공무원 개인책임이 경합하는 경우에는 피해자는 행정소송(완전심판소송)을 통해 국가에게 손해배상을 구할 수도 있고, 민사소송을 통해 공무원 개인에게 손해배상을 구할 수도 있다. 내부관계에서는 국가와 공무원이 서로 구상하게 되는데, 그 소송형태는 완전심판소송이다. 즉, 국가가 손해를 배상하면 개인과실을 범한 공무원을 상대로 구상할 수 있을 뿐만 아니라, 공무원이 손해를 배상한 때에도 국가를 상대로 구상할 수 있다. '과실의 경합'의 경우에는, 마치 민사상 공동불법행위자의 관계에서와 같이, 역무과실과 개인과실의 기여정도에 따라 상호의 구상비율이 정해지지만, 위와 같이 확대된 — 역무과실 없는 — '책임의 경합'의 경우에는 전액 공무원이 부담하여야 한다.

(6) 역무과실에 의한 배상책임의 범위

프랑스에서는 위에서 본 바와 같이 역무과실에 의한 배상책임의 성립은 넓게 인정되는 반면, 그 배상책임의 범위는 상당히 제한적이다. 먼저 손해와 인과관계의 입증을 비교적 엄격히 요구한다. 예컨대, 점토채취 허가결정에서 채취량을 제한한 것이 위법하여 역무과실이 인정된다 하더라도, 그 제한이 없었더라도 원고 회사가 즉시 점토를 추가로 채취하기로 결정할 수 없었거나 그와 같이 채취한 점토로 벽돌을 생산할 화덕을 추가 설치할 재정적 준비가 되지 않았던 경우에는 손해가 인정되지 않는다.[40] 인과관계에 관해 행정행위 이외에 피해자의 과실, 제3자의 행위, 불가항력 등 '외부요인'이 있는 경우 배상책임이 부정되거나 감경된다. 특히 피해자의 불법적 지위, 위험인수, 손해방지의 소홀 등도 과실상계에 준하여 고려된다. 또한 피해자가 당해 행정행위로 부수적으로 입은 이익도 손익상계로 공제된다. 가장 큰 특징은 판사는 판결문에 배상액 산정의 구체적인 근거를 제시할 의무가 없으며, 배상액 판단에 상당한 재량을 갖는다는 점이다. 따라서 개인 피해자의 신체적·정신적 손해인 경우에는 민사 불법행위에서와 같은 정확한

---

39) 이상에 관하여 René Chapus, pré. cit. p.1395 et s.; Jean Rivero / Jean Waline, pré. cit. n° 509 참조.

40) CE 10 juin 1992, Société Les Briqueteries Joly n° 85782. 이에 관하여 박현정, 전게 박사학위논문, 155-156면.

배상액 산정이 이루어지는 반면, 대기업의 경제적 손해인 경우에는 과실상계, 손익상계, 제3자의 행위 등을 고려하여 극히 소액의 금액으로 상징적인 국가배상판결을 내리기도 하는데, 이것이 프랑스에서 '공법상의 제도'로서 국가배상이 갖는 특수성의 하나이다.[41]

2. 독일

(1) 대위책임으로서의 국가배상책임

우리나라 국가배상제도의 뿌리가 일본을 통해 도입된 독일 제도인 점은 부정할 수 없다. 따라서 현재 우리의 문제점을 이해하고 그 극복 방향을 모색하기 위하여 독일 제도의 연혁과 현황을 정확히 이해하여야 한다. 독일에서는 19세기 말까지 국가행위로 인한 손해에 대해 국가와 공무원 모두 배상책임을 지지 않았으나, 1900년 독일 민법전(BGB: Bürgerliches Gesetzbuch)이 제정되면서 먼저 공무원 개인책임이 규정되었다. 즉, 제839조에 공무원이 "고의·과실로"(vorsätzlich oder fahrlässig) "제3자에 대해 부담하는 의무"(die ihm einem Dritten gegenüber obliegende Amtspflicht)에 위반하는 때에 그 공무원이 — 민사법상으로 — 배상책임을 지게 되었다. 이 규정은 지금까지 변함이 없다. 이러한 공무원 개인책임을 국가가 대위하는 구조는 프로이센의 州책임법과 제국(연방)공무원법을 통해 도입되었다가 바이마르헌법 제131조에 규정되었고 이것이 기본법 제34조에 계승되어 현재에 이르고 있다.

이와 같이 독일은 연혁적으로, 그리고 규범구조적으로도, 민법에 의해 발생한 공무원의 개인책임을 (연방)헌법에 의해 국가가 대위하는 것이다. 반면에, 우리는 1948년 제헌헌법에서 현재와 동일한 국가배상 규정(제27조 제2항)을 가진 후, 6.25전쟁 중이던 1951년 국가배상법이 제정되었다. 독일과 우리나라의 국가배상 제도는 역사적으로 출발점을 달리한다.[42] 뿐만 아니라, 간과해서는 아니 될 것은 국가배상의 재판관할이다. 바이마르 헌법 제131조 제1항 제2문에서부터 기본법 제34조 제2문은 국가배상에 관한 '통상법원'(ordentliches Gericht)의 관할을 배제할

---

41) 이상에 관하여 Duncan Fairgrieve, State Liability in Tort: A Comparative Law Study, 2003, p.189-238; René Chapus, pré. cit. p.1235 et s.; 박현정, 전게 박사학위논문, 158-168면 참조.
42) 同旨 김중권, 국가배상법상의 과실책임주의의 이해전환을 위한 小考, 『법조』 제635호, 2009, 45-90면(71면).

수 없다는 명문의 규정을 갖고 있다. 이처럼 독일에서 국가배상의 민사소송 관할은 '헌법적'으로 고정되어 있으므로 그 만큼 국가배상에 관한 私法的 사고의 지배를 벗어나기 어렵다고 할 수 있다.

(2) 국가책임법의 제정 및 실패

1981년 이러한 대위책임·민사법적 국가배상책임 제도를 자기책임·공법적 제도로 전환하는 「국가책임법」(Staatshaftungsgesetz)이 제정되어 1982년부터 시행되었는데, 국가의 자기책임을 명문화하고 위법·무과실행위로 인한 국가책임도 인정하는 등 국가배상에 관한 개혁적 입법이었으나, 1983년 연방헌법재판소에서 국가배상에 관해서는 연방의 입법권한이 없다는 이유로 위헌결정이 내려져 폐기되었다.[43] 그 후 헌법개정에 의해 기본법에 국가배상법에 관한 연방의 입법권한이 명시(제74조 제1항 제25호)된 이후에도 현재까지 전혀 새로운 입법이 이루어지지 않고 예전과 같은 민법 제839조 및 기본법 제34조에 의해서만 규율되고 있다. 이는 일반적으로 독일 통일 이후 긴장된 재정상태에서 주와 지방자치단체들이 국가배상책임의 강화를 원하지 않기 때문인 것으로 추측되고 있다.[44]

(3) 최근의 새로운 경향

이상과 같이 전통적으로 독일의 국가배상제도가 私法的인 것으로 구성된 것을 극복하기 위하여, 공법적인 제도로서 '손실보상'(Entschädigung)을 위법한 국가작용에 의한 구제수단으로 확대하는 경향이 있어 왔다. 정식의 '수용'(Enteignung)에 의한 재산권 침해를 넘는, 수용유사침해(enteignungsgleicher Eingriff), 수용적 침해(enteignender Eingriff), 희생보상청구권(Aufopferungsanspruch) 등 판례이론이 바로 그것이다. 일찍이 오토 마이어도 위법한 국가작용으로 인한 손해를 가중된 '특별희생'(besonderes Opfer)으로 파악하여 이를 손실보상의 관점에서 설명하였고,[45] 최근에는 국가배상과 손실보상을 국가의 '전보의무'(Einstandspflicht)로 통합하고자

---

43) BVerfGE 61, 149 (179ff.).
44) 이에 관해 대표적으로 Ossenbühl/Cornils, Staatshaftungsrecht. 6.Aufl., 2013, S.6; 이일세, 독일 국가배상 책임의 법적 구조와 그 요건에 관한 연구, 『강원법학』 제2호, 1993, 96면 참조.
45) Otto Mayer, Deutsches Verwaltungsrecht. 2.Bd., 3.Aufl., 1927, S.306 이하. 이에 관하여 Wolfram Höfling, Vom überkommenen Staatshaftungsrecht zum Recht der staatlichen Einstandspflichten, in: Grundlagen des Verwaltungsrechts III, 2009, S.954-955 참조.

하는 시도가 있다.[46] 이는 프랑스에서 손실보상이 私法 제도로서 민사소송 관할이고 그 적용 영역이 정식의 재산권수용에 한정되는 데 반해 국가배상이 공법 제도로서 행정소송 관할이며 국가의 자기책임을 넘어 무과실책임까지 확장되어 상술한 독일의 수용유사침해 등이 모두 국가배상으로 다루어진다는 것과 매우 대조적이다.

여하튼 이와 같이 손실보상 제도를 통하여 국가배상의 취약점을 보완하고자 하는 노력도 1981년 연방헌법재판소의 자갈채취결정(Naßauskiesungsbeschluß)[47]에서 행정소송을 통한 침해행위의 배제(제1차 권리구제)가 가능한 경우 수용유사침해에 의거한 손실보상(제2차 권리구제)이 인정되지 않는 것으로 판단됨으로써 중대한 걸림돌에 부닥치고 있다. 그럼에도 불구하고 현재까지 학설상으로 헌법합치적 해석을 통해 현행법상 대위책임적 구조를 극복하고 국가의 자기책임으로서의 국가배상책임을 이론적으로 정립하고자 하는 노력이 이루어지고 있다는 점은 특기할 만하다.[48] 오랜 전통과 헌법·실정법상 한계로 인해 국가배상이 대위책임과 私法的 구조에 매여 있는 독일에서조차도 이러한 이론적 시도가 있다는 것은 우리에게 시사하는 바가 자못 크다.

Ⅳ. 개혁의 방향

1. 해석론

(1) 헌법의 해석

어떠한 해석론도 헌법으로부터 시작하지 않을 수 없다. 헌법 제29조 제1항은 "공무원의 직무상 불법행위로 손해를 받은 국민은 법률이 정하는 바에 의하여 국가 또는 공공단체에 정당한 배상을 청구할 수 있다. 이 경우 공무원 자신의 책임은 면제되지 아니한다."라고 규정하고 있다. 여기서 주목해야 할 것은 '공무원의

---

46) Wolfram Höfling, a.a.O., S.945-1006.

47) BVerfGE 50, 300.

48) 김중권, 전게논문(국가배상법상의 과실책임주의의 이해전환을 위한 小考) 75면 이하; Ossenbühl/Cornils, a.a.O., S.7-123, 특히 S.7-14; Maurer/Waldhoff, Allgemeines Verwaltungsrecht. 19.Aufl., 2017, S.708-749; Oliver Dörr (Hg.), Staatshaftung in Europa: Nationales und Unionsrecht, 2014, S.121-155; Bernd J. Hartmann, Öffentliches Haftungsrecht: Ökonomisierung- Europäisierung-Dogmatisierung, 2013 등 참조.

직무상 불법행위'와 '정당한 배상' 및 '공무원 자신의 책임'이라는 부분이다.

먼저 '불법행위'라는 용어는 민법 제750조 이하에서 고의·과실에 의한 위법
행위를 의미하는 것으로 사용되고 있지만, 헌법의 해석에서 반드시 이러한 법률
상의 의미에 구속될 필요가 없을 뿐만 아니라, 민법 자체에서도 제35조(법인의 불
법행위능력), 제320조 제2항(불법행위로 인한 점유의 경우 유치권의 배제) 등에서 불법
행위가 반드시 고의·과실을 포함하는 개념으로 사용되는 것도 아니다. 또한 형법
영역에서는 '불법행위'를 위법행위에 유사한 용어로 사용하는 경우가 많기 때문
에, 위 헌법상의 '불법행위'를 '위법행위'로 해석할 여지가 없지 않다. 더욱이 위
헌법조항 자체에서 반드시 국가의 대위책임을 규정한 것으로 해석되지 않고, 그
조항을 순진하게 ─ 독일식의 대위책임이라는 픽션을 의식하지 않고 ─ 읽으면 국가
가 자신의 책임으로 손해를 배상해야 한다는 해석이 오히려 자연스럽다. 또한 제
2문에서 '공무원 자신의 책임'이라고 했으므로 이에 대응하여 제1문은 '국가 자신
의 책임'을 규정한 것으로 볼 수 있다. 뿐만 아니라, 제1문에서 헌법적으로 명령
하고 있는 '정당한 배상'은 공무원의 개인적 책임에 구애됨이 없이 국가의 배상책
임을 인정할 때에만 가능하다. 이상의 점들을 감안하면, 위 헌법규정은 자기책임
으로서의 국가책임을 전제로 하고 있고, 그것이 아니더라도 최소한, 문구상으로
는 독일에서와 같이 국가의 대위책임으로 확정한 것은 아니라는 중간 결론을 얻
을 수 있다.

여기에 헌법의 체계적 해석을 추가하면, 위 헌법 제29조 제1항은 기본권의
章에서 국민의 국가에 대한 기본권으로서 국가배상청구권을 보장하고 있는데, 이
는 제23조의 재산권, 특히 제3항의 손실보상청구권, 제24조의 선거권, 제25조의
공무담임권, 제26조의 청원권, 제27조의 재판청구권, 제28조의 형사보상청구권,
제30조의 범죄피해보상권 등과 함께 '국가공동체적 권리'로서 보장되고 있다. 따
라서 국가배상청구권을 순수한 개인주의적 관점에서 파악해서는 아니 되고, 모리
스 오오류, 레옹 뒤기, 오토 마이어 등이 강조하였듯이, 국가공동체의 이익을 위
한 개인의 희생을 전보한다는 공동체주의적 관점에서 이해되어야 할 것이다.

뿐만 아니라, 프랑스에서는 19세기 후반, 늦어도 20세기 초에는 이미 국가의
자기책임이 확립된 반면, 독일에서는 1980년대에 비로소 국가의 자기책임을 전제
로 하는 국가책임법이 제정된 역사적 이유는 민주제의 발전에 있다. 레옹 뒤기가
강조하였듯이, 국가의 자기책임은 국가의 주권면책이 완전히 포기되었을 때 가능

하다고 하였는데, 이러한 주권면책의 포기는 민주제가 성숙되어야 가능한 것이다. 그 이전에는, 국가는 원래 책임이 없으나 공무원의 자격, 직무수행상의 사기 등을 고려하여 공무원의 책임을 대신 부담해 주는 것이라는 대위책임 관념이 지배한다. 이러한 관점에서, 1980년대까지 우리나라에서 국가배상책임이 국가의 대위책임으로 이해되어 온 것은 민주제의 미성숙 때문이었으나, 그 후 지금까지 우리나라의 민주제는 19세기 말의 프랑스에 비견할 정도로 발전하고 있으므로, 최소한 이제는 국가배상책임이 국가의 자기책임으로 이해되어야 한다.[49] 이것이 바로 '민주', 즉 民이 주권자임을 자각하는 행정법학의 요체이다.[50]

(2) 공법 제도로서의 국가배상

종래 국가배상청구권이 私權으로 파악되어 민사소송의 대상으로 취급되어 온 것은, 국가의 고권적 지위는 국가의 활동이 적법한 때에만 유지되고 그 활동이 위법한 경우에는 국가의 고권적 지위가 상실되기 때문에 국가배상에 있어서 국가는 私人과 동일한 지위에 서게 된다는 생각에서 비롯되었다. 그러나 이는 공·사법 구별에 관하여 19세기부터 독일에서 정립된 권력설의 입장을 전제로 하는 것인데, 이 권력설은 21세기 우리나라에서는 극복되어야 마땅하다. 공법의 독자성의 진정한 징표는 '공익과 사익의 조정'과 '공동체에 대하여 열려 있음'이다.[51] 이러한 견지에서 보면, 공익실현을 위한 공무수행 중에 발생한 私人의 피해를 전보하는 것은 공익과 사익의 조정을 위한 핵심수단으로서, 공법의 중심영역을 이루는 것임이 분명하다. 따라서 국가배상은 행정소송법 제3조 제2호 소정의 "공법상의 법률관계"에 해당되어 당사자소송의 대상이 되어야 할 것이다.[52]

국가배상의 당사자소송으로의 전환은 특히 다음과 같은 이유에서 더욱 시급

---

49) 우리나라 헌법학계에서는 현재 자기책임설이 다수설이다. 성낙인,『헌법학』, 2017, 1050면; 허영,『한국헌법론』, 2009, 579면; 전광석,『한국헌법론』, 2010, 422면; 이준일,『헌법학강의』, 2008, 835면 등. 이에 관하여 김중권, 전게논문, 65면 각주 38) 참조.
50) 졸고, 행정법과 '민주'의 자각: 한국 행정법학의 미래,『행정법연구』제53호, 2018, 1면 이하; 본서 제1장 참조.
51) 졸고, 공·사법 구별의 방법론적 의의와 한계,『공법연구』제37집 제3호, 2009, 83-110면; 본서 제8장(290면, 302-303면) 참조.
52) 국가배상을 당사자소송의 대상의 하나로 명시한 2004년 대법원 행정소송법개정시안이 다른 이유로— 특히 항고소송의 대상 문제로— 좌절되어 안타깝다. 당사자소송의 대상에 관해서라도 다시 행정소송법 개정을 추진하여야 하겠지만, 위와 같은 해석론을 통해서도 국가배상을 당사자소송으로 전환하기에 충분하다.

하다. 상술한 바와 같이 공무원의 고의·중과실은 프랑스의 개인과실에 상응하는 것이고 따라서 이에 대한 국가배상책임은 대위책임적 성격이 강하기 때문에 이를 민사소송의 영역으로 남겨 두어도 큰 문제가 없을 것이다. 그러나 프랑스의 역무과실에 상응하는 공무원의 (경)과실, 특히 위법한 법적 결정에 의하여 국가배상책임이 문제되는 경우는 위와 같은 공법적 특수성이 현저하다. 행정소송법 제3조제2호에서도 당사자소송의 대상으로 "처분등을 원인으로 하는 법률관계"를 명시하고 있으므로, 최소한 위법한 처분으로 인한 국가배상은 당사자소송으로 다루어져야 한다.

우리나라에서는 이러한 경우까지 민사소송의 틀 안에서 私法的 사고에 의해 지배되었던 탓에 ─ 위 C, D, F유형의 판례에서처럼 ─ 공무원의 '개인적인' 과실을 부정함으로써 국가배상을 배척하고 있다. 위 프랑스에 대한 비교법적 고찰에서 밝혀졌듯이, 위 유형들의 판례에서 부정된 공무원의 '과실'은 프랑스에서의 개인과실, 즉, 우리나라의 고의·중과실에 상응하는 것이다. 그리고 우리나라에서 공무원의 경과실은 거의 대부분 프랑스에서의 개인과실이 아니라 역무과실에 해당하기 때문에 이에 의거한 국가배상책임은 프랑스에서와 같이 국가의 자기책임에 의거한 공법적 제도로 파악되어야 한다.

그럼에도 불구하고 우리나라에서 국가배상이 실무상 민사소송으로 다루어지고 있는 데서 근본적으로 위 유형의 판례의 문제점이 비롯된다. 국가배상사건이 하급심에서 전문재판부에 배당되지 않고 사인 간의 일반 손해배상사건과 혼합되어 배당되고 있으며, 또한 대법원에서도 행정사건전문 재판연구관들이 검토하지 않기 때문에, 국가배상에 관한 재판의 전문성을 기대하기 어렵다. 이러한 이유에서 국가배상사건은 항고소송을 담당하는 행정법원으로 하루 빨리 관할이 바뀌어야 한다. 항고소송과 국가배상소송은 위법한 국가작용에 대한 兩大 소송수단으로서, 그 심판대상에 있어 위법성 부분이 공통되기 때문에 더욱 그러하다.

(3) 항고소송과 국가배상

해석론을 통한 국가배상법 개혁의 출발점은 항고소송과 국가배상소송의 관계에 대한 올바른 인식이다. 독일에서는 상술한 바와 같이, 1981년 연방헌법재판소의 자갈채취판결을 계기로, 항고소송을 '제1차적 권리구제'(primärer Rechtsschutz), 국가배상소송을 '제2차적 권리구제'(sekundärer Rechtsschutz)라고 함으로써, 항고소송이 행정법의 주된 제도이고 국가배상은 부차적이라는 뉘앙스를 갖는다. 심지어 최근에는 취소소송의 제소기간을 도과하여 제1차 권리구제수단을 제대로 사용하지 않으면 제2차 권리구제수단인 국가배상청구가 배제된다는 학설이 대두되기까지 한다.[53] 그러나 프랑스에 대한 비교법적 고찰에서 보았듯이, 국가배상은 법치국가 실현을 위한 항고소송과 대등한 제도로서, 항고소송 못지 않은 위법억제적·행정통제적 기능을 가질 뿐만 아니라, 공적 손해 앞의 평등과 사회연대적 분배를 실현하는—소득의 재분배 기능을 가진 세금에 의한—공적 보험의 역할까지 담당한다. 국가배상을 위한 정부예산은 말하자면, 법치국가의 비용이라고 할 수 있다.[54]

(4) 공무원의 고의·과실 문제의 극복: 공무과실

이러한 국가배상의 행정통제와 사회연대 기능은 국가배상을 국가의 자기책임으로 파악할 때 비로소 가능하다. 그러나 걸림돌이 되는 것은 국가배상법 제2조 제1항의 '공무원의 고의 또는 과실'이라는 문구이다. 국가의 자기책임은 공무원 개인의 책임을 전제로 하지 않기 때문이다. 이 문제를 극복할 수 있는 지혜도 프랑스법에서 찾을 수 있다. 즉, 프랑스에서 공무원의 직무집행에 관한 개인과실(ⓒ유형)은, 위에서 본바와 같이, 사적인 동기에 의한 직무집행, 직무집행의 불량한 태도, 그리고 '용서할 수 없는'(inexcusable) 직무집행인데, 이 세 번째의 '용서할 수 없는' 직무집행이라는 것은 바로 직무상의 중과실이라는 의미이다. 이를 뒤집어 보면, 공무원의 직무집행상 과오가 '용서할 수 있는' 것이라면 오직 역무과실에 의한 국가책임만이 문제될 수 있고 공무원 개인책임은 발생하지 않는다는 것이다. 비교법의 핵심은 개념의 비교가 아니라 '기능'의 비교에 있다.[55] 이러한 기능의 관점에서 보면, 프랑스에서 '용서할 수 있는' 직무집행상 과오는 공무원 개인책임을 묻지 않는다는 점에서 우리나라 공무원의 경과실에 해당하고, 프랑스

---

53) 이에 관한 상세는 Wilfried Erbguth / Wolfram Höfling, Primär- und Sekundärrechtsschutz im Öffentlichen Recht, VVDStRL 61 (2002), S.221-259, 260-299 (223-231, 263-284) 참조.

54) 이러한 관점에서 필자의 사견에 의하면, 국가배상에서의 위법성은 항고소송에서의 위법성보다 더 넓은 개념으로 파악되고, 따라서 항고소송에서의 취소판결의 (처분의 위법성에 관한) 기판력은 당연히 국가배상소송에 미치지만, 패소판결의 (처분의 적법성에 관한) 기판력은 국가배상소송에 미치지 아니한다. 국가배상소송에서 원고로 하여금 한번 더 위법성을 주장할 수 있는 기회를 갖게 하기 위함이다.

55) 졸고, 비교법의 의의와 방법론: 무엇을, 왜, 어떻게 비교하는가?『법철학의 탐구와 모색』(심헌섭박사75세기념논문집), 2011, 489면, 494면 이하; 본서 제22장(666-668면, 672면) 참조.

에서 '용서할 수 없는' 직무집행상의 과오(ⓒ-3)와 그보다 더 중한 개인과실(ⓐ, ⓑ, ⓒ-1, ⓒ-2)은 우리나라 공무원의 고의·중과실에 해당한다. 따라서 공무원 개인책임에 관한 프랑스의 법리는 우리나라에서 고의·중과실의 경우에만 공무원의 구상책임56)과 피해자에 대한 직접적인 배상책임57)을 인정하고 경과실에 대해서는 양 책임을 모두 면제하는 것에 상응한다.58)

국가의 배상책임에 있어서도, 프랑스의 '용서할 수 있는' 직무집행상의 과오가 역무과실이 되어 국가 책임이 발생하듯이, 우리나라 공무원의 경과실의 경우에 ― 국가배상법 제2조 제1항의 규정상으로 ― 국가 책임이 발생하여야 한다. 그러나 상술한 바와 같이 경과실의 경우에는 공무원 개인의 배상책임이 부정될 뿐만 아니라, 실질적으로도, 경과실에 해당하는 사안에서, 프랑스의 '용서할 수 있는' 직무집행상 과오의 경우와 같이, 공무원의 '개인적인 잘못'으로 인정되기가 어렵기 때문에, 위 C, D, F유형의 판례에서와 같이, 공무원의 '과실' 자체가 부정되고, 나아가 대위책임적 사고방식에 의거하여 국가의 배상책임까지 부정되는 것이 문제의 핵심이다. 입법론으로 후술하는 바와 같이 국가배상책임의 요건을 공무원의 개인적 고의·과실과 선택적으로 국가 등 행정주체 자신의 '공무수행상의 하자'를 추가하는 것이 근본적인 해결방법이겠지만, 현행법의 해석론으로도 국가배상법 제2조 제1항의 '공무원의 고의·과실'에 공무원의 '직무수행상의 잘못' 내지 '공무과실'이 포함되는 것으로 해석하면, 공무원의 과실의 범위가 확대됨과 동시에 이를 매개로 국가의 (자기)책임이 성립하게 된다.59)

다시 말해, 국가배상법 제2조 제1항은 공무원의 '개인과실'(고의·중과실)에 의한 국가의 대위책임과 공무원의 '공무과실'에 의한 국가의 자기책임을 함께 규정한 것으로 이해하는 것이다. 위 조항에 '공무원의' 고의·과실이라는 문구가 있는이상, 바로 프랑스에서와 같은, '행정 자체'의 역무과실로 파악하기 어렵다고 하더라도, 모든 행정작용은 공무원의 행위를 통해 이루어지기 때문에, 공무원의 '공무상의' 과실은 결국 행정 자체의 '역무과실'과 동일시될 수 있다. 즉, 공무원의

---

56) 국가배상법 제2조 제2항.
57) 대법원 1996. 12. 20. 선고 96다42178 전원합의체 판결.
58) 同旨, 김동희, 공무원이 직무집행 중 불법행위로 타인에게 손해를 입힌 경우 공무원의 개인책임 성립 여부, 『행정판례연구』 제4집, 1999, 453면 이하 참조.
59) 同旨, 김동희, 국가배상법에 있어서의 과실의 관념에 관한 소고, 『서울대 법학』 제20권 제1호, 1979, 152면 이하 참조.

공무과실은 공무원의 '개인'으로서의 요소가 없어지고 국가의 '기관'으로서의 잘
못으로 흡수된다. 이와 같이 해석하면, 위법한 처분의 경우에는 항상 공무원의
'공무과실'이 인정되어 국가배상책임이 성립하지만, 공무원의 개인과실(고의·중과
실)이 없는 한, 공무원의 개인책임과 구상책임은 발생하지 않는다.

　　이상의 논의를 후술하는 공무원 개인책임의 판단기준과 입법론을 포함하여
요약하면 아래 [표 11]과 같다.

[표 11]

프랑스		책임	우리나라			
	유형		현황	해석론		입법론
개인과실	ⓐ유형 (직무 무관)	개인책임	공무원의 고의·중과실 ⇒ 개인책임	공무원의 '개인과실'	기관행위 품격상실	'공무원의 직무행위로서의 품격을 상실할 만한 고의 또는 중대한 과실'
	ⓑ유형 (직무관련성) ⓒ-1유형 (사적 동기 직무집행) ⓒ-2유형 (불량태도 직무집행) ⓒ-3유형 ('용서할 수 없는' 직무집행상 과오)	개인책임 + 국가책임 (대위책임 /자기책임 학설대립)	공무원의 고의·중과실 ⇒ 개인책임 + 국가(대위) 책임			
개인과실 없음 역무과실	공무원 개인의 '용서할 수 있는' 직무집행상 과오 공무원 개인의 어떠한 직무집행상 과오도 없는 경우	국가책임 (자기책임)	공무원의 경과실 ⇒ '과실' 부정 (C, D, F유형 판례)	공무원의 '공무과실'		'국가·지방자치단체 기타 공공단체의 '공무 수행상 하자'

(5) 공무원의 개인책임의 제한

　　이상과 같이 현행법 하에서도 공무원의 '공무과실'에 의거하여 국가배상책임
이 확대되어야 하지만, 공무원의 개인책임은 제한적으로 인정되어야 한다. 그렇
지 않으면 공무원, 특히 현장에서 즉시 법적 결정 내지 조치를 해야 하는 경찰공
무원 등의 사기저하, 伏地不動의 부작용이 발생한다. 위 1996년 전원합의체 판결
에서 말하는 '고의·중과실' 기준만으로 부족하다. 법적 결정·조치의 경우에는 거
의 대부분 공무원이 당해 사안의 사실관계를 인식하고 있어 '고의'에 해당하고,

사실관계 인식이 결여되었으면 오히려 '중과실'에 해당하기 때문이다. 다시 말해, 고의·중과실은 사실인식에 관한 것이므로 사실행위에 대해서는 적합한 기준이 되지만, 판단의 적법성이 문제되는 법적 결정·조치에 대해서는 그렇지 않다.

　이러한 난점을 해결하는 열쇠는 프랑스의 개인과실과 우리나라 위 전원합의체 판결에서 말하는 고의·중과실을 비교하는 데 있다. 즉, 프랑스의 개인과실 중 직무집행에 관한 것은 비리·분노 등 사적 동기, 불량한 태도, '용서할 수 없는'(in-excusable) 중대한 과오 등인데, 이는 우리 판례에서 공무원의 고의·중과실의 본질적 징표로서 말하는 '기관행위로서의 품격 상실'에 상응한다. 우리 판례가 "공무원의 위법행위가 고의·중과실에 기한 경우에는 … 그 본질에 있어 기관행위로서의 품격을 상실하여"라고 판시하고 있듯이, 공무원 개인책임의 판단기준은 고의·중과실이 아니라 기관행위로서의 품격 상실이라고 보아야 한다. 기관행위로서 품격을 상실하지 않은 직무집행상의 ― 프랑스의 '용서할 수 있는' ― 과오에 대해서는 징계책임으로 충분하다.[60]

　이러한 해석론은 우리 헌법 제29조 제1항 제2문의 "공무원 자신의 책임은 면제되지 아니한다."는 규정의 취지를 충분히 살릴 수 있다. 공무원의 개인과실로서의 고의·중과실뿐만 아니라 공무집행상의 중대한 ― 프랑스의 '용서할 수 없는' ― 과오의 경우에도 공무원의 개인책임, 정확하게 말해, 피해자에 대한 직접적인 손해배상책임 및 국가에 대한 구상책임이 발생하기 때문이다. 최근 객관적 정당성이라는 기준 하에서도 예외적으로 공무원의 과실을 인정하여 국가배상을 인용한 판례㉗에서 공무원이 별다른 증거 없이 확정민사판결의 사실인정과 모순되는 사실을 전제로 재결을 내렸다는 점에서 인정된 '과실'은 바로 공무집행상의 중대한 과오라고 할 수 있다. 따라서 국가배상책임과 더불어 공무원의 개인책임도 발생한다. 반면에, 위 C, D, F유형의 판례에서 '과실'이 부정된 사안들은 모두 공무원의 기관행위로서의 품격을 상실하지 않은 공무집행상의 과오의 경우이므로, 공무원의 개인책임은 부정되지만 국가배상책임은 인정되어야 한다.

　요컨대, 직무와 무관한 개인과실에 대해서는 공무원 개인에게만 손해배상을 구할 수 있지만, 그 밖의 개인과실의 경우에는 피해자는 국가와 공무원 개인에게 선택적으로 손배배상을 구할 수 있고, 국가가 손해를 배상한 경우에는 국가배상

---

60) 이에 관하여 졸고, 국가배상법제의 개혁: 국가책임과 공무원(경찰관) 개인책임의 구별을 중심으로, 2019. 1. 18. 한국법제연구원 입법정책포럼(未公刊) 참조.

법 제2조 제2항에 따라 공무원에게 그 부담부분에 관해 구상권을 행사할 수 있고, 반대로 공무원 개인이 손해를 배상한 경우에는 국가에게 그 부담부분에 관해 구상권을 행사할 수 있다.

(6) 직무행위책임과 영조물책임의 통합

이상과 같이 국가배상법 제2조 제1항의 '공무원의 고의·과실'에 공무과실까지 포함하는 것으로 해석하게 되면, 제5조의 영조물책임과의 차이점이 상대화된다. 판례·통설은 '영조물'을 널리 공물을 의미하는 넓은 개념으로 파악하고 있는데, 여기서 한 걸음 더 나아가 행정 운영의 시스템 전반을 의미하는 것으로 확대하게 되면, 여기에 공무원, 법령, 훈령, 업무시스템, 교육시스템, 감독시스템 등이 모두 포함되고, 따라서 공무원의 모든 공무상의 과실은 영조물의 관리상의 하자와 동일해진다. 반대로 영조물의 설치·관리상의 모든 하자에 반드시 일정한 공무원의 공무상의 과실이 개입되어 있다. 영조물의 하자를 안전확보의무 또는 방호조치의무 위반으로 인한 영조물의 통상적 안전성의 결여로 파악하는 판례[61]에 의하면, 결국 영조물책임도 결국 — 객관화된 — 공무상의 과실책임과 동일해진다.

이와 같이 직무행위책임과 영조물책임이 접근 내지 동일시될 수 있음에도 불구하고, 영조물책임을 별도의 조문에서 따로 규정하고 있음으로 말미암아, 제2조의 직무행위책임을 국가의 대위책임으로, 제5조의 영조물책임을 국가의 자기책임으로 각각 달리 파악하는 부작용이 있다. 다시 말해, 자기책임임이 규정상 분명한 영조물책임 규정으로 말미암아 이와 대비되어 직무행위책임은 자기책임이 아닌 것으로 이해될 우려가 있는 것이다. 국가배상에 관해 영조물책임을 별도로 규정하는 입법례는 우리나라와 일본 외에는 드물고, 프랑스 판례에서는 무과실책임이 인정되는 특별한 경우로서 공토목공사로 인한 배상책임이 이에 상응하지만 일반적인 국가배상책임과 구별되는 별도의 카테고리로 다루어지는 것은 아니다. 따라서 입법론적으로 제5조의 영조물책임 규정을 폐지하는 것이 바람직하다고 생각한다.

---

61) 대표적으로 대법원 2000. 2. 25. 선고 59두54004 판결. 이에 관하여 김동희, 국가배상법 제5조상의 영조물의 설치·관리상 하자의 관념, 『서울대 법학』 제43권 제1호, 2002, 103-204 (117면 이하) 참조.

(7) 유형화

해석론상 국가배상법 개혁의 구체적인 방법은 '유형화'이다. 그 대부분은 위에서 이미 논의한 바인데, 여기서 요약·정리하면 다음과 같다. 제1단계의 유형화는 사실적 행위와 법적 조치의 구별이다. 사실적 행위는 행위의 위법성 이외에 공무원의 개인과실(고의·중과실) 또는 공무과실(중과실 또는 경과실)이 별도로 요구된다. 오히려 위법성 문제가 과실 문제에 흡수되어 과실 여부의 판단이 중요한 역할을 한다. 공무 경과실이 인정되어 국가배상이 인용되는 경우에도 공무원 개인책임은 성립하지 않는다. 반면에, 법적 조치는 작위(개별처분+법령·훈령제정행위)와 부작위(판결·재결의 집행지연+감독소홀) 모두 위법성이 인정되면 그것만으로 공무원의 공무과실이 인정되어 국가배상이 인용되고, 이러한 경우에도 공무원의 개인과실(고의·중과실) 또는 공무상의 중과실이 없는 한 공무원의 구상책임과 피해자에 대한 배상책임이 성립하지 않는다.

다음으로 중요한 구분은 공과금 부과처분과 여타 처분이다. 상술한 바와 같이, 공과금 부과처분의 경우 취소소송의 제소기간이 도과한 후 그 위법성을 이유로 이미 납부한 공과금 상당액의 손해배상을 구하는 경우, 공무원의 개인적 고의·중과실 또는 공무상의 중과실이 있는 경우에만 손해배상을 인정하고, 그렇지 않은 경우에는 중대·명백한 위법성을 요건으로 공법상 부당이득반환을 인정해야 한다.

반면에, 개별처분과 법령·훈령제정행위의 구별은 과실 인정 여부에 관해 의미가 없다. 개별처분의 경우에 원칙적으로 위법성만으로 공무원의 공무과실을 인정할 수 있다면, 법령·훈령제정행위의 경우에도 ― 상위법령 위반이 명백한 경우뿐만 아니라 그에 관해 판례가 확립되지 않고 견해가 대립되는 때에도 ― 국가는 적법한 법령·훈령을 제정하고 시행할 의무에 위반한 '자기책임'으로서 배상책임을 부담해야 한다. 법령·훈령제정기관(국가기관)과 개별처분기관(지방자치단체장)이 다른 경우에도 법령·훈령제정으로 인한 국가의 책임은 개별처분에 관한 지방자치단체의 책임(자기책임!)으로 승계되기 때문에, 피해자가 지방자치단체에 대해서만 손해배상청구를 한 때에는, 일단 지방자치단체가 이를 배상하고 국가에 대하여 구상 청구할 수 있을 것이다. 물론 개별처분과 법령·훈령제정행위의 구분은 아래에서 보는 배상액 산정과 관련하여 의미를 가질 수 있다. 또한 명백한 법령위반으로 인한 위법성과 요건재량 또는 효과재량의 남용으로 인한 위법성을 구별하는 것도 과실 인정 여부에 관해서는 의미가 없지만, 후술하는 바와 같이, 배상액 산정에 있어서는 중요한 기준이 될 수 있다. 실체적 위법성과 절차적 위법성의 구별도 마찬가지이다.

(8) 배상액의 산정

마지막으로, 위법한 법적 조치의 경우에 위법성만으로 공무원의 공무과실을 인정함으로써 국가배상책임을 긍정한다고 하여, 그 배상액의 산정에 있어 민사불법행위에서와 같은 이행이익의 완전한 배상을 인정하자는 것이 아니다. 상술한 바와 같이, 필자는 프랑스에 대한 비교법적 고찰을 참고하여, 우리 F유형의 판례들이 객관적 정당성의 상실 여부를 판단하는 기준으로서 '손해의 전보책임을 국가에게 부담시켜야 할 실질적인 이유'가 있는지 여부를 들고, 이를 판단함에 있어 "피침해이익의 종류 및 성질, 침해행위가 되는 행정처분의 태양 및 그 원인, 행정처분의 발동에 대한 피해자측의 관여의 유무, 정도 및 손해의 정도 등 제반 사정을 종합"하여야 한다고 설시하고 있는바, 바로 여기에서 말하는 제반 사정은 바로 손해액의 산정을 '탄력적'으로 —손해의 공평한 분배라는 공법적인 관점에서— 결정하는 기준이 되어야 한다. 이것이 바로 헌법 제29조 제1항에서 말하는 "정당한 배상"이다.

다음과 같은 사정들이 배상액 산정에 고려될 수 있을 것이다. 당해 처분에 대하여 집행정지 등 가구제와 취소소송을 제기하지 아니하여 손해발생이 계속되거나 확장된 경우에는 과실상계에 준하여 고려된다. 적극적 침익처분의 경우에는 원칙적으로 이행이익의 상실이 배상액이 되는 데 반해, 거부처분의 경우는 원칙적으로 신뢰이익의 상실에 한정하는 것이 타당하다. 예컨대, 대기업의 공장설치허가 거부처분이 위법하여 공무원의 공무과실이 인정됨으로써 국가배상책임이 성립한 경우 그 배상액은 허가신청 때부터 판결시까지 당해 공장을 가동하여 얻을 수 있는 이행이익이 아니라, 원칙적으로 신청비용, 공장가동을 위한 준비비용, 금융비용 등 신뢰손해에 한정되어야 하고, 여기에 공장설치를 위한 즉시 자본투입을 하지 않음으로써 발생한 금융이익 등 피해자의 제반 사정을 고려하여 적정한 배상액이 결정되어야 한다.

또한 법령·훈령제정행위의 경우에 상위법령 위반 여부에 관해 판례가 확립되어 있지 않고 견해가 대립되다가 당해 판결에 의해 위법한 것으로 판단된 경우에는, 상술한 바와 같이 그 위법성과 과실은 인정하되, 국가의 과실 정도를 감안

한다는 의미에서, 말하자면 '공법상의' 과실상계로써, 공무원의 공무과실의 정도
를 배상액의 산정에서 고려할 수 있다. 요건재량 또는 효과재량의 남용으로 인한
위법성의 경우에도 동일한 관점이 타당할 것이다. 절차적 위법성의 경우에는 '공
무과실'의 정도보다는 피해자측의 사정이 고려되어야 할 것이다. 즉, 당해 절차적
위법이 없었더라도 동일한 개별처분이 내려졌을 것으로 판단되는 경우에는 '당해
처분'으로 인한 손해를 배상액으로 산정할 수 없고, 단지 그 '절차적 위법'으로 인
한 손해, 예컨대 신청비용 등 신뢰이익의 상실과 정신적 손해만이 고려될 것이다.

2. 입법론

이상에서 해석론으로 논의한 내용을 개정안으로 요약 정리하면 다음과 같다.

(1) 공공단체의 추가 및 역무과실·개인과실의 명시

헌법 제29조 제1항은 '공공단체'를 포함하고 있는 데 반해 현행 국가배상법
제2조 제1항은 공공단체가 제외되어 있어 위헌의 소지가 있으므로, 공공단체를
추가함과 아울러 역무과실(국가등의 "공무수행상의 하자")과 공무원의 개인과실("직
무집행상 고의·과실로 인한 위법행위")을 명시한다.

현행	개정안
국가배상법 제2조 (배상책임) ① 국가나 지방자치단체는 공무원 또는 공무를 위탁받은 사인(이하 "공무원"이라 한다)이 직무를 집행하면서 고의 또는 과실로 법령을 위반하여 타인에게 손해를 입히거나, … 때에는 이 법에 따라 그 손해를 배상하여야 한다.	**국가배상법 제2조 (배상책임)** ① 국가·지방자치단체 그 밖의 공공단체(이하 '국가등'이라 한다)는 공무수행상의 하자 또는 공무원(공무를 위탁받은 사인을 포함한다)의 직무집행상 고의·과실로 인한 위법행위로 타인에게 손해를 입히거나, … 때에는 이 법에 따라 그 손해를 배상하여야 한다.

(2) 영조물책임의 폐지

상술한 바와 같이, 국가배상법 제2조 제1항에 국가등의 '공무수행상의 하자'
를 국가배상요건으로 규정하게 되면, 현행 제5조의 영조물책임은 더 이상 필요가
없게 되므로 이를 폐지한다.

(3) 공무원의 개인책임 및 구상책임의 명시

공무원의 개인책임 및 구상책임을 명시하면서 그 요건으로 고의·중과실에 더하여 '직무행위로서의 품격 상실'이라는 징표를 추가한다.

현행	개정안
국가배상법 제2조 (배상책임) ② 제1항 본문의 경우에 공무원에게 고의 고의 또는 중대한 과실이 있으면 국가나 지방자치단체는 그 공무원에게 구상할 수 있다.	**국가배상법 제2조 (배상책임 등)** ② 제1항 본문의 경우에 공무원에게 <u>직무행위로서의 품격을 상실할 만한</u> 고의 또는 중대한 과실이 있으면 <u>피해자가 직접 그 공무원에게 손해의 배상을 구하거나, 피해자에게 손해를 배상한</u> 국가등은 그 공무원에게 구상할 수 있다.

(4) 소송방법의 명시

국가등에 대한 배상청구는 공법상 법률관계에 속하므로 행정소송(당사자소송)으로, 공무원 개인에 대한 배상청구는 私法上 법률관계에 속하므로 민사소송(이행소송)으로 제기하도록 명시한다(제3항). 이와 같이 행정소송 관할과 민사소송 관할로 분리하는 것의 장점은 국가등에 대한 배상청구에서 무조건 그리고 무분별하게 담당공무원들을 공동피고로 제소하는 것을 방지해 주는 데 있다. 행정소송에서는 국가등의 공무수행상의 하자(역무과실)가 심리대상이 되고 민사소송에서는 공무원의 개인과실이 심리대상이 된다. 그러나 오로지 공무원 개인과실에 의해 국가책임이 발생하는 경우에는 국가배상청구와 개인배상청구의 심리대상이 중복되기 때문에, 위와 같이 관할을 분리하는 것이 피해자 구제와 소송경제에 반한다는 단점이 있다. 이러한 장점과 단점을 조화하기 위하여, 法文에는 관할 분리를 명시함으로써 이를 원칙으로 하고, 행정소송법 제44조 제2항 및 제10조 제2항의 관련청구소송의 병합과 같이 국가배상청구에 개인배상청구를 병합할 수 있는 예외를 허용하는 방안도 생각할 수 있다. 반면에, 구상청구는 국가의 공무원에 대한 것이든 공무원의 국가에 대한 것이든 공법상 법률관계에서 비롯되는 것이므로 모두 행정소송법상 당사자소송의 관할이 된다(제4항 및 제5항).

현행	개정안
국가배상법 제2조 (배상책임) [신설] [신설] [신설]	국가배상법 제2조 (배상책임 등) ③ 피해자는 제1항 본문의 경우에 국가등에 대하여 행정소송법의 규정에 의한 당사자소송을 제기하여야 하고, 제2항 전단의 경우에 그 공무원에 대하여 민사소송법의 규정에 의한 이행소송을 제기하여야 한다. ④ 공무원이 제2항 전단에 따라 피해자에게 손해를 전액 배상한 경우에 국가등의 부담 부분에 대하여 행정소송법의 규정에 의한 당사자소송으로 구상할 수 있다. ⑤ 국가·지방자치단체, 그 밖의 공공단체는 제2항 후단의 경우에 공무원에 대하여 행정소송법의 규정에 의한 당사자소송을 제기하여야 한다.

(5) 공무과실 원인제공자와 공무집행자와의 관계

상술한 바와 같이 국가배상법 제2조 제1항에 공공단체를 추가하고 국가등의 공무수행상의 하자를 명시한 것의 후속조치로서, 동법 제6조 비용부담자 등의 책임에 관한 규정을 다음과 수정한다.

현행	개정안
국가배상법 제6조 (비용부담자 등의 책임) ① 제2조·제3조 및 제5조에 따라 국가나 지방자치단체가 손해를 배상할 책임이 있는 경우에 공무원의 선임·감독 또는 영조물의 설치·관리를 맡은 자와 공무원의 봉급·급여, 그 밖의 비용 또는 영조물의 설치·관리 비용을 부담하는 자가 동일하지 아니하면 그 비용을 부담하는 자도 손해를 배상하여야 한다. ② 제1항의 경우에 손해를 배상한 자는 내부관계에서 그 손해를 배상할 책임이 있는 자에게 구상할 수 있다.	국가배상법 제6조 (비용부담자 등의 책임) ① 제2조·제3조에 따라 국가·지방자치단체 그 밖의 공공단체가 손해를 배상할 책임이 있는 경우에 공무수행의 실행, 공무원의 선임·감독 또는 영조물의 설치·관리를 맡은 자와 공무수행상의 하자에 원인을 제공하거나 공무원의 봉급·급여, 그 밖의 비용 또는 영조물의 설치·관리 비용을 부담하는 자가 동일하지 아니하면 그 원인을 제공하거나 그 비용을 부담하는 자도 손해를 배상하여야 한다 ② 동일

V. 결어

개혁은 '틀'을 바꾸는 것이다. 국가배상을 공무원 개인의 손해배상책임을 국가가 대위한다는 私法的인 사고에서 탈피하여, 국가가 공무원이라는 메커니즘을 사용하여 공권력을 행사하다가 위법하게 발생시킨 손해를 책임진다는 공법적인 자기책임으로 파악함으로써, 손해 앞의 평등, 위험의 분배, 소득의 재분배, 공동체적 연대 등 공법적인 — 손실보상에도 그대로 타당한 — 이념들을 실현시켜야 한다. 이를 통해 비로소 국가배상은 손실보상과 함께 진정한 '공법상 손해전보'로 통합될 수 있다. 이러한 관점에서 본고에서 주장된 구체적인 테제는, 위법한 법적 결정·조치의 경우에는, 국가는 '행정의 적법성'을 지켜야 할 의무가 있기 때문에, 그 자체로 국가의 역무과실 내지 공무수행상의 하자가 인정되어 국가책임이 발생한다는 것이다.

[참고문헌]

김동희, 공무원이 직무집행 중 불법행위로 타인에게 손해를 입힌 경우 공무원의 개인책임 성립 여부,『행정판례연구』제4집, 1999.

김동희, 국가배상법 제5조상의 영조물의 설치·관리상 하자의 관념,『서울대 법학』제43권 제1호, 2002.

김동희, 국가배상법에 있어서의 과실의 관념에 관한 소고,『서울대 법학』제20권 제1호, 1979.

김중권, 국가배상법상의 과실책임주의의 이해전환을 위한 小考,『법조』제635호, 2009

문병효, 대법원의 긴급조치 및 국가배상 관련 판결들에 대한 비판적 고찰,『민주법학』제59호, 2015

朴正勳, 공·사법 구별의 방법론적 의의와 한계,『공법연구』제37집제3호, 2009.

朴正勳, 국가배상법제의 개혁: 국가책임과 공무원(경찰관) 개인책임의 구별을 중심으로, 2019. 1. 18. 한국법제연구원 입법정책포럼(未公刊).

朴正勳, 비교법의 의의와 방법론: 무엇을, 왜, 어떻게 비교하는가?『법철학의 탐구와 모색』(심헌섭박사75세기념논문집), 2011.

朴正勳, 행정법과 '민주'의 자각: 한국 행정법학의 미래,『행정법연구』제53호, 2018.

朴正勳,『행정법의 체계와 방법론』2005.

朴正勳,『행정소송의 구조와 기능』2006.

朴正勳/이계수/정호경, 사법발전재단 편,『사법60년』행정재판편.

박현정, 프랑스 국가배상책임제도에서 위법성과 과실의 관계,『한양대 법학논총』제29권 제2호, 2012

박현정, 프랑스 행정법상 '역무과실'(la faute de service)에 관한 연구 — 역무과실과 위법성의 관계를 중심으로, 서울대학교 법학박사논문, 2014

법원행정처,『사법연감 2019』

성낙인,『헌법학』, 2017.

안동인, 국가배상청구소송의 위법성 판단과 객관적 정당성 기준,『행정법연구』제41호, 2015

이광윤(역),『일반공법학 강의』, 민음사, 1995.

이윤정, 공무원의 불법행위로 인한 국가배상책임의 본질 및 요건에 대한 재검토,『강원법학』, 제47권, 2016

이일세, 국가배상에 관한 주요 판례분석: 법령위반(위법성)을 중심으로, 안암법학회, 2014

이일세, 독일 국가배상 책임의 법적 구조와 그 요건에 관한 연구,『강원법학』제2호, 1993.

이준일, 『헌법학강의』, 2008.

장윤영, 레옹 뒤기의 공법 이론에 관한 연구, 서울대학교 법학박사학위논문, 2020.

전광석, 『한국헌법론』, 2010.

정승윤, 국가배상법상 위법과 고의·과실 개념에 관한 소고, 『부산대 법학연구』 제52
        권 제4호, 2011

정준현, 국가배상의 책임주체와 과실책임에 관한 연구, 『미국헌법연구』 제22권 제1
        호, 2011

정하중, 우리 국가배상법의 개선방안, 『토지보상법연구』 제16집, 2016

최계영, 처분의 취소판결과 국가배상책임, 『행정판례연구』 제18집 제1호, 2013

최계영, 처분의 취소판결과 국가배상책임, 『행정판례연구』 제18집 제1호, 2013

허영, 『한국헌법론』 2009.

Chapus, René, Droit administratif général. Tome 1. 15e éd., 2001.

Dörr, Oliver (Hg.), Staatshaftung in Europa: Nationales und Unionsrecht, 2014.

Duguit, Léon, Leçons de droit public général, 1926.

Duguit, Léon, Les transformations du droit public, 1913.

Erbguth/Höfling, Primär- und Sekundärrechtsschutz im Öffentlichen Recht, VVDStRL
        61 (2002).

Fairgrieve, Duncan, State Liability in Tort: A Comparative Law Study, 2003.

Gaudement, Yves, Droit administratif. 20e éd., 2012

Grosclaude/Marchessou, Procédures fiscales. 5.éd., 2009.

Hartmann, Bernd J. Öffentliches Haftungsrecht: Ökonomisierung–Europäisierung–
        Dogmatisierung, 2013.

Hauriou, Maurice, Précis de droit administratif et de droit public. 6e éd., 1907.

Höfling, Wolfram, Vom überkommenen Staatshaftungsrecht zum Recht der staatlichen
        Einstandspflichten, in: Grundlagen des Verwaltungsrechts III, 2009, S.954-
        955.

Maurer/Waldhoff, Allgemeines Verwaltungsrecht. 19.Aufl., 2017.

Mayer, Otto, Deutsches Verwaltungsrecht. 2.Bd., 3.Aufl., 1927.

Ossenbühl/Cornils, Staatshaftungsrecht. 6.Aufl., 2013.

Rivero/Waline, Droit administratif. 21e éd., 2006.

4. 行政訴訟法 改正의 主要爭點[*]

I. 序說

법의 三輪은 법률(입법)과 판례(재판)와 학설(법학)이다. 그 중 판례가 前輪으로서 '법'이라는 車의 통상 운행을 맡고 있지만, 始動과 加速은 — 대형차이기 때문에 — 後輪 두 개의 작동 없이는 불가능하다. 後輪 가운데 어느 하나가 작동되지 않거나 그 힘이 다른 後輪과 일치하지 않으면 始動과 加速이 제대로 이루어질 수 없으며, 더욱 심각한 것으로, 만일 한 後輪이 고정되어 아예 (공)회전하지도 않는다면 그 車는 앞으로 가지 못하고 제자리에서 맴돌기만 할 것이다.

행정소송법은 6.25 전쟁중이던 1951년 일본법을 본떠 14개조의 극히 빈약한 모습으로 제정되었다가 1984년 전면개정으로 46개조의 체계적인 입법으로 모양을 갖추었다. 이어 1980년대 말부터 시작된 민주화와 법치주의 발전에 힘입어 우리나라 행정소송은 비약적인 발전을 하였는데, 사건 수에 있어서나 대법원 판례의 精緻한 내용에서나 행정재판에 관한 법관들의 긍지와 시민의 관심의 면에서 일본에 비해 단연 앞서 있다.[1]

이러한 행정소송의 발전에 대한 前輪인 판례·실무의 공로를 결코 과소평가

[행정소송법 개정의 주요쟁점,『공법연구』제31집 제3호, 2003]

1) 인구가 약 1억 3,000만 명인 일본에서 1994년부터 1998년까지 행정소송 접수사건이 연평균 약 1,566건에 불과한데(山村恒年 編,『市民のための行政訴訟改革』, 2000, p.154 참조), 인구가 약 4천 500만인 우리나라의 2002년 접수된 행정소송사건은 본안소송과 신청사건을 합하여 22,365건에 달한다(법원행정처,『법원통계월보』2002년 12월호, pp.8-9 참조). 또한 일본에서는 법관들이 행정사건을 기피하는 경향이 있고 심지어 최근에는 동경고등법원에서 행정사건 전담재판부가 해체되어 행정사건을 일반 민사사건과 함께 배당하게 된 반면, 우리나라에서는 고등법원 행정사건 전담재판부와 서울행정법원 및 지방법원 행정재판부는 모든 중견법관들이 반드시 담당하고 싶어하고 현재 대부분 前途가 양양한 우수한 법관들이 이를 담당하고 있다.

할 수 없다. 1970년대까지 후진적인 정치·사회적 환경에다가 미흡한 소송법, 흠결과 모순이 많은 법령, 그리고 완결되지 못한 법이론 등 어려운 여건 하에서도 법원은 법치주의 실현의 사명의식을 갖고 노력하였었다. 또한 1984년 행정소송법의 전면개정은 우리 法史의 한 획을 긋는 중대한 발전으로서, 행정소송 발전의 중요한 계기를 이루는 것이었다. 그러나 당시 여전히 권위적인 정권 하에서 행정소송이 활성화될 수 있는 정치적·사회적 여건이 성숙되지 않은, 특히 시민의 법치주의적 요구가 저조한 상황으로 말미암아, 법개정에 관여한 학자와 실무가들의 노력에도 불구하고 여러 가지 약점을 내포한 '未完의 改革'이었다. 더욱 유감인 것은 아래에서 보는 바와 같이 우리 판례·실무는 1984년 행정소송법 전면개정에서 괄목할 만한 개혁이라고 할 수 있는 처분 개념의 명시, 원고적격의 '법률상 이익'으로의 확대 등에도 불구하고 극단적인 사법소극주의를 취하는 일본 판례를 추종함으로써 전면개정의 의의를 반감시켰다는 점이다. 말하자면, 완벽하지는 못했지만 그래도 상당히 강력한 한쪽 後輪의 추진력이 있었으나 이것이 제대로 前輪에 전달되지 못하였던 것이다.

이러한 결과에 관해 다른 쪽 後輪인 학설의 책임을 부정할 수 없다. 後輪에 의한 始動과 加速이 제대로 이루어지기 위해서는 後輪 두 개의 추진력이 조화를 이루어야 한다. 그러나 1980년대 이후 학설의 주된 경향은 대부분 독일법에 입각하여 해석론과 입법론을 펼쳤을 뿐, 우리 제도의 독자적 성격에 착안한 이론개발에 소홀하였다. 가장 대표적인 예가 의무이행소송의 도입의 필요성만을 역설하면서 거부처분 취소소송과 부작위위법확인소송에 관한 실제적인 연구가 부족하였다는 점이다.

1984년 행정소송법 전면개정 이후 근 20년이 경과한 지금 상황은 근본적으로 바뀌었다. '평화적 정권교체'가 옛말이 되다시피 민주화가 정착되었고, 행정소송 사건의 비약적인 증가와 더불어 수많은 판례가 축적되는 등 재판실무에서 행정소송이 차지하는 비중이 증대되었다. 뿐만 아니라 시민단체를 중심으로 환경소송, 정보공개청구소송 등을 통해 시민의 민주적 요구가 분출되고 있는데, 이를 행정소송이라는 법치주의의 그릇으로 담아내어야 한다는 요청이 커지고 있다. 특히 1988년 헌법재판소가 설치되어 위헌법률심사를 활성화시켰을 뿐만 아니라 處分性이 부정되어 항고소송의 대상에서 제외되는 행정작용(특히 행정입법과 사실행위)에 대한 헌법소원을 담당하게 됨으로써, 행정에 대한 재판적 통제를 행정소송과 헌법소원이 양분하는 결과를 빚게 되었고 이는 사법부와 헌법재판소의 역할과 위상 문제로 비화되었다. 이러한 상황변화에 비추어 볼 때 이제 행정소송법을 다시 전면개정하여 1984년의 '未完의 改革'을 完成해야 할 시기가 성숙되었음이 분명하다. 말하자면, 그동안 추진력을 제대로 발휘하지 못했던 입법이라는 後輪을 대수선함으로써 始動과 加速의 힘을 강화하여 前輪으로 하여금 언덕을 넘어 한 차원 높은 곳으로 進展할 수 있도록 하는 것이다.

이러한 행정소송법 개정의 필요성에 부응하여 대법원은 지난 2002년 4월 「행정소송법 개정위원회」를 설치하였는데, 동 위원회는 2003년 4월까지 12차에 걸친 본회의와 4차에 걸친 소위원회를 개최하여 개정안을 마련 중에 있다. 이와 같이 대법원이 행정소송법 개정에 적극적인 자세를 취하고 이를 주도하고 있는 것은 그동안의 경험으로 우리나라에서 행정소송의 成敗가 바로 司法府의 位相과 司法府에 대한 국민의 信賴 문제로 직결됨을 인식하였기 때문이라고 할 것이다. 행정소송의 운영을 담당하는 대법원의 이러한 자세는 21세기 우리나라 법치주의의 확립을 위해 다행한 일이라고 하지 않을 수 없다.

이러한 문제의식 하에서 본고에서는 금번 행정소송법 개정 논의에서 초점이 되고 있는 주요쟁점 네 가지 문제, 즉, 첫째 行政訴訟 對象의 확대(Ⅱ), 둘째 抗告訴訟의 原告適格과 訴益의 확대(Ⅲ), 셋째 義務履行訴訟의 도입(Ⅳ), 넷째 裁量的 制裁處分의 變更判決의 도입(Ⅴ)에 관하여 — 현재 成案 중인 대법원 행정소송법 개정위원회의 개정안과는 무관하게 — 필자의 개인적인 소견을 피력하고자 한다.[2]

---

2) 본고에서의 필자의 소견은 주로 다음과 같은 연구를 통해 발전·정립된 것으로서, 본고는 이를 종합·요약·수정·보완한 것임을 밝힌다. 拙稿, 憲法과 行政訴訟 — 行政訴訟과 憲法訴訟과의 관계, 『서울대 법학』 제39권 4호(통권 109호), 1999, 81-105면; 行政法院 一年의 成果와 發展方向, 『행정법원의 좌표와 진로』(개원1주년 기념백서), 서울행정법원 1999, 278-302면; 行政訴訟에 있어 訴訟上和解, 『인권과 정의』, 1999/11, 8-24면; 取消訴訟의 訴訟物에 관한 硏究. 취소소송의 관통개념으로서 소송물 개념의 모색, 『法曹』, 2000년 7월호(통권 526호), 93-126면; 環境危害施設의 設置·稼動 許可處分을 다투는 取消訴訟에서 隣近住民의 原告適格 — 독일법의 批判的 檢討와 行政訴訟法 제12조의 解釋을 중심으로, 『판례실무연구 Ⅳ』, 비교법실무연구회 편, 2000, 475-499면(『행정법연구』 제6호, 2000, 97-118면 수록); 取消訴訟 四類型論 — 取消訴訟의 對象適格과 原告適格의 體系的 理解와 擴大를 위한 試論, 『특별법연구』 제6권, 특별소송실무연구회 편, 2001, 124-148면; 狹義의 行政罰과 廣義의 行政罰 — 行政上 制裁手段과 法治主義의 安全裝置, 『서울대 법학』 제41권 4호(통권 117호), 2001, 278-322면(제4차 동아시아행정법학회 주제발표문); 取消訴訟의 性質과 處分槪念, 『고시계』 2001/9, 6-34면; 行政法과 法哲學 — 現代 行政法에 있어 純粹法學의 意義, 『행정법연구』 제7호, 2001, 행정법이론실무학회 편, 203-221면; 독일법상 取

Ⅱ. 行政訴訟 對象의 擴大

1. 現行法의 問題點

현행 행정소송법(이하 "현행법") 제3조는 행정소송의 종류를 抗告訴訟, 當事者訴訟, 民衆訴訟, 機關訴訟의 네 가지로 구분하고 있다. 민중소송과 기관소송은 법률이 정한 경우에 법률에 정한 자에 한하여 제기할 수 있으므로(法定主義), 항고소송과 당사자소송이 행정소송의 중심을 이룬다. 抗告訴訟은 행정청의 처분 등(처분+행정심판재결)이나 부작위에 대하여 제기하는 소송으로서, 그 하부 유형으로서 위법한 처분 등을 취소하는 取消訴訟과 처분 등의 효력 유무 또는 존재 여부를 확인하는 無效等確認訴訟 및 행정청의 부작위가 위법하다는 것을 확인하는 不作爲違法確認訴訟이 있다. 반면에, 當事者訴訟은 행정청의 처분 등을 원인으로 하는 법률관계 그 밖에 공법상의 권리관계에 관한 소송으로서 그 법률관계의 한쪽 당사자가 제기하는 소송이다. 抗告訴訟과 當事者訴訟 모두 아래에서 보는 바와 같이 그 대상이 행정작용 전체를 포괄하지 못하고 제한적이다.

(1) 抗告訴訟 對象의 문제점

1984년 행정소송법 전면개정이 '未完의 改革'이었다고 한다면 그 가장 중요한 원인은 항고소송의 대상을 확대하고자 하였던 입법자의 의사가 타협적인「처분」개념으로 말미암아 제대로 실현되지 못하였다는 데 있다. 개정안 준비과정에서 처음에는 처분을 널리 "행정청이 행하는 공권력 행사 또는 그 거부"로 정의하고자 하는 견해가 지배적이었으나, 나중에 "구체적 사실에 관한 법집행"이라는 제한적 징표를 삽입되는 대신 "그 밖에 이에 준하는 행정작용"이라는 문구가 추

消訴訟의 權利保護必要性 — 우리 행정소송법 제12조 후문의 해석과 더불어,『판례실무연구 Ⅴ』, 2001, 417-445면; 人類의 普遍的 智慧로서의 行政訴訟 — 多元的 法比較를 통해 본 우리나라 行政訴訟의 現狀과 發展方向, 裁判管轄과 訴訟類型을 중심으로,『서울대 법학』제42권 제4호(통권 121호), 2001, 66-105면; 地方自治團體의 自治權을 보장하기 위한 行政訴訟,『지방자치법연구』, 한국지방자치법학회, 제1권 제1호, 2001, 9-21면; 行政訴訟法 改正의 基本方向 — 行政訴訟의 構造·種類·對象을 중심으로,『현대공법학의 과제』晴潭崔松和敎授華甲紀念, 2002, 645-683면; 英國 行政法의 槪觀,『영국법』, 사법연수원 편, 2002, 85-122면; 行政立法에 대한 司法審査 — 독일법제의 개관과 우리법의 해석론 및 입법론을 중심으로, 본서 제5장; 處分事由의 追加·變更과 行政行爲의 轉換 — 制裁撤回와 公益上 撤回,『행정판례연구』Ⅶ, 한국행정판례연구회 편, 2002, 196-274면 등 참조.

가됨으로써 현행법 제2조 제1항 제1호로 입법되기에 이르렀다.

학설은 이러한 타협적 입법에 대하여 同床異夢이었다. 「실체법적 처분개념설」은 위와 같은 '구체적 사실', '법집행', '공권력 행사'와 같은 징표를 중시하여 이에 따라 處分性을 한정적으로 인정하고 처분성이 인정되지 않는 행정작용은 당사자소송으로 다툴 수 있는 것으로 생각하였다. 반면에 「쟁송법적 처분개념설」은 후반부의 '이에 준하는 행정작용'이라는 포괄적 문구를 중시함으로써 항고소송으로 다투게 할 필요가 있는 행정작용은 전반부의 징표를 충족하지 않더라도 널리 처분성을 인정함으로써 항고소송의 대상을 대폭 확대할 수 있을 것으로 기대하였다.

그러나 대법원 판례는 이러한 기대를 모두 저버렸다. 즉, 판례는 이와 같이 새로 입법된 처분 개념을 무시하고 1984년 법개정 이전에 형성된 판례[3]에 따라 항고소송의 대상이 되는 처분을 "권리의 설정 또는 의무의 부담을 명하거나 기타 법률상의 효과를 발생케 하는 등 국민의 구체적인 권리의무에 직접적인 변동을 일으키는 행위"를 파악하였다. 그리하여 행정작용 중 「사실행위」는 법률상 효과를 발생하지 않는다는 이유로, 「행정입법」은 구체적인 권리의무에 직접적인 변동을 일으키지 않는다는 이유로 각각 처분성을 부정하여 항고소송의 대상에서 제외하였으며,[4] 이를 당사자소송의 대상으로서도 인정하지 않았다. 「사실행위」 중 토지대장·임야대장·건축물대장 등 지적공부의 등재, 행정지도·권고·협조요청 등은 시민의 법적 지위에 밀접한 관련이 있음에도 불구하고 소송 자체가 봉쇄되었다. 또한 「행정입법」에 대해서는 그것이 선결문제로서 재판의 전제가 되는 경우 부수적·구체적 규범통제로써 다툴 수밖에 없는데, 행정입법을 다투기 위해서는 먼저 그 행정입법에 의거한 불리한 개별처분을 받든지 아니면 행정입법을 적극적으로 위반하여 제재처분 또는 형사소추를 받을 것을 시민에게 요구한다는 것은 수인가능성 없는 무리한 요구이다.

이와 같이 「사실행위」와 「행정입법」에 대하여 항고소송의 공백이 발생한 상황 하에서, 헌법재판소가 1988년 설립되어 그 심판권을 확장한다는 취지에서 헌법재판소법 제68조 제1항 단서에 규정된 헌법소원의 보충성은 항고소송의 대상

---

3) 예컨대, 대법원 1980. 10. 27. 선고 80누395 판결.
4) 다만 특정 공립학교를 폐지하는 조례에 대하여 처분성을 긍정한 판례(대법원 1996. 9. 20. 선고 95누8003 판결)가 있으나, 이는 조문의 형식과 내용 자체로 개별·구체적 조치임이 명백한 경우에 관한 것이고, 실질적인 효과가 구체적이고 직접적이라는 이유로 행정입법을 처분으로 파악한 판례는 아직 없다.

에서 제외되는 행정작용에 대해서는 적용되지 않는다는 소위 「보충성의 非適用」 이론에 의거하여 권력적 사실행위,5) 지적공부의 등재6) 등을 다투는 헌법소원을 폭넓게 인정하게 되었다. 헌법재판소는 행정입법에 관해서도 그것이 재판의 선결 문제가 된 경우에는 헌법 제107조 제2항에 의거하여 대법원의 행정소송 재판권 (부수적·구체적 규범통제)에 해당되지만, 집행행위의 매개 없이도 직접 국민의 기본권을 침해하는 경우에는 항고소송의 대상이 되지 않고 헌법소원심판의 대상이 된다는 판례를 확립하고 있다.7) 그리하여 행정작용 중 처분에 해당하는 것은 항고소송의 대상으로 대법원의 권한에 속하고, 처분에 해당하지 않는 것은 헌법소원심판의 대상으로 헌법재판소의 권한에 속하는 것으로 되어, 행정작용에 대한 사법적 통제를 대법원과 헌법재판소가 분담하여 갖는 결과가 되었다. 바로 이 점에서 항고소송의 대상을 행정작용 전체로 확대하여 대법원이 명실상부한 '행정소송'을 담당하도록 하고 헌법재판소는 위헌법률심사, 정당해산 등 헌법에 특유한 문제에 전념하도록 사법심사 구조를 재편할 것이 요청된다.

(2) 當事者訴訟 對象의 문제점

현행법 제3조 제2호는 당사자소송의 대상에 관해 「처분을 원인으로 하는 법률관계 및 기타 공법상의 법률관계」라고 포괄적으로 규정하고 있음으로 말미암아 지금까지 당사자소송의 대상을 구체적으로 정하는 데 어려움이 많았다. 특히 위법한 처분을 원인으로 하는 국가배상청구와 부당이득반환청구는 위 규정으로 보아 충분히 당사자소송의 대상이 될 수 있음에도 불구하고, 대법원 판례는 국가배상청구권과 행정주체에 대한 부당이득반환청구권의 법적 성격을 私權으로 파악하고 이를 근거로 민사소송의 대상이 되는 것으로 간주하여 왔다. 그리하여 오랫동안 당사자소송은 공무원의 봉급청구에 한정되는 유명무실한 제도로 치부되어 오다가 최근 광주민주화운동관련등에관한법률에 의거한 보상을 당사자소송의 대상으로 하는 등 조금씩 그 인정범위를 확대하고 있으나,8) 그 대상이 극히 제한

---

5) 헌법재판소 1993. 7. 29. 선고, 89헌마31 결정.
6) 헌법재판소 1999. 6. 24. 선고, 97헌마315 결정.
7) 헌법재판소 1990. 10. 15. 선고, 89헌마178 결정; 1996. 8. 29. 선고, 94헌마113 결정; 1997. 6. 26. 선고 94헌마52 결정 등.
8) 대법원 1992. 12. 24. 선고 92누3335 판결. 그 밖에 대표적인 것은 서울특별시 시립무용단원해촉 무효확인에 관한 대법원 1995. 12. 22. 선고 95누4636 판결과 석탄가격안정지원

되어 있음은 변함이 없다.

상술한 항고소송의 대상 범위는 헌법재판소에 의한 헌법소원심판과의 관계에서 문제되는 것인 반면, 당사자소송의 대상 범위는 주로 민사소송과의 관계에서 문제된다. 1998년 행정소송법 일부개정에 의하여 행정법원이 설치되어 행정소송이 三審制로 되기 이전에는 행정소송이 고등법원부터 시작하는 二審制이었기 때문에, 국가배상청구와 부당이득반환청구를 민사소송으로 하는 것이 당사자에게 심급의 이익을 보장해주는 등 장점이 없지 않았다. 그러나 이제 행정소송도 3심제로 변경된 이상, 심급에서 민사소송과 행정소송의 차이는 없어졌고, 오히려 행정법원의 방법론적 전문성의 관점에서 행정소송(당사자소송)의 대상을 확대하여 행정법원의 관할에 속하는 것으로 재편할 것이 요청된다.

2. 比較法的 考察 ─ 訴訟構造의 문제

(1) 槪觀

행정소송의 대상을 확대하기 위해서는, 한편으로 현행법의 항고소송·당사자소송의 二元的 構造를 유지하면서 그 각각의 대상을 확대하는 방법이 있고, 다른 한편으로 행정작용의 유형을 현재 판례에 의해 좁게 파악되고 있는 처분 이외에 행정입법·사실행위 등으로 구분하여 각 유형에 대한 다양한 소송유형을 마련하는 방법이 있다. 전자의 방법은 프랑스에서 연원하는 것이고, 후자의 방법은 현재 독일이 취하고 있는 제도이다. 영국과 미국에서는 당사자소송을 인정하지 않고 이를 민사소송으로 하고 있는 반면, 모든 유형의 행정작용을 포괄하여 그 위법성을 다투는 사법심사(judicial review of administrative action) 제도가 마련되어 있다는 점에서, 항고소송의 一元的 構造를 취하고 있다고 할 수 있다. 여하튼 행정작용의 유형별로 행정소송의 유형을 세분하지 않는다는 점에서 프랑스·영국·미국의 제도가 공통적이며, 이것이 세계보편적인 제도라고 할 수 있다. 아래에서 독일·프랑스·영국·미국의 행정소송 구조를 차례로 살펴보기로 한다.

금 지급청구에 관한 대법원 1997. 5. 30. 선고 95다28690 판결이다.

(2) 독일

(a) 沿革

제2차 세계대전 이전까지는 독일(프로이센)도 취소소송(Anfechtungsklage)과 당사자소송(Parteistreitigkeiten)의 二元的 構造를 취하고 있었는데, 이는 후술하는 프랑스의 越權訴訟과 完全審判訴訟에서 淵源한 것이다. 프랑스에서는 월권소송이 행정입법을 포함한 모든 행정권한행사를 대상으로 하는 것으로 확대되었고 완전심판소송은 민법상의 채권발생원인인 국가배상책임, 부당이득반환, 계약책임을 모두 커버하는 것이었던 반면, 독일에서는 취소소송의 대상에 관해—특정한 종류의 행정작용에 한정하는—列記主義를 취하였고, 당사자소송은 봉급청구 등 극히 제한된 경우에만 인정되었다. 요컨대, 독일은 행정법의 本鄕인 프랑스의 행정소송제도를 받아들였으나 이를 제대로 발전시키지 못하였던 것이다.

이에 대한 반성으로 2차 세계대전 이후 기본법 제19조 제4항이 모든 행정작용에 대한 포괄적인 내지 빠짐 없는 권리구제(umfassender Rechtsschutz)를 천명하였는데, 1960년 행정법원법(Verwaltungsgerichtsordnung) 제정 이후 종전의 二元的 構造는 폐기되었고 완전히 새로운 모습의 소송구조가 이룩되었다. 즉, 한편으로 동법 제42조에서 행정행위의 취소를 구하는 취소소송(Anfechtungsklage)과 행정청에 대한 행정행위 발급의무 부과를 구하는 의무이행소송(Verpflichtungsklage)이 명문으로 마련되었고, 다른 한편으로 단순행정작용(사실행위)에 대해서는 명문의 규정은 없으나 판례가 헌법상의 포괄적 권리구제 요청에 의거하여—확인소송의 보충성을 규정하는—동법 제43조 제2항의 'Leistungsklage'[이행소송]라는 문구를 근거로 단순행정작용(금전지급을 포함)의 이행을 구하는 일반이행소송(allgemeine Leistungsklage)과 이행소송의 소극적 형태로서 단순행정작용의 금지를 구하는 금지소송(Unterlassungsklage)을 인정하였다. 그 밖에 행정법원법은 제43조 제1항에서 법률관계의 存否와 행정행위의 무효의 확인을 구하는 확인소송(Feststellungsklage)을 규정하고, 제47조에서 건설법전(BauGB)에 의해 제정된 도시계획 조례 및 법규명령과—州法이 이를 인정하는 경우—州법률의 하위 법규명령을 직접 다투는 규범통제절차(Normenkontrollverfahren)를 규정하고 있다.9)

---

9) 규범통제절차의 청구인적격은 당해 법규명령 규정에 의해 자신의 권리가 침해된 것으로 주장하는 자연인 또는 법인, 그리고 모든 행정청에게 인정된다. 제소기간은 공포 이후 2년 내이다. 그 대상에서 제외되는 행정입법에 대해서도 최근 헌법상의 포괄적 권리구제

(b) 特徵

독일 행정소송 구조의 첫 번째 특징으로 지적되어야 할 것은 행정행위(Ver-waltungsakt)의 개념이다. 이는 독일 행정법의 아버지라고 일컬어지는 *Otto Mayer* 에 의해 19세기 말 정립된 것인데, 행위 내지 활동을 의미하는 'Handlung'이라는 일상적인 게르만어 대신에, 'Akt'라는 라틴어 어원을 가진 용어를 사용하여 독일 특유의 개념을 만들어낸 것이다. 이는 개별·구체적인 규율로서, 대외적으로 상대 방에 대해 의무를 부과하거나 권리를 부여하는 직접적인 법적 효과를 갖는 행위 만을 의미하는 것으로, 1976년 제정된 행정절차법 제35조 제1문에 명문으로 규정 되기에 이른다. 즉, 동조는 '행정행위'를 "공법 영역에서 개별사안의 규율을 위해 행정청에 의해 내려지는, 외부에 대한 직접적 법적 효과의 발생을 목적으로 하는 모든 처분, 결정 또는 기타의 조치"[10]로 정의하고 있다. 여기서 핵심적 징표는 「개 별사안의 규율」과 「직접적 법적 효과의 발생」이다. 이에 의해 한편으로 일반·추 상적인 규율인 행정입법이, 다른 한편으로 직접적인 법적 효과를 발생하지 않는 사실행위가 각각 행정행위의 개념에서 배제된다. 또한 개별적으로 특정되지는 않 았지만 일반적인 기준에 의해 수범자의 범위가 특정될 수 있는 규율, 즉 일반처 분(allgemeine Verfügung)이 이러한 행정행위에 포함되는 것인가 아니면 규범으로

요청에 의거하여 행정법원법 제47조를 헌법합치적 해석의 방법을 통해 확대함으로써 직 접적 규범통제소송을 허용해야 한다는 견해(von Engelhardt, Bartlsperger, Frenz), 헌법소 원을 허용해야 한다는 견해(Schenke, Ziekow), 당해 법규명령과 모순되는 법률관계의 확 인을 구하는 확인소송을 제기하고 그 부수적 통제로써 행정입법에 대한 심사를 허용해 야 한다는 견해가 주장되고 있다. 첫 번째 견해는 행정법원법 제47조 소정의 규범통제절 차가 후술하는 바와 같이 객관소송으로서 권리구제와는 직접 관련이 없으므로 헌법상의 포괄적 권리구제 조항을 통해 확대할 수 없다는 점에서 배척되고 있고, 두 번째 견해도 헌법소원의 보충성 관점에서 비판되고 있으며, 세 번째 견해가 통설적 견해이자 확립된 연방헌법재판소와 연방행정법원의 판례[BVerfGE 68, 319(326); 71, 305(337); BVerfG, NVwZ 1997, 673; NVwZ 1998, 161; BVerwGE 80, 355(358) 등]이다. 이에 관해 Kuntz, Der Rechtsschutz gegen unmittelbar wirkende Rechtsverordnungen des Bundes, Frankfurt a.M. 2001, S.104 ff.; Pielow, Neuere Entwicklungen beim "Prinzipalen" Rechtsschutz gegenüber untergesetzlichen Normen, Die Verwaltung 1999, S.445-479(463 ff.); W. Peters, Zur Zulässigkeit der Feststellungsklage(§ 43 VwGO) bei untergesetzlichen Normen, NVwZ 1999, S.506-507; W. Kilian, Rechtsschutz gegen Bundes-Rechtsverordnungen, NVwZ 1998, S.142 등 참조.

10) [jede Verfügung, Entscheidung oder andere Maßnahme, die eine Behörde zur Regelung eines Einzelfalles auf dem Gebiet des öffentlichen Rechts trifft und die auf unmittelbare Rechtswirkung nach außen gerichtet ist.]

서 행정입법에 해당하는 것인가에 관해 종래 견해가 대립되어 왔는데, 이러한 일 반처분도 행정행위에 해당한다는 점을 동조 제2문이 명시하고 있다.

이러한 행정행위만이 취소소송의 대상이 된다. 그 이론적 논거로서, 취소소 송은 현재 존속하고 있는 효력을 소급적으로 소멸시키는 형성소송이기 때문에, 위법하더라도 당연무효가 아닌 한 법적 효력 — 우리나라에서「공정력」이라고 일컫 는 효력 — 을 발생하는 행정행위만이 그 대상이 될 수 있다는 것이다. 이러한 행 정행위의 효력이 행정절차법 제43조 제2항에 명문으로 규정됨으로써,11) 취소소 송이 이러한 효력을 소급적으로 소멸시키는 형성소송이라는 점이 실정법상 근거 를 갖게 되었다.12) 사실행위는 아예 법적 효력을 갖지 않기 때문에, 행정입법은 법적 효력을 갖는 것이기는 하지만 공정력을 갖지 않기 때문에, 다시 말해, 위법 하면 처음부터 법적 효력이 없는 것이기 때문에, 모두 형성소송인 취소소송의 대

---

11) "직권취소·철회 또는 다른 방법으로 폐지되거나 시간의 경과 또는 다른 방법으로 종료 될 때까지는 유효하다" [Ein Verwaltungsakt bleibt wirksam, solange und soweit er nicht zurückgenommen, widerrufen, anderweitig aufgehoben oder durch Zeitablauf oder auf andere Weise erledigt ist.]

12) 뿐만 아니라, 행정법원법 제113조 제1항 제2문은 법원이 행정행위를 취소함에 있어 행정 행위가 이미 집행된 경우에는 원고의 신청에 의하여 원상회복 내지 결과제거를 명할 수 있도록 규정하고 있는네, 취소소송이 형성소송으로 파악되는 결과 취소판결의 효력은 오직 행정행위의 효력을 소급적으로 소멸시키는 데 한정되고, 따라서 피고 행정청의 원 상회복의무를 일일이 판결로써 부과해야 되는 것이다. 또한, 동법 제113조 제1항 제4문 은 행정행위가 판결 이전에 직권취소 또는 다른 사유로 소멸한 때에는 법원은 원고가 정 당한 확인의 이익을 갖는 경우 신청에 의해 판결로써 행정행위가 위법하였음을 선고할 수 있다고 규정하고 있는바, 취소소송은 행정행위의 효력을 소멸시키는 것이기 때문에 행정행위가 소멸함으로써 취소의 대상이 없어지면 더 이상 취소소송은 불가능하고 행정 행위가 과거에 위법했음을 확인하는 이른바 계속확인소송(Fortsetzungsfeststellungs-klage)으로 바뀌는 것이다. 더욱이 동법 제43조 제1항은 확인소송의 대상으로 법률관계 의 存否와 행정행위의 무효를 나란히 규정하고 있는데, 취소소송이 형성소송으로 파악 되므로, 무효확인소송은 — 우리 현행법에서와 같이 항고소송이라는 동일한 상위개념으 로 포괄되지 못하고 — 취소소송과는 전혀 별개로 확인소송의 한 유형으로 인정되는 것 이다. 또한, 후술하는 바와 같이 행정입법에 대한 직접적 통제를 취소소송의 형태로 인 정하지 못하고 이를 위해 별도의 규범통제절차를 마련하고 있다는 점도 취소소송을 형 성소송으로 전제하고 있기 때문이다. 규범통제절차에서는 행정입법의 위법성을 확인함 으로써 자동적으로 그 행정입법은 처음부터 위법·무효이었던 것으로 확정되는 것이다. 이와 같이 독일의 취소소송은 실정법상 명백히 순수한 형성소송으로 구성되어 있지만, 후술하는 바와 같이 우리나라의 취소소송은 그렇지 않다. 그럼에도 불구하고 독일법을 무비판적으로 추종하여 우리나라의 취소소송을 순수한 형성소송으로 파악하는 것은 부 당하다고 할 것이다.

상이 될 수 없는 것이다. 제2차 세계대전 이전까지는 상술한 바와 같이 독일의 행정소송은 취소소송에 한정되어 있었고, 그 취소소송의 대상은 위와 같이 협소한 행정행위에 국한되므로, 결국 행정행위 개념은 행정소송의 대상을 한정하는 역할을 수행하였던 것이다.13)

두 번째 특징으로서, 상술한 바와 같이 제2차 세계대전 이후에는 헌법상의 포괄적 권리구제 요청에 의하여 행정행위 이외에 단순행정작용(사실행위)과 행정입법에 대해서도 다양한 소송유형이 마련되었다는 점을 간과해서는 아니 된다. 사실행위에 대해서는 금지소송과 일반이행소송이 그것이고, 행정입법에 대해서는 규범통제절차가 그것이다. 그리하여 이제 행정행위 개념은 행정소송 자체의 제기가능성을 판가름하는 것은 아니고 소송유형의 선택에 관한 문제로 되었다.

이러한 독일 행정소송의 역사를 살펴보면, 지금까지 우리나라 대법원 판례가 '처분'을 독일식의 행정행위 개념과 동일한 것으로 파악하고 그것에 대해서만 항고소송을 인정하고 있는 것은 제2차 세계대전 이전의 독일 상황에 머물러 있었던 것이라고 할 수 있다. 문제는 이러한 상황을 어떠한 방법으로 극복하는가에 있는 바, 후술하는 바와 같이 우리는 독일에서와 같이 다양한 소송유형을 마련하는 식으로 문제를 해결하는 것은 바람직하지 않다는 것이 필자의 소견이다.

세 번째 특징은 가장 본질적인 문제인데, 독일의 행정소송에서는 규범통제절

---

13) 위와 같은 행정행위의 개념과 공정력을 이론적으로 확립한 것은 *Otto Mayer*인데, 그는 프랑스 행정법에 정통한 학자로서, 당시 프랑스에서는 이미 개별적 행정행위와 행정입법이 모두 l'acte administratif로서 구별 없이 월권소송의 대상이 되고 있었다는 점을 알고 있었다(ders, Theorie des Französischen Verwaltungsrechts, Straßburg 1886, S.140 f. 참조). 그런데 그는 프랑스 행정법을 모범 삼아 독일 행정법을 구축한다고 하면서 어찌하여 프랑스와는 전혀 달리 행정행위와 행정입법을 준별하게 되었는가 라는 의문이 제기된다. 물론 그에게 상술한 외견적 입헌군주제 하에서 국왕이 제정하는 행정입법에 대한 재판을 제한하고자 하는 정책적 관점이 있었다는 점을 부정할 수 없다. 그러나 이론적인 관점에서는, 그가 상정한 行政行爲는 司法行爲, 즉 판결에 비견하는 국가행위이었으므로, 규범을 대전제로 하여 당해 사안의 구체적 사실관계를 소전제로 하는 삼단논법에 의해 도출된 개별·구체적인 결정만이 행정행위에 해당되는 것으로 파악될 수 있었고, 또한 바로 그렇기 때문에 그러한 행정행위만이 판결의 확정력에 준하는 공정력을 가질 수 있었다. 그에게 있어 행정행위에 대한 취소소송은 확정판결에 대한 재심판결과 같은 성격을 갖는 것이었다. 요컨대, 행정행위를 법원의 판결에 상응한 것으로 파악한 결과, 행정입법은 그 반대로 의회의 입법에 상응한 것으로 파악되고, 따라서 행정행위와 행정입법은 준별될 수밖에 없게 되었다. 이에 관해서는 Otto Mayer, Deutsches Verwaltungsrecht. 1.Bd. 3.Aufl., Berlin 1923, S.92-103 참조.

차를 제외한 나머지 모든 소송유형이 행정에 대한 법적 통제를 위한 객관소송이 아니라 시민의 권리구제를 위한 철저한 주관소송으로 파악되고 있다는 점이다. 이는 독일 헌법에서 비롯되는 것이다. 즉, 포괄적 권리구제를 천명하는 기본법 제19조 제4항은 "누구든지 공권력에 의해 권리가 침해된 때에는 소송을 제기할 수 있다"라고 규정함으로써 '권리침해'를 공권력에 대한 소송제기의 요건으로 명시하고 있다. 이에 따라 행정법원법 제42조 제2항은 취소소송과 의무이행소송의 원고적격으로서 '권리침해의 주장'을 요구하고 있는데, 이는 금지소송·일반이행소송·확인소송 등 다른 유형의 행정소송에도 준용된다는 것이 판례·통설이다. 뿐만 아니라, 동법 제113조 제1항 제1문과 제5항 제1문은 취소소송과 의무이행소송의 본안요건으로서 위법성과 더불어 '권리침해'를 규정하고 있다.

　이와 같이 원고적격에서는 권리침해의 '주장'이, 본안요건에서는 권리침해의 '사실'이 요구됨으로써, 권리가 행정소송의 전과정을 관통하고 있다. 전통적 保護規範(Schutznorm)理論에 의하면 '권리'는 개개의 강행법규에 의해 보호되고 있는 私益을 의미한다. 그리하여 각각의 강행법규마다 대응되는 권리가 있는 셈이므로, 강행법규위반, 즉 위법성은 항상 권리침해로 귀결되어 양자는 동전의 양면과 같은 관계가 된다. 이를 권리침해의 '위법성 견련성'(Rechtswidrigkeitszusammenhang)이라고 한다.14) 또한 그렇기 때문에 판례·다수설에 의하면 취소소송의 소송물이 '계쟁 행정행위가 위법하고 그로 인해 원고의 권리가 침해되었다는 원고의 주장'으로 파악된다.15) 따라서 확정판결은 당사자·참가인 및 그 승계인, 필요적 참가에 해당함에도 참가신청을 하지 않았거나 정해진 기간 내에 하지 않은 자만을 구속한다(동법 제121조). 취소판결의 경우 행정행위의 효력이 소멸하는 형성력(Gestaltungswirkung)은 그 본질상 당연히 對世的인 것으로 보지만, 위법성 및 권리침해에 관한 기판력(Rechtskraft)은 상대적 효력밖에 없다.16)

　그 이외에도, 첫째 행정소송의 피고가 행정청이 아니라 행정청이 속한 행정주체, 즉 연방, 주 또는 단체이라는 점(동법 제78조 제1항), 둘째 위법판단 기준시에 관해 독일의 판례는 處分時 原則을 부정하고(BVerwGE 64, 218, 221) 근거법규에 따

---

14) Wahl/Schütz, in: Schoch/Schmidt-Aßmann/Pietzner, Verwaltungsgerichtsordnung, § 42 Abs.2 Rn.48 참조.

15) 拙稿, 取消訴訟의 訴訟物에 관한 硏究. 취소소송의 관통개념으로서 소송물 개념의 모색, 『法曹』, 2000년 7월호(통권 526호), p.98 이하 참조.

16) Schoch/Schmidt-Aßmann/Pietzner, a.a.O., § 121 Rn.37, 93-102 참조.

라 위법판단 기준시가 정해진다고 하는데, 의무이행소송과 일반이행소송에서는
判決時가 확립된 원칙이고 취소소송·무효확인소송·의무이행소송·규범통제절차
에서도 많은 경우에 判決時가 판단기준이 되고 있는 점, 셋째 '처분사유의 추가·
변경'(Nachschieben von Gründen)이 기속행위뿐만 아니라 재량행위에 대해서도 —
판례상 원고의 방어권이 침해되거나 소송의 동일성이 변경되지 않을 것이라는 한계는
설정되어 있지만 — 원칙적으로 허용되는 것으로 규정되어 있는 점(동법 제114조 제
2문), 넷째 모든 유형의 행정소송에 있어 실체법적인 공법상계약으로서의 효력을
갖는 재판상화해(gerichtlicher Vergleich)가 명문으로 인정되고 있고(동법 제106조) 판
례상 행정소송에 관한 不提訴合意가 허용되고 있는 점, 다섯째 행정소송의 재판
수수료(Gerichtsgebühr)의 기준이 되는 訴價에 관하여 1996년 제정된 「訴價目錄」
(Streitwertkatalog)은 총 53개의 개별 행정법영역에 관해, 그것도 다시 청구내용에
따라 세분하여, 총 226개의 항목에 걸쳐, 예컨대 영업허가에 관한 소송의 경우에
는 1년 예상수익을 기준으로 하고 공해시설 설치허가에 관한 소송의 경우에는 설
치투자액을 기준으로 하는 등 권리구제로 인한 이익을 기준으로 하고 있다는 점
등은 독일의 행정소송이 철저한 주관소송이라는 결정적 징표라고 할 것이다.[17]

반면에, 행정입법에 대한 규범통제절차는 본안판단의 대상이 단지 법규정의
적법성(Gültigkeit)에 한정되고 권리침해는 제외된다는 점에서 객관소송으로서의
성격을 갖는 것으로 파악된다. 다시 말해, 상술한 권리침해와 위법성 사이의 견련
성이 요구되지 않는다. 이와 같이 규범통제절차는 객관소송이기 때문에 인용판
결, 즉 위법성을 이유로 법규정의 무효를 선언하는 판결은 일반적 구속력, 즉 대
세효를 갖는다.[18] 규범통제절차의 이러한 객관소송적 성격 때문에 철저한 주관소
송인 다른 행정소송 유형과 본질을 달리하고, 따라서 직접적 규범통제를 취소소
송이나 금지소송에 포함시킬 수 없고 별도의 소송유형으로 마련하게 된 것이다.

(c) 評價

독일의 행정소송제도가 갖는 장점으로는, 원고의 권리구제에 만전을 기할 수
있고, 특히 행정행위의 발급을 구하는 데 있어 완벽한 소송형태인 의무이행소송

17) 이에 관한 자세한 내용은 拙稿, 행정소송법 개정의 기본방향, 『현대 공법학의 과제 — 청
담최송화교수화갑기념』, 2002, pp.645-683(650-652) 참조.
18) Hufen, Verwaltungsprozeßrecht. 4.Aufl., 2000, § 19 Rn.6, 27; Würternberger, Verwaltungs-
prozeßrecht, 1998, Rn.435 참조.

이 마련되어 있으며, 행정활동의 형식에 따라 소송요건, 본안요건, 심리방법, 판결의 효력 및 집행을 세분하여 규율할 수 있다는 점 등을 들 수 있다.

그러나 독일의 행정소송제도는 19세기 외견적 입헌군주제에서 20세기 바이마르 공화국을 거쳐 나찌불법국가에 이르기까지 후진적인 민주주의와 법치주의로 인해 제대로 발전하지 못하다가 2차 세계대전 이후 이에 대한 반성으로 급격한 변화를 겪었다. 다시 말해, 행정의 우월성을 전제로 시민의 권리구제를 제한하던 한 쪽 극단(권위주의적 행정법)에서 행정의 철저한 법적 구속을 통한 시민의 권리·자유의 극대화라는 다른 쪽 극단(자유주의적 행정법)으로 바뀐 것이다. 그리하여 행정소송이 원고의 권리구제에 치우친 나머지 행정의 책임성과 이니셔티브가 무시되며 공익에 대한 고려가 충분히 이루어지지 않을 우려가 있고, 특히 본안판단 기준시가 判決時로 됨으로써 행정의 先決權이 현저하게 침해된다.

또한 소송과정에서 처분사유의 추가·변경이 폭넓게 허용되기 때문에, ─ 실체적 위법성에 영향을 미치지 않았음이 명백한 때에는 절차적 하자만으로 행정행위를 취소할 수 없고(행정절차법 제46조), 절차적 하자를 행정소송 종료시까지 추완할 수 있다는 점(동법 제45조)과 아울러 ─ 행정통제의 중심이 과도하게 행정소송으로 기울어져 있고 상대적으로 행정절차의 의미가 부수적인 것으로 격하되어 있다.

무엇보다도 독일의 행정소송은 철저한 주관소송으로서 '권리'가 원고적격과 본안요건의 요소가 되는데, 보호규범이론에 의한 좁은 권리 개념으로 인해 행정에 대한 적법성 통제의 기회가 제한된다는 것이 최대의 단점으로 지적될 수 있다.

뿐만 아니라, 행정작용의 유형을 법적 성질에 따라 개념적으로 구분하여 소송유형을 다양하게 인정하는 것은 이론적으로 논리정연하다는 利點이 있을 수 있지만, 소송유형의 다양화는 실제적으로 원고와 법원으로 하여금 개별사안에서 적합한 소송유형을 선택해야 하는 위험과 부담으로 작용할 뿐 아무런 실익이 없다. 구체적으로 말해, 문제가 되는 행정작용이 위법한 것임을 확정하는 것만으로 권리구제와 행정통제의 목적이 충분히 이루어진다. 사실행위에 대한 금지소송이든, 행정입법에 대한 규범통제절차이든, 행정행위에 대한 취소소송이든 그 공통적인 심사대상은 위법성 여부이기 때문이다. 그럼에도 불구하고, 문제된 행정작용이 아무런 법적 효력을 갖지 않는 사실행위인지, 법적 효력을 갖더라도 위법성이 확인되면 처음부터 효력이 없었던 것으로 확정되는 행정입법인지, 아니면 단순위법이라도 법적 효력(즉, 공정력)을 갖는 행정행위인지를 개념적으로 구별하여 이에 대한 소송유형(금지소송과 규범통제절차와 취소소송)을 선별하는 것은 이론적 명확성만을 추구하는 독일의 개념법학의 폐해라고 하여도 과언이 아닐 것이다.

(3) 프랑스
(a) 槪觀

프랑스의 행정소송은 주로 꽁세이유·데따의 판례에 의해 형성되어 왔고 특별법에 의해 보충되고 있다. 기본적인 형태는—판례에 의해 형성된— 越權訴訟(le recours pour excès de pouvoir)과 完全審判訴訟(le contentieux de pleine juridiction)의 二元的 構造이다.19) 월권소송은 행정의 적법성 통제를 주된 목적으로 하는 객관소송으로, 완전심판소송은 원칙적으로 행정주체에 대한 원고의 청구권 실현을 위한 주관소송으로 파악된다.

월권소송은— 영미법상의 권한유월(ultra vires)에 대응하는 개념으로서— 권한유월(l'excès de pouvoir), 즉 위법성을 이유로 행정결정을 다투는 소송이다. 월권소송의 대상은 '일방적 행정행위'(l'acte administratif unilatéral) 또는 '행정결정'(la décision administrative)인데, 그 범위가 매우 넓다. 첫째, 쌍방적 행위인 행정계약은 제외되지만, 행정계약 체결의 상대방에 관한 결정은 행정계약에서 '분리가능한 행위'(l'acte détachable)로서 월권소송의 대상이 된다. 둘째, '법적 행위'(l'acte juridique)이어야 하지만, 독일에서와 같이 상대방의 권리의무를 직접 변경하는 행위에 한정하지 않고 전체 법질서에 새로운 요소를 도입하는 것이면 충분하다. 따라서 경고, 권고, 공적 시설의 설치 등 독일에서는 사실행위로 분류되는 것도 그것이 법적인 의미를 갖고 상대방에게 '침익적인 영향을 초래하는'(faisant grief) 것인 한 월권소송의 대상이 된다. 셋째, 법규제정행위(l'acte réglementaire)도 포함된다. 따라서 법규명령·조례 등 행정입법에 대하여 시행 이후 제소기간(2개월) 이내에 직접 월권소송을 제기할 수 있다. 제소기간이 경과하면 행정입법 그 자체에 관해서는

---

19) 그 밖에 광의의 확인소송(le recours déclaratif)으로서, 해석소송(le recours en interprétation)과 효력평가소송(le recours en appréciation de validité)이 있는데, 행정법원에 직접 제소되는 경우와 민·형사법원으로부터 이송되는 경우가 있다. 프랑스에서는 일반재판권과 행정재판권의 엄격한 구별로 인해 민·형사법원은 선결문제로서도 행정행위의 효력이나 해석 문제를 다룰 수 없기 때문에 이러한 소송유형이 인정되고 있는 것이다. 우리나라에서는 대법원의 일원적 재판권 하에서 민·형사법원의 선결문제 심판권을 인정하여야 할 것이므로, 위와 같은 광의의 확인소송은 논외로 한다.

불가쟁력이 발생하지만, 향후 그 행정입법에 의거하여 내려진 개별행위를 월권소송으로 다투는 기회에 행정입법에 대한 위법성항변(l'exception d'illégalité)을 주장할 수 있는데, 우리의 부수적(구체적) 규범통제에 대응되는 것이다.

'완전심판소송'이라는 개념은 19세기 말 *Édouard Laferrière*에 의해 정립된 것으로서, 행정재판권이 월권소송과는 달리 행정결정의 위법성 심사에만 한정되지 않고 이행판결 등 완전한 범위에 미친다는 의미이다. 다시 말해, 마치 일반 민사법원에서 당사자 사이의 사법상의 권리의무관계를 판단하듯이, 행정주체와 사인 사이의 공법상의 권리의무관계를 종국적으로 판단하는 것이다.[20] 완전심판소송은 私人이 행정주체에 대해서만 제기할 수 있는 것이 아니라 거꾸로 행정주체가 사인에게 제기할 수도 있다. '통상적 완전심판소송'(le recours ordinaire de pleine juridiction)은 원칙적으로 계약책임, 부당이득반환, 사무관리 비용상환, 국가배상책임으로 인한 금전급부관계를 대상으로 하는 것으로, 월권소송과는 달리 주관소송의 성격을 갖는다.[21] 다만, 특별법과 판례에 의해 예외적으로 '객관소송적 성격을 갖는 완전심판소송'(le recours objectif de plein juridiction)도 있는데, 이는 조세소송, 선거소송, 노후건물에 관한 소송, 위해시설 설치에 관한 소송, 정치적 망명자 자격의 승인 거부에 대한 소송, 행정제재에 관한 소송 등에서와 같이 본질상 행정결정의 적법성을 통제하는 것이지만 판결로써 행정결정의 내용을 변경하거나 심지어 행정결정을 직접 발급하기 위해 완전심판소송 형식을 취하는 것이다. 이에 관해서는 아래 V.에서 다시 언급한다.

(b) 越權訴訟의 特徵

월권소송의 첫 번째 특징은 독일의 행정소송과는 정반대로 객관소송이라는 점이다. 객관소송(le recours objectif)과 주관소송(le recours subjectif)의 구별은 20세기 초 *Léon Duguit*에 의해 주창된 것으로,[22] 현재까지 통상적으로 소송의 분류방

---

20) 이러한 의미에서 2차 세계대전 이전까지 독일에서 완전심판소송에 상응하는 소송유형을 '당사자간의 분쟁'이라는 의미에서 Parteisteitigkeiten라고 하였고, 이것이 일본을 통해 우리나라에 '당사자소송'으로 계수되었다. 우리 현행법상 당사자소송을 공법상 법률관계에 관한 소송으로 정의하고 있는 것도 프랑스의 완전심판소송에서 연원된 것이라고 할 수 있다.

21) 이들은 모두 민법 — 계약, 부당이득, 사무관리, 불법행위라는 민법상 4대 채권발생원인 — 에서 연유하는 것이지만, 프랑스에서는 이를 공법관계로 파악하여 행정재판소의 관할에 속하는 것이다. 이에 관해 우리나라에서는 모두 민사소송으로 처리하고 있다. 말하자면, 프랑스의 완전심판소송은 행정재판소가 담당하는 민사소송이라고 할 수 있다.

법으로 사용되고 있다.23) 객관소송이라 함은 원고적격에 아무런 제한이 없는 萬人訴訟(le recours populaire)이라는 의미가 아니라 — 어떠한 방식으로 원고적격이 제한되든지 간에 — 소송의 본질적 목적이 행정의 적법성 통제에 있다는 의미이고, 이와 아울러 원고의 권리 및 이익의 구제에 이바지할 수 있음은 별론이다.

월권소송이 객관소송이라는 것이 갖는 가장 중요한 의미는 원고의 권리, 특히 개개의 법규가 사익을 보호하고 있는 경우에만 인정되는 독일의 보호규범이론에 의한 권리가 월권소송의 원고적격으로 요구되지 않는다는 점이다. 원고적격은 계쟁 행정행위로 인해 원고의 '개인적이고 직접적인 이익'(l'intérêt direct et personnel)이 침해 내지 제한되고 있으면 인정된다. 환경단체·시민단체 등 단체의 경우에는 원칙적으로 계쟁 행정행위가 당해 단체의 설립목적과 직접 관련되면 원고적격이 인정되고, 지방자치단체의 경우 — 국가는 제외! — 납세자로서의 이익도 원고적격으로 인정된다.24) 이와 같이 원고적격이 매우 넓어 濫訴(la requête abusive)의 위험이 있기 때문에, 승소가능성이 전혀 없는 남소에 대해서는 20,000프랑(3,000유로) 이하의 濫訴罰金(l'amende pour requête abusive)을 부과할 수 있는 제도가 마련되어 있다.25)

또한 본안의 취소사유에서도 독일과는 달리 원고의 권리 또는 이익의 침해를 요구하지 않는다. 일단 계쟁 행정행위의 존재가 원고의 개인적·직접적 이익을 침해한다는 이유로 원고적격이 인정되어 본안심사로 넘어가면 원고의 개인적 사정과는 무관하게 계쟁 행정행위의 위법성만이 문제된다. 판례·학설에서 인정되어 온 전형적인 취소사유는 無權限(incompétence), 形式의 瑕疵(le vice de forme), 權限濫用(le détournement de pouvoir), 法律違反(la violation de la loi)인데, 원고의 권리 또는 이익이 침해되었는지 여부는 묻지 않는다.26)

---

22) Léon Duguit, Les transformations du droit public, Paris 1913, pp.187-190.

23) Debbasch/Ricci, Contentieux administratif. 8ᵉ éd., 2001, n° 775, 792; Laubadère/Venezia/Gaudemet, Traité de droit administratif. Tome 1. 15ᵉ éd., 1999, n° 669 등 참조.

24) Chapus, Droit du contentieux administratif. 10ᵉ éd., 2002, n° 563-586; Debbasch/Ricci, op. cit., n° 290-303 참조.

25) 『행정소송법전』(Code de justice administrative, CJA) Art. R.741-12.

26) Laubadère/Venezia/Gaudemet, Droit administratif. 16ᵉ éd., 1999, pp.122-128; Debbasch/Ricci, op. cit., n° 841-871 참조. 또한 강조할 것은 이러한 취소사유가 19세기 無權限으로부터 20세기 중반 法律違反에 이르기까지 단계적으로 인정되어 왔는데, 각 단계별로 처음에는 원고의 권리침해를 요구하다가 그 취소사유가 확립되면 권리침해의 요건을 문제삼지 않는 방식으로 발전하여 왔다는 점이다. 이러한 역사적 발전에 비추어 보아도, 행

이와 같이 월권소송은 객관소송이므로, 그 인용판결에는 '대세적 내지 절대적 기판력'(l'autorité absolue de la chose jugée)이 부여된다. 이러한 대세적 효력은, 독일에서와 같이 계쟁 행정행위의 효력을 부정하는 것에 한정되는 것이 아니라, 위법성에 대한 판단에까지 미치는 것이다. 그렇기 때문에 인용판결이 확정된 후 그로 인해 권리가 침해되는 '제3자의 재심청구'(la tierce opposition) 제도가 마련되어 있다.27) 다만, 각하판결은 각하사유의 존재에 대해서만, 기각판결은 주장된 취소사유의 부존재에 대해서만, 각각 상대적 효력을 갖기 때문에, 이론상으로는 각하판결 또는 기각판결 후에도 이와 모순되지 않는 새로운 소송을 제기할 수 있으나, 제소기간의 도과로 인해 사실상 불가능하다.28)

그 이외에도, 첫째 월권소송의 피고는 계쟁 행정행위를 한 행정청이라는 점, 둘째 위법판단 기준시로 處分時가 고수되고 있으며,29) 셋째 처분사유의 추가·변경에 상응하는 '처분이유의 대체'(la substitution de motifs)가 원칙적으로 금지되고 다만 기속행위의 경우 소송경제를 위해 예외적으로 허용되고 있는 점30)은 독일법과는 정반대의 것으로서, 월권소송이 객관소송임을 단적으로 나타내는 근거라고 할 것이다. 또한 넷째 재판상화해(la conciliation)가 명시적으로 허용되고 있으나,31) 이는 독일의 재판상화해와는 달리, 실체법적인 공법상계약과는 무관하게, 소송절차를 종료시킬 것을 순수한 소송행위로서, 그 자체로는 직접 소송을 종료시키는 효력은 없고 단지 이를 계기로 법원이 소송종료(le non-lieu)를 선언하게 되는 것이며, 실체법적 화해계약인 la transaction은 완전심판소송에서 행정의 계약책임·손해배상책임 등에 관해 체결될 수 있을 뿐 월권소송에서는 허용되지 않는 점,32)

정소송은 주관소송에서 객관소송으로 발전하는 것이라는 점을 알 수 있다. 다만, 예외적으로 형식의 하자의 경우에 오직 행정을 위한 절차로서 원고의 개인적 이익과 전혀 무관한 것은 취소사유가 되지 않는다는 오래된 판례가 있다(C.E., 24 octobre 1919, Bonvoisin, p.776).

27) CJA Art. R.832-1에서 R.832-5.

28) Chapus, op. cit., n° 1210-1211; Debbasch/Ricci, op. cit., n° 883-884, 887-891 참조.

29) Auby/Drago, Traité de contentieux administratif, 1992, p.337; Vedel/Delvolvé, op. cit., p.317 참조.

30) Chapus, op. cit., n° 1125; Debbasch/Ricci, op. cit., n° 879; Auby/Drago, op. cit., n° 330 참조.

31) 1986. 1. 6.자 「행정재판소 판사의 독립성을 보장하는 법률」은 "제1심 행정재판소 판사는 재판상화해(conciliation)의 직무를 수행한다"는 규정을 두고 있다.

32) Pacteau, Contentieux administratif. 6° éd., 2002, n° 412, 413; Chapus, op. cit., n° 1074-1079; Munoz, Pour une logique de la conciliation, AJDA 1997, pp.41-47; Lyon-Caen,

다섯째 현재 1993. 12. 30.자 법률에 의해 월권소송과 완전심판소송의 제기 및 상소에 일률적으로 100프랑의 印紙(le droit de timbre)를 첨부하도록 되어 있는데, 독일과 같이 원고의 경제적 이익을 기준으로 다양하게 訴價를 산정하지 않는다는 점은 객관소송으로서의 성격을 드러내고 있는 것이다.

　월권소송의 두 번째 특징은 독일의 취소소송과 같은 형성소송이 아니라 확인소송에 해당한다는 점이다. 즉, 월권소송은 취소소송(le contentieux de l'annulation)이라고도 하지만, 여기서 '취소'(l'annulation)라 함은 독일의 취소소송에서와 같이 취소시점까지 지속되어온 효력을 소급적으로 소멸시키는 형성적 행위가 아니라, 권한유월 내지 위법성으로 인해 처음부터 무효이었음을 선언하는 확인적 행위로서의 본질을 갖는다.[33] 독일법상 행정행위의 하자는 단순위법 내지 취소가능성(Aufhebbarkeit)과 무효(Nichtigkeit) 두 가지인데, 프랑스에서도 무효(la nullité)와 부존재(l'inexistence) 두 가지이다. 독일의 단순위법과 프랑스의 la nullité는 제소기간의 제한을 받는다는 점에서, 독일의 무효와 프랑스의 l'inexistence는 위법성이 중대·명백하기 때문에 제소기간의 제한을 받지 않는다는 점에서 각각 대응된다. 왜 독일의 단순위법에 해당하는 것을 프랑스에서는 무효(la nullité)라고 하는 것일까? 그 해답은 바로 프랑스에서는 독일에서와 같이 행정행위 발급 즉시 효력을 발생하는, 말하자면 실체적인 공정력은 인정되지 않는다는 데 있다. 즉, 행정행위가 권한유월로서 위법한 것이면 처음부터 무효인데, 이를 私人이 임의로 판단하여 행정행위의 효력을 부정하게 되면 법적 안정성과 행정의 효율성이 확보될 수 없으므로, 법원에 의해 유권적으로 위법성이 확인될 때까지는 잠정적으로 유효한 것으로 추정되고 그 추정력에 의거하여 행정의 자력집행이 가능할 뿐이다. 이것이 행정의 '豫先的 特權'(le privilège du préalable)으로서, 말하자면 절차적 공정력이다. 따라서 제소기간 내에 월권소송을 제기하여 법원에 의해 위법성이 확인되면 그 유효성의 추정이 깨어지고 당해 행정행위는 처음부터 무효이었던 것으로 확정된다. 이러한 의미에서 프랑스에서는 독일의 단순위법에 해당하는 것을 무효(la nullité)라고 부르는 것이다.[34]

Sur la transaction en droit administratif, AJDA 1997, pp.48-53 등 참조.

33) Laubadère/Venezia/Gaudemet, op. cit., p.101; Vedel/Delvolvé, op. cit., p.352 참조.

34) 월권소송의 대상이 되는 행정행위에는 행정입법도 포함되는 것인데, 행정입법이 ― 독일에서도 ― 실체적 공정력을 갖지 않는다는 점은 異論이 없다. 영국, 미국, 유럽공동체의 행정소송에서도 행정입법이 개별처분과 함께 소송의 대상이 되고, 독일에서와 같은 실

독일에서는 상술한 바와 같이 행정행위에 의해 실체적 공정력이 발생하기 때문에, 행정벌의 구성요건에서 적법한 행정행위에 대한 위반으로 한정하고 있지 않는 한, 단순위법의 행정행위에 대해서도 복종의무가 발생하고 이에 불응하여 행정벌이 성립되면 사후에 행정행위가 취소된다고 하여 행정벌의 성립이 소멸되지 않는다는 것이 판례이다.[35] 반면에 프랑스의 확립된 판례는 이러한 경우 행정벌의 성립을 부정하고 있는데, 프랑스에서는 실체적 공정력이 부정되고 단지 절차적 공정력 내지 유효성의 추정만이 인정되기 때문이다. 즉, 월권소송에 의해 행정행위의 위법성이 확인되면 행정행위는 처음부터 무효로서 애당초 복종의무가 없었던 것으로 확정된다.[36]

뿐만 아니라, 상술한 바와 같이 독일에서는 행정행위가 소멸한 이후에는 확인소송으로 변경되지만(소위 계속확인소송), 프랑스에서는 행정행위가 소멸한 후에도 소의 이익이 존재하는 경우에는 취소판결이 내려진다는 점[37]도 월권소송이 형성소송이 아니라 확인소송이라는 중요한 단서가 된다. 이와 같이 월권소송이 확인소송이기 때문에, 제소기간의 제한이 있는 la nullité에 관한 것이든 제소기간의 제한이 없는 l'inexistence에 관한 것이든 모두 월권소송이라는 동일한 소송유형의 범주에 속한다. 단순위법에 대한 취소소송은 형성소송으로서, 무효에 대한 무효확인소송은 확인소송으로서, 각각 전혀 별개의 소송유형으로 인정되고 있는 독일과 단적으로 대비된다.

(c) 評價

프랑스는 19세기 민주주의와 법치주의 발전에 힘입어 일찍부터 어느 한 쪽 극

체적 공정력이 없으며, '취소'(certiorari, quash, set aside)의 의미도 본질적으로 위법성의 확인이다.

35) BGHSt 23, 86. 독일의 학설은 단지 행정행위에 불응한 것만으로는 실질적인 법익의 침해가 없다는 점, 결과제거청구권(Folgenbeseitigungsanspruch)의 법리에 의해 위법한 처분에 의한 결과인 행정벌도 소급적으로 제거되어야 한다는 점 등을 근거로 위 판례에 반대하고 있다(Heghmanns, Grundzüge einer Dogmatik der Straftatbestände zum Schutz von Verwaltungsrecht oder Verwaltungshandeln, 2000, S.329-344; Ensenbach, Probleme der Verwaltungsakzessorietät im Umweltstrafrecht, Frankfurt a.M. 1989, S.47-71 참조). 여하튼 독일에서는 행정행위가 취소되면 처음부터 무효인 것으로 확정되어 애당초 복종의무 자체가 없었다는 논리를 펴는 학설은 찾기 어렵다.

36) Editions Dalloz, Répertoire de contentieux administratif. T.1., 1996, chose jugée n° 244 참조.

37) Chapus, op. cit., n° 1066 참조.

단에 치우침이 없이 한편으로 시민의 권리와 자유를 최대한 보장하면서도 다른 한편으로 공익실현을 위한 행정의 책임을 존중하는 '공익과 사익의 조화'를 위한 제도로서 행정소송을 지속적으로 발전시켜 왔다. 특히 판례에 의해 월권소송의 대상과 원고적격을 확대함과 아울러, 입법을 통해 끊임없이 제도를 보완해 왔는데, 후술하는 거부결정 간주제도와 거부결정 취소판결에 부가하는 이행명령(l'injonction) 제도가 대표적 예이다.

프랑스 행정소송의 최대의 장점은, 한편으로 행정의 '선결원칙'(le principe de la décision préalable)을 엄수하여 행정청의 先決權을 보장하면서도 다른 한편으로 월권소송을 개인의 권리구제의 차원을 넘어 행정에 대한 객관적 통제를 위한 제도로 파악하여 원고적격 등 소송요건을 넓히고 있으며, 이와 더불어 (통상적인) 완전심판소송을 공법상 채권채무관계에 관한 주관소송으로서, 국가배상, 공법상 부당이득, 공법상 계약의 이행 등에 관한 분쟁을 '공익·사익의 조화'라는 공법적 방법론에 전문성을 가진 행정법원으로 하여금 담당하도록 하는 제도로 발전시켰다는 점이다.

(4) 영국

영국의 행정소송은 크게 두 가지로 나뉜다. 첫째는 영업·건축·도시계획·환경·사회보장 등 개별법률을 집행하는 행정기관의 구체적 결정을 각 행정영역의 전문행정심판소(tribunal)에 — 일반적으로 6주 이내에 — 행정심판청구(appeal)를 제기하고 이에 불복할 때 법원 — High Court 또는 Court of Appeal — 에 행정심판 불복소송(appeal)을 제기하는 방법이고, 둘째는 이러한 첫 번째 방법이 마련되어 있지 아니한 나머지 행정작용 일반에 대하여 바로 법원(High Court)에 제기하는 사법심사청구소송(application for judicial review, AJR)[38]이다. 전자는 불복대상이 한정되어 있으므로 본고에서는 논외로 하고 후자에 관해 간략히 살펴보기로 한다.[39]

전통적으로 행정기관의 행위에 대한 사법심사를 일반법원의 민사소송으로 다루어 왔던 영국에서 1977/1981년 개혁을 통하여 위와 같은 사법심사청구소송

---

38) 2000년 10월 민사소송규칙(Civil Procedure Rules) 제54부가 제정되어 'claim for judicial review'(CJR)로 개칭되었다.

39) 이에 관한 상세는 拙稿, 英國 行政法의 槪觀, 『영국법』, 사법연수원 편, 2002, pp.85-122 참조.

제도가 도입되었는데, 공법적 사건은 반드시 이를 통해야 하고,[40] High Court의
국왕재판부(Queen's Bench Division)의 전담법관(Crown Office List)[41]이 담당한다. 사
법심사청구소송의 대상이 되는 행정행위(administrative action)는 독일 또는 프랑스
와 같은 개념적 제한이 없고, 단지 행정청(authority)에 의한 공적 권한의 행사 또는
불행사(excercise or non-excercise of official power)이면 충분하다. 그리하여 행정입법
(statutory instrument)뿐만 아니라 결정기준과 방향에 관한 지침(official statements of
policy/general intention), 법적 관계에 관한 공적 견해의 표명, 공적 기록, 부작위 등
도 대상이 된다.[42]

　　사법심사청구소송의 주요한 구제수단(remedy), 즉 판결의 종류는 취소판결
(certiorari), 금지판결(prohibition) 및 직무집행명령(mandamus) 세 가지인데,[43] 여기
서 certiorari는 계쟁 행정작용이 권한유월(ultra vires)이라는 점을 확정하는 것으로
서, 사실행위에 대해서는 그 중지 및 원상회복을 명하는 것이고 법적 행위에 대
해서도─독일에서와 같은 실체적 공정력이 인정되지 않기 때문에─처음부터 무효
이었음을 확인하는 것이다. prohibition은 장래의 행정작용을 금지하는 것으로서,
독일의 예방적 금지판결에 상응하는 것이고, mandamus는 행정청의 부작위에 대
하여 직무집행을 명하는 것이다. 이와 같이 구제수단은 구제의 형태에 따라 달라
지는 것이지 행정작용의 유형 내지 법적 성질에 따라 달라지는 것이 아니다. 다
시 말해, 행정작용 전체가 사법심사청구소송의 대상이 되는데, 그 행정작용이 이
미 행해진 경우에는 certiorari의 대상이 되고, 아직 행해지지 않은 경우에 이를 금
지하는 것이 prohibition이며, 행정작용을 명하는 것이 mandamus이다.[44]

　　사법심사청구소송는 프랑스의 월권소송과 같이 객관소송으로서, 그 본안사

---

40) 이는 대법원(House of Lords)의 1983년 *O'Reilly v. Mackman* 판결에 의해 확립되었다.
41) 이와 같이 행정소송을 전담하는 재판부가 2000년 10월 제정된 민사소송규칙에 의해
　　'Administrative Court'로 개칭되었다. 이는 기능적으로 우리나라의 서울행정법원과 유사
　　한 전문법원이라고 할 수 있지만, 조직상으로 High Court에 소속된 전문재판부라는 것이
　　차이점이다.
42) Lewis, Judicial Remedies in Public Law, London 2000, para. 2-005~2-104, 4-001~4-083;
　　Emery, Administrative Law: Legal Challenges to Official Action, London 1999, pp.54-75
　　참조.
43) 2000년 10월 제정된 민사소송규칙 제54부에 의하여 quashing order, prohibiting order,
　　mandatory order로 개칭되었다.
44) de Smith/Woolf/Jowell, Judicial Review of Administrative Action. 5.ed., 1995, para 16-
　　010~16-020; Lewis, op. cit., para 6-001~6-067 참조.

유는 행정청의 권한유월(ultra vires)이며 원고의 권리침해는 문제삼지 않는다. 특히 원고적격은 소제기에 '충분한 이익'(sufficient interest)이 있으면 인정된다. 영국에서는 행정작용에 대한 사법심사가 오랜 기간 민사소송으로 이루어져 온 전통을 가지고 있기 때문에, 이를 사법심사청구소송이라는 형식으로 전환하고 전속관할과 제소기간(3개월) 등 원고에게 불리한 개혁을 정당화하는 논거가 더욱더 필요하다. 이에 대한 가장 중요한 논거가 바로 객관소송으로서의 성질인 것이다. 즉, 행정에 대한 사법심사는 객관적 국법질서의 保持를 위한 것이므로, 철저한 주관소송인 일반 민사소송으로 이루어질 수 없고, 객관소송으로서의 별도의 소송절차가 마련되어야 한다는 점이다. 그리하여 한편으로 공익을 위하여 재판관할, 제소기간 등의 제한을 가하는 반면, 다른 한편으로 ― 이러한 제한에 대한 보상으로 ― 원고적격을 대폭 확대하여야 하는 것이다.45)

요컨대, 영국의 사법심사청구소송은 一元的인 사법부 내의 전문재판부가 담당한다는 점에서 다를 뿐, 사실행위와 행정입법을 포함한 행정작용 전체를 대상으로 하는 단일한 포괄적 소송유형이며, 취소판결(certiorari, quashing order)이 위법성 확인으로서의 성격을 갖는다는 점에서 프랑스의 월권소송에 동일하다고 할 수 있다.

(5) 미국(연방)

행정작용에 대한 사법심사는 연방민사소송규칙(Federal Rules of Civil Procedure)에 의한 민사소송절차로 진행되지만, 행정절차법(Administrative Procedure Act)의 6개의 조문46)에서 그 대상·원고적격·심사범위 등 그 허용요건과 본안요건을 규정하고 있다. 이는 私人간의 민사소송에서는 문제되지 않는 것이기 때문에, 미국에서도 실질적으로는 민사소송과 구별되는 특별소송으로서 '행정소송'이 엄연히 존재한다고 할 수 있다.47)

사법심사의 대상이 되는 행정청의 행위(agency action)에 관해 개념적 제한이

---

45) Emery, op. cit., p.124, 125-133 참조.

46) 5 U.S.C. § 701~§ 706.

47) Schwartz, Administrative Law. 3.ed., 1991, § 8.1-§ 8.4; Pierce/Shapiro/Verkuil, Administrative Law and Process. 2.ed., 1992, § 5.1-§ 5.3; Strauss/Rakoff/Schotland/Farina, Gellhorn and Byse's Administrative Law. 9.ed., 1995, pp.1106-1113; Gellhorn/Levin, Administrative Law and Process. 4.ed., 1997, pp.342-346 참조.

없다. 행정절차법 (5 U.S.C.) 제701조 (b)항 (2)호는 "agency action"에 관해 동법 제551조를 준용하고 있는데, 제551조 (13)항은 agency action을 "행정청의 규칙, 명령, 허가, 제재, 급부 또는 그에 상응하는 것 또는 그 거부 및 부작위의 전부 또는 일부"를 포함하는 것으로 정의하고 있다. 출판에 의한 공표, 서한 및 전화통화, 조언 등 非定式的 행위들도 상대방에 대해 실제적인 효과를 초래하는 경우에는 사법심사의 대상이 될 수 있다. 행정입법에 해당하는 규칙(rule)이 agency action에 해당함은 분명하지만, 이것이 사법심사의 대상이 되기 위해서는 사건의 성숙성(ripeness)의 요건을 충족해야 한다. 성숙성의 판단기준으로 1967년의 *Abbot Laboratories v. Gardner* 판결에서 '사법판단에의 적합성'(fitness for judicial decision)과 '당사자에 대한 침해성'(hardship to the parties)을 제시하였는데, 후자는 당사자로 하여금 그 규칙에 의거한 개별결정이 내려질 때까지 기다려 개별결정을 다툴 때 규칙의 위법성을 항변(defence)으로 주장하도록 하는 것이 수인불가능한 요구인 경우에는 바로 그 규칙에 대한 사법심사를 허용한다는 것이다. 이러한 사건의 성숙성 요건은 개별사안의 구체적 사정을 기초로 판단되는 것이므로 대상적격의 문제가 아니라 권리보호필요성 내지 소의 이익의 문제로 보아야 할 것이다.

사법심사의 구제수단(remedy)에 관해 행정절차법 제703조는 확인판결(declaratory judgment), 금지명령판결(prohibitory injunction), 이행명령판결(mandatory injunction) 등을 예시하고 있다. 여기서 금지명령판결(prohibitory injunction)은 영국의 prohibition과 같이 장래의 행정작용을 금지시키는 것이다. 동법 제706조 (2)항은 행정청의 행위가 재량권남용, 기본권침해, 권한유월, 절차위반, 실질적 증거의 결여, 명백한 사실오인 등 6개의 사유에 해당하면 법원은 행정청의 행위와 그 사실인정 및 결론을 위법한 것으로 확인하고(hold unlawful)하고 "set aside"한다고 규정하고 있는데, 여기서 "set aside"는 행위의 어떤 법적인—독일에서의 실체적 공정력과 같은—효력을 소급적으로 없앤다는 의미의 「취소」가 아니라 사실상 이를 폐기하여 다시 행정청이 결정하도록 한다는 의미이다.

또한 미국의 행정소송은 순수한 주관소송이 아니라 객관소송적 요소를 강하게 갖는다. 행정절차법 제706조 (2)항은 위법사유로 (b)호의 헌법상 권리·권한·특권·면책특권(constitutional right, power, privilege, or immunity)에의 위반을 규정함으로써 권리구제적 기능을 나타내고 있으나, 그 이외의 (a), (c) 내지 (f)의 위법사유는 원고의 권리침해와 무관한 것이다. 뿐만 아니라, 원고적격의 요건도 행정절차법 제702조에서 "법적인 손해"(legal wrong), "불리한 영향 또는 침해"(adversely affected or aggrieved)만이 규정되어 있을 뿐, 독일에서와 같이 권리의 침해를 요구하지 않는다. 판례는 원고적격의 판단기준으로 '사실상의 손해'(injury in fact)와 '이익의 영역'(zone of interests)을 사용하고 있는데, 전자는 프랑스의 「개인적이고 직접적인 이익」과 유사하고, 후자는 법률의 사익보호성을 문제삼고 있지만 — 후술하는 바와 같이 우리 판례에서와 같이 — 위법성 관련성이 요구되지 않는다는 점에서 독일의 보호규범이론과는 다르다고 할 것이다.[48]

　　요컨대, 미국에서의 행정작용에 대한 사법심사는 그것이 민사소송의 형식을 이루어진다는 것이 다를 뿐, 소송의 대상을 행정작용의 유형이나 법적 성질에 따라 세분하지 않고 행정작용 전체를 대상으로 할 수 있고, 원고적격이 비교적 좁게 인정되기는 하지만 본안에서 위법성과 권리침해의 견련성이 요구되지 않는 객관소송으로서의 본질을 갖고 있다는 점에서 영국의 사법심사청구소송이나 프랑스의 월권소송과 동일하다고 할 수 있다.

(6) 현행 우리나라 行政訴訟의 構造
(a) 槪觀

　　종래 일반적으로 항고소송과 당사자소송의 관계에 관하여, 전자는 처분 및 재결(이하 '처분'이라고만 함)을 대상으로 하는 것인 반면 후자는 공법상 법률관계를 대상으로 하는 것이라고 하여, 소송 대상의 관점만이 부각되었다. 이는 독일법의 강한 영향으로 말미암아 항고소송이 주관소송으로 이해됨으로써 당사자소송과의 실질적인 차이점이 희석되고, 마치 독일에서 행정행위인가 단순행정작용인가에 따라 소송유형이 달라지듯이, 소송의 대상이 처분인가 공법상 법률관계인가라는 형식적인 차이만이 포착되었기 때문이다.

　　그러나 항고소송과 당사자소송의 근본적인 차이점은 소송의 목적과 기능에 있다고 보아야 한다. 즉, 항고소송은 처분의 위법성을 공격하기 위한 것이고, 당사자소송은 행정주체와 사인간의 권리의무를 확정하기 위한 것이다. 연혁적으로 항고소송은 프랑스의 월권소송에, 당사자소송은 완전심판소송에 각각 상응하는 것으로서, — 비록 현재 학설상 독일에서와 같이 항고소송을 주관소송으로, 취소소송

---

48) Davis/Pierce, Administrative Law Treatise. Vol.Ⅲ. 3.ed., 1994, § 16.3-§ 16.7, § 16.13-§ 16.16 (2000 Cumulative Supplement, pp.523-547); Schwartz, op. cit., § 8.12-§ 8.24 참조.

을 형성소송으로 파악하는 것이 압도적 통설이지만, ─ 헌법과 행정소송법 기타 법률들과 판례·실무를 살펴보면 우리 행정소송의 구조는 독일 제도와는 상당한 거리가 있고 프랑스 제도에 상당히 가까운 것임을 알 수 있다. 이하에서 항고소송의 객관소송적 성격과 취소소송의 확인소송적 성격을 차례로 살펴본다.[49]

(7) 小結

이상에서 살펴본 바와 같이 우리나라 현행 항고소송·당사자소송의 二元的 構造는 프랑스에서 연원한 것으로서, 특히 항고소송의 객관소송적 성격과 취소소송의 확인소송적 성격과 관련하여 실정법과 판례·실무에 이미 프랑스 제도의 여러 요소들이 심어져 있다. 또한 행정작용의 위법성을 다투는 소송을 행정작용의 법적 성질에 따라 세분하지 않고 이를 포괄하여 항고소송이라는 단일한 소송유형으로 포착한다는 점에서 영국과 미국의 행정소송과도 공통점이 있다. 이러한 상황 하에서 기존의 행정소송 구조를 폐기하고 독일식으로 전면 재구성하는 것은 결코 바람직한 것이라고 할 수 없다. 독일에서와 같이 행정작용을 행정행위·행정입법·사실행위 등으로 분류하여 그에 상응한 다양한 소송유형을 마련한다는 것은 원고와 법원에게 소송유형 선택의 위험과 부담을 부과하는 결과만을 야기한다는 점에서 더욱 그러하다. 그동안 우리가 항고소송·당사자소송의 二元的 構造를 운영하여 온 경험을 바탕으로 그 뿌리에 해당하는 프랑스 제도의 장점을 최대한 살리고 영국과 미국의 제도도 참고하여 우리나라에 알맞는 독창적 제도로 발전시켜야 할 것이다.

우리 행정법은 일제시대부터 1970년대까지 권위주의적 행정법 시대를 겪고 그 후 민주화라는 시대적 요청에 의해 1980년대부터 ─ 주로 독일 행정법을 모범삼아 ─ 자유주의적 행정법을 추구하여 왔다. 그러나 참다운 법치주의는 이 양 극단을 극복하고 공익과 사익을 조화하는 데 있다고 할 것인데, 이러한 모범은 일찍부터 민주주의와 법치주의가 발전·정착된 프랑스, 영국, 미국에서 찾을 수 있다. 더욱이 「制裁 → 義務 → 權利 → 法秩序」라는 법의 발전과정에 비추어 보면, 발전된 행정소송은 철저한 주관소송이 아니라 객관소송을 지향하는 것이어야 한다는 점이 분명하다. 이러한 발전을 담아낼 수 있는 그릇이 바로 프랑스에서 연원한,

---

49) 이하 생략. 객관소송적 성격 및 확인소송적 성격에 관하여는 본서 제5장 196-208면 참조.

이미 우리가 오랜 기간 가지고 있었던 항고소송·당사자소송의 구조이다. 특히 행정의 선결권과 책임성을 존중하는 프랑스식의 소송구조가 법개정에 있어 행정부에 대하여 보다 큰 설득력을 가질 수 있을 것이다.

다만, 프랑스에서는 행정재판소가 편제상 행정부에 소속되어 있고 재판관이 행정관으로서의 경력과 경험을 갖고 있으며 꽁세이유·데따는 행정소송과 아울러 정부에 대한 정책자문기능도 수행한다는 논거로써 프랑스의 행정소송제도가 우리나라의 권력분립구조 및 사법부의 인적 구성에 어울리지 않는다는 반론이 제기될 수 있다. 그러나 현대 행정소송제도는 기능적 권력분립 내지 견제와 균형의 이념을 근거로 하는 것인데, 프랑스의 행정재판권(l'administration contentieuse)은 실질적으로 행정부(l'administration active)와 독립되어 있고, 일반 민사·형사법원보다 오히려 큰 신뢰와 권위를 갖고 있다. 행정재판소, 특히 꽁세이유·데따에는 국립행정학원(ENA) 졸업생 중 우수한 인재들이 선발되어 강한 책임감과 자긍심으로 재판업무에 임하고, 의사에 반하여 전근·전직되지 않으며 임기가 정년까지 보장되는 등 강력한 신분보장을 받는다. 행정재판관 또는— 우리의 대법원 재판연구관에 상응하는 — 꽁세이유·데따의 방청관(l'auditeur)·조사관(le maître des requête)이 일정기간 행정관으로 근무한 다음 복직하는 경우가 많지만, 재판업무에 종사하는 기간 동안에는 행정각부와 완전히 독립된 지위를 갖는다. 우리나라 헌법구조상 그리고 정치·사회·문화적 상황 하에서 이러한 실질적 독립성을 확보할 수 있는 곳은 司法府임은 분명하다. 따라서 프랑스의 제도가 우리나라에서 체계적 갈등을 초래할 위험은 전혀 없고 오히려 司法府로 하여금 행정재판에 대한 책임과 사명감을 갖도록 하는 계기가 될 수 있을 것이다. 프랑스 행정법관들이 행정관으로서의 경험을 갖고 있다는 점을 참고하여 우리나라에서 행정소송을 담당하는 법관들에게 행정실무를 이해할 수 있는 특별 연수의 기회를 폭넓게 제공할 것이 요청된다.

특히 우리나라의 권력분립구조와 사법부의 인적 구성을 근거로 우리나라는 프랑스와 같이 행정소송을 객관소송으로 운영할 수 없다는 주장은 타당하지 않다. 우리나라와 같이 司法一元體系를 갖고 있는 영국에서도 행정소송이 명실상부한 객관소송으로 이루어지고 있기 때문이다. 객관소송, 즉 행정에 대한 적법성 통제을 위한 사법심사의 핵심은— 'le control'이 프랑스어의 contre-rôle, 즉 반대 입장에서 '한번 더 판단함'(re-view)을 의미하는 것처럼50) —독립성에 있다. 영국의 행정소송 전담법관들의 경륜과 위상이 이를 담보하고 있는 것이다. 행정실무에 대한 이해가 행정재판에 도움은 되지만 이것이 독립성과 '반대 입장에서의 생각'을 훼손하는 것이어서는 아니 된다. 이러한 의미에서 행정재판의 전문성은 내용적 전문성이라기보다는 「독립·중립적 입장에서 공익과 사익을 형량함」이라는 방법론적 전문성을 의미한다고 할 수 있다. 우리나라 사법부의 법관들에게 이러한 독립성과 방법론적 전문성을 요구할 수 있고 또한 요구하여야 한다.

3. 抗告訴訟의 對象의 擴大

(1) 새로운 處分 槪念

항고소송·당사자소송의 二元的 構造를 취하는 이상, 항고소송의 대상인 처분 개념이 확대되어야 한다는 것은 필연적인 요청이다. 상술한 바와 같이 소위 실체법적 처분개념설은 처분에 해당하지 않는 행정작용은 당사자소송으로 다툴 수 있을 것으로 기대하였지만, 이는 항고소송과 당사자소송의 법적 성격이 본질적으로 다르다는 것을 간과한 것이라고 할 것이다. 즉, 항고소송은 행정작용의 위법성을 공격하는 객관소송이고, 당사자소송은 원고의 청구권을 실현하는 주관소송이다. 그런데 항고소송으로 포착하지 못하는 행정작용을 당사자소송으로 포착하겠다는 것은 항고소송과 당사자소송의 관계를 마치 독일의 행정행위에 대한 취소소송과 사실행위에 대한 금지소송의 관계와 동일한 것으로 파악하였기 때문이다. 요컨대, 항고소송과 당사자소송은 그 성격과 역할이 다른 것이므로, 행정작용의 위법성을 공격하는 것은 어디까지나 항고소송으로 포착해야 한다.

따라서 1984년 개정시 처음 논의되었던 "행정청이 행하는 공권력 행사 및 그 거부"라는 개념으로 돌아감으로써 사실행위와 행정입법을 항고소송의 대상으로 포함시켜야 한다. 현재의 처분 개념에 대해서도 취소소송의 객관소송·확인소송적 성격에 착안하고 '구체적 사실'과 '법집행'이라는 징표를 재해석하면 충분히 사실행위와 행정입법도 포함시킬 수 있겠으나,51) 입법론으로서는 이들 징표를 완전히 제거하는 것이 바람직하다. 헌법재판소법 제68조 제1항도 헌법소원심판의 대상을

---

50) Schmidt-Aßmann, Verwaltungskontrolle: Einleitende Problemskizze, in: ders/Hoffmann-Riem (Hg.), Verwaltungskontrolle, 2001, S.9-44(10) 참조.

51) 拙稿, 취소소송의 성질과 처분 개념, 『고시계』, 2001/9, 29면 이하; 졸저, 『행정소송의 구조와 기능』, 174면 이하 참조.

"공권력 행사 또는 불행사"로 규정하고 있다. 다른 한편으로 공권력 행사라는 개념도 항소소송의 대상을 한정하는 역할을 할 수 있으므로, 현행법과 같이 "이에 준하는 행정작용"이라는 문구를 추가하는 것도 고려할 만하다. 상술한 바와 같이 종래 처분에 해당하지 않는 공권력행사는 헌법소원의 대상이 됨으로써 행정에 대한 사법적 통제가 二分되었는데, 어차피 헌법소원에 의해 사법적 통제의 대상이 되고 있다면 처분성을 확대하여 항고소송의 대상으로 단일화시킴으로써 법질서의 통일성을 기하고자 하는 것을 행정부로서도 거부할 명분이 희박하다고 할 수 있다.

문제는 이와 같이 처분 개념을 확대하면 공행정작용 전부를 포괄하게 되는데, 굳이 '처분'이라는 매개개념을 사용할 필요가 있는가 라는 데 있다. 처분이라는 말은 독일어의 Verfügung에서 비롯된 것으로서, 연혁적으로 개별·구체적 처분이라는 뉘앙스가 붙어 있다. 따라서 '행정결정', '행정작용' 또는 '공권력행사' 등 새로운 매개개념을 사용하든지, 아니면 이러한 매개개념을 포기하고 단지 '항고소송의 대상'이라는 표현으로 만족하는 방법도 고려할 만하다. 최근 이와 같이 행정청의 공권력 행사 일반으로 확대되는 항고소송의 대상을 '행정행위'로 칭하고 종래의 '처분' 개념을 그 행정행위의 一類型으로 파악하고자 하는 견해가 유력하게 제시되고 있다.[52] '행정행위'라는 용어는 우리나라에서 오랫동안 독일식의 ─ 최협의의 ─ 행정행위의 의미로 사용되어 왔지만, 프랑스, 영국, 미국에서는 오히려 행정입법과 사실행위 등을 포괄하는 넓은 개념으로 사용되고 있고(소위 '광의의 행정행위'), 또한 최근 중국에서는 행정입법을 '抽象行政行爲', 개별결정을 '具體行政行爲'라고 부르면서 행정행위를 그 상위개념으로 사용하고 있다. 이러한 점에서 위 견해에서와 같이 '행정행위'를 광의의 개념으로 파악하여 이를 항고소송의 대상을 지칭하는 개념으로 사용하는 방법이 가장 타당한 방안이라고 할 수 있다.[53]

---

52) 崔松和, 한국의 행정소송법 개정과 향후방향, 2003. 4. 18. 한국법제연구원·한국행정판례 연구회 공동주최 국제학술대회 「한·일 행정소송법제의 개정과 향후방향」의 주제발표문, 95면.

53) 필자는 처음에는 우리나라에서 오랫동안 항고소송의 대상을 '처분'이라고 불러 왔고 또한 학설·실무상 '처분' 개념을 가능한 한 확대하고자 하는 노력을 경주하여 오는 과정에서 어느덧 '처분'은 연혁적인 뉘앙스를 넘어 사실행위와 행정입법을 포함하여 「항고소송의 대상이 되는 공행정작용」 전반을 의미하는 개념으로 변화하였기 때문에 항고소송의 대상을 가리키는 매개개념으로 '처분'이라는 용어를 계속 사용하는 것이 바람직한 방법이라고 생각하였다. 그러나 '처분'이라는 용어가 갖는 연혁적 뉘앙스를 배제하기가 결코 쉽지 않다는 점에서 위와 같이 견해를 수정하기로 한다.

(2) 濫訴와 不可爭力의 문제

이와 같이 처분 개념을 공행정작용 전체로 확대하는 데 대하여 일차적으로 제기되는 반론은 그로 인해 濫訴의 부작용이 있을 것이라는 지적일 것이다. 그러나 처분 개념은 항고소송의 대상에 관한 문제에 불과하다. 항고소송의 대상은 가능한 한 확대하여 공행정작용의 전체를 커버하되, 원고적격 내지 소의 이익의 단계에서 원고의 이익상황이 구체성·직접성·현재성을 갖는가, 법원의 司法的 판단의 대상이 되기에 적합한 것인가 라는 점을 검토하여 충분히 濫訴를 방지할 수 있을 것이다. 특히 행정입법에 관해서는 프랑스·영국·미국의 판례에서 소의 이익 또는 사건의 성숙성(ripeness)을 문제삼고 있으므로, 이를 참고하여 판례를 통한 유형화가 가능할 것이다. 우리 헌법재판소가 행정입법이 "집행행위의 매개 없이도 국민의 기본권을 직접 침해하는" 경우에는 헌법소원이 대상이 된다고 하는데, 위와 같이 처분성을 확대함으로써 행정입법 자체를 항고소송의 대상으로 포착하게 된다면 「집행행위의 매개 없이 직접 기본권 등 권리를 침해한다는 것」은 이익의 구체성과 직접성의 문제로서 원고적격 내지 소의 이익의 문제가 될 것이다.[54]

또한 현재 우리나라의 학설·판례는 항고소송에서의 입증책임을 원칙적으로 피고 행정청에게 부과하고 있는데, 프랑스에서와 같이[55] 입증책임을 일차적으로 원고에게 부과함으로써 원고로 하여금 최소한 어떠한 근거에서 문제의 행정작용이 위법이라고 주장하는지를 밝히도록 강제하고, 이러한 최소한의 논거를 밝히지 못하면 프랑스에서와 같은 濫訴罰金 제도의 도입을 신중히 검토할 만하다. 여기서 말하는 '濫訴'는 단순히 소송을 많이 제기하는 것이 아니라, 근거 없는 소송을 제기하는 것이다. 형사법에서 고소·고발을 제한 없이 인정하는 반면, 근거 없는 고소·고발에 대하여는 무고의 죄책을 묻는 것과 동일한 맥락이다. 특히 고소에 관해서는 피해사실이 있는 한 무고죄를 비교적 관대하게 적용하는 데 반해 고발

---

54) 예컨대 헌법재판소 1996. 2. 29. 선고 94헌마13 결정에 의하면, 풍속영업의규제에관한법률시행령에서 노래연습장에 18세 미만자의 출입을 금지하는 것은 국민에게 직접 법적 의무를 부담시키는 것이기 때문에 이에 대한 헌법소원심판은 직접성·현재성의 요건을 충족하는 반면, 동법시행규칙 소정의 행정처분의 기준은 국민이 동법을 위반한 경우에 비로소 문제되는 것으로서, 직접성의 요건이 결여되어 있다고 한다. 이와 같이 행정입법에 대한 성숙성 내지 직접성·현재성의 요건에 대하여 사안에 따른 유형화가 상당한 정도로 객관적으로 가능하다.

55) 프랑스 행정소송에서의 입증책임(la charge de la preuve)에 관하여 Debbasch/Ricci, op. cit., nº 580-587 참조.

에 관해서는 엄격히 적용한다. 행정소송이 객관소송으로 운영될수록 원고의 증명책임이 중요한 문제로 부각된다. 다만, 여기서 원고의 증명은 완벽한 증명이 아니라 처분의 위법성을 의심할 수 있는 단서를 제공하면 충분하고, 또한 그러한 단서가 제공되면 원고의 증명은 완료된 것으로 간주되고 증명책임이 피고 행정청에게 넘어가기 때문에, 원고의 권리구제에 — 특히 원고가 개별적 침익처분의 상대방인 경우에는 위법성을 의심할 수 있는 단서를 제공하는 것이 용이하므로 — 전혀 장애가 되지 않는다.

또한 처분성이 확대됨으로써 제소기간 도과로 인한 불가쟁력이 발생하는 행정활동이 확대된다는 문제가 지적될 수 있다. 상술한 실체법적 처분개념설이 처분 개념의 확대를 반대한 주된 논거가 바로 이러한 점이었다. 그러나 이 문제는 절차의 신속성이 요청되는 예외적인 경우를 제외하고는 위법성의 승계를 원칙적으로 인정함으로써 해결될 수 있다.[56] 독일에서는 '다단계 행정절차'(gestuftes Verwaltungsverfahren)에서 선행행위의 구속력 이론에 의거하여 하자승계를 원칙적 인정하지 않는 반면, 프랑스에서는 '다단계 행정과정'(l'opération complexe)에서 하자의 승계를 원칙적 인정하고 있는데,[57] 이는 바로 프랑스 월권소송의 대상이 현저히 넓기 때문이라고 할 것이다. 뿐만 아니라, 법치주의 및 국민의 권리의식의 발전과 더불어 제소기간 내지 불가쟁력은 이제 행정소송의 결정적인 장애물이라고 할 수 없고, 오히려 제소기간의 제한을 통해 국민이 위법한 행정작용에 대해 청탁 등 非法的인 수단을 강구하지 않고 바로 행정소송을 제기하도록 함으로써 법치주의를 강화하는 작용을 할 수 있다는 점을 간과해서는 아니 된다. 여기에 제소기간은 행정법관계의 조기확정을 통해 법적 안정성을 도모한다는 점을 보탠다면, 처분성 확대로 인한 불가쟁력의 확대를 무조건 부정적으로만 생각할 것은 아니라고 할 것이다. 행정입법과 사실행위라고 하더라도 행정법관계의 조기확정의 필요성이 없는 것이 아니다. (행정입법에 대한 취소소송의 제소기간에 관해서는 후술한다.) 상술한 바와 같이 행정소송의 대상을 최대한 확대하고 있는 영국에서도 그 대상을 불문하고 제소기간(3월)을 제한하면서, 그로 인한 부작용은 부수적 탄핵(collateral attack) 또는 정당한 사유에 의거한 제소기간의 완화 등을 통해 해결하고

---

56) 개별공시지가결정에 대하여 처분성을 인정함과 아울러 위법성 승계를 인정한 판례(대법원 1994. 1. 25. 선고 93누8542 판결)가 그 좋은 예이다.
57) Chapus, op. cit., n° 781-786; Debbasch/Ricci, op. cit., n° 392 참조.

있다.58)

(3) 訴訟法上 '取消'와 '無效確認'

다음으로 위와 같이 처분 개념을 확대하는 데 대해 제기될 수 있는 반론은 그와 같이 처분 개념이 확대되면 사실행위와 행정입법도 취소소송의 대상이 되는 데 사실행위와 행정입법을 '취소'한다는 것이 잘못이 아닌가 라는 지적일 것이다. 이러한 지적은 독일에서와 같이 소송유형을 세분하여 사실행위에 대해서는 금지소송, 행정입법에 대해서는 폐지소송 등 별도의 소송유형을 마련해야 한다는 주장으로 연결된다.

그러나 이미 위에서 강조한 바와 같이 이러한 소송유형의 세분화는 이론적 명확성 이외에 아무런 실익이 없다. 실체법상의 '취소'는 존재하는 효력을 소급적으로 소멸시키는 형성적 행위라고 할 수 있지만, 행정소송법상 '취소'라 함은 위에서 취소소송의 확인소송적 성격과 관련하여 검토한 바와 같이 본질적으로 「위법성의 확인」이라고 할 것이다. 바로 이러한 취소판결의 「위법성 확인」에 관하여 기판력이 발생하는 것이며 그 기판력은 대세효를 갖는 것이다.59) 민사법상 취소는 유효한 법률행위를 임의로 취소하는 것이기 때문에, 위법한 처분을 법원이 반드시 ─ 사정판결의 경우는 제외하고 ─ 취소해야 하는 행정소송에 민사법상의 취소 개념을 그대로 轉移시킬 수 없다. 또한 행정청의 직권취소도 실체법적으로 형성적 행위라고 할 수 있으나, 이것은 처분을 한 행정청이 스스로 그 처분을 없었던 것으로 만드는 것이기 때문이고, 따라서 이를 취소소송의 '취소'와 동일시할 수 없다. 요컨대, 취소소송의 '취소'는 계쟁 처분의 법적 성격을 막론하고 그 위법성을 확인하는 데 공통된 본질이 있으며, 그 구체적인 효과는 취소판결의 효력 차원에서 비로소 발생한다. 즉, 계쟁 처분이 단순한 사실행위라면 이를 금지하는 것이며, 계쟁 처분이 법적 효력을 발생시키는 것이라면 처음부터 효력이 없었던 것으로 무효화시키는 것이다. 또한 양자의 경우 공통적인 효과는 행정청의 결과제거의무이다.

---

58) Emery, op. cit., pp.124-126, 173-174 참조.

59) 이렇게 이해함으로써 현행법 제29조 제1항 소정의 "처분 등을 취소하는 확정판결은 제3자에 대하여도 효력이 있다"라는 규정과 제31조 소정의 제3자에 의한 재심청구를 가장 자연스럽게 파악할 수 있다는 점은 이미 위에서 우리나라 취소소송의 객관소송적 성격과 관련하여 지적하였다.

　　필자의 소견에 의하면, 상술한 바와 같이 개별·구체적인 법적 처분의 경우에도 우리나라에서는 독일에서와 같은 실체적 공정력을 인정할 수 없기 때문에, 위법성이 확인됨으로써 처음부터 무효인 것으로 돌아간다는 점에서 행정입법과 본질적인 차이가 없고, 다만 행정입법의 경우에는 법적 안정성의 견지에서 후술하는 바와 같이 그 소급효를 일부 제한해야 한다는 점에서 차이가 있을 뿐이다. 따라서 독일 행정법원법 제47조 소정의 규범통제절차와 같은 — 예컨대 행정입법 폐지소송 등과 같은 — 소송유형을 마련할 필요가 없이 취소소송으로 포괄할 수 있다.

　　그러나 현재 통설과 같이 개별·구체적인 법적 처분에 대하여 독일에서와 같은 실체적 공정력을 인정하더라도 반드시 사실행위와 행정입법을 별도의 소송유형으로 다투도록 할 필요가 없다. 소송법상의 "취소"를 위법성을 확정하는 확인판결과 실체적 공정력을 소급적으로 소멸시키는 형성판결의 성격을 동시에 갖는 개념으로 이해하면 문제가 쉽게 해결된다. 즉, 개별·구체적 법적 처분인 경우에는 양자(확인판결·형성판결)가 동시에 작동하지만 행정입법과 사실행위의 경우에는 전자(확인판결)만이 작동하는 것이다. "취소"가 후자에만 한정되는 것으로 보는 것은 독일의 개념 틀에 갇혀 있기 때문이라고 할 수 있다. 법에 있어 모든 개념은, 심지어 '법'개념 자체도, 目的의 産物이다!

　　이와 관련하여, 항고소송의 대상을 공행정작용 전체로 확대한다면 그동안 우리나라에서 독일의 이론을 모범삼아 발전시켜 온 행정작용 유형론을 전부 폐기하는 결과를 빚는 것이 아닌가 라는 비판이 있을 수 있다. 독일의 행정작용 유형론은 상술한 바와 같이 원래 행정소송의 제기가능성을 제한하는 역할을 하였던 것이 사실이므로, 이러한 점에서는 이 이론은 마땅히 폐기되어야 한다. 그러나 제2차 세계대전 이후 독일에서 전개된 행정작용 유형론은 행정소송의 유형의 문제에 국한된 것이 아니라, 오히려 원고적격, 사법심사의 척도 및 강도(재량 및 판단여지의 문제)와 관련하여 중요한 의미를 갖는 것이고, 이러한 점에서는 위 이론은 오히려 중요성을 더하게 될 것이다. 다시 말해, 대상적격의 제한을 철폐하고 나면 원고적격의 문제와 특히 본안에서의 사법심사의 강도의 문제가 본격적으로 부각되게 되며, 이를 위하여 행정작용 유형론은 여전히 존재의의가 있는 것이다.

　　또한 취소소송의 본질을 확인소송으로 본다면 무효등확인소송과 어떻게 구별되는가 라는 문제가 있다. 현행 무효등확인소송은 처분의 무효, 유효, 존재, 부존재의 확인소송으로서 네 가지 종류의 확인소송이 결합되어 있는 것이다. 그 중 처분의 중대·명백한 위법성을 이유로—따라서 제소기간과 사정판결의 제한 없이—처분의 당연무효를 주장하는 것만이 엄격한 의미에서의 항고소송이다. 그 위법성이 더욱더 중대·명백한 것을 부존재로 파악할 필요는 없다. 현행법 제38조상으로도 무효확인소송과 부존재확인소송은 아무런 차이가 없기 때문이다. 그렇다면 항고소송으로서의 취소소송과 (당연)무효확인소송은 처분의 위법성을 확인한다는 점에서는 동일하지만, 후자의 경우에는 그 위법성이 중대·명백하기 때문에 제소기간과 사정판결의 제한을 받지 않는다는 점에서 차이가 있다. 따라서 양자를 별개의 소송유형으로 독립시키지 않고 프랑스의 월권소송에서와 같이 취소소송 하나만을 인정하고 단지 위법성이 중대·명백한 경우 제소기간 및 사정판결의 제한을 배제한다는 특칙규정만을 두는 방법을 검토할 필요가 있다.

반면에, 기한의 도래, 조건의 성취 등으로 인해 비로소 처분이 무효 또는 유효로 되었는가에 관해 다툼이 있든지 아니면 처분이 사실상 존재 또는 부존재하는가 여부에 관한 다툼이 있는 경우에 제기하는 무효등확인소송은 처분의 위법성을 공격하는 것이 아니기 때문에 엄격한 의미에서의 항고소송이 아니라, 처분에 관련된 법률관계의 확인을 구하는 소송으로서, 당사자소송에 의하거나 또는 민사소송법상의 확인소송을 준용하더라도 충분하다고 할 것이다. 따라서 이들 확인소송을 항고소송에서 제외하는 것이 체계의 엄밀성 관점에서 바람직하고, 상술한 바와 같이 항고소송으로서도 무효확인소송을 별개의 소송유형으로 마련할 필요가 없기 때문에, 결국 현행 무효등확인소송은 전부 폐지하는 것이 원칙적으로 타당하다고 본다.

(4) 憲法訴願審判과의 관계

항고소송의 대상을 확대함으로써 발생하는 문제 중 실제적으로 가장 심각한 것은 헌법재판소의 헌법소원심판과의 관계이다. 1984년 행정소송법 전면개정 당시 입법자는 '이에 준하는 행정작용'이라는 문구를 통해 분명히 처분성을 확대하고자 하는 의사를 가졌었다. 그럼에도 대법원이 처분성을 좁게 인정하고 있는 상황 하에서, 헌법재판소가 설치되어 소위 '보충성의 非適用'에 의거하여 행정소송에서 처분성이 부정되는 행정작용에 대해 헌법소원을 허용하게 되었다. 따라서 다시 행정소송법을 전면개정하여 처분 개념을 공행정작용 전체로 확대하게 되면 헌법소원의 보충성 때문에 헌법소원심판의 대상이 사실상 소멸된다는 문제가 발생하는 것이다.

(a) 實際的 觀點

우선 실제적인 관점에서 고찰하면, 헌법소원심판은 단심으로 끝나고 구두변론이 제한되어 있는 非常的 권리구제절차인 반면에, 행정소송은 三審制이고 구두변론이 필수적이다. 사실행위뿐만 아니라 행정입법에 관한 사건에서도 거의 대부분 사실심리가 필요하기 때문에, 사실심과 법률심으로 구분되어 있는 행정소송이 상대적으로 秀越性을 갖는다. 또한 헌법재판소는 서울에만 존재하지만 행정소송은 전국 지방법원 소재지에서 제기할 수 있으므로, 시민의 접근가능성이 탁월하게 높다. 헌법재판소는 그동안 행정소송제도가 불비된 상황 하에서 실질적인 행정소송의 일부를 분담하여 온 것은 중요한 업적으로 평가되어야 한다. 그러나 헌법재판소는 이제 이러한 과도기적 임무를 마치고 위헌법률심사와 같이 헌법규범의 해석과 적용이 직접 쟁점이 되는 사안에 집중함으로써 오히려 그 역할과 위상을 제고할 수 있을 것이다.

이에 대하여, 그동안의 헌법재판소의 업적과 경험을 존중하고 특히 대법원과 헌법재판소의 경쟁관계가 국민의 권리구제에 긍정적으로 작용해 왔다는 점[60]을 감안하여 현재와 같이 실질적 행정소송을 대법원과 헌법재판소가 분담하는 것이 오히려 바람직할 것이라는 반론이 제기될 수 있다. 그러나 행정소송은 막강한 행정권력에 대한 통제로서, 언제나 그 독립성과 실효성이 위협받는 것이기 때문에, 행정재판권은 분산되어서는 아니 되고 통합됨으로써 행정을 견제할 수 있는 충분한 위상이 확보되어야 한다. 그것이 행정에 대한 사법심사의 경험과 판례가 통합적으로 축적될 수 있는 길이기도 하다. 특히 행정입법에 관하여 행정소송에서의 부수적 통제와 헌법소원심판을 통한 직접적 통제에 있어, 그리고 사실행위에 관해서도 국가배상소송에서의 위법성 판단과 헌법소원심판에서의 기본권 침해 판단에 있어, 그동안 대법원과 헌법재판소의 견해가 상이한 적이 있었다는 점을 감안하면 더욱 그러하다. 요컨대, 행정소송을 통한 국가권력의 견제와 균형은 본질

---

60) 필자는 이러한 경쟁관계를 拙稿, 憲法과 行政訴訟 ― 行政訴訟과 憲法訴訟과의 관계, 『서울대 법학』 제39권 4호(통권 109호), 1999, 81-105(98)면에서 행정법의 발전을 위한 "촉매"의 역할을 한다는 의미에서 애벌레가 어미벌레가 되기 위한 "고치"로 비유하면서, 그렇지만 촉매와 고치는 언젠가는 제거되어야 할 것이라는 점을 강조한 바가 있다.

적으로 行政과 司法 사이의 문제이지 대법원과 헌법재판소 사이의 문제는 아니라고 할 것이다.

(b) 憲法의 解釋

행정입법과 관련하여 헌법 제107조 제2항의 해석문제가 대두된다. 이는 "명령·규칙 또는 처분이 헌법이나 법률에 위반되는 여부가 재판의 전제가 된 경우에는 대법원은 이를 최종적으로 심사할 권한을 가진다"라고 규정하고 있는데, 여기에서 "재판의 전제가 된 경우"를 선결문제인 경우로 한정하게 되면, 위 헌법 조항은 명령·규칙에 대한 구체적 규범통제에 국한된 것으로서, 행정입법의 직접적 통제는 헌법상 대법원의 권한에서 제외된다는 견해가 있을 수 있기 때문이다.

그러나 첫째, 설사「재판의 전제」를 선결문제로 한정한다고 하더라도 위 헌법 조항은 구체적 규범통제에 관한 대법원의 최종적 심사권한을 규정한 것일 뿐, 대법원이 행정입법에 대한 직접적 통제를 하는 것을 금지하거나 이를 헌법재판소의 권한으로 인정하는 것은 아니며, 달리 그러한 규정도 없다. 따라서 행정입법에 대한 직접적 통제는 입법자의 입법재량에 속하는 것이라고 할 것이다.

둘째, 위와 같이「재판의 전제」가 선결문제로 한정된다는 전제 하에,「처분」의 위헌·위법성이 재판의 전제가 되는 것은 민사소송과 형사소송 등에서 선결문제가 되는 경우밖에 없고, 처분에 대한 항고소송은 처분을 직접적 대상으로 하는 것으로서, 처분의 위법성이 선결문제가 되지 않으므로, 위 헌법조항은 항고소송의 근거가 될 수 없고, 따라서 대법원은 처분에 대한 항고소송의 최종적 심사권한이 없으며, 그리하여 결국 항고소송이 원고패소로 확정된 이후 原행정처분에 대한 헌법소원이 허용된다는 견해가 있다.[61] 이에 대하여, 처분의 위헌·위법성이 재판의 전제가 된다는 것은 구체적 사건성을 의미하는 것으로, 다시 말해, '재판의 전제'는 항고소송에서 처분을 취소 또는 무효확인하기 위한 전제, 즉 본안요건으로서의 위법성을 의미하는 것으로 파악하고 이를 전제로 위 헌법조항은 처분에 대한 항고소송의 근거가 된다는 견해가 있다.[62] 이 견해에 따르면 처분에 대한 항소소송에 관해 대법원이 최종적 심사권한을 가지면 原행정처분에 대한 헌법소원은 허용되지 않는 것으로 된다. 私見으로는「재판의 전제」가 구체적 사건성을 의

---

61) 정종섭, 현행명령·규칙위헌심사제도에 대한 비판적 검토,『고시계』, 1992/12 71면 이하; 황도수, 원처분에 대한 헌법소원,『헌법논총』제6집, 1995, 191면 이하 등.

62) 홍준형,『행정구제법』제4판, 2001, 452면.

미하는 것으로 해석하는 것은 '처분'만이 아니라 앞부분의 '명령·규칙'에 대해서도 마찬가지라고 생각한다. 따라서 행정입법도 구체적 사건성을 구비하여 ― 다시 말해 원고의 법적 지위를 구체적으로 침해함으로써 원고적격을 충족하여 ― 직접 항고소송의 대상이 되면 그 위헌·위법성은 본안요건으로서「재판의 전제」가 되는 것이고, 따라서 위 헌법조항은 행정입법에 대한 항고소송까지 포함하는 것으로서, 이에 대한 대법원의 최종적 심리권한을 인정하는 것이라고 볼 수 있을 것이다.

　　또한 헌법 제111조 제1항 제5호가 "법률이 정하는 헌법소원에 관한 심판"을 헌법재판소의 권한으로 규정하고 있는데, 행정소송법에서 항고소송의 대상을 확대함으로써 헌법소원심판의 대상을 사실상 없애는 것이 헌법위반이 아닌가 라는 문제가 제기된다. 그러나 첫째, 위 헌법조항은 헌법소원심판의 대상 등 그 구체적인 내용을 법률에 유보하고 있는바, 반드시 이를 헌법소원심판의 제도적 보장으로서, 그 구체적인 내용과 절차만이 법률에 위임된 것이라고 보기는 어렵다. 헌법소원의 대상은 전적으로 법률에 의해 정하도록 되어 있어 입법자가 헌법소원 자체의 허용 여부를 정할 수 있다는 해석도 불가능한 것이 아니다. 둘째, 위 헌법조항을 헌법소원의 제도적 보장으로 파악한다고 하더라도 그것이 반드시 행정작용을 대상으로 한다는 것은 아니고 그 구체적인 내용은 입법자에게 위임된 것은 분명한데, 헌법재판소법 제68조 제2항은 동법 제41조 제1항의 규정에 의한 위헌법률심판 제청신청이 법원에 의해 기각된 때 위헌법률심사를 위한 헌법소원심판을 청구할 수 있다고 규정하고 있다. 따라서 항고소송의 확대로써 행정작용 전체에 대하여 헌법소원심판이 불가능하게 되더라도 이러한 위헌법률심사를 위한 헌법소원심판이 중요한 대상으로 남아 있기 때문에, 헌법소원 제도 자체가 폐지되는 것은 아니라고 할 것이다. 헌법 제111조 제1항 제1호는 위헌법률심사에 관한 헌법재판소의 권한을 "법원의 제청에 의한 법률의 위헌여부 심판"이라고 명시하고 있기 때문에, 제청신청이 기각된 후 헌법소원에 의거하여 이루어지는 위헌법률심사는 위 제1호의 위헌법률심판이 아니라 제5호의 "법률이 정하는 헌법소원의 심판"에 해당하는 것으로 보아야 한다. 이러한 취지에서 헌법재판소법도 제68조는 제1항의「공권력 행사 또는 불행사로 인한 기본권침해」에 관한 헌법소원과 나란히 제2항에서 위헌법률심사를 위한 헌법소원을 규정하고 있다고 할 것이다.

(5) 行政立法 取消訴訟의 特例

상술한 바와 같이 처분 개념이 확대되면 행정입법도 '처분'으로서 취소소송의 대상이 되기 때문에, 취소소송에 관한 규정의 적용을 그대로 받는다. 다만, 관할, 보충성, 제소기간, 취소판결의 효력 등에 관하여 다음과 같은 특례를 인정할 필요가 있다.[63]

(6) 小結

항고소송의 대상을 확대하기 위한 이론적 근거는 항고소송이 객관소송적 기능을 갖고 있으며 취소소송을 포함한 항고소송 전체가 확인소송적 성격을 갖는다는 데 있다. 즉, 항고소송은 객관소송이므로 그 대상을 시민의 구체적인 권리의무를 발생·변경·소멸시키는 직접적 법적 효력을 갖는 규율에 한정할 필요가 없으며, 확인소송이기 때문에 널리 행정의 적법성 통제의 대상이 되는, 그 위법성을 확인할 수 있는 행위이면 족한 것이다.

반대로 항고소송의 대상을 행정입법과 사실행위를 포괄하는 것으로 확대하게 되면 그 결과 객관소송적 기능과 확인소송적 성격이 명확해진다. 행정입법에 대한 직접적 통제는 규범의 일반성으로 인해 그 본질상 — 나머지 행정소송 유형들을 철저한 주관소송으로 파악하는 독일에서조차 행정법원법 제47조 소정의 규범통제절차를 객관소송으로 이해하는 것처럼 — 객관소송일 수밖에 없다. 또한 행정입법과 사실행위를 '취소'한다는 것은 그 위법성의 확인일 수밖에 없다. 위법한 행정입법은 처음부터 무효로서 실체적 공정력을 갖지 못하고, 사실행위는 그 자체 아무런 법적 효력을 갖지 못하는 것이기 때문이다.

요컨대, 항고소송의 객관소송·확인소송적 성격은 항고소송 대상의 확대를 위한 이론적 논거인 동시에 그 논리적 귀결이다.

4. 當事者訴訟의 對象의 擴大

(1) 상술한 바와 같이 당사자소송은 프랑스의 완전심판소송에서 비롯된 것으로서, 민법상 4대 채권발생원인에 상응하는 행정상 손해배상, 공법상 부당이득의 반환, 공법상 사무관리비용의 상환, 행정계약의 이행에 의거한 금전급부관계를

---

63) 이하 생략. 본서 제5장 214-217면 참조.

전형적인 대상으로 한다. 이들은 그 결론에 있어 금전급부에 관한 문제로서, 민사소송과 흡사한 측면이 있지만, 그 발생원인에 관하여 행정상 손해배상에 있어서는 행정작용의 위법성이, 공법상 부당이득반환에 있어서는 당연무효, 즉 위법성의 중대·명백성이, 행정계약의 이행에 있어서는 공익상 사정변경 등이 문제되고, 이 문제들을 해결하기 위해서는 모두 공익과 사익의 신중한 형량이 필수불가결하다. 사실심리와 사익간의 조정에 익숙한 민사법관이 산발적으로 이러한 사건들을 담당하는 것은 법관의 방법론적 전문성 관점에서 타당하지 않다. 이제 행정소송도 3심제로 되고 일반법원과 구별되는 전문법원으로서의 행정법원이 설치된 이상, 당사자소송의 대상을 대폭 확대하여야 할 것이다.

당사자소송이 원래 일반재판권과 행정재판권이 엄격히 분리되어 있는 프랑스에서 역사적으로 행정재판권의 적극적 확대에서 비롯된 것이지만, 그 반대로 司法一元主義를 취하는 우리나라에서도 당사자소송을 확대하는 것이 어려운 일이 아니다. 즉, 민사법원과 행정법원은 조직과 직무의 관점에서 차이가 있을 뿐 법관들이 정기적으로 순환 근무하고 있으며 고등법원을 거쳐 대법원에서 합일되기 때문에, 당사자소송의 문제가 우리나라에서는 재판권의 구분의 문제가 아니라 단순한 법원 조직의 문제에 불과하기 때문이다. 현재 서울지방법원이 수백명의 법관으로 구성되어 있는 반면 서울행정법원은 현재 약 30명의 법관에 불과하므로, 같은 지방법원격인 서울지방법원과 서울행정법원을 어느 정도 균형을 갖게 한다는 취지에서 당사자소송을 확대함으로써 서울행정법원의 규모를 확장할 필요도 있다. 요컨대, 당사자소송의 확대 문제는 본질적으로 대법원의 사법정책적 결단의 문제이다.

반면에, 독일에서는 같은 사법부 내에 민·형사재판권과 행정재판권이 분리되어 있는데다가 전통적으로 민·형사재판권이 우월적 지위를 점하고 있다. 뿐만 아니라 상술한 바와 같이 독일 행정소송의 구조는 ― 규범통제절차를 제외하고는 ― 모두 철저한 주관소송으로서, 행정행위와 단순행정작용(사실행위)의 구분을 전제로 이를 형성소송·이행소송·확인소송이라는 민사소송의 3분류에 적용한 것이다. 따라서 국가배상과 손실보상을 행정소송으로 편입시키기 위해서는, 금전지급행위가 행정행위에 해당하지 않기 때문에, 사실행위의 이행을 구하는 일반이행소송의 형태를 취할 수밖에 없다. 그런데 금전지급행위는 권력적 사실행위, 지적공부 등재행위 등 순수한 사실행위와 본질적으로 다른 것이므로, 이를 일반이행소송의 대상으로 포괄해야 한다는 정당성이 미약하다. 독일 기본법 제14조 제3항 제4문 및 제34조 제3문에 손실보상과 국가배상을 일반법원의 관할로 못박고 있는 것도, 물론 근본적으로 재판관할의 갈등으로 인한 역사적 산물이긴 하지만, 위와 같은 이론적 관점에서 이해할 수도 있다. 이러한 독일의 사정을 감안하면 독일에서 손실보상과 국가배상을 민사소송으로 하고 있다는 것이 우리나라에서 이를 당사자소송의 대상으로 포함시키는 것을 반대하는 논거가 결코 될 수 없다는 것이 명백해진다.

(2) 이상과 같은 이유로 행정상 손실보상과 국가배상, 부당이득반환, 공법상 계약의 이행을 당사자소송의 대상으로 예시적으로 명시하는 것이 타당하다고 본다. 다만, 국가배상사건이 교통사고와 같이 공권력 행사가 아닌 단순한 사실행위로 인해 발생하는 경우도 많고 이러한 경우에는 행정법원의 방법론적 전문성도 요구되지 않으므로, 국가배상과 부당이득반환은 처분의 위법으로 인한 경우로 한정하는 것도 바람직하다고 할 것이다.

유의할 것은 금전급부관계라고 하여 모두 당사자소송의 대상이 되어야 하는 것은 아니라는 점이다. 국가배상, 공법상 부당이득 및 사무관리, 행정계약책임에 관해 私人의 금전지급신청에 대해 행정이 어떤 결정을 하더라도 이는 행정주체 자신의 채무에 대한 판단으로서, 공권력행사가 아니기 때문에, 처분성이 없고 따라서 항고소송이 아닌 당사자소송의 대상이 된다. 반면에, 사회보장급여와 같이 私人의 금전급부청권의 존부 및 범위가 법률 자체에 의해 정해지지만 행정이 그 법률의 해석 및 요건충족 여부에 관한 결정을 하는 경우에는 그 행정결정은 공권력행사로서 처분에 해당한다. 따라서 행정청이 거부결정을 한 경우에는 거부결정을 다투는 항고소송(거부처분 취소소송 또는 의무이행소송)을 제기하여야 한다.[64] 이 때에는 행정이 법률을 집행하는 것이고 자신의 채무를 이행하는 것이 아니기 때문이다. 다시 말해, 행정의 적법성 통제의 대상이 되어야 하는 것이다. 항고소송

---

64) 신청금액의 일부만을 지급하기로 하는 결정은 신청금액과의 차액만큼 거부결정이 있는 것으로 파악하여 그 거부결정을 다투는 항고소송을 제기할 수 있다. 법원은 심리 결과 원고에게 지급해야 하는 금액이 행정청의 결정보다 많지만 원고가 주장하는 것보다는 적은 경우에는 — 거부처분 취소소송만을 인정하는 현행법상으로는 — 그 거부결정의 일부를 취소하는 판결을 선고하게 된다. 일반적으로 일부취소판결은 계쟁 처분이 기속행위이고 可分性이 있을 것이라는 두 가지 요건 하에 허용되는데, 기속적 금전급부의 경우에는 이 요건들이 충족되기 때문이다.

의 인용판결(거부처분취소판결 또는 의무이행판결)의 기속력을 통해 행정청은 급여결정을 할 의무를 부과받고 그 급여결정에 의거하여 금전급부를 제공하게 되는 것이다.[65] 다만, 행정청이 급여결정을 한 이후에 그에 따른 금전급부를 하지 않을 때에는 전형적인 당사자소송의 대상이 된다.

행정상 손실보상에 관해서도 토지수용법, 하천법 등 법률에서 손실보상절차를 규정하고 손실보상 여부 및 범위에 관해 행정의 결정권을 부여한 경우에는 거부결정에 대하여 항고소송으로 다투는 것이 타당하다고 본다. 반면에, 특별한 희생에 해당하지만 법률에 보상규정이 없는 경우에는 私人의 보상금지급신청에 대한 행정의 판단이 법률집행이 아니기 때문에 행정의 적법성 통제의 대상이 되지 않고 따라서 항고소송이 아니라 당사자소송을 제기하여야 할 것이다. 이와 같이 법률에 보상규정이 없는 보상금지급이 위 네 가지 전형적인 당사자소송의 대상에 추가하여 다섯 번째의 대상으로 명시할 필요가 있다. 공무원의 봉급·수당에 관해서도 지급 여부 및 범위에 관해서는 의문의 여지가 없고 단지 지급사실 자체에 관해 분쟁이 있는 경우에는 당사자소송으로 그 지급을 청구하여야 하지만, 봉급·수당의 여부 및 규모에 영향을 미치는 처분에 관해서는 항고소송을 제기하여 그 인용판결의 기속력을 통해 응분의 봉급·수당을 지급받아야 할 것이다.

요컨대, 당사자소송은 행정주체의 금전지급의무의 이행을 구하는 소송으로서, 그 승소확정판결은 채무명의가 되어 민사집행법의 준용으로써 행정주체에 대한 강제집행을 가능하게 하는 것이다. 그러나 사회보장급여 등과 같이 법령상 소관 행정청이 당해 금전급부 요건의 충족 여부를 결정하도록 권한을 부여한 경우에는 먼저 그 거부결정을 항고소송으로 다투어 그 승소확정판결의 기속력을 통해 행정청의 인용결정을 받아야 하고, 이러한 절차를 생략한 채 막바로 행정주체에 대해 당사자소송을 제기하여 채무명의를 받아내는 것은 소관 행정청의 책임, 다시 말해, 소관 행정청의 유권적 판단을 무시하는 결과가 될 것이다.

이상과 같은 필자의 견해는 항고소송이 갖는 행정의 적법성 통제 기능을 중시하는 입장에서 비롯된 것이다. 이는 한편으로 제소기간 내에 항고소송을 제기하지 않으면 거부결정에 불가쟁력이 발생한다는 점에서 시민에게 불리하게 작용할 수

---

[65] 이러한 관점에서, 광주민주화운동관련등에관한법률에 의거한 보상심의위원회의 결정의 처분성을 부인하고 항고소송의 대상으로 파악한 판례(대법원 1992. 12. 24. 선고 3335 판결)는 비판의 여지가 있다.

있지만, 이는 행정법관계의 신속한 확정을 위해 부득이한 결과이다. 이에 관해서도 상술한 바와 같이 제소기간의 제한이 오히려 법치주의를 강화하는 측면이 있다는 점을 첨언한다. 또한 다른 한편으로 현행법상 당사자소송의 訴價가 항고소송의 그 것보다 훨씬 고액이라는 점에서 시민에게 유리하게 작용하는 측면도 있다.[66]

Ⅲ. 抗告訴訟의 原告適格과 訴益의 擴大

1. 現行法의 問題點

(1) 抗告訴訟의 原告適格의 문제

1984년 전면개정 이전에는 행정소송법에 항고소송의 원고적격에 관한 규정을 두고 있지 않았지만, 처분으로 인해 '권리'의 침해를 받은 자만이 항고소송을 제기할 수 있다는 판례가 확립되어 있었다. 항고소송의 원고적격 문제는 예컨대 건축허가처분에 대하여 그 직접 상대방(건축주)이 아닌 인근주민이 그 위법성을 이유로 항고소송을 제기할 수 있는가 여부로 집약되는데, 이 때 당해 건축허가처분이 위법하더라도 인근주민의 무슨 권리를 침해하는 것인가 라는 문제로 연결되고, 이는 과연 '권리'가 무엇인가 라는 물음으로 귀결된다.[67]

이에 관하여 독일의 진통적인 보호규범(Schutznorm)이론은 19세기 말 *Ottmar Bühler*의 공권이론에 의거하여, 첫째 법령상 강행법규가 규정되어 있고, 둘째 그 강행법규가 원고의 사익을 보호하는 것이며, 셋째 원고의 사익을 관철할 수 있는 재판상 수단이 마련되어 있는 경우 '권리'의 존재를 인정하게 된다. 이 세 번째 요건은 독일 헌법상 포괄적 권리구제의 요청과 우리 헌법상의 재판청구권에 의거하여 강행법규에 의해 보호되는 사익을 관철할 수 있는 재판상 수단은 항상 마련

---

66) 민사소송등인지규칙 17조 3호에 의하면 금전지급청구의 소는 청구금액이 訴價가 되는데, 여기서 '금전지급청구의 소'라 함은 당사자소송을 의미하고, 거부처분 취소소송은 제외된다. 따라서 사회보장급여, 손실보상 기타 특별법에 의한 금전급부에 관하여 당해 법률에서 요건 충족 여부에 관한 행정청의 결정을 규정하고 있는 경우, 그 거부결정에 대한 취소소송이 아니라 당사자소송을 제기하도록 하는 것은 위와 같은 訴價로 인해 소송비용의 부담이 가중되는 결과를 빚는다.

67) 이하에 관한 상세한 내용은 拙稿, 環境危害施設의 設置·稼動 許可處分을 다투는 取消訴訟에서 隣近住民의 原告適格 ― 獨逸法의 批判的 檢討와 行政訴訟法 제12조의 解釋을 중심으로, 『판례실무연구 Ⅳ』, 비교법실무연구회 편, 2000, 475-499면(『행정법연구』 제6호, 2000, 97-118면 수록); 졸저, 『행정소송의 구조와 기능』 제6장 참조.

되어 있는 것으로 간주되므로, 결국 '권리'의 개념은 위 첫 번째 요건과 두 번째 요건이 결합되어 강행법규의 사익보호성으로 요약된다. 그런데 여기서 강행법규라 함은 당해 행정행위의 위법사유를 이루는 것이므로, 그 법규를 위반함으로써 행정행위가 위법으로 되는 동시에 그 법규에 의해 부여된 원고의 권리가 침해되는 것으로 된다. 이것이 상술한 권리침해의 '위법성 견련성'(Rechtswidrigkeitszusammenhang)인데, 이는 각각의 위법사유마다 필요하다는 것이 독일의 현재 통설·판례이다. 따라서 위 예에서 건축허가처분이 어떠한 사유로 위법이 되는가에 따라 인근주민이 항고소송을 제기할 수 있는 권리가 있는가가 결정된다. 예컨대, 용도지역에 관한 법규는 사익보호성이 있으므로 그에 위반한 건축허가처분에 대해서는 인근주민이 이를 항고소송으로 다툴 권리를 갖지만, 건폐율에 관한 법규는 오직 공익만을 위한 것으로 사익보호성이 없으므로 건축허가처분이 그에 위반하더라도 인근주민은 그러한 권리를 갖지 않는 것으로 된다.

이와 같이 우리나라 전통적 판례는 독일법의 영향 아래 형성된 것이지만, 독일법과 완전히 일치하는 것은 아니다. 상술한 바와 같이, 독일 취소소송에서의 원고적격은 「당해 행정행위로 인해 권리를 침해받았음을 (가능성 있게) 주장하는 자」이고 실제로 권리를 침해받았는가 여부는 본안요건의 문제인 반면, 우리 판례에서는 아예 원고적격 단계에서 「권리침해」 유무를 판단하고 본안요건 단계에서는 오직 객관적 위법성만을 문제삼기 때문이다. 벌써 이 점에서 우리 항고소송의 원고적격을 독일의 이론에 비추어 해결하고자 하는 것은 잘못이었다고 할 수 있다.

여하튼 위와 같은 독일의 공권이론은 항고소송의 원고적격을 좁게 인정하는 것이기 때문에, 오늘날 건축물·공해·환경·소비자보호 등 분쟁을 항고소송으로 담아내기에 극히 부족하다. 이러한 이유에서 1984년 행정소송법 전면개정시에 입법자는 항고소송의 원고적격에 관하여 '권리' 개념을 버리고 현행법 제12조 전문에서와 같이 "처분의 취소를 구할 법률상 이익이 있는 자"로 규정함으로써 원고적격을 확대하겠다는 의도를 분명히 가졌었다. 하지만 애석하게도 독일의 영향을 강하게 받고 있던 일부 학설은 이러한 입법자의 의도를 정면으로 무시하고 '법률상 이익'을 여전히 독일법상 '권리'와 동일한 개념으로 파악하고자 하였다. 즉, 법률상 이익을 「법률상 보호되고 있는 사익」으로 새김으로써 상술한 '권리' 개념과 일치시켜 버린 것이다. 그러나 우리의 원고적격은 "처분의 취소를 구할 법률상 이익이 있는 자"이기 때문에 '법률상 이익' 대신에 '권리'를 삽입하더라도 독일의 원고적격과 동일하지 않다. 따라서 독일법에 충실하고자 하는 위 학설은 우리의 원고적격을 명문 규정에 반하여 「처분으로 인해 권리가 침해되었음을 주장하는 자」로 해석하는 경우도 있었다.

반면에, 우리 대법원 판례는 ─ 상술한 바와 같이 처분 개념에 관해서는 그 확대를 의도한 입법자의 의사를 무시하였지만 ─ 원고적격에 관해서는 입법자의 의도를 완전히 저버리지는 않았다. 즉, 판례는 원고적격의 요건인 "법률상 이익"에 관하여 비록 법률과의 연결고리를 고수함으로써 원고적격을 처분의 근거법률이 원고의 사익을 보호하는 경우에만 인정하고 있지만, 독일에서와 같이 개개의 위법사유마다 그 근거규정의 사익보호성을 따지는 것이 아니라, 위법사유를 전제하지 않은 채로 근거법률 전체의 내용에 비추어 계쟁처분과 관련하여 원고의 사익이 보호되고 있는가를 문제삼고 있다. 다시 말해, 독일에서와 같은 원고적격과 위법성과의 견련성을 요구하지 않고 있다. 이는 이미 위에서 우리나라 취소소송의 개관소송적 성격과 관련하여 언급한 바와 같이 가장 대표적인 판례가 환경영향평가 대상지역 안의 주민들에게 원고적격을 인정한 대법원 1998. 4. 24. 선고 97누3286 판결에서 분명히 알 수 있다. 동 판결에 의하면, 환경영향평가의 협의내용이 사업계획에 반영되어야 하므로 이 사건 국립공원 집단시설지구개발사업 허가처분의 발급근거가 되는 자연공원법 이외에 환경영향평가법도 이 사건 처분에 직접적인 영향을 미치는 근거법률이 된다고 전제한 다음, 이러한 자연공원법령 및 환경영향평가법령의 규정들의 취지가 환경적 공익과 더불어 환경영향평가대상지역 안의 주민들의 사익도 보호하는 것이라고 설시하고 있다. 이 판결에서 중요한 점은 원고들이 과연 본안의 위법사유로 「환경영향평가의 협의내용을 사업계획에 반영시키지 아니함으로써 그러한 법령규정들에 의해 부여된 법률상이익 내지 공권이 침해되었음」을 주장하는가 여부는 문제삼지 않고, 단지 계쟁처분에 관련된 법령들을 열거하면서 그 규정들의 사익보호성을 검토하고 있다. 이러한 점에서 우리 판례는 독일법과 본질적으로 다르다고 할 것이다.

여하튼 현행법이 "법률상 이익"을 원고적격의 징표로 삼고 있음으로 말미암아 그것이 독일법상 '권리'와 동일하게 이해되어 우리의 항고소송 구조와 본질적으로 다른 독일 취소소송의 원고적격의 관점이 혼입될 우려가 있는 것이 문제의 핵심이다.

(2) 處分의 事後消滅 后의 取消訴訟의 訴益의 문제

현행법 제12조 후문은 "처분 등의 효과가 기간의 경과, 처분 등의 집행 그밖의 사유로 인하여 소멸된 뒤에도 그 처분 등의 취소로 인하여 회복되는 법률상 이익이 있는 자의 경우에는 또한 같다"라고 규정하고 있는데, 입법취지는 예컨대 영업정지처분에 대하여 정기기간의 경과 후에도 취소소송을 제기할 수 있도록 한다는 데 있다. 문제는 그 요건인 「처분의 취소로 인하여 회복되는 법률상 이익이 있는 자」의 의미가 무엇인가이다. 이것은 여기서의 '법률상 이익'이 동조 전문의 '법률상 이익'과 동일한 것인가 라는 문제로 연결되고, 이는 다시 후문의 법적 성격, 즉 원고적격을 규정한 것인가 아니면 원고적격과 구별되는 소위 권리보호필요성을 규정한 것인가 라는 물음으로 귀결된다.

이에 관하여, 대법원 판례는 행정소송법 제12조 전문의 '법률상 이익'과 후문의 그것을 구별하지 않고 모두, 「처분의 근거 법률에 의하여 보호되고 있는 직접적이고 구체적인 사적 이익」으로 해석하면서 간접적, 사실적, 경제적 이해관계는 제외된다고 한다. 상술한 바와 같이 전문의 '법률상 이익'에 관한 판례는 주로 제3자의 원고적격과 관련하여 형성된 반면, 후문의 '법률상 이익'에 관한 판례는 기간을 정한 제재처분을 중심으로 형성된 것으로서,[68] "행정처분이 법령이나 처분 자체에 의하여 효력기간이 정하여져 있는 경우에는 그 기간의 경과로 효력이 상실되므로 그 기간 경과 후에는 처분이 외형상 잔존함으로 인하여 어떠한 법률상의 이익이 침해되고 있다고 볼 만한 별다른 사정이 없는 한 그 처분의 취소를 구할 법률상의 이익은 없는 것"이라고 단정하고 있다. 그리하여 개인택시 운행정지처분에 대하여 그 정지기간이 경과하면, 시행규칙상 운행정지처분이 사후의 제재처분의 가중요건으로 규정되어 있는 경우에도 그 시행규칙은 법규성이 없는 소위 행정규칙에 불과한 것이므로, 당해 운행정지처분의 취소를 구할 '법률상 이익'이 없다고 판시하였다.[69] 또한 주택건설사업자에 대한 영업정지처분이 문제된 사안에서, 주택공급에관한규칙 제7조 제2항에 의해 영업정지처분을 받은 주택건설사업자는 영업정지기간 후 2년 동안 일정한 건축공정에 이르지 않으면 입주자 사전모집이 제한되더라도 "이는 단지 입주자의 모집시기가 지연되어 분양대금을 선

---

68) 대표적인 판례는 대법원 1995. 10. 17. 선고 94누14148 전원합의체 판결과 대법원 1997. 7. 11. 선고 96누7397 판결이다.

69) 위 대법원 1995. 10. 17. 선고 94누14148 전원합의체 판결.

급으로 받지 못하게 되는 것에 불과할 뿐 당해 주택건설사업자가 시행하는 주택
공급사업의 내용 및 그 범위에 직접적으로 법률상의 제한을 가하는 것은 아니므
로 사실상·경제상 이익에 불과한 것"이라는 이유로 영업정지처분의 취소를 구할
'법률상 이익'을 부정하고 있다.

　이와 같이 판례가 행정소송법 제12조 후문의 '법률상 이익'을 좁게 해석하고
있는 것에 반대하여, 학설상 동법 제12조 전문 소정의 "법률상 이익"과 동조 후문
소정의 "법률상 이익"을 구별하여, 전자는 취소소송의 보호대상으로서 원고적격
(Klagebefugnis)에 관한 것인 반면, 후자는 취소소송의 권리보호필요성(Rechtsschutz-
bedürfnis)에 관한 것이라는 견해가 유력하다.[70] 이는 우리나라 행정소송의 구조를
독일의 그것에 비추어 파악하고자 하는 견해로서, 행정소송법 제12조 후문이 규
정하고 있는 취소소송을 독일 행정법원법 제113조 제1항 제4문 소정의 소위 계속
확인소송(Fortsetzungsfeststellungsklage)으로 이해하고, 위 '법률상 이익'을 동 계속
확인소송에서의 권리보호필요성인 확인의 '정당한 이익'(berechtigtes Interesse)과
동일한 것으로 해석하고자 하는 것이다. 그리하여 명예·신용 등의 인격적 이익,
보수청구와 같은 재산적 이익 및 불이익제거와 같은 사회적 이익, 기타 정신적·
문화적 이익까지 널리 포함된다고 한다.

　문제의 핵심은 대법원 판례는 같은 조문의 전문과 후문에 사용된 '법률상 이
익'을 동일한 것으로 파악하는 것은 법해석 방법론의 견지에서 타당하다고 할 것
이지만 그럼으로써 후문의 '법률상 이익'을 너무 좁게 인정하는 반면, 위 학설은
후문의 '법률상 이익'을 폭넓게 인정하는 것은 바람직하지만 동 조문의 제목이 전
문과 후문을 구별하지 않고 「원고적격」으로 되어 있음에도 양자의 법적 성격을
달리 파악하고 이를 근거로 같은 조문에 사용된 동일한 문구를 달리 해석할 수
있겠는가 라는 점이다.

2. 原告適格의 擴大

　(1) 위에서 언급한 Bühler의 공권이론은 19세기 말 국가우월사상이 잔존하고
있던 외견적 입헌군주제 하에서, 과연 개인이 국가에 대해서도 개인 상호간에서
와 같은 권리를 가질 수 있는가 라는 문제를 스스로 제기한 다음, 상술한 세 가지

---

70) 대표적으로 김남진, 『행정법 Ⅰ』, 2000, p.759 이하; 홍준형, 『행정구제법』 제4판, 2001,
　　p.581 이하.

요건이 충족되면 개인이 국가에 대해서도 권리를 가질 수 있다는 假說을 정립하고, 이를 당시 各州의 행정재판소의 판례들에서 검증한 것이다.[71] 이와 같이 개인이 국가에 대해서도 일정한 조건 하에서「권리」를 가질 수 있다는 점을 강조한 것이 프랑스와 영·미와 비교하여 독일 공법학이 독특하게 갖는 특징이다. 시민혁명을 통해 개인의 국가에 대한 권리가 보편적으로 인정되는 전제 위에 행정법을 발전시킨 프랑스와 점진적·안정적인 민주주의와 법의 지배(rule of law)의 발전에 힙입어 실정법에 의해 금지되는 것이 아니면 모두 개인의 자유와 권리(right)에 속하는 것으로 간주되어 온 영국과 뚜렷하게 대비되는 점이다.[72] 이와 같이 독일의 공권이론은 연혁적으로 외견적 입헌군주제 하에서 우월적 국가권력에 대립하면서 동시에 그와 타협하는 시민계급의 자유주의적 요구에서 비롯된 것으로서, 시민계급의 대표인 의회에서 시민의 私益을 보호해 주는 보호규범(Schutznorm) 내지 ―수호천사(Schutzengel)에 대비되는―「수호규범」(Schutznorm)으로서 법률이 제정되면 개인도 권리를 가질 수 있다는 것이다. 요컨대, 독일의 '권리' 관념은 시민이 국가의 결정을 다툴 수 있는 지위의 最小限을 보장하기 위한 것이었다.

　문제는 이와 같이 19세기 독일에서 민주주의·법치주의의 후진성 하에서「最小限의 保障 槪念」으로서 역할을 하던 '권리'가 20세기 후반 행정소송이 비약적으로 발전함으로써 이제 행정소송의 제기가능성을 제약하는「制限 槪念」으로 탈바꿈하게 된 데에 있다. 이는 전통적으로 독일의 법원이 상대적으로 취약한 지위에 있었기 때문에 사법심사의 범위가 의회에 의해 결정되어졌다는 것으로도 설명될 수 있다. 이에 반하여, 일찍부터 행정재판소(꽁세이유·데따)와 법원이 높은 위상을 확보하고 있었던 프랑스, 영국, 미국에서는 사법심사의 범위를 법원이 스스로 구체적 이익상황을 기준으로 결정하는 것이고 입법자에 의해 일일이 구속되지 않는 것으로 인식되어 왔다. 21세기를 맞이하여 우리나라에서도 진정한 민주주와 법치주의가 정착되고 행정소송에 관한 司法府의 책임과 사명이 제고될 것이므로, 원고적격에 있어 법률과의 연결고리를 끊고 구체적 이익상황으로 나아갈 수 있을 것이다. 아니, 민주주의와 법치주의의 정착과 司法府의 책임의 제고를 위해 바로 이것이 필요한 것이다.

---

71) O. Bühler, Die subjektiven öffentlichen Rechte und ihr Schutz in der deutschen Verwaltungsrechtsprechung, Berlin u.a. 1914.
72) Francis Lyall, An Introduction to British Law, Baden-Baden 1994, p.23 참조.

(2) 항고소송의 원고적격을 확대해야 할 당위성은 항고소송의 객관소송적 성격으로부터 도출된다. 즉, 항고소송은 오직 원고의 권리구제를 위한 주관소송이 아니라 원고의 소제기를 계기로 행정의 적법성을 통제하기 위한 객관소송이기 때문에, 그 적법성 통제의 기회를 넓게 포착하기 위해서는 원고적격을 확대하여야 하는 것이다. 상술한 바와 같이 원고적격을 프랑스에서는 '개인적이고 직접적인 이익'(l'intérêt direct et personnel)으로 파악하고, 영국에서는 '충분한 이익'(sufficient interest)으로 파악하는 것은 모두 행정소송을 통한 행정의 적법성 통제의 기회를 확장하고자 하는 취지에서이다. 독일에서도 최근 유럽공동체법의 발전에 따라 프랑스와 영국의 영향을 받아 원고적격의 문제를 행정의 적법성 통제를 위한 '시민의 動員'(Mobilisierung des Bürgers)의 관점에서 파악하고자 하는 움직임이 있다.[73] 특히 오늘날 자칫하면 示威 등 비공식적인 문제해결에만 의존하게 되는 건축·환경·원자력·소비자보호 등의 문제를 행정소송이라는 법적 절차로 담아내기 위해서는 항고소송의 원고적격을 확대할 것이 요청된다.

(3) 법개정을 통하여 항고소송의 원고적격을 확대하는 방법은 '권리'와 혼동될 여지가 많은 현행 "법률상 이익"을 '정당한 이익'으로 대체하는 것이다. 즉, 현행법 제12조 전문을 "취소소송은 처분의 취소를 구할 정당한 이익이 있는 자가 이를 제기할 수 있다"라고 수정하는 방법이다. 여기서 유의할 것은 '정당한 이익'이라고 할 때의 '이익'은 위법한 처분으로 침해되는 개인적인 이익에 한정되지 않는다는 점이다. 달리 말해, 처분의 취소를 구할 가장 적합하고 정당한 지위에 있는 자가 원고적격을 갖는다는 의미이다. 이로써 한편으로 독일식의 권리 개념은 물론 종래 판례가 고수하고 있던 근거법률과의 연결고리를 끊음과 동시에, 다른 한편으로 항고소송은 원고가 불이익을 당한 피해를 구제하기 위한 것이라는 주관소송적 뉘앙스를 제거할 수 있게 된다.

상술한 바와 같이 항고소송의 대상을 공행정작용 전체로 확대하는 경우에는 이러한 원고적격의 개념은 매우 중요한 역할을 수행하게 된다. 예컨대, 행정입법은 그 내용 여하를 막론하고 모두 일단 항고소송의 대상으로 포착한 다음, 그것

---

73) 대표적인 문헌으로는 Johannes Masing, Die Mobilisierung des Bürgers für die Durchsetzung des Rechts. Europäische Impulse für eine Revision der Lehre vom subjektiv-öffentlilchen Recht, Berlin 1997, 특히 S.66 ff. 참고. 또한 이에 관하여 Jost Pietzcker, Die Verwaltungsgerichtsbarkeit als Kontrollinstanz, in: Schmidt-Aßmann/Hoffmann-Riem (Hg.), Verwaltungskontrolle, Baden-Baden 2001, S.89-116(98 ff.) 참조.

이 시민의 구체적 행위를 명하거나 금지하는 등 집행행위의 매개 없이 원고의 기본권 등 법적 지위를 직접 침해함으로써 원고로 하여금 행정입법을 다툴 수 있도록 할 필요가 있다는 점은 바로 '취소를 구할 정당한 이익'으로서 원고적격의 문제가 되는 것이다. 사실행위의 경우에도 그것이 경고, 정보제공, 강압적 행정지도 등으로서 원고의 법적 지위에 현저한 영향을 미치는 때 비로소 이러한 원고적격이 인정되는 것이다.

또한 강조할 것은 이러한 '취소를 구할 정당한 이익'은 시민단체의 원고적격을 인정할 수 있는 발판이 된다는 점이다. 즉, 문제의 초점이 당해 처분으로 시민단체가 어떠한 피해를 입게 되었는가에 있는 것이 아니라, 그 단체의 설립취지, 활동상황, 구성원, 연혁 등에 비추어 과연 취소소송을 제기할 수 있는 적합하고 정당한 지위에 있는가를 판단할 수 있게 되는 것이다. 따라서 독일에서와 같이 특별법으로 단체소송(Verbandsklage)의 원고적격을 별도로 규정할 필요가 없다. 또한 프랑스, 영국, 미국에서 인정되고 있는— 최소한 지방자치단체에 대한— 납세자소송(tax-payer action)도 이러한 '정당한 이익'을 통해 충분히 인정될 수 있을 것이다.

3. 訴益의 擴大

이와 같이 원고적격을 "처분의 취소를 구할 정당한 이익"으로 규정하게 된다면, 위에서 살펴본 현행법 제12조 후문의 문제도 자연스럽게 해결된다. 기간의 경과 등으로 처분의 효과가 소멸한 뒤에도 여전히 그 처분의 취소를 구할 「정당한 이익」이 있는가를 문제삼으면 충분하기 때문이다. 구체적으로 말해, 상술한 바와 같이 현행법 제12조 전문을 "취소소송은 처분 등의 취소를 구할 정당한 이익이 있는 자가 제기할 수 있다"라고 한 다음 그에 덧붙여 "처분 등의 효과가 기간의 경과, 처분 등의 집행 그밖의 사유로 인하여 소멸된 뒤에도 또한 같다"라고만 규정하면 된다.

현재의 후문과 같이 "처분의 취소로 인하여 회복되는 정당한 이익이 있는 자"라고 규정할 필요가 없고 또한 그렇게 규정하면 잘못이다. 왜냐하면 위에서 지적한 바와 같이 원고적격으로서의 "정당한 이익"은 처분으로 인해 피해를 입고 따라서 그 처분을 취소하면 회복될 수 있는, 말하자면 事物的 利益이 아니라, 취소소송을 제기할 수 있는 적합하고 정당한 지위를 의미하는 것이기 때문이다. 요컨대, 원고적격을 「취소를 구할 정당한 이익」으로 규정함으로써 訴의 利益 내지 권리보호필요성의 문제는 원고적격에 관한 주의적 규정으로 흡수되고, 그럼으로써 이들은 모두 하나의 판단기준으로 통합되게 되는 것이다.

다만, 처분의 효과가 소멸한 뒤에 처분을 '취소'한다는 것이 무엇을 의미하느냐 라는 문제가 남는데, 상술한 바와 같이 행정소송법상 '취소'의 개념은 실체법상의 그것과는 달리 본질적으로 '위법성의 확인'이므로, 처분의 효과가 소멸한 뒤의 처분도 당연히 「그 처분이 과거에 위법하였음을 확인하는 것」이 된다. 다시 말해, 우리의 취소소송은 독일의 취소소송과 계속확인소송을 포괄하는 것이라고 할 수 있다.

4. 國家와 地方自治團體의 原告適格

(1) 必要性

상술한 바와 같이 행정소송이 철저한 주관소송의 성격을 갖는 독일에서조차도 제2차 세계대전 이후 판례를 통해 원고적격의 요건인 '권리'를 전통적인 의미에서의 개인적 권리(Individualrecht)만이 아니라 독립적인 공법상 단체의 고유한 권한(Kompetenz)도 포함하는 것으로 확대됨으로써, 지방자치단체는 자신의 자치권 내지 計劃高權(Planungshoheit)에 의거하여 이를 침해하는 국가의 상급감독관청 또는 다른 지방자치단체의 공행정작용에 대해 행정소송을 제기할 수 있게 되었다. 가장 대표적인 사례가 상급감독관청의 감독처분과 연방·주 또는 다른 지방자치단체의 대규모시설 허가처분(당해 지방자치단체와의 필요적 협의절차가 흠결된 경우)에 대한 취소소송이다. 취소소송 이외에도 의무화소송·일반적 이행소송·확인소송·금지소송 등 모든 유형의 행정소송형태가 가능함은 개인이 제기하는 행정소송에서와 같다. 프랑스·영국·미국에서는 행정소송이 시민의 권리구제에 한정되지 않으므로 지방자치단체가 국가나 다른 지방자치단체의 조치를 다투는 행정소송을 제기할 수 있다는 것은 일찍부터 인정되어 온 바이다.[74] 뿐만 아니라, 지방자치단체가 국립대학교에 수도세를 부과한 경우, 또는 국가가 공용건축물을 건축하고자 하는 경우 건축물의 소재지를 관할하는 지방자치단체장이 건축법 제25조 소정의 협의를 거부하는 경우, 국가가 이러한 조치들을 다투기 위해 항고소송

---

74) 이에 관해서는 拙稿, 地方自治團體의 自治權을 보장하기 위한 行政訴訟,『지방자치법연구』, 한국지방자치법학회, 제1권 제1호, 2001, 9-21면; 졸저,『행정소송의 구조와 기능』제9장 참조.

을 제기하여야 하는 경우도 있다.

　종래 국가와 지방자치단체가 항고소송의 원고적격을 갖는가에 관하여 항고
소송이 시민의 권리구제를 위한 주관소송이라는 근거에서 이를 부정하는 견해가
많았다. 그러나 항고소송의 주된 기능이 행정의 적법성 통제에 있다고 한다면 국
가와 지방자치단체에게도 마땅히 원고적격을 인정하여야 할 것이다. 이는 명문으
로 인정하지 않아도 당연히 긍정되는 것이기는 하지만, 국가와 지방자치단체가
제기하는 항고소송의 경우에는 심리의 신속성을 위하여 고등법원을 제1심으로
할 필요가 있기 때문에, 이러한 심급상의 예외를 규정하면서 동시에 국가와 지방
자치단체도 — 처분의 취소를 구할 정당한 이익이 있으면 — 항고소송의 원고적격을
가질 수 있음을 명시하는 것이 바람직하다.

(2) 抗告訴訟과 機關訴訟 및 權限爭議審判과의 관계

　국가와 지방자치단체에게 항고소송의 원고적격을 인정하는 데 대하여 다음
과 같은 반론이 제기될 수 있다. 즉, 국가와 지방자치단체가 다른 행정주체에 속하
는 기관의 조치에 대하여 제기하는 소송은 항고소송이 아니라 기관소송으로 파악
하여야 하는데, 이는 동시에 국가기관과 지방자치단간 및 지방자치단체 상호간의
권한쟁의심판에 해당하는 것이기 때문에, 행정소송법 제3조 제4호 단서에 따라 기
관소송은 배제되고 오직 헌법재판소의 권한쟁의심판의 대상이 된다는 주장이다.

　그러나 현재 행정법학계의 통설에 따르면, 기관소송은 동일한 법인격주체 내
의 기관 상호간에 제기하는 소송에 한정되는 것이고, 그렇기 때문에 현행법 제45
조는 개별법률이 특별히 인정하는 경우에만 기관소송이 허용되는 것으로 규정하
고 있다고 이해한다. 다시 말해, 동일한 법인격주체의 의사는 단일한 것이라는 전
제 하에 그 기관 상호간에는 법적 분쟁이 있을 수 없고, 의견의 불일치가 있으면
원칙적으로 당해 법인격주체의 — 정치적·민주적인 — 의사결정절차를 통해 조정
되어야 하고 그러한 의사조정이 불가능하거나 부적합한 경우에 대비하여 법률이
특별히 정한 경우에만 소송을 통해 다투도록 한다는 것이다. 그러나 오늘날 정당
정치와 관련하여 이러한 정치적 의사조정 메카니즘이 제대로 작동하지 않는 경우
가 많으므로 독립성과 중립성을 갖는 사법부에 의한 법적 해결의 필요성이 커지
고 있으므로, 기관소송 법정주의를 폐지할 것을 신중히 검토할 필요가 있다. 여하
튼 현행법상 오해의 소지가 있는 "국가 또는 공공단체의 기관 상호간"이라는 표

현을 예컨대 "국가기관 또는 동일한 공공단체의 기관 상호간"이라고 규정할 필요가 있다. 이와 같이 기관소송이 동일한 법인격주체 내의 기관 상호간에 제기하는 소송에 한정되므로, 국가나 지방자치단체가 다른 법인격주체의 기관의 조치를 다투는 소송은 기관소송이 아니라 항고소송에 해당하는 것이고, 따라서 행정소송법 제3조 제4조 단서의 기관소송 배제조항은 적용되지 않는다고 할 것이다.

그렇다 하더라도 의문의 여지는 여전히 남는다. 즉, 헌법 제111조 및 헌법재판소법 제2조 제4호는 헌법재판소의 관장사항으로 "국가기관과 지방자치단체간 및 지방자치단체 상호간의 권한쟁의심판"을 규정하고 있는데, 예컨대 지방자치단체가 국가기관의 처분을 다투는 항고소송은 바로 이러한 권한쟁의심판에 해당되는 것이 아닌가 라는 의문이다. 이에 관하여, 지방자치단체의 국가 또는 다른 지방자치단체와의 법적 분쟁은 모두 이러한 권한쟁의심판의 대상이 된다는 견해가 유력한데, 그렇기 때문에 현행법상 행정소송의 가능성이 배제되어 있다는 견해가 있는가 하면,75) 또 다른 견해는 행정소송과 권한쟁의심판이 경합관계에 있다고 한다.76) 권한쟁의심판의 대상이 되는 「권한」이 바로 헌법상 부여된 지방자치단체의 자치권이라는 전제 하에, 지방자치단체에게 침익적 효과를 갖는 국가 또는 다른 지방자치단체의 일체의 처분에 대해 그것이 자신의 권한, 즉 자치권을 침해한다는 이유로 권한쟁의심판을 청구할 수 있다는 것이다.

그러나 권한쟁의심판의 대상은 헌법재판소법 제61조 제1항의 규정상 「권한의 존부 또는 범위」이다. 동조 제2항에서 청구요건으로서 "피청구인의 처분 또는 부작위가 헌법 또는 법률에 의하여 부여받은 청구인의 권한을 침해하였거나 침해할 현저한 위험이 있는 때"를 규정하고 있으나, 이는 청구인과 피청구인 사이에 권한의 존재 또는 범위에 관한 다툼이 발생하고 그로 인해 청구인의 권한과 모순되는 피청구인의 처분 또는 부작위가 이루어짐으로써 결과적으로 청구인의 권한이 침해되는 경우를 의미할 뿐이다. 반면에, 피청구인의 처분 또는 부작위가 그 자체의 법적 요건에 위반하여 위법하게 된 경우는 이로 인해 청구인의 권한이 영향을 받는다고 하더라도 이는 권한쟁의심판의 대상이 아니다. 다시 말해, 권한쟁의심판은 — 추상적 — 권한의 소재 또는 범위에 관한 분쟁을 대상으로 할 뿐이고,

75) 김원주, 국가기관과 지방자치단체의 권한쟁의에 관한 연구, 『헌법재판연구』 제3권, 1991, pp.9-137(131-132).
76) 헌법재판소, 『헌법재판실무제요』, 1998, pp.211-214.

그 권한이 개별사안에서 적법 또는 위법하게 행사되었는가를 문제삼는 것은 항고
소송에 해당한다고 보아야 한다. 요컨대, 권한쟁의심판의 핵심은 권한의 충돌인
반면, 항고소송의 핵심은 처분의 위법성으로서, 원고의 권한이 침해되었는가 여
부는 그 원고적격의 문제에 불과하다. 따라서 지방자치단체가 국가기관 또는 다
른 지방자치단체의 기관이 행한 처분의 위법성을 다투는 소송, 또는 국가가 지방
자치단체 또는 그 기관이 행한 처분의 위법성을 다투는 소송은 권한쟁의심판에
해당하지 않고 오직 항고소송에 해당하는 것으로 보아야 한다.

　　이러한 결론은 審級의 관점에서 보더라도 타당하다. 헌법재판소의 권한쟁의
심판은 單審으로 끝난다. 권한쟁의심판의 대상이 되는 지방자치단체의 추상적 권
한의 존부 또는 범위의 문제는 거의 대부분 헌법과 법령의 해석을 통해서 바로
판단되는 것으로 사실심리가 필요하지 않기 때문에, 單審이라도 무방하며 오히려
신속한 절차를 위해 바람직하다고 할 수 있을지도 모른다. 그러나 국가 또는 다
른 지방자치단체의 권한 행사가 법적 요건에 위반하여 위법이 되는가의 문제는
대부분의 경우 헌법과 법령의 해석만으로는 부족하고 당해 사안의 개별·구체적
사실관계까지 파악되어야만 판단될 수 있는 것이다. 따라서 사실심과 법률심이
구별되어 있는 행정소송 절차가 보다 바람직한 제도라고 할 것이고, 다만, 현재
행정소송이 三審制로 되어 있어 절차지연이 우려된다면, 상술한 바와 같이 입법
론적으로 국가·지방자치단체가 제기하는 항고소송은 고등법원을 제1심으로 하여
二審制로 바꾸는 방안도 고려할 만하다.

Ⅳ. 義務履行訴訟의 導入

1. 現行法의 問題點

　　1984년 전면개정시 독일식의 의무이행소송을 도입할 것인가의 문제가 뜨거
운 쟁점이 되었다. 결국 의무이행소송을 도입하지 않는 대신 거부처분 취소판결
의 기속력과 간접강제를 명시하고 부작위위법확인소송을 도입하는 것으로 입법
적 타협이 이루어졌는데, 그 후 판례와 재판실무에서 거부처분 취소소송과 부작
위위법확인소송은 아래와 같은 문제점들을 드러내었다.

　　먼저, 거부처분 취소소송에 관해 보면, 첫째 거부처분의 성립요건으로 법규

상 또는 조리상 신청권의 존재를 요구하는 판례가 확립됨으로 말미암아 본질상 원고적격 내지 소의 이익의 관점에서 개별적으로 검토되어야 할 문제가 획일적으로 대상적격의 흠결을 이유로 각하되는 경우가 많았다. 둘째, 취소판결의 기속력의 객관적 범위를—소위 '쟁점주의'라 하여—기속행위의 경우에도 거부처분에 명시된 거부사유에 한정함으로써 취소판결 이후에 행정청은 또 다른 발급요건의 흠결을 이유로 다시 거부할 수 있게 되었다. 셋째, 취소판결의 기속력의 시간적 기준을 (거부)처분시로 파악함으로써 소송 도중에 원고의 청구를 기각해야 할 사정변경이 생기더라도 법원은 이를 무시하고 (거부)처분시의 법령·사실상태에 의거하여 취소판결을 하게 되는데, 그 취소판결의 기속력은 (거부)처분시를 기준으로 하기 때문에 재처분시에는 전혀 기속력을 가질 수 없다. 이와 같이 거부처분 취소소송에서 승소하고서도 처분의 발급을 받지 못하는 사태가 속출함으로써 재판에 대한 불신을 초래하였다.

다음으로 부작위위법확인소송에 관해서는, 첫째 판례상 '부작위'의 성립요건으로 거부처분과 마찬가지로 법규상 또는 조리상 신청권이 요구되었고, 둘째, 심판범위를—소위 '형식적 심리설'이라 하여—기속행위의 경우에도 당해 처분의 발급의무가 아니라 단지 행정청의 응답의무에만 한정하는 판례가 확립됨으로써, 부작위위법확인소송은 거부처분 취소소송을 제기하기 위해 거쳐야 하는 절차적 부담으로 작용하게 되었다.

2. 독일의 義務履行訴訟에 대한 評價

(1) 장점

독일의 의무이행소송(Verpflichtungsklage)을 도입하면 위에서 지적한 문제점들이 일거에 모두 해소된다. 이를 구체적으로 살펴보면 다음과 같다. 즉,

첫째, 의무이행소송은 행정행위의 거부(Ablehnung) 또는 부작위(Unterlassung)에 대하여 제기하는 것이므로 그 거부 또는 부작위가 '행정행위'에 해당하느냐 라는 문제가 원초적으로 없다. 신청된 행위가 행정행위에 해당하면 족하다. 따라서 거부행위의 처분성 같은 문제는 일어나지 않는다.

둘째, 행정행위가 명시적으로 거부된 경우뿐만 아니라 무응답으로 부작위에 해당하는 경우에도 막바로 신청된 행정행위의 발급을 구하는 것이므로, 부작위에 대하여 현행법상의 부작위위법확인소송과 같은 별도의 소송유형을 마련할 필요

가 없다.

셋째, 의무이행소송의 소송물은 「계쟁 행정행위의 발급에 대한 원고의 청구권 및 행정청의 발급의무」이므로, 처분에 명시된 거부사유 이외에도 행정행위 발급요건 전부가 심판범위에 포함된다. 따라서 기속행위의 경우에 발급요건 전부를 심리하여 행정행위 발급을 명하게 되면 행정청은 다른 거부사유를 들어 다시 거부할 수 없게 된다. 뿐만 아니라 재량행위의 경우에도 법률상 명시된 발급요건에 관해서는 법원이 심리하여 그 충족여부를 판단할 수 있으므로, 재결정 명령판결에 따라 행정청이 다시 결정함에 있어 법원에 의해 이미 충족된 것으로 판단된 발급요건에 관해서는 이를 거부사유로 삼을 수 없다.

넷째, 의무이행소송에 있어 판단기준시는 판결시(정확하게 말해 변론종결시)이므로, 처분 이후 판결시까지 발생한 사정변경을 고려하여 판단하게 된다.[77]

(2) 단점

첫째, 독일의 의무이행소송은 원고의 청구권을 실현하기 위한 철저한 주관소송의 성격을 갖는 것이므로, 항고소송을 행정의 적법성을 통제하기 위한 객관소송으로서의 성격이 강한 것으로 파악하는 전제 하에서, 항고소송의 한 유형으로서 의무이행소송을 전면적으로 도입하는 것은 체계적 모순이라고 할 수 있다. 다만, 운전면허, 영업허가, 건축허가 등 특정 분야에 대하여 개별법률에 의하여 — 프랑스의 객관적 완전심판소송과 같이 — 당사자소송의 형태로 의무이행소송을 도입할 수 있다는 점은 별개의 문제이다. 특히 항고소송의 대상인 '처분'을 확대하여 사실행위뿐만 아니라 행정입법까지 포함하는 것으로 된다면, 독일식의 의무이행소송은 최협의의 행정행위만을 대상으로 하는 것이기 때문에, 우리나라에는 적합하지 않다고 할 수 있다.

둘째, 행정청에 의한 거부처분과 거부사유를 무시하고 법원이 주도적으로 행정행위 발급요건을 심리하는 것으로서, 거부처분의 존재 및 그 거부사유는 법적으로 전혀 존재 의의가 없는 것으로 된다. 이로 인해 거부처분을 내리게 된 행정청의 책임이 형해화될 우려가 크다. 뿐만 아니라 다음과 치명적인 결점이 있다. 즉, 의무이행소송은 원고의 행정행위 발급청구권 및 이에 상응한 행정청의 발급

---

77) 이상에 관하여 Schoch/Schmidt-Aßmann/Pietzner, a.a.O., § 42 Abs.1. Rn.90-105; Hufen, a.a.O., § 15, § 26; Würtenberger, a.a.O., Rn.319-342 참조.

의무를 확정하는 것으로서, 判決時가 판단기준시가 된다. 따라서 원고에게 유리한 사정변경이 발생한 경우, 다시 말해, (거부)처분시에는 행정행위 발급요건이 결여 되었다가 사후에 비로소 그 요건이 충족된 경우에는 법원은 判決時를 기준으로 판단하여 의무이행판결을 선고하게 되는데, 이로써 사정변경에 대한 행정청의 선 결권이 완전히 박탈되는 것이다. 요컨대, 당초 행정청의 거부처분이 적법하였음 에도 법원이 개입하여 새로운 사정을 근거로 의무이행판결을 선고할 수 있다는 것이 문제의 핵심이다. 사후에 사정변경이 있으면 상대방은 행정청에게 다시 신 청을 하여야 하고 그것이 위법하게 거부되었을 때 비로소 법원은 개입할 수 있는 것으로 보아야 한다.

셋째, 행정절차의 의의를 본질적으로 침해할 위험이 있다. 즉, 당사자가 행정 절차 단계에서는 당사자가 자료제출과 입증을 열심히 하지 않고 행정소송 단계에 서 본격적으로 주장·입증하게 됨으로써 행정절차를 무시하게 될 가능성이 있으 며, 행정청도 어차피 행정소송 단계에서 모든 문제를 다루어야 된다는 생각에서 행정절차 단계에서 심사를 게을리할 우려가 있다.

3. 프랑스의 拒否決定에 대한 越權訴訟 및 履行命令

이상과 같은 의무이행소송의 단점을 감안한다면, 현행 거부처분 취소소송 의 형태를 유지하되, 프랑스의 거부결정(la décision de rejet)에 대한 월권소송을 참고하여 위에서 지적한 난점들을 다음과 같이 보완하는 방법도 강구할 수 있을 것이다.[78]

첫째, 부작위위법확인소송을 폐지하고 그 대신 거부처분 간주제도를 도입하 여 바로 취소소송을 제기하도록 한다. 프랑스에서는 우리와 같은 부작위위법확인소 송은 없고 일정기간 행정청의 부작위(le silence)가 계속되면 간주거부결정(la décision implicite de rejet)이 성립한 것으로 보고 이에 대하여 월권소송을 제기하게 된다. 그 간주기간은 1900. 7. 17자 법률로써 4개월로 규정되었다가 그로부터 1세기 후 2000. 4. 12.자 법률에 의해 2개월로 단축되었는데, 우리나라에서는 3개월 정도가 타당할

---

78) 필자는 당초 전게논문(행정소송법 개정의 기본방향, 671면 이하)에서 이와 같이 프랑스 의 제도를 참고하여 거부처분에 대한 취소소송 및 의무확정판결 제도를 도입할 것을 주 장하였으나, 후술하는 바와 같이 행정청의 부작위의 경우에 발생하는 문제점과 거부처 분 취소소송의 소송물의 문제점에 의거하여 아래와 같은 절충적 방안이 타당한 것으로 견해를 수정하였음을 밝힌다.

것이다. 우리 행정절차법 제19조에서 수익처분의 처리기간을 명시하도록 함으로써 일정 기간 내의 행정청의 처분발급의무가 행정절차법상으로 이미 확립되었으므로, 이를 소송법적으로 한 단계 높이는 것은 자연스러운 법발전으로 볼 수 있다.

둘째, 행정청이 원고가 신청한 적극적 처분을 거부하면 바로 거부처분이 성립된다는 점을 명시함으로써 현재 거부처분의 성립요건으로 법규상 또는 조리상 신청권을 요구하는 판례가 변경되도록 한다. 현행법상으로도 처분이 "공권력의 행사 및 그 거부"로 규정되어 있으므로, 적극적인 공권력 행사가 처분에 해당하면 그것의 거부는 자동적으로 처분에 해당하는 것으로 보아야 한다. 개정법에서는 이를 보다 분명히 하기 위해, 처분을 "행정청이 행하는 공권력의 행사"라고 정의한 다음 "신청에 대해 행정청이 공권력의 행사를 거부하는 경우도 마찬가지이다"라는 규정을 별도로 마련할 필요가 있다. 프랑스에서는 행정행위의 발급을 거부하면 그것만으로 「거부결정」(la décision de rejet)이 되어 월권소송의 대상이 되고, 독일에서도 바이마르시대까지 적극적인 처분의 발급이 거부된 경우 「소극적 처분」(negative Verfügung)이라 하여 바로 취소소송의 대상으로 인정하였다. 판례가 요구하는 신청권은 원고적격, 즉 이익의 구체성과 직접성의 문제, 또는 본안의 문제로 파악되어야 한다.

셋째, 거부처분 취소판결의 실효성을 확보하기 위해, 프랑스가 1995. 2. 8.자 법률에 의해 도입한 이행명령(l'injonction)과 같이,[79] 거부처분을 취소하는 경우 원고의 신청에 따라 주문에서 행정청의 재처분의무 — 기속행위인 경우에는 특정처분의 발급의무, 재량행위인 경우에는 재결정의무 — 를 명시하는 의무확정판결을 선고할 수 있도록 한다. 이렇게 되면 일단 處分時를 기준으로 거부처분의 위법성을 판단하기 때문에 당초 거부처분이 적법한 경우에는 사후의 사정변경을 고려하지 않고 청구를 기각하게 되고, 원고는 행정청에 대해 사정변경을 근거로 다시 처분의 발급을 신청해야 되므로 행정청의 선결권은 완전히 보장된다. 반면에, 處分時를 기준으로 거부처분이 위법하게 된 때에는 이를 취소하고 다시 判決時를 기준으로 행정청의 처분발급의무 여부를 판단하게 된다.[80] 따라서 만일 그동안 그 의무를

---

79) CJA Art. L.911-1, 911-2. 프랑스의 이행명령에 관해서는 Chabanol, Code de justice administrative, 2001, p.789 이하; Chapus, op. cit., n° 1092-1106; Debbasch/Ricci, op. cit., n° 666 참조.

80) 프랑스 월권소송에서도 취소판결의 위법판단 기준시는 處分時이지만, 이행명령의 판단 기준시는 判決時이다. 이에 관한 대표적 판례는 C.E. 18 octobre 1995, Ep. Réghis, Rec.

소멸시키는 사정변경이 있었다면 의무확정판결은 선고될 수 없고, 그러한 사정변경이 없다고 판단하여 의무확정판결이 선고되면 행정청은 사후에 소송 도중의 사정변경을 이유로 재처분을 거부할 수 없게 된다. 이로써 행정청의 선결권과 판결의 실효성이 적절히 조화를 이룰 수 있다. 행정청의 선결권을 金科玉條로 존중하는 프랑스에서도 1995년 위와 같은 이행명령이 도입될 수 있었던 논거는 그것이 독일에서와 같은 독립적인 의무이행판결이 아니라 거부처분의 위법성을 확정하는 취소판결에 부수하여 그 효력을 명시(l'explicitation)하기 위한 제도라는 점이다.[81]

4. 折衷的 方案

이상과 같이 프랑스의 제도를 도입하는 것은 행정소송의 실효성 확보와 행정의 선결권 보장을 적절히 조화할 수 있다는 것이 최대의 장점이긴 하지만, 첫째, 행정청의 부작위의 경우 이를 거부처분으로 간주하여 거부처분 취소소송으로 연결하는 것이 의제적일 뿐만 아니라, 제소기간과 이유제시와 관련하여 큰 난점이 있다. 즉, 프랑스에서는 부작위의 경우에도 일반적인 제소기간과 마찬가지로 간주거부처분 성립 이후 2개월의 제소기간을 두고 있는데,[82] 이러한 간주거부처분에 대한 제소기간 내에 행정청이 명시적 거부처분을 한 때에는 그에 대한 제소기간이 다시 진행되지만,[83] 간주거부처분에 대한 제소기간을 도과하고 나면 그 후 행정청이 명시적 거부처분을 하더라도 이에 대해 월권소송을 제기할 수 없게 된다고 한다. 이는 우리나라에서 거부처분 간주 제도에 익숙하지 않은 상황 하에서 행정청이 응답하지 않는 동안 제소기간을 놓치기 쉬운 요소로 작용할 우려가 크다. 또한 간주거부처분의 경우에는—당연히—거부사유가 제시되어 있지 않기 때문에, 법원은 이유제시의무 위반만을 이유로 간주거부처분을 취소할 수 있다고 한다.[84] 그러나 문제는 이유가 전혀 제시되지 않은 상태에서 간주거부처분을 취소하더라도 그 기속력은 단지 응답의무만을 강제하는 것이 될 뿐이라는 점에 있다. 명시적인 거부처분이 내려진 경우에는 그 거부처분을 취소하고 행정청의 의

Lebon p.989; C.E. 4 juillet 1997, Ep. Bourezak, Rec. Lebon p.278 A.J. 1997, p.584; C.E. 4 juillet 1997, Leveau, Rec. Lebon p.282 A.J. 1997, p.584 등이다.

81) Chapus, op. cit., n° 1094, 1096; Debbasch/Ricci, op. cit., n° 666 참조.

82) CJA R.421-2, 1ᵉ linéar.

83) CJA R.421-2, 2ᵉ linéar.

84) CE, 7 novembre 1975, Laglaine 판결 등.

무가 명확한 때에는 이행명령이 선고될 수 있다는 점과 비교해 보면, 결국 행정청이 부작위로 일관하였을 때가 명시적인 거부처분을 하였을 때보다 더 유리한 입장에 처하게 되는 결과가 되는 것이다.

둘째, 상술한 바와 같이 이행명령은 거부처분 취소판결의 기속력의 시간적 범위의 문제는 쉽게 해결할 수 있지만, 그 객관적 범위에 관한 문제의 해결은 쉽지 않다. 즉, 거부처분 취소소송도 취소소송인 이상 그 소송물은 「거부처분의 위법성」인데, 여기서 '거부처분'을 — 종래의 일반적 견해에서와 같이 — 원래 행정청이 내린 계쟁 거부처분으로 한정하게 되면 그 취소판결의 기속력은 당해 거부처분에 명시된 거부사유에만 미치게 된다. 따라서 이행명령 선고 여부를 판단함에 있어서는 기속행위인 경우 그 발급요건 전부를 심판대상으로 삼아야 하는데, 그 이론적 근거가 박약한 것이다. 이행명령이 별도의 소송유형이 아니라 거부처분 취소판결의 기속력을 명시하는 것에 불과하다면, 어찌하여 거부처분 취소판결에서 판단되지 아니한 사항을 새로이 판단할 수 있는가 라는 의문이 생기기 때문이다.[85]

---

85) 필자의 私見에 의하면, 취소소송의 소송물은 「계쟁 (거부)처분 및 이와 규율내용이 기본적 사실관계에서 동일한 (거부)처분의 위법성」인데, 법규상 명시된 수익처분의 발급요건 전부가 당해 수익처분과의 관계에서 기본적 사실관계가 동일한 것으로 인정될 수 있기 때문에, 그 중 일부의 발급요건의 不備를 이유로 거부처분이 내려진 경우에도 그 거부처분에 대한 취소소송의 소송물은 나머지 발급요건 전부에 미친다고 본다. 다시 말해, 나머지 발급요건들도 잠재적 심판범위에 속하고, 따라서 피고 행정청으로서는 소송과정에서 처분사유의 추가·변경을 통해 그 요건들의 不備를 주장할 수 있고, 만일 그러한 주장 없이 법원의 심리결과 계쟁 거부처분에 명시된 거부사유가 위법하여 계쟁 거부처분이 취소되면 그 취소판결의 기속력은 나머지 발급요건 전부에 미치게 되고, 그러므로 기속행위인 경우에는 그 취소판결의 기속력만으로 행정청의 처분발급의무가 발생하는 것이다(상세한 내용은 拙稿, 취소소송의 소송물에 관한 연구, 『法曹』, 2000/7, 121면 이하; 졸저, 『행정소송의 구조와 기능』 제10장 참조). 이러한 필자의 견해에 따르면, 취소판결의 기속력을 명시하는 이행명령으로써 행정청의 처분발급의무를 선고할 수 있게 되어 위에서 제기한 의문이 해소될 수 있을 뿐만 아니라, 나머지 발급요건에 대한 주장책임(정확하게 말해, 처분사유의 추가·변경 책임)을 행정청이 지게 됨으로써 법원의 심리 부담이 가볍게 된다. 참고로 독일의 의무이행소송에 있어서는 기속행위의 경우 법원이 발급요건 전부에 관해 주도적으로 심리하여 스스로 '판결의 성숙성'을 획득하여야 한다는 것이 확립된 판례이다(BVerwGE 10, 202, 204; 11, 95, 98 ff.; 12, 186; 69, 198, 201 등). 이상과 같은 (거부처분) 취소소송의 소송물에 관한 私見에는 변함이 없고 또한 이에 의거하여 현행법상으로 거부처분 취소판결만으로도 행정소송법 제30조 제2항 소정의 기속력을 통해 실질적으로 의무이행판결과 같은 효과를 거둘 수 있을 뿐만 아니라, 입법론적으로 그 기속력을 주문에서 명시하는 '이행명령' 내지 '의무확정판결'을 도입하는 것이 보다 타당하다고 생각한다. 그러나 본고에서는 이론적 精緻함보다는 실제적 편의성을 중시하여 아래와 같은 절충적 방안을 제시하고자 한다.

　　이상과 같은 프랑스 제도의 난점을 해결하면서 동시에 독일의 의무이행소송의 단점을 극복하는 방법은, 행정청의 부작위의 경우에는 막바로 독일식의 의무이행소송을 인정하되, 거부처분이 내려진 경우에는 거부처분 취소소송을 통해 거부처분이 취소되는 경우에만 의무이행소송을 인정하는 것이라고 생각한다. 즉, 행정청의 부작위의 경우에는 행정청의 아무런 결정이 없으므로 의무이행소송에서 판결시를 기준으로 판단하더라도 행정청의 선결권이 본질적으로 침해되지 않는다. 따라서 상술한 프랑스 제도에서의 간주거부처분에 대한 제소기간과 이유제시 문제를 해결하기 위해서는 바로 의무이행소송을 인정하는 것이 바람직하다. 반면에, 행정청이 거부처분을 내린 경우에는 거부처분 취소소송에서 (거부)처분시를 기준으로 거부처분이 위법하여 취소되는 경우에 한하여 의무이행소송을 허용하여 다시 판결시를 기준으로 여전히 행정청이 처분발급의무가 존속하는지 여부를 판단하여 의무이행판결을 선고하도록 하는 것이 타당하다. 이렇게 되면, 의무이행소송의 소송물은 그 본질상 당연히 계쟁 수익처분의 법규상 발급요건 전부에 미치는 것이므로 프랑스식의 이행명령의 경우 제기되는 소송물 내지 심판범위의 문제가 전혀 발생하지 않으면서도 동시에 상술한 「사정변경에 대한 행정청의 선결권의 박탈」의 문제도 해결된다. 이러한 소송형태는 거부처분 취소소송과 의무이행소송의 필요적 병합이라고 할 수 있는데, 전자에 대한 인용판결이 있을 때에만 후자를 판단하게 되는 것이다. 거부처분 취소소송이 각하 또는 기각되는 경우에는 의무이행소송은 본안판단에 나아가지 못하고 부적법 각하된다. 즉, 거부처분 취소소송의 인용은 의무이행소송의 특별한 소송요건으로 요구되는 것이다. 문제는 그 전제로서 — 의무이행소송과 함께 — 거부처분 취소소송을 제기하여야 하는 원고의 부담인데, 이를 해결하는 근본적인 방법은 의무이행소송만이 제기되더라도 이와 함께 거부처분 취소소송이 제기된 것으로 간주하는 것이다. 그렇지 않더라도 실무상 원고는 소장에서 의무이행판결을 구한다는 청구취지에 거부처분의 취소를 구하는 청구취지를 추가하는 것에 불과하고, 만일 이를 누락하면 법원이 석명권을 행사하여 거부처분 취소의 청구취지를 추가하도록 권고할 수 있으므로, 원고에게 별다른 부담을 주지 않을 것이다.

　　이상과 같은 절충적 방안이 독일의 의무이행소송과 다른 유일한 차이점은 거부처분이 당초 적법하였는데 사후에 사정이 변경되어 처분발급의무가 새로이 발생한 경우에 원고는 — 기속행위인 경우에도 — 의무이행판결을 받지 못하고 다시 행정청에게 신청을 해야 한다는 데 있다. 기속행위인 경우에도 그 요건이 충족되었는지 여부에 관해 행정청과 상대방이 다툼이 있을 수 있다. 독일의 의무이행소송을 옹호하는 관점에서는 이러한 다툼을 이왕 제기된 의무이행소송에서 심리하여 결론을 내는 것이 소송경제에 적합하다는 논거를 제시할 수 있겠으나, 사견에 의하면 이러한 소송경제보다 사정변경에 대한 행정청의 선결권을 우선해야 한다고 본다. 뿐만 아니라, 위와 같은 사정변경이 발생하는 것은 실제상 극히 예외적인 경우라고 할 것이므로, 시민에게 그다지 불리한 것은 아니라고 할 수 있다. 반면에, 사정변경에 대한 행정청의 선결권을 우선한다는 것은 행정소송의 이념상 극히 중요한 의미를 갖는다. 이와 같이 독일의 의무이행소송이 갖는 實益을 취하면서도 프랑스 제도의 장점인 행정청의 선결권을 존중함으로써, 요컨대, 다시 말해, 實利와 名分을 동시에 획득함으로써 우리의 독창적인 제도로 발전시킬 수 있을 것이다.[86)]

V. 裁量的 制裁處分의 變更判決의 導入

1. 現行法의 問題點

모든 국민은 법률과 적법한 절차에 의하지 아니하고는 처벌받지 아니한다는 헌법 제12조 제1항의 적법절차원리는 형사절차상의 영역에 한정되지 않고 입법·행정 등 국가의 모든 공권력의 작용에 적용되는 헌법상의 기본원리이다.[87)] 따라서 위 헌법 조항에서 말하는 "처벌"에는 형사처벌뿐만 아니라 허가취소·정지, 과징금 등 행정제재도 포함된다고 할 것이다. 형사처벌의 경우에는 검사의 공소제기 및 구형이 선행되기는 하지만 최종적으로 법원이 형의 종류의 양을 결정하는데 반하여, 행정제재의 경우에는 그것이 거의 대부분 재량행위이기 때문에 취소소송에서 과도한 조치로서 재량권남용을 이유로 이를 취소하는 때에도 일부취소 또는 종류의 변경을 하지 못하고 전부취소만이 가능하다. 따라서 그러므로 제재

---

86) 이러한 절충적 방안에 있어서도 반드시 독일의 의무이행소송과 같이 법원이 주도적으로 법규상의 처분발급요건 전부를 심리하게 하여야 할 논리적 필연성은 없다. 계쟁 거부처분에 명시된 거부사유가 문제삼고 있는 발급요건에 대해서는 원고에게 주장책임과 일차적 입증책임을, 나머지 발급요건에 대해서는 피고 행정청에게 주장책임과 일차적 입증책임을 부담시키는 방안을 강구할 수 있을 것이다.

87) 同旨 헌법재판소 1992. 12. 24. 선고 92헌가8 결정.

적 재량처분이 취소소송에서 전부 취소된 이후 행정청은 다시 원처분보다 가벼운 제재처분을 내릴 업무적 부담을 갖게 되고, 국민으로서는 그 재처분에 불복하는 경우에는 다시 취소소송을 제기하여야 할 부담을 갖게 된다. 그리하여 「전부취소 → 재처분 → 취소소송」의 순환이 무한정 반복될 위험마저 존재하는데, 이는 행정의 효율성과 국민의 재판청구권 보장이라는 측면에서 모두 문제가 된다. 궁극적으로 헌법상의 적법절차의 위반이 된다고 할 것이다.

영국·미국에서는 허가의 취소가 원칙적으로 형사처벌의 부가형으로 이루어지고 있으며, 독일에서는 기간을 정한 영업정지 대신에 영업금지처분이 내려지고 일정한 기간이 지나면 당사자의 신청에 따라 재영업을 허가하는 식으로 이루어지므로 행정청이 이를 거부하면 의무이행소송을 제기할 수 있다. 그런데 우리나라에서는 방대한 법령에서 감독조치로서 허가의 취소, 영업의 정지, 과징금 부과 등을 규정하면서 그 종류와 정도의 선택에 관하여 광범위한 재량을 부여하고 있다는 점이 문제의 핵심이다. 특히 과징금의 경우 위법행위로 인한 경제적 이득을 환수하는 것이라는 명목으로 행정행위로 구성되어 있으나, 거의 모든 법령에서 과징금 액수가 확정적인 경제적 이득액이 아니라 영업규모, 판매규모 등을 기준으로 광범위한 재량이 부여되어 있으므로, 실질적으로 벌금 또는 과태료의 성격을 갖는다.[88]

2. 比較法的 考察

독일에서는 상술한 바와 같이 영업법상 의무위반에 대한 제재는 원칙적으로 영업금지(Untersagung)이고 허가취소—정확하게는 허가의 철회—는 의무위반으로 인해 더 이상 허가를 유지할 수 없는 경우에 예외적으로 인정되며 처음부터 기간을 정한 영업정지는 극히 드물다. 금전적 제재는 행정형벌로서의 벌금(Geldstrafe)과 행정질서벌(Ordnungswidrigkeiten)로서의 과태료(Geldbuße)로 이루어지는데, 이들 모두 법원의 판결에 의하여 최종적으로 확정되는 것이다. 우리나라의 과징금과 같이 행정처분의 형식으로 부과되는 금전적 제재는 없다.[89]

---

88) 이상에 관하여 拙稿, 狹義의 行政罰과 廣義의 行政罰 — 行政上 制裁手段과 法治主義的 安全裝置, 『서울대 법학』 제41권 4호(통권 117호), 2001, 278-322면; 졸저, 『행정법의 체계와 방법론』 제8장 참조.

89) 독일의 금전적 제재의 전반적인 내용에 관하여 Elske Fehl, Monetäre Sanktionen im deutschen Rechtssystem, Frankfurt a.M. 2002 참조.

미국법상 'civil penalty'는 원칙적으로 행정청의 청구에 의해 법원의 민사소송 절차에 의해 부과되는 것으로서, 우리나라의 과태료에 해당하는 것이라고 할 수 있다. 하지만 1970년대 이후 이민국적법, 공정근로기준법 등에서 행정청이 먼저 civil penalty를 부과하고 상대방이 이를 다투어 제소하면 실질적 증거(substantial evidence)법칙에 의한 제한적 사법심사(limited judicial review)가 이루어지는 제도가 다수 도입되었는데, 그 합헌성이 1977년 Atlas Roofing Co. v. OSHRC 판결에서 인정되었다.[90] 이와 같이 행정청이 부과하는 civil penalty는 우리의 행정처분에, 그에 대한 '제한적 사법심사'는 우리의 행정소송에 각각 상응하는 것으로 볼 수 있다. 그러나 상술한 바와 같이 미국에서는 행정작용에 대한 사법심사에 관하여 행정절차법 제701조 내지 제706조에서 특별규정을 두고 있긴 하지만 본질은 어디까지나 민사소송이므로, 행정청이 부과한 금액이 재량권남용으로 판단되어 취소되는 경우에는 민사소송의 법리에 따라 원칙적으로 법원은 직접 적정한 금액의 civil penalty를 부과할 수 있게 된다.

프랑스에서는 1989년 이래 객관적 완전심판소송(le recours objectifs de plein contentieux)의 형태로 법원은 행정기관이 부과한 허가취소, 영업정지, 행정제재금(l'amendes administratives)을 취소하고 이에 갈음하는 처분을 선고할 수 있도록 하는 제도가 마련되고 있다. 모든 행정영역을 포괄하는 일반적 제도로서가 아니라, 공정거래위원회, 방송위원회, 증권거래소, 보험감독위원회, 통신위원회, 항공위원회, 주택담당장관의 제재처분에 대해 꽁세이유·데따가 제1심 및 최종심을 담당하는 것으로 각기 개별법으로 도입되었고, 그 일부는 행정소송법전에 편입되었다.[91] 최근 범위가 점차 확대되어 모든 행정법원이 그 관할에 따라 공항소음규제청의 행정제재금, 운수사업자에 대한 내무부장관의 제재처분, 수산업법 위반자에 대한 도지사의 제재처분, 옥외광고간판규제법 위반자, 농업법 위반자, 대기오염·수질오염에 관한 도지사의 제재처분 등에 관해 취소·변경을 할 수 있는 권한이 개별법으로 도입되고 있다.[92]

---

90) 박윤흔, 『행정법강의(상)』, 2001, p.652 참조.
91) 대표적으로 CJA L.311-4.
92) Chapus, op. cit., n° 267(pp.216-218) 참조.

3. 改正方向

종래 재판실무상 법원이 위와 같은 재량적 제재처분에 관해서는 형사처벌에서와 같이 최종 결정권한을 갖는다는 잠재의식에 근거하여 법원이 주도적으로 그 제재의 종류와 정도에 관하여 「사실상 화해」를 중재하여 왔다. 그러나 이는 법원의 중립성과 신뢰를 해친다는 점에서 문제가 없지 않았다. 화해중재라는 편법 대신에 법원이 판결로써 제재의 종류와 정도를 결정하는 제도를 도입하는 것이 요청되는 것이다.

그 구체적인 방법으로 재량처분도 재량권 유월 및 남용을 이유로 취소할 수 있음을 규정하고 현행법 제27조에 제2항을 추가하여 예컨대, "제1항의 규정에 의하여 취소되는 처분이 허가의 취소·정지, 과징금 등 법률위반에 대한 제재인 경우에 처분의 성질과 사안의 구체적 사정에 비추어 다시 행정절차를 거치게 할 필요가 없다고 인정할 때에는 법원은 그 처분에 갈음하여 법률의 범위 내에서 적정한 제재의 종류와 정도를 선고할 수 있다"고 규정하는 것이다. 이와 같이 제재의 종류와 정도를 결정하는 법원의 판결은 원래의 제재처분의 취소판결에 부수하여 동 처분의 내용을 적극적으로 변경하는, 일종의 특수한 취소소송의 성격을 갖는다고 할 수 있다.

상술한 바와 같이 프랑스에서는 제재처분 변경판결을 개별법을 통해 개별적으로 도입하여 그 적용영역이 점차 확대되고 있으나, 우리나라에서는 현재 매우 많은 영역에서 허가취소·정지·과징금이 규정되어 있으므로 일단 행정소송법에서 일반적으로 제재처분 변경판결 제도를 규정한 후 그에 적합하지 않은 행정영역이 있다면 개별법률에서 그 예외를 인정하도록 하는 것이 바람직하다고 할 수 있다. 이러한 예외가능성을 명시하기 위하여 위 조항에서 "법률에 달리 정함이 없는 한"이라는 문구를 추가하는 방안도 고려할 만하다.

행정청으로서는 일단 허가취소·정지, 과징금 등 제재처분을 내렸고 법원이 이것이 과도한 제재로서 재량권남용을 이유로 취소하는 경우이므로, 법원이 행정청에 갈음하여 제재의 종류와 정도를 결정하더라도 행정청의 일차적 결정권이 본질적으로 침해되는 것이 아니라고 할 것이다. 다만, 공무원 징계 또는 국공립학교의 학생 징계 등과 같이 징계위원회의 의결 등 행정절차를 다시 거칠 필요가 있거나, 사안의 성질상 행정절차에서 좀더 조사해야 할 사항이 있는 경우에는 법원은 제재처분을 전부취소하는 데 그치도록 유보조건을 설정하여야 할 것이다.

위와 같은 제재처분 변경판결이 행정청의 재량에 개입하는 것이라는 반론이 제기될 수 있다. 그러나 법률상 제재처분에 관해 부여되는 재량은 구체적 사건에서 위반의 정도, 동기, 결과 등을 참작하여 적정한 제재를 가할 수 있도록 하기 위한 것이라는 점에서, 행정청에게 공익적 관점을 판단할 수 있는 권한을 부여하는 통상적인 재량과는 본질적으로 다르다고 할 수 있다. 뿐만 아니라, 행정청이 제재처분을 함에 있어서는 통상 단속공무원의 보고서 등 단편적인 자료에 의거하는 반면, 그에 대한 취소소송의 심리를 통해 법원은 풍부한 정보를 획득하기 때문에, 법원이 오히려 행정청보다 제재처분에 관한 재량을 보다 더 정확하게 행사할 수 있는 입장에 서게 된다. 만일 행정청이 제재처분을 함에 있어 위반의 정도와 경위 등 의무위반에 관한 사항—말하자면, 형법 제51조 소정의 양형조건—이 아니라 의무위반이 경미함에도 다른 공익적 관점, 예컨대 일반예방적 목적, 정치·경제·사회적 파급효과 등을 고려하여 무거운 제재처분을 할 수 있다고 한다면, 그것은 원칙적으로 위헌적인 재량이라고 할 것이다. 다만, 예외적으로 그러한 공익적 관점을 고려해야 할 필요가 있는 행정영역이 있다면 상술한 바와 같이 특별법으로써 예외를 규정하도록 하고, 그 특별법의 합헌성이 검토되어야 할 것이다.

제재의 종류와 정도를 결정하는 판결에 대하여 일반원칙에 따라 원고는 항소할 수 있으나, 양형부당만으로는 상고할 수 없다는 형사소송법의 원칙에 따라 재량적 제재처분에 대한 변경판결의 경우에도 제재의 종류와 정도가 과중하다는 이유만으로 상고할 수 없도록 하는 방안이 신중히 검토되어야 할 것이다.

VI. 結語

금번 행정소송법 개정의 핵심은 오랜 기간 유지되어 온 항고소송·당사자소송의 구조를 그 연원과 의의를 제대로 인식하여 마땅한 모습으로 발전시키는 데 있다. 특히 그동안 잊혀졌던 항고소송의 객관소송적 기능을 확립하는 것이 중요하다. 행정소송이 행정의 적법성 통제를 위한 가장 주요한 수단으로서, 헌법이 보장하는 법관의 독립성을 기초로 시민과 행정청에 대하여 중립적인 입장에서 공익과 사익을 규범적으로 형량하는 방법론적 전문성을 갖춘 제도로 발전할 수 있도록 그 기초를 확립하는 것이다. 이를 위한 선언적 의미로서, 행정소송법 제1조의 목적에서 행정소송이 권리구제와 더불어 행정의 적법성 확보를 목적으로 한다는 점을 명시할 필요가 있다고 본다.

입법은 타협의 산물이라는 말이 있지만, 그 타협의 전제가 되는 것은 시대적 사명감과 분석적·창의적인 연구이다. 이제 새로이 마련하는 행정소송 제도는 21세기 우리나라 법치주의를 확립하기 위한 礎石이 된다는 점을 명심하는 한편, 19세기 말부터 시작된 서양법의 일방적·편면적 法繼受에서 탈피하여 우리의 관점에서 서구 여러 나라의 제도를 다각적으로 비교 분석하여 그 장단점을 취사선택함으로써 우리에게 알맞은 행정소송을 설계할 수 있도록 노력하여야 할 것이다.

5. 行政立法에 대한 司法審査[*]
— 獨逸法制의 槪觀과 우리법의 解釋論 및 立法論을 중심으로 —

Ⅰ. 問題의 所在

"좌의정, 시 한 편을 지어 올리시오" "이조판서, 시 한 편을 지어 올리시오"
"정3품 이상 문신들은 한 달에 한 번 시 한 편을 지어 제출하여야 한다"
"정3품 이상의 문신들은 한 달에 한 번 杜甫의 시에 준하는 수준의 시 한 편을 지어 제출하여야 한다"

1. 有史 이래 동서고금을 막론하고 권력자는 끊임없이 명령을 내려 왔다. 그런데 개별·구체적인 자연 현상을 보고 그 일반적인 법칙과 추상적인 의미를 밝혀내는—존재(Sein)에 관한—인간의 지능은 개별·구체적인 명령만으로 만족하지 않고, 受範者의 범위를 일반적 징표로써 확대하고 나아가 명령의 내용을 추상적인 징표로써 포괄하는—당위(Sollen)에 관한—인간의 능력으로 연결된다. 다시 말해, 개별성과 일반성, 구체성과 추상성의 영역을 자유롭게 왕래할 수 있는 것이 인간의 사고와 언어가 가진 탁월한 능력이다. 권력자의 명령 또한 이러한 개별성·일반성·구체성·추상성을 임의로 사용하여 왔던 것이다.

국가권력 행사를 통제하고자 하는 법치주의는 개별·구체적인 명령을 事前에 정립된 일반·추상적인 명령에 의거하여서만 가능하도록 제한하는 것인데, 여기에—근대 유럽에서 발전한—(의회)민주주의가 추가되어 그 일반·추상적인 명령

[행정입법에 대한 사법심사,『행정법연구』제11호, 2003]
[*] 본고는 2003. 5. 30. 서울대학교 BK 21 법학연구단 법제도비교연구센터 주관 학술대회의 발표문(未公刊)을 수정·보완한 것으로서, 2001. 6. 25. 대법원 비교법실무연구회에서 발표한 拙稿,「行政立法 不作爲에 대한 行政訴訟」(判例實務研究 Ⅵ, 2003, 박영사, 167-197면 수록)의 내용이 부분적으로 포함되어 있음을 밝힌다.

- 165 -

은 반드시 국민의 대표기관인 의회가 제정하는 법률로써 정립되어야 하는 것으로 되었다. 그리하여 개별·구체적인 명령이 과연 그 일반·추상적인 명령인 법률에 따라 적합하게 이루어졌는지를 통제하는 것이 사법심사의 요체가 되었다. 그러나 (의회)민주주의는 왕의 일반·추상적 명령 권한 전부를 빼앗지는 못하였다. 특히 19세기 외견적 입헌군주제 하의 독일에서는 국왕과 의회의 타협이 이루어져, 왕의 일반·추상적 명령 중 시민의 재산·자유·권리를 침해하는 것은 '법의 말' '법의 명제', 즉 법규(Rechtssatz)라 하여 이는 반드시 의회가 법률로써 제정해야 되지만(法律의 專權的 法規創造力), 그 이외의 모든 일반·추상적 명령은 왕이 임의로 제정할 수 있는 것으로, 의회와 국왕의 권력이 배분되었다. 뿐만 아니라 법규에 해당하는 일반·추상적 명령도 법률이 다시 그 제정권한을 왕에게 授權함으로써 왕은 여전히 상당히 넓은 범위에서 일반·추상적 명령을 내릴 수 있었다. 이와 같이 국왕 또는 국왕의 권력에 의거한 행정권이 내리는 일반·추상적 명령(Verordnung) 중 법규에 해당하는 것으로서 의회로부터 授權받은 것은 법규명령(Rechtsverordnung), 법규에 해당하지 않는 것으로서 국왕이 독자적으로 제정할 수 있는 것은 행정명령(Verwaltungsverordnung)으로 일컬어지게 되었다. 후자의 행정명령은 2차 세계대전 이후 그 舊時代的 뉘앙스(Verordnung, 칙령)를 배제하기 위해 '행정규칙'(Verwaltungsvorschrift)으로 개칭되었다.

2. 이러한 역사적 과정을 살펴보면, 법규명령은 법률의 위임에 의해 행정권이 의회를 대신하여 법률을 보충하기 위해 새로이 행정권의 권한으로 부여된 것이 아니라, 원래부터 — 有史 이래 — 행정권이 행사해 오던 일반·추상적 명령 권한 중 법규에 해당하는 것에 관하여 법률의 근거가 마련된 것에 불과하고, 따라서 개별·구체적 명령에 관하여 법률의 근거가 마련된 것과 본질적으로 동일하다는 점을 알 수 있다. 다시 말해, 행정권의 권력발동 — 개별·구체적 명령의 형태이든, 일반·추상적 명령의 형태이든 간에 — 에 대하여 법률의 근거 내지 수권이 필요하다는 것이다. 이와 같이 법률의 (전권적) 법규창조력과 법률유보(Gesetzesvorbehalt)는 동일한 바탕 위에 있다. 그렇기 때문에 법규의 개념과 법률유보의 범위는 항상 일치하여 확대·변천되어 온 것이다.

이와 같이 법치주의와 (의회)민주주의의 이념에 의거하여, 행정권의 권력발동이 그것이 개별·구체적 명령의 형태이든 일반·추상적 명령의 형태이든 간에 모두 국민의 대표기관이 제정하는 법률에 의해 授權되고 통제되어야 한다는 관점에서 보면, 그 행정권력이 법률을 위반하여 행사되었는지 여부를 심사하는 사법심사 또한 양자에 대하여 본질적인 차이를 가질 수 없다. 그리하여 후술하는 바와 같이 프랑스, 영국, 미국에서는 일찍부터 행정의 개별·구체적 결정과 일반·추상적 행정입법은 동일한 행정활동으로서, 구별 없이 모두 행정소송 내지 사법심사의 대상이 되어 왔다. 다만, 행정입법의 경우에는 受範者가 언제 원고적격을 갖게 되는지, 사법심사의 내용(본안)에 있어 어떠한 기준에 의하여 위법성을 판단하고 그 판단의 강도는 어느 정도이어야 하는지, 다시 말해, 어느 정도로 행정의 자율적 책임을 인정해야 하는지에 관해 개별·구체적 결정의 경우와 다를 수 있을 뿐이다.

반면에, 민주주의와 법치주의의 발전이 상대적으로 늦었던 독일에서는 국왕의 일반·추상적 명령에 대해 법률의 授權과 통제가 이루어진 점은 프랑스, 영국, 미국과 마찬가지이지만, 그에 대한 사법심사에 있어서는 전혀 다른 방향으로 전개되었다. 즉, 외견적 입헌군주제 하에서 국왕은 여전히 일정 부분에서—의회와의 타협을 통해 보존할 수 있었던—절대권력을 갖고 있었기 때문에, 법률의 수권 하에 자신이 제정하는 일반·추상적 명령에 관해 그 법률의 권위를 빌어 사법심사를 회피할 수 있었던 것이다. 다시 말해, 의회주의 내지 의회주권에 의거하여 법률에 대한 사법심사가 부정되는 것을 이용하여, 법규명령 등 행정입법은 법률의 위임에 의하여 법률을 보충하는 것으로서 실질적인 법률에 해당하는 것이므로 사법심사에 대한 법률의 특수한 지위를 동일하게 누릴 수 있다는 논리이다. 그리하여 다른 나라에서 찾아 볼 수 없는 '실질적 의미의 법률'(Gesetz im materiellen Sinne)이라는 호칭이 법규명령에 붙게 되었다. 이러한 배경 하에서 행정의 개별·구체적 명령은 행정소송(취소소송)의 대상이 되지만, 일반·추상적 명령, 즉 법규명령 등 행정입법은—법률에 준하는 지위를 갖는다는 이유로—행정소송의 대상에서 제외될 수 있었다. 바이마르 시대에 이르러 일반 법관이 구체적 사건의 선결문제로서 법률에 대한 '부수적 통제'(inzidente Prüfung)를 할 수 있다는 점이 일반적으로 주장·승인되기에 이르자, 법률에 대해서는 별도의 헌법재판권을 설치하여 일반 법관으로부터 부수적 통제권한을 박탈하자는 논의가 있었지만, 법규명령 등 행정입법에 대해서는 일반 법관의 부수적 통제권한이 자연스럽게 인정되게 되었다. 하지만 선결문제로서가 아니라 행정입법 자체를 심사하는 '직접적 통제'

(prinzipale Prüfung)[1]는 법률 자체를 심사하는 추상적 규범통제와 마찬가지로 아직 인정될 수 없었다.

3. 위와 같은 바이마르 시대까지의 독일의 법제가 日帝를 통하여 우리나라에 도입된 이래 지금까지 행정입법은 의회입법권을 보충하는 것(실질적 의미의 법률!) 으로서, 본질적으로 개별·구체적 행정행위와 다른 것이라는 관념이 지배적이었다. 이는 ─ 독일의 외견적 입헌군주제 하에서와 비슷하게 ─ 지금까지 수차에 걸친 독재·권위주의 정권 하에서 의식·무의식적으로 행정권에게 유리하게 작용하여 왔던 것도 사실이다. 대통령령과 부령은 '법'이므로 법원에서 함부로 다루지 말라는 것이다.[2] 이러한 관념 하에 행정입법은 법률과 마찬가지로 구체적 사건의 선결문제로서, 구체적 규범통제의 대상이 될 뿐, 행정입법 자체를 대상으로 하는 항고소송(취소소송)은 원칙적으로 불가능한 것으로 이해되어 왔다. 대법원 판례는 일찍부터 항고소송의 대상이 되는 처분 개념에 관하여 '구체적 사실에 관한 법집행'이라는 문구에 의거하여 행정입법은 일반·추상적 사실에 관한 규율이라는 이유로 이를 항고소송의 대상에서 제외하여 왔다.

그러나 현대 행정에서는 행정수단으로서 개별·구체적 처분을 사용하는 것은 ─양적으로나 질적으로나─ 극히 일부분이고 그나마도 거의 대부분 집행 내지 제재수단에 한정되어 있으며, 행정목적을 달성하는 주된 수단은 행정입법이라는 점은 두 말할 나위도 없다. 복잡하고 대량적인 행정 수요에 비추어 이를 행정입법으로 규제하는 것이 행정의 경제성·효율성의 관점에서 불가피하고 또한 바람직하다. 미리 개별적 조치의 기준을 마련하고 이를 공시함으로써 국민에게 예측가능성과 법적 안정성을 부여하는 기능도 있기 때문이다. 그러나 문제는 행정입법에 대한 사법심사에 있다. 일정한 행정목적을 개별처분을 통해 수행하도록 하는가 아니면 행정입법을 통해 수행하도록 하는가는 원칙적으로 입법자의 재량에 속

---

1) 독일에서는 부수적 통제(inzidente Prüfung)에 대비되는 용어로서 prinzipale Prüfung이라는 말을 쓰고 있는데, 이를 직역하는 주위적 통제가 되지만, 우리말에 적합한 번역으로는 '직접적 통제'가 보다 타당한 것이라고 생각한다. 이러한 의미에서 본고에서는 행정입법에 대한 '직접적 통제' 또는 '직접 취소소송'이라는 용어를 사용하고자 한다.
2) 대통령령뿐만 아니라 부령까지도 대법원에서 구체적 규범통제에서 헌법과 법률에 위반함을 인정하기 위해서는 전원합의체의 재판이 필요하다는 법원조직법 제7조 제1항 제1, 2호도 이러한 관념의 산물이라고 할 수 있다.

하지만, 행정입법의 경우 그에 대한 사법적 통제와 권리구제가 불가능하거나 현저히 곤란하다면, 이는 입법자로 하여금 법치주의와 국민의 재판청구권이라는 헌법원리를 잠탈하는 것을 허용하는 결과가 될 것이다. 소위 구체적 규범통제만으로 부족하다. 여기에서는 행정입법에 의거하여 개별적 행정처분이 내려지거나 그 행정입법에 대한 위반으로 허가취소·영업정지·과징금 등 제재처분을 받거나 형사소추 또는 과태료가 부과된 경우에 비로소 이에 대한 행정소송과 형사소송에서 행정입법을 다툴 수밖에 없다. 그러나 개인과 기업에게 행정입법을 다투려면 먼저 그 행정입법에 의한 불리한 개별처분을 받든가 아니면 행정입법을 위반하여 제재처분 또는 형사소추될 것을 요구한다는 것은 기대가능성이 없는 무리한 요구이다. 이러한 권리구제의 난점을 상술한 현대행정에서의 행정입법의 비중에 비추어 보면 행정입법에 대한 사법심사의 문제가 현대 행정법과 행정소송에 있어 가장 중요한 과제임을 알 수 있다.

우리나라는 1987년 6월 명예혁명을 계기로 지금까지 세계사에서 유례를 찾기 어려울 정도로 민주화와 법치주의를 실현·발전시키고 있다. 상술한 바와 같이 행정입법에 대한 사법심사의 제한이 독일 외견적 입헌군주제의 산물로서, 日帝와 독재·권위주의 정권의 유산이라면, 당연히 청산되어야 과제이었다. 이러한 점에서 헌법재판소가 소위 '보충성의 非適用'을 논거로 헌법소원심판을 통해 행정입법에 대한 사법심사를 폭넓게 인정하여 온 공로와 업적을 높이 평가할 수 있다. 문제는 非常的 권리구제수단으로서의 성격, 단심제와 임의적 변론 등 헌법소원심판의 한계에 비추어 과연 헌법소원심판을 통한 심사만으로 만족할 것인가에 있다. 그동안 15년 간의 과도기를 거쳐 이제 百年之大計로서 행정소송 제도를 개혁함에 있어 행정입법에 대한 사법심사가 重且大한 문제로 부각되는 것은 당연한 일이라고 할 것이다.

이러한 문제의식 하에서, 본고에서는 먼저 우리나라에 결정적인 영향을 미친 독일법제의 현재 상황을 개관한 다음(Ⅱ.), 우리나라 현행법의 해석론과 입법론을 제시하고 그 문제점들을 검토하기고 한다(Ⅲ.).3)

---

3) 본고에서의 필자의 소견은 그동안 주로 다음과 같은 연구를 통해 발전·정립된 것이다. 拙稿, 憲法과 行政訴訟 ─ 行政訴訟과 憲法訴訟과의 관계,『서울대학교 법학』제39권 4호 (통권 109호), 1999, 81-105면; 行政法院 一年의 成果와 發展方向, 행정법원의 좌표와 진로 (개원1주년 기념백서), 서울행정법원, 1999, 278-302면; 行政訴訟에 있어 訴訟上和解,『인권과 정의』, 1999. 11, 8-24면; 取消訴訟의 訴訟物에 관한 硏究. 취소소송의 관통개념으로

Ⅱ. 獨逸法上 行政立法에 대한 司法審査

1. 槪要 — 法理論的 前提

(1) 상술한 바와 같이 독일에서 행정입법에 대한 사법심사가 선결문제로서의 구체적 규범통제에 한정된 것은 이념적으로 외견적 입헌군주제 하에서 국왕의 행정입법권에 대한 특별 대우에서 비롯된 것이지만, 독일의 도그마틱은 이를 법이론적으로 精緻하게 가공하게 되었는데, 바로 '행정작용 유형론'(Verwaltungshandlungsformenlehre)이다. 이는 프랑스·영국·미국에는 없는 독일 특유의 이론으로서, 행정작용을 그 법적 성격에 따라 행정행위, 행정입법, 사실행위, 공법상계약, 비공식적 행정작용 등으로 구별하여 각각에 관하여 그 요건과 효과, 권리구제 방법을 논하는 것이다. 가장 핵심적인 것은 행정행위(Verwaltungsakt)의 개념인데, 행위 내지 활동을 의미하는 'Handlung'이라는 일상적인 게르만어 대신에, 'Akt'라는 라틴어 어원을 가진 용어를 사용하여 독일 특유의 개념을 정립한 것이다. 이는 개별·구체적인 규율로서, 대외적으로 상대방에 대해 의무를 부과하거나 권리를 부여하는 직접적인 법적 효과를 갖는 행위만을 의미하는 것인데, 1976년 제정된 행정절차법 제35조 제1문은 '행정행위'를 "공법 영역에서 개별사안의 규율을 위해

서 소송물 개념의 모색, 『法曹』, 2000년 7월호(통권 526호), 93-126면; 環境危害施設의 設置·稼動 許可處分을 다루는 取消訴訟에서 隣近住民의 原告適格 — 독일법의 批判的 檢討와 行政訴訟法 제12조의 解釋을 중심으로, 『판례실무연구 Ⅳ』, 비교법실무연구회 편, 2000, 475-499면(행정법연구 제6호, 2000, 97-118면 수록); 取消訴訟 四類型論 — 取消訴訟의 對象適格과 原告適格의 體系的 理解와 擴大를 위한 試論, 『특별법연구』제6권, 특별소송실무연구회 편, 2001, 124-148면; 狹義의 行政罰과 廣義의 行政罰 — 行政上 制裁手段과 法治主義의 安全裝置, 『서울대학교 법학』제41권 4호(통권 117호), 2001, 278-322면(제4차 동아시아행정법학회 주제발표문); 取消訴訟의 性質과 處分槪念, 『고시계』 2001. 9, 6-34면; 行政法과 法哲學 — 現代 行政法에 있어 純粹法學의 意義, 『행정법연구』제7호, 2001, 행정법이론실무학회 편, 203-221면; 독일법상 取消訴訟의 權利保護必要性 — 우리 행정소송법 제12조 후문의 해석과 더불어, 『판례실무연구 Ⅴ』, 2001, 417-445면; 人類의 普遍的 智慧로서의 行政訴訟 — 多元的 法比較를 통해 본 우리나라 行政訴訟의 現狀과 發展方向, 裁判管轄과 訴訟類型을 중심으로, 『서울대학교 법학』제42권 제4호(통권 121호), 2001, 66-105면; 地方自治團體의 自治權을 보장하기 위한 行政訴訟, 『지방자치법연구』제1권 제1호, 한국지방자치법학회, 2001, 9-21면; 行政訴訟法 改正의 基本方向 — 行政訴訟의 構造·種類·對象을 중심으로, 『현대공법학의 과제』, 晴潭崔松和敎授華甲紀念, 2002, 645-683면; 英國 行政法의 槪觀, 『영국법』, 사법연수원 편, 2002, 85-122면; 處分事由의 追加·變更과 行政行爲의 轉換 — 制裁撤回와 公益上 撤回, 『행정판례연구 Ⅶ』, 한국행정판례연구회 편, 2002. 12, 196-274면; 行政訴訟法 改正의 主要爭點, 『공법연구』제31집 제3호, 2003. 3, 41면-102면 참조.

행정청에 의해 내려지는, 외부에 대한 직접적 법적 효과의 발생을 목적으로 하는 모든 처분, 결정 또는 기타의 조치"[4]로 정의하고 있다. 여기서 핵심적 징표는「개별사안의 규율」과「직접적 법적 효과의 발생」이다. 이에 의해 한편으로 일반·추상적인 규율인 행정입법이, 다른 한편으로 직접적인 법적 효과를 발생하지 않는 사실행위가 각각 행정행위의 개념에서 배제된다. 또한 개별적으로 특정되지는 않았지만 일반적인 기준에 의해 수범자의 범위가 특정될 수 있는 규율, 즉 일반처분(allgemeine Verfügung)이 이러한 행정행위에 포함되는 것인가 아니면 규범으로서 행정입법에 해당하는 것인가에 관해 종래 견해가 대립되어 왔는데, 이러한 일반처분도 행정행위에 해당한다는 점을 동조 제2문이 명시하고 있다.[5]

이와 같이 행정행위·행정입법·사실행위에 관한 행정작용 유형론은 행정소송의 대상적격(Statthaftigkeit)과 연결되는데, 전통적으로 행정행위만이 취소소송(Anfechtungsklage)의 대상이 되었다. 그 이론적 논거로서, 취소소송은 현재 존속하고 있는 효력을 소급적으로 소멸시키는 형성소송이기 때문에, 위법하더라도 당연무효가 아닌 한 법적 효력 — 우리나라에서 '공정력'이라고 일컫는 효력 — 을 발생하는 행정행위만이 그 대상이 될 수 있다는 것이다. 이러한 행정행위의 효력은 행정절차법 제43조 제2항에 명문으로 규정되었다.[6] 사실행위는 아예 법적 효력을 갖지 않기 때문에, 행정입법은 법적 효력을 갖는 것이기는 하지만 공정력을 갖지 않기 때문에, 다시 말해, 위법하면 처음부터 법적 효력이 없는 것이기 때문에, 모두 형성소송인 취소소송의 대상이 될 수 없는 것이다.[7]

---

4) [jede Verfügung, Entscheidung oder andere Maßnahme, die eine Behörde zur Regelung eines Einzelfalles auf dem Gebiet des öffentlichen Rechts trifft und die auf unmittelbare Rechtswirkung nach außen gerichtet ist.]

5) "일반처분은 행정행위의 하나로서, 일반적 징표에 의해 특정되어 있거나 특정될 수 있는 사람들을 대상으로 하거나, 또는 물건의 공법적 성격이나 公衆에 의한 사용에 관한 것이다." [Allgemeinverfügung ist ein Verwaltungsakt, der sich an einen nach allgemeinen Merkmalen bestimmten oder bestimmbaren Personkreis richtet oder die öffentlich-rechtliche Eigenschaft einer Sache oder ihre Benutzung durch die Allgemeinheit betrifft.]

6) "직권취소·철회 또는 다른 방법으로 폐지되거나 시간의 경과 또는 다른 방법으로 종료될 때까지는 유효하다" [Ein Verwaltungsakt bleibt wirksam, solange und soweit er nicht zurückgenommen, widerrufen, anderweitig aufgehoben oder durch Zeitablauf oder auf andere Weise erledigt ist.]

7) 위와 같은 행정행위의 개념과 공정력을 이론적으로 확립한 것은 Otto Mayer인데, 그는 프랑스 행정법에 정통한 학자로서, 당시 프랑스에서는 이미 개별적 행정행위와 행정입법이 모두 acte administratif로서 구별 없이 월권소송의 대상이 되고 있었다는 점을 알고

(2) 2차 세계대전 이후 독일의 헌법(기본법)은 제19조 제4항에서 누구든지 공권력에 의하여 권리가 침해되었을 때에는 재판(Rechtsweg)이 허용된다고 규정함으로써 포괄적 내지 빠짐없는 권리구제를 천명하고 있다. 그리하여 행정행위에 대해서만 취소소송 형태로 행정소송을 인정하는 것이 더 이상 허용될 수 없게 되어, 1960년에 제정된 행정법원법(Verwaltungsgerichtsordnung)은 행정활동 중 행정행위에 대하여 취소소송과 더불어 그 발급을 구하는 의무이행소송(Verpflichtungsklage)을 규정하였을 뿐만 아니라, 사실행위에 대해서도 — 법문상 명확한 것은 아니지만 판례에 의한 법형성적 해석에 의거하여 — 금지소송(Unterlassungsklage)과 일반이행소송(allgemeine Leistungsklage)을 인정하게 되었다. 문제는 행정입법에 대한 것인데, 행정입법은 원칙적으로 취소소송 등에서 선결문제로서 구체적 규범통제의 대상이 되는 것으로 하되, 예외적으로 한정된 범위의 행정입법 자체를 직접 다툴 수 있는 소송유형을 별도로 마련하였다. 행정법원법 제47조가 규정하고 있는 규범통제절차(Normenkontrollverfahren)가 그것이다.

이와 같이 행정입법에 대한 직접적 통제수단으로 규범통제절차라는 별도의 소송유형을 마련하게 된 것은, 첫째, 상술한 바와 같이 행정입법은 공정력을 갖지 않기 때문에 위법한 행정행위의 공정력을 소급적으로 소멸시키는 형성소송으로서의 취소소송의 대상이 될 수 없다는 이유에서이다. 그렇다면 행정입법을 행정행위 이외의 사실행위를 다투는 금지소송의 대상으로 할 수는 없겠는가 라는 의문이 제기되는데, 바로 여기에서 규범통제절차라는 별도의 소송유형을 마련한 두 번째 이유가 확인된다. 즉, 행정행위에 대한 취소소송·의무이행소송이든, 사실행

있었다(ders, Theorie des Französischen Verwaltungsrechts, Straßburg 1886, S.140 f. 참조). 그런데 그는 프랑스 행정법을 모범 삼아 독일 행정법을 구축한다고 하면서 어찌하여 프랑스와는 전혀 달리 행정행위와 행정입법을 준별하게 되었는가 라는 의문이 제기된다. 물론 그에게 상술한 외견적 입헌군주제 하에서 국왕의 행정입법권을 옹호하고자 하는 정책적 관점이 있었다는 점을 부정할 수 없다. 그러나 이론적인 관점에서는, 그가 상정한 行政行爲는 司法行爲, 즉 판결에 비견하는 국가행위이었으므로, 규범을 대전제로 하여 당해 사안의 구체적 사실관계를 소전제로 하는 삼단논법에 의해 도출된 개별·구체적인 결정만이 행정행위에 해당되는 것으로 파악될 수 있었고, 또한 바로 그렇기 때문에 행정행위만이 판결의 확정력에 준하는 공정력을 가질 수 있었다. 그에게 있어 행정행위에 대한 취소소송은 확정판결에 대한 재심판결과 같은 성격을 갖는 것이었다. 요컨대, 행정행위를 법원의 판결에 상응한 것으로 파악한 결과, 행정입법은 그 반대로 의회의 입법에 상응한 것으로 파악되고, 따라서 행정행위와 행정입법은 준별될 수밖에 없게 되었다. 이에 관해서는 Otto Mayer, Deutsches Verwaltungsrecht. 1.Bd. 3.Aufl., Berlin 1923, S.92-103 참조.

위에 대한 금지소송·일반이행소송이든 모두 철저한 주관소송으로서, 행정법원법 제121조가 명시하고 있듯이 그 판결의 효력은 당사자(참가인을 포함) 사이에만 미친다. 반면에, 일반적 효력을 갖는 규범으로서의 행정입법이 위법성으로 인해 무효가 된다는 것은 그 일반적 효력을 상실하는 것이기 때문에 ─ 역시 행정법원법 제47조 제5항 제2문이 규정하고 있다시피 ─ 대세효 내지 절대적 효력(erga omnes-Wirkung)을 갖게 된다. 따라서 행정입법은 상대적 효력밖에 없는 금지소송의 대상이 될 수 없는 것이다. 요컨대, 독일의 이론체계에서는 행정행위의 공정력과 행정소송의 주관적 성격이라는 두 가지 이유 때문에 행정입법에 대한 직접적 통제를 기존의 행정소송 체계에 포함시키지 못하고 이에 대해 규범통제절차라는 별도의 소송유형을 마련하고 있다.

(3) 문제는 아래에서 보는 바와 같이 규범통제절차의 대상이 되는 행정입법이 제한되어 있다는 점이다. 그러나 규범통제절차의 대상에서 제외되는 행정입법에 대해서도 그것이 직접 시민의 권리를 침해하는 경우에는 헌법상 포괄적 권리구제 요청에 의거하여 반드시 이를 다툴 수 있는 방법이 마련되어야 한다는 데 판례·학설이 일치하고 있다. 특히 최근 학설의 경향은 행정입법과 행정행위를 준별하고 행정입법을 법률에 준하는, 소위 실질적 의미의 법률로 파악하던 전통적 태도를 반성하고, 행정행위와 행정입법의 상대성 내지 대체가능성, 행정수단으로서의 행정입법의 기능을 강조하면서 그에 대한 사법적 통제 내지 권리구제의 중요성을 입론하고 있다.[8] 또한 행정입법에 대한 직접적 통제를 통해 그 행정입법에 의거한 수많은 행정행위에 대한 쟁송을 미연에 방지함으로써 소송경제의 효과를 거둘 수 있다는 점도 지적되고 있다.[9] 다만, 규범통제절차의 대상에서 제외된 행정입법 자체를 다투는 방법에 관해 견해가 갈리고 있는데, 첫째 헌법합치적 해석을 통해 규범통제절차의 대상을 전면적으로 확대함으로써 모든 행정입법을 규범통제절차에 의해 다투는 방법, 둘째 기본법 제93조 제1항 4a호에 의거하여 헌

---

8) Hufen, Verwaltungsprozeßrecht. 4.Aufl., München 2000, § 19 Rn.4; Maurer, Allgemeines Verwaltungsrecht. 14.Aufl., 2002, § 13 Rn.2; Christoph Kuntz, Der Rechtsschutz gegen unmittelbar wirkende Rechtsverordnungen des Bundes, Frankfurt a.M. 2001, S.28 ff.; Helmut Goerlich, Formenmißbrauch ─ Einzelfallgesetz ─ Gewaltenteilung, DÖV 1985, S.945-953; Wolf-Rüdiger Schenke, Rechtsschutz bei Divergenz von Form und Inhalt staatlichen Verwaltungshandelns, VerwArch 72 (1981), S.185-218 등 참조.

9) 특히 Würtenberger, Verwaltungsprozeßrecht, 1998, Rn.437.

법소원 — 소위 법규헌법소원(Rechtssatzverfassungsbeschwerde) —으로 다투는 방법, 셋째 문제의 행정입법이 위법·무효임을 전제로 구체적 법률관계의 존부에 관한 확인소송(행정법원법 제43조)을 제기하여 그 선결문제에 관한 구체적 규범통제로써 행정입법을 다투는 방법 등이다. 셋째 방법이 통설이고 확립된 판례이다.[10]

아래에서는 먼저 규범통제절차의 구체적 내용을 살펴본 다음(2.), 규범통제절차의 대상이 되지 않는 행정입법을 다투는 상술한 세 가지 방법에 관해 고찰한다(3.).

2. 規範統制節次 Normenkontrollverfahren

(1) 法的 性質

행정법원법 제47조는 「규범통제절차의 관할」이라는 제목 하에, 그 제1항에서 고등행정법원은 그 재판권의 범위 내에서 신청에 따라 도시계획조례, 州의 법규명령 등의 적법성(Gültigkeit)을 판단한다고 규정하고 있다. 동조 제2항 제1문은 그 신청을 할 수 있는 자로서, 행정청과 더불어, 법규정 또는 그 적용으로 인해 자신의 권리가 침해되었거나 조만간 침해될 것임을 주장하는 자연인 또는 법인을 규정하고 있다. 동조 제5항 제2문에 의하면, 고등행정법원은 계쟁 법규정이 위법하다고 판단되면 판결 또는 결정으로써 그것이 무효(nichtig)임을 선언하는데, 그 재판(판결 또는 재판)은 일반적 구속력을 가지며, 재판의 주문은 당해 법규정이 공포되었던 것과 동일한 방법으로 공고되어야 한다고 규정하고 있다. 또한 동항 제3문은 무효를 선언하는 재판이 소급효를 갖는다는 전제 하에 예외적 소급효 제한을 규정하고 있는 동법 제183조를 준용하고 있다.

첫째, 이러한 규범통제절차는 행정입법 자체를 심사 대상으로 한다는 점에서 추상적 규범통제(abstrakte Normenkontrolle) 내지 주위적·직접적 규범통제(prinzipale Normenkontrolle)로서, 구체적 사건에서 선결문제로 행정입법의 위법성을 심사하는 구체적 규범통제(konkrete Normenkontrolle) 내지 부수적 규범통제(inzidente Normenkontrolle)와 구별된다.

둘째, 규범통제절차는 '객관적 탄핵절차'(objektives Beanstandungsverfahren)로

---

10) Christoph Kuntz, a.a.O., S.101 ff.; Johan-Christian Pielow, Neuere Entwicklungen beim „Prinzipalen" Rechtsschutz gegenüber untergesetzlichen Normen, Die Verwaltung 1999, S.445-479 (463 ff.); Wilfried Peters, Zur Zulässigkeit der Feststellungsklage (§ 43 VwGO) bei untergesetzlichen Normen, NVwZ 1999, S.506-507; Wolfgang Kilian, Rechtsschutz gegen Bundes-Rechtsverordnungen, NVwZ 1998, S.142 등 참조.

일컬어지듯이 객관소송적 성격을 갖고 있다. 이는 우선 행정청이 신청인이 될 수 있다는 점에서 그러한데, 條文上 한정되어 있지 않지만, 모든 행정청이 신청인적격을 갖는 것이 아니라 당해 행정입법을 적용하여야 하거나 업무처리에서 당해 행정입법을 준수해야 하는 행정청만이 신청인적격을 갖는다는 것이 판례·학설이다. 이와 같이 행정청의 권한과 일정한 관련이 있다는 점에서 — 행정기관의 권한(Kompetenz)을 권리(Recht)에 준하는 것으로 파악하여 우리의 기관소송을 취소소송으로 인정하는 독일의 판례·학설에 비추어 — 주관소송적 성격을 일부 갖고 있다고 할 수 있다. 뿐만 아니라, 자연인·법인의 경우 신청인적격 요건으로 취소소송·의무이행소송과 마찬가지로 권리침해의 (가능성 있는) 주장을 요구하고 있지만, 본안판단의 대상을 단지 법규정의 적법성(Gültigkeit)에 한정하고 있다는 점은 객관소송적 요소이다. 취소소송·의무이행소송에서 본안판단의 대상은 위법성뿐만 아니라 그 위법성으로 인한 권리침해도 포함된다. 이와 같은 '위법성 견련성'(Rechtswidrigkeitszusammenhang), 즉, 위법성만으로 부족하고 그것이 권리침해와 결부되어야 한다는 것이 규범통제절차에서는 요구되지 않는 것이다.[11] 나아가 위법성을 이유로 법규정의 무효를 선언하는 판결은 일반적 구속력, 즉 대세효를 갖는다는 점에서 객관소송적 성격이 분명히 드러난다. 상술한 바와 같이, 독일에서는 규범통제절차의 이러한 객관소송적 성격 때문에 철저한 주관소송인 다른 행정소송 유형과 본질을 달리하고, 따라서 직접적 규범통제를 취소소송이나 금지소송에 포함시킬 수 없고 별도의 소송유형으로 마련하게 된 것이다.[12]

---

11) Hufen, a.a.O., § 19 Rn.6; Würtemberger, a.a.O., Rn.435; Pielow, a.a.O., S.449 f. 필자의 견해에 의하면, 우리 행정소송법상 항고소송, 특히 취소소송은 원고적격 단계에서 '처분의 취소를 구할 법률상 이익'을 요구하고 있지만 본안판단의 대상이 위법성에 한정되고 권리침해 여부를 문제삼지 않는다는 점에서 객관소송적 성격을 갖는 것으로 파악하는데, 이는 독일의 규범통제절차와 동일한 구조이다. 따라서 우리 행정소송법 제29조 제1항에서 취소판결이 제3자에 대해서도 효력이 있다고 규정하고 있는 것은 이러한 객관소송적 성격이 반영되어 — 독일의 규범통제절차와 마찬가지로 — 취소판결이 대세효를 갖는다는 점을 명시하기 위한 것으로 이해되어야 하는 것이다.

12) 1997년 개정 이전에는 자연인·법인의 신청인적격으로 현재와 같이 '권리침해를 주장하는 자'가 아니라 '「손해」(Nachteile)를 입었거나 입을 것이 예상되는 자"로 규정하고 있었기 때문에, 객관소송적 성격이 보다 분명하였었다. 이와 같이 원고적격 관점에서 취소소송·의무이행소송 등 일반 행정소송과 분명한 차이가 있었으므로, 입법자는 규범통제절차를 '소송'(Klage)이 아니라 '절차'(Verfahren)로 명명했던 것이다. 그러나 1997년 개정을 통해 신청인적격이 권리침해의 주장으로 변경됨으로써 주관소송적 성격이 강화되었고, 실무상 규범통제절차에서 행정입법자와 신청인이 대립당사자로 취급되고 있으며, 특

셋째, 규범통제절차는 본질적으로 확인소송에 해당한다. 상술한 바와 같이 행정입법은 이론적으로 공정력을 갖지 않기 때문에 위법성을 확인함으로써 처음부터 무효인 것으로 된다. 이러한 취지에서 위에서 본 바와 같이 행정법원법 제47조 제5항 제2문은 계쟁 법규정이 위법(ungültig)한 것으로 판단되면 법원은 그것이 무효(nichtig)임을 선언하도록 규정하고 있는 것이다. 그 무효는 처음부터, 즉 행정입법 제정시로 소급하는 것이기 때문에, 동항 제3문은 예외적인 소급효 제한을 규정하고 있는 동법 제183조를 준용하고 있다. 상술한 바와 같이, 독일에서는 규범통제절차의 이러한 확인소송적 성격 때문에 형성소송으로서의 취소소송과 본질을 달리하고, 따라서 직접적 규범통제를 취소소송에 포함시킬 수 없고 별도의 소송유형으로 마련할 수밖에 없었던 것이다.

넷째, 규범통제절차가 전형적인 행정소송, 즉 행정법원법 제40조 제1항 제1문 소정의 '행정재판'(Verwaltungsrechtsweg)에 해당하는 것인가 라는 문제가 있다.[13] 위 제1문은 연방법률이 다른 법원의 관할로 지정하지 않는 한, "헌법적 성격을 갖지 않는 모든 공법상의 분쟁"에 대하여 행정재판이 인정된다고 규정하고 있다. 소수설에 의하면, 행정입법에 대한 직접적 규범통제는 그 무효판결이 행정입법의 규범적 성격으로 인해 대세효를 가질 수밖에 없는데, 이러한 대세효 때문에 전형적인 행정재판이 아니라 실질적인 헌법재판에 해당하는 것이고, 그럼에도 불구하고 행정법원법 제47조가 특별한 행정재판의 유형으로 규정하였다고 한다.[14] 또 다른 논거로서, 후술하는 바와 같이 동법 제47조 제1항 제2호에 의하면 州의

히 후술하는 바와 같이 규범통제절차가 연방헌법재판소법 제90조 제2항이 헌법소원은 다른 재판(Rechtsweg)을 모두 거친 후에 비로소 제기할 수 있다고 규정할 때의 '재판'에 해당한다는 것이 연방헌법재판소의 판례(BVerfGE 70, 35, 53)이므로, 규범통제절차도 분명히 행정법원법상의 소송의 한 유형으로서 '규범통제소송'(Normenkontrollklage)으로 파악해야 한다는 견해가 유력하다(Hufen, a.a.O., § 19 Rn.6). 우리나라의 취소소송 등 항고소송을 객관소송적 성격이 강한 것으로 보고 있는 私見에 의하더라도 객관소송이라고 하여 '소송'이라고 부르지 않을 이유가 없으므로 '규범통제소송'이라고 일컫는 것이 자연스럽기는 하지만, 이하에서는 法文에 충실한다는 취지에서 '규범통제절차'로 부르기로 한다.

13) 이에 관한 상세한 내용은 Kuntz, a.a.O., S.73 ff. 참조.
14) Wolf-Rüdiger Schenke, Rechtsschutz bei normativem Unrecht, Berlin 1979, S.264 ff.; ders, Verwaltungsprozeßrecht. 8.Aufl., 2002, Rn.132; ders, Rechtsschutz gegen Normen, JuS 1981, S.81-88 (86); ders, Rechtsschutz gegen das Unterlassen von Rechtsnormen, VerwArch 1991, S.307-356; Ziekow, in: Nomos Kommentar zur Verwaltungsgerichtsordnung, § 47 Rn.8 ff.; Wolfgang Bergmann, Zwischenbilanz zur verwaltungsgerichtlichen abstrakten Normenkontrolle, VerwArch 51 (1960), S.36-63 (39) 등.

법률하위법규는 州法이 이를 규정하고 있을 때에만 규범통제절차가 인정되는 것으로 규정되어 있는데, 이는 州의 법률하위법규에 대한 직접적 규범통제는 연방이 전혀 입법권을 갖고 있지 않는, 따라서 연방법률인 행정법원법이 규율할 수 없는, 州 헌법재판에 의해 이루어진다는 것을 전제로 하는 것이라고 한다. 반면에 판례15)와 통설16)에 의하면 동법 제40조 제1항 제1문 소정의 "헌법적 성격"이라 함은 헌법에 의해 직접 부여된 권리·의무에 관한 분쟁을 소송물로 하고 따라서 헌법의 해석·적용이 분쟁 해결의 핵심이 되는 것으로서, 행정입법에 대한 직접적 통제는 거의 대부분 법률의 수권범위와 관련한 문제이기 때문에 원칙적으로 헌법적 성격을 갖지 않고, 뿐만 아니라 상술한 바와 같이 행정입법은 행정작용의 일환이기 때문에 행정작용에 대한 사법심사를 임무로 하는 행정재판의 관할에 당연히 속하는 것이라고 한다. 특히 위 "헌법적 성격"을 양 분쟁당사자가 모두 헌법기관인 경우에 한정하는 것으로 보는 것이 다수설인데, 이러한 견해에 의하면 거의 대부분 시민과 행정 사이의 분쟁인 규범통제절차는 헌법적 성격을 갖지 않는 것으로 파악된다.

이러한 견해 대립은 후술하는 바와 같이 규범통제절차의 대상이 되지 않는 행정입법에 대한 직접적 통제 또는 행정입법 부작위에 대한 권리구제의 방법에 관한 견해 대립으로 연결된다. 즉, 소수설에 의하면 헌법소원을 그 원칙적인 방법으로 파악하는 반면, 통설 및 판례는 확인소송, 일반이행소송, 금지소송 등 일반 행정소송의 방법을 강구하게 되는데, 이는 행정법원법상 규범통제절차가 행정입법에 대한 다른 행정소송의 제기가능성을 봉쇄하는 것이 아니라는 점을 주된 논거로 하면서 헌법소원의 보충성을 추가적으로 강조한다. 또한 통설은 소수설에 대하여 행정입법에 대한 직접적 통제를 실질적 헌법재판으로 파악하는 것은 행정입법의 규범적 위상을 과대평가할 위험이 있다고 비판하는데,17) 이는 위에서 강조한 바와 같이 전통적으로 독일에서 행정입법을 행정작용의 일환으로서가 아니

---

15) BVerwGE 24, 272 (279); 36, 218 (227); 50, 124 (130); 80, 355 (357-359); BVerwG, NJW 1976, 647 (638) 등.

16) Hufen, a.a.O., § 11 Rn.69; Redeker / von Oertzen, Verwaltungsgerichtsordnung. Kommentar. 12.Aufl., 1997, § 40 Rn.3; Verwaltungsprozeßrecht. 9.Aufl., 1987, S.48; Schmitt Glaeser, Verwaltungsprozeßrecht. 13.Aufl., 1994, Rn.59; Pielow, a.a.O., S.89 ff.; Thomas Würtenberger, Die Normenerlaßklage als funktionsgerechte Fortbildung verwaltungsprozessualen Rechtsschutzes, AöR Bd. 105 (1980), S.370-399 (381) 등.

17) Würtenberger, a.a.O.

라 의회입법에 준하는 것으로 이해함으로써 사법심사를 제한하는 결과를 빚은 것
에 대한 반성이라고 할 수 있다.

(2) 對象

행정법원법 제47조 제1항 제1호는 규범통제절차의 대상으로서, 연방건설법
전(Baugesetzbuch, BauGB)에 의거하여 제정된 조례 및 동법 제246조 제2항에 의거
한 법규명령[18]을 규정하고 있다. 가장 대표적인 것이 동법 제10조 이하에서 규정
된 도시상세계획(Bebauungsplan)인데, 그 이외에도 제16조 소정의 변경금지(Verän-
derungssperre), 제132조 소정의 개발(Erschließung), 제142조 제3항 소정의 토지구획
정리지역 결정 등이 포함된다.

다음으로, 동항 제2호는 규범통제절차의 대상으로 주법률의 하위 법규정
(Rechtsvorschrift)을 규정하고 있는데, 이는 州法이 규범통제절차를 인정하는 경우
에 한한다. 거의 대부분의 州에서 규범통제절차를 허용하고 있지만, 아직 Berlin,
Hamburg, Nordrhein-Westfalen에서는 그렇지 않고, Rheinland-Pflaz와 Sachen-Anhalt
에서는 제한적으로 인정하고 있다. 法文에서 '법규명령'이 아니라 '법규정'으로
되어 있기 때문에, 주법률의 하위에 있는 관습법도 대상이 되는가에 관해 견해가
대립되는데, 긍정하는 것이 다수설이다.[19] 또한 행정규칙에 관해서도 최소한 그
것이 평등원칙을 매개로 하여 사실상 구속력을 갖는 경우와 소위 규범구체화 행
정규칙으로서 구속력을 갖는 경우에는 규범통제절차의 대상이 된다는 것이 다수
설이다.[20] 법원과 행정관청의 사무분담계획(Geschäftsverteilungsplan)에 관해서도 규
범통제절차의 대상적격을 인정하는 것이 다수설이지만, 신청인적격은 그로 인해
재판권 내지 공무담임권이 침해되는 법관과 공무원에게만 인정되고 시민은 제외
된다.

무엇이 도시계획조례인지 州의 법규명령인지는 형식적 기준에 의거하여 판
단된다. 따라서 형식적으로 조례 또는 법규명령이지만 그 실질적 내용이 개별적

---

18) 동법 제246조 제2항은 都市州인 Berlin, Hamburg, Bremen에서는 법규명령에 의해 도시
　계획을 정할 수 있는 것으로 규정하고 있다.
19) Schoch/Schmidt-Aßmann/Pietzner, Verwaltungsgerichtsordnung, § 47 Rn.27; Würtenberger,
　a.a.O., Rn.444 참조.
20) Schoch/Schmidt-Aßmann/Pietzner, a.a.O., § 47 Rn.26, 30; Hufen, a.a.O., § 19 Rn.22;
　Würtenberger, a.a.O., 447 참조.

행정행위인 경우에도 규범통제절차의 대상이 되고, 이러한 경우에는 신청인적격이 매우 용이하게 인정될 것이다. 반대로 아무리 실질적 내용이 도시계획에 관한 것이거나—일반처분에 해당하지 않으면서—일반·추상적 규율을 담고 있는 것이라도 그것이 행정행위의 형식으로 발령되어 있으면, 규범통제절차는 배제되고 취소소송이 허용된다.

도시계획조례 또는 주의 법규명령은 제정·공포되기만 하면 규범통제절차의 대상이 될 수 있고 반드시 시행될 필요까지 없다. 특히 후술하는 바와 같이 조만간 권리침해가 예상되는 경우에도 신청인적격이 인정된다.

간과해서는 아니 될 것은 행정법원법 제47조 제1항은 고등행정법원이 "그 재판권의 범위 내에서"(im Rahmen seiner Gerichtsbarkeit) 도시계획조례 또는 주의 법률하위 규정을 심판한다고 규정하고 있는 점이다. 판례와 학설상 일치된 견해에 의하면, 이는 조례, 법규명령 등에 의거하여 행정법원의 관할에 속하는 분쟁이 발생할 수 있는 경우를 의미하는 것이라고 한다. 따라서 동항 제1호와 제2호에 규정된 조례와 법규명령 등이라고 하더라도 그에 의거하여 행정청의 행정행위·사실행위 또는 공법상 법률관계의 존부가 문제되어 동법 제40조 제1항 소정의 행정재판 관할이 성립하는 경우에 한하여 규범통제절차의 대상이 되는 것이다. 행정입법에 의거하여 오로지 형사범죄, 질서위반죄, 私法的 청구만이 문제되는 경우에는 형사재판·민사재판의 관할에 속하는 것이어서 규범통제절차의 대상이 되지 않는다. 뿐만 아니라, 독일에서는 행정법원은 일반행정사건만을 맡고 조세사건은 재정법원(Finanzgerichtsbarkeit)에, 사회보장사건은 사회법원(Sozialgerichtsbarkeit)에 속하기 때문에, 오직 조세부과처분과 사회보장급여에 관한 행정입법에 대해서는 규범통제절차가 인정되지 않는다. 형사소송법·민사소송법은 물론 재정법원법과 사회법원법에도 행정법원법과 같은 규범통제절차가 마련되어 있지 않으므로, 행정입법에 대한 직접적 규범통제의 범위는 극히 제한되어 있다고 할 수 있다.

(3) 申請人 및 參加

신청인은 조례 내지 법규정을 적용하거나 업무처리에서 이를 준수해야 하는 행정청과 조례 내지 법규정 또는 그 적용으로 인해 권리가 침해되었거나 조만간 침해될 것임을 주장하는 자연인·법인이다. 상술한 바와 같이 1997년 이전에는 손해를 입었거나 입을 것이 예상되는 자연인·법인으로 규정되었다가 1997년 절차촉진을 위한 행정절차법·행정소송법 개정의 일환으로 신청인적격이 권리침해로 한정되었다. 그러나 연방행정법원 1998. 9. 24. 판결[21]에서 연방건설법전 제1조 제6항 소정의 형량사항에 관하여 관계인의 형량청구권을 인정함으로써, 도시계획조례에 관해서는 인근주민 등 이해관계인은 형량청구권이라는 권리가 침해되었음을 주장하면서 신청인적격을 인정받을 수 있게 되었기 때문에, 신청인적격이 본질적으로 제한된 것은 아니라고 보는 것이 일반적이다.[22] 그러나 기본권 또는 법률상 권리로 인정되지 않는 단순한 환경상의 이익이나 정신적 이익은 제외되는 것은 분명하다.

　　행정법원법 제47조 제2항 제4문은 참가(Beiladung)에 관한 동법 제65조 제1항을 준용하고 있다. 따라서 재판에 의해 자신의 법적 이익이 관련되는 자는 직권 또는 신청으로 참가할 수 있다. 일반 행정소송에서 참가제도는 판결의 효력을 확장하기 위해 필수불가결한 것이다. 따라서 규범통제절차에서 행정입법을 무효로 하는 재판은 대세효를 갖기 때문에 참가제도가 무의미하다는 견해가 있으나, 판결의 효력과 무관하게 소송 진행상의 지위를 확보하기 위해 참가가 중요하다는 것이 통설이다.[23]

(4) 申請期間

　　1997년 이전에는 규범통제절차의 신청기간의 제한이 없었고, 단지 판례·학설에 의하여 장기간 경과한 경우에는 신청권의 失權(Verwirkung)이 인정되었을 뿐이다.[24] 행정입법은 행정행위와 달리 공정력과 더불어 확정력 내지 불가쟁력이 인정되지 않는다는 이론적 근거에서이다. 그러나 절차촉진을 위한 1997년 개정을 통해 행정법원법 제47조 제2항 제1문에서 신청기간을 공포 후 2년 이내로 제한하고 있다. 시행일은 관계 없다. 이 신청기간은 자연인·법인뿐만 아니라 행정청에게도 적용된다. 도시계획조례의 경우 연방건설법전 제215조 제1항 제1호는 절차

---

21) DVBl. 1999, 101 (102).

22) 특히 Pielow, a.a.O., S.459 ff. 참조.

23) 이는 私見에 의하면 우리 행정소송법 제29조 제1항에 따라 취소판결이 대세효를 가짐에도 불구하고 동법 제16조, 제17조에 제3자 및 관계행정청의 참가를 규정하고 있는 것과 동일한 것이다.

24) 특히 Willi Blümel, Zur Verwirkung des Antragsrechts im Normenkontrollverfahren nach § 47 VwGO, VerwArch 74 (1983), S.153-173 참조.

및 형식규정 위반은 조례의 공포 이후 1년 이내 주장하지 않으면 무효사유가 되지 않는다고 규정하고 있는데, 이는 신청기간이 아니라 본안요건에 관한 것이다. 즉, 공포 후 2년의 신청기간이 경과하면 신청이 부적법 각하되지만, 1년이 경과한 후 신청을 제기하여 절차적 하자만을 주장하는 경우에는 이유 없음으로 기각된다.

유의할 것은, 규범통제절차에서 최종심까지 패소판결을 받은 경우에는 기본법 제93조 제1항 제4a호 및 연방헌법재판소법 제13조 제8a호에 따라 그 판결에 대한 헌법소원을 제기할 수 있는데, 연방헌법재판소법 제92조 제3항에서 법률 또는 그 밖의 고권적 행위에 대한 헌법소원의 기간을 1년(법률의 경우는 시행 이후 1년, 행정입법의 경우에는 제정 이후 1년)으로 제한하고 있기 때문에, 위와 같은 판결에 대한 헌법소원은 규범통제절차가 행정입법 제정 이후 1년 이내에 제기된 경우에 한하여 허용된다는 것이 판례라는 점이다.[25]

(5) 本案要件 및 判斷基準時

상술한 바와 같이 규범통제절차의 본안요건은 객관적 위법성이다. 신청인의 권리침해는 신청인적격 단계에서 문제될 뿐 본안요건에서는 판단되지 않는다는 점에서 규범통제절차는 객관소송적 성격을 갖는 것이다. 위법사유는 권한 없는 기관에 의한 제정, 절차 및 형식규정의 위반, 법률의 수권범위의 일탈, 자의금지, 비례원칙 등 헌법원리의 위반, 특히 도시계획조례의 경우 형량명령의 위반 등이다. 행정입법재량 또는 계획재량에 의거하여 심사강도가 많은 경우에 약화된다.

규범통제절차의 위법판단 기준시는 制定時뿐만 아니라 判決時도 포함된다. 규범은 지속적 효력(Dauerwirkung)을 갖기 때문에 제정시에 적법한 행정입법도 그 후 사정변경에 의해 위법하게 된 경우에는 무효로 선언된다. 다만 그 효력은 사정변경이 된 시점까지만 소급된다.

(6) 裁判의 效力

규범통제절차에서 변론을 거친 경우에는 판결이, 그렇지 않은 경우에는 결정이 선고된다(행정법원법 제47조 제5항 제1문). 행정입법이 위법하다고 판단되면 그

25) BVerfGE 76, 107 (115 f.). 이에 대하여 Würtenberger, a.a.O., Rn.475; Christoph Gröpl, Fristenkollisionen zwischen verwaltungsgerichtlichem Normenkontrollverfahren und Verfassungsbeschwerde? NVwZ 1999, S.967-968 참조.

무효를 선언하는데, 무효선언판결은 대세효를 가지며 원칙적으로 소급효를 갖는다(동항 제2문 및 제3문). 소급효에 관해 州法의 무효를 규정하고 있는 동법 제183조가 준용되기 때문에, 이미 확정된 판결의 효력에는 영향이 없다(제1항). 다만, 그 판결은 집행할 수 없다(제2항). 상술한 바와 같이 오직 私法的 청구권에 관한 행정입법은 규범통제절차의 대상이 되지 못하지만, 그와 아울러 행정행위 등 행정청의 조치의 근거가 된다면 규범통제절차의 대상이 되고 그 절차에서 무효로 선언되면 대세효를 갖기 때문에 私法的 청구권에도 영향을 미친다. 따라서 위 규정들은 민사판결에도 적용될 수 있는데, 이미 확정된 민사판결은 효력에 영향이 없지만 집행은 허용되지 않고 그럼에도 불구하고 집행이 개시되면 청구이의의 소(Vollstreckungsgegenklage)로써 봉쇄할 수 있다(제3항). 위와 같은 소급효 제한에 관한 규정은 불가쟁력이 발생한 행정행위에도 유추적용된다는 것이 판례·학설상 일치된 견해이다.

(7) 假救濟 vorläufiger Rechtsschutz

행정법원법 제47조 제6항은 중대한 손해를 방지하기 위하여 또는 다른 중요한 이유로 긴급히 필요한 경우에는 법원은 신청에 따라 가처분(einstweilige Anordnung)을 내릴 수 있다고 규정하고 있다. 이는 동법 제80조 소정의 집행정지와 제123조 소정의 가처분을 배제하는 특칙이다. 따라서 소제기에 의한 집행정지효가 인정되지 않음은 물론 동법 제80조 제5조에 의한—집행정지효가 인정되지 않는 경우에 대한—집행정지결정도 인정되지 않는다. 다시 말해, 오직 가처분에 의해서만 행정입법의 적용을 정지시킬 수 있다. 또한 동법 제123조는 가처분의 요건으로 계쟁물에 관한 가처분에 관해서는 "신청인의 권리의 실현이 불가능해지거나 현저히 곤란해지는 경우"로 규정하고 있고, 임시의 지위를 정하는 가처분에 관해서는 "중요한 손해(wesentliche Nachteile)를 방지하거나 급박한 강폭을 회피하거나 다른 이유로 필요한 경우"로 규정하고 있는 데 반해, 규범통제절차에서의 가처분은 "중대한 손해(schwere Nachteile)를 방지하거나 다른 중요한 이유로 긴급히 필요한 경우"로 규정함으로써 그 발급요건을 가중하고 있다. 이러한 가처분은 행정입법 자체의 적용을 정지시킬 수 있을 뿐 그에 의거하여 이미 내려진 집행조치에 대해서는 아무런 효력을 미칠 수 없고 또한 이에 대한 가처분도 불가능하다. 이에 대해서는 별도로 동법 제123조에 의한 가처분이 필요하다.

문제는 그 가처분에 의해 행정입법의 적용을 정지시킬 수 있는 범위이다. 양
적으로 可分인 경우에는 그 부분에 한하여 정지시킬 수 있다는 점은 異論이 없다.
견해가 대립되는 것은 신청인에 대한 적용만을 정지시킬 수 있는지 또는 반드시
그렇게 인적 범위를 제한해야 하는지, 아니면 항상 행정입법의 일반적인 적용 전
체를 정지시키는 방법밖에 없는지에 관한 것이다. 한편으로 행정에 대한 사법권
의 개입은 필요 최소한도에 그쳐야 한다는 점, 규범통제절차 자체는 객관소송적
성격이 강하지만 가처분은 오직 신청인의 권리구제를 위한 것이라는 점, 연방헌
법재판소법 제32조에 의한 가처분의 경우에도 인적 범위를 제한하는 것이 원칙적
으로 금지되지 않는다는 점[26] 등을 근거로 규범통제절차에서의 가처분도 특단의
사정이 없는 한 신청인의 권리구제를 위한 범위 내에서만 규범적용이 정지되어야
한다는 견해가 주장되고 있다.[27] 다른 한편으로 가처분과 본안은 항상 일치하여
야 하는데 규범통제절차에서 무효선언재판이 항상 대세효를 갖는 것이므로 그 가
처분도 반드시 규범의 일반적인 적용을 정지시켜야 한다는 점, 신청인에 대해서
만 적용을 제한하게 되면 혹시 타인에 대한 적용을 통해 신청인의 지위에 직접·
간접적으로 영향을 미칠 수 있고 이러한 위험을 신속한 가처분절차에서 충분히
검토할 수 없다는 점, 상술한 바와 같이 규범통제절차에서의 가처분은 행정법원
법 제123조 소정의 통상적인 가처분보다 요건이 엄격하다는 점 등을 근거로 반드
시 일반적인 적용을 정지시켜야 한다는 견해도 주장되고 있다.[28] 중간적 견해로
는 그냥 일반적 적용정지와 개별적 적용정지 모두 가능하다는 견해[29]와 원칙적
으로 일반적 적용 정지이어야 하지만, 예외적으로 원고의 권리구제를 위해 충분

---

26) BVerfGE 20, 363 (365); 29, 179 (182 f.).
27) 대표적으로 Erichsen/Scherzberg, Die einstweilige Anordnung im Verfahren der verwal-
   tungsgerichtlichen Normenkontrolle (§ 47 Abs.7 VwGO), DVBl. 1987, S.168-179 (177 f.);
   von Engelhardt, Der Rechtsschutz gegen Rechtsnormen. Eine konkurrenzdogmatische
   Untersuchung aus der Sicht des Verhältnisses von Anfechtungsklage (§§ 42, 113 VwGO) und
   verwaltungsgerichtlicher prinzipaler Normenkontrolle (§ 47 VwGO), Berlin 1971, S.220 f.;
   Quaritsch, VerwArch 51 (1960), S.365; Grundmann, DÖV 1960, 685; Klotz, DÖV 1966,
   S.189; 판례는 VGH Baden-Württemberg, NJW 1977, 1212.
28) Basler, Die Probleme der verwaltungsgerichtlichen Normenkontrolle, Diss. Münster, 1971,
   S.259 f.; Schmitt Glaeser, a.a.O., Rn.453; Schoch/Schmidt-Aßmann/Pietzner, a.a.O., § 47
   Rn.182; 판례는 BayVGH, DBVl. 1978, 114.
29) Rüdiger Zuck, Die einstweilige Anordnung im Normenkontrollverfahren nach § 47 Abs.7
   VwGO, DÖV 1977, S.848-852 (853).

하고 법적 안정성과 법적 명확성의 관점에서 지장이 없는 경우에는 신청인에 대한 적용만을 정지시킬 수 있다는 견해가 있다.[30) 이 마지막 견해가 최근의 학설의 대세인 것으로 보인다.

3. 規範統制節次의 對象이 되지 않는 行政立法에 대한 司法審査

(1) 規範統制節次의 擴大 適用

위에서 본 바와 같이 규범통제절차의 대상은 극히 제한적이다. 연방의 행정입법은 아예 제외되어 있고, 주의 행정입법의 경우에도 규범통제절차를 인정하지 않거나 제한적으로 인정하는 州가 적지 않으며, 행정법원의 관할에 속하는 문제를 발생하지 않는 조세, 사회보장, 민사재판, 형사재판, 질서위반죄 등에 관한 행정입법도 제외된다. 이와 같이 명문의 규정상 규범통제절차의 대상이 되지 못하는 행정입법에 대해서도 기본법 제19조 제4항 소정의 포괄적 권리구제 요청에 의거하여 행정법원법 제47조 제1항을 헌법합치적으로 해석함으로써 그 적용범위를 확대하여 그 대상으로 포함시켜야 한다는 견해가 있다.[31)

그러나 행정법원법의 규정이 명확하게 그 적용범위를 한정하고 있기 때문에 아무리 헌법합치적 해석이라도 이를 확대하는 것은 불가능하다는 점, 특히 기본법 제19조 제4항 소정의 재판(Rechtsweg)은 권리구제를 위한 주관소송을 의미하는 것이므로 주관소송의 차원을 넘어 객관소송적 성격을 강하게 갖는 규범통제절차는 여기에 해당하지 않는다는 점 등을 이유로, 규범통제절차의 확대는 오직 입법자의 몫이고 해석을 통한 적용범위의 확대는 타당하지 않다는 것이 압도적 통설이라고 할 수 있다.

---

30) Finkelnburg/Jank, Vorläufiger Rechtsschutz im Verwaltungsverfahren. 4.Aufl., 1998, Rn.624; Wolf-Rüdiger Schenke, Die einstweilige Anordnung in Verbidung mit der verwaltungsgerichtlichen Normenkontrolle (§ 47 Abs.7 VwGO), DVBl. 1979, S.169-178 (175 ff.); ders, Verwaltungsprozeßrecht. 8.Aufl., 2002, Rn.1049.

31) von Engelhardt, a.a.O., S.255; Richard Bartlsperger, Die Bauleitplanung als Reservat des Verwaltungsstaates, DVBl. 1967, S.360-373 (372); Walter Frenz, Der Rechtsschutz gegen unmittelbar beeinträchtigende Normen, BayVBl. 1993, S.483 ff. 등.

(2) 法規憲法訴願 Rechtssatzverfassungsbeschwerde

상술한 바와 같이 규범통제절차를 실질적 헌법재판으로 파악하는 소수설 (Schenke, Ziekow 등)에 의하면 규범통제절차의 대상에서 제외된 행정입법에 대해서는 기본법 제93조 제1항 제4a호에 의한 헌법소원― 소위 법규헌법소원 ― 으로 다투는 것이 가장 타당한 방법이라고 한다. 즉, 위 기본법 조항에서 "공권력"(öf-fentliche Gewalt)에는 행정입법의 제정도 포함되고, 행정입법이 법률의 수권범위를 벗어나는 등 법률을 위반한 경우에도 이는 헌법상 위임입법의 제한 원칙을 위반하여 결국 시민의 기본권을 침해한 경우에 해당하게 되므로, 헌법소원의 대상이 된다는 것이다.

그러나 통설에 따르면, 연방헌법재판소법 제90조 제2항에서 헌법소원은 재판을 모두 거친 후에 비로소 (erst nach Erschöpfung des Rechtswegs) 제기할 수 있다고 하는데, 여기에서의 '재판'(Rechtsweg)에는 행정법원법상 규범통제절차와 같은 직접적 통제뿐만 아니라 간접적·구체적 규범통제도 포함되기 때문에, 직접 시민의 권리를 침해하는 행정입법, 소위 '자기집행적 규범'(self-executing Norm)의 경우에도 그에 대하여 행정소송, 특히 확인소송을 제기하면서 그 선결문제로 구체적 규범통제를 할 수 있는 경우에는 헌법소원은 허용되지 않는다고 한다.32) 또한 이러한 견해가 연방헌법재판소와 연방행정법원의 확립된 판례이다.33)

(3) 確認訴訟 Feststellungsklage

바로 위에서 인용한 판례·통설에 따르면, 집행행위의 매개 없이 직접 시민의 권리를 직접 침해하는 행정입법에 대해서는 행정법원법 제43조 소정의 확인소

---

32) Wilfried Peters, Zur Zulässigkeit der Feststellungsklage (§ 43 VwGO) bei untergesetzlichen Normen, NVwZ 1999, S.506-507; Wolfgang Kilian, Rechtsschutz gegen Bundes-Rechtsverordnungen, NVwZ 1998, S.142; Kuntz, a.a.O., S.104 ff.; Pielow, a.a.O, S.465 ff.; Würtenberger, a.a.O., Rn.440 등; 헌법소원의 보충성에 관해서는 Wahl/Wieland, Verfassungsrechtsprechung als knappes Gut, JZ 1996, S.1137-1145; Steffen Detterbeck, Der allgemeine Grundsatz der Subsidiarität der Rechtssatzverfassungsbeschwerde nach Art.93 Abs.1 Nr.4a GG, DÖV 1990, S.558-564; Rüdiger Zuck, Die Subsidiarität der Verfassungsbeschwerde, in: Festschrift für Konrad Redeker, 1993, S.213-224; Eckart Klein, Subsidiarität der Verfassungsgerichtsbarkeit und Subsidiarität der Verfassungsbeschwerde, in: Festschrift für Wolfgang Zeidler. Bd.2., 1987, S.1305-1323 등 참조.

33) BVerfGE 68, 319 (326); 71, 305 (337); BVerfG, NVwZ 1997, 673; NVwZ 1998, 161; BVerwGE 80, 355 (358) 등.

송을 제기하여 그 선결문제로서 구체적 규범통제를 받아낼 수 있다고 한다. 이러한 자기집행적 행정입법의 전형적인 예는 구체적 행위를 금지·제한하는 경우, 시민의 기본권적 자유를 구체적으로—특히 수량적으로—제한하는 경우, 최근에 실제적 중요성을 띠는 것으로는 공항을 설치하는 법규명령 등이다. 이러한 행정입법에 대해서는 그 법규가 위법·무효임을 전제로 하는 구체적 법률관계, 즉 시민 또는 행정의 권리·의무의 존부에 대하여 확인소송을 제기할 수 있다고 한다. 예컨대, 구체적인 행위를 금지하는 행정입법에 대하여 원고가 그 행위를 하는 것이 금지되지 않는다는 것을 확인의 대상이 되는 법률관계로 주장할 수 있다는 것이다. 공항을 설치하는 법규명령에 대해서는 행정에게 특정 지역에 항공기가 이착륙하도록 허용하지 않을 의무가 있음의 확인을 구할 수 있다. 이와 같이 구체적 법률관계의 존부의 확인을 구하는 확인소송을 제기하면 문제의 행정입법의 적법성과 유효성이 그 선결문제로 되기 때문에 구체적 규범통제가 가능해진다. 다만 유의할 것은 이러한 구체적 규범통제이므로, 위법성 판단으로 계쟁 행정입법이 처음부터 무효인 것으로 확정되고 그것이 일반적 효력을 갖는 규범통제절차와는 달리, 문제의 행정입법이 당해 사건에 적용 배제될 뿐 그 효력에는 영향이 없으며 그 적용 배제도 당사자 사이에서만 효력이 미친다는 점이다. 그렇기 때문에, 독일의 판례·통설에 의하더라도 행정입법에 대한 직접적 통제는 상당한 부분에 흠결이 있다고 할 수 있다.

4. 行政立法 不作爲에 대한 行政訴訟

(1) 問題의 所在 — 行政行爲의 槪念

행정입법이 행정행위에 해당할 수 없기 때문에 의무이행소송이 불가능하다는 데에 異論이 없다. 그렇다 하더라도 헌법상 포괄적 권리구제의 요청 때문에 — 소송의 종류 및 유형에 관해서는 견해가 나뉘지만 — 어떤 형식으로든지 간에 '규범제정소송'(Normerlaßklage) 내지 행정입법제정소송이 허용되어야 한다는 점에 학설이 일치하고 있다.[34] 판례는 1980년대까지 규범제정소송의 허용성을 부정하였

---

34) ① 이에 관한 단행본으로는 특히 Werner Gleixner, Die Normerlaßklage. Der Anspruch auf Erlaß untergesetzlicher Normen und formeller Gesetze, Frankfurt a.M. 1993 (Diss. Passau Univ., 1993); ② 논문으로는 Helge Sodan, Der Anspruch auf Rechtsetzung und seine prozessuale Durchsetzbarkeit, NVwZ 2000, S.601-609; Hajo Duken, Normerlaßklage und fortgesetzte Normerlaßklage, NVwZ 1993, S.546-548; Angelika Hartmann, Zum

으나,35) 연방행정법원은 1988. 11. 3. 판결36)에서 그 허용성을 정면으로 인정하고, 이어 1989. 9. 7. 판결37)에서는 본안에서 원고의 청구를 인용하기에 이르렀다.

(2) 行政立法制定訴訟의 許容性

종래 행정입법제정소송의 허용성에 관해 부정적인 판례와 학설은 다음과 같은 논거를 갖고 있었다. 첫째 행정법원법이 인정하고 있지 않은 소송유형을 도입하는 것은 입법자의 권한으로서 판례형성을 통해서는 불가능하고, 둘째 판결로 행정입법 제정을 명하는 것은 권력분립원칙에 반하여 행정권에 개입하는 것이며, 조례에 관해서는 지방자치단체의 계획고권 및 조례자치권을 침해하는 것이고, 셋째 행정입법은 오로지 공익을 위한 것으로서, 행정입법 제정의무가 있다 하더라도, 개인에게 그에 관한 청구권을 인정할 수 없기 때문에, 이를 실현하는 소송수단을 부여할 필요가 없으며, 넷째 행정법원법 제47조는 州의 행정입법에 대한 직접적 규범통제소송 허용 여부를 州의 재량으로 유보하고 있는데, 이는 행정입법의 제정을 구하는 소송의 경우에도 마찬가지라는 점 등이다.38)

Anspruch auf Erlaß untergesetzlicher Normen im öffentlichen Recht, DÖV 1991, S.62-67; Gerhard Robbers, Anpruch auf Normergänzung, JuS 1990, S.978 ff.; ders, Anpruch auf Normerlaß, JuS 1988, S.949-953; Hanno v. Barby, Der Anspruch auf Erlaß einer Rechtsverordnung, NJW 1989, S.80-81; Ludwig Renck, Die Normerlaßklage, JuS 1982, S.338-343; Thomas Würtenberger, Die Normenerlaßklage als funktionsgerechte Fortbildung verwaltungsprozessualen Rechtsschutzes, AöR Bd. 105 (1980), S.370-399; Wolf-Rüdiger Schenke, Rechtsschutz gegen das Unterlassen von Rechtsnormen, VerwArch 1991, S.307-356; Rudolf Schneider, Rechtsschutz gegen verfassungswidriges Unterlassen des Gesetzgebers, AöR Bd.89 (1964), S.24-56; ③ 교과서로는 Friedhelm Hufen, Verwaltungsprozeßrecht. 4.Aufl., München 2000, § 20 (S.400-406); Thomas Würtenberger, Verwaltungsprozeßrecht, München 1998, Rn.690-713; Wolf-Rüdiger Schenke, Verwaltungsprozeßrecht, 7.Aufl., Heidelberg 2000, Rn.1081-1083; Walter Schmitt Glaeser, Verwaltungsprozeßrecht, 14.Aufl., Stuttgart u.a. 1997, Rn.332; Dieter Lorenz, Verwaltungsprozeßrecht, Berlin u.a. 2000, § 26 Rn.28-31; ④ 주석서로는 Pietzcker, in: Schoch/Schmidt-Aßmann/Pietzner, Verwaltungsgerichtsordnung. Kommentar. 4. Lfg., München 1999, § 42 Abs. 1 Rn.160; Eyermann, Verwaltungsgerichtsordnung. Kommentar. 11.Aufl., München 2000, § 42 Rn.63, § 47 Rn.17-20; Kopp/Schenke, Verwaltungsgerichtsordnung. 12.Aufl., München 2000, § 43 Rn.8a, § 47 Rn.13 참조.

35) BVerwGE 13, 328; 43, 261; OVG Koblenz, NJW 1988, 1684 등.
36) BVerwGE 80, 355.
37) NVwZ 1990, 162.
38) Gleixner, a.a.O., S.35-39; Hufen, a.a.O., § 20 Rn.5 참조.

그러나 현재의 학설과 판례는 첫째 행정입법 부작위에 대해서는 구체적 규범 통제가 불가능하기 때문에 기본법 제19조 제4항 소정의 포괄적 권리구제의 요청에 비추어 법률상 명문의 규정이 없더라도, 또한 州法이 이를 허용하고 있지 않더라도, 마땅히 소송수단이 인정되어야 하고, 둘째 행정입법의 제정을 구하는 소송은 새로운 소송유형을 창설하는 것이 아니라 행정법원법상 인정되고 있는 기존의 소송유형에 의하는 것이며, 셋째 행정입법과 행정행위는 상호 대체가능한 것으로 행정입법도 행정활동의 일환이기 때문에 이에 대한 사법적 통제가─행정행위에 대한 취소소송 및 의무이행소송과 같이─행정권과 지방자치단체의 자치권을 침해하는 것은 아니고, 넷째 개인이 실제로 행정입법 청구권을 갖는가는 본안의 문제에 불과하다는 등의 논거로써 행정입법제정소송의 허용성을 인정하고 있다.[39]

행정입법제정소송을 허용한 연방행정법원의 최초의 판례[40]는 「단체협약에 대한 일반적 구속력을 부여하는 행정청의 선언」(Allgemeinverbindlicherklärung)에 관한 것이다. 초기의 판례[41]는 이러한 행정청의 선언이 단체협약의 체결당사자가 아닌 사용자와 노동자에게도 그 단체협약의 효력을 확대하는 행정입법이라는 전제 하에 행정입법의 제정을 구하는 행정소송은 허용되지 않는다고 판시하였으나, 위 판례에서는 위와 같은 행정청의 선언을 행정입법으로 본 점은 동일하지만, 그 행정입법을 구하는 소송을 허용한 점에서는 초기 판례의 태도를 번복한 것이다. 피고 행정청은 단체협약 중 휴가수당과 교육수당을 제외하고 임금부분에 대해서만 일반적 구속력을 선언한 데 대해 원고 노동조합이 그 휴가수당과 교육수당에 대해서도 일반적 구속력을 선언해 줄 것을 요구한 사건인데, 본안에서 행정청의 재량이 적법하게 행사되었고 재량하자가 없다는 이유로 기각되었다.

두 번째의 연방행정법원의 판례[42]는 자영업자인 바이에른주의 한 지방의회 의원이 지방자치단체를 상대로 제기한 소송인데, 지방의회 회의에 참석하는 의원에게 지급하는 「소득상실보상금」(Verdienstausfallentschädigung)에 관한 조례에 자영업자는 제외되어 있어 자영업자도 그 대상에 포함시켜야 한다고 주장하였다. 법원은 확인소송의 형태로 소송을 허용하였고, 본안에서 평등원칙상 자영업자인 원

39) Gleixner, a.a.O., S.40-50; Hufen, a.a.O., § 20 Rn.6; BVerwGE 80, 355 (360) 참조.
40) BVerwGE 80, 355.
41) 1958.6.6. 판결─BVerwGE 7, 82.
42) NVwZ 1990, 162.

고에 대해서도 소득상실보상금을 규정하도록 행정입법을 보완하여 제정할 의무
가 있고 원고는 그러한 청구권을 가짐을 확인하였다. 이 판례는 행정입법의 부진
정 부작위를 다툴 수 있는 소송수단을 — 확인소송의 형태로 — 인정하였다는 점에
의의가 있다.

(3) 行政立法制定訴訟의 訴訟要件

(a) 行政訴訟 管轄

가장 먼저 제기되는 문제는 행정입법제정소송이 행정소송의 관할인가 여부
이다. 행정법원법 제40조 제1항 제1문은, 연방법률이 다른 법원의 관할로 지정하
지 않는 한, "헌법적 성격을 갖지 않는 모든 공법상의 분쟁"(alle öffentlich-rechtliche
Streitigkeiten nichtverfassungsrechtlicher Art)에 대하여 행정소송관할(Verwaltungsrechts-
weg)이 인정되는 것으로 규정하고 있다. 행정입법의 제정 문제가 공법적 것임은
분명하나, 그것이 헌법적 성격을 갖는 것인지 여부에 관해서는 의문의 여지가 있
다. 이에 관해, 행정입법 제정을 행정소송으로 구하도록 하는 명문의 규정이 없고
행정입법은 의회입법에 준하는 입법활동이라는 근거로, 행정입법의 제정을 구하
는 소송은 법률의 제정을 구하는 소송과 마찬가지로 헌법적 성격을 갖고 따라서
막바로 헌법재판소에 헌법소원의 형식으로 제기되어야 한다는 견해가 있다.[43] 그
러나 압도적 통설과 판례[44]에 의하면, 여기서 '헌법적 성격'이라 함은 헌법규범의
해석·적용이 직접적으로 분쟁의 핵심이 되는 경우를 의미하고, 법률의 해석·적용
이 문제되는 경우에는 기본권 및 헌법원리가 중요한 고려요소가 되더라도 이는
간접적인 것에 불과하기 때문에 이에 해당하지 않는데, 행정입법의 제정은 거의
대부분 법률의 집행과 해석에 관한 문제이므로, 원칙적으로 헌법적 성격을 갖지
않고 따라서 행정소송의 관할에 속한다고 한다. 이에 추가되는 중요한 실질적 논
거로서 주목할 만한 것은 행정입법의 제정은 행정활동의 일환으로 이루어지는 것
이기 때문에, 행정에 대한 통제를 임무로 하는 행정법원의 관할이 되어야 한다는
점이다.

---

43) Schenke, a.a.O. (Rechtsschutz gegen das Unterlassen von Rechtsnormen, VerwArch 1991,
    S.307-356; Verwaltungsprozeßrecht Rn.1081-1083).
44) BVerwGE 80, 355 (357-359).

(b) 行政訴訟의 類型

독일에서 가장 논란이 되는 것은 행정입법의 제정을 구하는 소송이 어떠한 유형의 행정소송으로 인정되는가 문제이다. 크게 네 개의 견해로 분류할 수 있다.

첫째, 행정법원법 제47조를 유추적용하여 직접적 규범통제소송의 형태가 되어야 한다는 견해가 있는데, 규범통제소송의 제1심이 고등행정법원이므로 규범제정소송도 고등행정법원을 제1심으로 해야 한다는 것이 그 실질적 논거이다.[45]

둘째, 일반이행소송의 형태로 인정된다는 견해가 다수설이다.[46] 이에 의하면, 행정행위에 대한 의무이행소송에 대응하는 행정행위 이외의 행정작용에 대한 소송이 일반이행소송이므로, 행정입법의 제정을 구하는 소송은 당연히 일반이행소송의 형태가 된다고 한다. 다만, 행정의 행정입법 제정의무 및 이에 상응하는 원고의 행정입법 제정청구권이 인정되더라도 거의 대부분의 경우에 그 규범의 내용에 관해서는 재량이 인정되기 때문에, 의무이행소송에 관한 행정법원법 제113조 제5항 제2문의 준용을 통해, 再決定命令判決(Bescheidungsurteil), 즉, 어떠한 내용이든지 간에 당해 사항에 관해 행정입법을 제정할 것을 명하는 판결을 하게 된다고 한다. 확인소송을 주장하는 견해에 대해서는, 행정법원법 제43조 제2항 제1문 소정의 「확인소송의 보충성」에 의거하여, 이행소송이 가능한 경우에는 확인소송이 인정되지 않는다고 비판하고 있다. 또한 연방행정법원의 판례(NVwZ 1990, 162)에서 권력분립원칙상 확인소송이 행정입법에 관해 행정권에 대한 개입을 최소화하는 적절한 소송유형이라고 판시한 데 대하여, 그렇다고 하더라도 그 판례가 일반이행소송의 가능성을 부정한 것은 아니라고 반론을 제기하고 있다.

셋째, 확인소송의 형태로 인정되어야 한다는 견해이다.[47] 확인소송을 통해 시민의 규범제정청구권과 행정의 규범제정의무라는 권리의무관계를 확정하는 것이라고 한다. 일반이행소송은 행정행위 이외의 행정작용 중에서 개별·구체적인 작용만을 대상으로 하는 것이므로, 행정입법제정소송의 경우에는 적합하지 않다고 한다. 또한 중요한 논거로서, 위 연방행정법원의 판례(NVwZ 1990, 162)에 의거하여, 행정입법에 관해서는 광범위한 입법재량이 인정되기 때문에 권력분립원칙

---

45) Hartmann, a.a.O.

46) Renck, a.a.O.; von Barby, a.a.O.; Hufen, a.a.O.; Duken, a.a.O.; Papier, Handbuch des Staatsrechts, Bd.VI, § 154, Rn.29 등.

47) Robbers, a.a.O.(JuS 1990, S.978 ff.); Würtenberger, a.a.O.(AöR 1980, S.370-399; Verwaltungsprozeßrecht, Rn.704-705; Sodan, a.a.O., S.608-609; Schmitt Glaeser, a.a.O 등 참조.

상 행정권에 대한 개입은 시민의 권리구제를 위해 필요한 한도 내에서만 이루어 져야 하는데, 확인소송이 이러한 권력분립원칙에 가장 적합한 소송유형이라고 주 장한다. 일반이행소송을 인정하더라도 거의 대부분이 再決定命令判決이 선고될 뿐이므로 이행판결이 그다지 실익이 없고, 확인판결로 충분하다는 것이다.

넷째, 주목을 끄는 것은 일반이행소송과 확인소송을 병렬적으로 인정하는 견 해이다.[48) 즉, 일반이행소송을 인정하면서도, 확인소송의 보충성을 부정하여, 원 고의 선택에 따라 확인소송도 허용하자는 것이다.

행정소송의 유형과 관련하여 중요한 문제는 행정입법의 부진정 부작위의 경 우에 관한 것이다. 일설은 행정입법의 진정부작위에 대해서는 일반이행소송을 인 정하는 반면, 부진정 부작위에 대해서는 행정법원법 제47조의 준용에 의해 규범 통제소송을 인정하고자 한다.[49) 그러나 전술한 바와 같이 부진정 부작위의 경우 에도 당해 행정입법을 무효화시키는 것만으로 원고의 목적은 달성할 수 없으므 로, 진정부작위의 경우와 마찬가지로 일반이행소송 또는 확인소송을 허용해야 한 다는 견해가 유력하다.[50) 위에서 본 연방행정법원의 판례(NVwZ 1990, 162)도 부진 정 부작위에 대해 확인소송을 허용하였음은 기술한 바와 같다.

(c) 原告適格 및 確認의 利益

행정입법의 제정을 구하는 소송이 일반이행소송의 형태를 취하는 경우에는, 의무이행소송에 관한 행정법원법 제42조 제2항의 준용에 의해, 원고는 행정입법 의 부작위에 의해 자신의 권리가 침해되었음을 가능성 있게 주장할 수 있어야 한 다. 이때의 원고의 권리는 바로 행정입법 제정청구권인데, 그 성립요건으로서, 첫 째 법률규정 및 기본권으로부터 행정의 행정입법 제정의무가 인정되어야 하고(강 행법규성), 둘째 그 행정입법 제정의무가 공익만을 위한 것이 아니라 최소한 이와 아울러 원고의 사익도 보호하기 위한 것이어야 한다(사익보호성). 원고적격 단계에 서는 이러한 원고의 청구권이 인정될 만한 가능성만 있으면 충분하고, 실제로 그 러한 청구권이 인정되는가 여부는 본안의 문제이다.

확인소송의 형태를 취하는 경우에는 행정법원법 제43조 제1항에 따라 원고 에게 「즉시확정의 정당한 이익」(ein berechtigtes Interesse an der baldigen Feststellung)

---

48) Gleixner, a.a.O., S.23-30; Lorenz, a.a.O.
49) Hufen, a.a.O., § 20 Rn.12.
50) Gleixner, a.a.O., S.23-30.

이 있어야 한다. 원고가 행정청에게 행정입법의 제정을 요구하였으나 거부된 경우 이러한 확인의 이익이 인정되는 데 어려움이 없을 것이다.

(4) 行政立法制定訴訟의 本案要件

(a) 正當한 被告

독일 행정소송법상 피고적격(Passivlegitimation) 내지 정당한 피고의 문제는 본안요건의 하나로 파악된다. 정당한 피고는 행정입법의 제정주체이다. 따라서 조례의 경우에는 지방자치단체 자체가 피고가 되는데, 피고의 표시로서 지방자치단체의 행정청을 표기하면 충분하다(행정법원법 제78조 제1항 제1호 제2문).

(b) 原告의 行政立法 制定請求權

법률의 시행 여부 및 시행의 구체적인 내용이 행정입법에게 위임되어 있는데 당해 법률의 시행이 기본권 행사에 필수적인 조건이 되는 경우에는 그 법률규정과 기본권이 결합하여 행정의 행정입법 제정의무가 발생하고, 기본권을 매개로하여 그 행정입법 제정은 원고의 사익도 보호하는 것임이 쉽게 인정될 수 있다. 다만, 대부분의 경우에는 그 행정입법의 내용은 광범위한 입법재량에 속하기 때문에, 무하자재량행사청구권에 대응하는 의미로서 "행정입법 제정청구권"이 인정될 뿐이고, 예외적으로 재량이 0으로 수축하는 경우에는 "특정내용의 행정입법 제정청구권"이 인정될 수 있을 것이다.

(5) 行政立法制定訴訟의 認容判決

(a) 判決의 內容

일반이행소송의 형태를 취하는 경우에는 거의 대부분의 경우에, 의무이행소송에 있어 再決定命令判決(Bescheidungsurteil)과 같이, 「어떠한 사항에 관해 행정입법을 제정하라」는 이행판결이 선고되고, 예외적으로 재량이 0으로 수축된 경우에는 「일정한 내용의 행정입법을 제정하라」는 이행판결이 선고될 것이다.

확인소송의 형태를 취하는 경우에는 원고에게 어떠한 사항에 관해 행정입법의 제정을 구하는 청구권이 있음을 전제로 「행정입법 부작위가 위법하고 이로써 원고의 권리가 침해되었음을 확인한다」라는 확인판결이 선고된다.[51] 재량이 0으

---

51) BVerwG, DVBl. 1990, 156의 판결이 그러한 내용으로 선고되었다.

로 수축된 경우에는 행정입법의 내용이 특정될 것이고, 따라서 원고가 어떠한 내용의 행정입법의 제정을 구하는 청구권을 가짐을 확인하는 판결주문이 가능하게 될 것이다.

(b) 判決의 效力

독일 행정법원법은 제121조에서 확정판결의 구속력(Rechtskraftbindung)은 당사자 및 참가인에게 미친다고 규정할 뿐, 취소판결의 대세효를 인정하는 우리 행정소송법 제29조 제1항과 같은 규정이 없다. 취소판결의 경우에는 행정행위의 효력을 소급적으로 소멸시키는 형성효(Gestaltungswirkung)로 말미암아 대세효와 유사한 효력을 갖지만, 그 이외 의무이행소송, 금지소송, 일반이행소송, 확인소송의 경우 인용판결은 당사자 및 참가인에게만 효력이 미치고 대세효가 없다. 이는 독일의 행정소송은 ─ 모든 소송유형에 있어 ─ 철저한 주관소송적 구조를 취하고 있는 것의 결과이기도 하다. 따라서 행정입법제정소송의 경우에도 그것이 일반이행소송이든 확인소송이든 간에 인용판결은 당사자 및 참가인에게만 효력이 미치고 제3자에게는 효력이 없다.[52]

(c) 判決의 執行

확인판결은 집행의 문제를 남기지 않는 반면, 일반이행소송의 형태로 행정입법 제정을 명하는 판결은 집행을 요한다. 행정법원법 제172조에 의하면, 행정청이 취소판결에서의 결과제거명령판결, 의무이행판결 및 가명령을 이행하지 않는 경우에 제1심법원은 신청에 따라 기간을 정하고 최고 2,000마르크의 이행강제금을 부과하는데, 이행강제금을 반복하여 부과할 수 있다. 이 규정이 일반이행소송에 준용 또는 유추적용될 수 있는가에 관해 이를 부정하고 행정법원법 제167조 제1항의 원칙에 따라 동법에 특별한 규정이 없는 한 민사소송법 제888조(우리 민사소송법 제693조와 같은 간접강제에 관한 규정)가 적용되어야 한다는 견해가 있다.[53] 그러나 행정법원법 제172조에 의한 이행강제금과 민사소송법에 의한 간접강제는 실질적으로 차이가 없다.

---

52) Gleixner, a.a.O., S.68-70 참조.
53) Gleixner, a.a.O., S.71-75.

Ⅲ. 우리법의 解釋論과 立法論

1. 行政訴訟法上「處分」槪念의 解釋

(1) 현행 행정소송법은 항고소송의 대상을「처분등」즉 처분과 행정심판재결로 규정하고,「처분」을 "행정청이 행하는 구체적 사실에 관한 법집행으로서의 공권력 행사 및 그 거부와 그밖에 이에 준하는 행정작용"으로 정의하고 있다(제2조 제1항 제1호). 판례는 행정입법에 관하여 처분이 "구체적인 권리의무에 직접적인 변동을 초래케 하는 행위"라고 하면서 "일반적, 추상적 법령"은 취소소송의 대상이 될 수 없다고 판시하고 있다.54) 이러한 판시는 법령 중에「일반적, 추상적」이지 아니한 법령이 있고 이에 대해서는 처분성을 인정할 수 있는 여지가 있음을 함축하는 것이지만, 대법원은 현재까지 특정 학교를 폐지하는 조례와 같이 내용 자체로 처분적 내용을 갖는 행정입법에 대해서만 취소소송을 인정하였을 뿐이다.55) 실질적으로 구체적이고 직접적인 효과를 발생한다는 이유로 행정입법을 처분으로 파악한 사례는 전혀 찾을 수 없다. 따라서 행정입법을 처분으로 보아 이에 대한 직접 취소소송을 제기할 수 있는 가능성은 처분 개념 중「구체적 사실」을 어떻게 해석하는가에 달려 있다.

(2) 문제해결의 돌파구는 우리 판례가 이미 도시계획결정과 개별지가결정에 대해 처분성을 인정하고 있다는 데에서 찾을 수 있다. 위에서 본 바와 같이 독일에서는 도시계획결정이 조례 또는 법규명령의 형태를 갖고 있고 이에 대하여 규범통제절차라는 별도의 소송유형이 마련되어 있으며, 그 인용판결은 위법성을 확인하는 확인판결로서 대세효를 갖는 것이다. 그런데 우리나라에서는 입법자가 도시계획결정을 조례나 법규명령이 아닌「결정」의 형식으로 규정하였을 뿐만 아니라 판례가 이에 대하여 처분성을 인정하여 취소소송을 허용하고 있다. 여기에서 우리는 중요한 세 가지 점을 발견할 수 있다. 즉,

첫째, 규율의 '추상성'과 '구체성'은 일도양단적으로 구별되는 것이 아니라 정도의 차이에 불과하다는 점이다. 예컨대, 도시계획구역 내의 특정한 건축허가 신청에 대해 거부처분이 내려졌을 때, 또는 공시지가결정에 의거하여 특정의 양도소득세부과처분이 내려졌을 때, 비로소 완벽하게 구체적인 규율이 이루어지고,

---

54) 대법원 1992. 3. 10. 선고 91누12639 판결; 1994. 9. 10. 선고 94두33 판결.
55) 대법원 1996. 9. 20. 선고 95누8003 판결.

도시계획결정과 공시지가결정만으로는, 물론 판례가 말하듯이 어느 정도의 구체적인 권리제한적 효과가 발생하지만, 그 권리제한의 구체적 내용은 아직 확정되지 않았다는 의미에서 여전히 추상성을 내포하고 있다. 이와 같이 규율의 추상성과 구체성은 완벽한 추상성과 완벽한 구체성을 양 극단으로 하여 하나의 스펙트럼을 이루는 것이므로, 어떤 선에서 '규율의 구체성'을 긍정할 것인지는 개념논리적으로 결정되는 것이 아니다.56) 그렇기 때문에 독일에서는 도시계획결정이 규범으로 파악되지만 우리나라에서는 처분으로 파악될 수 있는 것이다.

둘째, 더욱이 행정입법의 경우에는 헌법상 위임입법의 구체성 요청으로 인해 어느 정도 이상의 추상적인 규율은 그 자체로 헌법위반일 것이고, 거의 대부분 상당한 정도의 구체성을 갖고 있기 때문에, 행정입법은 원칙적으로 모두 "구체적 사실에 관한 공권력 행사"라는 징표를 충족한다고 할 수 있다. 헌법재판소의 확립된 판례에서도 알 수 있듯이 행정입법이 공권력 행사에 해당한다는 것은 의문의 여지가 없다. 따라서 행정입법이 구체적인 행위를 금지하거나 명령하는 것이라면 "구체적 사실에 대한 공권력 행사"에 해당하는 것이다. 예컨대, '타인에게 혐오감을 주는 식품'의 판매를 금지한다든가 또는 '청와대의 안전에 위해를 가할 정도의 고층 건물'의 건축을 금지하는 것은 추상적 사실에 대한 것이지만, '보신탕'의 판매를 금지하거나 '5층 이상의 건물'의 건축을 금지하는 것은 구체적 사실에 대한 것이다. 종래 "구체적 사실"이라 함은 일시와 장소가 특정된 개별적 행위, 그리하여 삼단논법에서 두 번째 단계의 소전제에 해당하는 것만을 의미하는 것으로 이해하여 온 것으로 보인다. 그러나 이는 독일의 행정행위 개념(행정절차법 제35조)에서 말하는 '개별사안의 규율'(Regelung eines Einzelfalles)을 의미하는 것이다. 우리의 처분 개념에는 이러한 제한이 없고 단지 규율대상이 구체적 사실이면 된다. 규율의 개별성과 규율대상의 구체성은 다른 것이다. 도시계획결정과 지가공시결정은 규율의 개별성은 결여되어 있지만, 그 규율의 대상―즉, 일정한 지역에 일정한 건물의 건축을 제한하고, 일정한 토지의 가격을 정하는 것―은 구체적인 것이기 때문에, 판례는 이를 처분으로 파악할 수 있었던 것이다.

---

56) 가장 극단적으로 추상적인 규율의 예로는 "공공복리에 반하는 행동은 금지된다"라는 규범을, 가장 극단적으로 구체적인 규율의 예로는 특정인이 특정 일시·장소에서 특정의 자동차를 특정의 방향으로 특정의 방법으로 운전하는 것을 금지하는 조치를 들 수 있다. 전자는 불명확성으로 인한 법적불안정을 이유로 헌법위반이 될 것이고, 후자는 법적으로 허용되겠지만 그 정도로 구체적인 조치를 할 필요가 없는 경우가 대부분일 것이다.

셋째, 상술한 바와 같이 독일에서는 취소소송이 철저한 주관소송과 순수한 형성소송으로 파악되는 결과 객관소송적 성격이 강하고 본질적으로 확인소송인 규범통제절차가 취소소송과는 다른 별개의 소송유형으로 마련될 수밖에 없고, 규범통제절차의 대상에서 제외되는 행정입법도 취소소송의 대상으로는 결코 인정될 수 없고 단지 구체적 법률관계의 존부에 관한 확인소송의 부수적 통제가 가능할 뿐이다. 그런데 우리 판례가 독일에서는 규범통제절차의 대상이 되는 도시계획결정을 취소소송의 대상으로 인정하였다는 것은 우리의 취소소송이 독일의 그것과는 달리 객관소송적 성격을 겸비하고 있으며 또한 확인소송적 성격을 갖는다는 점을 단적으로 드러내는 것이다.

2. 現行 取消訴訟의 法的 性質

(1) 客觀訴訟的 性格

객관소송(le recours objectif)과 주관소송(le recours subjectif)의 구별은 20세기 초 *Léon Duguit*에 의해 주창된 것으로,[57] 프랑스에서는 현재까지 통상적으로 소송의 분류방법으로 사용되고 있다.[58] 여기서 객관소송이라 함은 원고적격에 아무런 제한이 없는 萬人訴訟(le recours populaire)이라는 의미가 아니라 — 어떠한 방식으로 원고적격이 제한되든지 간에 — 소송의 본질적 목적이 행정의 적법성 통제에 있다는 의미이다. 이와 아울러 원고의 권리 및 이익의 구제에 이바지할 수 있음은 물론이다. 다시 말해, 원고적격으로 어떠한 주관적 관련성이 요구되든지 간에, 본안요건인 취소사유는 객관적인 위법성만으로 충분하고 주관적인 권리침해 여부를 문제삼지 않는 것이 객관소송이다. 종래 학설은 일반적으로 독일법의 강한 영향하에 우리의 취소소송을 주관소송으로 파악하여 왔지만, 다음과 같이 많은 점에서 이미 우리 실정법과 판례·실무에 취소소송의 객관소송적 성격이 강하게 내재되어 있다고 할 것이다. 즉,

첫째, 우리 헌법상 독일 기본법 제19조 제4항에서와 같이 '권리침해'를 행정소송의 전제로 명시한 규정은 없고, 오히려 헌법 제107조 제2항은 "처분이 헌법이나 법률에 위반되는 여부"를 대법원이 최종적으로 심사한다고 규정함으로써 항

---

57) Léon Duguit, Les transformations du droit public, Paris 1913, pp.187-190.

58) Debbasch/Ricci, Contentieux administratif. 8ᵉ éd., 2001, nᵒ 775, 792; Laubadère/Venezia/Gaudemet, Traité de droit administratif. Tome 1. 15ᵉ éd., 1999, nᵒ 669 등 참조.

고소송의 핵심이 위헌성과 위법성을 판단하는 데 있음을 명시하고 있다.

둘째, 법원조직법 제2조 제1항 전단은 "법원은 헌법에 특별한 규정이 있는 경우를 제외한 일체의 법률상의 쟁송을 심판하고"라고 규정하고 있는데, 여기서 "일체의 법률상의 쟁송"이라 함은 법률에 규정된 모든 종류의 소송을 의미하는 것으로서, 주관소송만이 아니라 객관소송과 민중소송·기관소송까지 모두 포함된다. 이를 국민의 권리의무에 관한 주관소송에 한정하는 것은 문언에 명백히 반하는 해석이다. 다시 말해, 항고소송을 객관소송으로 파악하더라도 이는 위 법원조직법 규정에 의한 법원의 심판권에 속하는 것이다.[59]

셋째, 행정소송법 제12조는 "처분등의 취소를 구할 법률상 이익"을 원고적격의 요건으로 규정하고 있는데, 판례는 비록 '법률상 이익'을 해석함에 있어 법률과의 연결고리를 고수하면서 처분의 근거법률이 원고의 사익을 보호하는 경우에 한정하고 있지만, 독일에서와 같이 개개의 위법사유마다 그 근거규정의 사익보호성을 따지는 것이 아니라, 위법사유를 전제하지 않은 채로 근거법률 전체의 내용에 비추어 계쟁처분과 관련한 원고의 사익이 보호되고 있는가를 문제삼고 있다. 다시 말해, 독일에서와 같은 원고적격과 위법성과의 견련성이 요구되지 않는다.[60] 위 행정소송법 조문상으로도 "처분의 취소를 구할" 법률상 이익이 요구되는 것이므로, 그 법률상 이익은 계쟁처분의 '존재' 자체에 의해 침해되고 있는 것이면 충

---

59) 동항 후단의 "이 법과 다른 법률에 의하여 법원에 속하는 권한"은 전단의 쟁송심판권을 제외한 非訟事件·司法行政 등에 관한 것이다. 전단이 "쟁송을 심판하고"라고 되어 있는 반면, 후단은 "권한을 가진다"라고 되어 있기 때문이다. 법원조직법에 의해 법원에 속하는 권한으로 제일 앞에 규정된 것이 바로 제2조 제3항 소정의 "등기·호적·공탁·집행관·법무사에 관한 사무"이고, 다른 법률에 의한 것은 예컨대 비송사건절차법, 파산법·화의법·회사정리법상의 법원의 권한이다.

60) 대표적인 판례가 환경영향평가대상지역 안의 주민들에게 원고적격을 인정한 대법원 1998. 4. 24. 선고 97누3286 판결이다. 동 판결에서 문제된 위법사유는 환경기준 위반이었고 환경영향평가법 위반이 아니었다. 원고적격에 관해서는 환경영향평가법 등 관련 법령의 규정들을 열거하면서 그 사익보호성을 검토한 다음 결론적으로 "주민들이 이 사건 변경승인 및 허가처분과 관련하여 갖고 있는 위와 같은 환경상의 이익은 … 주민 개개인에 대하여 개별적으로 보호되는 직접적·구체적 이익이라고 보아야 할 것이다"라고 설시하고 있을 뿐이다. 따라서 위 판결에서 환경영향평가 대상지역 내의 주민들에게 원고적격을 인정한 것은 실질적으로 환경피해의 위험정도와 관련이익의 개별성·직접성·구체성을 판단기준으로 삼은 것이고, 환경영향평가법 및 환경영향평가대상지역은 그 판단을 위한 형식적인 기준에 불과한 것이라고 할 수 있다. 拙稿, 환경위해시설의 설치·가동 허가처분을 다투는 취소소송에서 인근주민의 원고적격, 행정법연구 제6호, 2000. 11, p.117 이하 참조.

분하고, 계쟁처분의 구체적인 '위반사항'까지 문제삼지 않는다. 이러한 점에서 '법률상 이익'은 전체 법질서에 비추어 보호 가치 있는 이익으로서, 프랑스 월권 소송의 원고적격인 '개인적이고 직접적인 이익'에 유사한 것으로 볼 수 있다.[61] 그렇지 않다 하더라도 최소한 독일에서 보호규범이론에 의한 '권리'보다는 훨씬 넓은 개념인 것은 분명하다.

넷째, 행정소송법 제4조 제1호가 취소소송을 "행정청의 위법한 처분등을 취소 또는 변경하는 소송"이라고 정의하고 있듯이, 우리의 취소소송의 본안요건은 위법성만이고 그 이외에 권리침해를 요건으로 하지 않는다. 日本의 行政事件訴訟法은 취소요건으로 권리침해를 요구하지 않는 대신에 제10조 제1항에서 "취소소송에 있어서는 자기의 법률상 이익과 관련이 없는 위법을 이유로 하여 취소를 구할 수 없다"고 규정함으로써 취소사유를 법률상 이익과 관련있는 사항에 한정하고 있으나, 우리 행정소송법에는 이러한 규정도 두지 않았다. 실무상으로도 취소소송 판결문에 원고의 권리 또는 법률상 이익의 침해를 본안요건으로 문제삼은 예는 찾아보기 어렵고, 인용판결의 결론부분에서는 예외 없이 "이 사건 처분은 위법하므로 취소되어야 할 것이다"라고만 판시하고 있다. 또한 우리나라의 판례·통설은 독일에서와는 달리 취소소송의 소송물을 '위법성 일반'으로만 파악하고 권리침해를 포함시키지 않고 있다.[62]

다섯째, 행정소송법 제29조 제1항은 취소판결의 對世的 효력을 명시하고 있다. 상술한 바와 같이 독일에서 형성적 효과는 명문의 규정이 없이도 그 성질상 당연히 인정되는 것인데, 우리 법에서 위와 같이 명문의 규정을 둔 것은 형성적 효과에 관한 단순한 주의적 규정이 아니라, 프랑스에서와 같이 위법성을 확정하는 기판력이 對世的 효력이라는 점을 명백히 하기 위한 것이라고 보아야 한다. 그렇기 때문에 동법 제31조는 취소판결에 의해 권리 또는 이익의 침해를 받은 제3자의 재심청구를 허용하고 있는데, 이는 프랑스의 제3자 재심청구(la tierce opposition)에 상응하는 것이다.[63]

---

61) 이에 관한 상세는 拙稿, 전게논문(인근주민의 원고적격), p.113 이하 참조.
62) 拙稿, 전게논문(取消訴訟의 訴訟物에 관한 硏究), p.102 참조.
63) 뿐만 아니라, 위 행정소송법 제29조 제1항이 무효확인소송과 부작위위법확인소송에도 준용되고 있는데(제38조 제1항 및 제2항), 무효확인판결과 부작위위법확인판결은 형성력을 발생하지 않고 단지 처분의 무효 또는 부작위의 위법성에 관한 기판력만을 발생하는 것이므로 위 제29조 제1항에 의한 제3자적 효력은 기판력에 관한 것임이 분명하다.

여섯째, 항고소송의 피고는 독일과 같이 행정주체가 아니라 프랑스와 같은 처분청이다(행정소송법 제13조 제1항 본문). 항고소송(월권소송)이 전형적 객관소송으로 운영되는 프랑스에서는 아예 소제기시에 피고의 표시가 필요 없고 단지 불복의 대상이 되는 행정작용만을 적시하면 충분하며, 법원이 직권으로 피고를 지정하고 있는데, 우리나라에서는 피고의 표시가 소장의 필요적 기재사항이긴 하지만(동법 제8조 제2항, 민사소송법 제227조 제1항), 피고의 更正이 제한 없이 허용된다(행정소송법 제14조).[64] 바로 이 점에서 항고소송은 피고의 특정이 생명인 민사소송과 본질적으로 구분된다. 또한 독일에서는 피고의 문제가 소송요건 단계에서뿐만 아니라 본안 단계에서도 '정당한 피고'((Passivlegitimation, richtige Beklagte)의 문제로서 검토되는데,[65] 정당한 피고일 때에만 그에 대해 원고가 권리를 행사할 수 있기 때문이다. 그러나 우리나라에서는 피고의 문제는 오직 ─ 피고적격으로서 ─ 오직 소송요건 단계에서만 심사된다.

일곱째, 위법판단 기준시에 관해 독일의 판례는 處分時 原則을 부정하고 (BVerwGE 64, 218, 221) 근거법규에 따라 위법판단 기준시가 정해진다고 하는데, 의무이행소송과 일반이행소송에서는 判決時가 확립된 원칙이고 취소소송·무효확인소송·의무이행소송·규범통제절차에서도 많은 경우에 判決時가 판단기준이 되고 있다.[66] 또한 '처분사유의 추가·변경'(Nachschieben von Gründen)이 기속행위뿐만 아니라 재량행위에 대해서도 ─ 판례상 원고의 방어권이 침해되거나 소송의 동일성이 변경되지 않을 것이라는 한계는 설정되어 있지만 ─ 원칙적으로 허용되는 것으로 규정되어 있다(동법 제114조 제2문).[67] 행정소송이 주관소송으로 되면 될수록 행정청의 당초의 결정은 관심사에서 멀어지고 소송과정에서 원고의 권리와 피고 행정청의 의무를 확정하는 데 중점이 두어지게 되므로, 판단기준시도 判決時로 후퇴하고 처분사유의 추가·변경도 자유롭게 된다. 말하자면, 행정소송이 전형적

　　이는 취소소송의 경우에도 위 제29조 제1항에 의거하여 처분의 위법성에 관한 기판력이 제3자적 효력을 갖는다는 해석의 강력한 논거가 될 수 있다.

64) 法文上 법원의 허가를 필요로 하는 것으로 되어 있지만, 실무상 법원이 이를 허가하지 않는 예는 전혀 없고 오히려 직권으로 被告更正을 권유하고 있으며, 한 걸음 더 나아가 소장기재사항의 訂正의 방식으로 간편하게 피고의 표시를 변경하고 있다.

65) Hufen, Verwaltungsprozeßrecht. 4.Aufl., 2000, § 12 Rn.39-42, § 25 Rn.2, § 26 Rn.2 참조.

66) Eyermann, Verwaltungsgerichtsordnung. 11.Aufl., München 2000, § 113 Rn.45 ff. 참조.

67) 이에 관해 특히 Martin Axmann, Das Nachschieben von Gründen im Verwaltungsrechtsstreit, Frankfurt a.M. 2001, S.128 ff. 참조.

주관소송인 민사소송에 접근하게 되는 것이다. 반면에, 우리나라의 판례는 프랑스와 같이 취소소송의 위법판단 기준시를 處分時로 고수하고 있다.[68] 또한 처분사유의 추가·변경이 역시 프랑스와 같이 엄격하게 제한되고 있다. 즉, 기본적 사실관계의 동일성 범위 내에서 처분사유의 추가·변경이 허용된다고 하면서도 사실관계는 그대로 두고 단순히 근거법령만을 추가하거나 추상적, 또는 불명확한 당초의 처분이유를 구체화하는 정도 내에서만 기본적 사실관계의 동일성을 인정하고 있다.[69] 이러한 점이 또한 항고소송의 객관소송적 성격을 강하게 뒷받침하는 요소이다.

여덟째, 독일과는 달리 행정소송에 관한 소송상화해를 명문으로 인정하는 규정이 없는데, 항고소송에서는 당사자가 소송물인 처분의 위법성 여부에 대해 처분권이 없다는 이유로 민사소송법의 준용에 의한 소송상화해를 부정하는 것이 통설이다. 또한 역시 독일과는 달리 우리 판례는 행정소송에 관한 不提訴合意를 무효로 보고 있다.[70]

아홉째, 민사소송등인지규칙 제17조에 의하면, 조세 기타 공법상의 금전·유가증권 또는 물건의 납부를 명하는 처분에 대한 취소소송·무효확인소송, 체납처분에 대한 취소소송의 경우에는 목적물건의 가액 등 경제적 이익을 기준으로 訴價가 산정되지만, 그 이외 모든 항고소송은 비재산권을 목적으로 하는 소송으로 간주되어 그 訴價가 일률적으로 1천만 100원(소장첩부인지: 95,000원)으로 되어 있다. 행정영역과 분쟁유형에 따라 세분된 수많은 항목에 대해 거의 대부분 경제적 이익을 기준으로 訴價를 정하고 있는 독일과 확연히 대비된다.

마지막으로, 항고소송에서는 민사소송과는 달리 소장을 법원에 접수하는 것만으로 ─ 피고 행정청에게 소장 부본이 송달될 때가 아니라 ─ 訴訟係屬이 성립하는

---

68) 일반적인 침익처분에 관해서는 대법원 1983. 6. 28. 선고 82누182 판결; 1987. 8. 18. 선고 87누49 판결; 1988. 6. 7. 선고 87누1079판결; 1996. 12. 20. 선고 96누9799 판결 등. 거부처분에 관해서는 대법원 1989. 3. 28. 선고 88누12257 판결; 1993. 5. 27. 선고 92누19033 판결; 1998. 1. 7.자 97두22 결정 등.
69) 기본적 사실관계의 동일성을 인정한 판례로는 대법원 1987. 12. 8. 선고 87누632 판결; 1988. 1. 19. 선고 87누603 판결; 1989. 7. 25. 선고 88누11926 판결; 대법원 1992. 10. 9. 선고 92누213 판결; 1999. 4. 23. 선고 97누14378 판결 등이 있고, 이를 부정한 판례로는 대법원 1983. 10. 25. 선고 83누396 판결; 1987. 7. 21. 선고 85누694 판결; 1991. 11. 8. 선고 91누70 판결; 대법원 1992. 8. 18. 선고 91누3569 판결; 1992. 11. 24. 선고 92누3052 판결 등이 있다.
70) 최근의 판례로는 대법원 1998. 8. 21. 선고 98두8919 판결.

것으로 보는 것이 일관된 실무이다. 이에 관하여, 행정소송법 제23조 제2항이 "본
안이 계속되고 있는 법원"이 집행정지결정을 내릴 수 있는 것으로 규정하고 있는
데, 급박한 경우에는 소장 부본이 피고 행정청에게 송달되기 이전에도 바로 집행
정지결정을 내릴 수 있도록 하기 위해 '본안의 계속'의 시점을 소장 접수시로 앞
당길 수밖에 없다는 실무상의 필요로서 설명되었다. 하지만 이 또한 우리나라 항
고소송이 민사소송과는 본질적으로 다른, 객관소송으로서의 성격을 갖고 있다는
강력한 단서이기도 하다.

   이와 관련하여 행정소송법 제28조에 규정된 사정판결제도를 언급할 만하다.
사정판결의 요건은 "처분등을 취소하는 것이 현저히 공공복리에 적합하지 아니하
다고 인정하는 때"라고 규정되어 있다. 이는 취소소송이 단지 개인에 대한 개별
적인 문제에 국한된 것이 아니라 행정입법 등 국민 전체에 미치는 행정작용을 대
상으로 하는 경우가 있음을 전제로 하는 것으로서, 현행법상 취소소송의 객관소
송적 성격에 대한 결정적 단서라고 할 수 있다. 사정판결은 영국법상 위법성을
확인함으로써 실제적으로 반복금지적 효과만을 가질 뿐 행정작용을 소급적으로
무효화시키지 않는 declaration과 유사한 것이라고 할 수 있는데, 영국에서 이러한
declaration이 주로 사용되는 것은 행정입법에 대한 사법심사라는 점을 감안하면,
우리의 사정판결도 동일한 전제 위에 서 있는 제도라고 볼 수 있을 것이다.

(2) 取消訴訟의 確認訴訟的 性格

   (a) 상술한 바와 같이, 독일에서 취소소송의 대상인 행정행위의 개념을 시민
의 권리의무에 대해 직접적 법적 효과를 발생하는 개별·구체적인 규율에 한정하
는 이론적 근거는 취소소송이 형성소송이라는 데 있다. 즉, 취소소송은 행정행위
가 단순위법에도 불구하고 발생하는 법적 효력을 소급적으로 소멸시키는 형성소
송인데, 위와 같은 행정행위만이 그러한 법적 효력을 가질 수 있기 때문에 그것
에 대해서만 취소소송이 허용된다는 것이다. 위에서 언급하였듯이, 독일 행정절
차법 제43조 제2항은 행정행위가 무효가 아닌 한 "직권취소·철회 또는 다른 방법
으로 폐지되거나 시간의 경과 또는 다른 방법으로 종료될 때까지는 유효하다
(wirksam)"고 규정함으로써 행정행위에 대하여 「단순위법의 하자에도 불구하고 발
생하는 효력」(fehlerunabhängige Wirksamkeit)을 부여하고 있다. 그렇기 때문에 이러
한 효력을 가질 수 있는 행정작용만을 동법 제35조가 행정행위로 정의하고 있다.

애당초 아무런 법적 효력을 갖지 못하는 사실행위와 그리고 단순위법이더라도 처음부터 무효가 되는 법규명령은 공정력을 가질 가능성이 전혀 없어 형성소송인 취소소송의 대상이 될 수 없으므로 처음부터 행정행위의 개념에서 배제되는 것이다. 원래 행정소송의 가능성 자체를 제한하던 행정행위 개념이 이제 소송유형의 분류기준으로 역할하고 있는 상황에서 취소소송이 형성소송이라는 점은 최협의의 행정행위 개념을 유지하는 결정적인 근거가 되고 있다.

(b) 우리나라에서도 지금까지 취소소송의 성질을 형성소송으로 파악하는 데 학설이 일치하고 異論을 찾기 어렵다.[71] 그 논거로 행정소송법 제29조 제1항이 취소소송의 인용판결에 대하여 대세적 효력을 명시하고 있다는 점이 제시된다. 학설은 판례도 취소소송을 형성소송으로 보고 있다고 하는데, 이를 명시하고 있는 오래된 판례도 있으나,[72] 최근의 판례는 취소소송을 "위법한 처분에 의하여 발생한 위법상태를 배제하여 원상으로 회복시키고 그 처분으로 침해되거나 방해받은 권리와 이익을 보호 구제하고자 하는 소송"이라고 판시하고 있을 뿐이다.[73]

독일법과 우리나라 통설의 논리를 분석해 보면, 「형성소송 → 공정력 → 행정행위」 또는 거꾸로 「행정행위 → 공정력 → 형성소송」이라는 구조를 취하고 있는데, 그 맥점은 공정력에 있다. 우리의 통설에 의하면, 당연무효인 행정행위는 처음부터 아무런 효력을 발생하지 못하지만, 단순위법인 행정행위는 직권취소 또는 쟁송취소되기 전까지는 효력(공정력)을 발생·유지하다가 직권취소 또는 쟁송취소되면 비로소 그 효력이 — 원칙적으로 처분시로 소급하여 — 소멸된다고 하여 독일법상의 공정력을 그대로 인정하고 있다. 그러나 우리나라에는 상기한 독일 행정절차법 제43조 제2항과 같은 명문의 규정이 없다. 통설은 행정소송법상 취소소송이 마련되어 있음을 유일한 실정법적 근거로 제시하고 있는데, 취소소송 제도는 위법한 처분이라 하더라도 처음에는 효력을 발생하였다가 취소판결에 의해 비로소 효력이 소멸한다는 것을 전제로 하고 있다는 논리이다. 그러나 이러한 논리는

---

71) 김도창, 전게서, pp.744-745; 김남진, 전게서, p.746; 김동희, 전게서, pp.614-615; 김철용, 전게서, pp.455-456; 박윤흔, 전게서, p.908; 이상규, 전게서, p.294; 홍정선, 전게서, 옆번호 2233; 홍준형, 전게서, p.523 참조.
72) 대법원 1960. 9. 30. 선고 4292행상20 판결: "취소한 행정처분의 취소를 구하는 형성의 소에 속하고 원고승소의 형성판결은 형성권의 존재를 확인하고 법률상태의 변경, 즉 형성의 효과를 生케 하는 것"이라고 판시하고 있다. 이상규, 전게서, p.294에서 인용.
73) 대법원 1987. 5. 12. 선고 87누98 판결; 1992. 4. 24. 선고 91누11131 판결.

취소소송을 형성소송으로 전제하였을 때에만 성립하는 것이다. 또한 통설에 의하면 위에서 언급한 바와 같이 취소판결의 대세적 효력이 취소소송의 형성소송적 성질의 근거가 된다고 하지만, 그 대세적 효력은 반드시 형성력에 대해서만 한정되는 것이 아니라 위법성 확인에 관한 기판력에 대해서도 가능하기 때문에 결정적인 논거가 되지 못한다. 따라서 문제는 결국 우리 실정법상 독일법에서와 같은 공정력이 인정될 수 있는가로 귀결된다.

(c) 다음과 같은 점에서 우리나라에서는 위법한 처분이라도 처음부터 — 실체적으로 — 효력을 발생·유지하다가 취소판결에 의해 비로소 소급적으로 소멸한다고 하는 독일식의 공정력을 그대로 인정할 수 없다고 할 것이다. 즉,

첫째, 우리 판례는 영업허가 취소처분이 청문절차 흠결을 이유로 행정심판에서 취소된 사안74)과 운전면허 취소처분이 과도한 조치라는 이유로 행정소송에서 취소된 사안75)에서 행정처분은 처분시에 소급하여 효력을 잃게 되고 따라서 "처분에 복종할 의무가 원래부터 없었음이 확정되었다"는 이유로 무죄를 선고하고 있다. 만일 통설과 같이 단순위법인 처분이더라도 판결에 의해 취소되기까지 엄연히 효력을 발생·유지하고 있는 것이라면 — 예컨대, 운전면허 취소처분 이후의 운전행위로 인한 무면허운전죄와 같이 — 그 행위 당시에는 유효한 처분에 대한 위반으로 인해 일단 행정형벌 범죄가 성립하였는데 어찌하여 사후에 당해 처분이 취소소송에서 취소됨으로써 소급적으로 소멸하는가 라는 의문이 제기된다. 독일에서는 상술한 바와 같이 공정력이 행정절차법에 의해 엄연히 행정행위의 실체적 효력으로 인정되기 때문에, 적법한 행정행위에 위반한 경우만을 처벌한다는 명문의 규정이 없는 한, 단순위법의 행정행위에 대해서도 복종의무가 발생하고 이에 불응하여 범죄가 성립되면 사후 그 행정행위가 소급적으로 취소된다고 하여 범죄성립이 소멸되지 않는다는 것이 판례이다.76) 한 번 표출된 반사회성은 소급효라

74) 대법원 1993. 5. 25. 선고 93도277 판결.
75) 대법원 1999. 2. 5. 선고 98도4239 판결.
76) BGHSt 23, 86. 이에 대하여 독일의 다수설은 단지 행정행위에 불응한 것만으로는 실질적인 법익의 침해가 없다는 점, 결과제거청구권(Folgenbeseitigungsanspruch)의 법리에 의해 위법한 처분에 의한 결과인 행정벌도 소급적으로 제거되어야 한다는 점 등을 근거로 위 판례에 반대하고 있다(Michael Heghmanns, Grundzüge einer Dogmatik der Straftatbestände zum Schutz von Verwaltungsrecht oder Verwaltungshandeln, Berlin 2000, S.329-344; H.-P. Ensenbach, Probleme der Verwaltungsakzessorietät im Umweltstrafrecht, Frankfurt a.M. 1989, S.47-71 참조).

는 '法的 擬制'(juristische Fiktion)에 의해 소멸되지 않는다는 취지이다. 그러나 우리 판례는 처분에 복종할 의무가 원래부터 없었다는 이유로 무죄를 선고하고 있다. 프랑스의 확립된 판례도 마찬가지이다.[77] 이와 같이 우리나라와 프랑스의 판례가 독일 판례와 다른 이유는 어디에 있는가?

둘째, 우리 행정소송법 제12조 후문은 "처분등의 효과가 기간의 경과, 집행 그밖의 사유로 인하여 소멸된 뒤에도 그 처분의 취소로 인하여 회복되는 법률상 이익이 있는 자의 경우"에는 취소소송을 제기할 수 있다고 한다. 통설과 같이 취소소송에서의 '취소'판결이 처분의 효력(공정력)을 소급적으로 소멸시키는 것이라면, 처분의 효과가 소멸된 뒤에는 취소할 대상이 없어졌는데 그 처분을 '취소'한다는 것이 논리적 모순이 아닌가 라는 의문이 제기된다. 이와 같은 경우 독일에서는 처분의 효력이 상실된 이상 이제 취소판결은 불가능하고 행정법원법 제113조 제1항 제4문에 의거하여 — 확인의 정당한 이익이 있을 것을 요건으로 — 행정행위가 과거에 위법했었음을 확인하는 확인판결을 선고하게 된다. 우리 학설 중 행정소송법 제12조 후문의 취소소송을 이러한 독일의 繼續確認訴訟(Fortsetzungsfeststellungsklage)으로 이해하여야 한다는 견해도 있다.[78] 그러나 한 조문에 있는 동일한 '취소'를 전문의 것은 형성소송으로, 후문의 것은 확인소송으로 해석한다는 것은 법해석방법론의 관점에서 수긍하기 어렵다. 프랑스에서도 행정행위가 소멸한 후에도 소의 이익이 존재하는 경우에는 취소판결이 내려진다.[79] 이와 같이 행정행위가 소멸하면 독일에서는 확인소송으로 전환되는데, 우리나라와 프랑스에서는 여전히 취소소송으로 유지되는 이유는 어디에 있는가?

셋째, 우리 통설은 판례와는 달리 처분이 반드시 권리제한·의무부과라는 직접적 법적 효과를 발생시키는 것일 필요는 없다고 하면서 소위 권력적 사실행위에 대해 처분성을 인정하는 데 의견이 일치되어 있다. 권력적 사실행위가 受忍下命이라는 법적 효과를 발생하는 것으로 설명되기도 하지만, 受忍下命이 권력적 사실행위가 지향하는 주된 규율내용이 아님은 분명하다. 더욱이 '형식적 행정행위'라는 이름 하에, 행정지도와 같은 비권력적 사실행위, 심지어 행정주체에 의한

---

77) Editions Dalloz, Répertoire de contentieux administratif. Tome 1., 1996, chose jugée n° 244 참조.

78) 홍준형, 전게서, pp.586-588.

79) Chapus, Droit du contentieux administratif. 9° éd., 2001, n° 1066 참조.

환경유해시설의 설치와 같이 행정작용의 상대방을 상정할 수 없는 사실행위까지 처분성을 인정하고자 하는 것이 학설의 일반적 경향인데, 이러한 사실행위에 대해 취소소송을 인정한다면 과연 무엇을 취소하는 것인가?

(d) 이상의 의문들을 해결하는 출발점은 그동안 독일의 행정법학 범람으로 인해 망각되고 있었던 오스트리아의 순수법학적 행정법에서 찾을 수 있다. 즉, Merkl에 따르면, 행정행위에 있어 그 발령요건 중 하나라도 결여되면 그것은 '법적인 無'(etwas rechtlich Nichts)가 되는 것이 법논리상 당연하고, 단지 실정법상 瑕疵計測(Fehlerkalkül)을 통해 별도의 규정을 두는 경우에만 그에 따른다고 한다.[80] 행정행위의 처분근거가 되는 법률에서 발령요건이 충족된 경우 — 법원의 확정판결을 기다리지 않고 — 즉시 효력을 발생하도록 규정하고 있으므로, 그 요건이 하나라도 결여되면 아무런 효력이 발생하지 않는 것이 논리상 너무나 당연한 귀결이다. 이를 수정할 수 있는 것은 어떤 형이상학적 관념이 아니라, 바로 입법자의 瑕疵計測이다. 우리나라의 실정법상 이러한 瑕疵計測에 해당하는 것은 오직 행정소송법상 취소소송의 제소기간과 개별법상 자력집행력에 관한 규정들뿐이다. 위법한 처분이라 하더라도 취소될 때까지 효력을 발생·유지시킨다고 하는, 독일 행정절차법 제43조 제2항과 같은 규정은 어디에도 없다.

프랑스 월권소송에서 취소(l'annulation)의 본질은 취소시점까지 지속되어온 효력을 소급적으로 소멸시킨다는 의미의 형성판결이 아니라, 처음부터 무효이었음을 선언하는 확인판결이다. 다시 말해, 법원의 권한으로 살아 있는 효력을 비로소 죽이는 것이 아니라, 위법성 때문에 원래부터 효력이 없던 것을 법원이 유권적으로 확인할 뿐이다.[81] 즉, 소급적 무효는 위법성의 결과에 불과하다.[82] 그러기에 프랑스에서 제소기간의 제한을 받는다는 점에서 독일의 단순위법 또는 취소가능성(Aufhebbarkeit)에 대응하는 것은 무효(la nullité)이다. 다시 말해, 프랑스에서 취소(l'annulation)는 독일에서와 같은 엄격한 의미의 취소가 아니라, 위법성을 확인하여 행정행위를 처음부터 무효(la nullité)이었던 것으로 확정한다는 의미이기 때문에, '무효화'로 번역하는 것이 오히려 더 정확할 것이다. 반면에 프랑스에서 독일의 무효(Nichtigkeit)에 해당하는 것은 — 제소기간의 제한이 없다는 점에서 — 부존

---

80) Adolf Merkl, Allgemeines Verwaltungsrecht, Wien/Berlin 1927, S.191-201.
81) Laubadère/Venezia/Gaudemet, Droit administratif. 16ᵉ éd., 1999, p.101 참조.
82) Vedel/Delvolvé, Droit administratif. Tome 2. 12ᵉ éd., Paris 1992, p.352 참조.

재(l'inexistence)이다.[83] 상술한 바와 같이 프랑스에서는 개별처분만이 아니라 행정입법도 행정행위로서 월권소송의 대상이 대상이 되고 있는데, 그 취소판결은 살아 있는 행정입법의 효력을 비로소 없애는 것이 아니라 그 위법성을 확인함으로써 원래부터 효력이 없었음을 확정하는 것이다. 이와 같이 프랑스의 확립된 판례·이론에 의하면, 행정행위에 어떤 위법성이 있더라도 처음부터 객관적으로 무효인데, 그 위법성 여부가 불명확하므로 국가기관에 의해 유권적으로 위법성의 존재가 확인될 때까지는 그 유효성 또는 적법성이 '추정'되고, 제소기간 내에 취소소송을 제기하여 취소판결을 받으면 그 위법성이 확정되고 따라서 유효성의 추정이 깨어짐으로써 처음부터 객관적으로 무효이었던 것으로 확정된다는 것이다. 이것이 행정의 豫先的 特權(le privilège du préalable)이다.

이러한 프랑스의 관념은 첫째, 비례원칙에 부합된다. 공정력은 원래 행정의 실효성을 확보하기 위한 제도로서, 그 목적에 필요한 최소한도에서만 인정되어야 하는데, 행정행위의 효력이 임의로 부정되지 않도록 하기 위해서는 그 적법성 또는 유효성을 '추정'하면 충분하고,[84] 독일 행정절차법 제43조 제2항과 같은 실체

---

83) 이는 다시 사실상 부존재(l'inexistence matérielle)와 법적 부존재(l'inexistence juridique)로 구분되는데, 후자는 위법성이 중대·명백한 경우를 가리키는 것이므로 우리나라의 무효에 해당하는 반면, 우리나라의 부존재에 대응하는 것은 전자이다. Laubadère/Venezia/Gaudemet, ibid. 참조.

84) '적법성'이 추정됨으로써 취소소송에서의 입증책임의 분배와 국가배상소송·형사소송에서의 독자적 심사권이 문제될 수 있다. 먼저 국가배상소송은 프랑스에서 역시 행정법원이 — 완전심리소송으로 — 담당하는데, 불가쟁력이 발생한 이후에도 그 추정을 깨고 위법성을 인정할 수 있다는 것이 판례이다(C.E., 31 mars 1911, Blanc, Argaing et Bezie, S., 1912.3.129; Laubadère/Venezia/Gaudemet, op. cit., p.120 참조). 형사소송에 관해서는 1951. 7. 5.자 관할재판소의 판결에 의해 개별적 처분의 위법성에 대한 형사법원의 독자적 심사권이 부정되었지만, 그 후에도 형사법원은 여러 사건에서 독자적 심사권을 행사하였으며, 결국 1994년부터 시행된 신형법전 제111-5조에 의해 명문으로 형사법원의 독자적 심사권이 인정되었고, 뿐만 아니라 1994. 2. 9. 제정된 소위 Bosson법률에 의해 도시계획결정에 관해서는 형사법원이 그 위법성을 판단하여 취소까지 할 수 있는 권한이 인정되었다(Laubadère/Venezia/Gaudemet, Traité de droit administratif. Tome 1. 15ᵉ éd, 1999, n° 579; D. Sistach, Le juge pénal et les actes administratifs d'urbanisme. Nouveau Code pénal et loi Bosson, A.J.D.A. 1995, S.674-683 참조). 월권소송에서의 입증책임은 행정행위의 적법성이 추정되는 결과 원고에게 있다는 것이 원칙이지만, 원고가 위법성을 의심할 정도의 주장과 자료를 — 경우에 따라서는 주장만을 — 제출하면 법원이 행정청에 대해 기록제출 등 입증을 촉구하게 되므로, 원칙적으로 피고 행정청에게 입증책임을 부과하는 우리나라와 독일과 실질적으로는 동일하다고 할 수 있다(Laubadère/Venezia/Gaudemet, op. cit., n° 635 참조).

적인 효력까지 부여할 필요는 없는 것이다.[85] 둘째, 권력분립원칙에도 부합된다. 판결을 통해 적극적으로 행정작용의 효력을 없앤다는 관념은 행정권에 대한 과도한 개입이기 때문이다. 법질서상 객관적으로 처음부터 효력이 없던 것을 법원이 사후적으로 확정하는 것에 불과하다고 보아야 한다. 法院의 힘에 의해서가 아니라 법 자체의 힘에 의해 효력이 부정되는 것이다. 셋째, 세계의 보편적 법질서에 부합한다. 프랑스법계 뿐만 아니라 영미법계와 유럽공동체에서도 독일식의 실체적 공정력 관념은 없고 단지 효력의 추정 내지 外觀을 인정할 뿐이며, 따라서 '취소판결'을 의미하는 quash, annul, certiorari 등은 모두 엄격한 의미에서는 「위법성 확인을 통한 무효의 확정」에 해당하는 것이다.[86]

이러한 관념에 의하면, 위에서 제기한 의문들도 모두 쉽게 해결된다. 첫째, 처분이 발령되면 그 적법성 및 유효성[87]이 추정되므로 일단 행정형벌 범죄가 성립하지만 취소판결에 의해 처분이 무효이었음이 확정되고 따라서 처분에 대한 복종의무도 처음부터 없었던 것으로 확정되는 것이다. 판례에서 "처분에 복종할 의무가 원래부터 없었음이 확정되었다"고 판시하고 있는 것도 이러한 취지라고 할 것이다. 둘째, 우리의 취소소송은 취소시점까지 존속하고 있는 법적 효력을 소멸시키는 독일식의 형성소송이 아니라 그 본질이 처분의 위법성을 공적으로 선언하

---

85) 독일법의 이러한 태도는 법본질적인 관점에서 행정행위에 대해 판결에 준하는 실체적 효력을 부여하고자 하였던 O. Mayer의 자기확인력(Selbstbezeugungskraft) 이론의 영향으로 설명할 수 있고, 반면에 프랑스에서는 실제적인 관점에서 공정력을 행정의 실효성 확보를 위해 부득이 인정하는 절차적인 제도로서 적법성 또는 유효성의 추정으로 이해하고 있는데, 이는 M. Hauriou의 예선적 특권(privilège du préalable) 이론의 영향으로 설명할 수 있다.

86) 영국의 사법심사청구소송에서 취소판결(certiorari, quash)의 사유는 권한유월(ultra vires)로서, 행정청이 입법자가 부여할 권한을 일탈했다는 것이므로, 법원에 의해 권한유월이 인정되면 처음부터 무효인 것으로 된다. 따라서 영국에서도 취소판결은 본질적으로 확인판결이다. Wade/Forsyth, Administrative Law. 8.ed., 2000, pp.306-308 참조.

87) 우리나라에서는 판례·학설상 취소소송의 입증책임을 원칙적으로 피고 행정청에게 귀속시키고, 국가배상소송·형사소송에서 처분의 위법성에 관한 독자적 심사권을 인정하고 있는바, 이를 논리적으로 자연스럽게 설명하기 위해서는 「적법성」이 아니라 「유효성」만이 추정되는 것으로 보아야 한다는 견해가 성립할 수 있다. 그러나 위 각주 83)에서 프랑스에 관해 설명한 바와 같이, 일차적 입증책임을 원고에게 귀속시키더라도 궁극적인 입증책임은 피고 행정청에게 있게 되고, 적법성이 추정되더라도 논리필연적으로 국가배상소송과 형사소송에서 처분의 위법성에 관한 심사권이 부정되는 것은 아니다. 적법성의 추정을 항고소송과 관련한 범위 내에서만 인정하면 되기 때문이다. 따라서 반드시 「유효성」의 추정으로 한정할 필요는 없다고 할 것이다.

는 확인소송이므로, 처분이 판결 이전에 소멸된 경우에도 여전히 취소소송이 가능한 것이다. 셋째, 법적 효력을 발생하지 않는 사실행위 등 소위 형식적 행정행위에 대해서도 그 위법성을 확인한다는 의미에서 취소판결이 가능하다.

더욱이 행정소송법은 취소소송을 무효확인소송과 함께 항고소송의 하부유형으로 규정하고 있다(제4조). 이는 취소소송은 형성소송으로, 무효확인소송은 확인소송으로, 양자를 각기 전혀 별개의 소송유형으로 인정하고 있는 독일법과 단적으로 대비된다. 프랑스에서는 제소기간의 제한이 있는 la nullité에 대한 것이든 제소기간의 제한이 없는 l'inexistence에 대한 것이든 간에 모두—확인소송적 성격을 갖는—월권소송이라는 동일한 소송유형으로 파악된다. 이와 비슷하게 우리의 취소소송과 무효확인소송도 모두 항고소송이라는 동일한 상위개념에 포섭된다는 것은 양자가 동일하게 확인소송적 성격을 갖는다는 점을 시사하는 단적인 근거가 된다. 뿐만 아니라 현행법상 그 밖의 항고소송의 하부유형들도 처분등의 유효·무효·존재·부존재확인소송, 그리고 부작위위법확인소송 등 모두 글자 그대로 확인소송이다. 요컨대, 항고소송은 취소소송을 포함하여 모두 확인소송의 성격을 갖는다고 할 것이다.

(3) 小結

이상에서 살펴본 바와 같이 우리나라에서 취소소송을 포함한 항고소송이 분명히 객관소송적 성격과 확인소송적 성격을 갖고 있다면, 독일에서와 같이 최협의의 행정행위, 즉 개별·구체적 처분과 행정입법—그리고 사실행위도 물론—을 구별하여 별도의 소송유형을 마련할 필요가 없다. 행정작용의 위법성을 다투는 소송을 행정작용의 법적 성질에 따라 세분하지 않고 이를 포괄하여 항고소송이라는 단일한 소송유형으로 포착하는 것은 프랑스, 영국, 미국 등으로서 세계적 보편성을 갖고 있다.

이와 같이 항고소송의 대상을 확대하기 위한 이론적 근거는 항고소송이 객관소송적 기능을 갖고 있으며 취소소송을 포함한 항고소송 전체가 확인소송적 성격을 갖는다는 데 있다. 즉, 항고소송은 객관소송이므로 그 대상을 시민의 구체적인 권리의무를 발생·변경·소멸시키는 직접적 법적 효력을 갖는 규율에 한정할 필요가 없으며, 확인소송이기 때문에 널리 행정의 적법성 통제의 대상이 되는, 그 위법성을 확인할 수 있는 행위이면 족한 것이다. 반대로 항고소송의 대상을 행정입법과 사실행위를 포괄하는 것으로 확대하게 되면 그 결과 객관소송적 기능과 확인소송적 성격이 명확해진다. 행정입법에 대한 직접적 통제는 규범의 일반성으로 인해 그 본질상—나머지 행정소송 유형들을 철저한 주관소송으로 파악하는 독일에서조차 행정법원법 제47조 소정의 규범통제절차를 객관소송으로 이해하는 것처럼—객관소송일 수밖에 없다. 또한 행정입법과 사실행위를 '취소'한다는 것은 그 위법성의 확인일 수밖에 없다. 위법한 행정입법은 처음부터 무효로서 실체적 공정력을 갖지 못하고, 사실행위는 그 자체 아무런 법적 효력을 갖지 못하는 것이기 때문이다. 요컨대, 항고소송의 객관소송·확인소송적 성격은 항고소송 대상의 확대를 위한 이론적 논거인 동시에 그 논리적 귀결이다.

3. 立法論

(1) 프랑스·영국·미국의 法比較

프랑스 행정소송의 기본적인 형태는 越權訴訟(le recours pour excès de pouvoir)과 完全審判訴訟(le contentieux de pleine juridiction)의 二元的 構造이다. 월권소송은 행정의 적법성 통제를 주된 목적으로 하는 객관소송으로, 완전심판소송은 원칙적으로 행정주체에 대한 원고의 청구권 실현을 위한 주관소송으로 파악된다. 월권소송은—영미법상의 권한유월(ultra vires)에 대응하는 개념으로서—권한유월(l'excès de pouvoir), 즉 위법성을 이유로 행정결정을 다투는 소송이다. 월권소송의 대상은 '일방적 행정행위'(l'acte administratif unilatéral) 또는 '행정결정'(la décision administrative)인데 그 범위가 매우 넓다. 즉, '법적 행위'(l'acte juridique)이어야 하지만, 독일에서와 같이 상대방의 권리의무를 직접 변경하는 행위에 한정하지 않고 전체 법질서에 새로운 요소를 도입하는 것이면 충분하다. 따라서 경고, 권고, 공적 시설의 설치 등 독일에서는 사실행위로 분류되는 것도 그것이 법적인 의미를 갖고 상대방에게 '침익적인 영향을 초래하는'(faisant grief) 것인 한 월권소송의 대상이 된다. 뿐만 아니라, 행정입법 제정행위(l'acte réglementaire)도 포함된다. 따라서 법규명령·조례 등 행정입법에 대하여 시행 이후 제소기간(2개월) 이내에 직접 월권소송을 제기할 수 있다. 제소기간이 경과하면 행정입법 그 자체에 관해서는 불가쟁력이 발생하지만, 향후 그 행정입법에 의거하여 내려진 개별행위를 월권소송으로 다투는 기회에 행정입법에 대한 위법성항변(l'exception d'illégalité)을 주장할 수 있는데, 우리의 부수적(구체적) 규범통제에 대응되는 것이다.

영국의 행정소송[88]은 크게 두 가지로 나뉜다. 첫째는 영업·건축·도시계획·환경·사회보장 등 개별법률을 집행하는 행정기관의 결정을 각 행정영역의 전문행정심판소(tribunal)에 — 일반적으로 6주 이내에 — 행정심판청구(appeal)를 제기하고 이에 불복할 때 법원 — High Court 또는 Court of Appeal — 에 행정심판 불복소송(appeal)을 제기하는 방법이고, 둘째는 이러한 첫 번째 방법이 마련되어 있지 아니한 나머지 행정작용 일반에 대하여 바로 법원(High Court)에 제기하는 사법심사청구소송(application for judicial review, AJR)[89]이다. 전통적으로 행정기관의 행위에 대한 사법심사를 일반법원의 민사소송으로 다루어 왔던 영국에서 1977/1981년 개혁을 통하여 위와 같은 사법심사청구소송 제도가 도입되었는데, 공법적 사건은 반드시 이를 통해야 하고,[90] High Court의 국왕재판부(Queen's Bench Division)의 전담법관(Crown Office List)[91]이 담당한다. 사법심사청구소송의 대상이 되는 행정행위(administrative action)는 독일 또는 프랑스와 같은 개념적 제한이 없고, 단지 행정청(authority)에 의한 공적 권한의 행사 또는 불행사(excercise or non-excercise of official power)이면 충분하다. 그리하여 행정입법(statutory instrument)뿐만 아니라 결정기준과 방향에 관한 지침(official statements of policy/general intention), 법적 관계에 관한 공적 견해의 표명, 공적 기록, 부작위 등도 대상이 된다.[92]

미국(연방)에서 행정작용에 대한 사법심사는 연방민사소송규칙(Federal Rules of Civil Procedure)에 의한 민사소송절차로 진행되지만, 행정절차법(Administrative Procedure Act)의 6개의 조문[93]에서 그 대상·원고적격·심사범위 등 그 허용요건과 본안요건을 규정하고 있다. 이는 私人간의 민사소송에서는 문제되지 않는 것이기

---

88) 이에 관한 상세는 拙稿, 英國 行政法의 槪觀, 『영국법』, 사법연수원 편, 2002, pp.85-122 참조.

89) 2000년 10월 민사소송규칙(Civil Procedure Rules) 제54부가 제정되어 'claim for judicial review'(CJR)로 개칭되었다.

90) 이는 대법원(House of Lords)의 1983년 *O'Reilly v. Mackman* 판결에 의해 확립되었다.

91) 이와 같이 행정소송을 전담하는 재판부가 2000년 10월 제정된 민사소송규칙에 의해 'Administrative Court'로 개칭되었다. 이는 기능적으로 우리나라의 서울행정법원과 유사한 전문법원이라고 할 수 있지만, 조직상으로 High Court에 소속된 전문재판부라는 것이 차이점이다.

92) Lewis, Judicial Remedies in Public Law, London 2000, para. 2-005~2-104, 4-001~4-083; Emery, Administrative Law: Legal Challenges to Official Action, London 1999, pp.54-75 참조.

93) 5 U.S.C. § 701~§ 706.

때문에, 미국에서도 실질적으로는 민사소송과 구별되는 특별소송으로서 '행정소송'이 엄연히 존재한다고 할 수 있다.[94] 사법심사의 대상이 되는 행정청의 행위 (agency action)에 관해 개념적 제한이 없다. 행정절차법(5 U.S.C.) 제701조 (b)항 (2)호는 'agency action'에 관해 동법 제551조를 준용하고 있는데, 제551조 (13)항은 agency action을 "행정청의 규칙, 명령, 허가, 제재, 급부 또는 그에 상응하는 것 또는 그 거부 및 부작위의 전부 또는 일부"를 포함하는 것으로 정의하고 있다. 출판에 의한 공표, 서한 및 전화통화, 조언 등 非定式的 행위들도 상대방에 대해 실제적인 효과를 초래하는 경우에는 사법심사의 대상이 될 수 있다. 독일식의 최협의의 행정행위에 해당하는 adjudication이나 행정입법에 해당하는 rule이든지 간에 agency action으로서, 차별 없이 사법심사의 대상이 되지만, rule에 관해서는 사건의 성숙성(ripeness) 요건을 충족해야 한다. 성숙성의 판단기준으로 1967년의 *Abbot Laboratories v. Gardner* 판결에서 '사법판단에의 적합성'(fitness for judicial decision)과 '당사자에 대한 침해성'(hardship to the parties)을 제시하였는데, 후자는 당사자로 하여금 그 규칙에 의거한 개별결정이 내려질 때까지 기다려 개별결정을 다툴 때 규칙의 위법성을 항변(defence)으로 주장하도록 하는 것이 수인불가능한 요구인 경우에는 바로 그 규칙에 대한 사법심사를 허용한다는 것이다.

(2) 우리나라 行政訴訟法의 改正方向

이상과 같은 프랑스·영국·미국의 예에 따라 우리나라에서도 — 상술한 바와 같이 현행법의 해석론으로써도 충분히 행정입법을 항고소송의 대상으로 포착할 수 있지만 — 입법론적으로 이를 분명히 할 것이 요청된다. 그 방법으로는 현행 처분개념에서 '구체적 사실'과 '법집행'이라는 제한적 징표들을 모두 제거하여 예컨대 "행정청이 행하는 공권력 행사와 그 거부 및 이에 준하는 행정작용"으로 정의하는 것이다. 헌법재판소법 제68조 제1항도 헌법소원심판의 대상을 "공권력 행사 또는 불행사"로 규정하고 있다. 종래 처분에 해당하지 않는 공권력행사는 헌법소원의 대상이 됨으로써 행정에 대한 사법적 통제가 二分되었는데, 어차피 헌법소

---

94) Schwartz, Administrative Law. 3.ed., 1991, § 8.1-§ 8.4; Pierce/Shapiro/Verkuil, Administrative Law and Process. 2.ed., 1992, § 5.1-§ 5.3; Strauss/Rakoff/Schotland/Farina, Gellhorn and Byse's Administrative Law. 9.ed., 1995, pp.1106-1113; Gellhorn/Levin, Administrative Law and Process. 4.ed., 1997, pp.342-346 참조.

원에 의해 사법적 통제의 대상이 되고 있다면 처분성을 확대하여 항고소송의 대상으로 단일화시킴으로써 법질서의 통일성을 기하고자 하는 것을 행정부로서도 거부할 명분이 희박하다고 할 수 있다.

처분 개념에 '구체적 사실'이라는 징표를 그대로 유지함으로써 행정입법을 처분에서 제외하고 항고소송과는 별도로 예컨대 행정입법 폐지소송이라는 별개의 소송유형을 마련하고자 하는 견해가 있으나, 이는 타당하지 않다. 개별처분과 행정입법의 상대성과 대체가능성, 현대 행정에서 개별처분과 동일한 행정수단으로서의 행정입법의 기능 등에 비추어 그러하다. 근본적으로 소송유형을 다양화하는 것은 원고와 법원에게 선택의 위험과 부담을 안겨주는 것으로 바람직하지 않다. 따라서 취소소송의 범주에 포함시키면서 최소한의 특례를 인정하는 방향이 요청된다.

독일 규범통제절차에서와 같이 행정작용에 관한 행정입법에 한정할 것이 아니라, 형사범죄, 과태료, 私法的 청구권 등 모든 영역에 관한 행정입법을 포괄하는 것이 바람직하다. 다만, 私法的 청구권의 경우에는 후술하는 원고적격 단계에서 탄력적으로 운용할 것이 요청된다.

문제는 이와 같이 처분 개념을 확대하면 공행정작용 전부를 포괄하게 되는데, 굳이 '처분'이라는 매개개념을 사용할 필요가 있는가 라는 데 있다.[95]

4. 問題點의 檢討 ― 行政訴訟法的 問題

(1) 濫訴의 문제

이와 같이 처분 개념을 공행정작용 전체로 확대하는 데 대하여 일차적으로 제기되는 반론은 그로 인해 濫訴의 부작용이 있을 것이라는 지적일 것이다.[96]

(2) 不可爭力의 문제

또한 처분성이 확대됨으로써 제소기간 도과로 인한 불가쟁력이 발생하는 행정활동이 확대된다는 문제가 지적될 수 있다.[97]

---

95) 이하 생략. 본서 제4장 127면 참조.
96) 이하 생략. 본서 제4장 128-129면 참조.
97) 이하 생략. 본서 제4장 129-130면 참조.

(3) 訴訟法上 '取消'와 '無效確認'

다음으로 위와 같이 처분 개념을 확대하는 데 대해 제기될 수 있는 반론은 그와 같이 처분 개념이 확대되면 사실행위와 행정입법도 취소소송의 대상이 되는데 사실행위와 행정입법을 '취소'한다는 것이 잘못이 아닌가 라는 지적일 것이다.[98]

(4) 行政作用類型論과의 관계

항고소송의 대상을 공행정작용 전체로 확대한다면 그동안 우리나라에서 독일의 이론을 모범삼아 발전시켜 온 행정작용 유형론을 전부 폐기하는 결과를 빚는 것이 아닌가 라는 비판이 있을 수 있다. 독일의 행정작용 유형론은 상술한 바와 같이 원래 행정소송의 제기가능성을 제한하는 역할을 하였던 것이 사실이므로, 이러한 점에서는 이 이론은 마땅히 폐기되어야 한다. 그러나 제2차 세계대전 이후 독일에서 전개된 행정작용 유형론은 행정소송의 유형의 문제에 국한된 것이 아니라, 오히려 원고적격, 사법심사의 척도 및 강도(재량 및 판단여지의 문제)와 관련하여 중요한 의미를 갖는 것이고, 이러한 점에서는 위 이론은 오히려 중요성을 더하게 될 것이다. 다시 말해, 대상적격의 제한을 철폐하고 나면 원고적격의 문제와 특히 본안에서의 사법심사의 강도의 문제가 본격적으로 부각되게 되며, 이를 위하여 행정작용 유형론은 여전히 존재의의가 있는 것이다.

5. 憲法的 問題 — 憲法訴願審判과의 관계

항고소송의 대상을 확대함으로써 발생하는 문제 중 실제적으로 가장 심각한 것은 헌법재판소의 헌법소원심판과의 관계이다.[99]

(1) 行政作用으로서의 行政立法

헌법 제40조 소정의 "입법권"은 형식적 의미의 법률에 한정하는 것으로 해석되어야 한다. 독일식의 소위 '실질적 의미의 법률'이라는 명분 하에서 행정입법을 위 "입법권"에 속하는 것으로 파악함으로써 그 입법권이 의회에 의해 행정부에게 위임된 것으로 의제하는 것은 우리 헌법 구조상 타당하지 않다. 대통령령과 총리령·부령의 제정은 대통령과 국무총리 및 행정각부의 장의 권한으로 규정되어 있

---

98) 이하 생략. 본서 제4장 130-131면 참조.
99) 이하 생략. 본서 제4장 132-135면 참조.

으며(헌법 제75조 및 제95조), 법률의 위임은 단지 그 권한 행사의 요건과 한계일 뿐이다. 상술한 바와 같이, 행정입법에 대한 법률의 위임은 개별·구체적 처분에 대한 법률의 근거와 본질적으로 동일하다.

법규제정행위로서의 행정입법은 개별·구체적 처분과 그 성질이 다른 점이 있고 또한 행정입법에 대한 (직접적) 항고소송이 규범통제로서의 성격을 갖는다는 것은 분명하다. 그러나 항고소송으로는 규범통제를 할 수 없다는 것은 입법론의 차원에서는 물론 현행법의 해석론으로서도 승인될 수 없다. 그 규범통제의 대상이 되는 규범이 행정작용의 일환으로 이루어진 것인 한 행정소송의 대상으로 포착될 수 있는 것이다. 프랑스·영국·미국의 경우가 바로 그러하다.

6. 行政立法에 대한 抗告訴訟의 구체적 내용

(1) 概要 및 管轄

상술한 바와 같이 행정입법도 — 현행 '처분' 개념을 확대하여 광의의 '행정행위'라는 개념으로 대치함으로써 — 항고소송의 대상으로 포착하게 되면, 행정입법에 대한 항고소송도 당연히 항고소송에 관한 규정이 그대로 적용된다. 행정입법도 본질적으로 행정작용이고 또한 오늘날 주된 행정수단으로 활용된다는 점, 독일에서 행정입법을 소위 '실질적 의미의 법률'로 파악하여 특별 취급한 것은 연혁적으로 19세기 외견적 입헌군주제 하에서 왕의 권한을 의회의 입법권에 기대어 강화하고자 하는 데서 비롯되었다는 점, 프랑스·영국·미국에서는 행정소송의 대상적격의 단계에서 개별처분과 행정입법이 전혀 차별 없이 다루어진다는 점, 개별처분과 행정입법은 그 구별이 어렵고 상호 대체가능성이 있으며 행정이 임의적으로 양자의 형식을 선택할 수 있고 그리하여 말하자면 '행정입법으로의 도피'가 가능해진다는 점에서, 행정입법을 처분에서 제외하여 — 예컨대 '법령폐지소송'이라는 이름으로 — 이에 대한 별개의 소송유형을 마련하는 것은 타당하지 않다. 다만, 명령·규칙[100)]

---

100) 여기에는 대통령령·총리령·부령 이외에 헌법상 '규칙'으로 인정된 법규형식, 즉 국회규칙·대법원규칙·헌법재판소규칙·중앙선거관리위원회규칙이 포함되고, 뿐만 아니라 법률이 직접 수권하는 '규칙', 즉 감사원규칙, 공정거래위원회규칙, 방송위원회규칙 등도 포함된다. 그러나 '고시'는 제외되고, 또한 '규칙'이라고 하더라도 대통령령·부령 등 법규명령 단계에서 수권하는 것은 제외되므로, 이하에서 논의하는 특례규정이 적용되지 않고 취소소송에 관한 일반규정의 적용을 그대로 받게 되고, 따라서 제1심이 고등법원이 아니라 행정법원이 된다. 다만, 소급효 제한에 관한 규정은 '고시' 등에도 그것이 규범적 성격을 갖는 한 준용 내지 유추적용되는 것으로 보아야 할 것이다.

또는 지방자치단체의 조례·규칙의 경우에는 관할에 관한 최소한의 특례를 인정할 필요가 있다. 즉, 행정입법에 대한 항고소송의 경우에는 사건의 신속한 처리를 위해 고등법원을 제1심으로 하거나 지방법원은 제1심으로 하되 사실에 관해 다툼이 없는 경우 비약상고제를 도입함으로써 2심제로 할 것이 요청된다.

(2) 補充性의 문제

행정입법을 집행하는 개별처분이 내려진 경우에는 이를 구체적 규범통제로 다툴 수 있음에도 거기에 더하여 행정입법 취소소송을 인정할 필요가 있는가 라는 문제가 있다. 구체적 규범통제는 상대적 적용배제에 그치는 것으로서, 직접 취소소송과는 전혀 별개의 것이므로 양자를 동시에 인정할 필요도 없지 않다. 하지만 현재까지 실무상 행정소송에서 구체적 규범통제로써 행정입법의 위법성이 확정되고 나면 예외 없이 행정부가 이를 폐지·개정하여 왔으므로, 행정부에 대한 부담을 들어주고 구체적 규범통제 법원과 직접 취소소송의 법원의 판단이 불일치할 위험을 제거한다는 취지에서, 행정입법을 집행하는 개별처분이 내려진 경우에는 직접 취소소송을 제기할 수 없도록 보충성을 명문으로 규정하는 것이 바람직하다. 다만, 형사사건으로 고소·고발되어 수사가 개시되었거나 심지어 공소가 제기된 경우, 민사사건으로 소를 제기하였거나 제기당한 경우에는, 보충성을 인정할 필요가 없다고 본다. 다시 말해, 형사소송과 민사소송과 별개로 행정입법 취소소송이 진행되어, 형사·민사소송에서는 구체적 규범통제에 관한 판단을 보류하고 — 필요할 때에는 절차를 중지하고 — 형사·민사에 관한 사실심리에 집중하고, 행정입법의 위법성은 행정소송에서 집중 심리되는 것이 소송경제상 바람직할 것이다.

다만 행정입법 취소소송이 제기되어 계속 중에 비로소 집행처분이 내려진 경우에는 보충성을 요구하지 않고 그 취소소송이 진행되도록 하고 오히려 집행처분에 대한 취소소송을 거기에 병합 심리하도록 하여야 할 것이다. 그렇지 않다면 행정청이 집행조치를 남발하여 행정입법 취소소송을 회피하는 부작용을 빚을 염려가 있다.

(3) 提訴期間의 문제

현행법에 의한다면 처분이 있음을 안 날, 즉 행정입법이 제정되었음을 안 날부터 90일 이내, 처분이 있은 날, 즉 행정입법이 제정된 날부터 1년 이내에 제소하여야 한다. 행정입법은 공포될 뿐 원고 개인에게 송달되지는 않으므로, 원고가 제정사실을 몰랐다고 하면 특단의 사정이 없는 한 주관적 제소기간에 관해 입증책임을 부담하는 피고 행정청이 이를 입증할 가능성이 없으므로, 사실상 제정 이후 1년이라는 객관적 제소기간만이 적용될 것이다.

문제는 헌법재판소가 법령에 대한 헌법소원의 청구기간을 무한히 연장하는 판례를 확립하고 있다는 데에 있다. 즉, 법령이 시행된 후 비로소 그 법령에 해당하는 사유가 발생하여 기본권의 침해를 받게 된 경우에는 그 사유가 발생하였음을 안 날부터 60일 이내, 그 사유가 발생한 날부터 180일 이내에 헌법소원심판을 청구하여야 한다고 한다.101) 그리하여 법령이 제정·시행된 후 아무리 장기간이 경과하더라도 청구인이 비로소 그 적용대상이 됨으로써 청구인적격을 취득한 경우에는 그 때부터 청구기간이 기산되는 것이다. 이는 헌법재판소가 행정입법에 대한 구체적 규범통제 권한이 없는 상황에서 행정입법에 대한 직접적 통제 권한을 시간적으로 확대하고자 하는 의도에서 비롯된 것이라고 할 수 있다. 필자의 소견으로는 한편으로 행정입법에 대하여도—그 제정시로부터 기산되는—객관적인 제소기간만을 설정함으로써 행정의 실효성을 확보할 필요가 있다고 생각한다. 그러나 다른 한편으로 법령에 대한 직접적 통제를 행정소송으로 전환하면서 위와 같이 헌법재판소 판례에서 확립된 청구기간의 연장을 폐지한다는 것은 국민의 권리구제 기회의 감축을 의미하는 것이기 때문에 신중을 기해야 한다고 본다. 현행법의 해석론으로서는 행정소송법 제20조 제2항 단서에서 규정하는 객관적 제소기간을 연장하는 정당한 사유를 활용하여 헌법재판소의 판례에 준하여 운용할 수 있을 것이다. 입법론으로서는—제정을 안 날부터 기산되는 주관적 제소기간은 규정하지 않고—단지 객관적 제소기간으로 행정입법이 제정·공포된 날부터 1년 이내에 제기하도록 하고, 이에 추가하여 헌법재판소의 판례이론에 따라 새로이 권리의 침해를 받은 때에는 그 사유를 안 날부터 90일, 그 사유가 있은 날부터 1년 이내에 제기할 수 있도록 규정할 수 있을 것이다. 객관적 제소기간 내에 제기된 행정입법 취소소송은 객관소송적 성격이 중심이 되지만, 추가적 제소기간에 제기된 취소소송은 주관소송적 성격이 중심이 되므로, 기산점을 후술하는 바와 같이 일반적인 항고소송의 원고적격인 "정당한 이익"으로 하지 않고 "권리의 침해"로

---

101) 헌법재판소 2000. 10. 10. 선고 2000헌마613 결정 등.

규정하더라도 무관하고 그것이 오히려 타당한 것이라고 본다.

(4) 取消判決의 效力

취소소송의 일반원칙에 따라 취소판결은 대세효와 소급효를 갖는다. 물론 기각판결은 상대적 효력밖에 없다. 다만 소급효를 제한할 필요가 있는데, 독일 연방헌법재판소법 제79조 제2항을 모범삼아 확정된 판결이나 처분의 효력에 영향이 없지만 그 판결이나 처분을 집행할 수 없다는 점을 명시하여야 할 것이다. 형사재판의 경우 재심을 청구할 수 있음을 주의적으로 규정하는 것도 바람직하다. 우리 헌법재판소법 제47조에서는 법률의 위헌결정의 효력을 「원칙적 불소급 및 예외적 소급」으로 규정하고 있으나, 헌법재판소와 대법원의 판례에 의하여 그 예외적 소급사유가 확대되어 왔을 뿐만 아니라, 현대 행정에서의 행정입법은 의회입법의 보충으로서 소위 '실질적 의미의 법률'로 파악해서는 아니 되고 행정수단의 하나로 파악해야 한다는 점에서 법률과 본질적으로 구별되기 때문에, 행정입법에 대한 취소소송에서는 소급효를 원칙으로 하는 것이 타당하다. 다만, 위와 같은 예외적 소급효 제한만으로 부족할 때에는 사정판결의 활용하여 법적 안정성과 旣成의 법질서를 보호할 수 있을 것이다.

(5) 假救濟의 문제

행정입법 취소소송의 경우에는 현행 집행·효력정지제도를 활용하여 행정입법의 효력 또는 적용을 정지할 수 있다. 독일에서 논의되는 바와 같이 원고의 권리구제에 전혀 장해가 없는 한 원고에 대한 관계에서만 집행·효력을 정지할 수 있을 것이다. 이는 현행법으로도 제23조 제2항에 "전부 또는 일부의 정지"라고 규정되어 있으므로 가능하다. 상술한 바와 같이 객관적 제소기간(1년) 이내에는 행정입법 취소소송이 객관소송적 성격을 갖기 때문에 원칙적으로 행정입법의 집행·효력을 일반적으로 정지하여야 할 것이고, 반면에 추가적인 주관적 제소기간에는 철저한 주관소송으로 전환되므로 원고에 대한 관계에서만 집행·효력을 정지하여야 할 것이다.[102]

---

102) 헌법재판소법 제57조와 제65조에서 정당해산심판과 권한쟁의심판에 관해 가처분으로 정당의 활동을 정지하거나 피청구기관의 처분의 효력을 정지할 수 있다는 명문의 규정이 있으나, 헌법소원에 관해서는 명문의 규정이 없다. 그러나 동법 제40조 제1항에서 헌

7. 行政立法의 拒否 또는 不作爲에 대한 抗告訴訟

현행법상으로도 행정입법의 거부 또는 부작위에 대해서는—행정입법이 '처분'에 해당하기 때문에—거부처분 취소소송 및 부작위위법확인소송이 가능하다고 할 것이다. 판례상 '거부처분'과 '부작위'의 성립요건으로 申請權이 요구되는데, 私見에 의하면 거부처분이나 부작위는 대상적격의 문제로서 외형적·객관적으로 판단되어야 할 것이므로 여기에 주관적인 권리관념이 고려되어서는 아니 되고, 따라서 신청권(응답요구권) 내지 무하자재량행사청구권에 관련된 문제는 원고적격 차원에서 검토되어야 할 것으로 생각하지만,[103] 판례에 따르더라도 행정입법 부작위의 경우 신청권은 쉽게 인정될 수 있다. 행정입법 제정의무가 있고 그것의 사익보호성이 인정된다면 '청구권'까지 인정되는데, '신청권'은 그 속에 당

법소원 심판절차에 관해서는 민사소송법과 행정소송법을 함께 준용하고 있다. 때늦은 권리구제는 권리구제가 없는 것과 마찬가지이므로, 본안에 관한 판단권한은 가구제의 권한을 수반하는 것으로 보아야 하고, 이러한 관점에서 헌법재판소가 최근 2002. 4. 25.자 2002헌사129 결정에서 민사소송법의 가처분 규정과 행정소송법상 집행정지 규정을 준용히여 면회 회수를 제한하는 군행형법 시행령의 규정 부분의 효력을 정지한 것은 원칙적으로 타당한 것으로 평가할 수 있을 것이다. 그러나 헌법재판소가 신청인들(구속수감자와 동인의 처)에 대한 관계에서만 위 시행령 규정의 효력을 정지하지 않고 일반적으로 전부 그 효력을 정지한 것은 비판의 여지가 많다. 첫째, 상술한 바와 같이 독일에서는 규범통제절차에 있어 본안은 객관소송이지만 가처분은 권리구제를 위한 목적이라는 이유에서 권리구제에 장애가 없는 한 신청인에 대한 관계에서만 권리구제를 위한 범위 내에서만 행정입법의 적용을 정지할 수 있고 또한 그리하여야 한다는 것이 최근 학설의 대세이다. 위 군행형법 시행령 사건에서 신청인들의 권리구제 목적은 자신들의 제한 없는 면회이므로 신청인들에 대한 관계에서만 그 효력을 정지하면 충분하다고 할 것이다. 여기서 유의할 것은 신청인들에 대한 관계에서만 효력을 정지한다는 것은 신청인들의 면회를 제한 없이 허용하는 데 필요한 범위 내에서 효력을 정지하는 것이기 때문에, 이러한 범위 내에서는 면회허가권자인 참모총장 등 모든 군관계자들에 대하여 일반적 효력을 갖도록 하여야 한다는 점이다. 둘째, 이 사건은 위 시행령이 1999. 10. 30. 개정된 이후 2002년이 되어 비로소 헌법소원심판을 청구한 것으로서, 이미 객관적 청구기간이 도과하였고 헌법재판소의 판례이론에 따라 신청인들이 새로이 시행령의 적용대상이 됨으로써 다시 청구기간이 기산된 것이다. 그렇다면 헌법소원심판이 기본권의 객관적 법질서로서의 기능에 의거하여 객관소송으로서 성격을 겸비한다는 것을 일반적으로 인정하더라도 위와 같이 청구기간이 다시 기산된 경우에는 본질적으로 주관적 권리구제를 위한 기능이 중심이 된다고 할 수 있다. 규범통제절차에 관한 독일의 학설에서는 객관소송의 경우에도 가처분은 권리구제기능이 중심이 된다고 하는데, 위와 같이 주관소송적 성격이 중심이 되는 사건의 가처분에 대하여 법령의 효력을 일반적으로 정지시킨 것은 신중히 재검토되어야 할 것이다.

103) 이에 관해 拙稿, 取消訴訟 四類型論, 특별법연구 제6권, 2001, pp.124-148(136-141) 참조.

연히 포함되기 때문이다.

입법론적으로 의무이행소송이 도입된다면 의무이행소송으로써 행정입법의 거부 또는 부작위에 대하여 행정입법의 제정을 명하는 판결이 선고될 수 있다. 거의 모든 경우에 행정입법의 내용에 관한 재량이 인정되므로, 이 경우의 의무이행판결은 독일에서 말하는 '재결정명령판결'(Bescheidungsurteil), 즉 행정입법의 구체적 내용은 특정하지 아니한 채 일정한 사항에 관한 행정입법을 제정한 것을 명하는 판결이 될 것이다. 헌법소원심판으로써는 위헌의 확인만이 가능하고 이러한 적극적인 행정입법의 명령이 불가능하기 때문에, 입법론적으로 행정입법을 — 의무이행소송을 포함하는 — 항고소송의 대상으로 삼는 것의 장점의 하나가 될 수 있다.

Ⅳ. 結語

프랑스·영국·미국의 행정소송에 관한 판례를 살펴보면 중요한 사건은 거의 대부분 행정입법에 관한 것임을 알 수 있다. 영국과 미국에서 19세기까지는 민사소송과 구별되는 행정소송, 그리고 私法과 구별되는 행정법의 관념이 없었는데 20세기에 들어와 행정소송과 행정법의 독자성이 인정되게 된 것은 바로 행정입법의 증대 때문이었다. 다시 말해, 행정입법에 대한 통제가 바로 행정소송과 행정법의 주된 존재의의라고 할 것이다.

행정소송에 의한 행정입법의 통제라고 하여 법원이 행정입법을 대신한다든가 행정입법의 재량에 간섭한다는 것은 아니다. 행정입법에 대한 행정소송의 문호를 개방하는 대신 본안판단에서는 행정의 입법재량이 충분히 존중되어야 한다. 단지 행정입법이 직접성·구체성·현재성을 띠는 한 언제든지 행정소송의 대상이 될 수 있다는 것 그 가능성 자체만으로 행정입법 과정에 法談論이 이루어지고 이로써 행정 자체에 의한 법치주의 실현이 촉구된다. 또한 기본권 제한의 정도가 중대한 내용은 법률 차원으로 승격될 것이고 결국 헌법재판소에 의한 위헌법률심사가 활성될 수 있을 것이다.

6. 행정법원의 성과와 발전방향*

— 疾風怒濤와 成長痛을 넘어 成熟한 靑年으로 —

Ⅰ. 序說

"정부수립 후 50년이 지나고 새로운 50년이 시작된 1998년의 새봄에 우리는 獨裁·非民主의 과거를 딛고 민주화의 産苦 끝에 민주법치국가의 새로운 章을 열 옥동자를 얻었다. … 우리 모두의 옥동자의 한 돌을 다시 축하하며, 앞으로 '지혜와 신중과 용기'를 바탕으로 이 땅의 정의를 실현할 건강한 성인으로 성장하기를 진심으로 기원한다."[1]

위 글은 필자가 1999년 4월 25일 행정법원 1주년 기념세미나에서 발표한 논문의 처음과 끝이다. 1998년 3월 1일 개원한 서울행정법원은 '옥동자'에서 이제 어엿한 15세의 청소년으로 성장하여 지난 2012년 9월 3일 양재동 신청사로 이전하여 업무를 개시하였다. 이를 기념하는 오늘 세미나에서 필자가 다시 행정법원[2] 15년의 성과와 발전방향에 관한 논문을 발표하게 되어 무한한 영광과 깊은 감회를 느낀다. 특히 위 1주년 기념세미나 논문에서 "행정법원의 장래는 곧 우리나라 행정법학의 장래이다. 바로 이 점에서 필자가, 행정법학을 위해 헌신하기로 한 初學者로서, 행정법원의 1년에 즈음하여 남다른 감회를 기대를 갖는 것"[3]이라고 강조한 바 있는데, 이와 같이 그동안 행정법원 15년의 역사는 곧 우리나라 행정법과

[행정법원 성과와 발전방향, 『행정절차와 행정소송』 김철용(편) 2017]

* 이 글은 2012년 12월 3일 서울행정법원 신청사이전 기념세미나 주제발표문(未公刊)을 보완한 것임을 밝힌다.

1) 졸고, 행정법원 1년의 성과와 발전방향, 1999. 4. 25. 대법원 주최 행정법원 1주년 기념세미나 발표문(졸저, 『행정소송의 구조와 기능』, 2006, 33-62면 수록).
2) 이하 '행정법원'은 서울행정법원과 지방법원 행정재판부를 총괄하는 의미이다.
3) 전게서(행정소송의 구조와 기능), 35면.

행정법학의 역사인 동시에 필자 개인의 법학자로서의 역사이기도 하기 때문이다.

1주년 기념세미나에서의 祝願처럼, 우리의 행정법원이 '민주법치국가의 새 章을 열 옥동자'로 태어나 '이 땅의 정의를 실현할 건강한 성인'이 되기 위해서는, 15세의 청소년이 된 지금, 그 탄생의 의미와 성장 과정을 돌이켜 보고, 청소년 시절 겪어야 할 '질풍노도'(Sturm und Drang)와 '成長痛'의 시기를 정확하게 진단함으로써, 앞으로 성숙한 청년으로 크는 데 필요한 역할과 과제를 찾는 것이 무엇보다 중요하다. 사람이든 제도이든 세상의 모든 '실존'의 건강한 삶은 자신의 참된 존재근거와 존재이유를 찾는 데 있다. 다시 말해, 자신의 뿌리와 역할을 깨닫는 것이다. 행정법원의 존재근거 내지 뿌리는 민주주의와 법치주의이고, 그 존재이유 내지 역할은 행정에 대한 법적 통제와 국민의 권리구제이다.

이러한 감회와 인식을 바탕으로, 본고에서는 먼저 행정법원의 탄생과 그동안의 성장 과정을 돌이켜 보고(Ⅱ.), 나아가 현재 행정법원이 겪고 있는 질풍노도와 成長痛의 원인을 진단한 다음(Ⅲ.), 앞으로 행정법원이 성숙한 청년으로 크기 위한 역할과 과제를 제시하기로 한다(Ⅳ.).

Ⅱ. 行政法院의 誕生과 成長

1. 행정법원의 탄생

1993년 발족된 대법원의 「사법제도발전위원회」에 의하여 행정심판전치주의 폐지 및 행정소송 3심제를 골격으로 하는 행정소송법 개정안과 제1심 행정법원으로서 서울행정법원 및 지방법원 행정재판부를 설치하는 법원조직법 개정안이 마련되어 1994년 국회를 통과함으로써, 1998년 3월 1일 서울행정법원이 구 서초동 청사에서 5개의 합의재판부(법원장을 포함하여 총 16인의 법관)로 개원하였다.

당시 대법원이 개정법률안 설명자료에서 전문법원으로서의 행정법원의 필요성으로 강조한 것은 '법의 지배'와 '행정소송에 대한 국민의 접근가능성' 및 '행정소송에 관한 법이론의 축적'이다. 즉, ① 행정심판전치주의를 폐지함과 동시에 종래 고등법원–대법원의 2심제로 이루어지던 행정소송을 3심제로 확대함으로써 법의 지배 원리를 실현하고, ② 종래 5개의 고등법원 소재지인 서울, 대전, 대구, 부산, 광주에서만 행정소송을 제기할 수 있었던 것이 그 이외에 지방법원 소재지인 인천, 수원, 춘천, 청주, 울산, 창원, 전주, 제주 등으로 확대됨으로써 국민의 접근가능성을 높이며, ③ 종래에는 고등법원에서 20년 이상 경력의 고등부장판사와 10년 이상 경력의 고등법원판사들이 비로소 ― 그것도 단기간 동안 ― 행정소송을 접하던 것이 지방부장판사와 지방법원판사 단계에서 행정소송을 맡게 되고 또한 행정소송이 제1심과 항소심을 거치게 됨으로써 행정소송에 관한 이론이 축적될 기회가 확대된다는 것이었다.

위와 같은 행정법원 탄생의 세 가지 의의는, 후술하는 그 성장 과정에서 확인할 수 있듯이, 지난 15년 동안 충분히 달성되었다고 할 수 있다.[4] 특히 행정소송은 영업·경제활동과 조세관계 등 국민의 생활에 밀접한 관련을 갖는 사건에서 국민의 기본권 보장을 실현하고, 나아가 산업·환경·도시계획 등 국가 중요 정책이나 사업의 방향을 결정짓는 사건에 관하여 법치행정의 시금석이 됨으로써 '법의 지배'를 위한 필수불가결한 제도로 정착되었다. 또한 그동안 행정소송을 통하여 수많은 행정법의 ― '살아 있는' ― 쟁점들에 관해 학계·실무계의 이론적 연구가 축적되고 특히 행정소송법의 개혁을 둘러싸고 우리나라 행정법학의 수준이 한 차원 높아진 것을 보면, 행정법원의 탄생은 우리나라의 행정법과 행정법학에 새로운 역사의 章을 열게 해 준 '복덩이'이었음이 분명하다.

그러나 모든 역사가 그러하듯이, 행정법원의 탄생은 갑자기 이루어진 '사건'이 아니라, 그 씨앗이 오래 전부터 역사 속에 뿌려져 있었다. 즉, 정부수립 직후인 1949년 행정소송법 제정을 위하여 설치된 「행정구제법규기초위원회」에서 日帝의 ― 프랑스와 戰前의 독일에서와 같은 ― 行政型 행정소송 제도를 버리고 미국식의 司法型 행정소송제도를 도입하는 것이 대세인 상황에서, 兪鎭午 박사 등은 대법원에 행정재판에 관한 특별부를 설치하는 동시에 그 관할 하에 일반 사법재판소와 병립하는 행정재판소를 설치함으로써 행정소송의 전문성을 확보하여야 한다는 의견을 주장하였다. 당시 헌법상으로 대법원에 특별부를 구성하는 것은 위헌이라는 결론 때문에 더 이상 논쟁의 대상이 되지 못하였지만, 행정소송의 전문성 확보의 필요성은 우리 역사 속에 일찍부터 살아 숨 쉬고 있었다고 할 수 있다.[5]

---

4) 그 후 2004. 2. 1. 의정부지원이 의정부지방법원으로 승격되면서 행정재판부가 설치되었고, 2005. 7. 1. 춘천지방법원 강릉지원에 행정재판부가 설치됨으로써, 행정소송에 대한 국민의 접근가능성이 의정부와 강릉에까지 확대되었다.

5) 자세한 내용은 이영록, 행정소송제도의 도입과 형성, 『법학연구』 제48권 제1호 (통권 57호 上), 부산대학교, 2007, 590-607면 참조. 또한 박정훈/이계수/정호경, '행정재판', 『사법

뿐만 아니라, 1951년 행정소송의 제1심 관할을 고등법원으로 한 정부의 행정소송법안이 국회에 송부되자, 이에 맞서 金正實 외 국회의원 21명이 지방법원을 행정소송의 제1심으로 하는 별도의 행정소송법안을 국회에 발의한 바 있다.[6) 그러나 행정소송에서의 신속성의 필요와 재정상의 이유 등에 의거하여 결국 제1심을 고등법원으로 하는 2심제가 채택되었지만, 당시 고등법원이 서울과 대구 두 곳에만 있었다는 점을 생각하면 국민의 접근가능성과 관련하여 처음부터 심각한 문제를 내포하고 있었음을 쉽게 알 수 있다.

이상의 역사를 돌이켜 보면, 결국 1998년 행정소송의 전문법원으로서 행정법원의 탄생과 행정소송 3심제는 정부수립 초기부터 잠재해 있던 '제도의 씨앗'이 근 50년 만에 새싹을 피운 것이라고 할 수 있을 것이다. 그리고 그 새싹은 지금까지 무럭무럭 자라면서, 한편으로 행정소송의 전문성과 국민의 접근가능성은 행정법원의 존재이유와 장래의 '비전'을 이루고 있으나, 후술하는 바와 같이 행정소송 3심제의 부작용 때문에, 현재 행정법원이 겪고 있는 '成長痛'의 한 원인이 되기도 한다.

2. 행정법원의 성장

(1) 외형적 성장[7)

행정소송 제1심 접수건수는 행정법원이 개원한 첫 해인 1998년에 3,693건이었으나, 이듬해인 1999년에 8,133건으로 대폭 증가한 후 매년 꾸준히 늘어 2010년 17,434건, 2011년 16,924건을 기록하여 4.5배 이상 증가하였다. 서울행정법원을 기준으로 하면 1998년 3,026건, 1999년 3,773건에서 2010년 7,722건, 2011년 7,669건으로 약 2.5배 증가하였다.[8)

이와 같이 사건수가 증가함에 따라 행정법원의 규모도 커졌다. 1998년 서울행정법원이 5개 합의재판부, 법원장 포함 16인의 법관으로 개원하였는데, 현재 11개 합의재판부와 7개 단독재판부,[9) 법원장 포함 41인의 법관으로 약 2.6배 확대

부의 어제와 오늘 그리고 내일(上)』사법발전재단(편), 2008(대한민국 사법 60주년 기념 학술심포지엄 발표문), 792-794면 참조.

6) 이영록, 전게논문, 608면; 박정훈/이계수/정호경, 전게서, 794면 참조.
7) 이하 통계자료는 법원도서관 편, 『2012 사법연감』중 통계편에 의한 것임.
8) 최초의 통계인 1953년을 기준으로 하면, 행정소송 제1심 접수건수는 157건에서 17,434건으로 60년 동안 약 110배 증가한 수치이다.
9) 2012. 9.부터 육아휴직으로 1개 단독재판부가 잠정적으로 폐부 중이다.

되었다. 지방법원 행정재판부는 현재 수원지방법원의 4개 합의재판부 및 2개 단독재판부를 위시하여 총 20개 합의재판부 및 3개 단독재판부로 총 63인의 법관으로 이루어져 있다. 그리하여 행정소송 제1심을 담당하는 법관은 총 104인으로, 2011년 전국 지방법원 소속 전체 법관 현원 2,147인 중 약 4.8%를 차지한다.[10]

외형적 성장과 관련하여 언급할 것은 난민소송의 증가이다. 최근 우리나라의 국제적 위상이 높아짐에 따라 서울행정법원에 난민인정 불허결정 취소소송 사건이 2011년 접수건수 118건으로 급증한 것이다. 이에 따라 서울행정법원 4개 합의 재판부가 난민소송 전담부로 운영되고 있으며, 2005년 강제소환시 본국 정부의 박해 가능성이 있으면 난민으로 인정하여야 한다는 판결[11]을 필두로, 난민의 법적 지위를 적극적으로 보호하고 있는 것으로 평가된다.

(2) 내용적 변화

먼저 사건처리 내역의 변화를 살펴보면, 서울행정법원에서 1999년 총 처리건수 3,296건 중 원고승소는 846건(25.7%), 원고일부승소는 123건(3.7%)이었는데, 2011년에는 총 처리건수 7,451건 중 원고승소는 1,031건(13.8%), 원고일부승소는 376건(5%)으로 원고승소율이 약 절반으로 감소하였다. 프랑스와 독일의 행정소송에서 원고승소율이 평균 10~15%인 점을 감안하면, 이 부분도 긍정적인 변화의 하나로 평가할 만하다. 또한 서울행정법원에서 각하판결의 비율도 1999년 5.1%(3,296건 중 169건)에서 2011년 3.5%(7,451건 중 263건)로 감소하였는데, 처분성과 원고적격의 확대로 인한 것으로 추측된다. 특기할 만한 것은 소위 '사실상화해'로서, 서울행정법원에서 조정권고 후 소취하된 사건은 1999년 0.8%(3,296건 중 27건)에서 2011년 14.6%(7,451건 중 1,090건)로 대폭 증가한 점이다. 이는 행정법원이 '분쟁조정자'로서의 역할을 적극적으로 수행하였다는 단적인 증표이다.

접수사건의 종류를 살펴보면, 서울행정법원을 기준으로, 개인자격·면허사건은 1998년 16.6%(3,026건 중 503건)에서 2011년 6.5%(7,669건 중 503건)로, 공무원징

---

10) 제1심과 항소심을 합치면, 행정소송을 담당하는 법관은 고등법원 소속 총 51인과 지방법원 소속 104인 합계 155인으로, 고등법원 및 지방법원 소속 전체 법관 현원 2,454인 중 약 6.3%를 차지한다. 대법원 재판연구관 총 95인 중 행정소송을 담당하는 재판연구관은 22인(헌법·행정조 12인과 조세조 10인)으로 23.1%에 해당하고, 공동재판연구관 68인을 기준으로 하면 32.3%에 이른다.

11) 서울행정법원 제14부 2005. 8. 18. 선고 2004구합40051 판결.

계사건은 1998년 6.5%(3,026건 중 196건)에서 2011년 3.4%(7,669건 중 261건)로, 조세사건은 1998년 17.5%(3,026건 중 531건)에서 2011년 10.1%(7,669건 중 778건)로 각각 그 비율이 상당히 감소되었다. 반면에, 영업관계사건은 1998년 7.0%(3,026건 중 211건)에서 2011년 17.6%(7,669건 중 1,348건)로, 기타사건은 1998년 22.1%(3,026건 중 670건)에서 2011년 38.6%(7,669건 중 2,962건)로 그 비율이 대폭 증가하였다. 근로관계사건은 1998년 21.7%(3,026건 중 657건)에서 2011년 21.1%(7,669건 중 1,620건)로서, 그 비율의 변화가 거의 없었다.

운전면허와 같은 개인자격·면허사건과 공무원징계사건 및 조세사건의 비율이 감소한 것은 행정심판, 소청심사, 조세심판 등 전심절차에서 해결되는 사건이 증가하였기 때문으로 추측되고, 반면에 영업관계사건이 급증한 것은 영업허가신청의 거부, 제재처분으로서의 허가취소·정지 등 국민의 경제생활과 밀접한 영역에서 기본권 보장의 요구가 커졌기 때문으로 평가된다. 특히 '기타사건'의 비율이 22.1%에서 38.6%로 급증한 것은 전통적인 사건유형으로 분류될 수 없는 각종 행정작용과 행정법령·규칙을 다투는 행정소송이 증가하였다는 것인데, 행정심판 등 전심절차로 해결될 수 없는 다양한 행정분쟁이 행정소송으로 제기된다는 점은 분명히 긍정적인 변화로 평가될 수 있다. 여기에는 소위 '민원성 사건'도 다수 포함되어 있으나, 그 민원성 사건도 처분성과 원고적격을 확대하게 되면 현대사회에서 중요한 의미를 갖는 행정소송으로 자격을 갖추게 되고, 이를 행정부로부터 독립된 행정법원이 전문성과 공평·신중한 절차로써 해결하는 데에 행정법원의 고유한 존재이유와 사명이 있다고 할 수 있다.

(3) 동력의 강화

위와 같은 외형적 성장과 내용적 변화와 함께, 행정법원의 동력은 처분성과 원고적격 등 소송요건의 확대를 통하여 강화되어 왔다. 이에 관해 가장 먼저 언급될 수 있는 것은 대학교수 재임용 거부에 대하여 공무담임권, 직업선택의 자유 등 기본권을 근거로 '조리상 신청권'을 인정하여 그 거부의 처분성을 인정한 2000년의 서울행정법원 판결이다.[12] 또한 특기할 것은 새만금 간척사업을 위한 공유

---

12) 서울행정법원 제13부 2000. 1. 18. 선고 1899구683 판결. 이 판결은 항소심에서 취소되었으나, 상고심인 대법원 2004. 4. 22. 선고 2000두7735 전원합의체 판결에 의해 최종 확인되었다.

수면매립면허처분에 관하여, 그 취소(철회)의 신청권을 인정하여 그 취소신청 거부의 처분성을 긍정함으로써 원처분에 대한 제소기간의 제한을 극복함과 동시에, 그 거부처분의 취소에 관해 환경영향평가지역 내의 주민에게 원고적격을 인정하고, 나아가 본안에 관하여 재량권의 남용을 인정함으로써, 집행정지신청을 인용하고 본안소송에서 매립면허 취소신청 거부처분을 취소한 서울행정법원 2003년의 결정13) 및 2005년의 판결14)이다. 이 결정과 판결은 항소심 및 상고심에서 취소되었으나, 사정변경으로 인한 취소(철회)신청권과 주민의 원고적격 부분이 항소심·상고심에서 모두 인정되었을 뿐만 아니라, 본안에서의 인용 여부와 관계없이 행정소송이 갖는 국가 주요정책 사업에 대한 적법성 통제 기능과 국민의 민주주의적 참여의 수용 기능을 확인시켰다는 점에서 그 의의가 크다.15)

행정법령 및 규칙·고시의 처분성에 관해서도, 보건복지부 요양급여 고시의 처분성을 인정한 서울행정법원 2002년 결정16)과 덤핑방지 관세부과에 관한 재정경제부령의 처분성을 인정한 동 법원 2005년 판결17)을 들 수 있다. 이로써 후술하는 행정법원의 成長痛의 하나로서, 헌법소원심판과의 갈등관계가 본격화되었다. 뿐만 아니라, 제재기간이 경과한 제재처분에 대한 취소소송의 소익을 인정한 2002년 수원지방법원의 판결18)도 2006년 대법원 전원합의체 판결19)에 의한 판례변경의 기초가 되었다.

이와 같이 그동안 행정법원은 처분성과 원고적격 등 소송요건을 확대함으로써 자신의 동력을 강화함과 동시에 대법원판례의 변경을 촉발시키는 계기가 되었

---

13) 서울행정법원 제3부 2003. 7. 15.자 2003아1142 결정.
14) 서울행정법원 제3부 2005. 2. 4. 선고 2001구합33563 판결.
15) 2012. 10. 5. 서울행정법원 신청사 준공식에서 대법원장은 "개원 이래 서울행정법원이 국가 중요 정책이나 사업의 방향을 결정짓는 사건, 국민의 기본권에 중대한 영향을 미치는 사건 등 국민의 이목이 집중된 수많은 사건에서 중요한 기준과 방향을 제시해 왔던 것을 우리는 잘 알고 있습니다."고 강조하였는데, 우리로 하여금 위 새만금판결을 연상하게 한다.
16) 서울행정법원 제14부 2003. 1. 29.자 2002아1650 결정. 이 판결은 대법원 2003. 10. 9.자 2003무23 결정으로 확인되었다.
17) 서울행정법원 제1부 2005. 9. 1. 선고 2004구합5911 판결. 이 판결은 서울고등법원 2006. 7. 14. 선고 2005누21950 판결(확정)에 의해 확인되었다. 이에 관한 자세한 내용은 권순일, 재정경제부령에 의한 덤핑방지관세부과조치의 처분성 재론: 기능적 관점에서, 『행정판례연구』 12집, 2007, 191-210면 참조.
18) 수원지방법원 2002. 3. 22. 선고 2001구700 판결.
19) 대법원 2006. 6. 22. 선고 2003두1684 판결.

다. 이러한 과정에서 고등법원의 항소심판결은 소송요건을 좁게 인정하는 종래의 판례에 따라 행정법원의 제1심판결을 취소하고 각하판결을 하였다가 다시 대법원 상고심에서 파기환송되어 결국 행정법원의 제1심판결이 확인되는 예가 적지 않았다.[20] 이 또한 현재 행정법원이 겪고 있는 成長痛의 하나인 항소심의 문제를 이루고 있다.

(4) 내적 충실

위와 같은 외형적 성장과 동력의 확대와 더불어, 행정법원 법관들의 법이론 축적을 위한 연구 및 연수 활동을 통하여 내적 충실을 이룩하여 온 것으로 평가된다. 서울행정법원에서는 소속 법관 전원과 학자, 행정관 등 외부전문가 등으로 구성된 행정재판실무연구회가 매주 1회 또는 매월 1회씩 발표회를 가져 왔으며, 그 연구 성과를 간행물로 출간하였다. 1999년의『행정법원의 좌표와 진로』, 2001년부터 2004년까지의『행정재판 실무편람』(Ⅰ)~(Ⅳ), 2008년의『행정소송의 이론과 실무』, 2009년의『행정재판 참여 업무편람』, 2011년의『난민재판의 이해』, 2012년의『조세소송 실무』등이 그것이다. 뿐만 아니라, 매년 3월에는 사법연수원에서 전국 행정법원에서 행정소송을 새로 맡게 되는 법관들을 위한 법관연수가 1주일간 시행되고 있는데, 서울행정법원의 부장판사가 동 법원의 행정소송 실무례를 강의하고, 그 밖에 학자, 변호사 등 외부전문가들도 강의에 참여하고 있다.

3. 평가

필자는 행정법원 1주년 기념세미나 발표논문에서 행정법원의 발전방향 내지 과제로서, 행정재판권의 독립성 확보, 공익과 사익의 조정을 위한 公論場으로서의 행정소송, 소송요건의 확대, 본안의 심사척도의 확대 및 심사강도의 조절, 행정법원의 방법론적 전문성, 분쟁의 조정자로서의 역할, 지방자치의 동반자로서의 역할, 행정법이론의 개척·연구자로서의 역할을 제시한 바 있다.[21] 이 중에서 행

---

20) 그 대표적인 예가 교수재임용 거부의 처분성을 인정한 대법원 2004. 4. 22. 2000두7735 전원합의체 판결의 원심판결인 서울고등법원 2000. 8. 31. 선고 2000누1708 판결과 제재 기간이 경과한 제재처분에 대한 취소소송의 소익을 인정한 대법원 2006. 6. 22. 선고 2003두1684 전원합의체 판결의 원심판결인 서울고등법원 2002. 12. 26. 선고 2002누5360 판결이다.

21) 졸저, 전게서(행정소송의 구조와 기능), 39-62면.

정재판권의 독립성 확보, 소송요건의 확대, 분쟁조정자로서의 역할, 행정법이론의 개척·연구자로서의 역할에 관해서는 그 과제들이 충분히 달성되었음은 위에서 본 바와 같다. 그동안의 법관과 직원들의 용기와 업적과 노고를 높이 평가한다. 반면에, 심사척도와 심사강도의 문제와 행정소송의 전문성은 — 절차적 위법성의 판단 문제와 불확정개념과 재량 문제와 관련하여 — 현재 疾風怒濤와 '成長痛'을 겪고 있는 과정이고, 또한 소송요건 중 처분성의 확대로 인해 헌법재판과의 관계에서도 마찬가지이며, 특히 주민소송과 관련하여 지방자치의 동반자로서의 역할에 있어서도 아직 명확한 좌표를 설정하지 못한 단계로 보인다. 이하 章을 바꾸어 이에 관하여 살피기로 한다.

Ⅲ. 行政法院의 疾風怒濤와 成長痛

1. 처분성의 확대 및 헌법재판과의 관계

상술한 바와 같이 행정법원은 그동안 행정소송(항고소송)의 대상으로서 '처분성'을 꾸준히 확대하여 왔는데, 행정소송의 관점에서만 보면 너무나 당연한 일이다. 행정소송을 통한 국민의 권리구제와 법치행정의 확보는 역사적으로 볼 때 일시에 모든 행정작용에 대해 이루어지는 것이 아니라, 처음에는 列記主義라 하여 행정작용 중 국민생활에 가장 밀접한, 따라서 그에 대한 불복을 허용하지 아니하면 법치주의의 기본조차 갖추지 못하는 부분부터 단계적으로 행정소송의 대상으로 인정되다가 법치주의와 민주주의의 발전에 따라 그 인정범위가 확대된다는 것은 서구유럽에서 확인되는 바이다. 우리나라에서는 1984년 행정소송법 전면개정 시에 '처분'의 개념을 명시하면서, 의도적으로 독일의 행정행위 개념의 징표인 '개별사안에 대한 직접적·구체적 규율'과는 달리 '구체적 사실에 대한 법집행'이라는 요건을 채택하였고 거기에 '이에 준하는 행정작용'이라는 포괄요건까지 추가하였다. 이는 1980년대 민주화의 대세에 따른 행정소송의 대상 확대라는 시대적 요청의 결과라고 할 것이다.

그러나 행정소송의 관점에서 '제도외적 요인'으로서 1988년 헌법재판소가 설치되어 헌법재판소법에 의해 처분에 해당하지 않는 행정작용이 헌법소원심판의 대상이 되고, 나아가 헌법재판소 판례에 의해 국가와 지방자치단체 및 지방자치단체 상호간의 법적 분쟁이 권한쟁의심판의 대상이 됨으로써, 행정소송의 대상 확대는 헌법재판소의 권한축소를 야기한다는 심각한 모순관계에 봉착하였다. 이 문제를 입법으로 해결하기 위한 노력으로 대법원은 2002년 행정소송법개정위원회를 설치하여 2004년 항고소송의 대상을 '행정행위'로 개칭하고 행정청에 의한 공권력 행사 전반을 포괄하는 행정소송법 개정안을 마련하였다.22) 이러한 행정소송법의 개정 추진은 행정법원의 탄생과 성장에 이은 '질풍노도'의 일환이라고 할 수 있겠으나, 무엇보다 헌법재판소의 강력한 반대에 부딪혀 사실상 좌절된 다음 현재까지 행정법원의 '成長痛'으로 작용하고 있다.

특히 행정법원이 법령과 고시·규칙에 대하여 처분성을 인정하여 행정소송을 인정하게 되면 헌법재판소도 이를 헌법소원심판의 대상으로 인정함으로써 '관할의 중복'이 발생한다. 헌법재판소법 제68조 제1항의 보충성 요건 때문에 행정소송의 대상으로 인정되면 헌법소원심판의 대상이 되어서는 아니 되지만, 헌법재판소에서는 ― 행정법원의 판단에 구속되지 않고 ― 법령과 고시·규칙이 행정소송법상 처분성을 충족하지 않는다고 판시함으로써 헌법소원심판의 대상으로 받아들이는 예가 적지 않다. 뿐만 아니라, 헌법재판소는 자기구속의 법리를 매개로 하여 행정규칙을 헌법소원심판의 대상으로 인정하는 판례를 정립함으로써,23) 심지어 행정청의 개별결정까지 내려진 상태에서 그 기준이 되는 행정규칙을 헌법소원심판대상으로 인정할 수 있는 가능성까지 생겼다. 그리하여 이론상으로는 거의 모든 사건이 동시에 행정법원과 헌법재판소에 제소될 수 있고, 그렇게 되면 행정법원과 헌법재판소에서 서로 사건의 추이를 살피면서 결론을 지연시키는 부작용까지 낳고 있다.

2. 절차적 위법성 판단 문제

행정법원 15년의 역사는 1998년부터 시행된 행정절차법의 역사이기도 하다. 1999년 서울행정법원의 판결24)이 금융회사에 대한 감자명령·임원직무집행정지 처분에 관하여, 사전통지의 예외사유인 행정절차법 제21조 제4항 제1호 소정의

---

22) 이에 관하여 졸고, 행정소송법 개정의 주요쟁점,『공법연구』제31집 제3호, 한국공법학회, 2003, 41-102면; 항고소송의 대상 및 유형,『대법원 행정소송법 개정안 공청회』, 2004, 1-49면 참조.
23) 대표적으로 헌법재판소 2001. 5. 31. 선고 99헌마413 결정.
24) 서울행정법원 1999. 8. 31. 선고 99구23709 등 판결.

"공공의 안전 또는 복리를 위하여 긴급히 처분을 할 필요가 있는 경우"에 해당하지 않는다고 하면서 사전통지를 결한 위 처분을 취소한 이래, 행정법원은 행정절차법상 절차적 요건, 특히 사전통지·의견제출·청문과 이유제시 요건을 엄격히 적용하여 왔다. 이는 종래 절차적 사고가 부족하였던 우리나라 행정실무에 행정절차를 정착시키는 데 중요한 역할을 하였다는 점에서 원칙적으로 긍정적으로 평가할 수 있다.

그러나 이러한 행정절차에 대한 '질풍노도'는 또 다른 成長痛을 야기하였다. 즉, 계쟁처분의 실체적 위법성에 관한 판단, 특히 법령상 요건 충족 여부 및 효과부분에서의 재량권남용 여부의 판단을 제쳐놓고 절차적 위법성에 관하여 먼저 판단하여 그것이 인정되면 판결문에서 '더 나아가 판단할 필요 없이 이 사건 처분은 위법하여 취소한다'라는 식으로 설시하여 실체적 위법성에 관한 판단을 생략하는 경우가 빈번하게 일어났다. 심지어 원고가 소장에서 명시적으로 실체적 위법성을 먼저 주장하고 절차적 위법성을 예비적으로 주장한 때에도, 행정소송에서는 직권심리주의에 의거하여 당사자의 주장 순서에 구속되지 아니한다는 논리로써, 절차적 위법성을 먼저 판단하여 이를 이유로 계쟁처분을 취소하는 것이다. 특히 그 절차적 위법성이 행정청에 의해 쉽게 추완될 수 있는 경우에는 행정청은 항소를 포기하여 판결을 확정시킨 후 절차추완과 함께 재처분을 하게 되는데, 원고는 그러한 판결에 대하여 항소할 이익이 인정되지 않고, 따라서 행정청의 재처분에 대해 동일한 실체적 위법사유를 주장하면서 취소소송을 제기하여야 하므로 원고에게 중대한 부담으로 작용한다.[25] 최근 이러한 문제를 인식하고 당사자의 주장 순서에 따라 판단하는 실무례와 당사자가 반대주장이 없는 한 원칙적으로 실체적 위법성부터 먼저 판단하는 실무례가 생겨나고 있으나, 아직 통일되지 않고 있다.

3. 불확정개념과 재량 ― 심사강도의 문제

행정법원의 '질풍노도'는 어느 나라에서든지 불확정개념의 해석·적용과 재량에 대한 사법심사의 강도를 강화하는 데에서 가장 뚜렷이 나타난다. 행정소송의 본안에 있어 가장 중요한 것이 바로 법령상의 요건 충족과 효과부분의 재량권

---

25) 이 문제에 관해서는 졸저, 전게서(행정소송의 구조와 기능), 575면 참조.

남용 여부에 대한 판단이기 때문이다. 다시 말해, 행정작용에 대한 사법심사의 강화는, 소송요건의 확대 문제를 어느 정도 해결한 다음에는, 반드시 본안에서의 심사강도의 강화로 연결된다. 이러한 '질풍노도'는 한편으로 이론상으로 법령상 요건 부분의 불확정개념에 대해서는 원칙적으로 행정의 재량을 인정하지 않고 직접적이고 전면적인 사법심사를 요구하는 독일의 소위 '효과재량설'의 영향과, 다른 한편으로 민사재판과 형사재판에 익숙한 우리나라 법관들이 민사·형사법상 불확정개념의 요건들을 직접 해석·적용하는 것과 마찬가지로 행정법령의 불확정개념의 요건들을 다루는 데에서 기인한다고 할 수 있다.

    문제는 우리나라에서 ─ 행정소송 담당법관이 약 2,000명을 넘는 독일과는 달리 ─ 법관의 數가 현저히 부족한 상태에서, 그리고 전문적 판단이 요구되는 사항에 대하여 비용문제로 감정이 잘 이루어지지 않는 상황에서, 행정법령상의 불확정개념을 개별사안에 포섭·적용하는 데에 현실적인 어려움이 있다는 점이다. 그럼에도 불구하고, 판결문상으로 법원이 직접 증거에 의거하여 사실을 인정한 다음 스스로 그 사실에 대한 법적 평가를 행하여 법규의 요건 충족 여부를 판단하는 것으로 설시함으로써, 전면적·직접적 사법심사를 하는 외형을 갖춘다. 그러나 이로써 오히려 행정청의 판단에 대한 실질적인 검증을 하지 못하고 행정청의 판단을 무비판적으로 추종하거나, 또는 반대로 행정청의 전문적 판단을 무시한 채 원고의 일방적 주장을 받아들이는 결과를 낳게 된다.[26] 바로 여기에서 행정법원의 成長痛이 발생하는 것이다.

    또한 2005년의 대법원 판결[27]은 재량행위에 대한 심사방식에 관하여 "법원은 독자의 결론을 도출함이 없이 당해 행위에 재량권의 일탈·남용이 있는지 여부만을 심사하게 되고, 이러한 재량권의 일탈·남용 여부에 대한 심사는 사실오인, 비례·평등의 원칙 위배 등을 그 판단 대상으로 한다."고 판시하고 있음으로 말미암아 혼란을 가중시키고 있다. 즉, 위 판결에서의 심사 대상은 토지의 형질변경행위를 수반하는 건축허가(즉, 수익처분)에 있어 관계법령상의 금지요건 해당 여부의 판단에 관한 재량(즉, 요건재량)임에도 불구하고, 제재처분의 효과재량(선택재량)에 대한 심사방식과 동일시하고 있는 것이다. 위 2005년 대법원 판결 이후에

───────────

26) 졸고, 불확정개념과 판단여지, 『행정작용법』(中凡金東熙교수정년기념논문집), 2005, 250-270면(269면 이하) 참조.
27) 대법원 2005. 7. 14. 선고 2004두6181 판결.

다수의 행정법원 판결에서 수익처분의 요건 부분에 관한 판단에서 위와 같은 심사방식이 취해지고 있는데, 이 또한 현재 행정법원이 겪고 있는 成長痛의 원인이 되고 있다.[28]

4. 항고소송과 당사자소송

행정법원의 또 다른 '질풍노도'는 당사자소송에 대하여 일어나고 있다. 행정소송 2심제 하에서 민사소송에 비해 심급의 이익이 작다는 이유로 '假死'상태에 있던 당사자소송에 대하여, 행정법원 및 행정소송 3심제가 도입된 이후, 관심이 집중되었다.[29] 말하자면, 행정법원에서 당사자소송을 널리 인정하는 것이 행정소송의 새로운 지평을 여는 것으로 인식되었다고 해도 과언이 아니다.

이러한 당사자소송에 대한 '질풍노도'는 한편으로 민사소송에 대한 관계에서 당사자소송이 행정소송의 주요유형의 하나로서, 민사소송에 대응하는 '공법상 법률관계'에 관한 소송으로 정착하는 데 기여하였다. 그러나 다른 한편으로 행정소송 안에서 항고소송과 당사자소송의 구별이라는 '소송유형의 선택' 문제를 야기함으로써 행정법원의 成長痛의 한 원인이 되었다. 이 문제는 이미 1994년 철거민 이주대책상의 수분양권에 관한 대법원 전원합의체 판결[30]에서 다수의견과 반대의견의 대립으로 논의된 바 있는데, 2008년 민주화운동 보상금에 관한 대법원 전원합의체 판결[31]에서 다시 나타났다. 양 판결에서 모두 다수의견은 이주대책대상

---

28) 졸고, 행정법에 있어 판례의 의의와 기능 : 법학과 법실무의 연결고리로서의 판례 ― 재량행위에 관한 대법원판례를 예시로 하여, 『행정법학』 창간호, 사단법인 한국행정법학회, 2011, 35-69면(64면); 본서 제7장(각주 46) 참조.
29) 행정법원의 설치되기 이전부터 대법원은 광주민주화운동관련자보상등에관한법률에 의한 보상금청구(1992. 12. 24. 선고 92누3335 판결), 지방전문직공무원 채용계약해지 무효확인(1993. 9. 14. 선고 92누4611 판결), 서울시립무용단원해촉 무효확인(1995. 12. 22. 선고 95누4636 판결), 석탄산업법에 의한 석탄가격안정지원금청구(1997. 5. 30. 선고 95다28960 판결), 재해위로금청구(1999. 1. 26. 선고 98두12598 판결)를 당사자소송으로 인정한 바 있는데, 행정법원이 설치된 이후에도 군인연금법령의 개정에 따라 국방부장관이 퇴역연금액을 감액한 경우 그 감액분의 청구(2003. 9. 5. 선고 2002두3522 판결), 공무원연금법령의 개정에 따라 공무원연금관리공단이 퇴직연금 중 일부 금액에 관해 지급을 정지한 경우 그 금액의 청구(2004. 7. 8. 선고 2004두244 판결), 토지가 하천구역으로 편입됨으로써 발생한 손실보상금의 청구(2006. 5. 18. 선고 2004다6207 전원합의체 판결)에 관해 당사자소송을 인정하였다.
30) 대법원 1994. 5. 24. 선고 92다35783 전원합의체 판결(다수의견 8: 반대의견 5).
31) 대법원 2008. 4. 17. 선고 2005두16185 전원합의체 판결(다수의견 10: 반대의견 3).

자 선정신청 거부처분과 민주화운동 보상금 지급기각결정에 대한 취소소송만이 허용되고 수분양권과 보상금의 지급을 구하는 당사자소송은 허용되지 않는다고 판시함으로써 어느 정도 문제는 해결되었으나, 아직 다수의 사건에서, 행정청의 결정에 초점을 맞추어 이를 다투는 취소소송으로 인정할 것인가, 아니면 원고의 금전지급청구 또는 지위확인청구에 초점을 맞추어 이를 구하는 당사자소송으로 인정할 것인가가 명확하지 아니하여 행정법원에게 成長痛으로 작용하고 있다.[32]

5. 행정소송의 심급 문제

행정법원의 탄생과 성장을 통하여 행정소송의 3심제가 정착됨으로써, 상술한 바와 같이 1994년 대법원 법률개정안 설명자료에서 강조한 '법의 지배'와 '국민의 접근가능성' 및 '법이론의 축적'이 충분히 실현되었다는 점에서, 이를 행정법원의 질풍노도의 하나로 긍정적으로 평가하여야 마땅하다. 그러나 이 질풍노도 또한 적지 않은 成長痛을 야기하였는데, 그것은 바로 3심제로 인한 행정소송의 장기화, 행정청의 濫抗訴, 종래 판례를 답습하는 보수적인 항소심판결이 바로 그것이다. 이는 행정법원이 손수 해결할 수 없는 제도의 설계 문제이긴 하지만, 그로 인해 단심으로 행해지는 헌법재판, 행정심판, 고충민원 등과의 관계에서 행정소송의 秀越性을 사감하는 요인이 되기 때문에 행정법원의 成長痛의 하나임이 분명하다고 할 것이다.

Ⅳ. 行政法院의 役割과 課題

1. 행정작용에 대한 사법심사 기관으로서의 역할

(1) 헌법 제107조 제2항

이상과 같은 청소년기의 成長痛들을 극복하고 성숙한 청년으로 크기 위해 가장 필요한 것은 행정법원의 존재근거(뿌리)와 존재이유(역할)를 제대로 인식하는데 있다. 序說에서 강조한 바와 같이 행정법원의 뿌리는 민주주의와 법치주의요, 그 역할은 바로 '행정작용'에 대한 사법심사이다.

---

32) 자세한 내용은 졸고, 항고소송과 당사자소송의 관계 — 비교법적 연혁과 우리법의 해석을 중심으로 —, 『특별법연구』 제9집(이홍훈대법관퇴임기념), 대법원 특별법연구회, 2011, 128-153면; 본서 제14장 참조.

　　민주주의와 법치주의의 관점에서 보면, 주권자인 국민은 헌법을 제정하여 한편으로 국회에게 입법권을 부여하고 또한 선거를 통해 국회를 구성하며, 동시에 정부에게 행정권을 부여하면서 헌법과 국회에서 제정한 법률에 따라 행정권을 행사하도록 명령하고, 그 헌법 및 법률의 준수 여부를 법원으로 하여금 심사함으로써, 한편으로 '주권자의 명령'을 실현함과 동시에. 다른 한편으로 '헌법과 법률에 의한 행정'이 구현되도록 하는 것이다. 바로 이러한 의미에서 헌법 제107조 제2항은 "명령·규칙 또는 처분이 헌법이나 법률에 위반되는 여부가 재판의 전제가 된 경우에는 대법원은 이를 최종적으로 심사할 권한을 가진다."고 규정하고 있다.

　　행정소송의 헌법적 근거를 오직 헌법 제101조 제1항의 '사법권'에서 찾는 견해가 ― 특히 헌법학계에서 ― 다수설이지만, 행정소송을 사법부가 아닌 행정부에서 담당하는 법제가 프랑스, 네덜란드, 이탈리아 등 OECD 국가의 3분의 2에 달하는 나라에서 채택되어 있기 때문에, 우리나라에서 행정소송의 헌법적 근거를 '사법권' 규정에서만 찾는 것은 부족하고, 반드시 헌법 제107조 제2항이 추가되어야 한다. 다시 말해, 헌법 제107조 제2항은 우리나라에서 독립성이 보장된 사법부에서 행정소송을 담당하도록 한 헌법적 결단이다.[33)]

　　이와 같이 볼 때, 헌법 제107조 제2항에서 '명령·규칙 또는 처분'이라는 것은 바로 '행정작용' 전체를 가리키는 것으로 해석되어야 한다. 우리 헌법은 '행정권'의 구성부분으로서, 제75조에서 대통령령의 제정권을, 제95조에서 총리령과 부령의 제정권을 부여하고 있다. 이는 법규명령의 제정을 의회 입법권의 조항에서 규정하고 있는 독일과 결정적으로 다른 점이다. 이와 같이 헌법상의 대통령령·총리령·부령, 또는 법률에 의거한 규칙·고시 등은 모두 '행정작용'으로서, 개별사안에서의 결정을 의미하는 '처분'과 함께 헌법 제107조 제2항의 대상을 이룬다고 할 것이다.

　　또한 헌법 제107조 제2항의 '재판의 전제'라 함은 재판의 '판단대상'으로 해석되어야 한다. 그렇지 않으면 처분의 위헌·위법성을 판단하는 행정소송(항고소송)이 동 조항에서 제외되기 때문이다. 이러한 전제에서 최소한 '처분'에 대해서는 위 조항이 ― 헌법 제101조 제1항과 더불어 ― 행정소송의 헌법적 근거를 이룬다

---

33) 이하 헌법 제107조 제2항의 해석에 관해서는 졸고, 졸고, 행정소송법 개정의 주요쟁점, 『공법연구』 제31집 제3호, 한국공법학회, 2003, 41-102면(74면 이하); 본서 제34장(134-135면) 참조.

는 것이 행정법학계의 다수설이다. 이와 달리 '재판의 전제'를 좁게 선결문제로 해석하는 견해가 헌법학계에서 강력하게 주장되고 있으나, 이는 행정소송 기각판결 확정 후에 원처분에 대한 헌법소원심판의 가능성을 열기 위한 이론으로서, 헌법재판소의 판례에서도 확인된 바 없을 뿐만 아니라, 제헌헌법 이래 헌법 제107조 제2항을 행정소송의 헌법적 근거로 이해하여 온 역사에 배치된다.

행정법원의 미래는 바로 이상과 같이 헌법 제107조 제2항의 의미를 올바로 인식하여, 행정소송을 사법부에 맡긴 헌법적 결단과 명령을 충실히 이행함과 동시에, 그 조항에 의해 부여된 '행정작용'에 대한 사법심사 권한과 책무를 완수하는 데 있다. 상술한 바와 같이 법치주의의 단계적 발전과정에서 이러한 '행정작용'은 법률 단계에서 처음에는 개별결정을 의미하는 '처분'에 한정되었으나, 법치주의의 발전에 따라 — 행정소송법의 해석 또는 개정을 통하여 — 행정작용의 핵심 구성부분인 '명령·규칙'으로까지 확대되어야 하는 것이다.

(2) 헌법소원심판과의 관계

이러한 행정법원의 사명은 다른 국가기관과의 마찰에도 불구하고 유지되고 완수되어야 한다. 소위 '법령소원'을 헌법재판소의 당연한 권한으로 주장하는 견해는 '규범통제'의 일원성을 강조한다. 위헌법률심판을 담당하는 헌법재판소가 그 법률의 하위규범인 법령에 대한 심사도 맡아야 한다는 것이다. 이 주장의 당부를 떠나서, 행정법원으로서는 '행정작용에 대한 통제'의 일원성을 명심하지 않으면 아니 된다. 완전한 행정소송이 되기 위해서는 개별행정결정만이 아니라 '규칙제정에 의한 행정작용'인 명령·규칙도 그 대상이 되어야 하는 것이다.

이러한 마찰을 해소하기 위하여 2004년 대법원 행정소송법 개정안이 마련되었으나 결국 실패로 돌아갔다. 2012년 법무부 행정소송법 개정안은 '처분'개념을 그대로 존치하고 규범통제소송 같은 특별소송유형도 별도로 두지 않았다. 이는 명령·규칙에 대한 직접적·주위적 심사에 관하여 어떠한 일방적인 결정을 하지 않고 향후 대법원과 헌법재판소의 판례에 맡긴다는 취지이다.[34] 말하자면, 양 국가기관의 경쟁관계이다. 지금까지 우리나라의 법치주의가 이러한 경쟁관계에 힘입어 발전하여 왔는데, 앞으로도 명령·규칙에 대한 심사도 마찬가지이다.

---

34) 이 점에 관하여 특히 졸고, 원고적격·의무이행소송·화해권고결정, 『법무부 행정소송법 개정안 공청회』, 2012, 15-37면(17면) 참조.

(3) 심사척도와 심사방법

이러한 경쟁관계에서 행정법원이 명심하여야 하는 것은 명령·규칙에 대한 행정소송에서 심사척도와 심사방법이 갖는 秀越性이다. 헌법소원심판의 대상은 '기본권침해'로서, 그 심사척도는 기본권이다. 헌법의 발전과정에서 기본권의 원래적 기능은— 헌법 제37조 제2항에서 명시하고 있다시피 — 기본권 제한을 위한 법률의 심사척도이었으나, 헌법소원심판제도의 발전을 통하여 그 밖의 국가작용에 대한 심사척도로 확대되었다. 반면에, 행정소송에서 명령·규칙에 대한 심사척도는 기본권만이 아니라 헌법규정 전체와 그 위임근거인 법률을 포괄한다. 물론 헌법학에서는 명령·규칙이 그 상위 법률을 위반함으로써 결국 기본권을 침해한다는 이론을 전개할 수 있겠으나, 이는 기본권과잉 내지 헌법과잉이라는 비판에서 자유롭지 못하다. 말하자면, 헌법은 국가의 근본적 가치와 결단을 보장하는 근본법 내지 기본법이며, 법질서의 세세한 내용까지 모두 재단할 수 있는 "법적 요술상자"[35]가 아니다. 만일 헌법과 기본권을 그러한 용도로 사용한다면, 근본법으로서의 위상을 격하시키는 결과가 될 우려가 있다.

심사방법에서의 행정소송의 秀越性도 강조되어야 한다. 헌법소원심판은 필요적 변론이 아니고 또한 정식의 증거조사에 의한 사실인정도 이루어지지 않는다. 명령·규칙에 대한 심사에서 그 제정의 필요성을 이루는 사실관계에 대하여 정확한 증거조사가 필요한 경우가 많다. 공정거래위원회, 금융감독위원회 등 독립행정위원회의 규칙과 고시, 환경부의 환경관계법령, 보건복지부 약가고시 등과 같이 그 심사를 위해 전문성과 과학성이 요구되는 경우가 특히 그러하다.

(4) 권한쟁의심판과의 관계

마지막으로 국가와 지방자치단체 및 지방자치단체 상호간의 분쟁에 관하여, 그동안 3심제로 인하여 행정소송으로 제기된 사례가 드물기는 하지만, 이론적으로 도시계획법 등 다수의 법령에 규정된 국가 또는 상급지방자치단체의 개별결정에 대한 사법심사도 행정소송으로 이루질 수 있고, 또한 심사척도와 심사방식 측면에서 행정소송이 秀越性을 갖는다는 점을 지적한다. 특히 개별결정이 법률상의 요건을 위반하였는지 여부가 다투어지는 경우에 그러하다. 권한쟁의심판은 '추상

---

35) Ernst Forsthoff, Die Umbildung des Verfassungsgesetzes, in: Festschrift für Carl Schmitt, Berlin 1959, S.69.

적'인 권한의 존부 또는 범위에 관한 분쟁으로 한정되는 것이 타당하다. 행정주체
의 원고적격 문제가 남지만, 행정소송법상 원고적격은 '법률상 이익을 가진 자'이
고 私人 또는 자연인에 한정되지 않기 때문에 결정적인 문제가 아니다.[36]

2. 주관적 권리구제와 객관적 법통제

(1) 양 기능의 조화

　　행정법원의 또 다른 과제는 행정소송의 주관적 권리구제 기능에 매몰되지
않고 객관적 법통제 기능을 적극적으로 수행함으로써 양 기능의 조화를 이룩해야
한다는 점이다. 법치주의의 초기단계에서는 행정작용에 대한 사법심사가 — 왕권
에 대한 통제 내지 도전이라는 인식을 불식하기 위하여 — 국민의 권리구제를 매개
로 하여 시작되지만, 민주주의와 법치주의가 발전하여 왕권과 독재정권이 제거되
고 민주정부가 수립되면 행정에 대한 법적 통제가 행정소송의 주된 기능으로 강
조된다는 점은 서구유럽의 역사에서 증명되는 바이다. 독일은 그 특유의 역사적
경험에 의거하여 헌법(기본법)에 국민의 권리구제를 행정소송의 기능으로 명시하
고 있기 때문에 행정소송제도가 권리구제를 중심으로 형성되었으나, 이는 행정소
송의 최소한의 기능으로 이해되고, 최근 특별법을 통하여 행정에 대한 법적 통제
기능이 보완되고 있다. 특히 유럽공동체법이 문제되는 영역에서 그러하다.[37]

　　우리나라에서도 1980년대 중반까지 독재의 경험이 있었기 때문에 행정소송
의 권리구제적 기능이 전면에 나서게 되었으나, 1987년 6월 명예혁명 이후 지금
까지 25년간 — 마치 19세기 말부터 20세기 초까지 프랑스의 '아름다운 시대'(la belle
époque)에서와 같이 — 안정된 헌법질서 하에서 괄목상대할 정도로 민주화와 법치
주의 발전을 이루고 있다. 이러한 점에서, 최소한 권리구제 기능과 동등하게라도,
행정작용에 대한 사법심사를 통하여 법치행정을 확보한다는 행정소송의 객관적
기능이 새롭게 조명되어야 하는 것이다. 특히 현대 행정소송에서는 '원고는 착하
고 억울하다'는 선입관이 더 이상 타당하지 않다. 행정소송의 상당수에 있어 기업
과 법인, 그것도 외국의 기업과 법인이 원고가 되는 상황을 직시하면 더욱 그러

---

36) 이상의 자세한 내용에 관하여 박정훈/이계수/정호경, 전게서(사법부의 어제와 오늘 그리
　　고 내일 上), 911면 이하 참조.
37) 이에 관한 최근의 문헌으로 Mathias Hong, Subjektive Rechte und Schutznormtheorie im
　　europäischen Verwaltungsrechtsraum, JZ 2012, S.380-388 참조.

하다. '착한 원고의 억울함'을 풀어주기 위해서가 아니라, 원고의 소송제기를 계기로 행정의 법적합성 여부를 심사하는 데에 현대 행정소송의 본령이 있다. 이러한 맥락에서, 독일의 전통적인 '권리' 내지 '보호규범'이론을 극복하여, 원고적격과 협의의 소익을 확대할 필요성이 있는 것이다. 2012년 법무부 행정소송법 개정안은 원고적격을 '처분의 취소를 구할 법적 이익'으로 규정하고 있는데, 학설에 따라 그 의미를 달리 볼 여지가 충분히 있으나, 사견에 의하면, '법률상'이라는 수식어를 제거함으로써 항고소송의 객관적 기능이 강조될 수 있는 실정법적 근거가 된다고 이해한다. 무엇보다 우리 행정소송법상 항고소송이 객관소송적 구조와 기능을 갖는다는 결정적인 근거는 그 본안요건이 오직 '위법성'이고 여기에 권리침해와 같은 주관적 요소가 추가되지 않는다는 점이다.[38]

(2) 항고소송과 당사자소송의 관계

이러한 행정소송의 기능과 관련하여 위에서 행정법원의 成長痛의 하나로 지적한 항고소송과 당사자소송의 관계 문제를 풀 수 있는 실마리를 찾을 수 있다. 즉, 항고소송은 행정작용의 위법성을 탄핵함으로써 그 적법성을 확보하기 위한 객관소송으로서의 기능이 강조되는 반면, 당사자소송은 원고의 청구권을 실현하기 위한 전형적인 주관소송이라는 점이다. 따라서 분쟁의 초점이 행정청의 조치에 대한 불복으로서, 그 위법성을 공격하는 데에 있는 경우에는, 그 조치의 처분성을 인정하여 항고소송으로 인정하고, 반면에 분쟁의 초점이 금전지급 또는 법률관계의 확인 등 원고의 청구권의 실현에 있는 경우에는 당사자소송으로 인정하는 것이 타당하다. 다시 말해, 항고소송과 당사자소송을 양자의 기능의 관점에서 분류하는 것이다.

이러한 점에서 최근 서울특별시 시민감사 옴부즈만 임용취소 사건에서 임용취소를 처분으로 보아 취소소송을 인정한 2012년 서울행정법원의 판결[39]에 찬성한다. 당사자소송의 확대는, 2012년 법무부 행정소송법 개정안이 명시하고 있다시피, 행정상 손해배상과 손실보상, 공법상 부당이득반환청구, 공법상계약의 이행청구 등과 관련하여 중요한 의미를 갖는 것이고, 행정청의 공권력적 조치에 대하여 처분성을 부정하고 그 대체소송으로서 당사자소송을 활용하는 것은 正道가

---

38) 졸저, 전게서(행정소송의 구조와 기능), 159-165면 참조.
39) 서울행정법원 제4부 2012. 5. 11. 선고 2011구합39196 판결.

아니다. 따라서 ① 금전지급 또는 법률관계의 확인 등에 관한 원고의 청구권이 발생하기 위해서 행정청의 개별결정이 필요한 경우에는 반드시 그 개별결정의 거부처분을 다투는 항고소송을 제기하여야 하고, 다만, ② 행정청의 개별결정이 없이도 — 그것이 기속행위이기 때문에 — 원고의 청구권이 인정되는 경우에는 원고의 의사에 따라 그 개별결정의 거부처분을 다투는 항고소송 또는 그 청구권의 실현을 위한 당사자소송을 선택적으로 허용하는 것이 타당하다고 본다. 이러한 선택적 허용은 프랑스의 판례[40]와 유력한 학설[41]에 의해서도 뒷받침된다.[42]

(3) 주민소송의 문제

최근 지방자치법 제17조에 의거한 주민소송이 동조 제9항에 따라 행정법원에 제기되는데, 최근 그 제기건수가 증가하자 서울행정법원에서는 전담부(수석재판부)를 운영하고 있다. 문제가 되는 것은 주로 주민소송의 적법성 여부이다. 프랑스에서와 같이 항고소송의 객관소송적 기능을 중시하여 해당 지방자치단체에 지방세를 납부하는 주민 모두 원고적격을 인정하게 되면 주민소송 같은 특별소송은 필요 없게 된다. 따라서 사견에 의하면, 일본과 우리나라에서 주민소송제도를 채택하게 된 것은 원고적격 확대를 대체하는 기능을 갖는다고 할 수 있고, 그렇다면 주민소송의 적법성 요건을 — 실질적인 원고적격 확대라는 점에서 — 가능한 한 너그럽게 인정하는 것이 타당하다고 본다.

(4) 민영화와 세계화

현대 행정법에 있어 가장 중요한 변화는 '민영화'(privatization)와 '세계화'(globalization)로 말미암아 공법과 사법의 구별과 개별국가 영역이 상대화된다는 점이다.[43] 행정법원이 이러한 변화에 능동적으로 대처하기 위해서도 항고소송의 객관적 기능이 중시되어야 한다. 즉, 국가기능의 민영화에 있어 중요한 쟁점은 私人 내지 사법적인 조직에 의해 공적 임무가 수행되는 경우 그에 대한 국가의 감독책

---

40) 1912년 꽁세유·데따의 라파쥐(Lafage)판결 (CE, 8 mars 1912, Lafage, R. 348)
41) Chapus, Chapus, Droit du contentieux administratif. 12e.éd., Paris 2006, n° 265.
42) 자세한 내용에 관하여 졸고, 전게논문(항고소송과 당사자소송의 관계), 148면 이하; 본서 제14장(464-466면) 참조.
43) 특히 Susan Rose-Ackerman & Peter L. Londseth, Comparative administrative law: an introduction, in: Comparative Administrative Law [Edgar Elgar] 2010, p.14-18 참조.

임 문제인데, 바로 이러한 국가의 법률상 감독책임을 포착하는 데에 항고소송의 객관적 기능이 중요한 역할을 하는 것이다. 또한 상술한 바와 같이 행정법과 행정소송이 세계화되면 더 이상 '국민의' 권리구제라는 화두가 타당하지 않고 외국기업과 법인의 행정소송 제기를 통하여 우리나라 행정의 법적합성을 통제한다는 점이 강조되어야 할 것이다.

3. 행정절차의 促進者로서의 역할

(1) 절차적 위법성 판단의 의의

행정소송에서 절차적 위법성을 판단하여 이를 이유로 계쟁처분을 취소하는 것은 — 마치 상고심에서 파기환송 판결을 하듯이 — 당해 사건을 행정에게 되돌려 보내어 다시 행정으로 하여금 적법한 행정절차를 거치도록 촉구하는 의의를 갖는다. 따라서 행정소송에서 절차적 위법성에 초점을 맞추는 것은 '행정절차의 주관자'로서의 행정의 역할을 존중하는 것이라고 할 수 있다. 행정소송의 객관적 기능으로서, 행정에 대한 법적 통제의 궁극적 목적은 국가기능의 능동적 메커니즘인 행정이 제대로 운영되도록 하는 데 있다고 할 것인데, 그 핵심은 바로 — 사법절차에 비견할 수 있는 — 올바른 행정절차를 운영하도록 하는 것이다. 이러한 의미에서 행정법원의 중요한 과제는 이러한 행정절차의 촉진자로서 갖는 행정소송의 역할을 정확히 인식하고 이를 완수하는 것이라고 할 수 있다.[44] 말하자면, 국가의 밝은 미래는 훌륭한 행정소송만을 갖는 것이 아니라 무엇보다 훌륭한 행정절차를 갖는 것에서 확보된다.

(2) 실체적 위법성 판단의 중요성

그러나 실체적 위법성 판단을 소홀히 해서도 아니 된다. 상술한 행정법원의 成長痛의 하나가 바로 당사자의 실체적 위법성 주장에도 불구하고 절차적 위법성 판단만으로 사건을 부담 없이 쉽게 '떼어 버리는' 실무관행이다. 행정소송법 제26조의 직권심리주의는 당사자가 주장하지 아니한 사실에 대해서도 판단할 수 있다

---

44) 이러한 행정소송의 행정과정에 미치는 영향에 관한 문헌으로 Marc Hertogh & Simon Halliday (ed.), Judicial Review and Bureaucratic Impact. International and Interdisciplinary Perspectives, Cambridge 2004; Simon Halliday, Judicial Review and Compliance with Administrative Law, [Hart Publishing] 2004 참조.

는 것이지, 당사자의 주장 순서에 구속되지 않는다는 의미는 아니다. 사견에 의하면, 원칙적으로 민사소송법상 변론주의가 적용되기 때문에, 당사자의 주장 순서에 구속되어야 할 것이다.

　　문제는 당사자의 주장 순서에 따라 실체적 위법성을 먼저 판단하는 경우에 실체적 위법성이 인정되면 그것만으로 계쟁처분을 취소하고 절차적 위법성은 판단하지 않아도 되느냐에 있다. 민사소송법상 변론주의에 의하면 예비적 주장인 절차적 위법성은 판단할 필요가 없게 되지만, 상술한 절차적 위법성 판단의 의의를 감안하면 문제는 간단하지 않다. 근본적인 해결은 프랑스에서와 같이 실체적 위법성과 절차적 위법성을 별개의 소송물로 파악하여, 원고가 양자를 모두 주장한 경우에는 어느 한 쪽의 이유 유무를 막론하고 양자를 모두 판단하도록 하는 것이다. 다시 말해, 실체적 위법성이 인정되는 경우에도 절차적 위법성을 판단하게 된다.[45] 이러한 해결방법은 또한 원고와 행정청 모두 실체적 위법성과 절차적 위법성 판단 부분에 대하여 상소할 수 있다는 점에 장점이 있다. 우리나라에서 소송물이론으로써는 이러한 해결이 어렵기 때문에, 행정소송법 또는 행정소송규칙에 이를 명문으로 규정하는 것이 바람직하다.

4. 공법소송으로서 행정소송의 전문성 확보

(1) 민사법적 사고로부터의 탈피

　　공법소송으로서 행정소송의 방법론적 전문성을 적극적으로 표현하면 '공익과 사익의 조정'이라고 할 수 있고, 소극적으로 표현하면 '민사법적 사고로부터의 탈피'라고 할 수 있다. 민사소송에서는 원고와 피고의 성별, 나이, 직업, 재산상태, 가정환경 등 개인적 사정은 원칙적으로 문제될 수 없고 단지 추상적인 '人'이라는 권리능력자 사이에서 요건사실과 법률효과만이 문제된다. 반면에, 행정소송에서는 공익과 사익의 조정이 초점이기 때문에, 그 정확한 조정을 위해서는 당사자가 처한 구체적 사정에 대한 이해가 필요하다. 이러한 의미에서 민사소송에서 '법의 여신'(justitia)은 눈을 가리고 있지만, 행정소송에서는 눈을 부릅뜨고 있다고 한다. 이것이 '공법적 리걸·마인드'의 핵심이다. 행정법원 15년에 서초동 법원종합청사를 떠나 양재동 청사로 이전하게 된 것도 이와 같이 민사법적 사고로부터

---

45) 이에 관하여 졸저, 전게서(행정소송의 구조와 기능), 400면 각주 78 참조.

탈피하는 계기가 될 수 있지 않을까 한다.

　현행 행정소송법상 민사소송법이 준용되지만, 그것은 어디까지나 '준용'이기 때문에, 모든 쟁점에 관하여 언제나 행정소송의 특수성에 관한 고려가 필수적이다. 많은 쟁점들이 있지만 그 중에 증명책임을 예로 든다면, 종래의 통설인 법률요건분류설은 민사소송에서 비롯된 것이므로, 행정소송의 본질과 기능에 착안하여 독자적인 증명책임 분배원칙이 수립될 것이 요청된다. 이를 위한 기본관념은 행정청의 '설명책임'과 원고의 '소송협력책임'이다. 즉, 원고에게는 계쟁처분의 위법성을 뒷받침할 수 있는 최대한의 자료를 제출하여야 하는 '주관적 입증부담'을 부과할 수 있지만, 계쟁처분의 적법성에 관한 '객관적 증명책임'은 피고 행정청에게 귀속되어야 한다. 이러한 원칙은 법령상 요건의 충족 문제이든 면제요건 또는 재량권남용의 문제이든 동일하다. 다만, 예외적으로 면제요건과 재량권남용 여부에 관하여 원고의 지배영역에 속하는 사실에 대해서는 그 객관적 증명책임도 원고에게 부여할 수 있을 것이다.[46)]

(2) 행정소송의 사후심적 기능과 심사강도의 조절

　상술한 바와 같이 불확정개념과 재량에 대한 판단 문제가 행정법원의 成長痛의 하나를 이룬다. 특히 사회·경제적 영향이 큰 정책적 결정을 대상으로 하거나, 아니면 사회적 갈등을 담고 있는 집단분쟁을 대상으로 하는 행정소송에서, 법관들이 민사소송에서와 같은 전면적이고 주도적인 본안판단을 해야 한다는 부담을 갖게 되고, 이러한 부담 때문에 거꾸로 가능한 한 처분성, 원고적격, 소의 이익 등을 이유로 부적법 각하하여 본안판단을 회피하고자 하는 부작용까지 낳게 된다. 만일 행정소송에 있어 국가 주요 정책 또는 사회적 갈등을 내포한 사건을 회피하고, 그러한 부담이 없는 과세처분, 운전면허취소·정지처분, 영업허가취소·정지사

---

46) 이러한 관점에서 재량권남용에 대해서는 일괄적으로 원고에게 입증책임을 귀속시키는 종래의 판례는 비판될 수 있다. 특히 ─도시계획결정에서와 같이─ 행정청의 지배영역에 있는 재량고려사유는 재량의 적법한 행사에 대한 행정청의 설명책임에 의거하여 행정청에게 그 객관적 입증책임이 귀속되어야 할 것이고, 또한 제재처분에 있어 원고에게 불리한 재량고려사유에 관해서도, 예컨대 공무원에 대한 징계처분에서 수뢰금품을 도박에 탕진하였다는 사유는 헌법상 무죄추정원칙에 준하여 행정청에게 그 객관적 입증책임이 귀속되어야 할 것이다. 이상은 졸고, 행정심판의 심리 ─ 민사소송과 행정소송과의 대비를 통하여, 『행정법학』 제3호, 2012, 141-185면(177면)에서 발췌·인용한 것임. 본서 제18장(607면) 참조.

244 행정법 개혁의 과제

건 등으로 만족한다면, 이는 마치 1987년 제5공화국 헌법개정시 헌법재판에 대한 사법부의 소극적인 태도에 비견할 수 있다. 잘못된 역사는 되풀이되어서는 아니 된다. 행정법원의 법관은 소송요건 판단에 있어 개방적이고 적극적인 자세를 취하되, 본안판단에 관해서는 정책적 요소와 사회적 갈등을 두려워하지 않고, 행정의 책임과 자율성을 존중하면서도, 절차적 위법성과 실체적인 판단착오와 재량권 남용에 대하여 과감히 통제를 가하는 자세를 견지하여야 할 것이다.[47]

위와 같은 본안판단의 부담 문제를 해결하는 데 가장 필요한 것은 행정소송의 특수성을 깨닫는 것이다. 즉, 행정소송은 어디까지나 'judicial review'로서, 사법부가 종국적으로 실체법적 본안판단을 하는 것이 아니라, 행정부의 결정을 사후적으로 점검·체크하는 것이다. 그 결정의 책임은 궁극적으로 행정에게 있다. 이러한 의미에서 행정소송은 본질적으로 행정절차에 대한 覆審 또는 續審이 아니라 事後審이다. 미국의 행정소송은 행정절차에서 이루어진 사실인정 및 불확정개념의 포섭이 '실질적 증거'(substantial evidence)에 의거한 것인지 여부를 판단하는 데 초점이 맞추어져 있는데,[48] 이는 우리에게 중요한 시사점을 제공하여 준다. 즉, 독자적인 사실인정과 불확정개념의 포섭의 부담을 들고 행정청의 사실인정과 법률판단을 비판적으로 검증하는 것이 오히려 심리의 집중력과 효율성을 제고하는 길이기 때문이다.

또한 중요한 점은 문제된 행정영역과 처분의 성질에 따라 심사강도를 탄력적으로 조절하는 것이다. 먼저 계쟁처분이 침익처분, 그 중에서도 제재처분인지, 아니면 수익처분인지를 구분하고, 문제되는 부분이 법령상 요건의 판단(요건재량)인지 법률효과의 결정·선택(효과재량)인지를 구분한 다음, 문제된 행정영역의 특수성, 특히 전문성과 기본권관련성을 밝혀 심사강도의 단계를 정하는 것이 필요하다. 이와 관련하여 프랑스 행정소송에서의 심사강도의 3단계가 시사하는 바가 크다.[49]

---

47) 이상은 박정훈/이계수/정호경, 전게서(사법부의 어제와 오늘 그리고 내일 上), 970면 이하를 발췌·인용한 것임.

48) 이에 관한 상세한 내용은 졸고, 불확정개념과 판단여지, 「행정작용법」中凡金東熙교수정년기념논문집, 2005, 250-270면; 본서 제10장(353-355면) 참조. 또한 미국 행정소송에 있어 행정권에 대한 '존중'(deference)의 이론적 근거와 이에 따른 행정소송의 심사기준과 심사방식에 관한 최근 문헌으로 Paul Daly, A Theory of Deference in Administrative Law. Basis, Application and Scope, Cambridge 2012 참조.

49) 졸고, 전게논문(불확정개념과 판단여지), 258면 이하; 본서 제10장(349-351면) 참조.

(3) 법관의 배치와 교육·연수

제도의 성패는 '인재'에 달려 있다. 행정소송은 법관들에게 선호되는 업무이어서 많은 유능한 법관들이 소신과 보람을 갖고 행정소송을 담당하고 있다. 법관의 위상 제고를 위하여 임관 후 일정시기까지는 민사소송, 형사소송, 행정소송을 순환보직하게 한 다음, 일정한 지원·선발절차를 거쳐 행정소송을 담당하게 되면 그 이후에는, 최소한 부장판사부터는, 끝까지 행정소송을 전담하도록 하는 법관 인사제도를 강구할 필요가 있다. 이와 아울러 행정소송 담당법관들의 교육·연수의 기회를 대폭 넓히고 특히 '행정실무의 현황'을 경험할 수 있는 제도적 방안을 마련하여야 할 것이다. 또한 법학전문대학원이 출범함에 따라 학계와 실무계의 활발한 교류가 요청된다. 학자들이 일정기간 행정소송의 재판연구관으로 참여하여 실무에 이론적 기초를 제공함과 동시에 재판실무를 경험할 수 있도록 하고, 반대로 법관들이 일정기간 법학전문대학원에서 강의와 연구를 함으로써 실무적 경험과 지식을 대학에 제공함과 동시에 스스로 이론적인 연마를 할 수 있도록 하는 것이다.[50]

(4) 조세법원과 노동법원의 설치 문제

현재 서울행정법원은 전문성을 확보하기 위하여 조세, 노동, 토지수용, 도시정비, 난민 사건에 관하여 전담재판부를 운영하고 있다. 여기에서 한 걸음 나아가 조세법원과 노동법원의 분리 설치 주장이 있으나, 조세행정과 노동행정에 관한 특수한 미시적 고찰도 필요하지만 '일반행정법'의 관점에서의 거시적인 고찰도 필수적이기 때문에, 행정법원의 울타리 안에 함께 있는 것이 보다 바람직하다고 할 것이다.

(5) 행정소송의 심급 문제

위에서 행정법원의 마지막 成長痛으로 지적한 심급문제 역시 공법소송으로서 행정소송의 특수성을 직시하는 데에서 그 해결방안이 찾아질 수 있다. 즉, 민사소송에서는 소위 '심급의 이익'이라 하여 3심제가 유익한 것으로 평가되지만, 행정소송에서는 반드시 그렇지 않다. 행정청의 濫上訴로 인해 원고의 권리구제가

---

50) 이상은 박정훈/이계수/정호경, 전게서(사법부의 어제와 오늘 그리고 내일 上), 976면을 발췌·인용한 것임.

지연되고, 특히 계쟁처분이 제재처분인 경우에는 원고가 제1심에서 승소한 후에
도 일종의 '이중위험'(double jeopardy)에 빠지게 된다.

　　사견에 의하면, 가장 근본적인 개혁방안은 3심제를 폐지하고—국민의 접근
가능성은 여전히 필요하기 때문에—행정법원을 제1심으로 하되 대법원으로 바로
상고하도록 하는 방법이다. 요컨대, 행정소송에서도 제1심 중심주의를 취하자는
것이다. 다만, 행정법원에 고등법원 부장판사 경력의 법관들을 집중 배치하고 또
한 대법원에 재판연구관들을 보강하는 등 충분한 인력을 확보할 필요가 있을 것
이다. 당사자소송이 행정상 손해배상과 공법상 부당이득반환청구 등으로 확대되
면, 당사자소송은 3심제로 고등법원을 항소심으로 하는 것도 고려할 만하다. 프
랑스의 행정소송제도가 이와 유사한 구조를 취하고 있다. 경미한 제재처분의 경
우에도 3심제를 유지하여 고등법원을 항소심으로 하되, 재량권남용의 경우에는
상고를 제한하는 방안도 강구할 만하다.

V. 結語

　　15년 전 우리의 '옥동자'로 탄생한 행정법원은 그동안 외형적 성장, 내용적
변화, 동력의 강화, 내저 충실을 통해 어엿한 청소년으로 잘 성장하였다. 양재동
신청사로의 이전을 한 번 더 축하하고, 존재근거(뿌리)와 존재이유(역할)을 정확히
깨달아 청소년 시기의 질풍노도를 넘고 成長痛을 극복함으로써, 앞으로 성숙한
청년, 나아가 원숙한 장년이 되어 우리나라의 법치주의와 민주주의의 파수꾼이
되어 이 땅에 정의와 행복을 실현하여 주기를 진심으로 축원한다.

7. 行政法에 있어 判例의 意義와 機能*
— 法學과 法實務의 연결고리로서의 判例 —

Ⅰ. 들어가며

'법'은 인간의 평화롭고 정의로운 공동체 생활을 위한 강제적 규율이므로, 한편으로 평화와 정의를 지향하는 '이성'을, 다른 한편으로 강제적 규율을 가능하게 하는 '힘'을 동시에 갖지 않으면 아니 된다. 요컨대, '이성적인 힘'이 바로 법이다. 이성 없는 힘은 폭력일 뿐이고, 힘이 없는 이성은 사변일 뿐이다. 이와 같이 이성과 힘이 결합된 법은 인류 역사에서 먼저 — 솔로몬으로 상징되는 강력하고 현명한 재판관에 의한 — '재판'을 통해 나타났다. 그 후 근대국가 체제가 확립되면서, 한편으로 재판의 '힘'을 보강하는 입법이 행해지고, 다른 한편으로 재판의 '이성' 내지 지혜를 보충하는 법학[1]이 발전하였다. 그리하여 법의 3요소로서 입법과 재판과 법학, 그리고 그 각각의 산물인 법률과 판례와 학설이 鼎立하게 된다.

이와 같이 역사적으로 재판(판례)이 중심에 있고 양측에서 입법(법률)과 법학(학설)이 이를 보강·보충하는 관계로 파악할 수 있다. 반면에, 의회민주주의와 결합된 법치주의 이념의 관점에서는 입법이 중심에 서고 재판은 법률을 구체적 사건에 적용하는 지위로 격하되지만, 이는 '이념'에 불과하고 법의 '실제'에서는 — 법

[행정법에 있어 판례의 의의와 기능,『행정판례의 이론적 조명』2023]

* 이 글은 2010. 11. 26. 한국행정법학회 창립기념 학술대회 발표문을 수정·보완하여 「행정법학」창간호 (2011년 9월) 35-69면에 게재된 졸고를 수정·축약하고 부분적으로 보충한 것임을 밝힌다.

1) 주지하다시피, 법학을 뜻하는 독일어 Jurisprudenz는 라틴어로 '법의 지혜'(juris+prudentia)라는 의미를 갖는다. 19세기 Savigny 등에 의해 법학의 학문성이 주장되면서 '법학(문)' 내지 '법(과)학'이라는 의미의 Rechtswissenschaft라는 용어가 사용되었으나, 현재로 통상 독일에서 '법학'이라고 하면 Jurisprudenz라고 한다.

률의 불명확성과 모순 또는 흠결 때문에 ─ 여전히 재판과 판례가 중심에 있다. 여기에서도 법학은 재판에게 법률의 해석 가능성들을 제안함으로써 여전히 재판에 대한 (이성의) 보충 기능을 수행하고자 하지만, 학문적 권위가 약해지면 재판의 결과인 판례들을 사후적으로 정리·체계화하는 기능으로 전락하게 된다.

이상에서 알 수 있듯이, '법'이란 무엇인가, '법학'은 무엇을 하여야 하는가 라는 물음에 답하는 과정에서 반드시 만나게 되는 중심 맥점은 바로 '판례'이다. 다시 말해, 판례(법)의 문제는 한 국가의 "법질서와 법학의 실존적 문제 중의 하나"[2]이다.

이러한 문제의식 하에서 먼저 '法源'으로서의 판례 문제를 고찰함으로써 판례의 의의에 관한 법이론적 기초들을 살펴보고(Ⅱ.), 이를 기초로 행정법 영역에서 판례가 갖는 특수성들을 분석한 다음(Ⅲ.), 행정법에서의 법학과 법실무의 상호관계에 초점을 맞추어 판례의 기능을 소통기능(Ⅳ.), 평가기능(Ⅴ.) 및 혁신기능(Ⅵ.)으로 구분하여 논의하고자 한다.

Ⅱ. 法源으로서의 판례

1. 판례의 개념

'판례'(precedent, précédent, Präjudiz)는 가장 넓은 의미로는 先判決例의 준말로서, 최고법원을 포함한 모든 심급의 법원에서 내려진 판결(또는 결정)이 다른 사건에서 선례로서 원용되는 것을 의미한다(광의의 판례). 그러나 법학과 실무에 중요한 영향을 미치는 것은 최고법원의 판결들이라는 점에서 통상 판례는 대법원판례와 헌법재판소판례를 가리킨다(협의의 판례). 대법원판례 중에서 전원합의체판결 또는 그동안 논란되어 오던 쟁점에 관해 명백한 입장을 밝히는 판결과 같이 향후의 재판에 명시적인 지침을 제공하는 '중요판례' 내지 '지도적 판례'(leading case, leitende Präjudiz), 또는 이에 해당하지 않더라도 두 개 이상의 대법원판례에서 동일한 견해가 반복적으로 확인된 '확립된 판례'(ständige Rechtsprechung)는 판례의 구속력과 관련하여 특별한 의미를 갖는다(최협의의 판례).

---

2) Fritz Ossenbühl, in: Erichsen (Hg.), Allgemeines Verwaltungsrecht. 10.Aufl., 1995, § 6 Rn.77.

우리나라에서 법학과 법실무의 관계에서 의미를 갖는 것은 협의의 판례, 즉, 대법원판례와 헌법재판소판례이다. 우리나라에서는 영국에서와 같은 '선례구속' (stare decisis)원칙이 인정되지 않고, 오히려 「법원조직법」 제8조는 상급심재판에서의 판단은 당해 사건에 관해서만 하급심을 기속한다고 규정하고 있다. 그러나 중요한 사건은—특히 행정사건에서는— 거의 예외 없이 대법원에 상고되어 수많은 대법원판례가 만들어지고 있는데, 대법원판례의 변경은 「법원조직법」상 반드시 전원합의체의 심판으로 하도록 되어 있고, 원심판결이 대법원판례와 상반된 판단을 한 경우에는 「소액사건심판법」과 「군사법원법」상 절대적 또는 상대적 상고·항소이유로 명시하고 있는 등 대법원판례는 우리나라 실정법상 특별 취급되고 있다.3) 또한 헌법재판소의 결정도 당해 사건에 관해서만 기속력을 갖지만,4) 헌법재판소판례는 헌법사건에 관한 단심 및 최고심의 결정으로서, 사실상 강력한 구속력을 발휘한다. 그리하여 통상적으로—본고에서도—'판례'는 협의로서, 대법원판례와 헌법재판소판례를 가리킨다.

2. 다양한 法源 개념5)

(1) 원래적 의미의 法源

판례의 法源性 문제는 법학의 근본주제의 하나이다. 판례의 法源性 문제는 그 전제로서 法源의 개념을 어떻게 파악하는가에 달려 있다. '法源'(Rechtsquelle; source of law)은 원래 유럽에서 중세후기 및 근대에 이르러, 실정법의 다원성과 복잡성으로 인해 개별사안에 관한 재판에서 적용하여야 할 '법규'(Rechtssatz)를 찾는

---

3) 「법원조직법」 제7조 제1항 제3호는 "종전에 대법원에서 판시한 헌법·법률·명령 또는 규칙의 해석적용에 관한 의견"을 변경하는 경우에는 전원합의체에서 심판하도록 하고, 「상고심절차에 관한 특례법」 제4조 제1항 제3호는 "원심판결이 법률·명령·규칙 또는 처분에 대하여 대법원판례와 상반되게 해석한 경우"를 심리불속행 상고기각판결의 제외 사유로 규정하고 있으며, 「소액사건심판법」 제3조 제2호와 「군사법원법」 제414조 제2호 및 제442조 제2호는 대법원판례와 상반되는 판단을 한 경우를 상고이유 또는 항소이유로 규정하고 있다.

4) 헌법재판소법 제47조 제1항, 제67조 제1항, 제75조 제1항.

5) 이하 판례의 法源性에 관한 고찰은 졸저, (J. H. Park), Rechtsfindung im Verwaltungsrecht, Berlin 1999, S.159-184; 졸고, 판례의 법원성, 「법실천의 제문제」 東泉김인섭변호사화갑기념, 박영사, 1996, 1-26면; 행정법의 法源, 『행정법연구』 제4호 (1999년 상반기), 33-64면 [현재 졸저, 『행정법의 체계와 방법론』, 박영사, 2005, 113-162면 수록]에서 피력한 私見을 수정·보완하여 改筆한 것임을 밝힌다.

작업이 중요하였기 때문에 만들어진 개념이다. 법규 내지 법명제는 원래 법적 삼 단논법에서 대명제로 설정하여 거기에 소명제인 당해 사건의 사실관계를 포섭시 켜 결론을 도출하는 논리적 도구이다. 다시 말해, 개별 사건의 사실관계만을 들여 다보고 그때그때마다 적합한 해결을 즉흥적으로 내리는 것이 아니라, 어떠한 경 우에는 어떻게 해결된다는 요건/효과로 이루어진 일반·추상적 명제를 대명제로 내세우고 그 대명제에 따라 당해 사건에 대한 판단을 내림으로써, 재판에 있어 평등과 법적 안정성을 실현하기 위한 보장책이 바로 '법규'이다. 이러한 법규로 인정되기 위해서는 그 내용(법명제)이 '법'에 의해 강제되는 것임이 인정되어야 하 는데, 이러한 법적 강제력 내지 효력을 인정하기 위한 근거가 바로 '法源'이다.[6] 요컨대, 法源은 원래부터 법 내지 법규의 효력근거를 의미하는 개념으로 사용되 어 왔다.

(2) 다른 네 가지 法源 개념들

그러나 독일에서 19세기부터 위와 같이 재판과 관련한 실정법적 의미를 벗어 나, 첫째, Savigny로 대표되는 역사법학파는 법의 생성근거로서 法源 개념을 사용 하면서 관습법이 실정법을 만들어 내는 근원적인 法源이라고 주장하였다. 둘째, 법철학적 관점에서, '法源'은 법의 평가근거라는 의미로서, 실정법의 정당성 근거 또는 그 비판의 근거가 바로 '法源'이라고 주장되기도 하였다. 또한 셋째, 법사회 학 내지 법사학의 관점에서는 특정의 법질서 속에서―재판과 관련 없이―어떤 명제가 법명제로 사실상 승인되기 위한 근거, 즉, 법의 인식근거라는 의미로 '法 源' 개념이 사용되었다. 나아가 넷째, 이러한 법의 인식근거에 관하여, 법사회학적 관점에서의 '사실상 승인'의 차원을 넘어, 일정한 명제가 마땅히 법명제로 승인되 어야 할 자격이 있다는 의미에서 '규범적 인식'의 차원으로 확장되기도 하였다.

---

6) 예컨대, 19세의 자녀가 그 소유명의의 부동산을 부모의 동의 없이 처분한 후 그 부모가 미성년자의 법률행위라는 이유로 그 처분행위를 취소한 경우, 그 취소를 인정하기 위해 서는 '만20세가 되기 전에는 법정대리인(부모)의 동의 없이 행한 법률행위는 취소할 수 있다'라는 명제가 '법명제'로서, 삼단논법의 대명제로 설정되어야 하는데, 그 명제가 법 적 구속력 내지 효력 있는 법명제로 인정될 수 있는 '法源'은 바로 민법 제4조와 제5조 제1항 및 제2항이다.

(3) 법의 효력근거와 인식근거

위와 같은 다양한 法源 개념 중에서 판례의 法源性과 관련하여 문제되는 것은 법의 효력근거로서의 法源과 법의 — 사실상 및 규범적 — 인식근거로서의 法源이다. 그런데 이들 法源 개념은 각각 상이한 '법' 개념과 연결되어 있다. 즉, 첫째, 법의 효력근거로서의 法源 개념은 법의 필수적 개념요소로서 '효력'을 전제로 한다. 이에 의하면, 실정법적 효력, 특히 재판에 적용될 수 있는 효력이 결여된 법은 있을 수 없고, 그 자체로 형용모순이다. 이러한 의미에서 실정법적 내지 법도그마틱적 법개념이라고 할 수 있다.

둘째, 법의 '사실상' 인식근거로서의 法源 개념은 법의 필수적 개념요소로서 '사실상의 승인'만을 요구한다. 따라서 실정법적인 효력이 없더라도 대다수의 법질서 구성원에 의해 법으로 승인되기만 하면 '법'으로 파악된다. 이는 법사회학적 법개념이다.

셋째, 법의 '규범적' 인식근거로서의 法源 개념은 법의 필수적 개념요소로서 — 일반적으로 '사실상 승인'의 요소와 더불어 — '승인(인식)의 당위성'을 요구하지만, '실정법적 효력'을 반드시 전제하지 않는다. 이러한 법개념에 대해서는 확립된 용어가 없으나, 법으로서의 당위성과 자격(가치)을 강조한다는 의미에서 일응 '법윤리학적' 내지 '법가치론적' 법개념이라고 부를 수 있을 것이다.

3. 사실적 의미의 판례법 : 제1단계 판례법

(1) 법의 사실적 인식근거

사견에 의하면, 제1단계 판례법은 법의 사실적(경험적) 인식근거로서의 法源인 판례를 말한다. 이는 판례의 사실상의 구속력에 의거한다. 즉, 상술한 바와 같이 「법원조직법」상 상급법원의 재판에 있어서의 판단은 당해 사건에 관하여만 하급심을 기속하도록 규정되어 있고, 대법원 스스로 자신의 판례를 전원합의체의 심판을 통해 새로운 견해로 변경할 수 있다는 점에서, 영미법에서와 같은 '선례구속'이 인정되는 것은 아니지만, 판례변경절차의 특수성 및 — 심리불속행 상고기각 판결 등과 같은 — 판례위반의 특별취급으로 말미암아 판례는 사실상 당사자, 다른 국가기관, 하급심, 심지어 대법원 스스로에게도 강력한 구속력을 발휘하고 있다. 법사회학적 관점에서, 이러한 판례를 우리 사회에서 엄연히 작용하고 있는 하나의 '법현상'으로 파악하는 데 아무런 어려움이 없다. 달리 말해, 판례는 우리로 하

여금 어떠한 명제가 사실적·경험적으로 법명제로 승인될 수 있는가를 인식하게
해 주는 근거를 이룬다. 이러한 의미에서 판례는 분명히 판례'법'이다.[7]

(2) 방법론적 의의

이러한 제1단계 판례법이 갖는 의의는 일차적으로, 법학은 엄연한 법현실인
판례를 마땅히 연구대상으로 삼아 그 의미를 충분히 이해하고 존중하고자 노력하
여야 한다는 데 있다. 판례를 도외시하는 법학은 법의 '실제'를 간과하는 것이다.
그러나 동시에 실무(법원)로서도 당해 사건의 해결에만 급급하지 아니하고 판례
가 갖는 사회적 의미를 충분히 자각하고, 판례에 대한 사회 및 법학계의 견해를
충분히 이해하고 존중하지 않으면 아니 된다. 요컨대, 판례를 매개로 하여 법학과
법실무는 서로 소통한다는 것이다. 이러한 '소통기능'이 바로 판례의 첫 번째 기
능인데, 이에 관해 아래 Ⅳ.에서 상론하기로 한다.

4. 진정한 의미의 판례법 : 제2단계 판례법

(1) 법의 규범적 인식근거

진정한 의미의 '판례법' 내지 제2단계 판례법은 법의 규범적(당위적) 인식근
거로서의 法源인 판례이다. 이러한 판례법은 법관의 재판의무 및 판결이유 설시
의무에서 비롯되어 궁극적으로 최고규범인 헌법에 의해 그 규범적 정당성이 부여
된다. 이를 부연 설명하면 다음과 같다.

즉, 법관은 재판에 임하여 법률의 문언이 불명확하다거나 모순된다거나 적합
한 법률이 없다는 이유로 재판을 거부할 수 없다. '법률의 완전성' 이념에 의하면,
상술한 법적 삼단논법에서 대명제의 역할을 하는 법명제(법규)의 자리에 법률을
집어넣고 이에 당해 사건의 사실관계를 포섭시키면 자동적으로 결론이 도출된다

---

7) 법제처의 법령해석에 관해 규정하고 있는 「법제업무규정」 제26조 제8항은 민원인으로부
터 법령해석의 요청을 받은 소관 중앙행정기관의 장은 반드시 법제처에 법령해석을 요
청하도록 규정하면서도, 그 단서 제2호에서 "정립된 판례"가 있는 경우에는 법제처에 대
한 법령해석요청을 생략할 수 있도록 규정하고 있다. 또한, 「우체국예금·보험에 관한 법
률 시행령」 제6조 제1항은 분쟁조정의 신청이 있으면 반드시 분쟁조정위원회에 회부하
도록 규정하면서도 그 단서 제2호에서 "분쟁의 내용이 관계 법령·판례 또는 증거 등에
의하여 심의·조정의 실익이 없다고 판단되는 경우"에는 그 회부를 생략할 수 있도록 규
정하고 있다. 이러한 규정들은 사회에서, 심지어 행정부 내에서도 판례가 사실상 법령에
준하는 구속력을 갖고 있음을 전제로 하고 있다.

는 것이나, 이는 의회민주주의와 결합된 법치주의를 이념적으로 관철시키기 위한 하나의 픽션에 불과하다.

　당해 사안에 적합한 법률이 있고 그 법률의 문언이 명확한 경우는 오히려 예외에 불과하고, 대부분의 사건에서, 특히 대법원에 상고되는 사건에서는, 당해 사안에 적합한 법률이 있다 하더라도 그 법률의 문언이 불명확한 경우가 다반사이다. 행정사건에서는 법률의 문언이 명확하면 애당초 분쟁의 소지가 없었거나 설사 있었다 하더라도 행정심판 등을 통해 행정 내부에서 해결되기 때문에, 행정소송으로 제기되는 사건은 거의 예외 없이 법률의 불명확성 또는 — 특히 일반행정법 영역에 관해 — 법률의 흠결이 문제되는 경우이다. 그럼에도 법관은 합리적인 판결이유의 설시를 통해 당해 사안을 해결하여야 할 책무와 권한을 헌법에 의해 부여받았는데, 그 책무의 이행 내지 권한의 행사 과정에서 필수적으로 생성되는 것이 바로 판례이므로, 판례의 생성은 헌법적으로 정당성을 갖는다.

(2) 보편화 능력의 주장

　제2단계 판례법의 생성과정을 법이론적으로 분석하면 다음과 같다. 먼저 법률의 문언이 불명확하여 '해석'이 필요한 경우에 관하여 살펴보면, 법관은 해석을 통해 그 법률 문언보다 더 자세한 명제를 정립하여 이를 삼단논법의 대명제로 — 정확하게 말해, '제1차 대명제'인 법률의 문언을 한 단계 더 구체화하였다는 의미에서 '제2차 대명제'로 — 내세우고 여기에 당해 사안을 포섭시켜 결론을 도출하게 된다. 이와 같이 정립되는 제2차 대명제가 법적 삼단논법의 대명제로서의 자격을 갖추기 위해서는, 그리하여 법의 근본이념인 평등이 실현되기 위해서는, 그것은 당해 사안에서만 타당한 것으로 만족하여서는 아니 되고, 향후에도 동일한 사안에서 모두 차별 없이 타당하게 될 것이라고 자신할 수 있어야 한다. 다시 말해, 자신의 '보편화 능력'(Verallgemeinerungsfähigkeit)을 스스로 주장하는 것이어야 한다. 이러한 보편화 능력의 주장은 당해 사안에 적합한 법률이 없어 '흠결보충'이 필요한 경우에 더욱 더 분명히, 강력하게 나타난다. 이 경우에는 법관이 정립하는 명제가 홀로 — 법률의 근거 없이 — 말하자면, '단독 대명제'로서의 역할을 하기 때문이다.[8]

---

8) 그 대명제를 뒷받침하기 위해 헌법규정, 헌법원리 또는 일반적 법원리들을 제시하는 경우가 있으나, 어디까지나 당해 사건의 사실관계를 직접 포섭시키는 것은 법관이 정립한 대명제이다. 따라서 이것만을 법적 삼단논법에서의 대명제로 파악하여야 할 것이고, 이

이와 같이 법관이 판결이유의 설시를 위해 스스로 정립한 대명제는 모두 '보편화 능력의 주장'을 그 필수적 요소로 내포하고 있다. 법률의 해석을 위한 제2차 대명제이든, 법률의 흠결보충을 위한 단독 대명제이든 간에 모두 마찬가지인데, 그 주장의 강도는 상대적으로 후자가 더 강하다. 여하튼 이러한 보편화 능력의 주장에 근거하여, 판례는 법의 규범적(당위적) 인식근거인 제2단계의 판례법으로 인정된다.[9] 즉, 모든 '법'은 본질상 보편화 능력이 필수적인데, 판례도 그러한 보편화 능력을 갖추고 있음을 스스로 주장하는 것이고, 그러한 '주장'은 상술한 바와 같이 헌법상 법관의 책무와 권한으로 부여된, 법률의 해석 또는 흠결보충의 임무 수행을 위해 반드시 필요한 요소이다. 이와 같이 그 주장 자체가 규범(헌법)적으로 승인됨으로써 판례에 대하여 '법'으로서의 자격 내지 가치가 인정되는 것이다. 다만, 그 주장의 내용이 사실인지, 다시 말해, 실제로 보편화 능력을 갖추고 있는지는 묻지 않는다. 말하자면, 법으로서의 효력의 '주장'을 정당한 것으로 승인하는 것이고, 효력의 '實在'까지 인정하는 것은 아니다. 후자는 다음에서 논의하는 제3단계의 판례법에 관한 문제이다. 요컨대, 판례는 법관에 의한 판례생성의 헌법적 정당성에 근거하여 법질서 속에서 '법'으로서의 자격이 승인됨으로써 — 제2단계의 — 판례법이 된다.

(3) 판례법의 범위

유의할 것은 이러한 제2단계 판례법은 상술한 보편화 능력의 주장에 의거하는 것이므로 원칙적으로 판결에서 '대명제'로 제시된 부분에 국한하여 인정되고 당해 사안의 특유한 사실관계와 관련된 부분은 제외된다는 점이다. 예외적으로

를 뒷받침하는 헌법규정 등은 '超대명제'에 불과한 것이라고 할 수 있다.

9) 필자는 선행연구(졸고, 전게논문, 판례의 법원성, 「법실천의 제문제」 박영사, 1996, 1-26면)에서 법률의 해석과 흠결보충의 경우를 구별하여 후자에 대해서만 제2단계의 판례법으로서의 성격을 부여하였다. 즉, 법률의 흠결 보충을 통한 '법형성'(Rechtsfortbildung)의 경우에는 상술한 바와 같이 법관의 역할과 책임을 강조할 필요가 있으나, 법률의 해석에 있어서는 입법자의 의사가 결정적 역할을 하고 법관의 역할과 책임이 상대적으로 좁다는 것이 그 논거이었다. 따라서 법률의 해석의 경우에는 어디까지나 법률만이 — 법의 규범적 인식근거로서도 — 法源에 해당하고 그것을 해석한 판례에 대하여 별도의 法源 자격을 부여할 필요가 없다는 것이었다. 그러나 양자에 있어 법관의 역할과 책임의 차이는 — 특히 행정법의 영역에서 — all or nothing의 관계가 아니라 정도의 차이에 불과하다는 점을 깨닫고 本稿에서는 양자의 경우에 모두 제2단계의 판례법으로서의 자격을 부여하되, 그 法源性의 강도가 다른 것으로 이해하고자 한다.

당해 사안의 사실적 요소들도 그 대명제와의 포섭을 통해 결론이 도출되는 과정에서 일반·추상성을 갖는 것이라면 이들도 대명제에 포함되는 것으로 대명제의 내용을 재구성함으로써 판례법의 범위를 확대할 수 있을 것이다. 그러나 판단에 사실상 영향을 미쳤다고 하여 당해 사안의 구체적인 사정까지 모두 제2단계 판례법의 내용이 되는 것은 아니다. '법규(법명제)'로서 갖추어야 할 일반·추상성이 결여되기 때문이다.10)

　　반면에, 상술한 제1단계 판례법에는 당해 사안의 사실관계 내지 사실적·규범적 조건들도 포함될 수 있다. 이러한 사실관계 등이 그 일반·추상적 명제(제2단계 판례법)가 정립되게 된 계기가 되는 동시에, 거꾸로 그 명제의 주요 사례가 되기 때문이다. 다시 말해, 향후 동일한 사안에 대해서는 동일한 판결이 선고될 것이 예상되고, 이 점이 바로 사실적 구속력을 갖는 것이기 때문이다. 이러한 의미에서 제1단계의 판례법은 '사례법'(case law, Fallrecht)이라고 부를 수 있을 것이다. 판례에 대한 학문적 평석에서는 제2단계 판례법의 규범적 타당성이 주된 연구 대상이어야 하지만, 제1단계 판례법의 관점에서 당해 사안의 사실관계 내지 구체적 사정도 검토될 필요가 있다.

　　영미법상 선례구속의 대상이 되는 '판결이유'(ratio decidendi)는 통상 "결론에 절대적으로 필요한 법적인 명제들"(legal propositions absolutely necessary to the result)에 한정되지만, 경우에 따라서는 '당해 사안에 특유한 사실에 근거한, 사실상 당해 판결을 이끌어 낸 모든 법적인 판시내용'도 포함한다.11) 전자는 제2단계 판례법에, 후자는 제1단계 판례법에 각각 상응하는 것으로 볼 수 있다. 후자는 선례구속을 깨기 위한 '사안구별'(distinguishing)과 관련하여 중요한 의미를 갖는데, 사실적·규범적 조건들이 바뀌면 해당 판례의 타당성도 상실될 수 있기 때문이다.12)

---

10) 예컨대, 건축법상 '가설건축물'에 관한 대법원 1989. 2. 14. 선고 87도2424 판결에서 '토지에 정착하고 있고 4개의 기둥 및 4면의 벽을 갖추고 있으면 가설건축물에 해당한다'고 판시한 부분은 법률의 해석을 위한 제2차 대명제로서, 여기서 말하는 '판례법'에 전형적으로 해당하는 것이다. 그리고 그것이 '천막으로 된 지붕과 앵글식 기둥'이라고 하더라도 위 대명제에 포섭된다고 한 판시 부분도 충분히 일반·추상성을 띠고 있으므로 '판례법'의 내용으로 포함시킬 수 있을 것이다. 그러나 그 사안에서 구체적으로 천막의 두께와 앵글식 기둥의 높이가 어떠하였는지는 법규(법명제)로서의 일반·추상성을 갖추지 못하므로 '판례법'에서 제외되어야 할 것이다.

11) Bryan A. Garner et al (ed.), Law of Judicial Precedent, 2016, p.45 참조.

12) 이에 관하여 Bryan A. Garner et al (ed.), 전게서 p.97-102 참조.

(4) 방법론적 의의

제2단계 판례법 개념이 갖는 의의는, 첫째, 법관에 의해 정립된 판례가 정치적·사회적 명제가 아니라 '법명제'로서의 자격이 있음을 강조함으로써 그것을 법적 논의의 場으로 끌어들여 법학의 관점에서 '규범적으로' 평가하고자 하는 데 있다. 이러한 판례에 대한 평가를 통해 법학은 법실무를 비판함과 동시에 판례에 비추어 법학 자신의 이론을 스스로 반성하게 된다. 둘째, 판례는 헌법이나 법률에서 기계적으로 연역된 것이 아니라 법관의 주도적 역할과 책임 하에 정립된 것이라는 점을 '법관의 판례에 의해 만들어진 법'이라는 의미의 '법관법'(Richterrecht, judge-made law) 내지 '판례법'이라는 명칭을 통해 강조할 수 있다. 이와 같이 판례에 있어 법관의 역할과 책임이 강조되기 때문에, 법실무(법원)는 판례생성에 신중을 기하고 판례에 대한 학계의 평가를 진지하게 받아들여 自省의 기회로 삼음과 동시에 나아가 주체적인 관점에서 학계의 이론을 비판할 수 있게 된다. 요컨대, 판례를 매개로 하여 법학과 법실무는 서로 평가한다는 것이다. 이러한 '평가기능'이 바로 판례의 두 번째 기능인데, 이에 관해 아래 V.에서 상론하기로 한다.

5. 제3단계 판례법의 좀定

(1) 판례는 법의 독자적인 효력근거가 될 수 없다!

상술한 바와 같이, 판례는 법관의 판례생성의 정당성과 판례의 '보편화 능력의 주장'에 의거하여 '법'으로서의 자격 내지 가치를 인정받음으로써 법의 규범적 인식근거로서의 法源에 해당하지만, 마지막 제3단계의 法源 개념, 즉, 법의 효력근거로서의 法源으로는 인정될 수 없다. 이를 서두에서 언급한 법의 두 가지 근본 요소인 '이성'과 '힘'에 의거하여 설명하면 다음과 같다. 법관은 법의 한 쪽 요소인 이성 내지 합리성을 만족시키기 위해, 자신이 정립한 대명제의 보편화 능력을 주장하는데, 법의 나머지 요소인 힘의 관점에서는, 그 '주장'을 당해 사건에 관해서만 관철시킬 수 있는 힘이 있을 뿐, 당해 사건을 넘어 향후 동일한 사건들에서까지 관철시킬 힘은 우리 헌법 하에서는 갖지 못한다. 말하자면, 판례의 보편화 능력은 당해 사건에서만 전제될 뿐이고 실제로 강제적으로 실현될 수 없다. 따라서 향후 동종의 사건에서 앞선 사건에서의 판례를 인용하는 것만으로는—마치 법률의 조항을 인용하는 것과 같이—그 판례에서 정립된 대명제의 타당성이 인정되지 않는다. 즉, 판례는 그 대명제의 법적 효력의 근거가 될 수 없다.

(2) 판례의 보편화 능력의 검증

그렇다면, 판례가 향후 동종의 사건에서도 보편화 능력을 인정받기 위해서는, 그 판례를 만든 법관의 '힘'만으로는 부족하고, 그 판례가 당해 사건에서도 타당하다는 '이성'의 지원이 필요하다. 다시 말해, 후행 사건의 법관들은, 하급심의 법관들도, 자신이 정립하는 대명제의 보편화 능력을 주장하기 위해서는, 동일한 취지의 판례를 단순히 인용하여서는 아니 되고, 왜 그 판례가 당해 사건에서도 타당한지에 관해 실질적인 이유를 제시하면서 검증하여야 한다.

이러한 실질적 이유로서, 법적 안정성 내지 신뢰보호만을 내세울 수 없다. 오직 법적 안정성을 실현하기 위해 법관이 판례에 구속된다는 것은 헌법상 부여된 재판의무와 판결이유 제시의무를 저버리는 것이기 때문이다. 사실상 법관이 법적안정성만을 염두에 두고 판례를 단순 적용하여 재판을 하는 것이 지배적인 경향이라고 하더라도, 이는 제1단계의, 법의 경험적 인식근거로서의 판례법에 불과하다. 법의 '효력'을 통해 법적안정성이 확보되는 것이지, 거꾸로 법적 안정성에 의거하여 그것만으로 법의 효력이 인정될 수는 없다.[13] 법적 안정성의 실현이 司法의 유일한 임무가 아니다. 오히려 올바른 법의 발견과 형성을 통한 '법의 발전'이 司法의 주된 임무이자 존재의의이다.

(3) 방법론적 의의

이상과 같이 법의 독자적 효력근거로서의 제3단계 판례법을 부정하는 것은 법실무와 법학에 대하여 공히 중요한 의미를 갖는다. 즉, 법실무(법원)는 한 번 정립된 판례를 무비판적으로 동종의 사건에 적용하여서는 아니 되고, 그 판례가 생성된 선행사건과 그 판례를 적용해야 하는 후행사건을 그 사안유형과 이익상황 또는 가치대립상황의 관점에서 면밀히 비교 분석함으로써 그 판례의 타당성을 매 사건마다 검증하여야 한다. 법학도 마찬가지로 판례의 추상적인 결론만을 취하여 이론으로 내세우지 말고, 판례의 사안유형들을 비교 분석함으로써 그 문제에 관한 이론들을 끊임없이 검증하여야 한다. 그럼으로써 법학과 법실무 모두 혁신과

---

13) 행정의 자기구속의 법리에 의거하여 행정도 함부로 선례 또는 행정규칙에서 벗어날 수 없지만, 그렇다고 하여 선례와 행정규칙이 법적 효력을 갖는 것으로 볼 수 없다. 법규에 '준하는' 구속력만이 인정될 뿐이고, 합리적인 이유가 있으면 언제든지 그 선례와 행정규칙으로부터 벗어날 수 있다. 더욱이 행정이 처분을 함에 있어 그 처분이유로 선례만을 인용한다면 이유제시의무를 위반하는 것이라고 할 것이다.

발전을 기할 수 있다. 이에 관해서는 아래 Ⅵ.에서 상론한다.

Ⅲ. 행정법에서의 판례의 특수성

1. 행정법의 구성요소

첫머리에서 지적한 바와 같이 역사적으로 입법(법률)과 재판(판례)과 법학(학설)이 법의 3요소를 이루는 것으로 이해되어 왔는데, 이는 로마법 이래 私法을 중심으로 한 것이다. 이를 일반적인 법의 모습으로 이해한다면, 행정법의 모습은 일반적인 법의 3요소 중 앞의 두 가지 요소, 즉, 입법과 재판이 각각 의회와 법원에 한정되지 않고 각각 행정과 부분적으로 겹친다는 점에 그 특징이 있다.

즉, 한편으로 '입법'을 널리 受範者의 행위기준과 심사기준을 정립하는 작용이라고 이해하면, 행정법에 있어 입법은 의회에 의한 법률제정만이 아니라 행정에 의한 행정입법도 분명히 포함한다. 다른 한편으로 '재판'을 널리 受範者의 행위에 대한 심사라는 의미로 이해하면, 행정법에 있어 재판은 행정소송 또는 헌법소원심판만이 아니라 널리 행정에 의한 — 광의의[14] — 행정심판도 포괄한다. 이러한 의미에서, 행정은 행정법의 受範者인 동시에 스스로 행정법의 입법과 재판도 수행한다고 할 수 있다. 보다 더 근본적으로, 행정의 법집행작용 자제가 특성 사안에 대하여 법을 적용하여 법적 효과를 발생하게 하는 결정을 한다는 점에서 법원에 의한 재판과 구조적으로 동일하다.[15]

이상과 같은 이유에서, 법의 구성요소를 여전히 입법·재판·학설이라는 3요소로 파악한다면, 행정법에 있어서는 입법과 재판을 각각 행정작용도 포함하는 넓은 의미로 이해하여야 한다. 또는 보다 간명한 방법으로, 행정법의 구성요소로 기존의 3요소에 행정(행정입법+행정결정+행정심판)을 추가하여 '입법·행정·재판·학설'로 파악할 수 있다.

---

14) 여기서 말하는 광의의 행정심판은 행정심판법에 규정된 협의의 행정심판을 포함하여 처분청에 대한 이의신청, 국민권익위원회에 대한 고충민원, 감사원에 대한 심사청구, 국가인권위원회에 대한 인권진정 등을 포괄하는 것이다.

15) 이것이 필자가 주장하는 '행정과 司法의 상대적 동일성' 테제이다. 졸저, 『행정법의 체계와 방법론』, 2005, 96면 이하 참조.

2. 행정법에 있어 '판례'의 범위

위와 같은 행정법의 구성요소에 있어서의 특징은 행정법에 있어 '판례'의 범위에 영향을 미친다. 상술한 바와 같이 좁은 의미의 판례는 최고법원의 판례를 가리키는 것이지만, 넓은 의미로는 모든 심급의 법원의 판례로 확대되는데, 여기서의 '법원'을 다시 광의의 행정심판을 담당하는 심판기관으로 확대하게 되면, 행정법에 있어 넓은 의미의 판례는 행정심판의 심판례와 고충민원·심사청구·인권진정의 결정례를 포괄하게 된다. 나아가 위에서 지적한 재판과 행정결정의 구조적 동일성에 입각하면 행정기관의 결정례도 행정법에 있어 최광의의 판례 속에 포함시킬 수 있다.

물론 행정기관의 결정은 언제든지 행정소송에서 법원의 판결로써 취소될 수 있기 때문에 최종적인 구속력을 갖지 못하지만, 행정의 자기구속의 법리에 의거하여 행정기관이 자신의 결정례에서 함부로 벗어날 수 없고 법원도 그 결정례를 —특히 원고(시민)에게 유리한 경우에— 존중하여야 한다는 점에서, 행정기관의 결정례도 넓은 의미로는 법의 사실적·경험적 인식근거로서 제1단계 판례법으로 파악할 수 있는 여지가 있다. 더욱이 행정심판의 재결례와 고충민원·심사청구·인권진정의 결정례들은 인용재결 또는 인용결정의 경우에 원칙적으로 행정기관의 제소가 불가능하여 사실상 강력한 구속력을 발휘하기 때문에, 더더욱 쉽게 제1단계 판례법으로 파악될 수 있을 것이다.

나아가 행정기관의 결정, 행정심판의 재결, 고충민원 등의 결정도 헌법과 법률에 의거한 권한과 책무에 의해 이루어지는 것이고, 그 결정의 합리적인 이유제시를 위해서는 법률의 해석과 흠결보충에 있어 '보편화 능력의 주장'과 함께 스스로 삼단논법에서의 대명제를 정립하게 되므로, 이 경우에도 법관의 판결에 준하여, 법의 규범적 인식근거로서 제2단계 판례법까지도 인정될 수 있을 것이다.[16]

---

16) 국민권익위원회의 고충민원의 확립된 '판례'에 의하면, 예컨대, 수익처분의 발급을 구하는 고충민원에 있어, 거부처분의 성립요건으로서 신청권을 요구하지 않는 것은 물론, 행정청에 신청이 접수되어 정식의 거부처분이 내려지기 이전에도 행정청의 거부의사가 명백한 경우에는 고충민원을 부적법 각하하지 않고 본안판단에 들어가고, 또한 행정심판기간 또는 제소기간이 경과하여 불가쟁력이 발생한 이후에도, 행정청은 기간의 제한 없이 직권취소가 가능하다는 근거에 입각하여, 단순위법만으로 처분의 취소를 시정권고하고 있다. 고충민원에서 인용결정은 권고적 효력을 갖지만, 실제로 피신청기관의 수용율이 95퍼센트를 상회하고 있는데, 위와 같은 거부처분의 문제와 제소기간의 문제를 이유로 시정권고를 수용하지 않는 예는 전혀 없다.

이러한 광의의 행정심판의 '판례'도 앞으로 행정법에 있어 주요 연구대상이 되어야 한다는 점을 강조하면서, 이하에서는 논의의 편의상 협의의 판례, 즉 대법원판례에 한정하여 논의하기로 한다.

3. 행정법에 있어 판례의 法源性

(1) 일반행정법 영역의 '법률의 흠결'

판례의 法源性과 관련하여 행정법 영역이 갖는 특수성은 일반행정법 내지 행정법총칙에 관한 총체적인 '법률의 흠결'에서 비롯된다. 그 흠결보충을 위한 판례의 법형성기능이 절실히 요구되기 때문이다. 실체법적 관점에서 과연 행정법에 있어 '총칙'이 필요한가는 각국의 법질서와 법문화에 따라 다를 수 있다. 주지하다시피 일반행정법 '이론'의 역할은 독일에서 가장 크고 프랑스, 영국, 미국 순으로 작아진다. 그러나 개별 행정사건에 대한 재판에서 법관이 합리적인 판결이유의 제시를 위해 당해 개별 행정영역을 넘어서는 일반적인 대명제를 정립하는 것은 대체로 세계 공통적인 현상이다. 이러한 대명제에 대하여 규범적으로 판례의 (제2단계 판례법으로서) 法源性이 인정되는 것이기 때문에, '판례'에 의한 일반행정법은 어느 나라에서나 쉽게 찾을 수 있다. 이와 같이 행정법 영역에서 판례는 일반행정법과 관련하여 그 어떤 다른 법영역보다 더 중요한 역할을 수행한다. 그러므로 법형성에 있어 법관의 역할과 책임에 의거하여 인정되는 제2단계 판례법으로서 판례의 法源性이 행정법 영역에서 가장 뚜렷하게 나타나는 것이다.

이러한 특징은 2021년 「행정기본법」이 제정·시행되었다고 하여 근본적으로 바뀌지 않는다. 비례원칙, 신뢰보호원칙, 처분의 취소·철회, 부관 등 일반행정법의 원칙들이 성문화됨으로써 이제 법률이 해당 원칙들의 法源이 되었지만, 그 법률 규정들은 창설적인 것이 아니라―종래 판례에 의해 확인된 헌법상 원칙들을―선언한 것이고,[17] 또한 그 규정들의 구체적인 요건의 해석·적용을 둘러싸고 흠결의 보충과 불확정개념의 구체화가 요구되기 때문이다.

(2) 독일 행정법에서의 판례법

독일에서는 19세기말 오토 마이어(Otto Mayer)가 자신의 행정법학의 모태로

---

17) 졸고, 행정기본법과 행정법학의 과제 : 인식·운용·혁신, 2021. 4. 10. 행정법이론실무학회 학술대회 기조발표문(未公刊) 참조.

삼았던 프랑스 행정법이 당시에 이미 꽁세유데따의 판례법으로 이루어져 있음을
잘 알고 있으면서도, 막상 독일의 행정법에 관해서는 판례, 그의 용어에 따르면,
'재판소들의 원칙들'(Rechtsgrundsätze der Gerichte)의 法源性을 부정하였다.[18] 이는
한편으로 고등행정재판소들의 권한이 제한되어 있어 그 판결의 영향력이 미약하
였다는 점도 있었지만, 근본적으로 행정법은 오직 '법치국가'의 이념에 의해 구성
되어야 한다는 그의 학문적 소신에서 비롯되었다. 그러기에 그는 행정법에 있어
관습법의 존재도 부정하였다. 그의 후계자인 플라이너(Fritz Fleiner)에 있어서도
"재판소의 관행"(Gerichtsgebrauch)은 法源이 아니었다.[19] 반면에, 동시대의 파울 쇤
(Paul Schoen)은 확립된 판례가 '재판관의 관습법'(richterliches Gewohnheitsrecht)으
로서, 무시할 수 없는 法源이 된다고 주장하였고,[20] 발터 옐리네크(Walter Jellinek)
도 확립된 판례와 관습법은 법적 안정성을 그 징표로 한다는 점에서 공통된다고
강조하였다.[21]

이처럼 독일에서 바이마르 시대까지는 판례는 그 法源性이 정면으로 부정되
거나, 아니면 확립된 판례에 한하여 그것도 관습법의 자격으로 法源性이 인정되
었을 뿐이다. 1945년 이후에는 포르스토호프(Ernst Forsthoff)가 역시 판례를 '재판
소의 관행'이라고 지칭하면서 관습법의 범주에 속하는 것으로 보았으나,[22] 볼프
(Hans J. Wolff)가 행정법의 法源에 관한 부분에서 "법관의 판결법"(richterliches
Urteilsrecht)이라는 제목 하에서, 公刊된 최고법원의 판결들은 장기간의 관행과 일
반인의 법적 확신을 입증하지 않더라도 '法源에 유사한' 성격을 갖는다고 서술한
이래,[23] 1980년대 이후 현재까지 대부분의 학자들은 '판례법'(Richterrecht)이라는
용어를 사용하면서 판례의 法源性을 인정하고 있다.[24] 다만, 제3단계 판례법, 즉,
법의 효력근거로서의 法源性을 명시적으로 긍정하는 문헌은 찾기 어렵고, 대부분
이 법관의 법형성기능의 정당성에 의거하여 판례의 법명제로서의 자격을 인정하
는 제2단계 판례법이 강조하고 있는 것으로 분석된다. 이는 특히 1977년 시행된

18) Otto Mayer, Deutsches Verwaltungsrecht. Bd.I. 3.Aufl., 1924, S.91-92.
19) Fritz Fleiner, Institutionen des Deutschen Verwaltungsrechts. 8.Aufl., 1928, S.87 Anm.73.
20) Paul Schoen, Verwaltungsrechtliches Gewohnheitsrecht, VerwArch 28(1921), S.1-32.
21) Walter Jellinek, Verwaltungsrecht. 3.Aufl., 1931, S.124.
22) Ernst Forsthoff, Lehrbuch des Verwaltungsrecht. 10.Aufl., 1973, S.146.
23) Wolff/Bachof, Verwaltungsrecht I. 9.Aufl., 1974, S.127.
24) 판례의 法源性에 관한 최근 독일의 이론상황에 관해서는 졸저 (J. H. Park), Rechtsfindung
   im Verwaltungsrecht, Berlin 1999, S.164-177 참조.

독일의 행정절차법이 행정행위의 개념, 부관, 직권취소와 철회, 공법상계약의 허용성과 요건 및 효과 등 일반행정법의 중요 부분에 관하여 그동안 축적된 연방행정재판소의 판례들을 수용하여 명문화함으로써 판례의 법형성기능이 실증되었기 때문이라고 할 수 있다. 이러한 의미에서 무스그눅(Reinhard Mußgnug)은 일반행정법이야말로 판례법의 법형성력을 보여주는 전형적 예라고 강조한다.[25]

이상의 독일에서의 역사적 과정을 살펴보면, 19세기말 프랑스와는 달리 행정법 영역에서 판례의 法源性이 정면으로 부정되었으나 그 후 약 1세기 동안, ⓐ 수많은 개별행정법령들을 포괄하는 일반적 법체계로서의 '일반행정법' 내지 '행정법총칙'의 필요성, ⓑ 이에 관한 성문법전의 미비 및 ⓒ 행정소송의 대폭 증가에 따른 연방행정재판소의 적극적인 판례생성이라는 세 가지 요소가 결합됨으로써, 결국 프랑스에서와 마찬가지로 '판례행정법'이 형성되었음을 알 수 있다. 다만, 그 판례의 중요한 내용들이 입법화되었다는 점은 프랑스와 다르다. 우리나라도 상술한 바와 같이 「행정기본법」이 제정·시행됨으로써 독일의 상황과 유사해졌다.

(3) 우리나라 행정판례의 유형

우리나라의 행정판례는 1971년까지의 정착기, 1988년까지의 시련기, 1997년까지의 전환기, 현재까지의 발전기를 거치면서 그 양과 질의 면에서 비약적으로 발전하여 왔다.[26] 제2단계 판례법 내지 판례의 법형성기능의 관점에서 행정판례들을 일응 네 가지 유형 내지 층으로 나눌 수 있다. 즉, ① 일반행정법에 대하여 법률이 흠결되어 있는 쟁점에 관한 판례, ② 일반행정법에 대하여 법률규정이 있는 쟁점에 관한 판례, ③ 개별 행정영역에 대하여 법률이 흠결되어 있는 쟁점에 관한 판례 및 ④ 개별 행정법령의 해석에 관한 판례가 그것이다. 예컨대, 위 ①유형은 행정법의 일반원칙, 법률유보, 행정규칙, 재량행위 등에 관한 판례이고, 위 ②유형은 취소소송의 대상과 원고적격 및 협의의 소익, 사전통지의 필요성, 이유제시의 정도 등에 관한 판례이며, 위 ③유형은 경찰법상 경찰책임, 환경법상 사전

---

25) Reinhard Mußgnug, Das allgemeine Verwaltungsrecht zwischen Richterrecht und Gesetzesrecht, in: Festschrift der Juristischen Fakultät zur 600-Jahr-Feier der Universität Heidelberg, 1986, S.203-204.

26) 정하중, 행정판례의 성과와 과제, 「행정판례연구」 제11집, 2006, 3-49면; 졸고, 행정판례 반세기 회고, 전게 「행정판례연구」 제11집, 50-90면 참조. 위 시대 구분은 필자에 의한 것이다.

배려원칙 등에 관한 판례이다. 제2단계 판례법으로서의 法源性의 강도, 다시 말해, 법관의 법형성의 역할과 책임의 강도는 ① → ② → ③ → ④의 순서라고 할 수 있다.

위 ①유형 중 특히 법률유보와 재량행위에 관한 판례는 한편으로 행정과 의회의 관계에서, 다른 한편으로 행정과 법원의 관계에서, 행정의 법적 구속과 자율성의 정도를 결정하는 것으로서, 국가의 권력분립구도와 직결되기 때문에, 판례의 법형성기능이 가장 강력한 것이다. 위 ②유형의 경우는 비록 법률규정은 있으나 당해 쟁점이 사법심사의 범위와 행정절차의 밀도에 관한 것으로, 역시 행정의 법적 구속과 자율성 문제와 연결된다는 점에서 위 ③, ④유형에 비하여 판례의 법형성기능이 더 강한 것으로 이해된다. 행정판례들을 이해하고 비판하며 검증함에 있어 위와 같은 유형별 특성을 간과해서는 아니 된다.[27]

IV. 소통기능 : 이해와 존중

1. 소통기능의 의의

이상에서 밝힌, 행정법에 있어 판례의 의의는 첫째로 법학과 실무 사이의 소통기능으로 연결된다. 판례는 우리 법질서 속에서 엄연히 법으로서의 사실(Faktum)과 자격(Qualität)을 갖추고 있으므로, 한편으로 법의 파악과 규명을 임무로 하는 법학으로서는 반드시 판례를 주요한 작업'대상'으로 삼아야 하고, 다른 한편으로 법의 발견과 적용을 임무로 하는 실무로서는 판례를 주요한 작업'수단'으로 삼아야 한다. 따라서 법학과 실무는 필연적으로 판례를 매개로 만나게 된다. 그러나 법학과 실무의 작업'영역'은 양자 모두 판례에 한정되지 않는다. 법학은 법의 역사, 비교법, 법의 이념과 체계 등을 연구하고, 실무는 소송절차의 진행, 사실의 발견, 이익의 조정 등을 수행한다. 이와 같이 법학과 실무의 영역은 판례를 접점으로 할 뿐, 그 외연은 서로 다르기 때문에, 법학과 실무는 혼동될 수 없으며 각기

---

27) 위 개별 행정법규에 관한 ③, ④유형의 판례에 관해서는 판례에 의한 법형성의 한계에 주의하여야 한다. 즉, 법해석의 한계 — 즉, 법문의 통상적 의미 — 를 벗어나서 특정 집단에게 이익 또는 불이익을 주는 법형성은 법률유보 원칙에 반하기 때문에 허용되지 않고 의회민주주의에 의거한 입법절차에 의해 해결되어야 한다. 이에 관하여 행정법과 법해석: 법률유보 내지 의회유보와 법형성의 한계, 『행정법연구』 제43호, 2015, 특히 36면 이하 참조.

고유한 임무와 가치를 갖는다. 대저 모든 '소통'(communication)은 상호 독립과 거리유지를 출발점으로 한다. 그렇지 않으면 소통이 아니라 간섭과 지배가 될 우려가 있기 때문이다. 각자의 독자성을 지키면서 공통의 관심사를 매개로 상대방의 영역을 이해하고 존중함으로써 소통은 이루어진다. 법학은 판례를 통하여 실무를 이해하고 존중하며, 실무는 판례에 대한 학자들의 태도를 통하여 법학을 이해하여야 하는 것이다. 이러한 점에서, 종래 우리나라에서 법학은 판례의 이론적인 측면만을 비판하고 그 판례가 만들어지게 된 실무의 사정과 고민에 대한 이해가 부족하였고, 거꾸로 실무는 판례에 대한 학계의 태도가 너무 피상적이라고 비판하면서 그 학문적인 배경과 방법론에 대한 이해가 부족하였던 것이 아닌가 라는 문제점을 지적할 수 있을 것이다.

2. 법학의 자세 : 실무에 대한 이해와 존중, 사안의 유형화

판례는 어디까지나 실무의 결과물이다. 정확하게 말해, 판결이유의 설시를 위한 법적 삼단논법에서 정립된 대명제이다. 논리적으로는 대명제(법명제) → 소명제(사실관계) → 결론이라는 순서를 취하지만, 방법론적 관점에서 보면, 거꾸로 당해 사안에서의 결론을 정당화하기 위한 수단이 대명제이다. 따라서 판례를 정확하게 이해하기 위해서는 당해 사안이 사실관계 및 분쟁상황과 그 해결방향의 의도를 파악하지 않으면 아니 된다. 또한 법관의 재판권한의 헌법적 정당성에 의거하여 그러한 해결과 그 이유제시를 위한 판례를 존중하여야 한다.

행정법에 있어 판례의 이해와 존중을 위해 필요한 것은 사안의 유형화이다. 상술한 바와 같이 행정판례의 특징은 일반행정법에 관한 규율인데, 일반행정법의 속성인 일반·추상성 때문에 사안유형에 따른 개별화를 소홀히 하기 쉽다. 예컨대, 종래 학설상 재량행위에 관한 대법원판례가 법규의 요건과 효과를 구분하지 않고 요건 부분의 불확정개념에 대해서도 재량을 인정하는 것은 타당하지 않다는 비판이 있어 왔다. 그러나 판례의 사안들을 유형화하여 보면, 첫째, 침익처분, 특히 제재처분에 관해서는 법규의 요건과 효과를 분명히 구별하고 효과부분에 관해서만 선택재량을 인정하고 있음을 알 수 있다.[28] 제재처분의 요건에 관하여 재량을 인정한 판례는 찾기 어렵다. 둘째, 수익처분에 관해서도 수익처분의 발급요건

---

28) 대표적으로 대법원 2002. 5. 28. 선고 2000두6121 판결 참조.

에 관한 법령규정이 충분하지 않은 경우에는 법규의 요건과 효과를 분명히 구별하여 효과부분에 관하여 거부재량을 인정하고 있다.[29] 셋째, 수익처분의 발급요건에 관하여 재량을 인정하는 판례는 법령상 발급요건이 자세히 규정되어 있어 실제로 행정청은 그 발급요건의 중의 하나를 문제삼아 발급을 거부하는 경우에 관한 것이다.[30] 이러한 경우에는 행정청이 효과부분에 관하여 거부재량을 행사하는 예가 거의 없고, 따라서 당해 수익처분의 발급 여부에 관하여 — 그 공공성 또는 사회적 위험성으로 말미암아 — 행정청의 공익적 판단의 가능성을 확보해 주기 위해서는 요건부분에 관한 재량을 인정할 수밖에 없는 것이다.[31]

3. 실무의 자세 : 법학에 대한 이해와 존중

법학은 자신의 학문적 연구결과를 기초로 판례에 대하여 견해를 표명한다. 따라서 판례에 대한 견해를 통하여 법학의 학문세계를 들여다 볼 수 있다. 이 점은 종래 명시적으로 지적되지는 않았지만, 사실상 무의식적으로 항상 행해져 온 것은 사실이다. 그리하여 법학자들은 판례에 숨어 있는 실무상의 문제상황을 제대로 이해하지 못하고 자신의 견해만을 반복적으로 주장하면서 판례를 비판하고 있다는 비난이 있어 온 것도 사실이다. 그러나 법학은 현실적 분쟁상황의 해결이 그 본연의 임무가 아니다. 법학은 법을 소재로 하여 그 역사와 이념과 체계정합성을 연구하는 학문이며, 그 주요한 방법론으로 비교법적 고찰을 수행한다. 이제 우리는 이미 외국의 법이론을 수입하는 단계에서 벗어났지만, 우리의 법을 제대로 파악하고 그 장점과 단점을 규명하기 위해서는 그 비교의 준거점으로서 여전히 — 반드시 우리보다 선진국일 필요는 없고 후진국도 포함하여 — 외국의 법제와 판례와 이론을 연구하지 않으면 아니 된다. 실무의 관점에서 이러한 법학의 연구

---

29) 대표적으로 대법원 2007. 5. 10. 선고 2005두13315 판결 참조.

30) 대법원 2005. 7. 14. 선고 2004두6181 판결 참조.

31) 특히 우리나라에서는 수익처분의 발급에 관하여 법률 차원에서 효과재량(거부재량)이 인정되어 있다 하더라도, 종래 행정실무자에 대한 불신 또는 부패방지 목적 때문에 하위 법령에서 발급요건을 대량으로 규정함으로써 그 효과재량이 사실상 소멸되는 경우가 많다. 뿐만 아니라, 행정소송을 전담하는 법관이 독일에서는 3,000명을 넘는 반면 우리나라에서는 100명 남짓 된다는 현실을 감안해 보면, 수익처분의 수많은 발급요건에 규정된 불확정개념들에 대한 포섭 문제를 모두 법관이 직접 증거조사와 검증 및 감정을 통해 주도적으로 해결하기는 어렵다. 졸고, 불확정개념과 판단여지, 『행정작용법』 中凡김동희교수정년기념논문집, 2005, 267면 이하 참조.

결과를 이해하고 존중해야 하는 것은, 학설에 따라 즉시 판례를 만들고 변경하기 위하여서가 아니라, 우리 판례가 법의 역사와 이념, 그리고 세계 속에서 갖는 의미와 문제점들을 자각하고, 그럼으로써 실무가의 최대의 덕목인 '겸허함'을 갖추기 위함이다. 현재 우리 판례가 취하고 있는 해결책이 절대·유일한 진리가 아님을 자각하는 것이다.32)

V. 평가기능 : 비판과 자성

1. 평가기능의 의의

이상과 같은 판례의 소통기능은 평가기능으로 연결된다. 소통기능은 제1단계 판례법과 제2단계 판례법, 즉, 법현실로서의 판례와 법명제로서의 판례, 양자 공히 그 근거로 하는 반면, 평가기능은 주로 후자에 의거한다. 즉, 판례를 정치적·사회적·경제적 명제가 아닌, 법명제로서의 자격과 가치를 가진 것으로 파악함으로써 '법적 평가'의 대상으로 삼고자 하는 것이다. 법학과 법실무의 임무가 법의 해석(interprcting law)에 그치지 않고 법의 비판(criticising law)을 거쳐 법의 형성(making law)에까지 미친다고 한다면, 판례도 마땅히 그 비판과 평가의 대상이 되어야 한다. 판례의 사실상 구속력에 안주하여 판례를 맹종하기만 하면 법학과 실무 모두 그 임무를 저버리는 것이다. 법률도 제정·공포되는 순간부터 비판과 평가를 받게 되고 언제든지 그 합헌성이 문제될 수 있다. 판례가 규범적으로 한 나라의 법으로 인식되어야 한다면, 역시 이러한 비판과 평가를 피할 수 없다. 상술한 바와 같이, 법률의 흠결보충뿐만 아니라 법률의 해석에 관한 판례까지도 '판례법' 또는 '법관법'이라고 하여 별도의 法源 범주로 파악하는 이유는 그것의 책

---

32) 예컨대, 재량행위에 관한 대법원판례에 대하여, 법령상의 요건부분에 사용된 불확정개념의 해석·적용은 규범인식의 문제로서, 그에 관해서는 의지의 자유인 재량이 인정될 수 없다고 하는 — 독일의 이론·판례에 입각한 — 학계의 비판을 진지하게 받아들여야 한다. 물론 실제적 관점에서 규범인식의 불확실성과 의지의 자유가 상대적이기 때문에, 요건부분의 판단여지와 효과부분의 재량을 구별할 필요가 없다 하더라도, 상대적인 차이는 부정할 수 없다. 그 상대적인 차이는 그 재량의 하자 내지 재량권남용을 판단하는 방법론에서 차이가 낳는다. 이러한 점에서, 판례가 침익처분의 효과재량에 관한 심사척도로서 제시하는 '사실오인'과 '비례·평등의 원칙 위배'를 그대로 수익처분의 요건재량에 관한 심사척도로 제시하는 것(대표적으로 대법원 2005. 7. 14. 선고 2004두6181 판결)은 비판의 여지가 있다.

임이 근본적으로 헌법이나 법률에 있는 것이 아니라 그 판례를 생성한 법관에게 있음을 환기시키기 위함이다. 법률을 제정한 의회와 마찬가지로 판례를 생성한 법관도 그 책임을 면할 수 없다.

2. 판례에 대한 평가와 법학의 自省

법의 3요소로서 입법(법률)·재판(판례)·법학(학설)의 관점에서 판례의 위상에 대한 변화과정을 假說的으로 설명하면, 어떤 법영역이든지 간에 그 형성 초기에는 법률이 미비되어 있는 관계로 판례가 법형성에 절대적으로 주도적인 지위를 갖고 전면에 나서게 된다. 법학은 판례를 종합·정리하는 역할에 만족한다(제1단계). 그 후 법률이 점차 정비되면서부터 법관은 법률을 해석하는 임무에 치중하게 되고, 이에 의회민주주의와 권력분립사상이 추가되어, 법관은 단지 '법률을 말하는 충직한 입'(몽테스키외)으로 격하된다. 법학은 법률의 완전성을 신봉하는 법률실증주의에 입각하여, 법률로부터의 연역·추론·체계화를 절대시하는 소위 '개념법학'으로 발전하게 된다. 이러한 상황 하에서는 판례는 그 法源性이 부정될 정도로 위상이 약화되고 심지어 무시되기까지 한다(제2단계). 그러나 실제 법률의 운용과정에서 법률의 완전성 픽션이 깨어지면서 법률실증주의와 개념법학이 공격당하고, 이와 더불어 판례는 그 위상을 회복하게 되며, 법학은 다시 판례를 주목하게 된다(제3단계).[33]

위 假說을 우리나라 행정법에 적용하면, 일응 1970년대까지가 제1단계, 1990년대 중반까지가 제2단계, 그리고 그 후가 제3단계에 해당한다고 할 수 있을 것이다. 문제는 이 제3단계에서 판례가 어디까지 주도적 지위를 회복하고, 법학은 판례를 어떻게 대하여야 하는가에 있다. 제1단계와는 달리 제3단계에서는 법률이 상당한 정도로 완비되고 법학도 일정한 수준 이상으로 발전하였기 때문에, 법형성에 있어 판례가 유일한 역할을 하는 것은 아니다. 그럼에도 불구하고, 법률실증주의와 특히 — 더욱이 외국법 이론의 수입에 의존하는 — 개념법학에 대한 반작용으로 말미암아, 다시 판례를 절대시하는 경향이 나타날 수 있다. 최근 로스쿨 제도의 도입으로 법학교육과 심지어 법학연구에서조차 판례를 무비판적으로 맹종하며 판례의 소개와 정리에 만족하는 현상이 우려되고 있다. 그러나 독일 연방행

---

33) 이러한 판례의 3단계 발전 假說에 관해서는 전게 졸저 (J. H. Park), Rechtsfindung im Verwaltungsrecht, S.161 f.; 존게 졸고, 판례의 법원성, 「법실천의 제문제」 1-26면 참조.

정재판소장을 역임한 젠들러(Horst Sendler)는 판례의 法源性을 강조하면서도, 판례법이 "태만하고 실력 없는 법률가"를 위한 도구로 誤用되어서는 아니 된다고 경고하고 있다.[34]

법학은 재판에게 그 '이성'을 보충해 주는 자신의 역사적인 본연의 임무를 잊어서는 아니 된다. 이를 위하여 법학은―상술한 바와 같이 판례에 대한 정확한 이해와 존중을 바탕으로―끊임없이 판례를 평가하고 비판하여야 하는 것이다. 그 평가와 비판은 판례의 추상적인 '판결요지'의 문구만을 대상으로 할 것이 아니라, 최소한 ① 판례가 전제하고 있는 기본관념, ② 그 기본관념으로부터 당해 사안유형에 관한 추론, ③ 당해 사안유형에 관련된 가치·이익의 갈등상황에 대한 해결방향 등 세 단계로 나누어 의문과 비판을 제기하고, 그럼으로써 더욱 깊은 학문적 연구로 발전되어야 한다.[35]

요컨대, 판례에 대한 법학의 自省은 두 단계로 이루어진다. 그 첫 단계는 판례에 대한 맹종의 반성이요, 두 번째는 판례를 분석하고 평가하면서 그 문제점을 해결할 수 있는 충분한 학문적 연구가 되어 있는가를 반성하는 것이다.

---

34) Horst Sendler, Überlegungen zu Richterrecht und richterliche Rechtsfortbildung, DVBl. 1988, S.828-839 (836).

35) 예컨대, 대법원 2007. 5. 10. 선고 2005두13315 판결에 관하여, 첫째, 수익처분의 경우 법령에 그 발급요건이 일의적으로 규정되어 있지 아니하면 재량행위라고 하는 판시 부분은 위 ① 기본관념의 문제이고, 둘째, 그 재량은 법령상의 요건 이외의 공익상 사유로써 거부할 수 있는 거부재량에 있다고 하는 판시 부분은 위 ② 추론의 문제이며, 셋째, 그 판례에서 아파트 건축사업의 공공성과 사업자의 권익의 대립상황을 어떻게 조정하였는가는 위 ③의 문제이다. 위 ①에 대하여는 과연 발급요건이 법령상 일의적으로 규정되어 있지 아니하기만 하면 모든 종류의 수익처분이 재량행위인가, ②에 대하여는 재량행위라고 하더라도 법령상 일의적으로 규정되어 있지 아니한 요건부분에 관해서만 재량을 인정하더라도 충분한데, 왜 효과부분에서 거부재량까지 인정하여야 하는가, ③에 대하여는 모든 아파트 건축사업에 관하여 그 규모와 위치와 무관하게 그 사업의 공공성을 이유로 행정의 규제권한을 우선시켜야 하는가 라는 의문과 비판이 제기될 수 있다.
또한 대법원 2005. 7. 14. 선고 2004두6181 판결에 관해서도, ①의 문제로, 어떤 수익처분의 발급요건(금지요건)이 불확정개념으로 규정되어 있으면 반드시 그 요건에 관한 판단에 재량권이 부여되어야 하는가, 그리고 ②의 문제로서, 판시내용에 의하면 그 수익처분[=토지형질변경허가의 발급이 의제되는 건축허가도 결국 '재량행위'에 속한다고 하는데, 그렇다면 그 건축허가의 재량은 토지형질변경허가의 금지요건에만 미치는가 아니면 건축허가 자체에 관한 효과재량(거부재량)도 인정되는 것인가, 마지막으로 ③의 문제로, 모든 토지형질변경에 관하여 그 규모와 위치와 무관하게 그 공공성을 이유로 행정의 규제권한을 우선시켜야 하는가 라는 의문과 비판이 제기될 수 있다.

3. 법학에 대한 평가와 실무의 自省

판례의 평가기능은 법학의 입장에서 판례를 평가, 비판하는 데 한정되지 않는다. 거꾸로 실무의 입장에서도 판례에 대한 법학의 견해를— 역시 정확한 이해와 존중을 바탕으로— 평가하고 비판할 수 있어야 한다. 그러할 때 비로소 법학과 실무 사이의 진정한 대화가 이루어지기 때문이다. 종래 실무계에서는 대부분 비공식적으로 학자들이 판례의 진정한 의미와 속사정을 알지 못한다고 불평과 비난만 하였다고 해도 과언이 아니다. 이제 실무에서도 법학의 견해를 공식적으로 평가하고 비판하여야 한다. 이 경우에도 역시 판례에 대한 법학의 평가에서와 마찬가지로 세 단계의 관점에서, 즉, 법학이 전제하고 있는 기본관념, 그 기본관념으로부터의 추론 및 사안유형에 따른 가치·이익상황의 해결이라는 관점에서 판례에 대한 법학의 견해를 분석하고 평가할 수 있다. 특히 판례에서 의식적, 무의식적으로 고려된 우리나라 실정법의 규범상황, 행정문화와 행정관행, 정치적·사회적·경제적 여건 등을 밝히고, 우리나라 특유의 이론적 쟁점이나 실무적 문제를 지적하면서 혹시 학계에서 이들을 간과하고 있는 것이 아닌지를 물어야 한다. 상술한 바와 같이 학문으로서의 법학은 그 임무의 본질상 비교법을 주요 연구내상으로 하고 있기 때문에, 그 연구결과를 우리나라의 문제상황에 비추어 검토할 필요성이 더욱 절실하다.

최근에 판례의 생성과정에서 우리나라 학자들의 학설을 가능한 한 풍부하게 조사하는 것으로 알고 있다. 학계의 연구결과에 대하여 관심을 갖는다는 점에서 크게 환영할 만하지만, 학설의 철학적·비교법적 배경과 이론적 추론과정은 도외시하고 그 결론만을 피상적으로 수집하여 판례를 정당화하는 데에만 활용하고 있는 것이 아닌가 라는 의구심도 떨칠 수 없다. 더욱이 어떠한 학설들이 어떠한 논거로 평가되고 채택되고 배제되었는지 외부에서 알기 어렵다. 실무가들의 판례평석을 통하여 간접적으로 이를 추측할 수는 있지만, 그러한 판례평석의 예도 많지 않다. 앞으로 실무가들의 판례평석의 기회를 대폭 확대하여야 하겠으나, 근본적으로 법학의 견해에 대한 평가는 판례 자체에서, 다시 말해, 대법원 판결의 이유 부분에서 이루어져야 한다. 이는 다음에서 논의할 판례의 혁신기능으로 연결된다.

판례에 대한 법학의 견해를 평가함으로써 실무 스스로도 自省의 기회를 갖는다. 여기에서도 自省은 두 단계로 이루어진다. 즉, 첫째는 지금까지 법학의 학문적 연구결과에 대한 무관심에 대한 반성이며, 둘째는 법학의 견해를 평가하는 과정에서 밝혀진 우리나라 특유의 사정과 쟁점들에 대하여 실무에서 충분한 조사와 고려가 이루어지고 있는가를 반성하는 것이다.

Ⅵ. 혁신기능 : 비교와 검증

1. 혁신기능의 의의

판례의 혁신기능은 제3단계 판례법을 부정하는 데서 비롯된다. 즉, 판례는 그 자체로 법의 효력근거가 될 수 없기 때문에, 후행 판결에서 판례에 의거하여 판단하는 경우에도 판례를 단순히 인용하는 것만으로는 적법한 판결이유가 될 수 없고, 그 판례의 사안유형에 비추어 당해 사건에서도 타당성이 유지될 수 있는지를 비교하고 검증하여야 한다. 이를 위해 그 판례에 대한 학계의 견해들도 고려하여야 하고 필요한 경우에는 판결문에서 공식적으로 논의하여야 한다. 이러한 비교와 검증의 과정을 거치면서 판례는 혁신·발전된다. 이러한 혁신기능은 법학에서도 이루어진다. 자신의 이론이 타당하다는 논거로 그에 부합하는 판례를 인용하는 것만으로는 충분하지 않다. 판례의 사안유형과 추론과정을 분석하여 그 판례 및 그에 의거한 자신의 이론의 타당성의 범위를 검증하고 필요한 경우에는 그 범위를 한정함으로써 자신의 이론을 보다 정밀하게 혁신·발전시킬 수 있다.

2. 사안유형의 비교와 판례의 검증

(1) 다른 나라의 예

선례구속의 원칙이 인정되는 영국과 미국에서는 최고법원의 판결에서 많은 경우에 판례가 소개된 다음 당해 사안에서의 타당성이 검토되고 있는 반면, 성문법국가로서 선례구속의 원칙이 부정되는 독일에서는 최고법원의 판결에서 대부분 판례가 단순 인용되고 있다. 그러나 같은 성문법국가인 프랑스에서는 ─ 판례법이 지배적인 행정소송에서도 ─ 판결문에 의도적으로 판례를 인용하지 않는데, 판례만을 인용하면 판결이유가 없는 것으로 간주되기 때문이다.36) 영국과 미

---

36) 이상에 관하여 MacCormick/Summers (ed.), Interpreting Precedents. A Comparative Study,

국에서는 선례구속 원칙 때문에 판례의 구속력을 부정하기 위한 '사안구별'(distin-guishing)[37]의 주장이 제기되고 이에 대한 판단 과정에서 판례의 합리성이 검증되는데, 반면에 선례구속의 원칙이 없는 독일에서는 판례의 구속성 여부를 비교·검증할 필요가 없으므로 판례를 단순 인용하는 데 그친다고 하는 것은 아이러니이다. 독일의 최고법원 판결에서 판례들을 단순 인용하고 있는 이유는 형식적으로 그 판례들이 당해 사건의 — 독자적인 — 판결이유의 참고 내지 보강자료로서 제시되는 것으로 취급되기 때문이라고 이해하면 위와 같은 아이러니가 풀리기는 하지만, 실질적으로는 그 판례가 유일한 논거인 경우가 대부분이기 때문에 의문은 해소되지 않는다.

(2) 우리나라의 경우

종래 우리나라 대법원판례에서도 대부분 判旨에 부합하는 선행 판례들이 단순 인용되고 있을 뿐, 사안유형의 비교를 통해 그 타당성이 검증되는 예는 찾기 어려운데, 아마도 상술한 독일의 실무관행의 영향을 받은 것이 아닌가 추측할 수 있다. 우리 대법원도 선례구속의 원칙에 입각하고 있는 것도 아니고 판례를 법의 효력근거로 파악하고 있는 것도 아님이 분명하다. 그럼에도 불구하고 판례들을 단순 인용하고 있는 것은 일응 다음과 같이 변명될 수 있을 것이다.

즉, 판결이유에서 판례들을 인용한 다음 그 판례들에 의거하여 어떤 대명제를 제시한다면 판례들을 그 대명제의 효력근거로 삼았다고 할 수 있으나, 먼저 일반론으로 대명제를 정립한 후 — 통상 괄호 안에서 — 이에 부합하는 판례들을 인용하는 것이므로, 당해 사건에서 스스로 그 대명제를 정립한 것이고 괄호 안에서 인용된 판례들은 단지 그 대명제의 타당성을 뒷받침하는 자료에 불과한 것이라는 주장이다. 말하자면, 당해 사건에서 새롭게 동일한 판례를 만들어 낸다는 것이다. 그러나 이는 문장의 외형에 따른 형식적 논리이고, 실질적으로는 판례들을 효력근거로 삼아 그에 의거하여 대명제를 제시하는 것이라고 보아야 할 것이다.

1997, p.23, 112, 324; 이현수, 선례의 개념과 구속성에 관한 약간의 고찰, 『판례, 어떻게 볼 것인가? 다양한 시각과 쟁점』(2008. 3. 21. 서울대학교 법학연구소 학술대회 발표문, 미공간), 54면 이하 참조.

37) 이에 관하여 Bryan A. Garner et al (ed.), 전게서(각주 12) p.97 이하 참조.

(3) 판례의 단순 인용의 문제점

설사 위와 같은 변명이 수긍될 수 있다 하더라도, 문제는 비교·검증 없이 판례를 단순 인용하다 보면 사안유형이 다른 판례가 적용될 우려가 있다는 점이다. 그리하여 동일한 판례가 반복됨으로써 '확립된 판례'가 되겠으나, 타당성이 결여된 판례가 형성되는 결과가 초래될 수 있다.

예컨대, 자동차정비업허가 거부처분[38] 또는 통관보류처분[39]으로 인한 국가배상사건에서, 대법원은 그 이전의 토지초과이득세 부과처분[40] 및 개발부담금 부과처분[41]에 관한 판례를 인용하면서 법령해석이 확립되지 않은 상태에서 담당 공무원이 나름대로 합리적 근거를 갖고 계쟁 처분을 한 경우에는 공무원의 과실을 인정할 수 없다고 판시하였다. 그러나 위 판례들은 토지초과이득세, 개발부담금과 같은 금전 급부를 명하는 처분에 관한 것으로서, 그 금전을 납부한 후 제소기간이 경과함으로써 더 이상 취소소송을 제기할 수 없고 또한 위법성의 중대·명백성이 인정되기 어려워 당연무효를 이유로 한 부당이득반환청구도 불가능하기 때문에, 우회적으로 국가배상을 통하여 기납부액을 반환받고자 한 사안이다. 이러한 사안에서는 제소기간의 면탈을 방지하기 위해 국가배상을 허용하지 않는 것이 타당하고, 따라서 담당 공무원의 과실을 부정한 것이다.[42]

그러나 이러한 판례를 금전급부 부과처분이 아닌 일반적 침익처분(자동차정비업허가 거부처분·통관보류처분)에 관한 국가배상사건에 적용함으로 말미암아, 위법한 처분으로 인한 국가배상을 사실상 원천적으로 봉쇄하는 판례가 형성된 것이다. 더욱 심각한 사례는 준공검사 지연으로 인한 국가배상의 요건으로서 '위법성'의 판단기준("행정처분의 객관적 정당성의 상실")에 관한 판례[43]를 그와 이익상황이 전혀 다른, 이미 침익처분 또는 거부처분이 취소소송에 의해 취소되었기

---

38) 대법원 1997. 7. 11. 선고 97다7608 판결.
39) 대법원 2001. 3. 13. 선고 2000다20731 판결.
40) 대법원 1996. 11. 15. 선고 96다30540 판결.
41) 대법원 1997. 5. 28. 선고 95다15735 판결.
42) 프랑스에서는 원칙적으로 처분의 위법성만으로 역무과실을 인정하고 담당 공무원의 개인적 과실을 묻지 않으면서도, 위와 같은 금전급부 부과처분의 경우에는 처분의 위법성만으로 국가배상을 허용하지 않는데, 그 이유는 상술한 바와 같이 제소기간의 면탈 방지 때문이다. 이에 관하여 졸고, 국가배상법의 개혁: 私法的 대위책임에서 공법적 자기책임으로, 『행정법연구』 제62호, 2020, 48면 참조.
43) 대법원 1999. 3. 23. 선고 98다30285 판결.

때문에 그 처분의 위법성에 관해 기판력이 발생한 국가배상사건[44])에서도 담당 공무원의 '과실'에 관한 판단기준으로 인용하고 그에 따라 공무원의 과실을 부정한 것이다.[45][46])

3. 법학과 실무의 공동작업 : 행정법 도그마틱의 발전

위(Ⅲ.의 3.)에서 지적한 바와 같이 행정판례, 특히 일반행정법에 관한 판례는 그 일반성·추상성이 높기 때문에, 사안유형의 차이점을 도외시하고 포괄적으로 생성되고 적용될 우려가 있다. 일반행정법은 개별행정영역들에 대하여 공통적으로 적용하기 위한 것이고, 사안유형 또는 이익상황의 차이에도 불구하고 획일적으로 사건을 해결하기 위한 것이 아니다. 이것이 특히 행정판례에 있어 판례의 비교·검증이 더욱 절실히 요구되는 이유이다. 판례의 비교·검증을 위해 법학과 실무는 협력하여야 하는데, 그 협력을 통하여 법도그마틱을 제대로 발전시킬 수 있다.

법도그마틱은 법학과 실무의 공동작업의 산물이다. 법도그마틱은 — 법질서의 안정, 당사자에 대한 설명, 법률가 교육 등의 기능과 아울러 — 본질적으로 실무의 부담경감을 제1차적 기능으로 한다. 그렇기 때문에 법학만으로는 올바른 법도그마틱을 정립하기 어렵다. 실무는 판례를 통하여 법도그마틱의 풍부한 소재들을 공급하면, 법학은 그에 대한 학문적 연구에 의거하여 법도그마틱의 원리와 정신을 제공한다.[47]) 이러한 공동작업에 있어 핵심을 이루는 것이 바로 판례의 부단한 비교와 검증이다. 이로써 우리의 행정법 도그마틱은 보다 더 세련되고 정밀한 내

---

44) 대법원 2000. 5. 12. 선고 99다70600 판결; 2001. 12. 14. 선고 2000다12679 판결.
45) 이상에 관해서는 졸고, 전게논문(국가배상법의 개혁) 40-43면 참조.
46) 또한 수익처분의 발급요건에 관한 요건재량이 문제되는 대법원 2005. 7. 14. 선고 2004두6181 판결은 침익처분의 효과재량(선택재량)이 문제되는 대법원 2002. 5. 28. 선고 2000두6121 판결과 동일하게 — 비록 동 판례를 명시적으로 인용하지는 않았지만 — 사실오인과 비례·평등원칙의 위배라고 판시하고 있다. 우리 판례가 요건부분의 판단에 관해서도 '재량'을 인정하고 있는 점은 타당한 것으로 찬성하지만(위 각주 26 및 해당 본문 참조), 동일하게 '재량'이라고 하더라도 요건재량과 효과재량은 그 재량권남용의 심사기준이 동일하지 않다. 효과재량은 여러 가능성 중 선택의 문제인 반면, 요건재량은 불확정개념의 포섭 문제이기 때문이다. 따라서 요건재량의 재량권남용에 대한 심사는 사실오인, 비례·평등원칙의 위배에 그쳐서는 아니 되고, 포섭과정의 합리성 내지 설득가능성, 근거자료의 신빙성 등을 포함하여야 할 것이다. 달리 말해, 요건재량에 대한 사법심사의 강도 내지 밀도는 효과재량에 대한 그것보다 강해야 한다.
47) 법도그마틱의 기능과 정립에 관하여 전게 졸저, 『행정법의 체계와 방법론』, 3면 이하 참조.

용으로 발전한다.[48]

---

48) Fritz Ossenbühl은 법학과 실무가 행정법의 일반원칙들을 소재로 하여 공동작업으로써 일반행정법을 형성한다는 점을 강조하고 있는데(ders, Allgemeine Rechts- und Verwaltungsgrundsätze — eine verschüttete Rechtsfigur? in: Festgabe 50 Jahre Bundesverwaltungsgericht, 2003, S.301 ff.), 그가 말하는 행정법의 일반원칙들은 실제로 연방행정재판소에 의해 정립된 것이다.

8. 공·사법 구별의 방법론적 의의와 한계*
— 프랑스와 독일에서의 발전과정을 참고하여 —

I. 序說 — 다양한 관점과 차원

행정법은 행정에 관한 '공법'에 한정되는가? 그렇다면 헌법은 '공법'인가? 반 세기 동안 우리 한국'공법'학회는 헌법학자와 행정법학자의 학회로 활동·성장하 여 왔는데, 과연 헌법과 행정법은 '공법'이라는 상위개념으로 묶일 수 있는가? 현 재 국회에 제출되어 있는 변호사시험법(안) 제8조는 선택형 및 논술형 필기시험 과목으로 '공법'과 '민사법' 그리고 '형사법'을 규정하면서, 그 중에 '공법'을 "헌 법, 행정법에 관한 분야의 과목"으로 정의하고 있는데, 과연 타당한 개념인가? 공 법에 대응하는 개념은 '사법'(私法)인데, 위 법(안)에서는 '민사법'(民事法)이라고 부 르고 있으니, 이제 공법과 사법의 구별은 없어진 것인가? 보다 근본적으로 과연 공법과 사법은 구별될 수 있는가, 구별되어야만 하는가? 다른 나라에서는 여하튼 간에 우리나라에서는 어떠한가? … 질문은 꼬리에 꼬리를 문다.

이러한 공·사법 구별에 관한 논쟁에 있어 자주 혼란이 야기되는 것은 그 구 별의 관점과 차원이 서로 다를 수 있기 때문이다. 우선, 그것이 특정한 '법 규'(Rechtssatz, la règle de droit)의 구별을 문제삼는 경우가 있는가 하면, 특정한 '법 률관계'의 구별을 문제삼는 경우도 있고, 가끔 '법영역'의 구별이 문제되는 경우 도 있다. 하천은 국유로 한다고 하는 하천법 제1조가 공법인가 라는 물음은 법규 의 구별 문제이고, 행정조달계약은 공법상계약인가 라는 물음은 법률관계의 구별 문제이며, 행정법은 공법인가 라는 물음은 법영역의 구별 문제이다.

뿐만 아니라, 記述的(descriptive) 구별과 당위적(prescriptive) 구별도 서로 다르

[공·사법 구별의 방법론적 의의와 한계, 『공법연구』 제37집 제3호, 2009]

다. 일정한 시대와 국가의 실정법제도에서 공법과 사법은 구별되고 있는가 라는 문제는 전자에 해당하는 것인 반면, 과연 공법과 사법의 구별은 타당하고 바람직한 것인가 라는 문제는 후자에 해당하는 것이다.

나아가, 記述的 구별과 당위적 구별을 포괄하여, 공·사법 구별에는 관념적 (conceptual) 차원에서의 구별과 제도적(institutional) 차원에서의 구별이 있을 수 있다. 과연 '공법'이라는 개념은 무엇을 의미하는가, 의미하는 것이어야 하는가, '사법'과 구별될 수 있는 것인가, 구별되어야 하는 것인가 라는 물음은 관념적 차원에서의 문제이고, 일정한 시대·국가의 실정법제도 하에서 공·사법 구별은 어떠한 기능을 하고 있는가, 하여야 하는가 라는 물음은 제도적 차원에서의 문제이다. 이 제도적 차원은 다시 행정법 내부의 문제와 법체계 전체의 문제로 나누어 볼 수 있다. 소위 '私法的 형식의 행정'의 문제, 구체적으로 말해, 행정은 그 조직과 활동에 있어 私法的 형식을 취할 수 있는가, 그렇다면 공법적 기속은 어느 정도로 받는가 라는 물음은 행정법 내부의 문제이다. 반면에, 행정법 영역을 벗어나, 경쟁법, 노동법, 지적재산권법, 환경법 등에서 공·사법 구별이 당해 법영역에서 어떠한 제도적 의미를 가질 수 있는가, 가져야 하는가 라는 물음은 법체계 전체의 문제이다.

그리고 우리는 공·사법 구별의 기준에 관한 문제와 그 구별 자체의 가능성 내지 타당성 문제를 분간해야 한다. 구별기준이 명확하지 못하고 또한 시대와 장소에 따라 다를 수 있다고 하여 막바로 그 구별 자체의 가능성과 타당성을 부정할 수는 없기 때문이다.

주지하다시피 공·사법 구별은 로마법으로까지 소급된다. *Ulpianus*는 로마법대전의 첫머리[1]에서 "법의 연구에는 두 가지 영역이 있을 수 있는데, 공법과 사법이 그것이다"(Huius studii duae sunt positiones, publicum et privatum)라고 하고서는, "공법은 로마 국가의 질서에 관한 것이고, 사법은 개인의 이익에 관한 것이다" (publicum ius est quod ad statum rei Romanae spectat, privatum, quod ad singulorum utilitatem pertinet)라고 정의한 다음, "이제부터 사법에 관해 다루겠다"(dicendum est igitur de iure privato)라고 하였다. 이와 같이 로마법대전 첫머리에 '공법'의 정의만이 있을 뿐 그 다음부터 끝까지 모두 사법만을 다루고 있다. 다시 말해, '공법'의 존

---

1) Institutiones 1.1.4. / Digesta 1.1.1.

재 가능성은 열어 두었지만, 국가 스스로 그 공법에 구속될 수 있도록 하는 재판
제도가 결여되어 있어 진정한 '공법'은 없었기 때문에, 그 내용을 담지 못하였던
것으로 이해할 수 있다. 로마법대전이 '예언'한 이 '공법'은 거의 2,000년이 지난
오늘날 비로소 ― 나라마다 시간적으로, 그리고 그 비중과 완성도가 다르지만 ― 실
현된 것이다.

위 로마법대전에서의 공·사법 구별은 가장 기초적인 구별, 즉, '법규'에 관한
記述的·관념적 구별이다. 이것이 '법률관계'와 나아가 '법영역'에 관한 제도적 구
별 또는 당위적 구별로 발전하기 위해서는 근대국가의 주권 개념, 국가행위에 대
한 재판제도, 법학의 학문적 발전을 기다려야 했던 것이다. 이것이 바로 공·사법
구별의 '역사성'이다. 비교법적 연구에 따르면, 현재 세계에서 법질서가 정비된
거의 모든 국가에서, 대륙법계이든, 영미법계이든, 이슬람법계이든 간에, 최소한
로마법대전에서 말한 '공법'과 '사법'의 관념이 발견된다고 한다.[2] 다만, 공·사법
의 구별이 그 나라의 제도와 관련하여 타당한 것인지, 어느 정도로 타당한 것인
지가 논란될 뿐이다. 어쩌면 세계 각국의 다종다양한 법질서 속에서 가장 공통적
인 요소가 바로 공·사법 구별(내지 그 구별의 타당성에 관한 논의)이 아닌가 한다.

이와 같이 공·사법의 구별이 모든 법질서 속에서 문제되는 것은 과연 무엇
때문인가? 이 물음 앞에서 우리는, 어떤 개념의 구별에 관해, '사물의 본성'에 의
거한 존재론적 구별과 '기능적 효용'에 의거한 방법론적 구별을 분간하여야 한다.
공·사법 구별은 결코 존재론적 구별이 아니다. 대저 '법' 자체의 개념도 존재론적
으로 ― 가령, 윤리와 권력과의 차이점에 관해 ― 규명하기 어렵다. '법' 자체도 어떤
목적을 위한 '도구'라면, 그 하위 개념인 공법과 사법의 구별도 당연히 하나의 '방
법론'일 뿐이다. 공·사법의 구별이 무언가 방법론적 의의가 있기 때문에, 거의 모
든 나라에서, 주장되고, 비판되고, 논의되고 있는 것이다.

일반적으로 법학에 있어 방법론은 크게 문제의 '해결'을 위한 도그마틱
(Dogmatik), 문제의 '발견'을 위한 호이리스틱(Heuristik), 그리고 문제의 '접근'을 위
한 기본시각(이념·철학)으로 구성된다. 본고에서는 이러한 분류에 따라 공·사법

---

2) John S. Bell, Comparative Administrative Law, in: Reimann/Zimmermann (ed.), The
  Oxford Handbook of Comparative Law, Oxford University Press, 2006, pp.623-639,
  1259-1286; Jan M. Smits (ed.), Elgar Encyclopedia of Comparative Law, Edward Elgar
  Publishing, 2006, pp.18-32, 603-609 참조.

구별의 방법론적 의의와 한계를 문제해결 방법론의 차원(Ⅱ.), 문제발견 방법론의 차원(Ⅲ.), 문제접근 방법론의 차원(Ⅳ.)으로 나누어 고찰하기로 한다. 각각의 차원에서 공·사법 구별의 모델케이스로 프랑스와 독일에서의 발전과정을 참고하여 우리나라의 상황을 검토하고자 한다.

Ⅱ. 문제해결 방법론의 차원

1. 재판관할의 결정

공·사법 구별의 첫 번째 방법론적 의의는 재판관할의 결정이다. 아니, 역사적으로 재판관할의 결정을 위해 공·사법 구별이 탄생하였다고 할 수 있다. 이는 일차적으로 '법률관계'의 구별 문제이지만, 당해 법률관계에 적용될 법규가 분명한 경우에는 '법규'의 구별 문제가 된다. 재판관할은 제도적 구별의 핵심을 이루는 것이지만, 관념적 구별로 연결된다. 방법론적 관점에서도 재판관할의 결정은 후술하는 규율의 내용에 영향을 미치고, 나아가 문제발견을 위한 법학 교육 및 연구로 연결되며 궁극적으로는 문제접근의 이념적·철학적 기초로 발전된다. 재판관할의 문제는 거의 대부분 행정과 사인 간의 법률관계에 관해서 발생하므로, (행정에 관한 '법'이라는 의미의) 행정법 내부의 문제이다. 그러나 무엇을 '행정'으로 파악할 것인가, 구체적으로 말해, '사인'도 행정권한을 위임 또는 위탁받게 되면 소위 공무수탁사인으로 행정주체가 될 수 있기 때문에, 무엇이 '행정권한'인가 라는 문제가 제기되고, 이는 결국 당해 법영역을 '공법'으로 파악할 수 있는가의 문제로 귀결됨으로써, 행정법의 영역을 벗어나 법체계 전체의 문제로 비화된다. 이러한 예로서는, 한국증권업협회의 '코스닥등록폐지결정',[3] 또는 가상적인 예이지만, 축구국가대표팀 감독의 출전선수결정에 불복하는 소송의 재판관할에 관하여, 한국증권업협회와 국가대표팀 감독, 또는 한국축구협회의 행정주체성 여부가 문제되는 경우이다. 뿐만 아니라, 재판관할의 결정에 관해서도 실정법제도의 記述만이 아니라, 과연 그것이 타당하고 바람직한 것인가 라는 당위적 구별도 문제될 수 있다.

---

3) 이에 관해, 박해식, 한국증권업협회가 한 협회등록취소결정의 法的 성격, 『법조』 2002. 3 (통권 546호), 39-85면 참조.

(1) 프랑스

(a) 이념적으로는 '법'을 실현하기 위한 것이 재판이지만, 법의 역사와 현실의 관점에서 보면, '법'은 재판 때문에, 재판을 위하여 있다. 재판 없으면 법도 없다. 공·사법 구별도 바로 재판 때문에 생긴 것이다. 프랑스에서는 이미 1641년 생제르맹 칙령(l'Édit de Saint-Germain)에 의하여 일반법원(le parlement)이 '국가와 행정에 관한 사건'을 담당하는 것이 금지되고 '국왕참사원'(Conseil du roi)의 전속관할로 유보되었다. 이는 일반법원이 봉건계급과 지역적 이익을 대변하는 것에 대하여, 국왕을 중심으로 한 중앙집권적·근대국가적 개혁의 일환으로 이루어진 것으로 평가된다.[4] 이것이 일반재판권과 행정재판권의 분리의 효시인데, 프랑스 대혁명 직후 1790년 법률에 의하여 일반법원의 행정사건 심리를 금지하고 이를 위반하는 법관을 독직죄로 처벌하도록 하고, 다음해인 1791년에 국왕참사원의 후신으로 '국참사원'(꽁세유·데따; Conseil d'État)이 설치됨으로써 재판권의 분리는 완성된다. 여기서 행정재판권이 행정사건에 적용하는 법규가 '공법법규'(les règles de droit public)가 되었고, 일반재판권이 민사·형사사건에 적용하는 법규는 '사법법규'(les règles de droit privé)가 되었다.[5] 요컨대, 재판권의 분리는 적용법규의 분리를 가져왔다.[6]

행정사건에 관하여 사법과 다른 특별법령이 있을 때에는 당연히 공법법규는 사법법규와 내용이 다르겠지만, 행정계약, 공물, 공무원, 행정상 손해배상 등에 관하여 민법전의 규정을 그대로 적용할 때에도, 판결문에서 '민법 제○조'라고 표시하지 않고 '법의 일반원칙'(les principes généraux du droit)으로서 공법법규가 되는 것으로 표현하였다. 처음에는 상당한 부분이 사법법규와 동일한 내용이었으나, 점차 꽁세유·데따는 사법법규와는 다른 공법법규를 판례법으로 형성하여 갔다. 이러한 연유로 프랑스의 행정법은 ─ 사법에 관해서는 나폴레옹법전으로 대표되는 성문법국가이지만 ─ 현재까지 판례법으로 이루어져 있다.

4) François Burdeau, Histoire du droit administratif, Paris (PUF) 1995, p.34 참조.
5) 이와 같이 형법은 논리적으로 형벌의 국가독점을 전제로 하는 형법은 '공법'으로 분류되어야 했으나, 재판관할과 관련하여 '사법'으로 간주되었다. 이것이 아마 오늘날 우리나라에서도 형법을 공법의 일부로 이해하지 않는 연원으로 볼 수 있을 것이다. 이에 관해 Olivier Beaud, La distinction entre droit public et droit privé: un dualisme qui résiste aux critiques, Auby/Freedland (éd.), La distinction du droit public et du droit privé: regards français et britanniques, Paris 2004, pp.29-46 (37) 참조.
6) 이상에 관해 Olivier Beaud, op.cit., p.33-34 참조.

(b) 공·사법 구별의 기준에 관하여, 처음에는 위 1790년 법률의 문언대로 행정이 관련된 사건이면 모두 공법 영역으로 간주되었으나(舊主체설), 실제로 공법 영역 중 많은 부분에 대해 행정재판이 불가능하였기 때문에, 많은 비판을 받았다. 그리하여 19세기 전반에 행정의 '공권력'(la puissance publique)이 행사되는 행정활동만을 공법 영역으로 한정하는 경향이 있었는데(권력설), 주지하다시피 1872년 관할재판소의 Blanco판결을 계기로 행정의 활동 중 '공역무'(le service public)에 해당하는 것이 공법 영역으로 흡수됨으로써 공법 영역이 확대되었다. 20세기에 들어 공역무 중 '상공업적 공역무'(le service public industriel et commercial)가 — 꽁세유·데따의 판례에 의해 — 일반법원의 관할로 이양됨으로써 공법 영역이 축소되었다. 학설상으로는 공법으로서의 '행정법의 독자성'(l'autonomie du droit administratif)의 징표로서 공역무라는 개념이 적합하지 않다는 비판을 받고 있으나, 판례상 행정재판권의 관할을 결정하는 중심적인 기준은 오늘날에도 '공역무'이다.[7]

(c) 행정재판과 민사재판을 비교하여 보면, 민사재판은 3심제로서, 변론주의로 운영되는 반면, 행정재판은 행정계약의 이행청구, 공법상 부당이득의 반환청구, 행정상 손해배상청구를 중심으로 하는 '완전심판소송'(le contentieux de plaine juridiction)은 지방행정법원, 항소행정법원 및 꽁세유·데따의 3심제이지만, 행정의 일방적 결정(행정입법 및 개별결정)의 취소를 구하는 '월권소송'(le recours pour excès de pouvoir)은 대통령령과 총리령에 대해서는 꽁세유·데따의 단심으로, 나머지 행정결정에 대해서는 지방행정법원 및 꽁세유·데따의 2심제로 운영되고 있다. 완전심판소송은 재판권 분리 이전에 일반법원이 담당하던 소송이 — 여전히 변호사 강제주의 및 주관소송적 구조 하에서 — 행정법원으로 이관된 것으로서, 처음에는 '통상소송'(le recours contentieux ordinaire)으로 불리던 것이었다. 이와 별도로, 지방행정법원이 설치된 1953년까지는 전국 어디서든지 꽁세유·데따에 직소할 수 있었던 월권소송은 변호사 강제주의가 면제되고 폭넓게 이익침해만으로 원고적격이 인정되며 취소판결이 대세효를 갖는 객관소송으로 발전되었다. 이와 같이 완전심판소송과 월권소송은 심급과 소송구조에서 차이가 있지만, 둘 다 직권주의에

---

7) 가장 대표적인 예는, 행정이 체결하는 계약이 공법 영역에 속하는 '행정계약'(le contrat administratif)으로 파악되기 요건은 1956년 Bertin판결에 의하여, 사법과 다른 계약조항이 있거나, 그렇지 않다 하더라도, 그 계약이 '공역무 집행'(l'exécution d'un service public)을 위한 것이면 충분하다. 이에 관하여 졸저, 『행정법의 체계와 방법론』, 2005, 201면 이하 참조.

의한다는 점이 민사소송과 다른 점이다. 그리고 민사소송에서는 법관이 소극적·중립적 태도를 취하는 반면, 행정소송에서는 법관이 행정의 잘못을 찾아내고자 하는 적극적 내지 탄핵적 태도를 취하고 있다고 한다.[8]

행정소송의 법관은 국립행정학교(École nationale de l'administration, ENA) 출신자로, 민사소송의 법관은 국립사법학교(École nationale de la magistrature, ENM) 출신자로 충원하는데, 같은 '그랑제꼴'(grandes Écoles)이지만 국립행정학교의 위상과 인기도가 훨씬 높다. 국립행정학교 출신자들은 행정관료 또는 행정법관으로 진출하는데, 상당수는 양 직무를 일정 주기로 번갈아 담당하고 있다. 민·형사소송에서의 변호사와 동일한 자격을 가진 변호사가 행정소송에 관여하는데, 행정소송에서 변호사는 법복을 입지만, 법관은 — 행정부 소속이라는 상징적 의미 때문에, 꽁세유·데따의 훈령에 의거하여 — 법복을 입지 않는다. 행정법원이 편제상 행정부 소속이기 때문에, 행정소송은 개념상 행정작용의 일환으로 파악되지만, '소송행정'(l'administration contentieuse)으로서, 통상의 행정작용에 해당하는 '활동행정'(l'administration active)과 구분되고, 실질적 기능상으로 완전한 독립성을 보장받고 있다. 행정소송의 독립성은 헌법상 명문의 규정은 없지만, 1980년 헌법위원회의 결정에 의해 일반법원과 동일한 독립성을 헌법적 가치로 인정받았다. 이러한 독립성에 더하여, 행정법관의 상당수가 행정관료로서 경험을 갖고 있다는 전문성 때문에 더 엄격히 행정의 잘못을 탄핵할 수 있다는 것이 프랑스 행정법원의 自評이다. 여하튼 역사적 우연으로 성립한 행정재판권의 분리를 계기로 공법으로서의 '행정법의 독자성'이 발전하였는데, 오늘날에는 거꾸로 행정법의 '전문성'이 행정재판권의 분리를 정당화하고 있다.[9]

(d) 이상과 같이 프랑스에서는 공·사법의 구별은 재판관할의 결정기준으로서, 엄연한 실정법적 제도이다. 그렇기 때문에, 후술(IV.)하는 바와 같이 프랑스에서도 이념적·법철학적 관점에서 공·사법 구별에 대하여 근본적인 비판을 하는 학자들도 공·사법 구별의 제도적 내지 실무적 기능을 긍정하고 있다. 대표적인 예로서, 법의 객관성에 의거하여 공·사법 구별의 권력적 요소를 거부하였던 *Léon Duguit*도, 켈젠의 순수법학의 추종자로서 법의 단일성 내지 통일성에 의거하여

---

8) Philippe Théry, Droit public et droit privé: L'évolution du droit processuel, Auby/Freedland (éd.), op.cit., pp.47-55 (48) 참조.
9) Yves Gaudemet, Droit administratif. 18e.éd., Paris (LGDJ) 2005, p.45-46 참조.

공·사법 구별을 비판한 *Charles Eisenmann*도 모두 공·사법 구별의 실제적 가치를 인정하였다. *Maurice Hauriou*는 공·사법 구별에 관하여 "논쟁을 계속할 필요가 없다. 그것의 주어진 바를 받아들이고 그것의 운용을 고찰하여야 한다"라고 설파하였다. 요컨대, 공·사법의 구별은 프랑스 법률가들의 "정신세계"(l'universe mental)에 속하는 것이다.10)

(e) 그러나 최근 프랑스에서도 재판관할의 문제와 관련한 공·사법 구별의 실제적 가치가 한계를 드러내고 있다. 이는 두 가지 방향에서 일어나고 있다. 첫째는 1986년 법률에 의하여 독립행정청인 독점규제위원회의 결정에 대한 소송의 관할이 일반법원인 빠리항소법원에 부여된 것이다. 이는 당시 꽁세유·데따의 권한 확대에 제동을 걸고자 하였던 정치적 이유에서 비롯된 것이다. 1987년 헌법위원회 결정에 의하면, 집행권을 행사하는 기관들이 공권력 행사를 통해 내린 결정의 취소·변경을 구하는 소송이 행정재판권에 속한다는 것은 '공화국 법률들에 의해 인정되는 기본원리'로서 헌법적 가치를 갖는다고 하면서도, 입법자의 광범위한 입법재량을 인정하여 위 1986년 법률의 위헌성을 부정하였다. 둘째는 공·사법 구별에 따른 재판권의 분립을 모르는 유럽공동체법과 유럽인권법의 영향이다. 유럽(공동체)법원 및 유럽인권법원의 관할은 공법·사법 영역을 포괄하는 것으로서, 프랑스의 행정법원의 사건이든, 일반법원의 사건이든 불문하고 모두 그 관할에 속하게 된다. 다시 말해, 유럽차원에서는 프랑스의 재판권 분립이 갖는 실제적 의미가 반감된다는 것이다.

(2) 독일

(a) 독일에서의 공·사법 구별도 본질적으로 재판관할과 관련하여 시작되었다. 즉, 17세기부터 왕권강화를 추진한 독일의 제후국들은 신성로마제국의 재판권과 교회재판권으로부터 제후군주의 권한을 분리시키기 위하여 로마법상의 '공법' 개념을 도입한 것이라고 할 수 있다. '공법'(öffentliches Recht)은 제국의 봉건법에도 속하지 않고 교회의 교회법에도 속하지 않는 독자적인 법영역이라는 것이다. 문제는 이렇게 분리된 제후군주의 권한을 통제하는 재판제도가 오랫동안 마련되지 않았다는 데 있다. 그리하여 공법 영역은 제후군주의 권력을 '法化'(Verrechtlichung)하

---

10) 이상에 관하여 Olivier Beaud, op.cit., p.34-37 참조.

면서도 어떠한 재판권에도 복종하지 않는 절대적 권력으로 만드는 수단이 되었다.11) 이를 프랑스와 비교하여 보면, 프랑스에서는 국가와 관련된 법을 '공법'으로 파악하여 일반재판권에서 분리하였으나 새로운 행정재판권이 발전하여 19세기 후반에는 '공법'에 대한 재판통제가 완성된 반면, 독일에서는 '공법'에 대한 재판통제가 19세기 후반까지는 사실상 전무하였고 20세기 중반까지는 불완전한 상태로 계속되었다는 점이다. 이러한 차이는 중앙집권국가 성립과 민주주의 실현의 지체로 인한 것이다.

여하튼 독일에서 '공법'은 제후군주의 권력을 절대화하는 데 중점이 있었으므로, 공법의 징표도 자연히 권력성 내지 지배복종관계로 고정되게 되었다. 따라서 국가의 활동 중 이러한 권력성을 갖지 않는 부분은 '사법'의 영역으로 남게 되는데, 이것이 바로 '國庫'(Fiskus)이다.12) 군주의 국가권력 행사에 대하여는 재판통제가 불가능하지만, 그에 대한 계약이행청구, 손해배상청구, 특히 손실보상청구는 가능하도록 하기 위하여 국가도 사인과 동일한 지위에서 일반재판권에 복종하는 측면이 있음을 '국고'라는 개념으로 설명하였던 것이다. 처음에는 '국고로서의 국가'와 '절대권력의 주체로서의 국가'가 별개의 법인격으로 파악되었으나, 19세기에 이르러 국가법인격의 단일성 관념이 정착됨으로써 양자는 동일한 법적 주체인 국가의 상이한 현상형태로 이해되기에 이른다.13)

(b) 1871년 독일제국의 성립 이후 독일에서도 각 支邦(Staat, Land)마다 행정재판제도가 도입되었지만, 바이마르시대를 거쳐 1945년에 이르기까지, 대부분 '列記主義'에 의하여 취소소송의 대상이 제한되었고, 프랑스의 완전심판소송에 상응하는 '당사자소송'(Parteistreitigkeiten)은 공무원의 봉급청구 등 극히 제한된 범위 내에서만 인정되는 등 행정재판제도는 여전히 불완전한 상태이었다. 이러한 상황 하에서 행정과의 계약, 특히 행정조달계약에 기한 이행청구, 공법상 부당이득의 반

11) Michael Stolleis, Öffentliches Recht und Privatrecht im Prozeß der Entstehung des modernen Staates, in: Hoffmann-Riem/Schmidt-Aßmann (Hg.), Öffentliches Recht und Privatrecht als wechselseitige Auffangordnungen, Baden-Baden 1996, S.41-61 (51-57) 참조.
12) '국고'는 원래 로마의 국가법에서 유래하는 개념으로서, 국가재산 중 황제가 임의로 처분할 수 있는, 법적으로 독립된 부분을 의미하는 것이었다. 이에 관하여 F. C. von Savigny, System des heutigen römischen Rechts. Bd.II., Berlin 1840, § 88 IV. (S.272f.) 참조.
13) 국고이론에 관하여 Joachim Burmeister, Der Begriff des »Fiskus« in der heutigen Verwaltungsrechtsdogmatik, DÖV 1975, S.695-703; 졸저, 『행정법의 체계와 방법론』, 2005, 173면 이하 참조.

환청구, 행정상 손해배상청구는 행정소송의 관할로 이전되지 못하고, 여전히 일반 민사재판권(최고법원은 Reichsgericht)에 유보되었고, 이는 행정상 손해배상청구와 손실보상청구는 일반법원의 관할로 못박고 있는 기본법 제34조 및 제14조 제3항으로 연결된다.

이와 같이 1945년까지 행정재판제도가 불완전한 상태에서 국가의 행정활동에 대한 재판통제를 가능한 한 충분히 확보하기 위해서는 공법의 영역을 권력행정에 한정시키고 나머지 행정영역을 私法 영역, 즉 '국고'로 남겨두어야 하였다. 독일에서는 이러한 연유로 권력성을 기준으로 공·사법을 구별하면서 행정작용의 많은 부분을 사법 영역으로 파악하는 전통이 성립되었다. 이는 행정의 '법형식선택의 자유'(Rechtsformenauswahlfreiheit)로 발전하게 되는데, 행정이 스스로 일반재판권의 대상이 되는 사법의 형식으로 행정활동을 하는 것을 굳이 금지할 필요가 없다는 것이 역사적인 이론적 배경이라고 할 수 있다.

(c) 1945년 이후 기본법 제19조 제4항에 의해 공권력에 의한 권리침해에 대한 포괄적 권리구제가 보장되고 1960년 행정법원법의 제정으로 행정소송제도가 정비되는 등 공법의 영역에서도 재판통제가 완성됨으로써, '국고'로서 사법의 영역으로 남겨진 행정활동에 대해 이론적 수정이 가해진다. 종전에는 행정활동에 대한 (일반법원에 의한) 재판통제가 가능하도록 하기 위한 것이 '국고'이었는데, 이제는 '국고' 내지 '사법적 형식의 행정활동'은 공법적 구속과 행정재판통제를 회피하는 도피수단이 되었기 때문이다. 이러한 이론적 수정의 노력은 네 가지 방향에서 이루어졌다.

첫째는 상술한 행정의 '법형식선택의 자유'를 부정하고자 하는 것이다.[14] 주된 논거는 법률유보 원칙이다. 즉, 행정목적의 실현을 위해 특별히 의회가 제정한 법규, 즉 공법이 행정작용의 근거가 되어야 하고, 원래 사인 간의 거래를 위해 마련된 사법으로는 법률유보를 충족할 수 없으며, 또한 일단 공법적 법규가 제정되면 행정은 이를 회피할 수 없다는 것이다. 여기에 행정은 자기를 통제하는 재판방식을 행정소송과 민사소송 사이에 임의로 선택할 수 없다는 논거가 추가된다.[15] 프랑스에서는 '공역무'를 기준으로 공·사법을 구별하기 때문에, 행정이 공

---

14) Bernhard Kempen, Die Formenwahlfreiheit der Verwaltung, München 1989, 특히 S.91-123; Dirk Ehlers, Verwaltung in Privatrechtsform, Berlin 1984, S.64-73 참조.
15) 구체적인 논거의 내용에 관해 Peter Unruh, Kritik des privatrechtlichen Verwaltungshandelns,

역무 활동을 하는 이상, 공법을 벗어날 수 없다. 실제로 공역무에 해당하지 않는 행정활동은 거의 없다. 따라서 프랑스에서는 자동적으로 행정의 법형식선택의 자유가 부정된다. 반면에 독일에서는 '권력성'을 기준으로 공·사법이 구별되므로, 위와 같은 법률유보 논거가 동원되는 것이다.

이에 대하여, 독일의 판례·통설은 행정의 '법형식선택의 자유'를 이를 금지하는 명문의 법률규정이 없는 한 원칙적으로 인정하고 있다. 이는 역사적으로 상술한 전통에 연유하는 것이지만, 이제 강력한 논거가 추가되었다. 즉, 헌법상 행정목적 달성을 위해 반드시 공법적 형식에 의해야 한다는 제한이 없을 뿐만 아니라, 기본법 제1조 제3항에서 천명된 행정의 기본권 구속은 행정이 사법적 형식을 취하는 경우에도 적용되기 때문에 굳이 이를 금지할 필요가 없다는 것이다.16) 다만, 행정이 명백히 사법적 형식을 택하지 아니하면, 공법으로 추정된다. 최근 문헌에서는 '법형식의 선택'이라는 용어 대신에 '법체계의 선택'(Rechtsregimeauswahl)이라는 용어를 사용하면서 그 근거와 범위 및 한계를 설명하는 견해가 제시되고 있다.17)

둘째는 '급부행정'(Leistungsverwaltung)이론이다. 권력행정 이외의 행정활동 가운데 수도·전기·가스 등 국민의 생존배려(Daseinsvorsorge)를 위한 급부를 제공하는 행정활동은 전형적인 공법 영역은 아니지만, 공익을 '직접' 실현하기 위한 행정작용이라는 점에서, 그 목적 실현을 위해 필요한 범위 내에서 공법적 규율을 받는 '비권력행정'(nicht-hoheitliche Verwaltung)으로서 제2의 공법 영역에 속한다는 것이다. 이는 프랑스의 '공역무' 개념을 부분적으로 수용한 것이라고 할 수 있다. 이러한 급부행정이론은 *Ernst Forsthoff*가 바이마르 시대에 주장하였는데,18) 제2차 세계대전 이후 통설적 지위를 차지하게 되어, 행정활동은 권력행정, 비권력행정(급부행정), 국고행정으로 三分되게 되었다.

DÖV 1997, S.653-666 (658-660) 참조.

16) BVerwGE 13, 47 (54); BVerwG, DVBl. 1990, 712; BVerwG, NJW 1994, 1169; 대표적인 최근의 문헌으로는 Wolff/Bachof/Stober/Kluth, Verwaltungsrecht. Bd.I. 12.Aufl., 2007, § 23 Rn.6-28.

17) Martin Burgi, Rechtsregime. in: Hoffmann-Riem/Schmidt-Aßmann/Voßkuhle (Hg.), Grundlagen des Verwaltungsrechts. Bd.I. München 2006, § 18 Rn.28-32.

18) Ernst Forsthoff, Die Verwaltung als Leistungsträger, Stuttgart/Berlin 1938; Rechtsfragen der leistenden Verwaltung, Stuttgart 1959; ders, Lehrbuch des Verwaltungsrechts. Bd.I. 10.Aufl., München 1973, S.369-371 등 참조.

셋째는 1950년대 *Hans J. Wolff*가 주장한 '行政私法'(Verwaltungsprivatrecht)이론이다.[19) 사법적 형식에 의해 이루어지는 행정활동도 그것이 수도·전기·가스 등의 공공급부와 같이 '직접' 공익을 실현하기 위한 것이라면 공법적 구속, 특히 평등권을 비롯한 기본권의 적용을 받아야 한다는 것이다. 이와 같이 법적 성격이 사법이긴 하지만 '행정에 관한' 사법이기 때문에 공법적 구속을 동시에 받는 특수한 법영역이라는 의미에서 '행정사법'이라고 명명하였다. 일찍부터 독일 학계의 폭넓은 승인을 얻어[20) 행정사법은 독일 행정법학의 공인된 개념으로 정착되었고, 그 후 행정사법의 영역을 종래의 국고행정까지 확대하고자 하는 이론적 노력이 경주되었다. 그러나 오늘날에는 상술한 바와 같이 사법적 형식에 의한 행정활동에 대한 기본권의 적용은 바로 기본법 제1조 제3항에 의거하여 명령되는 것으로 보기 때문에, '행정사법'이라는 개념이 중요한 역할을 하지 않게 되어 이론적 중요성은 삭감되었다.

간과하여서는 아니 될 것은, 위 두 번째의 급부행정 이론과 세 번째의 행정사법 이론은 후술하는 '규율의 내용'의 관점에서만 공법적 구속의 확대를 주장하였을 뿐 행정소송의 관할의 확대를 주장한 것은 아니라는 점이다. 즉, 급부행정 영역과 행정사법 영역도 민사재판 관할에 속하는 것인데, 그 민사소송에서 채무불이행 내지 손해배상과 관련하여 적용되어야 할 법규의 내용으로 공법적 특수성이 추가되어야 한다는 것이다.

반면에, 네 번째의 이론적 노력으로서, '2단계'(Zwei-Stufen)이론은 행정재판의 관할의 확대를 시도한다. 즉, 급부행정 및 국고행정 영역에서 급부의 제공, 보조금의 지급 또는 조달계약의 체결은 사법 영역에 속하는 것으로서 민사재판의 관할에 속하는 것이지만, 그 이전 단계, 즉 제1단계로서 급부대상자의 결정 또는 낙찰자결정은 '권력성'을 갖는 공법적 행위이기 때문에, 취소소송의 대상이 된다는

19) Hans J. Wolff, Verwaltungsrecht I. (1.Aufl.), München 1956, § 23 Ⅰb (S.73f.). 이는 Wolff/Bachof, Verwaltungsrecht I. 9.Aufl., München 1974, § 23 Ⅱb (S.108f.) 및 Wolff/Bachof/Stober, Verwaltungsrecht Bd.I. 11.Aufl., München 1999, § 23 Rn.29-35을 거쳐, 현재 Wolff/Bachof/Stober/Kluth, Verwaltungsrecht Bd.I. 12.Aufl., München 2007, § 23 Rn.61-72에 계승되고 있다.
20) Dieter Haas, Das Verwaltungsprivatrecht im System der Verwaltungshandlungen und der fiskalische Bereich, DVBl. 1960, S.303-308; Wertenbruch/Schaumann, Grundrechtsanwendung im Verwaltungsprivatrecht, JuS 1961, S.105-116; Fritz Ossenbühl, Daseinsvorsorge und Verwaltungsprivatrecht, DÖV 1971, S.513-524 등 참조.

것이다.21) 이는 프랑스에서 행정계약에서의 행정청의 의사결정, 또는 금전급부에서의 급부결정을 '분리가능한 행위'(l'acte détachable)로서 월권소송의 대상으로 삼는 판례에 상응하는 것이다. 독일의 2단계 이론은 급부행정 및 보조금행정 영역에서는 판례에 수용되어 그에 관한 행정결정이 취소소송의 대상이 되었으나, 조달계약의 낙찰자결정에 관해서는 학설의 호응도 크게 얻지 못하였고 판례에도 수용되지 못하였다.

(d) 이상의 내용은 행정활동에 적용되는 법규의 종류에 관한 것이라는 의미에서 행정법 내부에서의 공·사법 구별의 문제라고 한다면, 법체계 전체에서 공법과 사법이 갖는 의미와 관련하여 지적되어야 할 것은 19세기부터 발전되어 온 독일식 '자유주의'(Liberalismus)이다. 독일의 통일, 독일제국의 성립 및 소위 외견적 입헌군주제의 정착은 — 민주주의 혁명 없이 — 왕권과 시민계급의 타협 위에 이루어진 것이다. 그리하여 공법과 사법의 구별은 한편으로 공법을 통하여 국왕의 국가권력에 우월적 지위를 부여함과 동시에, 다른 한편으로 사법을 통하여 시민계급의 자유 영역을 최대한 보장해 주는 역할을 하게 된다. 그리하여 '공법=국가=강제' '사법=사회=자유'라는 등식이 성립한다. 여기에 *Savigny*로 대표되는 *私法*의 학문적 발전이 가세하여 '공법에 대한 사법의 우위'라는 전통이 성립된다. 이는 상술한 국고 내지 사법적 형식의 행정활동 그리고 행정의 법형식선택의 자유와 결합하여, 후술하는 바와 같이, 국가·행정활동 자체에 대한 공법적 규율 자체를 의문시하는 태도로 연결된다.

독일에서도 공·사법의 구별은 재판관할의 결정과 관련하여 실정법제도이다. 즉, 독일 행정법원법 제40조 제1항이 "헌법적 성격이 아닌 모든 공법적 분쟁"에 대하여 행정소송이 인정된다고 규정하고 있다. 행정법원이 프랑스에서와는 달리 사법부 소속이고, 행정법원의 법관들도 통상(민·형사)법원의 법관과 동일한 국가시험(즉, juristisches Staatsexamen)과 연수과정을 거친 사람들로 충원되지만, 행정법원은 통상법원과는 분리된 전문법원으로서 독립된 관할을 갖고 있다. 따라서

---

21) Pernice/Kadelbach, Verfahren und Sanktionen im Wirtschaftsverwaltungsrecht, DVBl. 1996, S.1100-1114 (1106); Peter M. Huber, Konkurrenzschutz im Verwaltungsrecht, Tübingen 1991, S.474 f.; Ferdinand Kopp, Die Entscheidung über die Vergabe öffentlicher Aufträge und über den Abschluß öffentlich-rechtlicher Verträge als Verwaltungsakt? BayVBl. 1980, S.609-611; Hans P. Ipsen, Öffentliche Subventionierung Privater, Berlin/Köln 1956, S.62 ff. 등 참조.

공·사법 구별의 기준은 관할결정을 위한 문제해결의 방법론(도그마틱)으로서 중
요한 의미를 갖는다. 공·사법의 구별 기준에 관하여 권력설 내지 지배복종설
(Subordinationstheorie)이 이론적 전통이지만, 실무상으로는 *Hans J. Wolff*에 의해
주장된 新주체설 내지 귀속설(Zuordnungstheorie)이 통설이다. 법규의 적용대상이
되는 법률관계의 일방당사자가 행정인 경우에 그 법규의 내용이 당사자 쌍방이
사인인 경우와 다른 내용을 규정하고 있는 때에는 그 법규는 행정을 위한 '특별
법'(Sonderrecht)으로서 공법에 해당한다는 것이다.[22]

이와 같이 독일에서 공·사법의 구별이 재판관할의 결정을 위한 실정법적 요
소임에도 불구하고, 프랑스와 비교하여 상대적으로, 공·사법 구별의 문제해결을
위한 방법론적 의의가 약하게 인정되고 있다. 오히려 공·사법의 구별 자체를 부정
하는 견해도 강력하게 주장되고 있다. 대표적인 예가 *Martin Bullinger*의 '공통법'
(Gemeinrecht)이론[23]과 *Walter Leisner*의 '사적 국가'(privater Staat)이론[24]이다. 전
자에 의하면, 공법과 사법은 분리된 법영역이 아니라 국가작용이든 사인의 활동
이든 간에 함께 공통적으로 적용되어야 할 '공통법'으로서, 그 기능적 관점에 따
라 양자의 결합형태가 결정되는 것인데, 최근 유럽화에 따라 행정과 경제의 탄력
성 확보를 위하여 이러한 공통법적 기능결합이 더욱 요청된다고 한다. 이에 관해
아래 2.의 규율의 내용과 관련하여 재론한다. 후자는 보다 더 극단적으로, 법의
세계에서 '국가라는 요소'(Staatlichkeit)는 소멸하지 않겠지만, 이를 반드시 공법적
으로 통제하여야 한다는 생각을 포기하여야 하고, 사법을 통하여 국가를 규율하
는 것이 가능할 뿐만 아니라, 그것이 바로 '법학적 이상'(juristisches Ideal)이라고
한다.

마지막으로 위와 같이 독일에서 재판관할과 관련된 공·사법 구별의 방법론
적 의의가 약화되게 된 결정적인 계기로 강조할 수 있는 것은—프랑스에서와 같
이—독점규제와 경쟁제한방지에 관한 카르텔廳의 결정에 대한 불복소송이 행정

22) Wolff/Bachof/Stober/Kluth, a.a.O., § 22 Rn.28.
23) Martin Bullinger, Öffentliches Recht und Privatrecht. Sudien über Sinn und Funktionen der Unterscheidung, Stuttgart u.a. 1968; ders, Die funktionelle Unterscheidung von öffentlichem Recht und Privatrecht als Beitrag zur Beweglichkeit von Verwaltung und Wirtschaft in Europa, in: Hoffmann-Riem/Schmidt-Aßmann (Hg.), Öffentliches Recht und Privatrecht als wechselseitige Auffangordnungen, Baden-Baden 1996. S.239-260.
24) Walter Leisner, "Privatisierung" des Öffentlichen Rechts. Von der "Hoheitsgewalt" zum gleichordnenden Privatrecht, Berlin 2007.

법원이 아니라 통상법원의 관할에 속하는 것으로 되었을 뿐만 아니라, 나아가 1998년 공공조달계약의 낙찰자 결정에 대한 불복소송도 행정법원이 아니라 통상법원인 고등법원(Oberlandesgericht)의 발주재판부(Vergabesenat)의 관할이 되었다는 사실이다. 또한 1980년대부터 진행된 '私(法)化'(Privatisierung)로 말미암아 전통적인 행정영역들도 조직의 측면에서, 또는 행위형식 측면에서, 사법의 영역으로 전환되어 온 점을 지적하지 않을 수 없다.

(3) 우리나라

(a) 항고소송의 대상이 되는 '처분'은 "행정청이 행하는 구체적 사실에 관한 법집행으로서의 공권력의 행사 또는 그 거부와 그밖에 이에 준하는 행정작용"(행정소송법 제2조 제1항 제1호)이고, 당사자소송의 대상은 "공법상 법률관계"(동법 제3조 제2호)이다. 항고소송의 피고가 되는 '행정청'에는 "법령에 의하여 행정권한의 위임 또는 위탁을 받은 행정기관, 공공단체 및 그 기관 또는 사인"이 포함된다(동법 제2조 제2항). 당사자소송에 대해서는 직접 '공법'이라는 표현이 사용되어 있고, 항고소송에 대해서도 처분에 관한 '공권력의 행사'와 행정청에 관한 '행정권한'이라는 용어가 공법을 의미하기 때문에, 결국 우리나라 행정소송의 관할을 결정하는 기준도 '공법'이라고 할 수 있다. 따라서 공·사법의 구별이 우리나라에서 재판관할의 결정을 위한 문제해결 방법론으로서의 의의를 갖고 있음은 의문의 여지가 없다.

프랑스와 비교하여, 아직 행정상 손해배상, 공법상 부당이득반환, 공법상계약의 이행 등이 당사자소송의 대상이 되지 못하고 있고, 행정조달계약이 사법상계약으로 파악되는 결과 그 계약의 이행청구가 당사자소송의 대상이 되지 못함은 물론 낙찰자결정에 대한 불복도 취소소송으로 인정되지 않고 있으며, 항고소송의 대상으로 원칙적으로 행정입법이 제외되는 점에서는 행정소송의 영역이 협소하다. 그러나 프랑스에서는 직접세에 대한 불복과 토지수용으로 인한 손실보상청구가 민사소송으로 취급되는 데 반하여, 우리나라에서는 전자는 항고소송으로, 후자는 형식적 당사자소송으로 다루어진다. 뿐만 아니라, 프랑스에서 노동법원(Conseil des prud'hommes)의 관할인 노동사건이 우리나라에서는 현재 중앙노동위원회의 재심판정을 다투는 취소소송으로 다루어진다.

독일과 비교하면 우리나라 행정소송의 범위가 의외로 넓다는 점이 확인된다.

즉, 독일에서는 통상법원 이외에 전문법원으로서 행정법원, 사회법원, 조세법원 및 노동법원으로 나뉘어져 있는 데 비하여, 우리나라에서는 이 네 가지 전문법원이 모두 행정소송으로 통합되어 있다. 다시 말해, 독일에서는 '공법' 영역에 속하더라도, 사회보장사건, 조세사건, 노동사건은 행정법원의 관할에서 제외되고, 이에 속하지 않는 '일반'행정사건만이 행정법원의 관할에 속하는 반면, 우리나라에서는 일단 '공법' 영역에 해당하기만 하면 행정소송의 대상이 될 수 있다. 상술한 바와 같이 독점규제 및 공정거래에 관한 결정이 독일에서는 통상법원의 관할에 속하지만, 우리나라에서는 취소소송(고등법원이 제1심)의 대상이다. 이와 같이 행정소송의 관할 범위가 넓다는 것은 공·사법 구별의 문제해결 방법론으로서의 의의가 그만큼 크다는 것을 의미한다.

(b) 우리나라의 행정법원은 대법원 산하의 제1심 전문법원에 불과하다. 그 법관들도 일반(민·형사)법원, 가정법원, 특허법원과 동일한 국가시험과 사법연수 과정을 거친 사람들로, 비교적 짧은 주기(3년)로 순환 보직된다. 그러나 1998년 행정소송 3심제의 도입과 행정법원 설치 이후 우수한 법관들이 행정법원 근무를 원하고 있으며 근무기간 동안 긍지와 사명의식을 갖고 재판에 임하며 '공법적 마인드'를 연마하고자 노력하고 있다.

무엇이 행정법관에게 요구되는 '공법적 마인드'인가? 일차적으로, 공익과 사익의 형량이 중요한 요소이다. 여기에서 '공익'은 추상적인 내용이 아니라, 대부분 관련법규의 입법취지로서 확인될 수 있는 것이다. 나아가 민사소송에서는 법관이 법률관계의 존부를 확정적으로 규명해야 하는 본안판단의 부담이 큰 데 비하여, 항고소송은 행정결정의 적법성을 '점검'하는 절차로서, 한편으로 행정의 자율성과 책임성을 존중하면서, 다른 한편으로 행정절차의 적법성과 이유제시의 타당성을 근거로 행정결정의 문제점을 면밀히 분석하는 것이므로, 본안판단의 부담을 크게 느끼지 않아야 한다. 민사소송에서는 분쟁의 대상이 된 사인의 선행조치는 원칙적으로 아무런 법적 의미를 갖지 못하고, 형사소송에서는 검사의 기소는 법원의 유죄판결로 흡수되어 독자적 책임을 지지 않는 반면, 행정결정의 종국적 책임은 행정청에게 있다. 또한 행정소송에서는 원고의 청구를 기각하는 판결도 피고 행정청에게 법치행정을 확보하는 기능을 수행한다. 그 판결이유에서 계쟁처분이 적법한 근거가 자세하게 설시됨으로써, 행정청은 이에 관하여 경각심을 갖게 되고 차후의 행정과정에서 모범으로 삼기 때문이다.

(c) 이러한 '공법적 마인드'는 민사소송에 대한 행정소송(특히 항고소송)의 특수성으로부터 비롯된다. 첫째, 민사소송에서는 변론주의가 지배하지만, 행정소송에서는— 비록 판례에 따르면 제한된 의미에서나마— 직권주의가 적용된다. 당사자소송에서도 마찬가지이다. 대표적으로, 자백의 구속력이 무조건적으로 인정되어서는 아니 된다. 둘째, 민사소송에서는 원고의 '권리'의 존부가 핵심 문제이지만, 항고소송에서는 계쟁 처분의 위법성 여부가 핵심 문제이다. 따라서 항고소송은 원고의 개인적인 권리구제만을 목적으로 하는 순수한 주관소송이 아니라, 행정의 적법성 통제를 위한 객관소송으로서의 요소도 아울러 포함되어 있다. 셋째, 민사소송과의 중요한 차이점으로, 민사소송에서는 법규에의 합치 여부가 all or nothing으로만 심사되지만, 행정소송(취소소송)에서는 법규에 합치하더라도 '재량권남용' 또는 '재량하자'가 있으면 위법이 되기 때문에, 심사범위가 훨씬 넓다.

(d) 이상에서 공·사법의 구별이 재판관할의 결정을 위한 문제해결(도그마틱) 방법론으로서만이 아니라, 후술하는 문제발견 및 문제접근을 위한 방법론으로서 중요한 의미를 갖는다는 점을 확인할 수 있다. 그러나 지금까지 이러한 공·사법 구별의 방법론적 의의를 소홀히 하여 왔음을 부인할 수 없다. 그 원인을 생각해 보면 두 가지 점을 지적할 수 있을 것이다.

첫째, 지금까지 우리는 공·사법의 구별을 독일적인 관점에서만, 그것도 19세기의 독일 상황만을 전제로 이해하였던 점이 아닌가 한다. 공법은 재판통제로부터 벗어나도록 하는, 재판통제가 이루어지더라도 일방적으로 국가권력에게 유리하도록 하는 수단이라는 오해가 그것이다. 그리하여 공법 영역을 축소하고 사법 영역을 확대하는 것이 법치주의를 강화하는 길이라고 생각한 것이다. 20세기 후반부터는 독일에서도 행정의 '법형식선택의 자유'를 근거로 사법적 형식의 행정을 상당 부분 인정하는 것은 행정의 기본권 구속을 전제로 하는 것임을 간과한 것이라고 해도 과언이 아닐 것이다. 이와 관련하여 국가배상사건이 민사소송으로 취급되어 온 관계로 국가배상제도가 갖는 공법적 의의, 특히 행정의 위법성 억제기능과 위험의 사회적 분산기능이 소홀히 다루어지고, 국가의 대위책임을 전제로 오직 가해 공무원과 피해자 사이의 문제만으로 축소하였다는 점을 지적할 수 있다.

둘째, 헌법재판, 특히 헌법소원심판의 비약적 발전이다. 물론 그동안 헌법소원심판이 행정소송의 취약점을 보완하여 왔을 뿐만 아니라, 양자의 경쟁관계를 통해 행정소송의 발전에도 크게 기여하였음은 분명한 사실이다. 또한 헌법소원심판의 대상도 '공권력의 행사'이기 때문에, 그 대상의 결정을 위하여 공법과 사법의 구별이 필요하다. 하지만 헌법소원심판이 실질적으로 상당 부분 행정소송으로서의 역할을 하고 있는 상황에서, 그 '대상'과 관련해서는—특히 권력적 사실행위가 '공권력 행사'에 해당하는가 여부의 판단을 위해—공·사법의 구별이 방법론적의의를 유지할 수 있겠지만,25) 그 '심사척도'와 관련해서는 공·사법 구별의 방법론적 의의가 부정될 수 있다. 기본권은 국가와 사인의 관계에 대해서만이 아니라 사인 간의 관계에 대해서도 효력을 미칠 수 있기 때문에, 전통적인 의미에서의 '공법법규'에 해당하지 않기 때문이다. 이 점에 관해서는 아래 2.항(규율의 내용)에서 (2)의 (a) 실체법적 규율의 불문법적 특수성과 관련하여 재론한다.

　　(e) 재판관할의 결정에 관한 공·사법 구별의 방법론적 의의를 회복하기 위해 가장 필요한 것은 공·사법 구별의 기준이다. 그동안 우리의 통설·판례는 독일의 전통적인 권력설에 따라 권력적 요소만을 공법의 징표로 삼음으로써 공법의 영역을 제한하여 왔다. 이를 극복하는 데 가장 큰 장애는, 수차 위에서 언급한 바 있는, 행정소송법과 헌법재판소법상의 '공권력의 행사'라는 문언이다.

　　그러나 여기서 말하는 '공권력'을 반드시 공·사법 구별에 관한 권력관계 내지 지배복종관계와 동일시할 필요는 없다. 오히려 행정소송법 제2조 제2항에 행정청이 개념요소로 규정된 '행정권한'에 비추어, 위 공권력의 의미를 '공적인 결정권한'으로 새길 수 있다. 이러한 공적인 결정권한은 '공법법규'에 해당하는 법률에 의하여 행정에게 부여된다. 따라서 결국 '공권력의 행사'는 「공법의 집행」을 의미하는 것이 되고, 또한 여기서의 '공법'을 독일의 新주체설 내지 특별법설에 의거하여, 또는 프랑스에서와 같이 공역무 내지 공익실현목적에 의거하여 파악하게 되면, 그 개념은 권력관계의 영역을 뛰어넘어 확대될 수 있다.

　　이와 관련하여, 영국의 '사법심사청구소송'(claim for judicial review)에서 사용되는 판단기준이 시사하는 바가 크다. 즉, 판례상 사법심사청구소송의 대상은 '공법적 기관의 행위에 관한 공법적 문제'인데, 먼저 '공법적 기관'에 관해서 보면, 사적인 민간단체라 하더라도 문제의 활동을 수행하지 않으면 국가 또는 공공단체가 이를 대신 수행하게 될 것으로 판단되는 경우에는 '공적 기능'을 수행하는 '공

---

25) 다만, 행정입법에 대한 헌법소원심판에서는 私法 영역에 속하는 법률의 하위법령에 대해서도 헌법소원심판이 인정될 수 있기 때문에, 공·사법 구별 문제가 직접적으로 제기되지 않는다.

법적 기관'으로 인정된다. 그리고 '공법적 문제'는 공법적 기관이 그 공적 기능을 수행하기 위해 '결정권한'(decision-making power)을 행사하는 것을 의미한다.[26]

2. 규율의 내용

(1) 의의와 한계

위 1.의 프랑스의 예에서 본 바와 같이, 재판관할의 분립은 규율 내용의 특수성을 낳게 된다. 그리하여 규율 내용의 특수성은 거꾸로 방법론적 전문성을 매개로 하여 재판관할의 분립을 정당화한다. 이와 같이 공·사법의 구별은 국가와 행정에 적용되는 법에 특수성을 부여하고 그 특수성을 근거지운다는 것이 공·사법 구별의 두 번째 방법론적 의의이다. 내용적 특수성은 실체법적 측면과 절차법적 측면으로 나누어 고찰할 수 있는데, 아래에서 분설한다.

문제는 그 한계이다. 첫째, 규율 내용의 특수성은 반드시 재판관할의 분립을 전제로 하는 것인가 라는 점이다. 여기에서 공·사법 구별의 이념적 기초와 연결되는데, 국가와 시장, 일반이익과 개인적 이익, 공역무와 이윤추구 등이 대비된다. 쟁점은 이러한 이념적 기초를 근거로 공법의 규율 내용의 특수성은 재판관할의 분립을 전제로 하지 않고서도 발생할 수 있는가 라는 데 있다. 이를 긍정하는 것이 프랑스의 전통적 견해인데, 그 예로서 스페인을 들고 있다.[27] 그러나 스페인은 1845년에 프랑스를 모델로 하여 행정재판권이 분립되었다가 1904년 행정재판권이 사법부로 귀속된 나라이고, 그 후부터 현재까지 행정소송이 절차적으로 민사소송과 분리되어 있다. 따라서 규율 내용의 특수성은 재판관할의 분립과 완전히 무관할 수 없다고 보는 것이 타당하다. 오히려 재판관할의 분립의 강도, 즉 프랑스와 같이 행정재판권이 행정부에 속해 있는가, 아니면 우리나라와 스페인 같이 사법부 내에서 전문법원으로 구성되어 있는가에 따라, 규율 내용의 특수성의 정도가 달라진다고 할 것이다.

둘째, 규율 내용의 특수성은 실정법률의 근거 없이도 가능한가 라는 점이다. 프랑스의 경우는 공법의 내용적 특수성이 오랜 역사를 통하여 판례법으로 형성되

---

26) 졸저,『행정소송의 구조와 기능』, 2006, 654면 이하; 안동인, 영국법상의 공·사법 이원체계에 관한 연구 — 사법심사청구제도와 관련하여, 서울대학교 박사학위논문, 2009, 81면 이하, 특히 110면 이하 참조.

27) Jean-Bernard Auby, Le rôle de la distinction du droit public et du droit privé dans le droit français, Auby/Freedland (éd.), op.cit., pp.19-27 (27).

어 왔다. 그러나 기본권제한의 법률유보에 따르면, 사인에게 유리하게 행정을 제한하는 공법 내용은 법률의 근거 없이도 가능하겠으나, 반대로 행정에게는 유리하고 사인에게는 불리한 공법 내용은 허용되지 않는다. 이와 같이 법률의 근거가 있어야만 공법 내용의 특수성이 인정되는 경우에도 공·사법 구별의 방법론적 의의가 완전히 상실되는 것은 아니다. 그 법률의 합헌성의 근거를 이루는 '국가안전보장·질서유지·공공복리'가 바로 공법 내용의 특수성이 되기 때문에, 최소한 문제접근 방법론에서, 나아가 문제발견 방법론에 이르기까지 방법론적 의미를 갖는다. 아래에서는 실체법적 규율과 절차법적 규율에 관하여 각각 판례법 내지 불문법적 특수성과 성문법적 특수성으로 나누어 고찰하기로 한다.

(2) 실체법적 규율
(a) 불문법적 특수성

가장 대표적인 것은 프랑스에서 판례상 정립된, 행정상 손해배상에 있어서의 위험책임 내지 무과실책임, 행정계약에 있어서의 행정의 해지권을 근거지우는 '君主行爲이론'(la théorie du fait du prince), 사인의 계약변경 요구권을 근거지우는 '不豫見이론'(la théorie de l'imprévision), 공역무의 계속성, 평등성, 중립성 원리 등이다. 독일에서도 역시 판례에 의해 정립된 비례원칙, 신뢰보호원칙, 공법상 부당이득반환청구권의 법리 등이 있는데, 통상 '행정법의 일반원칙'이라고 칭해진다.

문제는 이러한 공법의 불문법적 특수성이 모두 헌법에 의거한 것이 아닌가라는 데 있다. 위와 같이 프랑스와 독일에서 정립된 공법의 특수성에 관한 법리는 헌법의 규범력이 결여된 상태에서 판례법으로 형성된 것인데, 헌법의 규범력이 확보된 현재의 시점에서 그 효력의 法源을 따지면 당연히 모두 헌법에 의거하는 '헌법원리'가 된다. 그러나 그렇다고 하여 공법의 문제해결(도그마틱) 방법론적 의의를 부정하여서는 아니 된다. 그 법리들의 효력이 궁극적으로 헌법에 의거한다는 것과 그 법리들의 구체적 내용이 공·사법의 구별을 통해 정립된다는 것은 서로 다른 문제이기 때문이다.

특히 상술한 바와 같이, 헌법소원심판에서 심사척도로 적용되는 기본권이 국가와 사인의 관계만이 아니라 사인 간의 관계에도 적용될 수 있으므로, 헌법소원심판의 차원에서는 공·사법의 구별이 문제될 수 없다는 생각이 있을 수 있다. 그러나 국가와 사인의 관계에서는 기본권이 당연히 적용되고 또한 그 적용범위와 강도에 있어 제한이 없는 데 반하여, 사인 간의 관계에서는 모종의 조건 하에서 기본권이 적용되고 또한 그 적용범위와 강도가 ─ 사적 자치와의 관계에서 ─ 일정한 한계를 갖는 것이라면, 이러한 관점에서는 기본권에 관해서도 공·사법 구별이 가능하다고 할 수 있다.

(b) 성문법적 특수성

상술한 바와 같이, 기본권제한의 법률유보 때문에, 대부분의 공법적 규율의 내용적 특수성은 성문법(률)에 의거한 것이다. 그 특수성의 구체적 내용은 어느 나라든지 간에 일일이 열거할 수 없을 만큼 ─ 법률 및 하위법령의 양 만큼 ─ 많다. 바로 이러한 관점에서 보면, 공법과 사법이 구별되지 않는 나라는 없다고 할 수 있다. 단지 私法과 다른 특별법의 내용들을 포괄하여 '공법'이라는 법영역을 설정하느냐 여부만 다를 뿐이다. 영국과 미국에서도 이미 20세기 전반부터 사회문제를 해결하기 위한 수많은 특별법과 행정입법이 제정되어 왔다. 따라서 과연 미국에 공·사법의 구별이 있는가 라는 물음은 일도양단적으로 대답되어질 수 없다. 재판관할과 실체법적 규율의 불문법적 특수성의 관점에서는 미국에 공·사법의 구별이 있다고 하기 어렵겠지만, 위와 같은 성문법적 특수성의 관점에서는 미국에도 분명히 공·사법의 구별은 존재한다고 할 수 있다.

(3) 절차법적 규율
(a) 불문법적 특수성

공법의 절차법적 규율의 불문법적 특수성의 대표적인 예는 프랑스에서 판례상 정립된 '방어권'(le droit de défence)의 법리이다. 그 핵심적 내용은 사전통지와 이유제시이다. 프랑스에서는 이러한 방어권의 법리에 의거하여, 행정절차에 관한 성문법적 규정이 제정되기 이전부터 시민의 절차적 권리를 보호하였던 것이다. 이와 관련하여 영국에서 전통적으로 '자연적 정의'(natural justice)에 의거하여 발전된 절차적 권리가 1980년대 이후 사법심사청구소송제도에 의거하여 공·사법의 구별이 진행되면서, 행정에 대한 절차적 권리로 더욱 강화되고 있다는 점을 지적할 만하다. 우리나라에서도 1998년 행정절차법이 시행되기 이전에도 청문과 이유제시에 관하여 대법원과 헌법재판소 판례에 의해 절차적 권리가 승인되었다.

이러한 공법의 절차법적 규율의 특수성은 문제해결(도그마틱) 방법론에 그치는 것이 아니라, 공법의 근본적 특성으로서 '절차적 사고'를 강조함으로써 문제발견 및 문제접근의 방법론과도 연결된다. 이러한 공법의 절차적 사고는 궁극적으로 헌법상 '적법절차'원리에 의거하고 있으나, 상술한 바와 같이, 이를 모두 공·사법에 공통된 헌법의 문제로 해소함으로써 공·사법의 구별을 부정하는 논거로 사용하여서는 아니 된다. 헌법상 적법절차 원리는 국가작용을 주된 대상으로 하고 있을 뿐만 아니라, 국가작용에 대해 적용되는 적법절차와 사인 간의 관계에 적용되는 적법절차는 그 범위와 강도에 있어 차이가 있기 때문이다.

(b) 성문법적 특수성

위와 같은 공법의 절차적 규율의 불문법적 특수성은 오늘날 상당 부분 실정법률로 규정되어 있다. 그러나 프랑스에서는 행정절차법률이 아직 완비되지 않은 상태이고, 독일에서도 행정절차법이 행정입법이나 사실행위에 적용되지 않기 때문에, 여전히 불문법적 절차적 보장이 의미를 갖고 있다.

이와 관련하여 지적하고자 하는 것은 우리 행정절차법상 행정지도, 행정입법예고 및 행정예고가 반드시 행정의 공법적 행위에만 적용되는 것인가 라는 점이다. 처분절차는 그 '처분'의 정의상 공법 영역에 한정되겠으나, 행정지도에 관한 규정들은 사법적 형식에 의한 행정활동에도 적용될 수 있고, 행정입법예고에 관한 규정들은 그 행정입법이 사법의 하위법령인 경우에도 적용될 것이며, 행정예고도 사법 영역의 행정활동에도 가능하다. 그러나 그 절차적 통제의 범위와 강도에 있어서는 공법 영역과 사법 영역이 완전히 동일하지 않기 때문에, 공·사법 구별의 문제해결 방법론적 의의는 완전히 소멸되지 않는다.

(4) 기능적 상호보완관계

독일의 최근 이론경향에 의하면, 규율 내용에 있어 공법과 사법은 서로 장점과 단점들을 갖고 있으므로, 공법과 사법을 이분법적으로 구분할 것이 아니라, 각각의 장점들을 연결하여 양자가 상호보완적으로 적용되어야 한다는 주장이 제기되고 있다.[28] 이는 최근 경제의 세계화와 私化(Privatisierung)의 경향 속에서, 특히

---

28) Eberhard Schmidt-Aßmann, Das allgemeine Verwaltungsrecht als Ordnungsidee. 2.Aufl., 2004, S.284-296; ders, Öffentliches Recht und Privatrecht: Ihre Funktionen als wechselseitige Auffangordnungen. Einleitende Problemskizze, in: Hoffmann-Riem/Schmidt-Aßmann (Hg.), Öffentliches Recht und Privatrecht als wechselseitige Auffangordnungen, Baden- Baden 1996, S.7-40; Wolfgang Hoffmann-Riem, Öffentliches Recht und Privatrecht als wechsel- seitige Auffangordnungen — Systematisierung und Entwicklungsperspektiven, Hoffmann-

경제행정 영역에서, 공법의 특수성을 유지하면서도 '시장' '경쟁' '효율'이라는 사
법적 요소들을 도입하기 위한 배경에서 비롯된 것이라고 할 수 있다.

　공법적 규율이 갖는 장점은 '포괄적 규율'(Globalsteuerung)에 의한 균질성 내
지 평등성 확보, 공공복리 지향성, 결과의 예측가능성, 결정의 강제력 내지 관철
력 등이고, 단점은 획일성, 비탄력성, 비적응성이라고 한다. 반면에 사법적 규율
의 장점은 상황관련적 세부적 조종력인데, 규율수단으로 의무와 인센티브를 적절
히 선택할 수 있으며, 특히 채무불이행과 불법행위 책임에 관한 과실상계를 통하
여 세부적 조종이 가능하다고 한다. 사법의 단점은 그 규율이 특정한 내용과 결
과를 지향하지 않고 이를 시장과 사적 자치에 맡김으로써 결과를 예측하기 어렵
다는 점이라고 한다.

　금융, 환경, 건축, 도시계획, 국제거래 등 모든 법영역에는 위와 같은 공법과
사법의 장·단점들을 고려하여 양자가 '상호보완관계'(wechselseitige Auffangordnung)
를 이루어야 한다는 것이다. 다만, 행정주체가 규율대상인 경우에는 명문의 규정
이 없는 한 공법적 규율로 추정되기 때문에, 행정주체가 개입하는 영역에서는 이
러한 상호 보완관계가 실정법률로 마련되어야 한다고 한다. 또 다른 견해에 의하
면, 공법적 규율과 사법적 규율은 반드시 서로 긍정적인 보완관계만이 아니라, 가
치충돌과 기능장애를 일으키는 경우도 있기 때문에, 상호보완관계에 국한할 것이
아니라, '결합'(Verbund)이라는 넓은 관점에서 공법과 사법의 관계를 고찰하여 한
다고 한다.[29]

　이상과 같은 논의는 공·사법 구별의 문제해결 방법론에서 재판관할의 문제
를 전제하지 않고 가능한 것이다. 민사소송의 대상이 되는 경우에도 공법적 규율
들이 적용되어 그 채무불이행이나 불법행위가 판단되고, 거꾸로 행정소송의 대상
인 경우에는 사법적 규율들에 의거하여 재량하자 또는 절차적 하자가 판단될 수
있기 때문이다. 뿐만 아니라, 공법적 규율과 사법적 규율이 이와 같이 결합한다고
하여 공·사법 구별의 방법론적 의의가 축소되는 것이 아니다. 오히려 공·사법의
구별을 통하여 양자의 장단점을 정확히 파악해야 한다는 점에서 그 방법론적 의

　　Riem/Schmidt-Aßmann (Hg.), a.a.O., S.261-336. 또한 최근 공·사법의 기능적 구별과 결
　　합을 강조하는 독일 문헌으로 Rainer Schröder, Verwaltungsrechtsdogmatik im Wandel,
　　Tübingen 2007, S.211-235 참조.
29) Martin Burgi, Rechtsregime. in: Hoffmann-Riem/Schmidt-Aßmann/Voßkuhle (Hg.), Grundlagen
　　des Verwaltungsrechts. Bd.I., München 2006, § 18 Rn.34-80.

의가 강조된다.

이와 관련하여 우리나라에서의 두 가지 문제점을 지적하고자 한다. 첫째는 私化 내지 민영화 이후의 법적 규율의 문제이다. 행정기관, 영조물 또는 공기업을 민영화하면 완전히 사법의 영역으로 이전되고 공법적 규율이 전적으로 배제되는 것으로 생각하는 경향이 있다. 독일에서 강조되는 바와 같이, 私化에 의하여 국가의 임무가 소멸하는 것이 아니라, '급부제공'(Leistung)에서 '급부보장'(Gewährleistung)으로 책임의 양태가 바뀔 뿐이다. 이러한 국가의 급부보장책임을 확보하기 위해서는 私化 이후의 법률관계에 관하여 사법적 규율과 함께 공법적 규율도 마련되어야 한다.

둘째, 공법과 사법이 연결된 영역에서 우리 판례는 그 법적 성격을 사법 일변도로 파악하고 있다는 점이다. 대표적 예로서, 기부채납부담에 있어 그 법적 성격을 사법행위로 파악하여 사법적 규율만으로 해결하고자 하고, 재건축·재개발을 위한 조합설립과 관련하여 행정청의 인가를 사법상 행위에 대한 보충적 행위로서의 '인가'로 파악하여 인가 이후에도 사법상 분쟁의 가능성을 그대로 남겨둔다든지, 노동위원회의 구제명령에 대하여 오로지 공법적 효과만을 부여함으로써 사법상의 문제를 미해결로 남겨두는 것을 들 수 있다.[30] 이러한 문제들에 관하여 이제 공법적 규율과 사법적 규율의 상호보완관계에 의거하여 사법적 규율에만 한정하지 말고 공법적 규율을 부분적으로 도입할 필요가 있는 것이다. 이를 위한 개념이 독일에서 말하는 '사법(사권)형성적 행정행위'(privatrechtsgestaltender Verwaltungsakt)인데, 이를 위해서는 법률상 명문의 근거가 필요하지만, 그 법률의 합헌성을 검토하기 위해서는 공·사법 구별의 문제해결 방법론이 동원되어야 한다.

Ⅲ. 문제발견 방법론의 차원

1. 법학교육

(1) 프랑스에서 공·사법의 구별이 정착된 주요한 계기로서, 1897년 법학 '교수자격시험'(le concours d'agrégation)이 사법과 공법, 그리고 법사학 및 정치경제학의 4개의 분야로 나뉘어진 것이라고 한다.[31] 이는 1880년대부터의 오랜 논쟁 끝

---

30) 노동위원회의 구제명령의 법적 효과에 관해 대법원 1996. 4. 23. 선고 95다53102 판결 참조.
31) 이에 관하여 Olivier Beaud, op.cit., pp.40-42 참조.

에 실현된 것이었다. 이미 1882년부터 '공법'이 法學士의 논문영역으로 인정되었
다. 그 후 프랑스에서 법학강의는 공법과 사법의 구별을 전제로 구성되었고, 학과
구성이나 법학교육과정의 기준이 되었다. 그리고 상술한 바와 같이, 제2차 세계대
전 이후에는 행정법관과 행정관료를 위한 그랑제꼴인 '국립행정학교'가 설치·운
영되고 있다. 공·사법 구별에 관한 거의 모든 프랑스 문헌에서, 공·사법 구별의
이론적 근거에 대해 비판을 가하는 경우에도, 법학교육을 위한 방법론적 의의는
승인되고 강조되고 있다.

흥미로운 점은 형법과 헌법의 분류이다. 형법은 논리적으로는 국가의 형벌권
독점에 의거하여 국가와 개인의 관계를 규율하는 것이지만, 일반법원의 관할에
속한다는 이유로 사법으로 분류되다가 나중에 '형법'(le droit pénal)으로 독립되었
다. 최근 헌법이 개인의 재산권과 자유를 보장함을 목적으로 한다는 점을 근거로
헌법은 사법에 속한다는 주장이 제기되기도 하지만,32) 전통적으로 행정법과 함께
공법으로 분류되고 있다. 여하튼 역사적으로 프랑스에서는 행정법이 공법의 대표
적 과목이었음은 분명하다.

(2) 법학교육에 있어 법학방법론은 문제의 '해결'보다는 문제의 '발견'에 초
점을 맞추어야 한다. 이러한 문제 발견의 관점에서 공·사법의 구별은 중요한 방
법론적 의의를 갖는다. 즉, 사법 영역에서의 문제 발견은 대부분 반대 방향의 사
익이 충돌하는 상황 하에서 어떤 사익을 어느 정도로 보호할 것인가에서 출발하
고, 사적 자치, 경쟁, 시장, 이윤추구 등의 가치들이 話頭(topoi)로 등장한다. 반면
에, 공법 영역에서의 문제 발견은 근본적으로 일반이익 내지 공익과 사익의 충돌
상황 하에서 어떤 것을 어느 정도로 우선시킬 것인가에서 출발하며, 국가의 임무,
질서유지, 공공복리, 경쟁질서 또는 시장질서의 확보 등이 화두로 등장한다. 물론
대립하는 사익 간의 형량과 공익과 사익의 형량은 이익형량이라는 관점에서는 동
일한 방법론이고, 또한 사법에서의 이익대립 중 권리자 보호와 충돌하는 거래의
안전은 공익적 요소도 포함하고 있다. 그러나 거래의 안전은 국가·사회 전체의
거래의 안전이 아니라 당해 거래에 관계한 특정 개인이나 집단을 상정한다는 점
에서 공법에서의 이익형량과 차이가 있다.

이와 같은 문제발견 방법론의 차이는 절대적인 것이 아니라, 정도의 차이 내

---

32) F-X. Testu, La distinction du droit public et du droit privé est-elle idéologique ?, Recueil
Dalloz chronique 1998, p.353 (Olivier Beaud, op.cit., p.42 n.58에서 재인용).

지 상대적 차이에 불과하다. 오히려 규율 내용에서와 같이 상호보완관계도 요구된다. 그러나 분명한 것은 위 재판관할과 관련하여 강조한 '공법적 마인드'는 법학교육이 사법 일변도로 이루어질 때에는 희생되기 쉽다는 점이다. 이는 앞으로 법학전문대학원에서는 더욱 그러할 것이다. 법학전문대학원 졸업생들이 사적 거래의 문제들만 이해하는 법률가로 성장한다면, 우리나라 법치주의의 장래는 보장받을 수 없다.

행정법은 헌법의 구체화법으로서, 헌법 규범의 실제적 내용을 행정법에서 발견할 수 있고, 거꾸로 행정법의 기초와 근본적 시각을 헌법에서 찾을 수 있다. 상술한 바와 같이, 헌법은 국가와 사인의 간의 관계만이 아니라 사인 간의 관계도 함께 규율한다는 점에서 행정법과 동일한 의미에서 공법은 아니라 하더라도, 헌법이 국가의 기본법이고, 국가작용의 주요한 부분을 행정법이 규율한다는 점에서, 교육적 의미에서, 다시 말해, 문제발견적 방법론적 관점에서, 헌법과 행정법은 함께 '공법'으로 자리매김되고 양 과목의 유기적 관련 속에서 교육되어져야 할 것이다.

2. 법학연구

(1) 프랑스에서 공·사법의 구별이 정착된 또 하나의 주요한 계기로서, 1894년에 『공법 및 정치학 학술잡지』(Revue du droit public et la science politique)이 창간되고, 이어 1902년에 『사법 계간 학술잡지』(Revue trimestrielle du droit civil)가 창간된 사실을 들 수 있다.[33] 위 공법학술잡지의 연구대상으로 국가의 구조와 기능이 강조되었고, 세부분야로는 행정법, 헌법과 국제법이 지목되었으며, 창간 목적으로 국가의 문제를 단지 의회, 정당, 정치인에게만 맡겨서는 아니 되고 법률가도 책임을 져야 한다는 점이 주창되었다. 프랑스 공법의 학문적 발전과정에서 결코 사법에 대한 공법의 우위가 주장된 것은 아니라고 한다. 공법연구의 주된 관심사는 주권 개념을 중심으로 국가-사인의 관계와 사인-사인의 관계의 차이점을 규명하는 데 집중되었다. 예컨대, 행정상 손해배상책임에 있어 국가의 위험책임 내지 무과실책임도 주권 개념을 근거로 설명되었다.

(2) 법학의 연구도 문제의 '해결'이 아니라 문제의 '발견'을 위한 것이다. 아

---

33) 이에 관해서는 Olivier Beaud, op.cit., pp.43-45 참조.

니, 법학 연구의 목적은 문제를 발견한 후 이를 끝없이 고민하고 그 문제가 결코 쉽게 해결될 수 없다는 점에서 '겸손'을 배우는 데 있다고 할 수 있다. 국가의 존재의의와 임무는 무엇인가, 개인적 이익과 구별되는 일반이익 내지 공익은 과연 확인할 수 있는 것인가, 그렇다면 개인적 이익과 어떻게 다른 것인가, 양자의 이익이 충돌할 때에는 어떻게 이를 조화시킬 수 있는가 라는 문제를 두고 공법의 구체적 문제들을 숙고하는 것이 공법 연구의 요체이다.

우리나라에서도 반세기 동안 '공법학회'가 성장·발전하여 왔고, 그 학술지인 『공법연구』도 해가 갈수록 충실해지고 있다. 이제 우리는 국가와 행정 영역에서 과연 어떠한 문제들을 발견하고 해결책의 제시를 위해 고민할 것인가를 깨달음으로써, '공법학자'로서의 정체성을 확인하여야 한다. 행정법학의 관점에서는 헌법학이 국가철학, 정치철학, 법철학과 연결하는 가교의 역할을 하고, 헌법학의 관점에서는 행정법학이 실정법에서의 구체적 문제발견을 위한 가교의 역할을 한다. 이러한 의미에서 헌법과 행정법은 함께 '공법'으로서 학문 연구의 동반자라고 할 것이다.

Ⅳ. 문제접근 방법론의 차원

1. 이데올로기적 배경

(1) 프랑스에서는 공·사법의 구별에 관한 흥미로운 풍자가 적지 않다. 그 중에 대표적인 것으로, 공법은 스스로 보수적이라고 생각하지 않는 한, 심리적으로, 사법에 비하여 상대적으로 좌파(à gauche)이며, 사법은 반대로 우파(à droit)라고 한다.[34] 공법은 개인의 이익, 이윤추구, 경쟁보다 일반이익과 공공복리를 더 중시한다는 점을 과장한 것이다. 또 사법은 性(le sexe)과 돈(l'argent)의 법인데, 공법은 性과 돈을 모르는 '순수한 법'(le droit de la pureté)이라는 말도 있다.[35]

보다 진지한 이데올로기적 비판으로서는, 사실은 국가는 사적 권력들의 從僕으로 그 이익만을 위해 봉사함에도 불구하고 이를 사실을 은폐하기 위하여 공법

---

34) J. Carbonnier, Droit civil, 23e éd., 1995, n° 67, p.99 (Olivier Beaud, a.a.O., p.31 n.8에서 재인용). 프랑스의 대표적인 민법 교과서 중의 하나이다.

35) P. Legendre, Jouir du pouvoir, Paris [Minuit], 1976 (Olivier Beaud, a.a.O., p.36 n.33에서 재인용).

과 사법을 구별하고 공법의 우위를 주장하는 것이라는 맑시스트적 비판이 있
다.36) 반대로 Kelsen의 순수법학적 관점에 따르면, 공·사법의 구별은 사법의 우
위를 전제로 하여, 법과 국가를 대립시킴으로써 국가를 법과 법학의 영역에서 배
제한다고 비판한다. 즉, 국가와 법은 동일한 것임에도 불구하고, 국가의 영역을
별개의 법으로 분리함으로써 이를 왜곡하는 것이라는 한다. 입법자가 동일한데,
그 입법자가 만드는 법이 어떻게 二分될 수 있는가 라고 비판한다.37)

　　(2) 과연 위와 같은 이데올로기적 풍자와 비판이 타당한 것인가 라는 문제와
무관하게, 공·사법의 구별은 법학에 있어 문제에 '접근'하는 기본적 시각을 제공
하는 것만은 분명하다. '공법학자' 사이에는 감성적으로 무언가 공감대가 있음을
굳이 부정할 필요가 없다. 그 공감대를 가능한 한 합리적인 것으로 승화시키는
것이 중요하다. 모든 학문방법론에는 문제에 접근하는 기본시각이 필요하기 때문
이다. 공·사법 구별과 관련하여 문제접근을 위한 합리적인 기본시각으로 '공법의
법철학적 기초'를 모색하고자 한다.

2. 공법의 법철학적 기초

　　(1) '공법'의 독일어인 öffentliches Recht에서 'öffentlich'는 offen, 즉 '열려 있
음'을 의미한다. 이는 곧 '모든 사람에게 개방되어 모든 사람이 접근할 수 있음'으
로 연결된다.38) 라틴어의 publicus와 영어·프랑스어의 public도 기본적으로 '열려
있다'는 의미를 내포하고 있다. 이와 같이 '공법'에 있어 '열려 있음'이라는 의미
는 프랑스 대혁명에서 이념적 상징으로 주장된 la publicité(개방성, 공개성)와 함께,
봉건주의와 귀족의 특권을 깨뜨리고 개방된 사회를 이룩하여야 한다는 슬로건으
로서의 역할을 수행하였다. 상술한 바와 같이, 프랑스에서 공·사법 구별의 효시
인 1641년 생제르맹 칙령도 봉건제 하에서의 관습법을 극복하고 국가의 최고결정
에 의해 제정되는 '새로운 법'으로서의 공법을 상정한 것이다.

　　이러한 프랑스 대혁명의 열기가 독일에서는 정치적으로 실현되지 못하고, 철
학적 차원으로 발현된다. 즉, *Immaunel Kant*는 "계몽을 위해 필요한 것은 오직

---

36) Olivier Beaud, a.a.O., p.36 참조.
37) Olivier Beaud, a.a.O., p.36-37 참조.
38) Wolfgang Martens, Öffentlich als Rechtsbegriff, Bad Homburg v.d.H. u.a. 1969, S.22 이하;
　　최송화, 『공익론』, 2002, 107면 이하 참조.

자유이다. 자유라고 말할 수 있는 것 중에 가장 유익한 것은 자신의 이성을 모든
부분에서 öffentlich하게 사용하는 것이다"[39]라고 설파한 다음, '공법의 선험적 개
념'(transzendentaler Begriff des öffentlichen Rechts)은 오직 공개성(Publizität)인데, 이것
없이는 정의도 법도 있을 수 없다고 강조하면서,[40] "다른 사람들의 권리에 연관되
는 행위의 경우, 그 행위의 척도가 공개성에 부합하지 않을 때에는 모두 불법이
다"[41]라는 명제를 '공법의 선험적 공식'으로 천명하였던 것이다. 근본적으로, 칸트
에 있어 정언명령의 제1법칙은 '너의 행위준칙이 모든 사람에게 보편적 법칙이 될
수 있도록 행위하라'는 것인데, 여기서 '보편화가능성'(Verallgemeinerungsfähigkeit)이
라는 것은 모든 사람이 너의 행위를 볼 수 있도록 공개하고 그렇게 하더라도 부
끄럽지 않도록 행위하라는 것으로 이해할 수 있다.

　　(2) 이와 같은 '열려 있음' '공개성' '투명성'을 공법의 법철학적 기초로 삼고
자 한다. 요컨대, 공법은 '모든 사람에게 열려 있는 법'이다. 이는 민주주의와 연
결된다. 주권자인 국민 모두에게 열려 있는 법이 바로 공법이다. 법규칙에 의거한
법치주의에만 갇혀 있지 않고 끊임없이 민주주의와의 연결고리를 모색하는 법이
공법이다. 민주주의는 국가공동체를 전제로 한다. 민주주의는 국가공동체의 정의
로운 경영을 위한 것이다. 이를 위해 우리는 참된 민주주의를 이룩하고자 희생하
고 노력하여 왔다. 국가공동체의 존재의의와 임무·책임을 문제접근을 위한 기본
시각으로 갖는 법학이 바로 '공법학'이다.

　　(3) 이러한 기본시각에서 지금까지 우리의 공법학이, 특히 행정법학이 개인
의 권리구제에 집중하는 '주관적 법치주의'에만 한정되어 있었던 것이 아닌가 라
는 반성을 하게 한다. 이제 헌법과 행정법은 참된 의미의 '공법'으로서, '공법'소
송으로서의 행정소송과 헌법소원심판이 객관소송으로서의 기능을 회복하고, 나
아가 '민주주의 포럼'으로서의 역할을 수행할 수 있도록 함께 힘을 합쳐야 한다.

---

39) Kant, Was ist Aufklärung? in: ders, Ausgewählte kleine Schriften, Hamburg 1965, S.3.
40) Kant, Zum ewigen Frieden, Anhang Ⅱ. B 98 (hrsg. von. H. F. Klemme, Hamburg 1992
　　S.96).
41) Kant, a.a.O., B 99 (S.97).

V. 결어

공·사법의 구별은 방법론의 관점에서 매우 다층적인 의미를 갖는다. 크게 문제해결, 문제발견, 문제접근의 세 가지 방법론의 차원으로 나뉘고, 문제해결 방법론의 차원은 다시 재판관할과 규율내용의 특수성으로 나뉘는데, 규율내용의 특수성은 실체법적 규율에 관한 것과 절차법적 규율에 관한 것으로 구분될 수 있고 그 각각은 다시 불문법적 특수성과 성문법적 차원으로 구분될 수 있다. 문제발견 방법론의 차원은 법학교육과 법학연구로 나뉘어진다. 이와 같이 공·사법의 구별은 세부층까지 모두 합하여 최소한 총 10개의 층에서 문제되고, 그 구별의 여부와 강도는 각 층마다 다르다.[42] 이것이 바로 본고에서 규명하고자 한 공·사법 구별의 방법론적 의의와 한계이다.

공·사법 구별의 방법론적 의의는 문제해결의 방법론 가운데 재판관할의 관점에서 最强의 의의를 갖고(최협의의 구별), 규율 내용의 특수성의 관점에서 강한 의의를 가지며(협의의 구별), 문제발견의 방법론으로서 약한 의의를 갖고(광의의 구별), 문제접근의 방법론으로서 最弱의 의의를 갖는다(최광의의 구별). 이와 동일한 순서로 공·사법 구별의 방법론적 한계 내지 상대성도 나타난다. 다시 말해, 법질서의 상황에 따라 그 방법론적 의의가 변할 수 있고, 그 변화가능성의 정도는 재판관할의 문제에서 가장 크고, 다음으로 규율내용의 특수성, 법학교육, 법학연구, 근본적 문제접근방법의 순서가 될 것이다. 따라서 우리는 공·사법 구별의 실정법적 연구에서는 가장 강한 방법론적 의의를 갖는 재판관할의 문제부터 출발해야 하겠지만, 공·사법 구별의 학문적 연구에서는 방법론적 한계가 가장 작은 근본적 문제접근방법, 즉, 공법의 법철학적 기초부터 출발해야 한다.

---

42) 재판관할에 관해서는 프랑스와 같이 행정재판권이 행정부에 속하는 경우, 독일과 같이 행정재판권이 사법부에 속하지만 민·형사재판권과 분리되어 있는 경우, 우리나라와 영국과 같이 행정재판권이 분리되어 있지 않지만 행정재판을 위한 별도의 소송절차와 전문법원 내지 전문재판부가 있는 경우 등 3개의 세부층으로 나눌 수 있고, 이에 관련된 공·사법 구별의 강도는 위 순서대로 점차 약해진다. 또한 규율의 특수성에 관해서도, 실체법적 규율의 불문법적 특수성, 절차법적 규율의 불문법적 특수성, 실체법적 규율의 성문법적 특수성, 절차법적 규율의 성문법적 특수성 등 4개의 세부층으로 나눌 수 있고, 이에 관련된 공·사법 구별의 강도도 위 순서대로 점차 약해진다.

9. 行政法과 法解釋*

─ 法律留保 내지 議會留保와 法形成의 限界 ─
(대법원 2014. 4. 10. 선고 2011두31604
폐차신고수리거부처분취소사건 판결을 중심으로)

Ⅰ. 序說

'방법'의 서양어인 Methode; méthode; method의 어원은 고대 그리스어인 μετά τήν όδήν (meta ten hoden) 즉 '길을 뒤따라'(hinter dem Weg)라는 의미인데, 이 점에 착안하여 '방법'은 누군가가 이미 어떤 방향으로 지나가 길이 생긴 후에 그 길을 따라간다는 것으로 정의되기도 한다.[1] 이와 같이 어떤 학문에서든지, 특히 법학에서, '방법'을 논하고 가르치는 '방법론'(Methodenlehre)의 초점은 어떤 새로운 방법을 창출하는 데 있지 않고 이미 우리가 오래 전부터 행하고 있는 방법을 자각하여 이를 성찰하고 비판하며 전수하는 데 있다. 요컨대, '방법론적 각성'(Methodenbewußtsein)이 그 요체이다.

'법학'방법론은 법학을 수행하는 방법을 자각하는 것인데, 학문으로서의 법학이 실정법규의 조문을 해석하는 데 그치지 아니하기 때문에, 법학방법론은 법해석방법론에 한정되지 않는다. 도그마틱의 개념과 체계 정립의 방법, 판례 연구의 방법, 철학·역사·사회과학 등 인접학문과의 관계, 나아가 법학교육의 방법에

[행정법과 법해석, 『행정법연구』 제43호, 2015]

* 이 논문은 서울대학교 법학발전재단 출연 법학연구소 기금의 2014학년도 학술연구비 받은 것으로서, 2015년 8월 27일 동 법학연구소가 주최한 『법학방법론의 기초와 적용』 세미나에서 발표한 글을 수정, 보완한 것임을 밝힌다.

1) Das Verwaltungsrecht zwischen klassischem dogmatischen Verständnis und steuerungswissenschaftlichem Anspruch, VVDStRL 67 (2008), Aussprache, Isensee, S.339 참조.

관한 방법까지 아우른다. 그러나 법학은 법실무의 지도·비판·교육을 그 본질적 기능의 하나로 갖고 있는 이상, 법실무에서 쟁점이 되는 '법규 해석'이 법학의 출발점이기도 하다. 이러한 의미에서 법해석방법론은 법학방법론의 출발점이자 법실무방법론과의 접점이다. 법실무 쪽에서는 법규 해석만이 아니라 사실인정, 절차 구성 및 진행, 조직 등을 아우르는 방법론이 있을 것이다. 다시 말해, 법학방법론의 동그라미와 법실무방법론의 동그라미가 법해석에서 만나고, 그 법해석의 방법론을 학문적으로 성찰, 비판하는 것이 법학방법론의 출발점이다.[2]

법학의 관점에서 보면, 법해석방법론은 비단 법해석의 기술 내지 수단에 한정되는 것이 아니라, 도그마틱의 개념 및 체계와 결합되고 나아가 법이념과 正義, 법과 정치, 규범과 사실 등 법의 근본문제에 대한 성찰과 연결된다. 비유컨대, 일정한 국면에서 어떠한 길을 가느냐는 당해 선택의 문제에 그치는 것이 아니라, 그 사람의 사고체계, 나아가 인생철학과 연결되는 것이다.

이상의 내용은 그대로 행정법학에도 타당하다. 다만, 그동안 행정법학에서는 도그마틱의 개념과 체계, 교육의 방향, 판례와의 관계, 인접학문과의 관계 등 학문적 관점에서 방법론이 주로 논의되었고,[3] 막상 법학방법론의 출발점이라 할 수 있는 법해석방법론은 비교적 소홀히 다루어졌다. 이는 법해석방법론을 중심으로 하는 법학방법론이 독일에서, 그리고 최근 우리나라에서도, 주로 민법학자들에 의해 연구, 서술되었고 또한 개별 행정법규의 해석도 결국 민법규정의 해석과 동일하다는 생각 때문이라고 할 수 있다. 형법학에서는 우리나라에서도 오래 전부터 '유추금지'를 둘러싸고 형법학에 특수한 법해석 문제에 관하여 활발한 논의가 있어 왔다.[4] 최근 행정법에 관해서도 규제와 공공선택의 관점에서 행정법규 해석의 특수성을 강조하고 헌법원리와 행정법의 일반원칙을 포함하는 행정법의 해석

---

2) 독일에서 학문으로서의 법학을 중심으로 하는 방법론을 가리킬 때에는 'rechtswissen-schaftliche' Methodenlehre라고 하지만(대표적으로 Karl Larenz, Methodenlehre der Recht-swissenschaft. 6.Aufl., Berlin u.a. 1991), 법해석방법론을 중심으로 할 때에는 거의 대부분 'juristische' Methodenlehre라고 한다. 이 'juristisch'를 법학과 법실무를 포괄하는 의미에서, 그 공통된 대상인 '법'을 기준으로, 법학방법론과 법실무방법론을 아우르는 큰 범주로서 '법방법론'이라고 부를 수 있을 것이다. 그 중 행정법에 관한 것은 '행정법방법론'이다.

3) 졸저, 『행정법의 체계와 방법론』, 2005, 행정법에 있어서의 이론과 실제(제1장), 행정법 교육의 목표와 방향(제2장), 행정법과 법철학(제3장); 졸고, 행정법에 있어 판례의 의의와 기능, 『행정법학』 창간호, 2011, 35-69면 참조.

4) 대표적으로 신동운·김영환·이상돈·김대휘·최봉철, 『법률해석의 한계』, 2000.

원리를 제시하는, 법해석방법론에 관한 전반적·체계적인 연구가 시작되었다.[5]

　본고에서는 행정법에 있어 법해석방법론의 맥점에 해당하는 —형법상 죄형법정주의와 유추금지에 상응하는— 법률유보 내지 의회유보와 법형성의 한계 문제를 다룸으로써 행정법상 법해석의 특수성을 살펴보고자 한다. 이를 위하여, 최근의 대법원 2014. 4. 10. 선고 2011두31604 폐차신고수리거부처분취소사건 판결을 연구대상으로 삼아 이를 분석하고(Ⅱ.), 법해석과 법형성의 관계를 검토하여 위 판결의 방법론을 밝힌 다음(Ⅲ.), 법률유보와 의회유보의 관점에서 행정법상 법형성의 한계를 논의함으로써 위 판결의 정당성과 타당성을 비판적으로 검토하고자 한다(Ⅳ.).

Ⅱ. 研究對象 判例의 分析

1. 사안의 개요

　원고는 화물자동차운수사업법(이하 '화물차사업법'으로 약칭)에 의해 화물자동차운송사업 허가를 받아 화물운송업을 하고 있는 회사인데, 소외 A, B, C는 원고회사의 소위 지입차주로서, 각자 2004년 이전부터 트럭 1대씩을 원고회사에게 명의신탁하고 그 각 트럭을 운행하고 있었다. 2004. 1. 20. 법률 제7100호로 도입된 구 화물차사업법 부칙 제3조 제2항[6]에 의하여 당시의 지입차주는 2004. 12. 31.부터 지입계약(명의신탁 및 위·수탁계약)을 해지하고 화물자동차 1대만으로도 화물자동차운송사업 허가를 받을 수 있게 되자, 2010. 8.경부터 같은 해 11.경까지에 걸

---

5) 김유환, 행정법 해석의 원리와 해석상의 제 문제, 한국법철학회 김도균(편), 『한국 법질서와 법해석론』, 2013, 488-509면.
6) 화물차사업법 부칙 제3조(화물자동차운송사업 허가에 관한 특례) 제2항: "이 법 공포 당시 화물자동차운송사업을 경영하는 자에게 명의신탁한 화물자동차에 의하여 화물자동차운송사업을 위탁받은 자 중 2004년 12월 31일부터 당해 명의신탁 및 위·수탁계약을 해지하고 당해 차량으로 화물자동차운송사업을 경영하고자 하는 자는 <u>제3조 제5항 제1호의 개정규정에 불구하고</u> 건설교통부장관에게 허가를 신청할 수 있으며, 허가신청을 받은 건설교통부장관은 당해 허가신청자에 대하여 화물자동차운송사업의 허가를 할 수 있다." 제3조(화물자동차 운송사업의 허가 등) 제5항: "제1항 및 제3항 본문에 따른 화물자동차운송사업의 허가 또는 증차를 수반하는 변경허가의 기준은 다음 각 호와 같다. <u>1. 국토해양부장관이 화물의 운송 수요를 고려하여 제4항에 따라 업종별로 고시하는 공급기준에 맞을 것.</u> 2. 화물자동의 대수, 자본금 또는 자산평가액, 차고지 등 운송시설(이하 '운송시설'이라 한다), 그 밖에 국토해양부령이 정하는 기준에 맞을 것."

쳐 원고회사와의 지입계약을 각 해지하고, 각자 해당 화물자동차에 대하여 새로운 차량번호와 그들 명의로 소유권이전등록을 하였다.

원고회사는 2010. 12.경 피고 경상남도화물자동차 운송사업협회[7]에게, 화물차사업법 제3조 제3항 단서[8] 및 동법 시행령 제2조 제4호[9]에 의거하여, 위와 같이 지입계약이 해지됨으로써 감소한 차량 3대를 새로운 차량으로 교체('代廢車')하겠다는 내용의 화물자동차운송사업 허가사항 변경신고를 하였는데, 피고는 2010. 12. 24. 이러한 지입계약 해지에 의한 대·폐차를 금지하는 국토해양부「위·수탁 화물자동차에 대한 운송사업 허가업무 처리지침(2004. 12.)」(이하 '이 사건 지침') 제9조 제2항[10]에 의거하여 위 신고의 수리를 거부하였고, 원고는 이에 대하여 동 거부처분의 취소를 구하는 행정소송을 제기하였다.

2. 원고의 주장

원고는 위 행정소송에서, 위 화물차사업법 부칙 제3조 제2항에 의거하여 지입차주가 독자적인 허가를 받고자 지입계약을 해지한 경우에 기존의 운송사업자(이하 '지입회사')가 허가받은 차량의 대수(이하 '허가대수')에 어떠한 영향을 미치는지에 관해 위 부칙 조항 등 관련 법령에 명문의 규정이 없는 이상, 소외 A, B, C의 지입계약 해지에도 불구하고 원고회사의 허가대수에는 변함이 없고, 단지 회사 소유로 신탁되어 있던 지입차량이 빠져나감으로써 회사가 실제로 소유·운영

---

7) 화물차사업법 제48조에 의해 설립된 운수사업자단체로서, 동법 제64조 제1항 및 동법시행령 제15조 제1항 제1호에 의하여 국토해양부장관으로부터 화물자동차운송사업 허가사항 변경신고 업무를 위탁받은 단체이다.

8) 화물차사업법 제3조(화물자동차 운송사업의 허가 등) 제3항: "화물자동차 운송사업의 허가를 받은 자가 허가사항을 변경하려면 국토해양부령으로 정하는 바에 따라 국토해양부장관의 변경허가를 받아야 한다. 다만, 대통령령으로 정하는 경미한 사항을 변경하려면 국토해양부령으로 정하는 바에 따라 국토해양부장관에게 신고하여야 한다."

9) 화물차사업법 시행령 제2조(화물자동차 운송사업의 허가사항 변경신고의 대상): "「화물자동차 운수사업법」(이하 "법"이라 한다) 제3조 제3항 단서에 따라 변경신고를 하여야 하는 사항은 다음 각 호와 같다. 1. 상호의 변경 2. 대표자의 변경(법인인 경우만 해당한다) 3. 화물취급소의 설치 또는 폐지 4. 화물자동차의 대폐차(代廢車)"

10) 「위·수탁 화물자동차에 대한 운송사업 허가업무 처리지침」 제9조(위·수탁계약이 해지된 경우 운송사업자에 대한 조치): "① 관할관청은 위·수탁차주가 화물운송사업의 허가를 받은 경우에는 기존 운송사업자가 보유한 허가대수(T/E)에서 분리하여 별지 제1호 서식의 위·수탁 화물차량 관리대장에 별도로 기록·관리하여야 한다. ② 제1항의 규정에 의하여 별도로 관리하는 허가대수(T/E)분에 대하여는 대·폐차를 허용하여서는 아니 된다."

하는 차량의 수만 감소하였을 뿐이므로, 그 감소된 차량을 새로운 차량으로 교체하는 것은 '대폐차'로서 단순한 허가사항의 변경신고 사항에 불과하다고 주장하였다.

3. 소송의 경과

(1) 제1심판결(기각)

제1심판결[11]은 원고회사의 이 사건 신고의 내용은 화물차사업법 제3조 제3항 단서의 신고사항인 화물자동차의 '대폐차'가 아니라 동항 본문의 '증차'를 수반하는 변경허가사항이라고 판단하면서 다섯 개의 논거를 제시하였는데(판결문 4~6면), 그 중 세 번째 논거에서 위 부칙조항의 입법취지를 다음과 설시하였다.

> "화물차사업법 부칙 제3조 제2항은 기존에 지입계약을 통하여 실질적으로 개별화물자동차운송사업을 영위하던 사업자들이 계약 해지를 통해 정식으로 화물자동차운송사업을 수행할 경우에는 건설교통부장관이 화물의 운송수요를 감안하여 업종별로 고시하는 공급기준을 초과하는 경우에도 운송사업을 허가할 수 있도록 하고 있는바, 이는 등록제로 운영되고 있던 화물자동차 운송사업을 허가제로 전환하면서 … <u>지입차주들을 보호하기 위한 것이지, 기존 운송사업자의 화물자동차의 허가대수를 유지하도록 한 것은 아닌 점</u>"(밑줄 필자, 이하 같음)

이어 네 번째 및 다섯 번째 논거에서 이 사건 신고를 수리하여 대·폐차를 허용하게 되면 실질적으로 화물자동차의 허가대수를 증가시키는 것이라고 판시하였다.

> "화물차사업법 부칙 규정에 의하여 지입차주들의 개별화물자동차 운송사업을 허가함과 동시에 지입차량이 속해 있던 화물자동차 운송사업주에게 그 해지된 지입차량에 상응하는 화물차의 증차를 허용하는 것은 <u>실질적인 화물자동차의 허가대수의 증가를 가져오게 되는 점</u>"
> "지입계약을 통하여 화물자동차 운송사업을 영위하던 기존의 사업자는 … 지입차주로부터 수탁받은 차량에 대하여는 그 명의만을 빌려주어 지입차주로 하여금 사업자명의로 화물자동차운송사업을 영위하도록 허용해 준 것에 불과하다고 할 것인데, 이러한 경우 지입차주에게 지입차량에 대하여 화물차사업법 부칙 제3조 제2항에 따

---

11) 창원지방법원 2011. 6. 9. 선고 2011구합73 판결.

라 별도의 화물자동차 운송사업허가를 해 주는 것은 <u>화물자동차 운송사업허가의 실질과 형식을 일치시키는 것에 불과하고 이에 의하여 기존의 사업주에 대하여 허가된 화물차대수를 줄이는 것이라고 볼 수는 없으며, 따라서 기존의 운송사업자에게 지입차량에 대응하는 만큼의 대차를 허용하는 것은 실질적으로 증차를 허용하는 것이고,</u> 이를 신고만으로 새로운 차량으로 대차하여 운행하는 것을 허용한다면 화물자동차 운송사업의 초과공급으로 인한 불균형을 해소한다는 이 법의 입법취지에 반하게 되는 점"

요컨대, 지입차량은 지입회사가 실제로 운영하는 것이 아니므로 지입회사의 실질적인 허가대수는 원래부터 지입차량만큼 축소되어 있었다는 것이다. 그렇기 때문에, 독자적인 신규 허가를 받아 빠져나가는 지입차량에 상응하여 대차를 허용하게 되면, 지입회사의 허가대수가 실질적으로 증차되는 것이라고 판단한 것이다. 제1심판결은 이와 같이 지입회사의 '원래의' 허가대수가 축소되어 있는 것으로 보았다는 점에서, 후술하는 바와 같이 '지입계약의 해지로써' 지입회사의 허가대수가 감소한다고 판단한 대법원판결과 다르다.

(2) 원심판결(인용)

원심판결[12]은 우선 다음과 같은 다섯 개의 논거로써 이 사건 신고는 화물차사업법 제3조 제3항 단서 및 동법 시행령 제2조 제4호에 따른 허가사항 변경신고에 해당한다고 판단하였다(판결문 4~5면). 즉,

첫 번째 논거로, "화물차사업법 제57조 본문[13])에 의하면, … 허가대수를 늘리는 신규허가나 증차와 별도로 대폐차를 규정하고"있기 때문에 법률상으로 신규허가·증차와 대폐차는 구별된다는 점을 밝힌 다음, 두 번째 논거로서,

"이 사건 신고는 원고에 지입하여 영업하던 지입차주가 화물차사업법의 부칙 규정에 의하여 개인사업자로 전환함에 따라 원고가 그 지입차량을 새로운 차량으로 변경하겠다는 것으로서, <u>원고의 화물자동차 운송사업 허가대수가 늘어나는 것이 아닌 점</u>"

---

12) 부산고등법원 2011. 11. 10. 선고 (창원)2011누504 판결.
13) 제57조(차량충당조건) "화물자동차 운송사업 및 화물자동차 운송가맹사업의 신규등록, 증차 또는 대폐차(대폐차: 차령이 만료된 차량 등을 다른 차량으로 대체하는 것을 말한다)에 충당되는 화물자동차는 차령이 3년의 범위에서 대통령령으로 정하는 연한 이내여야 한다."

이라고 설시하면서, 이 사건 신고의 내용은 '허가대수의 증가'가 아니라 '차량의 변경'에 관한 것임을 강조하였다. 이러한 차량의 변경을 규율하는 법률규정에 관하여, 세 번째 논거로,

"화물차사업법 제3조 제3항[14]은 …고 규정하고 있고, 위 법 시행령 제2조 제4호는 '화물자동차 대폐차'를 변경신고사항으로 규정하고 있을 뿐, 지입차주가 화물차사업법 부칙 제3조 제2항에 따라 화물자동차 운송사업 허가를 받는 경우 <u>기존 운송사업자가 그 지입차량을 새로운 차량으로 교체하는 것은 위 법 시행령 제2조 제4호 소정의 대폐차의 개념에서 제외한다는 규정은 없는 점</u>"

이라고 설시함으로써, 결국 지입차량 소멸로 인한 차량 교체도 위 대폐차 신고사항에 포함된다는 결론에 이르게 되는데, 가장 핵심적인 논거는 위 부칙 제3조 제2항의 해석에 관한 네 번째 점이다. 즉,

"화물차사업법 제3조 제5항 제1호[15]에 의하면 화물자동차 운송사업의 허가 또는 증차를 수반하는 변경허가에 있어 국토해양부장관이 화물의 운송 수요를 고려하여 업종별로 고시하는 공급기준에 맞도록 하고 있는데, 화물차사업법 부칙 제3조 제2항에 의하면 …규정하고 있는바, 위 부칙 규정은 화물자동차 운송사업의 신규허가를 신청하는 지입차주가 있는 경우에는 국토해양부장관이 화물의 운송 수요을 고려하여 업종별로 고시하는 공급기준을 초과하더라도 그러한 지입차주에게 화물자동차 운송사업을 허가할 수 있도록 하여 지입차주를 보호하기 위한 것으로 보일 뿐, <u>기존 운송사업자의 대폐차를 금지하여 그 허가대수를 감소시키는 것을 예정하고 있지는 않아 보이는 점</u>"

이라고 판시하여, 위 부칙조항이 지입회사의 허가대수 감소를 규정하거나 그 감소를 전제하고 있는 것은 아니라는 점을 강조하고, 다섯 번째 논거로, 국토해양부 스스로 이 사건 지침 제9조[16] 제2항에 따라 "별도로 관리하는 허가대수(T/E)분에 대하여 대폐차를 허용하는 것은 신규공급(허가) 또는 증차를 수반하는 변경허가에 해당하지 않는다고 한 점"이라고 하여 앞의 논거들을 보강하였다.

---

14) 앞의 각주 8) 참조.
15) 앞의 각주 6) 참조.
16) 앞의 각주 10) 참조.

이상과 같은 논거로써 원심판결은 이 사건 신고가 화물차사업법 제3조 제3항 단서 및 동법 시행령 제2조 제4호에 따른 변경신고에 해당한다고 판단한 다음, 마지막으로, 피고가 이 사건 신고수리거부처분 당시 그 처분이유로 이 사건 지침 제9조 제1항 및 제2항을 제시하였다는 점에 초점을 맞추어 다음과 같이 판시하였다(판결문 5~6면). 즉,

> "원고는 이 사건 처분으로 이 사건 각 화물차에 갈음하여 다른 차량으로 화물자동차 운송사업을 영위할 수 없게 되어 화물자동차 운송사업을 경영할 수 있는 화물자동차의 허가대수가 실질적으로 감소하는 불이익을 입게 되었음을 알 수 있는바, 이는 결과적으로 화물차사업법 제19조에서 정한 감차조치명령을 받은 것과 다름이 없다 할 것이고, 따라서 <u>이 사건 처분은 실질적으로 감차조치의 성격을 가지는 것으로서 원고의 화물자동차 운송사업권을 직접 제한하는 효과가 있으므로, 피고가 이와 같은 처분을 함에 있어서는 법률상의 근거를 요한다고 할 것이다.</u> … 그러나 이 사건 지침은 화물차사업법 부칙 제3조 제2항에 의하여 위·수탁차주 중 2004. 12. 31. 부터 당해 명의신탁 및 위·수탁계약을 해지하고 당해 차량으로 화물자동차 운송사업을 경영하고자 하는 자의 운송사업 허가 업무의 원활한 처리를 도모함을 목적으로 제정된 것으로서(이 사건 처리지침 제1조), 이 사건 지침의 근거가 되는 위 부칙 규정에는 위·수탁차주의 화물자동차 운송사업 허가에 관한 사항만이 규정되어 있을 뿐, <u>기존 운송사업자의 지위나 권리의무에 관하여는 아무런 정함이 없으므로, 위 부칙 규정은 이 사건 처분의 근거법률로 볼 수 없고</u>, 이 사건 지침은 법률의 근거나 위임이 없는 행정청 내부의 업무지침에 불과하여 원고의 권리를 제한하는 법적 근거가 될 수 없으며, 달리 이 사건 처분의 법적 근거를 찾아볼 수 없다."

4. 대법원판결(파기환송)

대법원[17]은 제1심판결과 동일한 결론이지만, 그 논거에서는, 관계 규정의 내용과 취지, 특히 개정법률의 입법목적을 고려하면 지입차주가 위 부칙조항에 의하여 독자적인 운송사업 허가를 받으면 그에 상응하여 기존 운송사업자의 허가대수는 감소하는 것으로 보아야 하고, 따라서 이 사건 신고의 내용은 '대폐차'가 아니라 허가대수의 증차에 해당하기 때문에 그 신고를 반려한 이 사건 처분은 적법하다고 판단하였다.

판결이유를 자세히 살펴보면, 우선 2004년 개정법률에 의해 화물자동차 운송

---

17) 대법원 2014. 4. 10. 선고 2011두31604 판결.

사업에 관한 규율이 종전의 등록제에서 허가제로 변경된 점을 지적하면서, 그 허가기준과 관련하여 화물자동차 운송사업의 초과공급으로 인한 불균형의 해소를 그 입법목적으로 강조하였다. 즉,

"화물자동차 운수사업법(이하 '화물자동차법'이라 한다)은 2004. 1. 20. 법률 제7100호로 개정되면서 화물자동차 운송사업을 종전 등록제에서 허가제로 전환하여, 제3조 제1항에서 "화물자동차 운송사업을 경영하고자 하는 자는 건설교통부령이 정하는 바에 따라 건설교통부장관의 허가를 받아야 한다."라고 규정하고, 같은 조 제3항 본문에서 그 허가사항을 변경하려면 변경허가를 받도록 규정하며, 같은 조 제5항 제1호에서는 허가의 기준으로 건설교통부장관이 화물의 운송수요를 감안하여 업종별로 고시하는 공급기준에 적합할 것을 규정하고 있는데, <u>이는 화물자동차 운송사업의 초과공급으로 인한 불균형을 해소하기 위한 것이다.</u>"

이어 대법원은 위 개정법률의 부칙에서 종전의 등록 운송사업자는 개정법률에 의한 허가를 받은 것으로 간주된다는 점을 밝힌다.

"그리고 위 개정법률은 부칙 제5조 제1항에서 "이 법 시행 당시 종전의 규정에 의하여 시·도지사에게 화물자동차 운송사업을 등록한 자는 제3조 제1항의 개정규정에 불구하고 이 법에 의하여 건설교통부장관의 허가를 받은 것으로 본다."라고 규정함으로써 개정법률 시행 이전에 등록을 마친 운송사업자에게 개정법률에 의한 수허가자로서의 지위를 부여하고 있고,"

그리고 위 부칙 제5조 제1항의 인용에 바로 연결하여 이 사건의 핵심쟁점인 부칙 제3조 제2항을 인용, 설명하였다.

"부칙 제3조 제2항(이하 '이 사건 부칙조항'이라 한다)에서는 …라고 규정함으로써 2004. 1. 20. 이전에 명의신탁 및 위·수탁계약을 체결한 기존의 위·수탁차주가 위·수탁계약 등을 해지하고 운송사업의 허가를 신청하는 경우에는 건설교통부장관이 화물의 운송수요를 감안하여 업종별로 고시하는 공급기준에 적합하지 않더라도 이를 허가할 수 있도록 하여 기존 위·수탁차주에 대한 특례를 인정하고 있다."

그런 다음 행을 바꾸어 위 부칙조항의 입법취지에 관하여 다음과 설시한다.

"이 사건 부칙조항에서 위와 같이 기존 위·수탁차주에 대한 특례를 인정하고 있는 것은 화물자동차에 관하여 위·수탁계약 등이 체결된 경우 화물자동차 운송사업과 관련한 대외적인 권리·의무는 운송사업자에게 귀속되지만, 그 운송사업과 관련한 경제적 손익은 위·수탁차주에게 귀속되므로, <u>운송사업의 수행과 관련하여 위·수탁차주가 운송사업자보다 더 실질적인 이해관계를 가지는 점을 고려한 것이다.</u>"

다음으로 이상의 판시 내용과 개정법률의 입법목적에 의거하여, 위 부칙조항에 의한 지입차량의 허가로써 지입회사의 허가대수가 감소한다는 중간결론을 내린다. 즉,

"<u>위와 같은 여러 규정의 내용 및 취지와 아울러 화물자동차 운송사업의 초과공급으로 인한 불균형을 해소하려는 개정법률의 입법 목적을 고려하면,</u> 위 개정법률 시행 이전에 등록한 기존의 운송사업자는 별도로 개정법률에 의한 허가를 받지 않고 운송사업을 계속 영위할 수 있지만, 기존의 위·수탁차주가 위·수탁계약 등을 해지하고 이 사건 부칙조항에 의하여 운송사업 허가를 받은 경우에는 <u>그에 상응하는 만큼 기존 운송사업자의 허가대수는 감소하는 것으로 보아야 할 것이다.</u>"

이러한 중간결론에 의거하여 마지막으로 이 사건 신고의 내용이 변경신고사항인 '화물자동차의 대폐차'에 해당하지 않는다는 최종결론을 내린다. 즉,

"화물자동차법 제3조 제3항 단서, 같은 법 시행령 제2조 제4호의 규정에 의한 변경신고대상인 '화물자동차의 대폐차'는 관할관청으로부터 허가받은 차량대수의 범위 내에서 화물자동차 운송사업에 사용하는 차량을 교체하는 것을 말하는데, 앞서 본 바와 같이 <u>기존 위·수탁차주가 이 사건 부칙조항에 의하여 운송사업 허가를 받은 경우 그에 상응하는 만큼 기존 운송사업자의 허가대수가 감소하는 것이므로,</u> 위·수탁차주가 이 사건 부칙조항에 의하여 운송사업 허가를 받은 후 기존 운송사업자가 그 위·수탁차량을 다른 차량으로 교체하는 것은 <u>위와 같이 감소된 기존 운송사업자의 허가대수를 다시 증가시키는 것이어서,</u> 위 법령조항의 변경신고대상인 '화물자동차의 대폐차'에 해당한다고 볼 수 없다."

5. 문제의 소재

이상의 분석에서 크게 두 가지 그룹의 문제들이 제기된다. 우선, 화물자동차 운송사업에 대한 규제, 특히 등록제와 허가제 문제, 화물자동차 운송사업에 있어

지입차주제도의 의의, 2004년 부칙 제정에 의한 지입차주의 독립의 제도적 취지, 지입회사와 지입차주의 관계, 지입회사의 허가대수의 성격 등 이 사건 행정법규와 제도에 관한 실체법적 문제들이 있는데, 이를 '실질문제'(Sachfrage)라고 부를 수 있다. 다른 한편, 위와 같은 실질문제를 다루기 이전에, 이 사건에서 법원은 과연 법률의 문언을 해석한 것인가, 그렇다면 무슨 조항을 해석한 것인가, 그렇지 않다면 어떠한 방법론으로 그와 같은 결론을 내린 것인가, 법률에 명확한 규정이 없는데도 재판관이 그러한 결론을 내릴 수 있는가 라는 문제가 제기되어야 한다. 이러한 '방법문제'(Methodenfrage)가 행정법규 해석에 있어 중요한 까닭은 그것이 바로 행정소송(항고소송)의 기능과 연결되고 나아가 헌법상 법률유보 내지 의회유보 원칙과 직결되기 때문이다.

　　위와 같은 실질문제들이 특별행정법 내지 개별행정법 영역에 속하는 것이라면, 방법문제는 분명히 일반행정법의 연구과제이다. 일반행정법은 다양한 행정영역에서 발생하는 모든 문제들을 일반적 법리로써 일거에 해결할 수 있는 도그마틱을 정립하는 것이 아니라, 헌법과 특별행정법의 영역을 연결하는 중간영역으로서, 행정의 전영역에 타당한 법원리들을 정립하여 이를 각 개별행정영역에 구체화할 수 있는 방법론을 개발하는 데 그 임무가 있다.18) 바로 그 방법론 중에 가장 먼저 필요한 것이 바로 위와 같은 '방법문제'이다. 이는 특별행정법에 대한 일반행정법의 컨트롤 기능 중 핵심에 해당한다.

　　특별행정법, 특히 최근 경제행정법, 건설행정법, 환경행정법 영역에서 행정법학의 방법론으로 '실질문제'를 제대로 이해하기 위한 '학제간 연구'와 행정법학의 임무를 — 법의 '해석'에 가두지 않고 — 규제 내지 행정제도의 설계로 확대하는 '입법학'방법론이 강조되고 있다. 학문적 관점에서 지극히 타당한 발전 방향이다. 그러나 행정소송에서 위와 같은 '방법문제'에 대한 검토 없이 막바로 개별 행정법규와 관련된 실질문제에 들어가게 되면, 위와 같은 제도설계 내지 입법학적 관점들이 유입되어, 성문법(lex lata)의 한계를 넘어 입법론(lex ferenda)의 관점에서 법해석을 시도하는 위험이 발생한다. 그 대표적인 예가 바로 본고의 연구대상 판례이다. 이러한 문제의식 하에서, 이하에서는 먼저 위에서 제기한 '방법문제'들을 검토한 다음, 법형성의 한계와 관련하여 이 사건의 '실질문제'들을 논의하고자 한다.

---

18) 졸고, 『행정법의 체계와 방법론』, 행정법에 있어서의 이론과 실제(제1장), 15-16면 참조.

Ⅲ. 法解釋과 法形成

1. 법해석의 의의와 한계

'법해석'은 해석의 대상인 법률규정의 문언(法文)으로부터 법규범의 구체적인 내용을 추출하고자 그 의미를 새기는 것이다. 法文의 일반·추상성과 당해 사안의 개별·구체성을 연결하는 작업으로 설명되기도 한다. 독일의 법학방법론에서 가장 먼저 강조되는 점은 '해석'(Auslegung)은 법률규정의 문언에서 바로 자동적으로 나오는 것이 아니라는 것이다.[19] 거기에는 항상 법해석자의 능동적인 활동이 개입되어 그 문언의 규범적 의미가 포착되는데, 그렇기 때문에 그 해석의 방법으로 문언적 해석에 한정되지 않고 그밖에 체계적-논리적 해석, 역사적-주관적 해석, 객관적-목적론적 해석이 인정되고, 최근에는 헌법합치적 해석 및 — 유럽연합 회원국에서는 — 유럽법합치적 해석, 나아가 비교법적 해석까지 인정된다.

그러나 법해석은 그 해석의 대상인 법률규정의 문언이 존재하는 한에서만 가능하다. 해석할 것이 있어야 해석할 수 있다! 너무나 당연한 말로 들리겠지만, 여기서부터 근본적인 방법론적 문제가 시작한다. 즉, 해석의 대상도 '해석'을 통해 확장할 수 있기 때문이다. 따라서 해석의 대상이 무한정하게 확장되지 않도록 하기 위해 일정한 한계가 필요한데, 독일의 법방법론에서 일반적으로 '법문의 가능한 의미'(möglicher Wortsinn des Normtextes)를 법해석의 한계로 제시한다. 이 한계를 넘으면 더 이상 법의 '해석'이 아니라 법의 (보충적) 형성'(Rechtsfortbildung)이 된다.[20] 다시 말해, '법문의 가능한 의미'를 기준으로 법해석과 법형성으로 나누어진다.

2. '법문의 가능한 의미'

법해석의 한계인 '법문의 가능한 의미'는 상당히 광범위하고 탄력적이다. 체계적 해석, 역사적 해석, 목적론적 해석, 헌법합치적 해석 등을 통해 그 제1차적인 문언적 의미를 뛰어넘을 수 있기 때문이다. 그렇다면 이러한 해석방법들을 동

---

19) 대표적으로 Karl Larenz, Methodenlehre der Rechtswissenschaft. 6.Aufl., 1991, S.312-320; Franz Bydlinski, Juristische Methodenlehre und Rechtsbegriff. 2.Aufl., 1991, S.428-436; ders, Grundzüge der juristischen Methodenlehre (bearbeitet von Peter Bydlinski) 2.Aufl., 2012, S.76-79 참조.

20) 이에 관해 Karl Larenz, a.a.O., S.320-324; Franz Bydlinski, a.a.O., S.467-471 참조.

원하여 그 의미 범위를 최대한 확대하더라도 넘을 수 없는 한계로서 '법문의 가능한 의미'는 무엇인가? 바로 이 문제를 둘러싸고 형법학에서 활발한 논의가 있어 왔다. 이 한계를 넘어서면 형법에서 금지되는 '유추'가 되기 때문이다. 행정법에서도 형법상 유추금지에 상응하는, 법률유보 내지 의회유보에 의한 법형성의 한계 문제가 있으므로 마찬가지로 위 한계의 설정이 중요한 의미를 갖는다.

독일의 법방법론에서 일반적으로 '법문의 가능한 의미'는 일반적인 언어관용상 수긍할 수 있는 최대한의 범위, 거꾸로 말하면, 일반적인 언어관용상 도저히 수긍할 수 없는 것으로 배척되지 않는 범위로 이해된다. 이 범위에 속하면 목적론적 해석 내지 확대해석이 되지만, 이 범위를 벗어나면 목적론적 '해석'이 아니라, 목적론에 의거한 유추 또는 축소, 나아가 법의 일반원리의 구체화 등 '법형성'이 된다. 이에 대한 반론으로, 일반적 언어관용이 불명확하므로 위와 같은 한계가 존재할 수 없다는 주장과, 일반적 언어관용을 확정할 수 있다고 하더라도, '해석'의 구조와 '유추'의 구조가, 양자 모두 규범과 사실의 동일성 내지 유사성을 비교한다는 점에서, 본질적으로 동일하기 때문에 양자의 구별 기준으로 무의미하다는 주장이 있다.[21)]

여하튼 '법문의 가능한 의미' 범위에 속하는 것이 되면 그에 대한 해석은 어떠한 해석방법에 의한 것이든지 허용되는 반면, ─물론 그 해석의 타당성이 부정될 수 있겠지만, ─그 범위를 벗어나 법형성이 되면 아래에서 보는 바와 같이 방법론적인 한계가 설정되고 그 한계를 위반하면, 그 법형성의 타당성 문제에 앞서, 법형성의 정당성 자체가 부정된다. 따라서 법해석과 법형성의 구별, 또는 만일 양자의 구별이 불가능 또는 무의미하다면, 항상 허용되는 법해석과 일정한 경우 금지되는 법해석의 구별과 그 구별기준으로서 '법문의 가능한 의미'도 방법론적으로 중요한 역할을 할 수밖에 없다.

3. 법형성의 의의와 방법

'법형성'(Rechtsfortbildung)은 한편으로 '법해석'(Rechtsauslegung)과 다른 한편으로 '법창조'(Rechtsschöpfung)의 중간 의미를 갖는 절충적인 용어이다. 즉, 존재하는 법을 해석하는 것도 아니고, 존재하지 않는 법을 새롭게 창조하는 것이 아니라, 존

---

21) 이러한 반론들에 관해 특히 Franz Bydlinski, a.a.O., S.468-471 참조.

318 행정법 개혁의 과제

재하지만 불완전한 법을 보충하여 발전시킨다는 의미이다.[22] 재판관 내지 법적용자에게 법창조의 권한은 없지만, 불완전한 법을 보충하여 발전시킬 권한과 의무는 인정된다는 의미로, 일반적으로 '재판관에 의한 법형성'(richterliche Rechtsfortbildung)이라고 한다. 요컨대, 법해석의 한계를 넘어서는 법적 판단의 정당성을 부여하기 위한 용어가 '법의 (보충적) 형성'이다.

이러한 법형성의 방법으로 대표적인 것은 '유추'(Analogie)이다. 유추는 일정한 사안을 규율하는 법규가 없는 경우에 그 사안과 본질적으로 동일한 사안유형을 규율하는 법규에 의거하여 그와 같은 내용으로 규율하는 것이므로, 그 법규가 유추를 통해 당해 사안에도 적용된다는 의미에서 '유추적용'(analogische, entsprechende, sinngemäße Anwendung)이라고 부를 수 있겠지만, 이미 해석의 한계를 넘은 것이므로 '유추해석'이라고 부르는 것은 타당하지 않다.[23] 유추에 있어 가장 본질적인 요소는 유사성의 판단인데, 그 판단 기준으로 가장 중요한 것이 유추의 대상이 되는 법규 내지 그 법규가 속한 법률 전체의 입법목적이기 때문에, 유추는 흔히 목적론적 방법론과 동일시된다. 그러나 상술한 바와 같이 유추와 '목적론적 (확대) 해석'은 다른 것이다.[24] 후자는 '법문의 가능한 의미'의 범위 내에서 입법목적과 가장 가까운 넓은 의미를 선택하는 것인 반면, 유추는 당해 사안이 어떤 법규의 법문의 가능한 범위를 벗어나지만 사안의 성격과 그 법규 내지 법률의 목적을 고려하여 그 법규를 당해 사안에 (유추)적용하는 것이다.[25]

---

22) 새롭게 법률가를 '양성'하는 것은 (Juristen-)'Ausbildung'이지만 이미 법률가가 된 사람들을 사후에 '연수'시켜 발전하도록 하는 것은 'Fortbildung'이다.

23) 同旨, 김영환, 법학방법론의 관점에서 본 유추와 목적론적 축소, 한국법철학회 김도균(편), 전게서, 347-370면 (361면).

24) 예컨대, 식품위생법령에서 '접대부(接待婦)'의 연령과 건강을 규제하는 규정을 같은 역할을 하는 남자종업원에게도 동일하게 적용함에 있어, 그 남자종업원도 '접대부'라는 법문의 가능한 의미 범위 내에 속하는 것이라면 그것은 목적론적 확대해석이고, 그렇지 않다면 유추에 해당한다. 현재에는 모든 법령에서 "접대부(남녀를 불문한다)"로 규정함으로써 입법적으로 해결되었다. 대표적으로 「영화 및 비디오물의 진흥에 관한 법률」 제62조 제3호 나목 참조.

25) 유추의 특수한 형태로 '小에서 大로의 추론'(argumentum a minori ad maius)과 '大에서 小로의 추론'(argumentum a maiori ad minus)이 있다. 양자는 유추에서와 같은 유사성의 판단에서 유사성을 넘어 '너무나 명백히 동일하게 규율되어야 할 필요성'이 인정된다는 점에서 공통된다. 다만, 전자는 어떤 법규가 — 그 법문의 가능한 의미에 의해 — 문제없이 적용되는 사안(小)과 비교하여 그 법문의 가능한 의미를 벗어나는 다른 사안이 훨씬 더 그 법규에 의한 규율의 필요성이 큰 것(大)으로 판단되면 그 법규가 그 다른 사안에

유추와 반대되는 법형성 방법은 '목적론적 축소'(teleologische Reduktion; Restriktion)이다.[26] 즉, 유추를 통해서는 어떤 법규의 적용범위가 법문의 가능한 범위를 넘어 확장되는 것인 반면, 목적론적 축소는 역시 법문의 가능한 범위를 넘어 어떤 법규의 적용범위를 축소시키는 것이다. 하지만 양자 모두 목적론적 사고가 기초를 이룬다는 점에서 공통된다. 특히 유추에 의해 일정한 법규의 적용범위가 확대됨과 동시에 다른 법규의 적용범위가 목적론적 축소에 의해 축소된다면, 이는 동일한 목적론적 방법의 양면에 해당한다. 바로 연구대상 판례가 그 예이다.

그 밖에 '법유추'(Rechtsanalogie) 또는 '전체유추'(Gesamtanalogie)라고 하여, 개별 법규를 유추하는 것이 아니라 일단의 법규들로부터 공통된 원리를 추출하여 그 원리를 문제된 사안에 적용하는 방법이 있는데, 유추의 일종으로 보기보다 '법원리'에 의한 법형성 방법으로 파악하는 것이 한결 더 타당하다.[27] 그렇게 보게 되면, 법원리의 정립 근거로서, 법률의 규정들에 의거하는 경우와 헌법원리 기타 불문법적 원리에 의거하는 경우로 나누어진다. 이는 연구대상 판례에서 사용된 방법이 아니므로 상론을 피한다.

4. 사안에의 적용

위 대법원판결은 최종결론으로, 이 사건 신고의 내용이 변경신고사항인 화물자동차의 대폐차에 해당하지 않는다고 판시하였는데, 그 이유설시의 형식적 구조로 보아 마치 신고사항으로 규정된 '대폐차'의 해석 문제에 해당하는 것으로 착각하기 쉽다. 그러나 '대폐차'라 함은 — 허가대수에는 변함이 없이 그 허가대수에 의

도 당연히 적용되어야 한다는 것이고, 후자는 어떤 법규가 그 법문의 가능한 의미에 의해 명백히 적용되지 않는 사안(大)에 비해 그 법문의 가능한 의미를 벗어나는 다른 사안이 훨씬 더 그 법규에 의한 규율의 필요성이 없는 것(小)으로 판단되면 그 법규는 당연히 그 다른 사안에 적용될 수 없다는 것이다. 흔히 우리나라에서 양자를 합해 물론해석 또는 당연해석이라고 일컬어지고 있는데, 그렇다면 양자를 구별하여 전자를 긍정적 물론해석, 후자를 부정적 물론해석으로 부를 수 있을 것이나, 상술한 바와 같이 양자 모두 해석의 한계를 넘어선 것이므로 물론 '해석'이라고 일컫는 것은 타당하지 않고 '물론추론' 내지 '당연추론'이라고 하여야 할 것이다.

26) 이에 관한 상세한 스위스 문헌으로 Manuel Jaun, Die teleolgische Reduktion im schweizerischen Recht. Konzeptionelle Erfassung, Voraussetzungen und Schranken der Rechtsfindung contra verba legis, Bern 2001 참조.
27) 이에 관해 Karl Larenz, a.a.O., S.383-388; Franz Bydlinski, a.a.O., S.478-479 참조.

거하여 ─ 사고, 차령만료 기타 사유로 폐차한 화물차 대신에 새로운 화물차로 사업을 운영한다는 의미로서, 대법원판결이 이러한 문언의 의미를 축소하여 해석한 것이 아니기 때문에, 이는 '해석'의 문제가 아님이 분명하다.

대신에, 화물자동차 운송사업의 초과공급으로 인한 불균형을 해소하려는 개정법률의 입법목적을 고려하여, 지입차주가 지입계약을 해지하고 별도의 운송사업허가를 받게 되면 그에 상응하여 기존 지입회사의 허가대수가 감소하는 것으로 판단하고, 이를 근거로, 지입계약의 해지로 빠져나간 지입차량을 다른 화물자동차로 교체하는 것은 '대폐차'에 해당하지 않는 것으로 판단하였다는 점에서, 논리구조상 '목적론적 축소'에 해당하는 것으로 볼 수 있다. 즉, '대폐차'라는 문구의 가능한 의미 범위 내에서는 지입차주가 지입계약을 해지함으로써 지입회사가 소유명의를 상실한 차량을 새로운 차량으로 교체하는 것을 '대폐차'에 해당하지 않는 것으로 배제할 수 없기 때문에, 목적론적 추론을 통해, 지입차주가 지입계약의 해지 후 별도의 사업허가를 받게 되면 지입회사의 허가대수가 감소한다는 전제를 개입시켜, 결국 '대폐차'의 적용범위를 축소시킨 것이다.

이러한 목적론적 축소는 상술한 바와 같이, 유추와 반대되는 방법이지만 그 기초는 유추와 동일하다. 특히 이 사안에서는 신고사항인 '대폐차'의 적용 범위를 축소시킴과 동시에, 지입계약이 해지된 차량의 교체는 허가사항인 '증차'와 다름없다는 판단을 한 것이므로, 이 부분은 바로 전형적인 유추에 해당한다. 다시 말해, 허가사항을 규정한 조항에 명문의 규정이 없음에도 불구하고, 다시 말해, 그 조항의 법문의 가능한 의미 범위를 벗어남에도 불구하고, 지입계약이 해지된 차량의 교체가 그 (허가)조항의 '유추'적용을 받아야 한다는 것이다.

이상과 같은 목적론적 축소와 유추는 ─ 해석의 대상이 되는 법률조항은 없지만 ─ 최소한 그 축소 또는 유추의 대상이 되는 법률조항은 있어야 한다. 형식적으로는 신고사항 또는 허가사항에 관한 규정이 이에 해당한다고 할 수 있겠지만, 실질적으로 보면, 위 부칙조항에 의해 지입계약이 해지되고 그 지입차주에게 별도의 사업허가가 부여된 경우에 지입회사의 허가대수에 어떠한 영향을 미치는가라는 문제에 관해, 축소 또는 유추하여서라도 원용할 수 있는 어떠한 법률조항도 없다. 이것이 '방법문제'의 차원에서 이 사건 대법원판결의 결정적인 문제점이다.

Ⅳ. 行政法上 法形成의 限界

1. 법형성의 원칙적 정당성과 판례법

행정법 영역에서는 형법에서와 같은 '절대적' 유추금지가 없기 때문에, 민사법과 같이 재판관에 의한 법형성이 원칙적으로 인정된다. 즉, 행정소송에서 재판관은 사안에 적용할 법규가 없거나 불완전하다는 이유로 재판을 거부하여서는 아니 되고, 원칙적으로 현행법을 토대로 유추, 목적론적 축소, 법원리 등 법형성의 방법을 통해 사안에 적합한 적용법규를 정립하여 본안판단을 할 권한과 의무를 지닌다. 이러한 법형성의 권한과 의미에 기하여 法源으로서 제2단계의 '판례법'이 인정된다는 것이 사견이다.[28] 제1단계 판례법은 법의 사실적 내지 경험적 인식근거로서의 판례를 가리키는데, 이러한 의미의 판례법은 판례의 사실상의 구속력에 의거하여 인정된다. 반면에 제2단계 판례법은 법의 규범적 내지 당위적 인식근거로서의 판례를 말한다. 즉, 어떤 명제를 반드시 '법의 명제'(Rechtssatz), 즉 법규로 인식해야 하는 근거로서의 자격을 판례가 갖고 있고, 바로 그 자격은 위와 같은 재판관의 법형성 권한과 의무에서 비롯된다. 이러한 제2단계 판례법의 개념은 특히 재판관에 의해 법형성 방법을 통해 정립된 명제가 정치명제, 도덕명제, 경제명제가 아닌 '법의 명제'라는 점을 인식함으로써 재판관의 권한과 책임의 근거를 마련하기 위함이다.[29] 따라서 아래에서 논의하는 법형성의 한계는 바로 이러한 (제2단계) 판례법의 한계를 이룬다.[30]

참고로, 사견에 의하면 법명제의 효력근거를 의미하는 제3단계 판례법은 인정될 수 없다. 이는 법형성에 의해 한번 정립된 (제2단계) 판례법이 그 이후 사건에서 그 자체만으로 동일한 명제의 법적 효력의 근거가 될 수 없고, 계속 반복하

---

28) 상세한 내용은 졸고, 행정법에 있어 판례의 의의와 기능 — 법학과 법실무의 연결고리로서의 판례, 『행정법학』 창간호, 2011, 35-69면(43-48면); 본서 제7장(252-256면) 참조.
29) 법해석의 경우에도 정도의 차이는 있지만 재판관의 책임이 강조되어야 한다는 점에서 마찬가지이므로, 법형성만이 아니라 법해석까지 아울러 제2단계 판례법으로 파악할 수 있다. 이에 관해서는 졸고, 전게논문, 46면 각주 9 참조.
30) 이러한 의미에서 독일에서 재판관에 의한 법형성의 한계를 '판례법' 내지 '재판관법'(Richterrecht)의 헌법상 한계의 관점에서 논의하는 것이 일반적이다. 대표적으로 Jörn Ipsen, Richterrecht und Verfassung, Berlin 1975; ders, Verfassungsrechtliche Schranken des Richterrechts, DVBl. 1984, S.1102-1107; Walter Leisner, Richterrecht in Verfassungsschranken, DVBl. 1986, S.705-710; Christoph Gusy, Richterrecht und Grundgesetz, DÖV 1992, S.461-470 참조.

여 당해 사안에서 동일한 법형성의 타당성이 검증되어야 한다는 의미로서, 판례
의 '혁신기능'으로 연결된다.[31]

2. 법률의 흠결과 법률우위

독일의 법방법론에서 전통적으로 법형성의 한계 내지 요건으로 요구된 것은
'법률의 흠결'(Gesetzeslücke)이다. 이는 법률의 '계획에 어긋나는 불완전성'(planwi-
drige Unvollständigkeit)을 의미한다. 이러한 법률의 흠결에 대해서만 법형성에 의한
'흠결보충'(Lückenausfüllung)이 허용된다는 것이다. 거꾸로 말해, 당해 사안에 적용
할 법규가 없는 것이 법률에서 계획적으로 의도된 경우에는 법형성의 방법으로 어
떤 법명제를 정립하여서는 아니 된다. 오히려 반대추론(argumentum e contrario;
Umkehrschluß)을 의해, 문제된 법규가 당해 사안유형에는 적용될 수 없는 것으로
판단되어야 한다.[32]

문제는 '법률의 계획'을 입법자의 주관적 의사만으로 판단하느냐 아니면 법
률 자체의 객관적 목적의 관점에서 판단하느냐에 있다. 법방법론에서 전통적인
견해대립인 주관설과 객관설은 바로 이러한 '법률의 흠결' 여부, 따라서 법형성의
허용 여부를 둘러싸고 가장 큰 견해 차이를 보이고 있다. 객관설에 의하면 입법
자가 의도적으로 규율하지 않은 부분도 시대 변화에 따라 법률 전체의 목적에 비
추어 불완전한 것으로, 다시 말해, 법률의 계획에 어긋나는 것으로 판단될 수 있
기 때문에, 법형성의 여지가 대폭 확장되고, 경우에 따라서는 '법문에 반하는'
(contra legem) 법형성도 허용되는 것이다. 이러한 관점에서 — 상술한 바와 같이 '법
문의 가능한 의미'가 법해석과 법형성의 구별기준으로 무의미하다는 주장과 같이 —
'법률의 흠결'도 법형성의 요건 내지 한계로서 의미가 없다는 반론이 제기된다.[33]

여하튼 위와 같은 '법률의 흠결' 요건은 행정법의 관점에서 보면, '법률우
위'(Gesetzesvorrang)에 상응하는 것이다. 즉, 법형성은 법률을 위반해서는 아니 된

---

31) 상세한 내용은 졸고, 전게논문(행정법에 있어 판례의 의의와 기능), 47-48, 61-65면 참조.
32) 예컨대, 전술한 '접대부' 사례에서, 그것이 해석의 범위를 넘어서는 것이라면, 같은 역할
   을 하는 남자종업원에 대한 규율이 없는 것이 법률에 의해 의도된 것이 아닌 경우에 한
   하여 '법률의 흠결'이 인정되고 법형성을 통한 흠결보충이 허용된다. 만일 법률의 명확
   한 의도로 남자종업원을 제외한 것이라면, 반대추론에 의해 그에 대한 규제는 부정되어
   야 한다.
33) 법률의 흠결에 관하여 Karl Larenz, a.a.O., S.370-381; Franz Bydlinski, a.a.O., S.472-475
   참조.

다는 것이다. 원래 법률우위는 행정의 법률적합성 원칙의 제1요소로서, 의회와
행정의 관계에 관한 것이지만, 행정소송(항고소송)에서는 행정의 결정이 법률에
위반된 것인지 여부를 심사하는 것으로 그 심사기준이 바로 법률이기 때문에, 법
률우위가 재판관에 의한 법형성에도 그대로 적용된다. 이는 법적 결정에 관한 '행
정과 사법의 구조적 동일성'[34] 테제의 관점에서 설명될 수 있는데, 행정은 말하
자면 '제1법관'으로 먼저 법적 결정을 내리면 행정소송에서 이를 사후심사(review;
Nachprüfung)한다는 것이다. 여기서 재판관에 의한 법형성은 행정에 의한 법적용
을 정당화하거나 아니면 배척하기 위한 논거로 이루어지고, 따라서 행정이 법률
을 위반할 수 없듯이(법률우위), 그 행정의 결정을 사후심사하는 재판관도 법률을
위반할 수 없다(법률우위).

　　행정법을 떠나 법방법론의 관점에서도 '법률의 흠결'이라는 법형성의 요건이
법률우위와 동일한 것임을 논증할 수 있다. 즉, 법률의 '흠결'은 법률의 계획에 어
긋나는 것이므로, 흠결의 보충, 즉 법형성은 그 어긋남을 시정하여 법률의 계획을
회복 내지 완성시키는 데까지만 허용되고, 그 계획과 다른 방향으로 나아갈 수는
없다. 이러한 의미에서 법형성은 법률을 위반할 수 없는, 법률우위의 한계를 갖는
것이다.

3. 법률유보와 의회유보

　　(1) 민사법에서 법형성은 '법문의 가능한 의미'를 넘어서 '법률의 흠결'이 인
정되는 곳까지 허용되고, 형법에서는 '법문의 가능한 의미'를 넘어서는 법형성 자
체가 허용되지 않는데, 행정법에서 법형성이 허용되는 범위는 어디까지인가? 다
시 말해, 민사법과 동일하게 법률의 흠결이 인정되기만 하면, 즉 법률우위의 범위
내에서는 제한 없이 법형성이 허용되는가, 아니면 상대방의 권리·이익을 제한하
는 침익적 행정조치에 관해서는 형법에서와 같이 법형성 자체가 금지되는가, 아
니면 민사법과 형법 사이의 어떤 중간 지점에서 그 한계가 설정되어야 하는가 라
는 문제이다.

　　(2) 독일에서는 이러한 문제가 일찍부터 '행정법상 유추금지'라는 관점에서
논의되어 왔다. Anschütz가 1906년 논문에서 행정법상 법률유보원칙에 의거하여,

---

34) 이에 관한 상세한 내용은 졸저, 『행정법의 체계와 방법론』, 100-104면 참조.

침익적 행정권한을 설정하는 법형성은 형법상 유추금지와 마찬가지로 절대적으로 금지된다고 주장한 이래,[35] 상당수의 행정법학자들이 이에 관한 견해를 표명해 왔다. W. Jellinek는 위 Anschütz의 견해에 반대하면서, 행정법상 침익적인 유추가 절대적으로 금지되어서는 아니 되고 규율의 확대가 필수불가결한 경우에는 허용되어야 한다고 반박하고, 그 예로 영업상 '사람의 전시'(Schaustellung von Personen) 행위를 경찰허가의 대상으로 정한 법률규정에서, 동 규정의 의미는 난장이, 거인 등과 같이 사람의 모습 자체가 전시의 대상이 되는 경우에 한정되고 그렇지 아니한 '무용수'는 그에 해당될 수 없지만, 규율의 목적이 동일하다는 점에서 유추가 허용되어야 한다고 하였다.[36] Forsthoff에 의하면, 일반적 규정에 대한 예외로서 행정의 침익적 권한을 인정하는 유추는 금지되지만, 이는 행정법상 특수성에서 비롯된 것이 아니라, 일반적 규율에 대한 예외를 유추를 통해 설정할 수 없다는 일반이론에 의거한 것이고, 공익상 필요에 의해 일반적 규칙의 적용 범위를 확대하는 유추는 방법론적으로 금지되지 않는다고 하였다.[37]

1960년대부터 법률유보에 의거하여 행정법상 침익적 유추는 금지된다고 하는 견해(침익유추금지설)[38]가 증가하여, 이러한 절대적 금지를 부정하고 구체적 사

---

35) Gerhard Anschütz, Lücken in den Verfassungs- und Verwaltungsgesetzen, VerwArch 14 (1906), S.315-340 (329-330).

36) Walter Jellinek, Verwaltungsrecht. 3.Aufl., 1948, S.151-152. 특기할 것은 그는 목욕탕 영업의 금지처분을 받은 사람이 허수아비(Strohmann)를 내세워 동일한 영업을 하는 것은 '유추'에 의거하여 금지되어야 한다고 주장한 점이다.

37) Ernst Forsthoff, Lehrbuch des Verwaltungsrecht. Bd.I Allgemeiner Teil. 10.Aufl., München 1973, S.167.

38) Dietrich Jesch, Gesetz und Verwaltung, Tübingen 1961, S. 33; Hans Paul Prümm, Verfassung und Methodik. Beiträge zur verfassungskonformen Auslegung, Lückenergänzung und Gesetzeskorrektur unter besonderer Berücksichtigung des vierten Änderungsgesetzes zum Bundesverfassungsgerichtsgesetz, Berlin 1977 S.208; Wolfgang Fikentscher, Methoden des Rechts. Bd. IV, Tübingen 1977, S. 306; Volker Krey, Studien zum Gesetzesvorbehalt im Strafrecht: eine Einführung in die Problematik des Analogieverbots, Berlin 1977, S.244-245; Manfred Zuleeg, Öffentlichrechtliche Bürgschaften? JuS 1985, S.106-110 (109); Christoph Gusy, Richterrecht und Grundgesetz, DÖV 1992, S.461-470 (464); Roman Loeser, System des Verwaltungsrechts. Bd.1, Baden-Baden 1994, § 8 Rn.55 (S.410); Albert Bleckmann, Staatsrecht II, 4.Aufl. Köln u.a 1996, § 12 Rn.60 (S.422); Olaf Konzak, Analogie im Verwaltungsrecht, NVwZ 1997, S.872-873; Friedrich Müller & Ralph Chistensen, Juristische Methodik. 11.Aufl., Berlin 2013, S.395; Guy Beaucamp & Lutz Treder, Methoden und Technik der Rechtsanwendung. 2.Aufl., Heidelberg 2011, Rn.267-273; Thorsten Ingo Schmidt, Die Analogie im Verwaltungsrecht, VerwArch 97 (2006),

정에 비추어 공익상 필요성이 강하고 법적 안정성이 해치지 않는 경우에는 침익적 유추도 허용된다고 하는 견해(절충설)[39]와 비교하여 현재 다수설적인 위치를 점하고 있다.

(3) 우리나라에서는 학설상 이에 관한 논의를 찾기 어렵지만, 최근 주목할 만한 판례가 나왔다. 즉, 대법원 2008년 판결과 2013년 판결[40]은 공히 "침익적 행정행위의 근거가 되는 행정법규는 엄격하게 해석·적용하여야 하고 <u>그 행정행위의 상대방에게 불리한 방향으로 지나치게 확장해석하거나 유추해석하여서는 안 되</u>며, 그 입법 취지와 목적 등을 고려한 목적론적 해석이 전적으로 배제되는 것은 아니라 하더라도 <u>그 해석이 문언의 통상적인 의미를 벗어나서는 아니 된다.</u>"(밑줄 필자)고 설시하였다. 우선 여기서, 상술한 바와 같이 유추는 이미 해석의 차원을 넘어선 것이기 때문에 "유추해석"이라는 표현은 정확하지 않다는 점이 지적될 수 있다. 또한 "지나치게"라는 문구가 "확장해석"만이 아니라 "유추해석"에도 걸리는지 여부가 명확하지 않으므로, 행정법에서 침익적 유추가 절대적으로 금지된다는 의미인지, 아니면 필요한 경우에는 '지나치지 않은 범위 내에서는' 허용된다는 의미인지 분명하지 않다. 그러나 마지막 부분에서 "해석이 문언의 통상적인 의미를 벗어나서는 아니 된다"고 지적한 부분에서, 이를 해석의 한계인 '법문의 가능한 의미'로 보게 되면, 이를 넘어서는 유추 등 법형성이 침익적인 방향으로는 허용되지 않는다는 것으로 결국 침익적 유추의 (절대적) 금지를 천명한 것으로 볼 여지도 충분히 있다. 그렇지 않다 하더라도 최소한, 행정법상 침익적 유추가 '지나치게'는 허용되어서는 아니 된다는 한계를 확인하였다는 점에는 이견이 있을 수 없다.

(4) 행정법상 침익적 유추의 (절대적) 금지를 긍정하는 견해에서는 그 논거로

S.139-164 (155-161); Guy Beaucamp, Zum Analogieverbot im öffentlichen Recht, AöR 134 (2009) S.83-105 등.

39) Alfons Gern, Analogie im Verwaltungsrecht, DÖV 1985, S.558-564; Dieter Schmalz, Methodenlehre für das juristische Studiem. 3.Aufl., Baden-Baden 1992, Rn.318; Roman Herzog, Staat und Recht im Wandel. Einreden zur Verfassung und ihrer Wirklichkeit, Berlin 1993, S.150 ff.; Eberhard Schmidt-Aßmann, in; Maunz/Dürig, Kommentar, Bd.VI. Loseblatt, Art.103 Rn.233-234; Jürgen Schwabe, Zum Gesetzesvorbehalt und zum Analogieverbot bei hoheitlichem Eingriffen. Anmerkung, DVBl. 1997, S.352-353; Christian Seiler, Auslegung als Normkonkretisierung, Heidelberg 2000, S.55-56; Katja Hemke, Methodik der Analogiebildung im öffentlichen Recht, Berlin 2006, S.291-292 등.

40) 대법원 2013. 12. 12. 선고 2011두3388 판결; 대법원 2008. 2. 28. 선고 2007두13791, 13807 판결.

예외 없이 법률유보(Gesetzesvorbehalt)를 제시한다. 즉, 침익적 행정조치에 대해서는 유추 등 법형성을 통하지 않고도 명확하게 적용될 수 있는 법률상의 근거가 필요하고, 법형성에 의해 그 법률상의 근거를 만들어 낼 수 없다는 것이다. 문제는 법률유보가 입법과 행정의 관계에 대한 것이므로 과연 입법과 사법의 관계가 문제되는 법형성의 한계로 작용할 수 있는가 라는 데 있다. 이미 위에서 법률우위와 관련하여 언급하였듯이, 최소한 침익적 행정활동을 위해서는 (명확한) 법률의 근거가 필요하다는 법률유보원칙은 행정소송(항고소송)에서 계쟁 행정활동의 적법/위법 여부에 대한 판단을 매개로 하여 재판관에게도 — 간접적으로 — 동일하게 작용한다. 즉, 재판관의 결정이 직접 법률상 근거에 의거하여 내려져야 한다는 의미가 아니라, 계쟁 행정행위가 법률상 근거에 의해 이루어졌는지 여부를 심사함에 있어, 재판관은 스스로 법형성을 통해 정립한 법률상 근거를 갖고, 법률상 근거가 결여된 행정행위를 적법한 것으로 판단하거나, 아니면 법률상 근거를 구비한 행정행위에 대해 그 법률상 근거를 부정함으로써 위법한 것으로 판단하여서는 아니 된다는 것이다.

요컨대, 위에서 법률우위에 관해 설명한 바와 같이, 행정소송에서는 재판관이 최초로 법적 결정을 하는 것이 아니라, 행정에 의한 법적 결정을 사후적으로 심사하는 것이다. 그렇기 때문에, 재판관에 의해 최초로 법적 결정이 이루어지는 민사소송과 형사소송에서는 그 재판관의 결정에 대해 — 의회와 행정의 관계를 중심으로 발전해 온 — 법률유보를 원용하기가 어색하지만, 행정소송에서는 전혀 그렇지 않다. 여기에 바로 행정법상 법형성의 한계로서 법률유보가 강조될 수 있는 이유가 있다.

(5) 민사법상 법형성의 한계로서 '법률의 흠결'은 상술한 바와 같이 법률우위에 상응한다면, 행정법상 법형성의 한계로서의 법률유보는 무엇이 다른가? 전자는 입법자가 의도적으로 당해 사안에 대한 법규를 만들지 아니한 경우에만 법형성이 금지되는 데 반해, 후자는 입법자의 의도가 분명하지 아니한 경우에도 그 규율이 법률유보 영역에 속하는 한 법형성이 금지된다. 법률유보에서는 법형성이 금지되는 범위가 한결 더 확대되므로, 법률유보는 법률의 흠결 내지 법률우위보다 강화된, 법형성의 한계이다. 독일 문헌에서는, 법률우위가 과거의 입법자를 존중하는 것이라면, 법률유보는 현재의 입법자를 존중하는 것이라는 설명이 발견된다.[41]

---

41) Giovanni Biaggini, Verfassung und Richterrecht. Verfassungsrechtliche Grenzen der Rechtsfortbildung im Wege der bundesgerichtlichen Rechtsprechung, Basel 1991, S.335.

즉, 재판관의 법형성이 입법자가 의도하지 아니한 흠결에 대하여 행해지는 한 그 과거의 입법자를 존중하는 것이지만, 그 흠결된 법규를 언제라도 제정할 수 있는 현재의 입법자의 존재를 무시하여서는 아니 된다는 것이다. 다시 말해, 재판관은 법형성을 통해 현재의 입법자가 할 임무와 권한을 가로채서는 아니 된다.

이에 대해 현재의 입법자가 임무를 방기하고 있을 때에는 재판관에 의한 법형성이 불가피하지 않는가 라는 반론이 제기될 수 있다. 그러나 법형성을 정당화할 수 있는 입법자의 '태만'(Säumnis)[42]은 대부분 기본권 보호를 위한 법률 제정이 시급한 경우에 인정되는데, 이러한 경우는 대부분 상대방에 유리한 수익적 법형성이기 때문에 문제가 되지 않는다.

(6) 민사소송에서는 재판관이 법률관계의 확정과 분쟁의 종국적 해결의 책임을 지게 되므로, 사안에 적합한 법규가 없는 경우에 법형성의 임무와 권한의 범위가 클 수밖에 없고, 따라서 '법률의 흠결'이 인정되는 한, 거꾸로 말해, 입법자의 의도에 반하지 않는 한, 법형성이 허용된다. 반면에, 행정소송에서는 재판관이 법률관계의 확정 또는 분쟁의 종국적 해결의 책임을 지지 않고 또한 그러할 권한도 없다. 계쟁 행정행위의 위법성 여부만을 판단하는데, 위법하여 행정행위를 취소하거나 반대로 적법하여 취소청구를 기각하는 경우에도, 취소판결의 기속력에 반하지 않는 한, 또한 기각판결은 기속력이 없으므로, 행정청은 — 원처분과 다른 내용으로 — 다시 처분을 할 수 있는 권한을 갖는다. 뿐만 아니라 취소판결의 기속력에 대해서도 행정은 법률안을 제출하거나 스스로 행정입법을 개정함으로써 그 기속력을 법적으로 또는 사실상으로 전복시킬 수 있는 가능성까지 갖고 있다.

요컨대, 행정소송의 취소판결로 행정의 모든 문제가 해결되는 것이 아니다. 바로 그렇기 때문에, 행정소송에서 침익적 행정행위의 법률상 근거가 분명하지 아니하여 적법/위법의 판단이 용이하지 않을 때에는 유추 등 법형성을 통해 최종적·실질적인 법적 판단을 감행할 것이 아니라, 법률상 근거의 부족을 이유로 계쟁 행정행위를 취소하여야 한다.[43] 그렇게 해야만 법원으로서는 본안판단의 부담을 덜어 처분개념, 원고적격 및 소익 등 행정소송의 관문을 넓힐 수 있고, 행정으로서도 자신의 행정활동의 법률상 근거를 완비하고자 입법적 노력을 경주할 것이

---

42) 이에 관하여 Giovanni Biaggini, a.a.O., S.452-472 참조.
43) 이러한 결론은 소송법적으로 증명책임의 모습으로 정당화되지만, 방법론적으로는 상술한 바와 같이 법률유보에 기한 법형성의 한계로서 정당화된다.

다. 법원이 스스로 법형성을 통해 법률상 근거들을 만들어 주게 되면 행정은 입법적 노력을 게을리하게 된다.

심지어 독일 문헌에, 여론의 반대 또는 이익단체의 반대에 부딪혀 입법이 불가능할 때에는, 법원의 판례형성을 통해 실질적인 입법의 효과를 거둔다는 지적이 있는데,[44] 그 대표적인 예로, 1980년대까지 노동운동을 규율하는 법률이 거의 없는 상태에서 연방노동재판소의 판례로만 이를 규율한 것과, 또한 독일 민법상 비재산적 손해에 대한 손해배상청구권이 규정되어 있지 않은 상황에서 언론에 의한 명예훼손을 이유로 하는 손해배상(위자료)청구를— 언론의 입법저지 로비를 피하여— 먼저 판례에 의한 법형성으로 인정하고,[45] 그것을 나중에 입법화한 것을 들 수 있다. 민사법에서는, 그리고 노동법에서도, 행정 권한 및 행정상 법률관계가 문제되는 것이 아니므로, 법률유보가 적용되지 않는다. 그렇기 때문에, 위와 같은 독일의 법형성은 첨예한 이해집단 간의 대립을 감안하면 수긍할 수도 있을 것이다. 그러나 행정법 영역에서는 행정 권한 및 행정상 법률관계의 근거가 되는 법률의 제정을, 국회에서의 절차가 까다롭고 여론과 이익집단의 반발이 크다는 이유로 포기하고, 예규, 지침 등 행정규칙에 의거하여 행정을 수행하다가, 이를 다투는 행정소송이 제기되면 판례에 의한 법형성에 의지하게 될 우려가 있다. 말하자면, '법형성으로의 도피'는 '행정규칙으로의 도피'를 조장하게 된다. 심지어 행정부의 의향에 맞는 법형성을 위해, 사법부의 독립을 해치게 될 로비의 위험까지 있다. 이러한 우려와 위험을 방지하고 의회민주주의의 발전을 기하기 위해, 무엇보다 집단적 이해관계가 대립하는 사항에 관해서는, 법률유보에 기한 법형성의 한계가 필수적이다. 특히 의회에서의 입법과정은 투명성과 참여가 보장되는 반면, 법원에서의 판결 합의 과정은 비밀리에 이루어지기 때문이다.

(7) 행정법상 법률유보에 의거한 침익적 유추의 금지는 형법상 죄형법정주의에 의거한 유추금지와 사실상 동일해진다. 어떤 행정법규의 '법문의 가능한 의미'를 넘어 해석의 차원을 벗어나게 되면 더 이상 침익적 행정조치의 법률상 근거가

---

44) Jörn Ipsen, Verfassungsrechtliche Schranken des Richterrechts, DVBl. 1984, S.1102-1107 (1104).

45) LG Mannheim, 24.08.1962—7 O 73/61; OLG Karlsruhe, 03.07.1963—1 U 7/63; BGH, 08.12.1964—VI ZR 201/63; BVerfG, 14.02.1973—1 BvR 112/65 (BVerfGE 34, 269). 이 연방헌법재판소 판례가 일명 Soraya-결정으로, 법형성에 의거하여 위자료청구를 인용한 연방통상재판소의 판결이 언론기관의 기본권을 침해하지 않는다고 판시하였다.

될 수 없기 때문이다. 침익적 행정조치의 법률상 근거는 많은 경우 동시에 행정
벌(형벌 또는 과태료)의 근거가 되므로, 형법상의 유추금지와 동일한 한계가 행정
법에서도 원칙적으로 적용되어야 할 것이다. 다만, 행정벌과 무관하거나 그 직접
적인 구성요건이 되지 않는 경우에 침익적 행정조치라고 하여 유추 등 법형성을
절대적으로 금지하게 되면 공익실현에 공백이 생길 우려가 있다. 위에서 본 독일
의 절충설이 이러한 점을 지적하고 있는 것이다. 이러한 점을 받아들여 행정벌과
직접 연결되지 않는 침익적 조치에 대해서는 법형성의 한계를 법률유보보다 완화
하여 '의회유보'(Parlamentsvorbehalt)로 정하는 것도 고려해 볼 수 있다. 법률유보는
최소한 침해적 행정활동 전부에 미치지만 반드시 법률 자체에 의거할 필요는 없
고 법률의 수권에 기한 위임입법도 가능한데, 반드시 의회 법률로써만 규율되어
야 하는 '의회유보'는 법률유보의 대상 가운데 기본권 관련성을 기준으로 '중요한
사항'(Wesentlichkeit)만을 대상으로 한다. 이와 같이 기본권과 관련하여 중요하여
반드시 의회가 직접 법률로 규율해야 할 사항에 관해서는, 그것이 행정벌과 직접
관련이 없는 경우에도, 재판관에 의한 법형성이 금지되어야 한다. 요컨대, 법형성
의 한계 중 가장 기본적인 제1한계는 '법률의 흠결' 내지 법률우위이고, 가장 강
화된 제3한계는 법률유보이며, 그 중간의 제2한계가 의회유보이다.

　(8) 법률유보 내지 의회유보는 기본적으로 (의회)민주주의에 바탕을 두지만
다른 한편으로는 국민의 권리·이익에 관해 사전에 명확한 법률이 제정됨으로써
법적안정성과 예측가능성을 확보한다는 법치주의도 중요한 근거가 된다. 흠결된
규율을 입법자가 입법하고자 한다면 어떠한 방향으로 법률을 제정할 것인지에 관
해 집단적 이해관계의 대립이 심하여 개략적인 합의조차 없는 경우에, 법원이 법
형성을 통해 그 흠결을 보충하게 되면, 법원에 의한 법적용은 과거의 사안에 대
해 이루어짐으로써 사실상 소급 적용되는 것이므로, 이해관계인들에게 극심한 법
적불안정을 초래하게 된다. 이러한 점에서도 법률유보 또는 의회유보가 법형성의
한계로서 필수적이다.[46]

　(9) 행정법상 법률유보 또는 의회유보에 기해 금지되는 것은 행정상대방에게

---

[46] 독일에서 행정법과 세법 영역에 관해 침익적 유추를 널리 허용하고자 하는 학자도 이와
　같이 입법의 방향에 대해 명확한 예측이 불가능할 때에는 유추가 허용되어서는 아니 된
　다고 지적한다. Alfons Gern, Analogie im Verwaltungsrecht, DÖV 1985, S.558-564 (562
　Fn.69) 참조.

불리한 법형성이고, 상대방에게 유리한 법형성은 금지되지 않는다. 지금까지 우리나라에서 법률상 근거가 없거나 부족함에도 학설상 신뢰보호 내지 수익적 행정행위의 철회·직권취소의 제한 등 많은 '행정법의 일반원칙'이 주장되어 판례에 수용되었는데, 모두 상대방에게 유리한 법형성이다. 이러한 법형성은 입법에 자극이 될 수 있도록 권장되어야 할 것이다.

문제는 이러한 행정법의 일반원칙을 둘러싸고 관계인의 이해관계가 대립됨으로 말미암아 '상대방에게 유리한' 법형성이라는 전제가 무너질 수 있다는 점이다. 일정한 경우에는 행정상대방에게 불리한 내용이 될 수 있다. 그러나 일반행정법 영역에서의 법형성은 특정 집단의 특정 이해관계와 직접 연결되지 않기 때문에, '유리/불리'가 명확하게 구분되지 않을 뿐만 아니라, 그 법형성의 내용에 대해서도 상당한 정도로 합의 내지 의견수렴이 가능하다. 따라서 이러한 법형성은 법률유보 또는 의회유보 사항에 해당하지 않는 것으로 보아 허용되어야 하는 것이다. 물론 그 내용적 타당성은 별개의 문제이다. 이와 같이 행정상대방의 유리/불리와 무관하게 법형성이 허용될 수 있고 경우에 따라서는 권장될 수 있는 영역으로 빠질 수 없는 것이 행정쟁송과 행정절차이다. 특히 행정소송에 관해서는 소송절차의 주관자가 바로 법원이라는 점에서 법원(판례)에 의한 법형성이 보다 넓게 허용된다. 의회민주주의가 고도로 발전한 프랑스에서 행정소송법의 기본적 내용은 꽁세유데따의 판례법이라는 점을 지적할 수 있다.

반면에, 법률유보 또는 의회유보에 의거하여 침익적 법형성이 제한되어야 하는 것은 개별 행정법규에 관해서이다. 여기에서는 규제에 관한 입법자의 의도와 역할이 존중되어야 할 뿐만 아니라, 특정 집단의 특정 이해관계가 직접적으로 관련되기 때문에 이익조정과 의견수렴을 위한 개방된 입법절차가 필수적이다. 판례에 의한 법형성으로 입법자의 의도와 역할이 무시되고 입법절차가 실종되어서는 아니 된다.

4. 사안에의 적용

(1) 이 사건 대법원판결이 법해석의 차원을 넘어서는 법형성이라는 점은 위 Ⅲ.의 4.에서 확인한 바와 같다. 그러면 그 법형성의 정당성을 검증하기 위해 우리는 가장 먼저, 법형성의 가장 기본적인 제1한계인 '법률의 흠결' 내지 법률우위의 관점에서, 2004년 부칙조항에서 지입차주의 특례허가를 규정하면서 지입회사

의 허가대수에 대한 영향에 관해 규정을 두지 않은 것은 그 허가대수는 변함이 없는 것으로 하고자 하였기 때문이 아닌가 라고 물어야 한다. 다시 말해, 입법자의 명확한 의도가 있었기 때문에, '법률의 흠결' 자체가 없고 따라서 바로 법형성이 금지되는 것이 아닌가 라는 문제이다.

벌써 여기에서 심각한 의문이 제기된다. 즉, 화물자동차 운송사업 허가에 있어 허가대수는 본질적 구성부분으로서, 이를 감소시킬 수 있는 방법은 화물차사업법 제19조에 규정된 '감차 조치 명령'뿐이다. 따라서 입법자가 지입차주의 특례허가에 따라 지입회사의 허가대수가 감소되는 것으로 정하고자 하였다면 이를 감차 조치 명령 부분에 추가하거나 아니면 별도의 조항에서 규정하였을 것인데, 아무런 규정을 하지 않은 것은 바로 지입회사의 허가대수는 변함이 없는 것으로 하고자 했기 때문이라는 추론이 가능하다.

뿐만 아니라, 동 부칙조항에서 동법 제3조 제5항 제1호 소정의 허가기준, 즉 국토해양부장관의 공급기준에 불구하고 지입차주에게 특례허가를 할 수 있도록 규정하고 있는데, 만일 특례허가에 따라 지입회사의 허가대수가 감소한다면 공급과잉의 문제는 전혀 발생하지 않을 것이므로, 이와 같이 '공급기준에도 불구하고' 특례허가를 할 수 있다고 규정할 필요가 없었다. 공급기준을 적용하더라도 특례허가를 하는 데 전혀 지장이 없기 때문이다. 그럼에도 이와 같이 규정한 것은, 지입회사의 허가대수는 변함이 없으므로 지입차주에 대한 특례허가로써 전체 허가대수가 증가하지만, 이에 대해 공급기준을 적용하지 않고 특례허가를 하겠다는 취지로 읽힌다. 요컨대, 지입회사의 허가대수는 변함이 없는 것으로 하겠다는 입법자의 결정이 분명히 있었던 것으로 보인다.

그렇다면, 이 사건 대법원판결은 더 나아가 검토할 필요도 없이, '법률의 흠결'이 없음에도 법형성을 행함으로써 법률우위를 위반한 잘못을 범하였다는 비판을 면하기 어렵다. 다시 말해, 법형성의 한계 중 가장 완화된 것을 적용하더라도 그 한계를 벗어난 것이다.

(2) 다음으로, 한 단계 양보하여 '법률의 흠결'이 있는 것으로 가정하고, 이에 대하여 법형성의 가장 강화된 제3한계인 '법률유보'를 적용하여 법형성의 정당성을 검증하기로 한다. 우선 법률의 흠결이 있는 것으로 가정한다는 것은 위 부칙조항에서 지입차주의 특례허가를 규정하면서 지입회사의 허가대수에 대한 영향을 어떻게 할 것인지에 관해 입법자의 의도를 정하지 않았기 때문에 그에 관한

규정을 두지 않았던 것으로 본다는 의미이다. 이는 입법자를 '비겁한' 결정자로 과소평가하는 것이긴 하지만, 당시 잔존 허가대수에 관해 지입회사와 지입차주의 이해관계가 정면으로 대립하고 있었기 때문에, 이에 관한 입법적 결단을 포기한 것으로 억지로 추정할 수도 있겠다.

이렇게 추정함으로써 '법률의 흠결'을 인정하여 법형성의 가능성을 긍정한다 하더라도, 법형성의 제3한계인 법률유보를 극복하기 어렵다. 즉, 허가대수의 축소 는 지입회사의 수허가자로서의 법적 지위를 제한하는 침익적 조치이기 때문에 법 률유보 영역에 속하고, 따라서 반드시 법률로써 또는 법률에 의거하여 정해져야 하며 재판관에 의한 법형성은 허용되지 않는다는 주장이 설득력을 갖는다. 위에 서 본 독일의 다수설과 우리나라 2013년 및 2008년 판례가 그 논거를 이룬다.

(3) 한 단계 더 양보하여 독일의 절충설에 의하더라도, 법형성의 한계를 벗 어났다는 비판을 면하기 어렵다. 즉, 지입회사의 허가대수는 영업의 자유라는 기 본권의 행사 범위에 관한 것인데, 특히 지입차주의 특례허가가 인정됨으로써 지 입회사의 허가대수가 감소한다는 것은 지입회사의 영업 기본권에 결정적인 영향 을 미치는 것이므로, 제2한계인 '의회유보'의 영역에 속하는 것으로 보아야 한다. 반면에 지입회사의 허가대수를 감소시킬 공익상 필요는 그다지 크지 않다. 대법 원판결과 제1심판결은 화물자동차 운송사업의 초과공급으로 인한 불균형 해소를 중요한 문제로 상정하고 있으나, 위 부칙조항에 기하여 2005년부터 2010년 말까 지 지입차주로서 특례허가를 받은 것은 전체 사업용 화물자동차 대수 387,200대 중 약 7,000대에 불과하기 때문에,[47] 지입차주의 특례허가로 인한 공급 증가는 공급과잉을 걱정하기에는 미미한 정도이다. 설사 초과공급으로 인한 불균형을 해 소할 필요성을 인정한다 하더라도, 판례에 의한 법형성을 통해 시급히 지입회사 의 허가대수를 감소시켜야 할 필요성은 더더욱 인정하기 어렵다.

요컨대, 이 사건에서 지입회사의 허가대수의 감소는 기본권과 관련하여 '중 요한 사항'으로 의회유보 영역에 속하고 그 공익상 필요성과 긴급성이 크지 않기 때문에, 독일의 절충설에 의하더라도, 법형성이 허용되지 않고 반드시 법률로 규 율되어야 하는 것으로 판단될 것이다.

(4) 뿐만 아니라, 이미 위(Ⅲ.의 4.)에서 지적하였다시피, 이 사건 대법원판결

---

47) 교통신문 2011. 4. 5. 기사 "공TE, 택배·물류기업에 우선충당" 참조.

에서 행해진 법형성은 엄격히 말해 유추도 아니고 목적론적 축소도 아니다. 논리의 외형상으로는 화물자동차법상 허가대상 조항을 유추하고 신고대상 조항을 축소한 것으로 나타나지만, 직접적으로 그 조항들의 규범적 내용을 판단한 것이 아니라, '지입차주의 특례허가로써 지입회사의 허가대수는 감소한다'라는 명제에 의거하여 위 조항들의 범위를 확대·축소한 것인데, 이 명제에 대해서는, 유추 적용된 법규도 없고 그 의미가 축소되어 적용된 법규도 없다. 따라서 법형성의 전형적인 방법인 유추 내지 목적론적 축소가 아니라, 단지 입법목적만을 고려하여 새로운 법명제를 정립한 것으로서, '법창조' 내지 입법에 가깝다는 비판을 면하기 어렵다.

(5) 마지막으로, 법적안정성과 예측가능성 내지 신뢰보호의 관점에서 보더라도, 이 사건에서 재판관에 의한 법형성은 허용되어서는 아니 된다는 것을 알 수 있다. 즉, 이 사건 대법원판결은 위 부칙조항이 2004년 시행된 후 10년이 지난 상태에서 선고되었는데, 그동안 지입차주의 특례허가에 의한 지입회사의 허가대수 문제는 법률 규정 없이 단지 2004. 12. 제정된 건설교통부의 지침(「위·수탁 화물자동차에 대한 운송사업 허가업무 처리지침」) 제9조에 의해 규율되어 왔다. 동조에 의하면, 지입차주가 특례허가를 받은 허가대수를 지입회사의 허가대수에서 '분리하여 별도로 기록·관리'하여야 하는데(제1항),[48] 이와 같이 별도 관리하는 허가대수에 대해서는 대폐차를 허용하지 않지만(제2항), 향후 화물자동차의 증차요인이 발생하는 경우 동 지침에도 불구하고 당해 운송사업자에게 우선적으로 증차(충당)하여야 한다고 규정되어 있었다(제4항).[49]

다시 말해, 지입차주의 특례허가로써 지입회사의 허가대수가 '감소'하는 것이 아니라 '별도 관리'되는 것에 불과하고, 향후 증차요인이 발생하면 언제든지 당해 지입회사에게 증차(충당)되는 것이다. 여기서 '증차'라는 용어가 사용되었으나, '우선적으로'(충당)'하여야 한다'라는 표현에 비추어, (변경)허가사항이 아니라 신고사항인 대폐차에 준하는 것임을 알 수 있다. 실제로 건설교통부는 2011. 4. 동 지침을 개정하면서 제9조 제2항 단서를 추가하여, 2010년 말까지 발생한 별도

---

48) 앞의 각주 10) 참조.

49) "관할관청은 제1항의 규정에 의하여 별도로 관리하는 운송사업자의 허가대수분에 대하여는 향후 화물자동차의 증차요인이 발생하는 경우 화물자동차운수사업허가업무처리지침에도 불구하고 당해 운송사업자에게 우선적으로 증차 충당하여야 한다."

관리 허가대수(약 7,000대)에 대하여 당해 지입회사에게 대폐차를 허용하였다. 특히 이 단서에서 2010. 12. 31.까지 발생한 "공 T/E"라는 표현을 쓰고 있는데, '공'이라는 단어는 그 허가대수(T/E)가 여전히 살아있다는 것을 전제로 단지 그에 상응하는 화물자동차가 없을 뿐이라는 의미를 담고 있다.

요컨대, 이 사건 대법원판결 이전에는 위 지침에 따라, 지입회사의 허가대수가 감소하지는 않고 최소한, 말하자면 '휴면상태'에 있는 것으로 취급되어 왔었는데, 위 대법원판결에 의해 하루아침에 뒤집어진 것이다. 물론 이러한 '휴면상태'가 바로 '대폐차'를 신고할 수 있는 상태보다 지입회사에게 불리한 것이긴 하지만, 지입회사의 허가대수 자체가 절대적으로 감소한다고 한 대법원판결에 비하여 월등히 유리한 법적 상태임이 분명하다. 차라리 원고의 청구를 기각하더라도 위 지침 제9조 제2항에 의거하였더라면 원고에게 이와 같이 극심한 법적 불안정과 신뢰배신은 초래하지 않았을 것이다. 대법원으로서는 원고의 청구를 기각하면서 행정규칙에 불과한 위 지침에 의거할 수는 없으니 부득이 법률에 있는 위 부칙조항을 근거로 무리한—방법론적으로 허용될 수 없는—법형성을 감행한 것이다. 이 사건 대법원판결은 법률유보 내지 의회유보에 위반되는 침익적 법형성으로 인해 관계인의 법적 안정성과 신뢰를 파괴한 전형적인 사례라고 비판되어도 과언이 아닐 것이다.

이러한 문제는 이미 위에서 언급한 바와 같이, 행정소송(항고소송)의 방법론적 특수성을 간과하고, 마치 민사소송에서처럼, 원고의 청구의 실질적인 當否를 끝까지 파헤쳐 판단해 주어야 한다는 생각에서 비롯되는 것으로 짐작된다. 민사소송에서의 증명책임과의 혼동도 작용할 것이다. 즉, 이 사건에서 먼저 민사법적 사고에 기하여, 원고의—말하자면—'대폐차 신고 청구권'을 근거지울 만한 법적 근거가 부족하므로 원고의 청구를 기각해야겠다는 결론을 먼저 내려놓고, 그 이유를 억지로 법률에서 구하다 보니 무리한 법형성에 이르게 된 것으로 볼 수 있다.[50)]

너무나 당연한 말이지만, 행정소송(항고소송)은 원고의 청구의 당부를 따지는 것이 아니라, 계쟁 처분의 적법/위법을 따지는 것이고, 그 적법성에 관해 피고행정청이 증명책임을 진다. 이 사건에서 피고행정청이 계쟁 신고수리거부처분을 한 근거는 위 지침 제9조 제항인데, 이는 행정규칙에 불과하여 법률상 근거가 될 수

---

50) 이러한 '先結論 後理由'는 법해석방법론의 근본적인 문제에 해당한다.

없음은 명백하고, 그 밖에 동 거부처분의 법률상 근거가 될 만한 규정은 없다. 그렇다면 법원은 좌고우면할 것 없이, 계쟁 처분을 위법한 것으로 취소하면 된다. 화물자동차 운송사업의 공급균형 등 공익실현을 위한 정책 임무는 재판관의 몫이 아니다. 그 취소판결로 공익상 문제가 발생하면 행정이 법률제정, 그 밖의 정책수단을 써서 해결할 것이다. 이러한 점에서 원심판결의 결론과 이유설시는 지극히 타당한 반면, 위 대법원판결은 부당한 것으로 평가된다.[51]

5. 실질문제

(1) 이상에서 본 바와 같이 이 사건 대법원판결은 '방법문제'에서 벌써 심각한 문제를 드러내어 비판을 면하기 어렵지만, 문제의 전모를 밝힌다는 취지에서 개략적으로나마 '실질문제'를 검토하기로 한다. 간과해서는 아니 될 것은 이하의 실질문제들은 방법문제를 통과하여 법형성의 정당성이 인정된 연후에 논의될 수 있으므로, 이 사건에서 이중, 삼중의 — 가정적 — 양보가 필요하다는 점이다. 즉, 위에서 지적하였듯이 가장 먼저, 법형성의 요건 내지 제1한계인 '법률의 흠결'이 있는 것으로 인정되어야 하고, 한 걸음 더 양보하여 제2, 3한계인 의회유보와 법률유보에 해당되지 않는 것으로 인정되어야 한다. 물론 이하의 실질문제가 방법문제의 판단에 영향을 미칠 수는 있겠으나, 양자를 구별하여 방법문제를 먼저 판단하고 이를 통과한 연후에, 아니면 통과한 것으로 양보한 연후에, 비로소 실질문제를 따지는 것이 방법론적으로 체계적 논증을 위해 중요한 의미를 갖는다. 요컨

---

51) 이 사건 대법원판결은 계쟁 신고수리거부처분이 적법하다는 점에 관해 기판력을 가질 뿐이다. 기각판결은 행정청을 기속하는 효력이 없기 때문에, 행정청이 향후 태도를 바꾸어 동일한 내용의 — 동일한 원고들의, 또는 다른 지입회사들의 — 신고를 수리하는 데에 법적인 지장이 없다(취소소송의 기각판결의 효력에 관하여 졸저, 『행정소송의 구조와 기능』, 제10장 취소소송의 소송물, 455면 이하 참조).
또한 확정판결의 기판력은 소송물인 '처분의 위법성' 여부에 관해서만 미치고 그 위법성 여부의 판단을 위한 논거에는 미치지 않기 때문에, 이 사건에서 재판관의 법형성으로써 정립된 '지입차주의 특례허가로써 지입회사의 허가대수가 감소한다'는 명제는 아무런 법적 효력을 갖지 못한다. 이 명제가 '사실상 구속력 있는 판례'(제1단계 판례법)라는 점을 부정할 수 없으나, 상술한 바와 같이 법형성의 한계를 벗어난, 허용될 수 없는 법형성의 결과물이기 때문에, '재판관의 정당한 법형성 권한에 의거하여 정립된 법적 명제로서의 판례'(제2단계 판례법)로서의 자격은 인정하기 어렵다(앞의 각주 28 참조). 아래 실질문제에서 살펴보는 바와 같이, 그 내용적 타당성에도 의문이 크기 때문에, 대법원에 의한 판례변경이 기대되는 한편, 근본적으로 이 판결에 구애받지 않고 주관 행정부서(국토교통부)에 의해 하루빨리 합리적인 입법적 또는 행정적 해결이 이루어질 것이 요청된다.

대, 이 사건에서 방법문제는 재판관에 의한 법형성이 '정당한' 것이었는지, 다시 말해, 재판관은 법형성 권한을 갖고 있는지에 관한 것인 반면, 실질문제는 법형성이 재판관의 권한에 속하여 정당한 것이라 하더라도 그 법형성의 내용이 과연 '타당한' 것인지를 따지는 것이다.

(2) 이 사건에서 실질문제 중 가장 먼저 지적되어야 할 것은 화물자동차 운송사업에 있어서 지입차주제도의 필요성이다. 여객자동차 운수사업에서는 명의대여 내지 명의이용이 전반적으로 금지됨으로써 지입차주제도가 봉쇄되어 있는 반면,[52] 화물자동차 운수사업에 관해서는 원칙적으로 명의이용이 금지되어 있었으나 화물자동차를 현물출자하는 경우에는 예외로 명의이용이 허용되도록 하여 사실상 지입차주제도를 인정하여 오다가[53] 2002년부터는 아예 명의이용금지 조항을 삭제하여 지입차주제도를 정면으로 인정하고 있다. 이와 같이 화물자동차 운송사업에서 지입차주제도가 법적으로도 인정되고 있는 것은 운전자와 차량 및 수입금에 대한 감독 곤란이라는 화물운송사업의 특성에 기한 것이다.[54] 여하튼 지입차주제도가 화물운송사업의 정상적인 운영방식의 하나로 인정되고 있다는 것은 이 사건에서 자칫 지입차주제도가 폐지되어야 할 악습으로 간주되어 지입차주의 특례허가로써 지입회사의 허가대수를 감소시키는 것이 당연하다는 오해를 방지하기 위한 중요한 점이다.

(3) 이 사건의 실질문제 중 가장 핵심적인 것은 소위 '지입차주' 제도의 법적 성질을 어떻게 파악할 것인가이다. 일반적으로 대외적 법률관계와 대내적 법률관계로 나누어, 전자에 관해서는 지입차주의 제3자에 대한 행위에 대한 지입회사의 책임을 논하고, 후자에 관해서는 대내적 소유권의 귀속주체, 지입계약의 효력으로서 지입회사와 지입차주의 권리·의무, 특히 지입회사의 행정적 사무처리의무, 지입차주의 운행·관리권과 지입료 납부의무 등이 검토된다.[55] 이는 지입차주제도를 주로 지입회사와 지입차주 사이의 민사법적 관점에서만, 보충적으로 노동법적인 관점도 추가하여, 파악하는 것으로서, 화물자동차 운송사업 허가를 받은 지입회사의 행정법적 지위에 관한 관점이 소홀히 다루어져 왔다.

---

52) 현행 여객자동차운수사업법 제12조 참조.
53) 구 화물자동차운수사업법(1997. 8. 30. 법률 제5408호, 1998. 1. 1. 시행) 제13조
54) 한국교통연구원,『화물운송산업 지입제도 개선방안 연구』, 2008. 11. 본문 12-13, 49-61면 참조.
55) 대표적으로 송명호, 지입제와 관련된 법률문제,『인권과 정의』, 2004, 300-330면 참조.

즉, 행정법적으로는 어디까지나 사업자는 지입회사이고, 운송사업의 허가를 받은 것은 지입회사이며, 따라서 운송사업을 둘러싼 행정법적 권리·의무는 오직 지입회사에게만 귀속된다. 지입회사가 자본금을 확보하고, 운영하는 화물자동차에 대하여 운송사업 허가를 받아야 하며, 운송사업을 위한 부대시설인 사무실, 차고지, 화물취급소를 확보하여야 하고, 보험과 제세공과금을 납부해야 하는 것은 일차적으로 행정법적인 의무이다. 지입회사의 이러한 행정법적인 의무가 지입계약의 내용으로 들어와 비로소 지입차주와의 사법상 계약의 내용이 되는 것이다. 따라서 이러한 업무들이 오직 지입차주의 위탁에 의해서만 이루어지는 것으로 파악하는 것은 私法편향적 사고라고 비판될 수 있다. 또한 통상 지입차주와의 지입계약에 의하여, 화물자동차의 명의가 지입회사에 위탁되는 대신, 그 운행·관리권이 지입차주에게 위탁된다고 설명되고 있는데, 여기서의 '운행·관리권'은 순수히 私法的인 것이 아니라, 운송사업 수허가자로서의 행정법적 지위도 포함되는 것으로 보아야 한다. 이 점은 이 사건에서 법리(도그마틱)적인 의미를 갖는다. 즉, 지입계약이 해지되면, 私法的 관점에서 화물자동차의 (대외적) 소유권이 지입차주에게 회복되는 대신, 운행·관리에 관한 행정법적 지위는 지입회사에게 회복된다. 따라서 그 행정법적 지위 중 중요한 요소인 허가대수도 지입회사의 것으로 존속하게 되고, 이는 위 부칙조항에 의하여 지입차주가 특례허가를 받게 되는 경우에도 마찬가지라는 결론에 이르게 된다.

(4) 이상과 같은 점에서, 백보를 양보하여 이 사건 대법원판결에서 법형성의 정당성을 인정한다고 하더라도, 과연 그 법형성의 내용 내지 결과인 '지입차주에 대한 특례허가로써 지입회사의 허가대수가 자동적으로 감소한다'는 명제의 타당성을 인정할 수 있는지 진지한 의심이 든다. 특히 비례원칙에 비추어 그러하다. 독일의 절충성의 입장에서도 행정법상 침익적 법형성의 한계로서 비례원칙 내지 최소침해원칙을 강조한다.[56] 법형성이 법률을 — 잠정적으로라도 — 대체하는 것이라면, 법률과 동일한 헌법적 한계를 준수해야 하기 때문에, 법형성의 내용적 한계로서 비례원칙이 적용되는 것은 당연한 일이다. 이러한 관점에서 보면, 위에서 보았다시피, 화물자동차 운송사업의 초과공급으로 인한 불균형 해소라는 목적을 인정한다고 하더라도, 그 목적을 실현하기 위한 수단으로, 지입회사의 허가대수를

---

56) Alfons Gern, Analogie im Verwaltungsrecht, DÖV 1985, S.558-564 (563).

아예 축소시켜 버리는 것은, 종래 위 지침에 의거하여 '휴면상태'로 별도 관리해 온 것에 비해, 너무나 지입회사에게 가혹한 조치로서, 비례원칙 내지 최소침해원 칙을 위반한 것이라는 비판을 면하기 어려울 것이다.

V. 결어

무릇 방법론은 무의식적으로 행하는 자신의 행위를 성찰, 비판, 개선하기 위 한 것이다. 법해석방법론은 법해석과 법형성을 연구대상으로 하는데, 행정법에서 는 법형성의 한계가 가장 중요한 문제이다. 이는 행정법과 행정소송의 특성으로 부터 비롯되는 것이므로, 특히 행정소송(항고소송)의 기능에 관한 분명한 방법론 적 각성이 필요하다. 또한 일반행정법, 특히 행정절차법과 행정쟁송법 영역에서 의 법형성과 개별 행정법규에서의 침익적 법형성은 혼동되어서는 아니 된다. 입 법자와의 관계에서, 의회민주주의와 법치주의(법적안정성과 예측가능성)의 관점에 서, 전자는 허용되고 권장될 수 있으나, 후자는 극히 신중하게 제한적으로 이루어 져야 한다. 이러한 행정법상 법해석방법론의 한계 설정은 일반행정법의 주요한 과제 중의 하나이다.

[참고문헌]

김유환, 행정법 해석의 원리와 해석상의 제 문제, 한국법철학회 김도균(편), 『한국 법질서와 법해석론』, 2013, 488-509면.

朴正勳, 『행정법의 체계와 방법론』, 2005.

朴正勳, 『행정소송의 구조와 기능』, 2006

朴正勳, 행정법에 있어 판례의 의의와 기능 - 법학과 법실무의 연결고리로서의 판례, 『행정법학』, 창간호 2011, 35-69면.

송명호, 지입제와 관련된 법률문제, 『인권과 정의』, 2004, 300-330면 참조

신동운·김영환·이상돈·김대휘·최봉철, 『법률해석의 한계』, 2000.

한국교통연구원, 『화물운송산업 지입제도 개선방안 연구』, 2008. 11. 본문 12-13, 49-61면 참조

Anschütz, Gerhard, Lücken in den Verfassungs- und Verwaltungsgesetzen, VerwArch 14 (1906), S.315-340.

Beaucamp, Guy, Zum Analogieverbot im öffentlichen Recht, AöR 134 (2009) S.83-105.

Biaggini, Giovanni, Verfassung und Richterrecht. Verfassungsrechtliche Grenzen der Rechtsfortbildung im Wege der bundesgerichtlichen Rechtsprechung, Basel 1991.

Bleckmann, Albert, Staatsrecht II, 4.Aufl. Köln u.a 1996.

Bydlinski, Franz, Grundzüge der juristischen Methodenlehre (bearbeitet von Peter Bydlinski) 2.Aufl., Wien 2012.

Bydlinski, Franz, Juristische Methodenlehre und Rechtsbegriff. 2.Aufl., Wien/New York 1991.

Das Verwaltungsrecht zwischen klassischem dogmatischen Verständnis und steuerungs- wissenschaftlichem Anspruch, VVDStRL 67 (2008).

Fikentscher, Wolfgang, Methoden des Rechts. Bd. IV, Tübingen 1977.

Forsthoff, Ernst, Lehrbuch des Verwaltungsrecht. Bd.I Allgemeiner Teil. 10.Aufl., München 1973.

Gern, Alfons, Analogie im Verwaltungsrecht, DÖV 1985, S.558-564.

Gusy, Christoph, Richterrecht und Grundgesetz, DÖV 1992, S.461-470.

Hemke, Katja, Methodik der Analogiebildung im öffentlichen Recht, Berlin 2006.

Herzog, Roman, Staat und Recht im Wandel. Einreden zur Verfassung und ihrer Wirklichkeit, Berlin 1993.

Schmidt, Thorsten Ingo, Die Analogie im Verwaltungsrecht, VerwArch 97 (2006), S.139-164.

Ipsen, Jörn, Richterrecht und Verfassung, Berlin 1975.

Ipsen, Jörn, Verfassungsrechtliche Schranken des Richterrechts, DVBl. 1984, S.1102-1107.

Jaun, Manuel, Die teleolgische Reduktion im schweizerischen Recht. Konzeptionelle Erfassung, Voraussetzungen und Schranken der Rechtsfindung contra verba legis, Bern 2001.

Jellinek, Walter, Verwaltungsrecht. 3.Aufl., Berlin/Göttingen/Heidelberg 1948.

Jesch, Dietrich, Gesetz und Verwaltung, Tübingen 1961.

Konzak, Olaf, Analogie im Verwaltungsrecht, NVwZ 1997, S.872-873.

Krey, Volker, Studien zum Gesetzesvorbehalt im Strafrecht: eine Einführung in die Problematik des Analogieverbots, Berlin 1977.

Larenz, Karl, Methodenlehre der Rechtswissenschaft. 6.Aufl., Berlin u.a. 1991.

Leisner, Walter, Richterrecht in Verfassungsschranken, DVBl. 1986, S.705-710.

Loeser, Roman, System des Verwaltungsrechts. Bd.1, Baden-Baden 1994.

Müller, Friedrich & Ralph Chistensen, Juristische Methodik. 11.Aufl., Berlin 2013.

Prümm, Hans Paul, Verfassung und Methodik. Beiträge zur verfassungskonformen Auslegung, Lückenergänzung und Gesetzeskorrektur unter besonderer Berücksichtigung des vierten Änderungsgesetzes zum Bundesverfassungs-gerichtsgesetz, Berlin 1977.

Schmalz, Dieter, Methodenlehre für das juristische Studiem. 3.Aufl., Baden-Baden 1992.

Schmidt-Aßmann, Eberhard, in; Maunz/Dürig, Kommentar, Bd.VI. Loseblatt, Art.103 Rn.233-234.

Schwabe, Jürgen, Zum Gesetzesvorbehalt und zum Analogieverbot bei hoheitlichem Eingriffen. Anmerkung, DVBl. 1997, S.352-353.

Seiler, Christian, Auslegung als Normkonkretisierung, Heidelberg 2000.

Zuleeg, Manfred, Öffentlichrechtliche Bürgschaften? JuS 1985, S.106-110.

10. 不確定槪念과 判斷餘地[*]

Ⅰ. 序說

1. 意義

'不確定槪念'이라 함은 법규의 요건 부분에 사용된 추상적·다의적 또는 불명확한 개념을 일컫는 것으로서, 독일의 학설·판례에서 연유하는 용어이다. 독일에서는 일반적으로 — 후술하는 바와 같이 그것이 '법적' 개념이라는 점을 나타내기 위해 — 불확정'법'개념(unbestimmter 'Rechts'begriff)이라고 하고, 또는 단순히 법률에 사용된 불확정개념이라는 의미에서 불확정'법률'개념(unbestimmter 'Gesetzes'begriff)이라고도 한다.

우리 현행법상으로 ① 허가의 취소·변경의 요건으로서 '중대한 사유'(출입국관리법 제89조 제1항 4호), ② 면허의 취소·정지의 요건으로서 '공공의 안녕질서를 해칠 염려'(총포·도검·화약류등단속법 제30조 제1항 6호), ③ 통행의 금지 및 제한의 요건으로서 '교통의 안전과 원활한 소통의 확보'(도로교통법 제6조 제1항), ④ 기업결합의 제한 요건으로서 '경쟁의 실질적 제한'(독점규제및공정거래에관한법률 제7조 제1항) 등을 例로 들 수 있다. 그러나 數字로 된 요건 이외에는 거의 대부분의 요건상의 개념들이 특정 사실관계에의 해당 여부를 판단함에 있어 어느 정도의 추상성 내지 불명확성을 갖고 있어 따라서 그 구체화가 필요하다는 점에서, 정도의 차이는 있지만, 모두 불확정개념이라고 할 수 있다.

이와 같이 법규의 요건 부분에 불확정개념이 사용되는 것은 원래 — 민사법과 형사법에서도 마찬가지로 — 예상되는 모든 규율상황을 포괄하기 위해 입법기

[불확정개념과 판단여지, 『행정작용법』 中凡김동희교수정년기념논문집, 2005]

술상 부득이하기 때문인데, 특히 행정법에서는 오늘날 행정이 가변적이고 역동적인 행정수요에 탄력적으로 대응할 수 있도록 하기 위해 의도적으로 빈번히, 그리고 보다 추상적인 불확정개념을 사용하는 경우가 많다.

2. 問題의 所在

불확정개념이 사용된 법규에 의거하여 행정결정을 내리는 과정을 법적용의 전통적 방법인 三段論法에 따라 설명하면 다음과 같다. 즉, ① 그 불확정개념을 해석하여 법규의 요건내용을 파악하고(제1단계－大前提), ② 당해 사실관계를 확정한 다음(제2단계－小前提), ③ 그 사실관계가 위 법규의 요건내용에 해당함으로써 그 요건이 충족되는지 여부를 판단하여(包攝 Subsumtion), ④ 요건 충족의 경우에는 그 법규가 규정하고 있는 효과내용에 따라 행정결정을 내리게 된다(제3단계－結論).

모든 행정법규는, 민사·형사법규와 마찬가지로, 행위규범으로서의 역할과 재판규범으로서의 역할을 함께 한다. 즉, 행정과정에서 행정결정의 기준이 됨과 동시에, 행정소송에서 행정결정의 위법성 판단의 척도가 되는 것이다. 불확정개념이 사용된 법규는 행위규범으로서, 그 불확정성 때문에 행정청으로 하여금 위 ①, ②, ③의 과정에서 모두 어느 정도의 '決定의 餘地'(Entscheidungsspielraum, margin of decision) 내지 — 일상적인 표현으로는 — '결정의 융통성'을 갖도록 하는데, 이것이 과연 재판규범으로서 행정결정에 대한 사법심사에 어떠한 영향을 미치게 되는가 라는 것이 문제의 초점이다.

이에 대하여, 독일의 통설·판례는 효과 부분의 판단인 위 ④의 과정에만 '裁量'(Ermessen)이 인정되고, ①, ②, ③의 과정에는 전혀 재량이 인정될 수 없으며 단지 예외적으로 '判斷餘地'(Beurteilungsspielraum)가 허용될 뿐이라는 견해를 견지하고 있다. 이러한 견해의 의미가 무엇인지, 특히 재량과 판단여지가 어떻게 다른지, 또한 과연 우리나라의 판례와 행정소송실무 및 입법의 실제에 적합한 것인지를 살펴보는 것이 本稿의 임무이다.[1]

---

1) 이러한 문제는 민사법과 형사법 영역에서는 발생하지 않는, 행정법의 특유한 것인데, 바로 행정법에서는 같은 국가권력의 일부인 司法으로 하여금 행정을 통제하게 한다는, 그렇기 때문에 행정과 司法의 권력분립에 의거한 사법심사의 한계 문제가 언제나 대두되기 때문이다. 또한 행정이 법률상 불확정개념의 해석·적용에 관한 기준을 행정규칙 또는 위임명령 형식으로 정립한 경우 그 법적 구속력 내지 사법심사척도로서의 적격 문제로 연결되는데, 본고에서는 이에 관한 詳論을 피한다.

Ⅱ. 比較法的 考察

1. 독일

(1) 傳統的 裁量理論

19세기 외견적 입헌군주제 하에서 행정소송(취소소송)이 극히 제한되던 시기에는 소송요건 단계에서 대상적격과 원고적격이 제한됨과 아울러 본안 단계에서도 오직 명확한 법규에 의해서만 행정행위의 위법성이 판단되도록 하였다. 그리하여, ⓐ 법규의 요건 부분에 불확정개념이 사용되었기 때문에 상술한 바와 같이 요건 판단에 결정의 '여지'가 허용되는 경우와 ⓑ 그 요건이 충족된 때에도 그 효과 부분에 있어, ㉠ 일정한 행정행위를 할 것인지 여부에 관해, 또는 ㉡ 여러 가지 행정행위 중 어떤 행정행위를 할 것인지에 관해 결정의 '자유'가 인정되는 경우에는, 그러한 법규는 행정행위의 위법성 판단의 척도가 될 수 없었다. 따라서 이러한 법규에 의거하여 내려진 행정행위에 대해서는 본안 단계에서 원고승소판결(취소판결)이 내려질 가능성이 전혀 없으므로 아예 취소소송의 대상적격이 부정되었다. 다시 말해, 행정법규가 행위규범으로서 행정청에게 결정의 여지 또는 자유를 허용하는 경우에는 전혀 재판규범으로서 작용할 수 없었던 것이다.

이와 같이 사법심사가 그 대상적격 단계에서 봉쇄되는 경우를 처음에는 모두 포괄하여 행정의 '裁量'(Ermessen)이라고 일컬었는데, 그 가운데 위 ⓐ의 경우는 '要件裁量'(Tatbestandsermessen), ⓑ의 경우는 '效果裁量'(Rechtsfolgenermessen)이라고 하였다. 또한 효과재량의 종류로서, ㉠의 경우는 '決定裁量'(Entschließungs-ermessen), ㉡의 경우는 '選擇裁量'(Auswahlermessen)이라고 한다. 그리고 이러한 재량에 의거하여 내려진 행정행위를 '재량행위'(Ermessensakt)라고 한다.

(2) 要件裁量說

그 후 재량의 범위를 축소하고자 하는 이론적 노력의 일환으로, 재량의 본질이 법규의 요건 부분에 규정된 불확정개념의 해석·적용에 있다는 전제 하에,[2] 그 불확정개념을 다시 구분하여 그 중 상대적으로 불확정성이 작은 것들을 재량에서 제외하는 견해들이 주장되었다. 그러한 불확정개념의 법규는 충분히 위법성 판단

---

2) 최초의 대표적인 문헌으로 오스트리아 학자인 Edmund Bernatzik, Rechtsprechung und materielle Rechtskraft. Verwaltungsrechtliche Studien, Wien 1886, S.36-47.

의 척도가 될 수 있고 따라서 그에 의거한 행정행위는 '기속행위'(gebundener Akt)
로서, 취소소송의 대상이 된다는 것이다. 이러한 견해들을 총칭하여 — 재량의 본
질 및 그 구별기준을 법규의 요건 부분에서 찾는다는 의미에서 — '요건재량설'이라
고 할 수 있는데, 그 중 재량의 범위를 가장 많이 축소한 견해는, 우리나라에 일
반적으로 소개되고 있는, 중간목적개념과 종국목적개념을 구분하여 前者를 재량
에서 제외하는 입장이었다.

(3) 效果裁量說

2차 세계대전 이후, 특히 행정법원법(Verwaltungsgerichtsordnung)이 제정·시행
된 1960년대 이후에는 요건 부분의 불확정개념의 해석·적용에 관해서는 재량이
있을 수 없고 재량은 오직 효과 부분의 결정재량과 선택재량(최근에는 절차재량 및
時期재량을 포함하여)으로만 존재한다는 '효과재량설'이 통설·판례로 확립되어 현
재에 이르고 있다.[3] 불확정개념의 해석·적용은 법의 '인식' 문제이므로, '의지'의
자유를 의미하는 재량이 인정될 수 없다는 것이 그 이론적 핵심논거이다. 다시
말해, 법의 인식에 있어서는 단 하나의 올바른 판단만이 가능하고 여러 대안들
중의 어느 하나를 고르는 것은 아니라는 것이다. 그런데 그 유일한 올바른 판단
은 — 헌법상 — 최종적 법판단기관인 법원에 의한 것이므로, 위 견해는 결국 나치
불법국가에 대한 반성으로서, 행정소송의 강화와 이를 통한 시민의 권리구제의
확대를 정당화하는 이론적 무기라고 할 수 있다.[4]

이러한 효과재량설에 의하면, 재량의 본질이 오직 법규의 효과 부분에 있다

---

3) 위 Bernatzik의 요건재량설이 19세기 말부터 통설과 판례로 정착된 상황에서, 바이마르
시대에 이를 비판하면서 같은 오스트리아 학자인 Tezner에 의해 — 인식의 문제와 의지
의 문제를 구별해야 한다는 이론적 관점에서 — 효과재량설이 소수설로서 주장되었는데
(Friedrich Tezner, Das freie Ermessen der Verwaltungsbehörden. Kritisch-systematisch
erörtert auf Grund der österreichischen verwaltungsgerichtlichen Rechtsprechung, Leipzig/
Wien 1924, 특히 S.69-71), 2차 세계대전 이후 독일에서 통설·판례의 입장으로 바뀌게 된
것이다. 독일 재량이론의 역사적 변천과정 및 이념적 배경에 관하여 Ulla Held-Daab,
Das freie Ermessen. Von den vorkonstitutionellen Wurzeln zur positivistischen Auflösung
der Ermessenslehre, Berlin 1996 (특히 S.70-235) 참조.
4) 이를 — 序說에서 문제의식으로 제기하였던 — 행위규범과 재판규범의 관계라는 측면에
서 보면, 효과재량설이라는 것은 행위규범으로서 행정법규가 그 요건 부분의 불확정개
념으로 인해 행정청에게 결정의 여지를 허용한다 하더라도, 재판규범으로서는 이를 전
혀 인정할 수 없다는 취지이다.

고 보기 때문에, 재량·기속의 구별도 그 효과 부분의 차이점에 의거하게 된다. 요건 충족의 효과로서 발급되는 행정행위가 침익적 행정행위이면 기속행위이고 수익적 행정행위이면 재량행위라고 하는—우리나라에 일반적으로 '효과재량설'이라는 이름으로 소개되고 있는 견해는—재량의 본질에 관한 효과재량설의 한 유형에 불과하다. 실정법상 침익적 행정행위(특히 제재처분)도 재량행위인 경우가 많고 거꾸로 수익적 행정행위도 기속행위인 경우가 있으므로 위와 같은 견해는 극복되었고, 현재 독일에서는 일차적으로 법규의 효과 부분의 규정방식5)에 따라, 보충적으로 기본권과의 관계에 비추어 재량과 기속을 구별하는 것이 통설·판례이다.

(4) 審査强度의 문제

위와 같은 효과재량설에 의하면 종래 요건재량설에 따라 재량으로 인정되었던 불확정개념의 해석·적용에 관해 재량이 부정됨으로써 재량행위의 범위가 대폭 축소되는데, 독일에서 이와 같이 재량행위를 축소하고자 노력한 것은, 상술한 바와 같이 재량행위이면 아예 취소소송의 대상 자체가 될 수 없다는 것이 전통적 이론이었기 때문에, 일차적으로 취소소송의 대상적격의 확대를 위한 것이었다. 그러나 2차 세계대전 이후 (자유)재량행위라 하더라도 재량권남용 등 재량의 하자가 있으면 위법한 행위로서 취소되어야 한다는 裁量瑕疵(Ermessensfehler)理論과 이를 명문화한 행정법원법 제114조에 의거하여, 이제 재량행위도 반드시 본안에서 그 재량하자 여부를 심사하지 않으면 아니 되고, 따라서 모든 재량행위에 대해 취소소송의 대상적격이 인정되게 되었다.

그리하여 이제 재량행위와 기속행위의 구별은 대상적격 有無의 문제가 아니라 본안심사의 방법 내지 '심사강도'(Kontrolldichte)에 관한 문제가 되었다. 즉, 재량행위인 경우에는 행정청이 내린 '결정'을 전제로 하여 그 재량하자 여부를 사후적으로 심사하는 데 그치지만(사후적·제한적 심사), 기속행위인 경우에는—행정청의 결정은 제쳐두고—근거 '법규' 자체를 대상으로 삼아 법원이 스스로 그 법규에 의거한 적법한 결정이 무엇인지를 확정한 다음 이를 비로소 행정청의 결정과

---

5) 일반적으로, 화법조동사 'muß'가 사용된 규정(Muß-Vorschrift)은 기속행위이고, 'kann'이 사용된 규정(Kann-Vorschrift)은 재량행위이며, 그 중간 단계로서, 'soll'이 사용된 규정(Soll-Vorschrift)은 원칙적으로 기속이지만 특단의 사정이 있는 경우에는 그 예외가 허용되는 것으로 파악된다.

비교하여 양자가 일치하면 적법한 것으로, 불일치하면 위법한 것으로 판단하게
된다(주체적·전면적 심사). 그런데 효과재량설에 의하면 법규의 요건 부분에 대해
재량이 부정됨으로 말미암아 모든 불확정개념의 해석·적용에 관한 행정청의 판
단이 완전히 무시되고 모두 법원의 판단으로 대체되는 결과가 된다.

(5) 判斷餘地說

바로 이러한 결과를 시정하기 위해 — 효과재량설의 관점에서 — 주장된 견해
가 판단여지설이다.[6] 즉, 불확정개념에 관해서는 '재량'(Ermessen)은 있을 수 없지
만 일정한 조건 하에서는 행정청에게 '판단여지'(Beurteilungsspielraum)가 인정됨으
로써 법원의 전면적 심사가 제한되는 경우가 있다는 것이다. 이러한 (광의의) 판단
여지설이 학설의 대세인데, 구체적으로 판단여지의 인정근거에 따라 세 가지로
나눌 수 있다.

① 협의의 판단여지설 : 불확정개념의 해석과 사실관계의 확정은 법적 문제
로서 전면적 사법심사가 가능하지만, 불확정개념의 사실관계에의 포섭에는 인식
작용과 평가적·의지적 작용이 동시에 이루어지게 되므로 항상 오직 하나의 올바
른 결론만이 가능한 것이 아니라 일정한 범위 내에서는 다수의 선택가능성, 즉,
판단여지가 존재한다는 견해이다.[7] 이는 판단여지의 인정 근거로서 인식론적 한
계를 강조하는 것이라고 할 수 있다.

② 상당성이론 : 인식론적 한계와 함께 행정의 전문성에 의거한 司法自制를
강조하는 것으로서, 불확정개념을 '야간', '위험' 등과 같은 경험적 개념과 '신뢰
성', '적합성' 등과 같은 규범적 개념으로 나누어, 규범적 개념의 해석·적용에는

---

6) 또한 '계획재량'(Planunsermessen)의 이론도 동일한 맥락에서 이해할 수 있다. 계획법규
  상의 불확정개념도 형식적으로는 요건 부분에 해당하지만(우리 현행법상의 例: 개발제한
  구역의 지정사유로서 "도시주변의 자연환경을 보전", "도시민의 건전한 생활환경을 확보"
  등의 개념을 사용하고 있는 국토의계획및이용에관한법률 제38조), 계획법규의 구조는 요
  건-효과가 아니라 목적-수단이기 때문에, 요건 부분에는 재량이 있을 수 없다는 효과재량
  설의 입장에서도, 계획법규상의 불확정개념은 어떤 효과를 위한 '요건'이 아니라 어떤 수
  단을 위한 '목적'이므로, 이에 관해 특수한 재량, 즉 계획재량이 인정된다는 것이다. 본고
  에서는 이와 같이 '계획재량'도 — 판단여지와 마찬가지로 — 효과재량설의 기본입장을 받
  아들이면서도 행정소송에서의 심사밀도 내지 심사강도를 축소시켜 행정의 자율성을 확보
  해주고자 하는 개념이라는 점만을 지적하고, 계획재량에 관한 詳論을 피한다.
7) Otto Bachof, Beurteilungsspielraum, Ermessen und unbestimmter Rechtsbegriff im Ver-
  waltungsrecht, JZ 1955, S.97-102.

행정청의 가치판단이 불가피하므로, 전문가인 행정청의 판단이 그 불확정개념의 테두리 안에서 '충분히 주장될 수 있는 相當性'(Vertretbarkeit)을 갖는 것이면 법원은 이를 자신의 판단으로 대체시켜서는 아니 된다는 견해이다.[8] 또한 이 견해는 판단여지를 규범적 개념에 한정하고 있지만, 판단여지의 인정범위에 있어서는 포섭과정에만 국한하지 않고 그 해석의 단계까지도 포함시키는 것이 특징이라고 할 수 있다.

③ 판단수권설 : 입법자가 법규의 요건 부분에 불확정개념을 사용함으로써 행정청에게 그에 관한 판단권한을 부여한다는 의미의 判斷授權(Beurteilungsermächtigung)에 의거하여 판단여지를 인정하는 견해로서, 판단여지를 행정과 司法의 권력분립 내지 권한분배의 문제로 파악한다. 일반적으로 불확정개념의 포섭뿐만 아니라 그 해석에 대해서도 판단수권을 인정한다. 다시 말해, 불확정개념의 해석·적용은 법의 '인식'작용이긴 하지만 그 인식의 권한이 입법자에 의해 행정에게 주어졌다는 것이다. 이 견해는 위 ①, ②의 견해가 1950년대에 주장되어 연방행정법원의 다수의 판례에 반영되었다가 1990년대에 이르러 학설·판례(특히 연방헌법재판소)에 의해 ― 기본법 제19조 제4항에 의한 포괄적 권리구제 조항에 의거하여 ― 판단여지가 극히 제한되기에 이르자 판단여지를 이론적으로 정당화할 목적으로 주장되고 있다.[9] 이 견해에 의하면 결국 판단여지 내지 심사밀도는 각 근거법규에 따른 실체법적 문제로서, 개별법규의 해석과 각 행정영역의 특수성에 따라 결정된다고 한다.

(6) 判斷餘地가 인정되는 事例

판단여지설에 의하더라도 모든 불확정개념에 대해 판단여지가 인정되는 것이 아니라 예외적인 경우에 한정된다. 판례상 판단여지가 인정된 사례들은 크게 네 가지 유형으로 구분할 수 있는데, 전면적 사법심사가 ① 불가능하거나 ② 불

8) Carl Hermann Ule, Zur Anwendung unbestimmter Rechtsbegriff im Verwaltungsrecht, in: Gedächtnisschrift für W. Jellinek, 1955, S.309-330.

9) Rainer Wahl, Risikobewertung der Exekutive und richterliche Kontrolldichte ― Auswirkungen auf das Verwaltungs- und das gerichtliche Verfahren, NVwZ 1991, S.409-418 (410 ff.); Eberhard Schmidt-Aßmann, Verwaltungsverantwortung und Verwaltungsgerichtsbarkeit, VVDStRL H.34, 1976, S.221-274 (251 ff.); ders, Das Allgemeine Verwaltungsrecht als Ordnungsidee. Grundlagen und Aufgaben der verwaltungsrechtlichen Systembildung, 1998, S.190-192.

필요하거나 ③ 부적당하거나 ④ 바람직하지 않은 경우이다.

위 ①의 경우로서, 공무원의 근무평정, 국가시험, 학생의 성적평가와 같이 그 상황 하에서 관계자만이 내릴 수 있는 소위 '非代替的 결정'은 행정소송에서 그 상황을 재현할 수 없거나, 상황을 재현할 수 있다 하더라도 다른 평가대상자와의 관계에서 특혜를 부여하는 것이기 때문에 전면적 사법심사가 불가능하다는 점에서 판단여지가 인정된다.[10] ②의 경우로서, 문화재 지정, 청소년유해도서 판정 등과 같이 전문가로 구성된 독립된 합의제기관이 내리는 '구속적 평가결정'은 그 전문성과 중립성에 비추어 다시 행정소송에서 높은 비용의 감정 등의 절차를 통해 심사할 필요가 없다는 점에서 판단여지가 인정된다. ③의 경우는 환경행정·경제행정 등 영역에서 장래의 발생할 위험 등의 사태를 예상하여 이에 대비하여 내리는 소위 '예측결정'으로서, 과거의 사실에 대한 소급적 판단을 중심으로 하는 司法權이 판단하기에 부적당하고, ④의 경우는 경제·사회·문화 등을 일정한 방향으로 유도하고 그 구체적인 모습을 만들어 가기 위해 행해지는 '정책적 내지 형성적 결정'으로서, 이러한 결정은 일차적으로 행정의 역할이고 책임이기 때문에, 전면적인 사법심사가 바람직하지 않다는 점에서 판단여지가 인정된다.

(7) 判斷餘地의 瑕疵

판단여지에 관해서도 — 재량의 하자와 마찬가지로 — ① 절차규정의 위반, ② 기초사실의 부정확성, ③ 일반적인 평가기준의 위반, ④ 평가요소의 착오, ⑤ 자의적 판단, ⑥ 평등원칙 등 헌법원칙의 위반이 있으면 판단여지의 하자가 성립되어 위법하게 된다. 따라서 판단여지가 인정되더라도 사법심사가 전부 배제되는 것이 아니라, 위와 같은 사항들만 심사할 수 있다는 의미에서 그 심사의 밀도 내지 강도가 제한될 뿐이다.

(8) 判斷餘地와 裁量의 相對性

상술한 바와 같이 통설·판례는 법규의 요건 부분에 관한 인식의 문제인 '판

---

10) 다만, 1991년 연방헌법재판소는 문제해결의 논리성, 성실성 등 시험에 특유한 가치평가에 대해서는 판단여지가 인정되지만 전문지식의 평가에 관해서는 — 기본법상 포괄적 권리구제 조항에 의거하여 — 판단여지가 인정될 수 없고 법원이 필요한 경우에는 鑑定을 통해서라도 이에 관한 평가관의 판단을 전면적으로 심사하여야 한다고 하였다(BVerfGE 84, 34; 84, 59).

단여지'와 그 효과 부분에 관한 의지의 문제인 '재량'을 구별하고 있지만, 일부 학설에서는 양자의 상대성을 근거로 이를 비판하고 있다. 판단여지와 재량의 상대성은 세 가지 측면에서 나타난다고 한다.[11] 즉, ① 실정법상 요건 부분에 불확정개념이 사용되고 동시에 효과 부분에 관해 재량이 인정되는 소위 '결부규정'(Koppelungsvorschrift)에 있어서는, 요건 판단에서 재량요소들이 모두 고려됨으로써 재량이 소멸되는 경우가 있고, 거꾸로 재량의 관점에서 요건이 판단됨으로써 불확정개념이 재량으로 흡수되는 경우가 있으며, 또한 ② 입법자는 동일한 입법목적을 요건 부분의 불확정개념으로 규정하거나 효과 부분의 재량으로 규정할 수 있는데, 양자의 경우에 그 법적 효과가 전혀 다르다는 것은 부당하고,[12] 그리고 ③ 최근 학설의 경향으로서, 불확정개념에 대하여 재량과 동일한 구조를 갖는 '결정여지'(Entscheidungsspielraum)를 인정하는가 하면, 반대로 재량의 경우에도 법률상 수권목적에 적합한 결정만이 재량하자 없는 적법한 결정이라는 전제 하에 재량행위에 대하여 전면적 사법심사가 가능하다는 견해도 주장되고 있다.

2. 프랑스

(1) 裁量의 개념

프랑스에서는 판례와 학설에서 법규의 요건과 효과를 구별하지 않고 법규 전체의 불확정성(l'indétermination), 다시 말해, 법규에 의해 행정결정의 내용이 명확하게 확정되어 있지 아니함으로써 행정청이 갖는 행동의 자유를 '재량(권)'(le pouvoir discrétionnaire)이라고 한다. 그렇기 때문에 불확정개념의 해석·적용도 '재량'으로 파악되고 효과 부분의 재량과 본질적인 차이가 있는 것으로 이해되지 않는다. 대부분의 행정법규가 불확정개념을 사용하고 있기 때문에 프랑스에서는 재량행위가 원칙적인 경우라고 설명되고 있다.[13]

---

11) 이에 관한 내용은 Hartmut Maurer, Allgemeines Verwaltungsrecht. 14.Aufl., § 7 Rn.47-54 참조.

12) 우리나라 법에서 例를 든다면, 도로교통법 제7조("경찰공무원은 보행자나 차마의 통행이 밀리어서 교통상의 혼잡이 뚜렷하게 염려되는 때에는 그 혼잡을 덜기 위하여 필요한 조치를 할 수 있다")에서 '필요한' 조치라고 규정함으로써 이미 비례원칙을 요건 부분의 불확정개념으로 표현하였는데, '필요한'이라는 수식어는 제외하고 단지 '그 혼잡을 덜기 위한 조치를 할 수 있다'라고 규정하게 되면 비례원칙은 효과 부분의 재량 문제가 된다.

13) Rivero/Waline, Droit administratif. 20ᵉ éd., 2004, n° 406; Chapus, Droit administratif général. Tome 1. 14ᵉ éd., 2000, n° 1248-1251; Laubadère/Venezia/Gaudemet, Traité de

(2) 審査强度

프랑스에서는 19세기 후반부터 이미 행정소송(월권소송)에서 재량에 대한 사법심사가 이루어져 왔기 때문에, 독일에서와 같이 행정소송의 '대상'을 확대하기 위해 재량을 축소하고자 하는 이론적 노력은 찾을 수 없다. 즉, 처음부터 재량은 대상적격의 문제가 아니라 심사강도의 문제였다. 불확정개념을 포함한 재량 전체에 대한 심사강도는 제한적 내지 최소심사(le contrôle restreint ou minimum), 통상적 내지 완전심사(le contrôle normal ou entier), 최대심사(le contrôle maximal)의 3단계로 분류된다.

불확정개념에 대한 심사는 원칙적으로 최소심사로서, 근거법규의 존재와 그 규범내용의 해석 및 사실확정의 정확성은 심사되지만, 포섭은 '명백한 평가의 하자'(l'erreur manifeste d'appréciation)가 아닌 한 심사되지 않는다. 이것이 독일에서 판단여지가 인정되는 경우에 상응하는 것이라고 할 수 있다. 명백한 평가의 하자는 독일에서 판단여지의 하자에 해당하는 것이다.

통상심사에서는 포섭의 단계까지 심사되는데, 불확정개념에 관해서도 법규의 취지로부터 입법자가 의도한 확정적인 내용을 도출하여 사실관계가 그것에 포섭될 수 있는지 여부를 심사하는 것이다. 판례상 이러한 경우 포섭은 '사실관계의 법적 파악'(la qualification juridique des faits)이라고 하여 사실확정 또는 법규해석의 문제에 속하는 것으로 간주되고 있다.[14] 이와 같이 불확정개념에 대한 심사강도가 통상심사로 강화되는 것은 개념의 객관적 확정가능성과 시민의 이익의 보호필요성에 의거한 것인데, 가치평가가 필요한 포섭은 여기에서 제외된다.

최대심사에서는 이러한 가치평가가 필요한 포섭까지 심사된다. 사실확정을 위해 이미 가치평가가 필요한 경우, 또는 그렇지 않더라도 기본권과 관련된 경찰법 영역, 수용과 관련된 도시계획법 영역 등에서는 최대심사가 행해지고 있다.

통상심사 내지 최대심사의 경우에는 독일에서 요건 부분에 재량을 부정하는 효과재량설과 같은 결과가 된다. 그러나 독일에서는 개념적 관점에서 요건 부분에 관해 획일적으로 재량을 부정한 다음 예외적으로 판단여지를 인정하여 심사강

---

droit administratif. Tome 1. 15ᵉ éd., 1999, nᵒ 892-896; 拙著, 『행정법의 체계와 방법론』, 제11장 독일 행정법과 비교하여 본 프랑스 행정법의 특수성, 2005, 468면 참조.

14) 대표적으로 C.E. 12 avril 1972, *Lesaffre*, Rec. 282; C.E. 19 octobre 1960, *Fédération nationale de la coiffure*, Rec. 544.

도를 약화시키고 있는 반면, 프랑스에서는 불확정개념에 대해서도 재량을 인정하여 원칙적으로 심사강도를 제한하면서 근거법규의 성격과 당해 행정영역의 특성을 고려하여 심사강도를 단계적으로 강화한다는 점이 다르다. 다만, 사실인정에 대하여 언제나 전면적 내지 주도적 사법심사가 이루어진다는 점은 동일하다.15)

3. 영국

(1) 裁量의 개념

영국에서는 행정의 '재량(권)'(discretion, discretionary power) 개념이 주로 입법자에 의한 수권이라는 관점에서 파악되는데, 입법자는 법규의 요건과 효과의 양 부분에서 행정청에게 재량을 부여할 수 있는 것으로 이해된다. 요건 부분에서의 명시적인 재량수권은 '행정청이 …으로 판단하는 경우' 등과 같은 '주관적 용어'(subjective language)가 사용된 경우이고, 묵시적인 재량수권은 ─ 우리의 불확정개념에 상응하는 ─ '불확정 법적 기준'(imprecise statutory standards) 또는 '개방적 문언'(open texture)이 사용된 경우이다. 판례상 불확정개념의 사용이 바로 재량수권을 의미한다는 일반적인 원칙은 인정되고 있지 않지만,16) 최근 불확정개념을 근거로 그 해석·적용에 관하여 행정청에게 '재량'이 부여되었음을 인정하는 판결이 나타나고 있다.17)

(2) 審査强度

영국에서는 전통적으로 행정결정에 있어서 '법적 문제'(question of law)와 '사실의 문제'(question of facts)를 구별하여 전자만이 사법심사의 대상이 되고, 후자는 예외적으로 증거에 의해 지지되지 않는 경우이거나 관련요소들을 오해·무시한 경우에 한하여 ─ 말하자면, 채증법칙 위배로서 법적 문제로 변하여 ─ 법원에 의해 번복될 수 있다. 이 점이 프랑스와 독일과의 현저한 차이점인데, 1980년대 이후

---

15) 이상에 관하여 Frier, Précis de droit administratif. 3ᵉ éd., 2004, nᵒ 802-811; Rivero/Waline, op. cit., nᵒ 642; Chapus, op. cit., nᵒ 1253-1260; Laubadère/Venezia/Gaudemet, op. cit., nᵒ 897-900; 특히 독일과의 비교에 관해 Matthias Geurts, Verwaltungsgerichtliche Kontrolldichte. Ein Vergleich zwischen Deutschland und Frankreich unter besonderer Berücksichtigung des technischen Sicherheitsrechts, Frankfurt a.M. 1999, S.54-66 참조.

16) *Bendles Motors Ltd. v. Bristol Corporation* [1963] 1 All E.R. 578.

17) 대표적으로 *Pulhofer v. Hillingdon London Borough Council* [1986] A.C. 484.

'사법심사청구소송'(claim for judicial review)에서는 사실의 문제라 하더라도 '(행정청의) 권한에 관한 사실'(juridictional facts)에 대해서는 전면적인 사법심사가 행해지고 있다.[18] 따라서 '권한과 무관한 사실'(non-juridictional facts)에 관한 행정결정은 원칙적으로 법원을 구속하고 단지 채증법칙 위배에 해당할 정도의 중대한 하자만을 이유로 번복될 수 있기 때문에, 재량과 유사한 결과가 된다고 할 수 있다.

불확정개념에 대한 심사강도와 관련하여 3가지 경우로 나눌 수 있다. ① 불확정개념에 관련하여 상술한 '주관적 용어'가 사용됨으로써 그 해석·사실인정·포섭에 관해 명시적인 재량수권이 인정되거나, 아니면 그 해석과 포섭에 관해 묵시적인 재량수권이 인정되는 경우인데, 이러한 재량에 대해서는 효과 부분의 재량과 마찬가지로, 그것이 법적 문제에 해당하더라도, 전면적 사법심사가 배제되고, 단지 목적위반(improper purposes), 他事고려(irrelevant considerations), 악의(bad faith), 비합리성(unreasonableness, irrationality) 등 '재량남용'(abuse of discretion)이 심사될 뿐이다.[19] 이와 같이 입법자의 재량수권이 인정되지 않는 경우에는, ② 일반적으로 불확정개념의 해석은 법적 문제로, 사실인정과 포섭은 사실의 문제로 파악되지만, ③ 포섭이 법적 문제로 파악되는 경우도 있다. 법적 문제에 대해서는 그것이 재량이 아닌 한 전면적인 사법심사가 행해지고, 사실의 문제에 대해서는 — 사법심사청구소송에서 — '권한에 관한 사실'인가 여부에 따라 달라진다.[20]

영국에서는 법규의 요건과 효과의 양 부분에 대해 '재량'이 인정된다는 점에서 독일과 다르고 프랑스와 동일하지만, 그 재량이 입법자에 의한 수권에 의거한

---

18) 여기서 '권한'(jurisdiction)이라 함은 행정청이 당해 결정을 내리기 위한 전제로서 갖고 있는 추상적 권한 내지 관할권이라는 의미인데, 당해 결정의 구체적 내지 최종적인 요건사실은 제외된다는 취지이지만, 그 범위가 어디까지인지 불명확하므로, 판례·학설상 논쟁의 대상이 되고 있다. 그 범위를 최대한 확대하면 사실상 법규의 요건사실 전부가 엄격한 사법심사의 대상이 되고, 최소한으로 축소하면 — 행정청의 추상적 관할권 자체가 다투어지는 경우는 극히 드물기 때문에 — 사실상 법규의 요건사실 전부에 대해 사법심사가 배제되는 결과가 된다.

19) 비례원칙(proportionality), 신뢰보호원칙(protection of legitimate expectation)에 의거한 재량심사는 아직 유럽공동체법이 적용되는 영역에 국한되고 있지만, 앞으로 행정법 전반의 재량심사기준으로 발전하여 심사강도가 강화될 전망이다.

20) 개별법상 먼저 해당영역의 전문행정심판소(tribunal)에 행정심판(appeal)을 제기하도록 되어 있는 경우 그 행정심판의 결과에 불복하면 사법심사청구소송이 아니라 행정심판불복소송(原語는 역시 'appeal')을 제기하게 되는데, 여기에서는 '권한에 관한 사실' 여부를 묻지 않고 사실의 문제이면 모두 법원의 심사가 배제된다는 점에서 사법심사청구소송에 비하여 심사강도가 약하다.

것으로 파악된다는 점은 프랑스와 다른 점이고, 사실인정에 대하여도 사법심사가 제한된다는 점에서 독일·프랑스와 다르다.[21]

4. 미국(연방)

(1) 裁量의 개념

미국에서도 '재량'(discretion)은 법규의 요건과 효과의 양 부분에서 인정되는데, 영국에서와는 달리, 입법자에 의한 재량수권이라는 관점보다는 법원의 사법심사가 제한됨으로써 행정청이 갖는 자유여지라는 관점에서 재량이 논의된다. 미국법상 '재량'은 실정법상 용어이다. 즉, 행정절차법(Administrative Procedure Act; APA)은 먼저 제701조 (a)항 (2)호에서 행정결정이 법에 의해 "행정청의 재량에 맡겨져 있는 경우"(committed to agency discretion) 동법에 의한 사법심사가 배제된다고 규정한 다음, 제706조 (2)호 (A)목에서 "재량의 남용"(abuse of discretion)으로 판명된 행정결정은 위법한 것으로 취소된다고 규정하고 있다. 이와 같이 재량에 대해서는 한편으로 사법심사를 배제하면서 재량의 남용은 행정결정의 취소사유가 된다고 하는 모순을 해결하기 위해 판례·학설은 양자의 '재량'을 구별한다. 즉, 위 제701조의 재량은 행정결정에 대한 심사척도로 적용할 법이 전혀 없는 경우로 해석되는데,[22] 주로 — 우리나라의 통치행위에 상응하는 — '정치적 문제'(political question)가 이에 해당한다. 반면에, 제706조의 재량은 통상적 의미의 재량으로서, 요건 부분과 효과 부분, 사실의 문제와 법적 문제를 모두 포함하여, 전면적 사법심사가 제한되는 경우를 가리킨다.

(2) 審査强度

따라서 불확정개념에 관한 해석·사실인정·포섭의 문제가 모두 '재량'의 관점에서 설명되는데, 먼저 사실인정에 관해 살펴보면, 이에 대한 심사강도는 3단계로 나누어진다. 미국에서도 영국법의 전통에 따라 '법적 문제'와 '사실의 문제'를 구별하여 사실의 문제에 대해서는 원칙적으로 전면적인 사법심사가 제한된다.

---

21) 이상에 관하여 Wade/Forsyth, Administrative Law. 9.ed., 2004, p.311-435; Craig, Administrative Law. 5.ed., 2003, 521-638; 특히 독일법과의 비교에 관해 Ralf Brinktrine, Verwaltungsermessen in Deutschland und England, Heidelberg 1998, S.453-543 참조.

22) 이에 관한 대표적 판례는 *Overton Park v. Volpe*, 401 U.S. 402 [1971].

그리하여 가장 낮은 단계의 심사강도로서, 위 행정절차법 제706조 (2)호 (A)목의 규정에 따라, 행정청의 사실인정이 '임의적·자의적인'(arbitrary and capricious) 것으로 '재량남용'(abuse of discretion)에 해당하는지 여부만을 심사하게 된다. 이는 재량이 인정되는 모든 경우에 최소한 보충적으로 행해지는 재량통제의 방식인데, 일정한 사안에 대해서는 '엄격심사'(hard look review)라 하여 심사강도를 높이기도 한다. 다음 단계의 심사강도는 위 (E)목의 규정에 따라, 공식적 처분절차 또는 규칙제정절차(formal adjudication or rule-making)에 의거한 사실인정에 대하여 그것이 '실질적 증거'(substantial evidence)에 의해 뒷받침되는지 여부를 심사하는 경우이다. 공식적 절차에서는 정식의 '청문'(hearing)이 행해져 기록(record)이 작성되므로, 위와 같은 심사를 일반적으로 '기록에 의거한 제한적 심사'(limited review on the record)라고 부른다. 가장 높은 단계의 심사강도는 위 (F)목의 규정에 따라, 비공식적 처분절차 또는 규칙제정절차에 의거한 행정청의 결정이 전혀 사실에 의해 보증되지 아니한다는 이유로 '전면적 재심사'(trial de novo)가 이루어지는 경우이다.

다음으로 불확정개념의 해석에 관해 살펴보면, 불확정개념의 해석은 '법적 문제'에 해당하는 것으로서, 전통적으로 전면적 사법심사의 대상이 되는 것으로 이해되어 왔고, 또한 위 행정절차법 제706조도 첫머리에서 "심사법원은 모든 중요한 법적 문제를 결정하고 헌법 및 법률 규정들을 해석해야 한다"[23]고 규정하고 있다. 그러나 1984년의 *Chevron*판결[24]에 의하여, 불확정개념으로부터 입법자가 의도한 '명료한 의미'(plain meaning)가 도출되지 않는 경우에는 그 해석은 정책의 문제로서, 권력분립원칙과 행정의 전문성에 의거하여, 행정청의 해석이 합리적이고 자의적이지 않는 한, 법원은 원칙적으로 이를 번복하지 못하는 것으로 되었다. 다음으로 불확정개념의 포섭은 소위 '법과 사실의 혼합 문제'(mixed question of law and fact)로서, 심사강도를 강화하고자 하면 법적 문제로, 심사강도를 완화하고자 하면 사실의 문제로 파악되는데, 여하튼 위와 같이 순수한 법적 문제인 불확정개념의 해석에 대해서도 전면적 사법심사가 제한되므로, 포섭에 관해서도 마찬가지로 사법심사가 제한된다. 따라서 불확정개념의 해석과 포섭에 대해서도 상술한 바와 같은 사실인정의 심사방식이 준용된다. 그렇기 때문에, 위 제2단계의 '실

---

23) "the reviewing court shall decide all relevant questions of law, interpret constitutional and statutory provisions,"
24) *Chevron U.S.A. Inc. v. Natural Resources Defense Council*, 467 U.S. 867 [1984].

질적 증거'는 사실인정에 관한 것만이 아니라, 불확정개념의 해석과 포섭의 결론을 정당화하는 모든 자료를 의미한다.[25]

　미국에서는 법규의 요건과 효과의 양 부분에 대해 '재량'이 인정된다는 점에서 독일과 다르고 프랑스·영국과 동일하지만, 사실인정에 관해서도 사법심사가 제한된다는 점이 프랑스와 다르고 영국과 같으며, 또한 '재량'이 주로 사법심사의 한계로부터 설명되고 불확정개념의 해석에 대해서도 재량의 여지가 인정된다는 점에서 영국과도 다르다. 전체적으로 보아, 불확정개념의 대한 심사강도는 독일 → 프랑스 → 영국 → 미국의 순서로 독일이 가장 높고 미국이 가장 낮은 것으로 평가할 수 있다.

Ⅲ. 學說과 判例

1. 學說

(1) 爭點

　우리나라의 학설에서는, 독일의 판례·학설의 영향 하에서, 불확정개념의 해석·적용에 관하여 인정되는 판단여지와 법규의 효과 부분에 관하여 인정되는 재량을 구별할 것인지, 아니면 양자를 재량이라는 동일한 범주로 파악할 것인지가 다투어진다. 편의상 전자를 二元論, 후자를 一元論이라고 부르기로 한다.

　법규의 요건 부분에 사용된 어떠한 불확정개념에 대해서도, 판단여지이든 재량이든 간에, 행정청의 자유여지를 전혀 인정하지 않는 철저한 효과재량설을 취하는 견해는 보이지 않는다. 하지만 모든 불확정개념에 대하여 판단여지 또는 재량을 인정하는 것이 아니라, 문제된 영역의 특수성과 행정청의 전문성 등을 고려하여 ― 그 범위에 있어서는 학자마다 차이가 있지만 ― 예외적으로 인정한다. 문제는 결국 이와 같이 예외적으로 인정되는 요건판단의 자유여지를 재량으로 파악할

---

25) 이상에 관하여 Strauss/Rakoff/Farina, Gellhorn and Byse's Administrative Law. 10.ed., 2003, p.936-1097, 1209-1228; Pierce, Administrative Law Treatise. 4.ed. Vol.Ⅲ., 2002, Chap.17; Strauss, Administrative Justice in the United States. 2.ed., 2002, p.340-386; Schwartz, Administrative Law. 3.ed., 1991, § 8.11, § 10.14-10.18; 특히 독일법과의 비교에 관해, Franz Erath, Förmliche Verwaltungsverfahren und gerichtliche Kontrolle. Eine rechtsvergleichende Studie unter Berücksichtigung Deutschlands und der USA, Stuttgart u.a. 1996, S.103-152 참조.

것인지, 아니면 그와 구별되는 판단여지로 파악할 것인지에 있다.

(2) 二元論

요건 부분의 불확정개념에 관한 판단여지는 효과 부분의 재량과 본질적으로 다르다는 견해이다.[26] 다시 말해, 불확정개념에 관해서는 재량이 인정될 수 없고 단지 판단여지만이 가능하다는 것이다. 가장 주된 논거로서, 독일에서와 같이, 불확정개념의 해석·적용은 법률이 의도하는 하나의 올바른 결정을 발견하기 위한 법'인식'의 문제인 반면, 재량은 요건이 충족된 이후에 그 요건에 결부된 법률효과를 결정 내지 선택하는 의지의 문제라고 한다. 또한 법치국가원리상 규범의 구성요건은 객관적인 것으로서, 요건 충족의 판단은 예견 가능한 것이어야 하므로 요건 부분에 재량을 부여할 수 없다고 한다.[27] 그리고 재량은 입법자에 의해 부여되는 것인 반면 판단여지는 법원의 인정에 의해 주어지고, 그 밖에 인정기준과 범위에서도 양자가 다르다고 한다. 이와 같이 판단여지와 재량이 구별된다고 하면서도 판단여지 역시 행정청의 판단을 종국적인 것으로 존중하기 위한 것으로서 넓은 의미에서는 재량과 공통성을 갖는다는 견해도 있는데, '상대적 二元論'이라고 할 수 있을 것이다.[28]

(3) 一元論

요건 부분의 불확정개념에 관한 판단여지와 효과 부분의 재량은 구별할 필요가 없고 양자 모두 '재량'이라는 동일한 범주에 속하는 것으로 보는 견해이다.[29] 그 주된 논거는 한편으로 판단여지와 재량은 현대국가의 행정이 갖는 적극적 기능과 자율적 책임성에 의거한 사법심사의 한계로부터 비롯되고 다른 한편으로 양자 모두 입법자의 — 명시적·묵시적 — 의사에 의해 부여된다는 점에서 양자를 구별할 실익이 없다는 것이다. 이에 더하여 불확정개념의 해석·적용을 법의 인식 문제로 보면서 그에 대한 전면적 사법심사를 부정하는 것은 모순이라는 논

---

26) 김남진/김연태, 『행정법 Ⅰ』 제9판, 2005, 190면; 박균성, 『행정법론(상)』 제4판, 2005, 246면; 정하중, 『행정법총론』 제2판, 2004, 185-186, 189-197면; 홍정선, 『행정법원론(상)』 제13판, 2005, 옆번호 872-889; 홍준형, 『행정법총론』 제4판, 2001, 209, 215면.

27) 특히 홍정선, 전게서, 옆번호 875.

28) 박윤흔, 『행정법강의(상)』 제29판, 2004, 327면.

29) 서원우, 『전환기의 행정법이론』, 1997, 647-650면; 김동희, 『행정법 Ⅰ』 제11판, 2005, 259면; 김철용, 『행정법 Ⅰ』 제8판, 2005, 203면; 류지태, 『행정법신론』 제8판, 2004, 71면.

거가 추가되기도 한다.30)

2. 判例

우리나라 판례는 一元論의 입장에 있다. 즉, 요건 부분의 판단에 관해 행정청의 전문성을 인정하여 전면적인 사법심사를 회피하고자 하는 경우, 그 판단이 행정청의 '재량'에 속한다고 하거나, 아니면 사법심사가 미치는 범위가 '재량권의 일탈 또는 남용'에 그친다고 판시하고 있다.

예컨대, 교과서검정 사건에서 "교과서검정이 고도의 학술상, 교육상의 전문적 판단을 요한다는 특성에 비추어 보면, 교과용 도서를 사정함에 있어 법령과 심사기준에 따라서 심사위원회의 심사를 거치고 ‥ 현저히 재량권의 범위를 일탈한 것이 아닌 이상 그 검정을 위법하다고 할 수 없다"고 판시하였다.31) 교과서검정은—불확정개념으로 된 요건으로서—'교과용 도서로서의 적합성'을 판단하는 것이지, 그 요건이 충족된 여러 도서 중 일부를 선택하는 것이 아님에도 불구하고, '재량권'이라고 하였다. 또한 문화재발굴 사건에서 "문화재보호법 제44조 제1항 단서 제3호의 규정에 의하여 … 건설공사를 계속하기 위한 발굴허가신청에 대하여 그 공사를 계속하기 위하여 부득이 발굴할 필요가 있는지의 여부를 결정하여 발굴을 허가하거나 이를 허가하지 아니함으로써 원형 그대로 매장되어 있는 상태를 유지하는 조치는 허가권자의 재량행위에 속하는 것"이라고 판시하였다.32) 행정청의 판단 대상인 '매장문화재를 부득이 발굴할 필요'는 요건 부분의 불확정개념에 속하는 것으로서, 그 요건이 충족된 이후의 효과의 결정·선택의 문제가 아님에도 불구하고, '재량행위'라고 하였다. 그 밖에 시험분야에서의 채점기준, 합격기준, 평가방법, 정답 여부 등에 관한 결정행위도 시험합격을 위한 요건의 문제이지 그 요건이 충족된 여러 사람들 중 합격자를 선택하는 것이 아니지만, 판례는 이들 결정행위가 재량 또는 자유재량에 속한다고 판시하였다.33)

30) 류지태, 전게서, 71면.
31) 대법원 1992. 4. 24. 선고 91누6634 판결.
32) 대법원 2000. 10. 27. 선고 99두264 판결.
33) 대법원 1996. 9. 20. 선고 92누6882 판결; 1998. 7. 24. 선고 97누17339 판결; 1998. 7. 10. 선고 97누13771 판결 등.

Ⅳ. 評價

1. 要件判斷과 效果決定의 一元的 構造

이상에서 살펴본 바와 같이 우리나라와 프랑스·영국·미국의 판례에서 법규의 요건 부분과 효과 부분에 관해 공히 '재량'을 인정하고 있다. 반면에 유독 독일에서만 요건 부분의 판단여지와 효과 부분의 재량을 구별하고 있는데, 그 결정적인 논거는 법의 '인식' 문제인 요건판단과 '의지'의 문제인 효과결정은 서로 논리적 구조를 달리 한다는 데 있다.

이는 인식(Erkenntnis)과 의지(Wille)의 二元論을 체계화한 근대 독일의 관념철학에 기초한 것이라고 할 수 있으나, 인간의 판단작용에는 인식적 요소와 의지적 요소가 혼재되어 있다는 것은 현대 인식론과 해석학의 일반적 경향이다.[34] 특히 법적 판단에 있어, 사실관계를 법규에 포섭하여 결론을 도출하는 三段論法 (Syllogismus)은 법의 이념인 법적 안정성, 나아가 평등원칙을 지향하고 논증과정에 대한 비판가능성을 제공한다는 점에서 방법론적 의미를 보유하고 있지만, 법적 판단의 실제는 한편으로 관계 이익과 가치들의 형량, 다른 한편으로 법규와 결론 사이의 '해석론적 순환'(hermeneutischer Zirkel)을 통해 이루어지는 법의 구체화 작업으로서, 여기에 인식적 요소만이 아니라 평가적 요소와 의지적 요소가 함께 작용한다는 것은 오늘날 — 심지어 독일에서조차도 — 법학방법론의 기본적 통찰에 속한다.[35]

반대로 효과결정에 관해서는, 특히 비례원칙·신뢰보호원칙 등의 제한 때문에, 규범적 구속이 전혀 없는 완전한 의지의 자유(순수한 의미에서의 '자유재량')가 인정될 수 없고, 의지적 요소와 함께 (규범)인식적 요소와 평가적 요소가 작용하지 않으면 아니 된다.

이와 같이 요건판단과 효과결정에 관해 공히 인식적·의지적·평가적 요소가

---

34) Hans Albert, Kritik der reinen Erkenntnislehre, Tübingen 1987, 특히 S.144 ff.; ders, Traktat über kritische Vernunft. 5.Aufl., Tübingen 1991, S.66-95; Hans-Georg Gadamer, Wahrheit und Methode. Grundzüge einer philosophischen Hermeneutik 6.Aufl., 1990, S.270 ff. 참조.

35) 대표적으로 Karl Engisch, Die Idee der Konkretisierung in Recht und Rechtswissenschaft unserer Zeit. 2.Aufl., S.194-224; ders Einführung in das juristische Denken 9.Aufl., 1997, S.45-71; Karl Larenz, Methodenlehre der Rechtswissenschaft. 6.Aufl., 1991, S.119-125, 155-165 참조.

— 물론 그 비중은 차이가 있겠지만 — 함께 작용한다면, 양자를 인식의 문제와 의지의 문제로서 一刀兩斷할 수는 없을 것이다. 오히려 요건판단과 효과결정은 법의 구체화 작업이라는 점에서 一元的 내지 연속적 구조를 갖고 다만 그 구체화 작업을 위한 작용요소들의 상대적 비중이 다를 뿐인 것으로 이해하는 것이 타당할 것이다.36) 이러한 견해는 말하자면 판단여지와 재량의 '構造的' 一元論'으로서, 단순히 양자를 구별할 실익이 없다는 것에서 한 걸음 더 나아가 양자의 구조적 동일성을 제시하는 것이라고 할 수 있다.

2. 審査强度의 문제

(1) 그러나 위와 같은 (법)인식론적 관점은 사실 행정소송에서의 심사강도라는 현실적 문제를 해결하기 위한 이론적 논거에 불과하다. 먼저 독일의 판례·학설(말하자면, '構造的 二元論')에 관해 살펴보면, 이는 인식과 의지의 구별, 객관적 법인식의 가능성 등과 같은 (법)철학적 명제에서 비롯된 것이 아니라, 거꾸로 2차 세계대전 이후 나치불법국가에 대한 철저한 반성으로 행정소송을 강화하고자 하는 실제적 필요성에서 위와 같은 (법)철학적 명제들이 동원되었다고 하는 것이 보다 정확한 이해일 것이다. 여기에는 행정사건 전담법관들의 풍부한 인력37)이라는 제도적 여건이 작용하는데, 이와 같은 실제적 필요성과 제도적 여건은 — 행정절차의 기능이 단지 실체에 대한 보조적 기능(dienende Funktion)으로 파악됨으로써 행정소송이 제기되고 나면 행정절차는 행정소송으로 완전히 흡수되어 행정소송이 유일한 분쟁해결의 場이 되는데,38) 행정소송은 철저한 주관소송으로서, 그 원고적격을 제한하는 대신에 본안에 관해서는 전면적으로 원고의 청구권 存否를 심사하는 — 독일 특유의 행정절차·행정소송의 모델로 연결된다. 그리하여 요건 부분의 불확정개념에 대하여 원칙적으로 100퍼센트의 심사강도를 전제로 한 다음 '판단여지'라는

---

36) 같은 취지의 독일 문헌으로 Robert Alexy, Ermessensfehler, JZ 1986, S.701-716 (715 f.); Ralf Brinktrine, a.a.O.(각주21), S.554-557; Ulla Held-Daab, a.a.O.(각주3), S.236-246 참조.

37) 1995년에 총 2,200명이었다. 이에 관해 Schmidt-Aßmann/Hoffmann-Riem, Verwaltungskontrolle, 2001, Baden-Baden S.93 참조.

38) 즉, 행정소송(취소소송)에 있어 절차적 하자는 독립적 취소사유가 되지 못할 뿐만 아니라 상고심 종결시까지 언제든지 치유될 수 있고, 위법판단 기준시는 判決時가 원칙이며, 소송에서 처분사유의 추가·변경이 폭넓게 인정된다. 이러한 행정절차와 행정소송의 관계에 관해 拙稿, 상호관련적 법구체화절차로서 행정절차와 행정소송, 『서울대학교 법학』 제45권 1호(통권 130호), 2004, 195-218면 참조.

개념을 매개로 예외적으로 심사강도를 약화시키는 방법론을 취하게 되는 것이다.

(2) 본고에서 제시하는 構造的 一元論도 역시 심사강도라는 실제적 문제를 해결하기 위한 것이다. 프랑스·영국·미국에서는 불확정개념에 관해 일단 재량을 인정함으로써 원칙적으로 최소한의 심사강도를 전제한 다음 사안에 따라 법규의 불확정성의 정도, 당해 문제영역의 특수성 등에 비추어 심사강도를 단계적으로 강화하는 방법론을 취하고 있다. 이는 상대적으로 부족한 행정사건 전담법관의 인력39)이라는 제도적 여건에서 비롯되는 것인데, 이는 영국·미국에서는 행정절차의 기능적 중요성으로 연결되고, 프랑스·영국에서는 월권소송과 사법심사청구소송의 객관소송적 기능에 비추어 원고적격 단계에서는 가능한 한 많은 사건을 심사대상으로 삼되, 본안에 관해서는 행정의 자율적 책임성을 존중하는 행정소송 모델로 연결된다.

우리나라에서도 현재 행정사건 전담법관이 총 100명을 넘지 못하는 상황 하에서, 한편으로 최근 1998년부터 법률로 시행되고 있는 행정절차를 활성화해야 한다는 필요성과, 다른 한편으로 이미 절차적 하자를 중시하는 대법원 판례의 경향에 비추어 보면, 불확정개념에 대한 심사강도의 문제에 관해 독일이 아니라 프랑스·영국·미국의 예를 따라야 되지 않을까 한다. 특히 2004년 대법원에 의해 마련된 행정소송법 개정안에서는 항고소송의 대상을 대폭 확대하고 원고적격을 완화하고 있는데, 이는 바로 본안판단 단계에서 심사강도의 적절한 조절을 전제로 하는 것이다. 말하자면, 대상적격과 원고적격의 개혁은 심사강도에 관한 기본적 태도의 변화를 필요로 한다.

이상과 같은 이유로 우리나라에서는 불확정개념에 대한 100퍼센트의 심사강도를 원칙적으로 전제로 하는 독일의 이론, 즉 二元論은 적절하지 못하다. 상술한 바와 같이 우리 판례는 불확정개념의 해석·적용 문제도 '재량'으로 파악하고 있어 이미 프랑스·영국·미국의 판례와 동일한 입장을 취하고 있다. 따라서 우리 판례를 제대로 이해하고 나아가 우리나라 행정소송의 제도적 여건과 그 발전방향에 부응할 수 있는 견해는 판단여지와 재량의 구조적 동일성을 긍정하는 一元論이라고 할 것이다. 또는 이는 현대 법치국가에서 行政은 단순한─사실적─법률집행 기관으로서 司法에 의한 법적용의 대상에 불과한 것이 아니라, 司法과 대등한 '법

---

39) 프랑스에서는 1995년 총 500명이며, 영국과 미국에서는 이보다 훨씬 못미치는 숫자이다.

적' 권력으로서 일차적 법적용기관이라는 점에도 부합하는 것이다.

(3) 불확정개념의 문제는 판단여지와 재량을 구별할 것인가 라는 개념적 차원에만 국한되는 것이 아니라, 실제적으로 법규의 요건 부분에 대한 법원의 심사방식과 직결되는 문제이다. 즉, 현재 우리 행정소송 판결문에서 일반적으로, 법원이 직접 증거들을 종합하여 사실을 인정한 다음 스스로 그 사실에 대한 법적 평가를 행하여 법규의 요건 충족 여부를 판단하고, 이를 행정청의 결정과 비교하여그 위법 여부를 결정하는 방식을 취하고 있다. 다시 말해, 법규의 요건 부분에 관해서는―상술한 판례에서와 같이 예외적으로 (요건)재량이 인정되는 경우를 제외하고는― 전면적 사법심사를 행하고 있는 것이다. 그러나 실제로는 법관의 인력부족, 감정을 위한 비용의 문제 등으로 인해, 행정청의 법적 판단을 사후적으로 평가하여 그것이 일정한 합리성의 테두리를 벗어나지 않는 한 적법한 결정으로 받아들이는 것임에도 불구하고, 요건 부분에는 전면적 심사를 해야 한다는 고정관념 때문에 판결문상으로는 법원의 독자적 판단인 양 설시하고 있는 경우도 많다. 말하자면, '숨은 (요건)재량 내지 판단여지'라고 할 수 있다. 본고에서 제시하는 構造的 一元論에 의거하여 재판실무의 개선방향을 다음과 같이 제안하고자 한다.

먼저 사실인정에 관해서는, 상술한 바와 같이 프랑스에서도 전면적 심사가이루어지고, 사실의 문제에 대해서는 사법심사가 배제되는 전통을 가진 영국에서도 최근 행정청의 권한과 관련된 사실에 대해서도 전면적 심사를 행하고 있으며, 미국에서는 정식의― 처분청과 독립된 지위를 갖는 청문주재관, 즉 '행정법판사'(administrative law judge)에 의해 이루어지는 재판과 유사한― 청문을 거친 경우에만 법원의 사실조사의 범위가 실질적 증거의 유무에 한정되고 있다. 따라서 아직 청문절차가 완비되지 않은 상황 하에서는, 사실인정에 대한 법원의 전면적 내지 주도적 심사가 유지되어야 하고 오히려 그 실질적인 심사권 확립을 위한 제도적 여건이 마련되어야 할 것이다.

불확정개념에 있어 추상적 규범내용의 해석에 관해서도 법원의 전면적·주도적 심사가 유지되어야 할 것이다. 법원은 우리 헌법상 최종적 법해석기관으로서의 권한과 책임을 부여받고 있기 때문이다. 다만, 그 해석의 범위에 있어서, 결론을 도출하기 위한 구체적인 규범내용의 확정은 포섭으로 간주하는 것이 바람직하다. 어디까지가 추상적 규범내용인지 구체적 규범내용인지 경계가 불분명하지만, 그렇기 때문에 법원으로서는 법규와 당해 사안의 특수성을 감안하여 심사강도를 적절히 조절할 수 있을 것이다.

　마지막으로 불확정개념의 포섭에 관해서는, 과감히 그것이 행정의 '재량'에 속한다는 것을 인정하여, 법원은 행정의 일차적 판단을 전제로 그것의 합리성 여부를 사후적으로 검토하는 방식을 취하는 것이 적절하다고 본다. 그 사후적 검토에 있어 당해 법규와 문제 영역의 특수성에 비추어 심사강도를 단계적으로 강화할 수 있을 것이다. 그리하여 예컨대 경찰영역에서 국민의 신체의 자유가 문제되는 경우에는 심사강도가 100퍼센트까지 강화되고, 환경영역, 경제영역, 대학의 자치영역 등에서는 그보다 낮은 적정한 수준에서 심사강도가 결정되어야 할 것이다. 이러한 연속적인 심사강도의 방식은 종래 불확정개념에 관해 그것이 기속행위이면 (최소한 외형상으로는) 전면적 사법심사가 이루어지고 재량행위·판단여지이면 제한적 사법심사가 이루어져야 한다는 일도양단적인 해결을 극복하는 방법론이라고 할 수 있다.

11. 法規命令 形式의 行政規則과 行政規則 形式의 法規命令*

― '法規'概念 및 形式/實質 二元論의 克服을 위하여 ―

Ⅰ. 序說

문제 해결을 위한 법학, 즉 법도그마틱은 거의 대부분의 경우 '개념'을 필수적인 수단으로 한다. 실정법상의 개념만이 아니라, 실정법상의 개념만으로 문제해결이 불가능하거나 어려운 경우에는 법도그마틱 스스로 ― 실정법상의 개념을 세밀화하는 하위개념으로서, 또는 실정법상의 개념들을 아우르는 상위개념으로서, ― 새로운 개념도 만들어 낸다. 그리고 그 개념에 일정한 법적 효과를 연결하여, 어떤 사항이 그 개념에 해당하는가 여부를 논증하여, 그 개념에 해당하면 바로 그 법적 효과가 발생하는 것으로 판단하고, 그 개념에 해당하지 아니하면 그 법적 효과가 발생하지 않는 것으로 판단하여 문제를 해결하는 것이 법도그마틱의 기본적인 방법론이다. 여기에서 '법적 효과'는 그 개념의 '도그마틱적 기능'에 해당한다.

이러한 개념과 그 법적 효과에 의거한 법도그마틱은 원칙적으로 재판관의 업무부담을 경감할 뿐만 아니라, 법질서를 안정적으로 유지하고, 법률가의 교육을 용이하게 하며, 법적 판단을 점검하고 비판할 수 있도록 하는 긍정적인 기능을 갖고 있다.[1] 그러나 법도그마틱에서 사용되는 '개념'은 결코 우리가 알지 못하

[법규명령 형식의 행정규칙과 행정규칙 형식의 법규명령, 『행정법학』 제5호, 2013]

* 本稿는 2005년 4월 1일 헌법실무연구회 제54회 발표문인 유지태, 행정입법과 행정재판 (『헌법실무연구』 제6권, 2005, 336면 이하 수록)에 대한 필자의 지정토론문(동 헌법실무연구 377면 이하 수록)에서 피력한 견해를 논문으로 발전시켜 2013년 4월 12일 한국행정법학회 학술대회에서 발표한 原稿를 수정·가필한 것임을 밝힌다. 이 자리를 빌어 학문적 동료이자 畏友이었던 故 유지태 교수의 冥福을 삼가 祈願한다.

는 새로운 내용을 가르쳐 줄 수 없고, 우리 스스로 사전에 주입한 것만을 되돌려 줄 뿐이다.[2] 따라서 그 개념이 문제해결에 적합하지 못한 내용을 가지고 있을 때에는 그 개념은 문제해결을 어렵게 하고 방해할 뿐이다. 따라서 개념과 그에 따른 법적 효과를 통해 문제해결이 어려울 때에는, 그 개념과 법적 효과를 매개하지 않고, 문제들을 ― 구체화하고 세분하여 ― 직접 대면하여 그 해결을 위한 다른 기준과 방법을 모색하여야 한다. 이를 통하여 새로운 도그마틱적 개념들이 정립될 수 있다.

> 문제(Q) → [개념(B) → 법적 효과(F)] → 해결(L)

행정법학에서 이상과 같은 법방법론적 상황이 가장 현저하게 나타나는 개념들이 바로 본고에서 검토할 '법규명령 형식의 행정규칙'과 '행정규칙 형식의 법규명령'이다. 즉, 이를 둘러싸고 대통령령·부령으로 제정된 제재처분기준의 법적 구속력, 감사원규칙과 각종의 규칙·고시의 합헌성과 법적 구속력 및 제정절차 등이 문제되고 있는데, 지금까지 학설·판례는 이 문제들을 모두 '법규명령'과 '행정규칙'의 구별, 그리고 그에 더하여 '형식'과 '실질'의 구별이라는 二重의 二元論에 의거하여 일거에 해결하고자 하지만, 견해대립의 난맥상을 보이고 있다.

법규명령과 행정규칙의 구별은 '법규'에의 해당 여부를 기준으로 이루어지고, 이것은 다시 법규로서의 형식과 실질의 일치 또는 모순이라는 쟁점으로 연결되기 때문에, 위와 같은 방법론은 결국 법규 개념으로 귀착된다. 따라서 법규명령 형식의 행정규칙과 행정규칙 형식의 법규명령과 관련된 위와 같은 문제들(Q)을 해결하는 데 과연 그 법규의 개념(B)과 이와 연결된 법적 효과(F)의 도그마틱이 적합한 것인가 라는 물음이 제기된다.

이상과 같은 관점에서, 본고에서는 먼저 학설·판례의 대립상황과 그 방법론을 분석하여 문제의 상황과 소재를 밝히고(Ⅱ.), 이와 관련된 독일·프랑스·영국·미국·일본에 대한 비교법적 고찰을 거친 다음(Ⅲ.), 우리나라의 헌법구조와 법질

---

1) 이러한 법도그마틱의 기능의 자세한 내용에 관해서는 졸저, 『행정법의 체계와 방법론』, 2005, 3면 이하, 특히 4면 각주 4) 참조.
2) 同旨 Edgar Loening, Die konstruktive Methode auf dem Gebiet des Verwaltungsrechts, Jahrbuch fur Gesetzgebung, Verwaltung und Volkswirtschaft 11 (1887), S. 117 ff. (118).

서에 비추어 '법규'개념의 필요성을 비판적으로 검토하고, '법규명령'과 '행정규칙'의 二元論 없이, 법규명령 형식의 행정규칙과 행정규칙 형식의 법규명령을 둘러싼 문제들의 해결방향을 제시하고자 한다(Ⅳ.).

Ⅱ. 問題의 狀況과 所在

1. 問題들의 槪觀

'법규명령 형식의 행정규칙'이라는 개념(B_1)으로 해결하고자 했던 문제는 대통령령·총리령 또는 부령으로 정해진 재량기준 또는 해석기준이 법적 구속력을 갖는지 여부(Q_1)이다. 이 문제를 세분화하면, 그 재량기준과 해석기준에 위반한 행정처분은 그것만으로 위법한 것이 되는가(Q_{1-x}), 반대로 그 재량기준과 해석기준을 적용한 행정처분은 그것만으로 적법한 것이 되는가(Q_{1-y})로 나뉘게 되는데, 후자의 문제는 법원의 관점에서 보면, 계쟁처분의 근거가 된 재량기준 또는 해석기준을 — 규범통제를 통하여 위헌·위법으로 적용배제하지 않는 한, — 반드시 계쟁처분의 적법성의 근거로 인정하여 주어야 하는가의 문제(Q_{1-yy})로 구체화된다.

반면에, '행정규칙 형식의 법규명령' 개념(B_2)과 관련된 문제(Q_2)는 훨씬 다층적이다. 즉, 근본적으로 대통령령·총리령·부령 이외에, 감사원규칙을 비롯하여 금융감독위원회, 공정거래위원회 등 각종 위원회의 규칙과 고시, 그리고 각부장관, 국세청장, 관세청장 등 각종 행정기관의 고시가 법률의 위임에 의거하여 국민의 권리의무에 관한 사항을 정하는 것이 합헌인가 위헌인가 라는 문제(Q_{2-1})에서 출발하여, 합헌이라면 그 규칙과 고시는 국민과 법원에 대하여 구속력을 발생하는가(Q_{2-2}), 그렇다면 법률의 위임은 어떠한 범위에서 이루어져야 하는가(Q_{2-3}), 그리고 그러한 규칙과 고시는 어떠한 절차에 통해 제정되어야 하고(Q_{2-4}), 또한 헌법재판과 행정소송에 의해 심사될 수 있는가(Q_{2-5}) 등으로 세분된다.

2. 方法論的 分析

이상의 문제들에 대하여, '법규명령'(B_R)과 '행정규칙'(B_V)이라는 두 개의 개념을 상정하고 그 각각에 형식적 측면에서의 법적 효과(Ff)와 실질적 측면에서의 법적 효과(Fm)를 연결함으로써, 문제를 일거에 해결하고자 하는 것이 지금까지의 학설·판례의 일반적 경향이었다. 즉, 법규명령은 형식적 측면에서 헌법상의 대통령령·총리령·부령으로 정해지고(B_RFf), 실질적 측면에서는 국민과 법원에 대하여 법적 구속력을 가지며(B_RFm), 반면에 행정규칙은 형식적 측면에서 법규명령의 형식인 대통령령·총리령·부령 이외의 형식을 취하고(B_VFf), 실질적 측면에서는 국민과 법원에 대하여 법적 구속력이 없는 것으로(B_VFm) 파악한다.

이와 같이 법규명령의 형식(B_RFf)과 실질(B_RFm), 그리고 행정규칙의 형식(B_VFf)과 실질(B_VFm)이라는 네 가지 관점을 설정하는 것은 거의 대부분의 학설에서 공통적인 것이다. 다만, 법규명령과 행정규칙 각각에 있어 ① 형식과 실질이 상호 모순될 수 있음을 인정하면서, 법규명령의 형식에도 불구하고 행정규칙으로서의 실질을 가질 수 있고(B_RFf→B_VFm), 반대로 행정규칙의 형식에도 불구하고 법규명령으로서의 실질을 가질 수 있다(B_VFf→B_RFm)고 생각하는가, 아니면 ② 형식과 실질은 반드시 일치하여야 한다고 생각하는가, 다시 말해, 법규명령의 형식이면 그 실질도 법규명령이어야 하고(B_RFf→B_RFm), 반대로 법규명령으로서의 실질을 갖는 것이면 반드시 법규명령의 형식이어야 하며(B_RFm→B_RFf), 또한 행정규칙의 형식이면 그 실질도 행정규칙이어야 한다(B_VFf→B_VFm)고 생각하는가에 따라 견해가 나뉜다.[3]

그런데 위와 같은 형식과 실질의 일치 또는 모순가능성에 관한 입장이 반드시 법규명령 형식의 행정규칙(B_1)과 행정규칙 형식의 법규명령(B_2)에 대하여 일관되게 유지되는 것은 아니다. 즉, ⓐ 형식과 실질의 일치 또는 모순가능성을 위 B_1과 B_2 양자에 관해 일관되게 유지하는 견해가 있는가 하면, ⓑ B_1과 B_2 중 어느 일방에 대해서는 형식과 실질의 일치를 주장하고 타방에 대해서는 형식과 실질의 모순가능성을 인정하는 견해도 있다.

결국 위 ⓐ/ⓑ와 ①/② 및 B_1/B_2의 選擇枝를 상호 연결하면 ⓐ-①, ⓐ-②, ⓑ-$B_1$①-$B_2$②, ⓑ-$B_2$①-$B_1$② 등 네 가지 견해가 성립한다. 이러한 관점에서 항을 바꾸어 판례와 학설 상황을 분석하기로 한다.

---

3) 반대로 실질이 행정규칙이면 반드시 행정규칙의 형식을 취하여야 한다는 것이 위 ②의 견해의 논리적 귀결이겠으나, 법규명령 형식의 행정규칙(B_1)과 행정규칙 형식의 법규명령(B_2)에 관하여 이러한 논리가 실제로 주장되지는 않는다.

3. 判例와 學說의 狀況[4)]

(1) 먼저 ⓐ-①의 견해는 법규명령과 행정규칙 양자에 있어 공히 형식과 실질의 모순가능성을 인정하면서, 법규명령의 형식의 행정규칙(B_1)은 법규명령(즉, 대통령령·총리령·부령)의 형식으로 정해졌으나(B_RFf) 그 실질은 행정규칙이므로 법적 구속력이 없고(B_vFm), 반면에 행정규칙 형식의 법규명령(B_2)은 대통령령·총리령·부령이 아닌 감사원규칙, 위원회규칙, 고시 등 행정규칙의 형식으로 정해졌으나(B_vFf), 그 실질은 법규명령이므로 법적 구속력이 있는 것(B_RFm)으로 파악한다. 먼저 판례를 살펴보면, 한편으로 법규명령 형식의 행정규칙(B_1)에 관하여, 부령 형식으로 정해진 제재처분의 재량기준의 법적 구속력(Q_1)을 부정하는 대법원 판례[5)]와, 다른 한편으로 행정규칙 형식의 법규명령(B_2)에 관하여, 대통령령·총리령·부령 이외의 행정규칙에 대한 위임입법의 합헌성(Q_{2-1})을 긍정한 헌법재판소 판례[6)] 및 법령의 위임에 의거한 고시·훈령의 법적 구속력(Q_{2-2})을 긍정하는 대법원 판례[7)]는 모두 위와 같이 — 법규명령과 행정규칙의 구별을 전제로 — 법규명령과 행정규칙에 대하여 모두 일관하여, 양자의 형식과 실질이 모순될 수 있다는 점을 인정하는 관점에 서 있음을 알 수 있다. 학설 또한 이와 동일한 관점에서 위 대법원 판례와 헌법재판소에 찬성하는 논지를 피력하고 있다.[8)] 이러한 판례와 학설을 일응 '형식/실질의 일관적 모순가능성설'이라고 부를 수 있을 것이다(제1설).

(2) 반면에 위 ⓐ-②의 견해는 법규명령과 행정규칙에 대하여 모두 그 형식

---

4) 학설은 다수의 문헌에서 다양한 견해들이 주장되고 있으나, 本稿에서는 법규명령/행정규칙의 형식/실질의 二元論에 입각하여 '법규명령 형식의 행정규칙'과 '행정규칙 형식의 법규명령' 양자에 관하여 입장을 표명한 견해들을 중심으로 고찰한다.

5) 대법원 1988. 4. 11. 선고 88누773 판결 이래 다수의 판례. 최근의 판례로는 대법원 2007. 9. 20. 선고 2007두6946 판결인데, 부령으로 정해진 제재처분기준이 법원을 기속하는 효력은 없지만, 그 기준이 그 자체로 헌법 또는 법률에 위반되거나 그 기준에 따른 처분이 위반행위의 내용 및 관계 법령의 규정 내용과 취지에 비추어 현저히 부당하다고 인정할 만한 합리적인 이유가 없는 한 "섣불리" 그 기준을 무시하고 재량권남용으로 판단해서는 안 된다는 단서를 붙이고 있음은 특기할 만하다.

6) 헌법재판소 2004. 10. 28. 선고 99헌바91 결정. 이는 「금융산업의 구조개선에 관한 법률」 제10조 제2항에 의거한 적기시정조치에 관한 금융감독위원회의 고시에 관한 사건이다.

7) 대법원 1987. 9. 29. 선고 86누484 판결(국세청장 훈령: 재산제세사무처리규정) 이래로 다수의 판례. 가장 최근의 판례로는 대법원 2011. 9. 8. 선고 2009두23822 판결인데, 「산업입지 및 개발에 관한 법률 시행령」 제45조 제1항의 위임에 의거한 건설교통부장관의 고시 '산업입지의 개발에 관한 통합지침'에 관한 사건이다.

8) 김철용, 『행정법』, 2013, 143-146면.

과 실질의 일치를 강조한다. 즉, 법규명령 형식의 행정규칙(B_1)에 관하여, 법규명령(대통령령·총리령·부령)의 형식으로 제정되었으면 법규명령으로서의 법적 구속력을 가져야 한다($B_RFf \rightarrow B_RFm$)고 하면서 위 Q_1에 관한 대법원 판례에 반대한다. 또한 행정규칙 형식의 법규명령(B_2)에 관해서는, 국민에 대한 법적 구속력을 발생하는 법규명령으로서의 실질을 가졌으면 반드시 법규명령(대통령령·총리령·부령)의 형식으로 제정되어야 한다($B_VFm \rightarrow B_VFf$)고 하면서 위 Q_{2-1}에 관한 헌법재판소 판례에 반대하여 규칙·고시에 대한 위임입법의 위헌성을 주장하고, 규칙, 고시 등 행정규칙의 형식을 취하고 있는 한, 행정규칙으로서의 실질을 가질 뿐 법규명령으로서의 구속력은 갖지 못한다($B_VFf \rightarrow B_VFm$)고 주장한다.[9] 이를 '형식/실질의 일관적 일치설'이라고 부를 수 있을 것이다(제2설).

(3) 다른 한편으로, 위 ⓑ-$B_1$①-$B_2$②의 견해는, 법규명령 형식의 행정규칙(B_1)에 있어서는 형식과 실질의 모순가능성을 인정하여($B_1$①), 위 Q_1에 관하여, 부령상의 제재처분기준의 법적 구속력을 부정하는 대법원판례에 찬성하지만, 행정규칙 형식의 법규명령(B_2)에 대해서는 실질과 형식의 일치를 강조하면서($B_2$②), 위 Q_{2-1}에 관하여, 행정규칙 형식의 법규명령의 위헌성을 주장한다.[10] 이 견해는 B_2에 관하여 우리 헌법상 법규명령 형식의 폐쇄성을 핵심논거로 한다. 즉, 법규명령은 헌법상 대통령령·총리령·부령의 형식으로 한정되어 있기 때문에, 법규명령의 실질을 갖는 규범을 그 이외의 행정규칙 형식으로 제정할 수 없다는 것이다(제3설)

(4) 반대로 위 ⓑ-$B_2$①-$B_1$②의 견해는, 행정규칙 형식의 법규명령(B_2)에 관하여 형식과 실질의 모순가능성을 인정함으로써($B_2$①) 규칙·고시의 그 합헌성(Q_{2-1})과 법적 구속력(Q_{2-2})을 긍정하면서도, 법규명령 형식의 행정규칙(B_1)에 관해서는 형식과 실질의 일치를 강조하면서(②) 부령 형식의 제재처분 기준의 법적 구속력(Q_1)을 부정하는 대법원 판례에 반대하는데, 다수설에 해당한다.[11] 이 견해는 B_1에 관하여, 일반적으로 법규명령이라는 국법형식의 엄격성을 핵심논거로 한다. 즉, 법규명령인 부령으로 제정되었다면 그 내용을 불문하고 그 형식을 존중하여

---

9) 김남진/김연태, 『행정법(I)』, 2012, 164면, 169면; 정하중, 『행정법개론』, 2011, 159-160면, 153-154면.

10) 대표적으로 유지태, 행정입법과 헌법재판, 『헌법실무연구』 제6권, 2005, 336면 이하.

11) 김동희, 『행정법(I)』, 2013, 161-166면, 172-179면; 박균성, 『행정법론(상)』, 2013, 223-234면; 박윤흔, 『최신행정법강의(상)』, 2004, 246-248면; 홍정선, 『행정법원론(상)』, 2012, 247-253면 등.

법규명령으로서의 구속력을 인정하여야 함에도 불구하고, 제재처분 기준의 구속력을 부정하는 대법원 판례는 법규명령이라는 국법형식을 무시하는 것이라고 비판한다. 또한 이와 관련하여 B₁과 B₂에 대한 공통적인 판단기준으로서 '법률 등 상위법의 수권'을 제시하면서, B₁과 B₂ 모두 법률 등 상위법의 수권이 있으므로 법적 구속력과 합헌성을 인정하여야 한다는 견해12)가 특기할 만하다(제4설).

(5) 그 밖에 행정규칙 형식의 법규명령(B₂)에 관하여, 법률의 위임의 범위 (Q₂₋₃), 규칙·고시의 제정절차(Q₂₋₄), 사법심사(Q₂₋₅)의 문제에 대해서는 아직 명확한 학설이 정립되지 않은 상태라고 할 수 있다. 다만, 대법원 판례는 규칙·고시에 대한 법률의 위임의 범위를 제한하지 않는 것으로 보이고, 헌법, 행정절차법, 법제업무운영규정 등에 의거하여 규칙·고시는 국무회의 심의, 행정상 입법예고, 법제처 심사에서 제외되고 있을 뿐만 아니라, 「법령 등 공포에 관한 법률」과 관보규정 및 대법원판례13)에 의하여 공포의 필요성도 부정되고 있다. 사법심사에 관해서는, 법령의 위임에 의거한 규칙·고시·훈령이 법적 구속력이 있음을 전제로, 헌법소원심판의 대상과 항고소송에서의 부수적 규범통제의 대상이 되고 있으나, 규칙·고시 등을 직접 다투는 항고소송은 '처분' 개념을 둘러싸고 그 허용 여부가 논란되고 있으며, 또한 항고소송에 있어 — 부수적 규범통제이든, 직접적 항고소송이든 간에 모두 — 대법원 전원합의체 판결의 필요성이 문제되는데, 보건사회부장관의 고시(식품제조영업허가기준)에 대한 부수적 규범통제에서 전원합의체 판결을 거치지 않고 위헌무효를 선언한 판례가 있다.14)

4. 問題의 所在

이상에서 본 학설·판례의 대립상황은 모두 '법규명령'과 '행정규칙'을 상호

---

12) 배영길, 공법의 규범체계, 『공법연구』 제37집 제1호(2008), 91-120면 특히 105-106면. 이 견해는 법규명령의 '형식'을 강조하지 않는다는 점에서 위 제4설에 정확히 해당하지 않지만, 결론적으로 B₁에 관하여 부령 형식의 제재처분 기준의 법적 구속력을 인정함으로써 형식과 실질의 일치로 귀결되고, B₂에 관해서는 규칙·고시의 합헌성과 법적 구속력을 인정함으로써 형식과 실질의 모순가능성을 인정한다는 점에서 넓은 의미에서 제4설로 분류할 수 있을 것이다.

13) 대법원 1990. 2. 9. 선고 89누3731 판결; 1989. 10. 24. 선고 89누3328 판결; 1993. 9. 14. 선고 93누2360 판결 등인데, 이들은 모두 법령의 위임에 의거하여 제정된 국세청장 훈령에 대한 것이다.

14) 대법원 1994. 3. 8. 선고 92누1728 판결(보존음료수 국내판매 금지 사건).

배척적인 반대개념으로 파악한 후, 이를 형식과 실질에 모두 대입시키는 데에서 비롯되었음을 알 수 있다. 즉, 형식의 측면에서는, 법규명령의 형식을 대통령령·총리령·부령에 한정하고 그 밖의 규칙·고시·훈령의 형식은 모두 — 법률 내지 법령상의 위임근거가 있음에도 불구하고 — 행정규칙의 형식으로 파악하며, 실질의 측면에서는 법규명령의 내용을 국민과 법원에 대한 법적 구속력과 동일시하고 법규명령이 아닌 것은 모두 법적 구속력이 없는 것으로 간주하는데, 여기까지 판례와 거의 대부분의 학설은 일치한다.

실질의 측면에서 법적 구속력 여부의 판단기준이 되는 '법규명령'이 무엇인가 라는 문제에서 비로소 견해가 나뉘게 된다. 형식을 기준으로 삼아 법규명령의 형식이면 무조건 법규명령이고 따라서 실질적으로도 법적 구속력을 갖는다고 보면 위 제4설(다수설)이 되고, 반면에 실질을 기준으로 삼아 법규명령의 형식이더라도 실질적으로 국민과 법원에 대하여 법적 구속력을 갖지 않으면 법규명령이 아니라고 보면 위 제1설(및 대법원판례)이 된다.

여기에서 제1설은 순환논리에 빠질 위험이 있는데, 실질적으로 법적 구속력을 갖지 않는 것이면 법규명령이 아니고 따라서 법적 구속력이 없다는 논리가 바로 그것이다. 이러한 순환논리에 빠지지 않기 위해서는 실질적 측면에서의 법적 효과인 법적 구속력 여부를 판단하기 위한 전제로서, 법규명령의 '본질'을 따로 상정하지 않으면 아니 된다. 그리하여 법규명령의 본질을 '법규사항', 다시 말해, '국민의 권리의무에 관한 내용을 새로이 규정'하는 규범이라고 정의하는 것이 일반적이다. 그러나 국민의 권리의무에 관한 내용을 '새로이 규정'한다는 것은 이미 그것이 법적 구속력을 가진다는 것을 함의하고 있으므로, 순환논리에서 완전히 벗어나기 어렵다. 따라서 소위 '외부/내부 구별설'을 동원하여 행정내부의 사무처리지침에 불과할 때에는 법규명령이 아니라 행정규칙이라는 논거가 추가되기도 한다. 따라서 결국 법규명령과 행정규칙을 구별하는 실질적인 징표로서 '법규'가 무엇인가 라는 문제를 회피할 수 없는 것이다.

이러한 문제는 위 제2설과 제3설에서 실질적으로 법규명령인 규범을 행정규칙의 형식, 즉 법규명령 이외의 형식으로 정하는 것은 위헌이라고 주장할 때에도 발생한다. 실질적으로 법규명령인가 여부를 결정하기 위해서는 '법적 구속력'이라는 실질적 측면에서의 '법적 효과'뿐만 아니라 '법규명령으로 정해야 하는 사항'이라는 '요건적 징표'까지 필요하기 때문이다. 뿐만 아니라 제4설에서도 법규

명령의 형식으로 제정된 것은 반드시 실질적으로 법적 구속력을 갖는다고 주장할
때에 법규명령의 형식과 실질을 직접 연결하는 고리로서 법규명령의 '본질'이라
는 것이 필요하다. 다시 말해, 형식적으로 법규명령에 해당하면 법규명령으로서
의 '본질'을 갖게 되므로 바로 그 본질에 의거하여 실질적으로 법적 구속력을 갖
는다고 주장되어야 하는 것이다.

이상을 종합하면, 지금까지 학설과 판례는 [1] '법규'로서의 본질 [2] '법규명
령'의 개념 [3] 법규명령의 형식(대통령령·총리령·부령) [4] 법규명령의 실질(법적
구속력)이라는 4개의 지표를 정한 다음, 그 각각에 대하여 소극적 지표로서 [1']
법규로서의 본질을 갖지 않는 것 [2'] '행정규칙'의 개념 [3'] 행정규칙의 형식(규
칙·고시·훈령) [4'] 행정규칙의 실질(법적 구속력의 不在)을 상정한 다음, 그 각각의
상호 연결관계를 긍정 또는 부정하는 것을 논증의 핵심으로 삼고 있음을 알 수
있다.15)

[1] 본질(법규) → [2] 개념(법규명령) → [3] 형식(대통령령·총리령·부령) →
[4] 실질(법적 구속력)

[1'] 본질(非법규) → [2'] 개념(행정규칙) → [3'] 형식(규칙·고시·훈령) →
[4'] 실질(법적 구속력의 不在)

위 적극적 지표와 소극적 지표들이 갖는 공통점은 바로 '법규' 및 '법규명령'
의 개념과 그 반대개념으로서 '행정규칙'이 사용된다는 것이다. 그리고 이 개념들
을 기준으로 각각의 본질·형식·실질이 논의된다. 따라서 결국 문제의 핵심은 바
로 '법규' 개념에 있음을 알 수 있다.

---

15) 구체적으로 살펴보면, 법규명령 형식의 행정규칙을 인정하는 위 제1설 및 제3설은 [3] →
[4]의 연결관계를 부정하면서 [1'] → [2'] → [4']의 연결관계를 긍정하는 것이고, 법규명령
형식은 반드시 법규명령으로서의 구속력을 가진다고 하는 위 제2설 및 제4설은 [3] →
[2] → [1] → [4]의 연결관계를 긍정하는 것이라고 분석할 수 있다. 또한 행정규칙 형식의
법규명령에 관해 그 합헌성과 법적 구속력을 인정하는 제1설 및 제4설은 [3'] → [2'] →
[1'] → [4']의 연결관계를 부정하는 것이고, 그 위헌성을 주장하는 제2설 및 제3설은 [3'] →
[2'] → [1'] → [4']의 연결관계를 긍정하는 것이라고 분석할 수 있다.

Ⅲ. 比較法的 考察

1. 비교법적 고찰의 초점

이상에서 분석한 결과에 의거하여, 비교법적 고찰에서는 해당 국가의 법질서에서 [1] '법규'개념이 사용되고 있는가, 그렇다면 법규의 본질은 무엇인가, [2] '법규명령'이라는 개념이 사용되고 있는가, 그렇다면 그 개념의 징표는 무엇인가, [3] 법규명령의 형식은 헌법상 제한되어 있는가, [4] 법규명령의 실질적 효과는 무엇인가를 검토하기로 한다. 위 [2]와 [4]의 문제는 소극적으로 [2'] '행정규칙'이라는 개념이 사용되고 있는가, 그렇다면 그 개념의 징표는 무엇인가, [4'] 행정규칙의 실질적 효과는 무엇인가로 전환된다.

2. 독일(연방)16)

(1) 독일의 기본법(연방헌법) 제80조 제1항은 "법률에 의하여 연방정부, 연방장관 또는 지방정부는 Rechtsverordnung을 제정할 권한을 위임받을 수 있다. 이 경우 위임된 권한의 내용, 목적 및 범위는 법률에 확정되어야 한다. 위임받은 권한을 다시 위임할 수 있음을 법률이 규정하고 있는 때에는 위임받은 권한의 위임을 위하여 Rechtsverordnung이 필요하다"고 규정하고 있다. 여기에서 우선 'Rechtsverordnung'을 어떻게 이해하고 번역해야 하는가 라는 문제가 제기된다.

절대왕권시대에 독일의 國王(또는 황제)이 제정하는 입법형식은 '칙령'(Verordnung)이었다. 입헌군주제가 되면서 처음에는 의회의 동의를 받아 國王이 제정하는 것을 'Gesetz'(법률)이라고 하다가 의회가 주도적으로 제정하는 것으로 바뀌었고, 의회의 위임에 의거하여 國王이 제정하는 것을 'Rechtsverordnung'이라고 부르게 되었다. 이는 'Verwaltungsverordnung'과 대비되는 개념으로서, 國王의 칙령

---

16) 독일에 관해서는 Fritz Ossenbühl, Rechtsverordnung, in: Handbuch des Staatsrechts der Bundesrepublik. 3.Aufl., 2007, § 103; ders, Autonome Rechtsetzung der Verwaltung, in: a.a.O., § 104; ders, Verwaltungsvorschriften und Grundgesetz, 1968, S.34-152; Arnd Uhle, Parlament und Rechtsverordnung, 1999, S.15-150; Hjalmar Vagt, Rechtsverordnung und Statutory Instrument, 2006, S.59-72; Georg Kampe, Verwaltungsvorschriften und Steuerprozess, 1965, S.35-61; 서원우, 행정규칙의 구분표지, 『고시연구』 1978년 8·9월호; 서원우, 행정규칙 법리의 재검토, 『고시계』 1980년 3월호-7월호; 서원우, 법규개념의 재조명, 『고시계』 1986년 2월호; 이희준, 독일법상 법규명령과 행정규칙의 구별기준으로서 '법규'개념에 관한 연구, 서울대학교 법학석사학위논문, 2008, 14-110면 참조.

을 기준으로 하여, 의회의 위임을 받아 제정한 칙령이면 'Rechtssatz'로서의 칙령, 즉 'Rechtsverordnung'이 되고, 그렇지 않고 국왕의 행정권 고유의 입법권한에 의거하여 제정한 칙령이면 'Verwaltungssatz'로서의 칙령, 즉 'Verwaltungsverordnung'이 되었다. 바로 여기에서 'Rechtssatz'가 '법규'로, 'Rechtsverordnung'이 '법규명령'으로, 'Verwaltungsverordnung'이 '행정명령'으로 번역되어 우리나라에 소개되었던 것이다.[17]

위와 같은 역사적 과정을 살펴보면, 'Rechtsverordnung'을 직역하여 예컨대 '법명령'으로 번역하는 것보다, Rechtssatz(법규)를 이루는 칙령이 Rechtsverordnung이라는 의미에서, '법규명령'이라고 번역하는 것이 타당하다고 본다. 이러한 '법규명령'이라는 용어는 바이마르 시대를 거쳐 위와 같이 현재 독일의 기본법에 그대로 사용되고 있는 것이다. 다시 말해, 독일에서는 실정헌법상 '법규명령'이라는 개념이 사용되고 있고, 그것은 '법규'라는 개념을 전제로 한 것이다.

이러한 '법규' 개념은 주지하다시피 19세기 후반 입헌군주제 하에서 시민계급의 대표인 의회와 국왕 세력의 타협의 결과로서, 시민의 재산·자유·권리를 제한하는 국왕의 칙령은 Recht(s)-Satz, 즉, '법의 명제'이기 때문에 반드시 법률 또는 법률의 授權에 의해 제정되어야 한다는 정치적 함의를 갖고 있었다. 물론 (행정의) '법률유보'에 의해서도 동일한 목적을 달성할 수 있지만, 이는 일정한 범위의 행정작용은 법률의 근거가 있어야 한다는 것으로서, 그것만으로는 논리적·개념적인 면에서 정치적 관철력이 부족할 수 있다. 따라서 — 특히 기본권 및 '기본권 제한의 법률유보' 관념이 정착되기 이전에 — 시민의 재산·자유·권리를 제한하는 것은 '법의 명제'이기 때문에 반드시 법률에 의거하여야 한다는 법규 개념이 탄생하였다. 그리하여 결과적으로 법규의 개념범위가 '법률유보'의 타당범위와 일치할 가능성이 있지만,[18] 독일에서는 이와 별도로 독특한 정치적 함의를 갖는 법규 개

---

17) 'Verwaltungssatz'는 특별한 번역어 없이 '법규'(Rechtssatz)에 반대되는 개념으로 이해되었다. 굳이 번역하자면, 후술하는 바와 같이 Rechtssatz를 '법명제'로 번역하는 것에 상응하여 '행정명제'로 번역할 수 있을 것이다.

18) 여기서의 법률유보는 '행정의 법률유보'를 가리키는 것으로서, 행정을 사전에 통제 내지 프로그래밍할 수 있는 의회의 권한범위를 의미한다는 점에서 객관적 의미의 법률유보라고 할 수 있다. 반면에 '기본권 제한의 법률유보'는 국민의 기본권을 제한할 수 있는 근거로서 법률이 필요하다는 의미이기 때문에 주관적 의미의 법률유보라고 할 수 있을 것이다. 법규 개념을 시민의 재산·자유·권리를 제한하는 규범으로 파악하고 '행정의 법률유보'의 타당범위를 침해행정에 한정하게 되면(침해유보설), 법규의 개념범위와 '행정의

념이 생성된 것이다.[19]

간과해서는 아니 될 것은 독일 기본법에는 제84조, 제85조, 제86조 등에서 '행정규칙'(Verwaltungsvorschrift)에 관한 명문의 규정들을 두고 있다는 점이다. 제84조 제2항은 "연방정부는 연방상원의 동의를 받아 일반적 행정규칙을 제정할 수 있다"라고 규정하고 있는데, 여기서는 위에서 본 제80조 제1항과 같이 법률의 근거와 위임범위의 제한이 없다. 바이마르 시대까지는 '행정규칙'에 해당하는 입법형식을 'Verwaltungsverordnung'(행정명령)으로 불렀고 'Verwaltungsvorschrift'(행정규칙)는 그 입법형식에 의한 내용으로 설명되었는데,[20] 본 기본법 하에서는 특히 1980년대 이후에는 행정명령이라는 명칭은 거의 사용되지 않고 '행정규칙'으로만 부르고 있다.

(2) 문제는 이러한 헌법상의 용어인 법규명령과 행정규칙의 구별기준이 무엇인가에 있다. 상술한 바와 같이 전통적으로 '법규'(Rechtssatz) 개념을 중심으로 법규에 해당하는 것은 법규명령이고, 법규가 아닌 것은 행정규칙이라고 설명한 다음, '법규'는 시민의 재산·자유·권리를 제한하는 규범 또는 국가와 시민 사이의 외부관계, 즉 법인격 사이의 법률관계를 규율하는 규범으로 정의되었다.[21] 그러나 기본법 하에서는 (행정의) 법률유보 범위의 확대에 따라 기본법 제80조의 적용을 받는 법규명령의 범위가 확장됨으로써 위와 같은 법규개념의 전통적인 징표가

법률유보' 및 '기본권 제한의 법률유보'의 타당범위가 거의 일치하게 된다. 그러나 기본권 제한의 법률유보는 역사적으로 가장 늦게 정착되었는데, '행정의 법률유보'가 수익행정과 그 밖의 행정 영역에까지 확대되고 법규 개념이 후술하는 바와 같이 '법적 구속력을 갖는 일반·추상적 규정'으로 확장됨으로써 위 세 가지 범위가 서로 다르게 되었다.

19) 따라서 바이마르 시대에 이미 (행정의) 법률유보 이외에 '법규'개념을 상정할 필요가 없다는 주장이 제기되기도 하였고, 본 기본법 하에서는 의회의 규율권한을 획정하는 기준으로서 법규개념의 역할을 부정하는 견해들이 주장되었다. 의회의 授權 要否를 판단하는 기준으로 H. J. Wolff는 '법규' 대신에 '실질적 법률' 개념을 사용하고(Wolff / Bachof, Verwaltungsrecht I. 9. Aufl., 1974, S.115-120), Rupp는 '외부법'(Außenrecht)을 사용하며 (H. H. Rupp, Grundfragen Grundfragen der heutigen Verwaltungsrechtslehre, 1965, S.113-146), Böckenförde는 '법치국가적 (행정의) 법률유보'만을 문제삼고 있다(E.-W. Böckenförde, Die Organisationsgewalt im Bereich der Regierung, 1964, S.89-95).

20) Erwin Jacobi, Verwaltungsvorschriften, in: Handbuch des Deutschen Staatsrechts. Bd.2, 1932, S.255-263 참조.

21) '시민의 자유·재산·권리의 제한'이라는 징표보다 일응 '외부관계의 규율'이라는 징표가 — 시민에게 授益的인 것도 법규에 해당할 수 있으므로 — 법규개념을 확대하는 것으로 보이지만, 특별권력관계에 관한 규율을 모두 법규로 보지 않는다는 점에서 문제가 없지 않다.

무너지고, '법규'는 이제 법규명령으로 제정되어 국민에게 법적 구속력을 갖는 일반·추상적 규정으로 정의되고 있다. 다시 말해, 법규명령의 '전제개념'이었던 법규가 이제는 법규명령의 '내용'으로 이해되고 있는 것이다. 뿐만 아니라, '이론적 의미'에서의 법규개념으로서, 법규명령뿐만 아니라 행정권이 독자적으로 정립하는 행정규칙도 엄연히 '법'으로서의 자격을 갖고 있다는 의미에서 모두 '법규'로 파악하는 견해가 유력해지고 있다.[22] 따라서 결론적으로, 독일에서 — 위 비교법적 고찰 초점 [1], [2]에서 문제되는 — 법규 내지 법규명령 개념의 원래적 기능, 즉 의회 권한범위의 획정 기능은 (행정의) 법률유보에 넘겨주고 더 이상 독자적인 의미를 갖지 못한다고 할 수 있다.

(3) 그러나 위 비교법적 고찰 초점 [3]에서 문제되는 법규명령의 '형식'은 독일에서 강력한 의미를 갖고 있다. 즉, 법률의 위임에 의거하여 법규명령을 제정할 수 있는 기관은 기본법 제80조 제1항 제1문에서 정하고 있는 '연방정부·연방장관·지방정부'에 한정된다는 것이 거의 일치된 견해이다. 그리고 이들 기관에 의한 위임입법은 제2문에서 정하고 있는 위임범위의 제한의 적용을 받는다는 것이다. 이러한 독일의 헌법조항과 학설의 영향을 받은 것이 우리나라에서 법규명령의 형식을 헌법상의 대통령령·총리령·부령에 한정함으로써 법률과 법령의 위임으로 제정되는 규칙·고시·훈령을 위헌으로 주장하는 위 제2설과 제3설이 아닌가 추측할 수 있다. 규칙·고시·훈령에 대한 위임이 포괄적으로 이루어지고 있는 현실에서 대통령령·총리령·부령의 형식으로 전환된다면 — 우리 헌법상 '구체적 범위'라는 위임범위의 제한을 받게 되어 — 포괄위임의 문제가 해결될 것이라는 기대가 있기 때문에 더욱 그러하다.

특기할 것은 독일에서도 기본법 제80조 제3항에서 再委任을 규정하면서 그 재위임 대상기관을 제한하지 않고 있다는 점이다. 그러나 그 재위임의 가능성은 법률 자체에서 규정되어 있어야 하므로, 우리나라에서 법률은 대통령령 또는 부령에만 위임하였을 뿐인데 대통령령·부령에서 비로소 규칙·고시로 재위임하는 것을 독일에서의 — 법률에 의한 — 재위임과 동일시할 수 없다. 하지만 우리 헌법에는 재위임의 가능성이 법률 자체에 규정되어 있어야 한다는 제한이 없다는 점에다가, 독일에서 재위임의 대상기관에 제한이 없다는 점을 추가하면, 우리나라

---

22) 대표적으로 Fritz Ossenbühl, Verwaltungsvorschriften und Grundgesetz, 1968, S.154-163.

에서 거의 대부분 대통령령 또는 부령에서 비로소 규칙·고시·훈령으로 위임하는 것이 혹시 독일법의—후술하는 바와 같이 위임명령 형식에 제한이 없는 일본을 매개로 한 간접적인—잘못된 영향 때문이 아닐까 하는 추측도 가능하다.[23]

(4) 마지막으로 남는 문제는 법규명령/행정규칙의 실질적 효과, 즉 법적 구속력의 여부이다. 독일의 문헌들을 살펴보면, 이에 관해서는 행정규칙의 형식으로 —다시 말해, 법률의 위임 없이—정립된 재량기준과 특별명령(특별권력관계를 규율하는 규칙) 또는 조직규칙이 외부적 효력을 갖는가 라는 점에 논의가 집중되어 있고, 이와 관련하여 전통적인 법규개념, 특히 외부/내부 및 일반권력관계/특별권력관계의 구별에 대한 비판을 통하여 행정규칙(형식)의 외부적 구속력을 인정하고자 하는 견해들이 유력하게 주장되고 있다.[24] 반면에, 우리나라에서 문제되는 법규명령 형식으로 제정된 제재처분기준에 관해서는 논의를 찾기 어렵다. 이는 제재처분기준이 법규명령 형식으로 제정되는 예가 거의 없기 때문이라고 추측되는데, 법규명령으로 제재처분기준이 획일적으로 규정되면 그것만으로 그에 의거한 제재처분이—재량의 불행사를 이유로—재량권남용으로 판단될 우려가 있고, 반면에 적법한 재량권행사로 인정되기에 충분한 정도로 세밀한 제재처분기준은 행정규칙으로 정립되어 개별처분의 기준이 되면 충분하고, 굳이 법규명령으로 제정하면 오히려 행정기관이 거기에 구속된다는 단점이 있기 때문이 아닌가 한다.

3. 프랑스[25]

(1) 1958년 제5공화국헌법 이래 프랑스에서는 '법규칙'(la régle de droit)의 제

---

23) 후술하는 바와 같이, 규칙·고시의 합헌성을 의회입법권을 근거로 인정하는 제1설 및 헌법재판소 판례의 논거를 관철하면 법률에서는 규칙·고시 등에 위임하지 않았는데 대통령령·부령 차원에서 비로소 규칙·고시 등에 위임하는 것은 위헌으로 보아야 한다는 것이 私見이다. 독일과의 근본적인 차이점은 독일에서는 법률 자체에서 재위임의 가능성이 규정되어 있어야 한다는 것이다. 이러한 법률상의 재위임 근거 없이 하위법령 차원에서 헌법상의 위임입법기관 이외의 기관에게 규칙·고시·훈령을 위임하는 것은 독일에서도 위헌이다.

24) 대표적으로 Fritz Ossenbühl, a.a.O., 161-162; E.-W. Böckenförde, a.a.O., S.89-91.

25) 프랑스에 관해서는 Debbasch/Colin, Droit administratif. 10ᵉ éd., 2011, p.53-55, 65-79; René Chapus, Droit administratif général Tome 1. 15e éd., 2001, p.649-684 (nº 822-878); 졸저, 『행정법의 체계와 방법론』, 2005, 471-474면; 김수정, 프랑스의 행정입법에 관한 연구—행정작용으로서의 레글르망(règlement), 서울대학교 법학석사학위논문, 2005, 18-35면 참조.

정권한은 원칙적으로 행정권에 속하고, 단지 헌법 제34조에 열거된 사항에 관하여 의회가 '법률'(la loi)의 제정권한을 갖는다. 그러나 동 헌법 제34조에 열거된 사항 중 '공적 자유의 행사를 위해 시민에게 부여된 기본적 보장'26)에 대한 규율, 다시 말해, 헌법에 의해 확보된 자유권들에 대한 규율은 법률사항으로 되어 있는데, 이는 '기본권 제한의 법률유보'에 상응하는 것이고, 그 밖에 ― 독일과 우리나라에서와 같은 ― '행정의 법률유보' 같은 것은 존재하지 않는다. 오히려 헌법 제34조의 법률사항 이외에는 행정이 '독립명령'(le règlement autonome)을 제정할 수 있을 뿐만 아니라, 법률사항에 관해서도 법률의 위임에 의거하여, 또는 법률집행을 위한 행정의 고유한 권한에 의거하여, '집행명령'(le règlement d'exécution des lois)을 정할 수 있고, 나아가 법률의 포괄적 수권에 의거한 '오르도낭스'(l'ordonnance)를 제정할 수 있다.

(2) 우리의 문제 상황과 관련하여 살펴보면, 프랑스에서는 법률의 위임을 받아 제정하는 경우에도 '명령' 내지 '규율'이라는 의미의 'le règlement'이라는 용어를 사용하고, 독일에서와 같은 '법규', '법규명령'이라는 개념은 전혀 없고, 이에 유사한 개념으로 '법규칙'(la régle de droit)은 상술한 바와 같이 오히려 원칙적으로 행정이 정립권한을 갖는다. 이는 독일에서와는 달리, 대혁명을 통해 王權을 폐지하고 행정권을 민주화한 프랑스에서는 종래 국왕이 갖고 있던 입법권을 의회의 입법권으로 제한할 필요가 없었고, 따라서 독일에서 의회의 입법권을 확보하기 위한 '정치적 슬로건'으로서의 '법규'개념이 필요 없었기 때문이다. 오히려 국왕을 폐지하고 행정권을 민주화하였기 때문에, 그 행정권이 원칙적인 입법권을 갖는다고 해도 문제될 것이 없었다고 해도 과언이 아닐 것이다.

(3) 종속명령(위임명령 및 집행명령)의 형식에 관해서는 대통령, 각부장관 이외에도 각종 '행정청의 장'(le chef de service)과 독립행정청, 그리고 지방자치단체도 법률의 위임에 의거하여, 또는 법률의 집행을 위한 고유 권한에 의거하여, '종속명령'을 제정할 수 있다. 따라서 프랑스에서는 위임입법 형식의 제한은 없다고 할 것이다.

(4) '행정규칙'이라는 상위개념은 없으나, '훈령'(la circulaire)이 우리의 행정규칙에 상응한다. 훈령은 그 실질적 내용에 따라 '해석적 훈령'(la circulaire interpré-

---

26) (garantie fondamentales accordés aux citoyens pour l'exercise des libertés publiques)

tative)과 '명령적 훈령'(la circulaire à caractère réglementaire)으로 나뉘는데, 후자는 반드시 행정기관이 명령(le règlement) 제정권을 가진 경우에 그 형식을 명령이 아니라 훈령으로 규정한 경우에 인정된다. 반면에, 형식이 명령으로 되어 있더라도 그 내용이 해석지침일 때에는 해석적 훈령으로 파악된다. 해석적 훈령은 법적 구속력이 없기 때문에 그에 위반된 행위가 위법하게 되는 것이 아니고 반대로 그에 의거한 행위가 그것만으로 적법하게 되는 것이 아니다. 바로 이러한 의미에서 우리나라에서 문제되는 법규명령 형식의 (법적 구속력 없는) 행정규칙이 프랑스에서 인정되고 있다고 할 수 있다. 다만, 훈령 중에 특히 재량권 행사기준을 정한 것을 '재량준칙'(la directive)이라고 하는데, 재량준칙에 위반된 경우에는 국민이 행정청에 대하여 그 준수를 요구할 수 있고 반대로 재량준칙에 의거한 경우에는 행정청이 그 행위의 적법성을 주장할 수 있다는 점에서 단순한 훈령보다 구속력이 강하다. 그러나 재량준칙에는 행정청의 상황판단에 따른 탄력성과 예외가 허용된다는 점에서, 명령의 구속력과는 구별된다.

4. 영국[27]

헌법이 없는 영국에서는 행정의 '규칙제정'(rule-making)에 관하여 법률이 규율하고 있는데, The Statutory Instruments Act (1946)가 바로 그것이다. 우리의 '행정입법'에 해당하는 용어가 바로 이 법률의 이름인 'statutory instrument'인데 이는 행정의 '수단' 중에 입법적인 형태를 띤 것, 즉 규칙제정을 의미하는 것으로서, 이는 영국에서 행정입법이 입법작용의 연장이 아니라 행정작용의 중요한 부분으로 이해되고 있음을 단적으로 나타내는 것이다.

위 법률에 의하면, 법률의 위임에 의한 행정입법은 국왕이 추밀원의 조언을 거쳐 발령하는 '추밀원령'(Order in Council)과 각부 대신(장관)이 제정하는 규칙들로 나뉘는데, 후자는 rule, regulation, byelaw, direction 등 다양한 명칭을 갖고 있다. 이러한 위임입법은 법적 구속력을 갖는 반면에, 법률의 위임 없이 행정기관이 독자적으로 제정하는 규칙인 'administrative rule'은 대외적인 구속력이 없는 행정사무의 처리지침으로서, 우리의 행정규칙에 상응하는 것이다.

---

27) 영국에 관해서는 Wade/Forsyth, Administrative Law. 10.ed., 2009, p.740-745; Paul Craig, Administrative Law. 6.ed., 2008, p.715-723, 750-756; Hjalmar Vagt, Rechtsverordnung und Statutoty Instument, 2006, S.44-58; 유지태, 전게논문, 343면, 357면 참조.

영국에서도 프랑스와 마찬가지로, 의회의 입법권한과 행정의 규칙제정권한을 구분하는 기준으로 '법규'와 같은 개념이 없으며, 위임입법의 형식적 제한은 헌법상으로도 물론 법률상으로도 없다. 또한 법적 구속력 여부는 위임입법인가 단순한 administrative rule인가 라는 형식에 구애받지 않고 그 실질적인 내용을 기준으로 판단된다.

5. 미국(연방)[28]

행정입법 내지 행정규칙제정에 관하여 미국 연방헌법에는 규정이 없고 연방행정절차법(Administrative Procedure Act: APA)에서 규율하고 있다. 법률의 위임에 의거한 것이든, 법률의 집행을 위한 행정의 고유한 권한에 의거한 것이든, rule이라고 부른다. 의회의 법률제정권한과 행정의 규칙제정권한을 획정하는, 독일의 '법규'와 같은 개념은 없고, 법률의 수권에 의한 규칙제정의 위임은 대통령, 각부장관 그 밖에 독립행정위원회와 하급행정청에 대하여 이루어질 수 있으며 위임입법 형식의 제한이 없다.

다만, 개별법률에 의해 특정한 규칙에 대하여 요구되는 '공식적 규칙제정절차'(formal rule-making)로서의 청문절차 이외에, 기본적 절차요건으로서 소위 '비공식적'(informal) 규칙제정절차에 해당하는 '고지 및 의견제출'(notice and comment) 절차가 예외적으로 배제될 수 있는 것으로 연방행정절차법 제553조 (b)항 A호는 '해석규칙'(interpretative rule), '정책의 일반표명'(general statement of policy), '행정청의 조직·절차·실무규칙'(rule of agency organization, procedure, or practice)을 규정하고 있는데, 앞의 두 가지(해석규칙과 정책의 일반표명)가 바로 우리나라의 행정규칙에 상응하는 것이라고 할 수 있다. 이 두 가지는 우리나라의 행정입법 예고절차에 상응하는 고지 및 의견제출절차의 대상이 아님과 동시에 행정소송에서 국민과 법원에 대한 법적 구속력도 부인되기 때문이다. 반면에, '입법적 규칙'(legislative rule)은 최소한 '고지 및 의견제출'절차를 요하고 국민과 법원에 대한 법적 구속력도 인정된다.

---

28) 미국에 관해서는 Richard J. Pierce, Administrative Law Treatise. Vol.1. 5.ed., 2010, p.401-466; Gellhorn & Byse's Administrative Law. 11.ed., 2011, p.109-202; 유지태, 전게논문, 342-343면, 350면, 355-357면; 금태환, 미국 행정입법의 사법심사에 관한 연구, 서울대학교 법학박사학위논문, 2003, 24-41면 참조.

입법적 규칙은 원칙적으로 법률의 위임에 의해 제정되지만, 입법적 규칙과 해석적 규칙의 구별은 그 제정형식이 아니라, 실질적으로 그 법적 효과의 측면에서 판단된다. 즉, 법률의 내용을 보충하거나 새로운 권리·의무를 창설하는 것은 입법적 규칙으로 인정되고, 그렇지 않으면 해석적 규칙이 되는 것이다. 이와 같이 입법적 규칙은 우리의 법규명령에, 해석적 규칙은 우리의 행정규칙에 각각 상응하는 것으로 볼 수 있지만, 그것이 '법규'와 같은 전제개념이나 그 제정형식에 의해 구분되는 것이 아니다.

6. 日本[29]

日本國憲法은 국회에 관한 제4장의 제41조에서 "국회는 국권의 최고 기관이고, 국가 유일의 입법 기관이다"라고 규정한 다음, 內閣에 관한 제5장의 제73조 제6호에서 內閣은 헌법 및 법률의 규정을 실시하기 위해 政令을 제정할 수 있다고 하면서, 다만 법률의 위임 없이는 벌칙을 규정할 수 없다는 단서를 달고 있다. 우리나라에서와는 달리, 일본에서는 위임입법의 형식이 內閣의 政令에 한정된다는 견해를 찾기 어렵고, 오히려 위임입법의 형식은 법률상 명문의 규정으로 광범위하게 인정되고 있다. 즉, 內閣府設置法 제7조 제3항 및 제4항에 의거한 內閣總理大臣의 內閣府令, 國家行政組織法 제12조 제1항, 제13조, 제14조에 의거한 大臣의 省令, 委員會 및 廳의 長官의 規則 기타 特別命令, 大臣·委員會·廳의 長官의 告示, 訓令, 通達 등이 그것이다.

이와 같이 위임입법의 형식에는 제한이 없기 때문에 그 제정형식과 관련하여 법규명령과 행정규칙의 구별이 문제되지 아니하지만, 위임의 한계와 관련하여 양자의 구별이 문제된다. 이에 관하여 실질적 내용을 구별기준으로 하여, 법률 위임의 형식을 취하고 있더라도 실질적으로 '법규'에 해당하지 않으면 통상의─법규명령에 관한─위임한계와는 다른 고찰방법이 필요하다는 것이 전통적인 다수 견해이다.[30] 반면에, 법규명령과 행정규칙의 구별은 상대화되었다고 하면서 법률

---

29) 일본에 관해서는 鹽野 宏, 『行政法(I)』 第5版補訂版, 2013, 94-98면; 大橋洋一, 『行政規則の 法理と實態』, 1989, 1-37면; 유지태, 전게논문, 341-342면, 351면, 357면 참조.

30) 대표적으로 鹽野 宏, 전게서 98면. 鹽野 교수는 이에 관한 사례로서, 同人, 『法治主義の諸 相』, 2001, 129-133면에서, 自衛隊法은 國賓輸送의 대상이 되는 國賓의 범위를 政令으로 정하도록 위임하여 그에 의거하여 제정된 自衛隊法施行令은 그 國賓으로 天皇 및 皇族부 터 內閣總理大臣까지 규정하였는데, 그 규정이 실질적으로 국가기관 내부의 규율로서 행

또는 법령의 위임이 있는 경우에는 그 형식을 기준으로 법규명령으로 파악하여야
한다는 반대설도 없지 않다.[31] 특기할 만한 것은 우리나라에서 문제되는 법규명
령의 형식의 행정규칙의 문제가 일본에서는 이와 같이 위임의 한계와 관련하여
논의되고 있다는 점이다. 일본에서도 도로교통·식품영업에 관한 제재처분기준이
위임명령에 규정되어 있으나, 우리나라에서와는 달리, 그 법적 구속력이 문제되
지 않고 있다. 즉, 우리나라 대법원판례와 달리, 법규명령의 형식이면 법적 구속
력도 인정해야 한다는 것이 일본의 판례[32]의 태도이자 통설이며, 이에 반대하거
나 異論을 제기하는 견해를 찾기 어렵다.

Ⅳ. 問題의 解決

1. '法規'와 '법규명령' 槪念의 克服

(1) 상술한 바와 같이 '법규'개념은 독일의 특수한 역사적 상황, 즉, 시민세력
과 王權과의 타협이라는 입헌군주제 하에서, 王權에 맞서는 의회의 입법권한의 확
보라는 정치적 목적을 위해 탄생한 도구개념이다. 따라서 이러한 상황을 겪지 아
니한 프랑스, 영국, 미국에서는 '법규'개념이 없다는 것은 당연한 일이다. 독일에
서조차도 본 기본법 하에서는 법규명령의 범위가 근본적으로 (행정의) 법률유보에
의해 결정되기 때문에, 이제는 법규를 요건으로 하여 '법규명령'(Rechtsverordnung)
의 범위가 결정되는 것이 아니라, 거꾸로 법규가 법규명령의 결과 내지 내용이
되고 있다. 뿐만 아니라 행정규칙도 포괄하는 '이론적 법규개념'이 주장됨으로써
이제는 어떤 사항이 법규에 해당한다고 하여 행정규칙과는 구별되는 일정한 법적
효과를 발생한다는 결론을 얻을 수 없다. 요컨대, 독일에서도 '법률적 위임근거의
필요성'과 '법적 구속력'의 판단기준으로 역할을 하던 법규개념의 도그마틱적 기

정규칙에 해당하므로, 비록 그것이 施行令이라는 법규명령의 형식을 취하고 있다 하더라
도, 위임의 한계에 관해서는 완화된 기준이 적용되어야 한다는 취지로 서술하고 있다.
그러나 이는 天皇, 皇族 등 특별한 지위 내지 신분을 가진 사람들에 대한 관한 문제이기
때문에, 도로교통, 식품영업 등 일반국민의 생활에 대한 행정처분이 아니기 때문에, 우
리의 '법규명령 형식의 행정규칙'의 문제와 정확히 일치하지는 않는 것으로 보인다.
31) 대표적으로 大橋洋一, 전게서, 15면.
32) 最高裁判所 平成 2년(1990). 2. 1. 판결. 이는 법률의 위임에 의거하여 제정된 총포·도검
류등록규칙상 日本刀의 소지금지에 관한 규정이 문제된 사건인데, 법률의 위임에 의해
제정된 법규명령이므로 그 법적 구속력을 인정하여야 한다고 판시하였다.

능도 이제 근본적으로 약화되었다고 할 것이다.

여하튼 독일에서는 '법규'를 전제로 하는 '법규명령'이 헌법상 명문으로 규정되어 있는 이상, 그 용어를 포기할 수는 없을 것이고, 다만 그 개념의 內包를 수정할 수밖에 없을 것이다. 독일은 본 기본법 하에서도 내각책임제를 취하고 있으므로 의회의 입법권을 강조하기 위한 도구개념으로─그 內包가 변화하더라도─ '법규'와 '법규명령'이라는 용어가 필요할지도 모른다.

(2) 그러나 헌법상 '법규'는 물론 '법규명령'이라는 용어가 사용되고 있지 아니한 우리나라에서는 더 이상 그 개념을 고집할 필요가 없다고 할 것이다.[33] 우리나라는 비록 1980년대 중반까지의 독재의 경험 때문에 의회의 입법권을 확보하기 위하여 '법규' 내지 '법규명령'이라는 개념이 필요하다는 생각도 있을 수 있겠으나, 1987년 명예혁명 이후 지금까지 착실하게 민주화와 정치적 안정을 쌓아 왔고 더욱이 대통령제 하에서 강력한 민주적 정당성을 갖는 대통령이 행정수반으로 행정의 통할 책임을 지고 있기 때문에, 독일의 헌법체제와 동일한 것으로 보기 어렵다.

(3) 우리가 '법규'와 '법규명령' 개념을 포기 내지 극복해야 하는 결정적인 이유는 앞에서 분석한 방법론적 문제점 때문이다. 앞에서 본 바와 같이, 법규의 본질, 법규명령의 개념적 징표, 법규명령의 형식 및 실질이라는 4개의 도그마틱적 지표를 둘러싸고 각각의 상호 연결관계에 관하여 견해의 난맥상을 보이고 있다. 이를 해결하기 위해서는 방법론적 혼란을 야기하는 도그마틱적 지표들을 제거하고 그 대신 그동안 그것을 통해 해결하고자 하였던 문제들을 구체화하고 세분한 다음, 그 문제의 직접적 해결을 위한 방법론을 모색하지 않으면 아니 된다.[34]

---

33) 우리 헌법에서 본고의 문제상황에 관련된 조항들을 개관하면, 제37조 제2항에서 기본권은 "법률"에 의해서만 제한될 수 있다고 규정한 다음, 제40조에서 "입법권"을 국회에 부여하면서 그 '입법'의 내용으로 "법률"의 제정에 관하여 제51조 이하에서 규정하고 있다. 제4장 제1절 대통령에 관한 부분에서 제75조는 대통령의 권한으로서, "법률에서 구체적으로 범위를 정하여 위임받은 사항과 법률을 집행하기 위하여 필요한 사항에 관하여 대통령령을 발할 수 있다"고 규정하고, 제2절 행정부에 관한 부분에서 제95조는 국무총리와 각부 장관의 권한으로서, 그 "소관사무에 관하여 법률이나 대통령령의 위임 또는 직권으로 총리령 또는 부령을 발할 수 있다"고 규정하고 있다. 마지막으로 제103조에서 법관은 "헌법과 법률"에 의하여 심판한다 라고 규정하고 있다.

34) 법규명령과 행정규칙의 二元論에 관한 비판으로서, 김유환, 법규개념과 법규명령론, 행정규칙론, 『고시계』 1997년 6월호, 82-93면은 '법규' 개념 대신에─위에서 Wolff와 Rupp 의 견해에서와 같이─'실질적 의미의 법률'과 '외부법'을 판단기준으로 삼고자 하고, 김

독일에서 '법규'개념이 수행하여 온 첫 번째 기능인 법률의 위임근거의 要否판단은 우리나라에서 더 이상 필요 없다고 할 수 있다. 왜냐하면 우리나라에서는 그동안 의회입법의 노력을 통하여, 행정의 모든 영역의 거의 모든 문제에 관하여 최소한 법률의 위임근거는 마련되었기 때문이다. 본고에서 다루는 법규명령 형식의 행정규칙과 행정규칙 형식의 법규명령의 문제도 법률의 위임근거와는 직접 관련이 없다. 다만, 위임범위의 한계 문제는 중요한데, 이에 관해서는 후술하기로 한다.

법규명령 개념이 우리나라에서 독특하게 수행하고 있는 기능은 법규명령 형식의 제한성 문제이다. 즉, 법규명령에 해당하면 반드시 헌법상의 위임명령인 대통령령·총리령·부령 형식으로 제정되어야 하는가 여부이다. 그러나 그 해답이 '법규명령' 개념으로부터 직접 도출되는 것이 아니라, 후술하는 바와 같이 위임입법에 관한 헌법규정과 헌법구조의 해석 문제이기 때문에, 위 문제를 해결하기 위하여 반드시 법규명령 개념이 필요한 것은 아니다.

마지막으로 법규명령 개념의 중요한 기능은 법적 구속력 유무의 판단이다. 그러나 이에 관해서는 앞의 비교법적 고찰에서 확인한 바와 같이, 프랑스·영국·미국에서 공히 형식적 판단기준에 의해서가 아니라, 법률의 위임 여부, 국민의 권리의무의 새로운 창설 여부, 규율의 구체적 내용 등을 종합하여 실질적으로 판단하고 있다. 우리 문제에 대한 구체적인 판단기준에 관해서는 후술한다.

2. 形式/實質 二元論의 克服

이상과 같이 '법규'와 '법규명령'의 개념들을 포기하고 나면 법규명령의 반대개념인 '행정규칙'의 개념도 필요 없게 되고, 나아가 법규명령/행정규칙의 형식과 실질이라는 二元論도 극복하게 된다. 방법론적 관점에서 보면, 일정한 형식에 해당하면 일정한 실질이 부여된다고 하는 논리는 가장 손쉽게 명확한 도그마틱을

용섭, 법규명령론의 재검토 — 행정판례의 분석을 중심으로,『행정법연구』창간호, 1997, 131-134면은 법규명령과 행정규칙과 더불어 제3의 범주로 '행정명령'을 제안하고 있다. 법규 내지 법규명령 개념에 대한 비판이라는 점에서 本稿의 선구적 견해들이라고 할 수 있다. 다만, 역시 독일 입헌군주제의 산물인 '실질적 법률' 개념과 — 특히 법의 국가법인격 내부로의 불침투성에 의거한 '외부법'과 '내부법'의 구별, 그리고 제3의 범주로서의 '행정명령' 개념들을 지양하고 실질적이고 종합적인 관점들에 의거하여 문제를 해결하고자 하는 점에서 本稿의 특징이 있다고 할 수 있을 것이다.

이루지만, 형식과 실질의 괴리 현상이 발생하면 이러한 논리는 형식과 실질의 상호 연결관계를 둘러싸고 혼란이 가중된다. 위 Ⅱ.장에서 분석한 바와 같이, 법규·법규명령·행정규칙이라는 개념에 본질과 형식 및 실질이라는 요소를 연결함으로써 위에서 본 [1], [2], [3], [4], [1'], [2'], [3'], [4']이라는 수많은 지표들을 둘러싼 견해대립이 바로 그것이다. 이 개념들과 지표들을 모두 포기하자는 것이 本稿에서 주장하는 방법론의 요체이다.

요컨대, '형식 → 실질', 또는 '실질 → 형식'이라는 단순한 도그마틱이 아니라, 형식과 실질을 아우르는 종합적인 판단기준을 정립하는 것이 요청된다. 말하자면, '형식/실질의 二元論'에서 벗어나 '형식+실질의 綜合論'으로 나아가야 한다고 할 수 있다.

3. 法規命令 形式의 行政規則

(1) 법규명령과 행정규칙 개념을 포기하고 형식/실질의 二元論을 극복하고 나면, 형식이 법규명령이므로 마땅히 법적 구속력을 가져야 한다는 추론뿐만 아니라, 반대로 그 실질이 행정규칙이므로 법적 구속력을 가지지 않는다는 논리도 더 이상 성립할 수 없다. '법규명령 형식의 행정규칙'이라는 개념(B_1)은, 위 Ⅱ.장에서 분석한 바와 같이, 대통령령 또는 부령으로 정해진 재량기준 또는 해석기준의 법적 구속력 문제를 표현한 것에 불과하다는 사실이 드러난다. 이와 같이 개념 뒤에 숨어 있는 문제를 앞으로 당겨 직접 대면하는 것이 법방법론의 첫 번째 단계이다.

두 번째 단계는 위 문제를 가능한 한 세분하고 구체화하는 작업인데, 먼저 '법적 구속력' 부분을 다음과 같이 나눌 수 있다. 즉, 재량기준·해석기준에 위반한 행정처분은 그 위반만으로 위법한 것이 되는가(Q_{1-X}), 반대로 그 재량기준과 해석기준을 적용한 행정처분은 그 적용만으로 적법한 것이 되는가(Q_{1-Y})이다. 후자의 문제는 다시 법원의 관점에서, 계쟁처분의 근거가 된 재량기준 또는 해석기준을 ─ 규범통제를 통하여 위헌·위법으로 적용배제하지 않는 한, ─ 반드시 계쟁처분의 적법성의 근거로 인정하여 주어야 하는가의 문제(Q_{1-YY})로 구체화할 수 있다.

다음으로 '재량기준과 해석기준' 부분을 세분화하여야 한다. 왜냐하면 대법원판례에서 문제되고 있는 사안은 거의 예외 없이 도로교통법, 식품위생법, (구)자동차운수사업법 등 시민의 생활과 밀접한 관련이 있는 행정영역에 관한 법률의 시행규칙에 규정된 제재처분의 기준에 관한 것이기 때문이다.35) 반면에, 제재처분과 관련이 없는 재량기준과 해석기준에 관해서는 법률 또는 법령의 위임에 의거한 것이라는 이유로 법적 구속력을 인정한 판례가 적지 않다.36)

(2) 위와 같이 문제를 구체화·세분해 보면, 법규명령/행정규칙의 형식과 실질이라는 종래의 도그마틱 요소가 아니라, 전혀 새로운 해결의 관점이 발견된다. 즉, 대통령령·부령에 정해진 제재처분기준에 관하여, ① 획일적 기준에 의하여 구체적인 사정을 고려하지 않고 재량권을 행사하는 것 자체가 재량권 불행사로서 재량권 남용이 될 우려가 있다는 점, ② 제재처분은 실질적으로 헌법 제12조 제1항에서 말하는 '처벌' — 사견에 의하면 '광의의 행정벌'37) — 로서 적법절차의 헌법적 요청이 적용된다는 점, ③ 헌법 제107조 제2항에 규정된 대법원의 명령심사권은, 헌법재판소의 법률에 대한 한정합헌 또는 한정위헌 결정에 상응하여, 명령의 합헌적·합법률적 해석권한도 포함한다는 점, ④ 대법원이 대통령령·부령을 위헌·위법으로 무효선언하기 위해서는 법원조직법 제7조에 의해 전원합의체 판결이 필요한 점 등이 그것이다.

이러한 관점들을 적용하여 보면, 위 (Q1-x)의 문제, 즉 제재처분기준을 위반한 경우에는 행정이 법률의 위임에 의거하여 스스로 대통령령·부령으로 정한 기준을 위반한 것이므로 그것만으로 바로 위법한 것으로 판단하여도 무방하다는 결론에 이르게 된다. 반면에 위 (Q1-y)의 문제, 즉 처분기준을 적용한 경우에는 행정이 스스로 정한 기준을 적용하였다는 것만으로 적법한 것으로 판단하는 것은 위 ①의 획일적 기준에 의한 재량권 남용의 우려와 ②의 제재처분에 대한 헌법상 적법절차의 요청이라는 관점 때문에 부당하다는 점이 드러난다. 뿐만 아니라, 위 (Q1-YY)의 문제, 즉 법원은 당해 처분기준을 규범통제를 통하여 위헌·위법으로 선

---

35) 대표적으로 최근의 판례만을 예시하면, 대법원 1996. 4. 12. 선고 95누10396 판결(도로교통법시행규칙); 1995. 3. 28. 선고 94누6925 판결(식품위생법시행규칙); 1992. 3. 31. 선고 91누4928 판결(자동차운수사업법시행규칙) 등이다. 상세한 판례 목록은 졸저, 『행정법의 체계와 방법론』, 2005, 47면 각주 25-27 참조.

36) 최근의 판례로서, 대법원 2006. 6. 27. 선고 2003두4355 판결(여객자동차운수사업법 시행규칙상의 사업계획변경의 절차 및 인가기준); 2012. 3. 29. 선고 2011다104253 판결(공익사업을 위한 토지 등의 취득 및 보상에 관한 법률 시행규칙상의 협의취득의 보상액 산정에 관한 기준).

37) 졸저, 『행정법의 체계와 방법론』, 2005, 제8장 협의의 행정벌과 광의의 행정벌, 특히 363면 참조.

언하지 않는 한 반드시 계쟁처분의 적법성의 근거로 인정하여 주어야 하는가에 관하여 살펴보면, 위 ③의 합헌적·합법률적 해석을 통한 명령심사권과 ④ 형사소송에서는 양형부당은 사형과 무기징역을 제외하고는 상고이유조차 되지 않는데, 제재처분에 대한 행정소송에서 과도한 처분을 재량권 남용으로 취소하기 위해서는 대법원이 일일이 그 처분의 근거가 된 처분기준을 전원합의체 판결을 통해 무효선언해야 하는데, 이는 제재처분에 대한 효율적인 재량권 통제가 아니라는 점을 감안하면, 결국 위 (Q$_{1-Y}$)의 문제는 부정하는 것이 타당하다는 결론에 이르게 된다.[38]

(3) 위 (Q$_{1-X}$)의 문제와 (Q$_{1-Y}$)의 문제에 대해 결론이 상반된다는 문제점을 해결하는 데에는 청소년보호법시행령상의 과징금 부과처분기준에 관한 대법원 2001. 3. 9. 선고 99두5207 판결이 시사하는 바가 크다. 즉, 동 판결은 위 과징금 부과처분기준은 "법규명령이기는 하나 모법의 위임규정의 내용과 취지 및 헌법상의 과잉금지의 원칙과 평등의 원칙 등에 비추어 같은 유형의 위반행위라 하더라도 그 규모나 기간·사회적 비난 정도·위반행위로 인하여 다른 법률에 의하여 처벌받은 다른 사정·행위자의 개인적 사정 및 위반행위로 얻은 불법이익의 규모 등 여러 요소를 종합적으로 고려하여 사안에 따라 적정한 과징금의 액수를 정하여야 할 것이므로 그 수액은 정액이 아니라 최고한도액"이라고 판시하였는데, 이는 법률의 위임에 의거한 대통령령이라는 점에서 법적 구속력을 인정하되, 합헌적·합법률적 해석을 통하여 그 법적 구속력의 내용을 '최고한도액'으로 해석한 것으로 볼 수 있다. 처분기준이 최고한도액이기 때문에, 행정이 이를 위반했을 때에는 바로 위법하게 되지만, 행정이 이를 적용하여 그 최고한도액을 부과하였다고 하여 바로 적법하게 되는 것이 아니라, 개별·구체적 사정을 고려하여 재량권 남용 여부가 판단되어야 하는 것이다.[39]

---

38) 재량권 통제의 관점에서 대법원 판례를 이해하고자 하는 견해로는 대표적으로 홍준형, 법규명령과 행정규칙의 구별 — 제재적 행정처분의 기준을 정한 시행규칙·시행령의 법적 성질을 중심으로, 『법제』 제488호, 1998, 530-531면; 선정원, 시행규칙의 법적 성질과 부수적 통제의 실효성 강화, 『행정판례연구』 제8권, 2003, 23-28면; 이희정, 행정입법 효력의 재구성 — 試論, 『행정법연구』 제25호, 2010, 125-134면 참조. 本稿에서는 이러한 재량권 통제의 관점에 더하여 제재처분의 '광의의 행정벌'로서의 성격과 그에 대한 헌법상 적법절차의 요청을 강조한다는 점이 특징이라고 할 수 있다.
39) 다만, 위 각주 4)에서 언급한 바와 같이, 최근 대법원 2007. 9. 20. 선고 2007두6946 판결에서 부령으로 정해진 제재처분기준이 현저히 부당하다고 인정할 만한 합리적인 이유가

따라서 결론적으로, 대통령령과 부령에 정해진 제재처분기준에 관해서는 그 법적 구속력을 인정하되 그 법적 구속력의 내용을 '최고한도'로 해석하는 것이 타당하다고 본다. 다만, 판례에서 더 이상 '법규명령'이라는 표현을 사용하지 말고 단지 '법적 구속력'이 있다는 점만 판시할 것이 요청된다. 또한 이러한 판례는 대통령령에 대한 것이고, 부령에 대해서는 아직 행정내부지침에 불과하다고 하여 법적 구속력을 부정하고 있는데, 부령에 대해서도 위와 같이 해결하는 것으로 판례변경이 시급하다고 할 것이다.

(4) 마지막으로 지적하여야 할 가장 중요한 점은, 이러한 해결방안이 원칙적으로 제재처분기준에 한정되어야 하고, 다른 재량기준이나 해석기준에 관해서는 법률의 위임에 의거하여, 그것이 포괄위임 내지 백지위임이 아닌 한, 원칙적으로 법적 구속력을 인정하여야 할 것이다. 여기에서 위임의 한계 문제로 연결되는데, 법적 구속력을 '최고한도'로 한정하는 제재처분기준에 대해서는 위임의 한계를 비교적 완화할 필요가 있는 반면, 원칙적으로 법적 구속력이 전면적으로 인정되는 그 밖의 재량기준이나 해석기준에 대해서는 위임의 한계에 관한 보다 엄격한 판단척도가 요구될 것이다.

4. 行政規則 形式의 法規命令

(1) 이에 관해서도 법규명령/행정규칙의 개념과 형식/실질의 二元論을 극복하고 나면, 실질이 법규명령이므로 반드시 그 형식도 법규명령이어야 한다는 추론이 불가능할 뿐만 아니라, 반대로 '행정규칙 형식'이라는 것도 성립할 수 없다. 대통령령·총리령·부령 이외에는 모두 '행정규칙'이라고 부를 근거도 없기 때문이다. 따라서 '행정규칙 형식의 법규명령'이라는 개념(B_2)에 대해서도 역시, 법방법론의 첫 번째 단계로서, 그 뒤에 숨어 있는 문제들을 전면으로 불러내어야 한다. 즉, 대통령령·총리령·부령이 아니라 규칙·고시·훈령에 대한 위임입법으로써 국민의 권리의무를 새로이 정하도록 하는 것이 합헌인가 위헌인가의 문제

없는 한 '섣불리' 그 기준을 무시하고 재량권남용으로 판단해서는 아니 된다고 판시하고 있는데, 이와 같이 법적 구속력의 부정을 예외적인 경우로 한정하는 것은 제재처분기준이 갖는 정책적 내지 일반예방적 효과를 위해 긍정적인 의미를 갖는다고 할 것이다. 다시 말해, 제재처분기준의 법적 구속력을 부정하는 것이 제재처분기준의 규제적 효과를 상실시키자는 것이 아니라, 개별·구체적 사정에 비추어 재량권남용에 해당하는 예외적인 경우에 대한 사법심사의 효율성과 탄력성을 확보하자는 것이다.

(Q₂₋₁), 합헌이라면 그 규칙·고시·훈령은 국민과 법원에 대하여 구속력을 발생하는가의 문제(Q₂₋₂), 법률의 위임의 한계 문제(Q₂₋₃), 규칙·고시·훈령의 제정절차의 문제(Q₂₋₄), 마지막으로 사법심사의 문제(Q₂₋₅)가 바로 그것들이다.

여기에서 법방법론의 두 번째 단계로서 문제를 세분화·구체화하는 작업은 한편으로 법률 자체에 의한 위임인가, 아니면 대통령령 또는 부령에 의한 위임인가, 다른 한편으로 규칙·고시·훈령의 내용이 과학적 또는 전문적 판단이 요구되는 영역인가에 따라 이루어질 수 있다. 이에 관해서는 후술한다.

(2) 먼저 위 (Q₂₋₁)의 문제, 즉 위임입법에 의한 규칙·고시·훈령의 합헌성 문제에 관하여 살펴보면, ① 독일에서는 헌법상 위임입법이 의회에 관한 부분에서 의회의 입법권과 관련하여 규정되어 있을 뿐만 아니라, 그 위임의 대상기관이 제80조 제1항 제1문에서 일괄적으로 연방정부, 연방장관 및 지방정부로 지정되어 있는 데 반하여, 우리 헌법에서는 위임입법이 政府에 관한 제4장에서 대통령·국무총리·장관의 권한으로 규정되어 있을 뿐, 직접 법률의 위임 대상기관을 제한하는 명문의 규정이 없고, ② 반면, 우리 헌법상 대통령령·총리령·부령에 관한 규정들은 그 대통령령·총리령·부령을 헌법상의 위임입법 형식으로 보장한다는 데 초점이 있고, 따라서 법률로써 대통령령·총리령·부령의 형식을 폐지하거나 변경할 수 없다는 점에 헌법적 보장의 핵심이 있는 것으로 해석할 수 있으며, ③ 나아가 법률의 위임에 의하여 제정되는 규칙·고시·훈령을 헌법상의 대통령령·총리령·부령을 위반할 수 없는 하위의 규칙으로 파악하는 것으로,[40] 대통령령·총리령·부령에 대한 헌법적 보장이 충분하다고 할 것이고, ④ 프랑스·영국·미국·일본에서는 위임의 대상기관이 한정되지 않고, 특히 일본에서는 헌법상 內閣의 政令 제정에 관한 규정이 있는 것은 우리 헌법상 대통령령·총리령·부령의 제정에

---

40) 위임입법의 영역이 규칙·고시·훈령과 대통령령·총리령·부령이 상이하기 때문에 상호 충돌의 문제는 거의 발생하지 않겠지만, 영역이 다르더라도 그 내용이 충돌할 가능성은 완전히 배제할 수 없다. 또한 법률의 위임에 의거한 고시·훈령이 부령보다 하위라는 점은 문제가 없으나, 금융감독위원회, 공정거래위원회 등의 규칙, 특히 감사원규칙은 논란의 여지가 있다. 법률상 기관인 금융감독위원회, 공정거래위원회 등은 각부장관보다 상위의 기관이라고 볼 수 없으므로 그 규칙이 부령보다 하위라는 점은 충분히 수긍될 수 있고, 감사원은 헌법기관이기 때문에, 감사원규칙은 대통령령보다 하위이지만, 총리령과 부령에 대해서는 법률의 직접 위임을 받은 총리령과 부령은 제외하고, 대통령령으로부터 재위임받은 총리령과 부령보다는 상위로 파악하는 방법을 일응 생각해 볼 수 있을 것이다.

관한 규정이 있는 것과 동일한데, 일본에서는 위임입법의 형식이 內閣의 政令에
한정되지 않는다는 것이 거의 일치된 견해인 점, ⑤ 명시적으로 헌법에 위반되지
않는 한, 의회입법자의 결정을 존중해야 한다는 점들을 고려하면, 위임입법은 대
통령령·총리령·부령에 한정되지 않고 그 밖에 규칙·고시·훈령 등에 법률이 직
접 위임입법을 授權하는 것은 합헌이라고 보아야 할 것이다.

다만, 법률 자체가 아니라, 대통령령·총리령·부령 차원에서 비로소 규칙·고
시·훈령에 위임하는 것은, 그 위임이 법률에 예정되어 있지 아니한 이상, 대통령
령·총리령·부령에 위임한 의회입법자의 의사를 존중하여야 한다는 점에서, 위헌
으로 보는 것이 타당하지 않을까 생각한다. 현재 다수의 규칙·고시·훈령이 하위
법령의 위임에 의거하여 제정되어 있는 현실을 감안한다면, 당장 이들을 모두 위
헌 무효로 하는 것보다 헌법재판소의 헌법불합치 결정을 통하여 단계적으로 정비
하는 방안이 바람직할 것이다.

(3) 다음으로 위 (Q2-2)의 문제, 즉 법적 구속력의 문제에 관해서는, 위 소위
'법규명령 형식의 행정규칙'에서와 같이, 경우를 나누어야 할 것이다. 즉, 행정청
이 규칙·고시·훈령을 위반한 경우에는 그것들이 법률의 위임에 의하여 행정청이
스스로 마련한 기준이므로 그것만으로 바로 위법하다고 판단되어야 하고, 이러한
의미에서 법적 구속력을 긍정하여야 할 것이다. 실제로는 이와 반대로 행정청이
그 규칙·고시·훈령에 의거하여 조치를 하여 놓고 그것만으로 적법하다고 주장하
는 경우가 대부분인데, 그 내용이 제재처분의 기준일 때에는 위 (2)에서와 마찬가
지로 법적 구속력을 인정하되 그 내용을 '최고한도'로 한정하여야 할 것이다. 현
재 법률의 위임에 의거한 규칙·고시·훈령은 대부분 경제적·정책적·과학적인 전
문적 사항에 관한 법률요건상의 불확정개념을 구체화하는 것이기 때문에, 행정의
요건재량 내지 '판단여지'(Beurteilungsspielraum)에 의거하여, 법원은 이를 존중하여,
헌법과 법률에 위반되지 않는 한, 그 규칙·고시·훈령에 따라 이루어진 행정처분
을 적법한 것으로 판단하는 것이 타당하고, 이러한 의미에서 '상위 법령과 결합하
여' 법적 구속력을 발생한다고 하는 대법원 판례에 찬성할 수 있을 것이다. 문제
는 요건재량 내지 판단여지도 그 남용이 있으면 위법하게 되기 때문에, 규칙·고
시·훈령에 대한 사법심사가 중요한 문제로 제기된다. 이에 관하여 후술한다.

(4) 법률의 위임의 한계 문제(Q2-3)에 관해 살펴보면, 우선, 대통령령에 관해
위임의 한계를 규정한 헌법 제75조가 총리령과 부령에 관한 제95조에도 준용되는

것으로 보는 것과 마찬가지로, 법률의 위임에 의거한 규칙·고시·훈령에도 준용
되는 것으로 보아야 할 것이다. 위임입법인 이상 위임입법에 관한 헌법원리가 적
용되어야 함은 물론이기 때문이다. 이러한 관점에서 보면, 거의 포괄위임 내지 백
지위임에 가까운 감사원규칙과 각종 위원회규칙들은, 아무리 독립행정위원회라
는 점을 감안하더라도, 헌법적인 재검토가 필요하다고 할 것이다. 이에 관해서도
헌법불합치결정을 통하여 단계적으로 근거법률에 사항별로 위임규정들을 각각
마련하면서 위임의 구체적 범위를 정하는 것으로 개선할 것이 요망된다.

　　(5) 제정절차의 문제(Q_{2-4})에 관해서는, 우선 위와 같은 위임형식의 합헌성과
위임한계 문제는 내용적 합헌·적법성과 타당성의 문제로 연결된다는 점을 강조
할 수 있다. 달리 말해, 합헌성과 위임한계의 문제가 해결되면 될수록 그 내용적
적법성과 타당성의 문제가 절실하게 제기되고 이는 바로 제정절차의 문제로 연결
되는 것이다.

　　현행 행정절차법은 행정상 입법예고의 대상을 '법령'과 자치법규로 규정하고
있고(제41조 제1항 및 제2조 제1호), 법제업무운영규정도 법제처의 심사 대상을 '법
령안'으로 규정하고 있는데(제21조 제1항), 행정절차법상 '법령'은 법률과 대통령
령·총리령·부령을 의미하는 것으로 해석되고 있고 법제업무운영규정에는 같은
취지의 명문의 규정(제2조)이 있음으로 말미암아, 규칙·고시·훈령은 입법예고[41]
와 법제처 법령안심사에서 제외되어 왔다는 것이 큰 문제점이다. 법질서의 상당
부분에 대하여 이를 사전에 점검할 수 있는 절차가 결여되어 있는 것이다.

　　그러나 '법규명령'이라는 개념을 포기하게 되면, '법령'은 소위 헌법상의 '법
규명령'인 대통령령·총리령·부령에 한정된다는 편견을 버릴 수 있고, 따라서 법
률의 위임에 의거한 규칙·고시·훈령도 '법령'에 해당하는 것으로 이해할 수 있
다. 다시 말해, ① 대통령령·총리령·부령은 헌법상 입법형식이 명시되어 있다는
의미에서 '헌법상 법령'이고, ② 규칙·고시 등은 법률의 근거와 위임에 의거하여
제정된다는 의미에서 '법률상 법령'이며, 그리고 ③ 나머지 법률의 위임조차 없는
순수한 행정규칙은 '행정내규'가 된다. 이러한 3분류의 관점에서 보면 위 ①과 ②

---

41) 현재에도 규칙·고시는 '행정예고'의 대상이 되고 있으나, 행정예고는 입법예고와는 달리
'국민생활에 매우 큰 영향을 주는 사항'(행정절차법 제46조 제1항 제1호) 등 적극적인 요
건이 필요할 뿐만 아니라, 예고로 인하여 공공의 안전 또는 복리를 현저히 해할 우려가
있거나 기타 예고하기 곤란한 특별한 사유가 있는 경우에는 예고하지 아니할 수 있다는
단서 규정까지 있으므로 한계가 있다.

는 엄연히 '법령'으로 파악될 수 있고, 따라서 입법예고의 대상과 법제처의 심사 대상이 되어야 하는 것이다. 이러한 관점에서 행정절차법상 입법예고의 대상은 확대 해석되어야 하고 법제업무운영규정은 동일한 취지로 개정되어야 할 것이다.

「법령 등 공포에 관한 법률」에도 대통령령·총리령·부령만이 공포의 대상으로 규정되어 있지만, 다행히 행정절차법 제20조의 처분기준의 '공표'의 대상은 제한이 없다. 따라서 우선 법률의 위임에 의거한 규칙·고시·훈령은 행정절차법에 따라 '공표'하는 것으로 문제를 해결하고, 하루빨리 법령 등 공포에 관한 법률도 개정하는 것이 바람직할 것이다.

(6) 마지막으로 사법심사의 문제(Q_{2-5})에 관해서도 역시, 우선 내용적 합헌·적법성의 중요성과 이를 위한 사법심사의 역할이 강조되어야 한다. 행정작용의 합헌·적법성 통제의 최후의 보루가 사법심사이기 때문이다. 상술한 바와 같이 법률 또는 법령의 위임에 의거한 규칙·고시·훈령이 법적 구속력을 갖는 이상, 헌법소원심판과 행정소송에서의 심사대상이 된다는 점에 의문이 없다. 다만, 행정소송에 관해서는, 구체적 내지 간접적 규범통제 이외에, 규칙·고시·훈령을 직접 대상으로 하는 항고소송이 인정될 수 있는가에 관하여, 그것이 처분을 매개로 하지 않고 집행의 효과를 갖는 소위 '자기집행적'(self-executing) 규칙에 해당할 때에는 현행 행정소송법상으로도 '처분'에 해당하여 항고소송의 대상이 된다는 것이 私見이다.[42)]

특기할 만한 것은 구체적 규범통제이든 직접적 항고소송이든 규칙·고시·훈령이 법원조직법 제7조 소정의 '명령·규칙'에 해당하여 그 위헌·위법의 판단에 전원합의체 판결이 요구되느냐의 문제이다. 이에 관해서는 이미 위 Ⅱ.장에서 언급한 바와 같이, 전원합의체 판결을 거치지 않고 규칙·고시의 위헌성을 선언한 판례가 있는데,[43)] 암묵적으로 규칙·고시는 '법규명령'의 형식이 아니므로 위 법

---

42) 이러한 私見에 대한 반론으로, 헌법 제107조 제2항에서 명령·규칙과 처분을 병렬적으로 규정하고 있으므로 명령·규칙은 결코 처분이 될 수 없다는 주장이 있다. 그러나 위 조항의 "명령·규칙 또는 처분"이라는 표현에서 '처분'은 법률상의 개념이 아니라 헌법상의 개념이기 때문에, ─ 특히 '또는'이라는 부분을 감안하면 ─ '명령·규칙'과 합쳐 '행정작용'을 총괄하는 의미로 볼 수 있다. 다시 말해, 헌법상으로는 '처분'이 '명령·규칙'과 모순되는 개념이 아니며, 따라서 헌법상의 '처분'과 법률(행정소송법)상의 '처분'은 차원이 다른 개념이다. 따라서 법률의 위임에 의거한 규칙·고시·훈령이 헌법상 '명령·규칙'에 해당하는 것이지만 행정소송법상으로 '처분'에 해당할 수 있다고 할 것이다.
43) 보존음료수의 국내판매를 금지한 보건사회부장관의 고시가 비례원칙에 위반되어 무효라

원조직법 조항의 '명령·규칙'에 해당하지 않는다는 논리가 근거를 이루고 있는 것으로 추측된다. 그러나 本稿에서 제안한 바와 같이 '법규명령' 개념을 버리고 나면 이러한 논리가 설득력을 잃게 될 우려가 있기 때문에, 전원합의체 판결을 요하는 것을 대통령령에 한정하는 방향으로 법원조직법 개정이 시급하다고 할 것이다.

V. 結語

이상에서 소위 '법규명령 형식의 행정규칙'과 '행정규칙 형식의 법규명령'을 둘러싼 법방법론적인 난점들을 밝힌 다음, 그 극복을 위해서는 '법규' 내지 '법규명령'의 개념과 형식/실질의 二元論을 버리고 그 뒤에 숨어 있는 문제들을 직접 대면하여 종합적이고 실질적인 관점들에 의거하여 해결하고자 시도하였다. 그 결론은 대법원 판례와 헌법재판소 판례 및 위 제1설과 같은 취지가 되겠으나, 本稿에서는 '법규명령'과 '행정규칙'이라는 개념을 완전히 배제하였을 뿐만 아니라, 제재처분의 기준에 한하여, 대통령령과 부령에 대해 공히 법적 구속력을 인정하되 그 내용을 '최고한도'로 제한하고자 한다는 점, 또한 법률에서 직접 위임을 한 경우에 한하여 규칙·고시·훈령에 의한 위임입법을 합헌으로 보고, 행정이 이를 위반한 경우에는 전면적인 법적 구속력을 인정하지만, 행정이 이를 적용한 경우에는 원칙적으로 경제적·정책적·과학적인 전문적 사항에 한하여 법적 구속력을 인정한다는 점에서 다르다.

마지막으로 강조할 것은, 本稿에서와 같이 방법론적으로 '법규'와 '법규명령' 개념을 포기하고자 하는 것은 근본적으로, 소위 '행정입법'을 의회의 입법작용의 연장으로서가 아니라 행정의 규칙제정행위라는 행정작용으로 파악하는 현대 행정법학의 기본적 태도에 바탕을 두고 있다는 점이다. 영국의 'statutory instruments'라는 말에서 단적으로 나타나듯이, 행정의 규칙제정이 현대행정의 주된 수단이기 때문에, 행정법의 규율대상, 행정법학의 연구대상 그리고 행정소송의 대상도 이러한 행정의 규칙제정행위에 초점을 맞추지 않으면 아니 될 것이다.

고 판단한 대법원 1994. 3. 8. 선고 92누1728 판결과 공정거래위원회의 「표시·광고에관한 공정거래지침」 중 표시·광고내용의 허위성 등에 관한 입증책임을 전환한 부분이 법률의 위임 범위를 벗어나서 무효라는 대법원 2000. 9. 29. 선고 98두12772 판결이 그것이다.

12. 독일 공법학과 오토·마이어(1846-1924)[*]

I. 序說

인간의 생명은 有限하지만 그 역사는 永遠하다! 인간은 時間을 뛰어 넘어 존재할 수 없으나, 時間의 흐름을 기억하고 역사를 이해함으로써 絕對者에 한 걸음 가까이 갈 수 있다. 우리는 오늘 故 牧村 金道昶 선생(1922-2005)의 一周忌를 추념하면서 이러한 역사의 의의를 다시금 깨닫는다. 우리는 이 자리에 그냥 내던져져 있는 것이 아니라, 무한의 역사 속에서 과거와 미래를 잇기 위해 서 있다. 역사가 있기에 어제와 오늘이 있고 또한 내일이 있는 것이다.

'법'이 時와 장소에 따라 천차만별이므로 이를 연구대상으로 하는 법학도 限時性과 상대성을 갖고 있으나, '역사 속에서의' 법의 변화와 발전을 연구함으로써 그 학문적 永遠性을 추구할 수 있다. 그렇다면, 동시에 '법학'도 時와 장소에 얽매인 존재이다. 따라서 법학이 '법학' 자신의 역사적 변화와 발전을 이해하고자 노력할 때 비로소 학문적 永遠性을 획득할 수 있는 것이다.

'역사'(Geschichte; l'histoire; history)는 우리 인간 삶의 '이야기'(Geschichte; l'histoire; story)이다. 인간의 삶이 없는 역사는 있을 수 없다. '법'의 역사에서 인간의 삶이 없을 수 없다면, '법학'의 역사에는 '법학자'의 삶이 없을 수 없다. 법학의 방법론과 개념·이론체계는 모두 한 인생을 살다 간 법학자 '인간'의 삶의 결과이기 때문이다. 그러므로 법학자의 삶과 體臭를 느낄 수 있을 때 법학의 내용과 역사는 제대로 이해될 수 있는 것이다.

독일 법학의 역사에서 오토·마이어(Otto Mayer)의 공법학을 이해하기 위해서도 마찬가지이다. 지금까지 우리는 많은 문헌에서 그의 행정법 방법론과 체계 및

[오토·마이어(1846~1924)의 삶과 학문, 『행정법연구』 제18호, 2007]

그 이론적·역사적 배경들을 — 명시적이든 묵시적이든 간에, 전반적으로든지 아니면 단편적으로든지 — 접해 왔지만, 대부분 그 속에서 인간 오토·마이어의 인생체취는 찾기 어려웠다.[1] 물론 이론적 분석과 평가를 위해서는 그것으로 충분할 수 있다. 그러나 本稿에서는 '법학자'의 삶과 죽음, 그리고 그 속에서의 학문적 성과와 영향을 기림으로써 오늘을 살고 있는 우리도 覺悟를 다시 한다는 의미에서, 傳記的 요소를 가미하여 오토·마이어의 공법학을 살펴보고자 한다.[2] 이를 위해 그는 '어떻게 살았는가'(Ⅱ. 人生歷程), '어떻게 생각하였는가'(Ⅲ. 사상적 배경), '무엇을 하였는가'(Ⅳ. 학문적 성과), 그리고 '무엇을 남겼는가'(Ⅴ. 평가와 영향) 라는 네 개의 질문을 던진다.

Ⅱ. 人生歷程 — 어떻게 살았는가

1. 成長期(1846년~1871년)(0세~25세)

(1) 오토·마이어는 1846년 3월 29일 독일 서남부 프랑켄(Franken) 지방의 小

---

1) 대표적으로, 우리 법학계에 일찍부터 큰 영향을 미친 오토·마이어 연구문헌으로서, 일본의 塩野宏, オットー·マイヤー行政法學の構造 (有斐閣 1962)는 오토·마이어 행정법학의 생성과정·기반·구조·한계를 다루고 있는데, 생성과정에 관해서는 주로 그의 행정법에 관한 저술들을 개관하고, 학문적 기반에 관해서는 법학적 방법론, 프랑스행정법의 영향 및 국가관을 분석하였으며, 행정법학의 구조로서 행정의 '司法形式性'(Justizförmigkeit)을 집중적으로 고찰한 다음, 그 한계에 관해 역사적 한계를 중심으로 서술하고 있다. 그 이후 출간된 독일문헌으로서, Erk Volkmar Heyen, Otto Mayer. Studien zu den geistigen Grundlagen seiner Verwaltungsrechtswissenschaft (Berlin 1981)는 행정법이론과 방법론에 한정하지 않고 널리 가족·사회·문화·종교·민족·국가·법·법치국가·법학 등에 관한 오토·마이어의 사상을 개관하고 있다. 반면에, Alfons Hueber, Otto Mayer. Die „juristische Methode" im Verwaltungsrecht (Berlin 1982)는 행정법학 방법론에 초점을 맞추어, 오토·마이어 자신의 법학방법론에 대한 이해, 국가론적인 근거, 오토·마이어 이전의 독일의 행정법학 방법론, 역사적 발전단계에서의 일반적 법이념을 고찰하였다.

2) 이를 위해 本稿에서는 오토·마이어 자신의 自敍傳的인 서술인 Otto Mayer, Ein Stück curriculum vitae, DJZ 14 (1909) Sp.1041-1046; ders, Otto Mayer, in: Hans Planitz (Hg.), Die Rechtswissenschaft der Gegenwart in Selbstdarstellungen, Leipzig 1924, S.153-176을 기초로 하고, 또한 오토·마이어에 대한 傳記인 Kleinheyer/Schröder, Deutsche Juristen aus fünf Jahrhunderten. 3.Aufl., Heidelberg 1989, S.178-180 및 Jönsson/Wolfes, Kirchenlexikon Band XV (1999), Otto Mayer, Sp. 991-1011 (http://www.bautz.de/bbkl/m/mayer_o.shtml)를 참고하였으며, 위 각주 1)에 소개한 Erk Volkmar Heyen 및 Alfons Hueber의 연구문헌 중 傳記的 내용을 발췌·재구성하였다. 후술하는 성장기·실무기·학문제1기·학문제2기의 구분은 필자에서 비롯된 것이다.

都市 Fürth에서 약사(화학박사)로서 약국을 경영하는 아버지 *Eduard Mayer*와 철강 소주인의 딸인 어머니 *Emma Mayer* (元姓 Gemeiner) 사이의 3남4녀 중 장남으로 출생하였다. 세례명(프로테스탄트)은 *Heinrich Eduard Otto*이다. 그의 부모는 경제적 여유가 있고 교육열이 높은 중산층으로서, 자식들에게 최고의 교육 기회를 부여하고자 하였다. 그리하여 오토·마이어는 인근 대도시인 Nürnberg의 김나지움 (Gymnasium)에 진학한 후, 중산시민으로서 자식의 출세를 희망하였던 아버지와 Köln에서 법률가로 활동하던 당숙(동시에 代父)의 권유로 법학을 전공하게 되었다. 동생은 의학공부를 하여 의사가 되었다. 오토·마이어는 1864년(18세)부터 1868년 (22세)까지 Erlangen대학, Heidelberg대학 및 Berlin대학에서 법학을 공부하여 1868년(22세)에 대학시험(Universitäts-Examen)에 합격하고, 고향인 Fürth에서 2년 6개월간의 실무수습을 거친 다음, 1871년(25세) 국가시험(Staatsexamen)에 합격하여 법률가 자격을 취득하였는데, 실무수습 중이던 1869년(23세)에 Erlangen대학에서 로마법 전공으로 박사학위를 받았다.[3]

(2) 오토·마이어의 성장기는 근대 독일의 역사에서 정치적으로 가장 중요한 시대라고 할 수 있다. 즉, 1848년(2세)에 3월혁명이 발발하여 실패로 돌아간 다음, 1866년(20세)에 프로이센·오스트리아 전쟁에서 프로이센이 승리하여 통일의 주도권을 잡게 되고, 1870년(24세) 시작된 프로이센·프랑스 전쟁에서 프로이센이 승리하여 1871년(25세) 1월 18일 '독일제국'(Deutsches Reich)이 성립하였다. 성장기에 이러한 통일 과정을 겪음으로써 애국심과 통일지향성을 갖게 되어 일생 동안 그의 학문의 사상적 배경이 되었고, 또한 위 프로이센·프랑스 전쟁의 승리로 독일제국에 할양된 알자스·로렌(Elsaß-Lothringen) 지방이 그의 학문적 활동의 근거지가 되었다는 것은 역사의 흐름 속에서 한 법학자가 갖게 되는 숙명적 운명이 아닐 수 없다.

아버지의 영향도 간과할 수 없다. 오토·마이어의 아버지는 정치활동에 깊이 관여하여 市의 명예직공무원을 거쳐 바이에른 왕국의 의회(Landtag)의원으로 활동하였는데, '바이에른진보당'(bayerische Fortschrittspartei) 소속으로, 프로테스탄트·자유주의적 성향을 띠었다. 1848년 3월혁명에 적극적으로 가담하여 그 프랑크푸

---

3) 박사논문은 Die justa causa bei Tradition und Usukapion. Ein Versuch auf dem Gebiet des römischen Rechts (Erlangen 1871)으로서, 관행과 취득시효에 있어서의 '정당한 원인'에 관한 연구이었다.

르트 헌법안을 바이에른왕국이 거부하자 이에 분노하였으나, 적극적으로 저항하지는 않았다. 1860년대 바이에른진보당은 자유주의·입헌주의 통일사상으로 결합하여, 급진적·민주주의적 자유사상을 가진 민족연합(Volksverein)을 누르고 바이에른의회의 다수당이 되어, 1866년 프로이센·오스트리아 전쟁에서 바이에른왕국이 프로이센과 합세하여 오스트리아에 대해 선전포고하도록 의결하였다. 아버지는 그 다음해인 1867년 향년 45세의 나이로, 오토·마이어가 대학을 졸업하기 한 해 전에, 티푸스에 감염되어 사망하였다.[4]

오토·마이어는 이러한 아버지의 정치적 성향을 이어받아 프로테스탄트·자유주의·통일지향·親프로이센의 입장을 갖게 되었다. 특히 1866년 프로이센·오스트리아 전쟁에서 프로이센이 승리하자, 역시 親프로이센 성향을 가진 Köln의 당숙의 권유로 오토·마이어는 1866년 가을부터 Berlin대학에서 2학기 동안 법학을 공부하게 되는데, 이 기간 동안 당시 Berlin대학에서 유행하던 헤겔의 국가철학과 법철학에 심취하여 그 이후 평생 그의 국가사상의 기본사상이 되었다는 사실은 특기할 만하다.[5] 또한 Erlangen대학 시절 '학우회'(Burschenschaft)에 가입하여 독일통일과 애국심을 고취하는 기회를 갖게 된다.

고향인 Fürth는 인구 15,000명의 소도시로 수공업이 발달하여 1870년대에는 인구 25,000명으로 확대되었으나, 당시 진행 중이던 산업혁명으로 인해 수공업의 몰락과 노동자들의 빈곤문제가 발생하였다. 오토·마이어는 유복한 가정의 아들로서 이를 목격하였는데, 사회주의사상이 아니라 종교적인 빈민구제 내지 사회봉사의식을 갖게 되었다고 한다.

(3) 오토·마이어는 어린 시절부터 예술적 분위기에서 성장하였다. 아버지는 市교향악단과 시립극장의 일원으로 활동하였고, 어머니는 피아노와 노래에 능숙하였다. 특히 오토·마이어는 탁월한 문학적 소질을 보여, Nürnberg 김나지움의 독일어 교사로부터 '문필가'(Volksschriftsteller)로 성장할 수 있다는 평가를 받기도 하였다.[6] 대학 시절 위 학우회에서 '맥주신문'(Bierzeitung)의 편집인, 오페라페로

---

4) 아버지의 정치적 활동에 관해서는 Erk Volkmar Heyen, a.a.O.(각주 1), S.50-54 참조.

5) 이는 오토·마이어 자신이 自敍傳的 서술에서 스스로 인정하고 있는 바이다. Otto Mayer, a.a.O.(각주 2, Selbstdarstellungen), S.155.

6) 이 사실은 自敍傳的 서술에서 두 번씩이나 강조되고 있다. Otto Mayer, a.a.O.(각주 2, Selbstdarstellungen). 특히 마지막 부분에서 그 "현명한"(klug) 고등학교 교사의 말대로, 법학자가 아니라 문필가가 되었더라면 좋았을 터인데, 그러기에는 이제 너무 늦었다는

디의 극작가 등으로 활동하였다. 이러한 예술적·문학적 소질은 그의 主著인 『독일행정법』의 성공에 요인을 이루었고, 후술하는 바와 같이 심지어 50대 이후 *Eduard Dupré*라는 필명으로 여러 편의 소설을 발표하기까지 하였다. 뿐만 아니라 성장기에 가정교육을 통해 프로테스탄트적인 근면성과 특히 아버지의 영향으로 도전의식과 명예욕을 갖게 되었는데, 이는 그가 일생 동안 현실에 안주하지 않고 계속하여 어려운 과제에 도전할 수 있는 계기가 되었다고 한다.[7]

2. 實務期(1871년~1880년)(25세~34세)

(1) 오토·마이어는 1871년(25세) 5월 법률가 자격을 취득한 후, 고향인 Fürth에서 '市議會 법률고문관'(Rechtskundiger Magistratsfunktionär)에 취임한다. 이는 아버지가 생전에 아들에 대해 기대했던 진로이었을 뿐만 아니라, 아버지의 사망 이후 3남4녀의 장남으로서 고향에서 가족과 함께 하기를 원하는 어머니의 희망 때문이었다고도 한다. 그리하여 2년 6개월간의 실무수습 때부터 고향에 있었던 것인데, 보다 많은 경험을 할 수 있는 "넓은 세상으로"(in die Welt hinaus) 나가고 싶어, 위 고문관직을 바로 사임하고 同年 7월부터 Köln의 당숙의 변호사사무실에서 당숙과 함께 변호사로 활동하고자 하였으나, 그곳에서의 변호사 개업을 위한 프로이센 정부의 요구조건이 너무 까다로운 나머지, 계획을 변경하여 同年 11월 알자스·로렌지방의 Straßburg으로 옮겨 친구의 변호사사무실에서 변론활동을 하다가, 다음해인 1872년(26세)부터 동 지방의 小都市인 Mülhausen에서 변호사 개업을 하여 본격적인 변호사 활동을 하게 된다.[8]

알자스·로렌 지방 중에서도 Mülhausen에서 변호사 개업을 하게 된 것은, 알자스·로렌의 독일제국 편입(1871년 1월) 이후 그때까지 Mülhausen에 독일인 변호사가 전혀 없었기 때문에 그 도시에서 개업하는 것이 "애국적 의무"[9](patriotische Pflicht)라고 하는 당시 알자스·로렌의 법무부장관의 권유에 따른 것이라고 한다. 실제로 오토·마이어는 그곳에서 변호사로 활동하면서 현지 실정을 직접 체험하게 되는데, 독일에 대한 주민들의 반감도 있었지만, 이미 그 지방에 독일적인 민

말로 — 1924년(78세) 사망하기 직전 — 자신의 인생회고를 마치고 있다.

7) 이상과 같은 성장기에 관한 내용은 Otto Mayer, a.a.O.(각주 2, Selbstdarstellung), S.153-157; Erk Volkmar Heyen, a.a.O.(각주 2) S.17-60 참조.

8) Otto Mayer, a.a.O.(각주 2, Selbstdarstellung), S.157-158.

9) Ebd., S.158.

족적·문화적 요소가 있음을 깨닫고 알자스·로렌 지방의 실질적 독일화가 독일제
국의 成敗에 중요한 역할을 할 것으로 생각하였다고 한다.[10]

　(2) 오토·마이어는 젊은 독일인 변호사로서, 프랑스의 오랜 '변호사'(advocat)
전통에 매력을 느끼고, 성실하고 왕성한 소송활동과 자문활동을 통하여 변호사로
큰 성공을 거둔다. 많은 재산을 벌었을 뿐만 아니라, Mülhausen의 변호사협회 회
장을 거쳐 1879년에는 드디어 알자스·로렌 지방의 Colmar 고등법원 관할구역의
전체 변호사협회의 회장으로 선출되기까지 한다. 1880년(34세)까지 8년 동안의 변
호사 활동을 통해, 한편으로 당시 사실상 현행법으로 적용되던 프랑스법을 숙지
할 있는 기회를 갖게 되었고, 다른 한편으로 Mülhausen의 모든 주행정청과 제국
(연방)행정청의 고문으로 활동하면서 행정법을 접하게 되어 그 이후 행정법학자
가 되는 계기를 이루게 된다. 또한 그는 이러한 실무 경험을 통하여 그의 법학방
법론에 있어 한편으로 명확한 법형식을 중시하면서도 다른 한편으로 실정법규정
과 법현실을 소홀히 하지 않는 태도를 갖게 되었다고 自評하였다.[11]

　(3) 이 기간 중에 오토·마이어는 1877년(31세) Mülhausen의 토착 알자스人으
로 프로테스탄트 교회 牧師의 딸인, 11살 연하의 *Irène Stoeber*와 결혼하여 가정을
꾸리게 된다. 2남1녀를 갖게 되는데, 장남은 법률가가 되었고, 차남은 당대의 유
명한 *Friedrich Meinecke*의 제자로서 역사학자가 되었다. 결혼생활과 가정에 매우
충실하였고 가정교육을 강조하였는데, 이와 같이 혼인과 가정과 중시하는 태도는
그의 학문세계에서 공동체의식을 강조하는 사상적 배경이 되었다고 한다.[12]

3. 學問 第一期(1881년~1903년)(35세~57세)

　(1) 오토·마이어는 위와 같은 성공적인 변호사 활동에도 불구하고 학문에
대한 열정과 향수를 버릴 수 없었다. 스스로 회고하기를, 실무수습 기간 중 박사
학위논문을 위해 로마법전과 씨름하면서 법학의 매력을 느끼고 1869년(23세) 최
우수성적으로 박사학위를 받고 학문에 강한 뜻을 두었으나, 프로이센·프랑스 전
쟁(1870) 및 독일제국 성립(1871) 등 정치적 격동기로 말미암아 안정적인 학자의

---

10) Erk Volkmar Heyen, a.a.O.(각주 1), S.58 이하 참조.
11) 이러한 변호사 활동과 그 영향에 관해서는 Otto Mayer, a.a.O.(각주 2, Selbstdarstellungen)
　　S. 158-160; Erk Volkmar Heyen, a.a.O.(각주 1) S.160 이하 참조.
12) Erk Volkmar Heyen, a.a.O.(각주 1) S.47-49 참조.

길을 가지 못했다고 한다.13) 또한 Köln에서의 변호사 활동이 여의치 아니하자 알
자스·로렌 지방으로 와서 Mülhausen에서 변호사 개업을 하게 된 것도, 잠시만 그
곳에서 변호사 활동을 하고 곧 창설 예정인 Straßburg대학(1872년 설립)에서 교수
자격을 취득할 계획으로 그리한 것이었는데,14) 변호사로서의 활동에 매력을 느끼
고 또한 성공하였기 때문에 의외로 그 기간(8년)이 길어졌으나, 이러한 실무기간
중에도 학문적 활동을 완전히 포기하지 않았다. 즉, 1871년(25세)에 박사학위논문
을 발전시킨 로마법 논문을 사법학의 대표적 학술지인 『Archiv für zivilistische
Praxis』에 게재하였고,15) 1878년(32세)에는 프랑스 민사소송법에 관한 논문을
『Zeitschrift für französisches Zivilrecht』에 게재하였으며,16) 1879년(33세)에는 프랑
스 민법과 독일 상법전의 비교법에 관한 연구서를 출판하였다.17)

(2) 오토·마이어는 위와 같은 방황·이탈·준비과정을 거쳐 드디어 1880년(34
세) 가을에 Mülhausen에서의 변호사 활동을 마감하고 妻子와 함께 Straßburg로
이주하여, 1881년(35세) 초에 Straßburg대학에서 교수자격(Habilitation)18)을 취득하
고 동 대학의 私講師(Privatdozent)로 임용됨으로써 학자로서 출발하게 된다. 스스
로 회고하는 바와 같이, Mülhausen에서 변호사로 성공하고 결혼까지 하였으나,
"더 이상의 전망"(Vorwärtskommen)은 없었고, 돈은 많이 벌었지만 이는 주요관심
사가 아니었다." 그리하여 "큰 변호사"에서 다시 "작은" 私講師로 새 삶을 시작
한 것이다.19)

당초 교수자격에서 부여된 강의과목은, 교수자격논문에서 알 수 있는 바와
같이, 프랑스私法 및 국제사법으로서, 공법 특히 행정법과는 거리가 먼 것이었다.
그런데 私講師로서 두 번째 학기인 1881년 겨울학기부터 행정법 강의를 시작하였

---

13) Otto Mayer, a.a.O.(각주 2, Ein Stück currivulum vitae), Sp.1042-1043 참조.

14) Otto Mayer, a.a.O.(각주 2, Selbstdarstellungen) S.158.

15) Versuch einer Rettung der L. 4 pr. D. pro suo 41, 10 (Ersitzung des Kindes einer
  gestohlenen Sklavin), Archiv für zivilistische Praxis, 55(1872), S.64-100.

16) Der neue Civilprozeß und die Untheilbarkeit des Geständnisses, Zeitschrift für Französisches
  Civilrecht, 9(1878), S.331-350, 478-493.

17) Die dingliche Wirkung des Obligation. Eine Studie zum Mobiliareigentum des Code civil
  und des deutschen Handelsgesetzbuches, Erlangen 1879.

18) 교수자격논문은 Die concurrence déloyale. Ein Beitrag aus dem französischen Rechte zur
  Lehre vom geistigen Eigenthum (ZHR 26 (1881), S.363-437)으로서, 프랑스私法上 지적재
  산권 및 영업재산권에 관한 '불공정경쟁행위'에 관한 연구이었다.

19) Otto Mayer, a.a.O.(각주 2, Selbstdarstellungen) S.161.

고, 다음해인 1882년(36세) 가을에 동 대학의 행정법 및 프랑스私法 담당 조교수 (Extraordinarius)로 임명되어 본격적으로 행정법 연구에 몰두하게 된다. 이와 같이 오토·마이어가 행정법학자가 된 것은 그의 생애에서 가장 극적인 사건이 아닐 수 없다. 가장 직접적인 원인은 私講師 시절, 프랑스私法 담당 교수이었던 *Althoff* 가 오토·마이어와의 경쟁을 싫어했기 때문에, 프랑스私法으로는 교수로 임용되 기가 어려웠기 때문이었다. 실제로 Althoff는 노골적으로 오토·마이어에게 행정 법강의를 권유하기까지 하였다. 그때까지 Straßburg대학에는 새로운 영역인 행정 법을 담당하는 교수가 없었고 또한 이를 전공하는 私講師도 없어 경쟁이 거의 없 는 상태이었다. 이러한 상황 하에서, 이미 오랜 기간 Mülhausen에서 모든 행정기 관의 고문변호사로 활동하여 행정법에 친숙해져 있었을 뿐만 아니라, 1873년 프 랑스를 여행하면서 파리 시내 고서점에서 프랑스 행정법의 古典인 *Dufour*의 행정 법체계서 전7권[20]을 구입하여 일독함으로써 행정법의 쟁점들에 대해 매력을 느 끼고 있던 차이므로, 기꺼이 행정법을 담당하게 되었다는 것이 오토·마이어 자신 의 회고이다.[21]

(3) 이와 같이 조교수로 임명된 1882년(36세)부터 오토·마이어는 행정법 연구에 전념하여 1886년(40세)에 최초의 행정법 저서인『프랑스행정법의 이론』 (Theorie des Französischen Verwaltungsrechts)을 출간하고, 같은해 최초의 행정법 문 헌비평[22]을 학술잡지에 게재한 후, 다음해인 1887년(41세)에 동 대학의 행정법담 당 정교수(Ordinarius)로 임명된다.

이로써 본격적인 행정법 연구가 시작되는데, 1888년(42세)에 최초의 행정법

---

20) Gabriel Dufour, Traité général de droit administratif appliqué, ou exposé de la doctrine et de la jurisprudence, 7 Tomes, Paris 1853-1857.

21) Otto Mayer, a.a.O.(각주 2, Ein Stück currivulum vitae), Sp.1043, 1045; ders, a.a.O.(각주 2, Selbstdarstellungen) S.161-162. 오토·마이어에게 행정법을 권유하였던 *Althoff*는 그 다 음해인 1882년 베를린으로 가게 되어 空席이 생겼는데, 그 후임으로 그의 제안대로, 동 대학의 로마법 담당으로 강의를 중단하고 있던 교수가 프랑스私法 담당 정교수가 되었 다. 그리하여 여전히 남게 된 空席에 오토·마이어가 조교수로 임명될 수 있었으나, 프랑 스私法을 전담할 수는 없었고 행정법과 프랑스私法을 함께 담당하는 것으로 되었고, 그 이후 정교수와의 경합과목인 프랑스私法보다 자신이 전담하는 행정법에 몰두하게 된 것 이라고 한다. 이러한 교수임명과정을 보면 결국 오토·마이어는 행정법을 담당하게 됨으 로써 교수임용이 가능했다고 해도 과언이 아니다.

22) Rezension: Edmund Bernatzik, Rechtsprechung und materielle Rechtskraft. Verwaltungs-rechtliche Studien, Wien 1886, AöR 1 (1886), S.720-725.

단행논문인 『공법상계약』23)을 발표한 이후, 몇 개의 문헌비평과 개별 법조문의
註釋 이외에는 저술을 자제하면서 7년 동안의 준비기간을 거쳐, 드디어 1895/1896
년 (49/50세) 『독일행정법』(Deutsches Verwaltungsrecht) 제1권과 제2권을 출간하였다.
이는 *Karl Binding*이 주도하는 '독일 법학의 체계서'(Systematisches Handbuch der
Deutschen Rechtswissenschaft) 간행사업으로 이루어진 것인데, '독일' 법학이라는 표
현에서 알 수 있듯이, 독일제국의 성립 이후에 실질적 통일을 위한 문화사업의
일환이었다.

　(4) 행정법 이외에 교회법도 연구대상으로 삼아 교회법문헌들에 관하여 1888
년(42세)의 비평24)을 비롯하여 여러 편의 비평들을 기고하였다.25) 또한 연구대상
을 헌법으로 확대하여 1896/97년(50/51세) 겨울학기부터 헌법을 강의하기 시작하
였고, 1899년(53세) 알자스·로렌의 독재조항에 관한 논문을 발표하였다.26) 뿐만
아니라, 위에서 언급한 바와 같이 1899년(53세)에는 *Eduard Dupré*라는 필명으로
근대 독일의 역사를 주제로 하는 자서전적인 소설 2편을 발표하였다.27)

　(5) 오토·마이어는 『독일행정법』을 완성한 이후부터 교회행정과 지방행정에
적극적으로 관여하였다. 즉, 한편으로 1895년(49세)부터 1903년(57세)까지 '프로테
스탄트 교회회의'(Synode der Kirche Augsburger Konfession)의 위원으로, 다른 한편
으로 1896년(50세)부터 1902년(56세)까지 Straßburg의 市議會(Gemeinderat) 의원으로
활동하였다. 뿐만 아니라, 1898년(52세)부터 1902년(56세)까지는 Straßburg의 명예
직 부시장(Ehrenamtlicher Beigeordneter)으로서, 실제로 건축·도로·사회행정의 책임
을 맡아, 그때까지 독일 전체에 前例가 없던 행정강제집행과 최저임금확정결정
제도를 도입하는 등 행정법 이론과 실무를 연결하는 업적을 남기기도 하였다.28)

23) Zur Lehre vom öffentlichrechtlichen Vertrage, AöR 3 (1888), S.3-86, 현재 Erk Volkmar
　　Heyen (Hg.), Otto Mayer, Kleine Schriften zum öffentlichen Recht. Bd. I ., Berlin 1981,
　　S.3-61.
24) Rezension: Ph. Zorn, Lehrbuch des Kirchenrechts, 1888), AöR 3 (1888), S.475-482.
25) Rezension: K. Köhler, Lehrbuch des deutsch-evangelischen Kirchenrechts, 1895, AöR 11
　　(1896), S.292-294; Rezension: K. Riecker, Grundsätze reformierter Kirchenverfassung,
　　1899, AöR 15 (1900), S.610 f.; Rezension: A. v. Kirchenheim, Kirchenrecht für deutsche
　　Theologen und Juristen, 1900, AöR 16 (1901), S.479-482.
26) Der Elsass-Lothringische Diktaturparagraph abermals vor dem Rechtstage, DJZ 4 (1899),
　　S.25-27.
27) Fortunatus Laatschy, in: Fortunatus Laatschy, S.1-164; Dina, in: a.a.O., S.165-299.
28) 이에 관하여 Otto Mayer, a.a.O.(각주 2, Selbstdarstellungen), S.166-167; Erk Volkmar

대학행정에도 관여하여 1902년(56세)부터 1903년(57세)까지 Straßburg대학의 임기 2년의 총장(Rektor)[29]으로 봉직하는데, 그 취임기념 강연으로 『司法과 행정』[30]을 발표하고, 황제생일기념 대학행사의 강연으로 교회법[31]에 관한 글을 발표하였다.

4. 學問 第二期(1903년~1924년)(57세~78세)

(1) 오토·마이어는 1903년(57세)에 Straßburg대학의 총장직을 마친 다음, 같은해 Leipzig대학에 신설된 '공법 교수'직의 초빙에 응하여 동 대학으로 옮긴다. 그의 회고에 따르면, Straßburg 주정부가 자신을 붙잡기 위해 Straßburg대학의 교수직을 유지하면서 교회행정의 최고위직인 '프로테스탄트 교회 사무총장'(Präsident des Direktoriums der Kirche Augsburger Konfession)직에 임명하겠다는 제안을 하였으나, 공법학자로서의 재출발과 기반확대를 위해 이를 거절하고 Leipzig의 초빙에 응한 것이라고 한다.[32] 특히 Leipzig대학의 '공법 교수'는 행정법·헌법·교회법·국제법을 아우르는 공법 영역 전체를 담당하는 것이기 때문이었다.

실제로 그는 이때부터 1918년(72세) 정년퇴임할 때까지 위 학문 제1기에 비하여 더 많은 단행논문들을 발표하는데, 그 주제가 행정법과 교회법에 한정되지 않고 헌법과 국제법까지 확대되었다. 헌법에 관해서는 연방국가 문제,[33] 알자스·로렌 헌법문제,[34] 항해세 문제[35]에 관한 논문을 발표한 후, 드디어 1909년(63세)

Heyen, Die Verwaltungspraxis Otto Mayers in Straßburg und Leipzig. Kommunalpolitik auf dem Wege vom liberalen zum sozialen Rechtsstaat, VerwArch 71(1980), S.44-59 참조.

29) 독일 대학에는 Präsident체제와 Rektor체제가 있는데, 전자는 정부형태 중 대통령중심제에, 후자는 의원내각제에 비유될 수 있다. 즉, Präsident는 대학평의원회(Senat)로부터 독립되어 있는 반면 Rektor는 대학평의원회(Rektorat)의 구성원으로서 그 의장직에 해당된다.

30) Justiz und Verwaltung. Rede zum Antritt des Rectorats der Kaiser-Wilhelms-Universität Strassburg gehalten am 1. Mai 1902, Strassburg 1902, 현재 Heyen (Hg.), a.a.O.(각주 23), S.62-77.

31) Portalis und die organischen Artikel, Strassburg 1902, 현재 Heyen (Hg.), a.a.O.(각주 23, Bd.Ⅱ), S.193-203 수록.

32) Otto Mayer, a.a.O.(각주 2, Selbstdarstellungen) S.169.

33) Republikanischer und monarchischer Bundesstaat, AöR 18 (1903), S.337-372, 현재 Heyen (Hg.), a.a.O.(각주 23, Bd.Ⅱ), Berlin 1981, S.55-79.

34) Die Elsass-Lothringische Verfassungsfrage, DJZ Jg.10 (1905), Sp.369-374, 현재 Heyen (Hg.), a.a.O.(각주 23, Bd.Ⅱ), S.80-84.

35) Schiffahrtabgaben (I) (II), Tübingen 1907/1910, 현재 Heyen (Hg.), a.a.O.(각주 23, Bd. Ⅱ), S.85-124, 143-186.

에 Leipzig가 소속된 작센왕국의 의뢰로 『Sachen왕국 헌법』[36]을 출간하였다. 국제법은 국제법의 가치,[37] 국제법과 국제윤리[38]와 같은 근본적인 주제를 다루었다. 특기할 것은 프랑스 공법학계의 요청에 응하여, Leipzig로 옮긴 1903년(57세)부터 1906년(60세)에 이르기까지 자신의 『독일행정법』 제1권/제2권을 직접 프랑스어로 번역하여 전4권으로 프랑스에서 출간한 사실이다.[39] 뿐만 아니라, 이 기간 동안 문헌비평 발표가 집중되었는데, 행정법,[40] 헌법과 법철학,[41] 교회법,[42] 국제법[43]에 관한 당대의 대표적인 저작들을 대상으로 하였는데, 이를 포함하여 오토·마이어는 일생 동안 모두 88편에 이르는 문헌비평을 발표하였다.

(2) 또한 오토·마이어는 문필가로서의 소질을 유감없이 발휘하였다. 한동안 중단하고 있던 소설집필을 재개하여 1906년(60세) 한 해 동안, 역시 *Eduard Dupré* 라는 필명으로 5편의 소설과 수필을 발표한 것이다.[44] 그리고 Straßburg에서처럼

---

36) Das Staatsrecht des Königreichs Sachsen, Tübingen 1909.

37) Der Wert des Völkerrechts (未公刊), 현재 Heyen (Hg.), a.a.O.(각주 23, Bd. Ⅱ.), S.16-26 수록. 이는 1915년 5월 20일 Sachen왕 프리드리히 아우구스트 3세의 생일 축하를 위한 Leipzig대학 행사에서 총장으로서 강연한 것이다.

38) Völkerrecht und Völkermoral, AöR 38 (1918), S.1-37, 현재 Heyen (Hg.), a.a.O.(각주 23, Bd. Ⅱ.), S.27-51 수록.

39) Droit administratif allemand, 4 vol., Paris 1903-1906. 이는 당시 프랑스의 공법학자 *Max Boucard*와 *Gaston Jèze*가 편집을 맡았던 Bibliothèque internationale de droit public 시리즈 중 독일 부분으로서, 독일에서는 *Laband*와 오토·마이어 두 사람만이 출간 의뢰를 받았다고 한다. Otto Mayer, a.a.O.(각주 2, Selbstdarstellungen), S.168.

40) Rezension: G. Jèze, Les principes généraux du droit administratif, Paris 1904, AöR 19 (1905), S.597 ff.; Rezension: Walter Jellinek, Der fehlerhafte Staatsakt und seine Wirkungen, 1908, AöR 25 (1909), S.497-500; G. Jèze, Das Verwaltungsrecht der Französischen Republik, 1913, AöR 32 (1814), S.275-279.

41) Rezension: V. Cathrein, Recht, Naturrecht und positives Recht. 2.Aufl., 1908, in: Deutsches Zeitschrift für Kirchenrecht, 20 (1910/11), S.389-396; Hans Kelsen, Hauptprobleme der Staatsrechtslehre, 1911), DJZ 16 (1911), Sp.1284 f.; A. v. Peretiatkowicz, Die Rechtsphilosophie des J. J. Rousseau, 1916, AöR 36 (1917), S.369 f.

42) Rezension: A. M. Koeniger, Grundriss einer Geschichte des katholischen Kirchenrechts, 1919, Theologisches Literaturblatt, 40 (1919), Sp.151 f.

43) Rezension: C. Bornhak, Der Wandel des Völkerrechts, 1916), AöR 36 (1917), S.369 ff.; Niemeyer/Strupp (Hg.), Die völkerrechtlichen Urkunden des Weltkrieges. 1.Bd., 1916 AöR 36 (1917), S.501 f.; J. Kohler, Grundlagen des Völkerrechts, 1918, AöR 39 (1920), S.258-260.

44) Eine Warnung, in: Nach dem Kriege, S.1-65; Harte Probe, in: Nach dem Kriege, S.67-174; Die deutsche Flotte, in: Nach dem Kriege, S.175-239; Heimweh, in: Nach dem Kriege, S.241-309; Das verbotene Weinachtslied. Eine ziemliche wahre Geschichte, in: Die chris-

1907년(61세)부터 1912년(66세)까지 Leipzig市議會(Stadtverordnetenkollegium) 의원으로 지방행정에 관여하였다. 또 Straßburg대학에와 같이 1913년(67세)부터 1914년(68세)까지 Leipzig대학 총장(Rektor)이 된다. 그 취임기념으로 Fichte를 인용하여 독일인의 애국심을 호소하는 강연45)을 하였는데, 제1차 세계대전이 발발하기 직전이었다.

(3) 총장직을 수행한 후 제1차 세계대전 기간 중인 1914년(68세)과 1917년(71세)에『독일행정법』제1권/제2권의 제2판을 각각 출간하였다. 제1판의 내용 중 일부를 축약하고 그 구성을 새롭게 하는 등 상당히 많은 부분에 수정을 가한 것이다. 제1차 세계대전이 독일의 패전으로 끝난 1918년(72세) 교수직을 정년퇴임하고 Heidelberg로 이주하여 1919년(73세)에 당시 논란이 되고 있던 임시제국헌법에 관한 논문46)을 발표하였다. 1922년(76세)에는 독일의 패전으로 다시 프랑스로 반환된 Straßburg대학의 건립 50주년 기념행사가 Heidelberg대학에서 개최되었는데, 오토·마이어는 그 행사에서 Straßburg대학의 역사를 회고하는 강연47)을 하였다. 마지막으로 1924년(78세)에 自敍傳的 회고록48)을 쓰고, 자신의 主著인『독일행정법』제1/2권을 거의 새로 집필하는 것과 같이 내용을 축약·확대·수정하여 제3판을 완성한 다음, 1924년 8월 8일 향년 78세의 나이로 永眠하였다.

(4) 오토·마이어의 학문 제1기가 프로이센·프랑스 전쟁의 승리, 독일제국의 통일, 그리고 알자스·로렌 지역의 병합으로 연결되는 독일 國運의 上昇期이었던 것에 반하여, 학문 제2기는 1903년(57세)에 Leipzig대학으로 옮긴 후 첫 10년 동안은 상승기조가 유지되었으나 1914년(68세)부터 마지막 10년 동안은 제1차 세계대전의 패전, 독일제국의 멸망, 알자스·로렌 지역의 반환으로 이어진 國運의 下降期이었다. 승전으로 할양받은 땅에 새로 설립된 Straßburg대학에서 교수자격을 취득하고 私講師, 조교수를 거쳐 정교수, 나아가 총장까지 지내고 거기에서 얻은 명성

tliche Welt 20 (1906), Sp.1220-1222.
45) Fichte über das Volk. Rede des antretenden Rektors der Universität Leipzig gehalten am 20. November 1913, in: Rektorwechsel an der Universität Leipzig am 20. November 1913, Leipzig 1913, S.17-27, 현재 Heyen (Hg.), a.a.O.(각주 23, Bd.Ⅱ), S.8-27 수록.
46) Zur vorläufigen Rechtsverfassung, JWS (Juristische Wochenschrift), Jg.48 (1919), S.209-210, 현재 Heyen (Hg.), a.a.O.(각주 23, Bd.Ⅱ), S.187-190 수록.
47) Die Kaiser-Wilhelms-Universität Straßburg. Ihre Entstehung und Entwicklung, Berlin/Leipzig 1922.
48) Otto Mayer, a.a.O.(각주 2, Selbstdarstellungen).

에 기하여 Leipzig대학으로 초빙되어 다시 총장까지 되는 등 학문의 성장기와 전
성기를 보냈는데, 노후에 제1차 세계대전의 패전으로 자신의 제2의 '학문적' 고향
인 알자스·로렌 지방이 프랑스에게 반환되고, 자신의 사망 2년 전에, 그것도 타향
에서, 그 대학의 건립 50주년 행사에서 기념강연을 하게 되었으니, 공법학자의 일
생이 이토록 자신의 祖國의 興亡盛衰와 밀접하게 연결된 例가 또 어디 있을까 한다.

Ⅲ. 思想的 背景 — 어떻게 생각하였는가

1. 國家

(1) 營造物로서의 國家

오토·마이어의 국가사상은 근본적으로 대학 시절 Berlin대학에서 심취했던
헤겔의 국가철학에서 비롯되었다. 강력하고도 선한 가치들을 실현하는, 최고의
'현실적 이념체'로서의 국가가 바로 그것이다. 그러나 이는 순수히 이론적인 것이
라기보다는 당시 독일의 중산시민층의 현실적 국가관이 반영된 것이고, 특히 독
일제국의 성립과 발전 과정에서 오토·마이어 자신이 체험한 경험을 바탕으로 한
것이라고 할 수 있다.

가족과 고향에 대한 강한 공동체 정신을 바탕으로 국가에 대해서도 공동체
적 내지 유기체적 성격을 강조하는 경향을 띤다. 즉, *Kelsen*의 순수법학에서와 같
이 국가를 완전히 법적인 관점에서만 파악하는 입장에 대해서는 물론, 국가의 정
치적 실체로부터 법적인 실체를 분리하여 이를 法人으로 파악하는 *Jellinek*,
Laband 등 당대의 통설에 대해서도 반대하면서, 국가의 본질을 사회적·역사적·
정치적 관점에서 파악하고자 하였던 것이다. 오토·마이어에 있어 국가는 시민의
재산과 자유를 보호하면서도 동시에 공공복리를 실현하는 하나의 '영조물'(Anstalt),
다시 말해, 일정한 목적 실현을 위한 인적·물적 결합체이다. 국가는 개인의 사적
목적을 초월하는 것이기 때문에, *Rousseau*의 사회계약론도 의문시되었다. 이러한
국가에 대하여 — 역시 이것도 헤겔철학에서 비롯된 것인데 — '시민사회'(bürgerliche
Gesellschaft)를 대비하여 양자의 차이점을 강조함으로써 독일 입헌군주제 하에서
의 국가·사회의 二分法에 충실하였다.[49]

---

49) 이상에 관하여 Erk Volkmar Heyen, a.a.O.(각주 1), S.61-78; Alfons Hueber, a.a.O.(각주

(2) 國家權力과 主權

오토·마이어에 있어 국가의 가장 중요한 요소는 국가권력(Staatsgewalt)과 주권(Souveränität)이었다. 그런데 주권은 추상적 개념이 아니라, "살과 피를 가진 인간"(Mensch von Fleisch und Blut)으로서의 군주 또는 국민으로부터 나온다.[50] 이는 한편으로 상술한 바와 같이 국가는 '법인'으로 파악될 수 없다는 주장과 연결되고, 다른 한편으로 공화제 국가에서는 그 국민의 주권들이 합해져서 새로운 연방국가의 주권이 창출될 수 있지만, 군주제 국가에서는 여러 군주들의 주권이 합해진다고 해서 이를 모두 흡수·통합하는 새로운 '군주'가 탄생하지 않는 한 연방국가가 불가능하고 '군주연합'(Monarchenbund)에 불과하다는 주장으로 연결된다.[51]

그런데 오토·마이어에 있어 주권은 법적 한계를 모르고, 단지 '神과 인간에 대한 두려움'(Gottes- und Menschenfurcht)에 의거한 윤리(Moral)의 제한을 받을 뿐이다. 이러한 관점에서, 주권자가 군주인 경우 이러한 윤리에 의거한 책임이 분명하기 때문에, 수많은 주권자들을 가진 공화제보다 군주제가 우수하다는 논리 하에 군주제를 선호하였다. 그러나 독일제국의 멸망 이후 말년의 오토·마이어는 왕정복고를 주장하지는 않았고, 공화국으로의 체제변화를 '사실'(Tatsache)로 받아들이고 순응하였다.[52]

2. 法治國家

(1) 超法的 存在로서의 國家와 法의 必要性

상술한 바와 같이 오토·마이어에 있어 국가는 '초법적 존재'(überjuristisches Wesen) 내지 '권력체'(Machtwesen)이다. 그렇지만 질서와 안전에 대한 필요성 때문에 국가도 법을 필요로 하는데, 私人 사이의 관계를 규율하는 私法만이 아니라 국가와 국민의 관계를 규율하는 公法도 있어야 한다. 다시 말해, 국가 자체는 법적인 요소가 완전히 결여된 정치적·사회적·역사적 실체이지만, 그 국가의 평화적

---

1), S.48-64 참조.
50) 대표적으로 Otto Mayer, a.a.O.(각주 33, Bundesstaat), S.348.
51) Ebd., S.364, 369; ders, a.a.O.(각주 1, Selbstdarstellungen), S.17. 그러나 후술하는 바와 같이 오토·마이어가 공화제를 주장한 것이 아니라 군주제를 선호하였기 때문에, 이러한 주장은 결국 정치적으로는 독일제국 황제의 권력 강화 및 각 支邦군주의 권력 약화로 연결된다.
52) 오토·마이어의 주권개념에 관해서는 Erk Volkmar Heyen, a.a.O.(각주 1), S.73-94 참조.

존속을 위해, 특히 개인의 자유와 재산을 보호하기 위해, 스스로 법을 만들고 법에 구속된다. 법이 국가에 내재하는 것이 아니라, 이질적 존재인 법을 국가가 외부로부터 수용하는 것이다. 이러한 법의 수용 자체도 무제한의 국가권력 내지 주권의 한 역사적 표현이다. 이러한 논리를 통해 오토·마이어에 있어 국가주의와 법치주의가 결합된다.[53]

이와 같이 무제한의 국가권력을 제한하는 법이 가능하기 위해서는 국가와 국민 사이의 개별적 합의만으로는 부족하고 일정한 구성요건 하에서 항상 적용되는 일반적 규칙이 필요한데, 이를 '법규 내지 법명제'(Rechtssatz)라고 한다. 법규의 3요소는 구속력과 不可違反性(Unverbrüchlichkeit)과 균등성(Gleichmaß)이다. 다시 말해, 그 구속력이 양면성을 가져 국가도 이를 위반할 수 없다는 제한을 받을 때 비로소 진정한 법규가 된다. 이러한 법규가 법치주의의 필수불가결한 요소이다.[54] 그런데 오토·마이어에 있어, 이러한 법규의 구속력과 不可違反性을 확보하기 위해 데 필요한 것은 국가로 하여금 실제로 이들 법규를 준수하도록 강제하는 정치적·윤리적·종교적 장치가 중요한 것이고, 사법부에 의한 재판통제는 필수적인 요소가 아니다. 이는 바로 후술하는 권력분립과 행정의 司法形式性과 연결된다.

(2) 權力分立과 行政의 司法形式性

오토·마이어에 있어 국가의 前法的 내지 超法的 성격과 법치국가 요청이 결합되는, 행정법의 출발점은 권력분립이다. 국가권력은 입법(Gesetzgebung)과 집행(Vollziehung)으로 분리되는데, 입법은 주권자의 권위에 의거하여 집행에 우월한다. 입헌군주제 하에서는 의회는 주권자인 군주의 위임에 의거하여 집행권에 우월하는 입법권을 행사한다. 여기서 오토·마이어의 군주제사상과 의회주의·자유주의사상이 결합된다. 이러한 입법의 우월성을 확보하는 핵심이 '법률의 지배'(Herrschaft des Gesetzes)로서, 법치국가의 요체가 된다. 그리고 그 내용으로서, 법률의 '우위'(Vorrang)와 '유보'(Vorbehalt) 및 법규창조력(rechtssatzschaffende Kraft)이 법치국가의 3요소가 되는 것이다.[55]

---

53) Erk Volkmar Heyen, a.a.O.(각주 1), S.95-115; Alfons Hueber, a.a.O.(각주 1), S.48-64 참조.
54) 오토·마이어의 법규개념에 관해서는 Otto Mayer, Deutsches Verwaltungsrecht. 1.Bd., 3.Aufl., Berlin 1924 (Neudruck 1969), S.73-81; Erk Volkmar Heyen, a.a.O.(각주 1), S.97-99 참조.
55) Otto Mayer, a.a.O.(Deutsches Verwaltungsrecht. 1.Bd. 3.Aufl.), S.64-73 참조.

법률의 집행이라는 관점에서는 행정과 司法이 동일하다. 따라서 행정의 법률적합성을 司法이 통제한다는 관념은 오토·마이어에게는 없다. 이는 전통적인 프랑스의 헌법구조와 일치하는 주장으로서, 행정의 법률집행을 통제하는 것은— 司法의 법률집행을 司法 자체가 통제하듯이 — 행정 자체가 담당한다. 그 행정 자체의 통제가 제대로 이루어지는가는 법의 문제가 아니라 정치·사회·윤리의 문제이다. 여기서 행정이 스스로 자신의 법률적합성을 제대로 통제하기 위해서는 司法에서와 같은 법형식으로 이루어져야 한다는 결론이 도출되는데, 이것이 바로 법치국가에 있어 핵심징표인 '행정의 司法形式性'(Justizförmigkeit der Verwaltung)이다.[56] 그리고 그 형식의 중심에 '판결'에 상응하는 '행정행위'가 있다.

(3) 憲法國家와 法治國家

오토·마이어에 의하면, 군주가 무제한의 국가권력을 행사하고 이에 대한 법적 제한이 전혀 없는 '경찰국가'(Polizeistaat)에서, 주권자의 소재가 정해지고 — 군주제이든 공화제이든 간에 — 의회입법권과 집행권 사이의 권력분립이 확립되면 '헌법국가'(Verfassungstaat)가 되지만, 이것만으로는 아직 법치국가(Rechtsstaat)가 아니다. 법치국가는 행정을 규율하는 법률이 완비되고 행정의 司法形式性이 실현될 때 비로소 완성된다.[57] "행정에 관한 법률도 없고 행정행위(Verwaltungsakt)도 없는 나라는 법치국가가 아니다."[58] "잘 정비된 행정법을 가진 나라"(Staat des wohlgeordneten Verwaltungsrechts)가 진정한 법치국가이다."[59]

당시 독일제국의 헌법은 통치구조에 관한 규정만이 있었을 뿐, 기본권에 관한 규정들을 — 이에 관해서는 제국(연방)이 권한이 없었기 때문에 — 갖고 있지 않았다는 점을 상기하면, 오토·마이어가 말하는 '헌법국가'는 헌법에 의해 국가의 통치구조와 법의 제정형식 및 절차만이 규율되는 단계이고, 여기서 한 걸음 더 나아가 법률에 의하여 법의 실질적 내용이 채워지면 '법치국가'로 발전하는 것이다. 말하자면, 헌법의 — 직접적인 또는 법률을 매개로 하는 간적접인 — 실질적 규범력이 부정되는 상황 하에서는, 법률의 완비 정도 및 그 내용 여하에 법치주의의 생명이

---

56) Ebd., S.60-63.
57) Ebd., S.54-63.
58) Ders, Deutsches Verwaltungsrecht. Bd.I. (초판), 1895, S.66.
59) Ders, a.a.O.(Deutsches Verwaltungsrecht. 1.Bd. 3.Aufl.) S.58.

달려 있는 것이다. 이러한 관점에서, 그의『독일행정법』제3판 서문에서 "헌법은 사라져도 행정법은 남는다"(Verfassungsrecht vergeht, Verwaltungsrecht besteht)라고 한 말을 이해할 수 있다. 즉, 여기서 '헌법'은 통치구조에 한정된 것이므로, 통치구조가 바뀌더라도 법의 실질적 내용에는 영향을 미치지 않는다는 것이다.[60]

3. 政治

오토·마이어는 위에서 본 바와 같이 Straßburg와 Leipzig에서 市議會 의원으로 활동하면서 지방행정에는 깊이 관여하였으나 두드러진 정치적 활동은 하지 않았다. 著作과 행정·사회활동을 통해 나타난 그의 정치사상은 민족주의·국가주의·자유주의로 요약될 수 있다. 즉, 독일 민족의 통일된 富强한 국가를 형성하면서도 시민의 자유와 재산을 보호하고 이를 통해 확보된 사회의 자율적 활동력에 힘입어 국가가 발전할 수 있다고 하는, 독일의 전통적인 보수적 정치사상의 범주 안에 있었다고 할 수 있다. 이는 바로 상술한 그의 법치국가 사상으로 연결된다. 그러나 지방행정실무에서 노동자·실업·주택·빈민 문제에 관해 적극적인 태도를 취하였을 뿐만 아니라, 당시 독일의 사회민주주의 내지 진보세력과 인적·사상적 유대관계를 유지하는 등, 균형적인 정치사상을 갖고자 노력하였다고 한다.[61]

4. 宗教

오토·마이어의 할아버지가 牧師이었고 할머니도 牧師의 딸이었으며, 아버지의 두 여형제 모두 牧師와 결혼하였고, 본인도 Mülhausen에서 牧師의 딸과 결혼하는 등 家系上으로 프로테스탄트 교회와 밀접한 관계를 갖고 있었다. 일찍부터 교회회의(Synode) 위원으로 활동하였으며, 당시 공법의 중요한 영역으로 간주되던

---

60) 의회주의 내지 법률주권에 입각하여 헌법의 실질적 규범력, 특히 헌법재판권을 인정하지 않았던 오토·마이어로서는 당연한 귀결이었다. 이를 오늘날 헌법의 실질적 규범력을 전제로 비판할 수는 있겠지만, 이를 '형식적' 법치주의라 하여 법의 '실질적 正義'를 완전히 도외시하는 잘못된 법치주의로 매도하여서는 아니 될 것이다. 그 '실질적 正義'를 실현하는 최종적 법규범과 재판형식에 차이가 있을 뿐이다. 뿐만 아니라, 헌법의 실질적 규범력을 전면적으로 인정한다 하더라도, 실제로 헌법의 적용에 의한 법률의 폐기·수정은 예외적일 수밖에 없기 때문에, 제대로 된 법률들을 완비하는 것이 '실질적' 법치국가의 실현을 위한 필수적 요소라는 점은 분명하므로, 헌법국가와 법치국가에 관한 오토·마이어의 이론은 여전히 생명력을 갖고 있다고 할 것이다.

61) Erk Volkmar Heyen, a.a.O.(각주 28, Die Verwaltungspraxis Otto Mayers) 참조.

교회법에도 깊은 관심을 가져 여러 편의 문헌비평과 논문을 발표하였다. 그의 종교 및 교회사상은 경건·실천·자유주의로 요약될 수 있다. 즉, 경건과 절제를 강조하면서도 도그마를 배격하고 실천적 봉사를 중시하였으며, 특히 국가와 교회의 관계에 관하여 국가와 교회의 양립을 전제로 교회에 대한 국가의 간섭을 배제하고 교회의 자율성을 확보하여야 한다고 생각하였다. 당시 독일 프로테스탄트 교회는 제국 황제보다는 주로 각 支邦 군주와의 관계에서 자율성이 문제되었었는데, 알자스·로렌 지방은 프랑스로부터 할양받은 지역으로서 支邦君主가 없었기 때문에, 교회가 상당한 자율성을 가질 수 있었다. 이러한 분위기 속에서 오토·마이어의 자유주의적 교회사상은 형성되었고 또한 거꾸로 실제로 교회의 자율성 확보에 기여하였다고 할 수 있다.[62]

5. 法學

(1) 法學方法論

오토·마이어에 있어 법학의 임무는 어디까지나 '실정법의 완전한 파악'이다. 이를 위해서는 산재된 실정법규정들을 단순히 집합시켜서는 아니 되고, 실정법을 관통하는 '법이념'(Rechtsidee)에 의거하여 실정법규정들을 통일적·체계적으로 파악할 수 있는 '법제도'(Rechtsinstitut) 내지 '법개념'(Rechtsbegriff)을 정립하여야 한다고 한다. 다시 말해, 법제도(개념)은 법이념에 비추어 법현실을 정확하게 파악해내는 도구이다. 이와 같이 그는 법이념을 중시한다는 점에서, 철저한 법실증주의와 법형식주의를 취하여 오직 실정법규정에 의거한 개념구성만을 인정하는 *Paul Laband*와 거리를 두면서도, 동시에 결코 자연법 내지 이성법을 절대시하는 경향으로 빠지지 않고 '현실적 법'(wirkliches Recht)을 강조하는 입장을 견지하였다. 그렇지만 행정법에 있어, 당시 *Lorenz von Stein*으로 대표되던 주류적 방법론으로서, 실정법규정들을 행정영역별로 정리하고 해설하는 데 주력하는 소위 '국가학적 방법론'(staatswissenschaftliche Methode)에 반대하여, 법제도(개념)들을 통해 법현실을 규범적으로 재구성함으로써 규범학으로서의 행정법의 독자성을 확보하고자 하였다. 이것이 바로 오토·마이어에 의해 대표되는 '법학적 방법론'(juristische Methode)이다. 이에 의하면, 법제도(개념)는 한편으로 법이념과의 상호관계 속에서, 다른

---

62) 오토·마이어의 교회사상에 관해서는 Jönsson/Wolfes, a.a.O.(각주 2, Kirchenlexikon) 참조. 여기에서는 오토·마이어를 "행정법학자 및 교회법학자"로 표현하고 있다.

한편으로 실정법규정과의 상호관계 속에서 정립됨으로써, 법이념에 비추어 실정
법규정들을 파악하는 중간매개체로 작용한다. 즉, 「법이념 ↔ 법제도(개념) ↔ 실
정법규정」이라는 二段의 변증법적 관계로서, 헤겔철학에서 말하는 「이념 ↔ 인
식 ↔ 현실」이라는 二段의 변증법적 관계에 대응하는 것이다.[63]

(2) '독일행정법'

이러한 방법론에 의거하여 오토·마이어는 『독일행정법』의 저술에 성공하였
다. 개별행정영역마다 다양한 법률규정들이 있을 뿐만 아니라, 당시 프로이센, 바
이에른, 작센 등 각 支邦마다 서로 다른 내용이어서, '독일'행정법의 저술은 불가
능한 것 같이 보였다. 그러나 애국심과 통일정신이 충만하였던 오토·마이어로서
는 독일제국의 문화적 통일을 위한 '독일 법학의 체계서' 출간사업의 취지에 찬동
하여 '독일'행정법의 저술을 수락하고, 위와 같은 방법론에 의거하여, 「개별행정
법영역 → 支邦행정법 → (통일)독일행정법」이라는 말하자면 二段의 추상화·일반
화과정을 거쳐 『독일행정법』의 체계를 구축한 것이다.[64] 그 체계를 구성하는 요
소는 학교법, 건축법, 세법, 영업법, 위생법 등과 같은 개별행정영역이 아니라,
행정행위(Verwaltungsakt), 영조물(Anstalt), 경찰권(Polizeigewalt), 재정권(Finanzgewalt),
공기업(öffentliche Un ter nehmung), 공소유권(öffentliches Eigentum), 공법상 채무
(öffentlich-rechtliche Schuld) 등 개별행정영역들에 공통적으로 적용되는 법제도(개
념)들이고, 이들 법제도(개념)을 관통하는 법이념이 바로 그의 '법치국가'이다. 거

---

63) 오토·마이어의 행정법학 방법론에 관하여 Otto Mayer, a.a.O.(각주 2, Selbstdarstellungen),
S.163; Erk Volkmar Heyen, a.a.O.(각주 1), S.155-193; Alfons Hueber, a.a.O.(각주 1),
S.125-150; Wolfgang Meyer-Hesemann, Methodenwandel in der Verwaltungsrechtswissen-
schaft, Heidelberg/Karlsruhe 1981, S.17-31; Michael Stolleis, Geschichte des öffentlichen
Rechts in Deutschland. 2.Bd. Staatsrechtslehre und Verwaltungswissenschaft 1800-1914,
München 1992, S.403-407; Christian Bumke, Die Entwicklung der verwaltungsrechtswis-
senschaftlichen Methodik in der Bundesrepublik Deutschland, in: Schmidt-Aßmann/
Hoffmann-Riem (Hg.), Methoden der Verwaltungsrechtswissenschaft, Baden-Baden 2004,
S.73-130 (86 ff.); Park Jeong Hoon(拙著), Rechtsfindung im Verwaltungsrecht. Grundlegung
einer Prinzipientheorie des Verwaltungsrechts als Methode der Verwaltungsrechtsdogmat-
ik, Berlin 1999, S.61-63; Christian Bumke, Die Entwicklung der verwaltungsrechtswissen-
schaftlichen Methodik in der Bundesrepublik Deutschland, in: Schmidt-Aßmann/Hoffmann-
Riem (Hg.), Methoden der Verwaltungsrechtswissenschaft, Baden-Baden 2004, S.73-130
(86 ff.) 등 참조.
64) 拙著, 『행정법의 체계와 방법론』, 2005, 14면 참조.

꾸로 말하면, 법치국가 이념에 비추어 위와 같은 행정법의 기본개념(제도)들을 정립하고 이에 의거하여 각 支邦의 개별행정법률들을 체계화한 것이다.[65]

(3) 公法과 私法

이러한 오토·마이어의 방법론은 근본적으로 박사논문과 교수자격논문에 이르기까지 전공하였던 로마법과 私法의 이해에서 비롯된 것이다. 그가 로마법 교수 또는 프랑스私法 교수가 되었더라면 그의 행정법학은 있을 수 없었지만, 그가 로마법과 私法을 깊이 공부하지 않았더라도 역시 그의 행정법학은 있을 수 없었다고 할 수 있다. 우선, 로마법과 私法에서 배운 개념과 논리·체계가 상술한 그의 행정법학 방법론의 기초가 되었을 뿐만 아니라, 보다 더 중요한 것은 항상 행정법을 私法과 대비하여 사고하였다는 점이다. 공법으로서의 행정법의 체계와 내용을 私法에 상응하는 수준으로 끌어올리는 것이 필생의 과제였다.

그러기에 한편으로 그의 국가사상에 입각하여 공법의 특징적 징표를 법주체(즉, 국가와 국민)간의 非對等性에서 찾았지만, 공법의 영역을 국민에 대하여 일방적 명령과 강제를 부과하는 부분으로 한정하는 *Paul Laband*의 견해에 반대하여, 널리 '일반이익의 충족'(Befriedigung allgemeiner Interessen) 내지 공익 실현을 위한 국가작용을 모두 공법의 영역으로 파악하였다. 다시 말해, 일반적으로 공법으로서의 행정법 영역이 권력행정에 한정되어 있다가 2차 세계대전 이후 관리행정 내지 비권력행정으로 확대되었다고 말하지만, 오토·마이어는 일찌감치 이를 공법 영역으로 포착하였던 것이다. 그리하여, 私法에서 물건·채권·사람을 규율하는 물권법·채권법·人法(Personenrecht)이 있듯이, 공법에도 공법적 물권법(öffentrechtliches Sachenrecht), 공법적 채권법(öffentrechtliches Schuldrecht), 공법적 人法(öffentrechtliches Personenrecht)이 존재한다고 보았다. 이들 영역들은 형식적으로는 私法에서의 그것과 유사하지만, 실질적으로 그것이 공익 실현을 위한 것이기 때문에 私法에서와 같은 순수한 대등관계가 되지 못하고 국가(행정)의 우월성이 유지되는 非對等關係로서 공법에 속하는 것이다. 따라서 이들 영역들에 관하여 私法에 상응하는 정도의 체계와 내용을 갖는 독자적인 공법적 규율들을 정립하는 것이 행정법학의

---

65) 이러한 『독일행정법』의 특징을 잘 설명하고 있는 문헌으로 Ottmar Bühler, Otto Mayers Deutsches Verwaltungsrecht (2.Aufl.). Seine Bedeutung für die Praxis und die kommende Zeit der Verwaltungsreform, VerwArch 27 (1917), S.283- 313. 참조.

임무가 된다.[66]

이와 같이 공법학은 私法學을 모범으로 하여야 하지만, 동시에 공법과 私法은 혼동되어서는 아니 되고 공법의 독자성을 확보하여야 한다. 오토·마이어에 있어서 공법과 私法은 이러한 이중적 관계에 있다. 그러기에 그는 "행정법학은 오래된(年上의) 자매과목(ältere Schwesterdisziplinen, 즉, 私法學)과 대등하게 어깨를 나란히 하도록 노력해야 한다."[67]라고 하면서도, 그러나 동시에 법을 민법의 형태로만 생각한다면 이는 "잘못된 법학교육의 증거"라고 경고한다.[68]

(4) 프랑스행정법

마지막으로, 오토·마이어의 행정법학은 그가 법학자의 길을 선택하면서 천착하였던 프랑스행정법에 기반을 두고 있음은 부정할 수 없는 사실이다. 그보다 먼저 프랑스私法을 연구하여 그것으로 교수자격을 취득하였다. 따라서 그의 학문적 발전과정은 로마법, 프랑스私法, 프랑스행정법을 거쳐 독일행정법에 이른 것으로 볼 수 있다. 그는— 비록 전쟁에 승리하여 할양받은 알자스·로렌 지방에서 변호사·교수로 활동하였지만— 프랑스의 법제도, 특히 공법제도를 선진적인 것으로 받아들였다. 말하자면, 私法에서 로마법을 모범으로 삼듯이, 공법에서는 프랑스법을 모범으로 해야 한다는 것이다.[69]

구체적으로 보면, 오토·마이어의 권력분립이론이 프랑스의 권력구조를 모범삼은 것이고, 그의 영조물이론은 프랑스의 '공역무'(le service public)에서 시사받은 것이다. 보다 근본적으로, 상술한 바와 같이 공익실현목적 및 이를 위한 非對等性을 공법의 징표로 파악함으로써 공법의 영역을 넓게 포착하고, 그리하여 私法에 상응하는 독자적인 공법의 체계와 개념을 정립하고자 하는 오토·마이어 행정법

---

66) 이상에 관하여 Otto Mayer, a.a.O.(Deutsches Verwaltungsrecht. 1.Bd. 3.Aufl.) S.113-121; ders, a.a.O.(각주 2, Selbstdarstellungen), S.163-165; Erk Volkmar Heyen, a.a.O.(각주 1), S.124-125; Alfons Hueber, a.a.O.(각주 1), S.74-77 참조.

67) Deutsches Verwaltungsrecht. 1.Bd. 3.Aufl., 1924 S.20.

68) Der Wert des Völkerrechts, in: Heyen (Hg.). a.a.O.(각주 23, Bd. Ⅱ.), S.20.

69) 이 점을 강조하고 있는 문헌으로 Erich Kaufmann, Otto Mayer. Ein Beitrag zum dogmatischen und historischen Aufbau des deutschen Verwaltungsrechts, VerwArch 30 (1925), S.377-402 (383-385), 현재 Erich Kaufmann, Autorität und Freiheit. Von der konstitutionellen Monarchie bis zur Bonner parlamentarischen Demokratie (Gesammelte Schriften Bd. Ⅰ.), Göttingen 1960, S.388-411 (393-396) 참조.

의 출발점이 바로 프랑스 행정법학에서 배운 것이다. 다만, 그의 『프랑스행정법의 이론』은 프랑스행정법을 단순히 번역·소개한 것이 아니라, 독일행정법의 역사와 이념과 필요성에 비추어 프랑스행정법을 재구성한 것이다. 다시 말해, 프랑스(실정)행정법의 직수입이 아니라 '주체적·이론적 수용'으로 평가된다. 이것이 최대의 장점이자 또한 비판의 초점이 되었다. 즉, 한편으로 당시 프랑스와 독일은 역사·정치·문화, 특히 공화제/입헌군주제 및 단일국가/연방국가라는 근본적 차이가 있을 뿐만 아니라, 의회와 행정 사이의 권력분립의 양상 및 사법부(일반법원)의 재판권의 범위도 상이함에도 불구하고, 프랑스행정법을 그대로 독일에 이식하고자 했다는 비판과 함께, 거꾸로 프랑스행정법을 있는 그대로 소개하지 않고 자신의 '법치국가'이념과 법개념을 통해 상당 부분 왜곡하였다는 비판을 동시에 받았던 것이다.70) 그러나 당시 프랑스행정법이 독일행정법에 비해 선진적이었던 사실, 그 프랑스행정법을 기초로 오토·마이어의 행정법학이 구축되었던 사실, 그리고 그 오토·마이어 행정법학에 의해 독일 행정법학의 새로운 경지가 개척되었던 사실은 분명한 史實이다.71)

IV. 學問的 成果 — 무엇을 하였는가

1. 槪說

이상에서 人生歷程과 思想的 背景을 고찰하면서 상당 부분 오토·마이어의 학문적 성과들을 시대순으로 개관하였으므로, 이하에서는 이를 주제별로 정리하고 앞에서 언급하지 못했던 著作들을 소개하면서, 그 내용과 특징을 간단히 언급하기로 한다. 행정법·헌법·교회법·국제법으로 분류하되, 행정법에 관해서는 행정법의 기본개념 내지 행정법총론, 행정소송, 행정상 손해배상·손실보상, 개별행정법의 순서로 고찰한다. 私法에 관한 著作과 다른 학자에 대한 문헌비평은 그 중 중요한 것을 위에서 이미 소개하였으므로 이하에서는 생략한다.

---

70) 대표적으로 Erich Kaufmann, a.a.O.(각주 69); Paul Laband, Rezension der "Theorie des Französischen Verwaltungsrechts", AöR 2 (1887), S.149-162 (156 이하).
71) 오토·마이어 행정법학에 대한 프랑스행정법의 영향에 관하여 Alfons Hueber, a.a.O.(각주 1), S.77-83 참조.

2. 行政法

(1) 행정법에 관한 최초의 연구서는 1986년(40세)에 출간한 『프랑스행정법의 이론』[72]이다. 대표작은 1985/1986년(49/50세)에 출간한 『독일행정법』 제1권/제2권[73]인데, 1914/1917년(68/71세)에 제2판을, 사망하기 직전인 1924년(78세)에 제3판을 각각 간행하였다. 제2판과 제3판 모두 골격과 기본적 내용만 유지하고 체제와 분량, 서술방식 등에 있어 상당히 많은 부분이 수정되었다.[74] 뿐만 아니라 1903/1906(57/60세)에 제1판을 직접 프랑스어로 번역하여 파리에서 출간하였다.[75]

『독일행정법』은 총론(Allgemeiner Teil)과 각론 (Besonderer Teil)으로 구성되어 있다. 총론에서는 독일행정법의 역사적 발전단계(군주의 고권, 경찰국가, 법치국가), 행정법질서의 개요(법률의 지배, 행정법규의 구속력, 행정법의 法源, 행정행위, 공권, 행정법제도와 민법과의 구별), 행정쟁송(행정심판, 행정재판, 당사자, 행정재판의 종류, 기판력, 행정에 대한 민사법원의 권한, 위법한 직무행위로 인한 배상책임)[76]을 다루고, 각론에서는 경찰권, 재정권(Finanzgewalt), 공물법, 특별채무법(Recht der besonderen Schuldrecht),[77] 법인격 있는 행정(rechtsfähige Verwaltungen)[78]을 다루고 있다. 총론과 각론 중 경찰권 및 재정권 부분이 제1권에 있고, 나머지 각론이 제2권에 있다.

(2) 행정법에 관한 최초의 논문은 1888년(42세) 공법상계약에 관한 것이었다.[79] 공법상계약(öffentlich-rechtlicher Vertrag)은 프랑스법상 '행정계약'(contrat administratif)에서와 마찬가지로, 私法上 계약처럼 순수한 계약이 아니라 '상대방의 승낙을 요하는 행정행위'(Verwaltungsakt auf Unterwerfung)로서 성격을 갖는 것이라고 주장하였다. 이는 상술한 바와 같이 한편으로 공법의 징표를 공익실현목적 및 이를 위한 非對等性으로 파악함으로써 명령과 강제가 아닌 행정작용(여기서는 시민과의 계약체결)도 공법 영역으로 포착하되, 다른 한편으로 사법상 대응되는 개념(즉,

---

72) Theorie des Französischen Verwaltungsrechts, Strassburg 1886.
73) Deutsches Verwaltungsrecht. 2 Bde. Berlin 1895/1896.
74) 특히 제3판은 거의 새로 집필한 것인데, 그로 인한 과로 때문에 제3판이 출간되던 해에 사망한 것으로 알려져 있다.
75) Droit administratif allemand, 4 vol., Paris 1903-1906.
76) 직무행위책임은 1900년 독일민법 제정에 의해 제2판에서 비로소 추가된 것임.
77) 이 부분은 제2판부터 특별이행의무(besondere Leistungspflichten)와 특별취득(besondere Empfänge)으로 분리되었다.
78) 지방자치행정과 기능자치행정 등을 내용으로 한다.
79) Zur Lehre vom öffentlichrechtlichen Vertrage (각주 23).

계약)이 있더라도 그것과는 '공익실현을 위한 非對等性'이라는 본질적 차이가 있
다고 하는 오토·마이어 행정법학의 기본입장이 잘 나타난 논문이다.

　　이러한 입장은 1900/01년(54/55세)의 「철도와 도로법」[80]과 1907년(61세)의
「公所有權」에서 전개된 공물이론에서도 견지된다.[81] 명령과 강제만을 공법관계
로 파악하는 *Paul Laband* 등 당시 주류적 견해에 따르면, 명령과 강제가 아닌 행
정작용은 私人과 동일한 지위에 있는 國庫(Fiskus)의 행위로서 私法관계로 간주되
었다. 그리하여 (국유)공물의 공용개시결정은 '공권력 주체'로서의 국가가 '國庫'
로서의 국가에 대하여 그가 소유하는 물건의 제공을 명령하는 것이기 때문에 공
법관계에 속한다고 설명하였다. 그리고 공용개시 이후에도 여전히 공물은 '國庫'
의—私法的—소유로 남게 된다. 이에 대하여 오토·마이어에 있어서는 국가가
공익 실현을 위해 우월적 지위에서 자신과 시민 사이의 법률관계를 규율하는 것
이면 그것이 명령과 강제가 아닌 경우에도 공법관계에 해당한다. 따라서 공물의
공용개시결정은 국가가 자신의 소유물의 사용관계를 규율하는 행위로서, 그것만
으로 바로 공법관계에 해당한다. 그리고 최소한 공용개시 이후에는 국가의 공물
소유는 私法上의 물권관계가 아니라, 공법상 특유한 물권관계, 즉 '公所有權'이라
는 것이다. 이러한 그의 公所有權 개념도 그가 스스로 강조하고 있다시피 프랑스
의 '公物'(le domaine public) 개념을 모범으로 한 것이다.[82]

　　1908년(62세)에 발표된 '공법상 법인' 논문[83]도 역시 Paul Laband 등 당시 주
류적 견해이었던 국가법인설을 비판하는 것이다. 이에 의하면 국가는 정치적 실
체는 별론으로 하고 법적인 관점에서는 '법인'으로서의 실체를 갖는다는 것인데,
오토·마이어는 상술한 그의 국가사상에 입각하여 정치적으로는 물론 법적으로도
국가는 '법인'으로서의 실체를 가질 수 없고 기껏해야 예외적으로 私法的 법률효
과의 귀속주체로서 법인으로 의제될 뿐이라고 주장하였다. 그에 있어 국가는 '공

---

80) Eisenbahn und Wegerecht (I) (II) (III), AöR 15 (1900), S.511-547 / AöR 16 (1901),
　　 S.38-87 / 16 (1901), S.203-243, 현재 Heyen (Hg.), a.a.O.(각주 23, Bd. I), S.155-244.
81) Der gegenwärtige Stand der Frage des öffentlichen Eigentums, AöR 21 (1907), S.499-522,
　　 현재 Heyen (Hg.), a.a.O.(각주 23, Bd. I), S.261-277.
82) Otto Mayer, Neues vom öffentlichen Eigentum, AöR 39 (1920), S.77-95 (78), 현재 Heyen
　　 (Hg.), a.a.O.(각주 23, Bd. I), S.354-367 (355).
83) Die juristische Person und ihre Verwertbarkeit im öffentlichen Recht, Festgabe für Paul
　　 Laband zum fünfzigsten Jahrestage der Doktor-Promotion, 1.Bd., Tübingen 1908, S.1-94,
　　 현재 Heyen (Hg.), a.a.O.(각주 23, Bd. I), S.278-353 수록.

동체'(Gemeinwesen)으로서 '초인격체'(Überperson)이고, 공법 영역에서 법인으로 파악될 수 있는 것은 지방자치단체 및 기능적 자치단체(대학 등)와 같은 국가로부터 분리된 공법상 사단·영조물 등에 불과하다.[84]

행정재판에 관해서는 1902년(56세) Straßburg대학 총장취임 강연으로 발표한 「司法과 행정」[85]이 있다. 여기에서는 독일 제국법원(Reichsgericht)이 國庫이론에 의거하여 행정작용의 상당부분을 私法관계로 파악하여 민사소송의 대상으로 삼는 것을 비판하였는데, 이는 한편으로 자신의 공법 개념에 입각하여 공법관계의 영역을 확대하고자 하는 것임과 동시에, 司法과 행정의 권력분립에 입각하여 행정에 대한 司法의 간섭을 최소화하고자 하는 것으로 평가할 수 있다.[86] 그리고 1907년 (61세)에 발표한 「행정재판에서의 기판력」[87] 논문에서는 행정사건 판결이 갖는 기판력은 민사소송에서와 달리 당사자에게 유리한 방향으로만 작용하는 '상대적 기판력'이라고 주장함으로써 행정재판의 독자성을 강조하기도 하였다.[88] 이와 같이 공법으로서의 행정법 및 행정재판의 독자성을 강조하는 입장은 1904년(58세)의 손실보상[89]과 1913년(67세)의 국가배상[90]에 관한 논문에서도 견지되어, 손실보상 및

---

84) 이를 그의 '행정의 司法형식성' 테제와 연결하여 이해할 수 있다. 즉, 행정은 司法이 재판을 통해 법률관계를 규율하듯이 — 행정행위를 통해 — 공법관계를 규율하는 것인데, 司法작용을 이해함에 있어 국가를 법인으로 파악할 필요가 없는 것처럼 행정작용에 있어서도 마찬가지라는 것이다. 다시 말해, 행정행위의 적법·위법이 문제의 초점이고, 그 행정행위를 통해 국가에게 어떠한 권리·의무가 귀속되는지를 문제삼을 필요가 없다.

85) Justiz und Verwaltung (각주 30).

86) 당시 독일제국에서는 프랑스의 꽁세유·데따를 모범삼아 각 支邦마다 행정부 소속의 고등행정재판소를 설치하여 행정소송을 담당하게 하였고, 사법부(일반법원)의 제국법원은 행정소송에 관여하지 못하였다.

87) Zur Lehre von der materiellen Rechtskraft in Verwaltungssachen, AöR 21 (1907), S.1-70, 현재 Heyen (Hg.), a.a.O.(각주 23, Bd. I), S.78-126 수록.

88) 이에 따르면, 기각판결은 행정행위의 적법성에 관해 구속력을 갖지 못하고, 따라서 사후에 행정청 또는 행정재판소가 그와 모순되는 결정과 판결을 할 수 있다는 것인데, 현재의 관점에서는 기판력의 '주관적' 범위에 있어 기각판결은 민사소송에서와 같이 당사자 사이에서만 효력이 있고 따라서 피고 행정청이 이를 포기할 수 있다는 식으로 설명할 수 있겠으나, 오토·마이어 당시의 행정재판은 행정청이 당사자가 아니었기 때문에 기판력의 '객관적' 범위에 초점을 맞추어 당사자(원고)에게 유리한 방향으로만, 즉 행정행위의 위법성을 인정하여 이를 취소하는 부분에 대해서만 기판력이 발생한다고 설명한 것이다.

89) Die Entschädigungspflicht des Staates nach Billigkeitsrecht, Dresden 1904, 현재 Heyen (Hg.), a.a.O.(각주 23, Bd. I), S.245-260 수록.

90) Die Haftung des Staats für rechtswidrige Amtshandlungen, Sächsisches Archiv für Rechtspflege, Jg.8 (1913), S.1-16, 현재 Heyen (Hg.), a.a.O.(각주 23, Bd. I), S.127-145 수록.

국가배상에 관한 민사법적 사고와 일반법원(제국법원)의 재판권을 비판하였다.

3. 憲法·敎會法·國際法

헌법에 관한 著書로는 1909년(63세)에 간행된 『작센왕국헌법』[91]이 있고, 논문으로서는 독일제국의 연방국가적 성격을 비판적으로 고찰한 1903년(57세)의 「공화제 연방국가와 군주제 연방국가」와 外地로부터의 곡물수입을 억제하기 위한 목적으로 국내하천의 항해세를 부과하고자 하는 (제국)법률안의 위헌성을 논증한 1907/10년(61/64세)의 「항해세」가 있으며, 그 밖에 1905년(59세)에 알자스·로렌의 헌법 문제에 관하여, 1919년(73세)에는 제1차 세계대전 이후의 임시제국헌법 문제에 관하여 글을 발표하였다.[92]

교회법에 관한 저술은 모두 국가와 (프로테스탄트) 교회의 분리 및 교회의 자율성을 강조하는 데로 집중되었는데, 1906년(60세)에 「국가와 교회」[93] 및 「寬免 문제」[94]를 발표하였고, 1918년(72세)에는 제1차 세계대전 이후 새로운 헌법질서의 형성에 즈음하여 국가와 교회의 분리를 다시 강조하였으며,[95] 1919년(73세)에는 국가와 교회의 관계에 관한 자신의 입장을 단행본으로 출간하기도 하였다.[96]

국제법에 관한 저술은 1914년(68세)의 「국제법의 가치」와 1918년(72세)의 「국제법과 국제윤리」가 있다.[97] 이는 모두 제1차 세계대전 기간 중에 발표된 것으로서, 당시 독일제국이 국제법적 관점에서 영국과 프랑스에 대해 불리한 지위에 있었던 상황 하에서, 국제법의 법적인 성격 내지 법적 구속력을 회의적으로 고찰한 것이다.

---

91) 위 각주 36.

92) 위 각주 33-35 및 Zur vorläufigen Rechtsverfassung, JWS, Jg.48 (1919), S.209-210, 현재 Heyen (Hg.), a.a.O.(각주 23, Bd.Ⅱ), S.187-190 수록.

93) Staat und Kirche, in: Albert Hauck (Hg.), Realenencyklopädie für protestantische Theologie und Kirche. 3.Aufl., Bd.18, Leipzig 1906, S.707-727, 현재 Heyen (Hg.), a.a.O. (각주 23, Bd.Ⅱ), S.221-256.

94) Zum Toleranzantrag des Zentrums, Christliche Welt, Jg.19 (1905), Sp.338-344, 현재 Heyen (Hg.), a.a.O.(각주 23, Bd.Ⅱ), S.210-220.

95) Die Neuorientierung und ihr Einfluß auf die Kirche, Deutsch-Evangelische Monatsblätter für den gesamten Protestantismus, Jg.9 (1918), S.385-394, 현재 Heyen (Hg.), a.a.O.(각주 23, Bd.Ⅱ), S.257-265.

96) Die Trennung von Kirche und Staat, was sie bedeutet und was sie zur Folge hat, Leipzig/Berlin 1919.

97) 위 각주 37 및 38.

V. 評價과 影響 ─ 무엇을 남겼는가

1. 同時代의 평가

평생 동료이자 경쟁자로서 친분이 두터웠던 *Paul Laband*[98]는 1916년 오토·마이어를 "행정법에 새로운 길을 제시한 독일 법학의 지도자 중 한 사람"[99]으로 칭하였는데, 그보다 30년 전인 1887년 『프랑스행정법의 이론』(1886)에 대한 자세한 문헌비평에서 국가법인격, 공법의 개념 및 國庫이론 등 자신의 견해와 다른 부분에 대해서는 강도 높은 비판을 하면서도, 오토·마이어의 방법론에 관하여 행정법을 행정학으로부터 분리하여 그 독자성을 확보한 것으로 높이 평가하였다.[100] 공법학에 있어 법제도(개념)의 정립을 중시하는 소위 '법학적 방법론'에서 입장을 같이 하였기 때문이었다. 반면에, 당시 행정법에 있어 '국가학적 방법론' 진영에 속했던 *Edgar Loening*으로부터는 『프랑스행정법의 이론』에 관해 개념만능주의, 형식주의, 프랑스 행정법의 왜곡, 독일 행정법에 대한 악영향 등으로 신랄한 비판을 받았다. 특히 프랑스의 행정법은 개별 행정영역의 실정법규정과 실제적 목적 및 필요성에 의거하여 형성된 것이기 때문에 이를 개념과 형식으로 구성하여서는 아니 된다는 것이었다.[101]

『독일행정법』 초판(1895/96)에 대한 문헌비평에서도 긍정적인 평가보다는, 행정법에 있어 종래의 '국가학적' 방법론의 중요성을 강조하면서 '법학적' 방법론의 약점을 지적하는 비판과 또한 이질적인 프랑스 행정법의 이념과 제도를 독일에 이식시키고자 한다는 비판의 소리가 높았다.[102] 그러나 『독일행정법』 제2판(1914/17)은 학계의 주목을 받아 약 27편의 문헌비평을 받았는데, 행정법의 체계정립과 행정법학의 학문성 확보에 관한 긍정적인 평가가 대세를 이루었을 뿐만 아

---

98) *Laband*는 오토·마이어보다 8년 年上(1838년생)으로 1866년 Königsberg대학의 정교수를 거쳐 1872년 Straßburg대학 설립시부터 자신의 정년퇴임 때까지 동 대학의 교수로 재직하였고, 오토·마이어보다 6년 먼저인 1918년 사망하였다.

99) Paul Laband, Geburtstage bedeutender Rechtslehrer, DJZ 21 (1916), S.316.

100) Paul Laband, Rezension der "Theorie des Französischen Verwaltungsrechts", AöR 2 (1887), S.149-162.

101) Edgar Loening, Die konstruktive Methode auf dem Gebiet des Verwaltungsrechts, Schmollers Jahrbuch 9 (1887), S.541-569 (546-560).

102) Max von Seidel, Kritische Vierteljahresschrift für Gesetzgebung und Rechtswissenschaft 38 (1896), S.262-272; Georg Jellinek, Verwaltungsarchiv 5 (1897), S.304-314; Hermann Rehm, AöR 12 (1897) S.590-595 등.

니라,103) 비판적인 진영으로부터도 오토·마이어의 '법학적' 방법론의 가치는 더 이상 부정할 수 없게 되었다는 평가를 받게 된다.104) 1924년『독일행정법』제3판이 출간되고 오토·마이어가 사망하자, "독일 행정법학의 대가(Meister)"105) 내지 "근대독일법학의 창설자(Schöper)"106)로 칭송되기에 이른다. 특히 *Erich Kaufmann*은 1925년 추모논문에서, 오토·마이어 행정법학의 세 가지 動因으로 예술적·문학적 재능, 헤겔철학, 로마법과 프랑스법에 대한 해박한 지식을 들고, 한편으로 이질적인 프랑스 행정법에 의거한 독일 행정법의 "유린"(vergewaltigen)과 "질"(denaturieren)을 집중적으로 비판하면서도, 오토·마이어가 "독일 법학의 마지막 거장(Klassiker) 중의 한 사람"으로서, 독일 행정법학을 이제 더 이상 이탈할 수 없는 방향으로 인도하였다고 평가하였다.107)

2. 後世의 평가 및 영향

제2차 세계대전 이후 독일에서 행정법학 방법론의 '창시자'로서의 오토·마이어의 지위는 不動의 사실이 되었다.108) 독일의 모든 행정법문헌에서 행정법학의 기초를 계승의 대상이든 비판·극복의 대상이든 간에 그에게서 찾는다. 독일 행정법의 '아버지'가 된 것이다. 그러기에 1972년 독일 국법학자 대회에서 행정법학의 방법론이 현대 행정의 임무상황에 적합한 것인가를 토론함에 있어 그 출발점이 된 것은 오토·마이어 행정법 방법론에 대한 비판과 검토이었다. 특히 행정활동의 목적보다는 법적 형식을 중시하고 그 중에서도 행정행위에 치중하는 점이 문제가 되었는데, 발표자인 *Otto Bachof*는 오토·마이어가 구축한 행정법학의 틀은 계속

---

103) Leo Wittmayer, Besprechung: Otto Mayer, Deutsches Verwaltungsrecht. 2.Aufl., AöR 37 (1918), S.472-484; Ottmar Bühler, Otto Mayers Deutsches Verwaltungsrecht (2.Aufl.). Seine Bedeutung für die Praxis und die kommende Zeit der Verwaltungsreform, VerwArch 27 (1917), S.283-313.
104) Ludwig Waldecker, Kritische Vierteljahresschrift für Gesetzgebung und Rechtswissenschaft 53 (1916), S.531-550 (546 ff.).
105) Heinrich Tripel, Deutsche Juristen-Zeitung 30 (1925), Sp.125.
106) Fritz Fleiner, Otto Mayer, Schweizerische Juristen-Zeitung 21 (1924/25), S.77-78 (78).
107) Erich Kaufmann, Otto Mayer. Ein Beitrag zum dogmatischen und historischen Aufbau des deutschen Verwaltungsrechts, Verwaltungsarchiv 30 (1925), S.377-402, 현재 ders, Autorität und Freiheit (Gesammelte Schriften Bd.Ⅰ.), Göttingen 1960, S.388-411 (388, 396, 401).
108) 대표적으로 Ernst Forsthoff, Lehrbuch des Verwaltungsrechts. 1.Bd. Allgemeiner Teil, 1950, S.43.

적인 보완이 필요하긴 하지만 이를 완전히 폐기할 수는 없다는 결론을 내린다.[109]

　오토·마이어의 행정법이론 중 공법상계약에 관한 이론은 그 후 공법 영역에서 진정한 의미의 '계약'이 가능하고 허용되는가에 관한 열띤 논쟁으로 연결되었는데, 결국 1976년 제정된 독일 행정절차법에서 공법상계약의 허용성이 명시됨으로써 오토·마이어의 이론이 극복된 것으로 평가된다.[110] 또한 그의 공법 개념은 '공익실현 목적'이라는 징표에 의거하여 공법관계가 권력행정에서부터 비권력행정으로까지 확대되는 데에는 기여하였으나, 독일의 역사적 전통에 뿌리박은 國庫이론을 완전히 극복하지는 못하고 그 결과 현재까지 국가배상, 손실보상, 행정조달 등 많은 영역이 私法的 관점에서 파악되고 민사소송으로 해결되고 있다. 그가 프랑스 행정법을 모범삼아 독일 행정법을 '개혁'하고자 한 의도가 관철되지 못한 대표적인 부분이라고 할 수 있다.[111]

　반면에, 그의 행정행위 이론은 현재까지도 거의 原型대로 관철되고 있다. 행정행위를 대체하는 행정법의 중심개념으로 *Norbert Achterberg* 등에 의해 '행정법관계'가 주장되었으나[112] 성공하지 못하고, 1976년 제정된 독일 행정절차법에 오토·마이어로부터 비롯된 '행정행위' 개념이 명문화되기에 이른다. *Schmidt-De Caluwe*는 1999년 교수자격논문에서 오토·마이어의 행정행위 이론에 관하여, 입헌군주제라고 하는 그 이론의 시대적 제약성을 극복하여, 현재의 헌법구조 하에서 특히 행정행위 개념이 갖는 자유주의적 내지 권리구제적 기능을 중심으로 재조명해야 한다고 주장하였다.[113]

　최근의 경향 중 특기할 만한 것은, 오토·마이어가 행정법학의 새로운 길을 구축할 수 있었던 것은 철학, 정치학, 자연과학 등 당시의 인접학문의 직접·간접

---

109) Otto Bachof, Die Dogmatik des Verwaltungsrechts vor den Aufgaben der Verwaltung, VVDStRL H.30 (1972), S.193-244.

110) 이에 관한 최근의 문헌으로 Ralf Michael Dewitz, Der Vertrag in der Lehre Otto Mayers, Berlin 2004.

111) 國庫이론에 관해서는 특히 J. Burmeister, Der Begriff des »Fiskus« in der heutigen Verwaltungsrechtsdogmatik, DÖV 1975, S.695-703 참조.

112) 대표적으로 Norbert Achterberg, Rechtsverhältnisse als Strukturelemente der Rechtsordnung. Prolegomena zu einer Rechtsverhältnistheorie, Rth 9 (1978), S.385-410, auch in: ders, Theorie und Dogmatik des Öffentlichen Rechts, Berlin 1980, S.135-162.

113) Reimund Schmidt-De Caluwe, Der Verwaltungsakt in der Lehre Otto Mayers. Staatstheoretische Grundlagen, dogmatische Ausgestaltung und deren verfassungsbedingte Vergänglichkeit, Tübingen 1999.

적 영향 때문이었음을 강조하는 주장이다. 법제도(개념)에 의거한 행정법체계의
정립, 법규개념에 의거한 '법률의 지배'의 확립은 근본적으로 19세기까지 비약적
으로 발전한 자연과학, 특히 수학적 사고를 배경으로 한다는 것이다. 따라서 오늘
날에는 현대의 새로운 인접학문인 사회과학, 정보과학, 환경과학 등과의 교류를
통해 행정법학의 영역을 확대하고 그 방법론을 개발하는 것이 그의 행정법학을
올바르게 계승하는 것이라고 한다.[114]

Ⅵ. 結語

오토·마이어는 철저히 '역사의 아들'로서 자신의 역사 속에서 충실한 삶을
살다가 간 법학자의 모습이다. 국가성립과 통일이 늦었던 독일에서 국가재건과
진정한 통일을 바라던 애국자로서, 예술적·문학적 소질을 유감없이 발휘하였던
문필가로서, 현실참여와 정치활동을 피하지 않았던 행동가로서, 그러나 어디까지
나 본분은 법학자로서, 엄밀한 법학방법론으로 행정법학의 새로운 체계를 구축하
고자 노력하였던 한 인간의 삶이다. 우리로서는 그의 이론과 체계를 결코 '미이
라'로 두어서는 아니 되며, 끊임없이 생명을 불어넣어 일으켜 세운 다음, 그로부
터 배우고 그와 함께 토론하고 그를 비판하면서 맞대결을 하여야 한다. 다시 말
해, 이론의 시대적·공간적 제약성을 간과하고 그의 이론을 칭송하거나 비판하여
서는 아니 되며, 현재 우리의 관점에서 투시해야 하는 것이다. 국가와 법의 긴장
관계 및 법치국가와 재판국가 내지 司法국가의 긴장관계를 둘러싼 법치국가의 본
질에 관한 진지한 고민을 배워야 한다. 공법과 행정법학의 독자적 임무를 깨닫고
그 영역을 적극적으로 개척한 정신을 배워야 한다. 그러나 동시에 행정법에서의
추상화·일반화의 한계를 비판하여야 한다. 그리고 '행정의 司法形式性' 테제와 관
련하여, 오늘날 우리나라에서, 한편으로 司法에 의한 행정재판의 의의 및 기능을
— 소송요건과 본안심사강도의 관점에서 — 재검토하고, 다른 한편으로 행정소송에
대응하는 행정의 법적 절차로서의 행정절차와 행정심판의 중요성을 인식하여야
한다. 이것이 溫故而知新이요, 역사의 참된 의미이다.

114) Thomas Vesting, Nachbarwissenschaftlich informierte und reflektierte Verwaltungsrechts-
wissenschaft — »Verkehrsregeln« und »Verkehrsströme«, in: Schmidt-Aßmann/Hoffmann-
Riem (Hg.), Methoden der Verwaltungsrechtswissenschaft, Baden-Baden 2004, S.253-292
(256 ff.).

13. 거부처분과 행정소송[*]
― 도그마틱의 분별력·체계성과 다원적 비교법의 돌파력 ―

I. 序說

필자는 학생 시절부터 취소소송의 대상적격과 원고적격의 문제와 관련하여 계쟁처분의 종류를 구분하는 것이 체계적 이해에 도움이 된다는 생각을 갖고 있었다. 침익처분과 수익처분의 구별은 물론, 침익처분도 적극적 침익처분과 소극적 침익처분(즉, 거부처분)으로 구분한 다음, 앞의 적극적 침익처분은 다시 순수한 침익처분(제1유형)과 이중효과적 ― 처분의 상대방에게는 수익적이지만 이를 다투는 원고에게 침익적인 ― 처분(제3유형)으로 나누고, 뒤의 거부처분은 신청인 자신에 대한 수익처분의 발급을 거부하는 것(제2유형)과 제3자에 대한 침익처분(행정개입 내지 공권력발동)의 발령을 거부하는 것(제4유형)으로 구분하는 것이다. 이러한 생각은 학생 시절 도서관에서 후배들에게 전수한 행정법 공부요령에서 시작하여, 사법시험 합격 후 학원 강단에서 설파한 행정법 이해의 秘法을 거쳐, 결국 학자가 되어 체계화한 취소소송 4유형론[1]과 행정법분쟁 4유형론으로 귀착되었다.[2]

법과 법학에 있어 방법론의 기본은 구별 내지 분별이다. '잘 구별하는 자, 잘 판단한다!'(bene cernit, qui bene distinguit).[3] 이러한 분별은 유형화와 체계화로 연결

[거부처분과 행정소송, 『행정법연구』 제63호, 2020]

* 본 논문은 서울대학교 법학발전재단 출연 서울대학교 법학연구소 2020학년도 학술연구비 지원 받은 것으로서, 2020. 7. 11. 백윤기 교수의 정년을 기념하는 행정법이론실무학회 학술대회의 기조발제문(未公刊)과 2020. 7. 21. 서울행정법원 전문역량강화 법관세미나의 발표문(未公刊)을 수정·보완한 것임을 밝힌다. 이 자리를 빌려 백윤기 교수의 정년을 다시 한 번 축하드립니다.
1) 졸저, 『행정소송의 구조와 기능』, 2006, 63면 이하.
2) 졸저, 『행정법의 체계와 방법』, 2005, 22면 이하.
3) 졸저, 전게서(행정소송의 구조와 기능), 66면 참조.

된다. 이같이 법도그마틱의 힘은 구별·분별력과 체계성에 있는데, 바로 행정법에 있어 적극적 침익처분과 소극적 침익처분, 즉 거부처분의 구별이 그 좋은 例의 하나이다. 먼저 이 양자의 분별을 통하여 — 학생 때 경험하였듯이 — 취소소송의 대상적격과 원고적격의 문제를 혼동 없이 명확한 해결을 모색할 수 있고, 나아가 사전통지, 이유제시, 재량심사강도, 위법판단 기준시, 처분사유의 추가·변경 등을 거쳐 거부처분 취소판결의 효력과 의무이행소송과의 관계까지 다수의 문제들을 정확하게 파악하게 된다. 이러한 분별력은 체계 정립으로 발전하여, 말하자면, 본고에서 개관하는 '거부처분 행정소송법', 나아가 '거부처분 행정법'을 정립할 수 있다.

그러나 도그마틱의 분별력과 체계성만으로는 부족하다. 무슨 문제이든 우리 판례만 들여다보면 시야가 좁아져 비판정신을 잃게 된다. 판례의 한계를 깨기 위해 다원적 비교법의 '돌파'력이 필요하다. 특히 거부처분의 신청권 문제가 그러하다.

Ⅱ. 拒否處分의 概念과 分類

1. 개념

넓은 의미로 '거부처분'은 행정청의 일정한 조치를 구하는 상대방의 신청에 대하여 그 조치를 전부 또는 일부를 하지 않겠다고 하는 행정청의 결정으로 정의될 수 있다. 여기에서 신청 대상인 조치가 — 항고소송의 대상인 — '처분'인 경우로 한정되면 협의의 거부처분이 되고, 이 중에서 우리 판례에서와 같이 법규상 또는 조리상 신청권이 인정되어 거부결정의 처분성이 인정되는 경우만을 최협의의 거부처분이라고 할 수 있다. 광의의 거부처분은 국가배상에서 문제될 수 있으나, 본고에서는 항고소송(취소소송)과 관련하여 주로 협의 및 최협의의 거부처분을 살펴보기로 한다.

2. 분류

협의의 거부처분은 먼저, 신청 대상인 처분이 신청인을 상대방으로 하는 수익처분인 경우(㉮형태: 취소소송 제2유형)와 제3자를 상대방으로 하는 침익처분인 경우, 다시 말해, 제3자에 대한 행정개입·규제 내지 행정권발동 신청을 거부하는 경우(㉯형태: 취소소송 제4유형)로 나눌 수 있다. 앞의 ㉮형태는 다시 신청 대상인 수익처분이 허가, 면제 또는 (수리를 요하는) 신고의 수리 등과 같이 법규상 금지 상태를 해제해 주는 것인 경우(㉮-1형태)와 법적 또는 금전 기타 사실상의 이익을 새로이 부여하는 경우(㉮-2형태)로 나눌 수 있다.

　위 각 형태들을 다시, 신청권 문제에 초점을 맞추어, 법령상 신청 대상인 처분의 발급·발령 요건이 명시되어 있고 신청권 또는 신청절차 내지 신청방법에 관한 규정이 있는 경우(ⓐ유형), 처분의 발급·발령 요건은 명시되어 있으나 신청에 관한 규정이 전혀 없는 경우(ⓑ유형), 법률상 처분의 근거가 있거나 해석상 인정될 수 있으나 그 요건과 신청에 관한 규정이 없는 경우(ⓒ유형) 및 법률상 처분의 근거도 없는 경우(ⓓ유형)로 나눌 수 있다. 그리고 위 유형들은 각기 — 효과재량만을 기준으로 — 기속행위인 경우(ⓐ-1유형, ⓑ-1유형 등)와 재량행위인 경우(ⓐ-2유형, ⓑ-2유형 등)로 나눌 수 있는데, ⓒ유형과 ⓓ유형은 거의 예외 없이 재량행위에 해당한다.

　위 ㉮-1형태의 거부처분, 즉 허가 등 금지해제 신청에 대한 거부의 경우에는 거의 대부분 법규상 신청 규정이 있거나(ⓐ유형), 그렇지 않다 하더라도 반드시 — 헌법합치적 해석에 의해 — 조리상 신청권이 인정되어야 할 것이다. 반면에, 위 ㉮-2형태의 거부처분의 경우에는 신청 대상인 수익처분에 관해 법규상 신청 규정이 없는 경우(ⓑ유형)가 많고 그 중에서도 재량행위인 ⓑ-2유형이 대부분이다. 종전의 교수재임용과 도시계획변경이 그러했고, 현재에도 문화재지정 또는 지정해제,[4] 일반재산 매각 등이 문제되고 있다. 기속행위인 ⓑ-1유형은 기속행위에 대한 사법심사 필요성 때문에 조리상 신청권을 인정하기에 용이하고 또한 강력하게 요청된다. 법규상 근거규정만 있고 요건과 신청에 관한 규정이 없는 ⓒ유형의 예로서는, 불가쟁력 발생 이후 직권취소 또는 철회 신청,[5] 주민등록번호 변경 신청,[6] 잠수기어업 면허 신청[7] 등을 들 수 있다. 수익처분의 경우에는, 법률유보의

---

4) 대법원 2015. 12. 10. 선고 2013두20585 판결(중요무형문화재 경기민요보유자추가인정, 신청권 불인정); 대법원 2001. 9. 28. 선고 99두8565 판결(도지정문화재 분묘 지정해제, 신청권 불인정).
5) 대법원 2007. 4. 26. 선고 2005두11104 판결(신청권 불인정). 그러나 대법원 2006. 3. 16. 선고 2006두330 전원합의체 판결(새만금간척종합개발사업 공유수면매립면허 및 사업시행인가처분 직권취소 거부)에서는 거부처분의 처분성을 전제로 본안판단하였다.
6) 대법원 2017. 6. 15. 선고 2013두2945 판결(신청권 인정).
7) 대법원 1996. 6. 11. 선고 95누12460 판결(신청권 인정).

범위와 관련하여, 법률상 근거가 없어도 허용될 수 있으므로 ⓓ유형도 문제될 수 있으나, 법률상 근거가 없는 경우에는 신청권은 물론— 필자가 거부처분의 성립요건으로 파악하는— 행정청의 법적 의무도 인정되기 어렵기 때문에 논의의 실익이 없어 논외로 한다.

　㉯형태의 거부처분의 경우에는 현행법상 신청에 관한 규정을 찾기 어려우므로 대부분 ⓑ유형 또는 ⓒ유형인데, 거의 대부분 재량행위로서, 조리상 신청권이 인정되지 않고 있다. 영업자에 대한 시정명령 신청, 공무원에 대한 징계 신청, 특임공관장의 임면 또는 지위변경 요구8) 등이 그러하다. 예외적으로 기속행위인 경우(ⓑ-1유형)에는 기속행위에 대한 사법심사 필요성 때문에 판례에서도 조리상 신청권이 인정되었는데, 대표적인 예가 환경영향평가 대상사업 시행자에 대한 공사중지명령 신청 사건이다.9) 이러한 ㉯형태의 거부처분은 제3자에 대한 침익처분을 구하는 경우로서, 반드시 법률상 근거가 필요하기 때문에, ⓓ유형은 있을 수 없다.

〈표 1〉 거부처분의 유형

㉮-1형태 허가 등 금지해제 (제2유형)	ⓐ유형	근거·요건· 신청 규정	ⓐ-1 기속	현행법상 대부분
			ⓐ-2 재량	현행법상 대부분
	ⓑ유형	근거·요건 규정	ⓑ-1 기속	조리상 신청권 인정
			ⓑ-2 재량	조리상 신청권 인정
㉮-2형태 추가적 이익 부여 (제2유형)	ⓐ유형	근거·요건· 신청 규정	ⓐ-1 기속	현행법상 일부
			ⓐ-2 재량	현행법상 일부
	ⓑ유형	근거·요건 규정	ⓑ-1 기속	
			ⓑ-2 재량	교수재임용·도시계획변경(종전) (×) 문화재 지정·지정해제 (×) 일반재산 매각 (×)
	ⓒ유형	근거 규정		직권취소·철회 (△) ※ 주민등록번호변경 (○) ※ 잠수기어업면허 (○)
	ⓓ유형	규정 없음		법규상 근거 없는 공직 채용 (×)

---

8) 대법원 2000. 2. 25. 선고 99두11455 판결(부작위위법확인소송, 신청권 불인정).
9) 대법원 2014. 2. 27. 선고 2011두25449 판결(신청권 인정).

⑭형태 (제4유형)	ⓐ유형	근거·요건· 신청 규정	ⓐ-1 기속	현행법상 찾기 어려움
			ⓐ-2 재량	현행법상 찾기 어려움
	ⓑ유형	근거·요건 규정	ⓑ-1 기속	※ 환경영향평가 대상사업 시행자에 대한 공사중지명령 (○)
			ⓑ-2 재량	영업자에 대한 시정명령 (?) 위법건축물에 대한 시정명령 (?) 제3자에 대한 경찰권발동 (?) 공무원에 대한 징계 (×) 특임공관장의 임면·지위변경 (×)
	ⓒ유형	근거 규정		타인에 대한 미행 신청 (×)
	ⓓ유형	규정 없음		

Ⅲ. 拒否處分에 대한 不服方法

1. 항고소송(취소소송)과 당사자소송

거부처분(협의)에 대하여 먼저 이를 다투는 항고소송(취소소송)을 제기해야 하는가 아니면 막바로 금전지급 등의 이행을 구하는 당사자소송을 제기할 수 있는가 라는 문제에 대하여, 판례는 바로 당사자소송을 허용하였다가[10] 그 후 취소소송이 선행되어야 한다[11]고 하여 아직 완전히 정리되지 않고 있다. 사견에 의하면, 프랑스의 판례·실무를 참고하여, 행정청의 선결권과 그에 의거한 공정력 내지 불가쟁력을 보장해야 하는 경우를 제외하고는 원칙적으로 원고의 의사에 따라 취소소송과 당사자소송을 선택할 수 있도록 하여야 한다. 양 소송은 제소기간, 원고적격, 본안이유, 주장·증명책임, 판단기준시, 소송비용, 가구제, 판결의 내용과 효력 등에서 달라서 어느 일방이 타방을 배척하는 모순관계가 아니기 때문이다.[12]

좀 더 자세히 살펴보면, 금전 기타 물건의 급부 청구의 사안(①)과 그 밖의 수익처분의 발급을 구하는 사안(②)으로 구분하고, 다시 앞의 사안에서, 일정한

---

10) 대법원 1991. 2. 12. 선고 90다10827 판결(「광주민주화운동관련자보상등에관한법률」에 의한 보상금청구).
11) 대법원 1994. 5. 24. 선고 92다35783 전원합의체 판결(이주대책을 위한 택지분양권·아파트입주권 청구); 대법원 2008. 4. 17. 선고 2005두16185 전원합의체 판결(「민주화운동관련자 명예회복 및 보상 등에 관한 법률」에 의한 보상금 청구).
12) 자세한 내용은 졸고, 항고소송과 당사자소송의 관계: 비교법적 연혁과 우리법의 해석을 중심으로, 『특별법연구』 제9집, 2011, 142면 이하; 본서 제14장(472면 이하) 참조.

요건의 충족 여부를 행정청이 결정하고 이에 의거하여 급부를 제공하도록 규정되어 있는 경우(①-a)와 그러한 행정청의 결정이 法定되어 있지 않은 경우(①-b)로 나눌 수 있는데, 뒤의 사안에서는 신청 대상인 수익처분이 실체법적 처분개념에 의한 협의의 처분인 경우(②-α)과 쟁송법적 처분개념에 의해 확대된 처분인 경우(②-β)13)로 구분할 수 있다. ①-a과 ②-α경우에는 재량행위는 물론 거부재량이 없는 기속행위라 하더라도, 반드시 거부처분을 취소소송으로 다투어야 하고, 급부 또는 수익처분의 발급을 구하는 당사자소송은 허용될 수 없다. 반면에 기속행위인 ①-b, ②-β의 경우에는 취소소송과 당사자소송이 선택적으로 허용되어야 한다.14) 행정청의 급부결정에 거부재량 또는 선택재량이 있는 경우에는 (전부 또는 일부)거부처분에 대한 취소소송만이 허용되어야 한다.15)

〈표 2〉 거부처분 취소소송과 당사자소송

금전 기타 물건의 급부	①-a	일정한 요건의 충족 여부를 행정청이 결정하고 이에 의거하여 급부를 제공하도록 규정되어 있는 경우	거부처분 취소소송
	①-b	행정청의 결정이 法定되어 있지 않은 경우	선택적 허용
그 밖의 수익처분의 발급	②-α	신청 대상인 수익처분이 실체법적 처분개념에 의한 협의의 처분인 경우	거부처분 취소소송
	②-β	신청 대상인 수익처분이 쟁송법적 처분개념에 의해 확대된 처분인 경우	선택적 허용

2. 거부처분과 국가배상

(1) 보호이익의 범위 문제

공무원의 직무행위로 인한 국가배상에서 보호이익의 범위 문제는 주로 공무원의 부작위의 경우에 발생하지만, 거부처분의 경우에도 동일하게 발생한다. 다만, 위 ⓐ유형, 즉 처분의 발급·발령 요건과 신청에 관한 규정이 있는 경우에는

---

13) 예컨대, 방음벽설치 기타 소음방지조치를 요구(신청)한 경우에 방음벽설치 등을 '처분'으로 파악하는 것이다. 이 경우에 당사자소송은 행정청의 방음벽설치 의무의 존재 확인을 구하는 확인소송 또는 직접 방음벽설치의 이행을 구하는 이행소송이 될 것이다. 당사자소송 활용론과 같은 맥락이다.

14) 기속행위인 ①-b의 경우에 당사자소송이 제기되더라도, 행정의 선결권을 존중하여 거부처분의 효력을 제거한다는 의미에서, 당사자소송의 판결문에서 거부처분을 취소하는 주문을 함께 선고하는 것이 타당할 것이다.

15) 이에 관해 졸고, 전게논문(항고소송과 당사자소송의 관계), 148면 이하; 본서 제14장(479-480면) 참조.

'사익보호성'이 쉽게 인정되어 문제되지 않고, 신청 또는 처분의 요건이 규정되지 않은 ⓑ유형과 ⓒ유형이 주로 문제된다. 최근의 판례는 사익보호성 문제를 독자적인 요건이 아니라 상당인과관계의 필수적 요소로 파악하고 있으나,[16] 헌법상 명문으로 직무상 의무의 사익보호성을 국가배상의 요건으로 규정하고 있는 독일[17]과 달리, 이에 관한 제한이 없는 우리법에서는 직무상 의무위반과 피해발생 사이의 (상당)인과관계 판단을 위한 하나의 요소로 고려하는 것은 별론으로, 인과관계 또는 위법성의 필수적 요건으로 요구하여서는 아니 된다.[18] 다시 말해, 사익보호성이 인정되면 인과관계를 긍정할 수 있는 강력한 근거가 되겠지만, 반대로 사익보호성이 없다고 하여 무조건 인과관계를 부정하여서는 안 된다. 사안의 개별·구체적 사정을 고려하여 인과관계를 긍정해야 할 경우도 있을 수 있다.[19] 이 문제는 독일행정법 특유의 '주관주의'의 일환으로, 아래에서 보는 바와 같이 행정소송의 원고적격으로 권리침해를 요구하는 것과 동전의 양면 관계이고, 따라서 본고의 주제 중 하나인 거부처분의 신청권 문제와도 직결된다.

(2) 거부처분의 위법성과 공무원의 귀책사유

독일행정법의 주관주의의 또 다른 발현형태는 공무원 개인의 주관적 손해배상책임을 전제로 이를 국가가 대위한다는, 국가배상의 대위책임적 구조이다. 따라서 직무행위의 위법성 이외에 담당 공무원의 고의·과실이 필요하다. 우리 국가배상법도 공무원이 "직무를 집행하면서 고의 또는 과실로 법령을 위반하여"라고 규정하고 있다(제2조 제1항). 거부처분에 관한 우리 대법원 판례를 살펴보면,[20] 1995년 판결에서 (거부)처분의 위법성만으로 과실을 바로 인정하여 배상청구를

---

16) 대법원 2001. 4. 13. 2000다3489 판결; 대법원 2008. 4. 10. 2005다48994 판결; 대법원 2015. 12. 23. 2015다210194 판결; 대법원 2010. 9. 9. 2008다77795 판결 등.

17) 기본법 제34조: "Verletzt jemand in Ausübung eines ihm anvertrauten öffentlichen Amtes die ihm einem Dritten gegenüber obliegende Amtspflicht, so trifft die Verantwortlichkeit grundsätzlich den Staat oder die Körperschaft, in deren Dienst er steht."

18) 同旨, 박균성, 『행정법론(상)』, 2017, 793면 등.

19) 예컨대, 위 각주 4)의 대법원 2015. 12. 10. 선고 2013두20585 판결에서 중요무형문화재 경기민요보유자 추가인정에 관해 근거법규의 사익보호성을 부정하면서 신청권을 인정하지 않았지만, 그 추가인정 거부로 인한 손해배상은 인정되어야 할 것이다.

20) 자세한 내용은 졸고, 국가배상법의 개혁 — 사법적 대위책임에서 공법적 자기책임으로, 『행정법연구』 제62호, 2020, 1-43면, 7면 이하; 본서 제3장(54면 이하) 참조.

인용하였으나,[21] 그 후 대부분의 판결에서 위법성은 인정하면서도 사안의 구체적 사정을 고려하여 과실을 부정하거나 객관적 정당성의 상실을 부정함으로써 배상청구를 기각하였고,[22] 예외적으로만 위법성에 더하여 객관적 정당성의 상실도 인정하여 배상청구를 인용하여 오다가,[23] 최근 2018년에 다시 처분의 위법성만으로 과실을 묻지 않고 배상책임을 인정한 판결이 나타났다.[24]

문제의 핵심은 거부처분과 같은 법적 결정 경우에는 공무원 개인의 고의·과실을 인정하기가 쉽지 않다는 데 있다. 따라서 프랑스 행정법에서와 같이, 국가배상을 국가의 자기책임으로 파악하여, 사실행위와는 달리, 법적 결정의 경우에는 그 위법성만으로 공역무 내지 행정작용의 잘못(역무과실; la faute de service)을 인정하고 공무원 개인의 귀책사유는 요구하지 않는 방향으로 국가배상법이 개혁되어야 한다.[25] 다만, 배상책임의 범위는 — 예컨대, 공장설치허가의 거부처분의 경우 그 공장 가동에 의한 — 이행이익의 배상으로까지 확대되어서는 아니 된다. 프랑스에서는 피해자의 과실, 제3자의 행위, 불가항력 등 '외부요인'이 있는 경우 배상책임이 부정되거나 감경되고, 특히 피해자의 불법적 지위, 위험인수, 손해방지의 소

---

21) 대법원 1995. 7. 14. 선고 93다16819 판결(전역보류처분)("위와 같은 내용의 병인사관리규정을 발령·유지시킨 육군 참모총장에게 직무상의 과실이 없다고 할 수 없을 것이다").

22) 대법원 1995. 10. 13. 선고 95다32747 판결(노조설립신고반려처분); 대법원 1997. 7. 11. 선고 97다7608 판결(자동차정비업허가거부처분); 대법원 1999. 9. 17. 선고 96다53413 판결(유선업경영신고반려처분); 대법원 2001. 12. 14. 선고 2000다12679 판결(교수임용거부처분); 대법원 2001. 3. 13. 선고 2000다20731 판결(통관보류처분); 대법원 2003. 11. 27. 선고 2001다33789등 판결(사법시험불합격처분); 대법원 2003. 12. 11. 선고 2001다65236 판결(공인회계사시험불합격처분); 대법원 2013. 4. 26. 선고 2011다14428 판결(변리사시험불합격처분) 등.

23) 대법원 2012. 5. 24. 선고 2012다11297 판결(건축허가거부처분); 대법원 2015. 11. 27. 선고 2013다6759 판결(토석채취허가거부처분).

24) 대법원 2018. 12. 27. 선고 2016다266736 판결(변호인접견불허처분). 특기할 것은 위 ㉱ 형태(제4유형)에 속하는 감독조치 내지 보호조치 불이행에 관한 판결에서는 — 정확하게 거부처분에 대한 것은 아니지만 — 객관적 정당성을 상실하였다는 이유로 '위법'을 인정하면 예외 없이 과실 여부에 관한 명시적인 판단 없이, 과실이 인정됨을 전제로, 배상책임을 긍정하고, 배상책임을 부정하는 경우에는 과실을 부정하는 것이 아니라 객관적 정당성을 상실하지 않았다는 이유로 '위법' 자체를 부정하였다는 점이다. 이에 관한 판결목록은 졸고, 전게논문(국가배상법의 개혁), 각주 5, 6; 본서 제3장 참조.

25) 상세한 내용은 졸고, 전게논문(국가배상법의 개혁); 同旨 박현정, 프랑스 국가배상책임제도에서 위법성과 과실의 관계, 『한양대 법학논총』 제29권 제2호, 2012, 5-28면; 박현정, 프랑스 행정법상 '역무과실'(la faute de service)에 관한 연구 — 역무과실과 위법성의 관계를 중심으로, 서울대학교 법학박사논문, 2014.

홀 등도 과실상계에 준하여 고려되며, 당해 거부결정으로 부수적으로 얻은, 예컨
대 공장 설치를 위한 자본의 금융이익도 손익상계로 공제된다.[26] 이것이 바로
'공법상의 제도'로서 국가배상의 특수성의 하나이다.

(3) 공무원의 개인책임

이와 같이 거부처분 등 법적 결정에 대해 국가배상책임이 확대되어야 하지
만, 반면에, 공무원 개인의 배상책임은 별도의 판단기준인 '개인과실'(la faute
personnelle)에 의거하여 제한적으로 인정되어야 한다. 그렇지 않으면 공무원의 사
기저하, 伏地不動의 부작용이 발생한다. 우리 전원합의체 판례[27]에서 말하는 '고
의·중과실' 기준만으로는 부족하다. 거부처분과 같은 법적 결정의 경우에는 거의
대부분 공무원이 당해 사안의 사실관계를 인식하고 있어 '고의'에 해당하고, 사실
관계 인식이 결여되었으면 바로 '중과실'에 해당하기 때문이다. 프랑스에서는 (a)
비리·원한·분노·무리한 승진욕심 등 사적 동기에 의한 직무집행, (b) 폭언·모
욕·희롱 등 불량한 태도에 의한 직무집행, (c) '용서받을 수 없는'(inexcusable) 중
대한 직무상 과오 등의 경우에만 개인과실을 인정한다. 우리 판례에서도 "공무원
의 위법행위가 고의·중과실에 기한 경우에는 … 그 본질에 있어 기관행위로서의
품격을 상실하여"라고 판시하고 있으므로, '고의·중과실'이 아니라 '기관행위로
서의 품격 상실' 여부를 최종 판단기준으로 삼아, 위와 같은 개인과실의 경우에만
공무원 개인책임을 인정하는 것으로 바뀌어야 한다.[28]

---

26) 판사는 판결문에 배상액 산정의 구체적인 근거를 제시할 의무가 없으며, 배상액 판단에
   상당한 재량을 갖는다. 개인 피해자의 신체적·정신적 손해인 경우에는 민사 불법행위에
   서와 같은 정확한 배상액 산정이 이루어지는 반면, 대기업의 경제적 손해인 경우에는 위
   와 같은 과실상계, 손익상계, 제3자의 행위 등을 고려하여 극히 소액의 금액으로 상징적
   인 국가배상판결을 내리기도 한다. 이에 관하여 Duncan Fairgrieve, State Liability in Tort:
   A Comparative Law Study, 2003, p.189-238; René Chapus, pré. cit. p.1235 이하; 박현정,
   전게 박사학위논문, 158-168면 참조.
27) 대법원 1996. 2. 15. 선고 95다38677 전원합의체 판결.
28) 상세한 내용은 졸고, 전게논문(국가배상법의 개혁), 32-33면; 본서 제3장(88-90면) 참조.

Ⅳ. 拒否處分 取消訴訟

1. 소송물

거부처분에 대한 행정소송의 대표적 수단은 취소소송이므로, 이하에서는 거부처분 취소소송에 집중하여 고찰한다. 먼저 거부처분 취소소송의 소송물은 판례와 사견에 따르면, '거부처분의 위법성 일반'이 되고, 독일 학설에서와 같이 권리침해 요소를 추가하는 견해에 의하면, '위법한 거부처분으로 인해 자신의 권리 내지 법률상이익이 침해되었다고 하는 원고의 법적 주장'이 될 것이다.29) 여하튼 소송물에서 거부처분만이 문제되고 신청 대상인 처분은 제외된다는 점에서, '일정한 처분(행정행위)을 구하는 원고의 청구권'을 소송물로 하는 독일의 의무이행소송, 또는 '일정한 처분을 해야 하는 행정청의 의무'를 소송물로 파악할 수 있는 프랑스의 이행명령과 구별된다.

판례에 따라 거부처분의 위법성 일반을 소송물로 파악할 때, 그 소송물의 범위는 실제로 주장되지 않았더라도 주장 가능한 모든 실체적·절차적 위법사유들을 포괄한다는 점에 논란의 여지가 없다.30) 이러한 소송물의 범위는 처분사유의 추가·변경의 범위와 거부처분 취소판결의 기속력의 범위와 일치하게 된다. 판례는 소위 '쟁점주의'라 하여, 소송물의 범위를 일정한 거부사유에 의거한, 역사적으로 특정된, 당해 거부처분에 한정하기 때문에, 행정청이 소송 중에 다른 거부사유로 변경하는 것을 봉쇄하고, 반대로 취소판결 확정 이후 행정청이 다른 거부사유로 다시 거부처분을 하는 것을 막지 못하는 결과가 된다. 이러한 문제의식에서 필자는 소송물의 요소로서의 '거부처분'을 당해 거부처분에 한정하지 않고 그것과 규율의 동일성이 인정되는 범위로 확대하여, 신청 대상인 처분이 동일하면 거부사유가 다르더라도 동일한 거부처분으로 파악함으로써, 처분사유의 추가·변경 범위와 거부처분 취소판결의 기속력의 범위를 확장하는 것이 타당하다는 견해를 주장하였다.31) 이러한 사견은 거부처분 취소소송이라는 틀 내에서도, 독일의 의무이행소송 또는 프랑스의 이행명령에서와 같이, 분쟁의 일회적 해결을 도모할 수 있는 방안이라고 생각한다.

---

29) 이에 관해 졸저, 전게서(행정소송의 구조와 기능), 380면 이하 참조.

30) 졸저, 전게서(행정소송의 구조와 기능), 395-402면 참조.

31) 졸저, 전게서(행정소송의 구조와 기능), 414-418면 참조.

2. 적법요건

(1) 대상적격

(a) 문제의 소재

아킬레스의 腱에 해당하는 것이 대상적격의 문제이다. 즉, 협의의 거부처분, 즉 원고가 신청한 행정조치가 처분인 경우이면 바로 취소소송의 대상으로 인정할 것인가, 그에 대하여 행정청의 거부결정 자체의 처분성도 따질 것인가. 주지하다시피 판례는 신청 대상 조치가 처분인 것만으로 부족하고 그 처분을 구하는 신청권이 법규상 또는 조리상 인정되어야만 거부'처분'이 되어 취소소송의 대상이 될 수 있다고 한다.

우선 이러한 판례는 행정소송법의 명문 규정에 배치된다. 행정소송법은 '처분'을 "행정청이 행하는 구체적 사실에 관한 법집행으로서의 공권력의 행사 <u>또는 그 거부</u>"(제2조 제1항 제1호)라고 정의하고 있는데, 이에 의하면 행정청의 적극적인 공권력 행사가 처분에 해당하면 그 소극적인 공권력 행사의 거부는 당연히 처분에 해당하는 것으로 이해된다. 다시 말해, 우리 행정소송법은, 처분의 정의 규정 자체가 없는 일본법과는 달리, 처분을 위와 같이 정의함으로써, 신청 대상이 처분이면 그 신청의 거부도 당연히 처분이 된다는, 협의의 거부처분 내지 소극적 처분개념을 명문으로 인정하고 있는 것이다. 그럼에도 우리나라 판례·학설이 '법규상 또는 조리상 신청권'을 요구하고 있는 것은, 그것이 대상적격의 문제이든, 원고적격의 문제이든, 일차적으로 일본행정법의 주관주의 및 사법소극주의의 영향 때문이지만, 근본적으로는 독일행정법의 주관주의에 뿌리를 두고 있기 때문이다. 따라서 먼저 독일법을 살핀 다음, 일본법을 살펴본다.

(b) 독일법

독일에서 취소소송의 대상이 되는 '행정행위'(Verwaltungsakt)는 개별사안에서 상대방에 대한 '규율'(Regelung)로서, 직접적으로 권리제한 또는 의무부과 등의 법적 효과를 발생시키는 행위에 한정되므로,[32] 여기에서 벌써 상대방의 권리의무 내지 법적 지위가 문제된다. 나아가 원고적격에서 '권리침해'의 주장이 요구되는데,[33] 그 권리는 반드시 계쟁 행정행위의 위법성의 근거가 되는 법률규정의 사익보호성에 의거하는 것이어야 한다. 이를 '위법성 견련성'(Rechtswidrigkeitszusam-

---

32) 독일 연방행정절차법 제35조 및 행정재판소법 제42조 제1항.
33) 독일 행정재판소법 제42조 제2항.

menhang)[34]이라고 한다. 그리고 본안에서는 계쟁 행정행위가 위법하고 그로 인해 원고의—그 위법성의 근거가 되는 법률규정에 의거한—권리가 침해된 것으로 판단되면 취소판결이 선고된다.[35]

이와 같이 취소소송의 대상, 원고적격 및 본안에서 모두 사인의 법률상 공권이 필요하기 때문에, 1960년 현행 행정재판소법에 의해 의무이행소송이 도입되기 이전에, 행정청의 '거부'(Ablehnung)를 행정행위로 파악하여 취소소송을 허용하면서도, 신청 대상인 행정행위를 구하는 사인의 권리—기속행위인 경우에는 청구권(Anspruch), 재량행위인 경우에는 무하자재량행사청구권(Anspruch auf fehlerfreie Ermessensausübung)—이 법률상 인정되는 경우로 한정될 수밖에 없었다. 그런데 학설·판례상 거의 대부분 이를 원고적격의 제한으로 파악하여, 대상적격 단계에서는 거부행위 자체의 행정행위로서의 성격은 별도로 문제되지 않고 전제되었다.[36] 그러나 대상적격 단계에서 이미 거부행위가 행정행위의 요소인 '규율'로서의 성격을 갖는 것은 상대방의 실체법적 청구권 또는 절차법적 청구권(즉, 무하자재량행사청구권)을 침해하기 때문이라고 설명하는 견해가 있었는데,[37] 이것이 우리 판례의 뿌리로 생각된다.

다만, 이와 같이 독일법상 대상적격이든 원고적격이든 간에, 신청 대상인 행정행위를 구하는 원고의 권리가 그 행정행위의 근거법규의 사익보호성에 의거하여 인정되어야 하는데, 그 행정행위를 행정청에 신청할 수 있다는 명문 규정이 있는 경우에는 바로 사익보호성이 인정될 수 있다는 점은 명백하지만, 오로지 그러한 신

---

34) 졸저, 전게서(행정소송의 구조와 기능), 78면 각주 17), 154면, 195면 각주 20) 등 참조.
35) 특히 Felix Weyreuther, Die Rechtswidrigkeit eines Verwaltungsaktes und die »dadurch« bewirkte Verletzung »in … Rechten« (§ 113 Abs. 1 Satz 1 und Abs. 4 Satz 1 VwGO), in: System des Verwaltungsgerichtlichen Rechtsschutzes: Festschrift für Ch.-F. Menger 1985, S.681-692 참조.
36) 특히 Kormann은 신청된 수익적 행정행위의 발급을 거부하는 '소극적 처분'(negative Verfügung)은 당해 수익적 행정행위를 발급하지 않겠다는 행정청의 의사표시로서, 적극적 처분과 동일하게, 행정청의 법률행위적 행정행위에 해당한다고 하였다(Karl Kormann, System der rechtsgeschäftlichen Staatsakte, 1910, S.65). 또한 Bachof도 행정행위의 발급을 거부하는 조치는 그것만으로 행정행위가 되어 취소소송의 대상이 된다고 하였다(Otto Bachof, Die verwaltungsgerichtliche Klage auf Vornahme einer Amtshandlung, 1951, S.38). Wolff는 행정행위 발급 신청의 거부도 행정행위의 개념적 징표인 '규율'(Regelung)에 해당한다고 한다(Wolff/Bachof, Verwaltungsrecht I. 9.Aufl., 1974, S.38; Wolff/Bachof/Stober, Verwaltungsrecht. 10.Aufl., 1994 S.626).
37) Peter Krause, Rechtsformen des Verwaltungshandelns, 1974, S.197.

청 규정이 있는 경우에만 사익보호성이 인정되는가는 분명하지 않다. 오히려 2차 세계대전 이후의 독일문헌을 살펴보면, 무하자재량행사청구권의 성립요건으로 반드시 법규상 신청규정을 요구하지 않는 것이 일반적이다.[38] 그런데 후술하는 바와 같이 일본에 와서 '법령에 기한 신청', 즉 법규상 신청규정으로 한정되게 된다.

여하튼 독일에서 1960년 행정재판소법 제정에 의해 의무이행소송(Verpflich-tungsklage)이 도입된 이후에는 '거부된 행정행위의 발급을 명할 것'[39]을 구하면 되므로, 거부행위 자체의 행정행위로서의 성격은 더 이상 문제되지 않고, 단지 원고적격으로서 '거부행위로 인한 권리침해'가 필요한데,[40] 재량행위에 대해서는 여전히 상술한 바와 같은 무하자재량행사청구권 내지 신청권이 요구된다. 의무이행소송 대신에 거부행위의 취소만을 구하는 '독립적 취소소송'(isolierte Anfechtungsklage)이 허용되는가에 관해, 판례는 별도의 권리보호필요성 없이 허용하지만, 학설은 예외적으로 의무이행소송의 승소가능성 또는 실익은 없으나 행정청의 거부행위를 취소해 둘 필요가 있는 등 특별한 권리보호필요성을 요구하고 있다.[41] 여하튼 이러한 독립적 취소소송에 있어서는 여전히 거부행위의 행정행위로서의 성격이 문제될 것이지만, 상술한 1960년 이전의 통설·판례와 같이, 행정행위의 발급을 거부하는 조치만으로 행정행위로서의 '규율'에 해당하는 것으로 파악된다.

(c) 일본법

일본의 판례·학설은 법규상 또는 해석상 신청권이 인정되는 경우에만 거부처분이 된다고 한다.[42] 독일과 다른 것은 이를 대상적격의 문제로 파악하고, 무하자재량행사청구권이 아니라 '신청권'을 문제 삼으며, 원칙적으로 법규상 신청규

---

38) 대표적으로 Thomas Würtenberger, Verwaltungsprozessrecht: Ein Studienbuch. 3.Aufl., 2011, § 22 Verpflichtungsklage, Rn.331-333; Friedhelm Hufen, Verwaltungsprozessrecht. 10.Aufl. 2017, § 15 Verpflichtungsklage, Rn.16-26. Rn.26 참조.

39) 행정재판소법 제42조 제1항: Durch Klage kann die Aufhebung eines Verwaltungsakts (Anfechtungsklage) sowie die Verurteilung zum Erlaß eines abgelehnten oder unterlassenen Verwaltungsakts (Verpflichtungsklage) begehrt werden.

40) 행정재판소법 제42조 제1항: Soweit gesetzlich nichts anderes bestimmt ist, ist die Klage nur zulässig, wenn der Kläger geltend macht, durch den Verwaltungsakt oder seine Ablehnung oder Unterlassung in seinen Rechten verletzt zu sein.

41) 이에 관하여 Hans-Werner Laubinger, Die isolierte Anfechtungsklage, in: System des Verwaltungsgerichtlichen Rechtsschutzes: Festschrift für Ch.-F. Menger 1985, S.443-459; 졸저, 전게서(행정소송의 구조와 기능), 84면, 296면 이하 참조.

42) 『條解 行政事件訴訟法』第4版 (原編著 南博方, 編集 高橋滋 市村陽典 山本隆司), 2014, 51면.

정의 유무에 초점을 맞춘다는 점이다. 이러한 일본의 신청권 이론은 한편으로 부
작위위법확인소송과의 관계에서, 다른 한편으로 상술한 독일의 주관주의 영향 관
점에서 설명될 수 있다.

　먼저 일본의 부작위위법확인소송(不作為の違法確認の訴え)의 부작위는 행정청
이 '법령에 기한 신청'(法令に基づく申請)에 대하여 상당한 기간 내에 어떤 처분 또
는 재결을 해야 함에도 불구하고 이를 하지 않는 것으로 정의된다.43) 이러한 부
작위위법확인소송은 — 행정청의 거부처분이 없는 경우에 제기된다는 의미에서 —
거부처분 취소소송에 대해 보충적 성질을 갖는 것이고, 따라서 부작위위법확인소
송의 대상인 '부작위'의 요건으로서 '법령에 기한 신청'은 바로 거부처분 취소소
송의 대상인 '거부처분'의 요건이 된다는 것이다.44)

　다른 한편, 일본 行政事件訴訟法 제9조도 우리법과 동일하게 취소소송의 원고
적격을 '처분의 취소를 구함에 관해 법률상 이익을 가진 자'로 규정하고 있으나,
제10조 제1항에서 "자기의 법률상 이익에 관계되지 않는 위법을 이유로 취소를 구
할 수 없다"고 규정함으로써 원고적격의 위법성 견련성을 요구하고 있다.45) 이와
같이 '권리'가 '법률상 이익'이라는 명칭으로 바뀌었을 뿐 그것의 위법성 견련성이
요구되는 이상, 전형적인 주관소송 형태를 띠고 있고, 따라서 거부처분 취소소송
에서 원고적격의 요건으로 독일에서와 같은 무하자재량행사청구권이 요구될 수밖
에 없는데, 이것이 '신청권' 내지 '법령에 기한 신청'으로 변형되어 대상적격 단계
에서 거부처분의 성립요건이 된 것이다. 다만, 일본의 판례는 '해석상' 신청권이
인정되는 경우를 포함시키고 있는데, 한편으로 우리 판례에서 '조리상' 신청권이
라 하여 마치 법규와 무관하게 막바로 不文法源 또는 헌법원리에 의해 인정되는

---

43) 이는 우리 행정소송법 제2조 제1항 제2호의 '부작위'의 정의가 "당사자의 신청에 대하여
상당한 기간 내에 일정한 처분을 하여야 할 법률상 의무"라고 하여 '신청'을 법령에 기
한 신청에 한정하지 않는 것과 대비된다.
44) 『條解 行政事件訴訟法』第1版, 1987, 107면; 裁判實務大系 行政爭訟法 (園部逸夫/時岡泰
編), 1984, 54-63頁 참조.
45) 2004년 개정에서 제9조 제2항으로 제3자의 원고적격에 관한 '법률상 이익'의 해석규정을
추가하여, 근거법령의 문구만이 아니라, 법령의 취지 및 당해 처분에서 고려되어야 할
이익의 내용·성질, 당해 법령과 목적을 공통으로 하는 관계법령의 취지 및 목적, 침해이
익의 내용·성질·정도 등도 감안하도록 규정하고 있기 때문에, '법률상 이익'의 범위가
확대될 여지는 있으나, 위 제10조 제1항에 의한 위법성 견련성이 유지되는 한, 독일식의
주관주의적 성격을 탈피하기 어려울 것이다. 이에 관해 졸저, 전게서(행정소송의 구조와
기능), 234면 참조.

듯한 오해를 야기하는 것과 비교하여 바람직하다고 할 수 있으나, 어디까지나 '법규'의 해석에 의거한 것인 이상 신청권의 인정 범위가 좁을 수밖에 없고, 그리하여 사실상 법규상 명문의 규정에 의한 신청권, 즉 '법령에 기한 신청'의 경우로 한정되는 결과가 된다. 실제로 2004년 일본 行政事件訴訟法 개정에서 그렇게 되었다.

즉, 동 개정에서 항고소송의 일종으로 의무부과소송(義務付けの訴え)이 도입되면서, '법령에 기한 신청'을 전제로 하는 것(申請型)과 이를 전제로 하지 않는 것(非申請型)으로 구분되었는데(제3조 제6항 제2호 및 제1호), 申請型(二號型)은 부작위위법확인소송과 거부처분 취소소송 또는 무효확인소송과 병합하여 제기해야 한다고 규정됨으로써(제37조의3 제3항), 부작위와 거부처분의 성립요건으로서 신청권은 이제 '법령에 기한 신청', 즉 법규상 신청규정으로 축소된 것이다. 非申請型(一號型)은 실제로 신청하였는지 여부와 관계없이, 법령에 기한 신청이 아니어서 부작위·거부처분이 성립하지 않는 경우인데, 이는 "일정한 처분이 없음으로 인하여 중대한 손해가 생길 우려가 있고 그 손해를 회피하기 위해 달리 적당한 방법이 없는 경우에 한하여" 제기할 수 있다는 제한이 붙어 있다(제37조의2 제1항). 그 예로서, 위법건축물의 인근주민이 建築基準法에 기한 시정조치로서 행정청의 당해 건축물에 대한 제거명령을 구하는 것을 들고 있는데,[46] 앞의 ㉯형태(제3자에 대한 침익처분) 중 ⓑ-2유형(재량)의 거부처분에 해당한다. 요컨대, 일본에서는 거부처분 취소소송과 부작위위법확인소송 뿐만 아니라, 의무부과소송에서도 원칙적으로 법규상 신청권 내지 신청규정을 요구하면서, 예외적으로 위와 같이 중대한 손해 및 보충성 요건 하에서 이를 요구하지 않는 것으로 귀착되었다.[47]

(d) 다원적 비교법의 돌파력

바로 여기에서 다원적 비교법의 돌파력이 필요하다. 프랑스, 영국, 미국의 행정소송에서는 독일과 일본에서와 같은 주관주의적 요소가 없거나 미약하다. 즉, 행정소송의 대상에서 프랑스는 '침익적인 법적 행위'(l'acte juridique faisant grief)이고, 영국은 '공적 권한의 행사 또는 불행사'(excercise or non-excercise of official power)이며, 미국은 '행정청의 규칙, 명령, 허가, 제재, 급부 또는 그에 상응하는 것 또는 그 거부 및 부작위의 전부 또는 일부'[48]로서, 상대방에 대한 권리제한 또는 의

---

46) 전게, 『條解 行政事件訴訟法』 第4版 103면 참조.

47) 大浜啓吉, 『行政裁判法』, 2011, 89頁 참조.

48) (연방)행정절차법 제551조 (13)항: 'the whole or a part of an agency rule, order, license,

무부과라는 직접적·개별적 법적 효과를 필수요소로 하지 않고, 따라서 개별결정만이 아니라 규칙제정행위도 포함된다. 원고적격에서도 프랑스는 '개인적이고 직접적인 이익'(l'intérêt direct et personnel)이고, 영국은 '충분한 이익'(sufficient interest)이며, 미국은 '사실상의 손해'(injury in fact)이므로, 법률상 권리의 침해를 요구하지 않고, 더더욱 본안의 취소사유는 — 객관적 — 위법성만으로 충분하고 이에 더하여 권리침해가 필요하지 않다. 이와 같이 행정소송의 원고적격과 본안 단계에서 공히 주관적 권리라는 요소가 없다는 점에서 프랑스·영국·미국의 행정소송은 모두 '객관주의' 구조를 취하고 있다.[49]

따라서 행정청의 '거부결정'(la décision de rejet; refusal, denial)은 위와 같은 침익적 성격, 법적 의미, 공적 권한 내지 행정조치의 불행사라는 점만으로 행정소송의 대상이 되고 원고적격도 위와 같은 이익 또는 손해만으로 인정되기 때문에, 근거법규의 사익보호성에 의거한 무하자재량행사청구권, 또는 법규상 신청권 내지 법령에 기한 신청이라는 것이 요구되지 않는다. 본안에서도 행정청의 조치의 무 위반 여부, 재량행위인 경우에는 재량권남용 여부만이 문제되지 그로 인한 어떠한 권리의 침해는 묻지 않는다. 단적인 예로, 프랑스에서 개별결정 또는 행정입법조치에 대한 제소기간(2월)이 도과한 이후 사정변경을 이유로 하는 '철회신청'(la demande d'abrogation)에 대한 거부조치 또는 2개월간의 무응답으로 인한 묵시적 거부결정은 개인적·직접적 이익이라는 원고적격 하에서 월권소송으로 다툴 수 있는 것이다.[50] 요건과 기한에서 여러 가지 제한이 붙어 있는 독일 행정절차법 제51조의 '절차재개'(Wiederaufgreifen des Verfahrens) 제도와 대비된다.

(e) 우리법의 올바른 모습

우리법상 취소소송의 대상인 '처분'은 '구체적 사실에 대한 법집행으로서의 공권력 행사'로서, 반드시 독일의 행정행위와 같이 개별사안에 대한 직접적 법적 효과의 발생에 한정할 필요가 없고 오히려 위 프랑스·영국·미국에서와 같이 확대될 수 있다.[51] 원고적격인 '처분의 취소를 구할 법률상 이익을 가진 자'도 위법성의 근거가 되는 법규가 아닌 관계법령에 의거하여 법률상 이익을 긍정하는 판

---

sanction, relief, orthe equivalent or denial thereof, or failure to act."
49) 이에 관하여 졸저, 전게서(행정소송의 구조와 기능), 119-132면 참조.
50) CE, ass., 20 déc. 1995, Mme Vedel et M. Jannot. 이에 관하여 Répertoire de contentieux administratif mise à jour 2000 Tome III, n° 820 참조.
51) 졸저, 전게서(행정소송의 구조와 기능), 174면 이하 참조.

례52)에 비추어 보면, 최소한 독일·일본에서와 같은 근거법규에 의한 사익보호성
과 위법성 견련성을 요구하지 않고, 나아가 프랑스·영국·미국에서와 같이 이익
과 손해를 기준으로 인정할 수 있는 여지가 있다.53) 본안에서도 '위법'한 처분을
취소하고(행정소송법 제4조 제1호), 특히 재량처분은 재량권의 남용만으로 취소한
다(동법 제27조)고 규정하고 있을 뿐, 권리침해를 요구하는 독일 행정재판소법 제
113조 제1항, 또는 취소사유를 제한하는 일본 行政事件訴訟法 제10조 제1항과 같
은 규정이 없다. 또한 우리 행정소송법 제29조 제1항은 "처분등을 취소하는 확정
판결은 제3자에 대하여도 효력이 있다"고 하여 대세효를 명문으로 규정하고 있는
데, 후술하는 바와 같이, 이를 문언에 배치되게 형성력만으로 한정하는 통설과는
달리, 문언 그대로 기판력을 포함하는 취소판결의 효력 전부를 의미하는 것으로
파악하는 사견에 의하면, 기판력의 대세효를 전제로 하는 제3자의 재심청구(행정
소송법 제31조)와 더불어, 우리법상 취소소송의 객관소송적 성격을 인정하는 실정
법적 핵심 근거가 된다. 요컨대, 우리법에는 취소소송의 주관소송적 성격을 명시
하는 규정이 없을 뿐만 아니라, 객관소송적 성격에 방해가 되는 규정은 없고 이
를 인정할 수 있는 근거는 차고 넘친다.54)

　이상과 같은 점에서 우리 취소소송은 독일·일본과 같은 주관주의적 색채는
미약하고 오히려 프랑스·영국·미국과 같은 '객관소송' 구조를 취하고 있다고 할
수 있고, 이러한 전제에 서는 한, 거부처분 취소소송에서 대상, 원고적격, 본안 등
의 모든 단계에서 무하자재량행사청구권 또는 신청권 등 어떠한 권리도 필요 없
다는 결론에 이르게 된다.55) 대상 단계에서는 행정소송법상―소극적―처분 개

---

52) 특히 대법원 1998. 4. 24. 선고 97누3286 판결(속리산국립공원 사건).
53) 졸저, 전게서(행정소송의 구조와 기능), 281면 이하 참조.
54) 일본에서도 상술한 바와 같이 법률상 이익의 위법성 견련성을 규정한 行政事件訴訟法 제
　10조 제1항 규정 때문에 취소소송의 주관소송적 성격이 실정법상 극복하기 어려운 '주
　어진 것'임에도 불구하고, 권리 내지 소의 이익을 확대함으로써 실질적으로 객관소송에
　가까운 것으로 발전시키기 위한 이론적 노력이 지속적으로 이루어지고 있다. 原田尚彦,
　『訴の利益』, 1973, 27頁 이하; 田村悦一, 『行政訴訟における國民の權利保護』, 1975, 134頁
　이하; 原田尚彦, 『行政責任と國民の權利』, 1983, 135頁 이하; 阿部泰隆, 『行政訴訟改革論』,
　1993; 神橋一彦, 『行政訴訟と權利論』, 2003, 9頁 이하, 109頁 이하, 169頁 이하; 山岸敬子,
　『客観訴訟の法理』, 2004, 85頁 이하; 阿部泰隆, 『行政法解釈学(2) 実効的な行政救済の法シ
　ステム創造の法理論』, 2009, 143頁 이하; 亘理 格, 『行政行為と司法的統制: 日仏比較法の
　視点から』, 2018 213頁 이하 등 참조.
55) 반드시 객관소송적 구조를 전제로 하지 않더라도, 일본 판례의 영향으로 처음에는 객관
　적·외형적 판단 문제인―시계의 時針에 비유되는―대상적격으로서 거부처분의 성립

념인 "구체적 사실에 대한 법집행으로서의 공권력 행사 및 <u>그 거부</u>"만으로 충분하고, 원고적격 단계에서는 '법률상 이익'을 근거법규 이외에 관계법령 나아가 헌법 내지 법질서 전체에 의해 보호되는 이익으로 파악하며, 본안에서는 행정청의 거부처분이 기속적 의무의 위반 또는 재량권 남용으로 위법으로 판단되면, 원고의 권리 내지 법률상 이익의 침해 여부는 따지지 않고, 바로 취소된다. 취소판결의 효력으로서, 행정청은 판결의 취지에 따라, 즉 기속적 의무 또는 재량의 0으로의 수축의 경우에는 신청된 계쟁 처분을 해야 할 의무가 발생하고, 재량의 여지가 남아 있는 경우에는 위법으로 지적된 재량권 남용을 반복하지 않고 신청에 대해 다시 결정할 의무가 발생한다.(행정소송법 제30조 제2항).

상술한 바와 같이, 2014년 대법원판결[56]은 사업자가 환경영향평가대상사업에 대한 환경영향평가 협의절차를 거치지 아니한 채 공사를 시행하는 경우에는 생활환경침해를 받을 우려가 있는 주민들이 행정청에게 그 중지명령을 구할 수 있는 신청권이 있다고 판단하고 따라서 그 신청을 거부하는 행위는 민원회신이라는 형식을 통하여 하였더라도 처분에 해당한다고 판시하였다. 이는 外樣的으로 취소소송 제4유형(ⓑ형태의 거부처분)에 대하여 법규상 신청에 관한 규정이 없음에도 조리상 신청권을 인정한 사례라고 하겠으나, 환경영향평가 협의절차를 거치지 아니한 공사 시행에 대한 중지명령은 당시 법률상 기속행위이었으므로,[57] 실질적으로는 사건에서와 같이, 원고들의 생활환경침해 방지 이익과 행정청의 기속적 조치의무에 초점에 맞추어 거부처분 취소소송을 허용하고 인용한 것으로 평가할 수 있다. 현행 환경영향평가법에 의하면 사업자가 협의 내용을 이행하지 아니하면 행정청은 조치명령을 무조건 내려야 하지만(제40조 제1항), 사업자가 그 조치명령을 이행하지 아니한 때에는 "해당 사업이 환경에 중대한 영향을 미친다고 판단하는 경우"에 공사중지명령을 하도록 규정함으로써 행정청에게 요건재량 내지 판

요건으로 시작된 신청권 문제가 '조리상' 신청권으로 확대되고 이것이 독일의 무하자재량행사청구권과 동일시되면서 주관적·개별적 판단 문제인 — 分針에 해당하는 — 원고적격 단계로 넘어간 이상, 신청권 여부와 무관하게 '거부처분의 취소를 구할 법률상 이익'을 판단하면 충분하다.

56) 대법원 2014. 2. 27. 선고 2011두25449 판결.
57) 구 환경영향평가법(2011. 7. 21. 법률 제10892호로 전부 개정되기 전의 것) 제28조 제3항은 사업자가 협의·재협의 절차가 끝나기 전에 환경영향평가대상사업에 관한 공사를 시행한 때에는 해당 사업의 전부 또는 일부에 대하여 공사중지명령을 하여야 한다고 규정하고 있었다.

단여지를 부여하고 있는데, 이 경우에도 마찬가지일 것이다. 즉, 소극적 처분 개념과 생활환경침해 방지라는 법률상 이익, 그리고 요건재량·판단여지의 남용으로 인한 위법성만이 문제되고 신청권이라는 '권리'는 들어설 자리가 없다.

(f) 司法의 임무

독일에 특유한 행정소송의 주관주의 형태는 19세기 후반 입헌군주제 하에서 '마치 군주가 없는 듯이'(als ob es keinen König-Souverän gäbe) 법치국가를 구성하였던 데서 비롯된다. 시민(Bürger)은 군주의 '신민'(Untertan)이지만, 그 대표로 구성된 의회의 법률로써 — 사익보호성이 명시된 — 보호규범(Schutznorm)을 부여받은 경우에는, 그리고 그러한 경우에만, 행정의 법률적합성을 다툴 수 있는 권리를 부여받았다. 이러한 보호규범이 수익적 행정행위의 경우에 가장 분명하게 명시된 것이 법규상 신청규정이고 그에 근거한 권리가 바로 법규상 신청권이었다. 이러한 신청규정과 신청권이 있는 경우에만 보호규범이 되어 행정의 의무이행을 구하는 시민의 권리가 인정되는 것이다. 요컨대, 신청권은 독일의 입헌군주제의 유물이다. 문제는 民이 주권자인 민주제로 바뀐 후에도 君主 대신에 '民主가 마치 없는 듯이'(als ob es keinen People-Souverän gäbe) 행정법과 행정소송을 파악하는 데 있다.58) 그 대표적인 예가 일본과 우리나라의 신청권 판례이론이라고 할 수 있다. 주권자인 民은 자신의 이익과 관련되는 사항에 관하여 마땅히 행정의 법률집행 의무의 이행을 구할 수 있어야 한다.59)

司法의 입장에서 보면, 입헌군주제 하에서 司法은 오직 법률상 명시된 보호규범에 터잡아, 그리고 그에 의거한 시민의 권리를 보호한다는 명분으로만 君主의 행정을 견제할 수 있었는데, 이것이 주관소송으로서의 행정소송이다. 현대 민주제 하에서 권력분립의 요체는 입법·행정·사법의 상호 견제이다. 따라서 행정권 발동의 근거와 한계로서 법률이 정해진 이상, 원고적격을 충족하는 民主의 요구(提訴)가 있으면 司法이 그 행정권 발동이 법률에 적합한지 여부를 심사하는 데 충분하고, 신청권 내지 법규상 신청규정과 같은 더 이상의 제한요건이 있어서는

---

58) 졸고, 행정법과 '민주'의 자각, 『행정법연구』 제53호, 2018, 4-5면; 본서 제1장 참조.

59) 이러한 의미에서 독일에서는 '법률집행 청구권'(Anspruch auf Gesetzeserfüllung)이라는 개념이 제창되었는데, 전통적인 보호규범 이론에 의거한 주관적 공권의 범위를 넘는 것이다. 이에 관하여 Hans Heinrich Rupp, Grundfragen der heutigen Verwaltungsrechtslehre. 2.Aufl. 1991, S.262-272; Christian Bickenbach, Das Bescheidungsurteil als Ergebnis einer Verpflichtungsklage, 2006, S.38-44 참조.

아니 된다. 강한 '民主'의식과 司法의 人才·力量·責任의 관점에서 우리의 행정소
송은 독일·일본과 같을 수 없다. 프랑스·영국·미국을 따라가야 한다. 이것이 다
원적 비교법의 결론이다.

(2) 원고적격

우리법상 거부처분 취소소송의 원고적격은 '거부처분의 취소를 구할 법률상
이익'이 있으면 충북하고 결코 신청권 기타 권리를 요구하지 않고 또한 본안의
위법성과의 견련성도 필요하지 않다는 점은 상술한 바와 같다. 특기할 것은 거부
처분 취소소송에서 원고적격이 처분을 신청하였다가 거부당한 신청인 본인에 한
정되느냐의 문제이다.

이를 해결하는 열쇠는, 취소소송 제1유형에서 침익처분의 직접상대방은 별
도의 검토 없이 바로 원고적격이 인정되지만, 그렇다고 하여 그 직접상대방에게
만 원고적격이 한정되는 것이 아니라는 점에 있다. 독일에서도 소위 '병행적 침
익'(pararelle Belastung)을 받는 제3자에게, 예컨대, 외국인남편에게 내려진 추방명
령을 다투는 독일인 妻에게, 헌법상 '결혼제도의 국가적 보호' 규정에 근거하여
외국인법상의 권리를 인정하여 독자적인 원고적격을 인정한 바 있다.[60]

이와 같이 거부처분의 경우에도 신청인 본인에 대해서는 별다른 검토 없이
원고적격이 인정되지만, 그렇다고 하여 신청인 본인에게만 원고적격이 한정되는
것이 아니라, 독자적인 이익상황을 가진 제3자에게도 원고적격이 충분히 인정될
수 있다. 예컨대, 제2유형(㉮-2형태)의 거부처분의 경우, 생활보조금 신청을 하였다
가 거부되었으나 신청인이 취소소송을 제기하지 않을 때 신청인에 대해 부양의무
를 부담하는 제3자가 그러하고, 제4유형(㉯형태)의 거부처분의 경우, 환경영향평
가법상 조치명령에 위반한 사업자에 대하여 인근 주민이 공사중지명령을 신청하
였다가 거부되었으나 그 신청인들이 취소소송을 제기하지 않을 때 동일한 생활환
경이익을 가진 인근 주민들이 그러하다.

(3) 협의의 소익

협의의 소익과 관련하여 특기할 것은 2015년 대법원판결[61]이다. 동 판결은,

---

60) 이에 관하여 졸저, 전게서(행정소송의 구조와 기능), 254면 각주 21) 참조.
61) 대법원 2015. 10. 29. 선고 2013두27517 판결(주유소운영사업자불선정처분취소).

인가·허가 등 수익처분의 競願관계에서, 거부처분 취소판결이 확정되면 판결의
직접적인 효과로 경원자에 대한 수익처분이 바로 취소되거나 효력이 소멸되는 것
은 아니더라도, 행정청은 취소판결의 기속력에 따라 판결에서 확인된 위법사유를
배제한 상태에서 원고와 경원자의 각 신청에 관하여 다시 심사할 의무가 있고,
그 결과 경원자에 대한 수익처분이 직권취소되고 원고에게 수익처분이 이루어질
가능성을 완전히 배제할 수 없다는 점을 근거로, 원고 자신에 대한 거부처분의
취소를 구할 소의 이익을 인정하였다. 다시 말해, 반드시 경원자에 대한 수익처분
의 취소를 구하는 취소소송(제3유형)을 함께 제기할 필요는 없다는 것이다. 반대
로 경원자에 대한 수익처분 취소소송만을 제기하는 것도 허용한 판례도 있다.[62]

　반면에, 독일의 판례·통설에 의하면, 경원자에 대한 허가결정 취소소송과 원
고 자신에 대한 허가결정을 구하는 의무이행소송을 반드시 함께 제기하여야 한
다. 전자의 취소소송만을 제기하면 경원자에 대한 허가결정의 취소만으로 원고의
목적이 달성될 수 없기 때문에 권리보호필요성이 부정되고, 반대로 후자의 의무
이행소송만 제기하면, 경원자에 대한 허가결정이 취소되지 않고서는 원고에 대한
허가결정이 불가능하므로, 행정청의 이행의무 및 원고의 이행청구권이 발생하지
않고, 따라서 원고의 권리침해 가능성이 전혀 없다는 이유로 원고적격이 부정되
어 각하되거나, 아니면 본안에서 실제로 원고의 권리가 침해된 바 없다는 이유로
기각된다. 특히 경원자에 대한 허가결정에 대한 제소기간이 도과하여 불가쟁력이
발생하면 더 이상 권리구제가 불가능하기 때문에 더욱 그러하다고 한다.[63]

　사견에 의하면, 위 대법원판결은 취소소송에서 협의의 소익을 넓게 인정하고
특히 원고에게 수익처분이 이루어질 가능성을 완전히 배제할 수 없다고 판시함으
로써 협의의 소익의 주장·증명책임을 피고행정청에게 부담시키는 점에서 찬성·
환영할 만하지만, 제소기간 도과로 경원자에 대한 수익처분에 불가쟁력이 발생한
경우에는 그럼에도 불구하고 거부처분 취소판결의 기속력에 의거하여 행정청이
동 처분을 직권취소하는 경원자의 신뢰보호 내지 법적 안정성 측면에서 의문의
여지가 있다.[64] 그러나 경원자에 대한 수익처분이 당연무효인 경우도 있을 수 있

62) 대법원 1992. 5. 8. 선고 91누131274 판결. 이에 관해 졸저, 전게서(행정소송의 구조와 기
　　능), 298면 각주 17) 참조.
63) 졸저, 전게서(행정소송의 구조와 기능), 298-299면, 독일문헌은 298면 각주 16) 참조.
64) 독일에서도 수익적 행정행위에 대한 신뢰보호(존속보호)는 제3자에 의해 그 수익적 행
　　정행위를 다투는 행정심판 또는 행정소송이 제기된 경우에만 적용되지 아니하는데(연방

고, 단순위법인 경우에도 경원자가 신뢰보호·법적 안정성 보호를 받지 못할 사정 (악의, 사술 등)이 있을 수 있고, 그렇지 않다 하더라도, 행정청은 국가배상을 하더 라도 동 처분을 직권취소해야 할 경우도 있을 수 있으며, 동 처분이 직권취소될 수 없다 하더라도, 원고 자신에 대한 거부처분의 위법성만이라도 확정받을 필요 성이 — 정신적 이익, 반복방지, 국가배상준비를 위해 — 인정될 수 있으므로 협의의 소익을 인정하는 것이 타당하다.[65] 반면에, 경원자에 대한 수익처분 취소소송만 을 제기하는 경우에는, 원고 자신에 대한 거부처분의 불가쟁력은 행정의 효율성 확보 측면에서만 의미가 있고 경원자의 법적 안정성 측면에서는 비중이 크지 않 기 때문에, 경원자에 대한 수익처분의 취소판결의 기속력에 의거하여 원고에 대 한 거부처분을 재심사하게 되는 것은 큰 의문 없이 받아들일 수 있다.

(4) 제소기간

거부처분 취소소송의 제소기간에 관하여 우리 판례는 비교적 관대한 입장을 취하고 있다. 즉, 1992년 대법원판결[66]에 의하면, 신청에 대하여 거부처분이 있은 후 당사자가 다시 신청을 한 경우에, 그 신청의 제목 여하에 불구하고 그 내용이 새로운 신청을 하는 취지라면 행정청이 이를 다시 거절하면 새로운 거부처분이 있은 것으로 보아야 하고, 따라서 그때부터 다시 제소기간이 진행된다고 한다. 또 다른 1992년 대법원판결[67]은 최초의 거부처분 이후 동일한 내용의 신청에 대하 여 행정청이 다시 거절의 의사표시를 명백히 한 경우에는 새로운 처분이 있은 것 으로 보아야 하므로 행정심판 및 행정소송의 제기기간은 각 처분을 기준으로 진 행된다고 판시하였다. 완전히 동일한 신청이 반복된 경우에는 행정법관계의 조기 확정이라는 제소기간 제도의 취지에 비추어 의문의 여지가 있으나, 최소한 신청 의 이유와 근거자료에 변경이 일부라도 있는 때에는 새로운 신청으로 보아야 하 고, 따라서 그에 대한 거부행위는 새로운 거부처분이 된다고 할 것이다.

행정절차법 제50조), 우리 사안에서는 수익처분에 대해 취소소송이 제기되지 않아 불가 쟁력이 발생한 상태이다.

65) 졸고, 취소소송에서의 협의의 소익: 판단요소와 판단기준시 및 헌법소원심판과의 관계를 중심으로, 『행정법연구』 제13호, 2005, 1-18면; 본서 제17장(548-549면); 졸저, 전게서(행 정소송의 구조와 기능), 299면 각주 18) 및 325면 각주 94) 참조.
66) 대법원 1992. 10. 27. 선고 92누1643 판결.
67) 대법원 1992. 12. 8. 선고 92누7542 판결.

3. 본안문제

(1) 심사척도

(a) 절차적 위법성

거부처분에 대한 심사척도와 관련하여 절차적 위법성의 문제가 특별한 의미를 갖는다. 즉, 사전통지 要否와 이유제시의 정도에 있어 적극적 침익처분과 거부처분이 동일한 취급을 받아야 하는지, 그렇지 않다면 어느 정도로 달라야 하는지가 문제된다.

먼저 사전통지에 관하여, 2003년 대법원판결[68]은 임용거부처분의 경우 신청에 따른 처분이 이루어지지 아니한 때에는 아직 당사자에게 권익이 부과되지 아니하였으므로 특별한 사정이 없는 한 직접 당사자의 권익을 제한하는 것은 아니어서 신청에 대한 거부처분을 행정절차법 제21조 제1항의 '당사자의 권익을 제한하는 처분'에 해당한다고 할 수 없고 따라서 사전통지의 대상이 아니라고 판시하였다. 그러나 최소한 거부이유가 비리행위, 성적 모욕, 논문표절 등 통상의 범위를 넘어서는 경우에는 당사자의 방어권 보장이 필수적이므로, '권익 제한'의 의미를 확장하여 사전통지의 대상으로 파악하는 것이 타당하다.[69]

이유제시의 정도에 관해서는, 판례는 적극적 침익처분, 특히 제재처분(도로무단점용에 대한 변상금부과처분)[70]과 거부처분(토지형질변경허가거부)[71]을 구별하지 않고, 당사자가 어떠한 근거와 이유로 처분이 이루어진 것이지를 충분히 알 수 있으면, 처분서에 처분의 근거와 이유를 구체적으로 명시하지 않아도 위법하지 않다고 판시하고 있다. 그러나 상술한 바와 같이 제재처분과 거부처분의 동일성 범위, 즉 처분사유의 추가·변경 및 취소판결의 기속력의 범위를 달리 보는 사견에 의하면, 법령상 모든 거부사유들을 포괄하는 거부처분의 경우에는 제재사유별로 구별되는 제재처분에 비하여 이유제시의 구체성과 명확성이 비교적 덜 엄격하게 요구된다.

(b) 위법판단 기준시

판례는 위법판단 기준시를 적극적 침익처분과 거부처분을 구별하지 않고 동일하게 處分時로 보고 있는데,[72] 적극적 침익처분의 경우에는 행정절차의 비중을

---

68) 대법원 2003. 11. 28. 선고 2003두674 판결.
69) 同旨 최계영, 거부처분의 사전통지,『행정법연구』제18호, 2007, 269-297면 참조.
70) 대법원 2009. 12. 10. 선고 2007두20362 판결.
71) 대법원 2002. 5. 17. 선고 2000두8912 판결.
72) 이에 관해 졸저, 전게서(행정소송의 구조와 기능), 21면 각주 69) 참조.

중시한다는 점에서 전면적으로 찬성할 수 있으나, 거부처분의 경우에는 일정한 유보가 필요하다. 즉, 거부처분의 취소에 관해서는 處分時를 기준으로 그 위법성 여부를 판단하여야 하지만, 취소판결에 의거한 행정청의 재처분의무(행정소송법 제30조 제2항)와 관련하여 判決時를 기준으로 한 번 더 판단하여 설시하는 것이 소송경제와 시민의 판결에 대한 신뢰의 관점에서 타당하다. 處分時에 위법하였다는 이유로 거부처분을 취소하는 것으로 그친다면, 피고행정청은 判決時에 이르기까지의 사실 및 법상태의 변경을 이유로 취소판결의 기속력을 회피할 수 있으므로, 이를 방지하기 위해 추가로 判決時를 기준으로 행정청의 재처분의무를 판시하는 것이다.73)

(c) 형식적 거부처분

「행정절차법」이 시행되기 이전의 1996년 대법원판결74)에 의하면, 행정청의 형식적 거부처분(즉, 신청의 접수거부 조치)이 단순히 형식적·절차상의 이유가 아니라 실질적으로 명백하게 처분발급 대상자에 해당하지 않는다는 이유에 기인한 경우에는, 접수거부라는 절차상 위법만으로 판단하여 이를 취소하지 않고, 실질적 거부처분으로 파악하여 그 내용의 재량권 남용 여부를 판단하는 것이 당사자의 의사나 소송경제적인 면에서 타당하다고 판시하였다. 그러나 1998년 행정절차법 시행 이후에는 동법 제17조 제4항이 정하는 신청접수의무를 강조하기 위해서는 신청거부의 절차적 위법성만을 분리하여 판단하는 것이 옳을 것이다.75)

(2) 심사방식 내지 심사강도

이에 관한 중요한 문제의식은 과연 재량행위인 거부처분에 대한 재량심사가 재량행위인 적극적 침익처분, 특히 제재처분의 경우와 어떻게 다른가에 있다. 2002년 대법원판결76)은 공정거래위원회의 법 위반행위자에 대한 과징금 부과처분은 재량행위인데, 그 재량 행사에 있어서 사실오인, 비례·평등의 원칙 위배 등의 사유가 있으면 재량권의 일탈·남용으로서 위법하다고 하였는데, 2005년 대법원판결77)은 「국토의 계획 및 이용에 관한 법률」에 의한 도시지역 토지의 형질변

73) 이에 관해 졸저, 전게서(행정소송의 구조와 기능), 584면 이하, 585면 각주 41) 참조.
74) 대법원 1996. 7. 30. 선고 95누12897 판결(개인택시운송사업면허신청 접수거부).
75) 同旨, 김유환, 형식적 거부처분에 대한 취소소송에 있어서의 심리범위, 『행정판례연구』 제4집, 1999, 303-320면 참조.
76) 대법원 2002. 5. 28. 선고 2000두6121 판결.
77) 대법원 2005. 7. 14. 선고 2004두6181 판결.

경행위를 수반하는 건축허가 거부처분에 관해서도 동일한 취지로 판시하였다. 즉, 위 형질변경행위의 금지요건이 불확정개념으로 규정되어 있어, 그 금지요건 해당 여부에 관한 판단에 재량이 인정되고, 따라서 그 형질변경행위를 수반하는 건축허가는 결국 재량행위에 속한다고 전제한 다음, 재량행위에 대한 사법심사는 독자의 결론을 도출함이 없이 당해 행위에 재량권의 일탈·남용이 있는지 여부만 을 심사하는 것인데, 재량권의 일탈·남용 여부에 대한 심사는 사실오인, 비례·평 등의 원칙 위배 등을 판단 대상으로 한다는 것이다.

위 2005년 판결이 요건부분의 판단에 관해서도 '재량'이라고 칭하고 있는 점 은 찬성·환영하지만,[78] 적극적 침익처분, 특히 제재처분의 효과재량(선택재량)과 거부처분의 요건재량 및 효과재량(거부재량)에 대한 심사방식 내지 심사강도를 동 일하게 판시하고 있는 점은 비판되어야 한다. 거부처분의 경우에는 사실오인, 비 례·평등원칙의 위배에 그쳐서는 아니 되고, 요건재량에 관하여 포섭과정의 합리 성 내지 설득가능성, 근거자료의 신빙성 등이 심사되어야 한다.[79] 효과재량(거부 재량) 부분은 법규상의 거부사유에 한정될 필요는 없지만 법규상 거부사유와의 관련성을 검토하여 그 입법취지와 무관하거나 심지어 모순된 거부재량사유인 때 에는 재량권남용으로 판단될 수 있다.

4. 임시구제

(1) 효력정지

우리 판례에 의하면, 거부처분의 효력이 정지되더라도 행정청에 대해 어떠한 처분을 명하는 등 적극적인 상태를 만드는 것이 아니라 단지 그 거부처분이 없었 던 것과 같은 상태로 되는 것에 불과하여 거부처분으로 인한 손해를 피하는 데 아무런 도움이 되지 않기 때문에, 그 효력정지 신청은 신청의 이익을 결한 것으 로 부적법하다고 한다.[80] 그러나 한약사 국가시험에서 응시자격 미달로 원서가 반려된 사안에서 그 반려처분의 효력을 정지하고,[81] 2단계로 치러지는 국립대학

---

78) 졸고, 불확정개념과 판단여지, 『행정작용법』(中凡김동희교수정년기념논문집), 2005, 266 면 이하; 본서 제10장(358-362면) 참조.

79) 졸고, 행정법에 있어 판례의 의의와 기능, 『행정법학』 창간호, 2011, 64면; 본서 제7장(273 면 각주 46) 참조.

80) 대법원 1995. 6. 21.자 95두26 결정; 대법원 1992. 2. 13.자 91두47 결정 등.

81) 서울행정법원 2000. 2. 18.자 2000아120 결정.

교 입학시험에서 1차전형 불합격처분의 효력을 정지한 서울행정법원 판례가 있다.[82] 이와 같은 원서반려처분과 1차전형 불합격처분은 다음 단계의 응시 기회를 박탈하는 것으로서, 그 효력이 정지되면 응시 기회가 부여된다는 점에서, 적극적 침익처분으로서의 성질을 병유하기 때문에, 효력정지 신청의 이익이 인정되는 것이 타당하다.[83]

(2) 가처분

민사집행법 제300조 제2항의 '임시의 지위를 정한 가처분'의 준용에 대하여 판례는 일관되게 부정적이지만,[84] 입법론적으로는 물론, 현행법상으로도 재판청구권의 실효적 보장을 위해서는 최소한, 집행정지·효력정지로 그 목적을 달성할 수 없는 경우에는 민사집행법의 준용을 통해, 강화된 긴급성 요건 하에서 가처분이 허용되는 것이 타당하다고 생각한다. 행정심판법에는 이미 '임시처분' 제도가 도입되어 있다.[85] 유의할 것은, 당사자소송의 경우에 항고소송의 집행정지규정이 준용되지 않고 또한 당사자소송은 민사소송과 유사하다는 점을 근거로 민사집행법 규정의 준용에 의한 가처분이 가능하다는 것이 학설·실무상 일치된 견해이므로, 금전지급 기타 급부의 거부처분에 대해서는—상술한 바와 같이, 행정청의 선결권 및 처분의 공정력 내지 불가쟁력 때문에 바로 당사자소송을 제기할 수 없는 경우를 제외하고는— 당사자소송을 전제로 임시의 지위를 정하는 가처분을 구할 수 있다는 점이다.

5. 판결의 효력

(1) 거부처분 취소판결의 효력

(a) 형성력·기속력과 기판력의 관계

거부처분 취소판결의 효력의 핵심은 거부처분의 효력을 소멸시킴으로써 행

---

82) 서울행정법원 2003. 1. 14.자 2003아95 결정.
83) 졸저, 전계서(행정소송의 구조와 기능), 30면 참조.
84) 대법원 1967. 5. 29.자 67마311 결정; 대법원 1975. 12. 30.자 74마446 결정; 대법원 1992. 7. 6.자 92마54 결정 등.
85) 행정심판법 제31조 제1항: "위원회는 처분 또는 부작위가 위법·부당하다고 상당히 의심되는 경우로서 처분 또는 부작위 때문에 당사자가 받을 우려가 있는 중대한 불이익이나 당사자에게 생길 급박한 위험을 막기 위하여 임시지위를 정하여야 할 필요가 있는 경우에는 직권으로 또는 당사자의 신청에 의하여 임시처분을 결정할 수 있다."

정청으로 하여금 신청에 대하여 다시 심사·결정하도록 하는 데 있는데(형성력), 이것만으로는 부족하고 그 취소판결에서 지적된 위법사유를 반복하지 않도록 하는 구속이 필요하다(반복금지효 → 기속력). 통설에 의하면, 형성력은 행정소송법 제29조 제1항에, 기속력은 동법 제30조 제1항 및 제2항에 각각 의거한 것으로서, 이 양자는 기판력과 구별된다고 한다.[86]

그러나 사견에 의하면, 통설은 취소판결의 효력에 관한 행정소송법 제29조 제1항("처분등을 취소하는 확정판결은 제3자에 대하여도 효력이 있다")이 형성력만을 의미하고 기판력과는 무관한 것으로 그 의미를 축소하는 데 문제가 있다. 독일에서는 취소판결의 기판력(Rechtskraft)이 명문의 규정(행정재판소법 제121조)에 의해 당사자 및 참가인에게만 한정되는데, 취소판결의 '대세적' 형성력은 명문의 규정 없이, 형성판결에 의한 효력으로서 당연히 인정된다. 통설이 위 행정소송법 제29조 제1항의 의미를 독일에서는 이와 같이 명문의 규정도 없이 당연히 인정되는 '형성력'에 한정하고 기판력을 배제하는 까닭은, 위 조항에 기판력도 포함된다고 하면 기판력의 대세효가 인정되기 때문이다. 민사소송법(제218조 제1항)에서는 승소판결이든 패소판결이든 기판력은 당사자, 승계인 및 참가인에게만 미치기 때문에, 취소판결의 기판력도 오직 민사소송법의 준용에 의해서만 인정되는 것으로 보아야 취소소송의 주관소송적 성격이 유지된다. 위 조항과 동일한 규정(行政事件訴訟法 제32조)을 갖고 있는 일본의 통설도 마찬가지이다.[87] 일본에서는 법률상 이익의 위법성 견련성을 규정한 行政事件訴訟法 제10조 제1항 규정 때문에 취소소송의 주관소송적 성격이 실정법상 벗어나기 어려운 '주어진 것'이겠으나, 이러한 규정이 없는 우리나라에서 취소소송의 객관소송적 성격을 인정하는 실정법적 근거의 중심을 이루는 것이 바로 위 취소판결의 기판력의 대세효를 규정하고 있는 제29조 제1항임은 상술한 바와 같다.[88]

이러한 관점을 거부처분 취소판결에 적용하여 보면, 행정소송법 제30조 제2항의 기속력, 즉 취소판결의 취지에 따라 재처분해야 하는 행정청의 의무는 제29조 제1항의 — 대세효 있는 — 기판력의 한 내용으로서, 소송법적 효력이고, 따라

---

86) 통설의 문헌목록과 자세한 내용에 관하여 졸저, 전게서(행정소송의 구조와 기능), 365-366면; 졸고, 취소판결의 반복금지효, 『행정판례연구』 제23집 제1호, 2018, 92면 참조.
87) 『條解 行政事件訴訟法』第4版, 2014, 弘文堂, 653면 이하 참조.
88) 이상에 관하여, 졸저, 전게서(행정소송의 구조와 기능), 438면 이하; 졸고, 전게논문(취소판결의 반복금지효) 92면 이하; 본서 제16장(521-523면) 참조.

서 이에 위반하면 '별도의 추가적인 판결 없이' 바로 제34조의 간접강제의 대상이
된다. 반면에, 독일에서는 기속력(원상회복)이 취소판결 자체의 효력이 아니기 때
문에, 별도로 원고의 신청에 의해 취소판결과 함께 원상회복을 명하는 주문을 선
고하고,[89] 이에 불응하면 간접강제 절차로 이행된다.

(b) 기속력의 범위와 심리 범위

통설은 거부처분 취소판결의 기속력 내지 반복금지효가 그 성질상 '당연히'
— 위법으로 지적된 — 개개의 거부사유에 대하여 발생하는 것으로 본다.[90] 그러나
사견에 의하면, 기속력도 기판력의 한 내용이므로, 기판력과 마찬가지로 그 범위
가 소송물인 '계쟁처분과 동일성 있는 처분의 위법성 일반'이고, 따라서 그 범위
내에서 소송 중 처분사유(거부사유)의 추가·변경이 가능하였기 때문에, 거부처분
취소판결이 확정되면 다른 모든 거부사유들이 차단되고 반드시 신청에 대한 처분
을 하여야 하겠지만, 행정소송법 제30조 제2항이 그 기속력의 범위를 '판결의 취
지'로 제한하고 있는 것으로 파악한다. 다시 말해, 소송물이론에 의해서는 거부처
분 취소판결의 기속력의 범위가 법규상 거부사유 전체에 미치는데, 위 제30조 제
2항에 의해 그 범위를 제한할 수 있는 힘이 '판결'에게 부여된 것이다.

따라서 법원이 소송과정에서 피고행정청에 대해 다른 거부사유들이 있으면
제출하도록 소송지휘하고 그럼에도 다른 거부사유를 주장하지 않았음을 판결이
유에 설시하면 취소판결의 기속력의 범위가 법규상 거부사유 전체로 확장됨으로
써 더 이상 다른 거부사유를 이유로 동일한 거부처분을 할 수 없게 되고, 반대로
— 행정의 일차적 판단권을 존중하여 — 일정한 거부사유에 대해서는 그 전문성과
복잡성을 이유로 별도로 행정청의 조사·판단이 필요하다고 하면서 법원의 판단
을 보류하면 당해 거부사유에 대해서는 취소판결의 기속력이 미치지 않는다. 이
와 같이 심리 범위가 탄력적으로 조절될 수 있다.

요컨대, 거부처분 취소판결의 기속력은 행정청의 거부사유 또는 거부재량이
남아 있는지 여부에 따라 달라진다. 즉, 판결에서 위법으로 지적된 원처분의 거부

---

89) 독일 행정재판소법 제113조 제1항 제2문: Ist der Verwaltungsakt schon vollzogen, so kann das Gericht auf Antrag auch aussprechen, daß und wie die Verwaltungsbehörde die Vollziehung rückgängig zu machen hat. (행정행위가 이미 집행된 경우에는 신청에 의해 재판소는 행정청이 그 집행을 원상회복하여야 하여야 한다는 점과 그 방법을 아울러 선고할 수 있다.)
90) 졸저, 전게서(행정소송의 구조와 기능), 365-366면 참조.

사유들이 모두 배제되고 나머지 가능한 거부사유들도 위와 같은 판결이유 설시에 의해 봉쇄되어 반드시 신청된 처분이 발급될 수밖에 없는 경우이면 '계쟁처분 발급의무'로 나타나고, 다른 거부사유 또는 다른 재량거부사유들이 남아 있는 경우에는 '재결정의무'로 나타나게 된다.[91] 재량행위인 경우에는 대부분 후자이지만, 원처분의 재량거부사유들이 모두 재량권남용으로 판단되고 나머지 가능한 재량거부사유들도 판결이유에 의해 봉쇄된 경우에는 전자도 가능하다.

(c) 이행명령 및 의무이행소송과의 관계

위 제30조 제2항과 같은 거부처분 취소판결의 기속력 범위의 제한을 그대로 유지하되, 그 행정청의 재처분의무의 내용을 판결이유에서가 아니라 '주문'에서 선고하는 것이 1995년 프랑스에 도입된 이행명령(l'injonction) 제도이다. 다시 말해, 거부결정의 취소를 구하는 월권소송의 틀을 유지하기 때문에, 處分時를 기준으로 위법한 거부결정을 취소하면서, 그 취소의 효과로서, 判決時에 존속하고 있는 행정청의 재처분의무 내지 결과제거의무를 주문에 명시하는 것이다.[92] 이러한 이행명령을 명시적으로 도입하지 않더라도, 우리 현행법 하에서도, 거부처분 취소판결의 판결이유 부분에서 큰 활자 내지 고딕체로 행정청의 재처분의무가 判決時에도 존재함을 명시하면 이행명령 제도의 취지를 충분히 살릴 수 있다.

반면에, 월권소송 내지 항고소송의 틀을 깨고 소송형태 자체를 '이행소송'으로 변경시킨 것이 독일의 의무이행소송이다. 독일에서는 확인소송·이행소송·형성소송이라는 민사소송의 3유형 이론에 의거하여, 의무이행소송은 형성소송인 취소소송과 법적 성격을 달리하는 이행소송으로 파악된다. 따라서 의무이행소송에서 거부결정을 취소하는 주문을 선고하더라도 법적 효력이 없는 선언적 의미밖에 없다고 하는 것이 통설·판례이다.[93] 의무이행소송의 소송물은 거부결정의 위법성이 아니라 원고의 계쟁 행정행위 발급청구권이므로, 위 (나)와 같은 기속력·심리의 범위 제한은 없어지고, 심리 범위가 계쟁 행정행위 발급요건 전부에 미치게

---

91) 프랑스의 이행명령과 독일의 의무이행소송의 주문도 이와 같이 두 종류로 구분되고, 우리나라 2012년 법무부 행정소송법 개정안 제47조의 의무이행판결도 마찬가지이다.
92) 일본에서 상술한 바와 같이 '항고소송'의 일종으로 의무부과소송(義務付けの訴え)을 도입하면서 소위 申請型의 경우에는 거부처분 취소소송과 병합하여 제기하도록 규정하고 있으므로, 위와 같은 프랑스의 이행명령에 가까운 것이라고 할 수 있다.
93) 대표적으로 Kopp/Schenke, Verwaltungsgerichtsordnung. Kommentar. 21.Aufl., 2015, § 113 Rn. 179; Christian Bickenbach, a.a.O.(Das Bescheidungsurteil), S.45 참조.

된다. 판례의 의하면 기속행위의 경우에 법원은 행정행위 발급요건 전부에 관해 주도적으로 심리하여 판결의 '성숙성'(Spruchreife)을 획득하여야 하고, 임의로 이를 포기하고 재결정명령판결(Bescheidungsurteil)을 통해 사건을 행정에게 돌려보내서는 아니 된다고 한다.[94] 계쟁 행정행위의 발급을 명하는 승소판결의 효력도 발급요건 전부에 미친다. 즉, 판결의 기판력(차단효)에 의해 判決時 이전의 다른 거부사유들은 차단된다.

입법론으로 우리나라에서 의무이행소송을, 독일식의 의무이행소송이 아니라, 프랑스의 이행명령과 같이, 거부처분 취소소송에 결합된 '재처분의무 주문 명시' 제도로 도입하는 것이 판단 기준시와 심리 범위와 관련하여 바람직하다고 생각한다.[95] 즉, 處分時를 기준으로 거부처분이 위법하여 이를 취소할 때에만 이행명령이 가능하고, 處分時에 거부처분이 적법하면 사정변경이 있더라도 이행명령이 불가능하기 때문에 행정청의 선결권이 보장된다. 원고는 사정변경을 이유로 행정청에 다시 신청을 하여야 한다. 또한 위 (나)에서와 같은 기속력의 범위 제한 및 이에 따른 심리 범위의 탄력적 조절이 여전히 적용되기 때문에, 법원의 과도한 심리 부담을 피할 수 있다.[96]

(2) 기각판결의 효력

기각판결은 형성효와 기속력이 없음은 물론이지만, 계쟁 거부처분의 적법성

---

94) BVerwGE 10, 202, 204; 11, 95, 98 ff.; 12, 186; 69, 198, 201 등. 이러한 판례에 대하여, 행정의 일차적 판단권 및 행정절차의 경시, 법원의 부담가중, 사법부의 권위 손상의 우려를 지적하는 유력한 견해가 있다. Kopp/Schenke, Verwaltungsgerichtsordnung. Kommentar. 17.Aufl., 2011, § 113 Rn.198; Albert von Mutius, Gerichtsverfahren und Verwaltungsverfahren, in: System des verwaltungsgerichtlichen Rechtsschutzes. Festschrift für C.-F. Menger, 1985, S.575-604 (601 ff.); Bernhard Stüer, Zurückweisung und Bescheidungsverpflichtung im Verwaltungsprozeß, in: a.a.O., S.779-795 (788 ff.). 이에 관하여 Gregor Marx, Das Herbeiführen der Spruchreife im Verwaltungsprozeß, 1996; 고소영, 독일의 의무이행소송에 있어 '판결성숙성'(Spruchreife)에 관한 연구: 법원의 판결성숙성 성취의무에 관한 논의를 중심으로, 서울대학교 대학원 법학석사논문, 2015 등 참조.

95) 다만, 일본에서와 같이 거부처분 취소소송과 병합 제기하도록 강제할 필요는 없고, 의무이행소송이 제기되면 거부처분 취소소송이 당연히 법적으로 결합된 것으로 보면 될 것이다.

96) 상세한 내용은 졸고, 원고적격·의무이행소송·화해권고결정, 법무부, 『행정소송법 개정 공청회 자료집』 2012, 22면 이하 참조. 행정소송 담당 법관의 수가 약 4,000명에 이르는 독일의 제도를 그대로 도입하는 것은 곤란하다.

에 관하여 기판력이 발생한다. 계쟁처분에 대한 원고의 탄핵이 성공하여 취소판결이 선고·확정되면 처분의 위법성에 관한 기판력이 대세효를 갖도록 함으로써 행정상 법률관계의 안정성을 확보하지만, 기각판결의 기판력은 민사소송법의 준용에 의해 당사자 사이에서만 인정함으로써 원고 패소의 책임과 파장을 원고 개인에게만 한정시킨다. 또한 기각판결은 행정청을 기속하는 효력은 없으므로, 기각판결에도 불구하고 행정청은 거부처분을 직권취소하고 신청에 따른 처분을 하는 데 법적인 장애는 없다.[97]

V. 結語

거부처분과 행정소송에 관한 문제들을 한 자리에 모아 살펴본 결과, 도그마틱의 분별력과 체계성, 그리고 다원적 비교법의 돌파력을 새삼 실감한다. 많은 문제들을 한꺼번에 파악하기 위해서는 우리의 시야를 높게 가져야 한다. 그래야 보다 멀리 볼 수 있기 때문이다. 이것이 바로 독수리와 같이 가능한 한 높이 천천히 날아야 한다는 '독수리 행정법'의 방법론이다. 물론 개개의 문제를 포착·천착하기 위해서는 바로 땅으로 내려와 표범으로 변신하여 돌진해야 한다.

---

97) 졸저, 전게서(행정소송의 구조와 기능), 455면 이하 참조.

[참고문헌]

고소영, 독일의 의무이행소송에 있어 '판결성숙성'(Spruchreife)에 관한 연구, 서울대
    학교 대학원 법학석사논문, 2015.

김연태, 처분의 발급을 구하는 소송유형, 『고려법학』 39호, 2002.

김유환, 형식적 거부처분에 대한 취소소송에 있어서의 심리범위, 『행정판례연구』 제
    4집, 1999.

김종보, 도시계획변경거부의 처분성, 『특별법연구』 제8권, 2006.

김중권, 제3자에 의한 건축허가철회청구권의 행정법적 의의, 『법조』 제728호, 2018.

노경필, 불가쟁력이 발생한 행정처분의 변경을 구할 조리상 신청권이 인정되는지
    여부, 『대법원판례해설』 제68호, 2008.

박균성, 『행정법론(상)』, 2017.

박정훈, 『행정법의 체계와 방법론』, 2005.

박정훈, 『행정소송의 구조와 기능』, 2006.

박정훈, 취소소송에서의 협의의 소익: 판단요소와 판단기준시 및 헌법소원심판과의
    관계를 중심으로, 『행정법연구』, 제13호.

박정훈, 불확정개념과 판단여지, 『행정작용법』(中凡김동희교수정년기념논문집), 2005.

박정훈, 항고소송과 당사자소송의 관계: 비교법적 연혁과 우리법의 해석을 중심으
    로, 『특별법연구』 제9집(이홍훈대법관퇴임기념), 2011.

박정훈, 행정법에 있어 판례의 의의와 기능, 『행정법학』, 창간호, 2011.

박정훈, 원고적격·의무이행소송·화해권고결정, 법무부, 『행정소송법 개정 공청회
    자료집』 2012.

박정훈, 취소판결의 반복금지효, 『행정판례연구』 제23집 제1호, 2018.

박정훈, 국가배상법의 개혁 ― 사법적 대위책임에서 공법적 자기책임으로, 『행정법
    연구』 제62호, 2020.

박현정, 프랑스 국가배상책임제도에서 위법성과 과실의 관계, 『한양대 법학논총』 제
    29권 제2호, 2012.

박현정, 프랑스 행정법상 '역무과실'(la faute de service)에 관한 연구 ― 역무과실과
    위법성의 관계를 중심으로, 서울대학교 법학박사논문, 2014.

백윤기, 항고소송의 대상이 되는 거부처분 ― 처분성 인정요건으로서의 신청권에 대
    하여, 『사법연구자료』 제20집, 1993

백윤기, 거부처분의 처분성 인정요건으로서의 신청권, 『행정법연구』 창간호, 1997.

송시강, 입국금지의 사증발급에 대한 효력과 그 한계, 『특별법연구』 제17권, 2020.

이상덕, 불가쟁력이 발생한 행정처분의 재심사(再審查)에 관한 법적 규율, 『사법논
    집』 제63집, 2016.

이홍훈, 검사임용거부처분의 항고소송의 대상으로서 행정처분성 여부, 『법과 정의』, (이회창 화갑기념논문집), 1995.

최계영, 거부처분의 사전통지, 『행정법연구』 제18호, 2007, 269-297면.

최계영, 용도폐지된 공공시설에 대한 무상양도신청거부의 처분성, 『행정법연구』 제 14호, 2005.

Otto Bachof, Die verwaltungsgerichtliche Klage auf Vornahme einer Amtshandlung, 1951.

Christian Bickenbach, Das Bescheidungsurteil als Ergebnis einer Verpflichtungsklage, 2006.

Duncan Fairgrieve, State Liability in Tort: A Comparative Law Study, 2003.

Friedhelm Hufen, Verwaltungsprozessrecht. 10.Aufl. 2017.

Karl Kormann, System der rechtsgeschäftlichen Staatsakte, 1910.

Kopp/Schenke, Verwaltungsgerichtsordnung. Kommentar. 21.Aufl., 2015.

Peter Krause, Rechtsformen des Verwaltungshandelns, 1974.

Hans-Werner Laubinger, Die isolierte Anfechtungsklage, in: System des Verwaltungs- gerichtlichen Rechtsschutzes: Festschrift für Ch.-F. Menger 1985, S.443-459.

Gregor Marx, Das Herbeiführen der Spruchreife im Verwaltungsprozeß, 1996.

Albert von Mutius, Gerichtsverfahren und Verwaltungsverfahren, in: System des verwaltungsgerichtlichen Rechtsschutzes. Festschrift für C.-F. Menger, 1985, S.575-604.

Répertoire de contentieux administratif mise à jour 2000 Tome III.

Hans Heinrich Rupp, Grundfragen der heutigen Verwaltungsrechtslehre. 2.Aufl. 1991.

Bernhard Stüer, Zurückweisung und Bescheidungsverpflichtung im Verwaltungsprozeß, in: System des verwaltungsgerichtlichen Rechtsschutzes. Festschrift für C.-F. Menger, 1985, S.779-795.

Felix Weyreuther, Die Rechtswidrigkeit eines Verwaltungsaktes und die »dadurch« bewirkte Verletzung »in ⋯ Rechten« (§ 113 Abs. 1 Satz 1 und Abs. 4 Satz 1 VwGO), in: System des Verwaltungsgerichtlichen Rechtsschutzes: Festschrift für Ch.-F. Menger 1985, S.681-692.

Wolff/Bachof, Verwaltungsrecht I. 9.Aufl., 1974.

Wolff/Bachof/Stober, Verwaltungsrecht. 10.Aufl., 1994.

Thomas Würtenberger, Verwaltungsprozessrecht: Ein Studienbuch. 3.Aufl., 2011.

亘理 格, 行政行為と司法的統制: 日仏比較法の視点から, 2018.

大浜啓吉, 行政裁判法, 2011.

山岸敬子, 客観訴訟の法理, 2004.

神橋一彦, 行政訴訟と權利論, 2003.

阿部泰隆, 行政法解釈学(2) 実効的な行政救済の法システム創造の法理論, 2009.

阿部泰隆, 行政訴訟改革論, 1993.

原田尚彦, 訴の利益, 1973.

原田尚彦, 行政責任と國民の權利, 1983.

田村悅一, 行政訴訟における國民の權利保護, 1975.

條解 行政事件訴訟法 第1版, 1987, 107면; 裁判實務大系 行政爭訟法 (園部逸夫/時岡泰 編), 1984.

條解 行政事件訴訟法 第4版 (原編著 南博方, 編集 高橋滋 市村陽典 山本隆司), 2014.

14. 抗告訴訟과 當事者訴訟의 관계[*]
— 비교법적 연혁과 우리법의 해석을 중심으로 —

I. 序說

사춘기의 成長痛은 참된 어른으로 거듭 나기 위한 밑거름이다! 1980년대까지 '假死'상태에 있던 당사자소송이 1990년대에 이르러, 1992년 광주민주화운동관련자보상등에관한법률에 의한 보상금청구 사건[1]을 필두로, 지방전문직공무원 채용계약해지 무효확인,[2] 서울시립무용단원해촉 무효확인,[3] 석탄산업법에 의한 석탄가격안정지원금청구[4] 및 재해위로금청구[5] 등에 관해 인정됨으로써 화려하게 '復活'하였다. 이어 2000년대에는 군인연금법령의 개정에 따라 국방부장관이 퇴역연금액을 감액한 경우,[6] 공무원연금법령의 개정에 따라 공무원연금관리공단이 퇴직연금 중 일부 금액에 관해 지급을 정지한 경우,[7] 1984. 12. 31. 이전에 토지가 하천구역으로 편입됨으로써 발생한 손실보상금의 청구[8]에 관해 당사자소송이 인정됨으로써, 이제 당사자소송은 행정소송의 한 주요 유형으로 성장하게 되었다.[9]

[항고소송과 당사자소송의 관계, 『특별법연구』 제9집(이홍훈대법관퇴임기념), 2011]

* 본고는 2008. 12. 1. 대법원 특별소송실무연구회에서의 발표문(未公刊)을 수정·보완한 것임을 밝힌다.
1) 대법원 1992. 12. 24. 선고 92누3335 판결.
2) 대법원 1993. 9. 14. 선고 92누4611 판결.
3) 대법원 1995. 12. 22. 선고 95누4636 판결.
4) 대법원 1997. 5. 30. 선고 95다28960 판결.
5) 대법원 1999. 1. 26. 선고 98두12598 판결.
6) 대법원 2003. 9. 5. 선고 2002두3522 판결.
7) 대법원 2004. 7. 8. 선고 2004두244 판결.
8) 대법원 2006. 5. 18. 선고 2004다6207 전원합의체 판결.
9) 1990년대 당사자소송의 '부활'에 관해서는 특히 백윤기, 당사자소송의 대상, 『행정판례연구』 제4집, 1999, 350-367면; 조용호, 공중보건의사 채용계약해지에 대한 쟁송, 『행정

이러한 당사자소송의 부활과 성장은, 한편으로 행정소송의 민사소송에 대한 '대외적' 관계에서 — 특히 1998년부터 시행된 행정소송 3심제에 힘입어 — 당사자소송이, 사법상 법률관계에 관한 민사소송에 대응하는, '공법상 법률관계'에 관한 소송으로서 행정소송의 주요유형으로 발전하게 됨으로써, 민사소송에 대한 행정소송의 존재의의를 높였다는 점에서 긍정적으로 평가될 수 있으나, 다른 한편으로 행정소송의 '내부적' 관계에서는 항고소송과 당사자소송의 구별이라는 '소송유형의 선택' 문제가 야기되었다. 이는 1994년 공공용지의취득및손실보상에관한특례법상의 이주대책을 위한 택지분양권이나 아파트입주권에 관한 전원합의체 판결10)과 2008년 「민주화운동관련자 명예회복 및 보상 등에 관한 법률」에 의한 보상금 지급에 관한 전원합의체 판결11)에서 다수의견과 반대의견의 대립으로 나타났다.

항고소송과 당사자소송은 우리 행정소송법상 2개의 주된 소송유형이기 때문에, 양자의 관계를 파악하는 것은 행정소송체계 전체를 이해하는 것이나 다름없이 중요하고도 어려운 문제이다. 어떤 사물에 있어서도, 우선 논리적으로 두 개의 사물 사이의 '관계'라는 것은 그 '각자'의 본질을 전제로 하는 것일 뿐만 아니라, 기능적으로는 그 관계가 어떠한가에 따라 그 전체의 통합된 효용이 달라진다. 지금까지 일반적으로, 행정소송의 대상에 초점을 맞추어, 항고소송은 '처분'을 대상으로 하는 소송인 반면, 당사자소송은 '공법상 법률관계'를 대상으로 하는 소송이라고 이해되어 왔다. 또는 소송당사자에 초점을 맞추어, 항고소송은 피고 행정청의 우월적 지위를 전제로 하는 반면, 당사자소송은 대등한 당사자 사이의 소송이라는 설명도 추가되기도 하였다. 그러나 왜, 무엇 때문에, 어떠한 경위로, 이러한 二元的 소송구조가 우리 행정소송법에 채용되었는지에 관해서는 관심이 부족하였다.

모든 법제도는 '인류 역사 속에서의 인간 지혜의 산물'이다. 따라서 법제도의 본질과 기능을 이해하기 위해서는 역사적 고찰과 비교법적 고찰이 필수적이다. 우리보다 먼저 유사한 제도를 가진 나라에서, 우리와 동일한 문제상황에서, 어떻게 문제를 해결하였가를 살펴보는 것이 우리의 문제를 해결하는 데 결정적인 도움을 줄 수 있기 때문이다. 더욱이 행정소송의 항고소송·당사자소송 제도는 직

판례연구』 제4집, 1999, 338-349면 참조.

10) 대법원 1994. 5. 24. 선고 92다35783 전원합의체 판결(다수의견 8: 반대의견 5).

11) 대법원 2008. 4. 17. 선고 2005두16185 전원합의체 판결(다수의견 10: 반대의견 3).

접적으로 일본으로부터 계수된 것인데, 일본의 제도는 독일로부터 계수된 것이고, 독일의 제도는 프랑스의 강한 영향 아래 성립된 것이다. 그렇다면 우리에게 필요한 것은 그 '뿌리'를 찾아 거꾸로 프랑스 → 독일 → 일본 순서로 그 移植과정을 들추어 보는 작업이다.

　　이상과 같은 문제의식에서, 本稿에서는 먼저 프랑스, 독일, 일본의 행정소송 구조에 대하여 비교법적 연혁을 고찰한 다음(Ⅱ), 우리법의 해석을 통하여 바람직한 해결책을 모색하여 그동안의 판례를 검토하고자 한다(Ⅲ.).

Ⅱ. 比較法的 沿革

1. 프랑스

(1) 제1단계 : 통상소송과 월권소송의 병립(1790년~1870년대)

　　프랑스에서는 대혁명 직후 1790년 제정된 (현재에도 효력이 있는) 법률[12]에 의해 행정사건에 관한 일반법원의 재판권이 배제됨으로써, 그 이전에 일반법원에서 행정에 관해 이루어지던 재판이 모두 행정법원의 관할로 이전되어 '행정소송'(le contentieux administratif)으로 되었는데, 처음에는 — 후술하는 월권소송과 구별하기 위해 — '통상소송'(le recours contentieux ordinaire)으로 불려졌다. 이 통상소송에서는 민사소송에서와 마찬가지로, 행정에 대하여 금전급부를 명하는 것도 가능하고, 행정결정을 취소할 뿐만 아니라 이를 적극적 또는 소극적으로 변경하는 것도 가능하였다. 단지, 행정법원은 행정에 대해 적극적인 행위를 명할 수 없다는 원칙에 따라, 금전급부 이외의 행정작용을 하도록 명하는 이행판결은 불가능하였다.

　　이러한 통상소송은 예전의 민사소송과 마찬가지로 주관소송이기 때문에, 권리 내지 청구권이 원고적격의 요건인 동시에 본안요건이 되었다. 본안요건으로서의 청구권을 판단함에 있어서는 — 민사소송에서와 같이 — 법률에 기속되었고, 재량이 부여되어 있는 경우에는 본안판단이 불가능하였다. 본안판단의 基準時는 민사소송에서와 같이 判決時이다. 주된 사건은 역시 민사소송에서와 같이 금전지급청구, 즉, 행정계약(공법상계약)의 이행청구, 행정상 불법행위에 의거한 손해배상청구, 공법상 부당이득반환청구이었다. 그 밖에 행정결정의 취소·변경 청구도 주

---

12) Loi de 16-24 aout 1790, Art.13.

요한 사건유형을 이루었으나, 개별처분에 한정되고 행정입법은 제외되었다. 통상소송은 주관소송이므로 그 판결의 효력은 민사판결과 같이 당사자 간에 상대적 효력밖에 갖지 못한다.

선행되는 행정결정이 있는 경우에는, 금전지급청구이건 행정결정의 취소·변경청구이건 간에, 3개월의 제소기간의 제한이 있었다(1806년의 데끄레). 특기할 만한 것은 변호사 강제주의가 적용된다는 점이다. 심급은 2심제 또는 3심제인데, 원칙적으로 해당부서의 장관이 제1심이 되고(소위 '장관재판관' ministre-juge 제도),[13] 법률에 정한 사항에 관해서는 道참사원(Conseil de préfecture)이 제1심 또는 항소심이 되며, 꽁세유·데따는 항소심 또는 파기심(상고심)이 되었다.

이상과 같은 통상소송과 별도로 '월권소송'(le recours pour excès de pouvoir)이라는 새로운 소송유형이 인정되게 되었는데, 그 기원은 1790년까지 소급한다. 즉, 지방도로의 관할관청인 道(département)가 그 관할 내의 지방도로에 관해 도로상황을 변경하는 결정을 내리자, 그 관할지역 내의 Gray市가 同市를 경유하는 도로부분에 관해서는 道가 관리권을 갖지 않는다고 주장하면서 위 결정을 다투는 소송을 일반법원에 제기하였다. 상술한 행정소송(통상소송)은 私人이 제기하는 것이었기 때문에, 지방자치단체가 제기한 위 사건은 행정소송에 해당하지 않고 따라서 원칙으로 돌아가 일반법원에 관할이 있는 것으로 간주되어 일반법원이 재판권을 행사하고자 하였다. 이에 국민의회는 1790년 위 사건에 대한 일반법원의 재판권을 봉쇄하기 위해 행정청의 권한문제는 행정수반인 국왕에게 직접 제소되어야 한다는 데끄레를 제정하게 되는데, 이와 같이 국왕에게 제소되는 사건에 관하여 1791년에 설립된 꽁세유·데따가 관할권을 갖게 되었다. 이와 같이 위 1790년의 데끄레를 계기로 행정청의 권한 자체를 다투는 특별한 행정소송으로서 월권소송이 자리잡게 되었으나, 현재까지 월권소송을 정면으로 규정한 법률이나 데끄레가 없었기 때문에, 월권소송은 판례법에 의해 창설되어 현재에는 '헌법적 가치를 갖는 법의 일반원칙'(le principe du droit à valeur constitutionnelle)의 하나로 인정되고 있다.

여하튼 월권소송은 통상소송과는 달리, 꽁세유·데따에 직소되고, 그 대상은 '집행적 결정'(la décision exécutoire)에 한정되어 금전지급청구는 제외되지만, 통상소송과는 달리 개별결정뿐만 아니라 행정입법도 포함된다. 제소사유는 '권한유

---

13) 이 장관재판관제도는 꽁세유·데따의 1889년 Cadot 판결에 의해 폐기되었다.

월'(l'excès de pouvoir)인데, 그 세부적인 사유로 처음에는 '무권한'(l'incompétence)
에 국한되었으나 1870년대에 이르기까지 '형식·절차적 하자'(la vice de forme ou
de procédure)와 '권한목적위반'(le détournement de pouvoir)을 포함하는 것으로 확
대되었다. 월권소송은, 私人의 권리를 보호하기 위한 통상소송과는 달리, 행정결
정의 위법성을 통제하기 객관소송으로서, 원고적격도 사실상의 이익침해로 충분
하다. 제소기간은 통상소송과 마찬가지로 3개월이었으나, 1864년 데끄레에 의해
변호사 강제주의가 면제되었다는 점이 특기할 만하다. 월권소송에서는 오직 행정
결정의 위법성(즉, 권한유월)을 이유로 당해 결정을 '무효'(la nullité)로 선언하는 것,
즉, '취소 내지 무효화'(l'annulation)하는 데 그친다. 위법성은 處分時를 기준으로
판단한다. 결정의 적극적 변경은 물론 소극적 변경(일부취소)[14]도 불가능하고, 금
전급부 기타 행정작용의 이행을 명할 수도 없다.[15] 월권소송에서의 취소판결은
대세효를 갖는다.

(2) 제2단계 : 월권소송과 완전심판소송의 병립(1880년대~1900년대)

1887년 당시 꽁세유·데따의 副院長(vice-président)[16]이었던 라페리에르(Edouard
Laferrière)가 자신의 저서인 『Traité de la juridiction administrative et des recours
contentieux』에서 행정소송의 종류를 월권소송, 완전심판소송(le contentieux de
pleine juridiction), 해석 및 적법성평가 소송(le contentieux de l'interprétation et de l'ap-
préciation de légalité) 및 처벌소송(le contentieux de la répression)으로 구분한 것을 계
기로, 상술한 '통상소송'이 일반적으로 '완전심판소송'으로 불리게 되었다. 이는
단순한 명칭변경에 그치지 아니하고, 소송의 기능과 위상의 변화를 야기하였다.
즉, '통상'(ordinaire)이라는 의미가 퇴색하고 그 대신 '심판권의 완전성'(pleine juri-
diction)이 강조되는 것이다. 다시 말해, 행정소송에 있어 월권소송의 비중이 커져
오히려 월권소송이 행정소송의 주류 내지 통상적인 것이 됨으로 말미암아, 심판
범위가 권한유월(越權)에 한정되는 '월권'소송과 구별하기 위하여, '완전심판'소송

---

14) 1980년대에 비로소 가분적인 기속행위의 경우에 일부취소를 허용하는 판례가 형성되었다.
15) 이상의 설명에 관하여 François Burdeau, Histoire du droit administratif, Paris (PUF) 1995,
    p.180-184; Auby/Drago, Traité des recours en matière administrative, Paris (Litec) 1992,
    p.577-583; Otto Mayer, Theorie des Französischen Verwaltungsrechts, Strassburg 1886,
    S.102-147 참조.
16) 꽁세유·데따의 院長은 공식적으로 행정수반(수상)이기 때문에, 실질적인 長은 副院長이다.

이라는 명칭으로써 금전급부를 명하거나 행정결정을 변경하는 등 그 심리와 판결에 있어 제한이 없다는 점이 강조되는 것이다.

(3) 제3단계 : 월권소송의 확대 및 변화(1910년대~1980년대)

월권소송은 이미 위 제2단계에서부터 시작하여 제3단계에 들어 대폭 확대·발전된다. 원고적격이 경제적 이익과 명예적 이익, 심지어 단체의 집단적 이익까지 포괄하게 되었을 뿐만 아니라, 그 이전까지는 주관소송인 완전심판소송에서 권리침해를 이유로만 주장할 수 있었던 '법률위반'(la violation de la loi)이 이제 월권소송의 위법성(권한유월)의 사유로 추가되었다. 또한 '분리가능한 결정'(la décision détachable)이라고 하여 행정계약, 특히 조달계약에 관한 소송에서도 낙찰자결정 또는 계약체결 등에 있어 행정청의 결정을 분리하여 월권소송의 대상으로 인정하게 되었다. 이러한 월권소송의 확대·발전은 꽁세유·데따에로의 직소, 변호사 강제주의의 면제, 심리의 간편성 등에 힘입은 것인데, 동시에 이로써 월권소송에 주관소송적 요소가 가미되게 된다.

특히, 우리 판례의 문제상황과 직결된 판례로서, 1912년 꽁세유·데따의 라파쥐(Lafage)판결[17]에 의해, 그 이전까지는 완전심판소송으로써만 다루어지던 공무원급여청구에 관하여 월권소송도 — 선택적으로 — 허용되기에 이른다. 즉, 이 사건에서는 요건불비를 이유로 해외근무수당의 지급을 거부한 조치에 대하여 당해 공무원이 그 수당의 지급을 구하는 완전심판소송을 제기하지 않고 그 조치의 위법성만을 다투는 월권소송을 제기하였는데, 그 월권소송이 허용된 것이다. 이 판결에서 '판결의견'(conclusions)을 제시한 정부위원(Commissaire de gouvernement)이 강조하였다시피, 소액의 수당을 받기 위해 변호사 강제주의가 적용되는 완전심판소송을 강제한다는 것은 부당하다는 점이 고려된 것이다. 또한 원고가 금전급부에 관한 이행판결을 포기하고 거부결정의 취소로만 만족하고자 하는 경우에 이러한 원고의 선택을 존중해야 한다고 점도 강조되었다. 여하튼 공무원급여는 공무원 개인의 권리에 관한 문제임에도 주관소송인 완전심판소송이 아니라 객관소송

---

17) CE, 8 mars 1912, Lafage, R. 348. 이 판결에 관해서는 Long/Weil/Braibant/Delvolvé/
Genevois, Les grands arrêts de la jurisprudence administrative. 14ᵉ.éd., Paris (Dalloz)
2003, p.146-150; René Chapus, Droit du contentieux administratif. 12ᵉ.éd., Paris
(Montchrestien) 2006, nᵒ 830-835 참조.

인 월권소송으로 해결됨으로써, 월권소송에 주관소송적 요소가 가미된 것이다. 이러한 월권소송의 — 부수적 — 주관소송화 경향은 同年의 부싸쥐(Boussage)판결18) 에 의하여 월권소송의 취소판결에 대한 '제3자의 이의청구'(la tierce opposition)가 허용되어 취소판결의 대세효가 제한됨으로써 더욱 촉진되었다.

　　이에 대하여 당시 대표적 행정법학자인 오오류우(*Maurice Hauriou*)는 "월권소송은 맞아 죽었다"(le recours pour excès de pouvoir est frappé à mort)라고 하면서 이제 월권소송을 완전심판소송으로 흡수시켜 일원적 소송구조로 전환해야 한다고 주장하였다.19) 반면에, 당대 오오류우의 최대 라이벌이었던 뒤기(*Léon Duguit*)는 월권소송의 독자적 의의 때문에 월권소송과 완전심판소송의 접근 내지 일원적 소송구조로의 전환은 논리적으로 불가능하다고 반대하였는데, 그는 재판관의 심판범위를 기준으로 하는 월권소송과 완전심판소송의 구별을 지양하고 객관소송과 주관소송의 구별이라는 관점에서 월권소송의 독자성을 강조하였다.20)

　　1953년 행정소송개혁에 의하여 종전의 道참사원(Conseil de préfecture)이 지방행정재판소(le tribunal administratif)로 전환되어 대통령령과 총리령에 대한 월권소송을 제외한 나머지 월권소송의 제1심이 되고 꽁세유·데따가 그 항소심이 되었는데, 이제 항소와 관련하여 월권소송에 '당사자'(le partie) 관념이 필요하게 됨으로써 월권소송의 주관소송적 요소가 더욱 강화된 것으로 평가되고 있다. 또한 월권소송이 2심제가 되면서 종전부터 2심제로 운영되어 오던 완전심판소송과 접근하게 되었다. 다른 한편, 1965년 데끄레에 의해 모든 행정소송에 결정전치주의(la décision préalable)가 채택되었는데, 월권소송에서는 행정결정의 존재가 대상적격의 관점에서 당연히 요구되기 때문에, 결정전치주의는 완전심판소송에 특히 의미가 있는 것이다. 그리하여 행정상 손해배상청구, 부당이득반환청구, 계약이행청구에 관해서도 먼저 관할행정청에게 이를 신청한 다음 거부결정이 있으면 제소기간(2개월) 내에 완전심판소송을 제기하게 되는데, 그 승소판결에서는 거부결정의 취소와 함께 행정주체에 대한 금전급부 이행판결이 선고된다. 이 역시 완전심판소송과 월권소송을 접근시키는 한 요소가 되고 있다.21)

---

18) CE, 29 nov. 1912, Boussage.
19) Maurice Hauriou, Notes d'arrêts sur décisions du Conseil d'État et du Tribunal des conflits. Tome 2., Paris (Sirey) 1929 (rééd. Éditions la mémoire du droit 2000), p.417-418.
20) Léon Duguit, Traité de droit constitutionnel, Tome 2. 3ᵉ.éd., Paris (Boccard) 1928, p.509.
21) 이상의 설명에 관하여 Pierre Sandevoir, Études sur le recours de pleine juridiction, Paris

(4) 제4단계 : 완전심판소송의 확대(1990년대부터)

그러나 1987년 항소행정재판소(la cour administrive d'appel)가 설치되어 완전심판소송은 3심제가 된 반면, 월권소송은 여전히 지방행정재판소 → 꽁세유·데따의 2심제로 운영되기 때문에, 꽁세유·데따는 자신의 월권소송 항소심으로서의 업무부담을 줄이기 위한 목적으로 월권소송을 제한하고 완전심판소송의 범위를 확대하게 되었다. 특히 1990년대부터 유럽인권재판소와 유럽재판소의 판례에 의하여 독점규제위원회 등 독립행정위원회의 제재처분에 대한 변경판결제도가 도입되어, 월권소송을 통해 제재처분을 취소하는 데 한정되는 것이 아니라, 제재처분의 종류와 정도를 원고에게 유리하게 변경할 수 있도록 되었다. 이러한 제재변경소송이 완전심판소송의 일종으로 파악되고 있는데, '객관적' 완전심판소송이라는 수식어가 추가됨으로써 주관소송의 전형인 통상의 완전심판소송과 구별되고 있다.22) 반면에, 1995년 법률에 의하여, 월권소송에서 거부처분 등이 취소되는 경우 행정청의 작위의무가 확정될 수 있는 때에는 원고의 신청에 의해 판결주문에 이행명령(l'injonction)을 선고하는 제도가 도입되었으나, 이로써 월권소송이 완전심판소송으로 완전히 전환된 것이 아니라, 여전히 월권소송으로서의 성격을 유지하면서 그 판결의 효력 내용을 명시하기 위해 이행명령을 추가하는 데 그치는 것으로 이해되고 있다.23)

(5) 소결

월권소송은 이상의 역사적 고찰에서 알 수 있다시피 원래 특수한 소송형태로 성립된 것이기 때문에, 통상의 소송형태(즉, 완전심판소송)가 가능한 경우에는 월권소송이 허용될 수 없다고 하는 '병행소송의 항변'(l'exception de recours paral-

---

(LGDJ) 1964, p.406-425; Jean-Paul Négrin, Contentieux de l'excès de pouvoir et contentieux de pleine juridiction. De la dualité du contentieux administratif français(Faculté de droit et de science politique d'Aix-Marseille), 1976. 참조.

22) 그 밖에도 선거소송, 조세(간접세)소송, 붕괴위험 건축물에 관한 소송, 환경유해시설에 관한 소송, 위생불량가옥에 관한 소송도 행정청의 결정을 적극적으로 변경할 수 있다는 점에서 (객관적) 완전심판소송으로 분류되고 있다.

23) 이상의 설명에 관하여 Stéphane Doumbé-Billé, Recours pour excès de pouvoir et recours de plein contentieux, AJDA 1993, p.3-12; Michel Bernard, Le recours pour excès de pouvoir est-il frappé à mort? AJDA 1995 numéro spécial du cinquantenaire, p.190-199; Roland Drago, Le contentieux de pleine juridiction au début du XXIe siècle, Études en l'honneur de Pierre Sandevoir, Paris (L'Harmattan) 2000, p.5-13 참조.

lèle)이 전통적으로 인정되어 왔다. 그러나 위 1912년의 라파쥐(Lafage)판결에 의해 — 공무원의 수당지급청구에 관하여 — 완전심판소송이 가능한 경우에도 월권소송의 제기가 허용됨으로써 위와 같은 병행소송의 항변이 대폭 제한되었을 뿐만 아니라, 상술한 바와 같이 월권소송은 헌법적 가치를 갖는 '법의 일반원칙'에 의해 인정되는 '일반법적 소송'(le recours de droit commun)이라는 평가를 받고 있다.[24] 여기서 '일반법적'이라 함은 특별한 규정이 없는 경우에도 행정결정을 다투는 소송수단으로 월권소송이 당연히 인정된다는 의미이다. 말하자면, 월권소송은 한편으로 병행소송의 항변이라는 제한적 계기와 더불어, 다른 한편으로 일반법적 소송이라는 촉진적 계기를 갖는 이중적 위상에 의거하여, 완전심판소송과 경쟁하는 관계라고 말할 수 있다.

유의할 것은 행정상 손해배상청구, 공법상 부당이득반환청구, 행정계약의 이행청구와 같이 '민법상 채권발생원인'에 상응하는 소송은 월권소송과의 경쟁관계와 무관하게 여전히 완전심판소송의 전형적인 영역에 속한다는 점이다. 원래 민사소송으로 이루어지던 것을 대혁명 직후 전부 행정소송으로 이관되면서 완전심판소송의 대상이 되었기 때문이다. 월권소송과 완전심판소송 사이의 경쟁관계의 주된 영역은 공무원의 각종수당, 사회보장급여, 경제적 보조금 등 '공법적 법률'에 의거한 금전급부청구에 관한 것이다.

상술한 프랑스의 역사적 발전과정에서 알 수 있는 것은 월권소송과 완전심판소송의 구별은 소송의 '대상'이라는 논리적 관점에서가 아니라 지극히 실제적인 '기능'의 관점에서 이루어진다는 점이다. 그것도 양자택일적 구별이 아니라 부분적으로 상호 선택가능성이 인정되는 일부중복적 구별이다. 변호사강제 여부, 상소방법, 판결의 효력 범위 및 내용, 원고적격, 본안판단의 범위, 원고의 주장·입증의 부담 등이 '기능적 구별'의 중요한 요소들이다. 그리하여 양자의 기능이 중복되더라도 무방하거나 또는 오히려 원고에게 유리한 경우에는 월권소송과 완전심판소송이 동시에 선택적으로 허용될 수 있는 것이다. 현재 프랑스 행정법학의 최고권위자인 샤쀠(René Chapus)는 금전급부청구에 관한 완전심판소송을 '객관적' 완전심판소송으로 파악하면서, 행정청의 지급거부결정의 취소만을 구하는 경

---

24) 그 이외에도 월권소송은 적법성을 보장하는 '공적 기능을 수행하는 소송'(le recours d'utlité publique), '공익적 소송'(le recours d'ordre public)이라는 평가도 받고 있다. Chapus, a.a.O., n° 251-258.

우에는 월권소송으로 허용하고, 원고가 금전급부의 이행판결을 구하는 경우에는 완전심판소송으로 허용할 수 있다고 한다.[25]

이와 관련하여 특기할 것은 프랑스에서는 월권소송과 완전심판소송의 '병합' 제기라는 관념이 없다는 점이다. 원고가 명시적으로 지급거부결정의 취소를 구하든 그렇지 아니하든 간에 금전급부의 이행판결을 구하는 경우에는 이를 완전심판소송으로 심리하되, 그 판결에서는 반드시 그 금전급부와 모순되는 행정청의 선행결정(즉, 지급거부결정)을 취소하는 주문을 선고한다. 따라서 원고가 명시적으로 지급거부결정의 취소를 구하는 경우에는 결국 월권소송이 완전심판소송으로 포괄되는 것으로 이해할 수 있다. 월권소송은 변호사 강제주의가 면제되고 원고의 권리(청구권)의 존재가 요구되지 않는다는 점에서만 특징이 있으므로, 변호사 강제주의가 적용되고 원고의 권리(청구권)가 심판의 대상이 되는 완전심판소송으로 취급되는 이상, 이와 별도로 월권소송이 병합 제기된 것으로 다룰 필요가 없는 것이다.[26] 위와 같이 프랑스 행정소송에서 청구취지 별로 소송형태를 분리하지 아니하고 거부결정의 취소 부분을 완전심판소송으로 포괄하는 것은 민사소송과 구별되는 '공법적' 소송의 특수성의 하나라고 할 것인데, 이 점은 아래 우리법의 해석 부분에서 다시 언급하기로 한다.

2. 독일

(1) 제1단계 : 취소소송 중심 및 '당사자분쟁'의 미성숙(1872년~1945년)

1872년 독일제국의 성립 이후 각 제후국(支邦)들은 다양한 형태의 행정소송제도를 수립하게 되는데, 정도의 차이는 있을지라도 기본적으로 프랑스의 영향을 받았다고 할 수 있다. 그러나 프랑스와는 달리, 혁명적 계기로 행정재판권을 일시에 일반재판권으로부터 전반적으로 분리한 것이 아니기 때문에, 행정재판권의 대상으로 삼은 것은 행정소송에 특유한 소송형태인 취소소송에 한정되었고, 행정상 손해배상청구, 공법상 부당이득반환청구, 행정계약의 이행청구와 같이 프랑스에서 완전심판소송의 전형적 영역에 속하는 것은 여전히 민사소송으로 취급되었다. 그

---

25) Chapus, a.a.O., n° 265.

26) 참고로 프랑스 행정소송의 소장첨부인지는 월권소송과 완전심판소송 공히 1994년 전까지 무료이었다가 1994년부터 100프랑(15유로)으로 규정되었으나 그 규정도 2007년에 이르러 삭제됨으로써 현재 월권소송과 완전심판소송에 대하여 모두—완전심판소송에 관해서는 예외가 있을 수 있으나—원칙적으로 소장첨부인지가 요구되지 않는다.

나마 취소소송도 대부분의 제후국에서 열기주의에 의해 그 대상이 제한적이었다.

단지 제후국 중에서 뷔르템베르크(Würtemberg)와 작센(Sachen)이 취소소송에 관해 일반조항을 두어 개괄주의를 취하는 동시에, 취소소송과 더불어 '당사자분 쟁'(Parteistreitigkeiten)이라는 소송형태를 마련하였는데, 이것이 바로 일본을 통해 우리나라에 전하여진 '당사자소송'이라는 용어의 기원이다. 당사자분쟁에 관해서 는 취소소송과 달리 그 대상들이 열거되어 있었다. 이 '(대등한) 당사자 사이의 분 쟁'이라는 말은 원래 국가(제후국) 이외의 지방자치단체 기타 공공단체 상호간의 분쟁을 예상한 것이지만, 도로와 用水를 둘러싼 공법상 법률관계에 관한 사인 상 호간의 분쟁, 나아가 지방자치단체와 주민 사이의 수수료에 관한 분쟁도 그 대상 에 포함되었으며, 뿐만 아니라 작센(Sachen)에서는 공무원의 급여청구와 일정한 사회보장급여청구도 그 대상으로 명시되었다.[27] 국가에 대한 관계와는 달리 지방 자치단체와 주민 사이의 관계는 '당사자관계'에 속하고, 또한 국가에 대한 관계에 서도 공무원급여와 사회보장급여는 상하관계 내지 지배복종관계의 성격이 비교 적 약하다는 관념이 근저에 깔려 있었다고 볼 수 있다. 여기에서 바로 현재 우리 나라에서 바로 공무원급여와 사회보장급여가 항고소송과 당사자소송의 관계에서 항상 문제되고 있는 것의 뿌리를 확인할 수 있다.

이와 같이 일부의 제후국에서 당사자분쟁이라는 행정소송형태가 실정법상 인정되고 있었지만, 실제적으로는 거의 활용되고 있지 않은 것으로 보인다. 당시 의 대표적인 행정법학자인 오토·마이어(Otto Mayer), 프리츠·플라이너(Fritz Fleiner), 발터·옐리네크(Walter Jellinek) 등의 '당사자분쟁'에 관한 설명은 극히 지엽적인 것 일 뿐만 아니라, 실정법제도로서가 아니라 이론적인 소송형태로 설명되고 있고 또한 그 대상도 지방자치단체 기타 공공단체 상호간의 분쟁과 도로·용수에 관한 사인 상호간의 분쟁에 한정되어 있었다.[28]

---

27) 이상에 관해서는 Jeserich/Pohl/von Unruh (Hg.), Deutsche Verwaltungsgeschichte. Stuttgart 1984, Bd.III. Das Deutsche Reich bis zum Ende der Monarchie, S.909-930 / Bd.IV. Das Reich als Republik und in der Zeit des Nationalsozialismus, S.639-650; Giese/Neuwiem/ Cahn, Deutsches Verwaltungsrecht, Berlin 1930, S.118-129 참조.

28) Otto Mayer, Deutsches Verwaltungsrecht. 3.Aufl., Berlin 1924, S.153; Fritz Fleiner, Institutionen des deutschen Verwaltungsrechts. 8.Aufl., Tübingen 1928, S.264-265; Walter Jellinek, Verwaltungsrecht. 3.Aufl., Bad Homburg v.d. Höhe u.a. 1931 (Neudruck 1966), S.315; Julius Hatschek, Lehrbuch des deutschen und preußischen Verwaltungsrechts, Leipzip 1931, S.419-421 참조.

(2) 제2단계 : 취소소송과 '당사자분쟁'의 병립(1946년~1959년)

1946년 미국의 점령지역인 바이에른, 헷센, 뷔르템베르크-바덴 州에서 행정소송법(Gesetz über die Verwaltungsgerichtsbarkeit: VGG)을 제정하면서 행정소송의 유형으로 취소소송(Anfechtungsklage)과 더불어 '기타 공법상의 분쟁'을 명기하고, 후자를 '당사자분쟁'(Parteistreitigkeiten)으로 약칭하였다. 학설은 민사소송의 3분류에 입각하여 형성소송으로서의 취소소송 이외에, 이행소송과 확인소송이 '당사자분쟁'에 속하는 것으로 이해하였으나, 이행소송의 주된 영역인 행정상 손해배상청구와 손실보상청구가 헌법(기본법)에 의하여 민사재판권의 대상으로 규정됨으로써, 행정소송의 주요한 영역이 배제되었다. 프랑스에서와 달리 독일에서는 공법상계약이 극히 제한적으로만 인정되고 프랑스에서 공법상계약으로 파악되는 행정조달계약도 사법상계약으로 이해되기 때문에, 행정계약의 이행청구는 행정소송으로서의 '당사자분쟁'에서 대부분 제외되었고, 공법상 부당이득반환청구만이 그 주요영역으로 남게 되었다. 다시 말해, 독일에서는 공법관계와 사법관계의 구별에 관한 권력설에 의거하여 공법관계가 협소하게 인정됨으로 말미암아, 행정소송으로서의 '당사자분쟁'의 대상이 대폭 제한되었고, 공법상 부당이득반환청구와 — 위 제1단계의 일부 제후국에서와 같이 — 공무원급여와 사회보장급여 등이 그 주된 대상이 된 것이다.29)

(3) 제3단계 : 취소소송·일반이행소송·확인소송의 鼎立(1960년부터)

1960년 연방법률인 행정법원법(Verwaltungsgerichtsordnung: VwGO)이 제정되면서 위 '기타 공법에 관한 분쟁'으로서의 '당사자분쟁'이라는 소송형태는 자취를 감추고, 그 대신 일반이행소송(allgemeine Leistungsklage)과 확인소송(Feststellungsklage)으로 대치되었다. 확인소송은 동법 제43조에서 명시되어 있는데, 행정행위 무효확인과 법률관계 존부확인으로 구분하여 후자에 대해서만 확인의 이익을 요구하고 있다. 반면에, 일반이행소송은 명문의 규정은 없으나 당연히 전제된 것으로 이해되고 있다. 일반이행소송에서 '일반'이라는 수식어는 행정행위의 발급을 구하는 '의무이행소송'(Verplichtungsklage)과 구별하기 위한 것이다. 일반이행소송은 행정의 작위·부작위·금지를 구하는 소송으로서, 특히 일정한 행정작용의 부작위를

---

29) 이상의 설명에 관해서는 Christian-Friedrich Menger, System des verwaltungsgerichtlichen Rechtsschutzes, Tübingen 1954, S.217-229 참조.

구하는 소송을 '금지소송'(Unterlassungsklage)이라 한다.

취소소송과 의무이행소송은 행정행위를 대상으로 하는 반면, 일반이행소송은 행정행위와 행정입법을 제외한 나머지 '사실행위'(Realakt)를 대상으로 한다. 행정입법에 대해서는 '규범통제절차'(Normenkontrollverfahren)라는 별도의 소송형태가 마련되어 있다. 따라서 소송의 대상이 (최협의의) 행정행위에 해당하면 취소소송·의무이행소송이 되고, 그렇지 아니하면 일반이행소송이 되는 식으로, 양자는 상호배척적 내지 택일적 관계이다. 이는 위 제2단계에서 행정행위에 대한 취소소송에 대응하여 '기타 공법에 관한 분쟁'이라는 공제개념을 사용한 것과 일치한다.

금전지급청구가 일반이행소송의 대상이 되기 위해서는 당해 '금전지급'이 순전히 사실행위에 해당하여야 하고 그밖에 어떠한 행정행위가 존재하지 않아야 한다. 만일 금전지급을 위해 어떤 행정행위(즉, 금전을 지급하기로 하는 결정)가 개입해야 하는 경우에는 그 행정행위가 기속행위인 때에도 당해 행정행위의 발급을 구하는 의무이행소송을 제기해야 하고, 일반이행소송은 허용되지 않는다. 행정청의 지급거부결정에 대한 취소소송은 — 의무이행소송이 가능하다는 이유로 — 원칙적으로 권리보호필요성이 부정된다. 기업보조금과 과오납세금의 반환의 경우가 그러하다. 후자에 대해서는 조세통칙법(Abgabenordnung)이 반드시 행정행위인 '결정'(Bescheid)으로써 하도록 규정하고 있다. 따라서 일반이행소송을 통해 공법상 부당이득반환청구를 할 수 있는 것은 이와 같이 그 반환 여부에 관해 행정행위로 결정하도록 규정되지 아니한 경우에 한정된다. 특기할 만한 것은 사회보장급부에 관해서는 사회재판소법(Sozialgerichtsordnung)의 규정에 따라, 급부결정이 재량행위인 경우에만 의무이행소송을 제기하고, 기속행위인 경우에는 지급거부결정에 대한 취소소송과 일반이행소송을 병합하여 제기하도록 되어 있다는 점이다. 기속행위인 경우에도 일반이행소송만을 제기하여서는 아니되고 반드시 취소소송을 병합하여 제기해야 하는 것은 거부결정의 구속력과 불가쟁력이 중시되기 때문이다.[30]

---

30) 이상의 설명에 관하여 Schoch/Schmidt-Aßmann/Pietzner, Verwaltungsgerichtsordnung. Kommentar, München, § 42 Abs.1 Rn.150-170, Rn.154-158; Eyermann, Verwaltungsgerichtsordnung. Kommentar. 12.Aufl., München 2006, § 42 Rn.62; Kopp/ Schenke, Verwaltungsgerichtsordnung. Kommentar. 15.Aufl., München 2007, § 42 Rn.13-14; Quaas/Zuck, Prozesse in Verwaltungssachen. Prozesshandbuch, Baden-Baden 2008, S.301-305 참조.

(4) 소결

이상의 고찰에서 알 수 있는 것은, 일본과 우리나라의 '당사자소송'은 독일의 용어인 '당사자분쟁'(Parteistreitigkeiten)에서 유래한 것이지만,31) 그 독일의 제도는 행정소송에 있어 취소소송 이외에 민사소송에 상응하는 소송유형을 기대한 것이라는 점에서 그 뿌리는 프랑스의 완전심판소송에 있다고 할 수 있다. 그러나 공법관계와 사법관계의 구별에 관한 권력설, 행정상 손해배상청구와 손실보상청구의 민사재판권에의 귀속 등으로 인하여 독일의 제도는 프랑스의 완전심판소송과는 전혀 다른 모습으로 발전하게 되었다. 특히 매우 협소한 행정행위 개념에 의거하여 취소소송(의무이행소송)과 일반이행소송을 구별하였기 때문에, 양자는 소송대상에 의한 택일적 관계가 되었고, 금전급부결정에 관해서는 원칙적으로 의무이행소송만이 인정되고, 사회소송에서 예외적으로 기속행위에 대해서는 거부처분 취소소송과 일반이행소송의 병합제기가 필요하며, 일반이행소송만을 제기할 수 있는 경우는— 행정청이 금전급부결정을 내린 후에 그 이행을 하지 않는다는 가상적인 사례를 제외하고는— 사실상 전무하다.

이러한 독일에서의 전개과정이 일본과 우리나라에서의 상황에 결정적으로 영향을 미쳤음을 알 수 있다. 더욱이 일본과 우리나라에서는 공법상 부당이득반환청구마저 민사소송으로 다루어졌기 때문에, 당사자소송의 영역은 더 제한될 수밖에 없었다.

3. 일본

1945년 이전 일본의 행정소송은 行政裁判法에 취소소송만이 규정되어 있었고, 이론적으로만 당사자소송의 가능성이 주장되었을 뿐이었다.32) 1948년 제정된 行政事件訴訟特例法 제1조에서 "기타 공법상의 권리관계에 관한 소송"이라고 규정함으로써 법규상으로 당사자소송의 가능성이 열리고, 1962년 제정된 行政事件訴訟法 제4조에서 當事者訴訟을 행정소송의 유형으로 명문으로 규정하였으나, 당사자소송은 공무원의 봉급청구 등 극히 예외적인 경우에만 허용되고, 사실상 행정소송은 취소소송에 국한되었다. 이러한 상황은 위 독일의 제2단계 및 제3단계

---

31) 이는 일본 학자에 의해서도 확인되고 있다. 阿部泰隆, 『行政訴訟要件論 — 包括的·實效的 行政救濟のための解釋論』, 2003, 236頁.
32) 碓井光明, 當事者訴訟, 南 博方 編, 『條解 行政事件訴訟法』, 1993, 143-145頁 참조.

에서와 같이 소송의 성질 및 대상을 기준으로, 형성소송인 취소소송은 '처분'을 대상으로 하고, 그 밖의 공법상 법률관계에 대해서는 이행소송 또는 확인소송에 해당하는 당사자소송이 허용된다고 하는, 취소소송과 당사자소송의 '배타적' 구별론에 의거한 것이라고 할 수 있다.

　　이러한 관점 하에서 학계에서는 '처분'으로 파악될 수 없는 행정작용에 대하여 그 위법확인 또는 금지청구를 구하는 소송으로 당사자소송을 널리 허용해야 한다는 소위 '당사자소송 활용론'이 주장되었고(園部逸夫, 鹽野 宏, 鈴木庸夫, 碓井光明, 高木 光),[33] 이에 반하여 취소소송 등 항고소송의 대상과 원고적격의 확대를 통하여 문제를 해결하여야 하고 행정작용의 위법성을 통제하는 데에는 당사자소송이 적합하지 않다고 하는 '당사자소송 무용론'도 주장되고 있다(阿部泰隆).[34]

4. 우리나라

　　우리나라에서도 1980년대 이전에는 舊행정소송법 제1조에서 "기타 공법상의 권리관계에 관한 소송절차"라고 규정함으로써 당사자소송의 가능성이 열려 있었으나, 당사자소송은 공무원의 봉급청구 등 극히 소수의 사건에서만 인정되었었다. 1984년 행정소송법 전면 개정 이후 1990년대부터 序頭에서 개관한 바와 같이 당사자소송이 부활·확대되었고, 2000년대 이후에는 행정상 손해배상청구 및 손실보상청구, 공법상 부당이득청구에 관하여 명문의 규정으로 당사자소송을 인정하여야 한다는 입법론도 강력하게 주장되고 있다. 또한 일본에서와 같은 '당사자소송 활용론'이 金南辰 교수를 중심으로 주장되었으나, 판례·실무에서 실현되지 않고 있다. 여하튼 상술한 바와 같이 우리나라의 항고소송과 당사자소송의 관계는 일본으로부터 계수된 것이고, 일본은 독일의 법제와 판례에 영향을 받은 것임은 분명하다고 할 것이다. 이하 章을 바꾸어 우리법의 새로운 해석을 시도하고자 한다.

33) 鈴木庸夫, 當事者訴訟, 雄川一郎/鹽野 宏/園部逸夫 編, 『現代行政法大系』 5 行政爭訟 II, 1984, 77-106頁; 碓井光明, 前揭書 143-186頁; 高木 光, 行政訴訟論, 2005, 136-141頁 등 참조.
34) 阿部泰隆, 『行政訴訟要件論 ― 包括的·實效的行政救濟のための解釋論』, 2003, 234-260頁.

Ⅲ. 우리법의 解釋

1. 항고소송과 당사자소송의 비교

(1) 근본적 문제

우리법상 항고소송과 당사자소송을 비교함에 있어 근본적인 문제는 양자의 차이점을 독일에서와 같이 오직 소송의 대상에 한정할 것인가, 아니면 프랑스에서와 같이 소송의 구조와 기능을 포괄할 것인가에 있다. 상술한 바와 같이, 우리의 당사자소송은 일본을 매개로 하여 독일의 제도가 계수된 것이지만, 그 독일 제도의 뿌리는 분명히 프랑스에 있다.

우리의 취소소송 등 항고소송은 원고적격 요건인 법률상이익과 본안요건이 위법성과의 견련성이 단절되어 있기 때문에 객관소송적 구조를 갖고 있을 뿐만 아니라, 취소판결의 대세효, 제3자의 재심청구, 소송비용, 판단기준시(처분시), 처분사유의 추가·변경의 제한 등에 비추어, 주관소송적 기능뿐만 아니라 객관소송적 기능도 상당히 포함하고 있다. 또한 현재 입법론으로 행정상 손해배상과 손실보상을 당사자소송으로 전환하는 것이 일치된 견해이며, 이 점에 관한 한 대법원과 법무부의 개정안이 동일하다. 그리고 항고소송의 대상인 '처분' 개념도 학설상으로나 판례상으로나 대폭 확대되어 왔다.

이상의 점들을 직시한다면, 우리의 행정소송제도는 결코 독일의 그것과 동일하다고 할 수 없다. 그렇다면 항고소송과 당사자소송의 관계도 독일 법제와 연결고리를 완화하고 그 뿌리인 프랑스의 제도로 찾아들어가야 한다. 이러한 관점에서 우리의 항고소송과 당사자소송은 그 대상의 면에서뿐만 아니라, 소송의 구조와 기능의 측면에서 다양하게 비교·검토되어야 하는 것이다. 이하에서는 항고소송에 관해서는 취소소송에 한정하고, 당사자소송에 관해서는 소위 '형식적 당사자소송'은 제외하고 '실질적' 당사자소송에 한정하여 논의를 전개한다.[35]

(2) 소송구조와 기능의 비교

① 소송의 대상의 면에서 취소소송은 '처분'을 대상으로 하는 반면, 당사자소송은 '공법상 법률관계'를 대상으로 한다. 그러나 처분도 기본적으로는 공법상

---

35) 형식적 당사자소송을 포함하여 우리법상 당사자소송에 관한 체계적인 연구로서, 안철상, 공법상 당사자소송에 관한 연구, 건국대학교 대학원 박사학위논문, 2004 참조.

법률관계의 요소를 이루는 것이기 때문에, 소송 대상의 면에서도 취소소송과 당사자소송은 중복될 수 있다. 양자를 반드시 대상을 기준으로 택일적 관계로 파악하여야 한다는 명문의 규정은 없다.

② 취소소송의 피고는 처분청인 반면, 私人이 제기하는 당사자소송의 피고는 행정주체이다. 그러나 처분청도 해당 행정주체의 기관이고, 당사자소송에 있어 피고 소송수행자는 통상 처분청의 공무원이므로, 기능상 근본적인 차이는 없다고 할 수 있다.

③ 취소소송에는 제소기간의 제한이 있으나, 당사자소송에는 실체적 권리가 소멸시효 또는 제척기간에 걸리지 않는 한 기간의 제한이 없다.

④ 취소소송의 원고적격 요건은 '법률상이익'인 반면, 당사자소송은 민사소송에서와 같이 '권리(청구권)를 주장하는 자'이다. '법률상이익'은 대폭 확대될 수 있는 해석의 여지가 있으나, '권리'는 그렇지 않다. 이는 객관소송적 구조 및 기능의 문제로 연결된다.

⑤ 취소소송의 본안이유는 위법성으로서, 재량행위인 경우에는 재량권남용을 포함하기 때문에 재량통제가 가능하다. 거부처분이 재량행위인 경우에도 재량권남용을 이유로 취소판결이 가능하고, 그러한 취소판결은 무하자재량행사청구권에 의거하여 재결정명령으로서의 효력을 갖는다. 반면에 당사자소송에서는 법률요건의 충족 여부가 본안판단의 대상이므로 재량통제가 불가능하다.

⑥ 주장·입증책임은 취소소송에서 피고 행정청이 부담하지만, 당사자소송의 경우에는 원고가 부담한다. 판례에 따르면, 거부처분 취소소송에 있어서는 원고에게 입증책임이 있다고 하지만, 이는 부분적인 책임이고 피고 행정청의 주장·입증책임도 상당부분 존재한다.

⑦ 취소소송의 판단기준시는 處分時인 반면, 당사자소송에서는 判決時이다. 처분사유의 추가·변경은 취소소송에서는 엄격히 제한되지만, 당사자소송에서는 소송물 내에서 공격·방어방법에 제한이 없다. 이는 행정절차와의 관계 문제에 연결된다.

⑧ 소송비용에 관해서는 거부처분 취소소송은 訴價가 2천만 100원으로 소장 첩부인지는 95,000원에 불과한 반면, 금전급부를 구하는 당사자소송은 청구금액이 訴價가 되므로 고액이 될 수 있다.

⑨ 취소소송의 경우에는 판례상 집행정지만이 가능할 뿐, 그 밖에 가처분이

불가능하다(⑨-1). 그러나 집행정지에 관해서 보면, 취소소송에서는 담보제공 없이 집행정지가 이루어지는 반면, 당사자소송의 경우에는 민사집행법의 준용에 의하여 사실상 거의 예외없이 담보제공을 조건으로만 가처분이 부여된다(⑨-2).

⑩ 취소소송에 있어 취소판결은 대세효를 갖지만, 당사자소송에서는 민사소송법의 준용에 따라 판결의 효력이 당사자 사이에서만 미친다.

⑪ 승소판결의 내용은 취소소송에서는 취소판결만이 가능한 반면, 당사자소송의 경우에는 이행판결과 확인판결이 가능하다. 이 점은 아직 항고소송으로서 의무이행소송이 인정되지 않고 있기 때문에 매우 중요하다. 특히 금전지급에 관하여 취소소송에서는 거부처분 취소판결의 간접강제에만 의존하는 데 대하여, 당사자소송에서는 민사집행법의 준용에 따라 강제집행이 가능하다. 뿐만 아니라, 거부처분 취소판결의 경우에는 가집행선고가 불가능하지만, 당사자소송에서는 금전지급 이행판결에 가집행선고를 붙일 수 있다.[36]

이상의 차이점을 원고에 대한 실제적 효과의 관점에서 살펴보면, 일반적으로 ④ 내지 ⑧, ⑨-2 및 ⑩에 관해서는 취소소송이 원고에게 유리하고, ③, ⑨-1 및 ⑪에 관해서는 당사자소송이 원고에게 유리하지만, 항상 반드시 그러한 것은 아니다. 청구의 내용과 상황에 따라 얼마든지 달라질 수 있다.

2. 당사자소송과 취소소송의 허용범위

(1) 개설

취소소송과의 관계에서 당사자소송의 허용범위를 고찰함에 있어 선행되어야 할 것은 '처분' 개념이다. 독일식의 최협의의 행정행위를 일응 '실체법적 처분'으로, 우리 판례·학설상 — 특히 私見에 의하여 — 확대된 처분개념을 '소송법적 처분'으로 파악하고자 한다. 이는 구속력(공정력)과 불가쟁력의 관점에서 의미가 있다. 전자의 경우에는 당해 처분을 취소하지 않고서는 당사자소송에서 그 구속력을 배제할 수 없을 뿐만 아니라, 제소기간이 도과하면 불가쟁력이 발생하여 더 이상 다툴 수 없다고 하더라도 — 원고가 제소기간 내에 취소소송을 제기하지 않았기 때문에 — 원고에게 가혹한 결과가 발생하지 않는다. 반면에, 후자에 있어서는 이를 소송법상으로 '처분'으로 인정하는 것은 취소소송으로 다툴 '기회'를 준다는 것일

---

36) 헌법재판소 1989. 1. 25. 선고 88헌가7 결정(소송촉진등에관한특례법 제6조의 위헌심판).

뿐, 반드시 취소소송을 제기할 '의무'를 부과하는 것이 아니기 때문에, 당해 처분을 취소하지 않고서도, 심지어 제소기간이 지난 이후에도, 당사자소송에서 그 구속력과 불가쟁력이 장해가 되어서는 아니 될 것이다.

이하에서는 확인소송인 당사자소송과 이행소송인 당사자소송으로 나누고, 각각에 대하여 실체법적 처분이 문제되는 경우와 소송법적 처분이 문제되는 경우에 관하여 항고소송과 당사자소송의 관계를 살펴본다.

(2) 확인소송으로서의 당사자소송

(a) 실체법적 처분이 문제되는 경우

확인의 이익이 있는 경우에도 실체법적 처분과 모순되는 법률관계의 확인을 구하는 당사자소송이 허용될 수 없다. 예컨대, 영업허가 취소처분이 있음에도 영업을 계속할 수 있는 지위에 있음의 확인을 구하는 경우이다. 반드시 취소소송을 통해 처분을 취소시킴으로써 그 구속력을 없애야 한다. 처분의 무효를 주장하는 경우에도 항고소송으로서의 무효확인소송이 제기되어야 한다.

(b) 소송법적 처분이 문제되는 경우

확인의 이익이 있는 경우에는 소송법적 처분과 모순되는 법률관계의 확인을 구하는 당사자소송과 함께 취소소송도 허용되어야 한다. 예컨대, 어떤 영업이 허가대상임에도 허가를 받지 않고 있다는 이유로 일정한 기간 후에 영업소를 폐쇄하겠다는 행정청의 '경고'에 대해서는 취소소송과 당사자소송이 선택적으로 허용되어야 할 것이다. 여기서 당사자소송은 당해 영업이 허가대상이 아니라는 법률관계의 확인을 구하는 것이다. 만일에 이러한 당사자소송을 허용하지 않는다면, 행정청의 '경고'를 처분으로 인정하여 취소소송의 대상으로 삼는 것이 원고에게 취소소송의 제기'의무'를 부과함으로써 권리구제와 행정의 적법성 통제를 제한하는 결과가 된다. 상술한 바와 같이 처분성의 확대는 취소소송 제기의 '기회'를 부여하는 데 그쳐야 한다. 그러나 동시에 취소소송도 선택적으로 허용되어야 할 것이다. 위에서 본 바와 같이 취소소송과 당사자소송은 그 요건과 실제적 기능 및 효과 면에서 다르기 때문에 원고로 하여금 양자 중에서 유·불리를 따져 선택할 수 있도록 하여야 한다.

이상과 같은 관점에서, 판례상 당사자소송으로 인정된 1993년 지방전문직공무원 채용계약해지 무효확인 사건과 1995년 서울시립무용단원해촉 무효확인 사건에 관하여, 이를 당사자소송으로 인정한 것은 타당하지만, 이와 아울러 원고의 선택에 따라 채용계약해지와 단원해촉을 '처분'으로 파악하여 취소소송도 허용하는 것이 타당하다.

(3) 이행소송으로서의 당사자소송
(a) 금전 기타 물건의 급부 이외의 수익처분의 발급 또는 침익처분의 중지 청구

① 당해 처분이 실체법적 처분인 경우에는 그 수익처분의 발급을 거부하는 행정청의 거부처분에 대하여 취소소송을 제기하여야 한다. 침익처분에 대해서는 그 처분 자체에 대하여 취소소송을 제기하여야 하고, 그 침익처분의 중지를 신청하고 이를 거부하는 행정청의 조치에 대하여 취소소송을 제기할 수는 없다. 이를 통하여 불가쟁력이 회피되기 때문이다. 이와 같이 실체법적 수익처분에 대해서는 그 발급거부처분의 취소를 구하는 취소소송을, 실체법적 침익처분에 대해서는 그 처분 자체의 취소를 구하는 취소소송을 반드시 제기하여야 하고, 당사자소송을 통해 그 수익처분의 발급이나 침익처분의 중지를 구할 수 없다. 예컨대, 건축허가의 발급을 구하는 당사자소송 또는 영업허가취소처분의 중지를 구하는 당사자소송이 그러하다.

② 당해 처분이 소송법적 처분인 경우에는 원칙적으로 거부처분 취소소송과 당사자소송이 선택적으로 허용되어야 할 것이다. 예컨대, 행정청에 대하여 방음벽설치의 이행을 요청하거나 또는 행정청에 의한 소음발생의 중지를 요청하였는데 거부된 경우, 한편으로 방음벽설치와 소음발생중지를 — 처분성을 넓게 인정하고자 하는 私見에 의하면 — 소송법적 '처분'으로 인정하여 각각에 대하여 거부처분 취소소송을 인정할 수 있으나, 이와 아울러 방음벽설치의 이행 또는 소음발생의 중지를 구하는 당사자소송도 허용되어야 한다. 거부처분에 대한 제소기간이 경과한 경우에도 — 취소소송은 더 이상 허용될 수 없겠지만 — 당사자소송은 허용되어야 할 것이다. 그렇지 않으면 처분성의 확대가 취소소송의 제기'의무'를 부과하는 결과가 되기 때문이다.

(b) 금전 기타 물건의 급부의 이행 청구

① 급부의 전제요건으로 — 그 급부를 받을 자격을 정하는 — 실체법적 처분이 필요한 경우, 그 처분의 발급을 거부하는 행정청의 거부처분에 대하여 취소소송을 반드시 제기하여야 하고, 당사자소송을 통해 그 발급을 구할 수 없다. 그 거부

처분의 구속력(공정력)과 불가쟁력 때문에 그러하다. 이러한 사안은 근거법령상 제1단계에서 급부의 기본자격을 부여하고 제2단계에서 구체적인 급부내용을 정하는 2단계의 결정구조에서 제1단계의 자격부여결정이 거부된 경우에 문제된다. 예컨대, 1991년 판례에서와 같이 먼저 보훈심사위원회의 결정에 의한 등록이 있은 연후에 그에 의거하여 유족연금지급결정이 이루어지는 경우이다.[37]

이러한 관점에서, 1994년 전원합의체 판결에서 문제된 '공공용지의취득및손실보상에관한특례법상의 이주대책' 사건에 관하여, 사업시행자의 이주대책대상자 확인·결정과 수분양권 배정을 2단계 결정구조로 파악한다면, 전자에 대한 거부처분에 대해서는 취소소송을 제기하여야 하고, 바로 후자를 구하는 당사자소송을 제기할 수 없다는 다수의견이 타당하다고 할 것이다.

반면에, 1992년 광주민주화운동관련자보상등에관한법률에 의한 보상금청구 사건에 관해서는, 관련자 또는 그 유족에 해당한다는 결정(제1단계)과 그 관련자·유족에 대한 보상금 지급결정(제2단계)의 2단계 결정구조에 있어, 전자에 대한 거부처분에 대해서는 취소소송만을 허용하는 것이 타당하기 때문에, 이에 대하여 직접 당사자소송을 허용한 대법원 판결은 수긍하기 어렵다. 위 법률에 따른 보상은 국가의 불법행위에 의거한 손해배상 또는 공공필요에 의한 재산권제한에 따르는 손실보상이 아니라, 소위 '사회국가적 보상'으로서 특수한 입법목적에 의해 제정된 법률에 의거한 것이다. 따라서 광주민주화운동 관련자 해당 결정은 국가가 손해배상 등의 채무자로서 스스로의 채무의 존부를 판단하는 것이 아니라, 행정부가 법률을 집행하기 위한 공적 판단, 즉 공권력 행사에 해당하기 때문에, '처분', 그것도 '실체법적' 처분으로 파악되어야 한다. 따라서 관련자 해당 결정을 거부하는 처분에 대해서는 반드시 취소소송으로 다투어야 하고, 이를 생략하고 당사자소송으로 보상금 지급을 청구할 수 없다고 할 것이다.

② 급부 자체에 관한 행정청의 결정(제2단계 결정)도 근거법령상 그 요건과 절차가 규정되어 있고 그러한 결정에 기해서만 급부가 실제로 이루어지는 경우에는 실체법적 처분이 된다. 그러나 이러한 제2단계 결정이 '기속행위'인 경우에는 그 결정을 거부한 행정청의 거부처분에 대하여, 제소기간이 도과하지 않는 한, 거부처분 취소소송과 당사자소송의 병합 제기는 물론, 양자의 선택적 제기도 허용

---

37) 대법원 1991. 2. 12. 선고 90다10827 판결.

되어야 한다. 이것이 본고에서 私見의 핵심 부분이므로 비교적 상세히 설명할 필요가 있다.

제2단계 급부결정이 실체적 처분인 경우에는 그 거부처분의 구속력과 불가쟁력을 배제하기 위하여 취소소송을 제기함과 아울러 급부의 실제적 이행을 구하는 당사자소송을 병합 제기하는 것이 가장 바람직한 방법이다. 특히 급부의 금액이 여러 등급으로 나누어져 있는 경우에는 거부처분 취소소송만으로 원고의 목적이 종국적으로 확정될 수 없기 때문에, 당사자소송을 통하여 그 급부금액의 등급까지 결정되는 것이 소송경제의 요청에 부합한다.

그러나 원고가 소송비용 등의 이유 때문에 거부처분 취소소송만을 제기하여 거부처분 취소판결을 얻는 것만으로 만족하겠다고 하는 것을 막을 필요가 없다. 통상의 경우 거부처분 취소판결이 내려지면 (급부금액의 등급이 나누어져 있는 경우에도 판결이유에서 그 등급에 관한 판시가 있으면) 행정청은 그 판결이유의 취지에 따라 원고에 대한 급부결정을 하고 이에 기하여 실제적 급부를 하게 될 것이다.

원고가 거부처분 취소소송을 제기하지 않고 실제적 급부를 구하는 당사자소송만을 제기하는 경우가 문제이다. 소송지휘를 통해 원고로 하여금 거부처분 취소소송을 병합 제기하도록 권고하는 것이 실무상 자연스러운 방법이겠으나, 이는 재판실무의 부담을 가중시킬 우려가 있고 또한 원고가 재판부의 권고에 불응하는 경우도 있을 수 있으므로, 굳이 명시적인 취소소송 병합제기를 요구할 필요는 없다고 생각한다. 따라서 다음과 같은 세 가지 해결방법이 가능하다. 즉, ⓐ 첫째는 당사자소송의 제기만으로 당연히 그 청구취지에 모순되는 (제2단계 급부결정의) 거부처분의 취소를 구하는 청구취지가 포함된 것으로 보아 당사자소송과 취소소송이 병합 제기된 것으로 간주하고 그 취소소송의 소송비용(소장첨부인지)의 납부를 명하고 심리를 진행하는 방법이고, ⓑ 둘째는 취소소송이 병합 제기된 것으로 간주하지 않고 단지 당사자소송의 판결문에서 거부처분을 취소하는 주문을 함께 선고하는 방법이며, ⓒ 셋째는 거부처분을 취소하는 주문을 선고하지 않더라도 당사자소송에서 금전의 실제적 급부가 명해지면 그와 모순되는 거부처분이 실효된 것으로 간주하는 방법이다. 소송비용의 정확한 부담 및 소송의 형식적 확실성의 관점에서는 ⓐ의 방법이 선호될 것이고, 원고의 소송비용 절약과 재판부의 부담 경감의 관점에서는 ⓒ의 방법이 선호될 것이지만, 양자를 조화시킨다는 의미에서 — 비록 판결문 작성에 관하여 재판부의 부담은 남지만 — ⓑ의 방법이 타당하다고 생각한다. 원고의 취소소송 병합 제기의 부담은 덜어 주되, 당사자소송의 판결 주문에서 거부처분의 취소를 명기함으로써 법률관계를 명확하게 확정하는 것이다. 당사자소송을 통해 종국적으로 금전급부의 만족을 얻고자 하는 원고의 의사는 보호되어야 하는데, 이 때 거부처분 취소소송을 반드시 제기하도록 할 필요는 없기 때문이다. 다시 말해, 소송의 형식적 엄격성과 원고의 권리구제의 편의성 및 소송경제가 충돌하는 때에는, 특히 '공법'소송으로서의 행정소송의 특수성이라는 관점에서, 후자를 우선시키는 것이 타당하다고 본다. 말하자면, 청구취지 별로 별도의 소송형태가 성립한다는 민사소송에서의 원칙을 이 경우에 부분적으로 완화하는 것인데, 이러한 ⓑ의 방법은 상술한 프랑스에서의 재판실무와 가장 가까운 것이다.

이러한 관점에서, 판례상 취소소송만이 인정된 군인연금법상 상이연금,[38] 공무원연금법상 퇴직급여,[39] 구 의료보호법상 진료비지급[40]에 관하여, 취소소송과 더불어, 제소기간 내에서는 당사자소송도 선택적으로 허용하여야 할 것이다.

제2단계 급부결정의 거부처분에 대한 제소기간이 도과하여 그 거부처분에 불가쟁력이 발생한 경우에는, 취소소송이 더 이상 허용될 수 없음은 물론, 당사자소송도 허용되어서는 아니 될 것이다.[41] 당사자소송을 통하여 불가쟁력이 회피되어서는 아니 되기 때문이다. 다만 우리 판례상 새로운 신청에 대하여 행정청이 다시 거부통지를 하면 새로운 거부처분이 되므로,[42] 불가쟁력을 쉽게 극복할 수 있다. 신청에 대하여 행정청이 묵묵부답을 하는 경우에는 막바로 당사자소송을 제기할 수 있다고 보아야 한다.[43] 이에 대하여 항고소송인 부작위위법확인소송을 제기하도록 하는 것은 원고에게 수인불가능한 요구를 하는 것이다. 특히 부작위위법확인판결이 응답의무만을 강제한다는 판례에 비추어 더욱 그러하다.

제2단계 급부결정이 재량행위인 경우에는, 행정청의 재량권이 존중되어야 하기 때문에, 재량권 남용을 이유로 하는 거부처분 취소소송만이 허용되고, 당사자소송은 인정될 수 없다. 다만, 유의할 것은 여기서 '재량행위'라 함은—독일에

---

38) 대법원 1995. 9. 15. 선고 93누18532 판결.
39) 대법원 1996. 12. 6. 선고 96누6417 판결.
40) 대법원 1999. 11. 26. 선고 97다42250 판결.
41) 同旨 Chapus, a.a.O., n° 841; 꽁세유·데따의 1959년 Lafon 판결.
42) 대법원 1992. 12. 8. 선고 92누7542 판결 참조.
43) 同旨 Chapus, a.a.O., n° 841 (p.730); 꽁세유·데따의 1966년의 Dlle Gacon 판결.

서 말하는— 효과재량에 한정되고 요건부분의 불확정개념에 대한 판단여지 내지 요건재량은 제외된다는 점이다. 요건부분의 불확정개념에 대해서는 법원의 독자적 판단이 아니라 행정청의 판단과정을 사후적·탄핵적으로 심사해야 한다는 점에서 '요건재량'으로 파악해야 한다는 것이 私見이지만, 이러한 요건재량에 대한 법원의 판단권이 반드시 취소소송을 통해서만 행사될 필요가 없고 당사자소송에서도 얼마든지 행사될 수 있다고 할 것이다.

③ 금전급부 자체에 관한 행정청의 결정(제2단계 결정)이 실정법상 실체법적 처분이 될 수 없는 경우에도— 직접 당사자소송을 제기할 수 있음은 물론— 이를 소송법적 처분으로 파악하여 거부처분 취소소송을 허용하여야 한다. 원고가 종국적 만족을 위한 당사자소송을 포기하고 그 대신 간편한 거부처분 취소소송을 이용하고자 한다면 그 의사는 보호할 가치가 있기 때문이다.

이러한 관점에서, 판례에서 당사자소송으로 인정되었던 석탄산업법에 의한 석탄가격안정지원금 사건 및 재해위로금청구, 1984. 12. 31. 이전 토지의 하천구역 편입으로 발생한 손실보상금의 청구, 군인연금법령의 개정에 따라 국방부장관이 퇴역연금액을 감액한 경우, 공무원연금법령의 개정에 따라 공무원연금관리공단이 퇴직연금액의 일부를 지급정지한 경우에도, 행정청의 지급거절결정 내지 의사표시를 '처분'으로 파악하여, 당사자소송과 선택적으로 취소소송도 허용하는 것이 타당하다.

3. 2008년 전원합의체 판례의 검토[44]

(1) 불확정개념에 대한 판단

민주화운동과 관련된 피해유형이 추상적으로 규정되어 있으므로, 효과부분에 관해 결정재량 또는 선택재량이 없다 하더라도, 요건부분의 불확정개념에 대하여 행정청의 판단여지 내지 요건재량이 인정될 수 있으므로, 이를 행사하여 요건 충족 여부를 판단하는 행정청의 조치는 '실체법적 처분'으로 인정되어야 한다. 따라서 이에 대하여 취소소송을 인정하는 다수의견이 타당하지만, 상술한 바와

---

44) 조해현, 민주화운동관련자명예회복및보상등에관한법률에 기한 행정소송의 형태, 『행정판례연구』 제11집, 2006, 315-341면; 임영호, 민주화운동관련자 명예회복 및 보상 등에 관한 법률 소정의 명예회복신청기각처분의 적부, 『대법원판례해설』 제69호, 2008, 9-19면 참조.

같이 이러한 판단여지 내지 요건재량은 재량권 남용만을 심사할 수 있는―효과재량으로서 독일식의 좁은 의미의―'재량행위'는 아니기 때문에, 취소소송과 선택적으로 당사자소송도 허용될 수 있다.

(2) 2단계의 결정구조

이 사건에서 원고가 다투고 있는 것은 민주화운동관련자 결정에 있어 치아망실만이 그 傷痍 내용으로 인정되었을 뿐 전신마비증세는 제외되었다는 점이다. 이를 2단계 결정구조에 있어 제1단계 결정을 다투는 것으로 본다면, 상술한 私見에서와 같이 취소소송만이 허용되어야 할 것인데, 다수의견도 같은 취지로 보인다. 일반적으로 말해, 2단계 결정구조에 있어 제1단계 결정이 잘못되어 자동적으로 제2단계의 지급결정도 잘못되는 경우에는 제1단계 결정을 다투는 취소소송만이 허용되어야 한다는 것이다. 그러나 제1단계 결정의 내용을 기본적인 급부자격부분과 구체적인 급부등급의 산출기준 부분으로 구분한다면, 전자에 관해서는 취소소송만을 허용하지만, 후자에 관해서는 그 결정을 실질적으로 제2단계 결정에 해당하는 것으로 파악하여 취소소송과 당사자소송을 선택적으로 허용할 수 있을 것이다. 즉, 이 사건에서 傷痍의 내용이 어떻든 간에 일단 원고가 민주화운동관련자에 해당한다는 결정은 다툼이 없이 확정되었고, 분쟁의 대상이 되는 傷痍의 내용은 제2단계의 지급결정에서의 산출기준으로 작용하는 것으로 파악될 수 있고, 따라서 반대의견에서와 같이 바로 당사자소송을 제기하는 것도 허용될 수 있다.

(3) 결정전치주의

반대의견은 동법 제17조가 그 제목이 명시하는 바와 같이 '결정전치주의'를 규정하고 있음을 근거로 취소소송이 허용될 수 없다고 하고 있으나, 동조에서 동법에 의한 "보상금 등의 지급에 관한 소송은 지급 또는 기각의 결정을 거친 후에 한하여 이를 제기할 수 있다"고 규정한 것은 오히려 그러한 선행 결정에 대하여 취소소송을 제기하여야 한다는 취지로 해석될 수 있으므로 반대의견은 수긍하기 어렵다. 다시 말해, 동법상의 결정전치주의는 바로 취소소송을 전제하는 것이기 때문이다. 반대의견은 舊국가배상법상의 결정전치주의에 의한 배상심의회의 결정이 처분에 해당하지 않음을 논거로 들고 있지만, 상술한 바와 같이 민주화관련자에 대한 보상은 국가가 채무자로서 스스로의 손해배상채무에 관해 판단하는 국가배상의 경우와 달리, 사회보장급부를 위한 법률의 집행이기 때문에, 여기서의 결정전치주의를 국가배상에 관한 결정전치주의와 동일하게 파악하기는 곤란하다.

(4) 법원의 최종적인 심판권한

반대의견은 민주화운동관련자 해당 여부에 관한 최종적인 심판권한이 법원에 있기 때문에, 이에 관한 위원회의 결정을 독립된 처분으로 볼 필요가 없다는 취지로 설시하고 있다. 그러나 최종적인 심판권한이 법원에 있다는 것과 행정청에게 1차적 판단권 내지 선결권을 보장해야 한다는 것은 서로 모순되지 않으므로, 이 부분 반대의견도 재고의 여지가 있다.

(5) 권리구제의 이익

반대의견은 거부처분 취소소송의 불편함을 근거로 당사자소송에 의하는 것이 권리구제의 이익에 기여한다는 취지로 설시하고 있다. 그러나 이 사건은 원고가 제1심에서부터 취소소송을 제기하여 원심에 이르기까지 줄곧 전부승소하였는데, 피고행정청이 원고의 소송방법이 틀렸다는 것을 상고이유로 하여 상고한 것이다. 따라서 반대의견에서와 같이 이 사건을 오직 당사자소송으로만 인정하여 파기환송한다면 오히려 원고의 권리구제의 이익에 결정적으로 방해가 될 것이다.

(6) 보상금 지급결정의 효력

반대의견에 대한 보충의견은 동법상 보상금 지급결정에 대해 신청인이 동의한 때에는 민주화운동과 관련하여 입은 피해에 대하여 민사소송법의 규정에 의한 재판상 화해가 성립된 것으로 간주하는 규정이 있음을 들어, 보상금 지급결정은 신청인에 대하여 아무런 법적 효력이 발생하지 않았다는 취지로 설시하고 있다. 그러나 위 규정의 입법취지는 지급받은 보상금을 상회하는 부분에 대하여 국가배상청구의 가능성을 소멸시키기 위한 것으로서, 신청인이 동의하지 아니하여 재판상화해가 성립되지 않더라도 신청인은 일단 피고행정청으로부터 그 금액만을 지급받을 수밖에 없다는 구속을 받게 된다. 이것이 강학상 행정행위의 '구속력'으로 인정되는 법적 효력이고, 이를 배제하기 위한 소송수단이 취소소송이다.

(7) 소결

다수의견에 대해서는 보상금 지급결정을 처분으로 보아 이에 대한 취소소송을 허용한 점에 찬성하고, 반대의견에 대해서는 직접적인 당사자소송의 가능성을 인정한 점에 찬성하지만, 다수의견과 반대의견 공히 취소소송 또는 당사자소송만이 유일하게 적법한 소송유형이라고 판시한 부분에 대해서는 찬성하기 어렵다. 이러한 私見의 논거는 이미 위 2.의 (3)(b)②에서 상론하였기 때문에 여기서 반복하지 아니한다.

Ⅳ. 結語

행정소송에 관하여 민사소송에서의 형식적 엄격성을 그대로 적용하기보다는 '공법'소송으로서의 행정소송의 특수성을 최대한 고려하는 것이 요청된다. 그리하여 취소소송과 당사자소송의 배타적 관계를 지양하고, 또한 청구취지와 소송형태의 일치관계를 완화함으로써, ① 2단계 결정구조에 있어 제1단계 결정(급부자격의 인정)을 다투는 경우, ② 제2단계 결정이 (효과)재량행위인 경우, ③ 제2단계 결정에 관하여 제소기간이 도과한 경우를 제외하고는, 원칙적으로 취소소송과 당사자소송이 원고의 선택에 따라 모두 허용되어야 하고, 당사자소송만이 제기된 경우에는 명시적인 청구취지에 구애 받지 않고 그 인용판결에서 그와 모순되는 행정청의 선행결정을 취소하는 주문을 선고하는 것이 타당할 것이다.

15. 公共機關과 行政訴訟[*]
— 공공기관의 '행정청 자격'에 관한 대법원판례의 극복을 위해 —

I. 序說

1. 공공기관의 종류와 현황

1983년 시행된 「정부투자기관관리기본법」과 2004년 시행된 「정부산하기관관리기본법」이 2007년 「공공기관의 운영에 관한 법률」(이하 '공공기관법')로 통합됨으로써 종래의 정부투자기관과 정부산하기관이 '공공기관'이라는 상위개념으로 묶여 현재에 이르고 있다. 공공기관법상 '공공기관'은 공기업·준정부기관·기타공공기관의 3개 종류로 이루어지는데, 대체로 공기업은 종래의 정부투자기관에, 준정부기관 및 기타공공기관은 종래의 정부산하기관에 각각 상응하긴 하지만, 현행법상으로 공기업과 준정부기관의 구별은 오직 '수익성'을 기준으로 한다.

즉, 양자에 있어 직원 정원이 50인 이상인 점은 동일하지만, 자체수입액이 총수입액(정부지원액 포함)의 50퍼센트 이상이면 공기업이고, 그렇지 않으면 준정부기관이 된다. 직원 정원이 50인 이하이면 수익성과 무관하게 기타공공기관으로 지정된다. 공기업은 다시 자산규모(2조원)와 수익성(85퍼센트)을 기준으로 시장형 공기업과 준시장형 공기업으로 구분된다. 준정부기관은 임무의 형태에 따라 기금관리형 준정부기관과 위탁집행형 준정부기관으로 분류된다. 2020년 1월 기준으로, 16개의 시장형 공기업과 20개의 준시장형 공기업, 13개의 기금관리형 준정부기관과 82개의 위탁집행형 준정부기관 및 209개의 기타공공기관 등 총 340개의

[공공기관과 행정소송, 『행정법연구』 제60호, 2020]

* 이 논문은 서울대학교 법학발전재단 출연 아시아태평양법연구소의 2019학년도 학술연구비 지원을 받은 것으로서, 2017. 6. 23. 한국행정법학회 학술대회의 발표문(未公刊)을 수정·보완한 것임을 밝힌다.

공공기관이 지정되어 있다.[1]

　　이들을 일별하면 우리나라 (급부)행정의 대부분이 공공기관을 통해 이루어지고 있다는 사실을 쉽게 알 수 있다. 즉, ① 에너지(전기·가스·석유·난방)[2]와 대규모 교통인프라(공항·부산항·인천항)는 시장형 공기업이고, ② 화폐·관광·경마·광물·석탄·도로·토지·주택·철도·해양환경·광고 및 여수항·광양항·울산항은 준시장형 공기업이다. ③ 각종 연금(공무원연금·사립학교교직원연금·국민연금)과 근로자복지, 문화·체육·언론·중소기업의 진흥, 무역보험·예금보험·주택금융·신용보증, 원자력환경 등은 기금관리형 준정부기관이고, ④ 한국연구재단, 한국농어촌공사, 에너지관리공단, 국민건강보험공단, 국립공원관리공단, 한국철도시설공단, 대한지적공사, 한국소비자원, 한국거래소, 독립기념관, 도로교통공단 등이 위탁집행형 준정부기관이다. ⑤ 기타공공기관으로 중요한 것은 수도권매립지관리공사, 한국법제연구원, 한국수출입은행, 서울대학교병원 등 국립대학교병원, 대한법률구조공단, 정부법무공단, 민주화운동기념사업회, 대한적십자사, 국립중앙의료원 등이 있다.

2. 기업성과 공공성

　　이와 같이 수많은 공공기관들이 (급부)행정을 맡고 있으므로, 우리나라 행정법과 행정소송에서 이들 공공기관을 제대로 포착하지 못하면 법치행정은 공염불이 될 공산이 크다. 본고는 공기업 내지 공공기관 제도 자체에 관한 검토를 임무로 하지 않지만, 본고의 문제의식과 관련하여 아래 두 가지 점만 언급하고자 한다.

　　첫째, 상술한 바와 같이 공기업과 준정부기관은 형식적으로 수익성의 비율에 의해 구분될 뿐만 아니라, 실질적으로도 그 '기업성'과 '공공성'의 비중에 있어, 절대적인 차이가 아니라 하더라도, 최소한 상대적인 차이가 있다. 그럼에도 공기업이 준정부기관과 함께 공공기관의 하부개념으로 설정되어 있기 때문에, 공기업이 '준정부기관'과 동일한 차원의 분류개념이라는 점에서 정부와 밀접한 관련이 있다는 점이 암시된다. 그리하여 공기업들도 이러한 준정부기관 및 기타공공기관과 동일시됨으로써 그 기업적 자율성이 무시되고 정부의 무분별한 개입이 정당화되는 부작용이 있을 수 있다.

---

1) http://www.alio.go.kr/home.do (2020. 2. 11. 방문) 참조.
2) 한국전력공사와 한국수력원자력(주) 등이 여기에 해당한다.

또한 반대로, 공공성이 강한 준정부기관(예컨대, 공무원연금공단, 한국연구재단 등)과 기타공공기관(예컨대, 한국법제연구원, 서울대학교병원 등)이 '공기업'과—공공기관이라는—동일한 범주에 속하기 때문에, 임원 선임의 방법에서의 차이를 제외하고는, 공기업과 동일한 법적 규율을 받는다. 따라서 이러한 준정부기관과 기타공공기관들도 '공기업'의 일종으로 인식됨으로 말미암아 공공성이 무시되고 기업성 내지 효율성이 강조되는 부작용이 있을 수 있다.[3]

둘째, 공기업과 준정부기관 등을 포괄하여 공공기관으로 지정되기 위한 기준은 크게 보아 ① 정부의 출연, 또는 ② 총수입액의 50퍼센트 이상의 정부지원액, 또는 ③ 50퍼센트 이상의 정부의 지분, 또는 30퍼센트 이상의 정부의 지분 및 임원 임명권 등을 통한 정부의 사실상 지배력이다. 다시 말해, 공공기관의 개념은 모두 재정적 내지 경영적 '정부 종속성'만을 그 징표로 하고 있을 뿐 그 활동의 '공공성'은 제외되어 있다.

그러나 공기업의 정부 종속성 내지 국가의 공기업 지배는—최소한 결과적으로—사기업의 경제상 자유를 제한하기 때문에, 헌법상으로 공공복리(제37조 제2항) 내지 국민경제(제119조 제2항)의 관점, 한 마디로 말해, 공공성에 의해서만 정당화될 수 있다. 법률의 차원에서는 법률의 합헌성 추정 원칙에 따라 위와 같은 법률상 정부 종속성의 요건만으로 공공기관의 공공성이 추정될 수 있겠으나, 그 정부 종속성의 헌법적 근거가 공공성이라는 점이 망각될 우려가 크다. 이 점이 바로 우리나라 공공기관 제도가 직면하고 있는 핵심 문제인데, 이는 본고에서 초점을 맞추는 공공기관의 행정청 자격 문제와 직결된다.

3. 행정청 자격과 행정주체성 및 피고적격

개념적 명확성을 기하기 위해 미리 언급할 것은, 본고의 주제인 '행정청 자격'과 행정주체성 및 피고적격과의 관계이다. 즉, 행정청 자격의 문제는 행정소송법 제2조 제1항 제1호의 '처분'개념의 첫 번째 징표인 '행정청'에 해당하는가 여부로서, 공공기관에 대해 행정소송(항고소송)의 관문을 여는 첫 번째 열쇠이다. 다시 말해, 공공기관이 행정청에 해당되어야만 그 조치들이 항고소송의 대상인 처분이 된다. 이러한 행정청 자격을 부여하는 근거가 바로 '행정주체성'인데, 행정

3) 졸고, 한국의 공기업의 이론과 실제—공기업의 개념과 공기업에 대한 공법적 통제를 중심으로(행정법이론실무학회 2013. 12. 7. 발표문 未公刊), 3면 참조.

488 행정법 개혁의 과제

주체의 기관이 행정청이기 때문이다. 국가와 지방자치단체의 경우에는 하나의 행
정주체에 복수의 행정청들이 있어 행정주체성과 행정청 자격이 뚜렷이 구별되는
데 비해, 공공기관에 있어서는 그 대표자(이사장 등)가 유일한 행정청이므로 양자
가 겹쳐진다.[4] 따라서 공공기관의 행정청 자격은 바로 그 행정주체성을 의미하기
도 한다. 이와 같이 공공기관이 행정청 내지 행정주체에 해당하면 처분성의 제1
징표가 충족되는 동시에 항고소송의 피고가 된다는 의미에서 일응 '피고자격'이
라고 부를 수 있겠으나, 복수의 행정청 중에 정당한 피고는 누구인가 라는 '피고
적격'의 문제(행정소송법 제13조)와는 구별되어야 할 것이다.[5]

4. 논의의 순서

일반적인 논의 순서는 비교법적 고찰, 우리나라 법률규정의 해석, 그리고 판
례의 분석·검토이겠으나, 본고에서는 공공기관의 행정청 자격에 관해 현재 매우
협소한 입장을 취하고 있는 우리 판례를 비판하고 그 극복의 방향을 제시한다는
문제의식 하에서, 먼저 판례의 경향을 개관하여 문제점을 추출하고(Ⅱ.), 그 문제
해결을 위하여 행정소송법과 행정절차법 규정의 해석을 시도한 다음(Ⅲ.), 이를
독일법과 프랑스법과 비교하고(Ⅳ.), 이어 그 해석의 타당성을 처분성과의 관계,
소송요건과 본안문제의 구별, 행정소송의 秀越性, 民主 등의 관점에서 검증하고자
한다(Ⅴ.).

상술한 바와 같이 본고의 주제인 행정청 자격은 바로 처분성 문제로 연결된
다. 행정청이 아니면 다른 개념요소, 즉 구체적 사실, 법집행, 또는 공권력 행사
부분을 논할 필요 없이 처분성이 부정되기 때문이다. 그럼에도 행정청 자격 문제
가 그 자체로 독자적 의의를 갖는 것은 위에서 강조한 공공기관의 공공성 때문이
다. 이러한 관점에서 이하 Ⅱ.에서 Ⅳ.까지 행정청 자격에 관해 논의를 집중한 다
음, 마지막 Ⅴ. 분석과 평가 부분에서 처분성 문제를 언급하기로 한다.[6]

---

4) 그리하여 실무상 공공기관에 대해 제기되는 항고소송에서 피고로 공공기관의 대표자가
   아니라 공공기관 그 자체를 표시하는 것이 관례이다.
5) 이러한 의미에서 본고에서는 '피고적격'이라는 용어를 쓰지 않고, 원칙적으로 '행정청 자
   격'이라고 일컫고 맥락에 따라 필요할 때에는 '피고자격'이라고 부르기로 한다. 이러한
   개념 구별은 2017년 6월 학술대회 당시 지정토론자인 정부법무공단의 서규영 변호사의
   지적에 따른 것임을 밝히면서 감사의 뜻을 밝힌다.
6) '행정청'에 관한 선행연구로 이원우, 항고소송의 대상인 처분의 개념요소로서 행정청,
   『저스티스』 통권 제68호(2002), 160-199면은 행정조직법상 행정청 개념과 행정소송법상

Ⅱ. 判例의 傾向

1. 제1단계 : 타당한 법리

(1) 공공기관의 행정청 자격에 관한 명시적인 최초의 판례는 대법원 1992. 11. 27. 선고 92누3618 판결이다. 대한주택공사가 택지개발사업의 이주대책의 일환으로 시행한 아파트 특별공급에 있어 특별공급 요구에 대한 거부가 (거부)처분에 해당하느냐 라는 쟁점에 관해, 대법원은 우선 항고소송을 제기할 수 있는 "행정청에는 … 법령에 의하여 행정권한의 위임 또는 위탁을 받은 행정기관, 공공단체 및 그 기관 또는 사인이 포함되는바 <u>특별한 법률에 근거를 두고 행정주체로서의 국가 또는 지방자치단체로부터 독립하여 특수한 존립목적을 부여받은 특수한 행정주체로서 국가의 특별한 감독 하에 그 존립목적인 특정한 공공사무를 행하는 공법인인 특수행정조직</u> 등이 이에 해당한다."고 전제한 다음, "대한주택공사의 설립목적, 취급업무의 성질, 권한과 의무 및 택지개발사업의 성질과 내용 등에 비추어 <u>같은 공사가 관계법령에 따른 사업을 시행하는 경우 법률상 부여받은 행정작용권한을 행사하는 것으로 보아야 할 것</u>이므로 같은 공사가 시행한 택지개발사업 및 이에 따른 이주대책에 관한 처분은 항고소송의 대상이 된다."(밑줄 필자)고 판시하였다.

(2) 위 판례는 대한주택공사(현재의 한국토지주택공사, 준시장형 공기업)를 독립된 특수한 '행정주체'로서 '공공사무를 행하는 공법인'으로 파악하였다는 점에 큰 의의가 있다. 그런데 동 공사가 행정청에 해당한다는 근거로, 관계법령에 따른 사업을 시행하는 경우 '법률상 부여받은 행정작용권한'을 행사하는 것이라는 설시를 추가함으로 말미암아, 그 이후에 공공기관은 법령에 의하여 행정권한의 위임 또는 위탁을 받은 범위 내에서만 행정청이 된다는 현재의 판례경향으로 비화되는

행정청 개념의 상호관계, 권한의 근거 문제와 권한행사자 문제의 구별, 기능적 자치행정, 공법인과 사법인의 구별 문제 등 관련 쟁점들을 아우르는 종합적·체계적 연구로서, 국가의 간접행정을 담당하는 공공기관에 대해서는 권한의 위임·위탁과 관계없이 — 즉, '본래적'인 — 행정청의 지위를 인정하여야 한다는 점에서 본고와 논지를 같이한다. 본고에서는 위 연구와 연계하여, 2007년 공공기관법 제정 이후 공기업·준정부기관 등 공공기관의 행정청 자격 문제에 초점을 맞추면서, 판례의 변천과정을 분석하고, 특히 대법원 2014. 12. 24. 선고 2010두6700 판결로 인한 제3단계의 판례의 문제점을 규명하며, 행정소송법과 행정절차법 규정의 세밀한 해석을 시도하고, 처분성의 문제 및 행정법학에서의 '民主'의 자각 등을 강조하였다는 점에 의의를 찾고자 한다.

계기가 되었다고 할 수 있다.[7]

그러나 분명한 것은 이 사건에서 법령에 규정된 것은 '이주대책의 수립'이고 그 이주대책의 구체적인 방법으로 특별공급을 하기로 한 것은 대한주택공사의 내부규정이었기 때문에, 판례가 처음부터 '법령상' 부여받은 '행정권한'의 범위 내에서만 행정청으로 인정한 것은 아니라는 점이다. 오히려 위 설시 전반부를 유의하여 읽으면, ― 아래에서 피력하는 私見과 같이 ― 공공기관은 공법인이라는 특수 행정조직으로서 특수한 행정주체를 이루고 그러한 법적 지위로써 바로 행정소송법상 '행정청'에 해당함을 인정한 것임을 어렵지 않게 알 수 있다. 나아가 처분성의 제4징표인 '공권력 행사'에 관해서도, 직접 법령상의 규정에 의거한 권한 행사가 아니더라도, 법령상의 임무(이주대책수립)를 수행하기 위한 내규상의 활동(아파트 특별공급)을 "법률상 부여받은 행정작용권한"의 행사로 파악함으로써, 아파트 특별공급의 거부결정을 처분으로 인정한 것이다. 요컨대, 공공기관은 행정조직법적으로 행정주체이고, 바로 그 때문에 행정소송법상 행정청에 해당하며, 따라서 그가 하는 행위 중에 (구체적 사실에 관한 법집행으로서의) 공권력 행사가 처분이 되는 것이다.

2. 제2단계 : 변질과정

(1) 이러한 법리는 1995년 판례부터 공공기관의 부정당업자제재(입찰참가자격제한)와 관련하여 변질된다. 즉, 한국토지개발공사, 한국전력공사 등이 행한 입찰참가자격제한 조치를 다툰 취소소송에서, 당시 법률(정부투자기관관리기본법)에 입찰참가자격제한에 관한 근거규정이 없었고 단지 제20조에서 정부투자기관의 회계처리의 기준과 절차에 관한 사항을 재무부장관이 정하도록 위임하였는데, 이에 따라 제정된 「정부투자기관회계규정」 제245조에 따라 입찰참가자격제한 조치가 이루어졌기 때문에, 대법원 1995. 2. 28.자 94두36 결정은 먼저 일반론으로 위 제1단계 판결을 참조표시하면서 "상대방의 권리를 제한하는 행위라 하더라도 행정청

---

7) 이러한 설시 때문에 위 이원우, 전게논문 189면(각주 117)은 위 판례가 공공단체는 권한의 위임을 받은 경우에 한하여 ― 즉, '전래적'인 ― 행정청이 될 수 있다는 입장을 취한 것으로 평가하고 있으나, 위와 같이 "특수한 존립목적"을 부여받은 "특수한 행정주체"로서, "그 존립목적인 특정한 공공사무를 행하는 공법인인 특수행정조직"이라고 설시한 점을 중시하면, 대한주택공사를 권한의 위임과 관계없는 '본래적'인 행정청으로 인정한 판례라고 보는 것이 타당할 것이다.

또는 그 소속기관이나 권한을 위임받은 공공단체의 행위가 아닌 한 이를 행정처분이라고 할 수 없"다고 전제한 후, "한국토지개발공사가 행정소송법 소정의 행정청 또는 그 소속기관이거나 이로부터 일정기간 입찰참가자격을 제한하는 내용의 부정당업자제재처분의권한을 위임받았다고 볼 만한 아무런 법적 근거가 없으므로, 한국토지개발공사가 한 그 제재처분은 행정소송의 대상이 되는 행정처분이 아니라 단지 상대방을 그 공사가 시행하는 입찰에 참가시키지 않겠다는 뜻의 사법상의 효력을 가지는 통지행위에 불과"하다고 판시하였다.[8] 요컨대, 계쟁처분(입찰참가자격제한)의 권한 자체가 법령에 의해 위임·위탁되어 있지 않으면 행정청이 아니라는 것이다. 여기에서 주목해야 할 것은, 위 제1단계 판결에서는, 계쟁처분(특별공급거부)이 직접 법령에 의한 것이 아니었음에도, '특수한 행정주체'로서의 지위에 의거하여 행정청 자격을 인정하였던 반면, 제2단계에서는 법령상 계쟁 조치 권한의 부존재를 이유로 행정청 자격을 부정한 점이다. 따라서 위 판결이 위 제1단계 판결을 참조표시한 것은 맥락을 잘못 파악한 것이라는 비판이 가능하다. 또한 심지어 위와 같이 일반론으로 전제한 문구를 위 제1단계의 판결에서 찾을 수도 없다.[9]

(2) 그 후 1999년 2월 5일 정부투자기관관리기본법 제20조가 개정되어 입찰참가자격 제한권한이 명시됨으로써, 위 공사 등 정부투자기관(현재의 공기업)에 의한 입찰참가자격제한 조치에 관해서도 행정청으로 인정되어 그 제한의 처분성도 긍정되게 되었다. 그러나 법률상 입찰참가자격제한 조치가 규정되지 않은 공공기관에 대해서는 여전히 위와 동일한 논리로 행정청 자격이 부정되었다. 즉, 대법원 2010. 11. 26.자 2010무137 결정은, 먼저 위 1995년 결정에서와 동일한 일반론을 설시한 후, 현행 공공기관법 제39조 제2항이 입찰참가자격제한 조치의 주체를 공기업과 준정부기관으로만 규정하고 있기 때문에, 기타공공기관인 수도권매립지관리공사는 법률상 입찰참가자격제한 조치를 할 권한이 없고, 따라서 실제로 입찰참가자격제한 조치를 한 경우에도 "행정소송법에 정한 행정청 또는 그 소속기관이거나, 그로부터 이 사건 제재처분의 권한을 위임받은 공공기관에 해당하지 아니하므로" 행정청에 해당하지 않고, 그러한 조치는 단지 상대방을 당해 공공기

---

8) 대법원 1999. 11. 26.자 99부3 결정도 동일한 판시 내용을 담고 있다.
9) 그리하여 그 이후의 제2단계, 제3단계의 판례에서는 위 제1단계 판결이 참조표시에서 제외된다.

관의 입찰에 참가시키지 않겠다는 뜻의 사법상의 효력을 가지는 통지행위에 불과하다고 판시하였다.[10]

(3) 입찰참가자격제한은 독일법상 국가기관에 의한 것도 私法上의 행위로 간주된다. 전통적인 국고이론에 의거하여 행정조달계약 자체가 사법상계약으로 파악되는 결과, 입찰참가자격제한(발주차단; Auftragssperre)도 일정기간 그 사법상계약을 체결하지 않겠다는 의사의 통지로 이해되는 것이다. 그 발주차단의 효과가 당해 기관만이 아니라 모든 국가·지방자치단체 및 공공기관으로 확대되어도 마찬가지이다. 우리나라에서도 유감스럽게도 지금까지 행정조달계약 자체가 사법상계약으로 파악되고 있으나, 다행히도 입찰참가자격제한 조치는 공법상 행위로 처분성이 인정되고 있다.[11]

이러한 처분성 인정이 —판례의 관점에서는— 행정조달계약 자체의 사법적 성격에 반하는 예외적인 것이므로, 입찰참가자격제한 조치에 관해 법률상 근거가 있는 경우로 한정하는 것은 어느 정도 이해할 수 있겠다. 그러나 그 논리 구성을 위해, 법률상 명문의 근거가 없는 경우, 그 공법적 성격 내지 '공권력 행사'로서의 성격을 부인함으로써 처분성을 부정하는 것이 아니라, 처분성 부정을 위해 아예 공공기관의 '행정청'으로서의 자격 자체를 부인함으로 말미암아, 이러한 논리가 일반화될 소지가 만들어졌다는 데에 문제의 핵심이 있었다.

3. 제3단계 : 고착화

(1) 일반적으로 말해, 판례가 처음에는 타당한 법리를 취했다가 특정한 문제

---

10) 그러나 서울고등법원 2015. 7. 15. 선고 2015누31024 판결은 한국수력원자력(주)가 기타 공공기관으로 지정되어 있던 시기에 행한 입찰참가자격제한 조치에 관하여, 공기업에 의한 행정임무수행은 여전히 공적 임무영역으로서, "공동체적규범과 가치가 유지되어야 하는 영역"이고, 행정소송이 부정된다면 민사소송을 통해서는 소의 이익, 신속한 구제 가능성 등 권리구제의 문제에 따르며, 법률상 입찰참가자격제한권한의 여부는 본안판단 사항에 속한다고 설시하면서, 기타공공기관의 입찰참가자격제한 조치도 행정기관으로서 처분성을 인정함이 타당하다고 판시하였다. 위 판결은 대법원 2015. 11. 17. 선고 2015두 49214 판결에 의해 심리불속행 확정되었으나, 이로써 판례가 변경되었다고 할 수 없고, 동 대법원 판결은 단지 한국수력원자력(주)가 판결시(원심변론종결일)를 기준으로 공기 업(시장형)으로 지정되어 법률상 입찰참가자격제한처분 권한을 갖게 되었다는 점이 참 작된 일회성 판결이라고 할 수 있다.

11) 이상에 관하여 졸고, 부정당업자의 입찰참가자격제한의 법적 제문제, 『서울대 법학』, 제 46권 제1호, 2005, 282-311면; 요청조달계약과 입찰참가자격제한처분 권한, 『행정판례연구』 제24권 제2호, 2019, 3-37면 참조.

에 관한 오류 때문에 변질되면서 그것이 일반화되어 그 오류가 고착되는 병리현상이 있다고 한다면, 그 대표적인 예가 대법원 2014. 12. 24. 선고 2010두6700 판결이라고 할 수 있다. 사안은 「한국철도시설공단법」에 의해 설립되어 준정부기관으로 지정된 한국철도시설공단이 법령이 아닌 내부규정('공사낙찰적격심사세부기준')에 의거하여 공사입찰과 관련하여 2년간 낙찰적격심사 감점조치를 함으로써 사실상 그 기간 동안 낙찰이 봉쇄되도록 조치한 경우이다.

위 판결은 먼저 위 제2단계의 1995년·2010년 결정들과 동일하게 "상대방의 권리를 제한하는 행위라 하더라도 행정청 또는 그 소속기관이나 권한을 위임받은 공공기관의 행위가 아닌 한 이를 행정처분이라고 할 수 없다"고 일반론을 설시한 후, 위 감점조치의 근거가 된 공사낙찰적격심사세부기준은 "계약사무처리에 관한 필요한 사항을 규정한 것으로서 공공기관의 내부규정에 불과하여 대외적 구속력이 없는 것"이고, 따라서 위 감점조치는 "장차 그 대상자인 원고가 피고가 시행하는 입찰에 참가하는 경우에 … 종합취득점수의 10/100을 감점하게 된다는 뜻의 사법상의 효력을 가지는 통지행위에 불과"하므로 위 감점조치의 처분성을 인정할 수 없다고 판시하였다. 이 판결을 변경하거나 그 취지에 모순되는 판결은 현재까지 발견되지 않고 있다.

(2) 위 판결은, 표면적인 논리구성에 있어, '공사낙찰적격심사세부기준'의 대외적 구속력을 부정하고 위 감점조치를 사법상의 통지행위에 불과한 것으로 보아 동 조치의 처분성을 부정한 것이지, 행정청으로서의 자격을 부정한 것은 아니라고 생각할 수도 있을 것이다. 그러나 판시 내용을 보면, 먼저 위 제2단계의 2010년 결정을 참조표시하면서, '행정청'과 '권한을 위임받은 공공기관'의 구별하고, 그러한 공공기관이 아닌 한 행정처분이라고 할 수 없다고 설시하고 있어, 처분성 문제 이전에 ― 최소한 암묵적으로라도 ― 행정청으로서의 자격을 부정한 것으로 이해될 수 있다. 다시 말해, 계쟁 감점조치의 권한이 법령상 부여된 것이 아니라는 이유로 행정청 자격을 부정한다는 점에서 위 제2단계 판례를 답습한 것이라고 할 수 있다.

(3) 그러나 제2단계 판례에서는 해당 기관들에게 법률상 입찰참가자격제한 등 일체의 제재처분 권한이 없었던 반면, 위 판결에서는 피고 한국철도시설공단이 '준정부기관'으로서 법률상 입찰참가자격제한처분을 할 권한을 갖고 있는데, 그럼에도 입찰참가자격제한처분 대신에 그와 사실상 효과가 동일한 '낙찰적격심

사 감점조치'를 하였다는 점이 문제의 핵심이다. 즉, 그 감점조치가 '법령에 의하여 위임 또는 위탁받은 행정권한'이 아니라는 이유로 행정청 자격이 부정되고 나아가 처분성이 부정됨으로써, 본안에서 법률유보의 문제, 즉 법률의 근거 없이 행해진 위 감점조치의 위법성을 판단할 기회가 없어진 것이다. 이에 관해서는 아래 V.에서 재론한다.

(4) 위 2014년 대법원 판결의 영향으로, 시장형 공기업인 한국수력원자력(주)이 법령이 아닌 내부규정(공급자관리지침)에 의거하여 10년간 공급자등록을 제한함으로써 법률상 입찰참가자격제한의 최장기간인 2년을 훨씬 넘는 기간 동안 사실상 입찰참가를 봉쇄한 조치를 다투는 다수의 사건에서, 현재 하급심의 판결이 엇갈리고 있다. 그 중 주목할 것은, 행정청 자격 문제는 직접적으로 다루지 않고 그 대신에, 내부규정에 의거한 공급자등록제한 조치는 당해 기관에 한정된 것으로서, 법률상 입찰참가자격제한처분과 같이 국가·지방자치단체 및 다른 모든 공공기관에서의 입찰봉쇄효과는 없이, 당해 기관에서만 물품공급 자격을 부여하지 않겠다는 사법상 통지행위에 불과하다고 판단한 판결들이다.[12]

반면에, 위와 동일한 사안에서 서울행정법원 2017. 2. 10. 선고 2016구합71447 판결은 "공기업이 행하는 계약에 있어서도 국가와 동일한 기준을 도입하여 일정한 요건을 갖춘 자를 제한 없이 입찰에 참여할 수 있게 하고, 입찰방식, 낙찰자결정 등 계약의 전 과정에 있어서 공정하고 투명한 절차를 확립하도록 하며, 계약에 있어서 공기업이 가질 수 있는 우월적 지위의 남용을 억제하고" 있다는 점에서 공기업은 이 영역에서 행정권한의 위임 또는 그 위탁을 받은 행정청의 지위를 부여받았다고 볼 수 있다고 설시하였다. 또한 특히 공급자등록취소와 등록제한이 되면 그 기간 동안 필연적으로 입찰참가자격이 제한된다는 점에서, 공공기관법 제39조 제2항은 입찰참가자격제한을 할 권한에 그치는 것이 아니라 공급자등록취소나 등록제한을 할 권한에 미친다고 볼 수 있고, 따라서 피고 한국수력원자력(주)는 위 조항의 수권에 따라 공급자등록취소 및 등록제한을 할 수 있는 공공단체로서 행정청의 지위에 있다고 판시하였다.

이 판결의 특징은 입찰참가자격제한조치에 관한 법률상 규정을 공급자등록

---

12) 대구지방법원 2016. 4. 27. 선고 2015구합22976 판결; 대구지방법원 2015. 8. 21.자 2015아10192 결정 등. 이 판결에서 이와 같이 공급자등록제한 조치의 처분성을 부정한 부분은 항소되지 않아 확정되었다.

취소 내지 등록제한까지 포함하는 것으로 확대 해석함으로써, 계쟁 조치의 법령 상 권한을 행정청 자격의 요소로 삼는 제3단계 판례의 논리를 우회적으로 충족시 키고 있다는 점이다. 제1단계 판례에서와 같이 정면으로, 특별한 법률에 의해 특 수한 존립목적을 부여받은 특수한 행정주체의 지위에서 행정청 자격을 인정하지 못하였다는 아쉬움이 있다. 피고 한국수력원자력(주)이 시장형 공기업으로서 공공 기관에 속하지만 주식회사로서 私法的 형태를 띠고 있다는 점이 걸림돌이었을 것 으로 생각한다. 이 문제에 관해서는 아래 Ⅳ.와 Ⅴ.에서 살펴보기로 하고, 여하튼 위 판결은 결론적으로 행정청 자격을 인정함으로써 처분성을 긍정하고, 나아가 본안에서, 법률상 입찰참가자격제한의 최장기간인 2년을 상회하는 10년간의 공급 자등록을 제한한 내부지침은 상위 법률 위반이고, 따라서 그에 의거한 계쟁 공급 자등록제한조치가 무효임을 확인하였다는 점에서 크게 환영할 만하다.13)

Ⅲ. 法律規定

1. 행정소송법 제2조 제2항

문제의 뿌리는 무엇보다 행정소송법 제2조 제2항에 있는데, 동 조항은 "이 법을 적용함에 있어서 행정청에는 법령에 의하여 행정권한의 위임 또는 위탁을 받은 행정기관, 공공단체 및 그 기관 또는 사인이 포함된다."고 규정하고 있다.

(1) 첫째로 제기되는 문제는 위 조항의 '공공단체'와 본고의 고찰대상인 공공 기관 사이의 관계이다. 전통적으로 '공공단체'는 국가·지방자치단체 이외에 행정 목적을 수행하는 행정주체로서 공법상의 법인으로 정의된다.14) 공공기관은 거의 예외 없이 독자적인 법인격을 갖고 있는 '법인'이기 때문에, 문제는 그것이 '공법 상' 법인에 해당하는가에 집중된다.15) 우선 공기업 중 '공사'·'공단' 등과 준정부 기관 및 기타공공기관들은 거의 대부분 특별법에 의해 설립되고 그 업무의 공공 성에 비추어 비교적 용이하게 공법상 법인으로 파악할 수 있으나, 한국수력원자

---

13) 위 서울행정법원 판결은 다행히 항소심인 서울고등법원 2017. 9. 22. 선고 2017누38050 판결(항소기각)에 의해 유지되었고, 본 논문 공간 후 대법원 2020. 5. 28. 선고 2017두 66541 판결에 의해 확정되었다.

14) 김도창, 『일반행정법론(하)』, 133면; 이상규, 『신행법론(하)』, 132면 등.

15) 공법인과 사법인의 구별 기준에 관한 상세한 논의는 이원우, 전게논문(각주 6) 192면 이 하 참조.

력(주) 등과 같이 특별법이 아닌 상법에 의거하여 설립되는 경우는 '사법상' 법인이 아닌가 라는 의문이 생긴다.

그러나 그러한 주식회사들도 그 주주가 국가 또는 공사이고, 공공기관법의 요건에 해당되어 '공공기관'으로 지정된 이상, 그 법률상의 요건, 즉 정부종속성과 헌법상의 근거인 공공성에 의거하여 위 조항상의 '공공단체'에 해당한다고 보아야 할 것이다. 그렇지 않으면 위 조항 중 마지막의 '사인'에 해당하여 공무수탁사인으로서 행정청이 될 수밖에 없는데, 공무수탁사인은 그 탄생 내지 설립에 있어 전혀 공적인 요소가 없는 — 개인이나 일반회사와 같이 — 순수한 '사인'이 활동의 차원에서 공무를 위임·위탁받는 것이기 때문에, 형식은 주식회사이지만 공적목적을 위해 설립된 공공기관들은 결코 공무수탁사인이 될 수 없다.

(2) 다음으로, 만일 위 제2단계 및 제3단계 판례에서와 같이 공공단체는 법령에 의하여 행정권한의 위임·위탁을 받은 범위 내에서만 행정청이 된다고 하면, 그 앞에 병렬적으로 규정된 '행정기관'16)도 마찬가지인가 라는 문제가 제기된다. 행정기관은 법령상 행정권한의 위임·위탁과 관계없이 '조직법상으로' 이미 행정청이다. 따라서 위 행정소송법 제2조 제2항을 모순 없이 해석하기 위해서는 위 조항은 행정청 자격을 한정적으로 부여하는 창설적 규정이 아니라, 행정권한이 행정기관 또는 공공단체에게 위임·위탁된 경우에 관한 주의규정이라고 보아야 한다. 이러한 해석은 위 조항이 행정청을 정의하는 방식을 취하지 않고 "이 법을 적용함에 있어서 행정청에는 … <u>포함된다</u>"라고 규정한 것과 부합한다.

요컨대, 위 조항은 법령상 행정권한을 원래부터 '부여'받은 행정기관·공공단체만이 아니라 법령에 의해 그 권한이 '위임·위탁'된 행정기관·공공단체도 행정청에 속한다는 의미이다. 이와 같이 법령상 행정권한의 부여와 위임·위탁을 구별하여, 후자는 원래 한 곳에 부여된 행정권한이 다른 곳으로 위임·위탁되는 경우에 한정되어야 한다. 이는 사인의 경우에도 마찬가지이다. 즉, 법령상 원래 행정권한이 '부여'된 사인이 공무수탁사인인데, 이는 위 조항 없이도 당연히 행정청이 되고, 위 조항은 단지 원래의 공무수탁사인에게 부여된 행정권한이 다른 사인에게 '위임·위탁'되는 경우에 한정된 것이다. 통상 공무수탁사인을 행정권한이 사인에게 위임·위탁된 경우라고 부르지만, 위 행정소송법 규정과 관련해서는 이와

---

16) 즉, "이 법을 적용함에 있어서 행정청에는 <u>법령에 의하여 행정권한의 위임 또는 위탁을 받은 행정기관</u>, 공공단체 및 그 기관 또는 사인이 포함된다."

같이 권한의 '부여'와 '위임·위탁'이 구별되어야 할 것이다.[17)]

2. 행정절차법 제2조 제1호

(1) 행정절차법은 제2조 제1호에서 행정청을 "가. 행정에 관한 의사를 결정하여 표시하는 국가 또는 지방자치단체의 기관"과 "나. 법령 또는 자치법규에 의하여 행정권한을 가지고 있거나 위임 또는 위탁받은 공공단체나 그 기관 또는 사인"으로 정의하고 있다. 그리하여 위 판례들이 혹시 이 조항 때문에, 공공단체 내지 공공기관은 전자의 국가·지방자치단체의 기관처럼 '본래적' 행정청이 될 수 없고, 단지 위 나목 규정에 따라 — 법령상의 명시적인 행정권한의 존재를 전제로 하는 — '전래적' 행정청에 해당할 뿐이라고 이해하는 것이 아닌가 라는 추측도 가능하지만, 명시적인 언급은 없다.

(2) 이에 대해, 이는 행정절차법상의 행정청 개념으로서, 행정소송법상 행정청 개념에는 영향을 미치지 않는다고 반론할 수 있다. 공공기관이 법령상 권한이 명시되어 있지 않은 조치를 할 때, 그것이 행정절차법상 처분에 해당하지 않는다고 생각하여, 사전통지, 청문 및 이유제시를 하지 않는 경우가 대부분이다. 이러한 경우 그 조치가 처분으로 파악되어 행정소송법과 행정절차법이 적용되게 되면, 예외 없이 절차적 하자로 인해 공공기관이 패소하게 된다. 따라서 행정소송법상으로 공공기관의 행정청 자격 및 처분성이 인정되어 항고소송이 제기될 수 있지만, 행정절차법상으로는 동법 제2조 제1호 때문에 공공기관이 행정청에 해당하지 않는 것으로 보아 그러한 절차적 위법성을 다투지 못하도록 하는 타협적 해석의 여지도 없지 않다.

(3) 그러나 행정절차법과 행정소송법의 일치된 해석을 위해서는 행정절차법상의 위 규정에서도, 상술한 바와 같이, 행정권한의 부여(보유)와 위임·위탁을 구별하여야 한다. 즉, 위 나목 규정을 '원래부터 행정권한을 부여받아 가지고 있는 공공단체'와 '행정권한을 위임 또는 위탁받은 공공단체'로 나누어 보면, 후자는 일단 국가·지자체 기타 공공단체에 부여된 권한이 다시 개별적으로 다른 공공단체에게 위임·위탁된 경우에 한정되는 반면, 전자에서 말하는 '행정권한'은 입찰

---

17) 이상에서 피력한 필자의 해석론은 대체로 이원우, 전게논문(각주 6) 특히 181-189면과 同 旨이지만, 행정소송법 규정 중 공무수탁사인에 관한 부분과 아래의 행정절차법 규정의 해석은 필자의 독자적 견해임을 밝힌다.

참가자격제한, 토지수용, 대집행 등 개별적으로 명시된 권한만이 아니라, 당해 공공기관의 설치 근거 법률에 의거하여 일반적으로 관리·운영을 위해 일방적 결정 내지 조치를 하는 권한[18]도 포함하는 것으로 보아야 한다. 따라서 위 행정절차법 규정에 의하더라도, 공공기관은 원래부터 행정권한을 부여받아 갖고 있는 공공단체로서, '본래적' 행정청에 해당하는 것으로 해석되어야 할 것이다.

다시 말해, 행정절차법에서는 공공단체가 국가·지방자치단체와 별도로 규정되어 있긴 하지만, 이는 국가·지방자치단체의 경우와는 달리 그 기관만이 아니라 공공단체 자체도 행정청이 된다는 점에 특별한 의미가 있을 뿐이고, 공공단체도 국가·지방자치단체의 기관들과 마찬가지로 본래적 행정청에 해당함에는 변함이 없고, 따라서 행정소송법상 행정청 개념과 모순되는 것은 아니다.[19]

Ⅳ. 比較法的 考察

1. 독일법

독일 취소소송의 대상이 되는 '행정행위'(Verwaltungsakt)는 (연방)행정절차법 제35조에 의해 "행정청이 공법의 영역에서 개별사안의 규율을 위해 내리는 처분, 결정 또는 기타의 고권적 조치"로 정의된다. 여기서 '행정청'(Behörde)은 행정주체(Verwaltungsträger)의 기관(Organ)을 의미하는데, 행정주체는 국가·지방자치단체만이 아니라 공법상 사단법인, 재단법인 또는 영조물을 포함한다.[20] 독일의 공기업은 대부분 이러한 공법상 법인에 해당되기 때문에, 법률상 행정권한의 위임·위탁과 관계없이, 독립된 행정주체로 인정되고, 동시에 행정절차법상 행정청 개념을 충족한다. 물론 이러한 공기업의 행위 중 사법 영역에 속하거나 고권적 조치가 아닌 것은 행정행위 개념을 충족하지 못하지만, 그 공기업이 행정청에 해당하는 데에는 변함이 없다. 다시 말해, 행정청이 행하는 *私法的* 행위이다. 반면에, 주식

---

18) 예컨대, 한국토지주택공사의 경우에는 토지·주택의 분양과 관련된 결정 — 대표적으로 아파트 분양권 추첨 — 들이 이에 해당한다.

19) 졸고, 행정법과 '민주'의 자각 — 한국 행정법학의 미래, 『행정법연구』 제53호(2018), 1-24 면(12-15면); 본서 제1장(12-15면) 참조.

20) 이에 관해 특히 Kopp/Ramsauer, Verwaltungsverfahrensgesetz Kommentar. 16.Aufl., 2015, § 35 Rn.65-68; Stelkens/Bonk/Sachs, Verwaltungsverfahrensgesetz Kommentar. 8.Aufl., 2014, § 35 Rn.50-51 참조.

회사와 같은 私法的 형태를 취하는 공기업은 공무수탁사인과 같이 법률에 의한 '행정권한의 위임·위탁'(Beleihung)의 범위 내에서만 행정청이 된다.21) 최근 주식 회사 형태의 공기업을 '공법상의 자본회사'(Kapitalgesellschaft öffentlichen Rechts)라 고 하여 공법적 성격이 강조되고 있으나,22) 전통적인 국고이론의 영향으로, 私法 의 적용을 받는 행정영역이 널리 인정되는 것과 더불어, 아직 공기업에 관해서도 私法的 형태의 공기업이 인정되는 범위가 비교적 크다.

이와 같이 私法的 형태의 공기업을 정면으로 인정하고 이에 대해서는 법률상 행정권한의 위임·위탁의 범위 내에서만 행정주체 내지 행정청으로 인정하는 독 일 이론이 우리나라에 영향을 미쳐 전술한 대법원 판례가 형성되었다고 할 수 있 을지 모르겠으나, 분명히 독일에서도 공공기관 내지 공기업 전부가 그러한 것이 아니라 私法的 형태의 것만 그러하다. 따라서 독일법의 관점에서 보더라도, 주식 회사의 형태를 갖는 공기업의 경우는 몰라도, 공법인에 해당하는 공기업과 준정 부기관 및 기타공공기관 전부에 대하여도 무차별적으로 행정주체 내지 행정청로 서의 자격을 제한하는 태도는 재고되어야 한다.

2. 프랑스법

우리 항고소송에 상응하는 월권소송(le recours pour excès de pouvoir)의 대상 은 행정행위(l'acte administratif) 또는 행정결정(la décision administrative)인데, 그 주 체는 '행정청'(l'autorité administrative)이다.23) 월권소송은 객관소송(le recours objectif) 으로서, '당사자'에 대한 소송이 아니라 '행위'에 대한 소송으로 파악되기 때문에,

---

21) Verwaltungsverfahrensgesetz Großkommentar (Mann/Sennekamp/Uechtritz Hg.), Baden-Baden 2014, § 35 Rn.43 참조. 일반적으로 'Beliehene'를 공무수탁사인으로 번역하기 때 문에 'Beleihung'을 공무수탁으로 번역하기 쉬우나, 정확하게 말하면 공무수탁사인은 단 순한 공무가 아니라 그 공무에 관한 행정권한을 위임 또는 위탁받는 것이므로, 'Belei-hung'은 행정권한의 위임·위탁으로 번역하는 것이 타당하다.
22) Wolff/Bachof/Stober, Verwaltungsrecht Bd.3. 5.Aufl., München 2004, § 91 I 4 Rn.25 (S.558) 참조.
23) 이러한 용어들은 오랜 기간 판례에 의해 형성되었지만, 현재 「행정소송법전」(Code de justice administrative)에 명문화되어 있다. 예컨대, 행정행위(l'acte administratif)는 판결 집행에 관한 R.921-1조와 R.931-1조에, 행정결정(la décision administrative)은 긴급가처 분절차에 관한 L.521-1조 이하 또는 제소기간에 관한 R.421-5조 등에, 행정청(l'autorité administrative)는 재판관할에 관한 R.312-8조, 묵시적 거부결정에 관한 R.421-2조, 꽁세유 데따에서의 변호사대리에 관한 R.432-2조 등에 규정되어 있다.

행정청의 개념은 피고 당사자로서의 관념은 상대적으로 약하지만, 소송 대상으로서 행정행위 내지 행정결정의 개념 징표로서 중요한 의미를 갖는다. 행정청은 한 마디로 말해, 공역무(le service public)를 수행하는 행위주체인데, 국가·지방자치단체는 물론, 공공시설법인(l'établissement public: EP)과 공익단체(le groupement d'intérêt public: GIP)와 같은 공법인뿐만 아니라, 공사혼합회사(la société d'économie mixte: SEM) 또는 주식회사 등 사법인 내지 사인들도 공역무 — 후술하다시피 그 범위가 일정 부분 축소되지만 — 의 임무를 수행하는 한 행정청에 해당한다.24) 국가와 지방자치단체도 공공단체로서 공법인이므로, 요컨대, 행정청은 공법인 및 공역무를 수행하는 사(법)인이다.25)

이를 독일과 비교하여 보면, 프랑스에서 공법인에 해당하는 공공시설법인들이 다른 조건 없이 당연히 행정청에 해당하는 점은 독일과 동일하지만, 사법인 내지 사인들은 독일에서 행정권한의 위임·위탁이라는 '형식'을 통해서만 행정청으로 인정되는 것과 달리, 프랑스에서는 그러한 형식과 무관하게 공역무 수행이라는 '실질'이 있다면 그것만으로 행정청으로 인정될 수 있다는 점에서, 프랑스의 행정청 개념이 더 넓은 것으로 일단 평가할 수 있을 것이다.

그러나 이러한 평가를 한 단계 더 검증할 필요가 있는 것은, 1920년대부터 인정되어 온 '행정적' 공역무(le service public administratif: SPA)와 '상공업적' 공역무(le service public industriel et commercial: SPIC)의 구별 때문이다. 즉, 공법과 행정소송의 적용영역인 공역무 중에서 상공업적 성격을 갖는 부분이 분리되어 예외적으로 사법과 민사소송의 적용영역이 된다. 따라서 사(법)인이 공역무를 수행하더라도 그것이 상공업적 공역무인 경우에는 행정청이 될 수 없고, 공법인인 공공시설법인도 상공업적 공역무를 수행하게 되면 '상공업적' 공공시설법인(l'établissement public à caractère industriel et commercial: EPIC)이 되어 행정청에서 제외된다.26)

---

24) 행정행위 내지 행정청 개념에 관하여 특히 Petit/Frier, Droit administratif. 13ᵉ éd., 2019, nᵒ 556-587 (p.376-393) 참조.

25) 상술한 바와 같이 이러한 행정청이 행정행위 내지 행정결정의 주체인 동시에 행정소송의 피고가 된다. 「행정소송법전」에서는 여러 조문에서 피고 행정청에 해당하는 부분을 "공법인 또는 공역무 수행의 임무를 받은 사법상 주체(une personne morale de droit public ou un organisme de droit privé chargé de la gestion d'un service public)"라는 문구로 반복하고 있다. 예컨대, 이행강제금에 관한 L.313-7조, 긴급가처분절차에 관한 L.521-2, 이행명령(l'injonction)에 관한 L.911-1조, 소장의 기재사항에 관한 R.77-10-5조 등이다.

26) Petit/Frier, 전게서, nᵒ 395-399, 425-443 (p.264-267, 284-294); Yves Gaudemet, Droit

다만, 이와 같이 행정청 개념이 축소되는 범위가 그다지 크지 않다. 첫째, 상공업적 공역무로 인정되기 위해서는 재화의 판매 또는 용역 제공에 있어 사(법)인의 수행능력 및 수행방식과 동일하고 또한 그 재원이 판매대금 또는 용역대금으로 충당되어야 하고 국가예산이 지원되어서는 아니 된다. 따라서 상공업적 공역무는 통상적인 공기업 이용관계에 한정되고, 그밖에 널리 공역무의 조직과 규율, 질서유지, 납품자 등 관계인에 대한 제재 등은 행정적 공역무에 속한다. 둘째, 공공시설법인의 경우에는 원칙적으로 행정적 공역무를 수행하는 것으로 추정되고, 예외적으로 상공업적 공역무를 수행하는 범위 내에서 '상공업적' 공공시설법인이 되어 사법과 민사소송이 적용될 뿐이며, 상공업적 공공시설법인도 공법인이기 때문에, 당해 상공업적 공역무를 제외하고, 일반적인 행정적 공역무를 수행하는 범위 내에서는 공법의 적용을 받아 행정청이 된다.27)28)

프랑스에서 '공기업'(l'entreprise publique)은 주로 상공업적 공공시설법인과 사법인에 속하는 '공사혼합회사'(la société d'économie mixte)의 형태를 띠지만,29) 위와 같은 행정적 공역무의 범위 내에서는 행정청이 된다. 결론적으로, 독일에서 私法的 형태를 띠는 공기업은 행정권한의 위임·위탁이 있는 경우에만 행정청으로 인정되지만, 프랑스에서는 공기업이 상공업적 공공시설법인 또는 공사혼합회사에 해당하는 경우에도 행정적 공역무 수행이라는 '실질'에 의거하여 행정청이 될 수 있다는 것이 다르다.

---

administratif. 21ᵉ éd., 2015, n° 42-48, 787-812 (p.41-43, 350-357); 박우경, 프랑스 행정법상 공역무 수행방식에 관한 연구, 이화여자대학교 박사학위논문, 2017, 38-42면 참조.

27) 이상에 관하여 Petit/Frier, 전게서, n° 430 (p.286-288); Jacqueline Morand-Deviller, Droit administratif. 14e éd., 2015, p.477-478; 박우경, 전게 박사학위논문, 42면 참조.

28) 이러한 의미에서, 프랑스의 상공업적 공공시설법인은 독일과 우리나라에서 '私法의 형태의 행정' 또는 행정청의 결정이 私法的 조치로서 처분성이 부정되는 경우와 유사하다고 할 수 있는데, 중요한 차이는 그 범위가 통상적인 공기업 이용관계에 한정된다는 점이다.

29) 프랑스 공기업에 관하여 Petit/Frier, 전게서 n° 415-417 (p.277-279); Colson/Idoux, Droit public économique. 8ᵉ éd., 2016, n° 1500-1530; Frédéric Colin, Droit public économique 5ᵉ éd., 2015, n° 384-409; Stéphane Braconnier, Droit public de l'économie, 2015, p.347-393; 김동희, 프랑스 공기업에 관한 연구,『서울대학교 법학』제43권 제2호(2002), 118-164면 참조.

V. 分析 및 評價

1. 본래적 행정청

이상의 논의를 종합하면, 공공기관법상 공공기관들은 거의 대부분 특수한 공적 목적을 위해 특별법에 의해 설립된 공법인으로서 — 국가와 지방자치단체와 더불어 — 공공단체이기 때문에 '본래적' 행정청 내지 행정주체로서 자격이 인정되어야 한다. 주식회사의 형태를 취하는 공기업[30]의 경우에도, 프랑스와 독일과 달리, 우리나라에서는 공공기관법에 의해 '공공기관'으로 지정받고 공적인 통제 대상이 되기 때문에, 주식회사라는 법적 형식에도 불구하고, 그 실질이 결코 '사인'이라고 할 수 없고, 따라서 다른 공공기관과 마찬가지로 '공공단체'에 준하여 본래적 행정청으로 파악될 수 있다. 이것이 현실적으로 어렵다고 한다면, 상술한 프랑스법을 참고하여, 반드시 법령에 의한 행정권한의 위임·위탁이 없더라도, 최소한 프랑스에서 말하는 '행정적 공역무'에 해당하는 조치, 특히 납품기업에 대한 제재조치에 관해서는 주식회사인 공기업에 대해서도 행정청의 자격이 인정되어야 한다.

2. 처분성과의 관계

이와 같이 공공기관이 본래적 행정청이 된다고 하여, 물론 그에 의한 모든 조치들이 처분이 되어 항고소송의 대상이 되는 것은 아니다. 전기·항만·공항·철도의 사용과 같이 공기업의 통상적인 이용관계는 대부분 私法的 계약관계로 파악되기 때문에, 이에 관한 공기업의 결정은 처분에 해당하기 어렵다. 그러나 유의할 것은, 이러한 경우 공기업 내지 공공기관이 행정청으로서의 지위를 상실해서가 아니라 그 결정이 처분성의 징표인 '공권력 행사'에 해당하지 않기 때문이라는 점이다. 이러한 통상적인 이용관계에 있어서도 공기업이 '사인'으로 되는 것이 아니라 엄연히 국가작용으로서 '(공)행정'이고 단지 그 작용법적 관점에서 '사법적 형식의 행정활동'으로 파악되는 것에 불과하다. 만일 이 경우에 행정청 내지 행정주

---

30) 시장형 공기업 중 한국남동발전(주), 한국남부발전(주), 한국동서발전(주), 한국서부발전(주), 한국수력원자력(주), 한국중부발전(주), (주)강원랜드와 준시장형 공기업 중 그랜드코리아레저(주), (주)한국가스기술공사, 한국전력기술(주), 한전KDN(주), 한전KPS(주)으로서, 전력 관련 공기업이 대부분이다.

체로서의 성격까지 부정된다면 공공기관의 공공성이 치명적으로 손상된다는 것
이 본고의 기본적인 문제의식이다.

나아가 공공기관의 조치에 대하여 처분성도 확대되어야 한다. 통상적인 이용
관계를 넘어 이용자 그 밖에 납품기업 등 제3자의 법적 지위에 결정적인 영향을
미치는 일방적인 조치에 관해서는 '공권력 행사'로 파악하여 처분성을 인정하여
야 한다. 예컨대, 항만사용기업의 퇴출, 驛舍사용관계의 해지, 토지·주택의 수분
양자 결정, 공급자등록제한 또는 낙찰자격심사 감점조치 등이다. 비록 그것이 계
약의 형식을 취하는 경우에도 계약상대방 선정 또는 계약해제 등과 같은 '일방적
결정'은 충분히 공권력 행사에 포섭될 수 있다.[31]

위 제2단계 및 제3단계 판례는 계쟁 조치의 처분성을 부정하고 사법상의 효
력을 가지는 통지행위에 불과하다고 하면서, 계쟁 조치가 법률상 입찰참가자격제
한처분과 달리 당해 공공기관에서만 효과가 발생하고 국가·지방자치단체 또는
다른 공공기관에서 시행하는 모든 입찰에의 참가자격을 제한하는 효력은 발생하
지 않는다는 점을 논거로 추가하고 있다. 그러나 사인의 통상적인 사법상의 의사
표시와 달리, 공공기관의 결정은 자신에 대해서도 임의로 번복할 수 없는 구속력
이 발생하기 때문에, 결코 사법상의 행위가 될 수 없다. 자신에게 물품을 판매하
거나 용역을 제공할 수 있는 상대방의 법적 지위를— 일방적 결정으로써— 일정
기간 구속적으로 제한하는 것이므로 공권력 행사에 해당한다.

3. 소송요건과 본안문제

가장 심각한 문제점은 법령상 행정권한이 부여 또는 위임·위탁된 경우에 한
하여 그 권한의 범위 내에서만 공공기관의 행정청 자격을 인정함으로써 소송요건
과 본안문제를 혼동하는 데 있다. 법령상 계쟁 조치 권한의 존재 여부는 본안문
제에 불과하다. 그러한 권한이 없다면 더더욱 본안에서 그 위법성이 심사되어야
한다. 특히 낙찰자격심사 감점조치, 공급자등록제한 등과 같이 사실상 입찰참가
자격제한처분과 동일한 효과를 갖는 조치의 경우에는, 법률상 근거 없는 불이익
조치이라는 점에서 법률유보원칙의 위반임과 동시에, 요건과 효과에 있어 법률상
입찰참가자격제한의 범위를 넘는다는 점에서 법률우위원칙의 위반임에도 불구하

---

31) 이에 관하여 졸저, 『행정소송의 구조와 기능』, 2006, 제5장 취소소송의 성질과 처분개념,
특히 174면 이하 참조.

고, 그 조치권한이 법령상 부여되어 있지 않다는 이유로 공공기관의 행정청 자격을 부정하게 되면, 처분성을 인정할 수 있는 전제가 사라짐으로써, 공공기관의 탈법행위를 허용하는 결과가 된다.

민사소송으로는, 원고가 입찰 당시 위 공단의 내부규정을 수락하는 동의서를 제출하였기 때문에, 그 의사표시가 민법 제103조 위반이 아닌 한 유효하고 따라서 그 감점조치의 법적 근거(=계약)를 부정하기 어렵다. 행정소송(항고소송)에 의하면, 상대방의 동의만으로 불이익처분의 법률적 근거를 대신할 수 없고, 계약이 체결된 것으로 본다 하더라도, 그 계약은 '공법상계약'으로서, 법률위반이면 특단의 사정이 없는 한 무효로 판단될 것이며, 그 밖에도 평등원칙, 비례원칙, 신뢰보호원칙 등의 위반 여부도 심사된다.[32]

4. 행정소송의 秀越性

이상의 논의는 결국 행정소송의 秀越性으로 귀착된다.[33] 특히 심사기준과 소송비용의 관점이 강조될 수 있다. 즉, 상술한 바와 같이, 민사소송에서는 사전동의의 구속력이 존중되어 민법 제103조 위반이 아닌 한 공공기관의 조치를 다툴 수 없는 반면, 행정소송(항고소송)에서는 사전동의에도 불구하고 법률위반과 법률상 근거의 결여를 모두 문제 삼을 수 있으며 재량권남용도 다툴 수 있다. 민사소송에서는 분쟁의 재산적 가치를 기준으로 소송비용이 계산되지만 항고소송에서는 원칙적으로 비재산권적 분쟁으로 소장첩부 인지액이 95,000원에 불과하다. 또한 민사소송에서는 대부분 원고에게 주장·입증책임이 있지만, 항고소송에서는 원칙적으로 피고행정청에게 입증책임이 부과된다. 이는 행정의 '설명책임'에서 비롯되는 것인데, 民主의 자각으로 연결된다.

---

32) 이러한 관점에서, 최근 대법원 2018. 11. 29. 선고 2015두52395 판결이 조달청과 물품구매계약을 체결하고 국가종합전자조달시스템인 나라장터 종합쇼핑몰 인터넷 홈페이지를 통해 요구받은 제품을 수요기관에 납품하다가 일부 제품이 계약 규격과 다르다는 이유로 물품구매계약 추가특수조건 규정에 따라 위 종합쇼핑몰 거래정지 조치를 한 사안에서 동 조치의 처분성을 인정하면서 "추가특수조건에서 정한 거래정지 조치의 사유에 해당하는지, 추가특수조건의 내용이나 그에 기한 거래정지 조치가 국가를 당사자로 하는 계약에 관한 법령 등을 위반하였거나 평등원칙, 비례원칙, 신뢰보호 원칙 등을 위반하였는지 등에 관하여" 심리해야 한다고 판시한 것은—공공기관이 아닌 국가기관(조달청)에 관한 판례이긴 하지만—그 의의가 크다.

33) 행정소송의 秀越性의 자세한 내용은 졸저, 『행정법의 체계와 방법론』, 제5장 공법과 사법의 구별, 232면 이하 참조.

5. 民主의 자각

民主의 관점에서 보면, 공공기관과 국가 및 지방자치단체는 모두 '공공단체'(la collectivité publique), 즉 사람들의 공적 모임이라는 점에서 공통적이다. 그 구성원은 주권자 국민의 전부(국가), 일정 지역의 주민(지방자치단체) 또는 임원과 직원(공공기관)이다. 설립근거가 다를 뿐이다. 국가는 헌법과 함께, 헌법에 의해, 설립된 것이고, 지방자치단체는 헌법상의 제도적 보장 하에 법률(지방자치법)에 의해 설립된 것이며, 공공기관들은 각 개별법률에 의해 비로소 설립된 것이다. 民主의 관점에서는 이들 공공단체는 모두 민주공동체 생활을 위한 수단 내지 장치로 설립된 것이고, 따라서 언제나 民主의 참여와 감독이 필요하다. 요컨대, 국가와 지방자치단체와 공공기관은 그 공공성에 있어 정도의 차이가 있을 뿐, 본질적인 차이는 없다.[34]

공공기관을 '행정'으로 파악할 때 비로소 民主와 연결된다. 공공기관은 주권자 국민의 생존과 행복을 위해, 주권자 국민의 세금으로 설립·운영되는 것이다. 따라서 공공기관의 조치에 불복하는 국민은 행정소송 법정에서 공공기관을 소환하여 설명책임을 물을 수 있어야 한다. 민사소송에서는 民主의 지위가 인정되기 어렵다.

VI. 結語

대법원판례는 원칙적으로 법령상 행정권한의 부여·위임·위탁과 관계없이 공공기관을 — '본래적' — 행정청으로 인정하는 방향으로 변경되어야 한다. 당분간 판례변경이 어렵다고 한다면, 최소한, 계쟁처분 자체에 한정하여 법령상 처분권한 존재 여부를 따지는 방식만은 지양되어야 한다. 계쟁처분과 직·간접적으로 관련되는 사항에 관하여 법령상 처분권한이 존재하면 그것만으로 '행정권한을 부여받은 공공기관'으로서 행정청 자격이 인정되어야 한다.

마지막으로 본고의 문제의식과 관련하여 공공기관의 공공성을 강조하고자 한다. 주지하다시피, 공공기관은 한편으로 '공공'과 다른 한편으로 '기업' 내지

---

34) 졸저, 행정법과 '민주'의 자각 — 한국 행정법학의 미래, 『행정법연구』 제53호(2018), 1-24면(15면); 본서 제1장(14-15면) 참조.

'독립기관'이라는 양 요소를 갖는다. 공공의 목적을 달성하는 데 후자의 조직형태와 운영방식이 유리하기 때문에 공기업 등 공공기관이 탄생한 것이다. 분명히 '공공'은 본질적·목적적 요소이고 '기업' 내지 '독립기관'은 수단적 요소이다. 이러한 공공기관의 공공성이 우리나라에서 망각되는 주요한 원인 중의 하나가 그 임직원이 원칙적으로 공무원이 아니라는 데에 있다고 생각한다. 공기업 등 공공기관이 되면 일반적으로 그것만으로 이미 '민영화'된 것으로 잘못 인식되는데, 바로 그것은 공공기관의 임직원에게─공공성의 표징인─'국민 전체에 대한 봉사자'로서의 공무원(헌법 제7조 제1항) 신분이 결여되어 있기 때문이다. 입법론적으로 독일, 프랑스, 대만을 참고하여 최소한 임원과 간부직원만은─일반직과 구별되는 별도의 직군으로라도─공무원으로 임명하도록 하는 방안이 강구되어야 할 것임을 첨언한다.

[참고문헌]

朴正勳, 한국의 공기업의 이론과 실제 — 공기업의 개념과 공기업에 대한 공법적 통제를 중심으로 (행정법이론실무학회 2013. 12. 7. 발표문 未公刊) (Theorie und Praxis des öffentlichen Unternehmens in Korea — Unter besonderer Berücksichtigung des Begriffs und der öffentlich-rechtlichen Kontrolle des öffentlichen Unternehmens, in: Öffentliche und private Unternehmen — Rechtliche Vorgaben und Bedingungen. Viertes internationales Thyssen-Symposion. 13.-14. September 2013, Nanjing, S.307-317)

朴正勳, 행정법과 '민주'의 자각 — 한국 행정법학의 미래, 『행정법연구』 제53호 (2018), 1-24면.

강지은, 프랑스 행정법상 공역무 개념의 의의와 기능, 『행정법연구』 제23호(2009), 207-231면.

김동희, 프랑스 공기업에 관한 연구, 『서울대학교 법학』 제43권제2호(2002), 118-164면

김광수, 공기업에 대한 국가의 감독과 통제, 『서강법률논총』 제1권 제1호(2012), 35-54면.

김대인, 공기업 개념에 대한 재고찰, 『행정법연구』 제33호(2012), 101-121면.

김민호, 행정주체로서의 공법상 사단법인의 존재의의에 관한 재검토, 『저스티스』 통권 제74호(2003) 148-163면.

박우경, 프랑스 행정법상 공역무 수행방식에 관한 연구 — 우리나라 행정사무 수행방식과의 비교를 중심으로, 이화여자대학교 박사학위논문, 2017.

박재윤, 전기간선시설 설치비용 문제에 나타난 공기업과 조세국가의 원리, 『행정법연구』 제28호(2010), 183-208면.

이원우, 항고소송의 대상인 처분의 개념요소로서 행정청, 『저스티스』 통권 제68호(2002), 160-199면.

조성규, 지방공기업에 대한 공법적 규제의 법적 문제, 『서강법률논총』 제1권 제1호(2012), 55-91면.

최승원, 공기업 민영화의 법적 기초, 행정법연구 제21호(2008) 189-197면.

Wolff/Bachof/Stober, Verwaltungsrecht Bd.3. 5.Aufl., München 2004.

Verwaltungsverfahrensgesetz Großkommentar (Mann/Sennekamp/Uechtritz Hg.), Baden-Baden 2014.

Ehlers/Fehling/Pünder (Hg.) Besonderes Verwaltungsrecht. Bd.1. Öffentliches Wirtschaftsrecht. 3.Aufl., Heidelberg 2012.

Rolf Stober, Allgemeines Wirtschaftsverwaltungsrecht. Grundlagen des deutschen, europäischen und internationalen öffentlichen Wirtschaftsrechts 17.Aufl., 2011.

Dirk Noll, Öffentliche Unternehmen: Optimierungsmöglichkeiten durch die Wahl der Rechtsform und Organisation, Hamburg 2011.

Hubertus Gersdorf, Öffentliche Unternehmen im Spannungsfeld zwischen Demokratie- und Wirtschaftlichkeitsprinzip. Eine Studie zur verfassungsrechtlichen Legitimation der wirtschaftlichen Betätigung der öffentlichen Hand, Berlin 2000.

Günter Püttner, Die öffentlichen Unternehmen. 2.Aufl., Stuttgart u.a. 1985.

Volker Emmerich, Das Wirtschaftsrecht der öffentlichen Unternehmen, Bad Homburg v.d.H. u.a. 1969.

Petit/Frier, Droit administratif. 13ᵉ éd., Paris 2019.

Yves Gaudemet, Droit administratif 21ᵉ éd., Paris 2015.

Jean-Philippe Colson & Pascale Idoux, Droit public économique. 8ᵉ éd., Paris 2016.

Sophie Nicinski, Droit public des affaires. 3ᵉ éd., Paris 2012.

Frédéric Colin, Droit public économique 5ᵉ éd., Paris 2015.

Stéphane Braconnier, Droit public de l'économie, Paris 2015.

16. 取消判決의 反復禁止效*
― 二重危險禁止, 그리고 旣判力과 羈束力 및 訴訟物 ―
(대상판결: 대법원 2016. 3. 24. 선고 2015두48235 판결)

[사실관계]

　　원고 신미운수 주식회사는 이 사건 택시 70대를 포함하여 101대의 택시를, 원고 주호교통 주식회사는 이 사건 택시 23대를 포함하여 101대의 택시를 보유하고 있는데, 원고들은 그 대표이사가 같아 동일한 경영주체들이 경영하고 있는 회사들이며, 직원들도 상호 겸직하고 있다.

　　피고(서울특별시장)는 2008. 5. 22. 원고들에 대하여, 원고들이 2007. 11. 1.부터 같은 달 30.까지 자신들 소유 택시 중 합계 48대를 도급제 형태로 운영함으로써 「여객자동차운수사업법」 제12조에서 정하는 명의이용금지를 위반하였다는 사유로 동법 제85조 제1항 제13호에 의거하여 위 택시 48대에 관하여 감차명령(이하 '종전 처분')을 하였다. 이에 대하여 원고들이 서울행정법원에 취소소송을 제기하여 2009. 7. 9. 원고들이 명의이용금지에 위배하였다고 보기 어렵다는 이유로 종전 처분을 전부 취소하는 판결이 선고되었고, 이에 피고가 항소하였으나 항소심은 2010. 1. 27. 그 변론을 종결하여 같은 해 2. 10. 항소기각 판결을 선고하였으며, 이에 대한 피고의 상고도 2010. 5. 27. 기각(심리불속행)되어 그 무렵 판결이 확정되었다.

　　그 후 다시 명의이용금지 위반 혐의로 원고들 대표이사, 소외 1, 소외 2, 소

[취소판결의 반복금지효, 『행정판례연구』 제23집 제1호, 2018]

* 이 논문은 서울대학교 법학발전재단 출연 아시아태평양법연구소의 2018학년도 학술연구비 지원받은 것임.

외 3, 소외 4 등이 수사를 받게 된 결과, 검찰에서 위 소외인들이 도급제 방식으로 운영은 하였지만 택시운송사업자를 배제한 채 독립적으로 여객자동차운송사업을 경영하였다고 보기 어렵다는 이유로 불기소 결정되었으나, 피고는 <u>2013. 3. 22.</u> 원고들에 대하여, 원고들이 <u>최초 2006. 7. 3.부터 최종 2010. 9. 30.까지 사이에</u> ― 각 택시마다 일정 기간 동안 ― 그 소유 택시 합계 93대를 위 소외인들에게 임대하여 경영하게 함으로써 명의이용금지를 위반하였다는 사유로 위 해당 택시 전부에 관해 감차명령(이하 '이 사건 처분')을 하였고, 원고들은 이를 다투는 이 사건 취소소송을 제기하였다.

[소송의 경과]

(1) 제1심 서울행정법원에서 원고들은 처분사유인 명의이용금지 위반의 부존재 및 과도한 처분으로 인한 재량권남용을 주장하였으나, 동 법원 2014. 11. 20. 선고 2013구합9922 판결은 위 소외인들, 택시운전사 및 회사직원들의 수사기관에서의 진술과 압수된 서류 등을 근거로, 운송사업자인 원고들의 지휘·감독이 배제된 상태에서 위 소외인들이 독립적으로 택시운송사업을 경영한 것이라고 보는 것이 타당하다고 판단하고, 나아가 이 사건 처분을 통하여 택시운송사업의 질서를 확립하여야 할 공익상의 필요가 이 사건 처분으로 인하여 원고가 입게 될 불이익에 비하여 작다고 볼 수 없기 때문에 재량권 일탈·남용을 인정할 수 없다고 하여 원고 전부 패소 판결을 선고하였다.

(2) 원심 서울고등법원에 이르러 원고들은 이 사건 처분 중 종전 처분의 대상이 되었던 차량과 동일한 차량 부분은 그 취소 확정판결의 효력에 위배되어 위법하다는 주장을 추가하였다. 이에 대하여 동 법원 2015. 6. 30. 선고 2014누71827 판결은 먼저 "관련 법리"라는 제목 하에 다음과 같이 일반론을 설시하였다.

> "여객자동차 운송사업자가 법령위반의 영업을 처분사유로 삼는 감차명령 등의 제재처분을 받고 그 취소를 구하는 행정소송을 제기하여 그 처분이 실체적으로 위법하다는 이유로 처분취소의 확정판결을 받은 다음, 제재사유가 될 수 없다고 판결한 사유와 동일한 사유를 내세워 다시 제재처분을 한 것은 위 취소판결의 기속력이나 확정판결의 기판력에 저촉되는 행정처분을 한 것으로서 허용될 수 없다(대법원 1992. 7. 14. 선고 92누2912 판결, 1989. 9. 12. 선고 89누985 판결 등 참조). 이 때

소송물이 동일한지 여부는 제재처분의 대상이 된 위반사실의 기본적 사실관계를 기본으로 하되 그 규범적 요소도 아울러 고려하여 판단하여야 할 것이다. 그런데 위반사실이 영업의 방식이나 형태에 관한 것이라면 그 구성요건의 성질상 동종행위의 반복이 당연히 예상되는 위반행위이므로 일정한 기간 동안 운송사업자가 동일한 차량을 관리하면서 계속적으로 반복된 수개의 행위는 특별한 사정이 없는 한 포괄적으로 1개의 위반행위를 구성하는 것으로 확정판결이 가지는 기판력의 시적 범위는 그 행정소송의 사실심 변론종결시로 보아야 할 것이다.”

원심은 위와 같은 일반론을 이 사건에 적용하여, 종전 처분의 “위반행위도 명의이용금지에 위배된 행위로서 이 사건 처분사유와 기본적 사실관계가 동일하므로 이 사건 처분사유 중 위 확정판결의 항소심의 변론종결시인 2010. 1. 27.까지 행하여진 위반사실 중 동일한 차량에 관한 한 위 확정판결의 효력이 이 사건 위반사실에도 미친다고 보아야 한다. 그러나 이 사건 위반사실 중 확정판결의 대상이 된 위반사실에 관련된 차량이 아니거나 2010. 1. 28.부터 2010. 9. 14.까지의 모든 위반사실은 위 확정판결의 효력이 미치지 아니하므로 적법한 처분사유가 된다고 할 것이다.”라고 판시하였다.

이와 같이 확정판결의 효력에 위배된다는 이유로 원심에 의해 취소된 차량 ('중복 차량')은 원고 신미운수의 9대와 원고 주호교통의 7대 합계 16대인데, 그 각 처분사유(위반기간)는 다음과 같다.

[표 1] 원고 신미운수 차량

	차량번호	처분사유(위반행위기간)	유형*
1	서울 33사9028	2007. 5. 1.−2007. 8. 31.	A
2	서울 33사9046	2007. 9. 1.−2007. 11. 30.	AO
3	서울 33사9047	2007. 12. 1.−2007. 12. 31.	B
4	서울 33사9057	2007. 9. 1.−2008. 1. 31.	AOB
5	서울 33사9062	2007. 10. 1.−2007. 10. 31. 2007. 12. 1.−2008. 1. 31.	A B
6	서울 33사9065	2007. 7. 1.−2007. 9. 30.	A
7	서울 33사9085	2007. 3. 1.−2007. 11. 30.	AO
8	서울 33사9090	2009. 8. 1.−2009. 9. 30.	C
9	서울 33사9097	2007. 5. 1.−2007. 11. 30. 2009. 8. 1.−2009. 10. 31.	AO C

[표 2] 원고 주호교통 차량

10	서울 34아6901	2006. 10. 6.−2007. 6. 15.	A
11	서울 34아6902	2007. 12. 6.−2008. 5. 10.	B
12	서울 34아6907	2007. 6. 14.−2008. 3. 31.	AOB
13	서울 34아6917	2009. 8. 27.−2009. 9. 7.	C
14	서울 34아6919	2007. 9. 9.−2008. 1. 16. 2008. 2. 1.−2008. 3. 31.	AOB B
15	서울 34아6939	2006. 7. 17.−2007. 6. 9. 2007. 11. 1.−2008. 6. 23.	A OB
16	서울 34아6997	2007. 6. 9.−2008. 6. 23.	AOB

* 이하의 유형은 필자가 서술의 편의를 위해 설정한 것이다. 'A'는 종전 처분의 처분사유(2007. 11.) 이전의 위반행위이고, 'O'는 종전 처분의 처분사유(2007. 11.)와 동일한 기간의 위반행위이며, 'B'는 종전 처분의 처분사유(2007. 11.) 이후 종전 처분(2008. 5. 22.) 이전의 위반행위이고, 'C'는 종전 처분(2008. 5. 22.) 이후 확정판결(사실심변론종결 2010. 1. 27.) 이전의 위반행위이다.

그리고 원심은 위 차량들을 제외한 나머지 차량의 명의이용행위 여부에 관하여, 원고 신미운수의 55대의 차량에 대해 소외 2, 소외 3, 소외 4(이하 '소외 2 등')가 동 회사의 지휘·감독을 배제한 채 독립적으로 사업을 경영하였다고 보기 어렵다고 하면서 이 사건 처분 중 해당 부분을 취소한 반면, 원고 주호교통의 16대의 차량에 대하여는 소외 1의 명의이용행위를 인정하고 나아가 해당 부분에 관한 이 사건 처분의 재량권 일탈·남용을 부정함으로써 항소를 기각하였다.

[대상판결]

원고들은 원심이 명의이용행위를 인정한 소외 1 관련 부분을 다투면서 상고하였고, 피고는 종전 처분의 취소판결의 효력이 이 사건 처분에 미치지 않는다는 것을 상고이유 제1점으로, 원고 신미운수의 소외 2 등에 의한 명의이용행위가 모두 인정되어야 한다는 것을 상고이유 제2점으로 상고하였다.

대상판결은 피고의 상고이유 제1점에 관하여, 먼저 일반론으로 취소판결의 기속력과 기판력의 차이점에 관하여 다음과 같이 설시한다.

"(1) 행정소송법 제30조 제1항은 "처분 등을 취소하는 확정판결은 그 사건에 관하여 당사자인 행정청과 그 밖의 관계행정청을 기속한다."라고 규정하고 있다. 이러

한 취소 확정판결의 '기속력'은 취소 청구가 인용된 판결에서 인정되는 것으로서 당
사자인 행정청과 그 밖의 관계행정청에게 확정판결의 취지에 따라 행동하여야 할
의무를 지우는 작용을 하는 것이다. 이에 비하여 행정소송법 제8조 제2항에 의하여
행정소송에 준용되는 민사소송법 제216조, 제218조가 규정하고 있는 '기판력'이란
기판력 있는 전소 판결의 소송물과 동일한 후소를 허용하지 않음과 동시에, 후소의
소송물이 전소의 소송물과 동일하지는 않다고 하더라도 전소의 소송물에 관한 판단
이 후소의 선결문제가 되거나 모순관계에 있을 때에는 후소에서 전소 판결의 판단
과 다른 주장을 하는 것을 허용하지 않는 작용을 하는 것이다(대법원 2013. 11. 28.
선고 2013다19083 판결 등 참조).

다음으로 기속력의 객관적 범위 및 시적 범위에 관하여,

"(2) 취소 확정판결의 기속력은 그 판결의 주문 및 전제가 되는 처분 등의 구체적
위법사유에 관한 판단에도 미치나, 종전 처분이 판결에 의하여 취소되었다 하더라도
종전 처분과 다른 사유를 들어서 새로이 처분을 하는 것은 기속력에 저촉되지 않는
다. 여기에서 동일 사유인지 다른 사유인지는 확정판결에서 위법한 것으로 판단된
종전 처분사유와 기본적 사실관계에 있어 동일성이 인정되는지 여부에 따라 판단되
어야 하고, 기본적 사실관계의 동일성 유무는 처분사유를 법률적으로 평가하기 이전
의 구체적인 사실에 착안하여 그 기초인 사회적 사실관계가 기본적인 점에서 동일
한지에 따라 결정된다(대법원 2005. 12. 9. 선고 2003두7705 판결 등 참조). 또한 행
정처분의 위법 여부는 행정처분이 행하여진 때의 법령과 사실을 기준으로 판단하므
로, 확정판결의 당사자인 처분 행정청은 종전 처분 후에 발생한 새로운 사유를 내세
워 다시 처분을 할 수 있음은 물론이고(대법원 2011. 10. 27. 선고 2011두14401 판
결 등 참조), 새로운 처분의 처분사유가 종전 처분의 처분사유와 기본적 사실관계에
서 동일하지 않은 다른 사유에 해당하는 이상, 해당 처분사유가 종전 처분 당시 이
미 존재하고 있었고 당사자가 이를 알고 있었다 하더라도 이를 내세워 새로이 처분
을 하는 것은 확정판결의 기속력에 저촉되지 않는다.

그리고 기판력의 객관적 범위에 관하여 다음과 같이 설시한 다음,

"(3) 한편 취소 확정판결의 기판력은 그 판결의 주문에만 미치고, 또한 소송물인
행정처분의 위법성 존부에 관한 판단 그 자체에만 미치는 것이므로 전소와 후소가
그 소송물을 달리하는 경우에는 전소 확정판결의 기판력이 후소에 미치지 아니한다
(대법원 1996. 4. 26. 선고 95누5820 판결 등 참조)."

결론적으로 이 사건에 관하여, 원심이 '중복 차량'으로 판단한 것 중 종전 처분의 대상인 2007년 11월의 명의이용행위가 포함된 부분은 종전 처분사유와 그 기본적 사실관계가 동일하여 그 부분에 한하여 이 사건 확정판결의 기속력에 저촉되지만, 이를 제외한 나머지 부분은 "법률적으로 평가하기 이전의 구체적인 사실에 착안하여 볼 때, 종전 처분사유와 그 기간을 달리함으로써 기본적 사실관계에 있어 동일성이 인정되지 않는다고 봄이 타당하므로" 확정판결의 기속력에 저촉되는 것은 아니라고 판단하였다. 그리고 첨언하여 "이 사건 확정판결의 기판력은 그 소송물이었던 종전 처분의 위법성 존부에 관한 판단 그 자체에만 미치는 것이고, 이 사건 처분을 대상으로 하여 그 소송물을 달리하는 이 사건 소에는 미치지 않는다."고 설시하였다.

이와 같이 대상판결은 피고의 상고이유 제1점을 받아들여 이 부분 피고의 패소부분을 파기 환송하였는데, 피고의 상고이유 제2점 및 원고들의 상고이유에 관해서도 이 사건 처분에서 지적된 명의이용행위가 모두 인정된다고 판단하여 원고들의 상고를 모두 기각하고 이 부분 피고의 패소부분을 파기 환송하였다. 요컨대, 원고 전부 패소이다.

Ⅰ. 序說

(1) 본고의 주제는 대상판결의 쟁점 중 피고의 상고이유 제1점인, 종전 처분을 취소한 확정판결(이하 '이 사건 취소판결')의 효력이 이 사건 처분에 미치는지 여부이다. 이 문제에 관하여 대상판결과 원심판결 모두 철저히 개념론 내지 '槪念演算'(Rechnen durch Begriffe)에 의거한 도그마틱 방법론을 취하고 있다. 따라서 먼저 그 개념들과 (논리)명제들을 분석할 필요가 있다.

(2) 원심판결은 ① 취소(확정)판결의 반복금지효로서 기속력과 기판력을 동시에 제시하고, ② 그 객관적 범위를 '소송물'의 동일성 여부로 판단하며, ③ 그 판단에 있어 기본적 사실관계를 기본으로 하되 그 규범적 요소도 아울러 고려해야 한다는 전제 하에, ④ 이 사건 위반사실은 영업의 방식이나 형태에 관한 것(=영업범)으로, 그 구성요건의 성질상 동종행위의 반복이 당연히 예상되므로, 포괄하여 1개의 동일한 위반행위[1]를 구성하고, ⑤ 따라서 기판력의 시적 범위 내인 사실심

1) 본고에서 편의상 포괄일죄에 준하여 '포괄(동)일 위반행위'라고 부른다.

변론종결시 이전의 위반사실인 위 A, O, B, C 모두 이 사건 취소판결의 반복금지
효에 걸린다는 결론에 이른다. 요컨대, '기판력·기속력의 객관적 범위 → 소송
물 → 규범적 요소 → 포괄일죄 → 기판력의 차단효'라는 5단계의 (논리)명제들로
구성된 개념연산이다.

여기서 가장 중요한 논거는 (i) 처분의 일자가 달라도 그 처분사유가 동일한
'소송물'에 속하면 종전 처분에 대한 취소판결의 기판력이 후행 처분에 미칠 수
있는데, (ii) 위반사실의 일자가 달라도 영업범으로 포괄하여 1개의 동일한 위반
행위가 되어 동일한 소송물에 속한다는 것이다. 위 ①, ②, ④의 명제들은 이 두
가지 핵심 논거와 함께 필자의 견해와 일치한다.[2] 다만, 필자는 아래에서 보는
바와 같이, 영업범 내지 포괄동일 위반행위의 범위를 처분시 이전으로 한정하고
자 한다.

(3) 반면에, 대상판결은 위 원심판결의 ①에서 ⑤까지의 명제들을 모두 부정
한다. 즉, ⓐ 처분의 일시가 다르면 소송물이 달라지고, ⓑ 따라서 동일한 소송물
을 대상으로 하는 기판력은 논외가 되며 오직 기속력의 문제로 되는데, ⓒ 기속
력의 단위인 '처분사유'의 동일성은 법률적 평가 이전의 구체적인 사실에 착안한
기본적 사실관계의 동일성으로 판단되어야 하므로, ⓓ 이 사건 위반사실은 그 행
위 시기마다 별개의 처분사유를 이루고, ⓔ 따라서 종전 처분의 위반사실인 'O'
를 제외한 나머지는, 이 사건 취소판결 이전의 'C'와 종전 처분 이전의 'B'는 물
론, 종전 처분의 위반사실 이전의 'A'조차 모두 취소판결의 기속력이 미치지 않는
다는 결론에 이른다. 요컨대, '기판력 배제 → 처분사유의 동일성 → 규범적 평가
배제 → 포괄일죄 부정 → 기속력 부정'이라는 역시 5단계의 명제들로 구성된 개
념연산이다. 원심판결의 위 (i), (ii)의 논거들은 모두 부정된다. 이러한 대상판결은
취소판결의 반복금지효에 관해 기판력과 소송물의 동일성을 논외로 한다는 점과
형사법상 포괄일죄의 법리의 준용을 부정한다는 점에서 필자의 견해와 배치된다.

---

2) 위 ①은 졸저, 『행정소송의 구조와 기능』, 제10장 취소소송의 소송물 449면 이하, 위 ②
는 411면 이하 및 458면 이하, 위 ④는 460면 및 졸저, 『행정법의 체계와 방법론』, 제8장
협의의 행정벌과 광의의 행정벌, 366면 이하 참조. 이와 같은 취소소송의 소송물과 기판
력에 관한 필자의 견해는 졸고, 취소소송의 소송물에 관한 연구: 취소소송의 관통개념으
로서 소송물 개념의 모색, 『법조』 2000년 7월호(통권 526호), 93-126면; 취소판결의 기판
력과 기속력: 취소소송의 관통개념으로서 소송물, 『행정판례연구』 제9집, 2004, 135-235
면; 취소소송의 소송물, 편집대표 김철용·최광율, 『주석 행정소송법』, 2004, 181-262면을
통해 발전되었음을 밝힌다.

(4) 따라서 본고에서는 필자의 견해를 정리하면서 이와 상반되는 대상판결의 문제점을 분석하고자 한다. 대상판결과 원심판결의 논리명제들은 행정소송법만이 아니라 한편으로 민사소송법과 다른 한편으로 형법·형사소송법이 동시에 결부된, 말하자면 행정법·민소법·형사법의 '종합 도그마틱'이라고 할 수 있다. 이같이 복잡하고 착종된 '도그마틱' 문제를 제대로 해결하기 위해서는 먼저 그 근저에 깔려 있는 실질적 관점들을 추출하여 '이익형량' 내지 '가치비교'가 선행되어야 한다. 그러나 이익형량에만 그쳐서는 아니 되고, 그 해결방법들이 도그마틱으로 정립되어야 한다. 법학에 있어 도그마틱은—우리에게 샘물을 바로 갖다 주지는 못하지만—우리가 그 샘물을 찾는 데 필수불가결한 '나침반'이기 때문이다.3)

II. 二重危險禁止 vs. 行政制裁의 效率性

1. 廣義의 行政罰과 二重危險禁止

(1) 필자의 견해 및 원심판결의 근거가 되는 실질적 관점은 한 마디로 말해 '이중위험'(double jeopardy)의 금지이다. 행정형벌과 행정질서벌을 협의의 행정벌이라고 한다면, 이 사건 감차명령과 같은 행정제재처분도—허가취소·영업정지, 과징금, 공급거부 등과 같이—헌법 제12조 후단의 적법절차 조항에서 말하는 '벌'에 해당하기 때문에 '광의의 행정벌'이라고 부를 수 있다. 이 용어는 형벌에 관해 헌법과 형사법에 확립되어 있는 법치주의적 안전장치를 행정제재처분에도 적용하고자 하는 취지를 갖고 있다.4)

(2) 이 사건에 형사법적 관점을 적용하면, 이 사건 취소판결은 무죄(확정)판결에, 이 사건 처분은 새로운 공소제기에 각각 상응하는바, 무죄판결의 기판력이 그 사실심 판결선고일(2010. 2. 10.) 이전의—포괄일죄인—공소사실에 모두 미치기 때문에, 이 사건 A, O, B, C 처분사유 전부에 대해 면소판결이 내려질 것이다.5)

(3) 이 사건 감차명령에 관해서는 공소시효에 상응하는 제척기간이 규정되어 있지 않다. 명의이용금지 위반에 대한 형벌은 2년 이하의 징역 또는 2천만원 이

---

3) 도그마틱의 역할과 한계 및 이익형량·가치비교와의 관계에 관하여 졸저, 『행정법의 체계와 방법론』, 제1장 행정법의 이론과 실제, 3면 이하 참조.
4) 졸저, 『행정법의 체계와 방법론』, 제8장 협의의 행정벌과 광의의 행정법 323면 이하 참조.
5) 대법원 2006. 5. 11. 선고 2006도1252 판결(석유사업법위반, 유사석유제품판매) 참조.

하의 벌금(여객자동차운수사업법 제90조 제3호)으로, 공소시효가 5년이다(형사소송법 제249조 제1항 제5호). 이 사건 처분사유 중 위 8번, 9번의 일부, 13번 차량에 대한 것은 이 사건 처분시에 이미 공소시효가 완료되었다. 이와 같이 아직 거의 대부분 제척기간이 규정되어 있지 않은 행정제재처분에 있어서는 이중위험금지의 필요성이 특히 절실하다. 더욱이 이 사건 처분사유에 대해 모두 명의이용행위를 인정하기 어렵다는 이유로 검사의 불기소처분이 있었기 때문에, 형벌과 행정제재를 동일한 '(행정)벌'로 파악한다면, 이중위험금지의 관점이 보다 더 강조되어야 한다.

2. 行政制裁와 公益上 撤回

(1) 이에 대한 반론으로, 이 사건 감차명령은 여객자동차운수사업 면허를 받은 사업자가 그 면허의 일부를 대여함으로써 사업자로서의 신뢰성을 상실함과 동시에 공익상 위험을 초래하였음을 이유로 해당 차량에 관하여 동 면허를 일부 철회하는 것이므로 '제재'라고 볼 수 없고 따라서 이중위험금지의 관점을 적용하기 어렵다는 주장이 가능하다. 다시 말해, 사업자의 의무위반으로 인한 중대한 사정변경으로 공익상 철회의 필요성이 강력하다는 것이다.

(2) 실제로 독일법에서는 전통적으로 사업자의 의무위반에 대한 행정조치가 제재 내지 처벌이라기보다 사업자의 신뢰성 상실이라는 '사정변경'에 대한 대응조치로 파악되어 왔다. 대표적으로 — 각종의 영업행위를 규율하는 일반법인 — 영업법(Gewerbeordnung) 제35조에 의하면, 허가를 요하는 행위위든 신고를 요하는 행위이든, 영업자가 법령상 의무를 위반하면, 모든 영업행위의 요건으로 전제되는 '신뢰성'(Zuverlässigkeit)을 상실하는 것으로 간주하여, 그 영업행위를 전부 또는 일부 중단시키는 '금지명령'(Gewerbeuntersagung)이 내려진다. 당해 영업행위가 허가 또는 등록을 요하는 것인 때에는 그 허가 등이 철회되지만, 의무위반이 경미한 경우에는 일정 기간이 경과한 후 영업자의 신뢰성이 회복되었다는 명분으로 '(영업)재허용결정'(Wiedergestattung)이 내려진다.[6] 그리하여 독일법에서는 행정법상 '제재'(Sanktion)의 개념이 허가취소·영업금지·영업정지 등 행정조치에는 적용되지 못하고 단지

---

6) 이에 관하여 Stober/Eisenmenger, Besonderes Wirtschaftsverwaltungsrecht: Gewerbe- und Regulierungsrecht, Produkt- und Subventionsrecht. 15.Aufl., 2011, S.43-51; 졸저,『행정법의 체계와 방법론』, 제8장 협의의 행정벌과 광의의 행정벌, 362면 각주 51 참조. 재허용결정의 경우 신뢰성 회복 기간이 대부분 행정규칙에 의해 정해져 있기 때문에, 사실상으로 우리나라에서와 같이 사전에 일정 기간을 정해 영업정지하는 것과 동일하다.

행정형벌과 행정질서벌에만 한정되었으나, 최근 행정법의 유럽화 경향에 따라 이
들을 포괄하는 '행정제재'(Verwaltungssanktion) 개념이 정착되고 있다.[7]

(3) 반면에, 프랑스법에서는 일반적으로 '행정제재'(la sanction administrative)의
개념이 행정행위의 집행과 관련하여 설명되면서, 형벌만이 아니라 허가취소·영
업정지, 과징금, 보조금중단 등 다양한 행정조치들을 포괄하는 것으로 파악된
다.[8] 특히 위험방지를 위한 '경찰조치'(la mesure de police)와의 구별 기준으로 의
무위반행위의 성질과 그에 대한 조치 목적이 제시된다. 즉, 법률상 일정한 의무위
반에 대해 행정조치가 부과되도록 규정되어 있는 경우, 당해 의무위반행위로 인
해 급박한 위험이 발생하고 그 위험을 방지하기 위한 조치인 때에는 경찰조치이
지만, 입법취지상 그러한 위험 발생과 그에 대한 방지 목적이 전제되어 있지 아
니한 때에는 제재조치가 된다.[9] 이와 같이 경찰조치와 구별되는 행정제재에 대해
서는 형사법적 법리, 특히 이중위험금지 법리가 적용된다.[10]

(4) 위와 같은 독일법의 일반적 경향은 20세기 후반 나치불법국가에 대한 반
성으로, 행정법상 의무위반에 대한 제재 내지 처벌은 행정형벌과 행정질서벌에
한정함으로써 법치주의를 강화하겠다는 의도이지만, 허가취소·영업정지 등을 사
정변경으로 인한 철회 등 공익상 대응조치로 파악하는 것은 현실성이 결여된 의
제적 성격이 강할 뿐만 아니라, 이로써 이중위험금지 등 형사법적 법리가 배제됨
으로써 결과적으로 법치주의 강화에 불리해진다. 오히려 법률상 명시적인 경찰조
치를 제외하고는 포괄적으로 행정제재로 파악하는 프랑스법의 태도가 현실적으
로 효과적인 해결책이라고 할 것이다. 프랑스법에 따르면, 이 사건 감차명령은 법
률상 위험의 발생 및 그 방지 목적이 전제되어 있지 않다는 점에서 행정제재 처
분이다. 필자는 이미 선행연구에서 제재철회와 공익상 철회는 상당 부분 서로 겹
치는 관계에 있음을 지적하였는데,[11] 모든 허가취소·영업정지와 마찬가지로 이

---

7) 대표적으로 Wolff/Bachof/Stober/Kluth, Verwaltungsrecht I. 12.Aufl., 2007, § 65 Rn.1-32
(S.923 ~933) 참조.

8) 대표적으로 René Chapus, Droit administratif général. Tome 1. 15ᵉ éd., 2001, n° 1353-1356
(p.1172-1178); Jean Waline, Droit administratif. 25ᵉ éd., 2014, n° 422 (p.444-445) 참조.

9) 이에 관하여 Mattias Guyomar, Les sanctions administratives, 2014, p.23-26; Georges
Dellis, Droit pénal et droit administratif. L'influence des principes du droit pénal sur le
droit administratif répressif, 1997, p.132-144 참조.

10) Mattias Guyomar, précité, p.124-125; Georges Dellis, précité, p.248-254 참조.

11) 졸저, 『행정소송의 구조와 기능』, 제11장 처분사유의 추가·변경과 행정행위의 전환, 548

사건 감차명령은 사업자의 신뢰성 상실로 인한 사정변경에 대응하는 공익상 운수사업면허(특허)의 일부 철회로서의 성격을 부분적으로 갖고 있으나, 근본적으로 의무위반에 대한 제재로서의 성격이 강하다는 점을 부정하기 어렵다.

3. 대상판결의 또 다른 문제점

(1) 행정법적 관점에서 보면, 이 사건 대상판결에서와 같이 행정법규위반 영업행위에 대해 취소판결의 반복금지효를 전혀 인정하지 않게 되면, 행정의 恣意또는 懶怠를 조장할 위험이 있다. 구체적으로 말해, 행정청은 이미 알고 있는 위반사실 중 일부만을 처분사유로 하였다가 나머지에 대해 처분을 반복하거나, 아니면 최소한 이미 밝혀진 위반사실에 만족하고 적극적인 행정조사를 포기하게 된다는 것이다. 나중에 위반사실이 더 밝혀지면 그 때 다시 처분을 하는 데 아무런지장이 없기 때문이다. 이는 '선한 행정'(la bonne administration)에 대한 중대한 위협이 아닐 수 없다.

(2) 행정상대방의 입장에서 보면, 대상판결에 따르면, 일정한 위반사실이 문제되면 그 전후의 위반사실 전부를 행정청에게 자백하도록 사실상 강요하는 효과가 발생한다. 그렇지 않으면 누락되었던 위반사실에 대해 추가적으로 반복하여제재처분을 받게 될 우려가 있기 때문이다. 이는 헌법 제12조 제2항에 표현되어있는 自己負罪 강요의 금지에 반한다.

(3) 이 사건에서 가장 심각한 문제점은 명의이용행위에 해당하느냐 여부가 — 검사의 불기소처분, 원심의 소외 2 등에 관한 판단, 대상판결의 판단에서 알 수 있다시피, — 사실 내지 증거 문제만이 아니라, 택시회사의 지휘·감독의 배제 정도및 수급관리자의 독립성의 정도에 관한 규범적 판단에 의해서도 좌우된다는 점이다. 따라서 대상판결은 법적 안정성 내지 신뢰보호에 대한 중대한 침해가 될 우려가 있다.[12]

면 이하, 특히 550면 이하 참조.

12) 필자의 법학전문대학원 행정절차·행정집행법 강의(선택)에서 본 사례에 관해 의견조사를 한 결과, 3학년생들은 거의 대부분 이상과 같은 관점에서 대상판결을 비판하고 이 사건 A, B, C 처분사유 모두가 취소판결의 반복금지효에 위배된다는 의견이었다. 반면에 2학년생들은 어느 정도 아래 행정제재의 실효성 관점에서 대상판결의 타당성을 어느 정도 인정하면서, 위 A, B 처분사유에 대해서만 반복금지효를 주장하였다. 이러한 차이는 형사법에 대한 이해 정도에 따른 것이 아닌가 라는 추측이 가능하다. 그러나 행정사무관 출신인 박사과정 졸업생 또는 수료생은 대부분 아래 행정제재의 실효성 관점에서 대상

4. 行政制裁의 效率性

(1) 이상의 관점에 대하여, 대상판결을 지지하거나, 그렇지 않더라도 취소판결의 반복금지효를 부분적으로 축소하여 이 사건 A, B, C 처분사유 중 A 또는 A+B에 대해서만 인정하는 것이 타당하다고 생각할 수 있는 실질적 관점은 행정제재의 효율성이다. 행정은 강제수사권이 없기 때문에 검사와는 달리 행정에게 '일괄처리의무'를 부과할 수 없다는 주장이다. 이는 근본적으로 (행정)형벌과 행정제재처분의 차이점으로 연결된다. 즉, 행정형벌에 있어 피고인과 피의자에 대한 방어권보장 이념이 절대적이지만, 행정제재처분에 대해서는 공익실현을 위한 탄력성이 확보되어야 한다는 것이다.

(2) 이러한 관점은 이론적으로 행정법상 제재처분을 형사법상 공소제기에, 행정소송의 취소판결을 형사소송의 무죄판결에 각각 대응시키는 논리를 비판하는 것으로 연결될 수 있다. 구체적으로 말해, 행정행위는 법원의 판결을 구하는 공소제기와 달리, 그 자체로 완결된— 말하자면, '제1법관'으로서의 행정에 의한 판결이라고 할 수 있듯이[13] — 법적 행위이고, 형사소송의 무죄판결은 공소제기에 대한 최종적인 판단인 반면, 행정소송에서 취소판결은 사법심사, 정확하게 말해 '제2법관'에 의한 '재심사'(re-view)에 불과하고 행정청은 여전히 재처분 권한을 보유한다. 따라서 행정행위에 대하여 형사법적 논리를 그대로 적용하는 것은 타당하지 않다는 결론에 이른다.

(3) 가장 실제적인 논거는 원심판결에 따르면 수많은 행정법규 위반행위를 용인하는 결과를 빚는다는 점이다. 위에서 지적한 행정조사의 한계 때문에 형사법과 동일하게 반복금지효를 인정하면 위반행위가 적발된 이후에도 이를 계속 감행하는 '악덕업자'가 法網을 피할 수 있도록 한다고 비판한다. 이러한 관점에서 형사법 영역에서도 포괄일죄로서의 영업범의 인정을 제한하자는 경향이 강해지고 있다.[14] 행정법적 관점에서도, 오늘날 발전된 우리나라 행정의 수준에서 보면,

---

판결을 지지하였다.

13) 자세한 내용은 졸고, 한국 행정법학 방법론의 형성·전개·발전, 『공법연구』 제44집 제2호, 2015, 178면; 본서 제2장(38-39면); 졸저, 『행정법의 체계와 방법론』, 96면 이하 참조.

14) 대표적으로, 영업범을 포함한 집합범에 있어 행위자의 생활태도 내지 내심의 의사의 동일성을 근거로 수개의 독립된 행위를 포괄일죄로 인정하는 것은 특수한 범죄에너지를 가진 범죄인에게 부당한 특혜를 주는 것이므로 원칙적으로 경합범으로 보아야 한다는 견해(박상기, 『형법총론』, 487면; 이형국, 『형법총론연구 Ⅱ』, 486면 등)이다.

행정의 恣意와 懶怠보다는 악덕업자의 폐해가 더욱 크다는 것이다. 따라서 위반
사실 일부를 누락한 후 추후에 다시 제재처분을 하는 경우에는 예외적으로 재량
권남용으로 행정상대방을 구제할 수 있고, 그렇지 않다 하더라도 과거의 위반사
실은 비례원칙에 의거한 재량하자 이론으로써 대응할 수 있다고 한다.

(4) 취소판결의 효력이라는 법리를 통해 모든 행정제재에 대해 획일적으로
해결하는 것보다, 이중위험금지의 필요성에 따라 특정한 행정영역에 대해 법령에
행정의 일괄처리의무를 명시하는 입법적 해결이 타당하다는 견해도 가능하다.[15]

5. 小結

사견에 의하면, 원칙적으로 위와 같은 행정제재의 효율성 관점보다 앞에서
강조한 이중위험금지, 행정의 恣意 내지 懶怠의 방지, 自己負罪 강요금지, 법적 안
정성 내지 신뢰보호의 관점들이 중요하기 때문에, 전자가 중시되어야 할 특단의
사정이 없는 한 이중위험금지를 중시해야 한다. 특히 이 사건에서는 위에서 지적
한 여러 사정들을 감안하면 대상판결은 비판의 소지가 크다.

Ⅲ. 旣判力과 覊束力

1. 問題의 所在

대상판결의 도그마틱적 문제점은 취소판결의 기판력과 기속력을 엄별하면서
반복금지효 문제에서 기판력을 완전히 배제하는 데에서 출발한다. 앞에서 본 바
와 같이, 기속력은 행정소송법 규정(제30조 제1항)에 의거한 실체법적 효력으로,
객관적 범위는 처분사유에 의해 결정되고 시적 범위는 처분시인 반면, 기판력은
민사소송법 규정(제218조 등)의 준용에 의한 소송법적 효력에 불과하고, 그 객관적

---

15) 식품위생법 시행규칙 [별표23] 행정처분 기준 중 Ⅰ. 일반기준의 7.항은 "어떤 위반행위
든 해당 위반 사항에 대하여 행정처분이 이루어진 경우에는 해당 처분 이전에 이루어진
같은 위반행위에 대하여도 행정처분이 이루어진 것으로 보아 다시 처분하여서는 아니
된다. 다만, 식품접객업자가 별표 17 제6호 다목, 타목, 하목, 거목 및 버목을 위반하거나
법 제44조 제2항을 위반한 경우는 제외한다."고 규정하고 있다. 위 단서에 의해 제외되
는 위반행위는 주로 유흥접객행위, 도박 등 사행행위, 풍기문란행위, 주류판매, 미풍양속
위해행위 등인데, 이들 위반행위가 제외되는 것을 그 위법성의 정도라는 실질적 관점에
서는 이해할 수 있으나, 이중위험금지의 관점에서는 일관성이 결여된 것이라고 비판될
수 있을 것이다.

범위는 소송물에 의해 결정되고 시적 범위는 사실심 변론종결시라는 것이다. 이는 종래 통설의 입장이다.

이에 더하여 취소소송의 소송물이 '특정 일시'의 처분의 위법성 일반으로 파악됨에 따라 소송물을 기준으로 하는 기판력은 그 특정 처분으로 인한 국가배상청구소송에 대해서만 미치고 동일·유사한 처분의 반복금지효로는 작용하지 못한다는 논리가 추가된다. 물론 기속력의 기준이 되는 '처분사유'를 통해 반복금지효가 충분히 발휘되면 실제적 문제점은 해소되겠지만, 이론적으로는 취소판결의 효력으로 '기판력'을 배제함으로써, 일사부재리 내지 이중위험금지를 위한 형사판결의 기판력과의 연결고리가 끊어진다는 중대한 결점이 있다. 다시 말해, 형사법과 절연된 '기속력'이라는 개념만으로 취소판결의 반복금지효의 범위를 결정함으로써 이중위험금지의 이념을 몰각하게 될 우려가 있다.

2. 행정소송법 제29조 제1항

위와 같은 대상판결 및 통설의 실정법적 문제의 핵심은 취소판결의 효력에 관하여 행정소송법 제29조 제1항("처분등을 취소하는 확정판결은 제3자에 대하여도 효력이 있다")을 도외시하는 데 있다. 통설은 이 조항이 단지 취소판결의 형성력을 의미하는 것에 불과하고 기판력과는 무관하다고 하는데, '대세적 형성력'은 독일에서 — 취소소송이 철저한 주관소송으로서, — 취소판결의 기판력이 명문의 규정(행정재판소법 제121조)에 의해 당사자 및 참가인에게만 한정되는 경우에도 명문의 규정 없이 당연히 인정되는 효력이다.

통설이 이와 같이 위 행정소송법 제29조 제1항을 '형성력'으로만 한정하는 이유는 바로 '기판력'의 대세효를 회피함으로써 취소소송의 객관소송적 성격을 부인하고자 하는 데 있다. 즉, 민사소송법(제218조 제1항)에서는 승소판결이든 패소판결이든 기판력은 모두 당사자, 승계인 및 참가인에게만 미치기 때문에, 취소판결의 기판력도 오직 민사소송법의 준용에 의해서만 인정된다고 해야 취소소송의 주관소송적 성격이 유지되는 것이다. 이는 위 조항과 동일한 규정(行政事件訴訟法 제32조)을 갖고 있는 일본에서 여실히 알 수 있다.[16] 일본에서는 원고의 법률상 이익과 관계없는 위법을 이유로 처분의 취소를 구할 수 없다는 제10조 제1항의

---

16) 『條解 行政事件訴訟法』 第4版, 2014, 弘文堂, 653면 이하 참조.

규정 때문에 취소소송의 주관소송적 성격은 실정법상 '주어진 것'이겠으나, 이러한 규정이 없는 우리나라에서는 특히 — 기판력의 대세효를 전제로 하는 — 제3자의 재심청구(제31조)[17]를 인정하고 있다는 점에서 취소소송의 객관소송적 성격을 충분히 인정할 수 있다. 그 실정법적 근거의 중심에 있는 것이 바로 위 행정소송법 제29조 제1항이다.[18]

3. 旣判力과 羈束力의 관계

요컨대, 사견에 의하면 취소판결의 기판력은 민사소송법의 준용에 의해서가 아니라 행정소송법(제29조 제1항)에 의해 직접 인정되는 행정소송법 독자적인 효력이다. 반면에 기각판결의 기판력은 민사소송법의 준용에 의해 인정된다.

이러한 관점에서 보면, 행정소송법 제30조 제1항의 '기속력'은 제29조 제1항의 기판력의 한 내용으로서, 특히, 일반시민만이 아니라, '관계행정청'이 '그 사건에 관하여' 기판력을 존중하여 그에 부합하는 조치를 할 의무를 주의적으로 명시한 것이다. 따라서 기속력도 소송법적 효력이다. 다시 말해, 기속력에 반하는 처분이 내려지면 그에 대한 후속 취소소송에서 그 처분은, 제소기간의 제한 없이, 당연무효로 판단되어진다. 독일에서도 취소소송을 순수한 형성소송으로 파악하는 나머지, 취소판결에 의거한 행정청의 결과제거의무는 실체법적 효력으로 보지만, 반복금지효는 재처분을 다투는 後訴에서 — 다만 당연무효가 아닌 단순위법으로 — 소송상 실현되는 것으로 본다. 프랑스의 월권소송에서도 마찬가지이다.[19]

결론적으로, 취소판결의 '반복금지효'는 행정소송법 제29조 제1항의 기판력에 의거한 것으로, 동법 제30조 제1항에서 주의적으로 '기속력'이라는 행정소송법 독자적인 명칭으로 명시되어 있다. 따라서 취소판결의 반복금지효를 '기판력'이라고 지칭해 온 종래의 수많은 판례[20]와 '기판력'과 '기속력'을 병렬적으로 표시하고 있는 최근 판례[21]와 이 사건 원심판결이 타당하다고 할 것이다.

---

17) 일본의 行政事件訴訟法 제34조에도 제3자의 재심청구가 규정되어 있는데, 그 제도의 목적과 기능이 기판력의 대세효를 전제로 하지 않고 설명되고 있다. 전게 『條解 行政事件訴訟法』, 699면 이하 참조.

18) 자세한 내용은 졸저, 『행정소송의 구조와 기능』, 제10장 취소소송의 소송물, 438면 이하 참조.

19) 독일과 프랑스에 대한 비교법적 고찰은 졸저, 전게서, 440면 이하 참조.

20) 졸저, 전게서, 363면 각주 1), 2)의 대법원 판결 참조.

21) 대법원 2002. 5. 31. 선고 2000두4408 판결; 대법원 2002. 7. 23. 선고 2000두6237 판결 등. 이 두 판결은 졸저, 전게서 제10장 취소소송의 소송물 부분의 연구 계기가 된 것이다.

Ⅳ. 訴訟物의 同一性

1. 規律의 同一性

이상과 같이 취소판결의 반복금지효를 '기판력'의 일환으로 파악하게 되면, 이중위험금지를 본질로 하는 형사판결의 기판력과의 연결고리가 복원됨과 동시에 그 객관적 범위의 판단기준으로 '소송물' 개념이 복귀한다. 그리하여 취소판결의 기판력이 반복금지효로 기능하기 위해서는 그 소송물 개념이 과거 특정 일시의 처분만이 아니라 동 처분과 동일한 것으로 평가되는 새로운 처분까지 포괄하는 것이어야 한다. 이러한 처분의 동일성을 판단하는 기준은 '규율의 동일성'이다.

사견에 의하면, 수익처분 거부처분 취소소송에서는 그 계쟁처분의 규율의 핵심은 원고에 의해 신청된 수익처분의 발급 거부에 있으므로, 그 신청된 수익처분을 기준으로 소송물이 나뉜다. 이는 피고 행정청의 발급의무와 이에 상응하는 원고의 발급청구권을 다룬다는 점에서 민사소송에 준하고, 따라서 민사소송에서 소송상 또는 실체법상 '청구'를 기준으로 소송물을 판단하는 것과 같이, 원고에 의해 신청된 수익처분을 기준으로 소송물을 결정하는 것이 이론적으로 타당하다고 할 수 있다.[22] 그리고 거부처분 취소소송에서 기판력 내지 반복금지효의 범위 문제는 실제적으로 소송경제 내지 분쟁의 일회적 해결과 법원의 심리부담 문제를 둘러싸고 제기된다.

반면에, 제재처분 취소소송에서는 그 계쟁처분의 규율의 핵심은 그 처분사유로 된 위반사실에 대한 제재이므로, 처분사유를 기준으로 소송물이 나뉜다.[23] 이는 법규위반행위에 대한 '벌'이라는 점에서 형사소송에 준하고, 따라서 형사소송에서 '공소사실'의 동일성을 기준으로 소송물을 판단하는 것과 같이, 제재처분 취소소송에서는 '처분사유'의 동일성을 기준으로 소송물이 결정되어야 한다. 통설 및 대상판결에서와 같이 기판력을 배제하고 오직 기속력의 범위로 고찰할 때에도 결국 '처분사유'의 동일성을 기준으로 하게 된다는 점은 마찬가지이지만, 제재처

---

22) 반면에 거부처분의 처분사유(거부사유)들은 동일한 소송물에 속하므로, 그 범위 내에서 처분사유의 추가·변경이 허용되고 취소판결의 효력이 미치기 때문에, 행정청은 다른 거부사유로 다시 거부처분을 내리지 못한다. 이러한 사견은 종래의 판례·실무와 배치되지만, 거부처분 취소소송이 실질적으로 의무이행소송의 기능을 할 수 있기 위해서는 유용하다. 자세한 내용은 졸저, 전게서, 414면 이하 참조.
23) 이에 관해서는 졸저, 전게서, 412면 이하 참조.

분 취소소송에서는 형사판결의 기판력을 매개로 하여 그 동일성 판단이 — 이중위험금지의 관점에서 — 확대된다는 점을 간과해서는 아니 된다. 바로 이것이 민사소송의 기판력 문제와 다른 것이고, 또한 거부처분 취소소송에서의 기판력 문제와도 다른 것이다.

참고로, 사견과 같이 기판력을 반복금지효의 근거로 삼아 그 객관적 범위를 소송물을 기준으로 하고 시적 범위는 사실심 변론종결시까지로 하게 되면 반복금지효가 대폭 확대되어 행정청의 재처분권한이 부당하게 침해될 이론적 가능성 또는 사실상의 오해가 있기 때문에, '처분'의 동일성, 기판력의 시간적 한계, 판결이유 등 세 가지 관점에서 그 반복금지효를 제한할 필요가 있다.[24]

2. 營業犯 내지 包括一罪의 문제

결국 이 사건의 쟁점은 명의이용행위라는 행정법규 위반행위를 형사법상 영업범으로서 포괄일죄에 준하여 일정 기간의 위반행위들을 포괄하여 하나의 동일한 위반행위로 인정할 것인가로 귀결된다. 이 사건 명의이용행위에 대해 (행정)형벌을 부과할 때에는 형사법상 포괄일죄의 법리가 그대로 적용되는데, 제재처분인 감차명령에 대해서는 어떠한가?

형사법상으로 공소제기에 의해서는 포괄일죄의 성립요건인 '고의의 연속성'이 단절되지 않고 확정판결에 의해 사실심 선고일 기준으로 고의가 갱신된다는 전제 하에 그 이전의 행위들은 모두 포괄일죄로 확정판결의 기판력이 미친다. '상습범'에 관하여 각개의 범행 상호간에 보호법익이나 행위의 태양과 방법, 의사의 단일 또는 갱신 여부, 시간적·장소적 근접성 등 일반의 포괄일죄 인정의 기준이 되는 요소들을 전혀 고려함이 없이 오로지 '상습성'이라는 하나의 표지만으로 곧 모든 범행을 포괄일죄로 볼 수 없다는 대법원 2004. 9. 16. 선고 2001도3206 전원합의체 판결을 계기로 포괄일죄의 범위를 제한하자고 하는 판례의 경향은 수긍된다. 그러나 이 사건과 같은 행정법규위반 영업행위는 위에서 열거된 포괄일죄의 성립요건을 모두 충족한다.

마지막으로 지적할 것은 처분사유의 동일성 판단기준이다. 형사사건에서의 공소사실의 동일성에 관해서는 기본적 사실관계의 동일성을 판단함에 있어서는

---

24) 상세한 내용은 졸저, 전게서, 458면 이하 참조.

사회적인 사실관계를 기본으로 하되 규범적 요소도 아울러 고려하여야 한다는 판례가 확립되어 있다.25) 그러나 형사사건에서는 그와 같이 규범적 요소가 고려되면 — 단순한 '거짓 인적사항 사용'으로 인한 경범죄처벌법 위반행위와 거액의 사기죄와 같이 — 공소사실의 동일성이 제한됨으로써 기판력의 범위가 축소된다. 반면에, 이 사건에서는 대상판결이 규범적 요소의 고려를 부정하고, 법률적 평가 이전의 사회적 사실관계를 기초로 판단하여 처분사유의 동일성을 부정하였으므로, 형사사건과 제재처분 취소소송에서 이토록 정반대의 판단기준이 타당한 것인가 라는 의문이 제기된다. 뿐만 아니라, 행정법규 위반행위의 포괄일죄 요건인 행위의 태양과 방법, 의사의 단일 또는 갱신 여부, 시간적·장소적 근접성 등은 순수한 규범적 요소가 아니라 본질적으로 사실인정의 문제이다.

3. 包括一罪 斷絶點으로서 行政行爲

형사법상으로 포괄일죄의 성립요건인 '의사의 단일성'은 공소제기에 의해 단절되지 않고 사실심 판결선고로써 비로소 단절되기 때문에, 확정판결의 기판력은 사실심 판결선고일을 기준으로 발생한다. 공소제기는 법원에 판결을 구하는 행위로서, 그 자체 완결된 법적 행위가 아니기 때문이다. 반면에, 제재처분은 앞의 Ⅱ.의 4.(2)에서 지적한 바와 같이, 법원의 판결에 대비되는 그 자체 완결된 법적 행위이다. 행정소송에서의 취소판결은 그에 대한 사법심사의 결과물에 불과하다. 따라서 형사법상 포괄일죄의 단절점인 사실심 판결선고에 상응하는 것은 행정행위인 제재처분이다. 이러한 점을 고려하면 취소판결의 기판력 내지 중복금지효의 시적 기준은 처분시로 보는 것이 타당하다. 그리하여 이 사건에서는 A, B, O는 취소판결의 효력에 위반하여 위법하지만 C는 그렇지 않다는 결론에 이른다.

이러한 결론은 근본적으로 행정제재에 있어 이중위험금지를 위한 반복금지효는 '제재처분' 자체에서 비롯된다는 점으로 연결된다. 이중위험금지의 필요성은 취소판결 확정시에만 국한되는 것은 아니고, 기각판결이 확정되거나 아니면 취소소송이 제기되지 않아 불가쟁력이 발생하거나 처분이 집행완료된 이후에 다시 이전의 처분사유와 동일성 범위 내의 사유를 들어 감차명령 또는 영업정지처분을 하는 경우에도 동일한 문제가 발생한다. 따라서 행정처분 자체에 유죄판결

---

25) 대법원 2010. 6. 24. 선고 2009도9593 판결; 대법원 2004. 7. 22. 선고 2003도8153 판결 대법원 2003. 7. 11. 선고 2002도2642 판결; 대법원 2002. 3. 29. 선고 2002도587 판결 등.

의 기판력에 상응하는 '一事不再理效'가 발생하는 것으로 보아야 한다.[26] 다만, 그 행정처분에 대해 나중에 취소판결이 확정되면 처분의 효력은 소멸하고 취소판결의 기판력에 의해 반복금지효가 발생한다.

---

26) 졸저,『행정법의 체계와 방법론』, 제8장 광의의 행정벌과 협의의 행정벌, 366-368면; 졸고, 취소소송의 소송물에 관한 연구,『法普』2000. 7(통권 제526호), 116면 이하 참조.

[참고문헌]

朴正勳, 행정법의 체계와 방법론

朴正勳, 행정소송의 구조와 기능

朴正勳, 취소소송의 소송물에 관한 연구, 法曹 2000.7 (통권 제 526호), 116면 이하
　　　참조.

석호철, 기속력의 범위로서의 처분사유의 동일, 『행정판례연구』 제5집, 2000.

김영현, 프랑스 월권소송의 판결의 효력, 『행정법연구』 제13호, 2005.

이현우, 프랑스법상 행정제재와 형벌의 관계에 관한 연구 — 개념징표와 법적 통제
　　　의 비교를 중심으로, 서울대학교 법학석사논문, 2005.

김승대, 이중처벌 금지원칙에 대한 헌법해석의 재검토, 『공법연구』 제35집 제4호,
　　　2007.

전현철, 취소소송에 있어서 판결의 기판력, 『저스티스』 제118호, 2010.

송종원, 소송물과의 관련성에서 본 취소판결의 기속력, 『법학논총』 국민대학교 법학
　　　연구소, 제24권 제3호, 2012.

김창조, 취소소송에 있어서 판결의 기속력, 『법학논고』 경북대학교 법학연구원, 제
　　　42집, 2013.

이상천, 일사부재리원칙의 행정에서의 적극적 전개를 위한 시론, 『공법학연구』 제15
　　　권 제2호, 2014.

최춘식, 취소소송에 있어서 소송물의 통일적 이해, 『토지공법연구』 제69호, 2015.

경　건, 취소판결의 기속력의 내용, 『서울법학』 서울시립대학교 법학연구소 제24권
　　　제4호, 2017.

오정후, 확정판결의 기판력이 후소에 미치는 영향, 『민사소송』 한국민사소송법학회,
　　　제18권 제2호, 2014

김정한, 민사소송법과 형사소송법을 비교해서 검토해 본 기판력의 발현 형태와 효
　　　력 범위, 『형사소송 이론과 실무』 제8권 제1호, 2016.

홍승희, 공소사실 동일성판단에서 규범적 요소의 의미, 『형사법연구』 제26호 특집
　　　호, 2006.

임상규, 공소사실의 동일성에 관한 대법원의 규범논리, 『저스티스』 제98호, 2007. 6.

홍영기, 일사부재리의 효력 범위, 『저스티스』 제123호, 2011.

윤성철, 형사절차상 심판대상과 일사부재리효력의 관계, 『경찰학연구』 제10권 제1
　　　호, 2010.

Wolff/Bachof/Stober/Kluth, Verwaltungsrecht I. 12.Aufl., 2007.

Stober/Eisenmenger, Besonderes Wirtschaftsverwaltungsrecht: Gewerbe- und Regulierungsrecht, Produkt- und Subventionsrecht. 15.Aufl., 2011

René Chapus, Droit administratif général. Tome 1. 15e éd., 2001.

Jean Waline, Droit administratif. 25e éd., 2014.

Mattias Guyomar, Les sanctions administratives, 2014.

Georges Dellis, Droit pénal et droit administratif. L' influence des principes du droit
　　pénal sur le droit administratif répressif, 1997.

17. 취소소송에서의 협의의 소익*
― 판단요소와 판단기준시 및 헌법소원심판과의 관계를 중심으로 ―

I. 序說 : 問題의 所在

1. 구속된 피의자의 변호인이 구속적부심청구를 위해 관할경찰서장에 대하여 고소장과 피의자신문조서의 문서공개를 청구하였다가 2000. 5. 30. 비공개결정을 받자 행정소송(취소소송)을 제기하지 않고 2000. 7. 20. 위 비공개결정을 다투는 헌법소원심판을 청구하였다. 이에 헌법재판소는 청구일로부터 약 2년 8개월이 지난 2003. 3. 27. 선고한 2000헌마474 결정에서, 먼저 "청구인이 신청한 고소장과 피의자신문조서에 대한 열람은 起訴前의 절차인 구속적부심사에서 피구속자를 변호하기 위하여 필요한 것인데, 그 열람불허를 구제받기 위하여 행정소송을 제기하더라도 그 심판에 소요되는 통상의 기간에 비추어 볼 때 이에 의한 구제가 기소전에 이루어질 가능성이 거의 없고 오히려 기소된 후에 이르러 권리보호이익의 흠결을 이유로 행정소송이 각하될 것이 분명한 만큼, 청구인에게 이러한 구제절차의 이행을 요구하는 것은 불필요한 우회절차를 강요하는 셈이 되어 부당하다"고 설시하면서, 비록 청구인이 행정소송을 거치지 않고 바로 헌법소원심판을 청구하였지만 헌법소원심판청구의 보충성 요건이 적용되지 아니하므로 적법하다고 판시하였다.

실제로 위 변호인은 2000. 6. 1. 피의자에 대한 구속적부심을 청구하였다가 다음날 기각되었고 같은 달 9. 위 피의자가 기소되어 같은 달 28. 유죄판결이 선

[취소소송에서의 협의의 소익 ― 판단요소와 판단기준시 및 헌법소원심판과의 關係를 중심으로, 『행정법연구』 제13호, 2005]

* 본고는 필자가 2005년 1월 31일 대법원 특별소송실무연구회에서 발표한 내용을 수정·가필한 것임을 밝힌다.

고되어 그 무렵 동 판결이 확정되었다. 이러한 상황에서 헌법재판소는 헌법소원 심판청구의 이익에 관하여, "구속적부심사절차는 물론이고 형사공판의 본안절차까지 모두 끝난 이 시점에서 비록 이 소원이 인용된다고 하더라도 이는 청구인의 주관적 권리구제에는 도움이 되지 않는다. 그러나 고소장과 피의자신문조서에 대한 경찰의 열람거부는 앞으로도 있을 수 있는 성질의 것이고, 경찰의 고소장과 피의사신문조서에 대한 공소제기전의 공개거부가 헌법상 정당한지 여부의 해명은 기본권을 보장하는 헌법질서의 수호를 위하여 매우 긴요한 사항으로 중요한 의미를 지니고 있는 것이며, 이 문제에 대하여는 아직 헌법적 해명이 없는 상태이므로 비록 청구인의 주관적 권리구제에는 도움이 되지 아니하지만 이 문제의 위헌여부를 확인할 필요가 있다"고 설시하면서 심판청구의 이익을 긍정하였다.

2. 위 사건에서 헌법재판소는 행정소송에 관해서는 "권리보호이익의 흠결을 이유로 행정소송이 각하될 것이 분명"하다고 하면서 스스로의 헌법소원심판에 관하여 "청구인의 권리구제"에는 도움이 되지 아니하나 "기본권을 보장하는 헌법질서의 수호를 위하여 매우 긴요한 사항"으로 "헌법적 해명"이 필요하다는 이유로 헌법소원심판청구를 각하하지 않고 본안판단에 들어가 이 사건 경찰서장의 비공개결정은 변호인의 피구속자를 조력한 권리 및 알 권리를 침해하여 헌법에 위반된다고 판시하였다.

이에 관해서는 수많은 의문이 연이어 제기된다. 모든 국민이 정보공개를 청구할 권리를 갖고 있으므로 비공개결정만으로 이에 대한 취소소송의 원고적격과 협의의 소익이 인정되고 정보공개의 구체적 목적은 불문하는 것이 아닌가 라는 정보공개영역에 특유한 의문은 且置한다.[1] 일반적인 문제로서, 가장 먼저, 행정소송(취소소송, 이하 취소소송에 한정함)에 있어 권리보호이익 내지 협의의 訴益의 문제와 헌법소원심판청구의 보충성 문제의 관계에 관한 의문이 제기된다. 다시 말해, 취소소송의 대상적격이 — 또한 원고적격까지 — 인정되는 마당에 오직 권리보호이익 흠결을 이유로 취소소송이 각하될 것이 예상된다고 하여 과연 헌법재판소법 제68조 제1항 단서 소정의 "다른 법률에 구제절차가 있는 경우"가 아니란

---

[1] 대법원 2003. 7. 11. 선고 2001두6289 판결; 2003. 12. 11. 선고 2003두8395 판결; 2003. 12. 12. 선고 2003두8050 판결 등 참조.

말인가? 오히려 취소소송이라는 다른 법률상 구체절차가 있지만 그 구제절차의 구체적 심리요건이 구비되지 못한 것이 아닌가?

또한 어찌하여 헌법재판소는 그토록 자신만만하게 이 사건에서 취소소송이 각하될 것이 '분명'하다고 자신할 수 있었는가? 나아가 어찌하여 헌법재판소는 취소소송을 오직 개인의 '주관적 권리구제'를 위한 절차로 치부하면서 헌법소원심판은 '헌법질서의 수호'를 위한 '헌법적 해명'을 위해서도 허용된다고 공언할 수 있는가? 오히려 헌법소원심판이 헌법재판소법 제68조 제1항이 명시하고 있듯이 "기본권을 침해받은 자"가 그 구제를 위해 청구하는 '주관적 권리구제절차'이고, 반면에 취소소송은 행정소송법 제4조 제1호에서 규정하고 있다시피 "행정청의 위법한 처분등을 취소 또는 변경하는 소송"으로서, 행정의 적법성 확보가 그 주요한 목적의 하나가 아닌가?

위와 같은 헌법재판소의 자신만만한—심지어 傲慢하다는 인상을 쉽게 지울 수 없는—판시내용은 결국 그동안 취소소송의 권리보호이익 내지 협의의 訴益을 좁게 인정하여 온 대법원의 판례에서 비롯된 것이 아닌가? 이에 대해서는, 이러한 대법원 판례는 행정소송법 제12조 후문에서 "처분등의 취소로 인하여 회복되는 법률상 이익이 있는 자"의 경우에만 취소소송을 허용하기 때문에 부득이한 것이 아닌가 라는 변명이 가능하고, 나아가 법원의 일반적 심판권한으로 인정한 "일체의 법률상의 쟁송"이라는 문구가 그 근본적 논거로 제시되기도 한다. 그렇다면, 그 '회복되는 법률상 이익'은 무엇인가, '법률상의 쟁송'은 무엇인가, 취소소송의 구조와 기능과 성질은 무엇인가 라는 근본적 의문이 연이어 제기된다.

나아가 다른 유형의 행정처분에 있어서는 몰라도, 최소한 영업정지처분 등 제재처분에 있어서는 그것의 처벌적 성격에 의거하여 협의의 訴益을 넓게 인정하여야 하지 않을 것인가? 위 헌법재판소 결정에 의하면, 영업정지처분에 있어 기간경과 기타 모든 처분에 있어 사정변경으로 인해 협의의 訴益의 흠결을 이유로 각하되는 사건은 이제 모두 바로 헌법소원심판의 대상이 될 수 있게 된다. 특히 대법원 판례는 그동안 취소소송 제기 이후—심지어 上告審 判決時까지에 걸쳐—처분기간의 경과, 집행 기타의 사정변경을 근거로 협의의 訴益을 부정함으로 말미암아, 심지어 제2심 판결에서 위법한 것으로 취소된 기간부 제재처분에 대하여 상고심 계속 중 그 제재기간이 경과하였다는 이유로 破棄自判하여 부적법 각하하는 사례도 있는데, 提訴時에만, 늦어도 제1심 변론종결시에만, 아니 제2심 변론종결시에만, 협의의 訴益이 구비되면 충분한 것이 아닌가? 이는 협의의 訴益의 判斷基準時의 문제로서, 일견 테크니컬한 문제로 보이지만, 이 또한 취소판결의 효력과 그에 대한 상소의 효력과 관련하여 취소소송의 기능과 성질이라는 근본적 문제와 연결된다.

3. 이상과 같은 문제의식에 기하여, 본고에서는 우선 협의의 訴益의 법적 성질을 해명하고(Ⅱ.), 나아가 협의의 訴益의 판단기준에 관하여, 먼저 법률상 이익의 의미, 訴益의 범위를 결정하는 諸要素, 그리고 그 판단기준시를 검토한 다음, 특히 제재처분의 기간경과시의 訴益과 헌법소원심판과의 관계에 관하여 언급하기로 한다(Ⅲ.)

Ⅱ. 狹義의 訴益의 法的 性質

1. 判例

우리 대법원 판례는 행정소송법 제12조 전문과 후문 소정의 "법률상 이익"을 모두 '소의 이익'이라는 상위개념으로 포괄하고 있다. 그리하여 "법률상 이익"을, 전문의 그것이든 후문의 그것이든 구별하지 않고 모두, '처분의 근거 법률에 의하여 보호되고 있는 직접적이고 구체적인 사적 이익'으로 해석하면서 간접적·사실적·경제적 이해관계는 제외된다고 한다. 전문의 "법률상 이익"에 관한 판례는 제3자의 원고적격과 관련하여 형성되어 온 반면, 후문의 "법률상 이익"에 관해서는 제재처분에 있어 제재기간의 경과, 처분의 집행, 근거법률의 폐지 기타 사정변경에 의하여 소의 이익이 소멸하는 경우를 중심으로 형성되어 왔다. 이에 관한 대표적인 판례는 ① 택시운행정지처분 등에 관한 대법원 1995. 10. 17. 선고 94누14148 전원합의체 판결(부정), ② 주택건설사업자의 영업정지처분에 관한 대법원 1997. 7. 11. 선고 96누7397 판결(부정), ③ 주택건설사업계획 사전승인 거부처분에 있어 상고심 계속 중 그 근거법령이 폐지된 경우에 관한 대법원 1999. 6. 11. 선고 97누379 판결(부정), ④ 공장등록 취소처분에 있어 당해 공장건물이 멸실된 경우에 관한 대법원 2002. 1. 11. 선고 2000두3306 판결(긍정), ⑤ 이사취임승인 취소처분에 있어 당해 이사의 임기가 만료된 경우에 관한 대법원 2003. 3. 14. 선고 2002

두10568 판결(부정), ⑥ 기존의 어업권자인 원고가 그 어업권을 경매로 취득한 제 3자에 대하여 당해 경매에 의한 이전인가처분의 취소를 구하였는데 소송 도중 원고의 어업권의 허가기간이 만료된 경우에 관한 대법원 2004. 5. 14. 선고 2002두12465 판결(긍정) 등이 있다.

상술한 바와 같이 우리 판례는 소의 이익을 원고적격을 포함한 광의의 개념으로 사용하면서 그 중 원고적격을 제외한 나머지 부분, 즉, 독일법에서 말하는 권리보호필요성(Rechtsschutzbedürfnis), 특히 처분의 효과소멸 기타 사정변경의 경우의 소의 이익과 명확히 구별하고 있지 않다. 그렇기 때문에 학설상, 그리고 실무상으로도, 후자의 문제를 '협의의' 소의 이익으로 일컬어지고 있다. 문제는 판례가 이러한 협의의 訴益의 법적 성질을 원고적격과 구분하지 아니하면서 그 논리적 결과로서, 양자를 동일한 기준에 의하여 판단하고 있는 데에 있다. 이에 관해서는 후술하기로 한다.

2. 學說

(1) 학설상으로는 행정소송법 제12조 전문 소정의 "법률상 이익"과 동조 후문 소정의 "법률상 이익"을 구별하여, 전자는 취소소송의 보호대상으로서 원고적격에 관한 것인 반면, 후자는 취소소송의 권리보호 필요성에 관한 것이라는 견해가 유력하다.[2] 이는 우리나라 행정소송의 구조를 독일의 그것에 비추어 파악하고자 하는 견해로서, 행정소송법 제12조 후문이 규정하고 있는 취소소송을 독일의 계속확인소송(Fortsetzungsfeststellungsklage)으로 이해하고, 그 "법률상 이익"을 독일의 계속적 확인소송에서의 권리보호필요성인 '확인의 정당한 이익'(berechtigtes Interesse an der Feststellung)과 동일한 것으로 해석하자는 것이다. 그리하여 명예·신용 등의 인격적 이익, 보수청구와 같은 재산적 이익 및 불이익제거와 같은 사회적 이익, 기타 정신적·문화적 이익까지 널리 포함된다고 한다. 이 견해에 의하면, 행정소송법 제12조가 성질이 다른 두 가지 소송형태를 한꺼번에 규정하고 있는 것은 체계상의 문제점이 있다고 한다.

(2) 반면에, 최근 행정소송법 제12조 전문과 후문은 모두 원고적격에 관한 규정으로서, 전문은 일반적인 취소소송의 원고적격에 관한 것인 반면, 후문은 처

---

2) 대표적으로 김남진, 『행정법』 I, 2000, p.759 이하; 홍준형, 『행정구제법』 제4판, 2001, p.581 이하.

536 행정법 개혁의 과제

분등이 소멸된 후에 제기되는 취소소송의 원고적격에 관한 것이라는 견해가 제기되고 있다.3) 이 견해에 의하면, 취소소송은 처분등의 존재를 전제로 하는 것이므로 처분등이 소멸한 이후에는 취소소송이 허용될 수 없기 때문에 제12조 후문에서 특별히 취소소송의 제기가능성을 인정한 것인데, 그 취소소송을 제기할 수 있는 원고로서 "처분등의 취소로 인하여 회복되는 법률상 이익이 있는 자"로 규정하고 있다고 한다. 그리고 권리보호필요성에 관해서는 제12조 전문의 일반적인 취소소송에 관한 것이건 후문의 취소소송에 관한 것이건 모두 행정소송법에 규정이 없고 판례와 학설에 맡겨져 있다고 한다.

3. 比較法的 考察

(1) 독일

독일에서는 취소소송의 실체적 소송요건 내지 본안심리요건으로서, 대상적격(Statthaftigkeit)과 원고적격(Klagebefugnis) 그리고 권리보호필요성(Rechtsschutzbedürfnis)이라는 세 가지 개념이 명확히 구별된다. 이는 취소소송의 대상으로서 '행정행위'(Verwaltungsakt) 개념과 원고적격 요건으로서 원고에 의해 (가능성 있게 주장되어야 할) '권리침해'(Rechtsverletzung) 개념으로부터 비롯된다. 즉, 전체 행정작용 중 대외적으로 시민의 권리의무에 대한 법률효과를 발생하는 것만이 행정행위로서 취소소송의 대상이 되고, 이와 같이 직접적으로 법률효과를 받게 되어 자신의 권리가 침해되는 행정행위의 상대방 또는 제3자만이 원고적격을 갖추게 되는데, 그와 같이 원고적격을 갖춘 원고의 '권리'가 당해 취소소송을 통해 보호될 필요가 있는가 라는 '권리보호필요성' 문제가 마지막으로 남는 것이다.

이러한 권리보호필요성은 일반적 권리보호필요성과 특수적 권리보호필요성으로 구분되는데, 전자는 消極的 요건으로서, 권리구제의 비효율성, 무익성, 부당한 목적의 추구, 때이른 권리구제, 소송상 실권, 소송의 포기 등이 피고 행정청에 의해 주장·입증되는 경우에는 권리보호필요성이 부정되어 訴가 부적법하게 된다. 후자인 특수적 권리보호필요성은 계쟁 행정행위가 사후에 종료(Erledigung)되어 효력이 소멸된 경우에 그 행정행위의 (과거의) 위법성을 확인하는 계속확인소송(행정법원법 제113조 제1항 제4문)이 허용되기 위해 원고가 주장·증명해야 하는

---

3) 홍정선, 『행정법원론(상)』, 2001, 옆번호 2314a. 예전에는 위 (1)과 같은 견해를 취하였으나 2001년판부터 위와 같이 견해를 변경하였다.

積極的 요건으로서, '확인의 정당한 이익'으로 규정되어 있다.[4] 그 구체적 내용은 후술한다. 요컨대, 독일에서는 '권리'를 요건으로 하는 원고적격과 '이익'을 요건으로 하는 권리보호필요성이 분명히 구별되는 것이다.

(2) 프랑스

반면에 프랑스에서는 취소소송에 해당하는 월권소송(le recours pour excès de pouvoir)에서는 독일에서와 같이 대상적격과 원고적격 및 권리보호필요성이 명확히 구분되어 있지 않고, 그 대신에 '소의 이익'(l'intérêt à agir)이라는 개념으로 포괄된다. 그 '소의 이익'을 최광의로 사용할 때에는 월권소송의 대상까지 포함하는 개념이지만, 통상 독일에서의 원고적격과 권리보호필요성을 포괄하는 개념이다. 다시 말해, 프랑스에서의 '소의 이익'은 한편으로 원고의 주체적인 측면으로 작용할 때에는 독일의 원고적격에 상응하는 것이 되고, 다른 한편으로 계쟁 행정행위의 소멸 기타 사정변경이라는 상황적 측면으로 작용할 때에는 독일의 권리보호필요성에 상응하는 것이 된다. 양자 모두 판례상 '직접적이고 개인적이며 정당하며 적절한 이익'(l'intérêt direct et personnel et légitime et pertinent ou adéquat)으로 요구된다. 우리 판례가 행정소송법 제12조 전문과 후문을 모두 '소의 이익'이라는 관념으로 포괄하는 것은 연혁상 위와 같은 프랑스법의 태도에서 비롯된 것이라고 쉽게 추측될 수 있다. 프랑스에서 가장 중요한 것은 소의 이익 — 우리의 원고적격과 협의의 訴益을 모두 포함하여 — 판단기준시가 提訴時라는 점이다(후술).[5]

(3) 영국과 미국

영국의 취소소송에 해당하는 사법심사청구소송(claim for judicial review, CJR)에서도 우리의 원고적격과 협의의 訴益 모두 'standing'이라는 개념으로 포괄되고, 그 요건은 공히 최고법원법(Supreme Court Act) 제31조 제3항에 '충분한 이익'(sufficient interest)으로 규정되어 있다.[6] 유의할 것은 이러한 standing의 판단기준시는 일차적으로 제1심에서의 소송개시허가(permission) 여부의 결정시점이라는 점이다(후술).

---

4) 상세한 내용은 졸저, 『행정소송의 구조와 기능』 제8장, 308면 이하 참조.
5) 상세한 내용은 박균성, 프랑스법상 원고적격(소의 이익)과 판결필요없음, 『판례실무연구』 제5집, 2001, 401면 이하 참조.
6) 상세한 내용은 졸저, 전게서(행정소송의 구조와 기능) 제15장, 660면 이하 참조.

미국의 행정소송에서도 원고적격과 협의의 訴益의 구분이 명확하지 않고 모두 'standing' 또는 'locus standi'라는 개념으로 포괄되는데, 이것의 세 가지 요건, 즉 사실상의 이익침해(injury in fact)와 인과관계(causation) 및 구제가능성(redressability) 중 마지막 요건인 구제가능성이 우리의 협의의 訴益에 상응하는 기능을 하기도 한다. 또한 이와 별도로 'mootness'(논쟁의 실익이 없음)이라는 개념이 협의의 訴益에 상응하는 것, 정확하게 말해, '訴益의 상실'[7]을 의미하는 것으로 사용되기도 하지만, 원고적격과 명확히 구별되지 않고, 모두 'standing'이라는 관념으로 포괄된다.[8] 다만, 미국에서는 이러한 訴益은 提訴時만이 아니라 제1심과 항소심까지 소송계속 중 유지되어야 한다는 점이 프랑스와 영국에서와 다르다(후술).

4. 評價

상술한 바와 같이 독일에서 원고적격과 권리보호필요성이 양분되는 것은 전자가 '권리'를 요건으로 하는 반면 후자는 '이익'을 요건으로 하기 때문이다. 특히 원고적격의 요건이 되는 권리는—'위법성 견련성'(Rechtswidrigkeitszusammenhang)을 요구하는 전통적 보호규범이론에 의하면—계쟁 행정행위의 실체법적 근거를 이루고 또한 그것을 위반함으로써 계쟁 행정행위가 위법하게 되는 바로 그 법률조항이 공익만이 아니라 원고의 사익도 보호하는 것으로 인정되는 경우에만 인정되는 것이기 때문에 매우 협소하다. 반면에 이같이 매우 어렵게 원고적격이 인정된 상황에서 계쟁 행정행위가 사후 소멸되었을 때 그 행정행위의 위법성을 확인하는 계속확인소송이 허용되기 위한 요건은 '정당한 이익'으로서 비교적 넓게 인정되는 것이다.

이러한 관점에서 보면, 우리 판례가 원고적격의 요건인 '법률상 이익'을 독일에서와 같이 '처분의 위법사유가 되는 처분의 근거법률조항'만을 근거로 인정

---

7) 이와 같이 mootness가 적극적으로 訴益의 존재 내지 존속을 의미하는 것이 아니라, 소극적으로 訴益의 상실내지 소멸을 의미하는 개념이라는 점에서, 계쟁 행정행위의 소멸 등 사후의 사정변경이 있을 때 원고가 적극적으로 협의의 訴益을 주장·입증하는 것이 아니라, 거꾸로 피고 행정청이 mootness가 발생했다는 것, 다시 말해 협의의 訴益이 소멸하였음을 주장·입증해야 한다는 것, 또한 그렇기 때문에 訴益의 상실은 예외적인 상황이라는 것이 잘 나타난다.

8) 상세한 내용은 조홍식, 행정소송에서의 訴益과 憲法, 『판례실무연구』 제5집, 2001, 446면 이하 참조; 미국 행정소송에서의 원고적격에 관해서는 졸저, 전게서(행정소송의 구조와 기능) 제7장, 228면 이하 참조.

하면서 협의의 訴益의 요건인 '법률상 이익'도 이와 동일하게 파악하는 것은 심각한 잘못이라고 하여야 할 것이다. 이러한 점에서 행정소송법 제12조 후문 소정의 취소소송을 독일의 계속확인소송으로 이해하여 그 '법률상 이익'을 독일에서와 같이 '정당한 이익'으로 확대하여 정신적·경제적 이익까지 포함시키고자 하는 학설에 충분히 수긍이 간다. 그러나 동일한 조문의 前文과 後文의 법적 성질을 완전히 다른 것으로 파악하여 前文의 '법률상 이익'은 매우 좁게, 반면에 後文의 그것은 매우 넓게 해석하는 것은 부당하다. 특히 後文은 "… 법률상 이익이 있는 자의 경우에는 또한 같다"라고 규정하고 있는데, "또한 같다"라는 문구를 重視하면, 전문과 후문은 법적 성질을 같이하는 것으로 보아야 할 것이다. 이러한 점에서 전문과 후문을 모두 원고적격으로 파악하는 새로운 견해(홍정선 교수)의 타당성이 인정되지만, 그 때의 '원고적격'을 '권리보호필요성'과 구별되는 좁은 개념으로 파악하는 것은 쉽게 동의하기 어렵다. 오히려 제12조의 제목인 '원고적격'은 독일에서의 원고적격과 권리보호필요성을 포괄하는 프랑스에서의 '소의 이익' 또는 영·미에서의 'standing'과 같은 것으로 이해하여야 하지 않을까 한다. 그리하여 전문과 후문의 '법률상 이익'을 공히 '법질서 전체의 관점에서 정당한 것으로 인정되는 이익' 내지 '법적으로 정당한 이익'으로 파악하는 길이 열리게 되는 것이다.[9]

Ⅲ. 狹義의 訴益의 判斷基準

1. 判例

상술한 바와 같이 협의의 訴益의 법적 성질을 어떻게 파악하는가는 바로 그 판단기준의 문제와 직결된다. 판례는 협의의 訴益과 원고적격을 포괄하여 '소의 이익'이라는 상위개념으로 파악하면서, 그 판단기준으로서 행정소송법 제12조 후문의 "법률상 이익"을 전문의 그것과 동일하게 '법률상 보호되는 직접적이고 구체적인 이익'으로 해석하고 있다.

---

9) 이러한 관점에서 행정소송법 개정안 제12조는 "취소소송은 행정행위등의 취소를 구할 법적으로 정당한 이익이 있는 자가 제기할 수 있다. 행정행위등의 효과가 기간의 경과 그 밖의 사유로 인하여 소멸된 뒤에도 또한 같다"라고 규정함으로써, 前文의 '법적으로 정당한 이익'이 후문의 경우에 그대로 동일하게 적용된다는 점을 명확히 하고 있다.

그리하여 ① 택시운행정지처분 등에 관한 대법원 1995. 10. 17. 선고 94누 14148 전원합의체 판결은, 비록 자동차운수사업법시행규칙상 운행정지처분이 사후의 제재처분의 가중요건이 되지만, 위 시행규칙은 성질상 행정내부의 사무처리지침(즉, 행정규칙)에 불과한 것으로서, 그와 같은 가중요건은 법규적 효력이 없으므로 그로 인해 피해를 입는 이익은 법률상 이익이 아니라는 이유로 협의의 訴益을 부정하였다. 엄연히 법규명령인 시행규칙상의 가중요건에 관한 이익을 ─ 시행규칙상의 처분기준에 관해 법적 구속력을 부정하는 판례를 확대 적용하여 ─ 법률상 이익이 아니라고 한 점이 문제의 핵심이다.

또한 ② 주택건설사업자의 영업정지처분에 관한 대법원 1997. 7. 11. 선고 96 누7397 판결에서는 "법률상 이익"을 '처분의 근거가 된 법령'에 한정하고 있는 점이 특기할 만하다. 즉, 주택공급에관한규칙 제7조 제2항에 의하면 영업정지처분을 받은 주택건설사업자는 영업정지기간 후 2년 동안 일정한 건축공정에 이르지 않으면 입주자 사전모집이 제한되지만, 이는 "당해 주택건설사업자가 시행하는 주택공급사업의 내용 및 그 범위에 직접적으로 법률상의 제한을 가하는 것은 아니므로 사실상·경제상 이익에 불과한 것"이라고 판시한 것이다. 입주자 사전모집 및 이를 통한 분양대금 선급이 건설교통부령인 주택공급에관한규칙에 의해 제한되는 것은 분명히 '법령에 의한 이익의 제한'에 해당하지만, 처분의 근거인 주택건설촉진법령에 의해 보호되는 직접적이고 구체적인 이익은 당해 주택건설사업자가 시행하는 주택공급사업의 내용 및 범위에 한정된다는 전제 하에, 여기에 직접적으로 직접적인 제한을 가하지 않는 한 법률상 이익은 인정될 수 없다는 것이다.

그리고 ③ 주택건설사업계획 사전승인 거부처분에 있어 상고심 계속 중 그 근거법령이 폐지된 경우에 관한 대법원 1999. 6. 11. 선고 97누379 판결도 마찬가지로 처분의 근거법령에 한정하고 있다. 즉, 원심에서 청구기각판결이 선고되어 원고가 본안에 관한 상고이유로 상고하였는데, 상고심 계속 중 주택건설촉진법상 사전승인제도에 관한 규정이 폐지되었다는 이유만으로 대법원이 破棄自判으로 각하판결을 하였고, 계쟁 거부처분이 존속함으로써 원고가 다른 법령상의 불이익을 입게 되는지 여부를 직접 심리하거나 아니면 항소심으로 하여금 이를 심리하도록 파기환송하지 않았던 것이다. 또한 위 판결은 협의의 訴益의 판단기준시가 上告審判決時임을 분명히 하고 있다.

그러나 ④ 공장등록 취소처분에 있어 당해 공장건물이 멸실된 경우에 관한 대법원 2002. 1. 11. 선고 2000두3306 판결에서는 처분의 근거법령이 아닌 다른 법령상의 이익을 법률상의 이익으로 인정하기에 이르렀다. 즉, 공장등록이 취소된 후 그 공장시설물이 철거되었다 하더라도, 대도시 안의 공장을 지방으로 이전할 경우 조세특례제한법상의 세액공제 및 소득세 등의 감면혜택이 있고 공업배치및공장설립에관한법률상의 간이한 이전절차 및 우선입주의 혜택이 있으므로, 계쟁 공장등록취소처분의 취소를 구할 법률상 이익이 있다고 판시한 것이다. 이는 제3자의 원고적격에 관하여 처분의 실체법적 근거법률이 아닌, 그리고 그 위반으로 인해 계쟁 처분이 위법성을 띠게 되는 것이 아닌 환경영향평가법에 의거하여 법률상 이익을 인정하는 것으로 확대하고 있는 판례의 경향과 일맥상통하는 것이다. 이와 같이 판례는 최근 협의의 訴益에 있어 '법률상 이익'을 처분의 근거법령이 아닌 다른 법령에서 인정하고 있지만, 여전히 '법령'상의 이익에 한정되어 있다.

2. 學說

협의의 訴益의 판단기준으로서 '법률상 이익'의 범위에 관하여 우리나라 학설은 대체로 세 가지 입장을 취하고 있다. ① 처분의 근거법령상의 이익에 한정되지 않고 모든 법적 이익들을 포함하지만, 단순한 명예·신용 등은 포함하지 않는다는 견해, ② 명예·신용 등 인격적 이익, 보수청구와 같은 재산적 이익, 불이익제거와 같은 사회적 이익도 포함된다는 견해, ③ 원고의 경제적·정치적·사회적·문화적 이익까지 포함한다는 견해가 그것이다. 위 두 번째와 세 번째 견해는 상술한 바와 같이 행정소송법 제12조 후문의 취소소송을 독일의 계속확인소송과 같은 것으로 파악하여, 그 요건인 '확인의 정당한 이익'을 우리의 '법률상 이익'의 내용으로 이해하고자 하는 것이다.

3. 比較法的 考察

(1) 독일

독일법상 계속확인소송의 요건인 행정행위의 위법성 확인의 '정당한 이익'의 내용을 보다 구체적으로 살펴보기로 한다. 이는 크게 정신적 이익과 법상태해명의 이익으로 구분하여 설명된다.[10]

---

10) 이하는 졸저, 전게서(행정소송의 구조와 기능) 제309-312면의 내용을 일부 수정한 것임.

① '정신적 이익'이라 함은 위법한 행정행위로 인해 야기된 지속적인 인격침해를 회복할 필요가 있다는 의미이다. 이러한 정신적 이익이 가장 강력하게 인정되는 단계는 기본권 침해의 경우로서, 그로 인해 손해가 한 번 발생하였으면 족하고 그것이 현재까지 지속되고 있을 필요가 없다. 통상 기본권에 대한 침해로부터 야기되는 구체적 손해를 입증하기 곤란할 뿐만 아니라, 기본권 침해를 야기한 공권력 행사에 대하여 침해가 종료된 이후에도 헌법소원이 인정될 수 있으므로 이에 대한 행정소송도 인정되어야 하기 때문이라고 한다(헌법소원의 행정소송에 대한 보충성).[11] 구체적 예로서는, 경찰에 의한 가혹행위,[12] 감금행위,[13] 전화감청,[14] 신체·가택에 대한 수색,[15] 학생이 졸업한 이후 교재선정에 관한 국가의 권한과 학부모의 기본권 사이의 분쟁[16] 등이다. 반면에, 관공서 출입금지가 인간의 존엄성을 침해하였다는 추상적인 주장이나, 동물실험에의 참가가 기본권을 침해한다는 의과대학생의 주장은 정당한 이익으로 인정되지 않았다.[17]

다음 단계로 강력하게 인정되는 정신적 이익은 차별적 내지 명예훼손의 효과를 갖는 행정행위에 관한 것인데, 이 경우는 인격권과 인간존엄성의 객관적 침해사실을 주장·증명해야 한다. 행정행위의 이유나 그 발령의 구체적 상황으로부터 원고에 대한 개인적인 비난이나 烙印을 통해 명예훼손이 야기되었음이 명백해야 하는 것이다.[18] 정당의 전당대회나 집회를 금지한 처분,[19] 공중에게 공개된 신분증조사[20] 등이 판례에서 나타난 예이다. 반면에, 단순히 원고의 질서위반적 행태에 의거한 행정행위의 경우에는 그것만으로 명예훼손의 효과가 인정되지 않는데, 예컨대 영업금지, 관공서출입금지, 군인에 대한 직업안정보장결정의 취소[21] 등이 그것이다.

마지막 단계의 정신적 이익으로서, 직업생활 및 사회생활에 지속적인 부정적

---

11) BVerwGE 61, 164 (166).
12) BVerwGE 26, 161 (168).
13) BVerwGE 45, 51 (54).
14) BVerwGE 87, 23 (25).
15) BVerwGE 28, 285.
16) BVerwGE 61, 164 (167).
17) BVerwG, Buchholz 310 § 113 Nr.92; VGH BW, NJW 1984, 1832 (1833).
18) BVerwGE 53, 134 (138 f.).
19) OVG Saarland, DÖV 1973, 863; NdsOVG, NVwZ 1988, 638.
20) BayVGH, BayVBl. 1993, 429.
21) BVerwGE 53, 134 (138 f.).

효과를 미칠 위험이 있는 경우 이를 배제하기 위한 계속적 확인소송은 정당한 이익이 인정된다. 이러한 위험은 구체적·확정적일 필요는 없고, 명확히 배제되는 것이 아닌 한 긍정된다. 이에 해당하는 예로서는, 학생에 대한 유급처분,22) 공무원의 경력·승진에 영향을 미칠 수 있는 부정적 평가 기타 조치, 특별한 경우의 교수지원자의 불임용처분,23) 영업자등록원부에 비신뢰성 또는 비적합성의 기재24) 등이다.

② '법상태 해명의 이익'은 다시 반복방지의 이익과 선결문제 확정의 이익으로 구분된다. 첫째, 위법한 행정행위의 반복의 위험은 그 반복이 법적인 의미에서 구속력을 갖는다는 의미가 아니라, 본질적으로 동일한 사실적·법적 상황 하에서 동일한 행정행위가 내려질 것이라는 충분히 특정된 위험이 있으면 충분하다. 반복의 위험이 있다는 막연한 가능성만으로는 부족하고 "근거 있는 우려"(wohlfundierte Besorgnis)가 있어야 한다.25) 장래 동일한 사실적·법적 상황이 발생할 것인지가 불분명한 경우, 우려되는 반복처분이 원래의 처분과는 다른 요건에 의거하는 것인 경우, 원고 자신에 대한 반복이 아니라 제3자에 대한 반복을 방지하기 위한 것인 경우에는 정당한 이익이 부정된다. 정당한 이익이 긍정된 판례는, 원자력발전소 반대데모 군중에 대한 경찰조치, 자녀의 학교졸업 이후에도 또 다른 자녀가 학교에 입학할 가능성이 있는 경우 부모가 당해 학교의 수업계획변경조치에 대한 행정소송, 매년 반복되는 우유감산조치, 채소에 대한 출하금지, 수입허가의 철회 등과 같은 계속적 영업활동에 대한 제한처분 등이다.

선결문제 확정의 이익은 국가배상절차 및 형벌·과태료부과절차와 관련하여 문제된다. 판례·통설에 따르면, 국가배상청구의 선결문제 확정을 위한 계속확인소송은 취소소송이 적법히 계속된 이후 비로소 행정행위가 소멸한 경우에 ― 그동안 소송을 통해 획득된 결과를 헛되게 하지 않기 위하여 ― 인정되지만, 소제기 이전에 행정행위가 소멸한 경우에는 막바로 민사법원에 국가배상을 청구할 수 있으므로 정당한 이익이 부정된다.26) 형벌·과태료부과절차에 관한 선결문제의 확정을 위해서는 계쟁 행정행위의 효력으로 인해 형벌 또는 과태료에 처해질 가능성이 있는 경우에는 행정행위가 소제기 이전 또는 이후에 소멸한 것인지를 불문하고

---

22) BVerwGE 56, 155 (156 f.).
23) NdsOVG, NJW 1984, 1639 (1641).
24) BVerwG, NVwZ 1991, 270.
25) BVerwGE 42, 318 (320).
26) BVerwG, NJW 1989, 2486f.

모두 계속확인소송이 인정된다.

(2) 프랑스

프랑스 월권소송에서는 상술한 바와 같이 원고적격을 포함하여 협의의 訴益의 판단기준시가 提訴時이므로, 提訴時에 소의 이익이 존재하였으면 소송 도중에 소의 이익이 소멸하더라도 소는 부적법 각하되지 않는다.[27] (거꾸로 提訴時에 소의 이익이 존재하지 않았더라도 判決時까지 발생하게 되면 소의 이익이 인정된다.[28]) 다만, 소제기 이후 행정청이 계쟁 행정행위를 직권취소하여 그 효력이 소급적으로 소멸한 경우, 또는 철회하여 그 소급효가 미치지 않지만 그동안 아무런 법적 효과가 발생하지 않은 경우, 그리고 거부결정에 대한 월권소송에 있어 행정청이 원고의 신청에 따른 행정행위를 발급한 경우에는 법원은 — 소의 이익의 흠결을 이유로 부적법 각하하는 것이 아니라 — 더 이상 판결을 할 필요가 없다는 'non-lieu'(판결필요없음)을 선고하게 된다. 그러나 계쟁 행정행위가 집행된 경우, 아니면 계쟁 행정행위로 인하여 원고가 희망하였던 행위, 예컨대 계약의 체결 또는 갱신 등이 방해받은 경우에는, 행정청이 행정행위를 직권취소·철회하거나 행정행위의 효과가 기간의 경과로 소멸하였더라도 non-lieu가 성립하지 않는다. 다시 말해, 프랑스에서는 提訴時에 소의 이익이 존재하였던 경우에는, 그 후에 행정행위가 직권취소 기타의 사유로 소멸하였더라도, 그 행정행위로 인해 원고에게 모종의 이익의 침해가 발생하였다면, 부적법 각하판결은 물론 non-lieu도 선고되지 않고 본안판결이 내려지게 되는 것이다.

(3) 영국과 미국

영국에서는 제1심에서 소송개시허가(permission)를 결정할 때에 '충분한 이익'의 존재가 인정되어 소송이 개시되면, 그 이후 第一審 判決時에 다시 충분한 이익의 존재 여부가 검토되긴 하지만, 소송개시허가 때에 비하여 훨씬 법원의 재량이 크다. 즉, 소송개시허가 때에 이미 행정행위가 소멸한 경우에는 예외 없이 부적법 각하되지만, 소송 도중에 비로소 행정행위가 소멸하거나 사정변경이 생긴 경우에

---

27) René Chapus, Droit du contentieux administratif. 11e éd., 2004, n° 564 참조. 이에 관한 대표적 판례는 C.E. 22 novembre 1963, *Dalmas de Polignac* 판결이다.

28) C.E. Ass. 1er avril 1938, Soc. L'Alcool denature de Coubert 판결.

는 '충분한 이익'의 요건이 대폭 완화되어 행정행위의 위법성이 확정되더라도 원고가 어떠한 이익도 얻지 못한다는 사실이 인정되지 않는 한, 사법심사청구는 부적법 각하되지 않고 본안판결이 내려지게 된다.[29]

미국에서는 제1심뿐만 아니라 항소심까지의 모든 소송절차 중에 '실질적인 분쟁'(actual controversy)이 계속되어야 하고, 만일 분쟁이 더 이상 '현존하지'(live) 아니하여 협의의 訴益이 소멸하면, 다시 말해 mootness가 발생하면, 법원의 사법심사로부터 제외된다. 따라서 소의 이익의 판단기준시는 抗訴審 判決時라고 할 수 있다. 訴益의 판단기준은 '개인적 이해관계'(personal stake)로서, 소제기 이후 행정행위의 소멸 기타 사정변경으로 인해 개인적 이해관계가 없어지면 訴益이 부정된다. 다만, ① 재발가능성이 있는 경우 ② 행정행위가 그 본질상 단시간 내에 완성되어 실효되는 경우 ③ 개인의 권익보호와 밀접한 관련성이 있음에도 이에 관한 선례가 형성되지 아니한 경우에는 訴益이 인정된다. 특히 위 ①의 재발가능성은 증명책임이 행정청에게 있기 때문에 원고가 그 재발가능성을 주장하는 경우에는 '행정청이 당해 행정행위를 다시 범할 것으로 예상하는 것이 비합리적이라는 점'이 증명되지 않는 한 訴益이 인정된다.[30]

4. 評價

(1) 狹義의 訴益의 범위를 결정하는 諸要素
① 원고·피고·법원의 입장

현행 행정소송법 제12조 후문은 "처분등의 취소로 인하여 회복되는 법률상 이익이 있는 자의 경우에도 또한 같다"라고 규정함으로써, 일견 협의의 訴益은 오직 원고측의 사정만으로 결정되는 것으로 보인다. 그리하여 우리 대법원 판례는 원고적격에서와 같이 원고가 계쟁 처분의 취소를 통해 처분의 근거법령 또는 다른 관계법령상의 이익을 얻게 되는가 여부만을 문제삼고 있다고 할 수 있다. 그러나 소의 이익의 범위를 결정함에 있어서는 근본적으로, 원고의 입장만이 아니라, 응소의 부담을 지고 있는 피고 행정청의 입장과 특히 소송의 심리 및 본안판결의 부담을 지고 있는 법원의 입장이 모두 고려되지 않으면 아니 된다.

---

29) De Smith/Woolf/Jowell, Judicial Review of Administrative Action. 5.ed., 1995, para. 2-044~ 2-046 참조.
30) 조홍식, 전게논문, 464-468면 참조.

먼저 피고 행정청의 입장에서 살펴보면, 한편으로 訴益이 확대되면 행정청의 응소 부담이 증가하여 본연의 행정활동이 방해받는 측면이 있음은 분명하다. 그러나 다른 한편으로 사법관계에 비하여 행정법관계가 갖는 본질적인 특수성은 행정청은 그 상대방 사인에 대하여 자신의 결정의 적법성을 설명할 의무를 부담한다는 데 있다. 이러한 행정청의 설명의무에 기하여 訴益의 확대는 요청되는 것이다. 또한 법원의 입장에서도, 한편으로 訴益의 확대로 법원의 부담이 증가하여 소위 '司法자원의 효율적 배분'의 문제가 발생하지만, 다른 한편으로 행정소송을 통한 司法府의 역할은 개인의 권리구제 이외에도 권력분립상 행정부에 대한 체크와 견제에도 있기 때문에, 訴益의 확대는 이러한 司法府의 역할과 사명의 관점에서 요청된다.

② 취소소송의 기능 : 주관소송 vs. 객관소송

위와 같은 피고 행정청과 법원의 입장은 바로 취소소송의 기능 문제와 직결된다. 즉, 취소소송이 오직 원고의 개인적 권리구제만을 목적으로 하는 주관소송인지, 아니면 행정의 적법성 통제를 위한 객관소송으로서의 기능을 하는 것인지에 따라 訴益의 범위는 달라지게 된다. 私見에 의하면, 우리의 취소소송은 독일의 그것과는 달리—본안요건으로서 위법성만이 요구되고 위법성과 권리침해의 견련성은 문제삼지 않는다는 의미에서—객관소송적 '구조'를 갖고 있다.31) 뿐만 아니라, 그 '기능'에 있어서도 부수적으로나마 객관소송적 역할을 하고 있다는 점은 거의 대부분의 학설이 인정하는 바이다. 그렇다면 협의의 訴益을 오직 주관적 권리구제의 관점에서만 파악하는 견해(특히 序說에서 언급한 헌법재판소 결정)는 비판의 여지가 있는 것이다.

③ 취소소송의 성질 : 형성소송 vs. 확인소송

또한 취소소송을 오직 처분의 효력을 소급적으로 소멸시키는 순수한 형성소송으로 파악할 것인가, 아니면 처분의 위법성을 확인하는 확인소송으로서의 성질을 병유하는 것으로 파악할 것인가 여부가 訴益의 범위를 결정하는 중요한 요소가 된다. 즉, 순수한 형성소송이라면 처분의 효과가 기간경과, 집행 등의 사유로 소멸한 경우에는 더 이상 그 형성소송의 대상이 없어졌기 때문에 취소소송이 허용되어서는 아니 된다. 그런데 행정소송법 제12조 후문이 '처분의 취소를 통해 회

---

31) 졸저, 전게서(행정소송의 구조와 기능) 제5장, 159면 이하 참조.

복되는 법률상 이익이 있을 것'을 요건으로 효과가 소멸한 처분에 대해서도 '취
소'를 구할 수 있다고 규정하고 있으므로, 우리의 취소소송은 순수한 형성소송이
아니라—독일의 계속확인소송과 같이—확인소송으로서의 성질도 갖는다.[32] 따
라서 '회복되는 법률상 이익'이라는 문구는 '처분의 위법성을 확인함으로써 얻게
되는 법적 이익'으로 재해석될 여지가 있게 되는 것이다.

(2) 判斷基準時의 문제

상술한 취소소송의 구조·기능·성질의 문제는 행정소송(취소소송)과 민사소
송의 異同의 문제를 매개로 하여 협의의 訴益의 判斷基準時의 문제로 연결된다.
즉, 종래 민사소송과의 관계에서 취소소송의 특질을 무시함으로써, 취소소송에서
도 訴益의 판단기준시를 민사소송에서의 그것과 동일하게 判決時로 파악하고, 나
아가 취소판결에 대한 항소심도—또한 심지어 상고심도—민사소송과 동일하게
續審으로 이해하였다. 그러한 나머지, 提訴時에 訴益이 구비된 이후 아무리 장기
간 소송이 지연되었거나 제1심 취소판결에 대해 행정청이 항소·상고함으로써 소
송이 장기화되었다 하더라도, 소송 도중에 처분의 효과가 소멸되는 등 사정변경
이 생기면 最終審 判決時를 기준으로 訴益을 부정할 수 있게 된 것이다.

상술한 바와 같이 프랑스 월권소송에서는 訴益의 판단기준시는 提訴時인데,
이는 월권소송이 객관소송으로서, 민사소송에 대한 특수성이 강조되는 것에서 비
롯된다.[33] 또한 취소판결의 효력은 행정청의 上訴에 의해 자동적으로 차단되지
않고 행정청의 신청에 의한 판결의 집행정지를 통해서만 효력이 차단된다. 그리
하여 취소판결에 대한 상고심은 물론 항소심도 事後審으로서의 성질을 갖는다.
그리하여 제1심의 취소판결이 상급심에서 訴益이 사후적으로 소멸하였다는 이유
로 부적법 각하될 수 있다는 생각은 불가능하다. 영국의 사법심사청구소송도 공
법소송으로서, 커먼·로상의 민사소송과의 특수성이 인정되고 있다. 따라서 상술
한 바와 같이 訴益의 일차적 판단기준시는 소송개시허가 결정시이며, 또한 최고법
원법(Supreme Court Act) 제29조 제2항은 제1심 법원(High Court)의 취소판결·이행명

---

32) 이에 관하여 졸저, 전게서(행정소송의 구조와 기능) 제5장, 167면 이하 참조.
33) 다시 말해, 프랑스의 월권소송은—處分時의 법적 상황과 사실관계 및 처분에 제시된 처
분이유에 의거하여—행정처분에 대한 통제에 초점이 맞추어져 있다. 이에 관해 拙稿,
행정소송법 개정의 주요쟁점, 『공법연구』 제31집 제3호, 2003, 56면 이하; 본서 제4장
(114-119면) 이하 참조.

령판결·금지판결은 최종적인 것으로, 다만 상소의 대상은 된다고 규정하고 있음으로써 상급심이 續審이 아니라 事後審으로서의 성질을 가짐을 명시하고 있다.

시민의 입장에서는 처분의 위법성을 다투어 취소소송을 제기하는 시점이 결정적인 의미를 갖고, 그 이후 그 소송이 언제 완결되는가는 한편으로 법원의 사건부담과 인적·물적 설비, 소송진행의 방법 등에 의해, 다른 한편으로 피고 행정청의 응소방법, 소송지연책, 항소·상고 등에 의해 좌우된다. 이념적으로 보면, 처분이 위법하다면 바로 취소소송이 제기된 그 날 바로 취소판결이 확정되어 처분이 취소되어야 마땅하다. 법원의 사정과 피고 행정청의 행태에 의해 그 시점이 사실상 연기되는 것은 별개의 문제이다. 이러한 관점에서, 프랑스에서와 같이 訴益의 판단기준시를 提訴時로 하는 것이 취소소송의 이념에 가장 가깝고, 상술한 바와 같이 우리 판례에서와 같이 上告審 判決時로 하는 것은 취소소송의 이념에 가장 모순된 것이라는 평가가 가능하다.

(3) 小結 — 狹義의 訴益의 判斷基準

이상의 비교법적 고찰과 평가에 비추어 보면, 종래 협의의 訴益에 관한 우리 판례는 선진국의 소위 '글로벌 스탠더드'에 훨씬 미달한다는 것을 알 수 있다. 특히, 프랑스에서 提訴時가 訴益의 판단기준시이고 예외적으로 원고의 이익상황과 무관하게 행정행위가 사후 소멸된 경우에만 non-lieu가 선고된다는 점, 영국에서는 判決時의 訴益 판단이 소송개시허가시의 訴益 판단에 비하여 매우 탄력적이라는 점, 미국에서는 원칙적으로, 반대의 입증이 없는 한, 원고가 재발가능성을 주장하는 것만으로 訴益이 인정되고 訴益의 소멸을 의미하는 mootness는 예외적 상황으로서 행정청이 주장·입증해야 한다는 점이 강조될 수 있다. 취소소송이 순수한 주관소송과 형성소송으로 파악되는 독일에서도 행정행위가 提訴時에 존재한 경우에는 소송 도중에 소멸하더라도 위법성 확인의 정당한 이익의 존재를 요건으로 계속확인소송이 허용되고, 또한 그 정당한 이익으로 기본권 침해의 배제, 반복의 방지, 국가배상청구소송 또는 형사소송·과태료소송을 위한 선결문제의 확정까지 인정되고 있다.

이제 우리나라에서도 최소한 독일 계속확인소송의 허용요건으로서 위와 같은 '정당한 이익'에 의거하여 협의의 訴益이 인정되어야 할 것이다. 이는 현행법상 "법률상 이익"을 해석함에 있어 법률규정에의 사슬을 끊어버리고 '헌법과 법질서 전체에서 법적인 것으로 인정되는 이익'으로 파악함으로써 가능하다. 또한 입법론적으로, 행정소송법 개정안 제12조에서 "취소소송은 행정행위등의 취소를 구할 「법적으로 정당한 이익」이 있는 자가 제기할 수 있다. 행정행위등의 효과가 기간의 경과 그 밖의 사유로 인하여 소멸된 뒤에도 또한 같다"라고 규정함에 있어 '법적으로 정당한 이익'은 위와 같은 독일 계속확인소송에서의 '위법성 확인의 정당한 이익'과 같은 것으로 해석될 수 있을 것이다. 특히 개정안에 따르면 국가배상도 행정소송(당사자소송)으로 다루어지게 되므로, 국가배상에서의 선결문제 확정을 위한 訴益도 쉽게 인정될 수 있다. 취소소송의 소송비용(첩부인지)은 95,000원인 데 비해, 국가배상은 청구액을 기준으로 하기 때문에, 우선 취소소송을 통해 위법성 여부를 확정할 수 있도록 하는 것이 시민의 편의를 위한 것이라고 할 수 있다.

한 걸음 더 나아가, 위와 같은 독일의 계속확인소송의 요건, 프랑스에서의 訴益의 判斷基準時 및 미국의 재발가능성에 관한 증명책임의 전환을 결합하여, 提訴時에 처분이 존재하여 대상적격과 원고적격이 충족되면 그 후 처분의 효과가 소멸하거나 근거법령의 폐지 그 밖의 사정변경이 생기더라도, 독일에서의 '위법성 확인의 정당한 이익', 특히 기본권 침해의 배제와 반복금지의 이익이 존재하지 아니함이 입증되지 않는 한, 협의의 訴益을 인정하는 방안도 전향적으로 검토되어야 할 것이다. 최소한 프랑스에서 반드시 배울 것은 처분이 집행 완료된 경우에는 — 형식논리적으로 보면 그것으로 처분의 효과가 소멸된 것이라고 하더라도 — 그것만으로 협의의 訴益이 소멸하는 것은 아니라는 점이다. 이러한 관점에서 행정소송법 개정안 제12조 후문에서 "처분의 효과가 기간의 경과 그 밖의 사유로 소멸한 뒤에도"라고 규정하고 현행법에서의 "처분등의 집행"이라는 문구를 삭제한 것이다.

(4) 특히 制裁處分의 期間經過에 관하여

대법원 판례 중 이론적으로 가장 문제가 많고 사회적으로도 司法不信의 주요한 원인이 되는 것은 영업정지처분과 같은 기간부 제재처분에 있어 소송 도중에 — 심지어 상고심 계속 중에 — 그 기간의 경과로써 협의의 訴益이 소멸한다는 판례일 것이다. 위에서 제시한 새로운 판단기준에 의하면, 提訴時에 제재기간이 아직 경과하지 않았다면 국가배상의 선결문제로서, 또는 최소한 독일에서 말하는 가장 낮은 단계의 정신적 이익으로서 '직업생활 및 사회생활에 지속적인 부정적 효과를 미칠 위험의 배제'의 필요성이 인정되는 경우에는, 訴益이 인정되어야 할 것이다. 제재처분을 광의의 '행정벌'로 파악하여 이에 관해 헌법 제12조 후단의 '적법한 절차'가 요구된다고 하는 私見에 의하면, 소제기 후에 제재기간이 경과하였다고 하여 취소소송을 허용하지 않는 것은 적법절차 위반이 아닐 수 없다.[34]

종래의 판례상 판단기준인 '처분의 근거법령에 의한 법률상 이익'에 의하더라도 최소한 시행령·시행규칙상 가중요건이 규정되어 있는 경우에는 제재기간 경과 후에도 협의의 訴益이 인정되어야 한다. 상술한 1995년 전원합의체 판결에서는 대법관 7인의 다수의견과 6인의 반대의견으로 갈리었는데, 다수의견은 제재처분의 처분기준 및 가중요건을 규정한 시행규칙은 형식상 법규명령이지만 실질적으로는 행정청내의 사무처리준칙에 불과하다는 확립된 판례이론과의 정합성을 강조하고 있으나, 이러한 판례이론은 본안에서 재량권 남용을 판단함에 있어 시행규칙상의 처분기준에 구속되지 않기 위한 것으로서, 협의의 소익에 대한 판단에는 바로 적용될 수 없다는 점에서 비판의 여지가 크다. 그로부터 10년이 지난 지금 최소한 위 전원합의체 판례의 변경의 필요성이 절실하다.

(5) 憲法訴願審判과의 관계

취소소송 등 항고소송에 대한 헌법소원심판의 보충성을 대상적격을 기준으로 한 재판권의 분배 문제로 파악할 것인지, 아니면 원고적격과 협의의 소익까지 포함한 상호 보완관계로 파악할 것인지가 문제된다. 전자의 견해에 의하면, 처분성이 인정되어 취소소송의 대상이 되는 한, 구체적인 사건에서 원고적격 또는 협의의 소익이 부정되더라도 헌법소원심판은 허용되지 않는다. 반면에 후자의 견해에 따르면 취소소송에서 원고적격 또는 협의의 소익이 부정될 것이 명백한 경우에는 헌법소원심판의 보충성이 적용되지 않고 따라서 항상 — 취소소송의 보완절차로서 — 헌법소원심판이 허용된다. 序說에서 소개한 헌법재판소의 결정은 바로 후자의 견해에 입각한 것이다.

---

34) 만일 종래의 판례처럼 기간경과 후에는 訴益이 부정된다고 한다면, 기간부 제재처분에 대해서는 반드시 소제기시에, 늦어도 第一審 取消判決時에는, 집행정지결정이 내려지지 않으면 아니 된다. 집행정지결정을 하지 아니한 채 피고 행정청의 항소·상고에 의해 소송이 진행되어 제재기간이 경과되었다는 이유로 취소소송을 각하한다는 것은 적법절차에 대한 명백한 위반이기 때문이다.

私見에 의하면, 비유적으로 취소소송의 대상적격이 時針의 문제라면 원고적격은 分針의 문제이며 협의의 訴益은 秒針의 문제라고 말해지듯이, 원고적격과 특히 협의의 訴益은 개별·구체적 사건에서 민감하게 결정되는 것이므로, 이것에까지 헌법소원심판의 보충성 非適用 이론을 적용하는 것은 법적 안정성을 해치는 것이라고 할 수 있다. 이러한 관점에서 상술한 전자의 견해가 이론적으로 보다 타당한 것이라고 생각한다. 하지만 정책적 관점에서는 후자의 견해가, 헌법소원심판과의 경합관계로 인해 대법원 판례상 취소소송의 대상이 확대되고 있는 바와 같이, 대법원으로 하여금 원고적격과 협의의 소익에 관해서도 전향적인 태도를 취하도록 유도한 점에서 긍정적인 의미를 갖는다. 헌법소원심판에서 기본권 침해에 기하여 청구인적격이 인정된다면 취소소송에서도 당연히 — 기본권을 법률상 이익에 포함시킴으로써 — 원고적격이 인정될 수 있고, 헌법소원심판에서 기본권 침해의 반복금지, 헌법해명의 이익 등을 근거로 심판청구이익이 인정된다면 취소소송에서도 독일 계속확인소송에서 말하는 '위법성 확인의 정당한 이익'으로서 법상태 해명의 이익(반복금지 및 국가배상의 선결문제 확정)에 의거하여 협의의 소익이 충분히 인정될 수 있기 때문이다.

Ⅳ. 結語

본고에서 강조한 협의의 訴益의 확대는 단지 행정소송의 가능성을 확장하고자 하는 것에 불과하다. 행정기관이 행정소송에서 패소할 가능성을 높이는 것, 즉 '본안심사'의 문제는 결코 아니다. 소송요건은 확대하여 행정소송의 門은 최대한 넓게 열되, 본안심사 단계에서는 오히려 행정의 책임성과 전문성을 존중함으로써, 또한 행정 스스로 행정소송에 대비하여 행정과정을 점검함으로써 행정기관이 패소할 가능성은 낮아지게 된다. 發病의 가능성을 전제로 건강의 체크 기회를 넓혀 건강을 증진하자는 것이다. 결코 病이 빈발하여 건강을 해치도록 하자는 것이 아니다!

18. 行政審判制度의 發展方向*
— '司法節次의 準用'의 强化 —

I. 序說

(1) 무릇 인간이 만든 모든 법제도들은 그 목적(기능)과 수단(방법)에 있어 상반된 두 개의 理念軸을 가지고 있다. 그 두 개의 軸을 기준으로 법제도들을 이해하고 관리하고 구성하는 것이 인간의 지혜를 최대한 발휘할 수 있는 방법론적 요청이다. 양 軸의 장점과 단점을 파악하여 그 조화를 지향할 수 있기 때문이다. 행정법에 있어 그 목적을 '행정의 적법성 통제'와 '시민의 권리 보호'로 구분하며, 그 수단을 '자기통제'와 '타자통제'로 구분하는 것도 마찬가지이다.

행정심판에 있어서도, 방법론적인 두 개의 理念軸으로서, 행정심판의 목적 내지 기능을 '행정의 자기통제'와 '시민의 권익구제'로 대비하고, 그 수단 내지 방법을 '감독적 통제'와 '중립적 쟁송절차'로 대비할 수 있다. 종래 목적(기능)에만 초점을 맞추어, 행정심판의 '자기통제기능'과 '권리구제기능'으로 구분하였다. 필자도 이러한 구분을 전제로, 우리나라의 행정심판제도가 권리구제기능으로 편향되어 있음을 비판적으로 지적하고,[1] 자기통제기능과 권리구제기능의 조화가 필요하다는 점을 강조한 바 있다.[2] 그러나 행정소송에 있어서도 '권리구제'만이 아

[행정심판제도의 발전방향, 『행정법학』 제2호, 2012]

* 본고는 2011. 11. 4. 개최된 한국행정법학회/국민권익위원회 공동주최 학술대회의 발표문을 보완·정리한 것임을 밝힌다.

1) 졸고, 행정심판법의 구조와 기능, 『행정법연구』 제12호 (2004), 241-271면(2003. 10. 8. 日本 東京, 行政管理研究センター 발표 논문).

2) 졸고, 행정심판의 기능 — 권리구제기능과 자기통제기능의 조화, 행정법연구 제15호(2006), 1-14면(2005. 10. 27. 행정심판제도 20주년 기념 법제처/법제연구원 공동학술대회 발표논문).

니라 '행정의 적법성 통제'도 그 주요한 기능 중의 하나이므로, 행정심판에 관해 자기통제와 권익구제라는 기능적인 측면만을 대비하는 것은 적절하지 않다. 오히려 '감독적 통제'와 '중립적 쟁송절차'라는 수단적인 관점을 대비하여 행정심판제도의 조직과 구성을 디자인하고, 그 기능은 — 행정소송에서와 마찬가지로 — 구체적인 운영과 사회적 인식의 조정을 통하여 행정(자기)통제기능과 권리구제기능의 조화를 도모하여야 할 것이다.

(2) 행정심판의 수단 내지 방법은 이미 헌법적으로 명령되어 있다. 헌법 제107조 제3항 후문의 "행정심판의 절차는 법률로 정하되, 司法節次가 準用되어야 한다"가 바로 그것이다. 행정심판의 수단(방법)의 양 軸에 해당하는 감독적 통제와 중립적 쟁송절차 가운데 우리 헌법은 후자를 선택하고 있는 것이다. 이러한 헌법 규정을 감안하면, 결국 우리나라의 행정심판제도를 이해하고 디자인함에 있어서는 행정심판의 '감독적 성격'과 '준사법적 성격'을 대비하여, 후자를 지향하여야 한다는 결론에 이르게 된다.

'司法節次'의 핵심은 중립성 내지 독립성과 책임성과 절차적 신중성이다. 따라서 헌법이 명하고 있는 '사법절차의 준용'은 비단 좁은 의미의 '세부적 절차규정'만이 아니라, 행정심판의 조직과 구성과 절차 전체에 관한 것으로 이해되어야 한다. 한 마디로 말해, 행정심판이 司法에 준하는 '성격'을 갖출 것이 요구된다. 그렇다고 하여 행정심판이 권력분립의 관점에서 司法에 속한다는 의미는 아니다. 행정입법이 입법(의회)에 속하지 않는다는 것과 마찬가지이다. 오히려 현대의 '행정'은 입법적 수단에 의한 작용과 사법적 수단에 의한 작용을 아우르는 넓은 개념으로 확대되고 있고, 그리하여 행정 안에 독립성과 전문성을 갖춘 (행정)입법기구와 (행정)심판기구를 마련하여야 한다는 시대적 요청이 뒤따른다.

(3) 후술하는 바와 같이, 우리나라의 행정심판제도는 '사법절차의 준용'이라는 헌법적 요청에 따라, 감독적 통제 내지 자기통제를 위한 행정절차적 성격을 거의 대부분 탈색하고, 준사법적 성격을 갖는 쟁송절차로 나아가는, 이미 돌아갈 수 없는 다리를 건넜다고 할 수 있다. 2008년과 2010년에 걸쳐 재결청이 폐지되어 행정심판위원회가 직접 재결하게 되었고 독립행정위원회인 국민권익위원회에 중앙행정심판위원회가 설치된 것이 바로 그것이다. 원래 우리가 일본을 통해 수입한 행정심판(정확하게는 訴願) 제도는 분명히 프랑스와 독일에서 생성된 행정절차적·감독적 자기통제를 위한 것이었다. 그러나 모든 법제도는 역사와 정치와 문

화의 산물이다. 독재와 이를 극복하기 위한 민주화 과정에서 행정심판은 우리나라만의 독특한 제도로 발전하여 왔다. 우리는 이제 이를 한 단계 더 발전시켜야 할 역사적 사명 앞에 서 있다.

(4) 이상과 같은 문제의식에서, 본고에서는 먼저 우리나라 행정심판제도의 연혁과 현황을 살펴보아 현재 우리의 위치를 확인한 다음(Ⅱ.), 우리와 가장 비슷한 위치에 있는 영국의 행정심판제도를 고찰함으로써 비교법적 참고자료를 확보하여(Ⅲ.), 우리가 나아갈 방향인 '司法節次의 準用'의 강화를 위한 구체적인 방안들을 제시하고자 한다.

Ⅱ. 우리나라 行政審判制度의 沿革과 現況[3]

1. 제1기(1965년-1985년) : 暗黑期

1951년 행정소송법과 함께 제정된 訴願法은 1965년부터 비로소 시행되었는데, 1985년까지 21년에 걸쳐 국무총리소원심의회가 처리한 사건은 총 1,141건으로 연평균 50건에 불과하였으며 인용율은 12.6퍼센트에 불과하였다.[4] 소원심의회는 자문기관으로서, 위원 전원이 공무원으로 구성되어 있어 객관성이 전혀 확보되어 있지 않았고, 불이익변경도 가능하였다. 여기에 訴願前置主義가 결합되어, 訴願제도는 사실상 행정소송의 장해물로 작용하여, 1970년대 維新獨裁의 악법 중의 하나로 여겨졌다.

1980년 '서울의 봄'에 訴願제도와 訴願前置主義는 폐지될 것으로 예상되었으나, 1981년 제5공화국 헌법에서 '訴願'이 '行政審判'으로 개칭되면서 그 헌법적 근거가 마련되었다. 즉, 同 헌법 제108조 제3항(현행헌법 제107조 제3항)에서 "재판의 전심절차로서 행정심판을 할 수 있다. 행정심판의 절차는 법률로 정하되, 司法節次가 準用되어야 한다"라는 규정이 신설되었다. 이 규정은 애당초 訴願제도의 위헌성 문제를 해결하여 訴願제도를 존치시키기 위함이었지만, 1987년 민주화 이후에도 계속 살아남아 행정심판을 司法節次에 準하는 제도로 변화시키는 계기가 되

---

3) 이하의 내용은 졸고, 행정심판법의 구조와 기능, 『행정법연구』 제12호(2004. 10.), 241-271면; 한국 행정심판제도의 개관, 2010. 6. 28. 대만 타이페이 행정심판 학술대회 발표문(미공간)의 내용을 발췌·수정한 것임을 밝힌다.

4) 국무총리행정심판위원회·법제처, 『행정심판의 이론과 실제』, 2002, 27면 참조.

었고, 앞으로 우리나라에 고유한 행정심판제도를 발전시킬 수 있는 소중한 헌법
적 근거로 작용하고 있다.

2. 제2기(1985년-1995년) : 復活期

위 제5공화국 헌법 제108조 제3항에 의거하여 1984년 訴願法이 폐지되고 행
정심판법이 제정·공포되어 1985년 10월부터 시행되었다. 행정심판전치주의가 계
속 유지되었으나, 새로운 행정심판법은 종래 訴願法의 문제점으로 비판되었던 사
항들을 시정하고 위 헌법 규정에서 요구되는 '司法節次의 準用'을 실현하기 위한
제도적 장치들을 마련하였다. 즉, ① 행정심판위원회를 의결기관으로 만들어 그
의결에 裁決廳이 구속되도록 하고, ② 청구인과 피청구인(처분청) 사이에 공격·방
어가 이루어지는 對審構造를 정립하며, ③ 不利益變更을 금지하고, ④ 처분청의
거부처분과 부작위에 대하여 의무이행심판을 도입하였다. 이렇게 부활한 행정심
판의 기본적 골격은 현재까지 유지되고 있다.

3. 제3기(1995년-2008년) : 變化期

1995년 행정심판법 제1차 개정은 1994년 행정소송법의 개정에 의해 행정심판
전치주의가 폐지됨으로써 행정심판이 원칙적으로 任意節次로 된 것에 대응하여
행정심판을 강화하는 것이 주요 목적이었다. 즉, ① 중앙행정기관(행정각부의 장관)
에 소속된 행정심판위원회들을 모두 폐지하고 이들을 — 법제처가 주관하는 — 국
무총리행정심판위원회로 통합하고, ② 행정심판위원회의 위원 중 민간인 위원이
과반수가 되도록 하였으며, ③ 의무이행재결의 불이행에 대하여 재결청의 직접처
분 제도를 도입하였다. 이 제1차 개정으로 인한 중요한 변화는 위 ①을 통해 행정
부 내에 '국무총리행정심판위원회'라는 독립적인 심판기관이 탄생한 것이다. 이
로써 제2기 때부터 존재하던 국회·법원·헌법재판소·감사원 등 국가기관의 개별
행정심판위원회와 각 광역지방자치단체의 시·도행정심판위원회와 함께 행정심
판위원회의 三元化가 이루어졌다.

1997년 제2차 개정의 주요 내용은 ① 국무총리행정심판위원회에게 처분의
근거가 된 법규명령 등에 대한 시정요청권한을 부여하고, ② 국무총리행정심판위
원회가 심판하는 사건에 관해서는 재결청의 의견제출권을 명시하였다. 이러한 재
결청의 의견제출권은 '자기통제적' 기능에서 '준사법적' 기능으로의 행정심판의

변화를 단적으로 드러낸 것인데, 재결청인 장관이 마치 당사자와 같은 입장에서 의견을 제출하는 것이기 때문이다.

1998년 제3차 개정에서는 ① 지방경찰청·지방조달청·지방병무청 등 국가특별지방행정기관에 대한 재결청을 행정조직상의 단계와 관계없이 원칙적으로 모두 소관 중앙행정기관의 장으로 일원화함으로써 위 기관들에 대한 행정심판사건을 모두 국무총리행정심판위원회의 관할에 속하도록 하고, ② 국무총리행정심판위원회의 위원 정원을 50인 이내로 증원하였다. 위 ①은 행정심판기관의 단순화를 통해 시민의 불편을 해소한다는 것이 개정취지이었지만, 실제로는 1998년 3월부터 개정행정소송법의 시행으로 행정심판이 원칙적으로 임의절차로 됨으로써 국무총리행정심판위원회의 사건이 격감할 것에 대비한 조치라고 할 수 있다. 특히 1999년 도로교통법 개정에 의해 운전면허 취소·정지 등 동법에 의한 처분에 관하여 행정심판전치주의가 도입됨으로써, 전국의 운전면허 관련사건들이 모두 국무총리행정심판위원회의 관할이 되어5) 현재 중앙행정심판위원회의 처리 사건의 상당 부분을 차지하고 있다.

4. 제4기(2008-현재) : 轉換期

2008년의 제4차 개정을 통하여 ① 종전의 국가청렴위원회(부패방지위원회)와 국민고충처리위원회를 통합하여 설치된 국민권익위원회에 국무총리행정심판위원회의 기능이 이관되었고, ② 그동안 裁決廳(처분청 또는 처분청의 직근 상급행정기관)이 행정심판위원회의 의결에 따라 재결하던 것을 폐지하고 모든 행정심판위원회가 직접 재결까지 하는 것으로 변경되었다. 이로써 행정심판제도는 2단계로 근본적 전환이 이루어졌다. 즉, 첫 단계로, 종전에는 중앙행정에 대한 행정심판이 법제처 주관의 국무총리행정심판위원회가 담당하였기 때문에 '행정의 자기통제'라는 외형은 유지될 수 있었으나, 이제 국무총리행정심판위원회가 독립행정위원회로서 기능상 독립된 국민권익위원회에 소속됨으로써 행정심판이 본격적으로 '他者統制'에 의한 '쟁송절차'로 변화하기 시작한 것이다. 이에 더하여 두 번째 단계로, 재결청 제도가 폐지됨으로 말미암아 중앙행정기관(각부장관)은 그 쟁송절차의

---

5) 전국의 지방경찰청은 국가특별지방행정기관으로서 그 처분에 대한 재결청이 소관중앙행정기관, 즉 행정안전부장관이 되므로, 그에 대한 행정심판사건은 모두 국무총리행정심판위원회의 관할이 된다.

당사자의 지위로 변경되었다.6)

2010년 1월의 제5차 전면개정은 국민권익위원회로 이관된 행정심판의 위상과 기능을 강화하는 데 초점이 맞추어진 것이다. 즉, ① 국무총리행정심판위원회의 명칭을 '중앙행정심판위원회'로 변경하고, ② 중앙행정심판위원회의 시·도행정심판위원회에 대한 조사·지도 권한을 명시하였으며, ③ 중앙행정심판위원회의 상임위원을 4인 이내로 증원하고, 소위원회(4인)와 전문위원회 제도를 도입하였다. 그 밖에 일반적인 행정심판의 기능을 강화하는 것도 있는데, ④ 임시의 지위를 정하는 臨時處分 제도를 도입하고, ⑤ 온라인을 통하여 행정심판청구서 및 관계서류를 제출할 수 있도록 한 점이 그것이다.

5. 소결

이상에서 개관한 바와 같이, 우리나라 행정심판제도는 1985년 탄생(부활) 이후 총 7단계로 그 준사법적 내지 쟁송절차적 성격이 강화되어 왔다. 즉, 그 첫 단계는 대심절차의 도입 및 불이익변경의 금지(1985년)이고, 두 번째 단계는 행정심판위원회의 의결의 재결청에 대한 구속력(1985년)이며, 세 번째 단계는 행정심판전치주의 폐지에 의한 행정소송과의 병립관계(1994년)이고. 네 번째 단계는 행정심판위원 중 민간인 위원의 과반수(1995년)(현재는 3분의 2 이상)이며, 다섯 번째 단계는 국무총리행정심판위원회라는 통합 행정심판기관의 출현(1995년)이고, 여섯 번째 단계는 독립행정위원회인 국민권익위원회 소속의 중앙행정심판위원회의 탄생(2008년 및 2010년)이며, 마지막 일곱 번째의 결정적인 단계는 재결청의 폐지 및 행정심판위원회에 의한 재결(2008년)이다.

다섯 번째 단계까지는, 序說에서 밝힌 바와 같이, 필자도 행정심판이 행정절차적·자기통제적 성격을 상실해 가는 점을 비판하고 자기통제기능과 권리구제기능의 조화를 강조하였었다.7) 그러나 여섯 번째와 일곱 번째의 변화를 계기로 우리나라의 행정심판은 더 이상 되돌아갈 수 없이 본격적인 준사법적·준재판적·쟁

---

6) 각부장관이 처분청인 경우는 물론이고 처분청의 直近 상급행정기관인 경우에도 감독관청의 입장에서 당사자에 준하는 이해관계를 갖는다. 반면에, 국회·법원·헌법재판소·감사원 등 국가기관에 설치되는 개별 행정심판위원회와 광역지방자치단체의 시·도행정심판위원회에서는 여전히 당해 행정기관의 장이 행정심판위원회의 위원장이 되기 때문에, 완전히 당사자로서의 지위로 변경된 것은 아니라고 할 수 있다.

7) 각주 1, 2 참조.

송절차적 제도로 변화하였고, 이러한 변화가 거스를 수 없는 역사적 발전의 하나임이 분명한 이상, 이제는 그 변화의 방향을 정확하게 파악하여 그 준사법적 성격을 확고하게 하는 것이 '사법절차의 준용'이라는 헌법적 명령을 실천하는 길이라고 할 것이다. 물론 동시에 행정의 자기통제를 위한 대안도 마련하여야 한다.

Ⅲ. 比較法的 考察 : 영국의 行政審判制度

1. 개설

프랑스에서는 '행정심판'(le recours administratif)은 임의절차로서, 처분청 또는 감독청 내부에서 이루어지는 것으로서, 쟁송절차적 성격이 희박하다. 독일의 '행정심판'(Widerspruchsverfahren)은 필수적 전치절차인데, 역시 감독적 통제의 일환으로 행정절차의 연장으로 이루어지는 것이다. 미국에서도 행정불복절차가 대부분 행정절차의 '결정절차'(adjudication) 속에 편입되어 있다. 이와 같이 프랑스·독일·미국의 제도는 현재 우리나라의 행정심판과 상당한 거리가 있다. 반면에, 영국의 '행정심판'(administrative appeal; administrative justice)과 '행정심판소'(tribunal) 제도는 司法的·쟁송절차적 성격이 강하기 때문에, 우리에게 풍부한 비교법적 자료를 제공해 줄 수 있다. 특히 2007년 행정심판제도의 개혁이 그러하다.[8]

2. 영국 행정심판제도의 개관

(1) 영국의 행정심판제도는 역사적으로 통상법원(court of common law)의 보편적 관할의 예외로서 생성되었다. 1660년 관세·소비세위원회(Commissioner of Customs and Excise)가 설치되었고, 1799년 설치된 소득세위원회(General Commissioners of Income Tax)는 아직 현존하고 있으나, 행정심판제도가 정착된 것은 20세기 이후이다. 특히 20세기 전반 도시빈곤문제를 해결하기 위한 사회보장입법(연금, 사회부조, 실업보험 등)에서 행정심판절차(appeal)를 규정하였다. 1908년의 「노인연금법」(Old Age Pensions Act)과 1911년의 「국민보험법」(National Insurance Act)이 대

---

8) 이하의 설명에 관해서는 Wade/Forsyth, Administrative Law. 10.ed., London 2009, pp.770-800; 안동인, 영국의 행정심판제도 개혁에 관한 소고, 『공법연구』 제38집 제1호 제2권 (2009), 237-263면; 졸저, 『행정소송의 구조와 기능』, 박영사, 2006, 666면 이하 (영국의 행정소송) 참조.

표적인 예이다.

제2차 세계대전 이후, 「행정심판과 행정조사 위원회」(Committee on Administrative Tribunals and Enquiries)(일명 Franks Committee)의 보고서에 의거하여 행정개혁의 일환으로 1958년 제정된 「행정심판소 및 행정조사에 관한 법률」(Tribunals and Inquiries Act)에 의하여, 그동안 개별법률에서 규율되던 행정심판소에 관한 일반적 규정들이 마련되었다. 위 위원회의 보고서(Franks Report)는 행정심판의 기능을 "보다 신속한, 보다 저렴한 그리고 보다 접근가능한 재판"(speedier, cheaper and more accessible justice)으로 파악하면서도, 그 司法的 성격을 강조하여, 행정심판의 공개성(openness), 공정성(fairness)과 중립성(impartiality)을 표어로 제시하였다.

(2) 행정심판소의 조직과 구성은 개별 행정영역마다 통일되지 못하였지만, 대부분의 행정심판소(tribunal)는 1개의 심판부(3인)로 운영되는데, 그 심판부의 장(chairman)은 법률가 자격자 중에서 법무대신(Lord Chancellor)에 의해 임명된 당해 행정심판소의 장(chairman)이 되고, 2인의 '심판위원'(member)은 법무대신 또는 각 부장관이 승인한 위원들 중 해당 분야의 상반된 이해관계를 대변하는 전문가(비법률가)들을 행정심판소장이 사건 심리에 배정하였다. 여러 개의 심판부를 가진 행정심판소의 경우에는 행정심판소장(president)이 법무대신에 의해 승인된 심판부장(법률가)(chairman) 명단 중에서 심판부장을 선임하면 그 심판부장이 2인의 심판위원을 사건 심리에 배정하였다. 이는 우리나라에서 행정심판위원회가 상임위원과 비상임위원으로 구성되는데, 비상임위원은 각 심리기일마다 미리 선임된 위원 명단 중에서 위원을 배정하는 것과 유사한 구조이었다.

1992년 당시 영국(스코틀랜드와 웨일즈 포함)에는 50여 분야의 2,000개 이상의 개별 행정심판소들이 있었는데, 각각의 관할 행정영역에 설치되는 것으로서, 통일적인 조직은 없었다. 중앙에 설치된 「행정심판위원회」(Council on Tribunal)는 순수한 정책자문기관에 불과하였다.

(3) 행정심판은 개별법률에 의하여 각 행정영역마다 해당 행정심판소가 설치된 경우에 이루어지는데, 반드시 행정심판부터 제기하여야 한다. 행정심판은 覆審으로서, 법적 문제뿐만 아니라 사실 문제에 관해서도, 그리고 위법성뿐만 아니라 부당성에 관해서도, 말하자면 '타당성 여부'(on the merits)가 심사된다. 행정심판소의 재결에 불복이 있으면, 행정소송에 해당하는 사법심사청구소송(claim for judicial review; CJR)이 아니라, 고등법원(High Court) 또는 항소법원(Court of Appeal)

에 소정의 기간 내에 '행정심판불복소송'(appeal)을 제기하여야 한다. 행정심판불복소송은 事後審·法律審으로서 심판재결의 법적 문제만을 심사하고 심판재결이 '법적 오류'(error of law)를 범한 경우에는 이를 취소하고 법원의 견해에 따라 다시 재결할 것을 명하면서 행정심판소로 환송한다.

이상의 절차를 우리의 용어로 설명하면, 개별법에 의거하여 행정심판전치가 되고,[9] 원처분이 아니라 행정심판재결이 행정소송의 대상이 되는 것으로 이해할 수 있다. 여하튼 영국에서는 행정심판이 행정절차가 아니라 사법절차의 일종으로 파악되기 때문에, 개별법상 행정심판이 규정되어 있는 경우에는 반드시 행정심판을 거쳐야 하고, 그 재결에 대한 불복은 (행정청의 행위에 대한 사법심사로서의) 행정소송이 아니라, 일반적으로 제1심 재판에 대한 '항소'를 의미하는 'appeal'(행정심판불복소송)로써 이루어지는 것이다.

3. 2007년 행정심판제도의 개혁[10]

영국 행정심판제도의 가장 큰 문제점은 개별법에 의해 수많은 행정영역마다 지역별로 무수한 소규모의 개별 행정심판소들이 난립되어 있고, 행정심판소에 따라 그 구성과 절차가 통일되어 있지 않으며, 심판부의 독립성이 완전히 보장되어 있지 않다는 점이었다. 바로 이러한 문제점들을 해결하기 위한 것이 2007년의 개혁이었다. 이는 2005년 「국가체제 개혁법」(Constitutional Reform Act)에 따른 개혁조치의 일환으로서, Leggatt 보고서에 따라 2007년 제정된 「행정심판소·법원·집행에 관한 법률」(Tribunals, Courts and Enforcement Act)에 의해 이루어졌다.

개혁의 핵심은 전국의 무수한 개별 행정심판소들을 하나의 체계로 통합하여 '제1심행정심판소'(First-tier Tribunal)와 '상급행정심판소'(Upper Tribunal)를 설치함으로써, 행정심판의 조직·구성과 절차를 통일한 것이다. 유의할 것은 종래의 개별 행정심판소들을 모두 폐지하고 중앙에 단 하나의 제1심 행정심판소와 상급행

---

9) 개별법에서 행정심판을 규정한 경우에만 행정심판전치가 되기 때문에 '행정심판전치주의'라고 할 수 없고, 행정심판이 규정되어 있지 않은 경우에는 (행정심판이 불가능하므로) 행정심판을 거치지 않고 바로 행정소송(사법심사청구소송 CJR)을 제기할 수 있다는 점에서, 오히려 영국의 행정심판은 원칙적 임의절차인데, 상당히 많은 개별행정결정에 대하여 개별법상 행정심판이 규정되어 있기 때문에, 사실상 — 개별행정결정에 대한 — 행정심판전치주의가 지배하고 있다고 말할 수 있다.

10) 이에 대해서는 Wade/Forsyth, op.cit., pp.776-783 참조.

정심판소를 설치한 것은 아니라는 점이다. 부분적인 통·폐합을 거쳐 종전의 개별 행정심판소들의 상당 부분을 존속시키되, 그 이름을 '심판부'(chamber)로 변경하고, 그 소속을 대부분 단일한 (중앙)행정심판소 체계로 통합한 것이다.[11] 그리고 행정심판에 심급제도를 도입하여, 명문의 규정이 없더라도, 소위 '내부적 재심사'(internal review)로서, 제1심 행정심판의 재결에 대하여 모든 법적 문제에 관해, 제1심행정재판소 또는 상급행정심판소의 허가를 얻어, 상급행정심판소에 항고(appeal)할 수 있게 되었다. 특기할 것은 행정심판의 심리 이전에 중재를 먼저 거칠 수 있게 되었다는 점이다.

또한 심판관의 독립성을 확보하기 위하여, 제1심행정심판소의 심판관(member) 전원을 법무대신(Lord Chancellor)이 임명하고, 상급행정심판소의 심판관 전원을 법무대신의 추천으로 국왕이 임명한다. 또한 제1심행정심판소와 상급행정심판소를 동시에 통할하는 '중앙행정심판소장'(Senior President of Tribunals)을 법무대신의 추천으로 국왕이 임명하는데, 중앙행정심판소장은 심판관들을 각 심판부에 배정하고 심판부장(chamber president)들을 임명하며 실무지침을 제정하는 권한을 갖는다. 현재 초대 중앙행정심판소장은 고등법원·항소법원 법관을 역임한 *Lord Justice Robert Carnwath*이다. 그리고 종전에 자문기관이었던 「행정심판위원회」(Council on Tribunal)를 폐지하고, 그 대신에 의결기관으로서, 행정심판제도를 관리·감독하는 「행정심판관리위원회」(Administrative Justice and Tribunals Council)를 설치하였는데, 이는 법무대신과 스코틀랜드·웨일즈 내각이 임명하는 11인 내지 16명의 위원으로 구성된다.

---

11) 제1심행정심판소에는 6개의 심판부가 있는데, 일반규제심판부(The General Regulatory Chamber), 건강·교육·사회부조심판부(Health, Education and Social Care Chamber), 이민·망명심판부(Immigration and Asylum Chamber), 사회보장심판부(Social Entitlement Chamber), 조세심판부(Tax Chamber), 전쟁연금·군대보상심판부(War Pensions and Armed Forces Compensation Chamber)가 그것이다. 첫 번째의 일반규제심판부는 사회단체, 소비자, 환경, 토지, 도박, 정보공개, 교통 등 주요한 행정영역들을 포괄한다.
상급행정심판소에는 항고심판부(Administrative Appeals Chamber), 이민·망명심판부(Immigration and Asylum Chamber), 토지심판부(Lands Chamber), 조세·공문서심판부(Tax and Chancery Chamber) 등 4개의 심판부가 있다. 이 중 항고심판부를 제외한 나머지 심판부는 당해 사건을 제1심으로 심판한다.
아직 제1심행정심판소 또는 상급행정심판소로 통합되지 아니하고 개별 행정심판소로 남아 있는 것은 국왕토지등록심판(Adjudicator to HM Land Registry), 농지(Agricultural Lands), 고용(Employment) 등이다. 이상에 관하여 http://www.justice.gov.uk/about/hmcts/tribunals.htm 참조.

4. 소결

이상과 같은 영국의 행정심판제도가 우리에게 주는 가장 큰 시사점은 행정소송의 전심절차로서의 행정심판이 반드시 프랑스와 독일과 같이 행정절차적·감독적 성격만을 가져야 하는 것은 아니라, 상당한 정도로 사법절차에 접근하는 司法的 성격을 가질 수 있다는 점이다. 그 정치적·문화적 배경으로 영국에서는 전통적으로 司法제도에 대한 신뢰가 컸다는 점을 들 수 있을 것이다. 여기에서 우리나라와의 유사점을 찾을 수 있다. 물론 우리나라에서 아직 사법부에 대한 불신이 잔존하고 있지만, '제도'적인 관점에서는 상명하복의 행정제도에 비하여 독립성과 절차적 신중성을 갖춘 司法제도가 비교적 더 큰 신뢰를 얻고 있음은 분명하다. 이러한 이유에서 우리나라의 행정심판제도가 지금까지 준사법적 성격을 강화하는 것으로 발전되어 온 것이라고 추측할 수 있다. 여기에 '사법절차의 준용'이라는 헌법적 요청을 보태어 보면, 앞으로 우리나라 행정심판제도의 바람직한 발전방향은 그 준사법적 성격을 한층 더 강화하는 데 있다는 결론에 이르게 된다.

그러나 그렇다고 하여, 우리의 행정 영역 전체에 있어 준사법적 성격이 강화되어야 한다는 것은 결코 아니며, 또한 행정심판제도를 사법부의 권한으로 귀속시키자는 것도 결코 아니다. 오히려 헌법상 행정부에게 주어진 행정심판을 명실상부한 행정의 권한과 임무로 승인받기 위해서는 사법절차에 준하는 성격을 강화하여야 한다는 '방법론'으로서의 의미를 갖는 것이다. 이하에서는 현행 행정심판제도에 있어 헌법적 요청인 '사법절차의 준용'을 강화하는 구체적인 방안들을 제시하고자 한다.

Ⅳ. '司法節次의 準用'의 强化方案

1. 행정심판위원회의 구성 : 審判部 제도의 도입

(1) 현황과 문제점

현행 행정심판법에 의하면, 중앙행정심판위원회는 위원장 1명을 포함한 50명 이내의 위원으로 구성하되, 위원 중 상임위원은 4명 이내로 하고, 위원장은 국민권익위원회의 부위원장이 된다(제8조 제1항 및 제2항). 국회·대법원·헌법재판소·감사원 등의 행정심판위원회와 시·도행정심판위원회는 위원장 1명을 포함한 30명

이내의 위원으로 구성하는데, 위원장은 그 행정심판위원회가 소속된 행정청이 된다(제7조 제1항 및 제2항).

문제는 모든 행정심판위원회의 회의는 위원장(중앙행정심판위원회의 경우에는 상임위원을 포함)을 포함하여 9인의 위원으로 이루어지는데, 위원장 등을 제외한 다른 위원들은 명단(panel; pool)으로만 위촉되고 실제 사건의 심리에는 위원장에 의해 지정되어야 비로소 참여가 가능하다는 점이다. 그리하여 자의에 의한 위원 지정의 위험이, 또는 최소한 그러한 의혹이 상존한다.

더 심각한 문제는 위원의 지정이 각 심리기일마다 이루어지기 때문에, 사건이 속행되면 속행기일에 동일한 위원들이 다시 그 사건을 심리하게 될 가능성이 불명확하다. 실제로 중앙행정심판위원회에서는 비상임위원이 평균 6주마다 지정되기 때문에 속행기일에 당해 사건을 심리할 가능성은 희박하다. 이 때문에 속행을 통하여 당해 사건에 관한 위원의 견해를 무력화시키거나 위원들의 책임의식을 약화시킬 위험성을 배제할 수 없다.

또한 행정심판법 시행령 제29조 제2호는 심리 중에 있는 사건의 의결에 참여할 위원의 명단을 비공개사항으로 규정하고 있다. 이는 청탁·외압 등의 부작용을 방지하기 위한 목적으로 1985년부터 존치되어 온 규정인데, 위원들에 대한 불신, 이로 인한 위원들의 권위 추락, 위원들의 취약한 책임의식 등이 문제점으로 지적될 수 있다.

뿐만 아니라, 행정심판위원회의 회의에 9인의 위원이 지정되는 것도 문제점으로 지적될 수 있다. 물론 심리의 투명성을 확보할 수 있고 위원장과 상임위원을 견제할 수 있다는 장점도 있지만, 실제에서는 위원장과 상임위원 이외에 주심위원만이 기록을 검토하여 책임 있는 의견을 제시할 뿐인 경우가 적지 않기 때문에, 인력낭비라는 문제점과 아울러, 다른 위원들이 전문성과 책임성이 부족한 의견을 제시함으로써 정확한 심리가 방해될 우려마저 없지 않다.

(2) 개선방안

행정심판에 있어 '사법절차의 준용'은 심판기관의 구성에서 가장 중요한 의미를 갖는다. 다시 말해, 행정심판위원회를 법원·법관에 준하여 구성하는 것이 행정심판에 있어―사법절차의 핵심에 해당하는―독립성과 책임성과 절차적 신중성을 확보하는 첩경이라고 할 수 있다. 이러한 관점에서 개선방안을 제시하면 다음과 같다.

즉, 현행과 같은 위원 지정제도를 폐지하고 審判部 제도를 도입하는 것이 요청된다. 중앙행정심판위원회와 시·도행정심판위원회에 여러 개의 심판부를 두어 위원들을 각 심판부에 배정하는 것이다. 근본적으로 행정심판법을 개정하여야 할 것이지만, 현행법 하에서도 각 회의마다 심판부 단위로 위원들을 지정하면 될 것이다. 심판부의 구성은 원칙적으로 5인으로 하되, 위원장 또는 상임위원이 심판부장이 되고, 나머지 4인을 (비상임)위원으로 하는 방안을 생각해 볼 수 있다. 중요사건은 2개의 심판부를 합하여 9인의 대심판부가 심리하도록 할 수 있을 것이다.

이와 같이 심판부 제도가 도입되면, 위에서 지적한 자의적 위원 지정의 위험성, 속행기일의 문제, 심리에 참가하는 위원 명단의 비공개 문제 등이 자동적으로 해결된다. 모든 위원들이 임기 동안 일정한 심판부에 소속되기 때문에, 법관과 동일하게, 책임성과 공개성이 확보된다. 사건 심리에 관해서는, 위원장이 각 심판부에게 사건을 배당하고, 심판부는 평균 3주마다 기일을 지정하여 사건을 심리하게 되면 책임 있는 사건처리가 가능하게 될 것이다.

2. 행정심판의 심급화

(1) 현황과 문제점

현행 행정심판법에 의하면, 행정심판의 재결에 대해서는, 인용재결이든 기각재결이든 간에, 다시 행정심판을 통해 불복할 수 없다(제51조). 기각재결에 대해서는 청구인이 원칙적으로 원처분에 대한 취소소송을 제기하거나, 예외적으로 재결에 고유한 하자가 있는 경우에는 재결에 대한 취소소송을 제기할 수 있기 때문에, 심각한 문제는 발생하지 않는다. 그러나 인용재결에 대해서는―통설에 의하면―피청구인(처분청)은 취소소송을 제기할 수 없고, 예외적으로 인용재결이 지방자치단체의 고유사무에 관한 자치권을 침해한 경우에는 헌법재판소에 권한쟁의심판을 청구할 수 있을 뿐이다.

특히 중앙행정심판위원회가 독립행정위원회인 국민권익위원회 소속이 되었고 재결청 제도까지 폐지됨으로써, 처분청과 감독청이 명실상부한 당사자의 지위로 전환되었기 때문에, 행정심판의 인용재결에 대한 불복의 기회가 거의 대부분 봉쇄되어 있다는 점은 행정심판에 대한 '사법절차의 준용'이라는 헌법적 요청에 위반되는 것이라는 의문이 강하게 제기된다.

(2) 개선방안

불복가능성은 사법절차의 필수적 요소의 하나이다. 최소한 인용재결에 대해서는, 2007년 영국의 개혁을 모범삼아, 중앙행정심판위원회에 '항고심판부'를 설치하여 피청구인(처분청)으로 하여금 불복할 수 있는 기회를 부여할 것이 요청된다. 중앙행정심판위원회에 의한 인용재결만이 아니라, 시·도행정심판위원회에 의한 인용재결도 마찬가지인데, 행정심판에 관한 법해석의 통일성을 기할 수 있기 때문이다. 중앙행정심판위원회의 항고심판부는 위원장과 — 인용재결에 참가하지 아니한 — 상임위원과 비상임위원을 포함하여 9인의 위원으로 구성하는 것이 바람직할 것이다.

3. 일반행정심판과 특별행정심판의 통합

(1) 현황과 문제점

2009년 현재 특별행정심판은 약 50여개의 법률에 규정되어 있는데,[12] 이를 유형별로 살펴보면 다음과 같다. 즉, ① 해당 불복절차를 '행정심판'으로 규정한 경우(46개), ② 해당 불복절차를 거친 경우에는 일반행정심판을 청구할 수 없도록 규정한 경우(4개), ③ 명문의 규정은 없으나 일반행정심판을 갈음하는 것으로 해석되는 경우(3개)로 나눌 수 있다. 위 ①의 대표적인 例는 조세심판청구, 공무원징계에 대한 소청, 토지수용에 대한 이의신청, 노동사건에 관한 재심사청구, 건강보험에 관한 이의신청, 산재보험에 관한 재심사청구, 공정거래사건에 관한 이의신청 등이다. 이 중 조세심판청구와 공무원징계소청은 필수절차(전치요건)이다. ②에 속하는 것은 공무원연금·군인연금에 관한 심사청구, 출입국사건에 관한 이의신청, 해양사고에 관한 심판청구인데, 最後者가 필수절차이다. ③에 속하는 것은 농산물품질관리법상의 불복절차, 종자산업법상의 불복절차, 특허법상의 불복절차인데, 最前者가 필수절차이다.

이와 같이 수많은 특별행정심판들이 분화되어 있는 데 대하여, 행정심판절차의 불일치, 상당수의 특별행정심판위원회들의 취약한 독립성과 중립성, 해당 행정영역의 이익단체들에 의한 포획 등의 문제점들이 지적될 수 있다.

---

12) 통계와 이하에서 설명하는 유형에 관해서는 신봉기/김광수/길준규, 『특별행정심판제도에 관한 연구』, 경북대학교 산학협력단, 2009(특히 371면 이하) 참조.

(2) 개선방안

사법절차의 핵심 중의 하나는 '관할의 보편성 내지 일반성'이므로, '사법절차의 준용'이라는 헌법적 요청에 의거하여 대부분의 특별행정심판들을 하나의 행정심판체계로 통합하는 것이 요청된다. 상술한 바와 같이, 영국에서는 2007년 개혁을 통하여, 노동을 제외하고, 조세와 모든 사회보장분야와 모든 규제영역들을 통합하여 제1심행정심판소와 상급행정심판소로 통합하되, 전문성을 살리기 위하여 여러 개의 심판부(chamber)에 배정하였다. 우리나라에서도 조세심판원, 소청심사위원회, 중앙토지수용위원회 등을 중앙행정심판위원회와 통합하여 가칭 '행정심판원'을 설치하되, 현재의 인력과 건물과 조직들을 활용하여, 조세심판부, 공무원징계심판부, 토지수용심판부 등 전문심판부로 재편함으로써, 행정심판의 통일성과 전문성을 조화시키는 방안이 강구되어야 할 것이다.

4. 중앙행정심판위원회와 시·도행정심판위원회의 통합

현행 시·도행정심판위원회에 대해서는, 행정심판의 전국적 통일성이 결여될 뿐만 아니라, 시·도지사가 위원장이 됨으로써 — 중앙행정심판위원회에 비하여 — 행정심판위원회의 독립성이 취약하다는 점에서, 헌법상 요청인 '사법절차의 준용'에 반하는 부분이 크다고 할 것이다. 모든 나라에서 司法작용은 지방자치와 직접 관련이 없다. 더욱이 상급지방자치단체가 기초지방자치단체에 대하여, 감독적 통제는 별론으로, 준사법적 권한을 반드시 행사하여야 하는 것도 아니다. 이러한 관점에서, 시·도행정심판위원회들을 폐지하여 위에서 언급한 가칭 '행정심판원'으로 통합하되, 기존의 시·도행정심판위원회 소재지에 행정심판원의 '지방심판부'를 설치하여 그 지방의 전문가들을 위원으로 임명하는 방안을 강구할 것이 요청된다.

5. 행정심판과 고충민원의 통합

(1) 고충민원제도

고충민원제도는 1994년 국민고충처리위원회 설치와 함께 도입된 것인데, 고충민원의 대상은 사실행위를 포함한 넓은 의미의 '처분'과 부작위, 민원사무의 처리기준 및 절차, 행정제도·법령·시책 등 행정작용 전체를 포괄하고, 신청인적격도 경제적·정신적 이해관계만으로 인정되는 등 그 관문이 매우 넓다. 심사기준도 위법성과 부당성만이 아니라 '신청인의 주장이 상당한 이유가 있는 경우'까지 포함한다. 위법성과 부당성에 대해서는 시정권고를, 신청인의 주장이 상당한 이유가 있는 경우에는 의견표명을 할 수 있으며, 그 밖에 관련 법령이나 제도·정책에 대하여 제도개선의 권고 또는 의견표명도 할 수 있다.[13] 그 결정에 법적 구속력은 인정되지 않지만, 사실상 행정청의 수용률이 평균 95퍼센트 이상이다. 2008년 국민고충처리위원회가 국민권익위원회로 통합되어 현재까지 연평균 20,000건 이상의 사건이 접수·처리되고 있다.

(2) 고충민원의 법적 성질 : 광의의 행정심판

고충민원은 일반적으로 Ombudsman제도의 일종으로 이해되고 있으나, 유럽에서 발전된 전형적인, 의회에 의한 Ombudsman제도가 아닐 뿐만 아니라, 원래 Ombudsman제도 자체가 행정에 대한 불복을 위한 수단으로 발전된 것이기 때문에, 이를 우리 헌법 제107조 제3항에서 말하는 '재판의 전심절차'로서의—광의의— 행정심판에 해당하는 것으로 파악할 수 있다. 또한 여기에서 말하는 '재판'도 넓은 의미로 파악하면, 법원에 의한 행정소송만이 아니라 헌법재판소에 의한 헌법소원심판도 포함시킬 수 있는데, 헌법소원심판이 최협의의 처분에 해당하지 않는 행정입법과 사실행위도 대상으로 삼고 있기 때문에, 고충민원도 '헌법소원심판의 전심절차'로서, 헌법상 '행정심판'에 속하는 것으로 이해할 수 있다. '전심절차'라는 것이 재판의 필요적 전치절차에만 한정되는 것으로 볼 필요는 없다. 특히 1998년부터 이미 행정소송에 있어 행정심판전치주의가 폐지되었기 때문이다. 다시 말해, 행정심판전치주의가 적용되지 않는 행정심판도 재판의 '전심절차'로서, 헌법상 '행정심판'에 해당하기 때문이다. 또한 헌법 제107조의 규정이 제5장(법원)에 포함되어 있다는 점도 위와 같은 해석에 장애가 되지 않는다. 무릇 헌법해석은 최소한 문구적 해석의 차원을 넘어서기 때문에, 법원의 재판에 관한 헌법규정이 유추 또는 헌법원리로써 헌법재판소에 의한 재판에 대해서도 적용될 수 있기 때문이다.

---

13)「부패방지 및 국민권익위원회의 설치와 운영에 관한 법률」제46조, 제47조 참조.

(3) 문제점

고충민원과 행정심판은 그 대상이 '처분'이고 심사기준이 위법성인 경우에는 상호 중복된다. 고충민원도 근본적으로 정치적·정책적 판단이 아니라 법적 판단에 의해 이루어지고, 그 인용결정과 기각결정에는 — 판결문과 재결서와 동일한 — 법적인 이유가 제시된다. 고충민원의 인용결정이 권고적 효력밖에 없다는 것은 한편으로 단점이지만, 정책적으로 민감한 사안에서 법적 관점에서는 위법성이 있다는 점을 분명히 하면서 그 결정책임을 처분청에 맡길 수 있기 때문에, 오히려 적극적인 법적 판단이 가능하다. 반면에, 행정심판에서는 재결이 기속력을 가질 뿐만 아니라, 인용재결에 대하여 처분청의 불복이 원칙적으로 불가능하기 때문에, 정책적으로 민감한 사안에 관해서는 법적인 판단을 보류하고 사건을 법원으로 넘기려는 경향이 있음은 오래전부터 지적되어 온 현실이다.

행정심판에서는 종래 그 대상과 청구인적격이 행정소송에 관한 대법원판례에 따라 협소하게 인정되어 왔기 때문에, 행정심판과 별도로 고충민원을 인정할 실익은 충분히 있다. 그렇다고 하여 반드시 그 심리기관과 심리절차를 분리할 필요는 없고, 오히려 이는 법적 판단의 모순과 행정력의 낭비를 초래할 우려가 있다. 특히 2008년 개혁으로 고충민원과 행정심판이 동일한 국민권익위원회의 소관으로 통합되었기 때문에 더욱 그러하다. 현행법에 의하면, 고충민원은 원칙적으로 국민권익위원 3인으로 구성되는 소위원회에서 심리되고 있는 반면, 행정심판은 국민권익위원회에 설치된 중앙행정심판위원회에서 9인의 행정심판위원회에 의해 심리되고 있는데, 그 위원장만 국민권익위원회 부위원장이고 나머지 행정심판위원들은 국민권익위원이 아니다. 이러한 기형적 구조는 2007년 당시 국민고충처리위원회와 국무총리행정심판위원회를 억지로 통합시킨 것에서 비롯된 것이므로, 이제 국민권익위원회가 정상적 궤도로 진입한 이상, 이 문제를 해결하지 않으면 아니 될 것이다.

(4) 해결방안

제1안으로는, 국민권익위원들로 구성된 권익위원회 자체는 영국의 「행정심판관리위원회」(Administrative Justice and Tribunals Council)와 같이 고충민원과 행정심판을 관리·감독하는 역할만 하고, 고충민원사건과 행정심판사건을 가칭 '심판위원'들로 구성된 심판부에 함께 배정하는 방법을 생각해 볼 수 있다. 제2안은 국민권익위원회 부위원장인 중앙행정심판위원회 위원장을 포함한 국민권익위원들이 심판부의 장이 되어 고충민원사건과 행정심판사건을 함께 심리하는 방법이다.

제1안이든 제2안이든, 그 구체적인 심리절차는 동일하다. 즉, 고충민원의 제기는 행정심판의 청구를 포함하고, 반대로 행정심판의 청구는 고충민원의 제기를 포함한 것으로 간주하되, 심리 결과, 고충민원의 경우에도 행정심판의 대상적격과 청구인적격이 인정되고 본안판단에서 위법성이 명백한 때에는 행정심판의 인용재결을 하고, 반대로 행정심판의 경우에도 그 대상적격과 청구인적격이 인정되기 어렵지만 고충민원으로는 허용될 수 있거나, 본안판단에서 위법성이 인정되나 처분청의 정책적 책임이 중요한 사안에 대해서는 시정권고 또는 의견표명을 한다. 또한 영국의 2007년 개혁에서 중재(mediation)이 도입된 바와 같이, 현행법상 조정·합의가 규정되어 있는 고충민원뿐만 아니라, 행정심판에 있어서도 조정·합의 제도를 도입할 필요가 있다. 이와 같이 행정심판과 고충민원이 통합적으로 심리되고 처리됨으로써, 양자의 장점들이 상호 작용하여, 특히 대상과 신청인적격이 넓은 고충민원의 영향을 받아 행정심판의 대상과 청구인적격도 확대될 수 있는 효과를 거둘 수 있을 것이다.

6. 행정의 자기통제를 위한 '개별행정불복절차'의 확대

상술한 바와 같이, 행정심판은 현재에도 행정의 자기통제적 기능은 대부분 탈색되고 준사법적·쟁송절차적 성격이 강한데, 이상과 같은 개선방안에 의하면 그것이 더욱 확고하게 될 것이다. 바로 그렇기 때문에 행정심판 이외에 행정의 자기통제를 위한 불복절차를 정비하지 않으면 아니 된다. 행정의 자기통제는 법치행정에서 필수불가결한 요소이기 때문이다. 따라서 개별법에서 처분청 또는 감독청에 대한 이의신청 등 '개별행정불복절차'를 — 임의절차로서 — 확대 도입하는 것이 요청된다. 이와 아울러 현행법상 필수절차로 규정되어 있는 개별행정불복절차들을, 행정심판을 배제하지 않는 것이라 하더라도, 모두 임의절차로 전환할 필요가 있을 것이다.[14]

---

14) 현행법상 처분청 또는 감독청에 대한 개별행정불복절차가 100개 가량 마련되어 있다. 이를 유형별로 살펴보면, ① 당해 불복절차를 필수절차로 하고 이를 거친 후에 (일반)행정심판을 청구할 수 있다는 규정이 있는 경우(15개), ② 당해 불복절차를 임의절차로 하고 그와 무관하게 (일반)행정심판을 청구할 수 있다는 규정이 있는 경우(6개), ③ (일반)행정심판의 청구에 관해 명문의 규정은 없으나 ②와 같이 해석되는 경우(약 80개)로 나눌

V. 結語

　　법은 역사와 정치·문화의 산물이다. 우리나라에서 행정심판제도는 독재와 민주화 과정에서 생성된 독특한 제도로 발전하여 왔다. 이제는 프랑스법·독일법·영국법·미국법 등 전형적인 비교법에 만족하지 않고, 이들 요소들을 참고하여 우리에게 알맞은 법제도로 발전시켜야 한다. 행정심판에 있어 그동안 지속적으로 증가되어 온 준사법적 성격은 이제 한층 더 확대되고 강화되어야 한다. 양적인 변화는 질적인 혁신을 낳는다.

수 있다. ①의 대표적인 例는 금융관련사건에 관한 금융위원회에 대한 이의신청, 주민등록법상의 이의신청, 노인복지법상의 심사청구 등이다. ②에 속하는 것은 정보공개여부 결정에 대한 이의신청, 운전면허취소·정지처분에 대한 이의신청 등이다. ③에 속하는 것이 대부분인데, 대표적으로 집회및시위에관한법률, 공탁법, 산림보호법, 약사법, 주택법상의 이의신청을 들 수 있다. 만일 (일반)행정심판을 배제하는 것이라면 이는 '개별행정불복절차'가 아니라 '특별행정심판'으로 보아야 하고, 궁극적으로는 (일반)행정심판으로 통합되어야 할 것이다.

2021년 제정·시행된 「행정기본법」 제36조의 '처분에 대한 이의신청' 제도를 위 본문에서 주장된 '개별행정불복절차'의 확대의 일환으로 볼 수 있다.

19. 行政審判의 審理*
— 민사소송과 행정소송과의 대비를 통하여 —

I. 序說

1. 행정심판의 쟁송절차적·준사법적 성격

우리나라의 '행정심판'은 헌법 제107조 제3항 후단의 '司法節次의 準用'에 의거하여, 프랑스와 독일의 행정심판이 갖는 행정절차적·자기통제적·행정감독적 성격에서 벗어나 쟁송절차적·권리구제적·준사법적 성격으로 변화하였다. 이러한 변화의 과정은 모두 7단계로 요약될 수 있다. 즉, ① 대심절차의 도입 및 불이익 변경의 금지(1985년), ② 행정심판위원회의 의결의 재결청에 대한 구속력(1985년), ③ 행정심판전치주의 폐지에 의한 행정소송과의 병립관계(1994년), ④ 행정심판위원 중 민간인 위원 과반수(1995년)(현재는 3분의 2 이상), ⑤ 국무총리행정심판위원회라는 통합 행정심판기관의 출현(1995년), ⑥ 독립행정위원회인 국민권익위원회 소속의 중앙행정심판위원회의 탄생(2008년 및 2010년)을 거쳐 ⑦ 마지막으로 재결청의 폐지 및 행정심판위원회에 의한 재결(2008년)로 이어졌다.[1]

특히 위 ⑥과 ⑦을 통하여 우리나라의 행정심판은 더 이상 되돌아갈 수 없는 다리를 건너, 본격적인 쟁송절차적 내지 준사법적인 제도로 변화하였다. 그렇다면 이제는 그 준사법적 성격을 보다 구체적으로 정비함으로써 '사법절차의 준용' 이라는 헌법적 명령을 실천하는 것이 우리의 사명이라고 할 것이다. 행정의 자기

[행정심판의 심리, 『행정법학』 제3호, 2012]

* 본고는 2012. 7. 6. 한국행정법학회 정기총회 및 학술대회에서 발표한 주제발표문(未公刊)을 수정·보완한 것임을 밝힌다.

1) 이에 관한 상세한 내용은 졸고, 행정심판제도의 발전방향 — '사법절차의 준용'의 강화, 『행정법학』 제2호, 한국행정법학회, 2012, 5-32면(9-14면); 본서 제17장(555-559면) 참조.

통제 기능은 — 현재에도 개별법에 많이 도입되어 있는 — 처분청에 대한 이의신청 절차를 확대함으로써 보완할 수 있다.

행정심판의 준사법적 성격을 강화하는 발전방안으로서, 행정심판의 구성과 조직 면에서, ① 審判部 제도의 도입, ② 행정심판의 심급화, ③ 일반행정심판과 특별행정심판의 통합, ④ 중앙행정심판위원회와 시·도행정심판위원회의 통합, ⑤ 행정심판과 고충민원의 통합 등이 강구될 수 있다.[2] 이들 방안들이 거시적 내지 '하드·웨어'적인 문제들이라면, 미시적 내지 '소프트·웨어'적인 문제가 바로 행정심판의 '심리'이다.

2. 민사소송법과 행정소송법의 준용 문제

행정심판의 심리에 관해서는, 민사소송법의 준용 규정을 두고 있는 행정소송 (행정소송법 제8조 제2항)[3]과 민사소송·형사소송에 관한 법령과 행정소송법의 준용 규정을 두고 있는 헌법재판소 심판절차(헌법재판소법 제40조)[4]와는 달리, 행정심판법상 민사소송법이나 행정소송법에 대한 준용 규정이 없다. 행정심판법 자체에서 재결의 범위(제47조), 청구의 변경(제29조), 심판청구의 보정(제32조), 심판청구의 취하(제42조), 주장의 보충(제33조), 부수적 규범통제(제59조), 증거조사(제36조), 증거서류의 제출(제34조), 자료의 제출 요구(제35조) 등에 관한 규정을 두고 있을 뿐이다.

그리하여 행정심판에 있어 심판계속의 범위, 청구의 인낙·포기, 위원회의 석명권의 범위, 주장책임과 입증책임, 처분사유의 추가·변경, 위법판단 기준시, 화해, 서증의 증거능력, 허위진술에 대한 제재, 자백의 구속력 등 많은 문제들에 관하여 명확한 해결이 어려웠다. 민사소송법과 행정소송법을 어느 정도로 어떠한 범위에서 준용할 것인가가 문제되었다. 학계에서도 이에 관한 부분적인 연구는

---

2) 이에 관하여 졸고, 전게논문 19-27면; 본서 제17장(563-570면) 참조.
3) 행정소송법 제8조 (법적용례) ② 행정소송에 관하여 이 법에 특별한 규정이 없는 사항에 대하여는 법원조직법과 민사소송법 및 민사집행법의 규정을 준용한다.
4) 헌법재판소법 제40조 (준용규정) ① 헌법재판소의 심판절차에 관하여는 이 법에 특별한 규정이 있는 경우를 제외하고는 <u>헌법재판의 성질에 반하지 아니하는 한도에서 민사소송에 관한 법령을 준용한다.</u> 이 경우 탄핵심판의 경우에는 형사소송에 관한 법령을 준용하고, 권한쟁의심판 및 헌법소원심판의 경우에는 「행정소송법」을 함께 준용한다.
② 제1항 후단의 경우에 <u>형사소송에 관한 법령 또는 「행정소송법」이 민사소송에 관한 법령에 저촉될 때에는 민사소송에 관한 법령은 준용하지 아니한다.</u>

지속적으로 이루어져 왔으나, 행정심판의 심리 전체에 관한 종합적인 연구는 부족하였다고 할 수 있다.

3. 연구의 방법론

현행 행정심판법상 명시적으로 민사소송법과 행정소송법의 준용 규정은 없으나, 헌법 제107조 제3항의 '사법절차의 준용' 조항에 의거하여, 사법절차의 기본법이라고 할 수 있는 민사소송법과 행정소송법의 규정들과 법원리들은 현행법상으로도 행정심판에 준용될 수 있다고 할 것이다. 다시 말해, 행정심판법이라는 '법률'에는 준용 규정이 없으나, '헌법'에 그 준용의 근거를 찾을 수 있다.

'준용'은 '적용'과 다르다. 준용은 그 대상 영역의 '성질'을 어떻게 파악하느냐에 달려 있다. 상술한 바와 같이 우리나라의 행정심판은 이제 본격적으로 준사법적 쟁송절차가 되었으나, 조직상으로 ─ 행정심판위원회가 독립행정위원회이긴 하지만 ─ 행정 내부에서의 쟁송절차이고, 기능적으로도 행정 감독 내지 자기통제적 기능을 부분적으로 함께 갖는다는 점은 부정할 수 없다. 따라서 행정심판의 심리에 관한 민사소송법과 행정소송법 규정의 준용 문제는 한편으로 행정심판의 쟁송절차적 '성격'과 다른 한편으로 위와 같은 '조직'과 '기능'상의 특수성의 조화 문제로 나타난다.

민사소송법상 심리의 대원칙은 당사자주의이다. 반면에 행정소송법은 그 심리에 관해 원칙적으로 민사소송법을 준용하되, 행정소송의 공익성에 의거하여 직권주의를 혼합하고 있다. 직권심리에 관한 행정소송법 제26조가 대표적인 규정이다. 말하자면, 행정소송의 심리는 당사자주의와 직권주의 양 극점 사이의 연결선상에서, 당사자주의로부터 얼마간 직권주의 방향으로 옮겨진, 그러나 그 중간 지점에서는 당사자주의 쪽으로 향한 지점에 있다고 할 수 있다. 그렇다면 행정심판의 심리는, 그것의 부분적인 행정 감독 내지 자기통제적 기능 때문에, 위 행정소송의 심리의 지점을 기준으로 다시 얼마간 직권주의 방향으로 옮겨진 지점에서 찾을 수 있다. 다시 말해, 민사소송을 기준점으로 하여 그로부터 행정소송이 어느 정도 떨어져 있는가를 확인한 다음, 다시 이를 기준으로 행정소송과 행정심판의 간격을 검토, 확인하면 된다. 기하학에서도 이미 알고 있는 두 가지 점에 의거하여 未知의 제3의 점을 확인한다.

4. 연구의 범위와 체계

이상과 같은 문제의식과 관점에서 본고에서는 민사소송과 행정소송과의 대비를 통하여 행정심판의 심리를 종합적으로 고찰하고자 한다. 그리고 행정심판의 심리와 관련된 많은 문제점들을 심리의 '대상'과 심리의 '내용' 그리고 심리의 '자료' 및 심리의 '방식'으로 분류하고, 불확정개념 내지 요건재량과 효과재량과 관련하여 심리의 '강도'와 '관점'의 문제를 추가하여 논의한다.[5]

첫째, 심리의 '대상'은 주로 청구취지에 관한 것으로서, 처분권주의, 일부취소의 청구 및 청구취지의 변경, 그리고 이와 관련된 잠재적 심판대상과 현실적 심판대상의 문제, 청구취지의 보정, 심판청구의 취하, 행정심판에서의 화해, 심판청구의 포기·인낙 등의 문제가 여기에 해당한다(Ⅱ.).

둘째, 심리의 '내용'은 주로 청구이유 및 당사자의 공격·방어방법과 관련된다. 즉, 직권심리, 주장의 보충, 주장책임, 처분사유의 추가·변경, 판단기준시, 부수적 규범통제 등의 문제들이 이와 관련하여 논의될 수 있다(Ⅲ.).

셋째, 심리의 '자료'는 증거 내지 증거조사에 관한 것으로서, 직권증거조사, 서증의 제출, 서증의 증거능력, 문서제출의 요구·명령, 허위진술에 대한 제재, 자백의 구속력, 입증책임 등의 문제가 이에 해당한다(Ⅳ.).

넷째, 심리의 '방식'은 구술심리/서면심리와 공개/비공개에 관한 것이고, 심리의 '강도'는 불확정개념과 (효과)재량에 관한 문제이며, 심리의 '관점'은 행정심판이 행정절차에 대한 覆審인가 아니면 事後審인가의 문제와 관련하여 검토될 수 있다(Ⅴ.).

행정심판에 관하여 위와 같이 심리의 대상과 내용과 자료(증거)를 구분하여 논의하는 것은 이 세 가지에 있어 각각 당사자주의와 직권주의의 혼합 비율이 다르다는 점에 그 방법론적 의의를 찾을 수 있다. 즉, 심리의 '대상'에 관해서는 당사자주의가 절대적인 비율을 차지하는 반면, 심리의 '내용'은 직권주의가 최대한 도입되어야 하고, 심리의 '자료' 내지 증거는 당사자주의를 기본으로 하되 직권주의가 부분적으로 가미되어야 한다.[6]

---

5) 통상 심리의 '대상' 또는 심리의 '범위'라는 용어가 혼용되고 있는데, 본고에서는 청구취지와 관련된 처분권주의의 문제를 심리의 '대상'이라는 관점에서, 청구원인과 관련된 변론주의/직권심리주의의 문제를 심리의 '내용'의 관점에서 논의하는데, 양자에 있어 주로 문제되는 것은 그 각각의 '범위'이다. 심리의 '자료'는 증거에 관한 문제이고, 심리의 '방식'은 구술심리/서면심리 및 공개/비공개의 문제이다.

6) 심리의 '방식' 중 구술심리/서면심리의 문제는—당사자주의 하에서도 서면심리를 원칙

Ⅱ. 審理의 대상

1. 처분권주의

민사소송법 제203조 (처분권주의) 법원은 당사자가 신청하지 아니한 사항에 대하여는 판결하지 못한다.

행정소송법 제8조 (법적용예) ② 행정소송에 관하여 이 법에 특별한 규정이 없는 사항에 대하여는 … 민사소송법 …의 규정을 준용한다.

행정심판법 제47조 (재결의 범위) ① 위원회는 심판청구의 대상이 되는 처분 또는 부작위 외의 사항에 대하여는 재결하지 못한다.
② 위원회는 심판청구의 대상이 되는 처분보다 청구인에게 불리한 재결을 하지 못한다.

(1) 심리의 대상에 관해서는 민사소송법이든 행정소송법이든 처분권주의 내지 不告不理의 원칙을 취하고 있다. 즉, 원고가 청구하지 아니한 사항에 대하여는 판결할 수 없다. 이에 관한 민사소송법 제203조의 규정이 그대로 행정소송에 준용된다. 여기서 '원고가 청구한 사항'이라는 것은 청구취지이다. 따라서 심리의 대상은 바로 '청구취지'에 관한 것으로서, 당사자주의의 일환인 처분권주의가 지배한다.

(2) 행정심판에 있어서도 행정심판법상 명문의 규정이 있다. 즉, 동법 제47조 제1항은 "위원회는 심판청구의 대상이 되는 처분 또는 부작위 외의 사항에 대하여는 재결하지 못한다."고 규정함으로써, 비록 그 조문의 제목은 '재결의 범위'라고 되어 있으나, 처분권주의를 천명하고 있다. 이와 같이 행정심판도 처분권주의에 의거하여 청구인의 심판청구를 심리의 대상으로 한다는 점에서, 민사소송과 행정소송과 동일하게, 본질적으로 '쟁송절차'인 것이다. 나아가 동조 제2항은 "위원회는 심판청구의 대상이 되는 처분보다 청구인에게 불리한 재결을 하지 못한다."고 규정하고 있는데, 이것이 소위 불이익변경 금지원칙으로서, 우리나라의 행정심판이 — 불이익변경이 허용됨으로써 본질적으로 행정절차로 이해되는 — 독일의 행정심판과 달리, '쟁송절차'에 해당하는 제1차적 근거이다.

(3) 처분권주의는 행정심판의 대상인 처분과 부작위가 청구인의 심판청구에

으로 할 수 있으므로 — 당사자주의/직권주의의 직접적인 대립으로 볼 수 없으나, 구술심리는 당사자주의와 가깝고 서면심리는 직권주의에 가깝기 때문에, 역시 같은 맥락에서 검토될 수 있다.

의해 결정되는 것뿐만 아니라, 행정심판의 종류까지 결정되는 데까지 미친다. 예컨대, 행정청의 거부처분에 대하여 단순히 취소심판을 구할 것인지 의무이행심판까지 구할 것인지는 청구인의 청구취지에 의해 결정된다. 그러나 이와 관련하여, 아래 3.에서 지적하는 바와 같이, 거부처분 취소재결의 기속력과 관련하여, 청구취지에 대하여도 직권주의적 요소인 '보정'이 필요하다.

뿐만 아니라, 처분권주의에 의거하여, 동일한— 기속행위로서 가분적인— 계쟁처분 중에서 어느 범위까지 취소심판을 구할 것인지, 동일한 신청에 대한 부작위에 대하여 어느 범위까지 의무이행심판을 구할 것인지도 청구인의 청구취지에 의해 결정된다. 요컨대, 행정심판에서도 '일부청구'가 허용되고, 심판의 대상은 그 일부청구의 범위에 제한된다. 논란의 여지가 있는 것은 일부청구에 의한 불가쟁력 차단의 범위 문제인데, 이에 관해서는 아래 2.항에서 청구취지의 변경과 함께 논의한다.

2. 청구취지의 변경

민사소송법 제262조 (청구의 변경) ① 원고는 청구의 기초가 바뀌지 아니하는 한도 안에서 변론을 종결할 때(변론 없이 한 판결의 경우에는 판결을 선고할 때)까지 청구의 취지 또는 원인을 바꿀 수 있다. 다만, 소송절차를 현저히 지연시키는 경우에는 그러하지 아니하다.

제263조 (청구의 변경의 불허가) 법원이 청구의 취지 또는 원인의 변경이 옳지 아니하다고 인정한 때에는 직권으로 또는 상대방의 신청에 따라 변경을 허가하지 아니하는 결정을 하여야 한다.

제265조 (소제기에 따른 시효중단의 시기) 시효의 중단 또는 법률상 기간을 지킴에 필요한 재판상 청구는 소를 제기한 때 또는 제260조제2항·제262조제2항 또는 제264조제2항의 규정에 따라 서면을 법원에 제출한 때에 그 효력이 생긴다.

행정소송법 제8조 (법적용예) ② 행정소송에 관하여 이 법에 특별한 규정이 없는 사항에 대하여는 … 민사소송법 …의 규정을 준용한다.

제21조 (소의 변경) ① 법원은 취소소송을 당해 처분등에 관계되는 사무가 귀속하는 국가 또는 공공단체에 대한 당사자소송 또는 취소소송 외의 항고소송으로 변경하는 것이 상당하다고 인정할 때에는 청구의 기초에 변경이 없는 한 사실심의 변론종결시까지 원고의 신청에 의하여 결정으로써 소의 변경을 허가할 수 있다.

제22조 (처분변경으로 인한 소의 변경) ① 법원은 행정청이 소송의 대상인 처분을 소가 제기된 후 변경한 때에는 원고의 신청에 의하여 결정으로써 청구의 취지 또는 원인의 변경을 허가할 수 있다.
② 제1항의 규정에 의한 신청은 처분의 변경이 있음을 안 날로부터 60일 이내에 하여야 한다.

행정심판법 제29조 (청구의 변경) ① 청구인은 청구의 기초에 변경이 없는 범위에서 청구의 취지나 이유를 변경할 수 있다.
② 행정심판이 청구된 후에 피청구인이 새로운 처분을 하거나 심판청구의 대상인 처분을 변경한 경우에는 청구인은 새로운 처분이나 변경된 처분에 맞추어 청구의 취지나 이유를 변경할 수 있다.
⑥ 위원회는 제1항 또는 제2항의 청구변경 신청에 대하여 허가할 것인지 여부를 결정하고, 지체 없이 신청인에게는 결정서 정본을, 당사자 및 참가인에게는 결정서 등본을 송달하여야 한다.
⑧ 청구의 변경결정이 있으면 처음 행정심판이 청구되었을 때부터 변경된 청구의 취지나 이유로 행정심판이 청구된 것으로 본다.

(1) 처분권주의는 청구취지의 변경에도 적용된다. 민사소송상 청구취지의 변경은 '청구의 기초'에 변경이 없는 범위 내에서 허용되고, 법원의 허가는 필요 없지만, 청구취지의 변경이 청구의 기초를 벗어나는 경우에는 법원은 불허가결정을 하게 된다(민사소송법 제262조·제263조). 행정소송에서는 위 민사소송법의 규정의 준용에 의한 청구취지의 변경 이외에도, ① 취소소송을 다른 항고소송 또는 당사자소송으로 변경하는 소의 변경과 ② 행정청의 처분변경으로 인한 소의 변경을 인정하고 있다(행정소송법 제21조·제22조). 양자는 모두 법원의 허가결정을 통해 이루어지는데, 위 ①의 소의 변경에 관해서는 민사소송법상 청구의 변경과 동일하게 '청구의 기초'의 동일성을 요건으로 한다. 행정소송에서 소송의 종류도 청구취지에 의해 결정되므로 위 ①의 소의 변경도 청구취지의 변경에 해당하지만, 그것에 의해 소송의 종류도 변경되기 때문에, 이에 관해 행정소송법상 특칙이 마련된 것이다. 위 ②의 소의 변경도 역시 청구취지의 변경에 해당하는 것이나, 행정청의 처분변경에 대응한 것이라는 점에서 행정소송법상 특칙으로 규정된 것이다.[7]

---

7) 다만, 행정청이 계쟁처분의 내용을 감축하는 처분을 하거나 그러한 감축된 내용으로 새로운 처분을 하는 경우, 예컨대 제재처분에 있어 제재의 종류와 정도를 가벼운 것으로 변경하는 경우, 이에 대응하여 원고가 청구취지를 변경하는 것은 민사소송법 제262조의 준용에 의한 청구의 변경에 해당하고 따라서 행정소송법 제22조 제1항에 의한 법원의

(2) 행정심판법은 청구취지의 변경에 관해 독자적인 규정을 갖고 있다. 즉, 제29조 제1항에 의하면, 청구인은 청구의 기초에 변경이 없는 범위에서 청구의 취지나 이유를 변경할 수 있고, 제2항에 의하면, 행정심판이 청구된 후에 피청구인이 새로운 처분을 하거나 심판청구의 대상인 처분을 변경한 경우에는 청구인은 새로운 처분이나 변경된 처분에 맞추어 청구의 취지나 이유를 변경할 수 있다. 위 제1항은 민사소송법상 청구의 변경과 그리고— 청구취지의 변경으로써 심판의 종류가 변경되는 경우에는— 행정소송법 제21조의 소의 변경에 상응하고, 위 제2항은 행정소송법 제22조의 소의 변경에 상응한다. 그 요건이 '청구의 기초'의 동일성 또는 행정청의 처분변경이라는 점에서 민사소송법 및 행정소송법과 동일하지만, 심판의 종류가 변하지 않는 청구취지의 변경의 경우에도 위원회의 허가 결정이 필요하다는 점에서는 다르다.

(3) 주의를 요하는 것은 청구취지의 변경에 대한 기간제한 여부이다. 민사소송법에서는 제265조에 의하여 시효중단 또는 법률상 기간의 준수가 청구취지 변경의 시점을 기준으로 한다. 행정소송에서는 행정소송법상 이에 관한 특별한 규정이 없는데, 위 민사소송법의 규정이 준용된다면, 제소기간의 준수 여부가 청구취지 변경 시점을 기준으로 하게 되므로 심각한 문제가 발생한다. 사실상 거의 대부분의 경우 90일의 제소기간이 경과한 후이기 때문이다. 특히 처음에는 무효확인소송을 제기하였다가 취소소송으로 변경하는 경우, 또는 같은 취소소송이라 하더라도 처음에는 가분적인 계쟁처분 중 일부만의 취소를 구하였다가 그 취소청구의 범위를 확장하는 경우, 또는 처음에 계쟁처분 전체의 취소를 구하였다 하더라도 취소청구의 범위를 일부로 감축하는 청구취지 변경을 하였다가 다시 그 취

허가결정이 필요하지 않고 동조 제2항의 기간의 제한도 없다는 견해가 있다(안철상, 행정소송에서의 소의 변경과 제소기간, 『행정소송(1)』, 한국사법행정학회, 2008, 261면 이하). 그러나 私見에 의하면, 위와 같은 행정청의 처분변경의 경우에도 '처분'이라는 행정법 특유의 요소가 개입될 뿐만 아니라, '처분변경'이라는 사정에 의거하여 '청구의 기초'의 동일성을 별도로 요구하지 않는다는 점에서, 민사소송법의 준용에 의한 것이 아니라, 행정소송법 제22조에 의한 청구취지의 변경으로 파악하되, 후술하는 소송물에 의한 잠재적 심판대상에 근거하여, 제소기간에 준하는 동조 제2항의 기간의 제한을 받지 않는 것으로 이해하는 것이 보다 타당하다(졸저, 『행정소송의 구조와 기능』, 2006, 430면 이하). 법원의 허가결정에 관해서는, 한편으로 민사소송의 경우에도 법원의 '불허가결정'이 가능하고, 다른 한편으로 행정소송의 경우에 위와 같은 행정청의 처분변경에 대응한 청구취지의 변경에 대해서는 허가결정 여부에 관한 법원의 재량이 없기 때문에 사실상 문제가 없다고 할 수 있다.

소의 범위를 확장하는 경우에 문제된다.

　행정소송에서 이러한 문제를 해결하기 위해서는 '소송물' 개념과 이에 의거한 잠재적 심판대상의 관념이 필요하다. 즉, 확립된 판례에 의하면, 취소소송의 소송물은 '처분의 위법성 일반'인데, 여기서의 '처분'을 계쟁처분 및 그것과 규율의 동일성이 인정되는 동종처분으로 파악하게 되면, 당초 동일한 계쟁처분에 대하여 제소기간 내에 무효확인소송이 제기되거나 계쟁처분의 일부에 대해서만 취소소송이 제기된 경우에도, 소송물인 계쟁처분 전체에 대하여 소송이 係屬되고, 따라서 계쟁처분 전체에 대하여 불가쟁력이 차단된 것으로 설명할 수 있다. 다시 말해, 계쟁처분 전체가 '잠재적' 심판대상이 되고, 그 범위 안에서 원고가 구하는 '현실적' 심판대상은 제소기간의 제한이 없이 청구취지의 변경을 통해 소송의 종류를 변경하거나 취소범위를 확장함으로써 변경될 수 있는 것이다.[8]

　판례에서도 행정심판 단계와 취소소송 제기시에는 계쟁처분의 일부의 취소만을 구하다가 취소소송 계속 중에 취소청구의 범위를 계쟁처분 전체로 확장한 사건에서, 비록 '소송물' 개념을 사용하고 있지 않지만, 私見과 동일한 입장을 취한 대법원 판결이 있다.[9] 특기할 것은, 위 판례의 사안에서와 같이 동일한 계쟁처분에 대하여 취소청구의 범위를 확장하는 경우에는 민사소송법의 준용에 의한 청구취지변경에 해당하지만, 행정청의 처분변경에 대응하여 청구취지를 확장하는 경우에는 행정소송법 제22조의 소변경(=청구취지변경)에 해당한다는 점이다. 후

---

[8] 이에 관하여 졸저, 전게서, 425-432면 이하 참조. 同旨의 견해로서, "민사소송의 경우와는 달리 행정소송에서 제소기간을 두고 있는 것은 공법관계를 조속히 안정시키기 위한 것인바, 이미 일부청구의 소가 제기된 상태에서는 나머지 청구도 잠재적 심리의 대상이 되고 있다고 볼 것이므로 제소기간 경과 후 청구확장이 있다 하더라도 확장청구 부분의 소는 처음에 소를 제기한 때에 제기된 것으로 봄이 상당하다"는 견해가 있다(안철상, 행정소송에서의 소의 변경과 제소기간,『행정소송(I)』한국사법행정학회 2008, 267면).

[9] 즉, 대법원 1999. 11. 26. 선고 99두9407 판결은 "행정소송법 제21조와 제22조가 정하는 소의 변경은 그 법조에 의하여 특별히 인정되는 것으로서 민사소송법상의 소의 변경을 배척하는 것은 아니므로, 행정소송의 원고는 행정소송법 제8조 제2항에 의하여 준용되는 민사소송법 제235조에 따라 청구의 기초에 변경이 없는 한도에서 청구의 취지 또는 원인을 변경할 수 있는 것인바, 원고가 하나의 행정처분인 이 사건 택지초과소유부담금 부과처분 중 일부의 액수에 대하여만 불복하여 전심절차를 거치고 그 후 다시 이 사건 소송에서 위 액수에 관하여만 부과처분의 취소를 구하였다가 택지소유상한에관한법률이 헌법에 위반된다는 헌법재판소의 결정에 따라 그 청구취지를 부과처분 전부의 취소를 구하는 것으로 확장하였다고 하더라도, 이는 동일한 처분의 범위 내에서 청구의 기초에 변경이 없이 이루어진 소의 변경에 해당하여 적법하다 할 것"이라고 판시하였다.

자의 경우에는 동일한 계쟁처분에 대한 청구취지확장은 아니지만, 처분변경에 의한 새로운 처분이 원래의 계쟁처분과 '규율의 동일성'이 인정되는 '동종' 처분이기 때문에 소송물의 동일성이 인정되고, 따라서 상술한 바와 같은 잠재적 심판범위에 의거하여 동조 제2항의 규정(청구취지변경 신청기간의 제한)이 적용되지 않는 것이다.

(4) 이상의 문제들은 행정심판에서는 발생하지 않는다. 왜냐하면 청구의 변경에 관한 행정심판법 제29조에는 심판의 종류의 변경이나 취소청구의 범위 확장에 관하여 기간의 제한이 전혀 없을 뿐만 아니라, 동 규정은 행정심판에 관한 '자족적' 규정으로서, 기간준수에 관한 위 민사소송법 제265조가 준용될 여지가 없기 때문이다. 오히려 행정심판법 제29조 제8항은 "청구의 변경결정이 있으면 처음 행정심판이 청구되었을 때부터 변경된 청구의 취지나 이유로 행정심판이 청구된 것으로 본다."라고 규정함으로써 청구취지의 변경이 심판청구시로 소급한다는 점을 명백히 하고 있다. 이러한 행정심판법의 입법취지는 일차적으로 행정심판에 있어 청구기간의 제한 없이 청구취지를 확장할 수 있도록 함으로써 청구인의 불복을 보다 용이하게 하기 위한 것이다. 이론적인 관점에서는 상술한 바와 같은 소송물의 동일성 및 잠재적 심판범위에 관한 이론이 행정심판법에 그대로 구현되어 있다고 할 수 있다.

다만, 청구취지의 감축변경의 경우에는 논란의 소지가 없지 않다. 즉, 심판청구 이후 청구취지를 감축하게 되면, 위 제29조 제8항에 따라 처음부터 그와 같이 감축된 내용으로 심판청구가 있었던 것으로 간주되기 때문에, 처음부터 그 감축된 범위 내에서만 불가쟁력이 차단되고, 따라서 그 이후에는 다시 청구취지를 확장할 수 없는 것이 아닌가 라는 의문이 제기될 수 있다.

그러나 사견에 의하면, 심판청구 이후 계쟁처분의 일부로 청구취지를 감축하는 경우에는, 일단 위 규정에 의해 처음부터 그 감축된 부분에 대하여 심판이 청구된 것으로 보아야 할 것이지만, 그렇다고 하여 이제는 다시 청구취지를 확장할 수 없는 것은 아니라고 해석하는 것이 타당하다고 본다. 이를 제한하는 명시적인 규정이 없기 때문이다. 따라서 다시 청구취지를 확장하게 되면 이제는 위 규정에 의하여 다시 그 확장된 내용대로 처음부터 심판이 청구된 것으로 보아야 할 것이다. 이와 달리, 감축된 청구취지대로 처음부터 행정심판이 청구된 것으로 본다고 해서 그 부분에 대해서만 불가쟁력이 차단되고 나머지 부분은 불가쟁력이 발생하여 이제 다시는 청구취지를 확장할 수 없다고 해석하여서는 아니 될 것이다. 그렇게 되면 청구취지의 확장은 기간과 횟수의 제한 없이 계속 허용되는 데 반하여, 한 번이라도 청구취지를 감축하면 다시는 청구취지를 확장할 수 없다는 결론에 이르게 되는데, 이는 심히 부당한 결과일 뿐만 아니라, 행정심판법의 관계 규정들을 살펴보아도 이러한 결론을 정당화할 만한 근거를 찾기 어렵다.

요컨대, 위 제29조 제8항은 기간과 회수의 제한 없이, 그리고 또한 확장과 감축 간의 순서의 제한 없이, 청구취지의 확장과 감축이 허용된다는 전제 하에, 그와 같이 청구취지가 확장 또는 감축되면 처음부터 그 확장·감축된 범위에 대하여 심판이 청구된 것으로 본다는 의미로 해석되어야 할 것이다. 이러한 의미에서 위 규정은 잠재적 심판범위가 아니라 '현실적' 심판범위를 정한 것으로 이해할 수 있다. 이러한 해석은 심판청구의 취하에 관한 행정심판법시행령 제25조 제3항의 문언과의 비교를 통해서도 명확해지는데, 이에 관해서는 아래 4.항에서 재론하기로 한다.

3. 청구취지의 보정

민사소송법 제249조 (소장의 기재사항) ① 소장에는 당사자와 법정대리인, 청구의 취지와 원인을 적어야 한다.
　　제254조 (재판장의 소장심사권) ① 소장이 제249조 제1항의 규정에 어긋나는 경우에는 재판장은 상당한 기간을 정하고, 그 기간 이내에 흠을 보정하도록 명하여야 한다. 소장에 법률의 규정에 따른 인지를 붙이지 아니한 경우에도 또한 같다.
　　② 원고가 제1항의 기간 이내에 흠을 보정하지 아니한 때에는 재판장은 명령으로 소장을 각하하여야 한다.
　　제136조 (釋明權·求問權 등) ① 재판장은 소송관계를 분명하게 하기 위하여 당사자에게 사실상 또는 법률상 사항에 대하여 질문할 수 있고, 증명을 하도록 촉구할 수 있다.
　　④ 법원은 당사자가 간과하였음이 분명하다고 인정되는 법률상 사항에 관하여 당사자에게 의견을 진술할 기회를 주어야 한다.
행정소송법 제8조 (법적용예) ② 행정소송에 관하여 이 법에 특별한 규정이 없는 사항에 대하여는 … 민사소송법 …의 규정을 준용한다.
행정심판법 제32조 (보정) ① 위원회는 심판청구가 적법하지 아니하나 보정(補正)할 수 있다고 인정하면 기간을 정하여 청구인에게 보정할 것을 요구할 수 있다. 다만, 경미한 사항은 직권으로 보정할 수 있다.

④ 제1항에 따른 보정을 한 경우에는 처음부터 적법하게 행정심판이 청구된 것으로 본다.

(1) 청구취지의 보정에 관해서는 직권주의적 요소가 강력하게 도입된다. 민사소송에서도 재판장이 소장을 심사하여 소장의 기재사항 중 청구취지가 부적절하게 기재된 경우에는 그 흠을 보정할 것을 명하여야 하고(민사소송법 제254조 및 제249조), 소송 도중에도 청구취지에 관하여 불명확한 부분이 있으면 재판장이 그에 관해 질문을 할 수 있을 뿐만 아니라, 원고가 청구취지와 관련된 법률상 사항을 간과한 때에는 법원은 그에 관해 의견을 진술할 기회를 주어야 한다(제136조). 이러한 민사소송법의 규정들은 행정소송에 그대로 준용된다.

(2) 행정심판법에는 청구취지의 보정에 관하여 독자적인 규정이 있다. 즉, 동법 제32조에 의하면, 심판청구가 적법하지 아니하지만 보정이 가능한 경우에는 위원회는 기간을 정하여 청구인에게 그 보정을 요구하거나, 경미한 사항은 직권으로 보정할 수 있는데, 이와 같이 보정이 된 경우에는 처음부터 적법하게 행정심판이 청구된 것으로 본다.

행정심판의 특수성을 감안하면 행정심판에 있어서는 청구취지의 보정에 관하여 민사소송과 행정소송에 비하여 보다 더 직권주의적 요소가 강화되어야 할 것이다. 그럼에도 위 행정심판법 제32조에는 "보정할 것을 요구할 수 있다" 그리고 "직권으로 보정할 수 있다"라고 규정함으로써 청구취지의 보정을 위원회의 '재량'에 맡기고 있다. 민사소송법 제254조가 재판장의 소장심사권에 관하여 "흠을 보정하도록 명하여야 한다"라고 규정하는 것과 대비된다.

위와 같이 행정심판법상 청구취지의 보정이 형식상 재량규정으로 되어 있어서 그런지 몰라도, 행정심판의 실무에서 심판청구서에 기재된 피청구인과 청구취지에 관하여 보정이 적극적으로 이루어지지 않는 것으로 알고 있다. 심판청구서에 기재된 내용대로 청구취지를 파악하고 그에 대하여 처분성의 결여, 신청권의 부재 등을 이유로 부적법 각하하는 사례가 적지 않다. 예컨대, 공무원시험에 불합격한 청구인이 "답안지 채점을 다시 시행하라"고 청구취지를 기재한 경우에, 충분히 청구취지의 보정을 통하여 불합격처분의 취소를 구하는 취소심판 또는 합격처분을 구하는 의무이행심판으로 변경될 수 있음에도 불구하고, 원래의 청구취지의 기재에 따라 답안지 채점의 이행을 구하는 의무이행심판으로 파악한 다음, 답안지 채점은 처분성이 없다거나, 아니면 답안지 재채점에 대한 신청권을 인정할 수 없다는 이유로 심판청구를 부적법 각하하는 것이다. 이는 분명히 잘못된 실무관행이므로 조속히 시정되어야 할 것이다.

(3) 특히 행정심판법 제49조에서 재결의 기속력을 규정함에 있어, 거부처분의 취소재결에 관하여, 동조 제3항에서 "절차의 위법 또는 부당을 이유로 재결로써 취소된 경우"에는 동조 제2항의 의무이행재결의 기속력을 준용하고 있지만, 그 밖에 실체적 위법 또는 부당을 이유로 거부처분이 취소되는 경우에 관해 기속력을 규정하지 않고 있다. 실체적 위법·부당사유가 있는 때에는 의무이행심판을 청구할 수 있기 때문에 굳이 거부처분 취소재결에 기속력까지 인정할 필요가 없다는 것이 그 입법취지인 것으로 보인다.[10] 실무상으로는 실체적 위법사유로써 거부처분을 취소하는 취소재결이 내려진 경우에도 행정청이 사실상 그 재결의 취지에 따라 처분을 발급하거나 재결정을 하고 있지만, 법적으로는 그 거부처분 취소재결만으로는 기속력이 없기 때문에 행정청이 이 점을 내세워 처분의 발급이나 재결정을 거부할 위험이 상존한다. 그럼에도 불구하고, 심판청구서에 청구취지가 '거부처분을 취소한다'라고 기재되어 있으면 — 보정을 통해 의무이행심판으로 변경하도록 하지 않고 — 그대로 거부처분 취소심판으로 심리하고 있는 것이 실무관행인데, 재검토되어야 할 것이다.

4. 심판청구의 취하

민사소송법 제266조 (소의 취하) ① 소는 판결이 확정될 때까지 그 전부나 일부를 취하할 수 있다.
② 소의 취하는 상대방이 본안에 관하여 준비서면을 제출하거나 변론준비기일에서 진술하거나 변론을 한 뒤에는 상대방의 동의를 받아야 효력을 가진다.

---

[10] 금번 법무부 행정소송법 개정안에서는 의무이행소송을 도입하면서도 거부처분 취소판결의 기속력에 관한 현행 제30조 제2항과 거부처분 취소판결의 간접강제에 관한 제34조를 존치하고 있는데(개정안 제34조 제2항 및 제39조), 그 입법취지는 의무이행소송을 제기하더라도 계쟁처분이 재량행위인 관계로, 당해 처분을 발급하라는 판결은 선고되지 않고 단지 다시 결정하라는 판결만이 선고될 것이 예상되는 경우에는 굳이 의무이행소송을 제기하지 않고 거부처분 취소소송만을 제기할 실익이 있고, 따라서 이러한 경우에 거부처분 취소판결의 기속력과 간접강제가 필요하다는 데에 있다.

제267조 (소취하의 효과) ① 취하된 부분에 대하여는 소가 처음부터 계속되지 아니한 것으로 본다.

행정소송법 제8조 (법적용예) ② 행정소송에 관하여 이 법에 특별한 규정이 없는 사항에 대하여는 … 민사소송법 …의 규정을 준용한다.

행정심판법 제42조 (심판청구 등의 취하) ① 청구인은 심판청구에 대하여 제7조 제6항 또는 제8조 제7항에 따른 의결이 있을 때까지 서면으로 심판청구를 취하할 수 있다.

행정심판법시행령 제30조 (심판청구 등의 취하) ① 법 제42조제1항 및 제2항에 따라 청구인 또는 참가인이 심판청구 또는 참가신청을 취하하는 경우에는 그 청구 또는 신청의 전부 또는 일부를 취하할 수 있다.
② 제1항에 따라 심판청구 또는 참가신청을 취하하는 경우에는 상대방의 동의 없이도 취하할 수 있다.
③ 제1항에 따른 심판청구 또는 참가신청의 취하가 있으면 그 취하된 부분에 대해서는 처음부터 심판청구 또는 참가신청이 없었던 것으로 본다.

(1) 소의 취하 내지 청구의 취하에 관해서도 민사소송과 행정소송에서 처분권주의가 지배한다. 즉, 원고는 판결 확정시까지, 따라서 상고심에서도, 언제든지 법원의 허가 없이 소의 전부 또는 일부를 취하할 수 있고(민사소송법 제266조 제1항), 취하된 부분에 대하여는 소가 처음부터 係屬되지 않은 것으로 간주되는데(동법 제267조), 이는 행정소송에 그대로 준용된다. 처분권주의 원칙상 원고가 더 이상 소송상 청구를 하지 않겠다고 하면 그 의사에 따라야 한다. 다만 유의할 것은, 상대방이 본안에 관하여 준비서면을 제출하거나 변론준비기일에서 진술하거나 변론을 한 뒤에는 상대방의 동의를 받아야 취하의 효력이 발생한다는 점이다(동법 제266조 제2항). 이 규정도 행정소송에 그대로 준용되는데, 민사소송에서나 행정소송에서나 모두 피고가 준비서면 또는 변론을 통해 방어를 시작한 때에는 그 방어의 의사를 존중해야 하고 또한 피고에게 — 기각판결의 기판력을 통한 — 분쟁의 종국적 해결의 기회를 부여하여야 하기 때문이다. 이 점에서 소의 취하에 관한 처분권주의에 대하여 일정한 제한이 가해지는 것이다. 특히 행정소송의 경우에는 피고 행정청이 계쟁처분의 적법성을 확인받는 것은 당해 사건에서만이 아니라 동종·유사 사건과 관련하여 그 필요성이 있을 뿐만 아니라, 행정청의 공적 책임의 관점에서는 그러할 의무까지 있다고 할 것이다.

(2) 행정심판법에서도 심판청구의 취하에 관하여 독자적 규정을 두고 있다. 즉, 청구인은 위원회의 의결이 있을 때까지 언제든지 심판청구의 전부 또는 일부를 취하할 수 있는데(법 제42조 및 시행령 제30조 제1항), 민사소송과 행정소송에서와 같이 심판청구의 취하가 있으면 처음부터 심판청구가 없었던 것으로 간주된다(시행령 제30조 제3항). 다만, 민사소송법과는 달리, 피청구인인 처분청이 답변서 제출 등 방어를 시작한 때에도 그 동의를 요한다는 규정이 없고 오히려 행정심판법 시행령에는 상대방의 동의 없이도 심판청구를 취하할 수 있다는 규정을 두고 있다(제30조 제2항).

상술한 바와 같이, 상대방이 준비서면과 변론 등을 통하여 방어를 시작한 경우에는 상대방의 동의가 있어야 소의 취하를 인정한다는 것은 쟁송절차의 '일반원칙'이라고 할 수 있고, 나아가 행정소송에서는 행정청의 공적 책임의 관점에서 더욱 중요한 의미를 갖고 있다. 그럼에도 불구하고, 행정심판에서 피청구인의 동의 없이도 언제든지 심판청구를 취하할 수 있도록 한 것은, 일응 시민으로 하여금 부담 없이 행정심판을 청구하도록 유도하는 기능을 할 수 있다는 긍정적인 측면이 있다고 하더라도, 행정심판에의 '사법절차의 준용'과 피청구인인 행정청의 공적 책임이라는 측면에서 비판의 여지가 크다. 입법론상 검토가 필요한 부분이라고 할 것이다.

(3) 첨언할 것은 행정심판에 있어 심판청구의 일부취하와 심판청구의 (감축)변경의 차이점이다. 심판청구의 일부가 취하되면 상술한 바와 같이 행정심판법 시행령 제30조 제2항에 의해 그 부분에 관해서는 처음부터 심판청구가 없었던 것으로 간주된다. 심판청구의 (감축)변경의 경우에도 상술한 바와 같이 행정심판법 제29조 제8항에 따라 처음부터 그와 같이 감축 변경된 청구취지대로 행정심판이 "청구된" 것으로 간주되는데, 만일 이 규정의 의미를 감축된 부분은—그 반대해석에 의해—처음부터 행정심판이 '청구되지 아니한' 것으로 간주한다는 식으로 해석한다면, 심판청구의 일부취하와 동일하게 되어 버리고, 그렇게 되면 행정심판법상 청구취지의 변경과 심판청구의 취하를 별개의 조문에서 따로 규정하고 있는 것과 모순된다.

심판청구의 감축변경에 관한 행정심판법 제29조 제8항의 해석 문제는 이미 위에서 지적한 바 있다. 이 문제는 심판청구의 일부취하와의 비교를 통하여 해결할 수 있는데, 그 핵심은 양자에 대한 조문 내용의 차이이다. 즉, 위 제29조 제8항은 심판청구의 (감축)변경의 경우에 처음부터 그 변경된 청구취지대로 '행정심판이 청구된 것'으로 간주하는 반면, 위 시행령 제30조 제2항은 심판청구의 (일부)취하의 경우에 그 취하된 부분에 대해서는 처음부터 '심판청구가 없었던 것'으로 간주하고 있다. 요컨대, 전자는 적극적인 간주이고, 후자는 소극적 내지 부정적인 간주이다.

이러한 차이점에 주목하여 양자의 관계를 다음과 같이 이해할 수 있다. 심판청구의 (감축)변경은 동일한 소송물 내지 계쟁처분 내에서 그 취소범위만을 축소하는 것이고, 따라서 계쟁처분 전체에 대한 '잠재적' 심판대상은 그대로 유지된다. 바로 그렇기 때문에 그 감축된 부분에 대하여 처음부터 '심판청구가 없었던 것'으로 간주한다는 규정은 없고, 단지 (감축)변경된 청구취지대로 처음부터 '심판이 청구된 것'으로 간주한다는 위 제29조 제8항의 규정이 있을 뿐이며, 따라서 동 규정의 의미는 그 (감축)변경된 청구취지가 — 심판청구시부터 존속하여 온 것으로 간주되는 — '현실적'인 심판대상에 해당한다는 점을 명시한 것에 불과하다. 반면에, 심판청구의 일부취하는 소송물을 달리하는 수개의 처분에 대하여 취소심판을 청구하였거나 그 중 일부의 처분에 대한 청구를 취하하거나, 또는 동일한 처분에 대해서라도 서로 다른 유형의 심판(예컨대, 취소심판과 의무이행심판)을 청구하였다가 그 중 어느 하나의 심판청구를 취하하는 것이다. 이러한 경우에는 소송물 전체가 소멸되는 것이고, 따라서 그 소멸된 소송물에 관해서는 현실적 심판대상만이 아니라 잠재적 심판대상까지도 소멸하기 때문에, 위 행정심판법 시행령 제30조 제2항은 그 취하된 심판청구 부분에 관하여 처음부터 '심판청구가 없었던 것'으로 간주하는 것이다.

5. 행정심판에서의 화해

민사소송법 제145조 (화해의 권고) ① 법원은 소송의 정도와 관계없이 화해를 권고하거나, 수명법관 또는 수탁판사로 하여금 권고하게 할 수 있다.

제225조 (결정에 의한 화해권고) ① 법원·수명법관 또는 수탁판사는 소송에 계속중인 사건에 대하여 직권으로 당사자의 이익, 그 밖의 모든 사정을 참작하여 청구의 취지에 어긋나지 아니하는 범위안에서 사건의 공평한 해결을 위한 화해권고결정(和解勸告決定)을 할 수 있다.

제231조 (화해권고결정의 효력) 화해권고결정은 다음 각호 가운데 어느 하나에 해당하면 재판상 화해와 같은 효력을 가진다.

1. 제226조 제1항의 기간2주） 이내에 이의신청이 없는 때
2. 이의신청에 대한 각하결정이 확정된 때
3. 당사자가 이의신청을 취하하거나 이의신청권을 포기한 때

제220조 (화해, 청구의 포기·인낙조서의 효력) 화해, 청구의 포기·인낙을 변론조서·변론준비기일조서에 적은 때에는 그 조서는 확정판결과 같은 효력을 가진다.

행정소송법 제8조 (법적용예) ② 행정소송에 관하여 이 법에 특별한 규정이 없는 사항에 대하여는 … 민사소송법 …의 규정을 준용한다.

(1) 재판상 화해도 처분권주의의 구체적인 표현의 하나이다. 민사소송에서는 소송의 정도와 관계없이 언제든지, 따라서 상고심에서도, 당사자들이 자발적으로 또는 법원·수명법관·수탁판사의 화해의 (구두)권고에 따라 상호 양보하기로 합의하거나, 아니면 법원 등의 화해권고결정에 대하여 2주의 기간 내에 이의신청을 하지 않거나 이의신청을 취하·포기하면 재판상 화해가 성립하고, 그것이 기재된 화해조서는 확정판결과 동일한 효력을 갖는다(민사소송법 제145조·제225조·제220조).

문제는 이러한 재판상 화해에 관한 민사소송법 규정들이 행정소송 중 항고소송에 준용될 수 있는가에 있는데, 종래의 통설은 항고소송의 공익적 성격에 의거하여 그 준용을 전면적으로 부정하였다. 그러나 사견에 의하면, 현행법의 해석론으로서도, 화해의 가능성은 '쟁송절차의 일반원칙'이라는 점, 행정청의 처분권한은 화해를 통하여 행사된다는 점, 항고소송의 공익적 성격은 법원의 화해권고결정을 통하여 확보될 수 있다는 점 등을 근거로, 항고소송에 대해서도 — 당사자의 자발적인 화해는 제외하고 — 법원의 화해권고결정에 의한 재판상 화해에 관해서는 민사소송법의 규정들이 준용될 수 있다고 보았다.11) 다시 말해, 항고소송이라고 하더라도 그것이 '소송'절차인 이상, 재판상 화해에 관하여 처분권주의를 완전히 부정하고 직권주의를 관철시키는 것은 타당하지 않고, 전자의 문제점을 방지하는 선에서 후자를 도입하는 식으로 양자를 조화시킬 것이 요청된다.

실무상 항고소송에서 법원의 (구두)권고 또는 조정을 통하여 당사자 쌍방이 합의하면 피고 행정청이 직권으로 계쟁처분을 취소 또는 변경하고 이에 따라 원고가 소를 취하하기로 합의하는 소위 '사실상 화해'가 빈번히 이루어져 왔다. 이

---

11) 졸저, 전게서, 626면 이하 참조.

과정에서 문제점과 부작용들이 지적되어, 오히려 화해 제도를 명문화 내지 공식화하면서 그 요건과 절차를 엄격하게 제한하는 것이 바람직하다는 견지에서, 2012년 법무부 행정소송법 개정안에서 법원의 화해권고결정을 통한 화해 제도가 도입되었다. 개정안은 화해권고결정의 실체적·절차적 요건으로서, 당사자의 권리 및 권한의 범위 내이어야 하고, "공공복리에 적합하지 아니하거나 당해 처분 등의 성질에 반하는 경우"에는 허용되지 아니하며, 법원은 사건의 법적·사실적 상태와 당사자의 이익 등 그 밖의 모든 사정을 참작하고, 화해권고결정 이유의 취지를 설시하여야 한다고 규정하고 있다. 또한 화해권고결정에 의하여 직접 권리 또는 이익의 침해를 받을 제3자 또는 화해의 대상인 처분에 관하여 동의·승인·협의 등의 법령상 권한을 가진 행정청이 있는 경우에, 법원은 그 제3자 또는 행정청의 동의를 받아야 하고, 그 동의가 없을 때에는 확정된 화해권고결정에 대하여 재심을 청구할 수 있다.[12]

(2) 행정심판법에는 화해에 관한 명문의 규정이 없을 뿐만 아니라 민사소송법의 준용 규정도 없기 때문에, 현행법상으로는 민사소송에서와 동일한 화해 — 화해권고결정에 의한 경우도 포함하여 — 가 인정되지 않는 것으로 보아야 할 것이다. 그러나 상술한 행정소송에서의 '사실상 화해'는 행정심판에서도 허용될 수 있을 것이다. 행정심판 실무상 그동안 이러한 '사실상 화해'도 거의 이루어지지 아니한 것으로 알고 있는데, 피청구인(처분청)의 직권취소·변경과 이에 따른 청구인의 심판청구 취하는 그 자체로 각각 이론적으로 문제가 없는데다가 그 양자를 연결하기로 하는 합의도 일종의 공법상계약으로서 유효하다고 할 것이므로, 현행법상으로도 행정심판에서 '사실상 화해'는 활성화될 수 있다고 본다.

뿐만 아니라, 입법론으로 행정소송법의 개정에 의하여 항고소송에 있어 법원의 화해권고결정에 의한 화해 제도가 도입된다면, 행정심판에서도 행정심판위원회의 화해권고결정에 의한 화해 제도를 도입하는 데 반대할 이유를 찾기 어렵다. 오히려 행정심판의 감독적 기능과 행정심판위원회의 조정적 역할을 감안하면 행정심판에서는 더욱 적극적으로 고려될 수 있을 것이다. 다만, 행정심판의 사건처리기간이 짧다는 점과 처분청과 행정심판위원회의 의견교환이 보다 용이하다는 점을 고려하여, 화해권고결정에 대한 이의신청기간을 행정소송법 개정안에서의

---

12) 자세한 내용은 졸고, 원고적격·의무이행소송·화해권고제도, 「행정소송법 개정안 공청회」, 법무부, 2012년 참조.

30일보다 단축하여 민사소송법에서와 같이 2주일로 정하는 방안이 검토되어야
할 것이다. 또한 이의신청 각하결정에 대한 불복수단과 제3자의 재심청구에 관하
여 소송법상 용어인 '즉시항고'와 '재심' 대신에 행정심판에 적절한 용어로서 양자
모두 '취소를 요구할 수 있다'라고 규정하는 것도 가능할 것이다. 제3자의 재심청
구 내지 취소요구에 관해서는 재심에 관한 민사소송법 규정들을 준용하기보다는
이를 모범삼아 행정심판법에 독자적 규정을 마련하는 방안이 바람직할 것이다.

6. 청구의 포기·인낙의 문제

> 민사소송법 제220조 (화해, 청구의 포기·인낙조서의 효력) 화해, 청구의 포기·인낙
> 을 변론조서·변론준비기일조서에 적은 때에는 그 조서는 확정판결과 같
> 은 효력을 가진다.
> 행정소송법 제8조 (법적용예) ② 행정소송에 관하여 이 법에 특별한 규정이 없는 사
> 항에 대하여는 … 민사소송법 …의 규정을 준용한다.

(1) 민사소송에서는 원고에 의한 청구의 포기 및 피고에 의한 청구의 인낙이
아무런 제한 없이 인정되고, 이러한 청구의 포기·인낙이 조서에 기재되면 확정판
결과 동일한 효력을 갖는다(민사소송법 제220조). 행정소송법에는 이에 관한 명문
의 규정은 없고 민사소송법의 준용 규정만이 문제되는데, 행정소송에 있어서는
그 공익적 성격 때문에 청구의 포기·인낙이 허용되지 않는다는 것이 종래 일치
된 견해이다. 사견에 의하더라도, 청구의 포기와 인낙은 전혀 법원의 개입 없이
당사자들의 임의에 의한 것으로서, 확정판결과 동일하게 소송물인 계쟁처분 전체
의 적법성 또는 위법성에 관하여 기판력이 발생한다는 점에서, 당사자주의(처분권
주의)의 극단적 표현이기 때문에, 당사자주의와 직권주의의 조화를 꾀하여야 하는
행정소송에서는 허용되지 않는다고 할 것이다. 항고소송·기관소송·민중소송만
이 아니라 당사자소송에서도 마찬가지라고 본다. 앞으로 행정소송법 개정에 의하
여 국가배상청구와 공법상 부당이득반환청구가 당사자소송으로 전환되더라도 그
청구의 공적 성격에 비추어 청구의 포기·인낙은 배제되어야 할 것이다.
(2) 이와 같이 행정소송에서 청구의 포기·인낙이 허용되지 않는다면, 민사소
송법의 준용 규정이 없는 행정심판에서는 더더욱 허용되어서는 아니 될 것이다.
만일 청구인이 청구의 포기와 같은 취지의 진술을 하였을 때에는 위원회는 석명

권을 행사하여 청구의 '취하'로 처리하여야 하고, 피청구인(처분청)이 청구의 인낙과 같은 취지의 진술을 하였을 때에도 이를 사실에 관한 자백으로 취급하여 사실인정을 거쳐 본안판단을 하여 인용재결을 하여야 한다. 자백의 구속력과 자백에 대한 피청구인 또는 그 소속 직원의 책임에 관해서는 후술한다.

Ⅲ. 審理의 내용

1. 청구이유와 당사자의 주장사실

민사소송법 제249조 (소장의 기재사항) ① 소장에는 당사자와 법정대리인, 청구의 취지와 원인을 적어야 한다.

② 소장에는 준비서면에 관한 규정을 준용한다.

제256조 (답변서의 제출의무) ① 피고가 원고의 청구를 다투는 경우에는 소장의 부본을 송달받은 날부터 30일 이내에 답변서를 제출하여야 한다. (이하 생략)

④ 답변서에는 준비서면에 관한 규정을 준용한다.

제134조 (변론의 필요성) ① 당사자는 소송에 대하여 법원에서 변론하여야 한다. 다만, 결정으로 완결할 사건에 대하여는 법원이 변론을 열 것인지 아닌지를 정한다.

제208조 판결서의 기재사항 등) ② 판결서의 이유에는 주문이 정당하다는 것을 인정할 수 있을 정도로 당사자의 주장, 그 밖의 공격·방어방법에 관한 판단을 표시한다.

행정소송법 제8조 (법적용예) ② 행정소송에 관하여 이 법에 특별한 규정이 없는 사항에 대하여는 … 민사소송법 …의 규정을 준용한다.

행정심판법 제28조 (심판청구의 방식) ① 심판청구는 서면으로 하여야 한다.

② 처분에 대한 심판청구의 경우에는 심판청구서에 다음 각 호의 사항이 포함되어야 한다.

　5. 심판청구의 취지와 이유

제24조 (피청구인의 심판청구서 등의 접수·처리) ① 피청구인이 …심판청구서를 접수하거나 송부받으면 10일 이내에 …답변서를 위원회에 보내야 한다. (이하 생략)

④ 피청구인은 … 청구인의 수만큼 답변서 부본을 함께 보내되, 답변서에는 다음 각 호의 사항을 명확하게 적어야 한다.

　1. 처분이나 부작위의 근거와 이유

2. 심판청구의 취지와 이유에 대응하는 답변
제33조 (주장의 보충) ① 당사자는 심판청구서·보정서·답변서·참가신
청서 등에서 주장한 사실을 보충하고 다른 당사자의 주장을 다시 반박
하기 위하여 필요하면 위원회에 보충서면을 제출할 수 있다. 이 경우 다
른 당사자의 수만큼 보충서면 부본을 함께 제출하여야 한다.

(1) 심리의 '내용'은 심리의 대상, 즉 청구취지가 이유 있는지 여부를 판단하
기 위한 근거이다. 이에 관하여 민사소송에서는 철저히 당사자주의를 취하고 있
다. 즉, 원고는 소장에서 청구원인을 기재하여야 하고, 피고는 이에 대한 답변서
를 제출하여야 하는데, 소장과 답변서의 내용은 준비서면에 준하여 변론기일에서
주장되고(민사소송법 제249조·제256조), 그 이후에도 준비서면과 변론을 통하여 원
고와 피고는 공격·방어방법을 제출하는데, 법원은 이와 같이 당사자에 의해 변론
에서 주장된 사실에 대해서만 심리를 하고 그 판단을 판결이유에 기재한다(제208
조). 요컨대, 민사소송에 있어 심리의 내용은 당사자가 주장한 사실에 한정된다.
(2) 행정소송에서는 위와 같은 민사소송법 규정들이 준용되지만, 후술하는
바와 같이 특칙으로서 직권심리에 관한 규정(제26조)이 있기 때문에, 심리의 내용
이 당사자의 주장 사실에 한정되지 않는다. 그러나 제26조가 "필요하다고 인정할
때에는 … 당사자가 주장하지 아니한 사실에 대하여도 판단할 수 있다"고 규정하
고 있다시피, 일차적으로는 당사자가 변론에서 주장한 사실이 판단 대상이 된다.
취소소송에서의 심리의 내용은 소송물인 '계쟁처분의 위법성 일반'이므로, 법령
상의 요건 충족 여부와 재량권남용 여부의 문제를 포함하고, 이에 관한 주요사실
내지 요건사실만이 아니라 그 근거가 되는 보조사실들도 포괄한다.
(3) 행정심판에서도 청구인은 심판청구서에서 '청구이유'[13]를 기재하고, 피
청구인은 답변서에서 처분·부작위의 근거와 이유, 그 밖에 심판청구의 취지와 이
유에 대응하는 답변을 기재하며, 그 후에도 '보충서면'을 통하여 각자의 주장을

---

13) 민사소송법에서는 청구의 '원인'이라고 하는 반면, 행정심판법에서는 청구의 '이유'라고
한다. 이러한 용어상의 차이는, 민사소송에서는 원고가 주장하는 청구권을 근거지우는
것이라는 의미에서 청구의 '원인'이라고 부르지만, 행정심판에서는 계쟁처분의 위법성의
사유들을 주장한다는 의미에서 청구의 '이유'라고 부르는 것이 자연스럽다는 점에서 충
분히 수긍이 간다. 그렇다면 행정소송(항고소송)에서도 마찬가지로 청구의 '이유'라고
하는 것이 타당하겠으나, 민사소송법의 준용 때문에 행정소송에서는 청구의 '원인'이라
고 부를 수밖에 없을 것이다.

제출한다(행정심판법 제28조·제24조·제33조). 직권심리에 관한 제39조는, 행정소송 법에서와 마찬가지로, "필요하면 당사자가 주장하지 아니한 <u>사실에 대하여도</u> 심 리할 수 있다"라고 규정하고 있다. 따라서 행정심판에서도 심리의 내용은 일차적 으로 당사자가 주장한 사실이라고 할 것이다. 또한 행정소송에서와 마찬가지로, 심리의 내용은 계쟁처분의 법령상 요건 충족 여부와 재량권남용 여부, 그리고 이 에 관한 주요사실 내지 요건사실들을 포괄한다.

　주의를 요하는 것은, 민사소송과 행정소송에서는 반드시 당사자의 주장은― 준비서면을 제출한 경우에도―'변론'에서 이루어지는 것인 반면, 행정심판에서는 '서면'을 통하여 이루어진다는 점이다. 이는 구술심리의 경우에도 마찬가지로 보 아야 할 것이다. 구술심리에서는 그 서면들의 내용이 진술되는 것이 아니기 때문 이다. 구술심리는 서면에 의한 주장을 전제로, 그 내용을 확인하고 보충 또는 수 정하기 위한 것이다.

　또한 특기할 것은 위 행정심판법 제33조에서 말하는 '보충서면'이다. 여기서 '보충'이라고 하는 것은 심판청구서와 답변서에 기재된 내용 이외의 주장들을 '추 가'한다는 의미이다. 그럼에도 '보충'이라는 표현 때문에 당초 심판청구서와 답변 서에 기재된 내용의 범위 안에 한정된다는 오해를 불러일으킬 수 있다. 입법론적 으로 수정이 필요한 부분이다.

2. 직권심리주의

민사소송법 해당 규정 없음 (소액사건심판법도 동일)

행정소송법 제26조 (직권심리) 법원은 필요하다고 인정할 때에는 직권으로 증거조 사를 할 수 있고, 당사자가 주장하지 아니한 사실에 대하여도 판단할 수 있다.

행정심판법 제39조 (직권심리) 위원회는 필요하면 당사자가 주장하지 아니한 사실 에 대하여도 심리할 수 있다.

　(1) 행정소송에서는 주지하다시피 소위 '변론주의 보충설'이라고 하여 직권 심리의 범위가 기록상 현출된 사실에 한정된다는 것이 확립된 판례이다. 다시 말 해, 반드시 '변론'에서 주장되어 변론조서에 기재되어 있지 않더라도, 증인신문조 서 그 밖에 당사자들이 제출한 증거서류 등 사건기록에 포함된 제반 서류에 현출

되어 있으면 충분하다는 것이다.

(2) 반면에 행정심판에서는 반드시 기록상 현출된 사실에 한정될 필요가 없다고 할 것이다. 위와 같은 '변론주의 보충설'의 판례는—그 자체의 타당성 여부는 차치하고서라도—행정소송에 관한 것일 뿐만 아니라, 상술한 바와 같이 행정심판에서는 당사자의 주장들이 '서면'을 통하여 제출되는 것이므로 만일 직권심리의 범위가 기록에 현출된 사실에만 한정된다고 하면 '당사자가 주장하지 아니한 사실에 대하여도 심리할 수 있다'는 규정의 의미가 거의 없어지기 때문이다. 물론 당사자가 서면에서 명시적으로 주장하지 않았지만 기록에는 나타나 있는 사실이 충분히 있을 수 있겠으나, 이에 한정하지 않고 그 밖에 계쟁처분의 위법성의 원인이 되는 사유들을 심리하는 것이 행정심판의 기능에 비추어 타당할 것이다. 이러한 의미에서, 序說의 마지막 부분에서 강조한 바와 같이, 행정심판에서 심리의 '내용'에 관해서는, 당사자주의를 기본으로 하면서도, 직권주의가 최대한 수용되어야 한다고 말할 수 있다.

이러한 직권심리는 청구인뿐만 아니라 피청구인(처분청)에 대해서도 적용된다. 다만, 피청구인이 답변서와 보충서면을 통해 주장하지 않았거나 기록에 현출되지도 아니한 사실로서, 계쟁처분의 적법성을 이루는 것에 관해서도 직권으로 심리할 수 있겠으나, 처분사유의 추가·변경의 제한 때문에, 그것은 당초 처분에서 제시된 처분이유와 기본적 사실관계가 동일한 범위 내로 한정되어야 할 것이다.

3. 주장책임의 문제

(1) 민사소송에서는 당사자가 변론에서 주장하지 아니한 사실에 대해서는 판단할 수 없기 때문에, 공격·방어방법에 관하여 당사자에게 주장책임이 부과된다. 그리고 그 주장책임에 속하는 공격·방어방법을 제출하지 않는 한 결코 심리의 내용이 될 수 없다는 의미에서 '절대적' 주장책임이다.

(2) 반면에, 행정소송에서는 '변론주의 보충설'의 판례에 의하면 일건기록에 현출된 사실은 변론에서 주장되지 않더라도 심리의 내용에 포함될 수 있으므로, 민사소송에서와 같은 절대적인 주장책임이 아니라 그보다 완화된, 말하자면 '기록현출책임'이라고 하여야 할 것이다. 일건기록에 현출되지 않으면 심리에서 제외되는 불이익을 입는다는 의미이다.

(3) 행정심판에서는 상술한 바와 같이 직권심리의 범위가 기록상 현출된 사

실에 한정되지 않으므로, 민사소송에서와 같은 '절대적' 주장책임은 있을 수 없다. 다만, 직권심리도 위원회가 '필요하면' 당사자가 주장하지 아니한 사실에 대하여 심리하는 것이므로, 당사자가 서면으로 명백히 주장하지 아니 한 때에는 사실상 심리에서 제외될 불이익을 받을 수 있다. 이러한 의미에서 행정심판에서도 '상대적' 주장책임은 부정할 수 없다.

4. 석명

민사소송법 제136조 (釋明權·求問權 등) ① 재판장은 소송관계를 분명하게 하기 위하여 당사자에게 사실상 또는 법률상 사항에 대하여 질문할 수 있고, 증명을 하도록 촉구할 수 있다.

④ 법원은 당사자가 간과하였음이 분명하다고 인정되는 법률상 사항에 관하여 당사자에게 의견을 진술할 기회를 주어야 한다.

제140조 (법원의 석명처분) ① 법원은 소송관계를 분명하게 하기 위하여 다음 각호의 처분을 할 수 있다.

1. 당사자 본인 또는 그 법정대리인에게 출석하도록 명하는 일
2. 소송서류 또는 소송에 인용한 문서, 그 밖의 물건으로서 당사자가 가지고 있는 것을 제출하게 하는 일
3. 당사자 또는 제3자가 제출한 문서, 그 밖의 물건을 법원에 유치하는 일
4. 검증을 하고 감정을 명하는 일
5. 필요한 조사를 촉탁하는 일

② 제1항의 검증·감정과 조사의 촉탁에는 이 법의 증거조사에 관한 규정을 준용한다.

행정소송법 제8조 (법적용예) ② 행정소송에 관하여 이 법에 특별한 규정이 없는 사항에 대하여는 …민사소송법…의 규정을 준용한다.

행정심판법 관련 규정 없음

행정소송에서는 민사소송법상 재판장의 석명권과 구문권, 당사자가 간과한 법률상 사항에 관한 의견 진술의 기회 부여 및 법원의 석명처분 등에 관한 규정들이 준용된다. 행정소송에서는 민사소송에 비하여 직권주의적 성격이 어느 정도 ─ 그 정도에 관해서는 견해가 대립할 수 있을 것이지만 ─ 강하다고 할 것이므로, 민사소송에서보다 더 적극적인 석명이 요청된다고 할 수 있다.

序說에서 강조한 바와 같이 행정심판에서는 행정소송에 비하여 더 직권주의
적 요소가 강화되어야 할 것임에도 불구하고, 행정심판법상 석명에 관한 규정이
전혀 없다. 그러나 민사소송에서도 명문의 규정에 의하여 석명이 인정된다고 한
다면, 민사소송법이 준용되는 행정소송은 물론, 행정심판에서도 더더욱 석명이
인정되어야 할 것이고, 이러한 관점에서 행정심판에서는 헌법상 '사법절차의 준
용'규정에 의거하여 민사소송법상 석명에 관한 규정 또는 최소한 그 법원리 내
지 법정신이 준용될 수 있다고 할 것이다.

5. 처분사유의 추가·변경

행정심판에서의 처분사유의 추가변경에 관해서는 아직 판례가 없으나, 행정
심판의 실무에서는 행정소송에서와 같이[14] 처분사유의 추가변경이 엄격히 제한
되고 있다. 이에 관하여 필자는 행정심판의 자기통제적·행정감독적 기능에 의거
하여 비판적 견해를 피력한 바 있다.[15] 그러나 현재는 행정심판의 준사법적·쟁송
절차적 성격이 강화되었기 때문에, 행정절차법상 행정청의 이유제시의무를 중시
한다는 점에서, 피청구인(처분청)에 의한 처분사유의 추가·변경을 행정소송에서
와 동일하게 제한하는 데 찬성할 수 있다.

6. 판단기준시의 문제

대법원 판례에 의하면, 행정심판에 있어 위법·부당의 판단기준시도 예외 없
이 행정소송에서와 동일하게 處分時이다.[16] 이에 관해서도 필자는 행정심판의 자
기통제적·행정감독적 기능에 의거하여 비판적 견해를 피력한 바 있으나,[17] 이제
는 강화된 행정심판의 준사법적·쟁송절차적 성격에 의거하여 비추어 위와 같은
대법원 판례를 충분히 수긍할 수 있다. 하지만 행정심판의 — 부분적인 — 자기통
제적 기능과 소송경제를 고려하면, 사실상태에 관해서는 處分時를 기준으로 하면

---

14) 處分時에 기재된 처분이유와 기본적 사실관계가 동일한 범위 내에서만 처분사유의 추가
    변경이 허용된다는 것이 확립된 대법원 판례인데, 그 사안들을 보면 사실관계의 변경 없
    이 단순히 근거법령만을 추가하거나 추상적 또는 불명확한 당초의 처분이유를 구체화하
    는 경우에만 기본적 사실관계의 동일성을 인정하고 있다. 상세한 내용은 拙著, 『행정소
    송의 구조와 기능』, 2006, 474면 이하 참조.
15) 졸고, 행정심판법의 구조와 기능, 『행정법연구』 제12호 (2004. 10.), 241-271면 (249면).
16) 대법원 2001. 7. 27. 선고 99두5092 판결.
17) 졸고, 전게논문(행정심판법의 구조와 기능) 251면.

서도, 법령에 관해서는 裁決時를 기준으로 하는 절충적인 해결방안이 보다 더 타당한 것이 아닌가 생각한다.

7. 행정심판에서의 부수적 규범통제

행정소송법 제6조 (명령·규칙의 위헌판결등 공고) ① 행정소송에 대한 대법원판결에 의하여 명령·규칙이 헌법 또는 법률에 위반된다는 것이 확정된 경우에는 대법원은 지체없이 그 사유를 총무처장관에게 통보하여야 한다.
② 제1항의 규정에 의한 통보를 받은 총무처장관은 지체없이 이를 관보에 게재하여야 한다.

헌법 제107조 ② 명령·규칙 또는 처분이 헌법이나 법률에 위반되는 여부가 재판의 전제가 된 경우에는 대법원은 이를 최종적으로 심사할 권한을 가진다.

행정심판법 제59조 (불합리한 법령 등의 개선) ① 중앙행정심판위원회는 심판청구를 심리·재결할 때에 처분 또는 부작위의 근거가 되는 명령 등(대통령령·총리령·부령·훈령·예규·고시·조례·규칙 등을 말한다. 이하 같다)이 법령에 근거가 없거나 상위 법령에 위배되거나 국민에게 과도한 부담을 주는 등 크게 불합리하면 관계 행정기관에 그 명령 등의 개정·폐지 등 적절한 시정조치를 요청할 수 있다.
② 제1항에 따른 요청을 받은 관계 행정기관은 정당한 사유가 없으면 이에 따라야 한다.

법규명령 이외에 훈령·예규 등 행정규칙도 포함되고, 위법성뿐만 아니라 '현저한 불합리성'도 심사대상이 된다는 점이 법원에 의한 구체적 규범통제와 다르다. 국무총리 소속기관인 중앙행정심판위원회가 대통령령에 대해서까지 시정조치를 요청할 수 있도록 한 것에 대해 의문이 제기될 수 있다. 그러나 시정조치를 요구하는 대상이 대통령이 아니라 '관계 행정기관'이기 때문에, 당해 대통령령의 주무부서인 장관에게 대통령령의 개정·폐지를 제안하도록 요청하고, 그 장관은 정당한 사유가 없으면 이에 따르도록 하는 것이 위헌은 아니라고 할 것이다. 그 개정·폐지안이 국무회의 또는 대통령에 의해 부결되는 것은 별개의 문제이다.

Ⅳ. 審理의 자료

1. 당사자의 증거신청 및 증거제출

민사소송법 제289조 (증거의 신청과 조사) ① 증거를 신청할 때에는 증명할 사실을 표시하여야 한다.

제290조 (증거신청의 채택여부) 법원은 당사자가 신청한 증거를 필요하지 아니하다고 인정한 때에는 조사하지 아니할 수 있다. 다만, 그것이 당사자가 주장하는 사실에 대한 유일한 증거인 때에는 그러하지 아니하다.

행정소송법 제8조 (법적용예) ② 행정소송에 관하여 이 법에 특별한 규정이 없는 사항에 대하여는 … 민사소송법 …의 규정을 준용한다.

행정심판법 제34조 (증거서류등의 제출) ① 당사자는 심판청구서·보정서·답변서·참가신청서·보충서면 등에 덧붙여 그 주장을 뒷받침하는 증거서류나 증거물을 제출할 수 있다.

제36조 (증거조사) ① 위원회는 사건을 심리하기 위하여 필요하면 직권으로 또는 당사자의 신청에 의하여 다음 각 호의 방법에 따라 증거조사를 할 수 있다.

　　1. 당사자나 관계인(관계 행정기관 소속 공무원을 포함한다. 이하 같다)을 위원회의 회의에 출석하게 하여 신문(訊問)하는 방법

　　2. 당사자나 관계인이 가지고 있는 문서·장부·물건 또는 그 밖의 증거자료의 제출을 요구하고 영치(領置)하는 방법

　　3. 특별한 학식과 경험을 가진 제3자에게 감정을 요구하는 방법

　　4. 당사자 또는 관계인의 주소·거소·사업장이나 그 밖의 필요한 장소에 출입하여 당사자 또는 관계인에게 질문하거나 서류·물건 등을 조사·검증하는 방법

　(1) 심리의 '자료'는 심리의 내용인 당사자의 주장 및 직권조사사항 중 사실부분을 인정하기 위한 증거를 의미한다. 이에 관해서는 민사소송과 행정소송에서 모두 당사자주의가 원칙이다. 즉, 원칙적으로 당사자의 증거신청 및 증거제출에 의거하여 증거조사가 이루어지고, 직권에 의한 증거조사는 보충적으로 이루어진다. 이는 후술하는 바와 같이 행정심판에서도 마찬가지이다.[18]

---

18) 다만, 행정심판을 행정절차에 대한 사후심으로 파악하게 되면, 행정심판에서의 증거조사는 독자적인 사실인정을 위한 것이 아니라 피청구인(처분청)에 의한 사실인정의 타당성 여부를 검토하기 위한 것으로 이해될 수 있을 것이다. 아래 Ⅴ.의 3.(심리의 관점) 참조.

(2) 다만 유의할 것은 증거서류와 증거물의 제출에 관한 부분이다. 즉, 민사소송·행정소송에서는 서증(증거서류), 증거물, 증인신문, 감정, 검증 등 모든 증거방법에 관하여 당사자가 증거'신청'을 하고, 이에 대하여 법원이 증거'채택'을 한후 증거'조사'를 하게 된다. 반면에, 행정심판법 제36조에 의하면, 당사자의 신청에 의한 증거조사는 그 제1항 제1호 내지 제4호에 규정된 방법, 즉 관계인신문, 자료제출요구, 감정, 현장조사·검증에 국한되고, 이와 별도로 동법 제34조에서 당사자는 그 주장을 뒷받침하기 위한 증거서류나 증거물을 제출할 수 있다고 규정하고 있으며, 민사소송법 제290조와 같은 증거신청의 채택에 관한 규정이 없다. 따라서 민사소송과 행정소송에서는 당사자가 서증(증거서류) 또는 증거물을 제출하더라도 법원이 이를 증거로 채택하지 않기로 하는 결정을 하면 증거조사의 대상이 되지 않기 때문에 사건기록에 편철되지 않고 당사자에게 반환되는 반면, 행정심판법에는 당사자가 제출한 증거서류와 증거물은 무조건 증거로서 취급되어야 하는 것으로 해석된다. 이러한 점은 행정심판에서 당사자의 공격·방어의 편의를 위한다는 취지로 이해될 수 있으나, 사건과 직접 관계없는 무용한 서류와 증거물들이 대량으로 제출되는 것을 막을 수 없다는 단점이 있으므로, 입법론적으로 검토되어야 할 부분이다.[19]

2. 직권증거조사

민사소송법 제292조 (직권에 의한 증거조사) 법원은 당사자가 신청한 증거에 의하여 심증을 얻을 수 없거나, 그 밖에 필요하다고 인정한 때에는 직권으로 증거조사를 할 수 있다.

행정소송법 제26조 (직권심리) 법원은 필요하다고 인정할 때에는 직권으로 증거조사를 할 수 있고, 당사자가 주장하지 아니한 사실에 대하여도 판단할 수 있다.

행정심판법 제36조 (증거조사) ① 위원회는 사건을 심리하기 위하여 필요하면 직권으로 또는 당사자의 신청에 의하여 다음 각 호의 방법에 따라 증거조사를 할 수 있다. (이하 생략)

(1) 심리의 '자료' 즉, 증거에 관해서는 상술한 바와 같이 당사자주의가 원칙

---

19) 행정심판법의 구체적인 개선방안에 관해서는 김광수/박정훈, 국민권익위원회 「행정심판·행정소송·행정절차 제도의 조화방안 연구」 2012, 58면 참조.

이지만, 민사소송과 행정소송에서는 직권에 의한 증거조사가 보충적으로 인정된다. 다만, 민사소송법 제292조에서는 그 요건이 "당사자가 신청한 증거에 의하여 심증을 얻을 수 없거나 그 밖에 필요하다고 인정할 때에는"이라고 규정되어 있는 반면, 행정소송법에서는 위 민사소송법 규정을 준용하지 않고 직권심리에 관한 별도의 조문(제26조)에서 "필요하다고 인정할 때에는"이라고 규정하고 있는 점에서, 행정소송에서는 민사소송에 비해 직권증거조사가 보다 더 적극적으로 이루어져야 할 것으로 해석된다.

(2) 행정심판법에서는 위와 같은 민사소송법·행정소송법상의 보충성 요건이 없고, 오히려 증거조사에 관한 제36조에서 "직권으로 또는 당사자의 신청에 의하여"라고 규정하고 있다. 이와 같이 '직권'이 '당사자의 신청'에 선행되어 있으나, 상술한 바와 같이 당사자의 증거제출에 관한 제34조가 먼저 규정되어 있고, 행정심판도 어디까지나 행정'쟁송'으로서, 당사자의 공격·방어가 주된 역할을 한다는 점에서, 행정심판에서도 당사자의 신청에 의한 증거조사가 원칙이고 직권에 의한 증거조사는 보충적인 것으로 보아야 할 것이다. 다만, 위와 같은 제36조의 규정방식과 행정심판의 직권주의적 성격에 비추어 행정심판에서는 직권증거조사가 민사소송에 비해서는 물론, 행정소송에 비해서도 보다 더 적극적으로 이루어져야 한다는 점은 분명하다.

3. 증거조사의 종류

(1) 증거서류의 제출

민사소송법 제343조 (서증신청의 방식) 당사자가 서증(書證)을 신청하고자 하는 때에는 문서를 제출하는 방식 또는 문서를 가진 사람에게 그것을 제출하도록 명할 것을 신청하는 방식으로 한다.

제356조 (공문서의 진정의 추정) ① 문서의 작성방식과 취지에 의하여 공무원이 직무상 작성한 것으로 인정한 때에는 이를 진정한 공문서로 추정한다.

② 공문서가 진정한지 의심스러운 때에는 법원은 직권으로 해당 공공기관에 조회할 수 있다.

③ 외국의 공공기관이 작성한 것으로 인정한 문서에는 제1항 및 제2항의 규정을 준용한다.

제357조 (사문서의 진정의 증명) 사문서는 그것이 진정한 것임을 증명하여야 한다.

> 제358조 (사문서의 진정의 추정) 사문서는 본인 또는 대리인의 서명이
> 나 날인 또는 무인(拇印)이 있는 때에는 진정한 것으로 추정한다.
> 제359조 (필적 또는 인영의 대조) 문서가 진정하게 성립된 것인지 어떤
> 지는 필적 또는 인영(印影)을 대조하여 증명할 수 있다.
> 제363조 (문서성립의 부인에 대한 제재) ① 당사자 또는 그 대리인이
> 고의나 중대한 과실로 진실에 어긋나게 문서의 진정을 다툰 때에는 법
> 원은 결정으로 200만원 이하의 과태료에 처한다.
>
> 행정소송법 제8조 (법적용예) ② 행정소송에 관하여 이 법에 특별한 규정이 없는 사
> 항에 대하여는 … 민사소송법 …의 규정을 준용한다.
>
> 행정심판법 제34조 (증거서류등의 제출) ① 당사자는 심판청구서·보정서·답변서·
> 참가신청서·보충서면 등에 덧붙여 그 주장을 뒷받침하는 증거서류나
> 증거물을 제출할 수 있다.

  민사소송과 행정소송에서는 위 민사소송법 제356조 내지 제363조 규정들에
의하여 문서의 진정이 인정될 때에만 증거가 될 수 있다. 반면에, 현행 행정심판
법에는 증거서류의 진정에 관한 규정이 없기 때문에, 민사소송과 행정소송에서는
'증명'이 요구되는 반면, 행정심판에서는 '소명'만으로 충분하다는 결과가 된다.
그러나 행정심판에서도 증거서류의 남용을 방지하고 그 신빙성을 확보하여 행정
심판의 '준사법절차'로서의 성격을 강화하기 위하여, 증거서류의 진정에 관한 규
정들을 도입할 필요가 있다. 그 구체적인 방안으로, 행정심판법에도 민사소송법
에서와 같은 공문서 및 사문서의 진정의 추정에 관한 규정과 상대방에 의한 문서
의 진정 認否 제도를 도입하되, 사문서에 대하여 상대방이 진정을 다투는 경우에
모두 증명을 요구할 것이 아니라, 위원회가 판단하여 그 진정이 의심스러운 때에
한하여 직권으로 당사자로 하여금 이를 증명하도록 요구하는 방식을 채택하는 것
이 행정심판의 특수성과 절차의 신속성의 관점에서 바람직할 것이다.[20]

(2) 문서제출 요구·명령

> 민사소송법 제344조 (문서의 제출의무) ① 다음 각호의 경우에 문서를 가지고 있는
> 사람은 그 제출을 거부하지 못한다.
>   1. 당사자가 소송에서 인용한 문서를 가지고 있는 때

---

20) 김광수/박정훈, 전게 보고서(행정심판·행정소송·행정절차 제도의 조화방안 연구, 2012),
   59면 참조.

2. 신청자가 문서를 가지고 있는 사람에게 그것을 넘겨 달라고 하거나 보겠다고 요구할 수 있는 사법상의 권리를 가지고 있는 때

3. 문서가 신청자의 이익을 위하여 작성되었거나, 신청자와 문서를 가지고 있는 사람 사이의 법률관계에 관하여 작성된 것인 때. 다만, 다음 각목의 사유 가운데 어느 하나에 해당하는 경우에는 그러하지 아니하다. (이하 생략)

제347조 (제출신청의 허가여부에 대한 재판) ① 법원은 문서제출신청에 정당한 이유가 있다고 인정한 때에는 결정으로 문서를 가진 사람에게 그 제출을 명할 수 있다.

제348조 (불복신청) 문서제출의 신청에 관한 결정에 대하여는 즉시항고를 할 수 있다.

제349조 (당사자가 문서를 제출하지 아니한 때의 효과) 당사자가 제347조 제1항·제2항 및 제4항의 규정에 의한 명령에 따르지 아니한 때에는 법원은 문서의 기재에 대한 상대방의 주장을 진실한 것으로 인정할 수 있다.

제350조 (당사자가 사용을 방해한 때의 효과) 당사자가 상대방의 사용을 방해할 목적으로 제출의무가 있는 문서를 훼손하여 버리거나 이를 사용할 수 없게 한 때에는, 법원은 그 문서의 기재에 대한 상대방의 주장을 진실한 것으로 인정할 수 있다.

행정소송법 제8조 (법적용예) ② 행정소송에 관하여 이 법에 특별한 규정이 없는 사항에 대하여는 … 민사소송법 …의 규정을 준용한다.

행정심판법 제35조 (자료의 제출 요구 등) ① 위원회는 사건 심리에 필요하면 관계 행정기관이 보관 중인 관련 문서, 장부, 그 밖에 필요한 자료를 제출할 것을 요구할 수 있다.

③ 관계 행정기관의 장은 특별한 사정이 없으면 제1항과 제2항에 따른 위원회의 요구에 따라야 한다.

제36조 (증거조사) ① 위원회는 사건을 심리하기 위하여 필요하면 직권으로 또는 당사자의 신청에 의하여 다음 각 호의 방법에 따라 증거조사를 할 수 있다.

2. 당사자나 관계인이 가지고 있는 문서·장부·물건 또는 그 밖의 증거자료의 제출을 요구하고 영치(領置)하는 방법

특기할 것은 민사소송과 행정소송에서의 문서제출명령(민사소송법 제347조)과 행정심판법상의 자료제출요구(제35조·제36조)의 차이점이다. 즉, 문서제출명령의 경우에는 당사자가 문서를 제출하지 않거나 훼손 또는 사용불능케 한 때에는 그

문서의 기재에 대한 상대방의 주장을 진실한 것으로 인정할 수 있는데(민사소송법 제349조·제350조), 행정심판법상의 자료제출요구에는 이러한 규정이 없다. 위 민사소송법의 규정에 의하더라도 법원이 반드시 그 문서의 기재에 대한 상대방의 주장을 진실된 것으로 인정하여야 하는 것은 아니고, 어디까지나 법원의 자유심증에 의한 재량에 속한다. 따라서 행정심판법에도 위원회의 자료제출요구에 불응하면 사실인정에 있어 불리한 판단을 받을 수 있다는 ─ 주의적인 의미를 갖는 ─ 규정을 도입할 수 있을 것이다.

(3) 관계인 신문과 감정

민사소송법 제303조(증인의 의무) 법원은 특별한 규정이 없으면 누구든지 증인으로 신문할 수 있다.

제319조(선서의 의무) 재판장은 증인에게 신문에 앞서 선서를 하게 하여야 한다. 다만, 특별한 사유가 있는 때에는 신문한 뒤에 선서를 하게 할 수 있다.

제367조(당사자신문) 법원은 직권으로 또는 당사자의 신청에 따라 당사자 본인을 신문할 수 있다. 이 경우 당사자에게 선서를 하게 하여야 한다.

제333조 (증인신문규정의 준용) 감정에는 제2절의 규정을 준용한다. 다만, 제311조제2항 내지 제7항, 제312조 및 제321조제2항의 규정은 그러하지 아니하다.

제334조 (감정의무) ① 감정에 필요한 학식과 경험이 있는 사람은 감정할 의무를 진다.

② 제314조 또는 제324조의 규정에 따라 증언 또는 선서를 거부할 수 있는 사람과 제322조에 규정된 사람은 감정인이 되지 못한다.

형법 제152조 ① 법률에 의하여 선서한 증인이 허위의 진술을 한 때에는 5년 이하의 징역 또는 1천만원 이하의 벌금에 처한다.

행정소송법 제8조(법적용예) ② 행정소송에 관하여 이 법에 특별한 규정이 없는 사항에 대하여는 ⋯ 민사소송법 ⋯의 규정을 준용한다.

행정심판법 제36조 (증거조사) ① 위원회는 사건을 심리하기 위하여 필요하면 직권으로 또는 당사자의 신청에 의하여 다음 각 호의 방법에 따라 증거조사를 할 수 있다.

1. 당사자나 관계인(관계 행정기관 소속 공무원을 포함한다. 이하 같다)을 위원회의 회의에 출석하게 하여 신문(訊問)하는 방법

3. 특별한 학식과 경험을 가진 제3자에게 감정을 요구하는 방법

민사소송과 행정소송에서는 위 민사소송법 및 형법의 규정들에 의하여, 증인
신문과 당사자신문에서 선서한 후 허위진술을 하면 위증죄로 처벌받게 됨으로써,
증거조사의 진실성이 확보된다. 또한 감정에 관해서도 증인신문에 관한 규정들이
준용됨으로써 허위의 감정은 형법상 허위감정죄(제154조)로 처벌된다. 반면에, 현
행 행정심판법에는 관계인신문과 감정에 관하여 선서 제도가 없기 때문에 허위진
술과 허위감정에 대한 제재방법이 부족하다. 공무원인 경우에는 징계책임을 물을
수 있고, 민간인에 대해서도 위계에 의한 공무집행방해죄의 책임을 물을 수 있으
나, 이것만으로는 부족하다고 할 것이다.

행정심판이라고 해서 그 법적 성질상 선서에 의한 증인신문과 감정이 허용되
지 않는다고 할 수 없다. 증인신문과 감정은 사법부의 전유물이 아니며, 현행법상으
로도 「국회에서의 증언·감정 등에 관한 법률」과 감사원법 제14조에 증인신문과 감
정 제도가 규정되어 있다. 따라서 행정심판에서도 선서에 의한 증인신문과 감정 제
도를 도입하되, 감정인에 대해서는 항상 선서를 시키지만, 관계인에 대해서는 필요
한 경우에 한하여 선서를 시키는 방법이 바람직할 것이다. 증인신문과 감정에 관하
여 행정심판법에 독자적 규정을 두는 것보다 민사소송법의 해당 규정들을 준용하는
것이 편리할 것이다. 다만, 감사원법 제14조 제2항 단서에서와 같이 증인 및 감정인
에 대한 구인과 불출석에 대한 과태료 규정은 준용하지 않는 것이 타당하다.[21]

4. 자백의 구속력 문제

민사소송법 제202조 (자유심증주의) 법원은 변론 전체의 취지와 증거조사의 결과를
　　　　　참작하여 자유로운 심증으로 사회정의와 형평의 이념에 입각하여 논리
　　　　　와 경험의 법칙에 따라 사실주장이 진실한지 아닌지를 판단한다.
　　　　　제288조 (불요증사실) 법원에서 당사자가 자백한 사실과 현저한 사실은
　　　　　증명을 필요로 하지 아니한다. 다만, 진실에 어긋나는 자백은 그것이 착
　　　　　오로 말미암은 것임을 증명한 때에는 취소할 수 있다.
행정소송법 제8조 (법적용예) ② 행정소송에 관하여 이 법에 특별한 규정이 없는 사
　　　　　항에 대하여는 … 민사소송법 …의 규정을 준용한다.
가사소송법 제12조 (민사소송법 제220조 중 청구의 인낙(認諾)에 관한 규정과 같은
　　　　　법 제288조 중 자백에 관한 규정은 적용하지 아니한다)

---

21) 김광수/박정훈, 전게 보고서(행정심판·행정소송·행정절차 제도의 조화방안 연구, 2012),
　　61면 참조.

(1) 행정소송의 공익적 성격에 의거하여, 자백의 구속력에 관한 민사소송법의 규정(제288조)은 — 청구의 포기·인낙과 동일하게 — 행정소송에 준용될 수 없다는 견해가 유력하다. 이 견해에 의하면, 행정소송에서 당사자의 자백은 '변론의 전취지'에 관한 하나의 자료에 불과하다. 2012년 법무부 행정소송법 개정위원회에서도, 가사소송법 제12조와 같이, 자백의 구속력을 배제하는 명시적 규정을 도입하자는 논의가 있었다. 그러나 가사소송과는 달리 행정소송에서는 행정청 및 그 소속 공무원의 공적 책임이 존재하기 때문에, 반드시 자백의 구속력을 배제할 필요는 없고, 오히려 당사자 사이에 다툼 없는 사실에 기하여 사실관계를 정리하여 심리를 쟁점사항에 집중할 수 있으며, 특히 서증의 진정성립에 관해 다툼이 없는 경우 증인신문을 생략함으로써 소송촉진을 기할 수 있다는 점에서, 자백의 구속력을 배제하는 규정을 두지 않기로 의견을 모았다. 원고의 자백에 관해서는 원고는 아예 소를 취하할 수 있다는 점에서 자백의 구속력을 배제할 실익이 크지 아니하고, 피고 행정청 또는 소송수행자의 자백에 관해서는 검사의 소송지휘와 공무원에 대한 징계책임을 강화함으로써 그 진실성을 담보할 수 있을 것이다.

(2) 행정심판에서는 행정심판법상 민사소송법의 준용 규정이 없기 때문에 당사자의 자백은 위원회의 판단을 구속하지 않는다. 다만, 절차촉진과 심리의 집중을 위하여, 당사자 사이에 다툼 없는 사실 및 문서의 진정성립은 '변론의 전취지'에 준하여 사실인정의 근거로 삼을 수 있을 것이다. 만일 자백의 내용이 의심스러운 경우에는 — 민사소송법 제288조 단서에서와 같이 착오에 의한 것임을 증명하여 당사자가 취소하지 않더라도 — 위원회가 직권증거조사를 통하여 그 진위를 가릴 수 있다.[22]

---

22) 김광수/박정훈, 전게 보고서 62면에서는, '변론의 전취지'라는 소송법상 용어를 사용하지 않고, 또한 '자백'이 청구의 포기 또는 인낙과는 달리 상대방의 '사실'에 관한 주장에 대하여 다툼이 없는 것이라는 점을 명시하여, 다음과 같이 행정심판법의 개선방안을 제시하였다. 즉, "행정심판법 제00조(자백과 사실인정) 위원회는 당사자가 주장한 사실에 대하여 다툼이 없는 때에는 그 사실을 사실인정의 자료로 삼을 수 있다. 다만, 그 사실이 의심스럽거나 상대방 당사자가 다시 다투는 때에는 직권으로 그 진위 여부를 조사할 수 있다."

5. 증명책임의 문제

(1) 행정소송과 행정심판에서의 증명책임에 관해서는, 민사소송의 유추에 의한 법률요건분류설을 극복하여, 행정소송의 본질과 기능에 착안한 독자적인 증명책임 분배원칙이 수립되어야 할 것이다. 이를 위한 기본관념은 행정청의 '설명책임'과 원고의 '소송협력책임'이다. 즉, 원고는 계쟁처분의 위법성에 관하여 최대한 자료를 제출하여야 하는 '주관적 입증부담'을 지지만, 계쟁처분의 적법성에 관한 '객관적 증명책임'은 피고 행정청에게 귀속되어야 한다. 이는 법령상 요건의 충족 문제이든 면제요건 또는 재량권남용의 문제이든 동일하다. 다만, 예외적으로 면제요건과 재량권남용 여부에 관하여 원고의 지배영역에 속하는 사실에 대해서는 그 객관적 증명책임도 원고에게 부여할 수 있을 것이다. 이러한 관점에서 재량권남용에 대해서는 일괄적으로 원고에게 증명책임을 귀속시키는 종래의 판례는 재검토되어야 할 것이다. 특히 — 도시계획결정에서와 같이 — 행정청의 지배영역에 있는 재량고려사유는 재량의 적법한 행사에 대한 행정청의 설명책임에 의거하여 행정청에게 그 객관적 증명책임이 귀속되어야 할 것이고, 또한 제재처분에 있어 원고에게 불리한 재량고려사유에 관해서도, 예컨대 공무원에 대한 징계처분에서 수뢰금품을 도박에 탕진하였다는 사유는 헌법상 무죄추정원칙에 준하여 행정청에게 그 객관적 증명책임이 귀속되어야 할 것이다.

(2) 행정심판에서의 증명책임은 기본적으로 위와 같이 행정소송에서와 동일하게 분배되어야 할 것이지만, 행정심판의 특수성에 비추어, 사안에 따라서는 피청구인(처분청)에게 주관적인 입증부담과 객관적인 증명책임이 더욱 무겁게 요구될 수 있을 것이다. 이와 같이 피청구인(처분청)에 대하여 보다 강한 증명책임이 요구될 수 있는 것은 상술한 행정청의 '설명책임'에 의거한 것이므로, 행정심판의 직권주의적 성격과 모순되는 것은 아니라고 할 것이다. 또한 후술(Ⅴ.의 3.)하는 바와 같이, 행정심판에서 (나아가 행정소송에서도) 심리의 관점을 행정절차에 대한 事後審으로 파악하더라도, 행정청의 원칙적인 증명책임은 변함이 없고, 다만 그 '증명책임'의 의미가 행정심판에서의 독자적인 사실인정을 위한 것이 아니라 행정절차에서의 사실인정의 타당성을 담보하기 위한 것으로 변화될 뿐이다. 다시 말해, 행정청이 그 타당성을 담보할 수 있는 자료를 제출하지 못하는 경우에는 위법한 사실인정이 되어 결국 계쟁처분이 위법으로 취소되는 것이다.

V. 審理의 방식·강도·관점

1. 심리의 방식

(1) 구술심리와 서면심리

민사소송법 제134조 (변론의 필요성) ① 당사자는 소송에 대하여 법원에서 변론하여야 한다. 다만, 결정으로 완결할 사건에 대하여는 법원이 변론을 열 것인지 아닌지를 정한다.

제272조 (변론의 집중과 준비) ① 변론은 집중되어야 하며, 당사자는 변론을 서면으로 준비하여야 한다.

제273조 (준비서면의 제출 등) 준비서면은 그것에 적힌 사항에 대하여 상대방이 준비하는 데 필요한 기간을 두고 제출하여야 하며, 법원은 상대방에게 그 부본을 송달하여야 한다.

제276조 (준비서면에 적지 아니한 효과) 준비서면에 적지 아니한 사실은 상대방이 출석하지 아니한 때에는 변론에서 주장하지 못한다. 다만, 제272조제2항 본문의 규정에 따라 준비서면을 필요로 하지 아니하는 경우에는 그러하지 아니하다.

행정소송법 제8조 (법적용예) ② 행정소송에 관하여 이 법에 특별한 규정이 없는 사항에 대하여는 … 민사소송법 …의 규정을 준용한다.

행정심판법 제40조 (심리의 방식) ① 행정심판의 심리는 구술심리나 서면심리로 한다. 다만, 당사자가 구술심리를 신청한 경우에는 서면심리만으로 결정할 수 있다고 인정되는 경우 외에는 구술심리를 하여야 한다.

② 위원회는 제1항 단서에 따라 구술심리 신청을 받으면 그 허가 여부를 결정하여 신청인에게 알려야 한다.

민사소송과 행정소송은 민사소송법 제134조 및 행정소송법상 준용 규정에 의거하여, 결정으로 완결되는 경우를 제외하고는, 반드시 '변론'을 거쳐야 하므로 구술심리가 필수적이다. 준비서면이 제출된 경우에도 당사자는 변론기일에서 그 준비서면에 기재된 내용을 진술하거나 또는 진술한 것으로 간주된다.

반면에, 행정심판에서는 구술심리와 서면심리 중 위원회가 선택할 수 있다. 다만, 당사자가 구술심리를 신청한 때에는 서면심리만으로 충분하다고 인정하는 경우가 아닌 한 구술심리를 하여야 하고, 위원회는 그 구술심리 신청에 대하여 허가 여부를 결정하여 통지하여야 하기 때문에, 당사자에게 원칙적으로 구술심리를 받을 권리가 부여되었다고 할 수 있다. 실무상으로도 구술심리가 신청된 사건 중 중요한 쟁점이 포함된 사건들은 대부분 구술심리가 허용되고 있을 뿐만 아니라, 신청이 없더라도 직권에 의하여 구술심리가 이루어지는 경우가 많다. 그러나 거의 대부분의 사건들은 구술심리가 신청되지 않고, 또한 구술심리가 신청되더라도 중요한 쟁점이 포함되지 아니한 단순한 사건들은 구술심리가 허용되지 아니하기 때문에, 행정심판에서는 현재까지 서면심리가 사실상 원칙이라고 할 수 있다.[23]

(2) 심리의 공개와 비공개

헌법 제109조 재판의 심리와 판결은 공개한다. 다만, 심리는 국가의 안전보장 또는 안녕질서를 방해하거나 선량한 풍속을 해할 염려가 있을 때에는 법원의 결정으로 공개하지 아니할 수 있다.

법원조직법 제57조 (재판의 공개) ① 재판의 심리와 판결은 공개한다. 다만, 심리는 국가의 안전보장·안녕질서 또는 선량한 풍속을 해할 우려가 있는 때에는 결정으로 이를 공개하지 아니할 수 있다.
　　　　　　 제65조 (합의의 비공개) 심판의 합의는 공개하지 아니한다.

행정소송법 제8조 (법적용예) ② 행정소송에 관하여 이 법에 특별한 규정이 없는 사항에 대하여는 법원조직법 …의 규정을 준용한다.

행정심판법 제41조 (발언 내용 등의 비공개) 위원회에서 위원이 발언한 내용이나 그 밖에 공개되면 위원회의 심리·재결의 공정성을 해칠 우려가 있는 사항으로서 대통령령으로 정하는 사항은 공개하지 아니한다.

행정심판법시행령 제29조 (비공개 정보) 법 제41조에서 "대통령령으로 정하는 사항"이란 다음 각 호의 어느 하나에 해당하는 사항을 말한다.
　　　　1. 위원회(소위원회와 전문위원회를 포함한다)의 회의에서 위원이 발언한 내용이 적힌 문서
　　　　2. 심리 중인 심판청구사건의 재결에 참여할 위원의 명단

민사소송과 행정소송에서는 헌법과 법원조직법의 규정에 의거하여, 국가의 안전보장 또는 안녕질서를 방해하거나 선량한 풍속을 해할 염려가 있는 경우를

---

23) 행정심판에서 구술심리가 행해지는 경우에도, 민사소송과 행정소송에서는 준비서면이 변론에서 진술되는 것과는 달리, 당사자가 이미 제출한 청구서, 답변서, 보충서면 등을 구두진술을 통해 확인, 보완 또는 수정되는 것이지, 그 서면들의 내용이 구술심리에서 비로소 진술 내지 주장되는 것이 아니라는 점은 상술한 바와 같다. 위 Ⅲ.의 1 (3) 참조.

제외하고는, 심리의 공개가 요구된다. 반면에, 행정심판법에는 심리의 공개 여부에 관해서는 명문의 규정이 없기 때문에, 구술심리원칙을 근거로 공개심리원칙을 주장하는 견해와 서면심리·직권심리 등 행정심판법의 전체적 구조로 보아 비공개심리가 원칙이라는 견해가 대립하고 있다. 사견에 의하면, '사법절차의 준용'이라는 헌법상 요청의 관점에서 보면, 심리의 공개는 공정성과 객관성을 담보하기 위한 것으로서, 사법절차의 본질적 요소를 이루는 것이기 때문에, 구술심리의 경우에는 당사자들에 대한 심리과정은 원칙적으로 — 헌법과 법원조직법상의 예외를 제외하고는 — 공개되어야 할 것이다.[24]

행정심판법 제41조는 위원회의 위원이 발언한 내용을 공개하지 아니한다고 규정하고 있는데, 여기서 '위원이 발언한 내용'이라 함은 구술심리에서 관계인 신문 등 당사자들에 대한 심리과정을 의미하는 것이 아니라, 사건 합의를 위한 위원들 상호간의 질문 및 의견표명에 한정되는 것으로 보아야 할 것이다.[25] 이는 재판에서 합의가 비공개인 것(법원조직법 제65조)에 상응하는 것이다. 서면심리의 경우에는 관계인 신문 등 당사자들에 대한 심리과정이 없고 오직 사건 합의만이 있기 때문에 당연히 비공개가 될 것이다.

또한 특기할 만한 것은 행정심판법 시행령 제29조 제2호에 "심리 중인 심판청구사건의 재결에 참여할 위원의 명단"이 비공개사항으로 규정되어 있다는 점이다. 이는 청탁·외압 등의 부작용을 방지하기 위한 조치라고 할 수 있겠으나, 소송에서 법관의 명단이 처음부터 공개되는 것과 비교해 볼 때, 행정심판에의 '사법절차의 준용'이라는 헌법적 요청에 비추어, 행정심판의 제도적 위상과 위원들의 책임·윤리의식의 제고라는 관점에서 과연 타당한 규정인가 의문이다. 이는 행정심판제도의 개혁의 일환으로서, '심판부'제도를 도입함으로써 극복되어야 할 과제의 하나이다.[26]

2. 심리의 강도

원래 행정심판에서는 위법만이 아니라 부당까지 취소사유가 되기 때문에 행

---

24) 유럽의 法史에서 왕의 관리가 재판하던 시대에도 공개재한이 재판의 공정성과 객관성을 담보하는 것으로 인식되었다. 이러한 의미에서 심리의 공개는 행정심판의 '준사법절차'로서의 성격에 비추어 매우 중요한 요소가 된다고 할 수 있다.
25) 행정심판법 시행령 제29조 제1호의 규정도 이와 같이 해석되어야 할 것이다.
26) 심판부 제도의 도입에 관해서는 졸고, 전게논문(각주 1), 19면 이하 참조.

정소송에 비해 '심사강도'(Kontrolldichte)가 높아야 한다. 그 근본적 이유는 행정심판의 행정통제적 기능에서 찾을 수 있다. 그러나 운전면허취소·정지사건에서만 비교적 높은 심사강도가 이루어지고 있을 뿐, 그 이외의 대부분의 사건에서는 오히려 행정소송에서보다 심사강도가 낮은 것으로 나타나고 있다. 특히 중앙행정심판위원회의 경우에 처분청 및 감독청과 분리된 제3자적 기관이면서도 자신의 결정에 대하여 완벽하게 행정적 내지 정치적 책임을 질 수 있는 강력한 위상을 갖고 있지 않기 때문에, 정책적으로 민감한 사안에서는 심층적인 심리를 회피하고 기각재결로써 사건을 행정소송으로 미루는 경향이 있음을 부정할 수 없다.

이와 관련하여 행정심판법상 화해권고결정 제도의 도입의 장점을 지적할 수 있다. 즉, 상술(Ⅱ.의 5.)한 바와 같이, 2012년 법무부 행정소송법 개정안에서와 같은 화해권고결정 제도를 행정심판에도 도입하게 된다면, 위원회는 법적인 관점에서 계쟁 처분의 위법·부당성을 지적하면서 그 시정의 방향을 화해권고결정을 통해 처분청에게 권고하여 처분청으로 하여금 그 수용 여부를 결정하도록 함으로써, 법적 판단은 위원회가 담당하고 정치적·정책적 책임은 처분청이 부담하는 것이 되어, 정책적으로 민감한 사건에서도 심사강도를 높여 심리를 활성화시킬 수 있을 것으로 기대할 수 있다.

3. 심리의 관점

마지막으로 언급하고자 하는 것은 행정심판에 있어 심리의 관점이다. 이는 행정심판의 본질과 직결된 문제로서, 행정심판을 처분청에 의해 이루어진 행정절차에 대한 覆審으로 파악하여, 말하자면 '처음부터 새로 다시' 계쟁 처분의 적법·타당성을 심사하여야 하는가, 아니면 행정심판은 행정절차에 대한 事後審이기 때문에 계쟁 처분의 적법·타당성을 사후적으로 검토하는 것에 초점을 맞추어야 하는가이다.

행정심판은 원래 처분청에 대한 '감독'의 일환으로 발전하여 온 제도이다. 뿐만 아니라, 序說에서 강조한 바와 같이, 우리나라의 행정심판은 그 '사법절차의 준용'의 강화를 통하여 이제 명실상부한 '행정쟁송'으로서의 성격을 갖게 되었는데, 행정쟁송은 계쟁 처분에 대한 '재심사'(review; Nachprüfung)로서, 그 적법성 또는 타당성을 사후적으로 검토하는 것이 그 핵심적 기능이고 또한 이것이 민사소송과 근본적으로 다른 점이다. 그럼에도 불구하고 지금까지 행정소송에서 민사소

송에서와 동일하게 법원이 독자적으로 사실을 인정하고 나아가 모든 불확정개념
에 대하여 자신의 법률판단을 처분청의 판단에 대체함으로써, 결과적으로 행정소
송을 행정절차의 覆審으로 운영하여 온 것은 해석론과 입법론적으로 재고되어야
할 것이다. 주지하다시피 미국의 행정소송은 행정절차에서 이루어진 사실인정 및
불확정개념의 포섭이 '실질적 증거'(substantial evidence)에 의거한 것인지 여부를
판단하는 데 초점이 맞추어져 있는데,27) 이는 우리에게 행정소송의 제도적 개혁
을 위한 중요한 시사점을 제공하여 준다.

　　종래 행정심판에서의 심리가 근본적으로 행정소송에서의 심리와 동일하다는
인식 때문에 행정심판도 일반적으로 행정소송과 마찬가지로 — 의식적이든 무의식
적이든 — 행정절차에 대한 覆審으로 이해되어 왔다고 할 수 있다. 심리의 실질적
인 과정은 여하튼 간에, 최소한 재결서의 기재에 따르면, 위원회가 독자적인 사실
인정과 불확정개념의 포섭을 하는 것으로 표현되어 있다.28) 그러나 행정심판은
분명히, 행정소송은 차치하고서라도, 상술한 바와 같은 행정쟁송의 본질적 기능
에 비추어 행정절차에 대한 事後審으로 파악되는 것이 바람직하다. 이는 대부분
의 사건들이 서면심리로 행해지는 행정심판 실무의 현실에 부합하는 것일 뿐만
아니라, 구술심리가 행해지는 주요 사건에 있어서도 독자적인 사실인정과 불확정
개념의 포섭의 부담을 들고 행정청의 사실인정과 법률판단을 비판적으로 검토하
는 것이 오히려 심리의 집중력과 효율성을 제고하는 길이라고 할 것이다.29)

　　이러한 심리의 관점은 행정심판의 직권주의적 성격과 모순되지 않는다. 직권
주의는 심리의 대상·내용·자료에 관한 문제로서, 직권주의에 의거하여 청구취지
를 보정하고 당사자가 주장하지 아니한 사실을 판단하며 직권으로 증거조사를 하
더라도, 심리의 '관점'에 있어서는 행정청의 사실인정과 불확정개념의 포섭을 사

27) 이에 관한 상세한 내용은 졸고, 불확정개념과 판단여지, 「행정작용법」中凡金東熙교수정
　　년기념논문집, 2005, 250-270면(Ⅱ.의 4. 미국에 대한 비교법적 고찰 부분); 본서 제10장
　　(353-355면) 참조.
28) 그러나 종래 기각재결의 이유의 결론 부분에서 "위법·부당하다고 할 수 없다" 또는 "위
　　법·부당의 점을 발견할 수 없다"라고 설시하는 것이 실무관행인데, 이러한 표현에는 행
　　정심판의 사후심적 관점이 이미 내포되어 있다고 할 수 있다.
29) 이와 같이 행정심판을 행정절차에 대한 事後審으로 파악하게 되면, 행정심판에서의 증거
　　조사와 입증책임의 문제는 독자적인 사실인정을 위한 것이 아니라 처분청에 의한 사실
　　인정의 타당성 여부를 사후적으로 검토하기 위한 것으로 이해할 수 있다는 점은 상술한
　　바와 같다. 위 Ⅳ.의 5 (2) 참조.

후적으로 검토하는 데 한정할 수 있기 때문이다. 또한 행정심판은 처분의 위법성만이 아니라 부당성까지 심사함으로써 그 심사강도가 행정소송에 비해 높다고 할 것이지만, 심리의 관점을 사후적·비판적 검토에 맞추더라도 처분의 부당성까지 그 검토의 범위에 포함시킬 수 있으므로, 양자는 반드시 모순되는 것은 아니다. 다시 말해, 事後審에 있어서도 그 심리의 '강도'를 충분히 높일 수 있는 것이다.

VI. 結語

행정심판의 심리에 관한 규율은 행정심판의 성격과 기능에 비추어 민사소송법과 행정소송법과의 대비를 통하여 면밀히 검토되어야 한다. 행정심판의 심리에 관하여 민사소송법 또는 행정소송법의 규정을 전면적으로 '준용'할 것인지에 관해서는 부정적으로 보아야 할 것이다. 민사소송법이 행정심판에 전면적으로 준용된다면, 당사자주의 및 변론주의에 입각한 민사소송법의 수많은 규정들, 특히 변론과 증거조사에 관한 규정들 때문에 행정심판의 특수성이 상실될 우려가 있고, 따라서 이를 방지하기 위해서는 민사소송법의 규정들에 대하여 일일이 그 준용 여부를 검토하지 않으면 아니 될 것이며, 대부분의 민사소송법 규정들이 준용될 수 없는 것으로 판단될 것이다. 따라서 민사소송법의 규정들 중에 행정심판에도 준용될 수 있는 규정들을 개별적으로 준용하거나, 아니면 이를 행정심판에 맞추어 수정하여 행정심판법에 직접 규정하는 것이 타당할 것이다.

20. 行政의 效率性과 法治行政*
— 獨逸에서의 論議와 原理理論的 分析을 중심으로 —

I. 序說

(1) 독일 공법학의 역사에서 '행정'을 연구대상으로 하는 학문영역은 19세기 후반 방법론의 관점에서 행정법학과 행정학으로 분리되었다. 즉, 행정을 국가작용의 일환으로 파악하여 행정영역별로 그 목적과 제도적 수단들을 연구하는— 로렌쯔·폰·스타인(Lorenz von Stein)으로 대표되는— 소위 '국가학적 방법론'(staats-wissenschaftliche Methode)에서 오토·마이어(Otto Mayer)가 주창한 '법학적 방법론' (juristische Methode)으로 전환함으로써 행정법학(Verwaltungsrechtswissenschaft)으로 특화되고, 앞의 국가학적 방법론은 행정학(Verwaltungslehre)으로 발전하게 되었다. 그리하여 행정법학은 행정을 법의 객체 내지 受範者로 상정하고 그에 대한 법적 구속을 실현하기 위해 법의 개념과 논리를 분석하고 체계와 원리를 정립하는 데 집중하였다. 반면에, 행정학은 행정을 국가목적의 실현작용으로 상정하고 그 효율적인 운영을 위한 수단들을 탐구하면서 (행정)법도 그러한 수단의 하나로 파악하여 왔다. 그 결과 행정법학과 행정학은 행정에 대한 상반된 가치, 즉 법적 구속과 효율성을 추구하는, 서로 괴리된 학문영역으로 분리되었다.

그러나 최근 21세기를 전후하여 독일에서는 행정법 개혁의 話頭로 '혁신' (Innovation), '효율성'(Effizienz), '투명성'(Transparenz), '수긍가능성'(Akzeptanz) 등이 주장되고 이를 실천하기 위한 구체적인 전략으로 '협력'(Kooperation), '탈규제화' (Deregulierung), '민영화'(Privatisierung), '경제화'(Ökonomisierung) 등이 제안되고 있

[행정의 효율성과 법치행정, 『한국공법이론의 새로운 전개』(牧村김도창박사팔순기념논문집), 2005]

다.[1] 이러한 용어들은 그동안 주로 행정학의 영역에서 사용된 것으로서, 이와 같이 행정법학의 연구주제가 됨으로써 행정법학과 행정학의 공통된 대화의 場을 이루게 되었다. 나아가 이를 계기로 '조종'(Steuerung), '책임'(Verantwortung), '의사소통'(Kommunikation), '결정'(Entscheidung) 등 행정법학과 행정학을 연결하는 중심개념들이 연구되고 있다.[2]

(2) 우리나라에서 종래 행정법학과 행정학의 괴리현상은 더욱 심각하였다고 할 수 있다. 이는 19세기말 서양법 계수 이후 1970년대까지 日帝와 여러 차례의 독재를 거치면서 형성된 권위주의 행정법을 1980년대부터 극복하는 과정에서 행정법학이 그동안 無所不爲로 통하던 행정에 대하여 법적 구속을 최대한 확대하는 자유주의 행정법을 추구하였고, 반면에 행정학은 1960년대부터 개발행정을 위한 행정의 효율성 확보를 연구의 초점으로 내세움으로써 심화되었던 것이다.

그러나 참다운 행정법학의 목표는 행정의 우월성을 뒷받침하는 권위주의 행정법도 아니고 행정에 대한 법적 구속만을 강조하는 자유주의 행정법도 아니다. 행정법학의 진정한 역할은 행정으로 하여금 공익실현의 목적을 위한 효율적인 권한발동을 가능케 함과 동시에 그 권한발동의 남용을 방지하기 위해 법적 통제를 가하는 행정법, 비유컨대, 행정에 대한 권한부여와 권한통제라는 양날을 가진 칼을 만드는 데 있다.

행정법학이 규범과학으로서 행정을 규율하는 '규범'을 정립하는 것이 그 임무라면, 그 규율대상인 '행정'을 정확하게 파악할 때 비로소 '조종능력'(Steuerungsfähigkeit) 있는 규범을 정립할 수 있다. 당위(Sollen)로서의 규범은 존재(Sein)로서의 현실을 전제로 하는 것이기 때문이다. 존재로서의 '행정'의 현실을 정확하게 파악한다는 것은 행정의 고유한 논리를 포착한다는 것인데, 그 가장 핵심적인 논리가 바로 행정학의 중심개념인 '행정의 효율성'이다. 다시 말해, 행정법학이 '행정의 효율성'을 행정법의 규범내용의 하나로 포섭하여 그 규범적 의미를 분석할 수 있어야만 행정을 규율하는 완전한 규범과학이 될 수 있는 것이다.

(3) 이상과 같은 문제의식에서 본고에서는 먼저 독일의 행정법학 문헌들을

---

1) *Andreas Voßkuhle*, "Schlüsselbegriffe" der Verwaltungsrechtsreform. Eine kritische Bestandsaufnahme, VerwArch 92 (2001), S.184-215 참조.

2) *Schuppert*, Schlüsselbegriffe der Perspektivenverklammerung von Verwaltungsrecht und Verwaltungswissenschaft, in: Die Wissenschaft vom Verwaltungsrecht, Berlin 1999, S.103-125 (110 ff.) 참조.

중심으로 '행정의 효율성'의 개념 내지 규범적 의미(Ⅱ.), 그리고 그 법적 성격(Ⅲ.)
을 해명한 다음, 우리나라의 법령·판례·학설에 의거하여 행정법에서 '행정의 효
율성'이 실현되는 구체적인 모습들을 고찰하고자 한다(Ⅳ.). 西歐의 국가 가운데
독일의 행정법학이 일반적으로, 한편으로 상술한 바와 같이 19세기 말 행정학과
분리된 이후 법학적 방법론에만 치중하고 다른 한편으로 2차 세계대전 이후 행정
에 대한 법적 구속을 최대화하는 자유주의 행정법 경향을 강하게 띠게 됨으로 말
미암아, 가장 '행정의 효율성'을 연구대상에서 도외시한 것으로 이해될 수 있다.
바로 그렇기 때문에 이러한 일반적 경향에도 불구하고 '행정의 효율성'(Verwal-
tungseffizienz)을 연구한 독일의 행정법학 문헌이 그 개념과 법적 성격을 가장 진
지하게 탐구하였다고 할 수 있다. 이러한 점에서 본고에서 독일 문헌을 중심으로
하는 것의 의의를 찾고자 한다.[3]

Ⅱ. '行政의 效率性'의 槪念

1. 效率性의 세 가지 槪念的 側面

독일에서 법원리(Rechtsprinzip)로서의 '효율성'(Effizienz) 개념을 가장 먼저 체
계적으로 연구한 것으로 평가되는 발터·라이스너(Walter Leisner)는 효율성을 세

---

3) 연대순으로 *Walter Leisner*, Effizienz als Rechtsprinzip, Tübingen 1971; *Jürgen Schwarze*, Administrative Leistungsfähigkeit als verwaltungsrechtliches Problem, DÖV 1980, S.581-594; *Christoph Degenhardt*, Das Verwaltungsverfahren zwischen Verwaltungseffizienz und Rechts- schutzauftrag, DVBl. 1982, S.872-886; *Fritz Ossenbühl*, Verwaltungsverfahren zwischen Verwaltungseffizienz und Rechtsschutzauftrag, NVwZ 1982, S.465-472; *Rudolf Steinberg*, Komplexe Verwaltungsverfahren zwischen Verwaltungseffizienz und Rechtsschutzauftrag, DÖV 1982, S.619-630; *Albert v. Mutius*, Grundrechtsschutz contra Verwaltungseffizienz im Verwaltungsverfahren? NJW 1982, S.2150-2160; *Rainer Wahl*, Verwaltungsverfahren zwi- schen Verwaltungseffizienz und Rechtsschutzauftrag, VVDStRL 41 (1983), S.151-192; *Jost Pietzcker*, Verwaltungsverfahren zwischen Verwaltungseffizienz und Rechtsschutzauftrag, VVDStRL 41 (1983), S.193-231; *Hans-Wolfgang Arndt*, Praktikabilität und Effizienz. Zur Problematik gesetzesvereinfachenden Verwaltungsvollzuges und der Effektuierung sub- jektiver Rechte, Köln 1983; *Hans Herbert von Arnim*, Wirtschaftlichkeit als Rechtsprinzip, Berlin 1988; *Hans-Günter Hennecke*, Verwaltungseffizienz und Betroffenenakzeptanz, Leit- bildgerechtigkeit und politische Durchsetzbarkeit, NVwZ 1994, S.555-561; *Horst Eidenmüller*, Effizienz als Rechtsprinzip. Möglichkeiten und Grenzen der ökonomischen Analyse des Rechts. 2.Aufl., Tübingen 1998; *Hoffmann-Riem/Schmidt-Aßmann* (Hg.), Effizienz als Herausforderung an das Verwaltungsrecht, Baden-Baden 1998 참조.

가지 개념으로 분류한다. 첫째 '일정한 목표의 실효적인 달성'으로서의 효율성, 둘째 '최적의 목표-수단 관계'로서의 효율성 및 셋째 목표와 무관한 효율성이 그 것이다.[4)]

첫 번째의 효율성은 '목표달성의 효율성'(Zielerreichungseffizienz)으로서, 어떤 수단을 어느 정도 동원하는가는 묻지 않고 오직 주어진 일정한 목표를 어느 정도로 실효적으로 달성하는가만을 문제삼는다. 다시 말해, 목표를 유일한 常數項으로 하고 그 목표달성의 정도를 變數로 하여 이를 최대화하는 것이다. 이는 목표달성의 양태에 따라 당해 목표를 時間的으로 신속하게 달성하는 '촉진 효율성'(Beschleunigungseffizienz), 質的으로 철저하고 완벽하게 달성하는 '관철 효율성'(Durchschlagseffizienz) 또는 양자를 모두 포괄하는 '체계적 효율성'(systematische Effizienz)으로 나눌 수 있다.

두 번째의 효율성은 '목표-수단의 효율성'(Zweck-Mittel-Effizienz)으로서, 목표달성과 이를 위한 수단사용이 최적의 관계에 있는 경우를 의미한다. 목표와 수단을 常數項으로 하고 목표달성의 정도와 수단사용의 양을 모두 變數로 하여, 일정 정도의 목표달성을 위해 수단사용의 양을 최소화하고 반대로 일정량의 수단사용에 의해 목표달성의 정도를 최대화하는 것이다.

세 번째의 효율성은 목표와 수단을 모두 문제삼지 아니하여 오직 일정한 국가기관만이 常數項이 되고 그 기관의 활동효과를 變數로 하여 이를 최대화하는 것을 의미한다. 말하자면 '기관의 효율성'(Organisationseffizienz)이다.

발터·라이스너는 위와 같이 '효율성' 개념의 세 가지 측면을 구분한 다음, 일반국가론, 헌법, 일반행정법 및 개별행정법(재정·급부·권력행정)에서 각각 그 세 가지 효율성 개념이 타당한가를 검토하여 위 두 번째의 '목표-수단의 효율성'만이 타당한 법원리로 인정될 수 있다는 결론에 이른다.

2. 效率性과 效果性

(1) 최근 독일에서 1998년 「행정법의 개혁」 시리즈 제5집 『행정법에 대한 도전으로서의 효율성』의 編著者인 호프만·림(*Wolfgang Hoffmann-Riem*)과 슈미트·아스만(*Eberhard Schmidt-Aßmann*)은 '효율성'(Effizienz)과 '효과성'(Effektivität)을 구별하

---

4) 이하에 관해서는 *Walter Leisner*, Effizienz als Rechtsprinzip, Tübingen 1971, S.6-9.

여, 효율성은 상술한 두 번째의 효율성, 즉 '목표-수단의 효율성'만을 의미하는 것으로 한정한다. 반면에, 효과성은 첫 번째의 '목표달성의 효율성'을 의미하는 것으로서, 목표달성의 정도는 사회적·경제적 여건과 개별사안에서의 규범적 맥락에 따라 개별적으로 정해질 뿐 추상적으로 확정될 수 없다고 하면서, 연구대상에서 제외한다.[5]

위 견해에 의하면, 효율성은 요컨대 '자원절약'(Ressourcenschonung)을 의미한다. 다시 말해, 일정 정도의 목표달성을 위해 '최대한 절약적인 자원투입'(möglichst schonender Ressourceneinsatz)을 요청하고, 반대로 일정량의 자원투입으로 최대한의 목표달성을 성취할 것을 요청하는 것이다. 투입되는 자원의 종류에 따라 재정의 효율성, 조직·기관의 효율성, 절차적 효율성, 인원의 효율성, 정보의 효율성, 규제의 효율성 등으로 나뉘어진다.[6] 재정적 효율성이 바로 경제성(Wirtschaftlichkeit) 내지 절약성(Sparsamkeit)이다. 절차적 효율성은 절차의 간편성과 절차의 신속성을 대상으로 한다. 규제의 효율성은 위반행위에 대한 제재처분과 같이 개별사안에 대한 법적용의 횟수뿐만 아니라 그 전제가 되는 법령의 制定도 문제삼는다.

(2) 반면에, 1982년 제41회 독일 공법학자대회에서 제2주제인 「행정의 효율성과 권리구제임무 사이의 행정절차」에 관해 주제발표를 한 라이너·발(*Rainer Wahl*)은 효율성 개념을 넓게 이해하여 상술한 목표-수단의 효율성뿐만 아니라 목표달성의 효율성까지 포함시키고 있다.[7] 그리하여 행정의 효율성은 '시간적, 재정적, 양적 차원에서' 행정의 법적·사실적 임무를 가능한 한 최선으로 실현하는 것을 의미하는 것으로 이해한다. 여기서 시간적 차원과 재정적 차원은 '목표-수단의 효율성'에 관한 것인 반면, 양적 차원은 '목표달성의 효율성'에 관한 것이다. 또한 위 공법학자대회를 기념하여 위 주제에 관해 공법잡지에 논문을 발표한 데겐하르트(*Christoph Degenhardt*)도 넓은 의미의 행정의 효율성에는 좁은 의미의

---

5) *Hoffmann-Riem*, Effizienz als Herausforderung an das Verwaltungsrecht. Einleitende Problemskizze, in: *Hoffmann-Riem/Schmidt-Aßmann* (Hg.), Effizienz als Herausforderung an das Verwaltungsrecht, Baden-Baden 1998, S.11-57 (17 ff.); *Schmidt-Aßmann*, Effizienz als Herausforderung an das Verwaltungsrecht. — Perspektiven der verwaltungsrechtlichen Systembildung, in: *Hoffmann-Riem/Schmidt-Aßmann* (Hg.), a.a.O., S.245-269 (248 f.).

6) *Hoffmann-Riem*, a.a.O., S.28-30.

7) *Rainer Wahl*, Verwaltungsverfahren zwischen Verwaltungseffizienz und Rechtsschutzauftrag, VVDStRL 41 (1983), S.151-192 (162 f.).

효율성, 즉 목표-수단의 효율성과 더불어 효과성(목표달성의 효율성)도 포함되는 것으로 이해하면서, 전자는 행정내부의 관계에 한정되는 데 비해 후자는 시민에 대한 대외적 관계에 관한 것이라고 강조하였다.

3. '行政의 效率性'의 規範的 意味 ─ 私見

행정법학과 행정학의 연결개념으로서 '행정의 효율성'을 이해함에 있어서는 그 규범적 의미를 가장 넓게 파악하는 것이 바람직하다. 왜냐하면 序說에서 강조한 바와 같이 행정법학에서 행정의 효율성을 논의하는 것은 바로 행정의 고유한 논리를 이해함으로써 행정법의 규율대상인 '행정'을 정확하게 파악하기 위한 것이기 때문이다. 행정의 실제에서 '행정의 효율성'이라는 개념이 상술한 세 가지 의미로 모두 사용되고 있는 한, 그 중 가장 좁은 의미의 '목표-수단의 효율성'으로 한정하여서는 아니 될 것이다. '행정의 효율성'이라는 이름으로 표현되는 모든 요청들을 대상으로 그 규범적 구조를 분석하여 법치행정원칙과의 관계를 규명하여야 한다.

이러한 관점에서 이하에서는 '행정의 효율성' 개념이 최광의, 광의 및 협의 내지 가장 강한 의미, 강한 의미 및 약한 의미의 세 단계로 이해된다. 즉, 제1단계(협의 내지 약한 의미)는 목표-수단의 효율성 내지 자원절약의 효율성이고, 제2단계(광의 내지 강한 의미)는 목표달성의 효율성이며, 제3단계(최광의 내지 가장 강한 의미)는 ─목표와 수단을 모두 전제하지 않는─ 국가기관의 활동효과의 효율성을 의미한다. 이 제3단계는 일반적으로 국가기관의 기능수행능력(Funktionsfähigkeit) 또는 능률성(Leistungsfähigkeit)이라고 일컬어지는데, 행정법적 관점에서는 국가·지방자치단체 기타의 행정주체의 기관이 문제되므로, 이하에서는 '행정기관의 기능효율성'으로 약칭하기로 한다.

이와 같이 '행정의 효율성'은 위 세 단계의 규범적 '의미'를 모두 포괄하는 것이지만, 각 단계별로 그 규범적 '구조'를 달리한다. 즉, 제1단계의 효율성은 그 규범적 의미의 대내적 관계와 대외적 관계에서 ─즉, 다른 규범들과의 사이에서─ 동시에 형량(Abwägung)과 최적화(Optimierung)가 이루어진다. 제2단계와 제3단계의 효율성은 모두 대외적 관계에서 그와 상충되는 법치행정원리들과 형량·최적화가 이루어진다. 이에 관한 세부적인 내용은 章을 바꾸어 고찰하기로 한다.

Ⅲ. '行政의 效率性'의 法的 性格

1. 法原理

독일에서 '행정의 효율성'의 법적 성격과 관련하여 예외 없이 등장하는 용어가 '법원리'(Rechtsprinzip)이다. '법원리'는 여러 가지 의미로 사용되어 왔는데, 통상 가장 넓은 의미로는 모든 법영역을 포괄하는 일반적인 적용영역을 가진 법규범을 가리킨다. 예컨대, 신뢰보호, 인간의 존엄성, 비례원칙, 新法우선의 원칙, 소급처벌의 금지 등이 그것이다. 그러나 통상적으로 법원리는 이 가운데 규범내용이 극히 추상적인 법규범만을 지칭하는데, 이를 넓은 의미 내지 통상적 의미에서의 법원리라고 할 수 있다. 따라서 新法우선의 원칙과 소급처벌의 금지 등 그 규범내용이 명확한 것은 여기에서 제외된다. 좁은 의미 내지 특수한 의미에서 '법원리'라고 함은 상충하는 다른 법규범들과 형량이 필요하고 또한 형량이 가능한 법규범만을 가리킨다. 인간의 존엄성은 그 규범내용이 추상적이고 탄력적이라고 하더라도 다른 법규범과의 관계에서 이를 전부 또는 일부 포기하여야 하는 경우를 상정하기 어렵고, 또한 비례원칙은 그 규범내용 자체에서 이익의 형량이 요구될 뿐 역시 다른 법규범과의 형량이 불가능하기 때문에, 좁은 의미의 법원리에는 속하지 않는다. 신뢰보호는 위법한 처분의 직권취소와 관련하여 행정의 법률적합성과 형량이 필요·가능하고 적법한 처분의 철회와 관련하여 행정의 탄력성과 형량이 필요·가능하므로, 전형적인 좁은 의미의 법원리에 해당한다.[8]

'행정의 효율성'이 법원리의 하나로 파악된다면 어떠한 의미의 법원리에 속하는가가 문제이다. 이 문제가 해명되면 '행정의 효율성'의 법적 성격에 관한 분석이 가능하게 된다.

2. (法)原理理論

상술한 좁은 의미의 법원리, 즉 형량이 필요·가능한 법규범을 상정하고 그 규범적 구조를 탐구하는 이론이 소위 '(法)原理理論'(Rechtsprinzipientheorie)이다. 이 이론의 핵심적 내용은 법규범은 '규칙'(Regel; rule)과 '원리'(Prinzip; principle)로 이

---

8) 이러한 법원리의 개념에 관해 拙著, Rechtsfindung im Verwaltungsrecht. Grundlegung einer Prinzipientheorie des Verwaltungsrechts als Methode der Verwaltungsrechtsdogmatik, Berlin 1999, S.9 f. 참조.

루어져 있다는 것이다. 규칙은 규범내용이 확정적이어서 그와 상충되는 규칙과의 관계에서 상위법·新法·특별법 우선의 원칙에 의해 어느 일방이 완전히 효력을 상실하게 된다. 말하자면 all or nothing의 관계이다. 반면에, 원리는 그와 상충되는 원리와의 관계에서 어느 일방이 효력을 상실하지 않고 그대로 보유한다. 원리의 규범적 내용은 일정한 사안 또는 사안유형에서 다른 원리와의 형량을 통해 결정되는데, 어떤 사안에서는 일방의 원리가 우선할 수 있지만 다른 사안에서는 다른 원리가 우선할 수 있고, 또한 양 원리가 조금씩 후퇴하여 양자의 규범적 내용이 혼합될 수도 있다.

이러한 원리이론을 체계적으로 정립한 것은 미국의 법철학자인 로널드·드워킨(*Ronald Dworkin*)이다.[9] 그에 의하면, 법실증주의는 성문법규에 의해 명확하게 규정된 규칙만을 법규범으로 파악하고 그 이외에 不文의 가치규범들을 도덕규범으로 폄하하여 법의 세계에서 축출하였는데, 원리이론에 의거하여 그러한 가치규범들을 법규범의 일종으로 파악하여 다시 법의 세계로 편입시킬 수 있게 되었다는 점에서 원리이론은 "법실증주의에 대한 총공격"(general attack on positivism)이라고 自評한다.[10] 독일에서 이 이론을 수용하여 기본권의 법적 성격을 규명한 것이 로버트·알렉시(*Robert Alexy*)인데, 그는 법원리의 본질을 자신의 규범적 내용을 주어진 구체적 상황 하에서, 특히 그와 상충되는 원리와의 관계에서, 最適으로 실현할 것을 명하는 最適化命令(Optimierungsgebot)이라고 정의한다. 기본권 중 명예·프라버시의 자유와 언론출판의 자유의 상호관계가 원리이론의 전형적인 例로 설명되고, 또한 법치국가·사회국가·민주주의 등 헌법원리들도 법원리로 파악된다.[11]

9) *Ronald Dworkin*, The Model of Rules, University of Chicago Law Review 35 (1967), pp.14 이하. 현재 同人의 Taking Rights Seriously. 6.ed., London 1991, pp.14-45에 수록되어 있다.
10) *Dworkin*, op.cit.(Taking Rights Seriously) p.22.
11) *Robert Alexy*, Zum Begriff des Rechtsprinzips, in: Rechtstheorie Beiheft 1 (1979), S.59-87 (현재 ders, Recht, Vernunft, Diskurs, 1995, S.177-212에 수록되어 있음; 또한 ders, Rechtsregeln und Rechtsprinzipien, ARSP Beiheft 25 (1985), S.13-29; 원리이론에 의거하여 기본권의 체계와 법적 성격을 규명한 문헌으로 ders, Theorie der Grundrechte, Frankfurt a.M. 1986 참조.

3. 行政法의 法原理로서 '行政의 效率性'

(1) 상술한 바와 같이 발터·라이스너(*Walter Leisner*)는 세 가지 의미의 '행정의 효율성' 중 '목표—수단의 효율성'만이 법원리(Rechtsprinzip)로서의 성격을 갖는다고 하였으나, 이는 통상적 내지 광의의 법원리, 즉 고도의 추상적 내용을 가진 법규범이라는 의미에 불과하다. 또한 행정의 효율성을 '목표—수단의 효율성'뿐만 아니라 '목표달성의 효율성'까지 포함하는 넓은 개념으로 파악하는 데겐하르트(*Degenhardt*)는 행정의 효율성이 독자적 법원리로서의 성격을 갖지 못한다고 하는데, 이 때에도 역시 통상적 내지 광의의 법원리로서의 의미이다.[12]

호프만·림(*Hoffmann-Riem*)은 행정의 효율성을 협의의 법원리, 즉 알렉시(*Alexy*)가 말하는 형량이 가능·필요한 법규범으로 이해하고 있으나,[13] 상술한 바와 같이 행정의 효율성을 '목표—수단의 효율성' 내지 '자원절약의 효율성'에 한정하고 있다. 그런데 '목표—수단의 효율성'은 그 규범내용 자체에서 이미 목표달성의 정도와 자원의 사용량을 상호 최적의 관계로 유지할 것을 의미하기 때문에, 엄격히 말하자면, 다른 법규범과의 충돌관계에서 형량·조화가 이루어지는 협의의 법원리와 다소 거리가 있다. 실제로 호프만·림은 입법과 법적용에 있어 행정의 효율성의 고려를 설명하면서 반대의 법원리들(예컨대 신뢰보호원리, 절차적 권리의 존중)과의 충돌상황을 강조하지 않고 있다.

반면에, 라이너·발(*Rainer Wahl*), 오센뷜(*Fritz Ossenbühl*), 슈바르쩨(*Jürgen Schwarze*)와 같은 학자들은 행정의 효율성과 법치국가원리, 특히 행정절차에서의 권리구제요청 사이의 충돌을 지적하고 양자의 '실천적 조화'(praktische Konkordanz)가 필요하다는 점을 역설하였다.[14] 따라서 이들 학자의 경우에는 행정의 효율성이 협의의 법원리로 이해되고 있다고 할 수 있으나, 이를 명시적으로 표명하지 않았다. 이는 아마도 당시 1980년대 초에는 독일에 드워킨과 알렉시의 原理理論이 아직 보편화되지 않은 상태이었기 때문이 아닌가 라는 추측이 가능하다.

(2) 私見에 의하면, '행정의 효율성'의 세 가지 의미, 즉 목표—수단의 효율성,

---

12) *Degenhardt*, a.a.O., S.884.

13) *Hoffmann-Riem*, a.a.O., S.23 f. 참조.

14) *Rainer Wahl*, a.a.O., S.171; *Fritz Ossenbühl*, Verwaltungsverfahren zwischen Verwaltungseffizienz und Rechtsschutzauftrag, NVwZ 1982, S.465-472 (469); *Jürgen Schwarze*, Administrative Leistungsfähigkeit als verwaltungsrechtliches Problem, DÖV 1980, S.581-594 (591).

목표달성의 효율성 및 행정기관의 기능수행의 효율성 모두 협의의 법원리로 파악될 수 있고, 또한 그리하여야만 '행정의 효율성'과 법치행정과의 관계가 체계적으로 해명될 수 있다고 생각한다. 협의의 법원리는 그 자체만 분리하여 볼 때 그것이 표명하고 있는 價値가 최대한 실현되어야 한다는 명령이다. 이러한 의미에서 법원리는 '극대화명령'(Maximierungsgebot)이다. 이러한 극대화명령은 그와 상충되는 다른 법원리와 만나게 되면 당해 사안 또는 사안유형에서 양 가치의 실현정도가 최적상태가 되도록 하여야 한다는 '최적화명령'(Optimierungsgebot)이 되는 것이다. '행정의 효율성'을 ─ 그 의미가 목표─수단의 관계에 한정되든, 목표달성의 정도에 관한 것이든, 아니면 목표와 수단과 관계없이 기관의 기능수행능력 자체에 관한 것이든 간에 ─ 그 자체로 자신의 극대화를 지향하는 독립된 규범적 가치로 인정하기 위하여 이를 모두 협의의 '법원리'로 파악하고자 하는 데 첫 번째의 방법론적 의의가 있다. 그리고 이들 독립된 규범적 가치들이 각각 다른 차원에서 그와 충돌하는 다른 규범적 가치를 만날 때 어떻게 형량·조화될 것인지를 분석·평가하는 과정에서 '법적 담론'을 풍성하게 할 수 있다는 것이 두 번째의 방법론적 의의이다.

먼저 '목표─수단의 효율성'에 관해 살펴보면, 이는 위에서 지적한 바와 같이 그 자체로 목표와 수단의 관계를 최적의 상태로 만들어야 한다는 최적화명령으로서의 성격을 갖는다. 그러나 목표달성의 정도를 常數로 전제하면 그에 필요한 자원투입의 양을 가능한 한 최소화해야 한다는 의미를 갖게 되는데, 이와 같이 일정한 정도의 목표달성을 위해서는 최대한 자원을 절약해야 한다는 의미에서는 그 자체로 극대화되어야 할 독립된 가치를 담고 있는 '극대화명령'이고, 이것이 다른 가치들을 만나면 형량을 통해 적정한 범위로 조정되어야 할 '최적화명령'으로서의 성격을 갖게 되는 것이다. 따라서 목표─수단의 효율성도 최대한의 자원절약이라는 의미에서 협의의 법원리로 파악될 수 있다. (이하에서는 '목표─수단의 효율성'이라는 용어 대신에 '자원절약의 효율성'이라고만 부른다.) 다음으로 '목표달성의 효율성'은 일정한 목표를 전제로 그 달성의 정도를 양적·질적·시간적 관점에서 극대화한다는 점에서, '행정기관의 기능효율성'은 당해 기관의 임무수행능력과 능률성을 극대화한다는 점에서, 각각 협의의 법원리로 파악되는 데 어려움이 없다.

이와 같이 위 세 가지 '행정의 효율성'은 모두 협의의 법원리에 해당하기 때문에 각각의 규범적 의미에서 인간의 존엄성 등 기본권, 법적 안정성, 신뢰보호,

권리구제, 행정의 법률적합성 등 법치국가원리들과 충돌하고 따라서 행정의 효율성은 그 원리들과의 형량을 통해 실현된다. 그 구체적인 모습은 아래에서 章을 바꾸어 우리나라의 헌법·법령·판례·학설에 의거하여 살펴보기로 한다.

Ⅳ. '行政의 效率性' 原理의 實現

1. '行政의 效率性' 原理의 法的 根據

행정의 효율성 원리의 구체적인 실현 모습을 개관하기 이전에, 그 법적 근거를 규명하지 않으면 아니 된다. 독일에서는 일반적으로 '자원절약의 효율성'의 명시적인 헌법적 근거를 연방회계검사원(Bundesrechnungshof)은 "재정과 관리의 경제성 및 적합성"(Wirtschaftlichkeit und Ordnungsmäßigkeit der Haushalts- und Wirtschaftsführung)을 심사한다고 하는 기본법 제114조 제2항에서 찾고 있다.[15] 그밖에 '목표달성의 효율성'과 '행정기관의 기능효율성'은 기본법 제20조 소정의 '집행권'(vollziehende Gewalt)의 개념에 당연히 전제되어 있는 것으로 본다.[16]

우리 헌법에는 독일 기본법과 달리 '효율성' 또는 '경제성'에 관한 명시적인 규정이 없다. 감사원의 임무에 관한 헌법 제97조도 "국가의 세입·세출의 결산, 국가 및 법률이 정한 단체의 회계검사"라고 규정하고 있을 뿐이다. 따라서 우리 헌법상 '행정의 효율성'은 不文의 헌법원리로서, 자원절약의 효율성과 목표달성의 효율성, 그리고 행정기관의 기능효율성을 포괄하여, 제66조 제4항의 "행정권" 개념에 내포되어 있는 것으로 볼 수 있다. 헌법은 대한민국이라는 국가의 기능이, 따라서 그 행정의 기능이 제대로 수행될 것을 당연히 전제하고 있기 때문이다. 제119조 이하에 규정되어 있는 경제에 관한 국가의 다양한 규제권한에서도 마찬가지이다. 또한 제37조 제2항에 기본권 제한사유로 규정되어 있는 "국가안전보장·질서유지 또는 공공복리"는 국가행정의 기능과 목표로서, 기본권 보장과의 관계에서 최적상태로 실현되어 할 가치들이므로, 위 세 가지 의미의 '행정의 효율성'을 내포하고 있다고 할 수 있다.

헌법재판소의 판례에서 '목표달성의 효율성'이 법률의 합헌성의 주요한 근거

---

15) *Schmidt-Aßmann*, a.a.O., S.255 참조.

16) 대표적으로 *Jürgen Schwarze*, a.a.O., S.590 f.

로 제시되고 있다. 즉, 법률의 입법목적으로, 음반·비디오물및게임물에관한법률에 의한 등록제도에 관하여 "행정대상의 실태파악을 통한 효율적인 법집행",[17) 공무원연금법상의 부정급여 환수금의 강제징수제도에 관하여 '부당이득 환수의 효율적인 실현',[18) 그리고 공적자금관리특별법상 예금보험공사의 파산관재인 제도에 관하여 "공적 자금의 신속하고 효율적인 회수",[19) 하천법상 堤外地의 국유제도에 관하여 "효율적인 하천관리",[20) 수산업법상 법규명령에의 위임에 관하여 "수산자원보호, 어업조정이라는 입법목적을 효율적으로 달성하기 위하여"[21) 등이 합헌성의 근거로 설시되었다. 대법원도 국토이용관리법상 국토이용계획의 변경 신청에 대한 제한에 관하여 "국토건설종합계획의 효율적인 추진"[22)을 합헌성의 근거로 들고 있다.

법률의 차원에서는 '자원절약의 효율성' 또는 '목표달성의 효율성'의 명시적인 근거가 다수 발견된다. 즉, 감사원의 개선권고의 사유로 "행정운영 등의 경제성·효율성"을 규정하고 있는 감사원법 제34조의2 제1항, 행정자치부장관의 지방자치단체에 대한 재정진단 실시사유로 "재정의 건전성과 효율성"을 규정하고 있는 지방재정법 제118조 제2항이 그것이다. 또한 예산회계법 제118조는 중앙관서의 장에 의한 내부통제의 대상으로 "재원사용의 적정 여부"를 규정하고 있고, 국가공무원법 제53조 및 지방공무원법 제78조는 공무원이 "예산의 절약" 등 행정운영발전에 현저한 실적이 있는 제안을 한 경우 상여금 지급, 특별승진 또는 특별승급이 가능하도록 규정하고 있다. 뿐만 아니라, 사무관리규정(대통령령) 제4조는 행정기관의 사무의 원칙으로 "신속성 및 경제성"의 확보를 천명하고 있고, 행정규제기본법시행령 제6조 제2항 제4호는 "시행과정에서 효율성이 저하된 규제"를 연차별 규제정비계획에 우선적으로 포함시키도록 규정하고 있다.

---

17) 헌법재판소 2002. 2. 28. 선고, 99헌바117 결정.
18) 헌법재판소 2000. 6. 29. 선고, 98헌바106 결정.
19) 헌법재판소 2001. 3. 15. 선고, 2001헌가1등 결정.
20) 헌법재판소 1998. 3. 26. 선고, 93헌바12 결정.
21) 헌법재판소 1999. 2. 25. 선고, 97헌바63 결정.
22) 대법원 1995. 4. 28. 선고 95누627 판결.

2. ‘資源節約의 效率性’의 實現

(1) 行政財務法

자원절약의 효율성에 있어 ‘자원’은 크게 세 가지 유형으로 나눌 수 있다. 금전 기타 재산, 조직 및 절차이다. 첫 번째의 금전 기타 재산에 관한 행정법 영역을 ‘행정재무법’이라고 부르기로 한다. 예산회계법, 국유재산법, 지방재정법, 국가를당사자로하는계약에관한법률 등이 이에 속한다.

행정재무법에서 자원절약의 효율성은 일정한 정도의 목표달성을 위해 이를 위해 투입되는 금전 기타 재산의 양을 가능한 한 최소화해야 한다는 것을 의미한다. 한 마디로 ‘경제성’원리라고 할 수 있다. 여기에서는 목표달성의 정도가 고정되어 있으므로, 원칙적으로 시민에 대한 외부적 관계에 영향을 미치지 않고 행정내부의 문제에 그치게 된다. 그러나 국·공유재산에 있어 행정재산의 사용허가와 잡종재산의 대부·매각에 있어 자원절약의 효율성은 그 사용료, 대부료, 매각대금 등을 최대한 많이 받아야 된다는 의미를 갖게 되는데, 이 때에는 외부적 효과를 발휘하게 된다. 가장 중요한 외부적 효과는 국가를당사자로하는계약에관한법률 등 행정조달법 영역에서 발생한다. 이와 같이 외부적 효과가 발생하는 경우, 자원절약의 효율성은 행정의 법률적합성, 신뢰보호, 부당결부금지 등 법치행정원리들과 충돌하게 되므로, 이들 원리들과의 형량·조화를 통해 자원절약의 효율성은 실현되게 된다. 예컨대, 행정조달에 있어 법령·행정규칙상의 입찰기준의 범위 내에서 조달가격이 결정되는 것이다.

(2) 行政組織法

두 번째로 행정조직법 영역에서 자원절약의 효율성은 ‘조직’과 ‘인원’을 대상으로 한다. 정부조직의 개혁, 공무원 감축, 민영화 등이 효율성의 대표적인 실현형태이다. 최근 책임운영기관의 설치도 이에 포함된다. 책임운영기관의설치·운영에관한법률 제8조는 기관장의 임무로서, “기관운영의 공익성 및 효율성 향상, 재정의 경제성 제고”를 명시하고 있다. 또한 행정규제를 완화하여 기업에 의한 자율규제의 폭을 확대하거나 소위 관민협력체제(public-private partnership)를 구축하는 것도 행정조직의 효율성 원리의 실현형태로 파악될 수 있다. 이러한 행정조직의 효율성 원리도 원칙적으로 행정내부의 문제이고 외부적 효과를 발생하지 않는다. 그러나 민영화, 아웃소싱에 있어 행정기관의 책임 문제는 시민에게 직접 영향을 미친다. 이러한 범위 내에서 역시 행정조직의 효율성 원리는 법치행정원리들과 충돌하게 되고 이들 원리와의 형량·조화를 통해 그 구체적인 실현모습이 결정된다. 가장 중요한 문제는 공적인 임무가 민영화 내지 아웃소싱됨으로써 행정소송을 통한 권리구제의 길이 봉쇄되어서는 아니 된다는 점이다. 이는 행정의 효율성 원리와 재판청구권이라는 기본권의 충돌 문제이다. 행정기관의 책임을 종래의 이행책임에서 보장책임 내지 감독책임으로 전환하여 그 부분에 관해 행정소송과 국가배상청구소송의 길을 여는 것이 그 형량·조화의 한 가지 방법이라고 할 수 있다.

(3) 行政節次法

세 번째로 행정목적 달성을 위해 투입되는 자원으로 '행정절차'가 있다. 행정의 효율성 원리의 관점에서는 행정절차의 존재의의가 오직 행정결정을 위한 정보취득에 있는 것으로 파악된다. 다시 말해, 일정한 행정결정을 위한 일정한 정보를 취득하기 위하여 가장 간편한 행정절차를 거쳐야 한다는 것이 행정절차의 효율성 원리이다. 이러한 행정절차의 효율성 원리는—순수한 행정내부의 절차를 제외하고—행정절차법이 적용되는 영역에서 전면적으로 외부적 효과를 갖는다. 행정절차법은 행정의 효율성 원리와 법치행정원리들이 정면으로 충돌하는 가장 전형적인 영역인데,[23] 가장 중요한 문제가 상대방의 방어권과 이해관계인의 참여권의 보장이다.

행정절차의 효율성 원리는 이러한 법치행정원리들과의 형량·조화를 통해 그 구체적인 실현모습이 결정된다. 우선 행정절차법의 적용범위부터 문제되는데, 행정절차법 제3조 제2항 제9호는 "당해 행정작용의 성질상 행정절차를 거치기 곤란하거나 불필요하다고 인정되는 사항"으로서 대통령령이 정하는 사항에 대하여 행정절차법의 적용을 배제하고 있다. 또한 동법 제21조 제4항 제3호는 "당해 처분의 성질상 의견청취가 현저히 곤란하거나 명백히 불필요하다고 인정될 만한 상당한 이유가 있는 경우" 침익처분의 사전통지 및 의견제출의 기회부여를 생략할 수

---

23) 이와 관련하여 상술한 바와 같이 독일의 1982년 제41차 공법학자 대회의 제2주제가 「행정의 효율성과 권리구제임무 사이의 행정절차」(Verwaltungsverfahren zwischen Verwaltungseffizienz und Rechtsschutzauftrag)이었음을 지적할 수 있다.

있다고 규정하고 있다. 그리고 동법 제23조 제1항은 신청내용을 모두 그대로 인정하는 처분의 경우(제1호)와 단순·반복적인 처분 또는 경미한 처분으로서 당사자가 그 이유를 명백히 알 수 있는 경우에는 처분의 이유제시의무를 면제하고 있다. 이상의 규정들은 행정절차의 효율성 원리를 반영하는 것이지만, 그 해석·적용에 있어 일방적으로 행정절차의 효율성만을 지향하여서는 아니 되고, 항상 '행정절차를 통한 사전적 권리구제'라는 법치행정원리와의 충돌관계에서 그 형량·조화를 모색하여야 한다.

또한 절차적 하자의 치유와 독립적 취소사유성 문제도 행정절차의 효율성의 관점에서 파악될 수 있다. 이들 문제는 행정법에 있어 행정절차와 행정소송의 접점문제로서 양자의 역할과 비중을 어떻게 배분할 것인가 라는 관점에서 고찰될 수 있다.[24] 그러나 동시에, 행정청이 처분의 절차적 하자로 인해 행정소송에서 패소하여 다시 행정절차를 거치게 되는 것은 '자원'의 중복투입이라고 할 수 있다. 독일 행정절차법 제45조 및 제46조가 최근 개정되어 행정소송의 상고심절차의 종결시까지 절차적 하자의 치유가 가능하게 되고 또한 절차적 하자가 실체에 영향을 미치지 않았음이 명백한 경우에는 절차적 하자만을 이유로 처분을 취소하지 못하게 되었는데, 이는 행정절차의 효율성이 극단적으로 반영된 것으로 비판될 수 있다. 반면에, 우리의 판례에 따르면, 절차적 하자의 치유는 행정심판 제기 이전까지 제한되고,[25] 처분의 사전통지 및 의견제출기회의 부여, 청문, 이유제시를 흠결한 처분은 실체에 대한 영향을 불문하고 취소사유가 된다. 이는 독일과는 반대로 행정절차의 효율성 원리가 극단적으로 무시되고 있다는 비판이 가능하므로, 행정절차에 관한 법치행정원리들과의 형량을 통해 양 원리의 조화를 모색할 필요가 있다. 예컨대, 절차적 하자의 치유의 가능시점을 행정소송의 제1심으로 한다든지, 절차적 하자와 더불어 실체적 하자가 있는 경우에는 우선적으로 실체적 하자를 이유로 처분을 취소하도록 함으로써 무익한 절차반복을 방지하는 방법들을 상정할 수 있을 것이다.

---

24) 이에 관해서는 拙稿, 상호관련적 법구체화 절차로서 행정절차와 행정소송, 서울대학교 『법학』 제45권 1호(통권 130호), 2004, 195-218면; 졸저, 『행정소송의 구조와 기능』 제12장 참조.
25) 대표적으로 대법원 1997. 12. 26. 선고 97누9390 판결.

(4) 裁量考慮事由

마지막으로 행정에게 재량이 부여되어 있는 경우 '자원절약의 효율성'이 적법한 재량고려사유가 될 수 있는가 라는 문제가 있다. 재량은 그 근거법률이 재량을 부여한 입법목적에 따라 행사되어야 하므로, 이는 결국 개별 법률들의 수권규정의 해석 문제로 귀결된다. 법률규정을 세 가지 유형으로 분류할 수 있다. 재량고려의 범위 내에 예산절감·재정수입증대, 조직가동 및 인원투입의 절약, 절차의 간소화 등 자원절약의 효율성이 포함되는 것으로 해석되는 경우, 재량고려사항에서 배제되는 것으로 해석되는 경우 및 중립적 내지 개방적인 경우가 그것이다. 첫 번째 유형의 예로는 국유재산법상 행정재산의 사용허가를 들 수 있다. 두 번째 유형의 대표적인 경우는 영업허가의 취소·정지, 과태료, 과징금 등 행정제재처분으로서, 만일 재정적 고려에 의해 처분의 내용이 결정된다면 이는 재량권 남용으로 평가되어야 할 것이다. 반면에, 세 번째 유형에서는 원칙적으로 자원절약의 효율성이 적법한 재량고려사유가 되지만, 기본권 보장, 신뢰보호, 부당결부금지 등 법치행정원리들과의 신중한 형량이 요청된다. 이에 관한 대표적인 사례가 경찰책임자가 경합된 경우 행위책임자와 상태책임자 가운데 누구에게 경찰권을 발동할 것인가를 결정하는 문제이다. 시간과 경찰인력투입을 최소화할 수 있는 방법을 취하면서도 그로 인해 일방에게 과다한 침해가 되지 않도록 배려하여야 할 것이다. 또한 그로 인해 발생한 특별한 희생에 대하여는 보상이 이루어져야 한다.

3. '目標達成의 效率性'의 實現

(1) 목표달성의 효율성은 일정한 행정목적이 가능한 한 신속·철저·최대한 달성될 것을 요구한다. 이를 위한 자원투입의 문제는 제외된다. 상술한 바와 같이, 독일에서는 이러한 목표달성의 효율성을 법원리 내지 법적 가치로 인정하지 않는 것이 다수설이다. 그러나 이를 행정법의 체계 속으로 편입하여 행정의 법률적합성, 평등, 신뢰보호, 기본권 보장 등 법치행정원리들과의 상관관계에서 파악함으로써, 그동안 행정학적 가치로만 치부되어 왔던 이러한 '목표달성의 효율성'에 대하여 법적 가치를 부여하면서 동시에 법치주의적 통제의 대상으로 파악한다는 점에서, 이를 협의의 법원리로 이해하는 것이 바람직하다고 할 수 있다.

(2) 목표달성의 효율성은 원칙적으로 개별 행정영역에서 각각의 근거법률에

서 인정된 구체적인 행정목적과 관련하여 문제된다. 예컨대, 도로교통법상 교통 질서의 확립(더 구체적으로는 음주운전의 방지), 식품위생법상 식품안전의 확보 등이 그것이다. 특히 도시계획, 국토이용계획 등 행정계획에 있어서는 목표달성의 효율성이 광범위한 계획재량의 요소로 편입된다. 이러한 개별 행정영역 내지 행정활동의 목표는 가능한 한 신속·철저·최대한으로 달성되어야 하지만, 그와 상충하는 법치행정원리들과의 형량을 통하여 그 달성 정도는 적정한 수준으로 후퇴·조정되어야 하는 것이다.

(3) 일반행정법의 관점에서 목표달성의 효율성을 고찰함에 있어서는 우선 그 '목표'가 개별 법령상의 구체적인 행정목적들이 아니라 이들을 포괄하는 일반적인 행정목적, 즉 '공익실현'이라는 추상적인 개념으로 포착된다. 이것이 일반행정법 이론에서 통상적으로 언급되는 '행정의 효율성'이다. 그 방법론적 의의는 행정행위의 공정력, 당연무효와 단순위법의 구별, 행정행위의 철회사유, 부관의 가능성, 비공식적 행정작용, 행정지도 등 일반행정법상의 문제들을 공익실현 요청과 법치행정의 요청 사이의 형량·조화의 관점에서 분석할 수 있다는 데 있다. 이 가운데 행정행위의 공정력과 당연무효와 단순위법의 구별에 관해 자세히 살펴보기로 한다.

먼저 행정행위의 공정력에 관해서는, 현재 학설의 일반적 경향은 공정력의 근거를 국가권위 내지 행정의 우월성에서 찾았던 전통적 이론을 비판하면서 공정력을 단지 취소소송의 배타적 관할의 반사적 효과로 파악하고 있다. 법률의 차원에서는 이와 같이 취소소송이 마련되어 있음으로 인해 결과적으로 취소소송을 통해서만 행정행위의 효력을 부정할 수 있다는 의미의 공정력이 인정된다는 설명이 가능할 것이다. 그러나 취소소송의 배타적 관할 제도 자체의 합헌성을 문제삼게 되면, 재판청구권이 제한된다는 점에서, 궁극적으로 기본권 제한에 관한 헌법 제37조 제2항 소정의 "공공복리" 내지 공익의 실현이 합헌성의 근거로 제시되지 않으면 아니 된다. 다시 말해, 공익실현의 '목표달성의 효율성'이라는 의미의 '행정의 효율성' 원리가 공정력의 근거를 이루는 것이다. 그러나 이에 행정의 법률적합성, 권리구제, 재판청구권 등 법치행정원리들이 충돌하므로, 공정력의 구체적 내용과 범위는 이들 원리들과의 형량을 통해 결정되어진다.

당연무효와 단순위법의 구별기준에 관해서는, 판례상의 중대·명백설에 대하여 명백성 요건은 이해관계 있는 제3자가 있는 경우에만 필요하고 처분의 상대방만이 문제되는 때에는 명백성 요건이 필요 없다고 하는 소위 명백성보충설이 유력하게 주장되고 있다. 이는 공정력의 주된 근거로 제3자의 법적 안정성 및 신뢰보호를 상정하는 견해로서, 제3자가 개입되지 않을 때에는 공정력의 범위가 대폭 축소되어야 한다는 취지이다. 그러나 상술한 바와 같이 공정력은 '행정의 효율성' 원리 없이는 설명될 수 없고, 그렇기 때문에 처분의 직접 상대방에 대한 관계에서도 공정력이 훼손되어서는 아니 된다. 물론 이해관계 있는 제3자가 있는 경우에 비하여 공정력의 범위가 축소될 수 있겠지만, 명백성 요건이 완전히 배제된다고 할 수는 없다. 하자의 명백성은 당연무효로서 공정력이 인정될 수 없을 정도로 '행정의 효율성' 원리를 후퇴시키는 데 필수적인 요건이기 때문이다. 결국 당연무효와 단순위법의 구별은 하자의 중대성, 명백성이라는 개념징표를 매개로 하여 한편으로 '행정의 효율성' 원리와 다른 한편으로 행정의 법률적합성, 권리구제 등 법치행정원리들 사이의 형량을 통해 이루어진다고 할 것이다. 판례가 "하자가 중대하고도 명백한 것인가의 여부를 판별함에 있어서는 그 법규의 목적·의미·기능 등을 목적론적으로 고찰함과 동시에 구체적 사안 자체의 특수성에 관하여도 합리적으로 고찰함을 요한다"[26]고 판시하고 있는 것도 이러한 취지로 이해될 수 있다.

4. '國家機關의 機能效率性'의 實現

(1) '행정의 효율성'의 세 번째 의미인 행정기관의 기능효율성은 일정한 목표와 수단을 전제하지 아니한 채 당해 기관이 어떤 목표를 설정하든지, 어떤 수단을 동원하든지 간에 그 활동의 범위와 영향력을 최대화한다는 것이다. 독일의 행정법 문헌에서 이러한 '행정기관의 기능효율성'을 법규범으로 파악하는 견해를 찾기 어렵다. 그러나 우리나라에서, 특히 행정학적 담론에서는 '행정의 효율성'이라는 話頭가 위와 같은 의미로 사용되는 경우가 많다. 따라서 이를 극대화명령 및 최적화명령으로서 협의의 법원리로 이해하여 법학적 담론에 편입시켜 법치행정원리들과의 상관관계에서 그 타당 범위를 논의하는 것이 바람직하다.

(2) 어떤 행정기관의 활동 범위와 영향력을 최대화하고자 할 때 부닥치는 반대의 규범적 요청은 다른 행정기관, 나아가 다른 국가기관과의 관계를 고려해야

---

26) 대법원 1985. 7. 23. 선고 84누419 판결.

한다는 것이다. 이는 행정부 내부에서는 행정권한의 분배로서, 행정조직 법정주의(헌법 제96조)에 의거한 법률적 문제가 되고, 입법부와 사법부와의 관계에서는 권력분립의 헌법적 문제가 된다. 다시 말해, 행정부 내부에서 일정한 행정기관의 기능효율성은 행정조직법의 제정과 해석에 있어 고려되어야 할 법원리로서, 그 반대의 법원리, 예컨대 행정부문의 세분화를 통한 합리성과 투명성의 확보 요청과 충돌한다. 이는 특히 최근 인터넷을 통한 행정의 네크워크화로 인해 행정기능이 집중화되는 것과 관련하여 중요한 의미를 띤다.[27] 반면에, 입법부와 사법부에 대한 관계에서 행정기관의 기능효율성은 전체로서의 '행정'의 기능효율성의 문제로 되어, 권력분립, 의회민주주의, 행정의 법률적합성, 사법심사, 재판청구권 등의 법원리와 충돌한다. 이에 관해 項을 바꾸어 좀 더 자세히 살펴보기로 한다.

(3) 먼저 입법부에 대한 관계에서 전체로서의 '행정'의 기능효율성은 법률유보와 규율밀도 내지 위임입법의 문제의 관점에서 논의될 수 있다. 즉, 법률유보의 범위, 규율밀도의 정도, 위임입법의 한계 등에 관하여 일방적으로 법률에 의한 행정 통제의 요청만을 내세울 것이 아니라, 행정의 기능효율성의 확보라는 요청도 그 중요한 고려요소로 받아들여 양자의 형량·조화를 통해 해결책을 모색해야 하는 것이다. 독일 연방헌법재판소 판례에서 발전된 소위 '중요사항 유보설'도 바로 이러한 개개의 규율영역에 대한 원리형량의 방법론으로 이해될 수 있다.

사법부에 대한 관계에서 전체로서의 '행정'의 기능효율성은 행정소송(항고소송)에서의 대상적격, 원고적격, 재량심사 내지 심사강도, 위법판단의 기준시, 처분사유의 추가·변경, 집행정지·가처분, 사정판결제도 등과 관련하여 논의될 수 있다. 이러한 행정소송법상의 쟁점들은 결국 행정과 사법의 권력분립 문제로 소급되는 것인데, 이를 '행정의 효율성' 원리와 법치행정원리 사이의 형량의 관점에서 파악하는 것이다. 항고소송에서 대상적격과 원고적격이 확대되고 집행정지·가처분제도가 보강되면 행정기관에게 應訴의 부담이 증가하기 때문에 일단 행정의 기능효율성이 저하될 수 있지만, 다른 한편으로 행정과정에서 소송에 대비하여 권한행사의 요건과 절차를 사전에 정비함으로써 행정의 기능효율성이 제고될 수 있

---

27) 이에 관해 특히 *Gabriele Britz*, Reaktionen des Verwaltungsverfahrensrechts auf die informationstechnischen Vernetzungen der Verwaltung, in: *Hoffmann-Riem/Schmidt-Aßmann* (Hg.), Verwaltungsverfahren und Verwaltungsverfahrensgesetz, Baden-Baden 2002, S.213-276 (252 ff.) 참조.

다. 이와 같이 행정소송의 관문을 최대한 확대하되, 본안심사 단계에서 재량과 불확정개념에 대한 심사강도를 적절히 제한하고, 위법판단의 기준시를 處分時로 고수하여 행정의 선결권을 보장하며, 처분사유의 추가·변경의 범위를 확대하여 분쟁의 일회적 해결을 촉진함으로써, 행정소송에 있어서 행정의 기능효율성과 법치행정원리의 형량·조화를 도모할 수 있다. 이것이 바로 현재 진행 중인 행정소송법 개정의 기본적 의식이라고 할 수 있다.[28]

V. 結語

이상에서 원리이론에 입각하여 '행정의 효율성'의 의미를 자원절약의 효율성, 목표달성(공익실현)의 효율성 및 행정기관의 기능효율성을 모두 포괄하는 것으로 이해하여 그 규범적 구조와 실현모습의 분석을 시도하였다. 행정의 효율성도 법규범의 하나인 '법원리'로 파악하여 그 실현을 법치행정원리와의 충돌 및 형량의 관점에서 설명함으로써 행정법학과 행정학의 공통된 대화의 場이 마련될 수 있다. 이는 동시에 행정법학의 자기이해와 방법론의 개혁으로 연결된다. 행정법학은 삼단논법에 의한 법률의 해석에만 한정되어서는 아니 된다. 또한 행정에 대한 법적 구속만을 강조하여서도 아니 된다. 행정의 현실과 논리를 규범적 분석의틀 안으로 받아들임으로써 행정법학의 방법론을 한 차원 높은 것으로 발전시켜야할 것이다.

---

28) 이에 관하여 拙稿, 행정소송법 개정의 주요쟁점,『공법연구』제31집 제3호, 2003, 41-102면; 본서 제4장; 행정소송법 개혁의 과제,『서울대학교 法學』제45권 3호(통권 132호), 2004, 376-418면; 항고소송의 대상 및 유형, 대법원 刊,『행정소송법 개정안』공청회, 2004. 10, 5-49면 참조.

21. '적극행정'과 「행정기본법」 제정의 의의*

'Proactive Administration' and Meaning of Establishment
of the 「Framework Act on the Administration」

I. 서설

행정학의 임무가 사회과학의 관점에서 행정현상을 분석하는 것이라면, 정치
적·사회적·경영적 행정현상과 더불어, 규범적 행정현상 — 즉, 행정의 행위규범과
재판규범 — 이 그 연구대상에 당연히 포함되어야 한다. 반대로, 행정법학이 행정
에 관한 실정법의 체계적 인식과 비판, 그리고 대안제시를 임무로 한다면, 행정의
현상과 기능을 연구대상에서 제외할 수 없다. 요컨대, 행정학과 행정법학은 '행정
과학'의 지붕 밑에서 만난다. 말하자면, 행정법학과 행정학은 이제 다른 학문 사
이의 '학제간'(inter-disciplinary) 연구가 아니라, 행정을 연구하는 동일한 학문 안의
'학내간'(intra-disciplinary) 연구를 이어가야 한다.[1]

그러나 행정학이 행정의 규범적 측면을 소홀히 하고, 행정법학이 행정재판을
위한 도그마틱에 한정되면, 언제든지 양자의 대화가 단절되기 쉽다. 양자의 연구
대상을 연결하여 서로의 대화를 유지 발전시킬 수 있는 '키워드'가 필수적이다.
지금까지 조종(management; Steuerung), 책임(responsibility; Verantwortung), 의사소통
(communication), 결정(decision; Entscheidung) 등이 중요한 역할을 하여 왔는데,[2] 오

[적극행정과 행정기본법, 『적극행정』 행정연구원(편), 2021]

1) 졸고, 한국 행정법학 방법론의 형성·전개·발전, 『공법연구』 제44집 제2호, 2015, 161-
191면 (175-178면); 본서 제2장(35-39면) 참조.

2) *Gunnar Folke Schuppert*, Schlüsselbegriffe der Perspektivenverklammerung von Verwal-
tungsrecht und Verwaltungswissenschaft, in: Die Wissenschaft vom Verwaltungsrecht, Berlin
1999, S. 103- 125 (110 ff.); 졸저, 『행정법의 체계와 방법론』, 2005, 275면 참조.

늘 주제인 '적극행정'(proactive administration)도 이와 같이 행정학과 행정법학을 연결하는 새로운 핵심 키워드이다.

　　오늘 행정법학자로서, 한국행정연구원의 행정학 포럼에 초대받아 행정법학의 관점에서 적극행정에 관한 발표를 하게 되어 감회가 크다. 특히 1960년부터 15년간 서울대학교 행정대학원에서 행정법 교수로 재직하고 이어 1996년까지 같은 대학교 법과대학 행정법 교수로 재직하면서 항상 행정법학과 행정학의 대화를 강조한,3) 저의 은사이신 故 서원우 교수(1931-2005)의 學恩을 깊이 느낀다.

Ⅱ. 적극행정의 연혁과 현황

1. 도입

　　(1) 이명박 정부(2008-2013)가 들어선 2008년 12. 10. 「적극행정 면책제도 운영규정」이 감사원훈령 제331호로 제정되어 다음 해 1. 8.부터 시행되었다. 동 훈령에 의하면, '적극행정'은 "공무원 등이 국가 또는 공공의 이익을 증진하기 위해 성실하고 능동적으로 업무를 처리하는 행위"를 의미한다(제2조 제1호). 이러한 적극행정 과정에서 발생한 부분적인 절차상 하자 또는 비효율, 손실 등과 관련하여 그 업무를 처리한 공무원 등에 대하여 감사원은 징계요구, 문책요구, 해임요구, 시정·주의요구 등을 하지 않는다(제2조 제2호, 제4호).4) 요컨대, 적극행정 제도는

---

3) 대표적으로 徐元宇, 행정법학과 행정학의 관계 (상)(하), 『法政』 제21권 제3호(1966), 67-70면, 제21권 제4호(1966), 66-68면; 同人, (1996). 행정학과 행정법학의 대화, 1996, 한국행정학회 학술대회 발표논문집 427-439면; 同人, 행정시스템의 변화와 21세기 행정법학의 과제, 『행정법연구』 제7호(2001), 1-10면; 홍준형, 서원우 교수와 한국의 행정법학, 『서울대학교 법학』 제47권 제4호(2006), 372-386면 등 참조.

4) 구체적인 면책요건은 "적극행정을 수행하는 과정에서 공무원 등이 기본적으로 지켜야 할 의무를 다한 경우"로서 ① 공익성 ② 타당성 ③ 투명성을 충족한 경우로 요약할 수 있다(제6조). 즉, 공익성은 "업무처리의 목적이 국가 또는 공공의 이익 증진을 위한 경우로서 관련 공무원 등의 개인적인 이익 취득이나 특정인에 대한 특혜 부여 등의 비위가 없을 것"을 의미하고, 타당성은 "법령상의 의무이행, 정부정책의 수립이나 집행, 국민 편익증진 등을 위해 제반여건에 비추어 해당업무를 추진·처리해야 할 필요성과 타당성이 있을 것"을 의미하여, 투명성은 "의사결정의 목적·내용 및 그 과정 등을 관련 문서에 충실히 기재하여 합당한 결재를 받는 등 업무를 투명하게 처리하였을 것"을 의미하는데, "일반적인 절차에 따른 업무처리로는 국가안위 및 공공이익 증진 등의 행정목적 달성이 명백하게 곤란할 정도의 시급성·불가피성 등이 있는 경우에는 투명성 요건을 완화하여 적용 가능"하다고 규정되어 있었다.

2009년 처음에는 감사원훈령으로 모습으로, 적극행정 과정에서 발생한 잘못에 대하여 감사원이 징계 등 불이익처분을 요구하지 않는 것으로 도입되었다.[5)]

(2) 이와 같이 2009년 한국에 적극행정 면책제도가 도입된 것은 대통령 5년 단임제와 직업공무원제의 발전이 배경이 되었다고 할 수 있다. 즉, 1987년 민주화의 결실인 제9차 개정헌법(현행헌법)에 도입된 대통령 5년 단임제에 의해 2009년 당시 벌써 다섯 차례에 걸쳐 대통령이 교체되었다. 특히 1998년부터 10년간 두 차례의 진보정부 이후에 2008년 보수 신자유주의를 내세운 이명박 정부가 들어서서, 그 이전 정부에서 승진·보임된 관료들이 대거 교체되자, 공무원의 전체 분위기가 정부의 새로운 정책에 대해 비우호적으로 바뀌어 소위 '복지부동'의 사태가 우려되었다. 이는 법사회학적으로, 1961년 제5차 헌법개정시 도입된 헌법 제7조의 직업공무원제 조항[6)]에 의거하여, 특히 1987년 유신·신군부 독재가 종식된 이후, 행정공무원의 정치적 중립성이 어느 정도 확립되었기 때문이었던 것으로 분석될 수 있다. 이러한 상황에서, 비록 표면적으로는 '경제난 극복'을 명분으로 내세웠지만, 공무원 사회에 새로운 분위기를 조성하기 위하였음이 분명하다. 적극행정을 징계 등의 면책사유로 정하여 이를 장려 내지 진작시키고 이로써 동시에 '소극행정'에 대한 경고 메시지를 보냄으로써 새로운 정권에 대한 복지부동을 방지한다는 것이다.

2. 발전

(1) 이와 같이 적극행정 면책제도가 정권·정부 교체시의 공무원의 복지부동 방지를 위한 것이었기 때문에, 그 다음 — 역시 보수정부로서, 정권의 교체는 아니지만, 상당한 권력 변화가 있었던 — 박근혜 정부(2013-2016)에서도 폐지되지 않고 오히려 발전되었다. 우선 법형식 관점에서, 위 감사원훈령이 2015. 2. 3. 「적극행정면책 등 감사소명제도의 운영에 관한 규칙」이라는 감사원규칙(제267호)으로 승격되고 같은 날 감사원법이 개정되어 제34조의3에서 동 감사원규칙의 법률적 근거까지 마련되었다.

---

5) 졸고, 적극행정 실현의 법적 과제: '적극행정법'으로의 패러다임 전환을 위한 시론, 공법연구, 제38집 제1호 제1권, 2009, 229-353면(333면 이하) 참조.

6) 제7조 제1항: "공무원은 국민전체에 대한 봉사자이며, 국민에 대하여 책임을 진다." 제2항: "공무원의 신분과 정치적 중립성은 법률이 정하는 바에 의하여 보장된다."

그리고 내용상으로도, '적극행정'을 감사원법은 "불합리한 규제의 개선 등 공공의 이익을 위하여 업무를 적극적으로 처리한 결과"(제34조의3 제1항)로 정의하고, 이어 위 규칙은 "불합리한 규제를 개선하거나 공익사업을 추진하는 등 공공의 이익을 증진하기 위하여 성실하고 적극적으로 업무를 처리하는 행위"(제2조 제1호)로 정의함으로써, 구체적인 예시 ― 즉, 불합리한 규제의 개선, 공익사업의 추진 ― 를 추가하였다. 그리고 앞의 각주 4)에서와 같은 구체적인 면책요건 대신에, 위 규칙은 "고의나 중대한 과실"을 유일한 소극적 요건으로 정하면서(제5조 제4호), 대상 업무 사이에 사적인 이해관계가 없고, 대상 업무의 처리에 필요한 정보를 충분히 검토하였으며, 법령에서 정한 필수적인 행정절차를 거쳤고, 필요한 결재 절차를 거쳤다는 4개의 조건 하에서 고의 또는 중과실이 없는 것으로 추정한다(제6조).

가장 중요한 변화는 공무원의 적극행정 면책 신청권 인정이다. 위 규칙 이전에는 면책 신청권이 감사대상 기관장에게만 인정되어, 해당 공무원이 면책을 신청한 경우에는 직권발동을 촉구하는 것으로 간주되어, 면책검토서의 작성과 같은 별도의 검토·처리절차가 없었으나, 이제는 해당 공무원도 감사소명자료 제출과 함께 적극행정 면책을 신청할 수 있고(제8조), 감사원은 이를 검토·처리하여 감사 결과의 처리에 반영할 의무를 진다(제9조).[7]

(2) 또한 감사원에 의한 감사 이외에도, 중앙행정기관, 지방자치단체 및 공공기관의 자체감사에 대해서도 위 감사원법 개정 및 감사원규칙 제정과 같은 날(2015. 2. 3.)「공공감사에 관한 법률」제23조의2 신설 및 동법 시행령 제13조의3 및 제13조의4에 의하여 위와 동일한 내용과 절차로 적극행정 면책제도가 도입되었다.

(3) 뿐만 아니라, 2016. 8. 31. 개정·시행된 「공무원징계령 시행규칙」(총리령 제1317호)에 의해, 징계(양정)기준에 관한 [별표 1]의 제1호에 성실의무위반의 하부 비위유형으로서, "부작위·직무태만"(다목)과 더불어 "소극행정"(라목)이 추가되어, 부작위·직무태만과 거의 동일한, 일부는 더 가중된 징계기준이 규정되었다.

---

7) 감사원이 발행하는 「감사연보」에 의거하여, 2009년부터 2019년까지 약 220건의 면책신청에 대하여 55건이 면책인정되었고 직권면책 136건을 포함하여 총 191건이 면책된 것으로 확인된다. 2016년까지의 통계에 관해서는 김수종, 적극행정 면책제도에 관한 논리적 고찰,『감사논집』제29호, 2017, 151-168면(155면) 참조.

문제는 그때까지 '적극행정'은 법률과 법령, 감사원규칙에서 정의되어 있었으나, '소극행정'의 개념은 이론적으로 분석이 시도되었을 뿐,[8] 감사원 내부자료에 있었을지 몰라도, 법률·법령·감사원규칙은 물론 감사원훈령에도 정의되어 있지 않았다는 점이다. 다시 말해, 법적으로 정의되지 않은 개념인 '소극행정'이 부작위·직무태만과 별도로, 시행규칙상 징계(양정)기준과 관련하여 성실의무위반의 하부유형으로 처음 도입되었다. 새로운 징계사유가 창설된 것은 아니지만 성실의무의 내용이 확장되었다는 점에서 법률상 근거가 필요하였던 것이 아닌지 의문이다.

3. 현황

(1) 현재 문재인 정부(2017~)는 박근혜 전 대통령의 탄핵 이후, 김대중·노무현 정부(1998-2007)와 정치적 뿌리를 같이하는 진보정부로의 정권교체로 성립되었으나, 보수정부인 이명박·박근혜 정부에서 도입·발전된 적극행정 면책제도가 역시 폐기되지 않았다. 오히려 아래에서 보는 바와 같이, 면책이 감사에 의한 징계요구 단계뿐만 아니라 징계요구에 의한 징계위원회 의결에까지 확장되고(2), 면책사유에 사전컨설팅이 추가되었으며(3), 나아가 면책에서 벗어나 근본적으로 적극행정을 장려하고 소극행정을 예방·근절한다는 차원으로 확대되었다(4).

(2) 우선 2018. 5. 30. 개정·시행된 「공무원징계령 시행규칙」(총리령 제1467호) 제3조의2 제1항은 '적극행정'을 위 감사원규칙보다 더 자세하게 정의하면서[9] 이러한 적극행정의 결과로서, 고의 또는 중과실에 의하지 않은 비위에 대해서는 징계위원회에서 징계의결 또는 징계부가금 부과 의결을 하지 않는 것으로 규정하였다. 이로써 면책이 징계요구 단계뿐만 아니라 징계요구에 의한 징계위원회 의결에까지 확장되었다.

(3) 또한 2018. 12. 13. 개정·시행된 위 감사원규칙(「적극행정면책 등 감사소명제도의 운영에 관한 규칙」) 제5조 제2항에 의하면, 해당 공무원이 감사원이나 자체

---

8) 졸고, 전게논문(적극행정 실현의 법적 과제), 335면 이하 참조.

9) "1. 국가적으로 이익이 되고 국민생활에 편익을 주는 정책 또는 소관 법령의 입법목적을 달성하기 위하여 필수적인 정책 등을 수립·집행하거나, 정책목표의 달성을 위하여 업무처리 절차·방식을 창의적으로 개선하는 등 성실하고 능동적으로 업무를 처리하는 과정에서 발생한 것으로 인정되는 경우 / 2. 국가의 이익이나 국민생활에 큰 피해가 예견되어 이를 방지하기 위하여 정책을 적극적으로 수립·집행하는 과정에서 발생한 것으로서 정책을 수립·집행할 당시의 여건 또는 그 밖의 사회통념에 비추어 적법하게 처리될 것이라고 기대하기가 극히 곤란했던 것으로 인정되는 경우".

감사기구에 사전컨설팅을 신청하여 사전컨설팅 의견대로 업무를 처리한 경우에는, 사적인 이해관계가 있는 등 특별한 사유가 없는 한, 제1항의 적극행정 면책기준을 충족한 것으로 추정된다. 이와 같이 사전컨설팅이 적극행정 면책사유에 추가됨으로써 사전컨설팅이 강력하게 유도된다.

(4) 근본적인 확대 발전은 2019. 8. 6. 대통령령 제30016호로 제정·시행된 「적극행정 운영규정」에 의하여 이루어졌다.[10] 즉, 동 규정은 '적극행정'을 "불합리한 규제를 개선하는 등 공공의 이익을 위해 창의성과 전문성을 바탕으로 적극적으로 업무를 처리하는 행위"로 정의할 뿐만 아니라, '소극행정'을 "부작위 또는 직무태만 등 소극적 업무행태로 국민의 권익을 침해하거나 국가 재정상 손실을 발생하게 하는 행위"로 정의한다(제2조).

그리고 적극행정에 대하여 징계요구 등 면책(제16조) 및 징계 등 면제(제17조)와 더불어, 징계절차·수사절차·민사소송에서 변호사 등 법률전문가의 지원(제18조 제2항)도 규정하고 있다. 이에 그치지 않고 적극행정 실행계획(제7조), 적극행정 관련 교육(제8조), 적극행정의 일환으로 법령의 정비·개선 및 적극적 해석(제9조), 적극행정 우수공무원 선발(제14조) 및 특별승진임용, 근속승진기간 단축 등 인사상 우대조치(제15조)까지 규정하고 있다.

반면에, 소극행정에 대해서는 징계관계 법령에 따라 징계의결 요구 등 소극행정의 예방 및 근절에 필요한 조치를 하도록 규정하고(제19조), 나아가 인사혁신처장과 중앙행정기관의 장의 소극행정 예방 및 근절을 위한 조치 및 관련 자료의 제출 요구, 교육과 홍보 사업의 추진을 규정하고 있다(제20조).

위와 같이 '소극행정'의 개념이 정의됨으로써, 2020. 7. 28. 개정·시행된 「공무원징계령 시행규칙」(총리령 제1632호)은 [별표 1] 징계기준 제1호 라목에서 비로소 성실의무위반의 하부 비위유형으로 "「적극행정 운영규정」 제2조제2호에 따른 소극행정"으로 특정할 수 있었다. 또한 위 시행규칙 제4조 제2항은 징계감경 배제사유로 역시 "「적극행정 운영규정」 제2조제2호에 따른 소극행정"(제7호)을 "부작위 또는 직무태만"(제7의2호)과 별도로 신설하였다.

(5) 문제는 대통령령인 위 「적극행정 운영규정」의 법률상 근거가 없다는 점이다. 앞서 본 감사원법 제34조의3은 적극행정 면책에 관한 것이므로 이것만으로

---

10) 동일한 내용으로 같은 날 역시 대통령령으로 「지방공무원 적극행정 운영규정」이 제정·시행되었다.

는 부족하다. 이러한 점에서 후술하는 「행정기본법」안 제4조의 ‘적극행정의 추진’이 중요한 의미가 있다. 여하튼 2009년 도입·시행된 적극행정 면책제도가 그동안 권력기반과 정권의 성격이 판이한 세 차례의 정부 하에서도 폐기되지 않고 오히려 확장되고 나아가 근본적으로 적극행정의 장려와 소극행정의 예방·근절의 차원으로 발전한 것은 대통령 5년 단임제와 직업공무원제가 어우러져 만들어진 한국 특유의 정치·행정문화의 산물이라고 할 수 있다. 그러나 동시에 아래에서 보는 바와 같이, 행정과 행정법의 패러다임을 변화시키는 ‘적극행정’ 이념의 발현이기도 하다.

Ⅲ. 적극행정의 이념적 기초

1. 공무원의 성실의무

(1) 적극행정의 이념적 기초는 공무원의 성실의무로부터 시작한다. 헌법 제7조 제1항은 “공무원은 국민전체에 대한 봉사자”라고 규정하고 있는데, ‘봉사’(奉仕)는 자신의 의해를 돌보지 않고 몸과 마음을 다하여 일한다는 뜻으로, 그 의미 자체로 적극행정을 내포하고 있다. 따라서 국가공무원법(제56조)과 지방공무원법(제48조)은 ‘성실의무’라는 표제 하에서 모든 공무원은 법령을 준수하고 “성실히 직무를 수행하여야 한다.”고 규정한다.

1989년 대법원판결[11]에 의하면, 여기서 말하는 ‘성실의무’는 “공무원에게 부과된 가장 기본적인 중요한 의무로서 최대한으로 공공의 이익을 도모하고 그 불이익을 방지하기 위하여 전인격과 양심을 바쳐서 성실히 직무를 수행하여야 하는 것”이라고 판시하면서, 재산세 담당공무원이 관내 토지소유자들의 주민등록번호 전산자료입력업무를 소속 구청의 평균치보다 월등하게 더 많이 처리하였으나, 3인의 주민등록번호를 주민등록표 등의 열람 또는 관할 동사무소에의 조회를 통해 적시에 확인하지 못하여 당해 연도의 재산세를 부과하지 못한 것은 성실의무 위반에 해당한다고 판단하였다. 위 판시 내용 중 ‘최대한으로’ 공공의 이익을 도모하고 ‘전인격과 양심을 바쳐서 성실히’라는 문구들은 적극행정의 이념을 여실히 나타내는 것이다. 따라서 성실의무의 내용으로서의 적극행정의무는 위 2009년 감

---

11) 대법원 1989. 5. 23. 선고 88누3161 판결.

사원훈령에 의해 적극행정 면책제도 도입되기 훨씬 이전부터 이미 우리나라 실정법에 규범적으로 존재하고 있었다고 보아야 한다.

그리하여 상술한 바와 같이 2016년 「공무원징계령 시행규칙」에 '소극행정'이 성실의무위반의 하부유형의 하나로 명시되고 2020년 징계감경 배제사유의 하나로 규정된 것은, 명확한 법률상 근거는 없으나, 헌법 및 공무원법상의 성실의무를 구체화한 것으로 평가할 수 있으므로, 위헌·위법의 문제는 없다고 본다.

(2) 다만, 위에서 본 바와 같이 국가공무원법 및 지방공무원법에서 성실의무를 규정함에 있어 "법령을 준수하고"를 앞세우고 있는 것은 법치행정을 강조하기 위한 것임은 말할 나위도 없는데, 이러한 법령준수의무가 적극행정의무와 상충하는 것이 아닌지 의문이 제기될 수 있다. 또한 적극행정의 반대말을 소극행정으로 이해하면 징계사유가 부당히 확대되어 직업공무원제에 위해가 될 수 있다는 우려도 있을 수 있다. 실제로 최근 이러한 의문과 우려를 표명하는 견해가 있고,[12] 필자도 일찍이 후자의 우려와 함께 적극행정의무를 '행위책임'으로 한정해야 한다는 견해를 제시한 바 있다.[13]

그러나 상술한 바와 같이, 2019년 제정·시행된 「적극행정 운영규정」(대통령령)은 '소극행정'을 "부작위 또는 직무태만 등 소극적 업무행태로 국민의 권익을 침해하거나 국가 재정상 손실을 발생하게 하는 행위"로 정의함으로써, 적극행정("불합리한 규제를 개선하는 등 공공의 이익을 위해 창의성과 전문성을 바탕으로 적극적으로 업무를 처리하는 행위")을 하지 않았다고 하여 바로 소극행정이 되어 징계사유에 해당하는 것은 아니라, 국민의 권익 침해 또는 국가재정상 손실이라는 결과가 발생해야 한다는 점이 분명하게 되었다.[14] 성실의무위반으로 인정한 위 1989년 대법원판결의 사안에서도 재산세 부과 누락이라는 재정상 손실이 있었다.

또한 적극행정과 법치행정의 관계에 관해서도, 적극행정의무를 '행위책임'으로 이해하는 필자의 견해에 의하면, 주관적으로 법령위반에 대한 고의 또는 중대한 과실 없이 — 정확하게 말하면, 위법성 인식 또는 정당한 사유를 결여한 위법성 착오 없이 — 적극행정을 위하여 업무수행을 한 경우에는, 결과적으로 위법한 업무

---

12) 김용섭, 행정기본법안의 적극행정 조항에 관한 비판적 논의, 『인권과 정의』 제491호, 2020, 4-7면.

13) 졸저, 전계논문(적극행정 실현의 법적 과제), 335-337면 참조.

14) 同旨, 이진수, 「행정기본법」 제정의 의미와 평가, 『법제연구』 제59호, 2020.

수행이 되더라도 징계를 면책한다는 것으로 이해함으로써 양자의 모순을 해결할
수 있다. 첫째, 주관적 요건에서 법령의 준수를 요구함으로써 법치행정을 담보할
수 있고, 둘째, 징계만을 면책하는 것이지 그 위법한 업무수행을 직권취소, 행정
쟁송 등을 통해 시정되어야 하는 것은 변함이 없기 때문이다. 적극행정에 장애가
되는 법령, 다시 말해, 업무수행의 위법성을 야기하는 법령들을 개정·폐지하는
것 자체가 적극행정의무의 중요한 내용이다.[15]

　　위에서 본 바와 같이 2015년 감사원규칙[16]에 의한 적극행정의 유일한 소극
적 요건인 "고의나 중대한 과실"(제5조 제4호)과 고의·중과실이 없는 것으로 추정
하는 4가지 조건(대상 업무 사이에 사적인 이해관계가 없고, 대상 업무의 처리에 필요한
정보를 충분히 검토하였으며, 법령에서 정한 필수적인 행정절차를 거쳤고, 필요한 결재 절
차를 거침)들도 위와 같은 적극행정의 주관적 요건으로서 법령준수를 의미하는 것
으로 이해되어야 한다. 또한 상술하였듯이 2018년 「공무원징계령 시행규칙」[17]에
서 '적극행정'의 두 번째 요소로 규정되어 있는 " … 정책을 수립·집행할 당시의
여건 또는 그 밖의 사회통념에 비추어 적법하게 처리될 것이라고 기대하기가 극
히 곤란했던 것으로 인정되는 경우"라는 것도 위법성착오의 정당한 사유를 판단
하는 기준에 불과할 뿐, 당해 공무원이 명확한 위법성인식을 갖고 업무수행을 감
행한 경우까지 포함하는 것으로 해석되어서는 아니 된다.

2. 제1법관으로서 행정

　　(1) 적극행정의 이념적 기초는 공무원의 성실의무에서 출발하지만 그것만으로
는 부족하다. 위에서 본 바와 같이, 공무원의 성실의무는 '이념적' 기초로서의 성격
보다 오히려 규범적, 심지어 실정법적 기초로 파악될 수 있다. 적극행정의 본격적인,
패러다임을 바꾸는, 두 번째 단계의 이념적 기초는 '제1법관으로서의 행정'이다.

　　즉, 행정은 행정법을 적용하여 집행하는 첫 번째 법관이라는 것이다. 흔히
의회는 법을 만들고 행정은 법을 집행하며 법원은 법을 적용한다고 하지만, 틀린
말이다. 법의 집행과 적용은 분리될 수 없다. 법은 적용됨으로써 집행되기 때문이

---

15) 졸고, 전게논문(적극행정 실현의 법적 과제), 334-336면, 342면 참조.
16) 2015. 2. 3. 「적극행정면책 등 감사소명제도의 운영에 관한 규칙」(감사원규칙 제267호).
17) 2018. 5. 30. 「공무원징계령 시행규칙」(총리령 제1467호) 제3조2 제1항 제2호. 앞의 각주
　　8) 참조.

다. 이러한 법의 적용과 집행을 민사법은 처음부터 판사에게 맡기고, 형사법은 경찰·검찰을 거쳐 판사에게 맡기는 반면, 행정에게 일차적으로 법의 적용과 집행을 맡기고 그에 불복이 있는 경우 비로소 — 두 번째 법적용인 — '사법 재심사'(judicial re-view)가 이루어지도록 하는 것이 바로 행정법이다. 다시 말해, 행정은 행정법의 유일한 집행기관인 동시에 첫 번째 적용기관이다. 이러한 의미에서 행정은 행정법의 제1법관이다. 우리나라는 미국(연방)과 달리 이러한 행정의 법적 지위가 헌법에 명시되어 있다.18)

(2) 법관은 법의 통제를 받는 동시에, 법의 해석과 적용의 주관자로서 지위를 동시에 갖는다. 20세기 후반 독일은 나치불법국가에 대한 철저한 반성으로 행정에 대한 법적 통제를 강화하는 행정법이론을 구축하였다. 행정을 의와 법원 사이에 끼인 권력으로 파악하고 의회의 법률과 법원의 사법심사를 통해 행정을 최대한 통제한다는 구도이다.19) 한국의 행정과 행정법은 부지불식간에 이러한 독일의 소극행정 내지 자유주의 행정법의 영향을 받아 왔다. 적극행정은 바로 이러한 영향에서 벗어나 법의 주관자로서 행정의 지위를 회복하고자 하는 것이고, 그 첫걸음이 제1법관으로서의 행정이다.

(3) 이러한 관점에서 보면, 행정절차는 더 이상 행정을 일방적으로 통제하기 위한 절차적 장애물이 아니라, 소송절차를 통해 판결의 정당성이 확보되듯이, 제1법관이 자신의 행정결정의 정당성을 확보하여 가는 과정으로 파악되어야 한다. 행정재량 문제도 사후적으로 법원에서 심사받아 재량권남용이면 취소될지 모른다는 소극적 자세가 아니라, 행정재량의 행사 과정에서 합리성을 담보할 수 있는 자료들을 적극적으로 수집하여 그 재량행사의 타당성과 정당성을 공적으로 인정받겠다는 자세로써 해결되어야 한다. 또한 법규의 불확정개념에 관한 행정의 해석·적용이 '판사의 존중'(judicial deference)을 받을 수 있도록 절차적·인적·조직적 요소가 확충되어야 한다.20)

---

18) 헌법 제66조 제4항 "행정권은 대통령을 수반으로 하는 정부에 속한다." 제86조 제2항 "국무총리는 대통령을 보좌하며, 행정에 관하여 대통령의 명을 받아 행정각부를 통할한다." 제94조 "행정각부의 장은 국무위원 중에서 국무총리의 제청으로 대통령이 임명한다." 제96조 "행정각부의 설치·조직과 직무범위는 법률로 정한다."

19) 자세한 내용은 졸고, 전게논문(적극행정 실현의 법적 과제), 337면 이하; 졸저, 『행정법의 체계와 방법론』, 2005, 98면 이하 참조.

20) 자세한 내용은 졸고, 전게논문(적극행정 실현의 법적 과제), 345-346면 참조.

(4) 바로 여기에서 행정법학과 행정학의 대화가 가능하다. 제1법관으로서 행정의 정당성을 확보하기 위한 절차, 인사, 조직, 예산 등 모든 정책적인 요소들이 관심의 대상으로 포착되기 때문이다. 행정법학은 행정을 제1법관으로 파악함으로써 법원과 행정소송만을 연구대상으로 하여 온 편협에서 탈피하고, 비유컨대, 그 제1법관의 건강과 지혜를 위한 행정학의 연구결과를 경청한다. 반대로 행정학은 행정의 절차·인사·조직 등이 결국 제1법관의 결정의 합법성과 정당성을 확보하기 위한 것임을 직시하고 그 결정의 법적 기준을 위한 행정법학의 연구결과를 경청하는 것이다.[21)]

3. 제1입법자로서 행정

(1) 여기에서 한 걸음 더 나아가면 '제1입법자로서의 행정'이다. 우리나라 헌법은 대통령, 국무총리, 행정각부의 장관에게 행정입법권을 부여하고 있다.[22)] 또한 정부는 국회의원과 함께 법률안 제출권을 갖는다(헌법 제52조). 심지어 국회의원이 제출하는 법률안도 대부분 실질적으로 정부에서 마련하는 것이다. 따라서 행정은 자신을 규율하는 입법을 내용적으로 먼저 만들고 이를 의회에 제출하여 형식적으로 민주적 정당성을 받는 것으로 이해할 수 있고, 이러한 의미에서 행정은 '제1입법자'라고 할 수 있다. 더욱이 많은 경우에 법률에서는 대강만을 정하고 핵심적 내용들은 행정입법, 즉 대통령령, 총리령, 부령에서 정해지기 때문에, 이러한 부분에 있어서는 행정은 주도적 입법자로서의 지위에 서게 된다. 이와 같이 행정은 법률에 의해 통제받는다는 소극적 자세에서 벗어나 제1입법자 내지 주도적 입법자로서의 지위를 정확히 인식하는 것이 바로 적극행정의 세 번째 단계의 이념적 기초이다.

제1입법자로서의 행정은 입법의 주관자이므로 위법·부당한 법령을 단지 방치하거나 우회적으로 또는 심지어 직접적으로 위반하여서는 아니 되고 입법조치를 통해 개정·폐지하도록 적극적으로 노력해야 한다는 점에서, 바로 여기에서 상

21) 이러한 생각의 단초는 졸고, 전게논문(한국 행정법학 방법론의 형성·전개·발전)(위 각주 1), 178면; 본서 제2장(38-39면) 참조.
22) 헌법 제75조 "대통령은 법률에서 구체적으로 범위를 정하여 위임받은 사항과 법률을 집행하기 위하여 필요한 사항에 관하여 대통령령을 발할 수 있다." 제95조 "국무총리 또는 행정각부의 장은 소관사무에 관하여 법률이나 대통령령의 위임 또는 직권으로 총리령 또는 부령을 발할 수 있다."

술한 바와 같이, 공무원의 법령준수의무와 성실의무(적극행정의무)가 합치된다. 또한 근거 법령이 없다는 이유로 무조건 행정조치를 거부하거나 다른 행정기관에 미루는 것이, 국민의 권익 침해 또는 재정상의 손실 발생과 결합되면, 소극행정으로 성실의무위반이 된다.

(2) 이러한 제1입법자로서의 행정은 행정법학과 행정학의 본격적인 대화의 광장을 마련해 준다. 행정학은 당해 입법의 정책적, 정치·사회·경제·문화적 필요성과 영향에 대한 분석을 제공하고, 행정법학은 헌법합치성과 기존 법체계·개념과의 상호관계, 해석상의 문제점, 재판규범으로서의 효과 등에 대한 분석을 제공할 수 있기 때문이다.

4. 사법적극주의와 행정적극주의

(1) 적극행정의 네 번째, 마지막 단계의 이념적 기초는 — '司法적극주의'(judicial activism)에 상응하는 — '행정적극주의'(administrative activism)이다. 司法이 적극적이어야 하느냐 소극적이어야 하느냐에 관하여 이론적으로나 현행헌법 해석으로나 견해가 나뉠 수 있으나, 행정에 관해서는 그럴 수 없다. 행정은 그 개념 자체로 공익실현과 법치준수의 책임을 지고 능동적으로 활동하는 '적극행정'일 수밖에 없고, 헌법상 기본권보장, 사회보장·사회복지, 평생교육, 고용증진, 환경보전 등을 위한 국가 책임의 현장에 항상 행정이 있다. 이러한 의미에서 '행정적극주의'는 헌법상 요청이다.

(2) 사법적극주의는 법원이 법률의 문언적 의미에 한정되지 않고 체계적 해석, 연혁적 해석, 나아가 목적론적 해석 — 최근에는 또한 비교법적 해석까지 — 을 추구하고, 필요할 때에는 유추, 목적론적 축소 등을 통한 '법형성'(Rechtsfortbildung; further development of the law)까지 시도하는 것을 의미한다면,23) 행정적극주의도 근본적으로 이와 다르지 않다. 이러한 점에서 우리나라 행정이 왕왕 법규의 문구에만 매달린 편협한 해석을 고집하는 사례가 많다는 사실이 비판되어야 한다. 소극행정의 전형적인 예라고 하지 않을 수 없다. 이를 방지하기 위하여, 「적극행정 운영규정」제9조 제3항은 적극행정의 일환으로 "중앙행정기관의 장은 정책을 집행하는 과정에서 법령을 해석할 때에는 법령의 범위에서 적극적으로 공공의 이익을

---

23) 이에 관하여 졸고, 행정법과 법해석: 법률유보 내지 의회유보와 법형성의 한계, 『행정법연구』 제43호, 2015, 13-46면(26면 이하); 본서 제9장(317-319면) 참조.

실현할 수 있도록" 하되, 다만 "법령의 취지를 벗어나 국민의 권리를 제한하거나 새로운 의무를 부과해서는 안 된다."고 규정하고 있다.

사법적극주의에 대해서는 법원이 입법자(의회)의 권한을 참칭하는 것이라는 비판이 있지만, 행정적극주의는 행정입법에 관해서는 행정이 입법자이기 때문에 이러한 비판으로부터 자유롭다. 다만, 다음 두 가지 한계가 설정되어야 한다. 첫째, 법률에 대해서는 목적론적 해석과 비교법적 해석까지는 권장될 수 있지만, 해석의 차원을 넘어 '법형성'까지는 허용될 수 없고, 그런 필요가 있는 경우에는 법률안제출권을 통해 법률개정을 추진하여야 한다. 둘째, 행정입법에 대해서도 적극적인 법해석·법형성에 의해 민원 내지 분쟁을 해결한 후에는, 행정 자신이 입법자이므로, 즉시 그에 적합한 개정을 통해 법적 안정성을 도모하여야 한다.

Ⅳ. 「행정기본법」과 적극행정

1. 적극행정 조항

(1) 현재 정부안으로 국회에 제출되어 있는 「행정기본법」안(이하 '법안'이라 약칭한다)이 적극행정에 대하여 갖는 일차적 의미는 그 법률적 근거를 이룬다는 점이다. 상술한 바와 같이, 2019년의 대통령령 「적극행정 운영규정」은 2015년 감사원법 및 감사원규칙에 의거한 적극행정 면책을 차원을 넘어 적극행정의 진작과 소극행정의 예방·근절을 위한 조치들을 규정하고 있는데, 이에 관해 명시적인 법률적 근거가 없다.

(2) 법안 제4조는 '적극행정의 추진'이라는 표제로 제1항에서 먼저 "공무원은 국민 전체에 대한 봉사자로서 공공의 이익을 위하여 적극적으로 직무를 수행하여야 한다."고 하여 공무원의 적극행정 의무를 규정하고, 제2항에서 "국가와 지방자치단체는 소속 공무원이 공공의 이익을 위하여 적극적으로 직무를 수행할 수 있도록 제반 여건을 조성하고, 이와 관련된 시책 및 조치를 추진하여야 한다."고 하여 국가·지방자치단체의 적극행정 책무를 규정한 다음, 제3항에서 "제1항 및 제2항에 따른 공무원의 직무 수행 및 적극행정 활성화를 위한 시책의 구체적인 사항 등은 대통령령으로 정한다."고 규정함으로써 대통령령에 대한 위임근거를 마련하고 있다.

2. 권익보호와 행정통제

(1)「행정기본법」은 법안의 제안이유에서 밝히고 있듯이, "국민 혼란을 해소하고" "국민 중심의 행정법 체계로 전환"하며 "국민의 권익 보호"에 이바지하기 위한 것으로서, 일차적으로 '국민'에 초점이 맞추어져 있다. 이는 행정법이 행정권의 남용으로부터 국민의 권익을 보호하는 것을 중요한 임무로 한다는 점에서 당연하다. 소위 '주관적' 법치주의 이념이다.

(2) 그러나「행정기본법」의 의미는 여기서 그치지 않는다. 역시 법안의 제안이유에서 "행정의 신뢰성·효율성을 제고"하기 위함이라고 하듯이, 행정의 적법성과 타당성을 확보하기 위한 행정통제의 관점도 간과할 수 없다. 소위 '객관적' 법치주의 이념이다. 이러한 행정통제는 행정소송을 통한 타자통제와 행정심판·이의신청을 통한 자기통제로 나뉘는데, 후자의 자기통제와 관련하여「행정기본법」은 적극행정에 대하여 중요한 의미를 갖는다.

즉, 적극행정의 필수적 요소는 행정 스스로 자신의 오류를 시정하여 적법성과 타당성을 확보하는 데 있다. 따라서 법안 제37조에서 이의신청 제도를 모든 처분에 대하여 일반적으로 인정하는 것으로 확대하고 이의신청이 진행되는 동안 행정심판·행정소송 제기기간이 정지되도록 한 것은 의의가 크다. 또한 법안 제38조에서 처분의 재심사 제도를 도입하여, 제재처분 및 행정상 강제를 제외한 모든 처분에 대해서는 불가쟁력이 발생한 경우에도 당사자에게 유리한 사실상 또는 법적인 사정변경을 이유로 처분의 취소·철회·변경을 신청할 수 있도록 하였다. 뿐만 아니라, 법안 제8조(법치행정의 원칙), 제9조(평등의 원칙), 제10조(비례의 원칙), 제11조(성실의무 및 권한남용금지의 원칙), 제12조(신뢰보호의 원칙), 제13조(부당결부금지의 원칙)도 "행정의 법 원칙"으로서, 행정의 자기통제를 위한 기준으로 작용한다는 점에서 적극행정의 의미를 찾을 수 있다.

3. 행위규범과 권한규범

(1) 국민의 권익보호와 행정의 타자통제를 위한「행정기본법」은 그 성격상 '재판규범'일 수밖에 없다. 그러나 행정의 자기통제를 위해서는, 물론 사후적인 시정에 관해서는 일종의 재판규범적 기능을 하지만, 근본적으로 행정과정에 대한 행위규범, 나아가 권한규범으로서의 성격을 갖는다. 이러한 행위규범·권한규범

으로서의 「행정기본법」은 바로 적극행정의 규범적 기초가 되는 것이다.

　(2) 행위규범·권한규범은 일차적으로 상술한 '제1법관으로서의 행정'에 관한 것이다. 다시 말해, 행정이 스스로 적법·타당한 행정결정을 내리기 위해 적용하는 규범이다. 이러한 관점에서, 앞에서 본 법안 제8조 내지 제13조의 행정의 법 원칙들 이외에도, 제14조(법 적용의 기준), 제17조(부관), 제18조(위법·부당한 처분의 취소), 제19조(적법한 처분의 철회), 제21조(재량행사의 기준), 제22조(제재처분의 기준), 제32조(공법상 계약의 변경·해지 및 무효), 제33조(행정상 강제), 제34조(이행강제금의 부과), 제35조(직접강제), 제36조(즉시강제)는 중요한 역할을 할 것이다. 이 가운데 제33조 내지 제36조의 규정은 당해 강제수단의 근거가 다른 법률에 있는 경우에 적용되는 것이지만, 그 법률의 제정 및 해석·적용의 기준이 된다는 점에서 의미가 있다.

　(3) 나아가 행정의 행위규범과 권한규범은 '제1입법자로서의 행정'을 위한 것이다. 이를 위하여 법안 제39조에서 "행정의 입법활동"을 법률안제출과 행정입법, 조례안제출 등을 의미하는 것으로 규정한 다음, 제40조(규제에 관한 법령등의 입안·정비 원칙), 제41조(행정법제의 개선), 제42조(법령해석)에 관하여 규정하고 있다. 특히 위 제41조 제1항은 "정부는 법령이 헌법에 위반되거나 법률에 위반되는 것이 명백한 경우 등에는 대통령령으로 정하는 바에 따라 해당 법령을 개선하여야 한다."고 규정함으로써, 행정입법의 입법자인 행정에 대하여 적극행정의무를 명시하고 있다.

V. 요약 및 결어

　적극행정은 적극행정 면책제도로부터 출발하여 적극행정의 진작과 소극행정의 예방·근절로 확대되었으며, 그 법적 근거도 감사원훈령, 감사원규칙, 감사원법, 「공무원징계령 시행규칙」, 대통령령인 「적극행정 운영규정」으로 발전하여 현재 「행정기본법」안이 국회에 제출되어 있다. 적극행정의 이념적 기초는 공무원의 성실의무에서 출발하여, 제1법관으로서의 행정, 제1입법자로서의 행정을 거쳐 '행정적극주의'로 완성된다. 적극행정의 관점에서 「행정기본법」은 국민의 권익보호만이 아니라, 행정통제, 그 중에서도 자기통제를 위한 행위규범·권한규범으로서의 성격과 기능을 갖고 있으며, 이러한 성격과 기능을 발휘하기 위한 조항들을 다수 포함하고 있다.

적극행정의 실현은 행정의 패러다임 변화를 통해 제대로 이루어질 수 있다. 행정법의 관점에서는 행정이 '법 콤플렉스'를 극복하고 스스로 '법실력'과 '법권위'를 갖추는 것이 가장 중요하다. 이에 필요한 인사·조직·정책적 환경 조성을 위하여 행정법학과 행정학은 대화하고 협력하여야 한다.

22. 比較法의 意義와 方法論*
— 무엇을, 왜, 어떻게 비교하는가? —

I. 序說

『소피의 세계』(Sofi' s world)에서 소피를 철학의 세계로 초대하는 첫 번째 편지는 마술사의 토끼를 비유로 든다. 마술사의 모자에서 토끼가 나오는 것은 엄청난 기적이지만, 그 토끼 털 속에 사는 벌레(벼룩)는 그 같은 기적을 전혀 알지 못한다. 그 벌레가 태어나는 곳은 토끼 털 끝에서 태어나지만, 성장하면서 따뜻한 털 속으로 기어들어가 그 안에 안주하면서 살아간다. 그러다가 털 위로 기어올라 밖을 보는 순간 그 기적을 깨닫게 된다.[1] 여기서 '밖을 본다는 것'은 바로 자신의 상황을 다른 것과 '비교'함을 의미한다. 이 비유를 '비교법'에 적용하여 보면, 법률가는 자기 나라 법에 안주하지 않고 그 울타리를 넘어 다른 나라의 법과 비교함으로써 '법의 기적'을 깨닫게 되는 것이다.

법학에서 '방법론'을 논의함에 있어 자주 인용되는 驚句가 있다. 즉, 라드부르흐(Gustav Radbruch)에 의하면, 늘 자기 자신을 관찰하면서 자기 자신의 문제로 고민하는 사람은 대부분 건강하지 못한 사람이듯이, 자신의 방법론을 문제 삼는 학문 또한 건강하지 못한 병적 징조가 있다고 설파하였다.[2] 그러나 현대인은 오

[비교법의 의의와 방법론,『법철학의 탐구와 모색』(심헌섭박사75세기념논문집), 2011]

* 본고는 2004. 9. 11. BK21 서울대학교 법제도연구센터 학술세미나 발표문(未公刊)을 수정·보완한 것임을 밝힌다.

1) 요수타인·가아더(Jostein Gaarder) / 장영은 번역, 소피의 세계, 현암사, 1996, 27면 이하.

2) Gustav Radbruch, Einführung in die Rechtswissenschaft. 13.Aufl., Stuttgart 1980, S.283. 이는 독일 비교법의 표준적 교과서인 Zweigert/Kötz, Einführung in die Rechtsvergleichung auf dem Gebiete des Privatrechts. 3.Aufl., Tübingen 1996(영어번역본: Introduction to Comparative Law. 3.ed., Oxford 1998), S.31에서 비교법의 방법론을 설명하는 서두에서

늘날 40대, 아니 이미 20, 30대부터 자신의 건강을 염려하여 운동이나 다이어트를 통해 웰빙(well-being)을 추구하듯이, 법학도 이제 그저 열심히 살아가기만 해서는 안 되고 자주 스스로를 되돌아보아야 건강을 지킬 수 있다. 특히 서양법을 계수하여 그동안 '비교법'을 통해 부단히 학문적 성과를 쌓아 올린 우리나라 법학은 이제 그 '비교법'의 의의와 방법론을 성찰함으로써 법학의 건강을 지키지 않으면 아니 된다. 고민하지 말고 '그냥 해라'(Just do it!)가 아니라 이제는 '무엇을 왜 어떻게 해야 하는가'라는 방법론을 살펴볼 때가 되었다.

'방법론'(methodology; Methodologie)이라 함은 학문의 '방법'(method; Methode)을 이론적으로 고찰하는 것인데, 두 개의 차원으로 나눌 수 있다. 첫째 차원은 당해 학문의 의의와 목표를 실현하기 위한 근본적 시각에 관한 것으로서, '사고방법'(Denkmethode)이라고도 할 수 있다. 둘째 차원은 학문의 구체적인 수행방법 내지 '작업방법'(Arbeitsmethode)을 가리킨다. 양자는 서로 밀접하게 관련되어 명확하게 구분되지 않는 경우가 있으나, 앞의 근본적 사고방법에 의거하여 뒤의 구체적인 작업방법들이 나올 수 있다는 점에서 구별의 의의가 있다.

방법론은 無에서 有를 창조하는 것이 아니다. 우리가 이미 — 대부분 무의식적으로 — 행하여 오던 방법들을 찾아내어 이를 명시적으로 체계화함으로써 그 의의와 문제점을 자각하는 것이 방법론의 임무이다. 바로 '방법론적 각성'(methodological awareness; methodologisches Bewußtsein)이다. 법학은 모든 나라에서, 특히 서양법을 계수한 우리나라에서, 숙명적으로 비교법을 통해 그 학문성을 유지·발전시켜야 하므로, 비교법의 방법론은 바로 학문으로서의 법'학'의 방법론이자 '법학연구'의 방법론이고, 따라서 비교법에 대한 방법론적 각성은 바로 법학 자체에 대한 방법론적 각성을 의미한다. 뒤에서 보듯이 미국 로·스쿨에서 비교법 강좌가 쇠퇴함으로 말미암아 미국에서 비교법의 새로운 방법론의 모색은 '비교법학'의 존재이유를 위함이지만, 우리나라에서는 '법학' 자체의 존재이유를 위한 것이다.

위와 같은 문제의식에서, 본고에서는 비교법의 개념(Ⅱ.)과 역사(Ⅲ.)를 고찰하고, 그 목적 및 효용을 논의한 다음(Ⅳ.), 그 방법론의 구체적인 문제점을 검토하고자 한다(Ⅴ.).

인용되고 있을 뿐만 아니라, 미국의 비교법 학술잡지인 The American Journal of Comparative Law 46 (1998)에서 '비교법의 새로운 방향'(New Directions in Comparative Law)이라는 학술대회 특집의 Introduction 첫 머리에서도 인용되고 있다(p.597).

Ⅱ. 比較法의 槪念

1. 法學 領域으로서의 比較法과 法(學)方法論으로서의 比較法

字意的으로 살펴보면, 프랑스어의 'le droit comparé'는 "상이한 국가의 두 개 이상의 법에 대한 비교 연구"3)를 의미하고, 영어의 'comparative law'도 "상이한 법체계의 차이점, 유사성, 상호관계에 대한 연구"4)를 의미하는 데 비하여, 독일어의 'Rechtsvergleichung'은 '연구'라는 요소가 빠지고 단순히 "상이한 국가의 법의 비교"를 가리킨다.5) 다시 말해, 프랑스어와 영어에서는 'le droit'와 'law'에 'comparé'와 'comparative'라는 수식어가 붙어 있으므로, '비교법'은 민사법, 형사법, 공법 등과 같은 법(학)영역의 하나라는 뉘앙스를 갖는다. 특히 미국에서는 현재 비교법이 독립된 강의과목으로 개설되고 이를 전담하는 교수들이 있기 때문에, 일반적으로 비교법은 법사학, 법사회학, 법철학 등과 같은 독자적인 기초법 과목으로 이해되고 있다.6) 반면에, 독일어에서는 법의 '비교'(Vergleichung)라는 요소가 강조됨으로써, 하나의 법(학)영역으로서가 아니라 법(학)의 한 방법에 불과하다는 의미가 강하다. 이는 독일에서 18, 19세기부터 개별 법학영역의 주도로써 로마법, 교회법, 프랑스법, 영국법의 비교 연구가 수행된 데서 비롯되는데, 오늘날에는 법의 비교연구를 독자적인 법(학)영역의 하나로 파악하고자 하는 시도가 이루어지고 있다.7)

우리나라에서도 '비교법'이라 하면 기초법의 한 영역이라는 뉘앙스가 강해지고, 반대로 '법비교'라고 하면 (개별) 법학의 연구방법이라는 뉘앙스가 강해지는데, 일반적으로 '비교법'이라는 용어가 통용되고 있으므로, 본고에서도 일단 기초법의 한 영역으로 이해하고8) 다른 법학 영역과의 관계를 살펴보고자 한다. 그러

---

3) Gérald Cornu, Vocabulaire juridique, Paris 1987, p.313. "Étude comparative de deux ou plusieurs Droits émanant de les souveraninetés différentes".
4) Merriam Webster's Dictionary of Law, 1996, p.89. "the study of the differences, similarities and interrelationships of different systems of law".
5) Görres-Gesellschaft (Hg.), Staatslexikon. 4.Bd., Freiburg u.a. 1995, S.748.
6) 특히 이를 강조하는 문헌으로 James Gordley, Is Comparative Law a Distinct Discipline? The American Journal of Comparative Law 46 (1998), pp.607-615 참조.
7) 이에 관한 자세한 내용은 Léontin-Jean Constantinesco, Rechtsvergleichung. Band Ⅰ (Einführung in die Rechtsvergleichung), Köln u.a. 1971, S.203-273 참조. 여기서 저자 (Constantinesco)는 'Rechtsvergleichung'이 독자적인 법학분과임을 강조하고 있다.
8) 同旨 Peter Gilles, Prozeßrechtsvergleichung, Köln u.a. 1996, S.19 f.

나 현재 우리나라에서는 '비교법'의 전문강좌와 전담교수가 없고, 또한 거의 대부분의 경우에 '비교법'이 개별법분야의 필수적인 법(학)방법론으로 수행되고 있으므로, 아직 독자적 법학분과라기보다는 법학연구의 한 방법론으로 이해하는 것이 옳다고 본다.

2. 巨視比較와 微視比較

비교법은 법질서 전체의 특징을 비교대상으로 삼는 '거시비교'(macrocomparison; Makrovergleichung)와 개개의 법적 문제를 비교대상으로 삼는 '미시비교'(micorcomparison; Mikrovergleichung)로 나눌 수 있다. 전자를 중심으로 하게 되면 독자적인 학문분과로의 성격을 갖기 쉽고, 반대로 후자를 중심으로 하면 그 문제가 속한 개별법영역의 연구방법론으로 이해되기 쉽다. 거시비교는 法源, 입법유형, 법률해석방법, 판례의 효력, 학설의 위상, 판결의 방식, 법률가양성 등 법질서 전체의 구조를 그 대상으로 하는데, 후술하는 바와 같이 여기에 '문화'라는 요소가 첨가되고 또한 그 비교대상으로 법률가 또는 일반대중의 법의식까지 추가되면 '법문화론'(legal culture theory)이라는 새로운 학문영역으로 발전한다. 그러나 이러한 거시비교와 법문화론도 개개의 법적 문제와 유리될 때에는 추상적이고 허구적인 연구결과를 가져올 수 있을 뿐만 아니라, 거시비교의 연구결과를 전제로 할 때 미시비교도 제대로 수행될 수 있다는 점에서, 양자는 밀접한 관련을 맺고 있다고 할 수 있다.

3. 比較法의 核心要素로서의 '比較'

비교법의 개념에서 핵심적 요소는 '비교'이다. 이러한 점에서 비교법은 단순한 '외국법'(foreign law; ausländisches Recht)과 구별된다. 후술하는 바와 같이, 비교법의 작업방법으로 '명시적 비교'(explicit comparison)가 강조되고 있다. 즉, 외국법과 자국법을 병렬적으로 설명하는 것만으로는 부족하고, 이를 각각의 문제점에 대응하여 그 차이점과 동일점을 확인하고 그 차이점의 원인을 해명하고 나아가 이를 평가할 때, 비로소 명실상부한 비교법이 되는 것이다.

물론 비교법의 전제로서, 또는 비교법의 제1단계로서, 우선 외국법이 정확하게 파악되어야 한다. 외국법을 정확하게 파악하는 것도 쉽지 않기 때문에 '외국법'도 분명히 법학의 중요한 연구방법이긴 하지만, 그것만으로는 학문성을 인정받기 어렵다고 할 것이다. 외국법과 비교법이 반드시 한 학자에 의해 수행되어야 할 필요는 없다. 외국법 연구대상이 광범위하여 많은 노력이 필요할 때에는 오히려 공동연구가 바람직하다.

또한 비교법에서 '비교'가 제대로 이루어지기 위해서는 자국법에 대한 정확한 이해도 필수적이다. 비교는 그 대상을 대등하게 다룰 때에만 가능하기 때문이다. 이러한 관점에서, 종래 우리나라에서 '비교법' 또는 '비교법적 고찰'이라고 하였지만, 사실은 우리나라의 실정법과 판례는 제쳐두고 일방적으로 외국법을 소개하는 데 그쳤기 때문에, 진정한 '비교법'은 이루어지지 않았다는 의문이 제기된다. 심지어, 진정한 '비교'법이 가능할 정도로 우리나라의 법이 ― 개별 법영역마다 다르겠지만 ― 정착 내지 정립되어 있었는가 라는 의문도 떨쳐 버릴 수 없다.

이러한 관점에서 보면, 해당 법영역 또는 해당 개별 문제에 관하여 아직 우리나라의 법제가 전혀 없거나 불완전한 상황에서, 새로운 입법 또는 법개정을 위하여 외국법을 참조하는 경우에 진정한 '비교법'이 되기 위해서는, 한 외국의 법제만을 소개하는 데 그치는 것이 아니라 여러 외국의 법, 특히 法系가 다른 여러 국가의 법들을 비교하지 않으면 아니 된다는 점을 깨닫게 된다. 自國의 법이 비교대상에 포함되는 경우를 일응 '내적 비교법'이라고 한다면, 自國의 법은 빠지고 여러 외국의 법들을 비교하는 경우를 '외적 비교법'이라고 할 수 있고, 나아가 自國의 법을 여러 외국의 법들과 비교하는 경우를 '다원적 비교법'이라고 할 수 있을 것이다.

4. 다른 法學領域과의 관계

(1) '國際私法'(international private law; internationales Privatrecht)은 당해 법률관계에 적용될 준거법을 결정하는 국내법으로서, 여러 국가의 법들을 비교하는 '비교법'과 구별된다. 그러나 국제사법의 연구를 위해서는 당해 법률관계에 관련되는 여러 외국들의 私法의 내용에 대한 이해가 필수적이기 때문에 양자의 관계는 밀접하다. 특히 독일에서는 19세기부터 주로 국제사법 학자들이 ― 私法에 대한 ― 비교법 연구를 수행하였다. 그러나 오늘날 비교법이 巨視比較, 法文化論, 나아가 헌법과 행정법의 비교법도 중요한 영역으로 부각되고 있기 때문에, 국제사법과 비교법의 관계는 점차 옅어지고 있다고 할 수 있다.

(2) '法史學'(legal history; Rechtsgeschichte)은 '비교법'과 명확히 구별되는 개념이지만, 양자 또한 밀접한 관련이 있다. 양자가 만나는 접점은 세 부분이다. 첫째, 법사학도 현재의 법과 과거의 법을 비교한다는 점에서 그 '방법'이 공통된다. 둘째,

서양의 법사학은 로마법을 주요 연구대상으로 하는데, 그 로마법적 전통이 — 私法뿐만 아니라 공법에 대해서도 마찬가지로 — 비교법의 중요한 연구기준을 이룬다. 셋째, 비교법의 과정에서 법제의 차이점과 동일점의 원인을 규명하기 위해 필연적으로 양국의 法史에 대한 이해가 요구된다. 요컨대, 비교법은 법사학에게 연구의 방법 내지 연구의 주제를 공급하는 동시에, 법사학으로부터 연구의 기준과 자료를 공급받는다.9)

(3) 이러한 관계는 '法社會學'(legal sociology, sociological jurisprudence; Rechtssoziologie)에 대해서도 마찬가지이다. 첫째, 사회학도 여러 국가 또는 사회·지역의 '비교'를 중요한 방법론으로 한다. 뒤르껭(Emile Durkheim)은 "비교사회학은 사회학의 한 분과가 아니라 사회학 그 자체이다"라고 설파하였다. 둘째, 비교법의 주류적 방법론인 '기능주의'(functionalism)는 특정 국가의 법체계 속에서의 개념적 차이를 捨象하고 그 실질적인 사회적 기능에 초점을 맞추어, 양국에서의 '기능적 상응물'(functional equivalent)끼리 비교하여 그 유사성을 확인하는 것인데, 이러한 기능적 비교를 위해서는 법사회학적 고찰이 필수적이다. 셋째, 기능적 관점에서 조차 서로 다르거나 아니면 기능은 같더라도 그 체계적·개념적·논리적 표현이 다른 경우에는, 그러한 차이점을 이해하기 위하여 필연적으로 법사회학적 설명이 요구되기 때문에, 비교법은 법사회학에게 중요한 연구과제를 계속 공급하게 된다. 뿐만 아니라, 법의 계수 또는 法移植(legal transplant)의 가능 여부 및 그 조건과 관련하여, 과연 법은 사회·문화와의 관계에서 어느 정도 종속되고 어느 정도 독자성을 갖는지가 문제되는데, 이는 법사회학의 중요한 연구주제를 이룬다. 법의 독자성을 강조하는 대표적인 이론은 루만(Niklas Luhmann)의 체계이론에 의거한, 토이프너(Gunther Teubner)의 '법의 自生 이론'(legal autopoiesis theory)이다.10)

---

9) Hein Kötz, Was erwartet die Rechtsvergleichung von der Rechtsgeschichte? JZ 1992, S.20-22; Helmut Coing, Die Bedeutung der europäischen Rechtsgeschichte für die Rechtsvergleichung, RabelsZ 32 (1968), S.1-23; Klaus Luig, Was kann die Rechtsgeschichte der Rechtsvergleichung bieten? ZEup 1999, S.521-530 등 참조.

10) 이에 관해 Roger Cotterrell, Comparatists and sociology, in: Legrand / Munday (ed.), Comparative Legal Studies: Traditions and Transitions, 2003, pp.131-153 참조. 비교법과 법사회학의 관계에 관해서는 Konrad Zweigert, Die soziologische Dimension der Rechtsvergleichung, RabelsZ 38 (1974), S.299-316; Keebet von Benda-Beckmann, Einige Bemerkungen über die Beziehung zwischen Rechtssoziologie und Rechtsvergleichung, ZVerglRWiss 78 (1979), S.51-67; Ulrich Drobnig, Methods of Sociological Research in Comparative Law, RabelsZ 35 (1971), S.496-504; Jerome Hall, Comparative Law and

(4) 비교법과 '법철학'(legal philosophy, legal theory, jurisprudence; Rechtsphilosphie, Rechtstheorie)의 관계도 동일하다. 첫째, 비교법의 방법론으로서 상술한 기능주의의 구체적 방법에 관해서는 견해가 나뉘지만, 최소한 특정 국가의 법체계 속에서의 개념적·논리적 차이점을 捨象한다는 점은 일치되는데, 이는 바로 법의 이념과 목적을 주안점으로 하는 법철학의 방법론과 일치한다. 둘째, 비교법의 본질적 요소이자 비교의 대상인 '법'이 과연 무엇인가에 관해서는 법철학적 고찰이 필수적이다. 셋째, 비교법 연구의 결과로 확인되는, 법체계 사이의 공통성과 차이점은 법철학의 주요한 연구대상이 된다. 특히 비교법의 연구결과는 '법원리'(general principles of law; Rechtsgrundsätze) 내지 법이념을 정립하는 데 결정적인 자료가 된다.11)

이상과 같이, 비교법과 기초법(법사학·법사회학·법철학)은 방법론적 공통성, 연구의 필수적 전제의 제공(후자→전자), 연구 주제의 공급(전자→후자)이라는 점에서 밀접한 관련을 맺고 있다. 따라서 비교법이 독자적인 법학영역으로 성립된다면 기초법 영역의 하나로 자리매김될 수 있을 것이다.

Ⅲ. 比較法의 (西歐)歷史12)

1. 古代와 近代

고대에는 플라톤의 『Nomoi』(법률)와 아리스토텔레스의 『Politica』(정치학)에서 그리스 도시국가들의 헌법들이 비교 연구되었다. 중세에는 오직 로마법과 교회법만이 연구됨으로써 비교법이 단절되었다가, 근대 초기에 1623년 베이컨의 『De dignitate et augmentis scientiarum』(학문의 존엄성과 발전에 관하여)과 1667년 라이프니쯔의 『Nova methodus discendae docendaeque iurisprudentiae』(법학 학습 및 교수의 새로운 방법)에서 실제로 비교법이 행해지지 않았지만 비교법의 중요성이 강조되었다. 그러다가 1748년 Montesquieu는 『De l'esprit des lois』(법의 정신)에서 스스로 각국의 입법들을 비교하여 그 차이점들을 역사적, 문화적, 종교적,

---

Social Theory, 1963 (崔達坤·鄭東鎬 譯, 『비교법과 사회이론』, 1983) 참조.

11) William Ewald, The Jurisprudential Approach to Comparative Law: A Field Guide to "Rats", The American Journal of Comparative Law 46 (1998), pp.701-707. (705) 참조.

12) 비교법의 역사의 자세한 내용은 Zweigert/Kötz, a.a.O., S.47-61; Léontin-Jean Constantinesco, Rechtsvergleichung. Band I (Einführung in die Rechtsvergleichung), Köln u.a. 1971, S.69-201 참조.

자연적, 지리적 등의 여건들의 관점에서 설명하였다.[13]

2. 20世紀 以後

비교법의 새로운 章은 1900년 파리에서 프랑스의 국제박람회와 함께 개최된 '비교법 국제학술대회'(Congrès international de droit comparé)에 의해 마련되었다. 동 학술대회의 개최를 주도한 프랑스의 랑베르(Edouard Lambert, 1866-1947)는 현대 비교법학의 창시자로 평가되는데, 主著는 1902년 『La fonction du droit comparé』 (비교법의 기능)이다. 랑베르와 함께 독일의 찌텔만(Ernst Zitelmann)과 코올러(Josef Kohler)가 위 대회에서 주제발표를 하였다.[14] 특기할 것은 위 대회에서 공법적 주제인 '비례대표제'에 관한 비교법 주제발표가 있었다는 점이다.

그 후 20세기 비교법의 역사는 대부분 大家들의 업적으로 이루어졌는데,[15] 미국의 로스코·파운드(Roscoe Pound, 1870-1964),[16] 독일의 라벨(Ernst Rabel, 1874-1955),[17] 프랑스의 다비드(René David, 1906-1990),[18] 독일의 슐레징거(Rudolph B. Schlesinger, 1909-1996),[19] 이탈리아의 싸코(Rudolfo Sacco, 1923~)[20] 등이 대표적인

---

13) 고대 및 근대의 자세한 내용은 Walther Hug, The History of Comparative Law, Harvard Law Review XLV (1931/32), pp.1027-1070, jetzt abgedruckt in: Zweigert/Puttfarken (hg.), Rechtsvergleichung, Darmstadt 1978, S.109-161 참조.

14) Ernst Zitelmann, Aufgaben und Bedeutung der Rechtsvergleichung, Deutsche Juristen-Zeitung V (1900), S.329-332, jetzt abgedruckt in: Zweigert/Puttfarken (hg.), Rechtsvergleichung, 1978, S.11-17; Josef Kohler, Über die Methode der Rechtsvergleichung, Zeitschrift für das Privat- und öffentliche Recht der Gegenwart, XXVIII (1901), S.273-284, jetzt abgedruckt in: Zweigert/Puttfarken (hg.), a.a.O., S.18-29; Edouard Lambert, Conception générale et définition de la science du droit comparé, sa méthode, son histoire; Le droit comparé et l'enseignement du droit, Procès-Verbaux des Séances et Documents. Tome Premier, Paris 1905, p.26-60, jetzt abgedruckt in: Zweigert/Puttfarken (hg.), Rechtsvergleichung, Darmstadt 1978, S.30-51.

15) Annelise Riles (ed.), Rethinking the Masters of Comparative Law, Oxford 2001 참조.

16) Rosco Pound, What May We Expect from Comparative Law?, The American Bar Association Journal 22 (1936), p.60; id., Philosophy of Law and Comparative Law, U. Pennsylvania Law Review 100 (1951), p.1.

17) Ernst Rabel, The Conflict of Law: A Comparative Study. 4 vols., Chicago, 1945.

18) René David, Traité élémentaire de droit civil comparé, Paris 1950.

19) Rudolph Schlesinger, Comparative Law. Cases, Text, Materials 1950.

20) Rodolfo Sacco, Legal formant: a dynamic approach to comparative law, The American Journal of Comparative Law, 39 (1991), pp.1-34, 343-402; 독일어판, Einführung in die Rechtsvergleichung, Baden-Baden 2001.

학자이다.

2차 세계대전 이후 미국의 비교법 학계는 독일에서 망명한 위 라벨과 슐레징거에 의해 주도되었다. 이러한 연유로 미국의 비교법학은 私法에 편중됨과 동시에 기능주의적 방법론을 통해 대륙법과 보통법(common law)의 유사점을 모색하는 경향을 띠게 되었는데, 이는 현재 새로운 세대의 비교법학자들에 의해 집중적으로 비판받고 있는 점이다.[21]

반면에, 유럽에서는 1960년대 이후 꾸준히 진행되어 온 유럽통합의 과정에서 비교법이 私法에 한정되지 않고 공법 영역까지 확대됨과 동시에 다양한 방법론이 개발되었다. 특히 1990년대 마스트리히트 조약 이후 유럽연합과 유럽공동체의 성립에 따라 공법 영역의 중요한 부분이 유럽법의 적용영역이 됨으로써 법통일이 가속되고 있다. 私法 영역에 있어서도 유럽통일사법의 제정을 위해 'Common Core of Private Law'(사법의 공통적 핵심) 프로젝트가 진행되어 결실을 거두고 있는 중이다.[22] 또한 21세기를 전후한 소위 세계화 시대를 맞아 비교법은 새로운 국면을 맞고 있다.[23]

IV. 比較法의 目的과 效用

1. 槪說

유럽에서는 18세기와 19세기를 거쳐 민족국가들이 확립됨에 따라 각국에서 진행된 '법전편찬'(codification) 과정에서, 비교법은 입법을 위한 참조자료를 수집한다는 실무적 효용을 위해 활발히 수행되었다. 또한 1900년 파리 대회를 전후하여 비교법은 '법의 세계통일'이라는 꿈을 이루기 위한 수단으로 이해되었기 때문에, 역시 실제적인 필요에 의한 것이었다. 반면에, 20세기 중·후반부터 현재까지 위에서 본

---

21) Mathias Reimann, Stepping Out of the European Shadow: Why Comparative Law in the United States Must Develop Its Own Agenda, The American Journal of Comparative Law 46 (1998), pp.637-646 참조.

22) 그 계기는 Schlesinger에 의해 이루어졌다. 同人의 The Common Core of Legal Systems. An Emerging Subjects of Comparative Study, in: Yntema/Sijthoff (ed.), XXth Century Comparative and Conflict Law, 1961, pp.65-79, jetzt abgedruckt in: Zweigert/Puttfarken (hg.), a.a.O. (Rechtsvergleichung), S.249-269.

23) 특히 William Twining, Globalization and legal theory, 2000, pp.174-193 참조.

비교법의 大家들의 저서와 연구활동을 통하여 비교법은 법학의 이론적 수준과 법률가 교육의 효과를 높이는 중요한 방법론으로 주창됨으로써 그 이론적 효용이 강조되고 있다.24) 여하튼 법학에 있어 실무와 이론은 완전히 분리될 수 있는 것이 아니므로 비교법의 목적과 효용도 실무와 이론을 아우르는 관점에서 이해되어야 할 것이지만,25) 논의의 편의를 위해 이하에서는 양자의 관점을 나누어 고찰하기로 한다.

2. 理論的 目的과 效用

(1) 먼저 비교법의 '이론적' 내지 '법학적' 목적과 효용을 살펴보면, 무릇 법학의 일차적 임무는 한 나라의 실정법의 의미를 정확하게 인식하는 데 있다. 괴테(Johann Wolfgang von Goethe)가 외국어를 모르는 자는 모국어도 알지 못한다고 갈파하였듯이, 실무상 대량·연속적으로 적용되고 있는 자국의 실정법의 의미는 다른 법질서의 법규들과 비교할 때 명확하게 이해될 수 있다는 점에서, 비교법의 첫 번째 목적과 효용은 '자국의 실정법의 정확한 인식'에 있다.26)

나아가 두 번째 법학적 목적과 효용으로서, 비교법을 통해서 비로소 자국법의 장점과 단점을 파악하고 그 단점을 보완할 수 있는 해결책을 외국법에서 찾을 수 있다. 그러나 비교법은 그러한 외국법상의 해결책들을 바로 도입하기 위한 것이 아니다. 자국법의 문제점에 대한 깊은 이해를 갖게 하는 데 비교법의 진정한 목적이 있다. 아무리 뛰어난 법학자라고 하더라도 자국의 실정법만을 연구하고 다른 나라의 법을 보지 않는다면, 대부분의 경우에 자국법의 문제점을 발견하지 못할 것이다. 평소 자국법에 대해 불만을 가지고 있다 하더라도, 그것이 과연 불가피한 것인지 아니면 개선의 여지가 있는 것인지, 있다면 어떠한 조건 하에서 어떠한 방법으로 개선될 수 있는지는 비교법을 통해서만 제대로 알 수 있다. 말하자면, 법은 그 효력의 심각성 때문에 통상의 경우 '실험'이 불가능한데, 비교법

---

24) 비교법의 효용에 관한 전반적인 설명으로 O. Kahn-Freund, On Uses and Misuses of Comparative Law, Modern Law Review 37 (1974), pp.1-27; Richard M. Buxbaum, Die Rechtsvergleichung zwischen nationalem Staat und internationaler Wirtschaft, RabelsZ 60 (1996), S.201-230; Hannes Rösler, Rechtsvergleichung als Erkenntnisinstrument in Wissenschaft, Praxis und Ausbildung, JuS 1999, S.1084-1089, 1186-1191 참조.

25) 同旨 Glendon/Gordon/Carozza, Comparative Legal Traditions [Nutshell] 2.ed., 1999, pp.1-15.

26) 同旨 Glendon/Gordon/Carozza, op. cit., pp.10-11. 이 문헌에서는 프랑스의 역사가인 Ferdinand Braudel이 런던에 1년 거주한 이후에야 비로소 프랑스의 특징을 이해하게 되었다고 술회하였음을 강조하고 있다.

은 그 실험의 기능을 담당하는 것이다.

한 걸음 더 나아가 세 번째로, 비교법에 있어 타국법과의 비교를 가능하게 하기 위해서는, — 상술한 기능주의적 방법론에서 강조하고 있다시피 — 실정법의 체계와 개념과 논리를 捨象하여야 하는데, 이로써 한편으로 실정법의 근저에 있는 법원리 내지 법이념을 발견하게 하고, 다른 한편으로 법규의 사회적 기능, 역사적 배경과 정치·사회·경제·문화적 여건을 고찰하게 한다. 요컨대, 비교법은 법학의 '개념법학적 病'을 치료하는 藥이다. 달리 말해, 비교법은 법철학, 법사회학, 법철학, 법정치학, 법경제학, 법문화론 등으로 나아가는 출구가 된다. 특기할 것은 이와 같이 비교법이 실정법과 기초법학을 연결하는 고리가 됨으로써, 법학의 실용성과 학문성을 함께 지향할 수 있다는 점이다. 이러한 점에서 비교법은 법학을 '학문'답게 하는 중요한 요소라고 할 수 있다.[27]

독일의 라벨(Ernst Rabel)과 그의 제자인 쯔바이게르트(Konrad Zweigert)는 위와 같은 비교법의 세 번째 의의를 강조하면서 비교법은 '법도그마틱'을 배제하는 것이라고 주장하였다. 개념과 체계를 버리기 때문에 법도그마틱이 설 자리가 없다는 것이다.[28] 그러나 사견에 의하면, 반드시 비교법과 법도그마틱을 상호 모순되는 것으로 볼 필요가 없고, 비교법은 법도그마틱을 풍부하게, 유연하게, 발전가능하게 해 주고, 반대로 법도그마틱은 비교법 연구의 결과를 담는 그릇으로 기능할 수 있으므로, 양자는 상호 보완관계에 있는 것으로 이해하여야 할 것이다.[29]

(2) 이상과 같은 비교법의 이론적 내지 학문적 효용은 바로 '교육적' 효용으로 연결된다. 가장 중요한 것은 자국 실정법의 의미를 입체적으로 이해할 수 있게 한다는 점이다. 그리고 비판능력과 문제점의 해결능력을 배양하고, 특히 중요한 것으로, 법학에 대한 '겸손'을 가르쳐준다. 즉, 비교법은 자국의 법제도와 판례가 유일무이한 절대적인 것이 아니라는 점을 가르침으로써 겸손한 — 그럼으로써 항상 노력하는 — 법률가를 양성하는 데 도움이 되는 것이다.[30] 하지만 종래 우리나라에서 비교법을 통하여 서구의 법에 비해 우리 실정법이 너무나 많은 문제가

---

27) 同旨 Zweigert/Kötz, a.a.O., S.3.

28) Konrad Zweigert, Rechtsvergleichung, System und Dogmatik, in: Festschrift für Eduard Bötticher, Berlin 1969, S.443-449; ders, Rechtsvergleichung als universale Interpretationsmethode, RabelsZ 15 (1949/50), S.5-21.

29) 同旨 Hans Dölle, Rechtsdogmatik und Rechtsvergleichung, RabelsZ 34 (1970), S.403-410; Hein Kötz, Rechtsvergleichung und Rechtsdogmatik, RabelsZ 54 (1990), S.203-216.

30) 同旨 Abbo Junker, Rechtsvergleichung als Grundlagenfach, JZ 1994, S.921-928.

있다는 인상만을 심어 주어 오히려 법학도와 법률가들에게 '열등감'을 주입시킨 것이 아닌가 라는 반성도 필요하다. 문제의식과 비판능력은 심어주되, 우리나라의 상황에 대한 전반적인 이해를 동시에 제공함으로써, 균형 잡힌 사고가 가능하도록 하여야 할 것이다. 여하튼 자신이 배우고 운용하고 있는 우리나라의 실정법을 비교법의 관점에서 이해함으로써, 자국법에 대해서는 '법의 한계'를 자각하고, 외국에 대해서는 다양성의 이해를 통하여 타국가·타민족·타문화에 대한 '똘레랑스'를 기를 수 있다. 나아가 오늘날 국제적 접촉이 빈번한 시대에 여러 나라들의 법률가와의 대화 능력을 키워 준다는 점도 간과할 수 없다.

다만, 문제로 되는 것은 비교법을 독립된 과목으로 강의할 것인가 아니면 개별 법과목에서 해당 영역의 비교법을 강의할 것인가이다. 독일에서는 현재 독자적인 비교법 강좌는 개설되지 않고 있다고 한다.[31] 반면에 미국에서는 비교법이 독립된 강좌로 개설되어 있는데, 이는 오히려 역설적으로 얼마나 개별 법과목에서 다른 나라와의 법비교를 소홀히 다루고 있는지를 알게 해 주는 것이라고 할 수 있다. 비교법에 관한 대부분의 미국 문헌에서, 로·스쿨에 비교법 강좌가 개설되긴 하지만 학생들의 참여 부족으로 비교법이 쇠퇴하고 있다는 서술을 찾을 수 있다.[32] 이는 한편으로 미국 중심의 세계에서 미국의 법률가들이 "고대 로마의 법률가처럼" 자국법만으로 만족하고 있기 때문이고, 다른 한편으로 미국 로·스쿨의 강의방식 하에서는 학생들이 자국법을 조기에 전반적으로 이해할 수 없으므로 자국법에 대한 이해가 전제되어야 하는 비교법 강좌가 회피되기 때문이라고 한다.[33] 후자의 문제점은 로·스쿨의 시행 초기에 있는 우리나라에서도 진지하게 검토되어야 한다. 우리나라 로·스쿨에서의 교육과정에 관해 여러 가지 의견들이 있을 수 있겠으나, 사견에 의하면, 우리나라는—미국과는 전혀 달리—근본적으로 대륙법을 계수하였고, 또한 우리가 비교 대상으로 해야 하는 국가가 미국, 독일, 또는 프랑스만이 아니라 유럽과 아시아의 많은 나라들이므로, 개별 법영역에서 해당 영역에 관한 비교법 강의가 필수적이고, 비교법이—'법문화론'은 별론으로—

31) 이에 관한 독일의 논의는 Abbo Junker, Rechtsvergleichung als Grundlagenfach, JZ 1994, S.921-928; Helmuth Hoffstetter, Wahlfachgruppe: Internationales Privatrecht, Auslandsrecht, Rechtsvergleichung, JuS 1975, S.407-411 참조.
32) 대표적으로 Mathias Reimann, Stepping Out of the European Shadow: Why Comparative Law in the United States Must Develop Its Own Agenda, The American Journal of Comparative Law 46 (1998), pp.637-646 참조.
33) Glendon/Gordon/Carozza, op. cit. [Nutshell], p.2, 10.

독자적 과목으로 개설될 필요는 그다지 절실하지 않다고 할 것이다.

3. 實務的 目的과 效用

(1) 상술한 '실정법의 정확한 인식' 기능은 실무상 재판에서도 그대로 발휘된다. 통상의 사건에서는 자국의 판례와 법도그마틱으로 충분하겠지만, 예컨대, 민법에서 신의성실, 권리남용, 부당이득, 불법행위 등 기본적인 법개념이 문제되는 경우 또는 지금까지 전혀 우리나라에서 문제되지 않았기 때문에 판례와 법도그마틱이 없는 경우에는 비교법에 의존하게 된다. 특히 헌법재판소에 의한 위헌법률 심사에서 헌법 해석 문제를 둘러싸고 비교법적 연구는 일상화되어 있다. 독일의 연방헌법재판소도 현재까지 약 50건의 사건에서 광범위한 비교법적 고찰을 하였고, 유럽법원의 판결에서도 '법의 일반원리'의 발견을 위해 회원국의 법규와 판례를 비교하는 것이 상례가 되고 있다.

(2) 비교법의 가장 강한 실무적 효용은 입법에 대한 것이다. 위에서 지적한 바와 같이, 비교법은 입법의 '실험실' 기능을 한다. 19세기 독일의 입법과정에서 비교법은 결정적인 역할을 하였고 영국에서도 마찬가지이었다.[34] 자신의 것과 타인의 것을 '비교'한다는 것은 항상 '평가적' 의미를 내포하고 있는데, ― 남의 사과가 크게 보인다는 속담이 있듯이 ― 대부분 타인의 것이 좋게 평가될 우려가 있다. 그러나 입법에 있어서는 언제나 조심스럽고 까다롭게 '선별하는 소비자'(discriminating consumer)로서 비교법을 수행해야 한다. 다시 말해, 비교법에 있어 타국법의 이해는 타국의 관점에서 해야 하지만, 이를 자국법으로 도입하는 것의 타당성은 언제나 반드시 자국법의 체계 안에서 검증되어야 한다는 것은 너무나 당연한 이치이다.

(3) 비교법은 국내 입법만이 아니라 세계 또는 일정한 지역의 법통일을 위해서도 필수적이다. 과거 어음법·수표법의 통일을 위해 그리하였고, 오늘날 세계 차원에서는 국제거래법의 통일을 위해, 유럽에서는 유럽연합 아래 공법뿐만 아니라 私法의 통일을 위해 활발하게 비교법이 이루어지고 있다.[35]

---

34) Bernhard Großfeld, Vom Beitrag der Rechtsvergleichung zum deutschen Recht, AcP 184 (1984), S.289-321; Drobnig/Dopffel, Die Nutzung der Rechtsvergleichung durch den deutschen Gesetzgeber, RabelsZ 46 (1982), S.253-299 참조.

35) Mireille Delmas-Marty, Towards a Truly Common Law. Europe as a Laboratory for Legal Pluralism, Cambridge 2002; Heinz-Peter Mansel, Rechtsvergleichung und europäische

V. 比較法의 方法論

1. 槪說

(1) 상술한 바와 같이 20세기 후반에 미국에서 비교법이 로·스쿨에서 쇠퇴할 뿐만 아니라 학계에서도 여러 가지 문제점을 드러내게 되자, 1996년 미국의 비교법 학술잡지인 『The American Journal of Comparative Law』의 주관으로 '비교법의 새로운 방향'이라는 학술대회가 개최되어 그 발표논문들이 1998년의 제4집에 게재되었는데, 비교법의 기본적 방법론(사고방법)과 구체적 방법론(작업방법)에 관한 심도 있는 반성·비판과 논의가 이루어졌다. 제1주제는 '미국에서의 비교법의 현황: 독자성, 수준, 그리고 전통'이고,36) 제2주제는 '새로운 방향: 상이성의 인정을 향하여'37)이며, 제3주제는 '새로운 방법론과 어프로치: 법이론, 학제간 연구, 그리고 체계분석'38)이었다. 각 주제들에 관한 발표 논문의 내용을 일별하면 미국 비교법의 현황과 문제점, 그리고 이를 극복하기 위한 새로운 방법론의 모색을 한 눈에 알 수 있다.

(2) 2000년 영국에서는 상술한 1900년 파리의 비교법 학술대회의 100주년을 기념하기 위해, 영국·프랑스·독일·미국의 비교법학자들이 학술대회를 갖고 그 발표논문들이 『Comparative Legal Studies: Traditions and Transitions』(비교법연구: 전통과 변화)39)라는 책에 수록되었다. 그 소주제는 비교법연구의 '전통'(legacies),40)

Rechtseinheit, JZ 1991, S.529-534; Ulrich Everling, Rechtsvereinheitlichung durch Richterrecht in der Europäischen Gemeinschaft, RabelsZ 50 (1986), S.193-232 참조.

36) 이 주제에 관해서는 James Gordley, Is Comparative Law a Distinct Discipline? pp.607-615; John C. Reitz, How to Do Comparative Law, pp.617-636; Mathias Reimann, Stepping Out of the European Shadow: Why Comparative Law in the United States Must Develop Its Own Agenda, pp.637-646 등 3편의 논문이 발표·게재되었다.

37) 이 주제에 관해 Nora V. Demleitner, Challenge, Opportunity and Risk: An Era of Change in Comparative Law, pp.647-655; Vivan Grosswald Curran, Dealing in Difference: Comparative Law's Potential for Broadening Legal Perspectives, pp.657-668; L. Amede Obiora, Toward an Auspicious Reconciliation of International and Comparative Analysis, pp.669-682 등 세 편의 논문이 발표·게재되었다.

38) 이 주제에 관해 George P. Fletcher, Comparative Law as a Subversive Discipline, pp.683-700; William Ewald, The Jurisprudential Approach to Comparative Law: A Field Guide to "Rats", pp.701-707; Ugo Mattei, An Opportunity Not to Be Missed: The Future of Comparative Law in the United States, pp.709-718; David J. Gerber, System Dynamics: Toward a Language of Comparative Law? pp.719-737 등 네 편의 논문이 발표·게재되었다.

39) Legrand / Munday (ed.), Comparative Legal Studies: Traditions and Transitions, Cambridge

'범위'(boundaries),[41] '이론'[42] 그리고 '미래'[43])이었다. 이 논문집에서는 위 미국 비교법 학술잡지에서의 반성·비판적 분위기는 거의 찾기 어렵다. 이것이 비교법에 관한 미국과 유럽의 차이로 보인다.

비교법의 방법론과 관련하여 중요한 의미를 갖는 것은 위 논문집에서 비교법연구의 네 가지 전통으로, 그 각각에 관해 한 편의 논문이 발표된 '보편주의 전통'(universalist heritage), '식민주의 전통'(colonialist heritage), '(민족)국가주의 전통'(nationalist heritage), 그리고 '기능주의 전통'(functionalis heritage)이다.

'보편주의 전통'이라 함은 비교법에 있어 로마의 ius commune의 전통을 이어받아 세계의 공통법을 모색하는 방법론을 의미한다. 이에 관한 발표논문[44])에서는 드워킨(Ronald Dworkin)의 '원리·규칙이론'을 도입하여 비교의 대상을 법규칙 차원에 한정하지 않고 법원리 차원으로 확대하고 있다. 이는 4개의 단계로 이루어진다. 즉, ① 규칙 차원에서 구체적인 법규들이 다른 경우에는 그 공통된 법원리를 찾고, ② 공통된 법원리가 없으면 비교법의 초점을 법원리를 비교하는 데 맞추며, ③ 법원리는 공통되지만 법규칙이 다른 경우에는 그와 같이 공통된 법원리가 상이한 법규칙으로 구체화되게 된 현실적 여건을 비교하고, ④ 법원리와 현실여건이 모두 동일하면 역사와 문화를 비교하는 것이다.[45]) '식민주의 전통'은 우수한 유럽의 법제도를 아시아·아프리카에 전파했다고 하는 관념인데, 우리나라 법학자로서는 깊이 새겨볼 부분이다. 위와 같은 보편주의와 식민주의 전통에 반

2003.

40) 이에 관해 James Gordley, The universalist heritage, pp.31-45; Upendra Baxi, The colonialist heritage, pp.46-75; H. Patrick Glenn, The nationalist heritage, pp.76-99; Michele Graziadei, The functionalist heritage, pp.100-127 등 4편의 논문이 발표·수록되었다.

41) 이에 관해 Roger Cotterrell, Comparatists and sociology, pp.131-153; Bernhard Großfeld, Comparatists and languages, pp.154-194 등 2편의 논문이 발표·수록되었다.

42) 이에 관해 Mitchel de S.-O.-l'E. Lasser, The question of understanding, pp.197-239; Pierre Legrand, The same and the different, pp.240-311; James Q. Whitman, The neo-Romantic turn, pp.312-344; David Kennedy, The methods and the politics, pp.345-433 등 4편의 논문이 발표·게재되었다.

43) 이에 관해 David Nelken, Comparatists and transferability, pp.437-466; Esin Örücü, Comparatists and extraordinary places, pp.467-489 등 2편의 논문이, 마지막 종합(Conclusion)으로서 Lawrence Rosen, Beyond compare, pp.493-510의 논문이 발표·수록되었다.

44) James Gordley, The universalist heritage, pp.31-45.

45) 이에 관한 국내 문헌으로 김도균, 법철학자의 관점에서 바라본 비교법 방법론—'비교되는 법'의 중층성 및 복합성과 관련하여, 『법사학연구』 제34호(2006), 285-319면.

대되는 것은 '(민족)국가주의 유산'으로서, 국가의 주권을 전제로 일차적으로 자국법의 해석·입법을 위한 수단으로 비교법이 연구된다는 것이나, 현재 세계화와 유럽화의 경향으로 약화되고 있다는 것이다. 마지막 '기능주의 전통'은 비교법의 방법론과 관련하여 구체적인 의미들을 담고 있으므로 項을 바꾸어 자세히 논의하기로 한다.

2. 機能主義 方法論

(1) '기능주의 방법론'(functionalist method)은 독일의 라벨(Ernst Rabel)에 의해 주창되어 그 제자들인 쯔바이게르트(Konrad Zweigert)와 쾟츠(Hein Kötz)에 의해 확립된 것으로서,[46] 비교법에 있어 '비교대상'(tertium comparationis)은 바로 법의 '기능'이라는 것이다. 서로 다른 법체계에서 비교될 수 있는 것은 오직 기능뿐이기 때문이라고 한다. 그리하여 각 법체계에서 고유한 개념이나 법형식은 捨象하고 기능을 대상으로 서로 비교함으로써, 상술한 바와 같이, 개념법학 내지 법학의 형식주의를 극복할 수 있다는 점이 20세기에 비교법이 법학에 기여한 가장 큰 공적으로 평가된다.[47]

이러한 기능적 비교는 개념이나 법형식을 捨象한 실제적인 '문제'를 포착한 다음, 당해 법질서에서 그 문제에 대한 실제적인 '해결책'을 찾아 이들을 상호 비교하는 것으로 이루어진다. 다시 말해, 실정법학의 방법론인 법도그마틱에서는 실제적인 문제를 — 법적 안정성, 실무의 부담감경, 실무의 지도 등을 위하여 — 개념과 법형식으로 포장한 다음, 이에 의거하여 일정한 논리를 통해, 특히 삼단논법을 통해, 해결책을 도출하게 되는데, 비교법에서는 이러한 중간 과정은 생략하고 막바로 실제적인 '문제'와 '해결책'을 서로 비교한다. 요컨대, '기능적 상응물'(functional equivalent)끼리 비교하는 것이다. 그리하여 처음에는 비교가 불가능한 것으로 보이는 개념과 법형식들이 모두 다른 법질서의 개념과 법형식들과 비교될 수

---

46) Ernst Rabel, Aufgabe und Notwendigkeit der Rechtsvergleichung, in: ders, Gesammelte Aufsätze. Bd. Ⅲ., Tübingen 1967, S.1-21 u. abgedruckt in: Zweigert/Puttfarken (hg.), a.a.O. (Rechtsvergleichung), S.85-108; Zweigert/Puttfarken, Zur Vergleichbarkeit analoger Rechtsinstitute in verschiedenen Gesellschaftsordnungen, Zweigert/Puttfarken (hg.), a.a.O., S.395-429; Michele Graziadei, The functionalist heritage, in: Legrand / Munday (ed.), Comparative Legal Studies: Traditions and Transitions, 2003, pp.100-127.

47) Glendon/Gordon/Carozza, op. cit. [Nutshell], p.9.

있고, 이와 같이 법의 기능들이 비교되는 과정에서, 그 기능의 배경이 되는 사회적 여건과 법이념, 법의 역사가 파악된다고 한다.

행정법에서 예를 든다면, 독일법과 미국법 사이에서 '공법과 사법의 구별' 여부를 비교해서는 아니 되고, 실제적인 문제에 대한 실제적인 해결, 즉, 민사사건과 행정사건이 별도의 재판관할에 속하는지, 각각에 관하여 특유한 법리가 적용되는지 여부가 비교되는 것이다. 이러한 비교는 실제로 유럽재판소의 1976년 Mills 판결에서 행해진 방법론이다.[48] 그 예는 민법에서나 행정법에서 무궁무진하게 들 수 있다.

(2) 문제는 이러한 기능적 방법론을 통해 법질서 사이의 '공통점'이 모색된다는 데 있다. 공통점이 확인될 때까지 '기능적 추상화'(functional abstraction)를 계속하게 되는데, '유사성의 추정'(praesumptio similitudinis)을 방법론적 기준으로 삼고 있다. 즉, 비교법의 연구 결과, 비교대상 법질서 사이에 공통점 내지 유사성이 확인되면 그 연구는 타당한 것으로 더 이상 연구를 진행하지 않아도 되지만, 서로 다른 차이점이 있게 되면 실제적 문제 또는 그 기능적 해결책을 잘못 파악하였던 것으로 추정하고, 다시 연구를 계속하여야 한다는 것이다. 이러한 유사성의 추정은 같은 인간들이 살고 있는 나라들이므로 각 나라들에서 발생하는 문제들도 비슷하고 그 문제해결의 방향도 비슷할 것이라는, '보편주의'를 전제로 하는 것이다.

비교법에 있어 기능주의 방법론자들은 대부분 위와 같은 기능적 추상화가 성문법규의 영역을 넘어 불문법규에 의한 기능까지, 나아가 법규범의 영역을 넘어 도덕규범, 종교규범 등 다른 사회규범에 의한 기능까지 확대되어야 한다고 한다. 다시 말해, 자국의 '법규'에 의한 기능이 비교대상국에서는 '도덕규범'에 의해 수행되고 있는 경우까지 확인해야 한다는 것이다. 바로 이 점에서 비교법은 법사회학과 연결된다고 한다. 이러한 비교법의 작업은 너무 많은 시간과 노력을 요구한다는 비판이 제기되는데, 이에 대해서는 바로 그렇기 때문에 원래 비교법은 공동연구로 이루어져야 한다고 답변한다.

(3) 이러한 기능적 비교는 '비교대상' 법질서의 선택에 영향을 미친다. 원칙적으로 法繼受國의 법은 원칙적으로 비교할 필요가 없고 그 原産國들의 법만 비교하면 되는데, 왜냐하면 法繼受國에서는 법의 계수과정 또는 그 이후의 시행과

---

48) Jürgen Schwarze, Europäisches Verwaltungsrecht — Entstehung und Entwicklung im Rahmen der Europäischen Gemeinschaft. Band I, Baden-Baden 1988, S.81 참조.

정에서 법형식이나 개념이 일부 바뀌더라도 기능의 측면은 변함이 없으므로 이를
비교대상으로 삼아 보았자 예외 없이 原産國의 법과 동일하다는 판단이 나오기
때문이라고 한다. 이러한 관점에서 보면, 우리나라의 법은—최소한 민법과 행정
법(행정소송과 일반행정법 도그마틱)에 있어서는 그것이 독일법으로부터 계수되었다는
전제 하에—독일법과의 관계에서 비교법의 대상이 되지 못한다. 그리하여 결국
동일 '法系'(Rechtskreis, Rechtsfamilie; legal familiy) 안에서는 비교법이 무의하다는 결
론에 이르게 되고, 바로 여기에서 기능주의적 방법론의 문제점이 드러난다.

(4) 이상과 같은 기능주의 방법론은, 상술한 바와 같이, 비교법으로 하여금
법도그마틱과 기초법학(법사학·법사회학·법철학 등)을 연결하는 고리가 될 수 있도
록 하는 중요한 역할을 한다는 점에서, 일반적으로 비교법의 승인된 방법론으로
간주되고 있다. 그러나 이에 대한 비판도 만만치 않다. 가장 신랄한—다분히 인
신공격적인—비판은 다음과 같다. 즉, 미국에서는 위에서 보았듯이 비교법이 라
벨(Rabel)과 슐레징거(Schlensinger)에 의해 정립·발전되었는데, 이들은 모두 나찌
시대에 유태인 박해를 피해 미국에 망명한 법학자들로서, 독일에서 자신들의 '상
이성'(otherness)으로 인해 박해를 받은 경험 때문에 미국에서는 결코 또다시 상이
성이 확인되어서는 아니 된다는 강박관념을 갖게 되었고, 그리하여 그들은 영미
법과 대륙법, 특히 미국법과 독일법의 공통점을 강조할 목적으로 위와 같은 기능
주의적 방법론을 사용하게 되었다는 것이다.[49]

이론적인 관점에서는 기능주의적 방법론에 대하여, ① 기능적 추상화의 허구
성, 즉, 비교대상인 법규 및 그 기능을 끝까지 추상화시키면 모든 종류의 법규가
모두 '사람이 사는 데 필요한 제도'라는 점에서 공통적이라는 결론을 내릴 수 있
게 된다는 점, ② 이로 인한 비교법의 무용성, ③ 그리고 법질서의 고유성에 대한
인식 가능성의 한계 등이 비판되고 있다.

3. 法秩序의 差異點을 중시하는 方法論

(1) 위와 같은 보편주의 내지 기능적 방법론에 대한 반론으로 처음 등장한
것이 '法系論'이다. 세계 각국의 법체계들을 대륙법계, 영미법계, 이슬람법계 등으

---

49) 특히 Vivan Grosswald Curran, Dealing in Difference: Comparative Law's Potential for Broadening Legal Perspectives, The American Journal of Comparative Law 46 (1998), pp.657-668.

로 구분한 다음, 그 동일 法系 안에서는 보편성을 추구하는 기능적 방법론이 타당하지만 상이한 法系 사이에는 타당하지 않다는 것이다. 각 法系마다 법의 근본적 구조와 기능이 다르기 때문에, 법개념과 법형식의 비교는 물론 그 기능의 비교도 의미가 없다고 한다. 여하튼 동일 法系 안에서는 기능적 방법론을 긍정한다는 점에서 法系論은 보편주의를 반박하는 가장 온건한 이론이라고 할 수 있다.[50]

　　(2) 보편주의를 정면으로 반박하는 이론은 '法文化論'이다. 이에 의하면, 법을 결코 '기능'의 관점만으로 볼 수 없고, 입법형식, 법해석방법, 재판과정, 법의식, 법률가 양성 등 법에 관련된 모든 면에서 문화적인 차이가 있고 이러한 문화적인 '차이'를 확인하는 것이 비교법의 진정한 사명이라고 주장한다.[51] 이는 사상적으로 독일의 헤르더(Johann Gottfried Herder), 사비니(Friedrich Carl von Savigny) 등의 낭만주의(Romantik)에서 비롯되어, 현재 프랑스를 중심으로 하는 구조주의, 해체주의, 포스트모더니즘 철학과 연결되고 있다.[52] 특히 유럽통합 과정에서 법통일을 위한 준비작업으로 각국의 법문화 요소들을 분야별로 분해하여 동일점과 차이점을 확인하는 방법론이 대세를 이루고 있다.[53] 예컨대, 법해석방법,[54] 판례의 위

---

50) 法系에 관한 최근문헌으로 Heinrich Scholler, Die Bedeutung der Lehre vom Rechtskreis und der Rechtskultur, Berlin 2001 참조. 특히 Wolfgang Fikentscher, Methoden des Rechts: in vergleichender Darstellung. 3 Bde., Tübingen 1975/1976 (Bd.I: Frühe und religiöse Rechte. Romanischer Rechtskreis / Bd.II: Anglo-amerikanischer Rechtskreis / Bd.III : Mitteleuropäischer Rechtskreis)는 여러 法系 별로 철학적 배경과 법방법론을 고찰한 대작이다.

51) 대표적으로 Pierre Legrand, The same and the different, in: Legrand / Munday (ed.), Comparative Legal Studies: Traditions and Transitions, 2003, pp.240-311; id., Comparative Legal Studies and Commitment to Theory, The Modern Law Review 58 (1995), pp.262-273.

52) 이에 관한 문헌으로 Pierre Legrand, Paradoxically, Derrida: For a comparative legal studies, Cardozo Law Review 27 (2005), pp.631-717 [현재 id., (ed.), Derrida and Law, (Ashgate) 2009, pp.367-452 수록]; Erik Jayme, Postmoderne Rechtsvergleichung, in: ders, Rechtsvergleichung. Ideengeschichte und Grundlagen. Von Emerico Amari zur Postmoderne, Heidelberg 2000, S.103-118 참조.

53) 법문화 비교에 관한 논문집으로 David Nelken (ed.), Comparing Legal Cultures, [Dartmouth] 1997; Volkmar Gessner / Armin Hoeland / Csaba Varga (ed.), European Legal Cultures, [Darthmouth] 1996.

54) 예컨대, Josep Esser, Grundsatz und Norm: Rechtsvergleichende Beiträge zur Rechtsquellen- und Interpretationslehre 4.Aufl., Tübingen 1990; Stefan Vogenauer, Die Auslegung von Gesetzen in England und auf dem Kontinent. Eine vergleichende Untersuchung der Rechtsprechung und ihrer historischen Grundlagen. 2 Bde., Tübingen 2001; D. Neil

상과 기능,55) 법원조직·법률가양성·재판과정·법조의식56) 등이 그것이다.

(3) 법문화론과 관련하여 특기할 것을 이탈리아의 사코(Rodolfo Sacco)의 '法音素'(legal formant) 이론이다.57) 여러 가지 음소들이 합하여 하나의 음을 구성하는 것과 마찬가지로, 다수의 '법음소', 즉 법의 구성요소들이 합해져 일정한 법문화를 이루기 때문에, 이러한 법음소들을 모두 추출하여 그 동일점과 차이점을 확인하는 것이 올바른 비교법의 방법론이라는 것이다. 이러한 법음소에는 성문법, 판례, 학설만이 아니라, 한편으로는 권력분립의 형태, 소송의 구조와 절차, 법학교육, 법률가의 양성 과정과 사회적 위상 등 법적 인프라들도 포함되고, 다른 한편으로 인간의 존엄성과 자유의지, 정의, 공적 결정의 정당성, 공공성 등에 관한 규범적·정치적·철학적 견해와 이데올로기 및 종교적 의식까지도 망라된다. 나아가 법적 추론 과정에서 표면에 드러나지 않지만 실제로 작동하고 있는 '암묵적 유형'(cryptotype)의 법음소도 있다고 한다.58)

4. 評價

(1) 결국 문제는 비교법에 있어 공통점에 치중할 것인가 차이점에 치중할 것인가에 있다. 무릇 '비교'는 우선 차이점을 확인하는 데서 출발하기 때문에, 비교법에 있어서도 일차적으로 차이점들을 모두 찾아내는 것으로 시작하여야 한다(제1단계). 섣불리 기능적 차원 또는 원리적 차원에서 공통점부터 강조한다면 올바른 비교법이 이루어질 수 없을 것이다. 특히 개별 쟁점마다 '명시적 비교'를 통하여 그 차이점들을 구체적으로 확인하여 할 것이다.59) 그러나 차이점들을 정확히 파악하

MacCormick; Robert S. Summers (ed.), Interpreting Statutes. A comparative Study, [Brookfield USA] 1991.

55) 대표적으로 D. Neil MacCormick; Robert S. Summers (ed.), Interpreting Precedents. A comparative Study, [Brookfield USA] 1997.

56) John J. Barceló III / Roger C. Cramton (ed.), Lawyers' Practice & Ideals: A Comparative View, [Kluwer] 1999; Herbert Jacob etc., Courts, Law, and Politics in Comparative Perspective, [Yale Univ Press] 1996; Sally J. Kenney etc., Constitutional Dialogues in Comparative Perspective, New York [St. Martin's Press] 1999 등.

57) Rodolfo Sacco, Legal formant: a dynamic approach to comparative law, The American Journal of Comparative Law, 39 (1991), pp.1-34, 343-402; Rodolfo Sacco, Einführung in die Rechtsvergleichung, Baden-Baden 2001, S.59-77 참조.

58) 이에 관한 국내문헌으로 전재경/박정훈/이원우/송영선, 『동북아 문화공동체 형성을 위한 법적 기반 구축방안』, 통일연구원 2004, 32면 이하 참조.

59) 同旨 John C. Reitz, How to Do Comparative Law, The American Journal of Comparative

기 위해서는 먼저 자국법과 비교대상국가의 법에 대한 정확한 인식과 이해가 전제
되어야 한다. 이를 프랑스어로 '3C'라고 하는데, 'connaître'(인식하다), 'comprendre'
(이해하다), 'comparer'(비교하다)이다.[60] 즉, 먼저 양자의 차이점을 인식하고, 그
다음에 그것을 이해한 다음, 비로소 비교한다는 것이다.

방법론은 결코 유일무이한, 절대적인 하나의 방법을 고집하는 것이 아니다.
방법론은 그 본질상 다원적이다. 비교법에 있어서도 보편주의 내지 기능적 고찰
만이 아니라 개념적·법형식적·도그마틱적 고찰, 역사·문화적 고찰, 정치·사회·
경제적 고찰들이 모두 각각의 존재이유가 있으며 이러한 고찰들이 종합됨으로써
올바른 비교법이 완성된다.[61] 법은 '문헌속의 법'(law in books)만이 아니라 '행해
지는 법'(law in action)과 '마음속의 법'(law in mind)도 있기 때문이다.[62] 법체계 전
체의 '동력'(dynamics)이 어디에 있는지도 간과하여서는 아니 된다.[63]

구체적으로는 비교대상국에 대한 문헌조사, 역사·문화·사회에 대한 학습,
실제 법률가와 법현실과의 접촉, 법의식의 조사 등이 요구되는데, 이 과정에서 그
해당국의 학자와 실무가들에 의하여 자기가 — 비교법'학자'가 아니라 — 한갓 '관
찰자'로 폄하되는 것을 두려워하지 않을 용기가 필요하다는 지적이 있다.[64] 또한
법학적 연구만으로는 부족하고 다른 학문영역과의 '學際的 연구'가 필요하다는
점은 물론이다.[65] 나아가 외국법에 대한 무조건적인 찬양 또는 반대로 일방적인
비난은 금물이고, 비교법에 있어서도 — 외국법과 자국법 모두에 대한 — '비판정신'
이 필수적이다.[66] 이러한 점에서 비교법은 궁극적으로 '문화비평'(cultural criticism)

Law 46 (1998), pp.617-636.

60) 이에 관하여 John C. Reitz, How to Do Comparative Law, The American Journal of
   Comparative Law 46 (1998), pp.617-636 참조.
61) 同旨 Folke Schmidt, The Need for a Multi-Axial Method in Comparative Law, in:
   Festschrift für Konrad Zweigert, Tübingen 1981, S.525-536.
62) 이에 관하여 William Ewald, The Jurisprudential Approach to Comparative Law: A Field
   Guide to "Rats", The American Journal of Comparative Law 46 (1998), pp.701-707 참조.
63) 이에 관하여 David J. Gerber, System Dynamics: Toward a Language of Comparative
   Law? The American Journal of Comparative Law 46 (1998), pp.719-737 참조.
64) Basil Markesinis, The Destructive and Constructive Role of the Comparative Lawyer,
   RabelsZ 57 (1993), S.438-448 (447).
65) 이를 강조하는 견해로는 Ugo Mattei, An Opportunity Not to Be Missed: The Future of
   Comparative Law in the United States, The American Journal of Comparative Law 46
   (1998), pp.709-718.
66) 이에 관하여 Konrad Zweigert, Die kritische Wertung in der Rechtsvergleichung, in:

이라고 할 수 있다.[67] 다만, 외국법을 비판할 때에는 반드시 해당국의 문헌을 참조·인용할 것이 필요한데, 비교법학자는 결코 해당국의 법질서의 '참여자'가 될 수 없고 어디까지나 '관찰자'의 입장에 있기 때문이다.

과연 다른 나라의 법질서를 진정으로 인식·이해할 수 있는가에 관하여 의문을 가질 수 있다.[68] 문화적인 차이와 더불어 언어적 한계도 무시할 수 없다.[69] 그러나 비교법의 목적이 타국법의 완전한 이해가 아니라 일차적으로 '비교를 통한 자국법의 이해와 개혁'에 있는 이상, 위와 같은 한계에도 불구하고 다양한 방법들을 동원하여 타국법을 '가능한 한 가깝게' 이해할 수 있도록 노력을 기울여야 할 것이다. 이것이 비교법의 '실천이성'이다.

(2) 비교법은 차이점을 인식·이해하는 데 그쳐서는 아니 되고 그 차이점에도 불구하고 공통된 요소나 원리가 있는지를 규명하는 데까지 나아가야 한다(제2단계). 오히려 차이점의 정확한 인식과 이해는 공통점을 찾기 위한 필수적 전제를 이루는 것이다. 이를 위하여 상술한 방법다원주의가 다시 요구되지만, 그 중에서도 기능적 방법론이 주요한 역할을 한다. 법의 일반원리들을 모색하는 것이 '학문'으로서의 법학이 갖는 숙명적 과제인 이상, 그 과제를 수행할 수 있는 가장 중요한 방법론이 바로 비교법이라고 할 수 있다. 구체적인 방법으로 예컨대, 계약의 형식(form), 원인(causa), 約因(consideration)이라는 개념들을 아우르는 상위개념으로서 계약의 '진지성의 징표'(Seriositätsindizien)라는 상위개념을 창출함으로써 서로 다른 법질서에서 계약의 공통점들을 도출할 수 있다.[70] 이러한 방법은 오랫동안 국가주권을 근거로 비교법이 불가능 또는 무의미한 것으로 간주되어 온 공법 영역에서 특히

Festschrift für Clive M. Schmitthoff, Frankfurt a.M. 1973, S.403-420 참조.

67) George P. Fletcher, Comparative Law as a Subversive Discipline, The American Journal of Comparative Law 46 (1998), pp.683-700 참조.
68) 이러한 의문에 관하여 Mitchel de S.-O.-l'E. Lasser, The question of understanding, in: Legrand / Munday (ed.), Comparative Legal Studies: Traditions and Transitions, 2003, pp.197-239.
69) 비교법에 있어 언어적 한계에 관하여 Bernhard Großfeld, Sprache und Schrift als Grundlage unseres Rechts, JZ 1997, S.633-639; ders, Sinn und Methode der Rechtsvergleichung, in: Festschrift für Otto Sandrock, Heidelberg 2000, S.329-340; ders, Rechtsvergleichung, Wiesbaden 2001; ders, Macht und Ohnmacht der Rechtsvergleichung, Tübingen 1984; Kernfragen der Rechtsvergleichung, Tübingen 1996; Comparatists and languages, in: Legrand/Munday (ed.), Comparative Legal Studies: Traditions and Transitions, 2003, pp.154-194 등 참조.
70) 이에 관하여 Zweigert/Kötz, a.a.O., S.43-46 참조.

요구된다. 예컨대, 행정법상 독일의 재량(Ermessen), 판단여지(Beurteilungsspielraum), 계획재량, 형성의 자유 등을 프랑스, 영국, 미국에서의 재량과 비교하기 위해서는 '행정에 대한 사법심사의 강도'라고 하는 관점이 필수적이다.

(3) 비교법의 목적 내지 효용의 관점에서 보면, 이상과 같은 비교법의 제1단계(차이점의 확인)는 '입법자료의 수집'과 연결되고, 제2단계(공통원리의 모색)는 '법학 수준의 제고'와 연결된다. 비교법의 제3단계는 이와 같이 해당 외국법을 과연 포괄적 또는 부분적으로 자국법으로 도입할 수 있는가, 나아가 여러 국가들의 상이한 법들을 통일시킬 수 있는가를 검토하는 것이라고 할 수 있다. 요컨대, '법계수'와 '법통일'이다.

이와 관련하여 언급되어야 할 것은 법문화의 '移植'(transplant) 가능성 문제이다. 외국의 법제도를 도입함에 있어 그 개념이나 법형식만이 수입되는 것이 아니라 반드시 그 배경을 이루는 법문화도 함께 도입되는 것인데, 과연 일국의 법문화가 다른 나라에 이식될 수 있는가이다. 이는 특히 유럽통합 과정에서 보통법(common law)과 대륙법의 통합이라는 관점에서 논의되었고, 현재에는 과거 사회주의체제이었던 동유럽국가들이 대거 유럽연합의 회원국이 됨으로써 더욱 중요한 문제로 부각되고 있다. 이에 관해서는, 법문화의 주요 행동주체는 법률가로서, 법제도에 대한 법률가의 인식을 바꾸게 되면 법문화도 다른 나라에 쉽게 이식될 수 있다는 극단적 긍정론부터, 법문화는 문화적·사회적 맥락에 구속되어 있으므로 다른 문화적·사회적 배경을 가진 나라에는 결코 동일한 법문화가 수용될 수 없다는 극단적 부정론까지 다양한 스펙트럼을 갖는다.[71] 이 중 가장 설득력이 있는 관점은 다양한 문화현상 중 '법문화'는 상당부분 합리적인 담론이 가능한 영역이므로 그 합의 도출이 가능한 부분에 관해서는 비록 중장기적인 과정이 필요하겠지만 궁극적으로 이식 내지 수용이 가능하다는 견해라고 생각한다.[72]

이러한 관점에서, 마지막으로 우리나라, 중국, 일본 등 동북아 국가 사이의

---

71) 이에 관하여 Alan Watson, Legal Transplants: an approach to comparative law. 2.ed., Athen/London 1993. David Nelken, Comparatists and transferability, in: Legrand/Munday (ed.), Comparative Legal Studies: Traditions and Transitions, 2003, pp.437-466; Vivan Grosswald Curran, Cultural Immersion, Difference and Categories in U.S Comparative Law, The American Journal of Comparative Law 46 (1998), pp.44-92 참조.

72) Nelken/Feest (ed.), Adapting Legal Cultures, London 2001; James Q. Whitman, The neo-Romantic turn, in: Legrand/Munday (ed.), Comparative Legal Studies: Traditions and Transitions, 2003, pp.312-344 등 참조.

법공동체 형성의 가능성을 짚어본다. 현재로서는 요원한 일로 보이지만, 우선 상호비교와 수용이 상대적으로 용이한 '부분적 법문화'부터 단계적으로 수렴시켜 나간다면 전혀 불가능한 것도 아닐 것이다. '법의 지배' 원리와 법제도의 '합리성'에 관해서는 상당부분 인간이성의 보편성이 인정될 수 있기 때문이다. 가장 중요한 것은 특정 서양국가 법에 대한 종속관계를 극복해야 한다는 점이다. 즉, 동북아 국가들은 모두 전체 법질서 또는 부분 법영역 및 개별 법제도에 관하여 서로 다른 서양국가의 법을 계수하였기 때문에, 이제 더 이상 독일, 프랑스, 영국, 미국 등 한 나라의 법제도와 법문화에 한정할 것이 아니라, ─ 그들 나라도 현재 유럽통합과 세계화 과정에서 다원적 법비교와 교류를 통하여 법의 통일 내지 수렴을 지향하고 있듯이 ─ 동북아 국가들에서도 각 原産地 서양국가의 영향요소들을 추출하여 이들을 비교하여 통합하고 이에 동북아의 특수한 요소들을 추가함으로써, 말하자면 '통합적' 서양법에 기초한 동북아의 '고유한' 법문화를 창출하지 않으면 아니된다. 이를 위하여 본고에서 논의한 비교법 방법론에서 얻을 수 있는 시사점은 '법의 공통원리'의 발견과 '법문화의 요소'들의 비교분석이다. 이를 위하여 시급한 것은 상호교류와 상호이해이다. 구체적으로, 각국의 다방면의 학자와 실무가들이 참여하는 대규모의 공동연구팀을 개별 법영역별로 조직하여, 공통의 주제와 문제들에 관하여 각국의 법제도와 법문화를 보고하고 이를 비교·평가하는 작업이 요청된다.[73]

---

73) 同旨 전재경/박정훈/이원우/송영선, 『동북아 문화공동체 형성을 위한 법적 기반 구축방안』, 통일연구원 2004, 36면 이하 참조.

23. 行政法과 憲法*
─ 憲 및 憲法의 개념과 行政法의 正體性 ─

Ⅰ. 행정법에서 헌법의 의의

행정법학의 연구대상인 행정법은 수많은 법령과 개별 행정영역의 특수성 내지 독자성으로 인해 '원심력'이 항상 작용하고 있으므로, 이를 견제하고 행정법의 통일성을 확보하기 위한 '구심점'으로 헌법이 필요합니다. 오토·마이어가 헌법은 변하지만 행정법은 존속한다고 하여 헌법과의 구별을 강조했고, 그의 행정법 체계를 통일적으로 구축하는 구심점이 헌법이 아니라 법치국가 이념이었으나, 오늘날 법치국가 이념이 바로 헌법의 한 축으로 파악되기 때문에, 결국 오토·마이어에 있어서도 행정법은 헌법을 구심점으로 하고 있었다고 말할 수 있습니다.[1]

우리나라에서도 1970년대부터 '구체화된 헌법으로서 행정법'(Verwaltungsrecht als konkretisiertes Verfassungsrecht)을 강조하는 독일 행정법학의 영향과 더불어, 특히 1980년대 후반 명예혁명에 의한 민주화와 헌법재판소의 설치를 통해 헌법은 행정법에서 분리될 수 없는 구성부분이 되었습니다. 그 단적인 예로서, 행정법 체계의 구성요소인 비례원칙, 신뢰보호원칙 등 행정법의 일반원칙들도 더 이상 민법에서 유래한 용어인 '조리'가 아니라 '헌법원리'로 파악되게 되었습니다.[2]

[행정법과 헌법, 한국행정법학회 2020. 6. 학술대회 기조연설문, 『행정법학』 제19호, 2020]
* 본고는 졸고, 한국 행정법학 방법론의 형성·전개·발전, 공법연구 제44집 제2호, 2015, 171-175면; 민주법치국가에서 법률의 의의: 공법이론적 관점을 중심으로, 재단법인 행복세상 2016년 국가발전 정책토론회 종합보고서 27-45면(未公刊)의 내용을 기조발제 형식으로 수정·축약·보완한 것임을 밝힙니다.

1) 이러한 의미에서 오토·마이어도 행정법의 헌법종속성을 인정하고 있었다고 할 수 있습니다. 同旨, Otto Bachof, Die Dogmatik des Verwaltungsrechts vor den Gegenwartsaufgaben der Verwaltung, VVDStRL 30 (1972) S.204-206.
2) 이에 관해 金南辰, 『행정법의 기본문제』, 1983, 45-46면(제4판 1994, 61-62면); 졸고, 행정

Ⅱ. 문제의 소재

이와 같이 행정법의 통일성을 유지하고 법치국가와 민주체제 등 헌법이념과의 연결성을 강조하는 데까지는 헌법과의 관련성이 문제가 없고 오히려 바람직하지만, 이를 넘어 '구체화된 헌법으로서 행정법'이라는 테제가 헌법에 대한 행정법의 종속성 내지 열등성, 심지어 행정법학에 대한 폄하로 연결될 때 심각한 문제가 발생합니다. 이 문제는 헌법재판의 활성화로 인한 헌법만능 내지 헌법과잉 현상으로 인해 증폭되어, 헌법재판소와 대법원의 권한충돌, 특히 행정소송(항고소송)과 헌법소원·권한쟁의심판의 관계 문제를 둘러싸고 폭발하였습니다.

더욱이 최근 로스쿨 도입 이후 미국 법학교육과정의 영향으로 인해 부작용이 더욱 심화되고 있습니다. 주지하다시피 미국에서 일반적으로 '행정법'은 행정절차와 행정소송에만 한정된 '마이너' 과목으로 인식되고 있는데, 개별 행정법영역들은 모두 별도과목으로 분화되어 있고, 일반행정법에 해당하는 행정법 일반이론들은 헌법 과목에 포함되어 있기 때문입니다. 우리나라에서도 최근 이러한 생각이 부지불식간에 퍼져, 헌법학에서뿐만 아니라 행정법학 자체에서도, 행정법 도그마틱의 개념들과 체계가 거의 대부분 기본권 도그마틱, 특히 기본권 제한의 한계에 관한 헌법 제37조 제2항의 해석 문제로 해소되는 현상도 발견됩니다. 이른바 행정법의 '헌법화'(Konstitutionalisierung)[3] 경향입니다. 예컨대, 허가의 특허의 구별 문제, 자족적 신고와 수리를 요하는 신고 문제에서 그러합니다.

Ⅲ. 憲과 憲法의 구별

이러한 문제를 풀고 행정법과 헌법의 올바른 관계를 정립하기 위해서는 '헌법'이라는 개념을 정확히 파악하여야 합니다. 무엇보다 먼저 'Verfassung'(constitution; 憲, 국헌, 헌정체제)과 'Verfassungsrecht'(constitutional law; 헌법)를 구별해야 합니다. 우리나라의 근본이 되는 것은 憲입니다. 우리 국민 모두가, 법학자·법률가만이

법의 불문법원으로서의 법원칙, 서울대학교 석사학위논문, 1989, 10-11면 참조.

3) Michael Gerhardt, Verfassungsgerichtliche Kontrolle der Verwaltungsgerichtsbarkeit als Parameter der Konstitutionalisierung des Verwaltungsrechts, in: Trute/Groß/Röhl/ Möllers (Hg.), Allgemeines Verwaltungsrecht — zur Tragfähigkeit eines Konzepts, 2008, S.735-748 참조.

아니라, 우리 모두가 지켜야 하는 것은 憲입니다. 우리 국민은 憲 앞에서 하나가 되는 것입니다. 오늘날 국민의 동질성의 근거를 Constitutional Identity에서 찾는 다고 할 때 그것은 바로 憲의 동일성입니다. 헌법재판소도 정확하게 말하면 '憲재판소' Constitutional Court, Verfassungsgericht입니다.[4]

정치 ⇒	[憲] ⇒	헌(법)재판 ⇒	헌법학 ⇒	[憲法]
행정 ⇒	법률·명령·조례·규칙·훈령 ⇒	행정소송 ⇒	행정법학 ⇒	행정법

정치 ⇒	[憲] ⇒	헌법재판 ⇒	헌법학 ⇒	[憲法]
행정 ⇒	[憲]·법률·명령·조례·규칙·훈령 ⇒	행정소송·헌법재판 ⇒	행정법학 ⇒	행정법

　　반면에, '헌법'은 헌법학의 인식의 산물로서, 憲 규정의 추상성 때문에, 대부분 기본권 도그마틱과 헌법재판소의 판례로 이루어져 있습니다. 다시 말해, 憲이 헌(법)재판과 헌법학의 필터를 통과하면 '헌법'이 됩니다. 만일 행정법을 이러한 의미의 '헌법'의 구체화법으로 본다면 행정법의 종속성 내지 행정법학의 열등성의 오류가 발생합니다. 행정법은 이미 헌법재판과 헌법학으로 내용이 완성된 '헌법'이 구체화되는 것에 불과하기 때문입니다.

　　1959년 독일에서 Fritz Werner가 행정법이 구체화된 '헌법'(Verfassungsrecht)이라고 말한 것[5]은 기본법(연방헌법)이 시행된 지 10년이 채 되지 않아 기본권 도그마틱과 헌법재판소 판례가 축적되기 이전이므로, 그가 구체화된 헌법이라고 말할 때의 '헌법'은 엄밀히 말해 憲이었습니다. 그리고 그는 당시 연방'행정'재판소장으로서, 행정법의 法源, 다시 말해, 행정소송에서의 심사척도로서의 '憲'을 강조한 것입니다. 흔히 그가 우리나라에 연방'헌법'재판소장으로 잘못 소개되고 있는데, 그의 말을 행정법의 헌법 종속성으로 오해하는 것과 동일한 맥락의 오류일 것입니다.

---

4) Verfassungsgericht를 '헌법'재판소로 번역하면서 독일 바이마르 시대의 Hüter der Verfassung 논쟁을 '헌법'수호자 논쟁으로 번역하게 되면, 그 '헌법'의 수호자는 당연히 헌법재판소가 되어야 하고, 제국(연방)대통령이 그 수호자가 되어야 한다는 칼·슈미트의 주장은 도대체 이해할 수 없는 이상한 견해라고 오해하게 될 것입니다. '憲' 내지 '헌정체제'의 수호자 논쟁이라고 하는 것이 정확한 번역일 것입니다.

5) Fritz Werner, Verwaltungsrecht als konkretisiertes Verfassungsrecht, DVBl. 1959, S.527-533.

요컨대, 행정법의 구심점이자 최고 法源이 되는 것은 헌법재판과 헌법학의 필터를 통과하여 완성된 헌법이 아니라 '憲' 자체이며, 바로 이 憲이 행정소송과, 필요한 경우에는 헌법재판도 포함하여, 행정법학을 통해 행정법의 구성부분이 되는 것입니다.

Ⅳ. 憲의 개념

(1) 우리의 논의는 결국 이와 같이 행정법의 구심점이자 헌법과의 연결점이 되는 '憲'을 어떻게 파악하는가에 이르게 됩니다. 주지하다시피 독일 바이마르 시대, '憲'(Verfassung)의 개념 내지 본질에 관한 논쟁에서, 한스·켈젠은 憲을 순전히 규범으로만 파악하는 입장(규범주의)을 취하였는데, 이 때 '규범'이라 함은 명확한 요건과 효과로 이루어진, 전통적 의미의 법규(Rechtssatz)이었습니다. 따라서 극히 추상적·불확정적인 기본권이나 원리는 憲에서 제외되고 단지 통치구조와 입법절차에 관한 규정만이 憲으로서 효력을 갖게 됩니다. 이러한 憲은 국가의 최고규범으로서, 다른 모든 실정법 규범들의 효력 근거가 된다는 의미에서 '근본규범'(Grundnorm)'이 됩니다. 憲이 실정법의 내용은 규율하지 못하므로 법률실증주의로 흐르게 되는 폐단이 있는 반면, 법률의 입법절차에 관한 憲규정이 강조되어, 켈젠 자신이 헌법재판관으로서 실천하였듯이, 헌법재판에서 법률의 절차적 정당성이 강하게 심사되는 장점도 있습니다.[6]

비유컨대, 조부모, 부모, 손주가 사는 집에서 조부모를 헌법에, 부모를 법률에, 손주를 국민으로 비유하면, 손주가 스마트폰을 바꾼 지 6개월도 되지 않아 새것으로 교체를 요구할 때, 위와 같은 켈젠의 관점에서는 조부모가 어떠한 결정도 할 수 없고, 단지 결정권자(입법자)인 부모를 낳고 기른 정당성의 근거가 될 뿐입니다. 다만, 옆집 아저씨와 아주머니가 갑자기 부모로 둔갑하여 결정을 하는 것은 조부모가 막을 수 있을 것입니다.

(2) 이와 정반대로 憲의 역할과 힘을 가장 크게 파악하는 견해는 소위 통합

---

6) 이상에 관해 Kelsen, Reine Rechtslehre. 2.Aufl., 1960 (Nachdruck 1983), S.228-230; ders, Allgemeine Staatslehre, 1925 (Nachdruck 1993), S.248-255; ders, Die Funktion der Verfassung, in: Die Wiener rechtstheoretische Schule, Bd.2, 1968, S. 1971-1979; ders, Reine Rechtslehre, S.283-320; ders, Der soziologische und der juristische Staatsbegriff. 2.Aufl., 1928 (Nachdruck 1981), 특히 S.86-91 참조.

주의적 헌(법)관입니다. 즉, 憲은 한 나라의 가치들을 통합한 것이므로 그 가치질서에 의거하여 법적 문제들을 직접 해결할 수가 있으며, 따라서 법률은 그 憲을 구체화한 것에 불과하다는 생각입니다. 이러한 관점은 루돌프·스멘트의 통합이론에서 비롯된 것이지만, 제2차 세계대전 이후 독일 연방헌법재판소의 일관된 입장이고, 우리나라 헌법재판소도 기본적으로 이러한 입장을 취하고 있습니다.

스멘트는 국가를 다양한 이해관계를 가진 사회구성원이 하나의 정치적인 생활공동체로 동화되고 통합되어가는 과정으로 보고, 憲은 그러한 통합과정을 규율하는 법질서라고 하였습니다.[7] 여기에 독일 연방헌법재판소의 '가치이론'[8]이 결합되어, 憲은 한 나라의 가치들을 통합하는 가치체계로서, 법률 이하 모든 실정법규범들의 내용을 통합하는 역할을 하게 됩니다. 위에서 든 비유에서, 가족의 가치를 대변하고 경험과 경륜이 풍부한 조부모가 핸드폰 교체 문제까지 결정할 수 있게 됩니다.

우리는 민주화 과정을 거치며 알게 모르게 憲과 헌법, 그리고 헌법재판소에게 이러한 역할을 기대하고 있는지도 모릅니다. 그러나 이것은 憲의 추상성과 개방성을 도외시하는 '헌(법)만능주의'라는 비판을 면하기 어렵고,[9] 특히 소위 '헌법가치'라는 이름으로 의회와 행정의 활동을 질식하게 할 위험이 있습니다. 더욱이 상호 모순되는 헌(법)가치들을 명확한 기준 없이 자의적으로 '형량'(Abwägung)함으로써 법과 법학의 명확성을 파괴하고,[10] 의회와 행정에 의한 구체적인 규칙

---

7) Rudolf Smend, Verfassung und Verfassungsrecht, 1928, 특히 S.4-8, 현재 ders, Staatsrechtliche Abhandlungen. 3.Aufl., Berlin 1994, S.119-276 (123-127); Helge Wendenburg, Die Debatte um die Verfassungsgerichtsbarkeit und der Methodenstreit der Staatsrechtslehre in der Weimarer Republik, Göttingen 1984, S.157-165 참조.

8) Helmut Goerlich, Wertordnung und Grundgesetz: Kritik einer Argumentationsfigur des Bundesverfassungsgerichts, 1973; Horst Dreier, Dimensionen der Grundrechte. Von der Wertordnungsjudikatur zu den objektiv-rechtlichen Grundrechtsgehalten, 1993; Ernst-Wolfgang Böckenförde, Grundrechte als Grundsatznormen, Der Staat 29 (1990), S.1-31 (3), jetzt ders, Staat, Verfassung, Demokratie. 2.Aufl., 1992, S.159-199 (162) 수록 참조.

9) '가치의 전제정'이라는 Carl Schmitt의 비판에 관하여 Carl Schmitt, Die Tyrannei der Werte, in: Säkularisation und Utopie, Festschrift für E. Forsthoff, Stuttgart u.a. 1967, S.37 ff. 참조.

10) Fortsthoff는 이러한 관점에서 헌법은 "형법전에서부터 체온계 생산에 관한 법률에 이르기까지 모든 것을 만들어내는 법적 요술상자"라고 비판하였습니다. Ernst Forsthoff, Der Staat der Industriegesellschaft. 2.Aufl., München 1971, S.144.

정립의 의욕과 노력을 좌절시킬 수 있습니다. 위의 비유에서, 핸드폰 교체의 시기·요건 등에 관한 구체적인 규칙을 정하는 노력을 하지 않고 '검소'라는 家訓만으로 모든 것을 결정하겠다는 것입니다.

(3) 올바른 관점은 憲을 한 나라의 주요한 결단— 민주체제, 법치국가, 인간의 존엄성 등— 으로 파악하고, 그 憲의 결단을 기본으로 법률이 법질서의 내용을 형성한다고 보는 것입니다. 칼·슈미트에 의하면, 憲은 헌법제정권력의 주체가 자신의 정치적 존재형태에 대하여 내린 정치적 결단으로서, 憲의 최고규범성은 이러한 '정치적 결단'에 의거한 것입니다.[11] 그러한 정치적 근본결단 이외의 영역은 憲이 작용하지 못하고 전적으로 법률과 하위법령에 의해 법질서가 형성됩니다.[12] 칼·슈미트의 수제자인 포르스토호프가 대표적인 행정법학자로서, 행정법의 적극적 법형성 기능을 강조한 것은 우연이 아닙니다. 그에 의하면, 헌(법)해석은 정치적 결단에 대한 것이므로 문언에 충실한 것이어야 하는 반면,[13] 행정법의 해석은 '목적'을 중심으로 해야 한다고 하였습니다.[14]

憲의 근본결단만 갖고서는 구체적인 문제들을 해결할 수 없습니다. 관계 이익들과 가치들을 조화할 수 있는 상세하고도 명확한 규칙들을 시행착오를 거치더라도 계속 만들어야 합니다. 위의 비유에서, 아주 극단적인 사치의 경우에는 조부모의 '검소'라는 家訓(근본결단)으로 해결될 수 있겠지만, 대부분의 경우에는 '적응과 혁신'도 고려하여 핸드폰 교체의 요건과 절차에 관한 를 자세하게 정한 다음, 이를 개별사안에서 정확하게 적용하여 결정을 내려야 합니다. 여기서 바로 행정법의 독자성과 正體性이 시작합니다.

(4) 이러한 관점은 헌(법)의 '효력우선'(Geltungsvorrang)과 법률의 '적용우선' (Anwendungsvorrang)으로 연결됩니다. 즉, 효력에 있어서는 헌법이 우선하지만 적용에 있어서는 법률이 우선한다는 것입니다.[15] 효력에 관해서 헌법이 최고의 法源(법원)이지만, 사안의 타당한 해결을 위해서는 그 사안과 더 가까운 법률이 먼

---

11) Carl Schmitt, Verfassungslehre. 10.Aufl., Berlin 1993, S.21, 23-24.

12) 대표적으로 Ernst Forsthoff, Rechtsstaat im Wandel, Stuttgart 1964, S.176-184 (Die Bindung an Gesetz und Recht), S.213-227 (Der introvertierte Rechtsstaat und seine Verortung).

13) 특히 Forsthoff, Zur Problematik der Verfassungsauslegung, 1961, S.22-34.

14) Forsthoff, Lehrbuch des Verwaltungsrechts. 10.Aufl., 1973, S.158-167.

15) 이에 관한 독일의 대표적 문헌으로 Hartmut Maurer, Allgemeines Verwaltungsrecht. 18.Aufl., 2011, § 4 Rn.58; Erichsen/Ehlers (Hg.), Allgemeines Verwaltungsrecht. 14.Aufl., 2010, § 6 Rn.3-4; Wolff/ Bachof/Stober/Kluth, Verwaltungsrecht I. 12.Aufl., 2007, § 26 Rn.16 등 참조.

저 적용되어야 합니다. 적용 가능한 법률이 없을 때 비로소 헌법이 보충적으로 적용된다는 의미에서 헌법은 '최고이지만 최후의 보충적인' 法源입니다. 다시 비유컨대, 어떤 무술도장의 최고수는 사부님이지만, 침입자와의 대결에서 가장 먼저 출동하는 것은 사부님이 아니라 그 도장의 중견 무사들이어야 합니다. 처음부터 사부님이 출동한다면 분명히 형편없는 무술도장일 것입니다. 코로나-19의 침입에 대응하는 것은 憲 내지 헌법이 아니라,「감염병 예방 및 관리에 관한 법률」의 83개의 조문입니다.

V. 결론: 행정법과 행정법학의 역할

법질서의 중견무사들인 법률의 거의 대부분은 행정법입니다. 다시 말해, 법률의 적용을 직접 판사에게 맡기지 않고 '행정'이 이를 일차적으로 담당하게 하고 그에 불복이 있는 경우 비로소 사법심사가 이루어지도록 하는 것입니다. 바로 '제1법관으로서의 행정'입니다. 이 제1법관에게 권한을 부여함과 동시에 그 권한을 통제하는 것이 행정법이고 행정법학의 임무입니다.[16]

뿐만 아니라, 법률의 대부분을 행정이 만들고 있습니다. 루소가 사회계약론에서 가장 훌륭한 입법자는 '외국인'이라고 하였는데,[17] 법률이 '일반의지'(la volonté générale)라고 할 때, 이는 법률이 우리 모두의 의지의 표현이라는 의미와 동시에 개별사건을 고려하지 않은 일반적인 규율내용을 담고 있어야 한다는 의미입니다. 이는 오늘날 존·롤즈가 정의의 기준으로 주장하는 '무지의 베일'(veil of ignorance)에 상응하는 것입니다. 이를 오늘날의 입법과정에 투영하여 보면, 법률의 입안이 정치적 중립성과 전문성을 확보한 행정에 의해 이루어지는 것이 정당하다는 것입니다. 바로 '제1입법자로서의 행정'입니다. 의회는 그 내용을 확인하고 민주적 정당성을 부여하는 것입니다.

憲이 한 나라의 뼈대라면, 행정법은 혈관과 혈액입니다. 또 憲이 국가의 '생명'의 근거라면, 행정법은 국가의 '생활'입니다. 서양언어로는 life, das Leben, la vie 등 하나의 단어이지만, 우리말에서 생명과 생활은 구별됩니다. 우리나라로

---

16) 이에 관해 졸고, 한국 행정법학 방법론의 형성·전개·발전,『공법연구』제44집 제2호, 2015, 178면; 졸저,『행정법의 체계와 방법론』, 제3장 행정법과 법철학 (96면 이하) 참조.

17) Jean-Jacques Rousseau, Du Contrat social, Livre deuxième Chapitre VII. Legislateur.

하여금 목숨만 붙어 있는 '산송장'이 아니라 활기차게 삶을 꽃피우게 하는 것은 행정법과 행정법학의 역할입니다. 특히 코로나−19에 직면하여 이를 잊어서는 아니 됩니다.

24. 행정법과 학문의 길[*]

Ⅰ. 들어가며

한국공법학회의 2021년도 신진학자대회에서 행정법을 대표하여 기조연설의 기회를 갖게 되어 큰 기쁨이자 영광입니다. 개인적으로, 1992년 실무가에서 법학자로 인생항로를 바꾸고 독일에 유학하여 박사학위를 받고 귀국하여 1997년 3월 헌법재판소 대강당에서 ─ 제1차 아니면 제2차로 기억되는 ─ 한국공법학회 신진학자대회에서 '행정법에서의 법발견'이라는 발표를 한 지 정확하게 24년 만에, 전임(제5대) 행정법학회 회장으로서, 공법학회의 초청을 받아 최근 박사학위를 받은 신진학자들을 위해 말씀 드리게 되어 감회가 큽니다. '少年易老 學難成'을 절감하면서도 염치불구하고 '빠땀 퐁 하더라도 바람 퐁 하시라'고 후학들을 위해 감히 저의 생각을 말씀 드리고자 합니다.

김종철 회장이 '모시는 글'에서 행정법학의 "근본정신과 방법론"을 말해 달라고 주문하셨는데, 그 구체적인 내용은 지금까지 제가 발표한 졸고[1]들로 대신하고, 오늘은 '행정법과 학문의 길'이라는 제목 하에서 행정법에 대한 올바른 학문의 자세를 거칠게나마 말씀 드리면서, 저에게도 반성의 기회로 삼고자 합니다.

오늘 드릴 말씀의 글감을 요즈음 탐독하고 있는 『論語』[2]에서 찾았습니다.

[행정법과 학문의 길 : 2021년 한국공법학회 신진학자대회 기조연설문, 『공법연구』 제50집 제1호, 2021]

1) 행정법교육의 목표와 방향─행정법학의 여섯 가지 방법론, 연세대학교 법학연구소, 『법학연구』 제12권 제2호, 2002, 113-134면(현재 졸저, 『행정법의 체계와 방법론』, 2005, 59-80면; 한국 행정법학 방법론의 형성·전개·발전, 『공법연구』 제44집 제2호, 2015, 161-191면(본서 제2장); 행정법과 '민주'의 자각─한국 행정법학의 미래, 『행정법연구』 제53호, 2018, 1-24면(본서 제1장) 등.

2) 어릴 때 읽은, 주자학에 의해 '儒教'로 教條化된 論語가 아니라, 역사 속의 孔子 말씀을

「爲政」編 제15장의 '學而不思則罔 思而不學則殆'와 「學而」編 제8장의 '學則不固'입니다. 앞의 말은 '배우기만 하고 생각하지 않으면 혼란하여 멍청해지고, 생각만하고 배우지 않으면 위험해진다'라는 의미로, 뒤의 말은 '배우면 완고하지 않다'라는 의미로 이해합니다.3) 여기에서 學과 思와 不固, 세 마디를 따서, 먼저 學을 '배움으로써 깨치다'로서, 법'학'의 네 가지 차원과 연결하고(2.), 다음 思를 '생각하여 깨침을 넓히다'로서, 인문학과 사회과학과 연결한 다음(3.), 마지막으로 不固를 '마음과 귀를 열다'로서, 소통과 학문공동체와 연결(4.)하여 설명 드리겠습니다.

Ⅱ. 學 : 법'학'의 네 가지 차원

(1) 독일에서 博士(Doktor)가 되는 것을 'Promotion'이라고 합니다. 라틴어의 전진시키다, 키우다, 높이다 등을 뜻하는 promovere에서 온 말로서, 자신의 신분 내지 지위를 승격시킨다는 의미를 갖습니다. 프리드리히 대제 시절 제정되어 지금까지 존속하는 '姓名法'(Namensgesetz)에 의하면, 후작·백작 등 5개의 귀족 이름 이외에는 이름 앞에 별도의 호칭 사용을 금지하면서, 단 두 가지 예외로 박사(Dr.)와 교수(Prof.) 호칭을 사용할 수 있도록 하되, 그 호칭을 허위로 사용하면 형사 처벌됩니다. 이는 프로이센 시절부터 부국강병을 위해서는 학문 발전이 필수적이라고 생각하고 평민들에게 학문을 권장하는 정책에서 비롯된 것인데, 꽤나 성공을 거둔 정책으로 평가되고 있습니다. 여하튼 독일에서는 박사(학)위 ─ Doktor-'titel' 또는 Doktor-'würde' ─ 는 학문적 지위만이 아니라 신분과 사회적 지위 자체를 의미하고 따라서 공적 장부상 이름의 일부가 됩니다. 말하자면, 세속적 의미에서 Doktor는 당대 본인에게만 한정된, 세습되지 않는, 후작·백작 등에 비견하는 '귀

직접 느끼고 깨닫는 방법으로 다시 읽고 있습니다.

3) 朱熹의 『論語集註』에 의하면, '學則不固'를 앞 문장의 '君子不重則不威'와 연결하여 '군자가 중후하지 않으면 위엄이 없고 배움도 견고하지 못하다'라고 풀이하였으나(성백효 역주, 『최신판 논어집주』, 2017, 28면 참조), 이는 '重=威=學=固'를 동일시하여 '固'를 긍정적 가치로 보는 주자학의 관점에서 비롯된 것이고, 漢代의 古注는 앞 문장과 분리하여 위와 같이 '배우면 고루·완고하지 않다'라고 새겼으며(김용옥, 『논어한글역주 1』, 2008, 334면 이하 참조), 현재 우리나라에서 많은 분들이 이렇게 이해하고 있습니다. 예컨대, 이우재, 『논어 읽기』, 전면개정판 2013, 60면; 이한우, 『논어로 논어를 풀다』, 2012, 55면; 윤재근, 『사람인가를 묻는 논어 Ⅰ』, 2004, 82면; 박삼수, 『공자와 논어, 얼마나 바르게 알고 있는가? 공자와 논어에 대한 오해와 진실』, 2019, 77-78면; 신동준, 『난세의 인문학 : 제자백가 12인의 지략으로 맞서다』, 2015, 18면 등 참조.

족' 칭호입니다.

이에 대비될 수 있는 것은 『論語』에서 말하는 '君子'가 아닌가 합니다. 지금부터 2,500년 전 춘추시대에는 느슨하게 귀족 계급이 형성되고 있었지만, 평민들도 '學而時習之'하면 君子가 되어 官이 될 수 있었습니다. 孔子의 제자들은 거의 대부분 평민들이었는데, 孔子의 가르침은 官과는 무관하게, 스스로 자신의 인격과 품위와 사고수준을 높이는 데 초점이 있었습니다. 이와 같이 자기 자신의 '사고수준'을 높인다는 것, 이것이 바로 독일에서 말하는—세속적인 의미의 신분상승이 아닌—진정한 학문적 의미의 Promotion이라고 생각합니다. 이 점이 오늘 강조하고 싶은 첫 번째 '학문의 길'입니다.

이러한 '사고수준 높이기'는 學을 통하여 이루어집니다. '學'은 두 손에 회초리를 잡고 우매함에 빠져 있는 아이('子')를 깨치게 한다는 형상과 의미를 갖고 있습니다.[4] 다시 말해, 學의 핵심은 배움을 통해 우매함을 깨치는 것입니다. '배움'은 주로 독서를 통한 지식습득이지만 이것만으로 學이 될 수 없습니다. 그 지식들을 통해 자신의 우매함을 깨치는 '깨달음'으로 나아가야 합니다. 여러분은 행정법을 전공하여 박사가 되었지만, '행정법'박사 또는 '법'박사가 아니라, 법'학'박사로서 '學하는 사람' 바로 學者가 되었습니다. 단지 행정법에 관한 정보들을 수집하여 체계화한다고 하여 學이 될 수 없습니다. 법'실무'에서는 그것으로 충분할지 몰라도, 법'학'에서는 그것을 넘어, 수많은 정보들에 담긴, 그 정보들을 관통하는 문제점과 해결방법을 깨달아 그 정보들보다 더 높은 수준의 사고에 도달하여야 합니다. 이것이 오늘 강조하는 두 번째 '학문의 길'입니다.

(2) 저는 이와 같은 學으로서의 행정법학을 네 가지 차원에서 설명하여 왔습니다.[5] 즉, 행정법 도그마틱은 개념과 논리체계의 單線으로 이루어져 있다는 점에서 제1차원(X축)에 속하고, 입법과 행정제도, 행정심판, 행정소송은 X축의 개념과 논리체계가 현실에 적용됨으로써 면적을 갖게 된다는 의미에서 제2차원(XY축)에 해당하고, 비교행정법은 지구상의 공간적 의미를 갖기 때문에 제3차원(XYZ축)에 속한다면, 시간의 차원인 제4차원(T차원)은 행정법 도그마틱, 행정법 제도 및

---

4) 장연진, 『漢子字源辭典(四)』, 2018, 932-935면 참조.
5) 자세한 내용은 졸고, 전게논문(한국 행정법학 방법론의 형성·전개·발전), 178면 이하; 본서 제2장(39-44면) 참조.

그 기본이념들이 역사 속에서 어떻게 변화 발전하였는가를 고찰하는 것입니다.

學으로서의 행정법학은 어느 한 차원에만 한정되어서는 안 되고, 물론 학자마다 비중의 차이는 있겠지만, 이 네 가지 차원들을 모두 배우고 깨쳐야 합니다. 박사논문의 주제에 따라 지금까지 여러분은 어느 한 차원에 치중하였을지 모릅니다. 제1차원 도그마틱의 개념과 논리체계에만 치우쳐 제2, 3, 4차원을 소홀히 하여도 안 되지만, 거꾸로 제도 연구, 외국법 연구, 역사 내지 이념 연구에 치우쳐 도그마틱을 소홀히 하여서도 안 됩니다. 어느 차원도 행정법을 제대로 '깨닫는' 學을 위해 빠져서는 안 되기 때문입니다. 예컨대, 바로 직전에 통과된 「행정기본법」은 결코 도그마틱 차원에서만 논의되어서는 안 되고, 그 실제적 운용효과 분석, 비교법적 평가, 역사적·이념적 조망이 동시에 이루어져 하는 것입니다. 이 점이 오늘 강조하는 세 번째 '학문의 길'입니다.

행정법'학'은 위 네 가지 차원에서 모두, 헌법, 민법, 형법, 민사소송법, 형사소송법 등 다른 법영역과 많은 접촉면을 갖고 있어 '종합법학'의 성격을 갖고 있습니다. 이들 인접 영역에 대한 이해와 연구를 게을리해서는 안 됩니다. 행정법학의 역량을 키우면 이들 모든 접촉면에서 연구영역을 확대할 수 있는 잠재력을 갖고 있지만, 거꾸로 학문적 역량이 위축되면 인접법학들에 의해 연구영역이 잠식될 운명에 있다는 것을 명심해야 합니다.

(3) 제1차원에서는 우선, 개념의 명확성과 논리의 체계성을 추구하여 도그마틱의 '정확'한 이해가 필수적입니다. 우리나라의 법규·판례·학설에 기반한 도그마틱이어야 합니다. 외국법과 비교법은 제3차원에서 비로소 고려되어야 합니다. 또한 도그마틱은 끊임없이 비판적으로 검증되어야 하고, 이러한 관점에서 판례연구가 이루어져야 합니다. 대표적으로 행정행위의 효력, 부관, 허가·특허·인가의 구별, 재량행위의 개념과 심사방식, 법규명령과 행정규칙의 구별 등이 중요한 문제입니다.

제2차원에서는 무엇보다 행정심판과 행정소송의 실무를 이해하는 것이 중요합니다. '학자'라고 해서 이를 소홀히 하면 學으로서 깨달음이 어렵게 됩니다. 법은 항상 현실에 적용될 때 본연의 모습을 나타내기 때문입니다. 판례도 제1차원 도그마틱의 관점에서 그 결론과 논거만을 보아서는 부족하고, 제2차원 제도의 관점에서 사안의 내용과 그 정치·사회·경제·문화적 배경도 탐구되어야 합니다. 의회입법과 행정입법의 과정을 공부하는 것도 빼놓을 수 없습니다. 이를 위해 입법학은 행정법학의 필수과목이라고 할 수 있습니다.

제3차원의 비교법은 법'학'이 법실무로부터 완전히 분리되는 출발점입니다. 비교법을 통하여 우리나라 법질서와 법제도를 객관적으로 파악함으로써 學(깨달음)을 얻을 수 있기 때문입니다. 헤겔이 설파한 '자기의식'의 발전 3단계에서 첫번째 卽自存在(An-Sich-Sein)는 아기와 어린이처럼 자기밖에 모르는 미성숙단계인데, 다른 사람을 인식하여 그 사람과의 비교를 통하여 자기를 의식하는 對他者存在(Für-Andere-Sein)를 거쳐야만, 비로소 자기를 객관적으로 제대로 파악하는 對自存在(Für-Sich-Sein)가 됩니다.[6] 여기서 對他者存在에서 비교대상인 '他者'가 한 사람뿐이라면 제대로 對自存在로 성장할 수 없듯이, 기하학에서 일정한 점의 위치를 확인하기 위해서는 최소한 2개 이상의 다른 비교점이 필요하듯이, 비교법은 여러 나라를 동시에 비교하는 '다원적' 비교법이어야 합니다. 비교법(comparative law)은 외국법(foreign law)과 다릅니다. 비교대상인 나라들을 모두 혼자 스스로 공부하는 것이 아니라, 다른 학자들의 연구결과를 활용하여도 충분합니다. 비교법의 초점은 우리의 것을 객관적으로 파악하는 데 있기 때문입니다. 이러한 다원적 비교법은 후술하는 '學則不固'와 연결됩니다.

제4차원의 역사에서 핵심적으로 연구되어야 할 주제는 민주(주의)와 법치(주의)의 발전과정과 상호 대립관계입니다. 행정법이 '공법'으로서, 私法과 구별되는 지점은 바로 民主, 즉 주권자로서의 民입니다. 私法은 사인 간의 합리적인 이익조정을 위한 법치만으로 충분할 수 있지만, 공법의 주요 부분은 民主의 의지에 의해 구성됩니다. 여기에서 행정법학은 정치철학과 연결됩니다. 역사 속의 행정법 이념에 관해 다루어져야 하는 주요 주제는 국가의 역할, 사인과 기업의 자율성, 규제개혁과 공공성, 민영화와 보장국가 등입니다.

Ⅲ. 思 : 인문학과 사회과학

(1) 앞에서 學은 배움과 깨달음이라고 하였는데, 그 깨달음을 넓히는 것이 바로 思입니다. 『論語』는 學만 있고 思가 없으면 혼란스럽다고 가르칩니다. 思는 문제의

---

6) 헤겔, 『정신현상학』, 김양순 역, 동서문화사, 2016, 82면 이하 참조.

식, 즉 물음(問)을 전제로 합니다. 다시 말해, '學問'이라고 할 때 問은 思의 출발점입니다. 學에 의해 일정한 깨달음을 얻은 다음 그것을 기초로 問함으로써 思하게 되어 그 깨달음을 넓히는 것입니다. 이것이 진정한 學問의 길이라고 할 수 있습니다.

이와 같이 (행정법)학자도 법학서적을 통한 깨달음에 만족하지 않고 그 깨달음에 문제의식을 갖고 그에 관해 깊이 생각하여야 하는데, 바로 이러한 思에 필요한 자료는 文·史·哲의 인문학에서 얻어집니다. 思는 법학의 네 가지 차원 모두에서 이루어지지만, 인문학을 통한 思는 특히 제4차원의 역사·이념에 관하여 이루어져야 합니다. 이와 같이 행정법학을 위한 인문학은 學을 위한 것이 아니라 思를 위한 것이므로, 인문학 공부가 반드시 필요하긴 하지만, 그 범위와 깊이는 '행정법을 思하는 데 필요한 정도'이면 충분합니다. 인문학의 전문가가 되기 위한 것이 아니라 행정법학을 제대로 하기 위한 것이기 때문입니다. 따라서 인문학에 대해 전문성 콤플렉스 없이, l'amateur, 애호가, 조건 없이 사랑하는 사람으로, 인문학적 소양을 쌓을 수 있습니다. 전문성이 요구될 때에는 아래에서 말하는 소통, 즉 인문학자와의 공동연구로 하면 됩니다.

(2) 이 말은 사회과학에도 그대로 타당합니다. 행정법학은 행정을 연구대상으로 하는 '행정과학'으로서, 숙명적으로 행정학과 마주칩니다. 특히 제2차원의 제도, 즉 행정법의 현실 적용 문제에서 두드러지기 때문에, 행정학에 대한 이해가 필수적입니다. 행정학이 방법론적으로 법학, 정치학, 사회학, 경제학, 심리학, 경영학 등을 종합하고 있으므로, 행정법학은 행정학을 매개로 여러 사회과학과 만나게 됩니다. 여기에서도 사회과학은 행정법을 제대로 思하기 위한 것이고, 따라서 사회과학 공부가 그에 필요한 정도로 충분합니다. 앞으로 행정법학이 새로운 시대를 열기 위해서는 반드시 ─ l'amateur로서 ─ 행정학과 사회과학의 소양이 필요하고, 행정학자, 사회과학자들과의 공동연구도 절실하게 요구됩니다. 이것이 네 번째 '학문의 길'입니다.

IV. 不固 : 소통과 학문공동체

(1) 마지막으로, 가장 강조하고 싶은 것은 바로 學, 즉 배워 깨치면, 不固, 완고하지 않다, 다시 말해, 고집을 버리고 마음과 귀를 여는 것입니다. 앞에서 언급

하였듯이 『論語』의 이 부분 해석에 다툼이 있을 만큼 '不固'는 어렵습니다. 그러나 반드시 필요합니다. 학문은 혼자 하는 것이 아니기 때문입니다. 앞에서 본 바와 같이 행정법학은 다양한 차원에서 다양한 방법론으로 광범위한 주제로 이루어지는데, 나 혼자 이 모든 것을 할 수 없으니 학문은 불가능하다고 단념하기 쉽습니다. 내가 지금 어떤 한 부분만을 공부하고 있어도 다른 학자 동료들이 나머지 부분들을 맡고 있다는 믿음을 가질 때 비로소 진정한 학문이 가능합니다. 바로 그렇기 때문에 同學의 다른 방향의 연구를 존중하고 그 업적을 경청하여야 합니다. 우리 모두의 연구들이 모여 '행정법학'이 되는 것입니다.

(2) 행정법학은 앞에서 지적하였듯이 인문학과 사회과학과 연결되어 역사에 대한 시각, 정치철학적 입장, 특히 民主와 법치의 상호관계에 대한 이해에 따라 개별 주제에 대한 견해가 다를 수 있습니다. 그 배경에는 공동체주의와 자유주의, 권리중심적 사고와 객관법적 사고, 공법의 독자성 강조와 공·사법 일원적 사고의 대립이 깔려 있습니다. 이는 비교법 연구의 주된 대상국가 — 독일, 프랑스, 영국, 미국, 일본 등 — 와도 관련된 문제입니다. 그렇기 때문에, 私法 영역에서는 견해 대립이 주로 세부적, 미시적인 문제에 관한 것인 반면, 행정법에서는 어떠한 문제이든지 모두 — 예컨대, 처분의 개념, 원고적격, 재량의 개념, 부관의 허용성, 행정행위 재심사, 앞으로 행정기본법의 모든 조항, 모든 문구에 관해 — 위와 같은 거시적인 관점으로 말미암아 견해가 대립할 수 있고 갈등이 심화될 수 있습니다. 그러나 학문에서 가장 좋은 '벗'은 자기와 다른 관점과 견해를 가지고 있지만 그 내용과 근거를 정확히 이해하여 서로 비판·조언할 수 있는 사람입니다. 학문에서 가장 무서운 '적'은 무관심입니다. (법학)박사, 다시 말해, 學과 思를 통해 지위와 품격과 사고수준을 높인 君子는 모름지기 和而不同 '어울리되 같지 않다'(『論語』「子路」編 제23장), 아니 不同而和, 서로 다르지만 어울려야 합니다. 이것이 다섯 번째, 행정법에 있어 가장 중요한 '학문의 길'입니다.

V. 마치면서

'博士'는 중국 秦·漢 시대부터, 우리나라에서는 고조선 때부터, 고구려의 태학박사, 백제의 오경박사, 신라의 국학박사, 고려의 국자박사, 조선의 성균박사 등 2,000년 이상의 역사를 가진 칭호입니다.[7] 박사는 직업이 아니라 (학)위이기 때문에 死後에는 바로 神位가 되어 제사지방문에 오릅니다. 박사가 아닌 사람이 '學生'과 '孺人'입니다. 다시 말해, 박사는 저승까지 갖고 가는 호칭입니다. 독일의 Promotion, 즉 Dr. (Doktor)도 마찬가지입니다. 牧村 김도창 선생님은 30개가 넘는 직함을 갖고 계셨지만, 생전에 오직 '박사'로 불리기를 원하셨고, 2005년 가실 때에는 棺 위의 붉은 천에 '法學博士 金道昶'이라고만 적혀 있었습니다.

　　여러분의 박사(학)위 취득을 진심으로 축하드립니다. 고생 많으셨습니다. 가문과 고향과 나라의 큰 慶事입니다. 學과 思, 그리고 不固로써 행정법의 '학문의 길'에서 大成하기를 축원하고, 이 나라의 民主와 법치를 반석 위에 올리는 데 기여하기를 소망하고 기대합니다.

---

7) 두산백과 '博士' https://terms.naver.com/entry.nhn?docId=1098124&cid=40942&categoryId=33373 참조.

25. 공법과 사법, 그 구별의 방법론적 의의
― 특히 문제접근 방법론, 헤겔과 사비니를 예시로 하여 ―

Ⅰ. 들어가며

법에 있어 모든 개념은 '목적의 산물'입니다. '법' 자체도 마찬가지입니다. 다시 말해, 어떤 목적을 위한 수단, 방법이므로, 법을 연구하는 데에 '방법론'(Methodologie)의 관점이 중요합니다. 법학의 방법론은 문제의 간명한 해결을 위한 도그마틱(Dogmatik)('문제해결 방법론')과 문제의 의미를 찾아내어 설명하는 호이리스틱(Heuristik)('문제설명 방법론'),[1] 뿐만 아니라 문제에 접근하는 근본적인 관점('문제접근 방법론')[2]으로 나누어 볼 수 있습니다.[3] 이는 법학자·법률가의 덕목인 로고스(논리), 에토스(성격), 소피아(지혜)에 대비될 수 있습니다.[4]

법학의 개념들은 이러한 세 가지 방법론, 즉 문제해결, 문제설명 및 문제접근의 관점에서 고찰되어야 합니다. 문제해결 내지 도그마틱의 관점에만 갇히게

[2023. 9. 8. 『공법과 사법의 대화』, 공법학회·민사법학회 공동학술대회, 기조연설문(미공간)]

1) Heuristik은 ― Dogmatik처럼 문제에 대한 해답을 간명하게 찾지는 못하지만 ― 문제의 의미와 영향을 찾아내어 설명 내지 해명함으로써 그에 대한 지식을 획득하는 것을 의미합니다. 예컨대, 허가/특허의 구별이 상대화됨으로써 기속행위/재량행위의 문제를 해결하지는 못하더라도 그 문제의 의미를 이해하고 설명하는 데에는 유용한 방법이라는 의미에서 Heuristik에 해당합니다. 선행연구에서는 '문제발견'으로 번역하였으나, 해당 문제의 발견이라는 오해가 있을 수 있으므로, 본고에서는 '문제설명'이라고 하겠습니다.
2) 이를 독일어로 'Problemansatz', 영어로 'problem approach'라고 할 수 있는데, Dogmatik과 Heuristik과 대비하여, (타인과의, 자신과의) 대화를 통해 근본적인 문제를 들추어내어 그에 접근한다는 의미에서 'Dialektik'이라고도 할 수 있을 겁니다. 헤겔의 '변증법'이 연상된다는 부담은 있긴 합니다.
3) 졸고, 공·사법 구별의 방법론적 의의와 한계 : 프랑스와 독일에서의 발전과정을 참고하여, 『공법연구』 제37집 제3호, 2009, 83-110면, 106면 이하; 본서 제8장(301면 이하) 참조.
4) 또한 Larenz가 말한 개념법학·이익법학·가치법학이 이와 대비될 수 있습니다. Karl Larenz, Methodenlehre der Rechtswissenschaft 6.Aufl. 1991, S.17-35, 119-125 참조.

되면 법학의 '학문성'은 枯死합니다. 그 문제가 갖는 정치적·사회적·경제적·문화적 의미와 영향을 이해하고 설명할 수 있어야 하며, 문제에 접근하는 근본적인, 즉 철학적·역사적인 관점을 자각하여야 합니다.

공법과 사법의 구별에 있어서도 마찬가지입니다. 아니 더욱 절실합니다. 저는 위와 같은 세 가지 방법론을 기초로 이미 2008년 12월 공법학회 학술대회에서 「공·사법 구별의 방법론적 의의와 한계」(각주 3)라는 제목으로 발표한 바 있습니다. 문제해결 및 문제설명 방법론적 관점에서는 프랑스와 독일의 연혁과 현황을 참고하여 나름대로 상세히 고찰한 반면, 문제접근 방법론과 관련해서는, 칸트의 법철학에 의거하여 공개성 내지 투명성을 공법의 법철학적 기초로 삼고, 민주주의와의 연결고리를 통해 국가공동체의 존재의의와 임무·책임을 문제 삼아야 된다는 점을 강조하는 것으로 마무리하였습니다. 이번 기조발제에서는 먼저 앞의 두 가지, 문제해결 및 문제설명 방법론의 차원에 관해서는 위의 발표 내용을 요약하여 소개하면서 몇 가지 새로운 논점들을 추가하겠습니다(II.). 그리고 본론으로 세 번째 문제접근 방법론의 관점에서, 헤겔과 사비니를 예시로 하여, 공법과 사법의 비교와 — 오늘의 대주제인 — 양자의 대화에 관해 논의하고자 합니다(III.).

본디 '대화'는 상호이해와 상호존중을 전제로 하고, 서로의 정체성 확립과 거리두기가 필요합니다. 그렇지 않으면 타방에 대한 간섭과 지배가 되기 때문입니다. 그리고 공법과 사법의 대화는 정확하게 말해, 의인화를 벗겨내면, 공법학(자)과 사법학(자)와 대화입니다. 법실무에서, 문제해결의 차원에서, 공법의 규정 및 원리들과 사법의 그것들을 어떻게 조합하느냐의 문제만은 아닙니다. 핵심은 학문으로서의 공법학의 정체성과 — 저의 전공이 아니어서 매우 조심스럽지만 — 사법학의 정체성을 어떻게 파악하느냐 입니다. 그런 후에 비로소 진정한 대화와 협력과 사랑이 가능합니다.

본고에서 공법학이라 함은 헌법학과 행정법학을 아우르는 것입니다. 그 주된 대상과 관점이 동일하지 않지만, 헌법은 국가의 기본법으로서, 행정법의 — 적용에 있어서는 그렇지 않다 하더라도 효력에 있어서는 — 최고 法源이고, 행정법학은 헌법을 매개로 국가철학, 정치철학, 법철학과 연결되고, 헌법학은 행정법을 매개로 실정법상 구체적인 문제들을 만난다는 점에서, 연구와 교육에 있어 '공법학'의 동반자라고 할 수 있습니다.[5]

5) 졸고, 전게논문, 105면, 106면 참조.

II. 문제해결 및 문제설명 방법론의 차원

1. 문제해결 방법론의 차원

(1) 공·사법 구별이 문제해결 방법론, 즉 도그마틱 차원에서 갖는 첫 번째 기능은 재판관할 내지 소송유형의 결정입니다. 이는 1789년 프랑스 대혁명 이후 행정에 관한 소송이 일반 司法재판소의 관할에서 분리되어, 별도로 설립된 꽁세유데따 등 행정재판소의 관할에 맡겨짐으로써 이루어진 것입니다. 즉, '공법'(le droit public)에 관한 소송이면 행정재판소의 관할로, 私法(le droit privé)에 관한 소송이면 司法재판소의 관할로 결정되는 것입니다. 정확하게 말해, 역사적으로 먼저 재판관할이 분리되고 그 행정재판의 전문성에 의거하여 독자적인 법영역으로 '공법'이 생긴 것입니다. 처음에는 공법관계가 행정의 '권력행위'(l'acte d'autorité)에 한정되었으나, 1871년 관할재판소의 블랑꼬 판결로써 국가배상 소송이 '공역무'(le service public)에 관한 것이라 하여 행정재판소 관할로 결정된 이후, 공역무의 수행 내지 공익 실현이 공·사법 구별의 기준이 됨으로써 공법관계의 범위가 확대되어 현재에 이르고 있습니다.[6]

독일에서도 1863년 바덴을 시작으로 20세기 초반까지 프로이센, 바이에른 등 각 제후국 별로 고등행정재판소가 설치되어 행정의 권력행위에 대하여 — 대부분 열기주의로 인해 불완전하게 — 재판관할이 분리된 후, 바이마르 공화국 시대를 거쳐 제2차 세계대전 이후 공법관계에 소송은 행정재판의 관할로 정착되었습니다. 그러나 독일에서 공법의 개념은 여전히 권력행위를 중심으로 프랑스에 비하여 좁게 파악됩니다.[7] 영국에서도 1977/1981년 행정소송 개혁으로 '사법심사 청구소송'(claim for judicial review)이 도입됨으로써 그 재판관할과 관련하여 '공법'(public law)이라는 관념이 발전하고 있습니다.[8] 미국에서는 명확한 개념은 없지만, 행정작용의 사법심사에 관한 연방행정절차법상의 특별 규정과 연방지방법원의 전문재판부 등으로 실질적으로는 — 민사법과 형사법과 구별되는 — 공법에 상응하는 관념이 존재한다고 할 수 있습니다.[9]

---

6) 이상에 관하여 졸고, 전게논문, 86-90면 참조.
7) 졸고, 전게논문, 90-95면 참조.
8) 졸저, 『행정소송의 구조와 기능』, 2006, 111-113면 참조.
9) 졸저, 전게서, 113-114면.

우리나라에서도 행정소송법상 항고소송의 대상인 처분이 — 공법의 전통적인 징표인 — '공권력의 행사'이고, 당사자소송의 대상은 명시적으로 "공법상 법률관계"로 정의되어 있으므로, 결국 공·사법 구별이 재판관할 결정을 위한 도그마틱적 기능을 하고 있음은 의문의 여지가 없습니다. 다만, 아직 실무상 국가배상 내지 행정상 손해배상, 공법상 부당이득반환 등이 당사자소송의 대상이 되지 못하고 있고, 판례상 행정조달계약이 사법상계약으로 파악됨으로 말미암아 그 계약의 이행청구가 당사자소송의 대상이 되지 못할 뿐만 아니라, 낙찰자결정에 대한 불복도 항고소송으로 인정되지 않습니다. 이는 특히 국가배상과 행정조달계약과 관련하여 아래에서 보는 규율의 특수성과 후술하는 문제설명 및 문제접근 방법론과 관련하여 중요한 문제입니다. 해당 부분에서 언급하겠습니다.[10]

여기서 강조할 것은 민사소송에 대한 행정소송, 특히 항고소송의 특수성입니다. 첫째, 민사소송에서는 원고의 '권리'의 존부가 핵심 문제이지만, 항고소송에서는 계쟁 처분의 위법성 여부가 핵심 문제로서, 원고의 권리구제만을 목적으로 하는 순수한 주관소송이 아니라, 행정의 적법성 통제를 위한 객관소송으로서의 요소도 아울러 포함되어 있습니다. 둘째, 민사소송에서는 법규에의 합치 여부가 all or nothing으로만 심사되는 데 비해, 행정소송(취소소송)에서는 법규에 합치하더라도 '재량권남용' 또는 '재량하자'가 있으면 위법이 되기 때문에, 심사범위가 훨씬 넓습니다. 그 밖에 증명책임, 직권심리, 제소기간, 訴價 등에서 민사소송과 다른 특징을 갖습니다.[11] 당사자소송도 항고소송의 피고경정, 행정심판기록 제출명령, 직권심리주의, 판결의 기속력 등에 관한 규정이 준용됨으로써 민사소송에 비해 권리구제와 행정통제에서 秀越性을 갖습니다. 그러나 행정소송(항고소송·당사자소송)과 민사소송 사이의 소송유형 선택의 위험을 방지하기 위하여, 소송유형의 문제를 항소이유, 또는 최소한 상고이유가 되지 않도록 하는 입법 또는 판례 형성이 요청됩니다.[12]

---

10) 졸고, 전게논문, 95-97면.

11) 상세는 졸저, 『행정법의 체계와 방법론』, 2005, 232-234면 참조.

12) 동일한 문제의식으로 김재형, 공법과 사법의 대화, 2023. 9. 8. 공법학자·사법학자대회 기조연설문, 발표집 41-42면 참조. 이러한 관점에서, 민사소송의 형식으로 원고가 항소심까지 승소한 사건에서, 공법관계로서 당사자소송에 해당한다는 이유로 파기하여 행정소송 제1심으로 환송한 대법원 2017. 11. 9. 선고 2015다215526 판결은 권리구제에 불리한 방향으로 당사자소송을 인정한 것으로, 비판의 여지가 큽니다. 또한 공법상 규율의 특수성 문제와 연결되므로 후술(각주 18)하겠습니다.

(2) 공·사법 구별의 두 번째 도그마틱적 기능은 공법이 갖는—私法에 대한—규율의 특수성입니다. 이는 실체법적 규율과 절차법적 규율의 경우로 나누어 볼 수 있는데, 다시 각각 법률상 근거가 없는 '불문법적' 특수성과 법률상 근거가 있는 '성문법적' 특수성으로 구별됩니다. 전자는 私人에게 불리할 수 없다는 한계가 있습니다.

첫째, 실체법적 규율의 불문법적 특수성은 평등원칙, 비례원칙, 신뢰보호원칙 등으로서, 행정과의 관계에서 私人을 두텁게 보호하기 위한 것입니다. 私法관계에서는 사적 자치 원칙상 계약상대방 선정에서의 평등대우, 채무불이행에 기한 계약해제권 행사에서 비례성 등은 인정되지 않습니다. 위와 같은 불문법적 공법 규율들은 法源論的으로 '행정법의 일반원칙' 내지 '헌법원리'로서 규범력을 갖는 것인데, 최근 「행정기본법」에 명문화되었습니다. 거꾸로 私法관계인 경우에 비하여 私人에게 불리한, 행정에게는 유리한 지위를 인정하는—'법형성'(Rechtsfortbildung)에 의한—실체법적 규율은 법률유보 원칙상, 법률상 근거가 없는 한, 허용될 수 없습니다. 공법상계약에 관해서도 마찬가지입니다. 프랑스 판례에서는 법률상·계약상 근거 없이도 공익을 이유로 한 행정의 일방적 해지권을 인정하는 '君主行爲理論'(la théorie du fait du prince)이 있으나,13) 우리나라에서는 받아들이기 어렵습니다.14)

둘째, 실체법적 규율의 성문법적 특수성은 私人에게 유리한 것이든 불리한 것이든 일일이 열거할 수 없을 정도로, 법률 및 하위법령의 量만큼 많습니다. 이 부분이 뒤에서 보는 바와 같이 헤겔 법철학의 핵심인, 개인의 자유(사익)와 국가·사회 공동체의 안전(공익)의 조화를 위하여 입법 기능이 작동하여야 하는 영역으로서, 공법의 핵심을 이룹니다. 私人에게 불리한, 다시 말해, 私人의 자유 내지 기본권을 제한하는 실체법적 규율은 법률상 근거가 있어야 하지만, 이러한 경우에도 공·사법 구별의 도그마틱적 의의가 상실되는 것은 아닙니다. 그 법률은 반드시 기본권

---

13) 졸저, 전게서(행정법의 체계와 방법론), 203면 참조.

14) 이러한 관점에서, 최근 대법원 2021. 5. 6. 선고 2017다273441 전원합의체 판결에서 甲회사와 지방자치단체 사이의 민간투자사업 실시협약이 공법상계약에 해당한다는 전제로, "행정목적 달성에 본질적으로 반하는 결과를 가져와서 공익에 대한 중대한 침해를 초래"한다는 이유로, 甲회사의 파산관재인은—私法관계에는 적용되는—「채무자 회생 및 파산에 관한 법률」제335조 제1항에 따른 해지권을 행사할 수 없다고 한 별개의견은 의문의 여지가 있고, 위 조항의 적용 또는 유추를 인정하는 다수의견 및 반대의견에 찬성합니다. 同旨, 김재형, 전게연설문, 발표집 34-36면.

제한의 사유와 한계(헌법 제37조 제2항)를 지켜야 하고, 따라서 국가안전보장, 특히 질서유지와 공공복리, 그리고 비례원칙이 바로 공법의 내용적 특수성이 되기 때문입니다. 말하자면, 여기서 공법의 도그마틱적 의의는 법률의 위헌성 심사로 전환됩니다.15) 이 점은 특히 최근 확대·강화되고 있는 행정형벌·질서벌(과태료), 그리고 과징금, 허가취소·영업정지 등 행정제재와 관련하여 중요한 의미를 갖습니다. 이중제재, 과잉제재, 결과책임적 제재 등에 대해서는— 헌법상 적법절차 원칙과 비례원칙에 의거하여 — 개별처분의 위법성과 근거법률의 위헌성 여부가 검토되어야 합니다.16)

셋째, 절차법적 규율의 불문법적 특수성은, 프랑스의 '방어권'(le droit de défence), 영국의 '자연적 정의'(natural justice), 미국의 '적법절차'(due process)와 같이, 성문법이 없더라도 私人의 절차적 권리를 보호하기 위한 것입니다. 우리나라에서도 1998년 「행정절차법」이 시행되기 이전에는 동일한 상황이었습니다. 그 핵심이 사전통지 및 변명기회 보장 그리고 이유제시입니다. 私法관계에서는 사전합의가 없는 한 이러한 절차적 보장은 인정되지 않습니다. 私法과 비교하여 공법의 중요한 특징으로서, '세계행정법'(global administrative law)의 골자를 이룹니다.17) 거꾸로 실체법적 규율과 마찬가지로 공법관계라고 해서, 법률이 없는 한, 私法관계인 경우에 비해 私人에게 불리한— 법형성에 의한 — 절차적 규율은 허용되지 않습니다.18)

넷째, 절차법적 규율의 성문법적 특수성과 관련하여, 한편으로 「행정절차법」 등에서 私人의 절차적 권리가 성문화되었지만, 다른 한편으로 개별 법령에 의해 행정조사 권한 및 이를 확보하기 위한 과태료·과징금 등 제재조치가 다수 규정되었습니다. 이에 대한 헌법합치적 해석과 합헌성 검토와 아울러, 행정조사의 효율성을 확보하는 동시에 — 형사절차에 준하여 영장 내지 허가장, 변호인 참여 등과

---

15) 졸고, 전게논문, 99면 참조.

16) 졸저, 전게서(행정법의 체계와 방법론), 제8장 협의의 행정벌과 광의의 행정벌 참조.

17) 대표적으로 김대인, 세계행정법과 국제기구, 『행정법연구』 제45호, 2016, 1-23면 참조.

18) 이러한 관점에서, 위 각주 12의 대법원 2017. 11. 9. 선고 2015다215526 판결은 상술한 바와 같이 당사자소송이라는 공법상의 소송형식을 이유로 私人이 민사소송 형식으로 항소심까지 승소한 사건을 파기환송하여 無爲로 돌렸을 뿐만 아니라, 결국 그 사건은 환송심에서 공법상계약이라는 이유로 계약금액조정에 관한 국가계약법 제19조의 적용이 부정되어 전부패소로 확정되었습니다(대법원 2020. 10. 15. 선고 2019두62376 판결). 사건에 의하면, 명문의 법률규정이 없는 이상, 공법상계약의 특수성을 이유로 私法관계인 경우에 비하여 私人에게 불리하게 국가계약법 규정을 배제한 것은 타당하지 않습니다.

같이 — 그 과잉과 남용을 방지하고 대상자의 권익을 보호할 수 있는 이론과 입법이 요청됩니다.[19]

(3) 공·사법 구별의 도그마틱적 의의와 관련하여 세 가지 점을 언급하고자 합니다. 첫째, 공법 규율의 특수성은 원칙적으로 재판관할의 분리를 전제로 하지 않는다는 점입니다. 물론 역사적으로 프랑스에서 재판관할의 분리를 계기로 독자적인 공법 영역이 생기고, 이를 기초로 그 규율의 — 불문법적 — 특수성이 인정되었지만, 현재 우리나라에서는 반드시 그렇지 않습니다. 우리 행정소송의 재판관할은 대법원 산하의 전문법원인 행정법원과 고등법원 행정재판부의 사물관할의 문제입니다. 또한 공법 규율의 특수성은 거의 대부분 「행정기본법」, 「행정절차법」 등에 의해 성문화되었습니다. 따라서 민사소송 관할인 경우에도 이러한 공법적 규율들이 적용되어 신의성실, 권리남용, 채무불이행 또는 불법행위가 판단될 수 있기 때문입니다. 그러나 국가배상의 경우에는 계속 민사소송에 의하게 되면 공무원의 책임을 전제로 국가가 이를 대위한다는 私法的 구성을 탈피하기 어려우므로, 국가의 자기책임을 묻는 공법적 구성을 위해서는 행정소송(당사자소송)으로의 관할변경이 절실히 요청됩니다.[20] 최근 긴급조치 제9호로 인한 국가배상책임을 인정한 대법원 2022. 8. 30. 선고 2018다212610 전원합의체 판결의 다수의견은 외형상·문구상으로는 대위책임을 전제로 하고 있으나, 실질적으로는 — 당시 수사·재판에 관여한 공무원들의 개인적 주관적 귀책사유를 문제 삼지 않고 오히려 "광범위한 다수 공무원이 관여한 일련의 국가작용에 의한 기본권 침해"라고 판시하였다는 점에서 — 이미 국가의 자기책임을 인정하고 있다고 볼 수 있습니다.[21]

둘째, 최근 독일에서 강조되고 있는 공·사법의 '상호보완관계'[22](wechselseitige

---

19) 이에 관하여 대표적으로 최환용·장민선, 국민 중심의 행정조사 관련 법제 개선방안 연구(한국법제연구원 연구보고), 2016; 김용섭·이경구·이광수, 행정조사의 사법적 통제방안 연구(『서울지방변호사회 법제연구원 연구총서 7』), 2016 참조.

20) 이에 관하여 졸고, 국가배상법의 개혁: 私法的 대위책임에서 공법적 자기책임으로, 『행정법연구』제62호, 2020, 27-69면(본서 제3장) 참조. 중요한 차이로서, 당사자소송의 경우에는 공무원 개인을 공동피고로 제소할 수 없고, 별도의 민사소송으로 고의·중과실에 기한 개인책임을 물어야 한다는 점인데, 이로서 국가책임과 공무원책임의 혼합과 그로 인한 공무원의 응소부담, 사기저하 등 부작용이 방지될 수 있습니다.

21) 위 전원합의체 판결에 관하여 김재형, 전게연설문, 발표집 38-40면 참조.

22) Hans-Heinrich Trute, Wechselseitige Verzahnungen zwischen Privatrecht und öffentlichem Recht, in: Hoffmann-Riem/Schmidt-Assmann (Hg.), Öffentliches Recht und Privatrecht als

Auffangordnung)입니다. 공법은 '포괄적 조종'(Globalsteuerung)에 의한 균질성 내지 평등성 확보, 공공복리 지향성, 결과의 예측가능성, 결정의 강제력 확보가 가능하지만, 획일성, 비탄력성, 비적응성이 그 단점인 반면, 사법은—계약에 의한—의무부과와 인센티브의 선택, 과실상계를 통한 세부적 조종이 가능하지만, 그 규율이 특정한 내용과 결과를 지향하지 않고 이를 시장과 사적 자치에 맡김으로써 결과를 예측하기 어렵다는 점이 그 단점입니다. 특히 금융, 환경, 건축, 도시계획, 국제거래 등 법영역에서 위와 같은 공법과 사법의 장점·단점을 고려하여 상호 보완되도록 양자를 혼합해야 한다는 것입니다.[23] 이에 원칙적으로 찬성할 수 있으나, 이를 위해서는 반드시 법률의 근거 및 그 합헌성 심사가 필요합니다. 국가·지방자치단체, 공공기관 등 행정주체가 규율대상인 경우에는 그 권한남용과 부패를 방지하고 私人의 권익을 보호하기 위한 공법적 규율로 추정되기 때문입니다. 무엇보다 공기업 내지 공공기관에 대하여 이용자 및 납품업자의 권익을 보호하는 것이 중요합니다. 행정청 내지 행정주체로서의 자격을 부정하고 私人으로 취급하여 사적 자치에 맡겨서는 아니 됩니다.[24] 그리고 상호보완관계는 공·사법 '규율'의 상호보완이지 결코 공법학과 사법학의 혼동이 아니고, 오히려 이를 위해서는 공법학의 정체성 확립이 필수적입니다.

셋째, 최근 사용자와 피용자, 기업과 소비자 등 私人 간의 관계에 특별입법에 의하여 평등원칙, 비례원칙, 이유제시, 의견제출, 모성·가정보호 등 공법적 규율이 도입되고 있는데, 그렇다고 하여 공·사법 구별과 이에 의거한 공법학의 정체성이 소멸되는 것은 아닙니다. 오히려 공법학의 관점에서는 입법에 의하여 공법영역이 확대되는 것으로, 말하자면, 사용자와 기업 등 우월한 지위에 있는 私人에게 법률로써 '공무수탁사인'에 준하는 역할을 부여하여 평등원칙, 절차적 보호 등

---

wechselseitige Auffangordnungen (Schriften zur Reform des Verwaltungsrechts 3), Baden-Baden 1996, S.167- 223; Wolfgang Hoffmann-Riem, Öffentliches Recht und Privatrecht als wechselseitige Auffangordnungen — Systematisierung und Entwicklungsperspektiven, in: a.a.O., S.261-336; Ferdinand Wollenschläger, § 15 Verwaltungsrecht und Privatrecht, Rn.68 (S.597-598), in: Kahl/Ludwigs (Hg.), Handbuch des Verwaltungsrechts, Heidelberg 2021; Martin Burgi, § 18 Rechtsregime Rn.34-43 (S.1331-1335), in: Andreas Voßkuhle et al (Hg.), Grundlagen des Verwaltungsrechts. Bd.I 3.Aufl., München 2022 참조.

23) 상세는 졸고, 전게논문(공·사법 구별의 방법론적 의의), 102-103면 참조.
24) 이에 관하여 졸고, 공공기관과 행정소송 — '행정청 자격'에 관한 대법원판례의 극복을 위해, 『행정법연구』 제60호, 2020, 1-24면; 본서 제15장 참조.

공법의 이념을 실현하도록 한 것으로 파악할 수 있습니다. 물론 그 정당성과 필요성의 관점에서 엄격한 합헌성 심사가 필요합니다. 사법학의 관점에서는 거꾸로 공법적 규율로써 사법의 내용이 풍부하게 된 것으로 이해할 수 있을 것입니다. 이는 학문의 자유 내지 자기 학문에 대한 긍지의 문제입니다. 공법학 내지 행정법학은 그동안 국가 등 행정주체에 대한 규율을 초점으로 하여 왔는데, 이는 행정주체의 우월한 지위의 남용을 막고자 한 것이므로, 그 이론적 성과를 이제는 전형적인 행정주체가 아니더라도 행정주체보다 더 사회적으로 막강한 지위를 갖는 私人에 대하여 적용할 수 있고 또 그리하여야 할 것입니다. 이러한 관점에서 독일에서도 '私행정법'(Privatverwaltungsrecht)이 논의되고 있습니다.[25]

2. 문제설명 방법론의 차원

(1) 호이리스틱, 즉 문제설명 방법론의 차원에서는 ─ 마치 공중으로 올라갈수록 공기의 밀도가 낮아지듯이 ─ 공·사법 구별의 의의가 작아지고 약해집니다. 법적인 문제의 의미와 영향을 정치·경제·사회·문화적 관점에서 이해하고 설명하여야 한다는 점에서는 공법과 사법 사이에 차이가 있을 수 없기 때문입니다.[26]

다만, 공법에서는 그 설명의 강도와 폭이 사법에 비하여 클 수 있습니다. 헌법의 통치구조와 기본권 문제들은 물론, 행정법에서도 국가배상, 행정조달계약, 처분개념, 원고적격, 재량행위, 부관 등 거의 모든 문제들이 그러합니다. 특히 국가배상과 행정조달계약과 같이 사법으로부터 독립된 문제해결이 요청되는 문제에 관해서는 폭넓은 문제설명이 필요합니다. 전자에 관해서는 공무원의 개인적 귀책사유와 관련한 공무원의 사기 저하, 정치적 책임과의 관계, 사망한 공무원의 문제, 국가의 경제력과 재정, 소득의 재분배 등을 들 수 있고, 후자에 관해서는 행정의 부패가 중요한 대상이 됩니다. 이익형량과 관련해서도, 사법에서는 대부분 서로 반대 방향의 사익들이 충돌하는 상황에서 어떤 사익을 어느 정도로 보호할

---

25) Christian Pestalozza, Privatverwaltungsrecht: Verwaltungsrecht unter Privaten, JZ 1975, S.50-56; Andreas Fischer-Lescano, Transnationales Verwaltungsrecht: Privatverwaltungsrecht, Verbandsklage und Kollisionsrecht nach der Århus-Konvention, JZ 2008, S.373-383 참조. 국내문헌으로 김현준, 행정법과 사법(私法), 『저스티스』 제181호, 2020, 80-108면 (96면) 참조.

26) 사견에 의하면, 이러한 호이리스틱(문제설명)을 법학의 제1차원인 도그마틱(문제해결) 다음에 오는 제2차원에 해당합니다. 참고로 제3차원은 비교법이고 제4차원은 법의 역사적·이념적 고찰입니다. 졸저, 전게서(행정법의 체계와 방법론), 6면 이하 참조.

것인가가 문제되는데, 사적 자치, 경쟁, 시장, 이윤추구, 신의성실, 공서양속, 권리남용 등의 가치들이 話頭(topoi)로 등장합니다. 반면에 공법에서는 공익과 사익의 충돌 상황에서 국가의 임무, 질서유지, 공공복리, 경쟁질서 내지 시장질서의 확보 등이 화두로 등장합니다. 다만, 이러한 화두가 사법에서도 문제될 수 있으므로 근본적인 차이가 아닐 것입니다.

(2) 이러한 이익형량의 차이점은 입법에 대한 태도에서도 드러납니다. 사법에 있어 이익형량은 주로 법규의 해석을 위한 방법론으로 역할을 하는 반면, 공법에 있어서는, 물론 법규 해석을 위해서도 필요하지만, 이익형량의 주된 場은 입법(의회입법과 행정입법)이어야 합니다. 특정 집단들의 이익이 충돌하는 경우 그 이익의 조정은 참여와 투명성이 보장되는 의회입법을 통해 이루어져야 합니다. 재판 내지 판례를 통한 이익조정은 자칫 공식·비공식적 '밀실'로비가 작용할 우려가 있습니다.27)

(3) 이상과 같은 문제설명 방법론의 차원은 연구와 교육으로 직결됩니다. 학문으로서의 법학 연구는 주로 간명한 문제해결을 위한 도그마틱으로 만족해서는 아니 되고, 문제의 저변에 깔려 있는 정치·경제·사회·문화적 요인들을 포착해야 합니다. 법학 교육에 있어서도 도그마틱을 제대로 이해시키기 위해 마찬가지입니다. 그리하여 위에서 말한 문제설명의 강도와 폭에 있어 공·사법의 차이점이 연구와 교육에 그대로 나타납니다. 특히 사법에서는 법규 해석의 실천적 합리성과 이익형량의 결정체인 판례가 연구 및 교육의 주된 대상이 되겠지만, 공법에서는 여기에서 그치지 않고 법률, 행정입법 및 행정규칙, 지방자치단체의 조례·규칙 등의 규정들까지 나아가야 합니다.

Ⅲ. 문제접근 방법론의 차원

1. 헤겔과 사비니

(1) 문제접근 방법론의 차원에서는 공·사법 구별의 의의는 더욱 약해지고 상대화됩니다. 법의 문제를 바라보는 기본적 시각에 법의 이념과 역사를 다루는 법

---

27) 졸고, 행정법과 법해석 : 법률유보 내지 의회유보와 법형성의 한계, 『행정법연구』 제43호, 2015, 13-46면(31면 이하); 본서 제9장(323-328면) 참조.

철학·법사학의 관점이 필요한 것은 공법이든 사법이든 마찬가지이기 때문입니다. 그러나 그 기본적인 시각에서 어떠한 부분을 중시하느냐는 반드시 동일하기 않습니다. 이러한 차이점을 밝혀내어 공법학의 정체성을 찾는 것이 공법학도로서 저의 임무입니다.

    이러한 시도의 일환으로, 지금부터 약 200년 전 독일(프로이센)에서 활약한 헤겔과 사비니를 비교하고자 합니다. 오래 전의, 그것도 외국의 학자를 불러온다는 것이 무슨 의의가 있겠느냐고 의문이 있을 수 있습니다. 그러나 우선 사비니는 우리나라에서도 거의 일치된 견해로 근대 사법학의 아버지로 평가되고 있고, 헤겔은 지금까지 오해 또는 과소평가되어 왔지만, 독일 근대철학의 완성자로서, 자신의 철학의 精髓를 법철학 내지 국가철학에서 펼쳐 근대 시민국가의 이념을 정립하였습니다. 더욱이 양자는 프랑스 대혁명과 나폴레옹의 프로이센 점령 및 퇴각 이후 프로이센의 부흥기에 그 부흥의 상징으로 설립된 베를린대학에서 동료 겸 라이벌로 함께 했던 사람입니다. 그리고 당시 프로이센은 뒤늦은 산업혁명의 성공으로 경제가 발전하는 상황에서, 프랑스 대혁명에 자극을 받아 공화제와 통일을 지향하는 진보세력과 왕정복고 후 군주제 강화를 주장하는 보수세력이 대립하고 있었습니다. 그러기에 일제강점기와 독재를 거쳐 민주화혁명 이후 진보·보수의 갈등과 남북분단을 딛고 진정한 선진국으로 발돋움하고자 하는 오늘날 공법학의 정체성을 확립하고 사법학과의 대화를 모색하는 우리에게 헤겔과 사비니는 시사하는 바가 크다고 할 것입니다.

    (2) 학자의 학문은 그의 삶의 결과입니다. 헤겔(Georg Wilhelm Friedrich Hegel)은 1770년 독일 남부 뷔르템베르크 공국의 하급 공무원의 맏아들로 태어나, 줄곧 학급 수석을 차지할 정도로 공부를 잘하여 18세에 당시 출세코스이던 튀빙겐 대학 개신교 신학부에 입학, 22세에 졸업했으나, 목사직을 포기하고 철학을 공부하면서 당시 귀족의 하인 취급을 받던 가정교사로 활동하다가, 예나대학 사강사, 38세부터 46세까지 뉘른베르크 김나지움의 철학교사 및 교장, 46세에 하이델베르크 대학 교수를 거쳐 48세(1818)에 비로소 베를린대학의 철학 담당 교수로 취임하여 59세(1829)에 동 대학의 총장(임기1년)까지 되고 61세(1831) 사망 때까지 13년간 동 대학의 교수로 재직하였습니다. 저서로는 예나대학 사강사 시절의 『정신현상학』(Phänomenologie des Geistes)(1807), 김나지움 교사 시절의 『논리학』(Wissenschaft der Logik)(1812-1816), 하이델베르크대학 시절의 『철학대계강요』(Enzyklopädie der phi-

losophischen Wissenschaften in Grundrissen)(1817) 그리고 베를린대학 취임 직후의 『법철학강요』(각주 33)(1820)가 있는데, 이후 법철학, 역사철학, 종교철학, 예술철학 등 강의에서 높은 인기를 누렸으나 더 이상 저서를 출간하지 않다가 61세에 갑작스런 경련과 통증으로 예기치 못한 죽음을 맞은 후, 제자들의 종교철학, 미학, 역사철학 강의노트들이 遺作으로 간행되었습니다.[28]

    헤겔의 삶에서 간과되어서 아니 될 부분은 튀빙겐 대학 시절 프랑스 대혁명에 고무되어 프로이센 왕정폐지 혁명을 위한 학생모임에 가입하여 활동하였고, 예나대학 사강사 시절 예나를 점령한 나폴레옹을 목격하고 '백마를 탄 세계정신'이라고 예찬한 것입니다. 이같이 젊은 시절 고무된 프랑스 대혁명의 '자유'사상이 평생 그의 철학의 토대가 되었는데, 점차 프로이센의 정치현실 때문에 그 자유는 현실적인 자유가 못하고 '이념'으로의 자유가 되었습니다. 여하튼 헤겔의 법철학·국가철학에서 개인의 자유는 필수적 구성요소임은 분명합니다.

    (3) 사비니(Friedrich Carl von Savigny)는 1779년 프로이센의 부유한 귀족으로 외교관·법률가의 둘째 아들로 태어나, 2세에 형, 12세·13세에 부모를 잃고, 부의 친지인 제국최고법원(Reichskammergericht) 재판관의 후견으로 성장하였는데, 그때 겪은 불행으로 평생 외톨이로 친우관계와 인간관계를 깊이 맺지 못하였다고 합니다. 16세부터 마부르크 대학에서 법학을 전공하고 로마법 연구 학자가 되겠다는 결심으로―당시 귀족이 교수가 되는 것은 신분을 낮추는 이례적인 사건임에도―'공부기계'(Studiermaschine)[29]라고 할 정도로 연구에 매진한 결과, 24세(1803)에 동 대학 비정규 교수가 되었으나, 대학을 떠나 25세부터 로마법 원전 연구를 위해 파리, 독일 동남부, 빈 등지를 여행한 후, 29세에 란츠후트대학 교수를 거쳐 31세(1810)에 그해 설립된 베를린 대학의 교수로 부임하여 33세에 제2대 총장으로 취임하고, 63세(1842)에 프로이센 입법개정부(법무부) 장관이 될 때까지 32년 동 대학의 교수로 재직하였는데, 교수 재직 중에도 프로이센 추밀위원(Staatsrat)(1817), 프로이센 라인지역 최고법원 재판관(Geheimer Oberrevisionsrat)(1819) 등을 역임하였습니다. 1848년 3월혁명으로 장관에서 물러난 후 주로 제자들로 이루어진 '역

---

28) 헤겔의 전기에 관한 최근 문헌으로 Jürgen Kaube, Hegels Welt, Berlin 2020(김태희·김태환 역,『헤겔의 세계』, 필로소픽, 2023; 김준수, 헤겔 : 정신의 체계, 자유와 이성의 날개를 활짝 펼치다, 한길사, 2015, 21-85면 참조.

29) Benjamin Lahusen, Alles Recht geht vom Volksgeist aus: Friedrich Carl von Savigny und die moderne Rechtswissenschaft, Weilerswist-Metternich 2020, S.23 이하 참조.

사학파'를 중심으로 학문 활동을 계속하다가 82세(1861)에 사망하였습니다. 저서로는 마부르크대학 시절의 『점유권론』(Das Recht des Besitzes)(1803), 동 대학 강의록이 死後 1951년에 간행된 『법학방법론』(Vorlesungen über juristische Methodologie 1802-1842), 베를린대학 초기에 티보와의 법전논쟁 과정에서 출간된 『입법과 법학에 대한 현대의 사명』(Vom Beruf unserer Zeit für Gesetzgebung und Rechtswissenschaft)(1814), 평생의 역작인 『중세로마법사』(Geschichte des Römischen Rechts im Mittelalter) 전6권(1815-1831)과 『현대로마법체계』(System des heutigen Römischen Rechts) 전8권(1840-1849)입니다.[30)]

사비니의 삶에서 강조되어야 할 부분은, 대학 시절부터 20대 중반까지 철학 연구에 몰두하여 칸트철학에 심취하였다가 이를 비판하기도 하였는데,[31)] 더 이상 철학에 깊이 들어가지 않고 그 대신 '법학에서의 칸트'가 되겠다고 공언하면서, 당시 실용적 과목이었던 '법학'(Jurisprudenz, Rechtsgelehrsamkeit)을 '학문으로서의 법학 내지 법과학'(Rechtswissenschaft)으로 발전시키는 것을 과업으로 삼았다는 점입니다.[32)] 이 부분은 사비니의 법학을 칸트철학의 관점에서만 이해하는 경향을 낳은 원인이 되기도 하였지만, 여하튼 학문으로서의 법학에 대한 사비니의 공적은 오늘날 우리 공법학과 사법학의 대화를 위한 주요주제가 됩니다. 이를 위해 후술하듯이 칸트철학에의 편중도 시정·극복되어야 합니다.

(4) 헤겔과 사비니의 삶을 비교하면, 13년간(1818-1831) 베를린대학의 동료이었다는 점을 공통점을 제외하면, 하급공무원의 아들 vs. 부유한 귀족 출신, 가난과 난관을 딛고 장기간에 걸친 연구 끝에 40대 중·후반에 교수 취임 후 13년간의 베를린대학 재직 vs. 외롭지만 부유한 환경에서 최고법원 재판관의 후견으로 원전연구를 위한 외국여행까지 하면서 24세·30세에 교수 취임 후 32년간의 베를린

---

30) 사비니의 전기에 관한 최근문헌으로 Benjamin Lahusen, 전게서(Alles Recht geht vom Volksgeist aus); Joachim Rückert (Hg.), Idealismus, Jurisprudenz und Politik bei Friedrich Carl von Savigny. 2.Aufl., Frankfurt a.M. 2022, S.483-538; Stephan Meder, Savignys Weg in die juristische Moderne: Romantik, Gender, Religion, Wissenschaft, Berlin 2023; 남기윤, 『입법과 법학에 대한 현대의 사명 : 프리드리히 카를 폰 사비니』, 고려대학교출판문화원 2020, 210-233면 참조.

31) Dieter Nörr, Savignys philosophische Lehrjahre. Ein Versuch, Frankfurt a.M. 1994, S.73-98 참조.

32) 남기윤, 전게서, 215면; 남기윤, 『법학방법론 : 기초이론, 방법론의 역사, 비교법학방법론, 한국 사법에 대한 유형론적 방법론의 적용』, 고려대학교출판부 2014, 355면, 367면 참조.

대학 재직, 대학교수 및 대학에의 전념 vs. 추밀위원·재판관 겸임 및 장관 취임을 위한 교수 사직, 61세 때의 돌연사 vs. 82세까지 장수하면서 제자들로 이루어진 역사법학파를 중심으로 학문 활동, 그리고 간과해서는 아니 될 것으로, 19세 청년 시절 프랑스 대혁명 체험 및 왕정폐지 학생활동 vs. 귀족출신 10세 아동으로 프랑스 대혁명을 직접 느끼지 못하고 평생 일관된 정치적 보수 입장 견지, 진보적 입법 운동, 특히 티보를 중심으로 한 민법전 제정 운동에 대한 찬성("법전 제정 능력을 부정하는 것은 국민과 법률가계층에 대한 모욕이다!"[33]) vs. 이에 대한 전면적 반대 및 그 관철,[34] 철학의 관점에서 법을 이해함('철학의 분과로서 법철학'[35]) vs. 법학의 독자성을 고수함('법학의 칸트')('법학을 위해서는 철학이 조금만 필요하다!'[36]) 등 많은 점에서 대비됩니다.[37] 매우 조심스럽지만 감히 發說하면, 물론 예외도 많고 오해도 많이 있지만, 위와 같은 차이점들은 왠지 저희 선생님 세대부터 저희 세대까지 종래 우리 공법학자와 사법학자의 대비와 상당 부분 비슷하다는 느낌을 쉽게 떨쳐 버릴 수 없습니다.

---

33) Hegel, Grundlinien der Philosophie des Rechts oder Naturrecht und Staatswissenschaft im Grundrisse, Werke in 20 Bänden mit Registerband. Band 7. Frankfurt a.M. 1970, § 211 (S.363); 임석진 역, 『헤겔 법철학』, 한길사 2022, 391면. 법전제정에 대한 헤겔의 견해에 관하여 Michael W. Müller, Zeit in Gesetzen erfasst Hegels Theorie der Kodifikation, Berlin 2022; 이를 중심으로 한 헤겔과 사비니의 대립상황에 관하여, 남기호, 『헤겔과 그 적들 : 헤겔의 법철학, 프로이센을 뒤흔들다』, 사월의책, 2019, 115-150면 참조.

34) Savigny, Vom Beruf unserer Zeit für Gesetzgebung und Rechtswissenschaft, 1814; 이에 관하여 특히 남기윤, 전게서(입법과 법학에 대한 현대의 사명) 238-251면 참조.

35) Hegel, 전게서(Grundlinien der Philosophie des Rechts), § 1, § 2 (S.29-34); 임석진 역, 전게서, 55-60면 참조.

36) 로마법학자 Aelius Paetus Catus는 — 시인 Ennius의 — 'philosophari se velle, sed paucis' (철학을 하고자 하지만, 단지 약간만)라는 말을 법학의 모토로 삼았는데, 이것이 키케로의 『공화국』(de re publica)(BC.24-21) 서문에 인용되어 있습니다. 이에 관하여 Okko Behrends, Staatsrecht und Philosophie in der ausgehenden Republik oder zur Bedeutung des Mottos „philosophari se velle, sed paucis", Zeitschrift der Savigny-Stiftung für Rechtsgeschichte: Romanistische Abteilung, 1983, S.458-484; 최병조, 로마법률가의 정의관, 『서울대학교 법학』 제31권 제3·4호, 1990, 167-181면 (171면) 참조.

37) 헤겔과 사비니의 이론적 비교에 관하여 대표적으로 Wolfgang Schild, Savigny und Hegel, Anales de la Cátedra Francisco Suárez 18, 1978, S.271-320; Reinhard Mehring, Savigny or Hegel? History of Origin, Context, Motives and Impact, in: Bogdandy/Mehring/Hussain (Hg.), Carl Schmitt's European Jurisprudence, Nomos, 2022, S.65-86 참조.

2. 비판과 오해 및 그 극복

(1) 헤겔에 대한 비판 중에 누구든지 수긍하는 것은 그의 — '개념의 변증법적 자기운동' 등 — 악명 높은 난해한 용어와 문장입니다.[38] 그리고 실정법, 특히 당시 독일에 적용되던 로마법의 내용을 제대로 알지 못하면서 사변적으로 법의 철학을 논의하였다는 비판,[39] 칸트에 의해 분리되었던 이론이성·실천이성·판단력을 다시 혼합하여 믿음 내지 희망을 논리적 인식으로 둔갑시켰다는 비판,[40] 그리고 국가를 궁극적 존재 내지 실체로 보아 모든 문제를 국가가 해결할 수 있다는 국가지상주의 비판, 국가 운영에 대화 내지 참여의 요소가 없고 오직 관료의 능력에 의존한다는 비판 등은 一理가 있습니다. 여기에서도 종래 우리나라에서 공법학에 대한 비판 내지 비난과 유사한 점을 느낄 수 있습니다. 겸손하게 받아들여 그 극복을 위해 노력해야 할 것입니다.

그러나 바로 잡아야 할 오해도 있습니다. 한편으로 히틀러의 나치즘으로 연결되었다는 것과 다른 한편으로 정반대로 맑스·레닌의 공산주의로 연결되었다는 것입니다. 헤겔의 법철학에서는 개인의 자유가 국가의 필수적 요소로 전제되어 있으므로, 이를 근본적으로 부정하는 — 극우든, 극좌든 — 전체주의와는 거리가 멉니다. 나치즘과 맑스·레닌주의는 이질적인 요소들이 개입되어 형성된 것이 분명합니다. 또한 헤겔은 다시 프로이센의 반동적·복고적 군주제 옹호자이었다는 것인데, 이는 그의 삶과 당시의 정치상황을 이해하고 그리고 原典을 조금이라도 읽어 보면 쉽게 반박될 수 있는 오해입니다. 그의 문장을 보더라도 『법철학강요』의 국가의 章에서 서술한 군주제는 현실적 국가 내지 당시의 프로이센의 그것이 아니라 이념적 제도로서, — 현재의 영국이 연상되는 — 하원·상원이 존재하는 입헌군주제이었고, 군주는 '형식적 결단의 정점'(Spitze formellen Entscheidens)으로서,

---

38) 예컨대 Ralf Dreier, Bemerkungen zur Rechtsphilosophie Hegels, in: ders, Recht - Moral - Ideologie: Studien zur Rechtstheorie, Frankfurt a.M. 1981, S.318 참조.

39) Michel Villey, Das römische Recht in Hegels Rechtsphilosophie, in: Manfred Riedel (Hg.), Materialien zu Hegels Rechtsphilosophie Band 2, Frankfurt a.M. 1975, S.131-151; 이 문헌의 번역으로 최병조·이호규(역), 헤겔의 법철학과 로마법, 『서울대학교 법학』제27권 제4호, 1986, 176-192면.

40) 최근 문헌으로 Jürgen Habermas, Auch eine Geschichte der Philosophie. Band 2: Vernünftige Freiheit. Spuren des Diskurses über Glauben und Wissen, Frankfurt a.M. 2019, S.468 이하 참조.

조직체의 결정에 대하여 단지 'Ja'라고 말하고 마침표만 찍는다고 하였습니다.[41] 그리고 사상·학문의 자유, 언론·출판의 자유 등이 보장된다고 하였습니다.[42] 그리하여 헤겔은, 진보진영의 비판도 받았지만, 특히 당시 왕권강화를 주장하던 보수진영의 극심한 비판을 받았던 것입니다.[43]

(2) 사비니에 대한 대표적인 비판은, 나폴레옹 민법전에 자극받은, 독일 고유의 민법전 제정 운동에 반대하면서, 법은 의도적인 입법에 의해서가 아니라 민족의 법적 확신을 수반한 장기간의 관행을 통하여 생성되는 관습법이 근원적인 法源이라고 주장하였으나,[44] 그 관습법은 다름 아닌 로마법이었고, '역사'에 기반한 그의 법학은 결국 '개념'법학으로 변질되었다는 것입니다.[45] 그리고 사견에 의하면, 전공이 아니어서 조심스럽지만, 고대 로마법은 거의 대부분 사례법·판례법이 아니라 학문법의 성격을 가진 것이지만 그것이 국가적 권위를 부여받은 법학자·법률가에 의한 것이었으므로,[46] 오늘날 국가적 권위를 갖는 학문법이 없는 상황 하에서 그에 상응하는 것이 대법원 판례라고 할 수 있고, 또한 관습법도 법원 판

---

41) Hegel, 전게서(Grundlinien der Philosophie des Rechts), § 280 Zusatz (S.451); 임석진 역, 전게서, 512면.

42) Hegel, 전게서, § 319 (S.486-489); 임석진 역, 전게서, 556-560면.

43) 또한 『법철학강요』의 서문에 나오는 "이성적인 것이 현실적이고, 현실적인 것이 이성적이다."(Hegel, 전게서 S.24; 임석진 역, 전게서, 48면)라는 말을 갖고, 현실적인 국가인 당시의 프로이센을 이성적인 것으로 정당화한 것이라는 오해가 있습니다. 그러나 여기서 'wirklich'라는 독일어가 '현실에 존재하는 것'이라는 의미와 함께 '어떤 관념에 정확하게 일치하는 것, 진정한 의미의'라는 의미도 있다는 점을 생각하면, 위 말을 '이성적인 것이 바로 실현되어야 할 진정한 것이다.'라고 이해하는 것이 타당합니다. 이에 관해 특히 Erwin Metzke, Hegels Vorreden. 3.Aufl., 1970, S.270-275(이신철 역, 『헤겔의 서문들』, 도서출판b 2013, 330-336면); 백훈승, 『헤겔 법철학 강요 해설 : 서문과 서론』, 서광사, 2016, 138-156면 참조. 이러한 原典의 정확한 이해를 통해 위와 같은 오해는 쉽게 극복됩니다.

44) Savigny, Allgemeine Natur der Rechtsquellen, in: Werner Maihofer (Hg.), Begriff und Wesen des Rechts, Darmstadt 1973, S. 26-51.

45) 대표적으로 Karl Larenz, a.a.O.(Methodenlehre), S.11-18.

46) 이에 관하여 Peter Stein, Römisches Recht und Europa, Frankfurt a.M. 1996, S.14-67 (English version: Roman Law in European History, Cambridge University Press 1999, p.3-37); Buckland/ McNair, Roman Law and Common Law: A Comparison in Outline 2,ed., Cambridge University Press 1965, p.6-15; 정병호, 로마법의 유럽 전승과 유럽 통합, 『서양고전학연구』 제16권, 2001, 107-131면 (111-112면); 정병호, 민법상 논쟁과 로마법 — 로스쿨교육에 있어서 로마법의 기여 가능성을 중심으로, 『저스티스』 통권 제186호, 2021, 339-378면 (343-348) 참조.

결에 의해 승인됨으로써 실제적 구속력을 갖는다는 점에서, 사비니의 법학은 대법원 판례를 중시하는 현재의 우리 사법학의 주류적 경향을 연상하게 합니다.

시정되어야 할 오해로는 사비니가 정치적 보수주의자로서, 법학에 대해서도 보수적 입장을 고수했다는 하는 비판, 존재와 당위를 준별하는 칸트철학에 의거하여 법을 '개인의 자유 영역을 획정하는 규칙'으로 정의하는 형식적 법개념에 의거하면서도 '민족과 역사 속에 살아 있는 법'이라는 존재론적 개념을 주장함으로써 모순을 범하였다는 비판을 들 수 있습니다. 그러나 그가 정치적으로는 보수적 입장을 견지한 것은 사실이지만, 법학에 대해서는 개혁적인 사고와 방법론을 취하였음은 그의 삶과 저서를 통하여 확인할 수 있습니다.[47] 또한 학생 시절에 칸트철학에 몰두한 적은 있지만 그 후 성숙기에 접어들면서 오히려 셸링의 ― '나의 관념이 우리 모두의 관념을 통하여 객관적 존재로 된다.'고 하는 ― 객관적 관념론으로 전환하였다는 점은 새롭게 발견된 그의 유고를 통하여 확인됩니다.[48] 이러한 객관적 관념론이 헤겔의 변증법을 통해 발전한 것이 '절대적 내지 완전한'(absolut)[49] 관념론이므로, 이 점에서 우리는 '(민족)정신과 이성의 관념적 산물'로서의 법이라는 공통분모로써 사비니와 헤겔을 만나게 할 수 있을 것입니다.

3. 헤겔 법철학·국가철학의 체계와 의의

(1) 헤겔의 법철학 내지 국가철학은 오늘날 공법학의 정체성을 확립하는 데 소중한 문제접근 방법론을 제공해 줍니다. 우선, 그의 법철학에서 '법'(Recht)은 ― 독일어 Recht의 의미처럼 ― 법, 권리, 올바름(정의)을 아우르고 나아가 역사(심판)까지로 포함하는 넓은 개념입니다. 그러한 법은 추상법(abstraktes Recht), 도덕법(Moralität), 인륜법(Sittlichkeit)의 3단계로,[50] 다시 각각 3단계로 나뉘어 총 9단계로

---

47) 특히 남기윤, 전게서(법학방법론), 392-399면 참조.
48) 대표적으로 Joachim Rückert (Hg.), 전게서(Idealismus, Jurisprudenz und Politik...), S.301-415; 남기윤, 전게서(법학방법론), 413-419면 참조.
49) 'absolut'의 어원은 라틴어 'absolvere'(떼어내다, 벗기다, 풀어주다 등)으로서, '제한이나 흠으로부터 벗어난'이라는 의미에서 '완전한' 내지 '절대적'으로 이해되는데, 우리말에서 '절대적'이라는 말은 권위적이고 强固한 것이라는 뉘앙스를 갖기 때문에, 헤겔 철학에서 absolutes Geist는 '절대정신'보다 '완전한 정신'이 보다 타당한 번역이라고 생각합니다.
50) 일반적으로 Moralität은 '도덕'으로, Sittlichkeit는 '인륜(성)'으로 번역되고 있으나(임석진, 전게번역서 참조), 헤겔은 양자를 모두 ― 넓은 의미의 ― '법'으로 파악하고 있으므로, 그 어감을 살리기 위하여 도덕'법'과 인륜'법'으로 번역하였습니다.

이루어져 있습니다. 이는 법의 근본이념인 '자유'가 변증법적으로 점차 발전된 단계로 실현되어 가는 과정을 나타냅니다. 첫째, 추상법은 자유의 구체적 내용을 묻지 않는, 형식적인 가면인 persona(법인격)를 대외적으로 규율하는 것으로, 점유 및 소유, 계약, 그리고 범죄 및 형벌로 이루어집니다. 둘째, 도덕법은 올바름에 대한 개인적·주관적 판단으로서, 企圖와 책임, 의도와 복지, 그리고 선과 양심으로 발전합니다. 셋째, 인륜법은 — 개인의 자유와 공동체의 안정이 조화를 이룬 — 공동체규범으로 이해할 수 있는데, 가정, 시민사회, 그리고 마지막 단계인 국가로 발전합니다. 가정은 다시 혼인, 가정의 재산, 자녀의 양육 및 가정의 해체로, 시민사회는 다시 욕구의 체계, 司法, 행정(Polizei)[51] 및 동업조합(Korporation)으로, 국가는 다시 내부적 국가법, 대외적 국가법, 마지막으로 세계사로 발전합니다.

(2) 이러한 체계는 민법, 형법, 윤리, 가족법, 시민생활(의식주·노동·농업·상공업), 司法체제, 행정법, 헌법, 국제관계법, 국가의 미래를 거시적으로 각 단계의 발전과정을 조망하고, 각 단계에서는 미시적으로 예컨대, 민법에서 '점유 → 소유 → 계약', 행정법에서 '경찰 → 시장·경제규제 → 교육·복지'로의 발전을 설명하고 있습니다. 현대의 법률가가 보더라도 대부분 수긍이 가고 가끔 그 통찰력에 경탄할 정도로 체계적이고 논리적입니다. 오늘날 학문적·실무적 법문헌에서 논리적 연관 없이 무비판적으로 — 헤겔의 용어에 의하면, 즉자적으로(an sich) — 법규정과 판례에 따라 서술하는 것을 반성할 수 있는 계기가 될 수 있습니다. 또한 간과해서는 안 될 것은 위와 같이 민법에서 행정법, 헌법, 국제관계법으로 발전하지만, 그 이전 단계가 배제되거나 무시되는 것은 아니고, 법체계의 구성요소로서 그대로 유지된다는 점입니다. 오히려 낮은 단계일수록 법체계의 기초를 이룬다는 의미에서 더욱 중시되어야 할 것입니다.

(3) 헤겔의 법체계에서 司法과 행정이 국가 단계가 아니라 시민사회 단계에 위치해 있다는 점이 눈에 뜨입니다. 입법은 국가의 내적 국가법 단계에 속해 있습니다. 司法과 행정은 시민사회와 국가를 매개하는 기능으로, 국가의 전제조건 내지 기초를 이루는 반면 입법은 국가를 적극적으로 형성하는 작용으로 이해하였다는 점에서, 충분히 수긍이 갑니다. 뿐만 아니라, 행정법학의 관점에서도 행정법

---

51) Polizei는 주지하다시피, 당시 경찰뿐만 아니라, 시장·경제규제, 교육, 복지 등 행정영역 전반을 포괄하는 개념이었는데, 그 후 프로이센 고등행정재판소의 1882년 Kreuzberg 판결에 의해 현재의 소극적 질서유지를 위한 경찰로 축소되었습니다.

에서 입법의 기능을 중시하는 문제접근 방법론으로 타당하다고 생각합니다.

(4) 헤겔 국가철학의 궁극적 목적은 개인의 자유와 시민사회의 경쟁을 보장하면서 동시에 그로 인한 부작용을 방지하고 해소하는 국가의 임무와 기능을 강조하는 것입니다. 자유와 경쟁의 가치를 결코 무시하지 않습니다. 그 부작용으로 헤겔이 초점을 맞춘 것은 富의 편중과 그로 인한 빈곤과 천민(Pöbel)의 문제입니다.[52] 빈곤은 경제적인 측면에서만이 아니라 건강, 교육, 가족적 유대, 司法的 보호, 종교적 위안 등을 빼앗아 천민으로 떨어지게 하므로, 한 명의 천민도 생겨나서는 안 된다고 단언합니다.[53] 다시 말해, 자유의 상호승인을 위한 것이 법이고, 그래서 자유와 경쟁을 보장하는 것인데, 그 결과 빈곤으로 인해 인간으로서의 자유마저 상실하는 것을 방치할 수 없으므로, 이를 방지할 임무가 국가에게 있다는 것이 그의 법철학 내지 정의론입니다. 또한 시민사회는 개인의 사적 이익이 오직 전체와의 연관을 통해서만 달성되고 보호될 수 있는 '만인의 전방위적 의존의 결속'(allseitige Verschlingung der Abhängigkeit aller)을 이룬다고 합니다.[54] 따라서 경쟁에서 이기더라도 그것은 그 의존의 체계 내지 ─ 현대의 용어로 말하면 ─ 공동체의 '인프라'에서 비롯된 것이므로 공동체를 위하여 富의 재분배가 이루어져야 하고, 그 임무 또한 국가가 맡아야 합니다.

(5) 헤겔철학의 특징은 이러한 테제들을 당위론(칸트의 '정언명법')으로 주장하는 것이 아니라, 법과 국가의 존재로부터 논리적으로, 변증법적으로 추론하는, 말하자면 '필연명법'에 의하는 점입니다. '법과 국가는 이렇게 하여야 한다.'가 아니라 '진정한 법과 국가이라면 반드시 이렇다, 이렇게 한다.'는 것입니다.[55] 그의 용어를 사용하면, 존재의 '본질'(Wesen)을 정확하게 인식하는 것이 '개념'(Begriff)이

---

52) 빈곤과 천민 문제에 관하여 최근 문헌으로 Mesut Bayraktar, Der Pöbel und die Freiheit: Eine Untersuchung zur Philosophie des Rechts von G. W. F. Hegel, Köln 2021; Frank Ruda, Hegels Pöbel: Eine Untersuchung der »Grundlinien der Philosophie des Rechts«, Konstanz 2011 참조.

53) Hegel, 전게서(Grundlinien der Philosophie des Rechts), § 240, 241; 임석진 역, 전게서, 425면 이하.

54) Hegel, 전게서(Grundlinien der Philosophie des Rechts), § 183; 임석진 역, 전게서, 357면.

55) 헌법 제1조 제1항의 '대한민국은 민주공화국이다'는 이러한 필연명법의 하나로서, 헤겔의 변증법적 논리에 의거한 것은 아니지만, 근본적이고 중대한 당위명제이기 때문에 존재명제로써 표현함으로써 강조한 것으로 이해할 수 있습니다. 이렇게 보면, 대부분의 헌법 규정들도, 모든 국민은 인간으로서의 존엄과 가치를 가진다, 평등하다, … 자유를 가진다 등과 같이, 마찬가지임을 알 수 있습니다.

고, 그 개념이 보편적인 형태를 갖게 되면 '이념'(Idee)이 되는데, 자유라는 법의 이념이 변증법을 통해 '卽自─對自적으로'(an und für sich) ─ 쉽게 말해, 완전하게 ─ 실현된 것이 국가입니다. 우리가 이러한 헤겔의 필연명법과 변증법을 이해하고 그 특유한 사변적 개념과 논리에서 탈피하여, 헤겔 시대에는 갖지 못했던, 공법의 기본규범인 '헌법'에 의거한다면, 위 테제들은 어려움 없이 공법학의 기본시각과 지혜, 즉 문제접근 방법론으로 받아들일 수 있습니다.

4. 공법학의 정체성과 사법학과의 대화

공법학은 헤겔의 법철학·국가철학으로부터 '국가'의 존재의의 내지 임무와 행정의 의미와 입법의 중요성을 배움으로써 정체성을 확립할 수 있습니다. 국가가 모든 것을 흡수하고 국가만이 모든 문제를 해결한다는 것이 아니라, 국가의 필요성과 소중함을 잊어서는 안 된다는 것입니다. 국가가 없으면 안 되므로, 우리는 그토록 '민주'와 '법치'를 위해 고민하고 노력하며 싸우는 것입니다. 그리하여 개인의 주관적 권리구제도 중요하지만 행정에 대한 객관적 통제도 못지않게 중요합니다. 이와 같이 공법학의 정체성을 확립한 연후에 사법학과의 대화에서 사비니로부터 비롯된 '법학의 학문성'과 실정법의 정확한 인식을 위한 법해석, 그리고 판례의 중요성을 깨달아야 합니다. 그 대화에서 사법학도 국가의 존재와 기능을 새롭게 인식할 수 있을 것입니다.

Ⅳ. 결어

결어에 대신하여, 저의 경험에 기초하여, (공)법학자의 입법 참여에 관해 언급하겠습니다. 학문으로서의 공법에는 상술한 문제해결(도그마틱)·문제설명(호이리스틱)과 함께 문제접근 방법론으로 국가철학이 반드시 필요하지만, 입법에 참여하여서는 문제설명에 중점을 두고 문제접근 방법론은 자제되는 것이 바람직합니다. 세계관과 정치적 성향에 따라 국가철학에 관한 견해가 갈라져 합의를 도출하기 어렵기 때문입니다. 말하자면, 입법과정에서는 문제접근을 위한 헤겔의 법철학과 국가철학보다는, '방법다원주의'(Methodenpluralismus)의 관점에서, 문제설명을 위한 방법론으로 ─ 19세기 영국에서 다수의 개혁적 입법을 성공시킨 ─ 벤담과 밀의 공리주의가 유용할 것입니다.

[참고문헌]

朴正勳, 『행정법의 체계와 방법론』, 박영사 2005; 『행정소송의 구조와 기능』, 박영사 2006.

朴正勳, 공·사법 구별의 방법론적 의의와 한계 : 프랑스와 독일에서의 발전과정을 참고하여, 『공법연구』 제37집 제3호, 2009, 83-110면.

朴正勳, 국가배상법의 개혁 : 私法的 대위책임에서 공법적 자기책임으로, 『행정법연구』 제62호, 2020, 27-69면.

朴正勳, 공공기관과 행정소송 ― '행정청 자격'에 관한 대법원판례의 극복을 위해, 『행정법연구』 제60호, 2020, 1-24면.

朴正勳, 행정법과 법해석: 법률유보 내지 의회유보와 법형성의 한계, 『행정법연구』 제43호, 2015, 13-46면.

김준수, 헤겔 : 정신의 체계, 자유와 이성의 날개를 활짝 펼치다, 한길사 2015.

남기윤, 법학방법론 : 기초이론, 방법론의 역사, 비교법학방법론, 한국 사법에 대한 유형론적 방법론의 적용, 고려대학교출판부 2014.

남기윤, 입법과 법학에 대한 현대의 사명 : 프리드리히 카를 폰 사비니, 고려대학교 출판문화원 2020.

남기호, 헤겔과 그 적들 : 헤겔의 법철학, 프로이센을 뒤흔들다, 사월의책 2019.

백훈승, 헤겔 법철학 강요 해설 : 서문과 서론 서광사 2016.

강지은, 공법과 사법의 교착에 관한 시론적 고찰, 『행정법연구』 제67호 2022, 41-68면.

권영우, 자유주의의 내재적 문제와 헤겔의 법철학, 『철학연구』 제147호, 2018, 29-58면.

김대인, 세계행정법과 국제기구, 『행정법연구』 제45호, 2016, 1-23면.

김상진, 헤겔 법철학의 기본 개념, 『법학연구』 제43집, 2011, 297-318면.

김준수, 헤겔의 자유 개념의 구조와 의미, 『사회와 철학』 제19호, 2010, 155-184면.

김준수, 헤겔의 『법철학』에서 법과 인륜성, 『범한철학』 제65집, 2012, 89-121면.

김현준, 행정법과 사법(私法), 『저스티스』 제181호, 2020, 80-108면.

나종석, 헤겔의 인륜성 이론과 사회국가, 『헤겔연구』 제38호, 2015, 1-28면.

남기호, 헤겔 법철학에서의 군주의 역할 : 헤겔은 과연 왕정복고 철학자인가, 『사회와 철학』 제23집, 2012, 111-146면.

박배형, 헤겔의 시민사회론과 그의 시장근본주의 비판, 『헤겔연구』 제42호, 2017, 36-69면.

서을오, 티보와 사비니의 법전편찬 논쟁에 대한 재평가, 『이화여자대학교 법학논집』 제25권 제4호, 2021, 501-519면.

송시강, 공법의 발견과 사법의 준용 : 손실보상금 채권의 준점유자에 대한 변제의 효과에 관한 판례 평석, 전북대학교 『법학연구』 제51집, 2017, 35~78면.

유덕수, 자유의지의 이념 : 헤겔 법철학 서론에서, 『철학연구』 제57집, 2002, 147-169면.

유덕수, 헤겔 법철학의 추상법에 나타난 인격과 인간존엄성, 『철학연구』 제56집, 2001, 161-182면.

윤삼석, 헤겔 『법철학』에서 근대국가의 이념 : 『법철학』의 「시민사회」와 「국가」 편에 대한 국가이론적 분석, 『순천향 인문과학논총』 제40권 제3호, 2021, 67-97면.

이강조, 헤겔의 법철학에서 자유의지와 법, 『법학논총』 제10집, 1994, 41-73면.

이상수, 사비니에서 법의 역사성, 『법사학연구』 제23호, 2001, 5-26면.

이성범, 사비니의 법률해석론, 『강원법학』 제61권, 2020, 341-400면.

이재성, 헤겔의 정치철학 : 헤겔은 자신의 국가철학을 어떻게 정당화시키고 있는가, 『헤겔연구』 제21호, 2007, 85-116면.

이정은, 헤겔 『법철학』에서 사유 재산과 불평등 문제, 『헤겔연구』 제11호 헤겔 철학의 역사적 지평, 2002, 151-182면.

이정일, 헤겔 『법철학』의 판독 : 자유주의와 공동체주의를 중심으로, 『가톨릭철학』 제7호, 2005, 260-320면.

이종철, 헤겔의 『법철학』에서의 국가의 이중적 역할과 그 관계에 관한 연구, 『헤겔연구』 제49호, 2021, 101-125면.

임미원, 근대 법전편찬의 사상적 기초 : 자연법학, 역사법학, 헤겔의 견해와 관련하여, 한양대학교 『법학논총』 제40집 제1호, 2023, 1-26면.

임미원, 헤겔과 근대 법사상의 계보 : 자연법학 및 역사법학과 관련하여, 『법철학연구』 제24권 제2호, 2021, 197-228면.

정미라, 헤겔 법철학에 나타난 시민사회론, 『철학』 제61집, 1999, 97-118면.

정병호, 로마법의 유럽 전승과 유럽 통합, 『서양고전학연구』 제16권, 2001, 107-131면.

정병호, 민법상 논쟁과 로마법 ― 로스쿨교육에 있어서 로마법의 기여 가능성을 중심으로, 『저스티스』 통권 제186호, 2021, 339-378면.

정하명, 미국법에서의 공법과 사법의 구별, 『공법연구』 제37집 제3호, 2009, 59-82면.

정호경, 공사법 구별의 역사와 의미에 관한 일고찰 (I), 한양대학교 『법학논총』 제23집 제1호, 2006, 203-234면.

최병조, 로마법률가의 정의관, 『서울대학교 법학』 제31권 제3·4호, 1990, 167-181면.

Georg Wilhelm Friedrich Hegel, Werke in 20 Bänden mit Registerband. Band 7. Grundlinien der Philosophie des Rechts oder Naturrecht und Staatswissenschaft im Grundrisse, Frankfurt a.M. 1970. (서정혁 역, 헤겔 법철학, 지식을만드는 지식 2020; 임석진 역, 헤겔 법철학 한길사 2008; 권응호 역, 헤겔 법철학 강요 홍신문화사 1997).

Friedrich Karl von Savigny, Vom Beruf unserser Zeit für Gesetzgebung und Rechtswissenschaft, in: Hidetake Akamatsu / Joachim Ruckert (Hg.), Friedrich Karl von Savigny, Politik und Neuere Legislationen: Materialien zum „Geist der Gesetzgebung ", Frankfurt a.M. 2000, S.215-300.

Friedrich Karl von Savigny (hrsg. v. Aldo Mazzacane), Vorlesungen über juristische Methodologie 1802- 1842, Frankfurt a.M. 2004.

Mesut Bayraktar, Der Pöbel und die Freiheit: Eine Untersuchung zur Philosophie des Rechts von G. W. F. Hegel, Köln 2021.

Armin von Bogdandy, Hegels Theorie des Gesetzes, München 1989.

W. W. Buckland & Arnold McNair, Roman Law and Common Law: A Comparison in Outline 2.ed., Cambridge University Press 1965.

William E. Conklin, Hegel's Laws, The Legitimacy of a Modern Legal Order, Stanford Univ Press 2008.

Drucilla Cornell (ed.), Hegel and Legal Theory, Routledge 1991.

Élodie Djordjevic (dir.), Hegel et le droit, Panthéon-Assas 2023.

Ralf Dreier, Recht - Moral - Ideologie: Studien zur Rechtstheorie, Frankfurt a.M. 1981.

Hans Friedrich Fulda, Das Recht der Philosophie in Hegels Philosophie des Rechts, Frankfurt a.M. 1968.

Gerhard Gamm, Hegel oder die Abenteuer des Geistes, Wiesbaden 2021.

Jürgen Habermas, Auch eine Geschichte der Philosophie. Band 2: Vernünftige Freiheit. Spuren des Diskurses über Glauben und Wissen, Frankfurt a.M. 2019.

Hans Hattenhauer (Hg.), Thibaut und Savigny : ihre programmatischen Schriften. 2.Aufl., München 2002.

Axel Honneth, Das Recht der Freiheit: Grundriß einer demokratischen Sittlichkeit, Frankfurt a.M. 2013.

Axel Honneth, Leiden an Unbestimmtheit: Eine Reaktualisierung der Hegelschen Rechtsphilosophie, Stuttgart 2001 (이행남 역, 비규정성의 고통 : 헤겔의 '법철학'을 되살려내기, 그린비 2017).

Christoph Jermann (Hg.), Anspruch und Leistung von Hegels Rechtsphilosophie, Stuttgart 1987.

Jean-François Kervégan et al (dir.), Hegel, penseur du droit, CNRS 2004.

Jean-François Kervégan, Hegel, Carl Schmitt: Le politique entre spéculation et positivité, puf 2005.

Benjamin Lahusen, Alles Recht geht vom Volksgeist aus: Friedrich Carl von Savigny und die moderne Rechtswissenschaft, Weilerswist-Metternich 2020.

Hans-Christian Lucas et al (Hg.), Hegels Rechtsphilosophie im Zusammenhang der europäischen Verfassungsgeschichte, Stuttgart-Bad Cannstatt 1986.

Gilles Marmasse, Force et fragilité des normes: Les principes de la philosophie du droit de Hegel, Vrin 2019.

Stephan Meder, Savignys Weg in die juristische Moderne: Romantik, Gender, Religion, Wissenschaft Berlin 2023.

Erwin Metzke, Hegels Vorreden. 3.Aufl., 1970 (이신철 역, 헤겔의 서문들, 도서출판b 2013).

Michael W. Müller, Zeit in Gesetzen erfasst Hegels Theorie der Kodifikation, Berlin 2022.

Dieter Nörr, Savignys philosophische Lehrjahre. Ein Versuch, Frankfurt a.M. 1994.

Walter Pauly (Hg.), Der Staat: eine Hieroglyphe der Vernunft. Staat und Gesellschaft bei Georg Wilhelm Friedrich Hegel, Baden-Baden 2009.

Jens Petersen, Die Eule der Minerva in Hegels Rechtsphilosophie. 2.Aufl. Berlin/ Boston 2015.

Jean-Claude Pinson, Hegel, le droit et le libéralisme, puf 1989.

Michael Quante et al (Hg.) Hegel-Studien. Band 53/54: Hegels Rechtsphilosophie, Hamburg 2020.

Manfred Riedel, Studien zu Hegels Rechtsphilosophie, Frankfurt a.M. 1970.

Frithjof Rodi (Hg.), Urteilskraft und Heuristik in den Wissenschaften. 2.Aufl., 2004.

Franz Rosenzweig, Hegel und der Staat, hrsg. v. Frank Lachmann. 2.Aufl., Frankfurt a.M. 2021.

Joachim Rückert (Hg.), Fälle und Fallen in der neueren Methodik des Zivilrechts seit Savigny, Baden-Baden 1997.

Joachim Rückert (Hg.), Idealismus, Jurisprudenz und Politik bei Friedrich Carl von Savigny, Frankfurt a.M. 2022.

Frank Ruda, Hegels Pöbel: Eine Untersuchung der »Grundlinien der Philosophie des Rechts«, Konstanz 2011.

Michael Salter (ed.), Hegel and Law (Philosophers and Law Series) Ashgate 2003.

Kurt Seelmann et al (Hg.) Autonomie und Normativität: Zu Hegels Rechtsphilosophie, Tübingen 2014.

Peter Stein, Römisches Recht und Europa, Frankfurt a.M. 1996 (English version: Roman Law in European History, Cambridge University Press 1999.)(김기창 역, 유럽 역사에서 본 로마법, 2021).

Klaus Vieweg et al (Hg.), 200 Jahre Hegels Grundlinien der Philosophie des Rechts, Berlin 2022.

Klaus Vieweg, Das Denken der Freiheit: Hegels Grundlinien der Philosophie des Rechts, München 2012 (정대성 역, 클라우스 피베크, 자유란 무엇인가 : 헤겔 법철학과 현대, 도서출판 길 2019).

Okko Behrends, Staatsrecht und Philosophie in der ausgehenden Republik oder zur Bedeutung des Mottos „philosophari se velle, sed paucis", Zeitschrift der Savigny-Stiftung für Rechtsgeschichte: Romanistische Abteilung, 1983, S.458-484.

Ralf Beuthan, Ein Hegelscher Sozialdemokratismus: Sozialpolitische Implikationen von Freiheit (헤겔적 사회민주주의), 『헤겔연구』 제38호, 2015, 77-98면.

Rolf Grawert, Die Entfaltung des Rechts aus dem Geist der Geschichte: Perspektiven bei Hegel und Savigny, Rechtstheorie 18 (1987), S. 437-461.

Andreas Fischer-Lescano, Transnationales Verwaltungsrecht: Privatverwaltungsrecht, Verbandsklage und Kollisionsrecht nach der Århus-Konvention, JZ 2008, S.373-383.

Mitschell Franklin, Legal Method in the Philosophies of Hegel and Savigny, Tulane Law Review 44(4), 1969-1970.

Reinhard Mehring, Savigny or Hegel? History of Origin, Context, Motives and Impact, in: Bogdandy/ Mehring/Hussain(Hrsg.), Carl Schmitt's European Jurisprudence, Nomos, 2022, S.65-86.

Christian Pestalozza, Privatverwaltungsrecht: Verwaltungsrecht unter Privaten, JZ 1975, S.50-56.

Wolfgang Schild, Savigny und Hegel, Anales de la Cátedra Francisco Suárez 18, 1978, S271-320.

Michel Villey, Das römische Recht in Hegels Rechtsphilosophie, in: Manfred Riedel (Hg.), Materialien zu Hegels Rechtsphilosophie Band 2, Frankfurt a.M. 1975, S.131-151 (최병조·이호규 (역), 헤겔의 법철학과 로마법, 『서울대학교 법학』 제27권 제4호, 1986, 176-192면).

인명색인

사항색인

[저자약력]

서울대학교 법과대학 졸업

동 대학원 석사과정 졸업 (법학석사)

독일 Göttingen대학 박사과정 졸업 (법학박사: Dr. jur)

서울민사지방법원·서울형사지방법원 판사

서울대학교 법과대학/법학전문대학원 전임강사·조교수·부교수·교수

서울대학교 명예교수

행정법 개혁의 과제[행정법연구 3]

초판발행	2023년 10월 23일
중판발행	2024년 10월 28일
지은이	朴正勳
펴낸이	안종만·안상준
편 집	김선민
기획/마케팅	조성호
표지디자인	이수빈
제 작	고철민·조영환

펴낸곳　　　(주) **박영사**
　　　　　　서울특별시 금천구 가산디지털2로 53, 210호(가산동, 한라시그마밸리)
　　　　　　등록 1959. 3. 11. 제300-1959-1호(倫)

전 화	02)733-6771
f a x	02)736-4818
e-mail	pys@pybook.co.kr
homepage	www.pybook.co.kr
ISBN	979-11-303-4565-9　93360

정 가　　　49,000원